V&R

Alfred Adler Studienausgabe

herausgegeben von Karl Heinz Witte

Band 3: Alfred Adler
Persönlichkeitstheorie, Psychopathologie,
Psychotherapie (1913–1937)
herausgegeben von Gisela Eife

Alfred Adler

Persönlichkeitstheorie, Psychopathologie, Psychotherapie (1913–1937)

herausgegeben von Gisela Eife

Vandenhoeck & Ruprecht

Die Alfred Adler Studienausgabe wird im Auftrag der Deutschen Gesellschaft für
Individualpsychologie herausgegeben von Karl Heinz Witte
unter Mitarbeit von Vera Kalusche.

Bibliografische Information der Deutschen Nationalbibliothek

Die Deutsche Nationalbibliothek verzeichnet diese Publikation in der
Deutschen Nationalbibliografie; detaillierte bibliografische Daten sind
im Internet über http://dnb.d-nb.de abrufbar.

ISBN 978-3-525-46054-2

© 2010, Vandenhoeck & Ruprecht GmbH & Co. KG, Göttingen/
Vandenhoeck & Ruprecht LLC, Oakville, CT, U.S.A.
Internet: www.v-r.de
Alle Rechte vorbehalten. Das Werk und seine Teile sind urheberrechtlich
geschützt. Jede Verwertung in anderen als den gesetzlich
zugelassenen Fällen bedarf der vorherigen schriftlichen
Einwilligung des Verlages. Hinweis zu § 52a UrhG: Weder das Werk noch seine Teile
dürfen ohne vorherige schriftliche Einwilligung des Verlages
öffentlich zugänglich gemacht werden. Dies gilt auch bei einer entsprechenden Nutzung
für Lehr- und Unterrichtszwecke.
© Umschlagabbildung: DGIP-Archiv Gotha.
Printed in Germany
Satz: KCS GmbH, Buchholz / Hamburg
Druck und Bindung: ⊕ Hubert & Co., Göttingen
Gedruckt auf alterungsbeständigem Papier.

Inhalt

Einleitung 9
  1. Adlers Schriften 9
  2. Alfred Adlers Theorieentwicklung im Überblick 11
  3. Die doppelte Dynamik 15
  4. Die Zusammenführung der doppelten Linien: Kompensation und das Gemeinschaftliche 39
  5. Behandlungsanweisungen 50
Editorische Vorbemerkung 54

Textausgabe

1. Individualpsychologische Behandlung der Neurosen (1913) 57
2. Zur Funktion der Zwangsvorstellung als eines Mittels zur Erhöhung des Persönlichkeitsgefühls (1913) 78
3. Neue Leitsätze zur Praxis der Individualpsychologie (1913) 83
4. Individualpsychologische Ergebnisse bezüglich Schlafstörungen (1913) 92
5. Zur Rolle des Unbewussten in der Neurose (1913) 103
6. Traum und Traumdeutung (1913) 112
7. Melancholie und Paranoia – Individualpsychologische Ergebnisse aus den Untersuchungen der Psychosen (1914) 126
8. Die Individualpsychologie, ihre Voraussetzungen und Ergebnisse (1914) 143
9. Das Problem der »Distanz«. Über einen Grundcharakter der Neurose und Psychose (1914) 158
10. Zur Sitophobie – Nervöser Hungerstreik (1914) 167
11. Lebenslüge und Verantwortlichkeit in der Neurose und Psychose. Ein Beitrag zur Melancholiefrage (1914) 170
12. Nervöse Schlaflosigkeit (1914) 181
13. Die Zwangsneurose (1918) 189
14. Fortschritte der Individualpsychologie (1923) 201
15. Individualpsychologie und Weltanschauung (1923) 216
16. Neurosenwandel und Training im Traum (1924) 219
17. Psychische Kausalität und Weltanschauung, ein Tagungsbericht (1924) 226
18. Kritische Erwägungen über den Sinn des Lebens (1924) 229
19. Liebesbeziehungen und deren Störungen (1926) 234

20. Die Individualpsychologie als Weg zur Menschenkenntnis und
    Selbsterkenntnis (1926) 250
21. Individualpsychologie (1926) 270
22. Ein Beitrag zum Distanzproblem (1926) 279
23. Zusammenhänge zwischen Neurose und Witz (1927) 283
24. Weiteres zur individualpsychologischen Traumtheorie (1927) 286
25. Individualpsychologie und Wissenschaft (1927) 292
26. Die ethische Kraft der Individualpsychologie (1927). 303
27. Erotisches Training und erotischer Rückzug (1928) 306
28. Kurze Bemerkungen über Vernunft, Intelligenz und Schwachsinn
    (1928) 314
29. Psychologie und Medizin (1928). 321
30. Psychologie der Macht (1928) 331
31. Problems of Neurosis (Neurosen. Zur Diagnose und Behandlung)
    (1929) [Auszüge] 336
32. Die Individualpsychologie in der Neurosenlehre (1929). 346
33. Nochmals – die Einheit der Neurosen (1930). 355
34. Grundbegriffe der Individualpsychologie (1930). 373
35. Rauschgift (1931) 384
36. The Case of Miss A. – The Diagnosis of a Life-Style
    (Der Fall »Frau A.« – Diagnose eines Lebensstils) (1931). 402
37. Der Sinn des Lebens (1931) 429
38. Trick und Neurose (1931) 442
39. Der nervöse Charakter (1931). 451
40. Symptomwahl beim Kinde (1931) 463
41. Individualpsychologie und Psychoanalyse (1931) 482
42. Zwangsneurose (1931) 497
43. Persönlichkeit als geschlossene Einheit (1932) 516
44. Die Systematik der Individualpsychologie (1932) 527
45. Der Aufbau der Neurose (1932) 532
46. Technik der Behandlung (1932) 541
47. Über den Ursprung des Strebens nach Überlegenheit und des
    Gemeinschaftsgefühls (1933) 550
48. Die Formen der seelischen Aktivität. Ein Beitrag zur
    individualpsychologischen Charakterkunde (1933) 559
49. Vor- und Nachteile des Minderwertigkeitsgefühls (1933). 565
50. Körperliche Auswirkungen seelischer Störungen (1934) 572
51. Der Komplexzwang als Teil der Persönlichkeit und der Neurose
    (1935) 581
52. Über das Wesen und die Entstehung des Charakters (1935) 588
53. On the Interpretation of Dreams (Zur Traumdeutung) (1936) 590
54. Das Todesproblem in der Neurose (1936-1) 608

55. Das Todesproblem (1936-2) 616
56. Neurotisches Weltbild (1936) 622
57. Vorwort zum Tagebuch von Waslaw Nijinsky (1936) 632

Literatur... 641
Personenverzeichnis 639
Sachverzeichnis 653

Einleitung

1. Adlers Schriften

Der dritte Band der Studienausgabe enthält 57 Aufsätze Adlers, in denen über die Jahre 1913–1937 die Ausarbeitung seiner psychotherapeutischen Theorie verfolgt werden kann: über die Festigung und den Ausbau seiner Grundkonzeption, der Kompensation des Minderwertigkeitsgefühls, über die Verwurzelung des Konzepts des Gemeinschaftsgefühls in der emotionalen Erfahrung, im Leib-Seelischen und in einer lebensphilosophischen Basis bis hin zur sozialpsychologischen Orientierung. Alle diese Tendenzen durchziehen Adlers gesamtes Werk.

Drei der in diesen Band aufgenommenen Aufsätze, »Individualpsychologie und Weltanschauung« (1923f), »Psychische Kausalität und Weltanschauung« (1924d), »Beitrag zum Distanzproblem« (1926t), sind seit der Erstveröffentlichung nicht wieder gedruckt worden. Drei Aufsätze, »Die ethische Kraft der Individualpsychologie« (1927u), »Das Todesproblem« (1936j-2) und »Vorwort zum Tagebuch von Walaw Nijinsky (1936s)«, wurden in den 1980er Jahren in individualpsychologischen Zeitschriften wiederveröffentlicht.

In den 1970er Jahren wurde der Großteil des Adler'schen Werks in der Fischer-Taschenbuch-Ausgabe zugänglich gemacht. Sie umfasste 19 Bände und ist vor allem der unermüdlichen Arbeit von Wolfgang Metzger, Heinz L. Ansbacher und Robert F. Antoch zu verdanken. Die Einzelbände sind derzeit größtenteils im Buchhandel nicht mehr erhältlich.

In den Jahren vor dem Ersten Weltkrieg zeigen kleinere Beiträge zur Sozialmedizin und sein Aufsatz »Zur Psychologie des Marxismus« (1909d/2009) Adlers sozialdemokratische Orientierung. 1912 erschien sein Hauptwerk »Über den nervösen Charakter« (1912a/2008a), in dieser Studienausgabe Band 2. Die Aufsätze vor 1912 sind in Band 1 der Studienausgabe von Almuth Bruder-Bezzel ediert worden. Dieser dritte Band enthält Adlers Veröffentlichungen ab 1913. Dreizehn davon stammen von 1913 und 1914. Im Jahre 1914 wurde auch der Band »Heilen und Bilden« von Alfred Adler und Carl Furtmüller herausgegeben. Seit 1916 war Adler als Lazarettarzt eingezogen. Später stand er dem Krieg mit Entsetzen und Gegnerschaft gegenüber. Neben der Antikriegsschrift »Die andere Seite« (1919a/2009b) übt Adler in den Aufsätzen »Bolschewismus und Seelenkunde« (1918e/2009b) und »Dostojewski« (1918c/2009b) scharfe Kritik an allen Formen des Zusammenlebens, die von Machtinteressen geleitet sind, und setzt sich für ein Miteinander im Sinne eines wirklichen Gemeinschaftsgefühls ein.

Alle frühen Aufsätze von 1913 und 1914 wurden in jeweils veränderter Form in

Adlers Sammelband »Praxis und Theorie« (1920a/1974a) neu veröffentlicht. 1922 überarbeitete er die dritte Auflage des »Nervösen Charakters«, was den Erfolg des Buches und den Erfolg der Adler'schen Bewegung anzeigte. Ab 1923 erschien regelmäßig die »Internationale Zeitschrift für Individualpsychologie«. Im Buch »Menschenkenntnis« (1927a/2007b) veröffentlichte Adler die Mitschrift von Vorträgen; es wurde sein erfolgreichstes Buch. Ab 1926 war er nur noch selten in Wien. Er hielt Vorträge in Kliniken, vor allem in den USA. Diese rege Vortragstätigkeit prägt auch den Stil der späteren Aufsätze Adlers. In New York lehrte er an der New School for Social Research, an der Columbia University und am Long Island Medical College. Er schrieb auch in den USA viele Bücher und Aufsätze, gab Interviews in bekannten Zeitungen, zum Beispiel in der New York Times. Seine Auffassungen stimmten mit den Werten und Einstellungen weiter Kreise der amerikanischen Bevölkerung überein (Hoffman 1994, S. 201 ff.). Er hatte großen Erfolg, galt aber als populärer Psychologe, »der die intellektuelle und künstlerische Avantgarde nicht interessierte« (Bruder-Bezzel 2009, S. 16). 1932 erhielt er eine Gastprofessur für medizinische Psychologie am »Long Island College of Medicine« in New York. Nach dem Sieg der Austrofaschisten 1934 in Österreich drängte Adler seine Familie zur Emigration. 1937 verstarb er in Aberdeen bei einer Vortragsreise.

In der Einleitung und in den editorischen Hinweisen wird der Versuch unternommen, Adlers intuitive, ganzheitliche Vorgehensweise auch auf seine Texte anzuwenden, um zu erfassen, worum es ihm im Wesentlichen ging.

Ein Zitat von 1931 zeigt, wie Adler erst in den späteren Jahren manches, was er ahnt, klarer formulieren kann. Er erläutert dies am Konzept des Charakters. Bei der Beschreibung des nervösen Charakters sei ihm sehr wohl bewusst gewesen, dass er nur die eine Seite des Ganzen vorstellt. Aber erst viele Jahre später habe er klarer zum Ausdruck bringen können, »dass es sich beim Charakter um eine, metaphorisch ausgedrückt, gefügte Leitlinie eines Individuums handelt, Leitlinie eines Lebensstils, den wir von Anfang bis zum Ende verfolgen können. Denn die Auffassung von dem Charakter, den man bis zu meiner Zeit großenteils als angeboren[1] angesehen hatte, konnte ich anfangs nur unklar als unhaltbar, später als total falsch erkennen« (1931l, S. 455).

Adler nimmt keine objektivierende Außenperspektive ein; er sieht den Gesamtzusammenhang nicht von außen aus einer reflexiven Distanz, sondern er blickt von der Erfahrung der menschlichen Gemeinschaft her auf die Bedingtheit des menschlichen Lebens. In dieser ganzheitlichen Sichtweise sind alle seine theoretischen Linien verbunden. Adlers theoretische Weiterentwicklung zeigt,

---

1   Adler wendet sich hier gegen die Hereditarier, deren Vorstellung von einer Entartung des Menschen oder der menschlichen Zivilisation zwischen 1850 und 1950 großen Einfluss auf Wissenschaft, Kunst und Politik hatte. Eng verbunden mit diesen Vorstellungen eines allgemeinen Verfalls waren die Eugenik und Rassentheorien.

dass die Grundbegriffe der Individualpsychologie nicht nur beschreibende Kennzeichnungen sind, sondern vom inneren Erleben ausgehen.

2. Alfred Adlers Theorieentwicklung im Überblick

Aus Adlers Sicht ist die Individualpsychologie »Philosophie« (1932h, S. 528). Adler ist sehr belesen und beruft sich unter anderen auf Kant, Nietzsche und Vaihinger, aber auch auf Herder, Novalis, Dilthey und viele andere. Viele Bezüge zur Philosophie sind im Kommentarteil zu »Über den nervösen Charakter« (1912a/2008a) von Rolf Kühn erläutert worden. So wie jede Wissenschaft mündet die Individualpsychologie, laut Adler, in die »Metaphysik« (1932g, S. 517) ein. Die Zielgerichtetheit sei eine Auffassung »a priori« (S. 517), die dazu diene, Geschehnisse zu ordnen und sie »unter ein gemeinsames Licht zu stellen« (S. 517). Adler möchte »die Kenntnis der nervösen Persönlichkeit aus ihren fehlgeschlagenen Beziehungen zur wirklichen Welt« (1936l, S. 622) gewinnen. Zur Außenwelt rechnet er »auch das Erlebnis der Körperlichkeit und die Eindrücke des Seelenlebens« (S. 626). Adler erschließt also die Persönlichkeit aus ihren Beziehungen, aus ihrer individuellen Lebensbewegung, die einer bestimmten Richtung folgt. Seine teleologische Sichtweise, das vereinigende zielgerichtete Prinzip, zeigt sich in zwei Formen möglicher Lebensbewegung. Diese »doppelte Dynamik« (1929f, S. 353) soll hier im Überblick dargestellt werden.

Adlers Theoriebildung geht von der Organminderwertigkeit aus. Kennzeichnend für die minderwertigen Organe ist seiner Meinung nach, dass sie in ihrer embryonalen Entwicklung noch nicht ganz ausdifferenziert seien; der Mangel könne aber in der weiteren Entwicklung kompensiert werden (Adler 1908e/2008a). Diesen Gedanken erweitert er auch auf die psychische Entwicklung. Anstoß für die Kompensation sind also Minderwertigkeit und Minderwertigkeitsgefühl. Das Minderwertigkeitsgefühl stammt »aus realen Eindrücken«; es wird später »tendenziös« (1913a, S. 63) festgehalten und verlangt eine Kompensation im Sinne der Erhöhung des Persönlichkeitsgefühls.

Für diese Kompensation findet Adler ein allgemeines Prinzip des menschlichen Lebens, das bereits den existenziellen Ansatz seiner Dynamik deutlich macht: Der Mensch entwirft (unbewusst) Vorstellungen von sich selbst, wie er sein möchte, um in dieser Welt leben zu können.[2] Für Adler bündeln sich die psychischen Tendenzen in einer leitenden »Fiktion« (hier beruft er sich auf Vaihinger [1911]), die der allgemeinen Lebensbewältigung, auch dem Überleben in einer traumatisierenden Umwelt, dient. Die Zielvorstellung ist außerhalb der menschlichen

---

2 Eine interessante Fragestellung wäre, den formalen Bezug dieser unbewussten Vorstellungen zu Melanie Kleins unbewussten Fantasien (Klein 1944/1975, S. 311) zu untersuchen.

Möglichkeiten angesiedelt. Ähnlich findet Sloterdijk (2009, S. 700), der Mensch müsse sich am Unmöglichen orientieren. Erst diese Orientierung am Unmöglichen lasse den Menschen zu dem werden, was seinem Seinkönnen, seinem Potenzial entspricht.

Adler nennt die unbewusste Vorstellung, die den Menschen vor dem Chaos und der Unsicherheit des Lebens sichert und ihm Orientierung gibt, einen »fixen Punkt außerhalb seiner selbst« (1912a/2008, S. 80). Deshalb kann man mit der phänomenologischen Tradition von einer immanenten Transzendenz sprechen, einer »Intentionalität, die sich auf ein Außen richtet, ohne den Bereich der Subjektivität zu überschreiten« (Witte 2008, S. 162). Diese immanente Transzendenz ist ein Wesensmerkmal des Individuums als Subjekt. Es ist ein Postulat Adlers, das die Möglichkeit des einheitlichen Handelns erklärt. Für den »Punkt außerhalb« findet Adler verschiedene Namen, unter anderem »Persönlichkeitsideal« oder »Ziel der Überlegenheit«. Das Streben nach diesem Ziel, das »Streben nach oben« ist die treibende und organisierende Kraft der Persönlichkeitsbildung.

Nach Adler ist die Psyche ein Angriffs- und Verteidigungsorgan (1930n, S. 347). Der Mensch kann nicht anders, als sich auf etwas auszurichten. Von allen Merkmalen der Individualpsychologie ist dies das bedeutendste, dass Adler das Individuum in seiner »Finalität« erfasst hat. Er schreibt, dass wir nicht in der Lage sind »zu denken, zu fühlen, zu wollen, zu handeln, ohne dass uns ein Ziel vorschwebte« (1914h, S. 146). Das zielgerichtete Streben gibt der menschlichen Lebensbewegung eine einheitliche Richtung und bedingt die Einheit der Persönlichkeit. Dabei beruft sich Adler auf Kant (1933l, S. 566), auf dessen Lehre von den apriorischen Formen der Anschauung (1932g, S. 517) und auf die »Festsetzung der Einheitlichkeit der Persönlichkeit [...], ohne die eine psychologische Untersuchung überhaupt nicht denkbar wäre« (1926k, S. 252). Die Einheit »ist das Eingangstor zur Individualpsychologie, ihre notwendige Voraussetzung« (S. 251).

Noch unter dem Eindruck des Ersten Weltkriegs führt Adler 1918 das Gemeinschaftsgefühl ein. Am Beispiel der Werke Dostojewskis beschreibt er eine doppelte Bezogenheit, die sicheren Halt und festen Standpunkt gibt: der Mensch, der seinen Mitmenschen ein Wolf ist oder von Nächstenliebe sowie Gemeinschaftsgefühl geleitet ist (1918c/2009, S. 109). Beide Bezogenheiten sind durch eine Grenze voneinander geschieden, aber der Mensch kann diese Grenze überschreiten. Hier stellt Adler das Gemeinschaftsgefühl noch unverbunden neben seine erste Minderwertigkeits-Kompensations-Dynamik. Von 1926 bis 1933 versucht er, sein Verständnis des Gemeinschaftsgefühls auszuarbeiten und beide Bezogenheiten als »doppelte Dynamik« (1929f, S. 353) in seine Anschauung vom menschlichen Leben zu integrieren.

1. Einen Aspekt des Gemeinschaftsgefühls sieht er in der Verbundenheit: in der Verbindung der Menschen untereinander, mit Natur, Erde und Kosmos, in der Verbindung von Leib und Seele. Das Leben ist Entwicklung, Bewegung und Richtung. Adler löst alle festen Strukturen in Bewegung auf. In den 1930er Jahren hat er die

Vision, das Gemeinschaftsgefühl möge in der evolutionären Weiterentwicklung im menschlichen Leben so verankert sein wie das Atmen (1933i, S. 557). Dabei geht es ihm nicht um biologische, sondern um ontologische Fragen, um das Sein des Menschen. Er hat die leib-seelische Wirklichkeit des Menschen im Blick, wie Körper und Psyche nach dem Endziel ausgerichtet sind, wie die Stimmungen, Gefühle, körperlichen und seelischen Spannungen des Kleinkindes sich bündeln, organisieren und im Ziel sammeln. Aus der Perspektive der Entwicklungspsychologie spricht Adler von der präverbalen Phase, aus einer philosophischen Perspektive spricht er vom Sein des Menschen. So gelingt ihm eine ontologische oder leib-seelische Fundierung des Gemeinschaftsgefühls.

2. Einen zweiten Aspekt des Gemeinschaftsgefühls sieht Adler in der Mitbewegung und im Mitfühlen. Bei der ersten Minderwertigkeits-Kompensations-Dynamik dient die Mitbewegung bis 1914 dazu, den neurotischen Lebensstil zu verstehen, zwar auch mit intuitiver Einfühlung, aber die »gedankliche Mitbewegung« (1913j, S. 120) steht im Vordergrund. Ab 1926 fühlt sich Adler in einer emotionalen Mitbewegung intensiver in das Erleben der Patienten ein. Sie kommt besonders zum Ausdruck in Adlers bekannter Definition des Gemeinschaftsgefühls: »Mit den Augen eines anderen zu sehen, mit den Ohren eines anderen zu hören, mit dem Herzen eines anderen zu fühlen« (1928f, S. 315). Dieses Verständnis von Gemeinschaftsgefühl als Mitbewegung und Einfühlung beginnt 1923 mit Adlers Hinwendung zur emotionalen Erfahrung des Patienten, vor allem zu dessen Entmutigung und Zärtlichkeitsbedürfnis. Dadurch gründet er das Gemeinschaftsgefühl auf die emotionale Erfahrung.

3. Den dritten Aspekt, das Gemeinschaftsgefühl als »richtunggebendes Ideal«, erwähnt Adler im Aufsatz »Über den Ursprung des Strebens nach Überlegenheit und des Gemeinschaftsgefühls« (1933i, S. 550) und im Buch »Der Sinn des Lebens« (1933b/2008b, S. 160).

Adler spricht von den Versuchen der Menschheit, sich den richtigen Weg zur Vollkommenheit vorzustellen. Ein Versuch sei der Gottesbegriff, der »dem dunklen Sehnen des Menschen, Vollkommenheit zu erreichen, als konkretes Ziel der Vollkommenheit am besten entspricht« (1933i, S. 553). Das Ziel der Vollkommenheit gebe die Richtung für die Entwicklung der Persönlichkeit innerhalb der Gemeinschaft. Aber es handle sich niemals um eine gegenwärtige Gesellschaft. Wie man Adlers Ausdruck »Ziel der Vollkommenheit« lebensphilosophisch verstehen kann, wird weiter unten erörtert.

Während Adler das Konzept des Gemeinschaftsgefühls ausarbeitet, beschäftigt ihn die Grenze zwischen den beiden Bezogenheiten, dem Streben nach Überlegenheit und dem Gemeinschaftsgefühl. Aber erst 1929, nachdem er den Begriff der Bewegung tiefer untersucht und beide Bezogenheiten als Bewegungen erfasst hat, erkennt er beide Bewegungsformen gleichzeitig in jedem Phänomen, eine entfaltet sich im Gemeinschaftsgefühl, die andere strebt nach persönlicher Macht. Adler sieht »diese doppelte Dynamik im neurotischen Symptom genau in der gleichen Weise [...] wie in irgendwelchen anderen Lebensäußerungen« (1929f, S. 353). Es handelt sich also um eine Grenzlinie, die nur begrifflich klar zu definieren ist. Im praktischen Lebensvollzug ist der Übergang fließend, so dass die doppelte Dynamik in jedem Phänomen präsent ist.

Was treibt die doppelte Dynamik an? Die schöpferische Kraft wirkt in einem zutiefst unbewussten Wollen. Worauf zielt das unbewusste Wollen? Von Anbeginn richtet sich der Mensch »wort- und begrifflos« (1933l, S. 567) in der Welt ein, um leben und überleben zu können. Nach Heidegger (1927/1977, S. 258) geht es dem Dasein in allem um sein »Seinkönnen« selbst. Nach der philosophischen Theorie der Lebensphänomenologie von Michel Henry (1992) will das individuelle Leben »selbstverständlich« leben können (Funke u. Kühn 2005), eine Grundgegebenheit, die natürlich erscheint, sobald einem das Leben geschenkt wird. Wenn jedoch infolge eines Mangels an Gemeinschaftsgefühl der primären Bezugspersonen die »Einbettung« des Kindes in eine tragende Gemeinschaft misslingt, ist das Vertrauen in dieses selbstverständliche Leben gestört und es erscheint notwendig, sich auf die eigenen (Willens-)Kräfte zu besinnen und aus eigener Kraft sein Überleben zu sichern. Diese Entwicklung erfolgt unbewusst. Den fixen Punkt oder das Ziel des sichernden Strebens ins Unbewusste zu verlegen, nennt Adler den »schwerwiegendste[n] der neurotischen Kunstgriffe« der Psyche (1913h, S. 105). Der fixe Punkt ist kein Bewusstseinsinhalt, er ist abstrakt, nur der Richtpunkt des Strebens. Adlers abstraktes Ziel wird mit konkreten Vorstellungen gefüllt, um ein Gefühl von »Autorschaft« über sein individuelles Leben zu erzielen (Strenger 2005). Solange die konkrete Fiktion flexibel auf die sich verändernden Bedingungen des Lebens reagiert, verläuft das individuelle Leben ohne Probleme. Nach Adler strebt jeder Mensch nach Vollkommenheit, nach einer Vision, wie das eigene Leben bewältigt werden könnte. Die individuelle Lebensbewältigung, nach Adler der jeweilige Lebensstil, gelingt, wenn diese Vision sich immer wieder an den realen Möglichkeiten erneuern kann.

Wenn sich aber das Leben »wie in Feindesland« (1934g, S. 564) abspielt, dann geht es nur noch um Sicherung und um die Steigerung des Könnens zur Sicherung des Gesicherten. Dann lässt sich die sogenannte neurotische Lebensbewegung verstehen als der verzweifelte Versuch eines Menschen, aufgrund seiner Kindheitserfahrungen ohne Liebe und Gemeinschaftsgefühl leben zu müssen und vermeintlich zu können. »Was entscheidend ist«, sagt Levinas (1989, S. 47 f.): »dass wir von einem bestimmten Moment an nicht mehr können können; genau darin verliert das Subjekt seine eigentliche Herrschaft als Subjekt.«

Auch für die sogenannte normale Lebensbewegung gilt, dass das Ich seine unbewusste Lebensbewältigung als die eigene übernehmen kann – oder auch nicht. Was ist aber das Ich bei Adler? Erst Ende der 1920er Jahre kann er das Ungeheuerliche formulieren, dass nämlich das Ich nichts Strukturelles ist, sondern die Stilisierung der eigenen Lebensbewegung, die, wenn sie Form gefunden hat, als gefrorene Bewegung definiert wird. Was Adler Ich nennt, ist Lebensstil, Individualität, schöpferische Kraft und Lebenskraft.

Und dieses Ich, dieser Lebensstil kann sich gegen das eigene Leben richten, unbewusst in destruktiven Tendenzen oder bewusst im Suizid. Ende der 1920er und Anfang der 1930er Jahre, vor allem 1933, geht es Adler in vielen Formulierungen um das Leben selbst, eine Tendenz, die in einer lebensphilosophischen Auslegung verständlich wird. In dieser Sicht löst sich das Ich im Gemeinschaftsgefühl auf. Das Gemeinschaftsgefühl ist nunmehr verstanden als das spontane Leben selbst, seine Dynamik ist die Dynamik des Lebens. Insofern schließt sich der Kreis der doppelten Dynamik. Adler sieht im menschlichen Leben prinzipiell diese zwei Tendenzen, eine Bewegung im Sinne eines lebendigen Gemeinschaftsgefühls, die andere im Streben nach persönlicher Überlegenheit; dies erinnert an die depressive und die paranoid-schizoide Position nach Melanie Klein (1944/1975, S. 317), nur erfahren diese Konzepte bei Adler eine lebensphilosophische Fundierung. Da sich das Ich auch gegen das eigene Leben richten kann, könnte das Missverständnis aufkommen, es gebe einen Todestrieb und einen Lebenstrieb; der Mensch ist jedoch bei Adler nicht triebhaft gesteuert, sondern von seinem unbewussten bis bewussten Wollen, das immer ein Können-Wollen ist. Der Ausdruck »doppelte Dynamik« meint nicht zwei gegensätzliche Kräfte oder zwei Bereiche, sondern eine Lebens-, Überwindungs- oder Strebenskraft, die fehlgeleitet sein und sich sogar im Suizid gegen das eigene Leben richten kann, um das vom Erleben her bedrohte Persönlichkeitsgefühl zu retten.

In diesen Fragen und in der Lösung dieser Fragen steckt nach Adler »der ganze Wert und die ganze Bedeutung der Individualpsychologie« (1933i, S. 551). »Diese Erkenntnis ist nicht unmittelbar erfassbar, sie kann nicht gefunden werden durch eine Analyse der sichtbaren Erscheinungen und Tatsachen« (S. 551). Manche Erkenntnisse erschließen sich nur in einer inneren, subjektiven Gewissheit, einer inhärenten »Stimmigkeit« in der persönlichen Wahrheitserfahrung (Dürr 2003, S. 34).

Im folgenden Kapitel soll nun diese zusammenfassende Darstellung von Adlers Theorieentwicklung an seinen Zitaten überprüft und im Einzelnen ausgearbeitet werden.

3. Die doppelte Dynamik

Adlers Theorie thematisiert, wie der Mensch sein Leben in der Welt bewältigt. Das Leben des Einzelnen wie der Masse stellt sich nach Adler als ein »Kompensationsprozess« dar, »der gefühlte oder vermeintliche ›Minderwertigkeiten‹ körperlich und seelisch zu überbrücken trachtet« (1937g/2009b). Schon 1908 spricht Adler von Kompensation »durch Wachstum und Funktionssteigerung« (1908e/2007a). Diese Kompensation ist der eine Aspekt von Adlers doppelter Dynamik. Sie kann in ichbezogener oder in mitmenschlicher Weise geschehen. Adler beschrieb zuerst die neurotische Form, ab 1926 dann die allgemein-menschliche Form des Kompensationsstrebens.

Der zweite Aspekt der doppelten Dynamik ist das Gemeinschaftliche. Im Folgenden gehe ich diesen Aspekten oder Tendenzen nach: der Kompensation (1), dem Gemeinschaftlichen (2) und (ab 1931) der Zusammenführung beider Linien (3).

Den Ausdruck »doppelte Dynamik« prägt Adler erst 1929 (siehe Eife 2009). Aber bereits 1918 nennt er die »doppelte Bezogenheit jeder Figur auf zwei außerordentlich fixierte Punkte, die wir fühlen. Jeder Held Dostojewskis bewegt sich mit Sicherheit im Raum, der einerseits abgegrenzt wird durch das isolierte Heldentum, wo der Held sich in einen Wolf verwandelt, andererseits durch die Linie, die Dostojewski als Nächstenliebe so scharf gezogen hat. Diese doppelte Bezogenheit gibt jeder seiner Figuren einen so sicheren Halt und einen so festen Standpunkt, dass sie unerschütterlich in unserem Gedächtnis und in unserem Gefühl ruhen« (1918c/2009b, S. 109). Wenn Raskolnikow von einer Bezogenheit in die andere wechselt, überschreitet er »die Grenze«, »die ihm durch sein bisheriges Leben, durch sein Gemeinschaftsgefühl und durch seine Lebenserfahrungen gesetzt war« (S. 102). Adler sieht den Gegensatz in zwei Fixpunkten, auf die jede Figur bezogen ist: im isolierten Heldentum oder der Nächstenliebe. Die »Erfahrung von der überragenden Notwendigkeit der Gemeinschaftsbestrebungen« streite gegen das »Verlangen nach Macht« (1918e/2009b, S. 114 f.).

1918 löst Adler die Figuren noch nicht in Bewegung auf – ein Phänomen, das er Ende der 1920er Jahre konzeptualisiert –, aber er sieht sie in Bezug zu den Fixpunkten. Bemerkenswert ist, dass er von Bezogenheit spricht, der Beziehung zweier Figuren, später dann nur noch von Formen der Bewegung; auch in der Quantenphysik (Görnitz u. Görnitz 2008) sind die festen Strukturen aufgelöst, und es gibt nur noch Beziehungen oder Bewegungen. Adler kannte die damals neuen naturwissenschaftlichen Erkenntnisse, denn 1914 kritisiert er »die jetzt überholte ältere Naturwissenschaft mit ihren starren Systemen« (1914h, S. 145). Bei derartiger experimenteller Forschung erscheine »das subjektive Denken und Einfühlen ausgeschaltet«, während es »in Wirklichkeit freilich recht kräftig den Zusammenhang meistert« (S. 144). Diese Wissenschaft sei »heute allgemein ersetzt [...] durch Anschauungen, die biologisch, aber auch philosophisch und psychologisch das Leben und seine Varianten im Zusammenhang zu erfassen trachten« (S. 145).

1926 nennt er nochmals diese doppelte Bezogenheit, das »Streben nach Überlegenheit« und die »Größe des Gemeinschaftsgefühls, das dieses Individuum an die andern bindet« (1926m, S. 275). Erst 1929 gelingt ihm die prägnante Formulierung der doppelten Dynamik, die beide Bezogenheiten als Bewegungen erfasst und vor allem beide Bewegungen *in jedem Phänomen* erkennt: Man kann »die gleichlaufenden Linien und Bewegungsformen des Gemeinschaftsgefühls und des Strebens nach Überlegenheit in zwei oder mehreren Ausgestaltungen«

(1929f, S. 354) wahrnehmen. »In jeder seelischen Ausdrucksbewegung ist demnach neben dem Grad des Gemeinschaftsgefühls das individuelle Streben nach Überlegenheit festzustellen und an anderer Stelle zu bestätigen. So werden wir erst beruhigt die Akten schließen, wenn wir diese doppelte Dynamik im neurotischen Symptom genau in der gleichen Weise spielen gesehen haben wie in irgendwelchen anderen Lebensäußerungen« (S. 353). Adler beschreibt hier zwei Bewegungsformen in jedem Phänomen, eine »im Sinne des Gemeinschaftsgefühls« (1928m, S. 332), die andere »im Sinne der persönlichen Macht« (S. 332). Die neurotische Form der Kompensation erarbeitet Adler zuerst.

3.1 Die Kompensation

Adler geht von der organischen Kompensation aus (1908e/2007) und erweitert sie auf das Psychische. Die Kompensation wird in den frühen Aufsätzen zum »männlichen Protest«, 1912 in »Über den nervösen Charakter« (1912a/2008a) zum »Willen zur Macht« und zum »Streben nach persönlicher Überlegenheit«. Der männliche Protest wird nur noch in zwei Beiträgen von 1930 (1930n, S. 373) und 1931 (1931n, S. 482) erwähnt; er sei nichts anderes als die »Konkretisierung eines Strebens nach Macht, wie sie durch die soziale Unterschätzung und Unterwertung der Frau in unserer Kultur notwendigerweise erzwungen wird« (1930n, S. 382). »Wille zur Macht« wird in den folgenden Aufsätzen nicht mehr verwendet, er wird zum Streben nach Überlegenheit, nach Gottähnlichkeit, ab 1926 zum Streben nach Überwindung und Vollkommenheit.

Adlers Neurosenlehre wurde in seinem Hauptwerk »Über den nervösen Charakter« (1912a/2008a) in seiner endgültigen Fassung vorgelegt und später in seiner Grundstruktur nicht mehr verändert.

3.1.1 Die neurotische Form der Kompensation: Die Minderwertigkeits-Kompensations-Dynamik

Adler geht aus von der »Organminderwertigkeit« (1908e/2007) als Grundlage der Neurose; sie wird durch die psychologische Dimension *Minderwertigkeitsgefühl* erweitert, aber das Interesse an der Organminderwertigkeit zieht sich durch Adlers ganzes Werk.

Da der Neurotiker sich dem Leben gegenüber minderwertig fühlt, strebt er danach, »sich dem Leben gewachsen zu erweisen« (1913a, S. 63) und es zu sichern. Adler spricht sogar vom »Zwang zur Sicherung der Überlegenheit« (S. 60). Dieser Zwang »wirkt dermaßen stark, dass jedes seelische Phänomen [...] neben der Oberfläche seiner Erscheinung noch den gleichen Zug in sich trägt: von einem Gefühl der Schwäche loszukommen, um die Höhe zu erreichen, sich von ›unten‹ nach ›oben‹ zu erheben« (S. 60). Jede »seelische Ausdrucksbewegung des Nervösen« trägt in sich zwei Voraussetzungen: »ein Gefühl des Nicht-Gewachsenseins, der

Minderwertigkeit und ein hypnotisierendes, zwangsmäßiges Streben nach einem Ziele der Gottähnlichkeit« (1914k, S. 161).

Diesen Ansatz, den Adler am Neurotiker entwickelt hat, erweitert er zu einer Persönlichkeitstheorie und beschreibt die Bedingungen der menschlichen Existenz ganz allgemein. Insofern handelt es sich um einen *existenziellen Ansatz*. Adler spricht von der »realen Not« (1923f, S. 217), der »Dürftigkeit und Hilflosigkeit des Kindes« (1923c, S. 207), und ergänzt, dass das Minderwertigkeitsgefühl auch aus der »Hinfälligkeit des menschlichen Organismus gegenüber der Natur« (1923f, S. 217) stammt. Nun heißt für ihn »Mensch sein [...] ein Minderwertigkeitsgefühl haben; denn gegenüber der Natur, gegenüber den Schwierigkeiten des Lebens, des Zusammenlebens, der Vergänglichkeit des Menschen kann sich ja niemand eines Minderwertigkeitsgefühls entschlagen« (1926k, S. 258). Dies sei aber »ein Glück des Menschen, der Beginn, der Ansporn zur Entwicklung der Menschheit« (S. 258). Das Minderwertigkeitsgefühl ist »Anstoß« (1933l, S. 568) und »Ansporn« (1926k, S. 258) für das Streben nach Überlegenheit.

Die Antwort auf dieses existenzielle Erleben und darüber hinaus auf eine traumatische Verwundung oder ein Defizit besteht in der individuell gestalteten Verarbeitung des Erlebten. Und diese Antwort wird gesucht im »fixen Punkt außerhalb« der Persönlichkeit, einem Postulat Adlers, das die Möglichkeit des einheitlichen Handelns erklärt. »Ein derartig einheitliches Handeln kann nur verstanden werden, wenn man annimmt, dass das Kind *einen einheitlichen fixen Punkt außerhalb seiner selbst* gefunden hat, dem es mit seinen seelischen Wachstumsenergien nachstrebt« (1912a/2008a, S. 80). Das zielgerichtete Streben gibt der menschlichen Lebensbewegung eine einheitliche Richtung und bedingt die *Einheit der Persönlichkeit*. Aufgrund der Zielsetzung ist trotz Symptomveränderung und Neurosenwandel die Einheit der Persönlichkeit gewahrt. Diese einheitliche Persönlichkeit besteht, »ohne dass sie dem bewussten Denken gegeben wäre, ohne dass sie der Kritik bewusst ist« (1926k, S. 256). In verschiedenen Formulierungen wird von diesem außerhalb des Systems liegenden Bezugspunkt gesprochen: Zunächst ist er das Ziel des sichernden Strebens; Adler spricht von Persönlichkeitsideal, Ziel der Überlegenheit und Gottähnlichkeit, leitender Fiktion. In den 1930er Jahren ist dieser Bezugspunkt »eine ewige Aufgabe des Individuums« (1931n, S. 483), das ferne Ziel der Entwicklung einer idealen Gemeinschaft »sub specie aeternitatis« (1933i, S. 555).

Ein einheitliches Erleben, in dem wir uns mit uns selbst identisch fühlen, erfahren wir nur durch das unbewusst gesetzte konkrete Ziel. Dadurch ist aber das *Sich-identisch-Fühlen als Identität* radikal infrage gestellt. Es gibt keine natürliche, nur eine fiktive Identität.[3] Zu diesem unbewussten *»Ich«* macht Adler 1931

---

3 Lacan nennt dieses Bild, an dem sich der Mensch orientiert, in der Meinung, es sei das innerste und tiefste Wesen seiner selbst, den imaginären Anderen, das »moi« im Unterschied zum unbewussten »je« (Lacan 1991, S. 64).

eine bis heute radikale Aussage, dass nämlich dieses Ich mit seinem Lebensstil identisch sei (1931l, S. 454) und nur fassbar in dieser Bewegung oder Stilisierung. »Was häufig als das ›Ich‹ (Ego) bezeichnet wird, ist weiter nichts als der Stil des Individuums« (1935e/1983a, S. 72). Das Ich ist nicht das angestrebte Ideal noch der vorgestellte Akteur, mit dem ich mich zu identifizieren versuche, sondern es ist »die in Akten vollzogene Beziehung eines eigenartig stilisierten Individuums zu Fragen der Außenwelt« (1936j-1, S. 612). Demgegenüber fokussieren andere psychoanalytische Richtungen mehr auf die »Inhalte und Einzelfunktionen des Seelenlebens (Perzeption, Gedächtnis, Denk- und Fühlsphäre, Instinkte, Libido, Triebe, Reflex)« (S. 612). Heute müsste man zum Beispiel hinzufügen: Selbst- und Objektrepräsentanzen, Strukturdefizite, Bindungsangebote usw.

Der Kern *psychischen Funktionierens* wird heute in der Ausgestaltung der strukturellen Fähigkeiten (Rudolf 2006, S. 10) gesehen, die in die Organisation der Selbststruktur integriert werden. Diese Integration ist als ein Zusammenfügen gedacht. Demgegenüber weist Adler darauf hin, »dass wir nicht etwa durch Zusammenfügung von vorhandenen Elementen zur Erkenntnis kommen« (1931g, S. 434), sondern durch die Hinordnung des Ganzen auf den außerhalb des »Apparates« liegenden Bezugspunkt.

In der Entwicklungspsychologie wird selten gefragt, wodurch aus der Ansammlung der strukturellen Funktionen eine individuelle Gestalt entsteht. Lichtenberg (2000, S. 61) vermutet ein übergeordnetes *Motivationszentrum,* das er das Selbst nennt, führt den Gedanken aber nicht aus. Für Adler ist dies ein »perspektivischer Fluchtpunkt« (Witte 2010, S. 68), der Sicherheit und Erfolg verspricht, den jeder Einzelne in einer konkreten Fiktion ausgestaltet, auf die hin er alle seine Strebungen unbewusst ausrichtet, und zwar parallel oder auch konträr zu seinen bewussten Lebenszielen. Das Ziel zieht sich »wie ein roter Faden, wie die Eigenart eines Künstlers in seinen Kunstschöpfungen« (1930n, S. 374), durch alle seine Ausdrucksbewegungen und Symptome. Das »Persönlichkeitsideal« oder Ziel ist nur der Richtpunkt des Strebens, nicht die vorgestellte *Konkretisierung*. Den Ausdruck »Persönlichkeitsideal« gebrauchte Adler nur noch 1913 und 1914. Persönlichkeitsideal ist synonym mit dem abstrakten Ziel und sollte nicht verwechselt werden mit dem bewussten Vorbild oder Ideal, das in einer Rolle, einer Person, einem Bild konkretisiert wird, mit dem man sich identifizieren kann. Die Konkretisierung geschieht unbewusst, oder wenn sie bewusst ist, wird sie nicht in ihrer Funktion verstanden. Das Verstehen einer solchen Konkretisierung, des konkreten Lebensstils, gelingt durch Erraten oder Intuition: »Man soll das Erraten nicht etwa als außerhalb des wissenschaftlichen Denkens gelegen ansehen; auch in der Wissenschaft kommt der Fortschritt nur durch Erraten zustande« (1931g, S. 434). Andererseits erkennt Adler schon 1914 die damit verbundenen Probleme: »Es ist, als ob [in der wissenschaftlichen Weltanschauung] Erfahrung und Menschenkenntnis mit tieferer Absicht ausgeschlossen sein sollten und als ob der künstlerischen, schöpferischen Anschauung und Intuition jede Geltung bestritten wäre« (1914h, S.144).

Zwei Jahre vor dem Ersten Weltkrieg deutet Adler die Existenz des Einzelnen in seinem In-der-Welt-Sein als *Willen zur Macht*. Alfred Adler hat diesen Begriff von Friedrich Nietzsche übernommen. »Wo ich Lebendiges fand, da fand ich den Willen zur Macht; und noch im Willen des Dienenden fand ich den Willen, Herr zu sein« (Nietzsche 1886/1980, S. 147). 1912 schreibt Adler:

»Wir haben bisher als leitende Kraft und Endzweck der aus konstitutioneller Minderwertigkeit erwachsenen Neurose die Erhöhung des Persönlichkeitsgefühls betrachtet, die sich immer mit besonderer Macht durchzusetzen sucht. Dabei ist uns nicht entgangen, dass dies bloß die Ausdrucksform eines Strebens und Begehrens ist, deren Anfänge tief in der menschlichen Natur begründet sind. Die Ausdrucksform selbst und die Vertiefung dieses Leitgedankens, den man auch als Wille zur Macht (Nietzsche) bezeichnen könnte, belehrt uns, dass sich eine besondere Kraft kompensatorisch im Spiel befindet, die der inneren Unsicherheit ein Ende machen will« (1912a/2008a, S. 62). Adler spricht vom »unbedingten Primat des Willens zur Macht« (S. 92).

Nietzsche und Adler geht es nicht in erster Linie um die soziale Macht und Überlegenheit, sondern um eine Eigenart des Willens, mächtig sein zu wollen, und dieses Charakteristikum finden beide Autoren gerade bei solchen Menschen, denen die reale Macht fehlt. Witte übersetzt »Willen zur Macht« ins Psychologische mit dem Ausdruck »unbedingtes Könnenwollen« (Witte 2010, S. 114). Das Kind, dem die ursprünglichen körperlichen und seelischen Bedürfnisse nicht erfüllt werden, sucht einen Ausgleich dieser Mangelerfahrung durch »psychisches Können« (1912a/2008a, S. 49). Die Anstrengung des psychischen Könnens, die für die Neurose kennzeichnend ist, bezieht sich auf die Erhöhung des Persönlichkeitsgefühls, auf die Wertsteigerung des Ich. Aber eine Anstrengung in einem Bereich, der sich dem Könnenwollen entzieht, wie Liebe und Kreativität, ist zum Scheitern verurteilt (Witte 2010, S. 84). Die innere Dynamik der Neurose ist ein auswegloses Streben als Versuch der Selbstheilung von fundamentalen Ängsten und Wertlosigkeitsempfindungen. »Was er [der Neurotiker] aber nicht weiß, ist, dass er etwas noch mehr [als seine Symptome] fürchtet: als etwas Wertloses dazustehen; es könnte sich etwa das düstere Geheimnis entpuppen, dass er nichts wert sei« (1933b/2008b, S. 102). Er ist »ein Mensch, der glaubt, vor einem tiefen Abgrund zu stehen, der fürchtet, wenn er angetrieben wird, in den Abgrund zu stürzen, das heißt, dass seine Wertlosigkeit sich enthüllen würde« (S. 102). Die gefürchtete fundamentale Wertlosigkeit ist jedoch ein Seinsmangel, nicht ein Könnensmangel. Die Anstrengungen des Könnens und Wollens richten sich gegen die wesenhafte Wertlosigkeit, das heißt bei Adler gegen die konstitutionelle Minderwertigkeit (Witte 2010, S. 87).

Es geht nicht um eine alltägliche Vorsorge, sondern um das Streben nach einer prinzipiellen Sicherung, um die Sicherung als Überlebensprinzip. Der Wille zur Macht tritt nur dann ins Bewusstsein, wenn »die Macht« bedroht ist. Im Gelingen bleibt er unbewusst. Solange keine Probleme da sind, ist man sich selbst bewusst, ohne sich dessen (des Selbst-Bewusstseins) bewusst zu sein – es ist selbst-verständlich.

Die *individuelle Spannweite von Ohnmacht und Macht* spiegelt die Dynamik des menschlichen Lebens, wie Alfred Adler es sah. Dabei müssen Ohnmacht und auch die (existenzielle) Bedürftigkeit der Patienten sowie ihr Ziel, diese Bedürftigkeit mit bestimmten kompensatorischen Strategien zu überwinden, zusammengedacht werden; ebenso die mit beiden Befindlichkeiten verbundenen Gefühle, auf der einen Seite das Gefühl von Ohnmacht und Wertlosigkeit, auf der anderen Seite das Gefühl der Macht und Kontrolle. »Zwischen diesen beiden Punkten spannt sich das neurotische System, der Lebensplan des Nervösen« (1913a, S. 63). Das eine ist nicht vorstellbar ohne das andere, und es ist müßig, zu überlegen, was zuerst da war. Aber die Führung übernimmt »das hypnotisierende Ziel« (S. 65), das alle Lebenskräfte in seine Richtung zieht. Diese Dynamik findet Adler »in gleicher Weise bei Gesunden und Kranken« (1914h, S. 150); den Unterschied zwischen beiden sieht er in den Jahren 1913 und 1914 nur graduell, als »Varianten« (1914k, S. 162) des normalen Seelenlebens. Der Gesunde hafte nicht an der »leitenden Fiktion«, sondern orientiere sich nur ungefähr an seinem »Leitbild« (S. 159), nicht dogmatisch wie der Psychotiker (1912a/2008a, S. 81). Später findet Adler eine Unterscheidung zwischen gesund und neurotisch im Grad des Gemeinschaftsgefühls.

Das Thema der *Individualität* zieht sich durch Adlers Werk. Er verweist auf Rudolf Virchows Zellularpathologie, in der dieser die Zelle als Individuum in einer einheitlichen Gemeinschaft sieht, »in der alle Teile zu einem gleichartigen Zweck zusammenwirken (Virchow)« (Adler 1912a/2008a, S. 29). Adler sucht nach einem »einheitlichen Verständnis des Menschen, nach einem Erfassen seiner (unteilbaren) Individualität« (1913c, S. 85), und setzt »die Einheit der Individualität« (1914h, S. 145) als Postulat voraus. 1923 beschreibt er, wie das Ziel bzw. die leitende Idee »die Individualität des Einzelnen« (1923c, S. 207) formt. Sie »modifiziert seine Logik, Ästhetik und Moral und drängt ihm die zugehörigen Charakterzüge, Intelligenz, Energie und Affekte auf« (S. 207). Aufgabe der Individualpsychologie sei es, die »tausend Varianten« (1932g, S. 522), »die individuelle Abwegigkeit zu erfassen« (S. 518), um »das individuelle Bewegungsgesetz zu erraten« (S. 522), da dieses nicht unmittelbar gegeben sei. Diese Aussage zeigt die Unmöglichkeit, individuelle, konkrete Lebensstile zu operationalisieren. In jedem Symptom steckt »außer der Äußerlichkeit [...], außer dem Inhaltlichen [...] noch etwas Persönliches, Einmaliges darin. [...] umso mehr wird man begreifen, dass es Symptome, die das Gleiche bedeuten, nicht gibt. [...] Wenn zwei dasselbe tun, ist es nicht dasselbe« (1931m, S. 465).

Was Adler hier für das Symptom feststellt, gilt für alle Ausdrucksbewegungen; das Einmalige, die individuelle Färbung lässt sich nicht im Äußerlichen oder Inhaltlichen ausdrücken und lässt sich nur schwer in Worte fassen. Aber genau darum geht es der Individualpsychologie. Während die empirische Forschung zu erfassen sucht, worin sich die Menschen unter gleichen Bedingungen gleich sind, geht es der Individualpsychologie um das »subjektive Denken und Einfühlen« (1914h, S. 144). Sie darf sich nicht damit begnügen, die »allgemeine Diagnostik« (1931m, S. 480) zu erheben, sondern sie muss versuchen, die Persönlichkeit, die Individualität mithilfe der Lebensstilanalyse aufzuspüren. Allgemeine Aussagen dürfen »nur zur Beleuchtung des Gesichtsfeldes Verwendung finden, auf dem der Einzelfall in all seinen Verwicklungen gesichtet werden muss« (1933l, S. 568).

Die psychische Dynamik dient (insgesamt) der *Kompensation;* dieses Phänomen des Lebendigen wird in Adlers Texten immer wieder aufgegriffen und bleibt in seiner Bedeutung unverändert. Dem Konzept der Kompensation liegt ein hoffnungsvolles, lebensbejahendes Menschenbild zugrunde. Die kompensatorische Dynamik stellt eine unbewusste, zielgerichtete psychische Eigenaktivität dar und ist der Antrieb jeder psychischen Äußerung und jeder psychischen Entwicklung. Nachdem Adler das Konzept eines Aggressionstriebs nach 1908 nicht mehr aufgegriffen hat, wird die Aggression in seinem Sinne Antrieb für die Kompensation, wird selbst Kompensation, dann schöpferische Kraft. Große Leistungen resultieren laut Adler nicht aus ursprünglich angeborener Begabung, sondern aus der Kompensation, »denn im Kampf mit Schwierigkeiten wachsen die Kräfte und werden für große Leistungen geeignet« (1924d, S. 228).

Zu den Kunstgriffen der Psyche gehört nach Adler »die Verlegung des Zieles oder eines Ersatzzieles ins Unbewusste« (1913h, S. 105). Die scheinbare Gegensätzlichkeit von bewussten und unbewussten Regungen sei nur ein Gegensatz der Mittel für den Endzweck des Zieles (S. 106). Entscheidend ist der Grundsatz Adlers: Ob ein psychisches Phänomen bewusst ist oder unbewusst, hängt immer davon ab, ob es so oder so im Dienste des unbewussten Persönlichkeitsideals besser eingesetzt werden kann. »Das Unbewusste, das ist der Lebensstil« (1930j, S. 369). Anfang der 1930er Jahre führt Adler seine Gedankengänge über das *Unbewusste,* auch im Unterschied zur Psychoanalyse, fort: Dem unbewussten Lebensstil »fügen sich gleichlaufend das Denken, das Fühlen, das Handeln, das Wollen, alle Charakterzüge, das Bewusste und das Unbewusste ein. Nur wer das ›Bewusste‹ wörtlich nimmt, wer nicht erfasst hat, dass ein bewusster Vorgang ›sein eigentliches Gegenteil‹ bedeuten kann, wer vergessen hat, dass Bescheidenheit auch Hochmut bedeuten kann (Sokrates), wird immer Gegensätze des Bewussten und Unbewussten zu entdecken glauben« (1931n, S. 458). 1932 formuliert Adler Gedanken über das Bewusstsein, für die wir heute den Begriff *implizites Wissen* (Stern 2005, S. 123) verwenden: etwas, das uns gegeben ist, was wir aber nicht thematisch (explizit) erfassen. Oft wird nach Adler das Unbewusste als das Nichtbegriffliche gedacht, das plötzlich bewusst erscheine, sobald man es in Begriffe fasst. Aber »auch das nichtbegriffliche Denken, von dem wir jeden Moment unseres Lebens erfüllt sind, ist bewusst im Sinne des Bewusstseins, weil wir es immer gegenwärtig haben, weil es niemals verschwindet« (1932g, S. 522). Deshalb werde durch die Aufstellung des Unbewussten das »untrennbare einheitliche Ich« nicht tangiert.

In der Fundierung des Lebensstils als einer frühkindlichen Inkorporation – die niemals in Worte gefasst wurde, daher unangreifbar für Kritik, auch der Kritik der Erfahrung entzogen ist, so dass das Kind den Zusammenhang nur »dunkel« versteht (1933i, S. 557) – liegt eine *eigene dynamische Konzeption des Unbewussten*, konträr zu Freuds Auffassung. Das Problem für Adler war Freuds Einengung des Begriffs »dynamisches Unbewusstes« auf das Verdrängte und die Reifizierung des Unbewussten. Diese Konzeption des Unbewussten hat sich seit Freud sehr verändert. Auch die neurobiologische Forschung (Kandel 2006; Roth 2003) und die Forschungen Daniel Sterns erneuern das Konzept »ubw«. Bollas (1997, S. 290) spricht vom »ungedachten Bekannten«. Adlers Grundsatz entspricht Bions Überlegung, dass es nicht darum geht, dass jemand etwas ins Unbewusste verdrängt – so als sei dies eine Lokalität –, sondern dass wir verstehen müssen, warum »jemand etwas in seinem Inneren nicht erkennt« (Symington u. Symington 1996, S. 8). Auch dem nicht verdrängten Unbewussten kommt aus Adlers Sicht die Qualität eines dynamischen Unbewussten zu, denn das Unbewusste beherrscht das Wollen und Wesen des Individuums. Das Abwehrkonzept ist für Adler sekundär (1931f, S. 504). Primär ist die schöpferische Kraft, die sich im kompensatorischen Überwindungsstreben des Lebensstils ausdrückt. Anstelle von Abwehr verwendet Adler den Ausdruck »Sicherungstendenz«; sie betont die eigene Aktivität und Stärke und blickt nicht in erster Linie auf das Abgewehrte.

Von Anbeginn findet sich das Kind in einem Bezug zu sich, zum eigenen Körper, zur Welt. Die Fähigkeit zur *Einschätzung* der ersten Umwelt oder nach Fonagy (2002) die *Mentalisierung* ist in hohem Maße von der affektiv-interaktiven Qualität der Primärbeziehungen abhängig. Was immer das Kind anfänglich vorfindet, womöglich traumatisch erlebt, bei sich (minderwertige Organe) und in der primären Umwelt, gehört nach Adler zum seelischen »Material« (1913a, S. 70), das durch die unbewusste Einschätzung verarbeitet wird, wie Affekte, Fühlen, Handeln, Traumata, Charakter, Temperament. Auch das, was Gerd Rudolf (2006) die strukturellen Funktionen nennt, ist nach Adler Baumaterial. Seelische und körperliche Vererbung wie Umwelteinflüsse können »gleich einer Summe von Bausteinen erfasst werden, aus der bei aller Verschiedenheit derselben jede[r] in der Kindheit seinen Lebensstil aufbaut. Ähnlichkeiten, statistische Wahrscheinlichkeiten sind häufig festzustellen, Gleichheit nie« (1935l/1983a, S. 88). Auch Objektbeziehungsmodi, Introjektionen und Identifikationen, auch die Organisationsgrade des Selbst (Arbeitskreis OPD 2006) sind das *Baumaterial zur Errichtung des Lebensstils;* es sind die »sekundären Leitlinien«, die im »Persönlichkeitsideal« als dem Einheit stiftenden »geistigen Band« konvergieren (1912a/2008a, S. 93).

Die *Einschätzung* der Kindheitssituation *(Mentalisierung)* und das Ziel der Überwindung dieser Situation gehören zusammen wie zwei Seiten einer Münze. Sobald das unbewusste Ziel errichtet ist, folgt die Einschätzung diesem Ziel, dem

Persönlichkeitsideal. Das heißt, was immer einem später begegnet, steht schon im Dienste dieses Ziels und wird dementsprechend tendenziös verarbeitet. Alle Eindrücke, die nicht zur Sicherung gebraucht werden, werden ausgeschaltet (1936l, S. 626).[4] 1913 schreibt Adler, dass eine »Kampfstellung gegen die Umgebung« (1913c, S. 87) dem Kinde aufgedrängt wird; später spricht er von »irrtümlicher« Verarbeitung oder Einschätzung (1923c; 1924d; 1931m) des Kindes durch eine körperlich oder seelisch vermittelte Position, aus der das Kind andauernde oder verschärfte Minderwertigkeitsgefühle empfängt. In dieser Position kümmert es sich nur noch um sein eigenes Überleben in egozentrischer Art und kann nicht fühlen, wie sein Mitmensch fühlt. Heute würden wir sagen, es konnte seine strukturellen Fähigkeiten (Rudolf 2006) nicht entwickeln oder die Entwicklung der »Mentalisierung« (Fonagy 2002) sei beeinträchtigt. Diese traumatischen oder Mangelsituationen wurden in den letzten Jahrzehnten von der Selbstpsychologie (Kohut 1979), von der Entwicklungspsychologie (Dornes 1999) und von der Psychotraumatologie (Fischer u. Riedesser 1999) eingehend erforscht.

Bei Adler sind *Körper und Psyche* eng miteinander verbunden. Adler meint, dass es »keine Organminderwertigkeit gibt, welche nicht auf seelische Einflüsse antwortet« (1934h, S. 572), und umgekehrt vermögen körperliche Haltungen entsprechende Gefühle zu induzieren. Adler nennt die Angst »die vorwiegendste Ausprägung des Minderwertigkeitsgefühls« (1928j, S. 327). Auch spricht er von einer »Grundstimmung« der Angst (1931f, S. 501), die jeder Neurose zugrunde liege. Umfassende körperlich-seelische Gestimmtheiten (siehe 1934h) sind immer schon da, bevor sie erkannt werden; sie sind weitgehend unbewusst und namenlos. »Bei einer seelischen Spannung beginnt der ganze Körper zu vibrieren. Wir nehmen dies aber nur an Stellen wahr, wo sich die Erscheinungen deutlicher zeigen, und das ist zumeist an den minderwertigen Organen« (1931m, S. 474). »Vielleicht der auffallendste Charakterzug aller Nervosität besteht in der Überempfindlichkeit. Das heißt doch, dass einer das Gefühl hat, dass er zusammenbrechen könnte, wenn auch nur eine Kleinigkeit gegen ihn geschieht, und dass er sich dagegen mit allen Mitteln zur Wehr setzen muss« (1931l, S. 457). »Jede Prüfung und Entscheidung wird zur furchtbarsten Bedrohung des mühsam aufrechterhaltenen Gleichgewichts« (1930n, S. 377).

Die »gesteigerte ›Affektivität‹« (1913a, S. 60) folgt aus der »Einfühlung in die Krankheitssituation« (1929f, S. 353): Der Patient identifiziert sich mit einer Situation, die möglicherweise in der Zukunft eintreten könnte. »Das kann man am besten bei dem Melancholiker sehen, der so lebt, als ob das Unglück schon geschehen wäre« (1931m, S. 476). Die genaue Schilderung, wie sich ein verstärktes

---

4 Der Psychiater Ciompi (1997, S. 42) spricht von der Komplexitätsreduktion infolge der Grenzen unseres Erkennens, die evolutionär gesehen ein Vorteil sein könnte, da erst diese Reduktion Aktionen ermöglicht.

Minderwertigkeitsgefühl oder ein Minderwertigkeitskomplex »anfühlt«, findet sich in »Vor- und Nachteile des Minderwertigkeitsgefühls« (1933l, S. 569).

Jedes Gefühl, jeder Affekt steht in einem Sinnzusammenhang; meist sind nicht die Affekte, sondern die sie beherrschenden Vorstellungen unbewusst. Wenn das Endziel feststeht, werden sich laut Adler immer nur solche Gefühle regen, die zum Ziel passen (1930n, S. 380). Adler spricht von der Weckung »trügender Gefühle und Emotionen, geeignet, den Lebensstil gegen die Anfechtungen der Logik und des Gemeinschaftsgefühls zu stärken« (1930j, S. 369). Deshalb misstraut er den Gefühlen: »Wenn ich irgendeinen Gedanken konzipiere, erreiche ich auch Gefühle und Emotionen, die diesem Gedanken entsprechen. [...] Es lassen sich diese verschiedenen seelischen Funktionen voneinander nicht trennen. Wenn ich daran denke, in einer schönen Stadt zu sein, so steigen mir beim Bilde dieser Stadt schon Gefühle und Emotionen herauf, als ob ich schon dort wäre« (1931f, S. 511). Wenn Adler von Gefühlen spricht, handelt es sich meist um solche Gefühle und Empfindungen, die von der leitenden Idee erzeugt wurden, also um *sekundäre Gefühle,* wie sie dem Lebensstil entsprechend zur augenblicklichen Situation passen und unbewusst hervorgerufen werden. Dass spätere Ereignisse, nicht nur die der frühen Kindheit, zur neurotischen Erkrankung beitragen, ist aus Adlers Sicht selbstverständlich. Die tendenziöse Apperzeption lässt immer zur Absicherung nach Situationen Ausschau halten, in denen das Gefühl der Zurücksetzung aufkommt; dies steigert oder »unterhält« die gesteigerte Affektivität. Was man Disposition zur Neurose nennt, ist nach Adler bereits Neurose, die Symptome kommen nur bei Bedarf hinzu (1913a, S. 60).

Adler nennt die beschriebene Dynamik zunächst Lebensplan, ab 1926m Lebensstil oder Bewegungsgesetz. Ohne die bisherige Bedeutung zu verlieren, bekommt der Lebensstil im Gesamtzusammenhang die Bedeutung einer Stellungnahme zu den Anforderungen des Lebens. Diese ergänzende Sichtweise führt dazu, dass Adler den neurotischen Lebensstil nicht mehr vorrangig an den überhöhten oder egoistischen Zielvorstellungen erkennt, sondern am ängstlichen Zurückweichen und Ausweichen vor der Lösung der Lebensfragen oder Lebensaufgaben.

1913 und 1914 ist Adler mit der Ausarbeitung seiner Sichtweise beschäftigt und erprobt sie in verschiedenen Bereichen (Schlaflosigkeit, Unbewusstes, Traum, Melancholie und Paranoia). Auch wenn er einzelne Konzepte (wie Einschätzung und Arrangement) später nur noch streift, hat er sie nie aufgegeben, nur sein Interesse verlagert sich, gilt weniger dem neurotischen Streben nach persönlicher Macht und Überlegenheit. In den 1920er Jahren arbeitet er an einer allgemeinen Persönlichkeitstheorie. Die Kompensation erweist sich nun als allgemein-menschliches Prinzip.

3.1.2 Die allgemein-menschliche Form der Kompensation

Die kompensatorische Dynamik, die Adler beim Neurotiker gefunden und ausgearbeitet hat, untersucht er nun bei allen Menschen. Diese Erweiterung erfordert eine gedankliche und begriffliche Unterscheidung zwischen Formen des Strebens, die normal oder aber abnormal sind – eine Unterscheidung, die Adler vorher vermieden hatte. Bis dahin sah er den Unterschied nur in mehr oder weniger flexiblen bis dogmatischen fiktiven Zielvorstellungen. Nun untersucht er die einzelnen Bestrebungen genauer, um den prinzipiellen Unterschied herauszuarbeiten. Bei einzelnen Individuen hingegen sind nach Adler Gegensätze im Psychischen immer nur Varianten; die Kompensationsformen existieren mit fließenden Übergängen.

3.1.2.1 Die Unterscheidung des Strebens nach persönlicher Macht und des Strebens nach Vollkommenheit

In den Aufsätzen vor dem Ersten Weltkrieg unterscheidet Adler bei der Zielsetzung nicht zwischen Macht,»Vollkommenheit, Überlegenheit und Gottähnlichkeit« (1913a, S. 75).

Erst 1924 stellt er fest: »Unsere ethischen und ästhetischen Formeln [...] stehen fast ausschließlich im Dienst des persönlichen Machtstrebens. Die Entwicklung der Wissenschaft und der Technik nimmt meist ihren Lauf in der Richtung des Eigennutzes Einzelner und der Habsucht einflussreicher Gruppen« (1924g, S. 231).

1926 differenziert Adler erstmals das Streben nach Macht vom »dunkel vorschwebenden Ziel der Vollkommenheit« (1926m, S. 271). Das Streben nach persönlicher Macht »vergiftet das Zusammenleben der Menschen« (1928m, S. 333). Wenn Adler das Streben nach persönlicher Macht eine der »Konkretisierungen des Strebens nach Vollkommenheit« (S. 332) nennt, dann meint er mit Vollkommenheit etwas Abstraktes ohne konkreten Inhalt.

1931 unterscheidet Adler noch deutlicher zwischen dem neurotischen Streben nach persönlicher Macht oder Überlegenheit und dem Streben nach einer Vollkommenheit, »die allen zugutekommt« (1931l, S. 459); das Letztere (Streben nach Vollkommenheit) darf also nicht verwechselt werden mit einem egozentrischen Perfektionsstreben. Im gleichen Jahr nennt Adler das Streben nach Macht »die verzerrte Seite des Strebens nach Vollkommenheit« (1931n, S. 491).

3.1.2.2 Streben nach Überwindung, um Sicherheit zu gewinnen

Schon 1913 und 1914 spricht Adler davon, dass das Ziel der Überlegenheit Sicherheit vermittelt. Ab 1926 betont er noch stärker das Bedürfnis nach Sicherheit. »Das Endziel aller seelischen Bestrebungen wird demnach sein: Ausgeglichenheit, Sicherheit, Anpassung, Totalität« (1926m, S. 273), wo das Kind »eine Befriedigung seiner Bedürfnisse erwarten kann« (1931n, S. 491).

1927 spricht er zum ersten Mal von »Überwindung« (1927j, S. 298) anstelle von Überlegenheit. Im Ausdruck »Überwindung« findet Adler eine Möglichkeit, die zielgerichtete Lebensbewältigung auch für die normale Entwicklung zu formulieren. Vom Streben nach persönlicher Überlegenheit unterscheidet Adler nun die sachlich begründete »Überlegenheit über das störende Chaos im Leben« (1930j, S. 356) aus dem menschlichen »Hang nach Sicherheit« (S. 356) heraus. Das Ziel der Überwindung dient »der Durchsetzung zum Zwecke der Selbsterhaltung, der Vollendung« (1932g, S. 518).

3.1.2.3 Streben nach Vollendung und Vollkommenheit

Den Ausdruck »Vollendung« verwendet Adler 1928 zum ersten Mal. Die Vollendung wird ersehnt, um den Eindruck des Mangels, der Unsicherheit, der Schwäche zu überwinden. Adler verweist auf das Naturgeschehen, wo die »Vollkommenheit des Einzelnen durch den brutalen Sieg über den Schwächeren errungen wird« (1928m, S. 332). Vollendung und Vollkommenheit sind kein ethisches Ideal, sondern Ausdruck von Leben und Überleben. Dafür braucht der Mensch (unbewusst) ein Leitbild in der Zukunft. Nach Adler ist »das fiktive Leitideal der Vollkommenheit [...] nicht greifbar genug« (S. 332). Deshalb wird das abstrakte Ziel konkretisiert, als »Kutscher, Arzt, Don Juan, Mitmensch, Tyrann« (S. 332).

1930 sieht Adler seelische Anstrengungen, »die aus der Not des bedrohten Lebens stammen, aus der gesteigerten Schwäche und Unsicherheit des Kindes auf dem Wege zur Vervollkommnung«, [...] (1930n, S. 376). 1933 erwähnt Adler Nietzsches Übermenschen in Verbindung mit dem Streben nach Vollkommenheit. Jedes Individuum sei davon erfasst, so dass es gar nicht notwendig sei, »erst den Menschen einzuimpfen, dass sie sich zum Übermenschen entwickeln sollen« (1933i, S. 552). Nach Meinung Sloterdijks steht Nietzsches »Übermenschprogramm« für »Vertikalspannung« im Allgemeinen. Darunter versteht er die »hyperbolische Spannung [...], die einem unerfüllbaren und unausweichlichen Anspruch entspringt« (Sloterdijk 2009, S. 700). Der Mensch komme nur voran, solange er sich am Unmöglichen orientiert. Erst diese Ausrichtung sporne den Menschen an, sein Potenzial zu entfalten. Sloterdijks »Vertikalspannung« entspricht Adlers Streben nach Vollendung oder Vollkommenheit.

Aber Adler geht noch einen Schritt weiter. 1932 erklärt er, was er unter Vollendung versteht: »Die Zielstrebigkeit findet sich im Leben überall. Es wächst alles, als ob ihm das Ziel der Vollendung vorschweben würde« (1932i, S. 534) und weil »jedes Individuum vom Streben nach Vollkommenheit, vom Streben nach oben erfasst ist« (1933i, S. 552). Das heißt, Zielstrebigkeit und Ziel der Vollendung oder Vollkommenheit sind dem Leben immanent.

3.2 Das Gemeinschaftliche

»Wenn einer meint, unsere Feststellungen über das Minderwertigkeitsgefühl, das Streben nach Macht, die Kompensationen verschiedener Formen desselben seien die einzigen Aufgaben und Leistungen der Individualpsychologie, so irrt er sich«

(1926k, S. 251). So leitet Adler seinen Perspektivenwechsel ein. Immer mehr beschäftigt ihn der Gesamtzusammenhang, das Leben des Einzelnen innerhalb der menschlichen Gemeinschaft, der Natur und des Kosmos. Später beschäftigt ihn der Prozess des Lebens selbst.

Adler führt das Gemeinschaftsgefühl 1918, nach dem Ersten Weltkrieg ein; ab 1923/1926 beschäftigt er sich intensiv mit diesem Konzept. Das Gemeinschaftsgefühl ist wie das Minderwertigkeitsgefühl angeboren, muss aber entfaltet werden. Es ist basal und unbewusst, erst sekundär werden daraus bewusste Einstellungen, Gefühlserlebnisse und Verhaltensweisen. Vor 1918, bevor das Gemeinschaftsgefühl zum Regulativ wurde, waren die Vorläufer die »kulturelle Aggression« im Unterschied zur feindseligen Aggression (1908d/2007, S. 80; Bruder-Bezzel u. Bruder 2004, S. 28), die Orientierung an der Realität (1912a/2008a, S. 77) sowie die »von der Realität gesetzten Grenzen« (S. 200).

Die Jahre von 1926 bis 1933 sind für Adlers Theorieentwicklung eine sehr bedeutsame und fruchtbare Zeit. In diesen Jahren wendet sich Adler nicht nur der von seinen Patienten erlebten Entmutigung zu, sondern beschäftigt sich auch intensiv mit den Phänomenen *Bewegung* und *emotionale Erfahrung*. Auf der Grundlage dieser Vorarbeiten gelingt Adler eine theoretische Weiterentwicklung des Konzepts *Gemeinschaftsgefühl*. Im gleichen Zeitraum, sogar etwas früher beginnend, finden sich verstreut in den Aufsätzen Hinweise auf eine lebensphilosophische Vertiefung von Adlers Gedanken.

Adlers theoretische Ausarbeitung des Gemeinschaftsgefühls entfaltet sich in »Linien und Bewegungsformen« (1929f, S. 354), die sich gegenseitig verschränken oder auch nebeneinander herlaufen und sich letztlich im Ganzen der Lebensbewegung auflösen. Im Folgenden soll den einzelnen Linien nachgegangen werden, in welchen Jahren die Themen von Adler näher bedacht werden. 1926 beginnen drei Entwicklungslinien:

1. Adler untersucht das menschliche Leben unter dem Aspekt der Bewegung. 2. Adler gründet das Gemeinschaftsgefühl auf die emotionale Erfahrung. 3. Eine eigene Entwicklungslinie des Gemeinschaftsgefühls zeigt drei wesentliche Aspekte: a) Gemeinschaftsgefühl als Auswirkung des Zusammenhangs der Menschheit, b) Gemeinschaftsgefühl als Mitbewegung und Mitfühlen, c) Gemeinschaftsgefühl als richtunggebendes Ideal.

An diesem Punkt vereinigen sich die beiden Linien der doppelten Dynamik: Das Gemeinschaftsgefühl als Wertgefühl, das in der Erfahrung des Lebens gründet, äußert sich im »Streben nach einer Gemeinschaftsform, […] wie sie etwa gedacht werden könnte, wenn die Menschheit das Ziel der Vollkommenheit erreicht hat« (1933i, S. 555), das heißt, wenn die Entfaltung des Lebens im Miteinander gelingt.

3.2.1 Entwicklungslinie der Bewegung

1914 beschäftigt Adler das Problem, dass man »lebendige Bewegung in Worte, in Bilder einfangen« (1914h, S. 149) müsse, sobald wir anfangen, die Bewegungen zu beschreiben. Auch Daniel Stern erwähnt dieses Problem bei seiner Beschreibung des Gegenwartsmoments (Stern 2005, S. 51). Eine phänomenale Erfahrung müsse eingeklammert werden, um sie erfassen und untersuchen zu können.

1926 fragt Adler: »Ist denn das so sicher, dass wir alle Bewegung sind, unser Leben nur als Bewegung zu fassen ist?« (1926k, S. 253). Nun folgen erkenntnistheoretische Überlegungen: dass man nicht anders erkennen könne, als »zuerst das Ganze zu erfassen und in den Einzelheiten wieder die ganze Linie zu entdecken« (S.252). Jedes Bild werde nur verständlich, »wenn wir das Ganze im Auge haben, wenn wir die Bewegungslinie weiter auszuziehen, den Blick richten auf das Finale dieser Bewegung« (S. 252). 1927 beschreibt Adler eine Methode der Reduktion, den »Tatbestand einer seelischen Regung in einer Bewegung« zu suchen, indem er »den seelischen Ausdruck seines Inhaltes entkleide[t]« (1927j, S. 297). Die Einklammerung des Inhalts lässt die Form der Bewegung deutlicher hervortreten. 1931 und 1933 diskutiert Adler die Problematik dieser Reduktion als therapeutischer Methode. Dabei bestehe die Gefahr der Verallgemeinerung und reduktionistischer Schlussfolgerungen. Adler erinnert deshalb an den individualpsychologischen Grundsatz, das Individuelle wahrzunehmen, »den Spuren zu folgen, die [der Patient als] das Kind gegangen ist« (1931n, S. 485). Die Individualpsychologie sei durch ihr Verständnis für die Einmaligkeit jedes Individuums genügend davor geschützt, »sich dem Banne von Regeln und Formeln zu unterwerfen« (1933l, S. 568), und achte deshalb auf die »konkretere Fassung« des Ziels (1932g, S. 518). Damit schränkt Adler auch die Aussagekraft seiner eigenen allgemeinen Aussagen ein. Diese, er nennt sie »statistische Erfahrung« (1933l, S. 568), dürfen nur »zur Beleuchtung des Gesichtsfeldes Verwendung finden, auf dem der Einzelfall in all seinen Verwicklungen gesichtet werden muss« (S. 568).

Auch ein Charakterzug wird nur als Bewegung in seiner Bedeutung verständlich. »Wenn wir verstehen wollen, was ein Charakterzug bedeutet, ist es notwendig, ihn als Bewegung anzusehen. Es gibt keinen Charakterzug, der nicht eine soziale Bezogenheit wäre« (1932f, S. 391).

1932 bekräftigt Adler dieses Konzept. »Erst wenn wir die seelische Ausdrucksform als Bewegung verstanden haben, nähern wir uns dem Verständnis« (1932i, S. 534). »Wir fangen die Bewegung ein, sehen sie so, als ob sie geronnene Bewegung, Form, im Ruhezustand wäre« (S. 534). Und im folgenden Jahr realisiert er, dass »der menschliche Geist« nur allzu sehr gewöhnt ist, »alles Fließende in eine Form zu bringen, nicht die Bewegung, sondern die gefrorene Bewegung zu betrachten, Bewegung, die Form geworden ist« (1933i, S. 552). Adler stellt fest, dass seit jeher die Individualpsychologen auf dem Weg sind, »was wir als Form erfassen, in Bewegung aufzulösen« (S. 552). Leben heißt »sich entwickeln« (S. 552).

Das Leben ist Entwicklung, Bewegung und Richtung; auch eine sogenannte

Struktur ist nur »gefrorene« Bewegung, die in einer Therapie wieder beweglich werden soll. Der Unterschied zwischen normal und abnormal liegt dann nur in der Festigkeit der gefrorenen Bewegung, wie flexibel sich diese Starre auflöst und wieder konstelliert.

Während die Entwicklungslinie der Bewegung nur die abstrakte Form der Bewegung beschreibt, schildert Adler im Folgenden die Erfahrung der Entmutigung und die Erfahrung von Zärtlichkeit und Gemeinschaftsgefühl.

3.2.2 Entwicklungslinie der emotionalen Erfahrung

Vor allem in den Jahren 1926 bis 1933 wandte sich Adler von seiner früheren Charakter- und Verhaltensanalyse hin zur emotionalen Erfahrung des Patienten. Es erscheint wie eine persönliche Entwicklung Adlers, wie das Entdecken seines eigenen Gemeinschaftsgefühls. Die Hinwendung Adlers zur Entmutigung der Patienten und zu ihren Zärtlichkeitsgefühlen führt zur Fundierung des Gemeinschaftsgefühls in der emotionalen Erfahrung.

3.2.2.1 Adlers Hinwendung zur emotionalen Erfahrung des Patienten: dessen Entmutigung und Zärtlichkeitsgefühle

Noch 1913 lag die Aufmerksamkeit Adlers beim Verstehen des Lebensstils durch den Therapeuten. Durch »die künstlerische Versenkung, durch intuitive Einfühlung in das Wesen des Patienten« (1913a, S. 70) soll er »die Einsicht und das Verständnis« für dessen Lebensstil gewinnen.

Ab 1923 gilt Adlers Aufmerksamkeit mehr der Entmutigung und Ermutigung des Patienten, denn »nicht die Krankheit rezidiviert, sondern die Entmutigung« (1923c, S. 214). Die »Ursachen der Entmutigung« »sind immer irrtümlich!« »Einen völlig zureichenden Grund zur Entmutigung gibt es nicht!« (S. 205). Es ist diese Entmutigung, »die in ihren [...] arrangierten Sicherungen abermals zu zahlreichen Irrtümern Anlass gibt« (S. 208). Diese Aussagen werden häufig missverstanden, als würde Adler Not und traumatische Erfahrungen als Irrtum bezeichnen. Dieses Thema wird weiter unten in einem eigenen Kapitel behandelt.

»Man wird einwenden, ob denn jedes Kind entmutigt werden könne? Nun, ich traue diese Kunst jedem Erzieher bei jedem Kinde zu, insbesondere weil die ganze Menschheit zur Entmutigung neigt« (S. 205). Adlers zunehmende Sensibilität für die Ermutigung wirkte sich auf seine Therapien aus.

1926 sieht Adler in den »ersten Zärtlichkeitsregungen des Kindes« (1926a, S. 236) »Regungen des angeborenen Gemeinschaftsgefühls« (S. 237), das entfaltet werden müsse. »Die ganze Entwicklung des Kindes verlangt dessen Einbettung in eine Situation, in der Gemeinschaftsgefühl vorhanden ist. Sein Leben und seine Gesundheit sind nur dann gewährleistet, wenn Menschen vorhanden sind, die sich für das Kind einsetzen« (S. 237). Im gleichen Jahr spricht er vom »individuell erfühlten Eindruck« (1926m, S. 273), der abhängig sei vom Ziel. Dieser Ausdruck »individuell erfühlt« zeigt Adlers zunehmende Sensibilität für individuelles

Fühlen und Erleben. Und er betont: »Kein Kind darf den Glauben an seine Zukunft verlieren!« (S. 278).

Während Adler sein Konzept des Gemeinschaftsgefühls entwickelt, bemerkt er, dass es dem Patienten nicht hilft, seinen Lebensstil nur kognitiv zu verstehen. Ab 1927 wendet sich Adler immer mehr den Erfahrungen und Bedürfnissen der Patienten zu. »Es ist notwendig, Schritt für Schritt sich einzufühlen in den anderen, um zu verstehen« (1931g, S. 342).

Der Patient muss seinen Lebensstil »ebenso gut verstehen wie seine Qual« (1927j, S. 300), so dass er »in den Deutungen des Therapeuten seine eigene Erfahrung erkennt und fühlt« (1929c, S. 345). Hier spricht Adler über die Gefühle, die im Patienten im Hier und Jetzt der Sitzung durch die Deutungen des Therapeuten ausgelöst werden. In dessen Deutungen die eigene Erfahrung erkennen und fühlen – dies wurde Ende des 20. Jahrhunderts als unabdingbar für eine gelingende Deutung angesehen (Williams 1999; Stern et al. 2002, S. 995).

Adler versucht, die Kooperation des Patienten zu gewinnen, indem er für ihn Partei ergreift, denn »jeder Neurotiker hat teilweise recht« (1929c, S. 340). Damit ist gemeint: Jede neurotische Haltung oder jedes neurotische Verhalten ist teilweise (nämlich mit den Augen des Patienten gesehen) gerechtfertigt.

Die identifikatorische Einfühlung, »mit den Augen eines anderen sehen [...]« (1928f, S. 315), findet sich zwar erst in der Definition des Gemeinschaftsgefühls von 1928, aber schon 1926 vollzieht Adler diese Mitbewegung, die mit sich bringt, dass die entsprechenden innerseelischen Bewegungen, die eigenen Impulse und Gefühle geweckt werden und dadurch die Selbsterfahrung des Therapeuten berührt wird. Das Phänomen der Mitbewegung zeigt sich auch in Adlers Aussage, eine seelische Erkrankung nur »auf jenen Wegen zu erforschen, die der Kranke selbst gegangen ist« (1914k, S. 161). Schon 1913 erwähnt Adler die »gedankliche Mitbewegung« (1913j, S. 120), aber erst Heisterkamp (1996; 2007, S. 309) greift den Ausdruck »Mitbewegung« auf, weil adlerianische Therapie immer auch emotionale Mitbewegung ist. Adlers eigener Entwicklungsweg der Mitbewegung lässt sich sehr gut an seinen Fragen aufzeigen.

Die erste Fragestellung findet sich 1924 in einer Überarbeitung seines Aufsatzes über die Zwangsneurose (1918b, S. 189): »Man suche eine Voraussetzung, unter der das Gebaren des Patienten verständlich wäre. Ist diese Voraussetzung stichhaltig, dann wird man immer finden, dass auch der Patient von ihr ausgeht, ohne ihre Bedeutung zu begreifen.« In dieser Frage geht es um das (intellektuelle) Verständnis des Verhaltens des Patienten. In der folgenden Frage erschließt sich das Verständnis aus dem Sinn des Leidens: »Wenn wir fragen, unter welchen Bedingungen hat dies vorliegende Leiden einen Sinn, eine Berechtigung, so erhalten wir bis zu einem gewissen Grade einen Einblick« (1927f, S. 284).

Beide Gedanken könnte man als Vorläufer der »Einfühlung« betrachten. Adler sieht immer mehr die Welt »mit den Augen eines anderen [...]« und ist dadurch zugleich mit seinem eigenen Erleben konfrontiert.

1926: »Wir finden bald den richtigen Zusammenhang [des Lebensstils], wenn wir uns selbst die Frage vorlegen: Unter welchen Umständen wäre auch ich ein lügenhaftes Kind? Wenn ich zum Beispiel einer Sache gegenüberstehe, die sehr bedrohlich aussieht, der ich mich nicht gewachsen fühle, werde ich unter Umständen auch genötigt sein, zu der Sicherung der Lüge zu greifen« (1926k, S. 263). Diesen Hinweis auf die eigene Erfahrung gibt Adler noch einige Male. Seinen Patienten sagt er: »Heilen [...] kann ich Sie nur mit der Wahrheit, bis zu der ich selbst vorgedrungen bin« (1928j, S. 324).

Nochmals 1930: »[W]ir halten einen Fall erst dann für geklärt und getrauen uns von Heilung zu sprechen, wenn wir verstehen können, warum der Patient diese und gerade diese Form des fehlerhaften Agierens gewählt hat. Noch mehr: Wenn wir uns eingestehen, dass unter den gleichen Verhältnissen wir zu der gleichen neurotischen Lebensform gekommen wären« (1930j, S. 363).

3.2.2.2 Konzeptualisierung von Erfahrung

Ab 1926 setzt sich Adler auch theoretisch mit der Funktion von Erfahrung und mit der Begriffsbildung im Allgemeinen auseinander. 1926 problematisiert er den Nutzen und damit die Aussagekraft von Erfahrungen: Er fragt: »Warum Erfahrungen so wenig nützen, warum nicht jeder Mensch durch Erfahrung klug wird?« (1926k, S. 263), und seine Antwort ist: »Weil die fertige Einheit der Persönlichkeit alle Erlebnisse tendenziös umgestaltet und jede Situation so lange wendet, bis sich aus ihr jene Erfahrungen gewinnen lassen, die dem Einzelnen von vornherein in den Kram passen, das heißt seinem Lebensplan angemessen sind« (S. 263). Im selben Jahr formuliert er noch prägnanter: »Nie wirkt das gleiche Erlebnis auf zwei Menschen in genau der gleichen Weise, und Erfahrungen machen nur so weit klug, als es der Lebensstil erlaubt« (1926m, S. 274).

Und doch haben wir nichts anderes als unser Erleben und unsere Erfahrung, auch wenn nach Adler »unsere Erfahrung, unsere Begriffsbildung [...] immer unter dem Zwang der Ausschaltung« (1930j, S. 358) geschieht. Unsere Erfahrungen begründen einerseits unsere theoretischen Annahmen und andererseits müssen sich unsere Theorien auch subjektiv im eigenen Erleben als »wahr« erweisen.

Immerhin kann die Erfahrung bei der Errichtung des Endziels und seiner Konkretisierung eine Annäherung an die Wirklichkeit ermöglichen, trotz der »Irrtumsmöglichkeiten des Kindes« (1930n, S. 378). »Erfahrung kann [...] so weit klug machen, dass sie dem Individuum ermöglicht, seine Aktionen in eine bessere Form zu bringen, sein Ziel in einen der Wirklichkeit entsprechenderen Ausdruck zusammenzufassen« (S. 378).

1931 thematisiert Adler nochmals die Funktion der Erfahrung und kommt zu dem Schluss, dass der Patient »nichts anderes benützen [kann], als was in seiner (früheren) Erfahrung gelegen ist. Es ist unmöglich, irgendwie anders vorzugehen als unter Benutzung früherer Erfahrung« (1931m, S. 474). 1932 spricht Adler nochmals davon, dass die »Anschauung des Lebens« »durch die Erfahrung gewonnen« (1932l, S. 544) wird; »ein solcher Mensch muss diese Erfahrung einmal gemacht haben« (S. 544). Eine »frühe Erfahrung« (ein früher Ausdruck von Gefühlen) ist eine unmittelbare Erfahrung, die im Hier und Jetzt der therapeutischen Sitzung auftaucht, auch wenn das »Material seiner Erfahrungen [...] in der Vergangenheit« (1931f, S. 502) liegt.

1931 gelingt Adler ein erster Ansatz der Konzeptualisierung von Erfahrung, wie das unmittelbare Erleben in der Erfahrung verarbeitet und wissenschaftlich genutzt werden kann: »Es bieten sich da verschiedene Aspekte der unmittelbaren Erfahrung. Aber Wissenschaft werden diese erst, wenn es uns gelingt, die unmittelbaren Erfahrungen, die wir machen, auf etwas tieferliegendes Gemeinsames zurückzuführen, das durchaus nicht unmittelbar mehr erfassbar ist, sondern nur als Idee, als vereinigendes Prinzip vorhanden ist« (1931l, S. 453). Wissenschaft sei nicht »eine Summe von empirischen Tatsachen, aus einem Laboratorium oder durch unmittelbare Anschauung gewonnen« (1931n, S. 484). »Wissenschaft heißt vielmehr, für den Zusammenhang und die Beziehung der unmittelbaren Erfahrungen ein erklärendes Prinzip gefunden zu haben, dem sich alle unmittelbaren Erfahrungen einordnen lassen, ohne einen Widerspruch aufkommen zu lassen« (S. 484).

1933 betont Adler, dass »jede neue Idee« »jenseits der unmittelbaren Erfahrung« liegt (1933i, S. 555). »Unmittelbare Erfahrungen ergeben niemals etwas Neues, sondern erst die zusammenfassende Idee, die diese Tatsachen verbindet« (S. 555). Diese »zusammenfassende Idee« oder das »vereinigende Prinzip« (1931l, S. 453) ist bei Adler die teleologische Sichtweise.

3.2.3 Entwicklungslinie des Gemeinschaftsgefühls

Ein Vorläufer des Gemeinschaftsgefühls in Adlers frühen Aufsätzen ist das Zärtlichkeitsbedürfnis; es ist eine »nach dem Objekt ringende Regung« (1908d/2007, S. 77). Zärtlichkeit und Zärtlichkeitsbedürfnis werden 1913 und 1920 in der Überarbeitung des Aufsatzes »Die Individualpsychologie, ihre Voraussetzungen und Ergebnisse« (1914h, 143–157) kurz erwähnt. Aus dem Gemeinschaftsgefühl »entwickelte sich Zärtlichkeit, Nächstenliebe, Freundschaft, Liebe; das Streben nach Macht entfaltet sich verschleiert« (1914h, erg. 1920, S. 152, Anm. S. 39). 1926 spricht Adler davon, »dass jede Zärtlichkeitsregung von einer Art Schamgefühl begleitet wird und von dem Eindrucke, als würde man dadurch schwächer werden oder im Werte sinken« (1926a, S. 236). Er führt es auf das männliche Ideal unserer Kultur zurück.

Adlers eigenes Bemühen um das Konzept des Gemeinschaftsgefühls ist geprägt von seinem intuitiven Wissen um die große Bedeutung, aber auch um die Möglichkeit des Missbrauchs dieses Konzepts. 1933, gerade im Jahr der Machtergreifung Hitlers, nennt er diesen Missbrauch gefährlich (1933b/2008b, S. 72). Die bisherige »Ungeklärtheit des Weges zum Gemeinschaftsgefühl« könne dazu benutzt werden, »gemeinschaftsschädliche Anschauungs- und Lebensformen gutzuheißen und zu forcieren unter dem Titel der Rettung der gegenwärtigen oder sogar einer zukünftigen Gemeinschaft« (S. 72). Und er betont: »Die absolute Wahrheit« ist »dem menschlichen Vermögen unzugänglich« (S. 161).

In Adlers letzten Jahren wird sein theoretisches Bemühen um das Konzept des Gemeinschaftsgefühls mehr und mehr abgelöst von seinem (missionarischen) Eifer, das, was er seit dem Ersten Weltkrieg als wesentlich erkannt hatte, auch umzusetzen und möglichst viele Menschen davon zu überzeugen.

3.2.3.1 Gemeinschaftsgefühl als Ausdruck der Zusammengehörigkeit der Menschheit

In den 1920er Jahren beschäftigt sich Adler mit den verschiedenen Bezügen, in denen der Mensch sich vorfindet. »Aus guten Gründen vermeidet es die Individualpsychologie, den isolierten Menschen zu studieren« (1924g, S. 232).

Im Gemeinschaftsgefühl sieht Adler die Verknüpfung der Menschen untereinander, ihre Beziehung zu Natur, Erde und Kosmos sowie die Beziehung zu sich selbst. Nach Adler ist die Kultur »aus dem Zusammenhang der Menschheit geschaffen, [...] *für dessen Auswirkung wir den Begriff des Gemeinschaftsgefühls gefunden haben*« (1926k, S. 257, Hervorh. G. E.). Dieser Ausdruck der Zusammengehörigkeit lässt den Einzelnen in den lebendigen »Strom des Lebens« (1924g, S. 233), in den großen Gesamtzusammenhang eintreten und darin verweilen. Adlers Formulierung stellt eine Einklammerung jeglichen Inhalts dar, eine Methode (1927j, S. 297), die Adler erst ein Jahr später benennt, hier aber schon anwendet. Das Gemeinschaftsgefühl stellt die Verbindungen her und entsteht gleichzeitig aus den Verbindungen. Dabei kann dann auch ein Gefühl von Verbundenheit aufkommen, aber zunächst hat Adler den Begriff »Gemeinschaftsgefühl« von jedem Inhalt entkleidet.

Anfang der 1930er Jahre erhofft Adler eine leib-seelische Fundierung des Gemeinschaftsgefühls in der evolutionären Weiterentwicklung: Es sollte im menschlichen Leben so verankert sein »wie das Atmen« (1933i, S. 557).

Die Entwicklung der Sinnesorgane wie die Entwicklung des Denkens ist abhängig vom Interesse für den Mitmenschen; Adler nennt dieses Interesse ein »Beseeltsein« (1931g, S. 432). Fehlt es, wird der Blick »seelenlos« (S. 432) und leer. Adler will nachweisen, dass das Überleben der Menschheit innerhalb der Evolution nur gesichert ist, wenn nicht das Recht des Stärkeren herrscht und wenn die Verbundenheit der Menschen nicht geleugnet wird. Die Frage ist, wie man die Überlebensstrategien des Menschen in Einklang bringen kann mit »den Möglichkeiten dieser Erde [...], wie man sich dem Klima gegenüber zu benehmen hat usw.« (1931g, S. 431). Adler ist sich sicher, dass es einen stimmigen Weg geben muss und dass dieser Weg mit »Wahrheit« zu tun hat, auch wenn wir sie nicht kennen. »Wenn Wissenschaft etwas bedeuten soll, dann nur, wenn sie den Durchbruch zu einer Wahrheit bedeutet« (S. 434). Und Adler sieht sich auf dem Wege, »durch wissenschaftliche Erkenntnis zur Lösung dieses gewaltigsten aller Probleme, zur Wahrheit, zu gelangen« (S. 434).

Körperliche Funktionen können Ausdruck des Überwindungsstrebens, aber auch Ausdruck von Gemeinschaftsgefühl sein. »So sind alle Funktionen unserer Organe nur dann richtig entwickelt, wenn sie dem Gemeinschaftsgefühl nicht abträglich sind« (1933i, S. 556). Was Adler 1918 kurz andeutet, nämlich dass das »Herzklopfen« (1918c/2009b, S. 105) Raskolnikows, als er die Treppe hinaufsteigt, um eine »alte wertlose Wucherin« zu töten, ein psychosomatischer Einbruch von »Gemeingefühl« bzw. »Gemeinschaftsgefühl« (1918e/2009b, S. 118; 1928m, S. 334) war, führt er 1931, 1932 und 1933 weiter aus. Eine »seelische Spannung« (1933l, S. 569) hat zur Folge, dass der ganze »Körper zu schwingen« (1932l, S. 548) beginnt; »an den minderwertigen Stellen kommt das deutlicher zur Erscheinung« (S. 548). Nach Adler könnten wir »für jeden von uns eine Situation konstruieren, die uns in eine ähnliche Spannung versetzen würde« (1934h, S. 577). Bei manchen Menschen wirke sich die Spannung »intellektuell« aus, »gedanklich, begrifflich«, bei anderen gefühlsmäßig, »zum Beispiel die Angst« (S. 538). »Wahrscheinlich gibt es für jeden eine Prüfung, so schwer und unerträglich, dass der Grad seiner Kooperationsfähigkeit nicht mehr ausreicht. Auch ist die Verwundbarkeit gegenüber den verschiedenen Lebensfragen bei jedem anders« (1933l, S. 568).

3.2.3.2 Gemeinschaftsgefühl als Mitbewegung und Mitfühlen mit der Erfahrung des Patienten

Die Entwicklungslinie des Gemeinschaftsgefühls als Mitbewegung und Mitfühlen schließt sich an Adlers Hinwendung zur emotionalen Erfahrung des Patienten (1923–1926) an.

1928 definiert er das Gemeinschaftsgefühl als eine »Lebensform«, die »nicht nur äußerlich zu fassen« (1928f, S. 315) ist. Das bedeutet, dass das Gemeinschaftsgefühl nicht nur aus einer distanzierten reflexiven Position zu erfassen ist. Gemeinschaftsgefühl muss erlebt und erfahren werden, um zu fühlen, wie es ist, sich zugehörig und mit anderen verbunden zu fühlen. Gemeinschaftsgefühl als Erfahrung einer gemeinsamen Beziehung meint ein authentisches Gefühl der Betroffenheit, eine innere Verbindung zur Umwelt, ein »Sich-heimisch-Fühlen« (S. 315) in der Welt, ein »Einigsein mit dem All« (S. 319), »ein Eingebettetsein in allmenschliches Werden und Tun« (1931n, S. 483).

Man muss seine eigene Erfahrung erkennen und fühlen (1929c, S. 345), mit anderen Worten, man muss Gemeinschaftsgefühl auch sich selbst gegenüber entwickeln, sein eigenes Leben bejahen. Adler nennt es »die Verwachsenheit mit unserem Leben, die Bejahung, die Versöhntheit mit demselben« (1908b/2007a, Erg. 1922, Anm. 63). Wenn man sich mit sich selbst und seinem Leben versöhnt hat, wird man dieses Gemeinschaftsgefühl in der Mitbewegung oder im Mit-Leben auch auf andere übertragen.

Auch die therapeutische Arbeit muss von »entsprechender Hingabe« an die

Bedürfnisse des Patienten geprägt sein (1929c, S.344). Im folgenden Satz findet Adler eine ihn einigermaßen befriedigende Definition des Gemeinschaftsgefühls: »Mit den Augen eines anderen zu sehen, mit den Ohren eines anderen zu hören, mit dem Herzen eines anderen zu fühlen« (1928f, S. 315). Adler fährt fort: Diese »Gabe« falle teilweise zusammen »mit einer anderen, die wir Identifikation, Einfühlung nennen« (S. 315). Adler betont diese Einfühlung am Beispiel der Symptomwahl: »Ja, wir müssen so weit kommen, dass wir sagen können: Wenn ich an derselben Stelle wäre, wenn ich denselben Irrtum in meiner Meinung vom Leben gehabt hätte, [...] dann würde ich ungefähr an denselben Symptomen leiden. Erst dann, nach dieser Identifizierung, können wir behaupten, dass wir wirklich einen Menschen verstanden haben und dass wir seine Symptomwahl begreifen« (1931m, S. 464).

Die Fähigkeit zur Einfühlung muss laut Adler »trainiert sein« und kann nur trainiert werden, wenn »einer im Zusammenhang mit den anderen aufwächst und sich als ein Teil des Ganzen fühlt« (1928f, S. 315). Nur dann, wenn sich der Mensch »auf dieser Erde mit allen ihren Vorzügen und Nachteilen heimisch fühlt« (S. 315), wird er nicht nur »die Annehmlichkeiten dieses Lebens als ihm zugehörig« empfinden, sondern auch »die Unannehmlichkeiten« (S. 315). »So erwächst ihm eine ganz bestimmte Lebensform, in der er auch die Widrigkeiten dieses Lebens nicht als ein ihm angetanes Unrecht ansieht« (S. 315).

Wenn ein Patient in seiner Kindheit keine gute Beziehung erlebt hat, sich »wie in Feindesland« (1934g, S. 564) fühlt und die »Widrigkeiten dieses Lebens« »als ein ihm angetanes Unrecht ansieht« (1928f, S.315), dann kümmert er sich eben nur um sein eigenes Überleben in egozentrischer Art und kann nicht fühlen, wie sein Mitmensch fühlt.

1928 schreibt Adler, »dass immer allgemeines und persönliches Leiden damit zusammenhängt, weil wir heute noch unser Leitideal zu wenig im Sinne des Gemeinschaftsgefühls und zu viel im Sinne der persönlichen Macht aufgebaut haben« (1928m, S. 332). Was an Bewegungsformen »als sonderbar, krankhaft, abnormal erscheint, ist es durch den Mangel an Gemeinschaftsgefühl geworden« (1929f, S. 354).

Nach Adler ist »das typische Ideal unserer Zeit [...] noch immer der isolierte Held, für den die Mitmenschen Objekt sind« (1928m, S. 335). Dies habe die Menschen anfällig für den Ersten Weltkrieg gemacht. »Wir brauchen die bewusste Vorbereitung und Förderung eines gewaltigen Gemeinschaftsgefühls und den völligen Abbruch der Gier und Macht beim Einzelnen und bei den Völkern. Was allen fehlt und wonach wir unausgesetzt ringen, sind neue Methoden zur Hebung des Gemeinsinns, das neue Wort« (S. 335). Dabei berühre es die »Immanenz« einer »absolut richtigen Lösung der Menschheitsfragen« keineswegs, wenn »wir dem menschlichen Ermessen bezüglich dieser Lösung leider Fehlerquellen zusprechen müssen« (1927j, S. 294).

3.2.3.3 Gemeinschaftsgefühl als richtunggebendes Ideal

Der Ausdruck Gemeinschaftsgefühl als richtunggebendes Ideal findet sich im Aufsatz »Über den Ursprung des Strebens nach Überlegenheit und des Gemeinschaftsgefühls« (1933i, S. 550). In »Psychologie der Macht« (1928m, S. 331) und in »Individualpsychologie und Psychoanalyse« (1931n, S. 482) wird diese Linie vorbereitet. Die »Gemeinschaftsgefühle erfordern ein anderes Ideal« (1928m, S. 335) als das isolierte Heldentum. Das menschliche Streben zielt nach dem, was durch das Gemeinschaftsgefühl als Ideal hingestellt ist, »nach einem Ziel der Mitmenschlichkeit« (1931n, S. 489).

Im Jahr 1933 spricht er von seiner »Idee des Gemeinschaftsgefühls als der letzten Form der Menschheit« (1933i, S. 555); einem »Zustand, in dem wir uns alle Fragen des Lebens, alle Beziehungen zur Außenwelt gelöst vorstellen, ein richtendes Ideal, ein richtunggebendes Ziel, dieses Ziel der Vollendung« (S.555).

»Gemeinschaftsgefühl besagt Fühlen mit der Gesamtheit sub specie aeternitatis, ein Streben nach einer Gemeinschaftsform, die für ewig gedacht werden muss, wie sie etwa gedacht werden könnte, wenn die Menschheit das Ziel der Vollkommenheit erreicht hat«, »die letzte Erfüllung der Evolution« (S. 555). Aber: »Es handelt sich niemals um eine gegenwärtige Gemeinschaft oder Gesellschaft, auch nicht um politische oder religiöse Formen« (S. 555). Adler spricht hier von Anpassung an das zukünftige Überleben (1933b/2008b,S. 15 f.), das einer Anpassung an die gegenwärtigen sozialen und kulturellen Gegebenheiten auch widersprechen kann.

Gemeinschaftsgefühl als »richtendes Ideal« (1933i, S. 555) im Sinne der Moral kann leicht die Konnotation einer Über-Ich-Forderung annehmen. Adler lehnt aber die Reduzierung seiner Thesen auf eine Ethik oder Moral ab, vermutlich wollte er nicht als unwissenschaftlich gelten. Er spreche »nicht von einem moralischen Ideal, nicht im Sinne einer religiösen Erfassung, sondern im Sinne einer durchaus wissenschaftlichen Betrachtung des menschlichen Seelenlebens« (1932g, S. 523). Gemeinschaftsgefühl sei auch ein Wert, und die »Wissenschaft fragt nicht immer nach diesem Wert, aber in ihrer Gesamtbewegung liegt er beschlossen« (1931g, S.434). Das Wort Gemeinschaftsgefühl ist nach dem Zweiten Weltkrieg (vor allem aufgrund seiner missbräuchlichen Verwendung im Nationalsozialismus) in Misskredit geraten und zunehmend wurden die freie Selbstentfaltung und Selbstverwirklichung (Strenger 2005) betont sowie das freie Spiel der ökonomischen Kräfte; erst in letzter Zeit ist auch in naturwissenschaftlichen Schriften wieder häufiger die Rede von Werten, von Kooperation (Spitzer 2007) und sozialer Verantwortung (Bauer 2006).

Spätestens seit Einführung des Gemeinschaftsgefühls ist Adlers Theorie auch eine Wertpsychologie. Adlers Verständnis des Gemeinschaftsgefühls 1933 bedeutet aber keine rein geistige, idealistische Auffassung, denn er hielt an der Verankerung des Gemeinschaftsgefühls im Leiblichen bis zu seinem Lebensende ebenso unbeirrt fest wie an der Fundierung in der leib-seelischen Erfahrung und der Ausgestaltung durch die individuelle Sinnkonstruktion. Noch kurz vor seinem Tod bekräftigt er seine Auffassung, »dass das im Leben bewiesene Gemeinschaftsgefühl als Möglichkeit in der Keimzelle wurzelt, aber, wie alle angeborenen Möglichkeiten menschlicher Art, zu seiner Entfaltung kommt entsprechend dem einheitlichen Lebensstil, der dem Kinde aus seiner schöpferischen Kraft erwächst, das heißt daraus, wie es die Welt ansieht und was ihm als Erfolg erscheint« (1937g/2009b, S. 195).

Adlers Interesse für die Stellung des Menschen innerhalb der Gemeinschaft ließ ihn ausführlich auf drei Fragen eingehen, die das Leben und die Gemeinschaft an den Menschen stellt (1926k, S. 256). Für diese Lebensfragen, »Gesellschaft, Beruf, Liebe« (1932i, S. 536), verwendet er auch folgende Begriffe: Lebensaufgaben, Anforderungen des Lebens, Menschheitsfragen. Die Leiden der Menschheit und des Einzelnen seien Folgen verfehlter Lösungsversuche aufgrund eines Irrtums, der zu einer »Störung in einer absoluten Logik des menschlichen Zusammenlebens« (1923f, S. 217) führt. Der »Zusammenstoß der irrtümlich aufgebauten, des Gemeinschaftsgefühls allzu sehr entbehrenden Lebensform [wird] stets vor den drängenden Fragen des Lebens erfolgen, die eben diesen Grad von Interesse für die andern erfordern« (1929f, S. 349).

Im Zusammenhang mit den Lebensaufgaben spricht Adler von nützlichem oder unnützlichem Verhalten, von unnützlich, wenn der Mensch nur um sich selbst kreist, anstatt sich den Lebensfragen zu stellen. Dieses Verhalten resultiere aus dem irrtümlich aufgebauten Lebensstil, aus Irrtümern, »für die das Kind nicht haftbar gemacht werden kann, weil kein Erzieher bisher diese Irrtümer beleuchtete. Keiner glaube, er müsse die Fehler und Unarten der Kinder bestrafen und mit ihnen einen Kampf führen« (1926k, S. 256). Fehlerhafte Lösungen seien zwar niemals Privatangelegenheiten, sondern Fragen der Allgemeinheit und verstießen gegen die »absolute Wahrheit« (1930n, S. 374); aber Adler betont auch, dass erst »die, die nach uns kommen« (1926k, S. 256), entscheiden können, ob sich eine Handlung für das Gemeinwohl ausgewirkt hat, und dass »oft auch erst der Lauf der Dinge« (1933i, S. 556) dies erkennen lasse.

Wenn diese Fehlhaltungen nur als Erziehungsmängel verstanden würden, wäre Adlers Individualpsychologie keine Tiefenpsychologie, sondern Pädagogik. Der Patient ist aber laut Adler in seiner tendenziösen Wahrnehmung gefangen; er weiß oder versteht seine Motive nicht. Die Ausweichtendenzen des Patienten, die sozial schädlichen und ausbeuterischen Haltungen sind sekundär. Das primäre Ziel ist, die Unsicherheit des Lebens, das Erleben des Ausgeliefertseins in traumatisierenden Beziehungen, die konstitutionelle und soziale Minderwertigkeit – ob gegeben oder empfunden – zu überwinden und eine Benachteiligung zu kompensieren. Ein neurotisches Symptom kommt dann zustande, wenn einer vor den Lebensfragen auszuweichen trachtet, weil er sich ihrer Lösung »nicht gewachsen fühlt« (1931f, S. 504), aus einer »Grundstimmung« (S. 501), die entweder deutlich Angst ist oder auf Angst zurückzuführen ist«.

1931 und 1932 spricht Adler mehrmals vom »Grad des Gemeinschaftsgefühls« (1931f; 1931n; 1932h), der den Unterschied der Lebensstile ausmache. Damit meint er nichts objektiv Messbares, »keine mathematische Aufgabe, die wir zu lösen haben, sondern eine künstlerische« (1932g, S. 523). Es sei eine künstlerische Aufgabe, herauszufinden, »wo einer nicht mehr imstande ist, Gemeinschaftsgefühl bereitzustellen« (S. 523).

4. Die Zusammenführung der doppelten Linien: Kompensation und das Gemeinschaftliche

Die kompensatorische Strebenskraft und das Gemeinschaftsgefühl vereinen sich im Phänomen des Lebens (Eife 2008). Diese lebensphilosophische Ausrichtung nimmt ihren Anfang mit der Definition des Ich als des unbewussten Lebensstils. Die Strebenskraft ist auf Kompensation und Steigerung des Lebens aus, denn Leben ist nach Adler Bewegung und Entwicklung. Da Leben immer Mit-Leben, nie isoliert zu denken ist, gehören die Verbundenheit und die innere Bewegtheit ebenfalls zu den immanenten Tendenzen des Lebens. Sie sind Aspekte von Adlers Gemeinschaftsgefühl.

4.1 Der unbewusste Lebensstil als das Ich

Individualität und Lebensstil beschreibt Adler in »Über den nervösen Charakter«. In einer Fußnote von 1919 ergänzt er die »Ichbildung« (1912a/2008a, S. 80), ohne auf das »Ich« einzugehen. 1920, 1926 und 1930 spricht Adler von »Ichfindung«, ebenfalls ohne näher darauf einzugehen. Ab 1926 kommt das Ich mehrmals in der Beziehung des Ich zum Du vor, ohne weitere Definition. Erst Ende der 1920er Jahre kann Adler das Ich konzeptualisieren. Die Schwierigkeit, einen Begriff für das Ich zu finden, liegt darin, dass Adlers Ich keine Struktur hat, sondern Bewegung ist und deshalb nicht zu »be-greifen«.

Drei Linien führen zu Adlers Definition des Ich: 1. die Gestaltwahrnehmung, 2. die schöpferische Kraft und 3. das Konzept der Bewegung.

1. Vor allem in den Jahren 1926–1931 geht Adler auf die Gestaltwahrnehmung ein. Um eine individuelle »Gestalt« zu erkennen, ist es wichtig, das Ganze im Blick zu behalten. Jeder Teil bekomme Bedeutung, Wert und Sinn erst aus dem Zusammenhang. Es habe nie jemand anders geurteilt, »als dass er zuerst das Ganze zu erfassen und in den Einzelheiten wieder die ganze Linie zu entdecken versucht hat« (1926k, S. 252). Adlers Blickrichtung geht auf das Verstehen »des Ganzen« der Person in einem subjektiven Hinblick, auf das »unbewusste« Selbstverstehen des Individuums in seiner Intentionalität. Die Ganzheit wird also nicht als Gestalt im Draufblick gesehen, sondern als eine Bewegung, die von Anfang an

in Beziehung steht und in der Bezogenheit ihre Dynamik und Gestalt bildet. Adler vergleicht die Praxis der Individualpsychologie mit der Arbeit von Künstlern. Er verwendet viele Metaphern aus dem künstlerischen Bereich. Aber es sind nicht nur Metaphern. Adler nennt die Kunst »die Führerin der Menschheit. [...] Unser ganzes Fühlen, unsere Mitmenschheit wird durch sie beeinflusst« (1926k, S. 268). Auch die therapeutische Tätigkeit, Adler meint sogar jede Art von Tätigkeit, weise irgendeinen Zusammenhang mit der Kunst auf. Die Entwicklung der Kunst sei Entwicklung zur Gemeinschaft. Da der individuelle Mensch zum Teil auch Schöpfer seiner Persönlichkeit ist, betrachtet ihn Adler als »Künstler und Kunstwerk zugleich« (1930a/1976a, S. 7). 1930 fragt er nach dem Künstler selbst. Die Gestalt oder das Ganze würden (im Unterschied zur Gestaltpsychologie) nicht nur darin gefunden, alle Noten auf eine Melodie zu beziehen, sondern darin, dass in der Melodie der stellungnehmende »Urheber, zum Beispiel Bach, Bachs Lebensstil« erkannt wird (1930j, S. 361).

2. Die schöpferische Kraft wird erstmals 1926 erwähnt, als »kompensatorische Bewegung«, als »der tiefste Sinn des menschlichen Lebens« (1926m, S. 273). 1931 unterscheidet Adler die freie und die vom Lebensstil determinierte schöpferische Kraft (siehe 1931n). Vier Jahre später nennt er die schöpferische Kraft identisch mit dem Ich. »Es ist das Ich, das ins Leben hineinwächst, das wir später als schöpferische Kraft ersehen« (1932g, S. 521). Sie sei identisch mit der »Lebenskraft selbst« (S. 518), einer Einheit stiftenden Kraft, »die alle diese Einflüsse, die alle Möglichkeiten ordnet, um eine Bewegung zu gestalten, die zur Überwindung führt« (1932i, S. 535). Diese schöpferische Kraft verhilft durch die Zielorientierung zu einem konsistenten Gefühl von sich selbst. Der Wunsch nach Wirksamkeitserfahrung und Urheberschaft (Lichtenberg et al. 2000, S. 186; Strenger 2005) hat hier seine Wurzeln. Grotstein (1997, S. 414) meint, dass das Individuum »von Geburt an das, was ihm widerfährt, in persönliche subjektive Erfahrungen umformt, indem es sich diese Ereignisse selbst erschafft und dann diese persönlichen Erfahrungen als Eigenschöpfungen in seine fantasierte innere Welt einbringt«.

3. Insbesondere von 1931 an entfaltet Adler das Konzept der Bewegung. Er löst die Struktur des Charakters in Bewegung auf und findet in ihr »die Melodie des gesamten Ichs, der Persönlichkeit mit ihren tausendfachen Verzweigungen« (1931l, S. 452), »so dass wir immer und immer wieder auf die Individualität stoßen, auf den Lebensstil eines Menschen, auf sein Ich« (S. 454).

Im gleichen Jahr sieht Adler – wie im Organischen den »Urkeim« – so auch im Seelischen ein Potenzial, er nennt es einen »seelischen Urprozess« (1931n, S. 492), der sich im Einklang mit Mitmenschen, Erde und Kosmos entwickeln will, die »Keimzelle als eines Ichs, einer Ganzheit« (S. 483). In diesem Entwicklungspotenzial der Urzelle ist nach Adler die »Notwendigkeit zur Ichbildung« (S. 495), das heißt zur Errichtung des Lebensstils, begründet.

1932 findet er Formulierungen für das Ich, die seine Bewegungsform kennzeichnen, »geronnene Bewegung« (1932h, S. 529), »gefrorene Bewegung« (1933i,

S. 552). Adlers Ich ist die Stilisierung der eigenen Lebensbewegung, deren überdauernde Formen als gefrorene Bewegung definiert werden. Der Lebensstil als das Ich lebt seinen individuellen Bewegungsstil inmitten der Vielfalt der möglichen Stilisierungen des Lebens.

Was Adler Ich nennt, kann Gebundenheit, geronnene oder gefrorene Bewegung, Lebensstil, Individualität, schöpferische Kraft und Lebenskraft sein. Wenn man eine genauere Begriffsbestimmung erwartet, würde man aus einer intellektuellen Distanz diese verschiedenen Begriffe befragen und nicht Adlers Denken mitvollziehen, nicht seinen phänomenologischen Beschreibungen folgen.

Das Wirken einer schöpferischen Kraft lässt keinen für immer fertiggestellten Endzustand im Sinne einer stabilen Ich- oder Selbststruktur zu, denn dies wäre eine Erstarrung des Lebendigen. Was aber versteht Adler unter dieser schöpferischen Kraft oder Lebenskraft, die das individuelle Leben unbewusst bestimmt, ohne dass das Bewusstsein davon Kenntnis hat? Adler spricht von Tendenzen, in denen sich alle Formen oder Strukturen auflösen.

4.2 Die immanenten Eigenschaften des Lebens

4.2.1 Leben mit einer »Richtung nach mehr«, Tendenz zur Lebenssteigerung

In den folgenden Zitaten benennt Adler etwas, das dem Leben selbst immanent ist, das gelebt, erlitten und erfahren werden kann. Dabei wird das Streben nicht als Aktivität des Willens gesehen, sondern als »das immanente Streben nach der idealen Endform« (1929f, S. 354). Dieses Streben und das Gemeinschaftsgefühl seien die »tiefsten Triebfedern des menschlichen Seelenlebens« (S. 354).

Leben ist nach Adler »Bewegung« mit einer »Richtung nach mehr, nach einer Ergänzung, einer Verstärkung, nach Kraft, nach Macht, die [...] Sicherheit zu bieten scheint, ohne der Situation der Unsicherheit vollkommen Abbruch zu tun« (1926k, S. 253). Das individuelle Leben hat besonders »infolge der drückenden Spannungsgefühle einer Unvollendung die Tendenz nach Überwindung« (1933l, S. 567). Diese Tendenz »teilt sich jedem kleinsten Bewegungsimpuls mit, erfolgt wort- und begrifflos und beansprucht die ganze individuelle Schöpferkraft eines Menschen« (S. 567), die »identisch ist mit der Lebenskraft selbst« (1932g, S. 518). Diese Tendenz nennt Adler auch Streben nach einem »Ziel der Vollkommenheit, der Sicherheit, der Vollendung« (1933l, S. 566). Dieses Streben ist »angeboren als etwas, was dem Leben angehört«, »ein Drang, ein Sich-Entwickeln, ein Etwas, ohne das man sich Leben überhaupt nicht vorstellen kann« (1933i, S. 552). »Die Zielstrebigkeit findet sich im Leben überall. Es wächst alles, als ob ihm das Ziel der Vollendung vorschweben würde« (1932i, S. 534). »Die Individualpsychologie hat nur das eine Verdienst, einen Zusammenhang hergestellt zu haben und gezeigt zu haben, wie sich diese Kraft ›Leben‹ in jedem einzelnen Individuum ausgestaltet und durchsetzt« (1933i, S. 553). »In welche Richtung Leben geht und sich bewegt«, ist etwas Ursprüngliches, »das dem ursprünglichen Leben angehaftet hat« (S. 553). Es »findet sich ein Werden, niemals ein Sein« (1931m, S. 465).

In den genannten Zitaten spricht Adler vom Leben selbst, das sich entfalten und steigern will. Phänomenologisch kann man deshalb unter Vollkommenheit oder Vollendung die volle Selbst-Entfaltung und Selbst-Steigerung des Lebens verstehen, die nie an ein Ende kommt.

4.2.2 Leben als Verbundenheit und Mitbewegung

Die Individualpsychologie sieht den Menschen »untrennbar verknüpft mit der Existenz anderer Menschen, so wie er verknüpft ist mit den kosmischen Tatsachen und mit den Bedingungen der Erde« (1924g, S. 232). Adler spricht sogar vom »Grad der Verschmelzung eines Menschen mit den Forderungen des Lebens, der Mitmenschen, des Weltalls« (1920a/1974a, S. 15).

Adler spricht von »Offenheit, Interesse am andern, an seinem Volke, an der Menschheit« (1929f, S. 347), vom »Grad seiner Anschlussbereitschaft« (S. 347). »Unsere Sinnesorgane arbeiten auf Verbindung hin, die Augen, Ohren, der Tastsinn. Ihr Sinn, der häufig verfehlt wird, ist soziale Verknüpfung, Aufnahmebereitschaft« (S. 347). Die »Impulse zur Ausgestaltung von Sprache, Verstand und Logik, Ethik und Ästhetik« (1923f, S. 217) sind Auswirkung des Gemeinschaftsgefühls, die »aus Not und Gemeinschaft stammen« und nur »bei entwickeltem Gemeinschaftsgefühl gedeihen« (S. 217). Der Einzelne partizipiert am Gemeinsamen, schon bevor die individuelle Entwicklung einsetzt. Darin liegt nochmals ein Hinweis auf eine primär empfangende Weise des menschlichen Lebens. Diese empfangende Weise kann zu einem Gefühl der »Dankbarkeit« (Klein, 1937/1975, S. 113) führen.

4.2.3 Leben als innere Bewegtheit

»Das Suchen des Einzelnen ist durchströmt von dem unverstandenen Willen der Gesamtheit, ist ein winziger Bruchteil der treibenden Kraft der Menschheit« (1924g, S. 233). Dabei muss eine Voraussetzung gegeben sein: der »Wille zum Leben, ja, das Leben selbst [muss] stillschweigend angenommen werden« (S. 232). Beide Formulierungen Adlers, »durchströmt« und »stillschweigend angenommen« in Bezug auf das eigene Leben, weisen auf eine ursprüngliche Rezeptivität hin, ein Geschehenlassen.

Adler nennt den breiten »Strom des Gemeinschaftsgefühls in den Formen der Anhänglichkeit und Zärtlichkeit« (1926a, S. 249), der die Menschen sofort verbindet. »Diese Beziehungen kann man nicht eigenwillig gestalten, muss vielmehr ihre Auswirkung zulassen. Das Wissen um diese Dinge ist noch nicht reif, weil der Mensch fähig ist, sich über die Vorgänge in seiner eigenen Seele zu täuschen« (S. 249). Adler stellt hier zum ersten Mal fest, dass das Gemeinschaftsgefühl nicht vom eigenen Willen gestaltet werden kann, sondern seine Wirkung zugelassen werden muss. Deshalb spricht er auch von der »Liebeshingabe an den Einzelnen oder an die Gemeinschaft« (1928m, S. 335).

Adler spricht vom »Strom des Lebens« (1924g, S. 233), von »seelischer Bewegung (die alles ist, alles durchfließt)« (1927j, S. 297), vom »lebendigen Strom des seelischen Geschehens« (1931l, S. 452). Seine Formulierungen benennen ein Lebensgefühl, Stimmungen, die uns durchströmen, wenn wir dafür offen sind. Im Konzept des »Gegenwartsmoments« (Stern 2005) erscheint dieses spontane Lebensgefühl für Augenblicke der Begegnung (Eife 2004). Es ist erfahrbar im Augenblick. Dieser Augenblick hat nichts mit der physikalischen (Uhr-)Zeit des »Jetzt« zu tun (Witte 2010, S. 51), denn im individuellen Erleben kann er sehr lang andauern oder flüchtig und unbemerkt vorübergehen.

In der vollständigen Entfaltung des eigenen Lebens findet der Mensch »die höchste Erfüllung und Bestätigung« (1928m, S. 332). Nach Adler verläuft die »Hauptbewegungslinie in der Richtung einer Erfüllung [...] [und hat] immer auch Beziehung zur Gemeinschaft und zu deren traditionellen Gesetzmäßigkeiten: zu der Mitmenschlichkeit, der Arbeit und der Liebe« (1930n, S. 375). Die innere Bewegtheit des Lebens erfahren wir in Momenten des Schmerzes und in Momenten der Freude und Liebe.

»Im tiefsten Sinne aber ist das Gefühl für die Logik des menschlichen Zusammenlebens Gemeinschaftsgefühl« (1926a, S. 237). Das Gemeinschaftsgefühl als das Gefühl für diese Logik ist der vom Leben affizierte Ausdruck des Mitfühlens mit sich selbst und anderen, der »Neigung zum Mitleben« (1932h, S. 529) und der »Mitmenschlichkeit« (1930n, S. 378).

Die Dynamik des Gemeinschaftsgefühls erfahren wir in manchen Augenblicken von Unbeschwertheit und Unbefangenheit; meist ist sie verdeckt vom menschlichen Bedürfnis und Streben nach Sicherheit und Stabilität.

Alle drei Bereiche, die innere Bewegtheit oder gefühlte Erfahrung im Augenblick, das Leben als Verbundenheit und die Lebenssteigerung, vereinen sich im Phänomen des *Lebens*; es sind Eigenschaften, die notwendig zu dessen Wesen gehören.

4.3 Die Ausgestaltung der Lebenskraft in der doppelten Dynamik

Adler untersucht, »wie sich diese Kraft ›Leben‹ in jedem einzelnen Individuum ausgestaltet und durchsetzt« (1933i, S. 553). Sein Fokus ist die Bewältigung des Lebens. Die Lebenskraft kann als doppelte Dynamik erscheinen, bleibt aber dieselbe schöpferische Kraft, die sich ichbezogen oder mitmenschlich auswirken kann. In den folgenden Zitaten hebt Adler nochmals die Unterschiede zwischen der Lebensbewältigung im Sinne eines persönlichen Machtstrebens oder im Sinne der Gemeinschaftlichkeit hervor.

1931 betont er, »dass wir fehlen, wenn wir aus dem lebendigen Strom des seelischen Geschehens einen Teil als geronnenes Ganzes erfassen, als etwas Feststehendes und Unabänderliches« (1931l, S. 452). Das, was chronische Neurose genannt wird, ist nach Adler nur eine Verzerrung des lebendigen seelischen Geschehens. Umgekehrt könne auch das Gemeinschaftsgefühl »nicht als abgesondert aus dem Gesamtbild des Individuums entnommen werden, es ist vielmehr die Grundmelodie, die in allen Ausdrucksformen erscheint« (1932f, S. 389).

Der Mensch kann »im Strom der Evolution« die Richtung des Gemeinschaftsgefühls finden oder auch nicht; er kann auch davon abweichen. Dann befürchtet Adler letztlich sogar die Ausrottung des Menschengeschlechts; diese Folge sei »ein hartes Gesetz, grausam geradezu« (1933i, S. 557).

Adler spricht vom »Strom des Lebens, den auch er [der Einzelne] treibt oder hemmt« (1924g, S. 233). Die doppelte Dynamik äußert sich hier im Treiben oder Hemmen. Vom Strom des Lebens unterscheidet Adler eine »seelische Bewegung, die sich hier als Wille konkretisiert« (1927j, S. 299), ein Wille oder eine Lebenskraft, die im Selbstmord »trotzig« den »Lebenstrieb« (1928m, S. 334) aufhebt. Der konkrete »Wille« (1927j, S. 299) kann sich also gegen das Leben richten.

Dieser Eigenwille ist nicht der bewusste Wille, und wenn er bewusst ist, wird er in seinem Gesamtzusammenhang nicht verstanden. »Manche nennen diesen unverstandenen Zusammenhang das Unbewusste« (1936j-1, S. 614). Das Unbewusste als eigenen Bereich gibt es bei Adler nicht, nur fließende Übergänge der Lebensbewegungen, die dem fiktiven Ziel entsprechend mehr oder weniger bewusst werden dürfen. Adlers Ich ist der unbewusste Lebensstil. Die Bewusstseinsentwicklung ist bei Adler ausgeklammert, aber nicht ganz. Denn die Aufdeckung (Bewusstmachung) des Lebensstils, die bewusste Kenntnis einer unbewussten Verstrickung kann eine Wandlung (auch unseres unbewussten Wollens) bewirken. »Wir können das Wirken der Gemeinschaftsgefühle in uns bekämpfen. Ersticken können wir es nicht« (1928m, S. 334). Der Gemeinsinn ist das, wonach wir uns ausrichten, wenn nicht unser unbewusstes Wollen (Lebensstil) und vielleicht auch unser bewusster Wille sich »trotzig« gewissermaßen vom Leben abschneiden.

Die doppelte Dynamik findet sich auch in dem, was das Leben von uns fordert. 1927 nennt Adler es den »idealen, typischen Endzweck eines Menschen: seinen Lebensaufgaben zu obliegen« (1927f, S. 284). Wenn Adler von den »Lebensaufgaben« (S. 284) oder den »Forderungen des Lebens« (1929f, S. 347) spricht, meint er nicht nur gesellschaftliche Forderungen, sondern er berührt damit auch eine ontologische Dimension, das Sein des Menschen. Das individuelle Leben will gelebt werden mit all seinen Möglichkeiten und Begrenzungen. Aber »gegenwärtige und vielleicht auch dauernde Schranken an den Gegebenheiten der Gemeinschaft« (1931n, S. 483) und das Erleben dieser Begrenzungen führen zum sichernden Streben, zum Aufbau des Lebensstils bzw. zur Selbstschöpfung des Ich. Im Erleben dieser Gegebenheiten »liegt der Zwang zur Anpassung und Überwindung« (S. 483). Adler meint keine bessere kulturelle Anpassung, sondern eine »aktive Anpassung an die kosmischen Forderungen« (1933b/2008b, S. 157) bzw.

an die »absolute Wahrheit« (S. 161). Wenn man die Vorstellung einer Transzendenz zurückholt in das gegenwärtige Leben, in all das, was das Leben darbietet (als »Ciszendenz« nach Witte 2010, S. 107), dann bleibt nur die Bejahung des Lebens, ein Sich-dem-Leben-Überlassen, um das, was uns gegeben ist, schöpferisch zu bewältigen und zu gestalten.

Verläuft die menschliche Entwicklung günstig, so bedeutet dies: Es ist genug Raum vorhanden, das eigene Leben kreativ zu gestalten, auch wenn nach Adler das Ich (als schöpferische Kraft und Lebensstil) immer gebunden ist im eigenen Lebensentwurf. In diesem Fall ist das Bedürfnis nach eigenständigem Handeln, nach Selbstbestimmtheit im Einklang mit der Gemeinschaft befriedigt. Hier handelt es sich um eine gelungene Integration des affektiv besetzten Bezugs zur Welt, deren Potenzial an Bedrohung normalerweise durch die Zuwendung (Gemeinschaftsgefühl) der Bezugspersonen aufgefangen wird.

Die kreative Gestaltung des Lebens kann sich not-wendigerweise auch in einer Erstarrung äußern. Der Lebensstil oder das Ich als »Bezogenheit« auf die Gemeinschaft (1932h, S. 529; Antoch 2006), kann von neurotischen egozentrischen Intentionen »verzerrt« (1931n, S. 491) sein, wenn beim Aufbau des Lebensstils die Hindernisse zu groß waren, das Leben unerträglich und die einzige Lebensmöglichkeit darin gegeben schien, dass sich das Kind innerlich zurückzog bis hin zur Schockstarre und zum Totstellreflex, um das lebendige Potenzial, das »wahre Selbst« nach Winnicott (1985) zu bewahren, während das Kind nach außen hin vielleicht funktioniert hat. Die frühe Entmutigung, die kaum eigene Lebensmöglichkeiten sieht, nach Adler der »verzärtelte Lebensstil«, der »fast häufiger bei vernachlässigten oder sich vernachlässigt fühlenden Kindern zustande kommt« (1936j-1, S. 609), tritt mit seiner »Ichbezogenheit, mit seinem Leiden bei unerfüllten Wünschen und mit seinen aufgepeitschten Gefühlen« (S. 609) deutlich hervor. All dies sind schöpferische Entwürfe oder Lebensstile unter erschwerten bis unerträglichen Bedingungen.

Die gefrorene Bewegung behindert den lebendigen Austausch zwischen den Menschen und behindert auch den Zugang zu sich selbst. Das Ich oder der Lebensstil ist so lange erstarrt in der eigenen Minderwertigkeits-Überlegenheits-Dialektik, bis der Irrtum verstanden wird. Heilung ist nach Adler nicht möglich, »solange das Individuum den Fehler in seinem Lebenskonzept nicht begreift« (1937g/2009, S. 206). »Die Überzeugtheit des Arztes von der Einzigkeit und Ausschließlichkeit der neurotischen Richtungslinie muss eine derart gefestigte sein, dass er den Wahrheitsgehalt dabei aufbringt, seinem Patienten stets seine störenden Arrangements und Konstruktionen vorherzusagen, sie immer aufzusuchen und zu erklären, bis der Patient, dadurch erschüttert, sie aufgibt« (1913a, S. 72).

Was aber passiert im Moment der Erschütterung, wenn nach Adler der Patient die neurotischen Konstruktionen erschüttert aufgibt? Eine genaue Erforschung dieses Moments war nicht Adlers Intention. Dieser Moment ist der »Scheitelpunkt der Umkehr« (Witte 2010, S. 123), eine Umkehr der Lebensbewegung vom Eigenwillen oder Eigensinn in die Mitbewegung. Der Moment der Auflösung der

Erstarrung lässt das lebendige Gemeinschaftsgefühl im Hier und Jetzt aufscheinen. Es ist erfahrbar in einem Augenblick der Begegnung (Stern 2002; Eife 2004).

»Das neugeborene Kind findet im Leben immer nur das vor, was die anderen zum Leben, zur Fürsorge, zur Sicherheit beigetragen haben. Was wir vorfinden, wenn wir in unser Leben eintreten, ist immer der Beitrag unserer Vorfahren« (1933i, S. 556). Nach Adler bedarf die Ausbildung der Sprache »der Verknüpfung mit dem Nebenmenschen« (1926m, S. 275). Die Sprachentwicklung ist von Anfang an gestört, wenn »der Impuls fehlt, der aus der Zusammengehörigkeit aller erwächst« (1926k, S. 258). Das bedeutet, dass die Sprache dem Sprechen vorausgeht. In gleicher Weise liegt das Gemeinschaftsgefühl allen neurotischen Erstarrungen voraus. Das Gemeinschaftsgefühl kann nicht eigenmächtig gewollt und entwickelt werden; es ist von Anfang an gegeben und präsent, zwar verschüttet von traumatischen Erfahrungen, aber es kann freigelegt werden und sich neu entfalten.

Selbststeigerung des Lebens und Gemeinsinn können nach Adler nicht unterbunden werden, denn sie sind dem Leben immanent.

Nach der philosophischen Theorie der Lebensphänomenologie von Michel Henry (1992) ist der Drang des Lebens nach Selbstaktualisierung zunächst nicht intentional; er wird aber bald zielgerichtet zum sichernden Streben nach einer Fiktion, weil »ein Leben ohne Vorstellungsproduktion gar nicht denkbar ist« (Kühn 1988, S. 220). Dieses fiktive Ziel ist Bestandteil der positiven konkreten Lebensgestaltung und zugleich der Versuch, die Unerträglichkeit traumatischer oder Mangelerlebnisse auf Dauer zu überwinden und das subjektive Leben in eine sichere Beständigkeit zu verwandeln. Die Entfaltung des eigenen Potenzials kann Ausdruck der Lebenssteigerung sein und zugleich Ausdruck einer Fiktion als »Versuch, das Leben ›in den Griff‹ zu bekommen« (Funke u. Kühn 2005, S. 35). Aber »Fiktionen sind [...] nicht denkbar ohne eine vorausliegende Lebensaffektion« (S. 34).

Letztlich bleiben diese Phänomene, die hier als »Leben« oder »Gemeinschaftsgefühl« benannt werden, unerkennbar, nicht fassbar und können nur an ihren Wirkungen erahnt werden. Bion wählt für dieses Unbekannte und Unerkennbare das Zeichen »O« (für origin). Er stellt fest, dass »der Psychoanalytiker das, was der Patient sagt, tut und zu sein scheint, kennen kann; er kann aber nicht das O kennen, dessen Evolution der Patient ist: Er kann es nur ›sein‹« (Bion 1970/2006, S. 36). »Es [O] steht für die absolute Wahrheit in einem jeden und eines jeden Objekts; wir nehmen an, dass O für kein menschliches Wesen (er)kennbar ist; man kann etwas über O wissen, seine Präsenz kann erkannt und empfunden, aber es kann nicht erkannt werden. Es ist möglich, mit ihm eins zu sein« (S. 39).

4.3.1 Exkurs 1: Das Trauma als Ursache der Neurose?

Adler geht es um die Bedeutung, die das Trauma oder die Notsituation im Erleben und *in der Verarbeitung* bekommt. Das erinnerte psychische Trauma wirkt nicht »objektiv« pathogen, sondern es wirkt erst dadurch neurotisierend, dass es integriert wird in das Streben, sich vor Wiederholung zu sichern, sich unempfindlich zu machen usw. (siehe 1929f), ein innerpsychischer Prozess, der das seelische Leiden vermeiden soll, es aber vergrößert und verewigt. Diese irrtümliche Verarbeitung der frühen Erfahrungen geschieht nach Adler »zwangsläufig« (1924g, S. 232), aus der kindlichen »Unreife« (1923c, S. 207) heraus und ist irrtümlich (1929f, S. 349) darin, dass das Kind sich dadurch entmutigt und dem Leben nicht gewachsen fühlt.

Adler schreibt 1930, dass die »Betonung der kindlichen Eindrücke für das ganze Leben« (1930j, S. 360) durch Freuds Beobachtungen wesentlich gefördert wurde. Aber dessen Sexualtheorie habe ihn gezwungen, nichtsexuelle Eindrücke zu übersehen: Gefühle der Minderwertigkeit, der Unsicherheit, der Unfähigkeit, so dass die Kooperationsfähigkeit des Patienten sich nicht entwickeln konnte. Die Neurose entstehe nicht, weil der Patient etwas erlebt hat, sondern weil er mangels dieser Kooperationsfähigkeit mit einem Erlebnis nicht fertig wird und das Erlebnis »zu einer Ursache macht« (1930j, S. 360). Im gleichen Aufsatz ergänzt er, dass der Patient den »Eindrücken, die er zu Ursachen macht, die Folgen – folgen« lässt. Das bedeutet, dass der Patient eine Ursache für seine seelische Spannung sucht, dass er diese seelische Spannung und Erregung stabilisiert und nützt, »um scheinbar besser durchzukommen« (1931i, S. 447).

»Das Leiden des Patienten ist real, meist zum Schutze vor Prestigeverlust übertrieben« (1936j-1, S. 611). Diese Ansicht vertrat Adler bereits 1912 (»Über den nervösen Charakter«, 1912a/2008a). Die Notsituation muss »übertrieben« werden, damit man sich schon bei den geringsten Anzeichen schützen kann. Dieses Geschehen imponiert von außen betrachtet als Überempfindlichkeit des Neurotikers (1930n, S. 379).

Diese Überempfindlichkeit ist die Folge einer erhöhten Sensibilität, was Wahrnehmung, Einfühlung, alle Fähigkeiten des Menschen betrifft, die einen Bezug zur kindlichen Notsituation haben. Diese erhöhte Sensibilität ist Teil der Verarbeitung und dient ursprünglich der Sicherung, kann aber auch kreativ genutzt werden und sich wie eine besondere Begabung auswirken. Diese positive Folge einer traumatischen Kindheitssituation konnte Adler noch nicht sehen, aber er sah sie in Bezug auf die Organminderwertigkeit. Nach Adler führt das Training eines schwächeren Organs zu »neuartigen, technisch höher stehenden, weil nuancierteren Bewegungen und Kunstgriffen, schärft die Aufmerksamkeit und das Interesse und führt im günstigen Falle zu einer stärkeren Erfassung des Zusammenhangs von Mensch und Umgebung« (1930n, S. 376). Wenn das Individuum darin erfolgreich ist, kann dies nach Adler das »starke, mutige Gefühl einer großen Leistungsfähigkeit« (S. 376) hervorrufen. Adler bringt ein Beispiel: Kinder mit Sehschwäche beobachten »mit besonderem Interesse die Perspektiven, Farben, Linien, Schatten und die Symmetrie« (1931m, S. 467) und mit »einer Spannung, die vielleicht später sie dazu führt, das Sehbare besser zu erfassen« (S. 467).

Die Frage ist, ob Adler die realen traumatischen Ereignisse der Kindheit der

Patienten vernachlässigt hat zugunsten der kompensatorischen Dynamik. Diese Einschätzung liegt aus heutiger Sicht nahe, seit die Forschung sich in den letzten 30 bis 50 Jahren intensiv mit frühen Traumata und frühen Entwicklungsstörungen beschäftigt hat (Fischer u. Riedesser 1999).

Verweigert sich Adler der Einfühlung in die neurotische Psyche? Nein, aber er fühlt sich nur ein, um die Neurose zu überwinden. Das kann ihn als mitleidslos erscheinen lassen. Adler fühlt sich ein, identifiziert sich, aber nur, um mit dem Patienten die neurotische Entwicklung dann hinter sich zu lassen und das schöpferische Potenzial des Patienten zu fördern, das er im Gemeinschaftsgefühl sieht. Adler glaubt, dass immer die Möglichkeit gegeben sei, »einen Anreiz zu einer normaleren Entwicklung zu schaffen« (1928c, S. 309). Diese optimistische Haltung ist in folgendem Gedanken enthalten, dass eine kindliche Notlage zu verstärkter kindlicher Unsicherheit und zu »vertieftem Minderwertigkeitsgefühl« (1930n, S. 377) führt. Er wendet sich aber gleich der Überwindung zu: Darin liege eine der »Wurzeln der erhöhten schöpferischen Kraft« (S. 376), das Streben zu einem Ausgleich setze ein, »das häufig zu einer Überkompensation führt« (S. 376).

4.3.2 Exkurs 2: Der Negativismus der Neurose

Manche Äußerungen Adlers über neurotische Patienten sind als Kritik und Entwertung gedeutet worden, da sie dem einfühlenden Verständnis zu widersprechen scheinen. Dies mag bedingt sein durch sein eifriges Bemühen um die richtige Erziehung und die Verhütung der Neurose, aber vor allem ist es bedingt durch den Negativismus der Neurose selbst, wo die Züge des Egozentrischen und Egoistischen, aber auch der Feindseligkeit gegenüber der Umwelt wie des Selbsthasses hervorstechen. Seine in keiner Weise beschwichtigenden, sondern klar und eindeutig formulierten Feststellungen dieses Negativismus nehmen bei Adler einen breiten Raum ein.

Hier ist zu unterscheiden zwischen dem Negativismus der Neurose und dem Menschen, der diesem Negativismus unbewusst anhängt, eine Unterscheidung, die Adler implizit voraussetzt, 1927 explizit äußert: Solange der Neurotiker infolge einer feindseligen Umwelt nicht besser vorbereitet ist, »hat er gewissermaßen recht, [vor Problemen] auszuweichen« (1927j, S. 300). Damit ist gemeint: Jede neurotische Haltung oder jedes neurotische Verhalten ist teilweise (nämlich mit den Augen des Patienten gesehen, aufgrund seiner frühen Erfahrungen) gerechtfertigt. Auch bewahrt der Blick auf den Lebensplan Adler davor, den »starken Negativismus« (1913a, S. 71) der Neurose als schlechte Charaktereigenschaft des Patienten oder als persönliche Kränkung zu werten. Die kritisch analysierende Haltung nimmt Adler auch sich selbst gegenüber ein; denn »die Gottähnlichkeit spielt auch dem Therapeuten zuweilen sonderbare Streiche« (S. 69, Anm. 55).

Je mehr Adler sich mit dem Zusammenhang von Neurotiker und Gemeinschaft befasst, desto schärfer bekommt er den Negativismus in den Blick und umso mehr versucht er, die Sensibilität der Menschen für die Notwendigkeit der Entfaltung von Gemeinschaftsgefühl zu wecken.

Bei Adlers Fallbeispielen ist zu unterscheiden, ob er diese Gedanken mit missionarischem Eifer den Kollegen, Eltern und Erziehern nahebringen will oder ob er mit Patienten arbeitet. Das Wenige, was Adler selbst als Behandlungsbericht mitteilt oder was aus seinen Behandlungen erkennbar wird, zeigt sein intuitives und einfühlendes Bemühen, die Patienten zu verstehen (Eife 2010). Adler hat die Vision einer möglichen Prävention der Neurosen und arbeitet unermüdlich an dieser Aufklärung. Er möchte allen Individuen eine für sie »geeignete Erziehungsmethode« finden und »ihnen besser zukömmliche Umweltforderungen [...] in ihrer Erziehung bieten« (1930j, S. 357), um dadurch eine neurotische Entwicklung möglichst abzuwenden.

1926 benutzt Adler zum ersten Mal den Ausdruck »unnützliches Verhalten«. In einem Fallbeispiel schildert er, wie sich die Sehnsucht des Patienten nach der Mutter im »Charakterzug der Feigheit« ausdrückt (1926k, S. 259). Was außen als feige erscheint, ist also in diesem Fall eine Sehnsucht nach der Mutter und eine Mutlosigkeit. Wenn Adlers Äußerungen gelegentlich moralisch klingen, mag uns dies vom Menschen Alfred Adler etwas mitteilen, aber für seine ihm wesentlichen Gedanken spielt dies keine Rolle. Sein Anliegen ist, psychische Phänomene klarsichtig und wissenschaftlich zu untersuchen. Erst durch das Verständnis der Irrtümer und der damit verbundenen unbewussten Motive könne der darauf aufbauende unbewusste Lebensstil aufgelöst werden. Die »Wahrheit« aber kann nach Adler (S. 256) erst durch die weitere Entwicklung erkannt werden.

Ein Negativismus des Therapeuten schade nur, meint Adler 1928. Ein »unverwüstlicher Optimismus« (1928j, S. 323) sei von weittragender Bedeutung. In seinen Charakterdarstellungen beschreibt er zwar ausführlich und detailliert die »Kunstgriffe« (1913a, S. 59) und Arrangements und die dazu gehörigen Affekte, aber sie sind ihm letztlich keine genauere psychologische Erforschung wert, da er in ihnen nur die nihilistischen Tendenzen sieht und deshalb innerhalb dieses Systems keine Lösung erwartet. Die Therapie kann nach Adler nur in der Aufdeckung dieses Nihilismus und in der Einsicht bestehen; aber er ist optimistisch, was die Bewusstwerdung, die »Einsicht« (S. 74) in den unbewussten oder unverstandenen Negativismus, in die irrtümliche Stellungnahme dem Leben gegenüber und was die Möglichkeit der »Kompensation« (S. 59) betrifft. In den 1920er Jahren ergänzt Adler noch die Ermutigung und das »Nachholen« dessen, was an Gemeinschaftsgefühl versäumt wurde (1926m, S. 278).

5. Behandlungsanweisungen

Adlers Grundpositionen legen eine therapeutische Vorgehensweise nahe, die innerhalb der psychoanalytischen Richtungen als eigenständige Behandlungsmethode gelten kann. Mit dieser Methode lässt sich die Lebensbewegung der Patienten in eine Perspektive bringen und dadurch das einigende Band ihrer individuellen Lebensbewegung sichtbar machen. Der Fokus dieser Methode liegt auf den zielgerichteten kompensatorischen Strategien und auf der Entfaltung des Gemeinschaftsgefühls.

Oft oszillieren die Patienten in ihrem Erleben zwischen den beiden Polen der Minderwertigkeits-Kompensations-Dynamik, auf der einen Seite das Gefühl von Ohnmacht und Wertlosigkeit, auf der anderen Seite das Gefühl der Macht und Kontrolle. Es handelt sich um zwei gegensätzliche Aspekte der Patienten: die mächtigen Tendenzen, die dazu dienen, sich vor den Erfahrungen der eigenen Bedürftigkeit und Ohnmacht zu schützen. Dabei können die mächtigen Tendenzen unglaublich negativ, zerstörerisch und aggressiv sein und im Selbsterleben als Schutz vor dem fiktiven Angreifer gerechtfertigt erscheinen; oder die Schwäche wird thematisiert und das Erleben, etwa das Opfersein, wird machtvoll ausgebaut. Die mächtigen Tendenzen helfen den Patienten, sich nicht mehr ausgeliefert, sondern aktiv handelnd zu erleben. Entsprechend dem Ausmaß des Erlebens von Bedrohtheit nehmen die Sicherungen zu bis zu dem Extrem, dass die Patienten sich völlig vom Leben und den Mitmenschen abkapseln und nur mit der eigenen Sicherung beschäftigt sind. Wenn sich die Sicherungen tendenziell lockern, können die Patienten wieder in Beziehung zu den Mitmenschen treten. Anteilnahme und Sorge um andere weisen auf das sich entfaltende Gemeinschaftsgefühl hin. Deshalb kann der therapeutische Heilungsprozess als existenzielle Erfahrung einer Umkehr verstanden werden.

Eine therapeutische Behandlung »erfordert ein streng individualisierendes Vorgehen und ist deshalb Verallgemeinerungen nicht geneigt« (1914h, S. 148). Deshalb lässt sich eine weiterführende Systematisierung und die Entwicklung einer Behandlungstechnik mit der Betonung des Individuellen nicht vereinbaren. »Bei richtiger Anwendung des individualpsychologischen Grundsatzes, keine Formel zu verwenden, [...] sondern den Spuren zu folgen, die das Kind gegangen ist, wird man der kindlichen Konstruktion der ›psychischen Konstitution‹ [Lebensstil] gerecht werden« (1931n, S. 485).

Während der wissenschaftliche Denkweg von der Diagnose einer Störung zur Entwicklung eines autonomen Selbst, vom Einzelnen zum Ganzen geht, ist Adlers Denkweg umgekehrt: Er schlägt vor, vom intuitiv wahrgenommenen Ganzen auszugehen und dies kognitiv zu analysieren. Diese Gesamtschau kann nicht gleichzeitig auf Einzelheiten fokussieren. Es ist wie bei einer Kamera: Wenn wir auf Details scharf einstellen wollen, verlassen wir die Gesamtschau. Dieses Fokussieren ist eine wesentliche Fähigkeit anderer psychoanalytischer Richtungen, und darum ist es notwendig, alle Forschungsergebnisse anderer Richtungen, einschließlich der Neurobiologie, aufzugreifen. Ihr Stellenwert aber ist aus der Gesamtschau der Persönlichkeit zu gewinnen. Die primären pathogenen Objektbeziehungen wurden vor allem von Kernberg (1988) intensiv erforscht. Selbstverständlich kann man auch auf die pathogene Bindungsform fokussieren, die in den primären Beziehungen vorherrschend war, wie dies in der Bindungstheorie (Brisch 2009) weiter ausgearbeitet worden ist. All dies kann als wichtige Konkretisierung in Adlers abstraktes Modell integriert werden.

Nach Adler hat die Individualpsychologie »aus dem Verständnis der ältesten Kindheitserinnerungen und der Träume eine neue Wissenschaft gemacht« (1930j, S. 369). Beide sind Modelle des »Lebensstils«, der inneren Befindlichkeit im Augenblick des Erzählens. Sie organisieren als formbildende Strukturen alle neuen Lebenserfahrungen im Sinne des individuellen Lebensstils. Diese als »Kindheitserinnerungen« erzählten Geschichten re-präsentieren nicht vergangene Erlebnisse der Kindheit. Sie können als »präsentische Erfahrungen« (Heisterkamp 2002) gewesener Augenblicke gesehen werden.

Nur zwei von Adlers Aufsätzen haben speziell die therapeutische Behandlung zum Thema: das Kapitel »Psychische Behandlung der Neurosen« aus »Individualpsychologische Behandlung der Neurosen« (1913a, 57–78) und der Beitrag »Die Technik der Behandlung« (1932l, 541–550). Weitere wesentliche Behandlungsanweisungen sind verstreut in den Beiträgen der Jahre 1926 bis 1933 und deshalb schwer zu finden. Aus diesem Grund soll ihnen hier ein eigenes Kapitel gewidmet sein. Dagegen wird von den beiden Aufsätzen nur einiges hervorgehoben, was bisher noch nicht zur Sprache kam.

5.1 Behandlungsanweisungen aus »Individualpsychologische Behandlung der Neurosen« (1913)

Dieser Beitrag enthält wesentliche Grundsätze, die für Adlers therapeutische Haltung bestimmend sind: Die Lebensstilanalyse ist zugleich Adlers Diagnostik wie sein therapeutisches Vorgehen. Der Therapeut müsse bereit sein, mit jeder neuen Information seine frühere Hypothese (Deutung des Lebensstils) zu überprüfen und wenn nötig zu verwerfen; in Adlers Worten: Dann »müssen Sie hart und unerbittlich gegen sich selbst sein und nach einer anderen Erklärung suchen« (1931e, S. 405).

Die Lebensstilanalyse sei »der wichtigste Bestandteil der Therapie« (1913a, S. 69). Adler sucht in jeder Ausdrucksbewegung während der Sitzung die zugrunde liegende subjektive Ausgangsposition für die neurotische Entwicklung. Das kann zum Beispiel eine frühe Traumatisierung oder Beziehungserfahrung sein. Diese Ausgangsposition nennt Adler die »Operationslinie des Patienten«. Mit anderen Worten: Jede Äußerung des Patienten im Hier und Jetzt wird als Manifestation der erschwerten Ausgangssituation und deren Überwindung verstanden.

Die Therapie wird als Beziehungsgeschehen aufgefasst. Adler rechnet von Anbeginn mit der positiven wie negativen Übertragung, global verstanden als Weisen der Bezogenheit, als Ausagieren von Selbst- und Objektvorstellungen. In der Therapie werden diese frühen Beziehungserfahrungen des Patienten auf den Therapeuten übertragen. Adler nennt die Aufdeckung der Übertragung auf den Arzt »eines der Meisterwerke Freuds« (1911d/2007a, S. 222). Später, in Abgrenzung von Freud, gebrauchet er zwar das Wort Übertragung nicht mehr, aber er leugnet nicht das Phänomen, sondern beschreibt es in seinen Worten. Adler warnt die Therapeuten davor, eine Heiler- oder Erlöserfiktion zu entwickeln. Er betont die Gleichberechtigung des Patienten und des Therapeuten, auch dass es in der Sitzung »durchwegs angezeigt ist, sich der Führung des Patienten zu überlassen« (1913a, S. 72). Denn der »Vollzug der Änderung im Wesen des Patienten kann einzig nur sein eigenes Werk sein« (S. 74). Sobald der Patient seine Lebenslinie erkannt hat, könne er von Adler nichts erfahren, »was er als der Leidtragende nicht besser wüsste« (S. 74). Die Distanzierung vom neurotischen Lebensplan entspricht der Distanzierung vom Introjekt, nur globaler gedacht. Diese Distanzierung bedingt eine empathische und zugleich sachliche Arbeit am Lebensstil.

5.2 Behandlungsanweisungen in den Jahren 1926 bis 1931

Während 1913 der wichtigste Aspekt der Therapie die »Aufdeckung des neurotischen Systems oder Lebensplans« (1913a, S. 69), das kognitive Verstehen des Patienten war, ändern sich Adlers Anweisungen in den Jahren 1926 bis 1931.

1926 schreibt Adler: »Kein Kind darf den Glauben an seine Zukunft verlieren« (1926m, S. 278), und er fährt fort: »Wir haben es eben mit Kindern zu tun, die nicht an sich glauben« (1926k, S. 262). Man »wird sie zuerst gewinnen müssen, um sie dann der Gemeinschaft zuzuführen. Mit anderen Worten: Man wird nachholen müssen, was an ihnen versäumt wurde« (1926m, S. 278). Immer wieder spricht er davon, dass man den Kranken für sich »gewinnen« (1927u, S. 305) müsse; auch die Einfühlung wird immer wichtiger: »Es ist notwendig, Schritt für Schritt sich einzufühlen in den anderen, um zu verstehen« (1931g, S. 437).

1927 sagt Adler über den Therapeuten, dass er die »Funktion der Mutter« (1929c, S. 339) erfülle, im Patienten ein Gemeinschaftsgefühl zu wecken. Die »Weckung der Liebe« (1927u, S. 305) ist nach Adler die erste Funktion der Mutter. Das bedeutet, Gemeinschaftsgefühl als Verbundenheit und »Gefühl der Zusammengehörigkeit« (1926k, S. 258) muss erlebt und erfahren werden.

Der Erzieher oder der Arzt »übernimmt verspätet die Funktion der Mutter« und er muss sich mit entsprechender Hingabe den Bedürfnissen des Patienten widmen« (1929c, S. 344).

Und Adler fährt fort: »Vielleicht muss jedes Kind im Beginn seines Lebens eine gewisse Verzärtelung erfahren« (1931m, S. 470). In der Therapie »ist freilich noch nichts damit getan, wenn man ihn [den Patienten] verzärtelt. Das wäre ja die gleiche Situation, die er von früher her auch kennt. Aber ohne anfängliche Wärme ist der Junge nicht behandlungsfähig« (S. 478).

Die »zweite Funktion der Mutter« (1927j, S. 300) ist laut Adler, das »geweckte Gemeinschaftsgefühl auch auf andere zu übertragen« (1927u, S. 305). »Diese beiden Funktionen, Weckung der Liebe und Übertragung der Liebe auf andere, sind im Grunde genommen die Funktionen, die das mütterliche Wesen ausmachen. Wenn diese mütterlichen Funktionen in den ersten vier oder fünf Lebensjahren versagt haben, dann muss die individualpsychologische Erziehung und individualpsychologische Behandlung eintreten, um das Fehlende zu ersetzen« (S. 305).

Adler stellt sich hier als »entwicklungsförderndes Objekt« (Hurry 2002) zur Verfügung, aber er geht noch einen Schritt weiter und spricht von Identifizierung. Wie immer bei Adler geht es nicht um Teilidentifizierung und Mitgefühl, um Einfühlung in eine Notlage, sondern es geht um den Versuch, in der Mitbewegung auf die neurotische Zielvorstellung hin der andere zu sein. Aber auch hier gibt es laut Adler keine letzte Sicherheit, »da niemand sich ganz in den andern hineindenken kann« (1936l, S. 628), und er akzeptiert sein Nichtwissen (Eife 2005).

Adler versucht, im Patienten ein »Gemeinschaftsgefühl seiner [Adlers] eigenen Person gegenüber zu wecken« (1927u, S. 305). Dieses Phänomen kann positive Übertragung genannt werden, wenn wir diesen Begriff von Adlers Verständnis des Lebensstils her verstehen.

Im Gemeinschaftsgefühl des Therapeuten sieht Adler die Voraussetzung für eine Behandlung. Die erste Behandlungsregel lautet, »den Patienten zu gewinnen, die zweite lautet, dass sich der Psychologe nie über seinen Erfolg Gedanken machen sollte, wenn er es tut, hat er ihn schon verwirkt« (1929c, S. 344). Der Psychotherapeut muss alle Gedanken an sich selbst und alle Gefühle von Überlegenheit aufgeben und nicht eigene narzisstische Bedürfnisse befriedigen. Davon handelt auch folgendes Zitat: »Ich möchte nun auch sagen, dass ich mir meine Ruhe auch in Schwierigkeiten, die sich mir entgegenstellten, immer bewahrt habe, weil ich mich stets des Standpunktes erinnerte, meine Sache auf nichts zu stellen« (1928j, S. 323). Wenn Adler von »immer« und »stets« spricht, so mag dies narzisstisch klingen. Diese Auslegung könnte aber seine sachliche Aussage verdunkeln, dass seine »Sache auf nichts stellen« bedeutet, nicht (nur) auf das eigene professionelle Können zu setzen, sondern auf die schöpferische Kraft von Patient und Therapeut zu vertrauen.

Im Aufsatz von 1932 »Technik der Behandlung« verrät Adler das Ausmaß seiner therapeutischen Geduld: »Eine Anzahl von Patienten redet viel [...]. Man muss es über sich ergehen lassen. Ich habe schon Patienten gehabt, die drei Stunden ununterbrochen gesprochen haben. Manchmal kann man es durchsetzen, dass man zu Worte kommt. Es gibt Patienten, die nach einer Stunde nicht aufhören wollen zu reden. Da können Sie in einer Atempause sagen: ›Sie haben mir so viel erzählt, dass ich mir das überlegen muss‹« (1932l, S. 543).

Editorische Vorbemerkung

Wie in allen Ausgaben der Alfred-Adler-Studienausgabe sind die in diesem Band gesammelten Aufsätze in ihrer Originalfassung abgedruckt. Die Veränderungen der jeweiligen weiteren Auflagen sind in einem Variantenapparat dokumentiert.

Die Aufsätze in diesem Band sind chronologisch nach ihrem Erscheinungsjahr angeordnet. So ist es möglich, die schrittweise Herausbildung der individualpsychologischen Theorie nachzuvollziehen. Jeder Text wird durch Editorische Hinweise eingeleitet, die die bibliografischen Daten der Erst- und Neuveröffentlichung(en) zu Adlers Lebzeiten, eine Zusammenfassung des Inhalts und Hinweise auf den jeweiligen Kontext angeben. An einigen Stellen wurden im Text selbst oder in Fußnoten (in eckiger Klammer) Autorenverweise, Erscheinungsjahre und Sach- oder Personenkommentare hinzugefügt. Der Band wird mit einem Literatur-, einem Personen- und einem Sachverzeichnis abgeschlossen. Wo nicht Erläuterungen zu den Personen in den Fußnoten gegeben werden, können die biografischen Eckdaten zur Identifizierung aus dem Personenregister entnommen werden

Literaturhinweise, die nur gelegentlich in Adlers Text vorkommen, werden in den Fußnoten zur Stelle angegeben. Adlers Schriften selbst und Literaturhinweise der Herausgeberin werden im Text in Kurzform angezeigt und im Literaturverzeichnis aufgelöst.

Gisela Eife

Textausgabe

1. Individualpsychologische Behandlung der Neurosen (1913)

Editorische Hinweise
Erstveröffentlichung:
1913a: Jahreskurse für ärztliche Fortbildung, Jg. 4, S. 39–51
Neuauflagen:
1920a: Praxis und Theorie der Individualpsychologie, S. 22–35
1924: Praxis und Theorie der Individualpsychologie, S. 22–35
1927: Praxis und Theorie der Individualpsychologie, S. 22–35
1930: Praxis und Theorie der Individualpsychologie, S. 21–35
Letztveröffentlichung:
1974a: Praxis und Theorie der Individualpsychologie, S. 48–66

Alfred Adler sieht im menschlichen Leben ein vorherrschendes Prinzip, das er in folgender Gleichung darstellt: Einschätzung (Individuum + Erlebnisse + Milieu) + Arrangement = Persönlichkeitsideal. Es ist das einzige Mal, dass Adler seine (dreiteilige) Dynamik des Lebensstils, den er hier noch Lebensplan nennt, in Form einer Gleichung fasst. Darin ist ausgedrückt, dass der Mensch zwar von seinen Genen und den traumatisierenden oder entwicklungsfördernden Umständen beeinflusst, aber nicht geleitet wird, sondern von seiner Einschätzung und seinem unbewussten Persönlichkeitsideal. Adlers abstraktes Prinzip konkretisiert sich in jedem individuellen Lebensstil. Einsicht und Verständnis für diesen Lebensplan gewinne man am besten »durch künstlerische Versenkung, durch intuitive Einfühlung in das Wesen des Patienten«. Adlers konkrete Behandlungsanweisungen sind geprägt von Wertschätzung des Patienten und von Verständnis für dessen Lebensplan, aber auch von einer klaren Sicht auf die Feindseligkeit der »Neurose«.

Die Einleitung befasst sich mit dem Minderwertigkeitsgefühl und der Kompensation, das zweite Kapitel mit dem Arrangement der Neurose und mit Adlers fiktiver Gleichung. Im Anhang wird an einem Fallbeispiel demonstriert, wie Adler seine Wahrnehmungen des Patienten in diese fiktive Gleichung einträgt. Das dritte Kapitel hat als Thema die psychische Behandlung der Neurosen. Es unterscheidet sich von den anderen Kapiteln in folgenden Punkten: 1. Adler hat dieses Kapitel bei allen Neuauflagen zwar überarbeitet, aber kaum verändert (nur sieben Veränderungen gegenüber insgesamt 71 in den anderen Kapiteln). 2. Das Kapitel enthält auffallend wenige individualpsychologische Grundbegriffe und theoretische Aussagen, sondern konkrete Behandlungsanweisungen. 3. Es ist neben »Beitrag zur Lehre vom Widerstand« (Adler 1911d/2007a) und »Technik der Behandlung« (Adler 1932l, S. 541) der einzige Aufsatz, der sich mit der Behandlung der Neurosen beschäftigt. Insofern kommt diesem Aufsatz eine Schlüsselstellung in der Entwicklung der Individualpsychologie zu. Weitere Behandlungshinweise finden sich verstreut vor allem in den Aufsätzen von 1926 bis 1931; außerdem in seinem Buch »Neurosen« (Adler 1929c, Ausschnitte in diesem Band, S. 336).

Was wird als Ätiologie angesehen? Adler nennt die »bedrohliche kindliche Situation«, die »innere Not«, das »aus realen Eindrücken erwachsene, später tendenziös festgehaltene und unterstrichene Gefühl der Minderwertigkeit«. Dieses Gefühl drängt laut Adler den Patienten schon in der Kindheit unbewusst zu einer Zielsetzung für sein Streben. Das kompensatorische Streben benutze verschiedene Arrangements. Das Arrangement beschreibt Adler ausführlich nur noch in »Das Problem der Distanz« (1914k, S. 158). Jedes seelische Phänomen trage den gleichen Zug in sich: »von einem Gefühl der Schwäche loszukommen, um die Höhe zu erreichen«, sich von »unten« nach »oben« zu erheben, entsprechend der tendenziösen Apperzeption. Außer in diesem Beitrag verwendet Adler den Ausdruck »Apperzeption« nur 1912 (»Über den nervösen Charakter« 1912a/2008a) und 1930 (»Nochmals – die Einheit der Neurosen«, S. 353), er bleibt aber weiterhin gültig. Alle neurotischen Symptome haben die Aufgabe, das Persönlichkeitsgefühl des Patienten zu sichern.

Die Aufdeckung der Übertragung hat Adler 1911 (Adler 1911d/2007a) als Meisterleistung Freuds bezeichnet. In diesem Beitrag wird der Begriff noch verwendet, danach nur in drei Aufsätzen, in denen er sich von Freuds Begriff der Übertragung abgrenzt (1929c, S. 336; 1931n, S. 482; 1936f, S. 590). Aber das Phänomen der Übertragung erkannte er an, ohne diesen Namen zu gebrauchen.

1920 nimmt Adler 19 Veränderungen vor. Sie betreffen vor allem Klärungen. 1924 (35 Veränderungen) hebt er den starken Negativismus der Neurose hervor; außerdem betont er, dass der Patient im Bewussten wie im Unbewussten nach Überlegenheit strebe. Er kenne wohl die wahre Absicht seines Weges, verstehe aber diese Absicht nicht. Diesem Thema widmet Adler 1913 einen eigenen Artikel: »Zur Rolle des Unbewussten« (Adler 1913h, S. 103).

1930 setzt Adler in 24 Veränderungen das Gemeinschaftsgefühl als eigenen seelischen Bereich neben den nervösen Modus Vivendi, und er stellt (in Fußnote 25) den »Common Sense« dem »Lebensstil« gegenüber. Beide Begriffe tauchen (in diesem Aufsatz) erst in der Variante von 1930 auf.

Individualpsychologische Behandlung der Neurosen

Einleitung[1]

Das umfangreiche Gebiet der Psychotherapie in gedrängter Form zu behandeln, wo noch so viel prinzipieller Streit ihre Wertschätzung bedroht, erscheint mir als kein geringes Wagnis. Und ich möchte es nicht unterlassen, auf die Grundlagen meiner Anschauungen zu verweisen, auf das Material meiner Erfahrungen, die seit dem Jahre 1907 der Öffentlichkeit zur Prüfung vorliegen. Im Jahre 1907 habe ich in einer »Studie über Minderwertigkeit von Organen« [Adler 1907a/1977b] den Nachweis erbracht, dass die angeborenen Konstitutionsanomalien nicht nur als Erscheinungen der Degeneration aufzufassen seien, sondern dass sie auch oft den Anlass geben zu *kompensatorischen* Leistungen und Überleistungen sowie zu bedeutungsvollen Erscheinungen der Korrelation, zu denen die verstärkte psychische Leistung wesentlich beiträgt. Diese kompensatorische seelische Anstrengung geht oft, um die Anspannungen im Leben bewältigen zu können, auf anderen, neuen Wegen, zeigt sich für den Betrachter ausgiebig geschult und erfüllt so den Zweck, ein gefühltes Defizit zu decken, in der wundervollsten Weise. Die weitest verbreitete Form, in der sich das in der Kindheit einbrechende *Gefühl der Minderwertigkeit* einer Entlarvung zu entziehen sucht, besteht in der Aufführung eines kompensatorischen seelischen Überbaus, der mit fertigen trainierten Bereitschaften und Sicherungen den Halt, die Überlegenheit im Leben wiederzugewinnen sucht, im[2] *nervösen Modus Vivendi*. – Was jetzt von der Norm etwa abweicht, erklärt sich aus dem größeren Ehrgeiz und aus der stärkeren Vorsicht; alle die Kunstgriffe aber und Arrangements, nervöse Charakterzüge sowie die nervösen Symptome beziehen ihre Geltung aus Vorversuchen, Erlebnissen[3] und Imitationen, wie sie dem Leben des gesunden Menschen nicht ganz fremd sind, und sie führen eine Sprache, die, richtig verstanden, immer erkennen lässt, dass hier ein Mensch um seine Geltung ringt, sie zu erzwingen versucht, der aus der Sphäre der Unsicherheit und des Minderwertigkeitsgefühls unaufhörlich nach einer gottähnlichen Herrschaft über seine Umgebung zu gelangen trachtet[4].

---

1 Änd. 1924: Ätiologie. A. Minderwertigkeitsgefühl und Kompensation
2 Erg. 1930: Gemeinschaftsgefühl oder im
3 Erg. 1920: Einfühlungen   Erg. 1930: Spannungen
4 Erg. 1930: oder der einer Lösung seiner Lebensaufgaben zu entrinnen trachtet

Lässt man diese Wurzel des neurotischen Gebarens beiseite, so findet man dieses zusammengesetzt aus einer bunten Fülle von Erregungen und Erregbarkeiten, die nicht die Krankheit der Neurose *[40] verursachen,* sondern eine *Folge* derselben darstellen. In einer kurzen Abhandlung: »*Der Aggressionstrieb im Leben und in der Neurose*« [Adler 1908b/2007a] versuchte ich, diese oft gesteigerte »Affektivität« darzustellen und zu zeigen, wie sie, damit ein Zweck erreicht oder eine Gefahr umgangen werde, oft in eine scheinbare Aggressionshemmung umschlägt. Was man »Disposition zur Neurose« zu nennen pflegt (»Über neurotische Disposition« [Adler 1909a/2007a]), ist bereits Neurose, und nur bei aktuellen Anlässen, wenn innere Not zu verstärkten Kunstgriffen treibt, kommen die geeigneteren neurotischen Symptome mit größerer Deutlichkeit und als Krankheitsbeweis zum Vorschein.[5] Insbesondere sind dieser Krankheitsbeweis und alle zugehörigen Arrangements nötig, um 1. als *Vorwände* zu dienen, wenn das Leben die ersehnten Triumphe verweigert, 2. damit alle *Entscheidungen hinausgeschoben* werden können, 3. um etwaige erreichte Ziele in stärkerem Lichte erglänzen zu lassen, da sie *trotz des Leidens* erreicht wurden. Diese und andere Kunstgriffe zeigen mit Klarheit das Streben des Nervösen *nach dem Schein*[6].

Es ergibt sich in jedem Falle mit Leichtigkeit, dass der Nervöse, um sein von einem fiktiven Ziel aus gelenktes Handeln zu sichern, für ihn typische Richtungslinien innehält, die er prinzipiell, geradezu wörtlich verfolgt. Die nervöse Persönlichkeit bekommt auf diese Weise durch bestimmte Charakterzüge und passende, erprobte Affektbereitschaften, durch den einheitlichen Ausbau der Symptome und durch die neurotische Perspektive auf Vergangenheit, Gegenwart und Zukunft ihre feste Form. Der Zwang zur Sicherung der Überlegenheit wirkt dermaßen stark, dass jedes seelische Phänomen bei vergleichender psychologischer Analyse neben der Oberfläche seiner Erscheinung noch den gleichen[7] Zug in sich trägt: Von einem Gefühl der Schwäche loszukommen, um die Höhe zu erreichen, sich von »unten« nach »oben« zu erheben, durch Anwendung oft schwer verfolgbarer Kunstgriffe allen überlegen zu werden.[8] Um im Vorbauen, Denken und Erfassen der Welt pedantische Ordnung und

---

5 *Erg. 1930:* Sie können untertauchen, solange der Patient sich in einer angenehmen Situation befindet, solange er nicht nach der richtigen Entwicklung, nach seinem Gemeinschaftsgefühl gefragt wird.
6 *Erg. 1930:* der Überlegenheit, nicht nach dem Sein
7 *Änd. 1924:* weiteren
8 *Anm. Adlers 1924:* Durch diese Klarstellung wird die Bedeutung des »*Unbewussten*« wesentlich eingeschränkt. Denn ein vertieftes *Verständnis* der »Oberflächenpsyche«, deren naive Betrachtung freilich das Dunkel nicht erhellt, zeigt uns, dass der Patient die wahre Absicht seines Weges durchzuführen trachtet, diese Absicht aber *nicht versteht.* *Erg. 1930:* sonach im »Bewussten« als im »Unbewussten« nach Überlegenheit strebt.

damit Sicherungen zu schaffen, greift der Nervöse zu allerlei Regeln und Hilfsformeln, deren wichtigste dem primitiven antithetischen Schema entspricht. So lässt er nur Empfindungswerte gelten, die einem Oben und Unten entsprechen, und sucht diese – soweit ich mich überzeugen konnte – regelmäßig auf einen ihm real erscheinenden Gegensatz von »männlich – weiblich« zu beziehen. Durch diese Verfälschung bewusster und unbewusster Urteile ist, wie durch einen seelischen Akkumulator, der Anlass zu *Affektstörungen* gegeben, die wieder jedes Mal zur persönlichen Lebenslinie des Patienten passen. Den als »weiblich« empfundenen Zügen in seiner Seele – jedes passive Verhalten, Gehorsam, Weichheit, Feigheit, Erinnerungen an Niederlagen, Unkenntnis, Unvermögen[9] – versucht er eine übertriebene Richtung ins »Männliche« zu geben, und er entwickelt Hass, Trotz, Grausamkeit, Egoismus und sucht Triumphe in jeder menschlichen Beziehung. Oder seine Schwächlichkeit wird von ihm auffallend unterstrichen, was dann immer andere Personen mit der Aufgabe belastet, sich in seinen Dienst zu stellen, regelmäßig auch die Vorsicht und das Voraussehen des Patienten unermesslich steigert und zu planvollen Ausweichungen vor drohenden Entscheidungen führt. Wo der Patient den Beweis »männlicher Vorzüge« im Leben *[41]* erbringen zu müssen glaubt, in Kämpfen jeder Art, im Beruf, in der Liebe, wo er, was auch für das männliche Geschlecht gilt, eine »Verweiblichung« durch ein Unterliegen befürchtet, wird er von Weitem schon im Bogen um das Problem herumzukommen suchen. Man wird dann immer eine Lebenslinie finden, die vom geraden Wege abweicht, und, in der ewigen Furcht vor Fehlern und Niederlagen, sicherere Umwege einzuschlagen sucht. Damit ist immer auch eine Verfälschung der Geschlechtsrolle gegeben, so dass der Nervöse einen Zug zum »psychischen Hermaphroditismus« aufzuweisen scheint, ihn auch meist zu haben glaubt (siehe »Der psychische Hermaphroditismus« im Leben und in der Neurose« [Adler 1910c/2007a]). Von dieser Seite gesehen, könnte die Neurose leicht einer sexuellen Ätiologie verdächtig erscheinen. In Wahrheit aber spielt sich auf dem Gebiete der Sexualität der gleiche Kampf ab wie im ganzen Seelenleben: Das ursprüngliche Minderwertigkeitsgefühl drängt auf Umwege (im Sexuellen auf den Weg der Masturbation, der Homosexualität, des Fetischismus, der Algolagnie[10], der Überschätzung der Sexualität usw.)[11], um seine Orientierung nach einem Ziel der Überlegenheit nicht zu verlieren. Als abstraktes und zugleich konkretisiertes Ziel des Nervösen dient dann die schematische Formel: »Ich will ein voller Mann sein!«, ein kompensierender Ausgang für das zugrunde liegende Gefühl einer als weiblich gesetzten Minderwertigkeit. Das Schema, nach dem hier apperzipiert und vorgegangen wird, ist als durch-

---

9   *Erg. 1920:* Zärtlichkeit
10 [Algolagnie: Schmerzlüsternheit, aus griech. *algos*: Schmerz, und *lagneia*: Wollust]
11 *Erg. 1924:* sucht jede erotische Erprobung auszuschalten

aus antithetisch und in planmäßiger[12] Fälschung *als in sich feindlich* gefasst, und wir können als unbewusste Voraussetzungen der nervösen Zielstrebigkeit regelmäßig folgende zwei erkennen: 1. Die menschliche Beziehung ist unter allen Umständen ein Kampf[13]. 2. Das weibliche Geschlecht ist minderwertig und dient in seinen Reaktionen als Maß der männlichen Kraft.

Diese beiden unbewussten Voraussetzungen, die sich in gleicher Weise bei männlichen und weiblichen Patienten entschleiern lassen, machen es aus, dass alle menschlichen Beziehungen entstellt und vergiftet werden, dass[14] Affektverstärkungen und Affektstörungen zutage treten und dass anstelle einer wünschenswerten Unbefangenheit eine dauernde Unzufriedenheit tritt, die bloß gelegentlich, meist nach Verstärkung der Symptome und nach geglückter Darstellung eines Krankheitsbeweises, gemildert erscheint. *Das Symptom ersetzt sozusagen die nervöse, aufgepeitschte Gier nach Überlegenheit*[15] und führt im Gefühlsleben des Patienten auch sicherer zu einem Scheinsieg über die Umgebung als etwa ein geradliniger Kampf[16] und ein Widerstehen. Diese Symptomsprache zu verstehen, ist für mich die Hauptaufgabe[17] der psychotherapeutischen Kur geworden.

Da die Neurose den Zweck hat, das Endziel der Überlegenheit erreichen zu helfen, wo doch im Gefühl der Minderwertigkeit eine *direkte* Aggression ausgeschlossen erscheint, sehen wir immer *Umwege* bevorzugt, die einen wenig aktiven, zuweilen masochistischen, immer selbstquälerischen Charakter tragen. Meist finden wir ein Gemisch von seelischen Regungen und Krankheitssymptomen, gleichzeitig in einer Krankheitsperiode auftauchend oder einander ablösend, die, aus dem Zusammenhang des Krankheitsmechanismus herausgerissen, wie gegensätzlich erscheinen oder an eine Spaltung der Persönlichkeit denken lassen. Der Zusammenhang ergibt, dass der [42] Patient sich auch zweier in sich gegensätzlicher Linien bedienen kann, um in seine *ideale Situation fiktiver Überlegenheit* zu kommen, wie er ja auch zu dem gleichen Zwecke richtig und falsch argumentiert oder in voller Abhängigkeit von seinem Ziele, diesem entsprechend, wertet und empfindet. Man wird den Nervösen unter allen Umständen bei *solchen* Anschauungen, Empfindungen, Erinnerungen, Affekten, Charakterzügen und Symptomen antreffen und erwarten müssen, die kraft der bei ihm erkannten Lebenslinie vorauszusetzen sind.

So wird der Nervöse etwa, um auf der Linie des Gehorsams, der Unter-

---

12 *Erg. 1930:* kindlicher
13 *Erg. 1924:* um die Überlegenheit
14 *Erg. 1920:* überraschende
15 *Erg. 1920:* und den dazugehörigen Affekt
16 *Erg. 1920:* ein Charakterzug
17 *Änd. 1924:* Hauptvoraussetzung

werfung, der »hysterischen Beeinflussbarkeit« zu siegen, andere durch seine Schwäche, Angst, durch seine Passivität, durch Zärtlichkeitsbedürfnis usw. zu fesseln, allerlei Memento, Furcht auslösende Schreckbilder, Affektbereitschaften,[18] die passenden Gefühle und Charakterzüge bereithaben, ebenso wie etwa ein Zwangsneurotiker seine Prinzipien, Gesetze und Verbote hat, die scheinbar ihn selber beschränken, in Wirklichkeit aber ihm[19] eine der Gottheit ähnliche Macht verleihen. Immer sehen wir als Ziel eine ideelle »Rente«, die ebenso hartnäckig wie vom Unfallneurotiker die materielle, mit jenen meist geeigneten Mitteln erkämpft wird, die der Erfahrung des Patienten naheliegen. Ebenso dort, wo aktive Affekte, wie Wut, Zorn, Eifersucht, den Weg zur Höhe sichern sollen, und oft durch Schmerzanfälle, Ohnmachten oder durch epileptische Insulte vertreten werden. (Siehe »Trotz und Gehorsam« [Adler 1910d/2007a]; ferner »Die psychische Behandlung der Trigeminusneuralgie« [Adler 1910f/2007a].) – Alle neurotischen Symptome haben die Aufgabe, das Persönlichkeitsgefühl des Patienten und damit auch die Lebenslinie, in die er hineingewachsen ist, zu sichern. Um sich dem Leben gewachsen zu erweisen, erwachsen dem Nervösen auch all die nötigen Arrangements und nervösen Symptome, als ein Notbehelf, als ein übergroß geratener Sicherungskoeffizient gegenüber den Gefahren, die er in seinem Minderwertigkeitsgefühl beim Ausbau seiner Zukunftspläne erwartet und unaufhörlich zu verhüten trachtet.[20]

Das Arrangement der Neurose

Das aus realen Eindrücken erwachsene, später tendenziös festgehaltene und unterstrichene Gefühl der Minderwertigkeit drängt den Patienten schon in der Kindheit unaufhörlich zu einer Zielsetzung für sein Streben, die hoch über alles menschliche Maß hinausgeht, einer Vergöttlichung sich nähert und ein Wandeln auf haarscharfen Richtungslinien erzwingt.[21] Zwischen diesen beiden Punkten spannt sich das neurotische System, *der Lebensplan des Nervösen.*

---

18 *Erg. 1924:* Einfühlungen in
19 *Änd. 1920:* seinem Persönlichkeitsgefühl
20 *Erg. 1930:* In diesem Ausbau spielen oft körperliche Funktionsstörungen eine große Rolle, die durch die Spannung ausgelöst werden, in die der Patient jedes Mal gerät, wenn knapp vor einem Lebensproblem sein Gemeinschaftsgefühl beansprucht wird, das er nicht hat.
21 *Erg. 1924:* Unter ihrem Zwange erfolgt eine weitgehende Ausschaltung anders gearteter, wenn auch notwendiger und sachlich gerechtfertigter Stellungnahmen. *[Erg. 1930: Es ist, als ob jeder Neurotiker sich einen kleinen Stall gezimmert hätte, immer von verschiedener Form und Größe, in dem er ununterbrochen herumhüpft und sich ängstlich hütet, dessen Grenzen zu überschreiten.]* Alle menschlichen Beziehungen werden nicht mehr sachlich, sondern »persönlich« erfasst und zu regeln versucht.

Dieser kompensatorische psychische Ausbau[22] rechnet mit allen eigenen und fremden Erfahrungen, allerdings indem er sie tendenziös entstellt und ihren Wert verfälscht, sie aber auch, wenn sie der neurotischen Absicht sonst genügen, mit ihrem Wahrheitsgehalt in die Rechnung stellt.[23]

Bei näherer Betrachtung ergibt sich als verständliche Erscheinung, dass alle diese Richtungslinien von verschiedenen Seiten mit Warnungstafeln und Ermunterungen, mit Mementos und Aufforde[43]rungen zur Tat versehen sind, so dass man von einem weitverzweigten Sicherungsnetz sprechen kann. Immer findet man das neurotische Seelenleben als Überbau über einer bedrohlichen kindlichen Situation, wenn auch im Laufe der Jahre äußerlich verwandelt und der Wirklichkeit mehr angepasst, als die Entwicklung des Kindes es vermocht hätte. Kein Wunder deshalb, dass jedes seelische Phänomen des Nervösen von diesem starren System durchzogen und *wie ein Gleichnis* erscheint, aus dem die Richtungslinien[24] immer wieder hervorstechen. So der nervöse Charakter, das nervöse Symptom, die Haltung, jeder Kunstgriff im Leben, die Ausweichungen und Umwege, sobald Entscheidungen das Gottgefühl des Nervösen bedrohen wollen, seine Weltanschauung und sein Verhalten zu Mann und Frau und seine Träume. Bezüglich der Letzteren habe ich, in Übereinstimmung mit meiner Anschauung über die Neurosen, *ihre Hauptfunktion als vereinfachte Vorversuche, Warnungen und Ermunterungen im Sinne des neurotischen Lebensplans behufs Lösung eines bevorstehenden Problems bereits im Jahre 1911* (»Zur Lehre vom Widerstand« [Adler 1911d/2007a] und »Syphilidophobie« [Adler 1911f/2009b]) und ausführlicher im »Nervösen Charakter« [1912a/Adler 2008a] zur Darstellung gebracht. Eingehendere Ausführungen sind in »Traum und Traumdeutung« [Adler 1913j, in diesem Band, S. 112] zu finden[25].

Wie kommt nun diese auffällige Gleichartigkeit der seelischen Erscheinungen, die alle wie von einem gleich gerichteten, nach aufwärts, zur Männlichkeit, zum Gefühl der Gottähnlichkeit strebenden Strom durchflossen sind, zustande, die bereits in meiner neurologischen, vom derzeitigen Standpunkt aus betrachtet, unvollständigen und falsch orientierten Arbeit (»Über Zahlenanalysen und Zahlenphobie« [Adler 1905b/2007a]) hervorgehoben erscheint?

Die Antwort ist aus obiger Darstellung leicht zu entnehmen: Das hypno-

---

22 *Erg. 1920:*das nervöse »Wollen«
23 *Erg. 1930:* Daraus ergibt sich in den meisten Fällen die zuweilen große Leistungsfähigkeit des Neurotikers auf einem begrenzten Gebiet, nämlich dort, wo seine nervöse Apperzeption den Gesetzen der Wirklichkeit nicht widerspricht, vielleicht sogar, wie beim Künstler, ihnen in höherem Grade gerecht wird.
24 *Erg. 1930:* und der Lebensstil
25 *Erg. 1930:* insbesondere wie der Traum Gefühle und Affekte, Stimmungen hervorzaubert, die den Lebensstil gegen den Common Sense stützen sollen

tisierende *Ziel* des Nervösen zwingt sein ganzes Seelenleben zu dieser einheitlichen Einstellung, und man wird den Patienten immer, sobald man seine Lebenslinie erkannt hat, dort finden können, wo man ihn nach seinen Voraussetzungen und nach seiner Vorgeschichte erwarten muss. Der starke Zwang zur Vereinheitlichung oder zur ebenso starren Zweiteilung[26] seiner Persönlichkeit ist aus der inneren Not geschaffen und durch die Sicherungstendenz zustande gekommen. Der Weg wird durch die ihm entsprechenden Schablonen der Charakterzüge, der Affektbereitschaften und der Symptome unabänderlich gesichert. Ich will an dieser Stelle einiges über »Affektstörungen«, über die neurotische »Affektivität« nachtragen, um das unbewusste Arrangement desselben zwecks Einhaltung der Lebenslinie *als ein Mittel und als einen Kunstgriff* der Neurose nachzuweisen.[27]

So wird zum Beispiel ein Patient mit Platzangst, um auf kompliziertem Wege sein Ansehen im Hause zu heben und seine Umgebung in seinen Dienst zu zwingen[28], den Gedanken des Alleinseins, der fremden Menschen, des Einkaufs, des Aufsuchens von Theater, Gesellschaft usw. mit der Fantasie von einem Schlaganfall, einer Entbindung auf der Straße, mit Krankheitsinfektion durch Keime auf der Straße [44] unbewusst und gefühlsmäßig in einem »Junktim«[29] vereinigen. Der übergroße *Sicherungskoeffizient gegenüber von Denkmöglichkeiten* ist klar zu sehen[30]. Man merkt daraus die Absicht und verfolgt sie bis zu ihrem Endzweck,[31] um die Lebenslinie zu erkennen. Ähnlich wird die neurotische Vorsicht eines Patienten mit Angstanfällen – der sich so einer Entscheidung durch eine Prüfung in einer Liebesbeziehung, bei einem Unternehmen entziehen will, indem er den Krankheitsbeweis herstellt – dahin drängen, seine Situation mit der Vorstellung einer Hinrichtung, eines Gefängnisses, des uferlosen Meeres, des Lebendig-begraben-Seins oder des Todes zu verbinden. Um der Entscheidung über den Erfolg einer Liebesbeziehung auszuweichen, kann die Verknüpfung der Vorstellungen: Mann und Mörder oder Einbrecher, Frau und Sphinx oder Dämon oder Vampir als zweckdienlich vorgenommen werden. Jede mögliche Niederlage wird durch Verbindung mit dem Gedanken an den Tod oder der Schwangerschaft (auch bei männlichen

---

26 oder *bis Zweiteilung*] *Ausl. 1920*
27 *Anm. Adlers:* Siehe auch »Zur Rolle des Unbewussten« [Adler 1913h, S. 103]
28 *Erg. 1920:* oder um nicht auf der Straße und auf freien Plätzen die stets ersehnte Resonanz zu verlieren
29 *Anm. Adlers:* Junktim: tendenziöse Verbindung zweier Gedanken- und Gefühlskomplexe, die eigentlich wenig oder nichts miteinander zu tun haben, zwecks Affektverstärkung. Ähnlich der Metapher.
30 *Erg. 1924:* ebenso die Ausschaltungstendenz gegenüber allen Situationen, in denen die Herrschaft nicht gewährleistet erscheint
31 *Erg. 1924:* um Situationen der Überlegenheit aufzusuchen und

Nervösen) drohender empfunden, und der so herübergeleitete Affekt zwingt den Patienten, einer Unternehmung auszuweichen. Die Mutter oder der Vater werden so häufig in der Fantasie zu Geliebten oder Ehegatten hinaufliziiert, bis das Band so fest ist, um die Ausbiegung vor dem Eheproblem zu sichern. Religiöse und ethische Schuldgefühle werden, wie so häufig bei der Zwangsneurose, konstruiert und ausgenützt, um zu einem gottähnlichen Machtgefühl zu gelangen (zum Beispiel: »Wenn ich abends nicht bete, wird meine Mutter sterben«; wir müssen die Verwandlung ins Positive herstellen, um die Fiktion der Gottähnlichkeit zu verstehen: »Wenn ich bete, wird sie nicht sterben«).[32]

Neben diesen das übertriebene Persönlichkeitsideal und den neurotischen Weg zu ihm sichernden »Befürchtungen«[33] findet man ebenso oft übertriebene »Erwartungen«, deren sicher eintreffende Enttäuschung zu den als nötig empfundenen verstärkten Affekten der Trauer, des Hasses, der Unzufriedenheit, der Eifersucht[34] usw. hinüberleiten. Hier spielen prinzipielle Forderungen, Ideale, Träumereien, Luftschlösser usw. eine ungeheure Rolle, und der Neurotiker kann durch Verbindung derselben mit irgendeiner Person oder Situation alles entwerten und seine Überlegenheit an den Tag bringen. Die große Bedeutung der Liebe im menschlichen Leben und das Suchen des Nervösen nach übermenschlicher Wirkung und Geltung in der Liebe bringen es mit sich, dass das Arrangement der getäuschten Erwartung sich so häufig einstellt, damit [der] Patient dem Sexualproblem[35] ausweichen kann. Zwangsmasturbation, Impotenz, Perversion und Inversion[36] sowie Fetischismus sind regelmäßig auf der Linie solcher Umwege[37] gelegen[38].

Als ein drittes Mittel einer Konstruktion zur Verhütung einer Niederlage und eines schweren Minderwertigkeitsgefühls erwähne ich kurz die *Antizipation* von Empfindungen, Gefühlen und Wahrnehmungen[39], die in ihrer Beziehung zu bedrohlichen Situationen vorbereitende, warnende oder aufmunternde Bedeutung haben, im Traum, in der Hypochondrie, in der Melancholie, im Wahn der Psychosen überhaupt, in der Neurasthenie und in den Halluzinationen.[40] Ein *[45]* gutes Bild gibt etwa der häufige Traum von bett-

---

32 *Erg. 1924:* Minimale oder längst verflossene Verfehlungen werden beklagt, um an Gewissenhaftigkeit allen überlegen zu erscheinen   *Erg. 1930:* zugleich aber auch zum Zwecke der Präokkupation, um Wichtigeres unwichtig zu machen.
33 *Erg. 1930:* und Ausschaltungen
34 *Erg. 1924:* der Anklage
35 *Erg. 1924:* und dem Partner
36 *Änd. 1924:* Frigidität
37 *Erg. 1924:* eitler Menschen
38 *Erg. 1930:* aus ihrer übergroßen Spannung vor dem Gemeinschaftsgefühl erfordernden Problem erwachsen
39 *Erg. 1924:* Einfühlungen
40 *Anm. Adlers 1920:* Diese Anschauung wurde seither bei der Betrachtung der Kriegs-

nässenden Kindern, die sich am Abtritt sehen, *damit* sie die meist rachsüchtige und trotzige enuretische Attitüde[41] *unbeeinflusst von ihrem Intellekt*[42] entwickeln können. Ebenso können Bilder aus der Tabes, Paralyse, echten Epilepsie, aus der Paranoia, aus Herz- und Lungenkrankheiten usw. zur Darstellung von Befürchtungen und um sich zu sichern zur Verwendung kommen.

Um ein anschauliches, allerdings bloß schematisches Bild der eigenartigen Orientierung des Nervösen (und Psychotischen) in der Welt zu geben, schlage ich vor, die vulgäre Anschauung über die Nervosität in eine Formel zu fassen und sie mit einer anderen Formel zu vergleichen, die den obigen Anschauungen[43] besser entspricht. Die Erstere würde lauten:

Individuum + Erlebnisse + Milieu + Anforderungen des Lebens = Neurose,[44]

wobei das Individuum durch Minderwertigkeit oder Heredität oder durch »sexuelle Konstitution«, durch Affektivität und durch seinen Charakter beeinträchtigt gedacht wäre, wo ferner die Erlebnisse, das Milieu und die äußeren Anforderungen wie eine Last auf den Patienten drückten, bis sie ihn zur »Flucht in die Krankheit« drängten. Diese Anschauung ist offensichtlich falsch, kann auch nicht gehalten werden durch die Hilfshypothese: das Minus an Wunscherfüllungen[45] in der Wirklichkeit werde in der Neurose wieder hereingebracht.

Eine zutreffendere Formel müsste etwa lauten:

---

neurose fast von allen Autoren vollinhaltlich übernommen. *Erg. 1930:* Siehe auch »Traum und Traumdeutung« [Adler 1913j, S. 112], wo die vom Lebensstil geforderten Gefühle und Emotionen, übrigens auch dem wachen Leben ähnlich, besprochen werden.

41 *Erg. 1924:* wie beim nächtlichen Aufschrecken, hervorgegangen aus dem Bedürfnis, auch bei Nacht die anderen zu beschäftigen
42 *Änd. 1930:* Common Sense
43 *Erg. 1920:* und der Wirklichkeit
44 *Änd. 1924:*

Individuum	+ Erlebnisse	+ Milieu	+ Anforderungen des Lebens	= Neurose
Heredität, Körperbau (Klinik), (Kretschmer), angebliche Sexual-Komponenten (Freud), Intro- und Extraversion (Jung)	Sexual- und Inzest-Erlebnisse (Freud)			

45 *Erg. 1924:* oder der Libido

$$\frac{Einschätzung}{(I + E + M)} + \begin{pmatrix} Arrangement \\ (Erlebnisse + Charakter + \\ Affektivität + Symptome) \end{pmatrix} = Persönlichkeitsideal^{46}$$

Mit anderen Worten: *Der einzig feststehende oder fixiert gedachte Punkt ist das Persönlichkeitsideal.* Dieser Gottähnlichkeit näherzukommen, nimmt der Neurotiker eine tendenziöse Einschätzung seiner Individualität, seiner Erlebnisse und seines Milieus vor. Da dies aber lange nicht genügt, ihn auf seine Lebenslinie und damit näher an sein Ziel zu bringen, *provoziert er Erlebnisse[47], die ihm seine zum Voraus bestimmten Nutzanwendungen besser ermöglichen – sich zurückgesetzt, betrogen, als Dulder (Aronsohn)[48] zu fühlen –,* die ihm die vertraute und erwünschte Aggressionsbasis[49] schaffen. Dass er aus den Realien und aus seinen Möglichkeiten so viel und solche Art von *Charakterzügen und Affektbereitschaften* aufbaut, dass sie zu seinem Persönlichkeitsideal stimmen, geht aus der obigen Darstellung hervor und wurde von mir ausführlich im »Nervösen Charakter« [Adler 1912a/2008a] geschildert. In gleicher Weise wächst der Patient in seine *Symptome* hinein, die sich ihm aus seiner ganzen Erfahrung[50] derart formen, wie sie zur Erhöhung seines Persönlichkeitsgefühls nötig und brauchbar erscheinen. In diesem durch ein sich von selbst ergebendes Leitziel entworfenen und festgehaltenen Modus Vivendi ist von vorherbestimmender[51] Teleologie[52] keine Spur zu finden. Es wird der neurotische Lebensplan nur durch den Zwang zur Überlegenheit, durch vorsichtiges Ausweichen vor gefahrvoll erscheinenden Entscheidungen, durch das voraustastende Wandeln auf wenigen, haarscharfen Richtungslinien und durch das gegen die Norm ungeheuer vermehrte Netz von Sicherungen

---

46 *Änd. 1924:* Einschätzung (I + E + M) + x = Persönlichkeitsideal der Überlegenheit, wobei das x durch ein Arrangement und tendenziöse Konstruktion des Erlebnismaterials, der Charakterzüge, der Affekte und der Symptome zu ersetzen wäre. Die Lebensfrage des Nervösen lautet nicht: »Was muss ich tun, um mich den Forderungen der Gemeinschaft einzufügen und daraus ein harmonisches Dasein zu gewinnen?« sondern: »Wie muss ich mein Leben ausgestalten, um meine Überlegenheitstendenz zu befriedigen, mein *[Erg. 1930:* unabänderliches*]* Minderwertigkeitsgefühl in ein Gefühl der Gottähnlichkeit zu verwandeln?«
47 *Erg. 1924:* und beutet sie aus
48 [Wahrscheinlich Oscar Aronsohn, praktischer Arzt aus Graudenz (Westpreußen), von dem eine Dissertation »Über Heredität bei Epilepsie«, Berlin 1894, und zwei »Erläuterungen zu Ibsens pathologischen Gestalten«, Halle 1909–1910, existieren.]
49 *Erg. 1930:* um die […] aktiv zu
50 *Erg. 1930:* und in seiner seelischen Spannung
51 *Erg. 1920:* autochthoner
52 *Erg. 1920:* noch

erhalten[53]. Dementspre[46]chend verliert auch die Frage nach irgendeiner Erhaltung oder nach dem Verlust der psychischen Energie jeden Sinn. Der Patient wird immer gerade so viel psychische Kraft hergestellt haben, um auf seiner Linie zur Überlegenheit, zum männlichen Protest, zur Gottähnlichkeit zu bleiben.[54]

Psychische Behandlung der Neurosen

Die Aufdeckung des neurotischen Systems oder Lebensplans ist der wichtigste Bestandteil der Therapie. Denn er kann in seiner Gänze nur erhalten bleiben, wenn es dem Patienten gelingt, es seiner eigenen Kritik[55] zu entziehen. Der teilweise unbewusste Ablauf des neurotischen, der Wirklichkeit widersprechenden Mechanismus erklärt sich vor allem aus der unbeirrbaren Tendenz des Patienten, ans Ziel zu kommen.[56] Der Widerspruch mit der Wirklichkeit[57] in diesem System hängt mit den geringen Erfahrungen und mit den andersartigen[58] Beziehungen zusammen, die zur Zeit der Errichtung des Lebensplanes – in der frühen Kindheit – wirksam waren. Die Einsicht und das Verständnis für diesen Plan erwirbt man am besten durch die künstlerische Versenkung, durch intuitive Einfühlung in das Wesen des Patienten. Man wird dabei an sich wahrnehmen, wie man unwillkürlich Vergleiche anstellt, zwischen sich und dem Patienten, zwischen verschiedenen Attitüden desselben oder ähnlichen Haltungen verschiedener Patienten. Um eine Richtung in das wahrgenommene Material, in die Symptome, Erlebnisse, Lebensweisen und Entwicklung des

---

53 *Erg. 1920:* und *[Erg. 1924:* nun erst*]* teleologisch eingerichtet
54 *Erg. 1924:* Seine Anschauungsform, seine Perspektive ist fehlerhaft geworden. Das Ziel der Überlegenheit drängt, aufgestachelt durch sein Minderwertigkeitsgefühl, alles Wollen, Denken, Fühlen und Handeln auf ein der Sachlichkeit fremdes Gebiet, das wir Neurose nennen. Die Symptome, arrangiert durch das Endziel, sind die Ausdrucksformen für das Walten der Eitelkeit. Anfangs oder stellenweise steht diese hinter dem Patienten und jagt ihn nach vorne. Nach den unausbleiblichen Niederlagen (denn wie kann unsere arme Erde die Erwartung des Neurotikers befriedigen) steht sie vor ihm und treibt ihn zurück: »Wenn du den Halys überschreitest, wirst du ein großes Reich (das Reich deiner Einbildung) zerstören.« [Dieser Spruch des Orakels von Delphi gegenüber dem Lyderkönig Krösus bezieht sich auf die Funktion des Flusses Halys als Landesgrenze zwischen Lydern und Persern.]
55 *Erg. 1924:* und seinem Verständnis
56 *Anm. Adlers:* »Zur Rolle des Unbewussten« [Adler 1913h, S. 103] – »Geist« scheint vor dieser tendenziösen Verschleierung der Tatsächlichkeit nicht zu schützen. Die Gottähnlichkeit spielt auch dem Therapeuten zuweilen sonderbare Streiche.
57 *Erg. 1924:* das heißt mit den logischen Forderungen der Gemeinschaft
58 *Anm. Adlers 1924:* Eine Beziehung wie die zu Mutter oder Vater kann logischerweise anderen Personen gegenüber *nur durch einen Irrtum* angestrebt werden.

Patienten zu bringen, bediene ich mich zweier[59] Vorurteile[60]. Das eine rechnet mit der *Entstehung* des Lebensplanes *unter erschwerten Bedingungen* (Organminderwertigkeiten, Druck in der Familie,[61] nervöse Familientradition) und lenkt meine Aufmerksamkeit auf gleiche oder ähnliche Reaktionsweisen in der Kindheit. Das zweite Vorurteil liegt in der *Annahme der obigen, empirisch gewonnenen fiktiven Gleichung,* derzufolge ich ungefähr meine Wahrnehmungen eintrage. Ein Beispiel soll dies später erläutern.[62]

Aus meinen Darstellungen geht ferner hervor, dass ich von dem Patienten die gleiche Haltung – und immer wieder die gleiche Haltung – erwarte, die er, seinem Lebensplan gemäß, zu den Personen seiner früheren Umgebung, noch früher seiner Familie gegenüber, eingenommen hat. Im Augenblick der Vorstellung beim Arzt, oft noch früher, besteht beim Patienten die gleiche Gefühlskonstellation wie sonst belangreichen Personen gegenüber. Dass die Übertragung solcher Gefühle oder der Widerstand später beginnt, kann nur auf einer Täuschung beruhen: Der Arzt erkennt sie in diesen Fällen erst später. Oft zu spät, wenn unterdes der Patient, etwa im Genusse seiner heimlichen Überlegenheit, der Kur ein Ende macht oder etwa durch Verschlimmerung seiner Symptome einen unerträglichen Zustand schafft. Dass Verletzungen des Patienten ausgeschlossen sein müssen, brauche ich psychologisch geschulten Ärzten nicht zu sagen. Sie können aber ohne Wissen des Arztes erfolgen, oder [47] harmlose Bemerkungen können tendenziös umgewertet werden, solange der Arzt die Art seines Patienten nicht durchschaut. Deshalb ist besonders im Anfang Zurückhaltung geboten und die möglichst rasche Erfassung des neurotischen Systems erforderlich. In der Regel gelingt Letzteres innerhalb der ersten drei Tage[63] bei einiger Erfahrung.

Bedeutsamer noch ist die Notwendigkeit, *dem Patienten jeden sicheren Angriffspunkt*[64] *zu entziehen.* Ich kann an dieser Stelle nur einige Winke geben, die verhüten sollen, *dass der Arzt nicht in die Behandlung des Patienten gerät.* So verspreche man auch in den sichersten Fällen *nie die Heilung,* sondern immer nur die Heilungs*möglichkeit.* Einer der wichtigsten Kunstgriffe der Psychotherapie erfordert die *Zuschiebung der Leistung und des Erfolges der Heilung auf den Patienten,* dem man sich in kameradschaftlicher Weise als Mitarbeiter zur Verfügung stelle. Die Verknüpfung von *Honorarbedingungen mit dem Erfolg* der Behandlung schafft ungeheure Erschwerungen für den Patienten.

---

59 Änd. 1930: dreier   Erg. 1920: durch die Erfahrung gewonnener
60 Änd. 1924: Kunstgriffe
61 Erg. 1924: Verzärtelung, Rivalität
62 Erg. 1930: Der dritte sucht das größte gemeinschaftliche Maß in allen nur zugänglichen Ausdrucksbewegungen.
63 Änd. 1924: des ersten Tages
64 Erg. 1920: zum Kampf

Man halte sich in jedem Punkte an die vorläufige Annahme, dass *der nach Überlegenheit lüsterne Patient jede Verpflichtung des Arztes, auch die über die Dauer der Kur, zu einer Niederlage des Arztes ausnützen wird.* So sollen denn auch die beiderseitigen Notwendigkeiten – Besuchszeit, offenes Entgegenkommen, Honorarfrage, Unentgeltlichkeit der Behandlung, Verschwiegenheit des Arztes usw. sofort geregelt und eingehalten werden. Unter allen Umständen ist es ein ungeheurer Vorteil, wenn der Patient den Arzt besucht. Und die sichere *Vorhersage von Schwierigkeiten*[65] bei Fällen von Ohnmachtsanfällen, Schmerzen oder Platzangst enthebt einen für den Anfang eines großen Stückes Arbeit: Die Anfälle bleiben in der Regel aus – was unsere Anschauungen über den starken Negativismus des Nervösen bestätigt. *Sich eines Teilerfolges sichtlich zu freuen oder gar sich zu rühmen, wäre ein großer Fehler.* Die Verschlimmerung ließe nicht lange auf sich warten. Man kehre sein offensichtliches Interesse vielmehr den Schwierigkeiten zu, ohne Ungeduld und ohne Verstimmung, sondern in kaltblütig wissenschaftlicher Art.

In voller Übereinstimmung mit Obigem steht der Grundsatz, sich von dem Patienten niemals ohne gründlichen Widerspruch und Aufklärung eine übergeordnete Rolle, etwa als Lehrer, Vater, Erlöser usw., zuweisen zu lassen. Solche Versuche stellen den Anfang einer Bewegung des Patienten dar, in einer von früher gewohnten Weise *übergeordnete Personen*[66] *herabzuziehen und durch eine ihnen zugefügte Niederlage zu desavouieren.* Die Wahrung irgendeines Vorranges oder Vorrechtes ist nervösen Patienten gegenüber immer von Nachteil. Ebenso zeige man Offenheit, vermeide aber, durch den Hinweis auf das Bedenken eines Kunstfehlers, sich von ihm in Unternehmungen ziehen zu lassen. Noch bedenklicher wäre es, den Patienten in eigene Dienste stellen zu wollen, Ansinnen an ihn zu stellen, Erwartungen zu hegen usw.[67]

Während diese und durch die gleiche Haltung diktierte ähnliche Maßnahmen zunächst die geeignete Beziehung einer Gleichberechtigung herstellen müssen, nimmt die *Aufdeckung des neurotischen Lebensplanes* ihren Fortgang in einem freundschaftlichen, ungezwungenen Gespräch, bei dem es durchwegs angezeigt ist, *sich der Führung des Patienten zu überlassen.* Ich fand es immer am bewährte[48]sten, bloß die neurotische Operationslinie des Patienten in allen seinen Ausdrucksbewegungen und Gedankengängen aufzusuchen und zu demaskieren, zugleich auch ohne Aufdringlichkeit die Schulung des Patienten für die gleiche Arbeit durchzuführen. Die Überzeugtheit des Arztes von der *Einzigkeit und Ausschließlichkeit der neurotischen Richtungslinie* muss

---

65 *Änd. 1920: [Erg. 1924:* einer Möglichkeit von*]* Verschlimmerungen
66 *Erg. 1930:* dienstbar zu machen
67 *Erg. 1920:* Verschwiegenheit vom Patienten zu fordern, zeugt von Mangel jeder Kenntnis des nervösen Seelenlebens.   *Erg. 1924:* Dagegen ist vom Arzt strengste Verschwiegenheit zu geloben und zu halten.

eine derart gefestigte sein, dass er den Wahrheitsgehalt dabei aufbringt, seinem Patienten stets seine störenden Arrangements und Konstruktionen vorherzusagen, sie immer aufzusuchen und zu erklären, bis der Patient, dadurch erschüttert, sie aufgibt – um neue, meist versteckstere an ihre Stelle zu setzen. Wie oft sich dies abspielt, ist nie im Vorhinein zu sagen. Endlich aber gibt der Patient nach, und dies umso leichter, je weniger ihm aus der Situation zum Arzte das Gefühl einer Niederlage erwachsen kann.

Ebenso wie diese Arrangements auf der Linie zum Gefühl irgendeiner Überlegenheit liegen, so auch bestimmte subjektive Fehlerquellen, die eben aus dem Grunde ausgenutzt und festgehalten werden, weil sie etwa das Minderwertigkeitsgefühl vertiefen und so Reize und einen Ansporn zum weiteren Vorbauen abgeben. *Solche Fehler samt ihrer Tendenz* müssen in die Blickrichtung des Patienten gerückt werden.

Das primitive Apperzeptionsschema des Patienten, das *alle Eindrücke als gegensätzlich* wertet und tendenziös gruppiert (oben – unten, Sieger – Besiegter, männlich – weiblich, nichts – alles usw.), ist stets nachzuweisen und als unreif, unhaltbar, aber als zur Tendenz weiterzukämpfen geeignet zu entlarven. Dieses Schema macht es auch aus, dass man im Seelenleben des Nervösen ähnliche Züge findet wie in den Anfängen der Kultur, wo auch die Not zu solchen Sicherungen zwang. Es wäre fantastisch, in solchen Analogien mehr als Mimikry zu vermuten, etwa eine Wiederholung der Phylogenese. Was bei den Primitiven und noch beim Genie als kraftstrotzender Titanentrotz imponiert, sich aus dem Nichts zu einem Gott emporzuschrauben, aus Nichts ein weltbeherrschendes Heiligtum zu errichten, ist beim Nervösen sowie im Traum ein unschwer zu durchschauender Bluff, wenngleich viel Jammer dadurch geschaffen wird. Der fiktive Sieg, den sich der nervöse Patient durch seine Kunstgriffe leistet, besteht nur für seine Einbildung. Man muss ihm den Standpunkt des anderen entgegenstellen, der meist in gleicher Weise seine Überlegenheit als erwiesen betrachtet, wie am deutlichsten in der Liebesbeziehung des Nervösen oder in seiner Perversion zutage tritt. Gleichzeitig erfolgt Schritt für Schritt die *Aufdeckung des unerreichbar gesteckten Zieles der Überlegenheit* über alle, der *Hinweis auf die tendenziöse Verschleierung desselben,* auf seine alles beherrschende, richtunggebende Macht, auf die durch das Ziel bedingte Unfreiheit[68] des Patienten. Ebenso einfach ergibt sich, sobald genügend Material vorliegt, der Beweis, dass alle nervösen Charakterzüge, die nervösen Affekte und Symptome als Mittel dienen, teils um den vorgeschriebenen Weg zu *gehen,* teils um ihn zu *sichern.* Wichtig ist das Verständnis für die Art der Affekt- und der Symptomherstellung, die, wie oben dargestellt wurde, einem oft unsinnigen »Junktim«, das gleichwohl planmäßig wirkt, ihre Promptheit verdanken. Das Junktim trägt einem der Patient oft harmlos entgegen, zumeist muss man es

---

68 *Erg. 1920:* und Menschenfeindlichkeit

aus seinen analogisierenden Erklä*[49]*rungen, aus seiner Vorgeschichte oder aus seinen Träumen erschließen.

Die gleiche Tendenz der Lebenslinie verrät sich in der Welt- und Lebensanschauung des Patienten sowie in seiner Betrachtung und Gruppierung aller seiner Erlebnisse. Fälschungen und willkürliche Eintragungen, tendenziöse Nutzanwendungen von stärkster Einseitigkeit, maßlose Befürchtungen und sichtlich unerfüllbare Erwartungen finden sich auf Schritt und Tritt, immer aber dienen sie dem geheimen Lebensplan des Patienten mit seinem gloriosen fünften Akt. Da gibt es viele Entgleisungen und Hemmungen aufzudecken, was aber nur mühsam mit fortschreitendem Verständnis für die einheitliche Tendenz gelingt.

Wie der Arzt dem neurotischen Streben des Patienten sich in den Weg stellt, so wird er wie eine Wegsperre oder ein Zaun empfunden, der die Erreichung des Größen-Ideals[69] zu verhindern scheint. *Deshalb wird jeder Patient versuchen, den Arzt zu entwerten*, ihn seines Einflusses zu berauben, ihm den wahren Sachverhalt zu verschleiern, und er wird immer neue Wendungen finden, die gegen den Psychotherapeuten gerichtet sind.[70] Auf diese ist besonders zu achten, weil sie in einer gut geleiteten Kur am deutlichsten die Tendenz des Kranken, auch hier mittels der Neurose seine Überlegenheit zu behaupten, verraten. Besonders je weiter die Besserung fortschreitet – bei Stillstand derselben herrscht meist herzliche Freundschaft und Frieden, nur die Anfälle dauern fort –, desto heftiger werden die Bemühungen des Patienten, durch Unpünktlichkeit, Zeitvertrödelung oder durch Fortbleiben aus der Behandlung den Erfolg infrage zu stellen. Zuweilen stellt sich eine auffallende Feindseligkeit ein, die, wie alle diese von der gleichen Tendenz getragenen Widerstandserscheinungen, nur zu beheben ist, wenn der Patient immer wieder auf das Selbstverständliche[71] seines Benehmens aufmerksam gemacht wird. *Die feindselige Beziehung der Angehörigen des Patienten zum Arzt fand ich stets von Vorteil und suche sie gelegentlich vorsichtig zu wecken.* Da meist die Tradition der ganzen Familie des Kranken eine gleichsinnig nervöse ist, kann man auch durch ihre Aufdeckung und Exemplifikation vielen Nutzen beim Patienten stiften. *Der Vollzug der Änderung im Wesen des Patienten kann einzig nur sein eigenes Werk sein.* Ich fand es am günstigsten, dabei ostentativ die Hände in den Schoß zu legen, in der festen Überzeugung, dass er, was immer ich zu die-

---

69 *Erg. 1920:* auf neurotischem Wege
70 *Erg. 1924:* Ferner ist zu erinnern, dass hier die gleiche Feindseligkeit die Beziehung zum Arzt zu vergiften droht wie sonst im Leben zu jeder Person, wenngleich vielfach verdeckt.
71 *Änd. 1924:* Gleichartige

sem Punkte auch sagen könnte, sobald er seine Lebenslinie erkannt hat, nichts von mir erfahren könnte, was er als der Leidtragende nicht besser wüsste.[72]

Anhang

Im Folgenden will ich auszugsweise, gemäß der oben angeführten Lebensgleichung des Nervösen, einige Eintragungen aus dem Seelenleben eines 22-jährigen Patienten vornehmen, der wegen Zwangsmasturbation, Depressionserscheinungen, Arbeitsunlust und wegen schüchternen, verlegenen Benehmens in die Behandlung kam. Vorher will ich hervorheben, dass entsprechend dieser Gleichung der Patient umso mehr an Arrangements (bezüglich entsprechender Erlebnisse, Charakterzüge, Affekte und Symptome) leisten muss, je tiefer er die Einschätzung seiner Person – sei es willkürlich, sei es unter dem Drucke von Niederlagen im Leben – vornimmt. *Daraus ist nun sowohl der neurotische Anfall als auch die Neurosenwahl, sozusagen der chronische Anfall, zu erklären: Beide müssen die Probe auf ihre Brauchbarkeit für den Lebens*[50]*plan des Patienten bestehen können.* Auch differenzialdiagnostisch ist die Einsicht in diesen Zusammenhang von größter Wichtigkeit, nur bedarf der Psychotherapeut einer genauen Kenntnis der organischen Nervenerkrankungen sowie der gesamten Pathologie überhaupt, weil Mischformen recht häufig aufzufinden sind.[73]

---

72 *Erg. 1924:* Sollte das Verständnis für eine Neurose dem Arzte Schwierigkeiten machen, so bringt meist folgende Frage eine erhebliche Klärung:« »Was würden Sie tun, wenn Sie bei mir Ihre Heilung erlangten?« Der Patient wird dann gewöhnlich die Aktion nennen, vor der er entmutigt mittels der Neurose ausweicht. – Recht wertvoll erweist sich mir auch der Kunstgriff, mich wie bei einer Pantomime zu verhalten, auf die Worte des Patienten eine Weile nicht zu achten und aus seiner Haltung und aus seinen Bewegungen innerhalb seiner Situation seine tiefere Absicht herauszulesen. Man wird dabei den Widerspruch zwischen Gesehenem und Gehörtem scharf empfinden und den Sinn des Symptoms deutlich erkennen. Ein Beispiel für viele: Ein 32-jähriges Mädchen erscheint mit ihrem 24-jährigen Bräutigam und klagt über ihre Angst vor dem dämonischen Einfluss eines zweiten Bewerbers. Sie fürchtet, er könnte ihre Ehe stören. Dabei Angst, Herzklopfen, Unruhe, Schlaflosigkeit und Entschlussunfähigkeit. Eine pantomimische Darstellung dieser Situation ergibt eine Fleißaufgabe für den Bräutigam. Er wird genötigt sein, seine Bemühungen zu verdoppeln. Die Angst vor dem dämonischen Einfluss des andern ist ein Mittel des ehrgeizigen Mädchens, sich durch eine verstärkte Bindung des jüngeren Bräutigams vor einer Enttäuschung in der Ehe, vor Vernachlässigung zu schützen. Gleichzeitig belehrt uns dieser Fall, woher die »dämonische Kraft« des andern stammt. Sie ist nicht als Tatsache zu werten, sondern bezieht ihre Existenz aus der durch das ehrgeizige Ziel des Mädchens geschaffenen Anschauung.

73 *Anm. Adlers:* die regelmäßig den organischen Erkrankungen zugezählt werden. Ich

Ich nehme nun zur besseren Anschaulichkeit für den Leser, wie bei gewissen Problemen der Mathematik, die sich nur durch diesen Kunstgriff lösen lassen, meine Aufgabe vorläufig als gelöst an und werde versuchen, soweit dies in einer Skizze möglich ist, die Richtigkeit der Lösung an dem Material der Tatsachen zu erweisen. Dementsprechend gehe ich von einer vorläufigen Voraussetzung aus: Der Patient strebe mit seinem Modus Vivendi zu einem *Ziel der Vollkommenheit, der Überlegenheit, der Gottähnlichkeit*. In unseren zwanglosen Unterhaltungen liefert der Patient bald reichlich Anhaltspunkte für diese Annahme. Er schildert uns breit die besondere Vornehmheit seiner Familie, ihre Exklusivität, ihren Grundsatz des »noblesse oblige«, und wie ein älterer Bruder den allgemeinen Tadel durch eine Heirat unter seinem Niveau hervorgerufen habe. Diese Hochhaltung der Familie ist begreiflich, stellt sich auch als notwendig ein, *da sein eigener Kurs dabei steigt*. Im Übrigen sucht er alle Mitglieder der Familie in Güte oder kämpfend zu beherrschen. Eine äußerliche Attitüde zeigt uns den gleichen Drang nach oben: Er steigt mit Vorliebe auf das Dach des Familienhauses, geht bis an den äußersten Rand, duldet aber nicht, dass ein anderes Glied der Familie sich bis dorthin wage. Nur er! – Zeigte große Aufregung in der Kindheit, wenn er geschlagen wurde, widersetzte sich jedem Zwang und duldet keinerlei Beeinflussung. Tut meist *das Gegenteil von dem,* was andere, insbesondere seine Mutter, von ihm verlangen. Singt und brummt auf offener Straße, an öffentlichen Orten, um der Welt seine Verachtung zu beweisen (das heißt, er *arrangiert* Gefühle der Überlegenheit). Gleich in den ersten Träumen kommt unter anderem die Warnung zutage, sich von mir nicht unterkriegen zu lassen. Er hütet sich, auf den Schatten einer beliebigen Person zu treten, um (häufiger Aberglaube) deren Dummheit nicht zu erwerben (positiv gefasst: Ich bin klüger als alle!). Fremde Türschnallen kann er nur mit dem Ellbogen, nicht mit den Händen berühren. (»Alle Leute sind schmutzig – das heißt, nur ich bin rein.« Dies auch das treibende Motiv des Waschzwanges, der Reinlichkeitssucht, der Infektionsfurcht, der Berührungsfurcht.) – Berufsfantasien: Luftschiffer zu werden, Milliardär, um alle Menschen zu beglücken. (Er im Gegensatz zu allen anderen.) – Flugträume. – Was aus diesem Ensemble zutage tritt, deutet auf eine hohe Selbsteinschätzung.

Geht man aber näher darauf ein, so gewinnt man aus den krampfhaften Anstrengungen und Sonderbarkeiten dieses Patienten bald den Eindruck einer großen Unzufriedenheit und Unsicherheit. Es ergibt sich, dass er immer auf seine schwächliche Konstitution zurückkommt, dass er ausführlich seine weibliche Konstitution schildert, auch hervorhebt, wie man ihm dies immer

---

verweise auf die jüngst erschienene wichtige Arbeit Professor Obersteiners [Obersteiner, H. (1913)]: »Über pathologische Veranlagungen am Zentralnervensystem« [Wiener klinische Wochenschrift 26 (Nr. 14 am 03.04.1913): 521–529].

vorgehalten habe, und dass man ihn immer in der Kindheit mit dem Zweifel gequält habe, ob er ein voller Mann einmal sein werde. Auch Äußerungen, er wäre besser ein Mädchen geworden, hätten einen tiefen Eindruck auf ihn gemacht. Dass frühzeitig ein neurotisches System ausgebaut wurde, in dem auch die entsprechende Affektivität nicht fehlen durfte,[74] beweisen die bald auftretenden Züge von Trotz, Jähzorn, Herrschsucht und Grausamkeit, die alle nach der männlichen Seite schielen, sich vor allem gegen Mutter und Schwester wandten, sich deutlich auch abhoben, wenn er zum Beispiel bei der Zumutung, in kleinen Theaterstücken eine weibliche Rolle zu spielen, in Raserei geriet. Auf seine spät auftretende Körperbehaarung und auf eine Phimose (Organminderwertigkeit! Siehe »Das organische Substrat der Psychoneurosen« [Adler 1912h/2007a]) weist er intensiv und mit tendenziösen Befürchtungen. Der Zweifel an seiner tauglichen männlichen Geschlechtsrolle sitzt tief in ihm, drängte ihn zu Übertreibungen männlich gewerteter Art in mancherlei Richtung, auch zum protestierenden Narzissmus, verschloss ihm aber den Ausbau seiner Lebenslinie in der Richtung auf[75] Liebe und Ehe. So kam er zur Masturbation und blieb bei ihr.[76] Mag er noch so deutlich die Attitüde der Überhebung zur Schau tragen – wenn wir die Voraussetzung *[51]* seines Handelns prüfen, so stoßen wir unbedingt auf ein vertieftes und leicht zu vertiefendes Minderwertigkeitsgefühl. Um aber Sicherheit zu gewinnen, war er gezwungen, seine Lebenslinie derart auszubauen, dass sie in weitem Bogen um das Problem der Heterosexualität[77] verlief – und *er hatte die sexuelle Richtung, die zu seinem System passte,* die masturbatorische. Diese musste er als Zwang stabilisieren, als Sicherung gegen jede drohende Annäherung an eine Frau ausüben, durch Kopfschmerz im Falle seines Widerstandes erzwingen, durch Schlaftrunkenheit erleichtern. Um seine Furcht vor der Frau zu vertiefen, sammelte er alle Fälle aus seiner Erfahrung, die für die Verderben bringende Rolle der Frau sprachen. Die anderen Fälle ließ er unbeachtet. Was an Möglichkeiten einer Liebe oder Ehe noch übrig blieb, schaltete er durch Prinzipien aus wie etwa: nur nach »Gotha«[78] zu heiraten oder durch die Aufstellung eines Ideals, das ihm selbst unerreichbar vorkam.

Außer der Masturbation im Halbschlafe versuchte er mehrere andere Kunstgriffe, deren sozial störendster sein Hang zum Berufswechsel und seine völlige Arbeitsunlust waren. Der Sinn beider ließ sich leicht entziffern: Die »*zögernde Attitüde*« war auch als brauchbar festgehalten, um nicht an das

---

74 *Erg. 1924:* um sich durchzusetzen
75 *Erg. 1930:* Kooperation
76 *Änd. 1924:* Da er nur Situationen aufsucht, in denen er der Erste ist, die normale Erotik aus Unsicherheit ausschaltet, kam er zur Masturbation und blieb bei ihr.
77 *Änd. 1924:* normalen Erotik
78 [Gothaer Adelskalender]

Eheproblem gehen zu müssen. Die Konstruktion ethischer und ästhetischer Schablonen hatte ihn selbstverständlich vor der Prostitution und vor »freier Liebe« gesichert, Vorteile, die uns nicht blind machen dürfen gegen die neurotische Tendenz in ihnen.

Zugleich ermöglichte ihm dieses Arrangement der »zögernden Attitüde«[79] mit seiner Unsumme von fatalen, sich von selbst ergebenden Erlebnissen (infolge von Verspätungen, von Faulheit, Verschiebungen usw.) eine zweite sichernde Konstruktion des intensivsten Familiensinnes zu verstärken, da es ihn immer wieder in die stärkste Beziehung zu seiner rechthaberischen, herrschsüchtigen Mutter brachte. Gerade die Schwierigkeiten seines Lebens waren es ja, die seine Mutter zwangen, ihre ganze Aufmerksamkeit ihm zuzuwenden, so dass es doch eine weibliche Person gab, bei der er unumschränkt herrschte. Er verstand es meisterhaft, mit Schilderungen seiner Depressionen, mit selbst gezeichneten Schmuckleisten seiner Briefe, die Revolver darstellten, sie an sich zu fesseln, und feindselige Angriffe sowohl wie gelegentliche Zärtlichkeiten machten sie immer wieder gefügig. Beides waren seine Waffen, seine Kunstgriffe, um die Mutter zu beherrschen, und *da in ihrem Falle das Sexualproblem ausgeschaltet* war, bot sich in seiner Beziehung zur Mutter abermals ein Gleichnis seiner Lebenslinie, wie er zur Herrschaft zu gelangen suchte. Um anderen Frauen ausweichen zu können, schloss er sich an seine Mutter, und so kann in ähnlichen Fällen eine Karikatur einer inzestuösen Beziehung zutage treten oder als »Inzestgleichnis« (»Nervöser Charakter« [Adler 1912a/2008a]) die Lebenslinie des Patienten widerspiegeln, ein Bluff der nervösen Psyche, die den Arzt nicht täuschen darf.

Die psychotherapeutische Behandlung ist demnach darauf zu richten, dem Patienten aus seinen Vorbereitungen im Wachen und gelegentlich im Traume zu zeigen, wie er gewohnheitsmäßig immer wieder in die ideale Situation seiner Leitlinie einzurücken versucht, bis er, anfangs aus Negativismus, später infolge von freier Bestimmung, den Lebensplan und damit sein System ändern kann[80].

---

79 *Erg. 1924:* gegenüber dem Berufe
80 *Erg. 1920:* und den Anschluss an die menschliche Gesellschaft und an ihre logischen Forderungen gewinnt

2. Zur Funktion der Zwangsvorstellung als eines Mittels zur Erhöhung des Persönlichkeitsgefühls (1913)

Editorische Hinweise
Erstveröffentlichung:
1913b/1920a: Praxis und Theorie der Individualpsychologie, S. 144–146
Neuauflagen:
1924: Praxis und Theorie der Individualpsychologie, S. 148–150
1927: Praxis und Theorie der Individualpsychologie, S. 148–150
1930: Praxis und Theorie der Individualpsychologie, S. 142–144
Letztveröffentlichung:
1974a: Praxis und Theorie der Individualpsychologie, S. 214–217

Eine Fußnote weist darauf hin, dass dieser Aufsatz bereits 1913 entstanden ist; er wurde erst 1920 veröffentlicht.

Die Zwangsneurose hat nach Adler die Funktion, jeden äußeren Einfluss (Zwang) auszuschalten, so dass der Zwangsneurotiker nur seinem eigenen Zwang, seinem eigenen Willen gehorcht. Dies kann dadurch geschehen, dass ein fremder Wille zum eigenen gemacht wird. Adler verweist auf die Arbeit Furtmüllers (»Psychoanalyse und Ethik«, 1912), der diesen Mechanismus als einen tragenden Mechanismus der Ethik beschreibt. Adler analysiert einige Zwänge: Der Waschzwang ermögliche, alle Umgebung als unrein zu demonstrieren, der Masturbationszwang unterbinde den Einfluss des sexuellen Partners, der Betzwang stelle alle himmlische Macht dem Beter zu Verfügung. Auch die Zweifelsucht und die neurotische Angst seien Mittel, fremden Einfluss oder fremde Erwartung zu durchkreuzen.

Die meisten Veränderungen in den Neuauflagen von 1920 bis 1930 bestehen aus Erläuterungen. 1924 schreibt Adler, dass die auffallende Schönheit eines Menschen für den Betreffenden ein besonderes Lebensproblem darstellen kann.

Zur Funktion der Zwangsvorstellung als eines Mittels zur Erhöhung des Persönlichkeitsgefühls

I.[1]

Summarisch kann ich behaupten, dass jeder Zwangsneurose die Funktion innewohnt, den betroffenen Zwangsneurotiker jedem äußeren Zwang dadurch zu entziehen, dass er nur seinem eigenen Zwang gehorcht, mit anderen Worten, der Zwangsneurotiker wehrt sich so sehr[2] gegen jeden fremden Willen und gegen jede fremde Beeinflussung, dass er im Kampf gegen sie so weit gelangt, seinen eigenen Willen als heilig und unwiderstehlich hinzustellen.[3] Ein äußerst lehrreicher Fall ist zum Beispiel folgender: Eine 40-jährige Dame klagt darüber, dass sie *nichts im Hause leisten* kann, weil sie für die einfachsten Dinge das Verständnis verloren habe. Sie stehe deshalb unter dem Zwange, alles was sie tun *solle,* sich erst zu wiederholen. Dann könne sie es ausführen. Hätte sie zum Beispiel einen Stuhl zum Tisch zu stellen, so müsse sie erst sagen: »Ich soll den Stuhl zum Tisch stellen!« Dann gelinge ihr diese Arbeit. – Die Patientin muss erst einen fremden Willen, die Verpflichtung zur (weiblichen!) Hausarbeit,[4] zu ihrem eigenen machen, um etwas leisten zu können. Wer sich der schönen Arbeit *Furtmüllers* »Ethik und Psychoanalyse« [Furtmüller 1912] erinnert, kennt diesen Mechanismus als einen tragenden der Ethik. In der Zwangsneurose steht er als Grundpfeiler, der dem Patienten ermöglicht, seine quasi Gottähnlichkeit sich zu beweisen, indem jeder andere Einfluss nullifiziert erscheint. Kurz erwähne ich noch, wie der Waschzwang ermöglicht, alle Umgebung als unrein zu demonstrieren, wie der Masturbationszwang den Einfluss des sexuellen Partners unterbindet, wie der Betzwang in eigentümlicher Weise alle himmlische Macht dem Beter zur Verfügung zu stellen scheint. »Wenn ich das nicht tue, wenn ich dieses sage oder verrichte, wenn ich nicht jenes Gebet, jene Worte spreche, wird diese oder jene Person sterben.« Der Sinn wird sofort klar, wenn wir die positive Fassung der Formel hinstellen, etwa: Wenn ich dies tue oder unterlasse, wenn ich meinen eigenen Willen wirken lasse, wird die Person nicht sterben. Nun hat der Patient einen Scheinbeweis, als ob er Herr über Leben und Tod, also gottähnlich, wäre.

Zu unserem Thema lässt sich noch nachtragen, dass auch die Zweifelsucht

---

1 *Änd. 1930*: Erster Teil
2 *Erg. 1930*: gegen Kooperation
3 *Erg. 1924*: Dadurch allein schon verrät er, dass er in allem vorwiegend nur an sich, nicht an die andern denkt, was auch aus seinem sonstigen Leben trotz allen Trugs erschlossen werden kann.
4 *Erg. 1930*: zur Kooperation

und die neurotische Angst brauchbare Mittel der Neurose vorstellen, die dem Patienten gestatten, seine Lebenslinie innezuhalten und jeden fremden Einfluss (auf Beruf, Haltung) und jede fremde Erwartung zu durchkreuzen. Immer wird man finden, dass Zwang, Zweifel *[145]* und Angst in der Neurose Sicherungen vorstellen, die dem Patienten ermöglichen sollen, oben, männlich, überlegen zu erscheinen, wie ich bereits in meinen früheren Arbeiten auseinandergesetzt habe.

II.[5]

Eine 35-jährige Patientin, die an Mangel an Energie und Zwangsvorstellungen leidet, immer an ihrer praktischen Fähigkeit zweifelt, stellt sich am ersten Tage als begeisterte Verehrerin der Kunst vor. Den tiefsten Eindruck hätten auf sie gemacht: 1. ein Selbstporträt des alternden Rembrandt, 2. Fresken von der Auferstehung des Signorelli, 3. die drei Lebensalter (auch Konzert genannt) des Giorgione.

Man sieht das Interesse der Patientin *auf das Alter* und auf die Zukunft gerichtet und muss voraussetzen, einen Menschen vor sich zu sehen, der glaubt, dass er sich nur mit Mühe im Gleichgewicht hält, dem es scheint und der befürchtet, dass ihn jeder Verlust in schwere Verirrungen stürzen könnte. Ein Mensch also, der aus einer unsicheren Situation in ein ungefähres Gleichgewicht zu gelangen sucht, wozu ihm seine Kunstgriffe, eben die neurotischen Symptome, nötig erscheinen.[6]

Die soll nun Jugend, Schönheit, Macht und Einfluss einbüßen! Es bleiben nur zwei Wege: Entweder Umkehr und Aufsuchen einer neuen Lebenslinie, deshalb störendere Empfindung der aus der alten Position stammenden Krankheit; dieser Weg führt sie selbst zum Nervenarzt! Oder: Verstärkung der Symptome und ihre Hervorhebung, um Macht zu gewinnen. Solche Patienten werden meist von ihrer Umgebung zum Arzt geschickt.

Eine mit Pedanterie, Angst und Zwang festgehaltene Position[7] zeigt uns immer wieder das alte Unsicherheitsgefühl der nervösen Patienten. Und wir werden auf die Vermutung kommen, dass auch diese Dame – die auf den ersten Vorhalt, sie sei mit ihrer weiblichen Rolle unzufrieden, es leugnet – im männlichen Protest zu ihrer Neurose gekommen ist.

Am nächsten Tage erklärt sie, die Gesellschaft in Wien sei für sie sehr ermüdend. In der Provinz könne man sich besser ausruhen. Im Zusammenhang lässt sich leicht ersehen, dass diese Müdigkeit ein tendenziöses Arrangement

---

5 *Änd. 1930:* Zweiter Teil
6 *Erg. 1930:* Man müsste auch aus einer solchen Schilderung erraten, dass es sich um eine schöne Frau handelt.
7 *Erg. 1924:* der Überlegenheit

vorstellt, das den Zweck hat, eine eventuelle Übersiedlung nach Wien als untunlich darzustellen.

Verbinden wir die Erläuterungen dieser beiden Tage durch eine Linie, so erhalten wir folgendes Bild: Eine überaus ehrgeizige Frau, die immer die erste Rolle spielen will, begnügt sich nicht mit dem ihr gegebenen reichen Fonds ihrer Fähigkeiten, sondern zittert davor, mit den Jahren in der Hauptstadt in großen Gesellschaften die Konkurrenz nicht mehr bestehen zu können. Sie sieht emsig in die Zukunft, um ihrer Entthronung vorzubeugen, und sie formt aus den brauchbaren Eindrücken und aus den allerwärts gegebenen Schwierigkeiten des Lebens eine äußerst affektbetonte Anschauung, sie sei für das praktische Leben, das heißt nämlich für das Leben einer alternden Hausfrau, nicht geeignet.

So muss es also gelingen, durch die Neurose und durch neurotische Symptome, in diesem Falle durch Zwangsvorstellungen, durch das Gefühl der Hilflosigkeit, durch Müdigkeit einer unbewusst vorausgesetzten »Wahrheit« auszuweichen: dass das Alter eine Frau degradiert, sie[8] zu einer Hilfsperson des Mannes, zu einem Luxusgeschöpf macht, und das *[146]* in stärkerem Sinne als in ihrer Jugend. Statt weitschweifige Erörterungen, biete ich Ihnen vorläufig als Beweis an, dass diese Frau, je näher sie sich der weiblichen Rolle fühlt, umso deutlicher das »Mitspielen« aufgibt. Sie ist frigid, und sie zieht sich während der Menses auf vier Tage zurück.

Am zweiten Tage erzählt sie folgenden Traum: »Auf Ihrem Tische liegt Wildes ›Dorian Gray‹. In dem Buche liegt ein großes Stück weißer, kunstvoll bestickter Seide. Ich frage mich, wie diese Seide in das Buch kommt.«

Der erste Teil des Traumes enthält eine Bestätigung der von mir aufgedeckten, verschärfenden Ursache des gegenwärtigen Zustandes. Das Bildnis Dorian Grays beginnt zu altern. Weiße Seide, seidene, bestickte Vorhänge und Ähnliches sind der Patientin besonders wert. Ein Buch auf meinem Tische: ein von mir geschriebenes Buch. Ihre Kostbarkeiten, ihre verwahrten Besitztümer in meinem Buch! Darob Verwunderung. Der Gedanke regt sich, ob ich nicht von ihrer Altersfurcht schreiben werde.

Ihre alte Attitüde der Verschlossenheit schiebt sich als brauchbares Mittel ein, um die Distanz zum Arzt zu vergrößern.

Kampf gegen die weibliche Rolle, dementsprechend die Überwertung des[9] männlichen[10] (Künstler-)Berufs, die Entwertung der Hausfrauenrolle: Die natürlichen Ereignisse, Heirat, Liebe, Alter, Entscheidungen aller Art, die dem Ideal der Überlegenheit drohen, bringen den Zwang zur Verschärfung

---

8   Sie *bis* Jugend] *Änd. 1924:* sie, die früher eine Hilfsperson des Mannes, ein Luxusgeschöpf war, stärker degradiert als in ihrer Jugend
9   *Erg. 1924:* ehemals angestrebten
10 *Änd. 1930:* männlich gewerteten

der Neurose. Diese setzt sich aus individuell [als] brauchbar erkannten psychischen und körperlichen Kunstgriffen zusammen, durch deren Zusammenwirken die Fiktion der Einzigkeit, der Macht, des freien Willens aufrechterhalten werden kann. Die Ausschaltung äußerer Forderungen ist gegeben durch den Machtzuwachs infolge der Krankheitslegitimation.[11]

---

11 *Erg. 1924:* Auffallende Schönheit eines Menschen gestaltet ihm ein besonderes Lebensproblem. Nicht viele verstehen es zu lösen. Die meisten geraten in eine ununterbrochene Stimmung, unerhörte Triumphe zu erwarten, alles ohne Anstrengung erreichen zu können, und geraten natürlich in Widersprüche zu den realen Tatsachen. Besonders alternde, weibliche Schönheiten, sofern sie es nicht verstanden haben, eine Lebensbeziehung zu finden, die nicht ausschließlich auf der Macht ihrer Schönheit basiert. Denn sonst entpuppt sich bei drohendem Verlust der Schönheit die alte Machtgier in neurotischen und durchaus abträglichen Formen.
Ähnlich geartete Männer können durch diesen aus einem Irrtum entsprungenen Zug, alles von anderen zu erwarten, leicht in den Verdacht kommen, weibliche oder geminderte männliche Anlagen zu besitzen.
Erg. 1930: Unter den Kriminellen findet man oft hübsche, durchaus gesunde Menschen. Ebenso unter den Schwererziehbaren, den Perversen. Sie stammen aus der übergroßen Zahl der wegen ihrer Schönheit verzärtelten Kinder. Vielleicht ebenso oft findet man unter den Fehlschlägen auffallend hässliche Menschen, ein Umstand, der manche Autoren verleitet, an angeborene seelische Defekte zu glauben. Es ist leicht zu sehen, dass auch Letztere an der Überschätzung der körperlichen Schönheit in unserer Kultur scheiterten und einen Minderwertigkeitskomplex erwarben, ebenso wie auffallend schöne Kinder es erleben können, wenn ihre Erwartungen fehlschlagen. So beeinflusst ein generelles, soziales Problem das Schicksal des Einzelnen.

3. Neue Leitsätze zur Praxis der Individualpsychologie (1913)

Editorische Hinweise
Erstveröffentlichung:
1913c/1920a: Praxis und Theorie der Individualpsychologie, S. 16–21
Neuauflagen:
1924: Praxis und Theorie der Individualpsychologie, S. 16–21
1927: Praxis und Theorie der Individualpsychologie, S. 16–21
1930: Praxis und Theorie der Individualpsychologie, S. 15–21
Letztveröffentlichung:
1974a: Praxis und Theorie der Individualpsychologie, S. 40–47

Der Artikel trägt die Jahresangabe 1913, ist aber erst 1920 veröffentlicht worden. Die Bezugnahmen auf das Gemeinschaftsgefühl zeigen aber, dass er um 1920 noch überarbeitet wurde. Er ist thesenartig aufgebaut und beschreibt die Kunstgriffe, die es dem Neurotiker ermöglichen, den realen Forderungen des Lebens auszuweichen und sich jedem Zwang der Gemeinschaft durch einen Gegenzwang zu entziehen. Der Gegenzwang ruft dann je nach Bedarf die notwendigen Symptome hervor. Diese These Adlers impliziert, dass jede Gesellschaft die ihrem Zwang, das heißt die ihren zwingenden Leitbildern entsprechenden psychischen Erkrankungen hat. Den Begriff »Gegenzwang« verwendet Adler nur in diesem Aufsatz und in »Der Aufbau der Neurose« (Adler 1932i, S. 532).

In manchen Thesen spiegelt sich die Überarbeitung im Sinne der Weiterentwicklung von Adlers Theorie, nach der alles Streben des Nervösen sich gegen die Entfaltung des Gemeinschaftsgefühls wendet. Die Symptome stellten einen Ersatz dar für das Ziel der realen Überlegenheit und seien gegen Liebe, Mitmenschlichkeit, Mitarbeit gerichtet.

Die Thesen veranschaulicht Adler an dem Fallbeispiel eines 35-jährigen Patienten mit Schlaflosigkeit, Zwangsgrübeln und Zwangsmasturbation.

Fast alle Veränderungen in den Neuauflagen von 1920 bis 1930 dienen der Verdeutlichung. Vierzig Varianten stammen aus dem Jahr 1924, nur zwei aus dem Jahr 1930. Eine Änderung von 1924 besagt, dass die Begabung Resultat eines Trainings ist. 1930 betont Adler, dass an die Stelle der Vernunft eine private Logik gesetzt wird.

Neue[1] Leitsätze zur Praxis der Individualpsychologie

1.[2] Jede Neurose kann als ein[3] Versuch verstanden werden, sich aus einem Gefühl der Minderwertigkeit zu befreien, um ein Gefühl der Überlegenheit zu gewinnen.
2. Der Weg der Neurose führt nicht auf der Linie der sozialen Aktivität, zielt nicht auf die Lösung der gegebenen Lebensfragen, mündet vielmehr in den kleinen Kreis der Familie und erzielt[4] die Isolierung des Patienten.
3. Der große Kreis der Gemeinschaft wird durch ein Arrangement von Überempfindlichkeit und Intoleranz ganz oder weitgehend ausgeschaltet. Dadurch bleibt nur ein kleiner Kreis für die Kunstgriffe zur Überlegenheit und deren Artung übrig. Gleichzeitig wird so die Sicherung und der Rückzug vor den Forderungen der Gemeinschaft und vor den Entscheidungen des Lebens ermöglicht[5].
4. Der Wirklichkeit zum großen Teile abgewandt, führt der Nervöse ein Leben in der Einbildung und Fantasie und bedient sich einer Anzahl von Kunstgriffen, die es ihm ermöglichen, realen Forderungen auszuweichen und eine ideale Situation anzustreben, die ihn einer Leistung für die Gemeinschaft und der Verantwortlichkeit enthebt.
5. Diese Enthebungen und die Privilegien der Erkrankung, des Leidens, bieten ihm den Ersatz für das ursprüngliche, riskante Ziel der[6] Überlegenheit.
6. So stellt sich die Neurose und die[7] Psyche als ein Versuch dar, sich jedem Zwang der Gemeinschaft durch einen Gegenzwang zu entziehen. Letzterer ist derart zugeschnitten, dass er der Eigenart der Umgebung und ihren Forderungen wirkungsvoll entgegentritt. Man kann aus seiner Erscheinungsform, demnach aus der Neurosenwahl, auf beide Letztere bindende Schlüsse ziehen.
7. Der Gegenzwang hat einen revoltierenden Charakter, holt sein Material aus geeigneten affektiven Erlebnissen oder aus Beobachtungen, präokkupiert die Gedanken- und Gefühlssphäre mit solchen Regungen, aber auch mit Nichtigkeiten, wenn sie nur[8] geeignet sind, den Blick und die Aufmerksamkeit des Patienten von seinen Lebensfragen abzulenken. So können je nach Bedarf der Situation Angst und Zwangszustände, Schlaflosigkeit,

---

1 *Änd. 1924:* Weitere
2 *Änd. 1924:* Wir kommen demnach zu folgenden Feststellungen: I.
3 *Erg. 1924:* kulturell verfehlter
4 *Änd. 1924:* erzwingt
5 *Erg. 1924:* während gleichzeitig meist der Schein des Wollens erhalten bleibt
6 *Erg. 1924:* realen
7 *Erg. 1924:* neurotische
8 wenn sie nur] *Änd. 1924:* die

Ohnmacht, Perversionen, Halluzinationen, krankhafte Affekte, neurasthenische und hypochondrische Komplexe und psychotische Zustandsbilder als Vorwände fertiggestellt werden. *[17]*

8. Auch die Logik gelangt unter die Diktatur des Gegenzwanges. Dieser Prozess kann bis zur Aufhebung der Logik, wie in der Psychose, gehen[9].
9. Logik, Wille zum Leben,[10] Liebe, Mitmenschlichkeit, Mitarbeit und Sprache entstammen der Notwendigkeit des menschlichen Zusammenlebens. Gegen sie richtet sie automatisch die Haltung des zur Isolierung strebenden, machtlüsternen Nervösen.
10. Die Heilung der Neurose und Psychose erfordert die erzieherische Umwandlung des Patienten[11] und seine endgültige Rückkehr in die menschliche Gemeinschaft ohne Phrase.
11. Alles[12] Wollen und alles Streben des Nervösen steht unter dem Diktat seiner Prestigepolitik, greift immer Vorwände auf, um Lebensfragen ungelöst zu lassen, und wendet sich automatisch gegen die Entfaltung des Gemeinschaftsgefühls.[13]
12. Steht die Forderung nach einem einheitlichen Verständnis des Menschen, nach einem Erfassen seiner (unteilbaren) Individualität einmal fest – zu denen wir einerseits durch die Artung unserer Vernunft, andererseits durch die individualpsychologische Erkenntnis vom Zwang zur Vereinheitlichung der Persönlichkeit genötigt sind –, so hilft uns die *Vergleichung* als das Hauptmittel unserer Methode, ein Bild von den Kraftlinien [zu] gewinnen, auf denen der Einzelne zur Überlegenheit strebt. Als Gegenpole zur Vergleichung dienen uns dabei:
    a) Unsere eigene Haltung in einer ähnlichen Situation wie die von einer Forderung gegenwärtig bedrängten des Patienten – wobei eine erhebliche Gabe der *Einfühlung* aufseiten des Therapeuten notwendig ist.
    b) Haltungen und Haltungsanomalien des Patienten aus früheren, immer auch frühkindlichen Zeiten – die sich immer durch die Position des Kindes in der Umgebung, durch seine fehlerhafte, meist generalisierende Einschätzung, durch sein starrsinnig vertieftes Minderwertigkeitsgefühl und durch sein Streben nach[14] Macht determiniert erweisen.
    c) Andere Individualtypen, insbesondere deutlich neurotische. Dabei

---

9   *Erg. 1930:* und eine private Logik anstelle der Vernunft, des Common Sense setzen
10 Wille zum Leben] *Ausl. 1924   Erg. 1924:* Ästhetik
11 *Erg. 1924:* die Korrektur seiner Irrtümer
12 *Erg. 1924:* wirkliche
13 *Erg. 1924:* Was er im Munde führt und was seine Gedanken sagen, hat keinerlei praktische Bedeutung. Seine starre Tatrichtung spricht sich nur in seiner Haltung aus.
14 *Erg. 1930:* persönlicher

macht man die auffällige Entdeckung, dass der eine Typus etwa durch neurasthenische Beschwerden erreicht, was andere durch Angst, Hysterie, neurotischen Zwang oder durch die Psychose anstreben. Charakterzüge, Affekte, Prinzipien und nervöse Symptome, alle für sich zum gleichen Ziele weisend, aus dem Zusammenhang gerissen, oft scheinbar von gegensätzlicher Bedeutung,[15] sichern vor dem Anprall an die Forderungen der Gemeinschaft.

d) Eben diese Forderungen der Gemeinschaft, denen der Nervöse stärker oder schwächer ausweicht, wie der Mitarbeit, der Mitmenschlichkeit, der Liebe, der sozialen Einfügung, den Verpflichtungen zur Gemeinschaft.

Man erfährt bei dieser individualpsychologischen Untersuchung, dass der Nervöse stärker oder schwächer als der beiläufig Normale sein Seelenleben auf ein Streben nach Macht über den Mitmenschen eingerichtet hat. Seine Sehnsucht nach solcher Überlegenheit bewirkt es auch, dass fremder Zwang, die Forderungen anderer und die Verpflichtungen zur Gemeinschaft[16] beharrlich und weitgehend abgelehnt werden. Die Kenntnis dieser Grundtatsache des nervösen Seelenlebens erleichtert die Einsicht in den *[18]* seelischen Zusammenhang so sehr, dass sie als die brauchbarste Arbeitshypothese zur Erforschung und Heilung nervöser Erkrankungen angesehen werden muss, bis ein weitreichendes Verständnis für das Individuum gestattet, die realen Faktoren des vorliegenden Falles in ihrer Tragweite nachzuempfinden.

Was den Gesunden an dieser Argumentation und an ihren Folgerungen am meisten irritiert, ist der Zweifel, ob denn ein fiktives Ziel einer gefühlsmäßigen Überlegenheit stärker wirken könne als eine vernunftgemäße Überlegung. Aber wir erleben diese Umstellung auf ein Ideal im Leben des Gesunden und ganzer Völker ebenso oft. Krieg, politische Ausartungen, Verbrechen, Selbstmord, asketische Bußübungen bieten uns die gleichen Überraschungen, vieles von unseren Qualen und Leiden erzeugen wir selbst und ertragen es im Banne einer Idee.

Dass die Katze Mäuse fängt, sich sogar, ohne es je gesehen zu haben, in den ersten Tagen ihrer Entwicklung schon darauf vorbereitet, ist mindestens ebenso wunderbar, als dass der Nervöse nach seiner Art und Bestimmung, nach seiner Position und Selbsteinschätzung jeglichem Zwange ausweicht, ihn unerträglich findet und heimlich oder offen, bewusst oder unbewusst nach

---

15 aus dem Zusammenhang *bis* Bedeutung] *Änd. 1924:* oft scheinbar von gegensätzlicher Bedeutung, wenn man sie aus dem Zusammenhang reißt
16 *Erg. 1924:* durch die »Krankheit«

Vorwänden sucht, um sich von ihm zu befreien, meistens auch diese Vorwände selber ins Leben ruft.[17]

Der Grund für die Intoleranz des Nervösen gegen den Zwang der Gemeinschaft liegt, wie aus der Kindheitsgeschichte hervorgeht, in einer andauernden, meist viele Jahre geübten Kampfstellung gegen die Umgebung. Dieser Kampf wird dem Kinde aufgedrängt, ohne dass eine volle Berechtigung zu solcher[18] Reaktion vorläge, durch eine körperlich oder seelisch vermittelte Position, aus der das Kind andauernde oder verschärfte Minderwertigkeitsgefühle empfängt. Der Zweck der Kampfstellung ist die Eroberung von Macht und Geltung, das Ziel: ein mit kindlicher Unfähigkeit und Überschätzung aufgebautes Ideal der Überlegenheit, dessen Erfüllung Kompensationen und Überkompensationen ganz allgemeiner Art bietet, in dessen Verfolgung sich aber immer auch der Sieg über den Zwang der Gesellschaft und über den Willen der Umgebung einstellt. Sobald dieser Kampf schärfere Formen angenommen hat, erzeugt er aus sich heraus die Intoleranz gegen Zwang aller Art, gegen Zwang der Erziehung, der Wirklichkeit und Gemeinschaft, der fremden Stärke, der eigenen Schwäche, aller natürlich gegebenen Faktoren wie Arbeit, Reinlichkeit, Nahrungsaufnahme, normaler Harn- und Stuhlentleerung, des Schlafes, der Krankheitsbehandlung, der Liebe und Zärtlichkeit und Freundschaft, des Alleinseins wie der Geselligkeit. In toto ergibt sich das Bild eines Menschen, der nicht mitspielen will, des Spielverderbers[19]. Wo sich die Intoleranz gegen das Erwachen von Gefühlen der Liebe und Kameradschaft richtet, bereitet sie einen Zustand von Liebes- und Ehescheu vor, deren Grade und Formen außerordentlich vielgestaltig sein können. An dieser Stelle sollen noch einige Formen des Zwanges, dem Normalen kaum spürbar, vermerkt werden, die fast regelmäßig durch ein nervöses oder psychotisches Zustandsbild verhindert werden. So der Zwang anzuerkennen, zuzuhören, sich unterzuordnen, die Wahrheit zu sprechen, zu studieren oder Prüfung zu machen, pünktlich zu sein, sich einer Person, einem Wagen, der Eisen[19]bahn anzuvertrauen, das Haus, das Geschäft, die Kinder, den Gatten, sich selbst anderen Personen anzuvertrauen, der Hauswirtschaft, einem Berufe zu obliegen, zu heiraten, dem andern Recht zu geben, dankbar zu sein, Kinder zu gebären, die eigene Geschlechtsrolle zu spielen oder sich erotisch gebunden zu fühlen, des Morgens aufzustehen, des Nachts zu schlafen, die Gleichberechtigung und Gleichstellung des andern, des weiblichen Geschlechts anzuerkennen, Maß zu halten,

---

17 *Erg. 1924:* Sein Leben verläuft unter *Ausschaltung* aller Lebensbeziehungen, soweit sie von ihm als Störungen seines Machtgefühls oder als Entlarvungen seines Minderwertigkeitsgefühls – weniger gedacht und verstanden als empfunden werden.
18 *Änd. 1924:* einer solchen generalisierenden und kontinuierlichen
19 *Erg. 1924:* eines Menschen, der nicht heimisch geworden ist, nicht Wurzeln geschlagen hat, eines Fremdlings auf dieser Erde

Treue zu bewahren[20] usw. Alle diese Idiosynkrasien können bewusst oder unbewusst sein, sind aber vom Patienten niemals in ihrer ganzen Bedeutung erfasst[21] worden.

Diese Betrachtung lehrt uns zweierlei:
1. Der Begriff des Zwanges zeigt sich beim Nervösen ungeheuer erweitert und umfasst – wenn auch logisch[22], so doch – Beziehungen, wie sie der Normale nicht unter das Schema des[23] Zwanges einreiht.
2. Diese Intoleranz[24] ist keine Enderscheinung, sondern weist über sich hinaus, hat immer eine Fortsetzung, eine saure Gärung zur Folge, bedeutet stets eine Kampfposition und zeigt uns in einem scheinbar ruhenden Punkt das Streben des Nervösen nach Überwältigung des anderen, nach tendenziöser Vergewaltigung der logischen Folgerungen aus dem menschlichen Zusammenleben. »Non me rebus, sed mihi res subigere conor[25].« Horaz, dessen Brief an Mäcenas diese Stelle entnommen ist, weist dort auch darauf hin, wo diese aufgepeitschte Gier nach Geltung endet: in Kopfschmerz und in Schlaflosigkeit.

Ein[26] 35-jähriger Patient klagt, dass er seit mehreren Jahren an Schlaflosigkeit, Zwangsgrübeln und Zwangsmasturbation leide. Letzteres Symptom sei besonders auffällig, weil [der] Patient verheiratet und Vater von zwei Kindern sei und mit seiner Gattin in guter Ehe lebe. Von anderen quälenden Erscheinungen müsse er noch über einen »Gummifetischismus« berichten. Von Zeit zu Zeit nämlich, in Situationen irgendwelcher Erregung, dränge sich ihm das Wort »Gummi« auf die Lippen.

Die Ergebnisse einer eingehenden individualpsychologischen Untersuchung waren Folgende: Aus einer Periode äußerster Gedrücktheit in der Kindheit, in der [der] Patient Bettnässer gewesen war und wegen seiner Ungeschicklichkeit als blödes Kind galt, hat er eine *Richtungslinie des Ehrgeizes* so weit entwickelt, dass sie in eine *Größenidee* mündete. Der Druck seiner Umgebung, der wirklich in ungeheurem Maße bestand, legte ihm das Bild einer *durchaus feindlichen Außenwelt* nahe und gab ihm den dauernd pessi-

---

20 *Erg. 1924:* allein zu sein
21 *Erg. 1924:* und verstanden
22 *Änd. 1924:* verständlich
23 *Erg. 1924:* störenden
24 *Erg. 1924:* gegen ihn
25 [Vollständig heißt das Zitat: *Et mihi res, non me rebus, subiungere conor.* – »Ich versuche mir die Dinge, nicht mich den Dingen zu unterwerfen.« (Horaz, Epistulae, 1. Buch, 1, 19). Siehe auch »Der Sinn des Lebens« (Adler 1933b), Studienausgabe, Bd. 6, S. 105.]
26 *Änd. 1924:* Folgender Fall vermag diese Leitsätze zu illustrieren: Ein

mistischen Blick fürs Leben. Alle Forderungen der Außenwelt empfand er in dieser Stimmungslage als unerträglichen Zwang und antwortete auf sie mit Bettnässen und[27] Ungeschicklichkeit, bis er auf einen Lehrer traf, der ihm, zum ersten Mal in seinem Leben, das Bild eines guten Mitmenschen klar vor die Seele rückte[28]. Nun begann er, seinen Trotz und seine Wut gegen die Forderungen der anderen, seine Kampfstellung gegen die Gemeinschaft so weit zu mildern, dass ihm die Möglichkeit blieb, das Bettnässen zu beenden, ein vorzüglicher, »begabter«[29] Schüler zu werden und im Leben *[20]* nach den höchsten Zielen zu streben. Die Intoleranz gegen den Zwang der anderen erledigte er wie ein Dichter und Philosoph durch einen Griff ins Transzendentale. Er entwickelte eine gefühlsbetonte Idee, als ob er *das einzige lebende Wesen* sei, alles andere aber, und insbesondere die Menschen, nur Schein. Die Verwandtschaft mit Ideen Schopenhauers, Fichtes und Kants ist nicht von der Hand zu weisen. Die tiefere Absicht aber war, sich durch eine Entwertung des Seienden zu sichern, »der Zeiten Spott und Zweifel« zu entgehen, indem er durch einen *Zauber*, wie er den Wünschen unsicherer Kinder entspricht, den Tatsachen ihre Kraft benimmt. Auf diesem Wege wurde ihm der *Radiergummi* Symbol und Zeichen seiner Kraft, weil dieser dem Kinde als Vernichter des Sichtbaren wie eine erfüllte Möglichkeit erschien. Der Sachverhalt lockte zur Überbewertung und Generalisierung, und so wurde ihm Wort und Begriff »Gummi« zur siegreichen Losung, sobald ihm Schule und Haus, später Mann oder Frau, Weib oder Kind irgendwelche Schwierigkeiten boten, ihn mit Zwang bedrohten.

In nahezu poetischer Art kam er da zum Ziele des isolierten Helden, erfüllte sein Streben nach Macht und sagte der Gemeinschaft ab. Aber seine immer besser werdende äußere Position verlockte ihn nicht, die realen, unsterblichen Gemeinschaftsgefühle ganz beiseite zu werfen; von der *Logik, die uns alle bindet*, und von der Erotik ging wenig verloren, so dass ihm das Schicksal einer *paranoischen Erkrankung* erspart blieb. Es reichte nur zu einer Zwangsneurose.

Seine Erotik baute sich nicht auf dem unversehrten Gemeinschaftsgefühl auf. Sie geriet vielmehr unter die Leitlinie des Machtstrebens. Da sich für ihn

---

27 Mit *bis* und *]* Änd 1924: mit der Revolte des Bettnässsens und der
28 Erg. 1924: und ihn ermutigte
29 Anm. Adlers 1924: Die »Begabung« ist, soweit sie nicht sekundäres Training *[soweit bis Training]* Änd. 1930: Resultat eines Trainings*]* von irgendwelchen Kraftquellen darstellt [*Ausl. 1930*], – zu denen Minderwertigkeiten der Sinnesorgane und Minderwertigkeitsgefühle meist den Anlass geben (siehe »Studie« [Adler 1907a]). – Diese Funktion der inneren Freiheit von der Neurose, Wandel der Begabung, Steigerung derselben lässt sich durch eine individualpsychologische Vertiefung erreichen, »Genie, das ist vielleicht nur Fleiß!« (Goethe).

der Begriff und das Gefühl »Macht« mit dem Zauberwort »Gummi« verband, suchte und fand er ein Stichwort für die Freimachung[30] seiner Sexualität im Bilde des *Gummigürtels*. Nicht mehr die Frau, sondern der Gummigürtel, kein persönliches, sondern ein dingliches Objekt wirkte auf ihn. So wurde er in der Sicherung seines Machtrausches und in der herabsetzenden Tendenz gegen die Frau zum Fetischisten, eine Spiegelfechterei, wie sie regelmäßig als Ausgangspunkt des Fetischismus zu finden ist. Wäre das Vertrauen zur eigenen Männlichkeit noch geringer gewesen, so hätten wir Züge von Homosexualität, Pädophilie, Gerontophilie, Nekrophilie und Ähnliches auftauchen gesehen.[31]

Seine Zwangsmasturbation zeigt den gleichen Grundcharakter. Auch sie dient der von ihm empfundenen Nötigung, dem Zwange der Liebe, dem »Zauber« der Frau zu entfliehen.[32]

Die Schlaflosigkeit ist unmittelbar durch das Zwangsgrübeln erzwungen. Letzteres kämpft gegen den Zwang des Schlafes. Sein unstillbarer Ehrgeiz treibt ihn, die Nacht zur Lösung seiner Tagesfragen zu verwenden. Hat er doch, ein zweiter Alexander, so wenig noch erreicht! Gleichzeitig freilich schielt die Schlaflosigkeit nach einer anderen Seite. Sie schwächt seine Energie und Tatkraft. Sie wird seine Krankheitslegitimation. Was er bisher zustande gebracht hat, war sozusagen mit einer Hand, trotz der Schlaflosigkeit geleistet. Was hätte er alles erreicht, wenn er schlafen könnte! Er kann aber nicht schlafen, und er erbringt auf dem Wege des Zwangsgrübelns bei Nacht sein *Alibi*. Nun ist seine Einzigartigkeit, seine Gottähnlichkeit gerettet. Alle Schuld für ein etwaiges Defizit fällt nicht mehr auf seine Persönlichkeit, sondern auf den rätselvollen, fatalen Umstand seiner Schlaflosigkeit. Dieses *[21]* Kranksein ist ein unangenehmer Zufall, an seinem Verharren ist nicht er, sondern die mangelhafte Kunst der Ärzte schuld. Sollte er den Beweis für seine Größe schuldig bleiben, so fällt es den Ärzten zur Last. Wie man sieht, hat er kein kleines Interesse am Kranksein, und er wird es den Ärzten nicht leicht machen[33].

Interessant ist, wie er, um seine Gottähnlichkeit zu retten, das Problem des Lebens und des Todes löst. Er hat immer noch die Empfindung, als ob seine Mutter, die vor zwölf Jahren gestorben war, noch am Leben sei. Aber eine bemerkenswerte Unsicherheit liegt in seiner Annahme, die stärker auftritt als etwa ein zartes Gefühl kurz nach dem Tode nahestehender Personen, wie es

---

30 *Änd. 1924:* Ablenkung
31 *Anm. Adlers 1924: Freud* hätte dann mit Eifer festzustellen versucht, aus welchen Erinnerungsspuren das eine oder das andere Symptom aufgebaut wurde. Die Hauptsache, das zwingende Ziel des Aufbaus und somit die neurotische Dynamik, bliebe aber im Verborgenen.
32 *Erg. 1924: Er braucht keine Frau!*
33 *Erg. 1924:* denn er kämpft um eine erleichterte Position, in der seine Eitelkeit vor Unfällen bewahrt bleibt. Seine Neurose plädiert auf mildernde Bedingungen

häufig geäußert wird. Der Zweifel an seiner tollen Annahme stammt auch gar nicht aus einer unbeeinflussten Logik. Er erklärt sich erst durch die individualpsychologische Einsicht. Ist alles nur Schein, dann kann seine Mutter nicht gestorben sein. Lebt sie aber, so fällt die tragende Idee seiner Einzigkeit. Er ist mit der Lösung dieses Problems ebenso wenig fertig geworden wie die Philosophie mit der Idee der Welt als Vorstellung. Und auf den Zwang, den Unfug des Sterbens, antwortet er mit einem Zweifel.

Der Zusammenhang aller seiner Krankheitserscheinungen gilt ihm heute als Legitimation, sich allerlei Privilegien zu sichern, seiner Frau, seinen Verwandten, seinen Untergebenen gegenüber. Auch die Hochachtung vor sich selbst kann niemals Schaden leiden, denn mit Rücksicht auf sein Leiden ist er immer größer, als er ist, kann auch schwierigeren Unternehmungen unter Hinweis auf seine Erkrankung jederzeit ausweichen. Er kann aber auch anders. Seinem Vorgesetzten gegenüber ist er der pflichttreueste, fleißigste und gehorsamste Beamte, erfreut sich dessen vollkommenster Zufriedenheit, zielt aber heimlich ununterbrochen nach der Überlegenheit über ihn[34].

Das überhitzte Streben nach dem Gefühl der Macht über andere hat ihn krank gemacht. Sein Gefühls- und Empfindungsleben, Initiative und Tatkraft, auch seine Logik gerieten unter den selbst gesetzten Zwang seines Begehrens nach Allüberlegenheit, seine Mitmenschlichkeit, damit auch Liebe, Freundschaft und Einfügung in die Gesellschaft, waren verloren gegangen[35]. Seine Heilung konnte nur gelingen durch den Abbau seiner Prestigepolitik und unter Entfaltung des Gemeinschaftsgefühls.

---

34 *Erg. 1924:* wie er es auch in der Kur dem Arzt gegenüber zum Ausdruck bringt
35 verloren gegangen] *Änd. 1924:* gedrosselt

4. Individualpsychologische Ergebnisse bezüglich Schlafstörungen (1913)

Editorische Hinweise
Erstveröffentlichung:
1913d: Fortschritte der Medizin 31, S. 925–933
Neuauflagen:
1920: Praxis und Theorie der Individualpsychologie, S. 119–126
1924: Praxis und Theorie der Individualpsychologie, S. 121–128
1927: Praxis und Theorie der Individualpsychologie, S. 121–128
1930: Praxis und Theorie der Individualpsychologie, S. 116–123
Letztveröffentlichung:
1974a: Praxis und Theorie der Individualpsychologie, S. 178–187

Der Artikel geht auf einen Vortrag zurück, den Adler am 30. Mai 1912 gehalten hat. Die individualpsychologischen Erkenntnisse über Schlafstörungen werden an der Fallvignette eines Patienten mit Ohnmachtsanfällen, Angst und Schlaflosigkeit anschaulich dargestellt. Die bemerkenswerte Tatsache, dass der Patient gerade in der Nacht von ein bis drei Uhr an Schlaflosigkeit litt, klärt sich durch Adlers Nachfragen in spannender Weise auf. Zu folgenden Fragen wird ausführlich Stellung genommen: Warum griff der Patient zum Arrangement der Angst und wie kam er zur Konstruktion der Schlaflosigkeit?

Dann erzählt Adler von seiner eigenen Schlaflosigkeit. In einer bestimmten Lebensphase wachte er immer um halb drei Uhr auf. Der symbolische Gehalt dieses Phänomens wird diskutiert. Zusammenfassend meint Adler, dass die leitenden Ziele der Persönlichkeit auch im Schlaf wirksam seien, um in vorbereitender Weise den Weg zur Erfüllung der leitenden Idee aufzuspüren. Das Aufwachen bei Nacht sei ein Symbol, ein Gleichnis, in welchem sich die Vergangenheit (Unsicherheit), die Gegenwart (Gefahr angesichts skrupelloser Menschen), die Zukunft (Suchen nach einem Mittel) und das Ziel (Überwinder des Todes) widerspiegeln. Die leitende Fiktion, den Tod zu überwinden, könne durch die Realitätswahrnehmung abgeschwächt werden. Adler nennt dies den Formenwandel der leitenden Fiktion. Er selbst habe seine fiktive Idee, den Tod zu besiegen, so abgewandelt, bis sie der Realität zu genügen schien. Anstelle der Fiktion sei er »zur ärztlichen Berufswahl, um den Tod und die Todesfurcht zu überwinden«, gekommen.

Eine Änderung von 1920 (von insgesamt 9) erkennt den Anlass zu dieser leitenden Fiktion (den Tod zu überwinden) in durchlebter Lebensgefahr oder Krankheit. Eine Änderung von 1924 (von insgesamt 7) sieht in den »Todestrieben« »Sekundärerscheinungen« entmutigter Nervöser. Eine Änderung von 1930 (von insgesamt 4) weist auf Adlers spätere Befunde hin: 1. dass der Traum ein Training aufweist in der Richtung des Lebensstils, 2. dass er entgegen dem Common Sense Gefühle und Emotionen wachruft, die dem Lebensstil gestatten, sich in einer Situation leichter durchzusetzen.

Individualpsychologische Ergebnisse bezüglich Schlafstörungen

Ein Patient, der seit Langem an zeitweise wiederkehrenden Ohnmachtsanfällen litt, mittels derer ihm die Herrschaft über die Familie, insbesondere über die Mutter, wie sich in der Analyse ergab, gewährleistet werden sollte, zeigte in zwei aufeinanderfolgenden Nächten Aufwachen unter Angst und Schlaflosigkeit, die bis drei Uhr währten. Die Situation des Patienten war kurz folgende: Er sollte in der nächsten Zeit mit Vater und Mutter eine Reise nach Karlsbad antreten, als der Vater unvorhergesehener Schwierigkeiten wegen die Reise um 14 Tage verschieben musste. In der Nacht nach diesem Entschluss wachte der Patient unter Angst auf, rief seine nebenan schlafende Wärterin ins Zimmer, und auf deren Betreiben kam auch bald, wie der Patient vermuten konnte, die Mutter herein. [Der] Patient verlangte Brom, das er in einer früheren Behandlung längere Zeit genommen hatte. Nachdem er von ein Uhr bis drei gewacht hatte, schlief er wieder ein. Dasselbe wiederholte sich am nächsten Tage. In der ersten Nacht kam ihm eine Schreibmaschine ins Gedächtnis, in der zweiten Nacht überdies noch die Städte Görz, Budweis und Gojau. Letzteres hielt er für eine Stadt, erinnerte sich aber nicht, wo sie gelegen sei. Vorher hatte er einen Traum folgenden Inhalts: »Mir war, als ob wir eine Nachricht aus Karlsbad erhalten hätten, dass der Lieblingsbruder meiner Mutter dort gestorben sei. Ich legte Trauer an und prahlte damit.« Die Auflösung dieses Traumes ergab, dass er den Wunsch hegte, der Lieblingsbruder – sein Bruder, der der Liebling seiner Mutter war – möchte sterben. Aber die Verlegung der Szene nach Karlsbad weist auf den Vater, den er abgöttisch zu verehren scheint und dem er doch den Tod wünscht, nur um die Mutter, die er nicht liebt, allein für sich zu haben. Und doch lässt sich dieses Rätsel verstehen, wenn man weiß, dass ihm der Besitz der [926] Mutter zum Kampfobjekt, *zum Symbol seiner Herrschaft und seiner Lebensfähigkeit* geworden ist, dass er seit vielen Jahren all das, was er nicht hat, vielleicht auch nicht haben kann, in der Beherrschung der Mutter zu erlangen glaubt, dass er jede Zurücksetzung, die er fühlt, in dem Bilde erfasst, *als ob* ihm die Mutter geraubt wäre. Da ihm also die Beherrschung der Mutter – es fehlt da jedes sexuelle Motiv – zum Symbol seiner Herrschaft geworden war, lebt er in dem Wahne – man kann es anders kaum nennen –, dass er mit dem Besitze der Mutter Herrscher, Kaiser, Gott werden könnte.

Die Schreibmaschine aus den Gedanken seiner schlaflosen Nacht ist im Besitz seines Bruders, der sie ihm verweigert, auch wenn er sie der *Übung halber* benützen wollte. Ja, als der Bruder einst nach Paris fuhr, nahm er die Maschine mit, ganz so, wie er neulich die Mutter mitnahm, als er eine Sommerwohnung suchen fuhr. Die Gleichstellung der Schreibmaschine und der Mutter ist außer durch das Privileg des Bruders noch durch einen grob sexuellen Vergleich gegeben.[1]

Ich will nicht behaupten, dass zur Auslösung eines Anfalls immer mehrere gehäufte *Anlässe im Sinne einer Herabsetzung* nötig sind; in den meisten Fällen erweist sich diese Annahme als berechtigt, was auch die Übersicht und die Einsicht in den Zusammenhang der Anfälle mit ihren auslösenden Ursachen oft erschwert. In unserem Falle finden wir: 1. die getäuschte Erwartung, die Verhinderung der Fahrt, und 2. die Fahrt der Mutter mit dem Bruder – zwei Anlässe, deren innerer Zusammenhang (als gegen die Überlegenheit des Patienten über den Lieblingsbruder gerichtet) evident ist. Ebenso erfahren wir damit, welcher Art die Bevorzugung des Bruders ihm zu sein scheint und wie er mit Aggression und Todeswünschen gegen den Bruder reagiert.

Durch seine bisherigen der Epilepsie ähnlichen Anfälle erreichte er in Fällen der Zurücksetzung, dass seine Mutter sich ihm jeweils mehr zuwandte, um allerdings bald nachher den unangenehmen Patron wieder zu verlassen. Diese Anfälle scheinen durch Einsicht in den Krankheitsprozess derzeit gemildert zu sein. Durch die nächtlichen Anfälle, die mit Angst einhergingen, erreicht er das Gleiche. Ja noch mehr! Seine Mutter muss des Nachts zu ihm ins Zimmer kommen und dort so lange weilen, als es sein gekränktes Gemüt für gut befindet. Dies bedeuten seine Gedanken an die Schreibmaschine, dazu seine Angst und das Arrangement von Schlaflosigkeit.

Dass seine Attitüde darauf gerichtet war, andere zu sich zu ziehen, geht auch aus dem kleinen Umstand hervor, dass er nächsten Tages bat, auch ich möge zu ihm kommen, statt dass er wie gewöhnlich zu mir kommen müsse.

Eine weitere berechtigte Frage ist nun die: Warum griff er zum Arrangement der Angst? Und wie kam er zur Konstruktion der Schlaflosigkeit?

Die erste Antwort können wir uns aus dem Material der Persönlichkeitsanalyse holen. Er hatte in der Kindheit nur Angst vor der Lokomotive und vor ihrem Pfiff und benutzte diese Angst, um die Mutter zu sich zu zwingen, sich in ihrem Schoß zu bergen. Sonst war er immer ein mutiger Junge gewesen. Es spricht also die Vermutung dafür, dass seine nächtliche Angst mit einer Lokomotive in Verbin[927]dung stand. Hörten wir nicht, dass er nach Karlsbad reisen wollte und dass der Bruder mit der Mutter per Eisenbahn fortgefahren war?

In der zweiten schlaflosen Nacht kam ihm außer der Schreibmaschine noch Görz in Istrien und Gojau, eine Stadt in der Nähe von Budweis, wie sich herausstellte, in den Sinn. In Görz war er einmal gewesen, als er von Venedig zur

---

1 Die Gleichstellung *bis* gegeben.] Ausl. 1920

Mutter nach Karlsbad reiste. Er langte damals um ein Uhr nachts in Budweis an, hatte am Bahnhof zwei Stunden zu warten und fuhr um drei Uhr weiter, diesmal in einem Schlafkupee, wo er also um drei Uhr einschlief. Diese Zeit von ein bis drei Uhr nachts war es aber auch, die er in den zwei schlaflosen Nächten unter Angst zugebracht hatte. Mit anderen Worten: Seine beiden Anfälle waren *Wiederholungen seiner Reise nach Karlsbad,* und er zeigte so, dass in ihm ein Zustand Platz gegriffen hatte, als ob er es nicht mehr erwarten könnte, *mit seiner Mutter allein* nach Karlsbad zu fahren. Diese Ungeduld prägte sich auch in seiner fortwährenden Klage über Hitze aus, mit der er deutlich zu sagen schien: Ich muss schon aus Wien fortfahren!

An einen Ort »Gojau« konnte er sich anfangs nicht erinnern. Als er nachsah, fand er, dass es ein Ort sei, der durch eine wenig befahrene Flügelbahn mit Budweis verbunden ist. Herrn Dr. von Maday verdanke ich den Hinweis auf den abermals hier zutage tretenden Todesgedanken: Diese Flügelbahn endet mit der Station »Schwarzes Kreuz«.

Sein Erwachen um ein Uhr, also zur selben Zeit, als er in Budweis schlaflos auf den Zug nach Karlsbad wartete, weist mit Sicherheit darauf hin, dass der Patient im Geiste während des Schlafes die Reise nach Karlsbad machte, die er schon einmal ohne die Mutter angetreten hatte, dass er aber diesmal durch das kindliche Arrangement der Angst – in planmäßiger Verbindung mit der Schlaflosigkeit – sein Persönlichkeitsideal durchzusetzen suchte: Die Mutter musste zu ihm ins Zimmer kommen. Seine gegenwärtige psychische Situation lautet: Wenn ich nicht warten müsste (auf die Unterwerfung der Mutter, auf den Tod des Bruders, des Vaters), könnte ich – wie mein Bruder – allein mit der Mutter fahren. Sein Wunsch nach Bevorzugung wie in der Kindheit, wenn sie ihm beim Pfeifen der Lokomotive die Ohren zuhielt, greift deshalb auf eine Erinnerung zurück, wie er damals auch im Zusammenhang mit Karlsbad schlaflos war, *weil* er durch Angst und Schlaflosigkeit die Mutter beherrschen, sie vielleicht doch zur Reise bewegen kann.

Unter anderem konnte uns dieser Fall belehren, dass die leitenden Ziele der Persönlichkeitsidee auch während des Schlafes nicht ruhen; dass sie sozusagen in körperliche Attitüden[2] übergehen, um auch während des Schlafes *in vorbereitender Weise den Weg zur Erfüllung der leitenden Idee auszuspüren*.[3] Wie immer in Stadien der größeren Unsicherheit geschieht dies Vorbauen gemäß den Erfahrungen, und zwar werden mit gutem Grunde die abstraktesten, dem Kern der Idee zunächst gelegenen Erinnerungen zu Hilfe genommen, da sie *als Warnungen oder als Ansporn* Geltung besitzen, nicht so sehr wegen ihrer wahrhaften Wirksamkeit in Gefahren, sondern weil sie der ganzen Persönlich-

---

2 *Erg. 1920:* wie im Traum in seelische
3 *Anm. Adlers:* »Über den nervösen Charakter« [Adler 1912a/2008a] und »Traum und Traumdeutung« [Adler 1913j, S. 112]

keit am geeignetsten *erscheinen*. In irgendeiner [928] Art müssen sie allerdings auch reale Wirksamkeit entfalten können, da sie anders bald verlassen würden. Aber diese subjektive Wertung braucht durchaus nicht objektive Geltung zu besitzen. Das zustande kommende neurotische Arrangement muss bloß am Wege zum fiktiven Endziel des Nervösen liegen. Im obigen Falle genügt es, dass der Patient damit bloß seinen Kurs im Rahmen seiner Umgebung steigen sieht. Er hat die Mutter gegen ihren Willen gezwungen, sich in seinen Dienst zu stellen – dies ist die heutige realisierte Darstellung seiner einstigen Gottheitsidee oder wie in diesem Falle des einstigen Kaiserwahnes. (Von hier aus verstehen wir auch die Wahnideen der Epileptiker und Psychotiker, die so oft Kaiser sein wollen, als stärkere Abstraktionen gemäß der ursprünglichen leitenden Fiktion.)

Der folgende Fall kann uns belehren, dass auch unbefriedigte *Eitelkeit*[4] *durch stärkere Anspannung der Denkfunktion* zu Schlaflosigkeit führen kann. Den Miltiades[5] ließen die Lorbeeren des Themistokles[6] nicht schlafen, und in der Tat findet man Schlaflosigkeit infolge unbefriedigten Ehrgeizes nicht selten.[7]

Ich hoffe, dass dieser Fall an Interesse nicht verliert, wenn ich mitteile, dass sich ein Arzt[8] selbst darin einer Analyse unterzogen hat. Den Anlass zu dieser Analyse gab folgender Vorfall, den der Autor folgendermaßen erzählt:

»Anlässlich des schrecklichen Schiffsunglücks der Titanic konnte ich an mir die Ergriffenheit deutlich beobachten. In meinen freien Stunden fand ich mich oft im Gespräch über das Unglück, und vorwiegend war es die Frage, die von mir immer wieder aufgenommen wurde, ob man nicht doch ein Mittel hätte finden müssen, um die Untergehenden zu retten.

Eines Nachts wache ich aus dem Schlafe auf. Als richtiger Psychologe lege ich mir die Frage vor, warum ich, der sonst ein guter Schläfer ist, diesmal aufgewacht sei. Ich fand aber keine befriedigende Antwort, fand mich vielmehr kurze Zeit darauf in emsigem Nachdenken, *wie man die Untergehenden der Titanic hätte retten können*. Bald nachher – es war drei Uhr – schlief ich ein.

In der nächsten Nacht wachte ich wieder auf. Ich sah auf die Uhr, es war halb drei Uhr. Flüchtig kamen mir Gedanken über die sonstigen Theorien der Schlaflosigkeit, unter anderm fiel mir auch die Meinung eines Autors ein, dass man, einmal an ein Aufwachen aus dem Schlafe gewöhnt, leicht wieder um die gleiche Zeit erwachen kann. Aber mit einem Male wusste ich intuitiv, wie es sich mit meinem Aufwachen verhielt. Um halb drei Uhr war die Titanic

---

4   *Änd. 1930:* Ehrgeiz
5   *Änd. 1920:* Alcibiades
6   *Änd. 1920:* Miltiades
7   *Erg. 1920:* Der Patient ist wie auf der Wache.
8   [Es handelt sich um einen Traum Adlers, wie im Folgenden klar wird.]

untergegangen. Ich hatte die Fahrt im Schlafe mitgemacht, hatte mich in die schreckliche Situation des Unterganges eingefühlt und war also schon zweimal des Nachts erwacht, als das Schiff unterging!

Auch in der zweiten Nacht nahmen meine Gedanken die Richtung, ein Mittel zu finden, wie man sich in einer solchen Situation retten könnte; sich und die anderen. Fast gleichzeitig erriet ich, dass hier der *vorbeugende und vorbereitende Versuch einer Sicherung* am Werke war, der in gleicher Weise der Vorsicht wie dem Ehrgeiz dienen sollte. Ich verstand auch ohne Weiteres, dass die Amerikafahrt – ein altes Ziel meiner Sehn*[929]*sucht – in sinnreicher Weise den Kampf um meine wissenschaftliche Repräsentation symbolisierte. Und wie im Wachen, so tat ich auch im Schlafe. Ich war auf der Suche nach einem Mittel zur Rettung, und ich stellte die sinnfälligste Situation her, um mich zur Gegenwehr zu rüsten und zu mobilisieren: *Einfühlung in die stärkste Gefahr und Nachdenken*[9]!

Leicht war auch zu verstehen, dass diese Art, auf Gefahren meiner Person und mir Nahestehender zu reagieren, meine persönliche Attitüde sein musste. Und bald fand ich den Zusammenhang.

Ich bin ja Arzt. Es gehört also zu meinen Obliegenheiten, gegen den Tod ein Mittel zu finden. Damit aber war ich schon auf mir bekanntem Boden. Der Kampf gegen den Tod gehörte nämlich zu den stärksten Antrieben meiner Berufswahl[10]. Wie so viele von den Ärzten, bin auch ich Arzt geworden, *um den Tod zu überwinden.*[11]

Aus meiner Jugendgeschichte erinnere ich mich an mehrere Ereignisse, in denen mir der Tod nahe schien. So hatte ich aus einer Rachitis außer einer Schwerbeweglichkeit jene gemilderte Form von Stimmritzenkrampf erworben, die ich später als Arzt oft bei Kindern antraf, wo Verschluss der Glottis[12] beim Weinen eintritt, so dass ein Zustand von Atemnot und Stimmlosigkeit das Weinen unterbricht, bis sich nach Lösung des Krampfes das Weinen wieder fortsetzt. Der Zustand der dabei eintretenden Atemnot ist höchst unangenehm, wie ich aus meiner Erinnerung weiß; ich dürfte damals noch nicht zwei Jahre[13] gewesen sein. Die übertriebene Furcht meiner Eltern und die Besorgnis des Hausarztes waren mir nicht entgangen und erfüllten mich,

---

9   *Erg. 1920:* Aufwachen zur Bewusstheit
10 *Anm. Adlers:* Siehe »Ein Beitrag zur Psychologie der ärztlichen Berufswahl« [Adler 1914c/1973c] in der nächstens erscheinenden Sammlung: »Arzt und Erzieher«, München, E. Reinhardt, Dr. Kramer »Über Berufswahl«.
11 *Erg. 1920:* Der Anlass zu dieser leitenden Fiktion stammt gewöhnlich aus [*Erg. 1924:* eigener] durchgemachter Lebensgefahr oder Krankheit   *Erg. 1924:* auch nahestehender Personen in den ersten Kinderjahren
12 [Stimmritze]
13 *Änd. 1920:* drei Jahre

abgesehen von der Peinlichkeit der Atemnot, mit einem Gefühl, das ich heute als Gefühl der Unruhe und der Unsicherheit bezeichnen möchte. Ferner erinnere ich mich, dass ich eines Tages, kurz nach einem solchen Keuchanfall Gedanken hatte, wie ich, da bisher kein Mittel gefruchtet hatte, dieses lästige Leiden beseitigen könnte. Auf welchem Wege ich dazu kam, ob die Anregung von außen kam oder ob ich allein die Idee aushecke, kann ich nicht sagen: Ich beschloss, das Weinen ganz einzustellen, und sooft ich die erste Regung zum Weinen verspürte, gab ich mir einen Ruck, hielt mit dem Weinen inne, und das Keuchen verschwand. Ich hatte ein Mittel gegen das Leiden, vielleicht auch gegen die Todesfurcht gefunden.

Kurze Zeit später, ich war drei Jahre geworden, starb mir ein jüngerer Bruder. Ich glaube, die Bedeutung des Sterbens verstanden zu haben, war fast bis zu seiner Auflösung bei ihm und wusste, als man mich zu meinem Großvater schickte, dass ich das Kind nimmer sehen werde, dass er am Friedhof begraben würde. Meine Mutter holte mich nach dem Leichenbegängnis ab, um mich nach Hause zu bringen. Sie war sehr traurig und verweint, lächelte aber ein wenig, als mein Großvater, um sie zu trösten, einige scherzende Worte zu ihr sagte, die sie wahrscheinlich auf weiteren Kindersegen verweisen sollten. Dieses Lächeln konnte ich meiner Mutter lange nicht verzeihen, und ich darf aus diesem Groll wohl schließen, dass ich mir der Schauer des Todes sehr wohl bewusst gewesen bin.

Im vierten Lebensjahre kam ich zweimal unter einen Wagen. Ich entsinne mich nur, dass ich mit Schmerzen auf einem Diwan erwachte, *[930]* ohne dass ich wusste, wie ich dorthin gekommen war. Ich muss also wohl in Ohnmacht gefallen sein.

Mit fünf Jahren erkrankte ich an einer Lungenentzündung und wurde vom Arzte aufgegeben. Ein zweiter Arzt schlug doch eine Behandlung vor, und ich war in wenigen Tagen gesund. Man hatte in der Freude über meine Genesung noch lange Zeit über die Todesgefahr gesprochen, in der ich angeblich geschwebt hatte; seit dieser Zeit entsinne ich mich, dass ich mir stets meine Zukunft als Arzt vorgestellt habe. Das heißt, ich habe ein Ziel festgesetzt, von dem ich erwarten durfte, dass es meiner kindlichen Not, meiner Furcht vor dem Tod ein Ende machen konnte. Es ist klar, dass ich von dieser Berufswahl mehr erwartet habe, als sie leisten konnte: den Tod, die Todesfurcht überwinden, das hätte ich eigentlich von menschlichen Leistungen nicht erwarten dürfen; bloß von göttlichen. Die Realität gebietet aber zu handeln. Und so war ich gezwungen, im Formenwechsel der leitenden Fiktion[14] so weit mein Ziel abzuwandeln, bis es der Realität zu genügen schien. Da kam ich zur ärztlichen Berufswahl, um den Tod und die Todesfurcht zu überwinden.«[15]

---

14 *Erg. 1924:* im Bewussten
15 *Anm. Adlers:* Über die Bedeutung des Todes für das Philosophieren siehe P. Schrecker

Aus der Berufswahlfantasie eines etwas zurückgebliebenen Knaben, die sich auf ähnlichen Eindrücken – Tod einer Schwester und Kränklichkeit in früher Kindheit, Bekanntschaft mit dem Tod – aufbaute, erfuhr ich, dass dieser Knabe beschlossen hatte, Totengräber zu werden, um, wie er sagte, die andern einzugraben und nicht selbst eingegraben zu werden. Das starre gegensätzliche Denken dieses später neurotischen Knaben – oben oder unten, aktiv oder passiv, Hammer oder Amboss, flectere si nequeo superos, Acheronta movebo![16] – haben mittlere Möglichkeiten nicht zugelassen, seine kindische rettende Fiktion ging im Nebensächlichen auf das Gegenteil.

Aus der Zeit meiner Berufswahl, etwa aus dem fünften Lebensjahre, datiert folgendes Erlebnis: Der Vater eines Spielkameraden fragte mich, was ich werden wolle. Ich gab zur Antwort: Ein Doktor! Der Mann, der vielleicht schlechte Erfahrungen mit Ärzten gemacht hatte, erwiderte darauf: Da soll man dich gleich an dem nächsten Laternenpfahl aufhängen! Selbstverständlich ließ mich – eben wegen meiner regulativen Idee – diese Äußerung völlig kalt. Ich glaube, ich dachte damals, dass ich ein guter Arzt werden wolle, dem niemand feindlich gesinnt sein sollte.[17]

Kurz nachher kam ich in die Volksschule. Meine Erinnerung sagt mir, dass ich auf dem Weg in die Volksschule über einen Friedhof gehen musste. Da hatte ich nun jedes Mal Furcht und sah es mit großem Missbehagen, wie die andern Kinder harmlos den Friedhofsweg gingen, während ich ängstlich und mit Grauen Schritt vor Schritt setzte. Abgesehen von der Unerträglichkeit der Angst quälte mich der Gedanke, an Mut den andern nachzustehen. Eines Tages fasste ich den Entschluss, dieser Todesangst ein Ende zu machen. Als Mittel wählte ich *wieder die Abhärtung* (Todesnähe!). Ich blieb eine Strecke hinter den andern Kindern zurück, legte meine Schultasche an der Friedhofsmauer auf die Erde und lief wohl ein Dutzend Mal über den Friedhof hin und zurück, bis ich dachte, der Furcht Herr geworden zu sein. Später glaube ich, den Weg ohne Angst gegangen zu sein. [931]

Dreißig Jahre später traf ich einen ehemaligen Schulkameraden, mit dem ich Kindheitserinnerungen aus der Volksschule austauschte. Es fiel mir dabei ein, dass derzeit jener Friedhof nicht mehr bestehe, und ich fragte, was

---

(1912): [Bergsons Philosophie der Persönlichkeit], E. Reinhardt, München.

16 [Vergil, Äneide VII, 312. »Wenn ich die Himmlischen nicht bewege, ruf ich die Unterirdischen zur Hilfe.« – Das Wort »acheronta« bezieht sich auf den Acheron, den Strom, über den die Toten beim Eintritt in die Unterwelt fahren mussten. Das Zitat steht auch als Motto über Freuds »Traumdeutung«. Adler benützt es an verschiedenen Stellen, um die Einstellung des Neurotikers zu skizzieren, z. B: »Über den nervösen Charakter« (Adler 1912a/2008a, S. 162) und »Religion und Individualpsychologie« (Adler 1933c/2008b, S. 206).]

17 *Erg. 1930:* Außerdem fiel mir ein, dass dieser Mann ein Laternenfabrikant war.

aus dem Friedhof, der mir solche Beschwerden gemacht hatte, geworden sei. Verwundert antwortete mir mein ehemaliger Kamerad, der länger als ich in jener Gegend zugebracht hatte, dass auf dem Wege zu unserer Schule *niemals ein Friedhof* gewesen sei. Da erkannte ich, dass die Friedhofsgeschichte eine dichterische Einkleidung für meine Sehnsucht war, die Angst vor dem Tod zu überwinden. Sie sollte mir ähnlich wie in anderen Lebenslagen zeigen, dass man den Tod und die Todesangst überwinden könnte, *dass es ein Mittel geben müsse, und dies wirkte wie ein kraftvoller Zuspruch*, dass es mir gelingen könnte, in schwierigen Lebenslagen ein solches Mittel gegen den Tod zu finden. So kämpfte ich gegen meine Kindheitsfurcht, so bin ich Arzt geworden, und so sinne ich auch jetzt noch Problemen nach, die mich gemäß dieser psychischen Eigenart anziehen, was bei der Titanic-Katastrophe in hervorragendem Maße der Fall war.[18]

Ja, mein Ehrgeiz ist so sehr durch diese leitende Fiktion, den Tod zu überwinden, festgelegt, dass ihn andere Ziele wenig aufstacheln können. Es kann vielmehr leicht der Eindruck erweckt werden, als ob mir in den meisten Beziehungen des Lebens der Ehrgeiz fehlte. Die Erklärung für dieses Double vie, für diese Spaltung der Persönlichkeit, wie es die Autoren nennen würden, liegt darin, *dass der Ehrgeiz ja nur ein Mittel darstellt*, keinen Zweck, so dass er bald benützt, bald beiseite geschoben wird, je nachdem das vorschwebende Ziel bald mit diesem Charakterzug bald ohne ihn leichter zu erreichen ist.[19]

Diese kleine Analyse, die während der Abfassung meines Buches angestellt wurde, zeigt uns die gleiche Dynamik, die ich in der gesunden und kranken Psyche aufgedeckt habe. Das Aufwachen bei Nacht stellt sich als Symbol, als Gleichnis des Lebens heraus, in welchem die Vergangenheit (Unsicherheit), die Gegenwart (Gefahr gegenüber skrupellosen Menschen), die Zukunft (Suchen nach einem Mittel) und das leitende Ziel (Überwinder des Todes zu sein) widerspiegeln.

Der Schlaf kann als Abstraktion betrachtet werden. Zweck derselben wäre, dem Wachdenken, dem gesellschaftlich-notwendigen, also sozial angepassten, bewussten Denken Ruhe zu gewähren, zugleich auch den sozial vermittelnden,

---

18 *Anm. Adlers:* Eine andere Art der Überwindung der Todesfurcht in Wagners »Siegfried«: »Um der Götter Ende grämt mich die Angst nicht, *seit mein Wunsch es will!*« – Über diesen psychischen Mechanismus, den ich als für die Zwangsneurose charakteristisch beschrieben habe (Fiktion des freien Willens, Ersatz eines fremden Zwanges durch den eigenen etc.), siehe auch C. Furtmüller: »Ethik und Psychoanalyse« [Furtmüller 1912] *Erg. 1924:* Freud scheint in seinen letzten Arbeiten diesen Mechanismus vergröbernd als Identifikation erklären zu wollen.

19 *Erg. 1924:* Andere Ziele, die andere locken mögen, erscheinen bei mir vielfach ausgeschaltet.

über die eigene Körpersphäre hinausgreifenden Sinnesorganen. Im Schlaf ist das Körper- und Seelenleben den fertigen Bereitschaften der Psyche anheimgegeben, die aus früheren Zeiten stammen und eingeübt wurden. Sie nehmen die seelischen Bewegungen des Vortages entgegen und führen sie weiter zu dem in ihnen angedeuteten Ziel. Reste bewusster Denkvorgänge, der Traum, spiegeln in halluzinatorischer [932] Art diese fortschreitenden seelischen Bewegungen. Der Traum aber, der nur begleitet, nie aber als Traumdenken das Handeln verursacht – wozu er meist wegen seiner allzu abstrakten, fragmentarischen Ausdrucksweise ungeeignet wäre –, hat nicht die Aufgabe, verständlich zu sein. Wo er verständlich wird, wo er Handlungen vorbereitet oder vorzubereiten scheint, wo er antreibt, abschreckt oder ermahnt, ist in ihm eine individuell vorbereitete Tendenz eingegangen. Ebenso wo er erinnert oder vergessen wird, wobei die Erinnerung oder das Vergessen der gleichen Tendenz entsprechen kann.[20]

Die Störung des Schlafes gehorcht der gleichen Tendenz. Die Schlaflosigkeit wird als Krankheitsbeweis protegiert, wie in unserem ersten Falle, sobald sie sich als das brauchbarste Mittel zur Durchführung der eigenen Überlegenheit, des eigenen Willens[21] erweist. Die Klagen solcher Patienten, scheinbar mit unserer Darlegung in Widerspruch, dienen nur dazu, den Kurs dieses Symptoms höherzutreiben. Das Erwachen erfolgt in diesen Fällen durch ein planmäßiges, wenn auch unbewusst gebliebenes Arrangement, durch Schrecken, Schmerz oder durch einen unerkannt zugrunde liegenden Akt der Willkür. Begleitende Träume zeigen in Analogien häufig die Quelle an, aus der die neurotische Tendenz die Empfindung der Besorgnis für ein bevorstehendes Problem fälschend verstärkt oder absichtsvoll geschöpft hat. Dass Träume dabei unwesentlich sind oder fehlen können, zeigt der zweitbeschriebene Fall. Nach dem dort ausgebreiteten Material dürften wir dessen vorübergehende Schlaflosigkeit wohl im Sinne eines großen Selbstvertrauens ansehen, dem das wache Denken eine untrügliche Instanz bedeutet. Die Traumlosigkeit der vier[22] Nächte ist, wie er angibt, nichts Sonderbares. Seit er einigermaßen mit den Fragen der Traumdeutung vertraut ist, sind Träume bei ihm äußerst rar geworden, wahrscheinlich weil sie Wert und Bedeutung durch stärkere Bereitschaft zur Tat bei dem Kollegen eingebüßt haben.

Im ersten Falle ist die bedenkliche Richtung, in der Selbstschädigung (epi-

---

20 *Erg. 1930:* Weitere Befunde, die ich später veröffentlicht habe, zeigten mir, 1. dass der Traum ein Training aufweist in der Richtung des Lebensstils, 2. dass er als eine seelische Intoxikation entgegen dem Common Sense Gefühle und Emotionen wachruft, die dem Lebensstil genehm sind, ihm gestatten, sich in irgendeiner Lebenslage leichter durchzusetzen.
21 *Änd. 1930:* des eigenen Lebensstils
22 *Änd. 1920:* zwei

leptische Neurose) bis zum Tod zu gehen, um eine vage Idee zur Erfüllung zu bringen, deutlich zu erkennen.[23] Die vorübergehende Schlaflosigkeit erscheint als eine Etappe auf diesem Wege, ähnlich wie die ehemaligen Anfälle von Bewusstlosigkeit, die mit starken traumatischen Verletzungen einhergegangen waren.[24] Der Ablauf dieses Falles ist nicht durchsichtig genug, soll aber als Hinweis auf die Rolle der genuinen und Affektepilepsie nicht verschwiegen werden. In psychotherapeutischer Behandlung erwiesen sich die Anfälle als deutbar, konnten vorausgesagt und gemildert, vielleicht auch eingeschränkt werden. Vorher waren die Anfälle, die sich circa alle 14 Tage einstellten, ausgeblieben, als er sich behufs Entscheidung über eine Trepanation[25] einen Monat lang in Beobachtung befand. In meiner Behandlung war also nur eine Milderung der Anfälle, dazu ein freieres Wesen und ein umgänglicherer Charakter erzielt worden. Kurz bevor er eigenwillig und im Starrsinn meine Behandlung verließ, konnte ich dem Patienten zeigen, dass er mit unbewusster Absicht auf eine Störung der Magenfunktion hinarbeite. Einige Tage nachher erkrankte er an einem langwierigen Ikterus[26]. Weitere Befunde fehlen mir aus eigener Anschauung. Ich erfuhr aus zweiter Hand, dass er in der Folge mehrmals Wutanfälle zeigte, dass er kurz dauernde Delirien aufwies, in denen er eine Kaiserrolle spielte *[933]* (wie sie mir aus seinen unbewussten Fantasien als sein Symbol der Überlegenheit bekannt geworden war), und dass er in einem kurz dauernden Wutanfall, nicht in einem Status epilepticus, an Herzschwäche etwa ein halbes Jahr nach Abschluss meiner Behandlung gestorben sein soll.

---

23 *Erg. 1924:* Dass solche »Todestriebe« Sekundärerscheinungen entmutigter Nervöser sind und dass sie einer Wichtigmacherei, einer Überwertung der eigenen Persönlichkeit, einer Erpressung ihre Hervorhebung verdanken, hat die Individualpsychologie längst nachgewiesen.

24 *Anm. Adlers 1924:* Die stärkste Verletzung kam an dem Tage zustande, als ein Psychotherapeut in seinem Unverständnis die Garantie übernahm, es werde dem Patienten, wenn man ihn ohne Begleitung ließe, nichts geschehen.

25 [Schädelöffnung]

26 [Gelbsucht]

5. Zur Rolle des Unbewussten in der Neurose (1913)

Editorische Hinweise
Erstveröffentlichung:
1913h: Zentralblatt für Psychoanalyse 3, S. 169–174
Neuauflagen:
1920: Praxis und Theorie der Individualpsychologie, S. 158–163
1924: Praxis und Theorie der Individualpsychologie, S. 162–167
1927: Praxis und Theorie der Individualpsychologie, S. 162–167
1930: Praxis und Theorie der Individualpsychologie, S. 155–161
Letztveröffentlichung:
1974a: Praxis und Theorie der Individualpsychologie, S. 234–241

Das Ziel ins Unbewusste zu verlegen, nennt Adler einen der »schwerwiegendsten« neurotischen Kunstgriffe der Psyche. Dies geschehe etwa durch Amnesie oder Verschleierung des Endziels. Dasselbe passiere, ergänzt Adler 1920, wenn eine Erinnerung, ein Symptom oder eine Fantasie tendenziös über sich hinausweist. Die biologische Bedeutung des Bewusstseins ebenso wie die des Unbewussten liege in der Ermöglichung des Handelns nach einem einheitlich ausgerichteten Lebensplan. Aber auch die bewusste Vorstellung sei in der Qualität ihrer Bewusstheit ein Kunstgriff der Psyche. Die scheinbare Gegensätzlichkeit von bewussten und unbewussten Regungen sei nur ein Gegensatz der Mittel für den Endzweck des Zieles.

Den Ausdruck »Überkompensation« verwendet Adler nach 1913 nur noch in zwei Aufsätzen, »Die ethische Kraft der Individualpsychologie« (1927u, S. 303) und »Grundbegriffe der Individualpsychologie« (1930n, S. 373).

In einer Fallvignette wird deutlich, dass auch eine masochistische Haltung der sadistischen nur scheinbar gegensätzlich ist; beide dienen dem Streben nach Überlegenheit. Ein Traum stellt den Formenwandel der Fiktion dar. Eine weitere Fallvignette zeigt, wie das Symptom der Platzangst eine Unersetzlichkeit symbolisiert.

Die Veränderungen in den Neuauflagen von 1920 (15), 1924 (17) und 1930 (13) verdeutlichen vor allem den Unterschied von unbewusst und unverstanden. Gemäß einer Änderung von 1920 soll das neurotische Ziel unbewusst bleiben, weil es sonst in Widerspruch zum Gemeinschaftsgefühl gerät. Nach einer Änderung von 1924 muss die Voraussetzung des Handelns unbewusst bleiben, weil sie ein schweres Minderwertigkeitsgefühl enthält. Eine weitere Änderung von 1924 weist darauf hin, wie der Zwang zur Einheit der Persönlichkeit das Bewusste wie das Unbewusste beherrscht.

Zur Rolle des Unbewussten in der Neurose

Unser Verständnis für die Einzelfragen in der Psychologie der Neurosen ist so sehr an die individuelle Betrachtungsweise geknüpft, dass man behaupten kann: *Die[1] Arbeitshypothese, obwohl aus Einzelerkenntnissen erwachsen, gibt ein Bild von der Weite der Anschauungen und von den Grenzen der Erkenntnis des Untersuchenden.* Und dies so sehr, dass dadurch erklärlich wird, wie es zu verschiedenen Auffassungen, Wertungen, Voraussetzungen kommt, wie die eine Schule diesen, die andere jenen Punkt ihrer Darstellungen hervorhebt oder mindert, wie dem einen die Wichtigkeit eines Beobachtungsmaterials entgeht, wo ein anderer Unwesentlichem besondere Würde verleiht. Wer für eine formulierte Lehre einsteht, ist kaum wankend zu machen;[2] es wäre denn, dass ihm die inneren Widersprüche bewusst werden. Im Allgemeinen benimmt er sich wie ein nervöser Patient, der eine Änderung seines Lebensplanes so lange nicht zulässt, bis er sein unbewusstes Größenideal erkannt hat und es als unrealisierbar verwirft.[3]

Im Unterschied zu manchen anderen Autoren möchte ich den Leser zur Prüfung ermuntern, diese Betrachtung auch auf die folgenden Ausführungen anzuwenden. Die Psychotherapie ist ein künstlerischer Beruf. Die Selbstanalyse – wertvoller ist die[4] Erfassung der eigenen Lebenslinie – etwa dem Selbstporträt vergleichbar, bietet schon deshalb keine Garantie für »voraussetzungsloses« Forschen, weil sie wieder mit den leider beschränkten Mitteln der Persönlichkeit (oder zweier Persönlichkeiten) zustande kommt und weil die individuelle Perspektive nicht zulässt, sich oder andere anders als individuell zu betrachten. Persönliche, das heißt andere als in der Wissenschaft übliche[5] Argumentationen bei der Beurteilung psychotherapeutischer Anschauungen anzuwenden, ist demnach ein[6] Unfug, der nur durch die Jugend unserer Disziplin erklärlich ist, der auch auf die Dauer keinen Anklang finden dürfte.

Durchaus nicht so störend wirken diese Grenzen der Individualität in der psychotherapeutischen Praxis. Scheitert der Nervöse an dem Druck der Reali-

---

1 *Änd. 1920:* Jede
2 *Anm. Adlers:* Siehe *Furtmüller*, Psychoanalyse und Ethik [1912]
3 *Erg. 1924:* Vergleiche dazu *Baco* in seinem »*Novum Organum*« über diejenigen, die meinen, dass von der Arbeit des Menschen nichts Großes erreicht werden kann: »Diesen ist es nur um den Glauben an ihre eigne unübertreffliche Vollkommenheit zu tun. Daher wünschen sie, dass man das, was sie noch nicht erfunden und begriffen haben, für durchaus unbegreiflich und unauffindbar halte.« [Das »Novum Organon« (1620) von Francis Bacon gilt als Wendepunkt in der Kulturgeschichte zwischen mittelalterlichem Denken und neuzeitlicher methodischer Forschung.]
4 wertvoller ist die] *Änd. 1920:* nur wertvoll als
5 *Erg. 1924:* sachliche
6 *Erg. 1920:* lästiger

tät, so lehrt ihn der Arzt, sich mit der Realität[7] auseinanderzusetzen. *[170]* Der Zusammenstoß von Patient und Arzt hindert immer wieder das Wandeln des Neurotikers in der Fiktion. Und während der Patient um seine Überlegenheit zu kämpfen vermeint, verweist ihn der Arzt auf die Einseitigkeit und Starre seiner Attitüde.[8]

Dabei erweist sich als die größte Schwierigkeit in der Kur, dass der Patient, obgleich er die Einsicht in den neurotischen Mechanismus hat[9], gleichwohl seine Symptome teilweise aufrechterhält. Bis sich ein neuer, vielleicht der schwerwiegendste der neurotischen Kunstgriffe enthüllt: *Der Patient bedient sich des Unbewussten, um mit seinen alten Bereitschaften und Symptomen trotz der Aufklärung dem alten Ziel der Überlegenheit folgen zu können.*[10] Und mit dieser Feststellung sind wir wieder auf der Linie der Aufklärungen, die ich in meiner Arbeit »Über den nervösen Charakter« [Adler 1912a/2008a] den neurotischen Lebensplan beschreibend erörtert habe. Die nervöse Psyche ist, um ihr überspanntes Ziel überhaupt anstreben zu können, zu Kunstgriffen und Finten gezwungen. *Einer dieser Kunstgriffe ist die Verlegung des Zieles oder eines Ersatzzieles ins Unbewusste.* Steckt dieses Ziel als »Moral« in einem Erlebnis oder in einer Fantasie, dann können auch diese der Amnesie ganz oder so weit verfallen, dass das fiktive Endziel darin verschleiert wird.[11]

Es ist nur eine andere Ausdrucksweise, geht übrigens folgerichtig aus diesen Feststellungen hervor, wenn ich hervorhebe, dass dieses gleiche Ziel oder Bruchstücke von Erlebnissen und Fantasien, die mit diesem Ziel verknüpft sind, dem Bewusstsein so weit und in der Form zugänglich sind, dass sie der Erreichung des Persönlichkeitsideals förderlich und nicht im Wege sind. Die biologische Bedeutung des Bewusstseins wie die des geschilderten Anteils des Unbewussten liegt also in der Ermöglichung des Handelns nach einem einheitlich gerichteten Lebensplan. Diese Anschauung deckt sich zum Teil mit den bedeutsamen Lehren *Steinthals, Vaihingers* und *Bergsons*[12] und weist auf

---

7   *Erg. 1920:* und der Gemeinschaft
8   *Anm. Adlers:* Siehe »Zur Lehre vom Widerstand« [Adler 1911d/2007a, S. 213–222]
    Erg. 1924: Unerschütterliche Basis bleibt ihm dabei die Forderung und der Nutzen der menschlichen Gemeinschaft   *Erg. 1930:* der Kooperation
9   *Änd. 1924:* zu haben glaubt
10 *Erg. 1924:* Er sagt, er wiederholt das Richtige, aber er versteht es nicht *[Erg. 1930:* versteht nicht den Zusammenhang*]*, wehrt sich gegen das tiefere Verständnis, auch um gegen den Arzt recht zu behalten.
11 *Erg. 1920:* Dasselbe erreicht der Patient, übrigens auch der Kritiker, wenn er *[Erg. 1924:* überhaupt*]* übersieht, wie eine festgehaltene Erinnerung, ein Symptom, eine Fantasie tendenziös über sich hinausweist   *Erg. 1924:* noch etwas, etwas viel Wichtigeres bedeutet, als es *[Erg. 1930:* für ihn*]* den Anschein hat.
12 *Anm. Adlers:* Paul *Schrecker,* Bergsons Philosophie der Persönlichkeit [Schrecker 1912]
    Erg. 1924: Neuerdings haben besonders *Furtmüller* und W. *Stern* diese Tatsache bedeut-

die aus dem Instinkt erwachsene, den Zwecken der Aggression angepasste Qualität des Bewusstseins hin.

Auch die dem überspannten neurotischen Ideal gehorchende bewusste Vorstellung ist also *in der Qualität ihres Bewusstseins*[13] *ein Kunstgriff der Psyche*, wie aus der Analyse der überwertigen Ideen, des Wahnes, der Halluzination[14], vor allem der Psychosen deutlich hervorgeht[15]. Jede bewusste Manifestation der Psyche weist uns demnach in gleicher Weise auf das unbewusste fiktive Endziel wie die unbewusste Regung, sofern man sie richtig erfasst. Die billige Redensart vom »Oberflächenbewusstsein« kann nur den täuschen, der diesen Zusammenhang noch nicht kennt. Die häufige[16] Gegensätzlichkeit von bewussten und unbewussten Regungen ist nur ein Gegensatz der Mittel, für den Endzweck der Erhöhung der Persönlichkeit, für das fiktive Ziel der Gottgleichheit aber irrelevant[17]. *[171]* Dieser Endzweck aber und jeder überspannte Formenwandel desselben muss im Unbewussten[18] bleiben, wenn er durch seinen offenen Gegensatz zur Realität das Handeln nach der neurotischen Leitlinie unmöglich macht. Wo die Bewusstseinsqualität als Mittel des Lebens, als Sicherung der Einheit der Persönlichkeit und als Sicherung des Persönlichkeitsideals nötig wird, erscheint sie auch in der geeigneten Form und Ausdehnung. Selbst das fiktive Ziel, der neurotische Lebensplan kann teilweise ins Bewusstsein treten, wenn dieser Vorgang geeignet ist, eine Erhöhung des Persönlichkeitsgefühls zu bewirken. So besonders in der Psychose. Sobald aber das neurotische Ziel durch sein Bewusstwerden sich selbst aufheben könnte[19], formt es den Lebensplan aus dem Unbewussten[20].

Diese aus den Tatsachen neurotischer Phänomene erhobenen Befunde finden ihre theoretische Bestätigung in einer Schlussfolgerung, die, wenn auch unausgesprochen, aus den fundamentalen Lehren *Vaihingers* von dem Wesen der Fiktion hervorgeht[21]. In einer grandiosen Synthese erfasst dieser geniale Forscher das Wesen des Denkens als ein Mittel zur Bewältigung des Lebens, das mit dem Kunstgriff der Fiktion, einer theoretisch wertlosen, aber

---

sam hervorgehoben.
13 *Änd. 1920:* Bewusstheit
14 *Anm. Adlers:* Siehe »Neurologische Betrachtung über *Bergers* ›Hofrat Eysenhardt‹« [Adler 1913g/2009b].
15 *Erg. 1920:* freilich, ohne dass der *Operationsplan [Erg. 1930:* also der Sinn der Erscheinung*]* in diesen Fällen bewusst *[Erg. 1924:* und verständlich*]* wurde.
16 *Änd. 1930:* scheinbare
17 *Erg. 1930:* und nicht vorhanden
18 *Erg. 1924:* und unverstanden
19 *Erg. 1920:* zumeist dadurch, dass es in krassen Widerspruch zum Gemeinschaftsgefühl gerät
20 *Änd. 1924:* im Unbewussten
21 *Anm. Adlers: Vaihinger,* Die Philosophie des Als-ob [Vaihinger 1911].

praktisch notwendigen Idee, seinen Zweck zu erreichen sucht. War diese tiefe Konzeption[22] des Wesens der Fiktion erst nötig, uns ganz mit den Kunstgriffen unseres Denkens vertraut zu machen – eine Einsicht, die unsere Weltanschauung entsprechend umgestalten wird –, so liegt in der Tatsache ihrer »Entdeckung« bereits angedeutet, dass auch die leitende Fiktion[23] dem Unbewussten angehört und dass ihr Auftauchen ins Bewusstsein für ihren Zweck[24] teils überflüssig, teils aber hinderlich sein kann.

An diese Tatsache kann die Psychotherapie anknüpfen, indem sie die leitende Größenidee ins Bewusstsein ruft und dadurch[25] ihre Wirksamkeit für das Handeln unmöglich macht. Dementsprechend soll in Folgendem gezeigt werden, dass nur die *unbewusste* leitende Persönlichkeitsidee das neurotische System ganz ermöglicht.[26]

I. Die Nichte einer Patientin kündigt im Geschäft den Dienst. [Die] Patient[in] ist besorgt, dass diese – obwohl sie sie früher sehr gering gewertet hatte – unersetzlich wäre. Sie jammert, dass sie nie fertig wird, zweifelt, ob sie die oder die Person anstellen solle. Der Mann ist unbrauchbar. Das Fräulein ist ein Papagei. Man hört heraus: »Nur ich, ich, ich!« – und: »Wenn ich nicht wäre! …«

Die Frau leidet an Platzangst. Das heißt: Sie kann nicht fortgehen. Ja, wie sollte sie denn fortgehen können, wenn sie sich immer »in die Auslage stellen muss«! Sie sichert sich durch die Platzangst, um zu Haus zu bleiben und ihre Unersetzlichkeit zu demonstrieren. Sie leidet an Schmerzen in den Beinen. Nimmt drei, vier, fünf Gramm Aspirin täglich. Des Nachts wacht sie oft vor Schmerzen auf, nimmt Pulver, denkt über geschäftliche Aufgaben nach, und dies mehrere Male in einer Nacht. Sie hat Schmerzen, um sogar in der Nacht an das Geschäft denken zu können[27]. Das überspannte Größenideal dieser Patientin, Mann, Königin, die Erste überall zu sein, kann nur wirksam werden, solange es unbewusst bleibt. Reminiszenzen aus der Kindheit, wie die Knaben es besser hätten, *[172]* decken sich mit ihrer heutigen Anschauung, dass die Frauen minderwertig seien[28].

---

22 *Erg. 1920:* und Klarstellung
23 *Erg. 1920:* des Seelenlebens
24 *Änd. 1924:* den Endzweck
25 *Änd. 1924:* durch Kritik
26 *Anm. Adlers:* Der Gegensatz zur Auffassung *Freuds* liegt klar zutage. Der Zusammenhang meines Befundes mit dem *Ganser*'schen Symptom bedarf noch der Erörterung. [Ganser-Syndrom: »Pseudodemenz«]   Der Zusammenhang *bis* Erörterung *] Ausl. 1920 Erg. 1924:* Tatsächlich beherrscht der Zwang zur Einheit der Persönlichkeit, also das fiktive Ziel, den Umfang des Bewussten wie des Unbewussten.
27 *Erg. 1924:* und die Aufmerksamkeit auf sich zu lenken
28 *Erg. 1930:* hat öfters Träume, in einem Königsschloss zu sein

II. Traum eines 26-jährigen Mädchens, die wegen Wutausbrüchen, Suizidgedanken, Weglaufen in Behandlung kam:
»Mir war, als ob ich verheiratet wäre. Mein Mann war ein schwarzer, mittelgroßer Herr. Ich sagte: Wenn du mir nicht hilfst, mein Ziel zu erreichen, so werde ich alle Mittel versuchen, auch gegen deinen Willen.«

Das der Patientin unbewusst gewesene Ziel aus der Kindheit war: sich in einen Mann zu verwandeln (siehe Kainos, Ovid)[29].

Dieses Ziel war in der Kindheit nicht unbewusst, wenngleich es für das kleine Mädchen nicht alles bedeutete, was wir in dieser Aufstellung sehen. Besser gesagt: Die psychologische und soziale Bedeutung konnte von dem Kind nicht mit voller Klarheit erfasst werden. Aber es äußerte sich in besonderer, übertriebener Wildheit, in nahezu zwangsmäßigem Antrieb, Knabenkleider anzulegen, Bäume hinaufzuklettern, in Kinderspielen die Rolle des Mannes zu wählen, Knaben – um das Prinzip der Metamorphose aufrechtzuerhalten – die weibliche Rolle zuzumessen.

Unsere Patientin war ein kluges Kind und erkannte bald ihre leitende Fiktion als unhaltbar. Da geschah zweierlei: 1. Sie kam zum Formenwandel der Fiktion, die nunmehr lautete: *Ich muss von allen verzärtelt werden!* Auf die Kraftlinie reduziert: Ich muss alle beherrschen, das Interesse aller auf mich ziehen. 2. Sie vergaß, verdrängte ihre ursprüngliche leitende Idee, *damit sie sie weiter behalten konnte.* – Dieser Kunstgriff der Psyche ist ungemein wichtig. Ich brauche kaum zu erwähnen, dass es sich nie dabei um die Verdrängung sexueller Regungen oder von »Komplexen« ins Unbewusste handelt, sondern immer nur um das Unbewusstwerden von Machtbestrebungen, die vom leitenden Persönlichkeitsideal abstammen, um Fiktionen, die in dessen Interesse so festgehalten werden müssen, dass sie einer bewussten Anwendung und somit einer Erprobung und Beeinträchtigung entzogen werden.[30] So sichert sich das Persönlichkeitsideal, um nicht aufgelöst zu werden, damit nicht die über alles erstrebte und lebensnotwendige Einheit der Persönlichkeit verloren gehe: *durch die Verschleierung seiner Fiktionen, indem es sie dem Bewusstsein entzieht!*[31]

---

29   *Erg. 1930:* um immer die Herrschende zu sein   Anm. Adlers: Diesen wertvollen Hinweis verdanke ich Herrn Professor *Oppenheim* in Wien. [Kainos, Caeneus oder Caenis, eine antike mythische Gestalt, ursprünglich eine Frau, die von Poseidon vergewaltigt wurde und dann von ihm zum Schutz vor neuer Vergewaltigung in einen Mann verwandelt wurde (Ovid, Metamorphosen, XII, 169–531).]

30   *Erg. 1930:* Auch die Verkleidung von Machtbestrebungen ins Sexuelle ist noch Oberflächenwirkung und Verheimlichung des tiefer liegenden Machtstrebens.

31   *Erg. 1924:* Die Technik der Verschleierung läuft darauf hinaus, die Voraussetzungen des Handelns nicht mit dem Verstande zu durchleuchten, weil das neurotische Handeln dem Patienten als unanfechtbar erscheint und ihm die neurotische Machtstellung sichert, während die unverstandene Voraussetzung seines Handelns ein schweres Minderwertigkeitsgefühl enthält.

III. Traum eines Patienten, der wegen Suizidversuchs, wegen Untauglichkeit und Ungeschicklichkeit, wegen sadistischer Fantasien und Perversionen, wegen Zwangsmasturbation und wegen Verfolgungsideen in meine Behandlung kam:

»Ich teilte meiner Tante mit, mit Frau P. sei ich jetzt fertig. Ich kenne alle ihre guten und schlechten Charakterzüge, und ich zählte sie auf. Die Tante erwiderte: Auf einen Zug hast du vergessen: auf die Herrschsucht.«

Die Tante ist eine schlagfertige, etwas sarkastische Frau. Frau P. hat mit dem Patienten ein Spiel getrieben, durch das sie ihn zur Raserei brachte. Sie zeigte ihm durch ihre Haltung, dass sie ihn gering schätze, und stieß ihn zurück, um ihn nach einiger Zeit wieder an sich zu ziehen. Für den Patienten überwogen natürlich die Demütigungen. Sie waren, *[173]* wie für die meisten Nervösen die Niederlagen, nur Anlässe, sich in diese Affäre zu verbeißen, um doch einen Umschwung herbeizuführen und zur Beherrschung der Situation zu kommen[32]. Das gereizte, gesteigerte Minderwertigkeitsgefühl sucht eine Überkompensation, und es ist ein typisch nervöser Zug, wie solche Patienten niemals von Menschen loskommen, die ihnen eine Niederlage bereitet haben. Das Verständnis dieses Charakters löst uns das ganze Geheimnis der Neurose[33].

In der Literatur werden ähnliche Züge als masochistisch gewertet. Ich habe in der Arbeit »Die psychische Behandlung der Trigeminusneuralgie« [Adler 1910f/2007a] diesen verwirrenden Irrtum bereits aufgeklärt. Man kann nur von pseudomasochistischen Zügen reden. Denn sie dienen in gleicher Weise wie der Sadismus dem Streben nach Überlegenheit, *scheinen nur gegensätzlich, ambivalent, solange man nicht weiß, dass beide Formen des Lebens gleichwertig nach dem gleichen Ziele streben.* Sie sind bloß für den Betrachter gegensätzlich, nicht aber für den Kranken, nicht aber in der Betrachtung vom Standpunkt eines richtig verstandenen neurotischen Lebensplanes aus.

[Der] Patient hatte seit jeher einen außerordentlich starken Hang zu einer analysierenden Welt- und Menschenbetrachtung. Wie so oft stammte dieser Zug aus einer starken Entwertungstendenz. Der analysierende Neurotiker handelt förmlich nach dem Schlagwort: Divide et impera![34] Er löst die oft reizvollen Zusammenhänge auf und erhält dann ein wertloses Gemenge von Schablonen. Ecce homo![35] Ist dies aber wirklich der Mensch? Eine wirkliche, lebendige Psyche?[36]

---

32 *Erg. 1924:* oder sich unnützerweise festzulegen   *Erg. 1930:* um andere Frauen auszuschalten
33 *Erg. 1930:* das »Ja – aber!« in seinem Wesen
34 [Lat.: »Teile und herrsche!« Ein politisches Prinzip, das schon im alten China bekannt war.]
35 [Ecce homo, Joh. 19,5 (Vulgata-Text): »Seht, welche ein Mensch!«]
36 *Erg. 1930:* Ist die schrullenhafte Antithetik, in die Bewusstsein gegen Unbewusstsein

Sarkastisch wie die Tante möchte [der] Patient selbst sein. Er hat aber nur den Treppenwitz und findet nie eine schlagfertige Antwort. Diese »zögernde Attitüde« verdankt er freilich seinem Lebensplan, der ihn zwingt, jede Antwort so zu geben, dass der »Gegner« – und jeder ist eigentlich sein Gegner – vernichtet ist, oder gar nicht oder so mangelhaft zu antworten, dass er und seine Angehörigen den Eindruck gewinnen, man müsse zart mit ihm umgehen, ihm in jeder Weise behilflich sein.

[Der] Patient stand am Tage, bevor er träumte, unter dem Eindruck einer Unterredung mit dem älteren Bruder, dem er sich nie gewachsen gefühlt hatte. Der Bruder versprach ihm, er wolle sich noch einmal für ihn bemühen und ihm zum letzten Male eine Stelle verschaffen. Solche Unternehmungen des stärkeren Bruders zum Scheitern zu bringen war aber gerade die Spezialität unseres Patienten gewesen. Und seine Behandlung wurde nötig, weil er einen Suizidversuch gemacht hatte, kurz nachdem er sich bei dem Bruder für die Erlangung einer Stelle bedankt hatte. – Als ihm der Bruder eines Tages wegen seiner schlechten Kleidung Vorwürfe machte, träumte er, er habe einen neuen Anzug an, den er mit Tinte übergossen hatte. Kennt man die psychische Situation eines Patienten, so sind auch seine Träume ohne viel Deutungsarbeit leicht verständlich. Wir sehen Gedanken und antizipierte Handlungen darauf abzielen, den Bruder um seine Geltung zu bringen, um seinen Einfluss, seine Leistungen hinterrücks und heimlich wieder aufzuheben. Dabei ist unser Patient ein gewaltiger Ethiker und Moralist[37].

Die gegen den Bruder gerichtete *Entwertungstendenz* arbeitet also verdeckt, sozusagen im Unbewussten. *Nichtsdestoweniger* [174] *leistet sie mehr als sie im Bewusstsein erreichen könnte*[38]!

Woher sie kam, ist leicht zu sagen: Sie ist ein Abkömmling der überspannten Größenidee des Patienten. Warum arbeitet sie im Unbewussten? *Damit sie überhaupt arbeiten kann!* Denn das Persönlichkeitsideal unseres Patienten würde durch ein derartiges *bewusst* herabsetzendes, beschimpfendes Wollen eine Beeinträchtigung erfahren, *der Patient würde sich minderwertig fühlen*. Deshalb der Umweg, deshalb die Charakterzüge der Unbeholfenheit und Ungeschicklichkeit, die Finessen und Raffinements ausgeübter Minderwertigkeit im Beruf und im Leben! Deshalb auch der Selbstmordversuch im äußersten Fall und die heimliche Drohung mit demselben, um den Druck gegen den Bruder zu verstärken! Um dessen Anspannung zu erhöhen, um ihn um die erhofften Früchte seiner Bemühungen zu bringen!

Daraus leiten wir den praktisch ungemein wichtigen Satz ab: Wir können das neurotische Handeln so betrachten, als ob es wie im Bewussten *einem*

---

gesetzt ist, nicht der Ausdruck kindlicher Denkungsweise?
37 *Erg. 1930:* was ihn wieder über den Bruder hinaushebt
38 *Erg. 1920:* weil der Einspruch des Gemeinschaftsgefühls unmöglich wird

Ziel gehorchte.[39] Und wir können vorläufig abschließend behaupten: *Die Unbewusstheit einer Fiktion*, eines moralisierenden Erlebnisses oder einer Erinnerung kommt als ein Kunstgriff der Psyche zustande, wenn das Persönlichkeitsgefühl und die Einheit der Persönlichkeit durch das Bewusstwerden derselben bedroht wäre.

»Auf die Herrschsucht nicht vergessen!«, lautet *mein* Warnungsruf an den Patienten. Ich werde im Traum mit der Tante in eine Linie gestellt, so wie der Bruder mit der Frau P., die immer überlegen war. Diese Verweiblichung von zwei Männern geschieht unter dem gleichen Impuls der Entwertung, von der oben die Rede war. Aber der Patient ermahnt sich im Traume bereits, durch die Worte der Tante, das heißt durch meine Worte, was bisher meine Aufgabe war, ja die wichtigste Aufgabe des Psychotherapeuten überhaupt ist. Man sieht das derzeitige Stadium der Neurose: Die durch den Bruder erlittene Herabsetzung beantwortet er durch Entwertung des Bruders. Da ruft er sich zur Ordnung, wie ich es sonst getan habe.

Am nächsten Tage schrieb er an die Schwester einen Brief, den er zu schreiben gezögert hatte. Er beschwert sich zum ersten Male offen über die Arroganz des Bruders. Zum Schlusse fügte er allerdings hinzu, sie möge den Brief geheim halten. Der offene Kampf scheint ihm noch zu schwer, weil er die heimliche Herrschsucht des Patienten enthüllen würde.

---

39 Anm. *Adlers 1920*: Diese Betrachtung stützt sich vor allem auf die Erkenntnis, dass der Patient teleologisch vorgehen muss.

6. Traum und Traumdeutung (1913)

Editorische Hinweise
Erstveröffentlichung:
1913j: Zentralblatt für Psychoanalyse 3, S. 574–583
1912i: Wörtlicher Vorabdruck: Österreichische Ärzte-Zeitung, Jg. 1913, Nr. 7, S. 113b–115b, Nr. 8, S. 132a–133b
Neuauflagen:
1920: Praxis und Theorie der Individualpsychologie, S. 149–157
1924: Praxis und Theorie der Individualpsychologie, S. 153–161
1927: Praxis und Theorie der Individualpsychologie, S. 153–161
1930: Praxis und Theorie der Individualpsychologie, S. 146–155
Letztveröffentlichung:
1974: Praxis und Theorie der Individualpsychologie, S. 221–233. Hg. von Wolfgang Metzger

Eine Notiz in der Österreichischen Ärzte-Zeitung vermerkt, der Artikel gehe auf einen Vortrag vom September 1912 zurück. Hier wird die Fassung aus dem Zentralblatt für Psychoanalyse wiedergegeben.

In diesem Beitrag verwendet Adler den Ausdruck »Persönlichkeitsideal« zum letzten Mal; er ersetzt ihn durch Ziel, Endziel, fiktives Ziel.

Die berühmten Traumdeutungen der Geschichte sollten immer schon einen Blick in die Zukunft ermöglichen. Adler stellt die Frage, ob dies möglich ist, und antwortet mit grundsätzlichen Überlegungen über das menschliche Handeln: Wir könnten nicht handeln, wenn nicht die künftige Gestaltung der Dinge uns anspornen würde oder ausweichen ließe. Einerseits handeln wir so, als ob wir die Zukunft sicher vorauswüssten, andererseits kämen wir nicht zum Handeln, wenn wir mit unserem Wissen des Gegenwärtigen die Zukunft erfassen wollten; denn unser Abwägen wäre ein Hemmnis (Zweifelsucht, Grübelzwang). Folglich muss unser vermeintliches Wissen von der Zukunft im Unbewussten gehalten, dem Verständnis und der bewussten Kritik entzogen werden. Während Adler in einer Anmerkung die Funktion des Zweifels darin sieht, einer Entscheidung auszuweichen, ergänzt er 1924, dass für den Individualpsychologen der Zweifel ein unzweifelhaftes Nein bedeutet.

Diese Thesen werden unter anderem durch den Traum des Dichters Simonides und den »Napoleon-Traum« einer Patientin veranschaulicht.

Die Veränderungen stammen von 1920 (14), 1924 (11), 1930 (21). 1920 ergänzt Adler, dass der Traum, wie Charakter, Fühlen, Affekt, nervöses Symptom, durch die »Endabsicht« des Träumers arrangiert ist. 1924 sieht Adler den Kranken als Arrangeur seines Leidens, 1930 betont er das damit verbundene Training. Außerdem fragt er 1930, ob nicht das Erraten bzw. die Intuition im menschlichen Leben eine viel wichtigere Rolle spiele, als die Kritiker annehmen.

Traum und Traumdeutung

Ein uraltes Problem[1], das bis an die Völkerwiege zurückzuverfolgen ist. Narren und Weise haben sich daran versucht, Könige und Bettler wollten die Grenzen ihres Welterkennens durch Traumdeutung erweitern. Wie entsteht ein Traum? Was ist seine Leistung? Wie kann man seine Hieroglyphen lesen?[2]

Ägypter, Chaldäer, Juden, Griechen, Römer und Germanen lauschten der Runensprache des Traumes; in ihren Mythen und Dichtwerken sind vielfach die Spuren ihres angestrengten Suchens nach einem Verständnis des Traumes, nach seiner Deutung eingegraben. Immer wieder wie eine bannende Gewalt scheint es auf allen Gehirnen zu liegen: Der Traum kann die Zukunft enthüllen! Die berühmten Traumdeutungen der Bibel, des Talmud, Herodots, Artemidorus, Ciceros, des Nibelungenliedes drücken mit unzweifelhafter Sicherheit die Überzeugung aus: Der Traum ist ein Blick in die Zukunft! Und alles Sinnen geht den Weg, wie man es wohl anfinge, den Traum richtig zu deuten, um Zukünftiges zu erspähen. Selbst bis auf den heutigen Tag wird der Gedanke, Unwissbares erfahren zu wollen, regelmäßig mit dem Nachdenken über einen Traum in Verbindung gebracht. Dass unsere rationalistisch denkende Zeit äußerlich ein solches Streben verwarf, die Zukunft entschleiern zu wollen, es verlachte, ist nur zu begreiflich, machte es auch aus, dass die Beschäftigung mit den Fragen des Traumes den Forscher leicht mit dem Fluch der Lächerlichkeit behaften konnte.

Nun soll vor allem, um den Kampfplatz abzustecken, hervorgehoben werden, dass der Autor keineswegs auf dem Standpunkt steht, der Traum sei eine prophetische Eingebung und könne die Zukunft oder sonst Unwissbares er-

---

1 *Änd. 1924:* Die von uns geübte Traumdeutung hat den Zweck, dem Kranken seine Vorbereitungen *[Erg. 1930: und sein nächtliches Training]* zu zeigen, die ihn meist als Arrangeur seines Leidens entlarven, ihm zu demonstrieren, wie er, angelehnt an Gleichnisse und *[Erg. 1930: tendenziös ausgewählte]* Episoden, vorliegende Probleme von jener Seite zu erfassen sucht, die ihm die Auswirkung seines individuellen, schon vorher durch sein fiktives Ziel bestimmten Strebens gestattet. Dabei beobachten wir stets eine Korrumpierung der Logik *[Erg. 1930: des Common Sense]*, bei der zuweilen sogar Argumente aus der Luft gegriffen werden. *[Erg. 1930: In konsequenter Weiterbildung unserer Traumlehre kamen wir zu Ergebnissen, die im VI. Jahrgang der Internationalen Zeitschrift für Individualpsychologie« als »Fortschritte der Traumlehre« veröffentlicht sind.]* Wir finden uns einem uralten Problem gegenüber

2 *Erg. 1930:* Was ist seine Absicht? Sein Zweck?

schließen. Vielmehr lehrt ihn seine umfängliche Beschäftigung mit Träumen nur das eine, dass auch der Traum wie jede andere Erscheinung des Seelenlebens mit den gegebenen Kräften des Individuums zustande gebracht wird. Aber im gleichen Augenblick taucht da eine Frage auf, die uns darüber belehrt, dass die Perspektive auf die Möglichkeit prophetischer Träume gar nicht einfach zu stellen war, dass sie viel mehr verwirrend als klärend zu wirken imstande ist. Und diese Frage lautet in ihrer ganzen Schwierigkeit: Ist es denn für den [575] menschlichen Geist wirklich ausgeschlossen, in einer bestimmten Begrenztheit in die Zukunft zu blicken[3]?

Unbefangene Beobachtung gibt uns da sonderbare Lehren. Stellt man diese Frage unverblümt, so wird der Mensch sie in der Regel verneinen. Aber kümmern wir uns einmal nicht um Worte und Gedanken, die sich sprachlich äußern. Fragen wir die anderen körperlichen Teile, rufen wir seine Bewegungen, seine Haltung, seine Handlungen an, dann erhalten wir einen ganz anderen Eindruck. Obwohl wir es ablehnen, in die Zukunft blicken zu können, ist unsere ganze Lebensführung derart, dass sie uns verrät, wie wir mit Sicherheit zukünftige Tatsachen vorauswissen[4] wollen. Unser Handeln weist deutlich darauf hin, dass wir – right or wrong – unser Wissen von der Zukunft festhalten. Noch mehr! Es lässt sich leicht beweisen, dass wir nicht einmal handeln könnten, wenn nicht die zukünftige Gestaltung der Dinge – von uns gewollt oder gefürchtet – in uns die Richtung und den Ansporn, die Ausweichung und das Hindernis gäbe. *Wir handeln ununterbrochen so, als ob wir die Zukunft sicher vorauswüssten, obwohl wir verstehen, dass wir nichts wissen können.*

Gehen wir von den Kleinigkeiten des Lebens aus. Wenn ich mir etwas anschaffe, habe ich das Vorgefühl, den Vorgeschmack, die Vorfreude. Oft ist es nur dieser feste Glaube an eine vorausempfundene Situation mit ihren Annehmlichkeiten oder Leiden, der mich handeln oder stocken lässt. Dass ich mich irren kann, darf mich nicht behindern. Oder ich lasse mich abhalten, *um im erwachenden Zweifel*[5] zwei mögliche künftige Situationen vorauszuerwägen, ohne zur Entscheidung zu kommen. Wenn ich heute zu Bette gehe, weiß

---

3   *Erg. 1924:* wenn er selbst bei der Gestaltung dieser Zukunft die Hand im Spiele hat
    Erg. 1930: Spielt nicht das Erraten im menschlichen Leben, das man auch hochtrabend »Intuition« nennen mag, eine viel wichtigere Rolle als unbelehrte Kritiker annehmen?

4   *Erg. 1930:* erraten

5   *Anm. Adlers:* Die Funktion des Zweifels im Leben wie in der Neurose ist, wie ich zeigen konnte, immer: eine Aggressionshemmung durchzuführen, einer Entscheidung auszuweichen, und dies der eigenen Kritik zu verbergen. *[Erg. 1924:* Für den Individualpsychologen, der »den Leuten nicht aufs Maul, sondern auf die Fäuste sieht«, bedeutet der Zweifel ein unzweifelhaftes Nein!*]* Siehe »Zur Rolle des Unbewussten« [Adler 1913h, S. 103].

ich nicht, dass es morgen Tag sein wird, wenn ich erwache –, aber ich richte mich danach.

Weiß ich es denn wirklich? So etwa, wie ich weiß, dass ich jetzt vor Ihnen stehe und rede? Nein, es ist ein ganz anderes Wissen, in meinem bewussten Denken ist es nicht zu finden, aber in meiner körperlichen Haltung, in meinen Anordnungen sind seine Spuren deutlich eingegraben. Der russische Forscher *Pawlow* konnte zeigen, dass Tiere, wenn sie eine bestimmte Speise *erwarten,* im Magen beispielsweise die entsprechenden, zur Verdauung nötigen Stoffe ausscheiden, als ob der Magen vorauswüsste, welche Speise er empfangen wird. Das heißt aber, dass unser Körper in gleicher Weise mit einer Art Kenntnis der Zukunft rechnen muss, wenn er genügen, handeln will, dass er Vorbereitungen trifft, als ob er die Zukunft vorauswüsste. Auch in letzterem Falle ist diese Berechnung der Zukunft dem bewussten Wissen fremd. Aber überlegen wir einmal! Kämen wir denn zum Handeln, wenn wir *mit unserem Bewusstsein* die Zukunft erfassen sollten? Wäre nicht die Überlegung, die Kritik, ein fortwährendes Erwägen des Für und Wider ein unüberwindlicher Hemmschuh für das, was wir eigentlich nötig haben, das Handeln? *Folglich muss unser vermeintliches Wissen von der Zukunft im Unbewussten gehalten*[6] *werden.* Es gibt einen Zustand krankhafter Seelenverfassung – er [576] ist weit verbreitet und kann sich in den verschiedensten Graden darstellen, die Zweifelsucht, der Grübelzwang, folie de doute –, wo tatsächlich die innere Not den Patienten antreibt, in allem *den einzig richtigen Weg* zur Sicherung seiner Größe, seines Persönlichkeitsgefühls zu suchen. Die peinliche Untersuchung des eigenen zukünftigen Schicksals hebt dessen Unsicherheit so weit hervor, das Vorausdenken wird so weit bewusst, dass ein Rückschlag erfolgt: Die Unmöglichkeit, die Zukunft bewusst und sicher zu erfassen, erfüllt den Patienten mit Unsicherheit und Zweifel, und jede seiner Handlungen wird gestört durch eine anders gerichtete Erwägung. – Den Gegensatz bildet der ausbrechende Größenwahn[7], wo ein heimliches, sonst unbewusstes Ziel der Zukunft machtvoll hervorsticht und die Realität vergewaltigt[8].

Dass das bewusste Denken im Traume eine geringere Rolle spielt, bedarf keines Erweises. Ebenso schweigt die Kritik[9] der nunmehr schlafenden Sinnesorgane[10]. Wäre es undenkbar, dass nun die Erwartungen, Wünsche, Be-

---

6 *Erg. 1924:* dem Verständnis und der bewussten Kritik entzogen
7 *Erg. 1930:* die Manie
8 *Erg. 1920:* und das Bewusstsein mit böser Absicht zu unwiderstehlichen *[Änd. 1930:* unmöglichen*]* Annahmen verlockt, um das leidende Selbstbewusstsein vor Fehlschlägen bei der Mitarbeit in der Gemeinschaft zu sichern
9 *Erg. 1920:* und der Widerspruch
10 *Erg. 1930:* zum großen Teil

fürchtungen, die sich an die gegenwärtige Situation des Träumenden knüpfen[11], unverhüllter im Traume zutage treten?

Ein Patient, der an schwerer Tabes[12] erkrankt war, dessen Bewegungsfähigkeit und Sensibilität stark eingeschränkt war, der ferner durch die Krankheit blind und taub geworden war, war ins Krankenhaus gebracht worden. Da es keine Möglichkeit gab, sich mit ihm zu verständigen, muss seine Situation wohl eine höchst sonderbare gewesen sein. Als ich ihn sah, schrie er unaufhörlich nach Bier und belegte irgendeine Anna mit unflätigen Schimpfworten. Sein unmittelbares Streben sowie die Art der Durchsetzung desselben war ziemlich ungebrochen. Denkt man sich aber eines der Sinnesorgane funktionierend, so ist es klar, dass nicht bloß seine Äußerungen, sondern auch seine Gedankengänge ganz anders[13] verlaufen wären. Der Ausfall der Funktion der abtastenden Sinnesorgane im Schlafe macht sich demnach in mehrfacher Richtung geltend: in einer Verrückung des Schauplatzes[14] vor allem, ferner auch in einem hemmungsloseren *Hervortreten des Zieles*. Letzteres führt mit Notwendigkeit dem wachen Leben gegenüber zu Verstärkungen und Unterstreichungen des Wollens,[15] zu analogischen,[16] aber schärferen Ausprägungen und Übertreibungen, die allerdings wieder infolge der Vorsicht des Träumers von Einschränkungen oder Hemmungen begleitet sein können. Auch *Havelock Ellis* (»Die Welt der Träume« [1911]), der andere Erklärungsgründe anführt, hebt diesen Umstand hervor. – Von anderen Standpunkten aus kann man in obigem Falle, ebenso wie bei den Träumen[17], verstehen, dass erst die Einfühlung in die reale Situation zur »*Rationalisierung*«[18] *(Nietzsche)* und zur »logischen Interpretation« zwingt.

Immerhin ist die Richtung des[19] Handelns, *die vorbauende, voraussehende Funktion des Traumes* immer deutlich erkennbar;[20] sie deutet *die Vorbereitungen entsprechend der Lebenslinie*[21] *des Träumers einer aktuellen Schwierig-*

---

11 an *bis* knüpfen] Änd. 1930: vom Kern der Persönlichkeit bis an die gegenwärtige Situation des Träumers erstrecken
12 [Schwindsucht; Tabes dorsalis: Rückenmarksschwindsucht als Folge der Syphillis]
13 *Erg. 1924:* durch seine Situation korrigiert
14 *Erg. 1924:* in die uferlose Fantasie
15 *Erg. 1920:* inhaltlich
16 *Erg. 1930:* selbstbetrügerischen
17 *Änd. 1924:* der Untersuchung der Träume
18 *Erg. 1924:* des Endzieles
19 *Erg. 1924:* individuellen
20 *Anm. Adlers:* Zuerst geschildert im »Aggressionstrieb« [Adler 1908b/2007a], in der »Psychischen Behandlung der Trigeminusneuralgie« [Adler 1910f/2007a], im »Beitrag zur Lehre vom Widerstand« [Adler 1911d/2007a], in der »Syphilidophobie« [Adler, 1911f/2009a] und in »Über den nervösen Charakter« [Adler 1912a/2008a].
21 *Erg. 1930:* nicht des Common Sense

keit gegenüber an, und lässt niemals die Sicherungsabsicht ver*[577]*missen. Versuchen wir diese Linien an einem Beispiel zu verfolgen. Eine Patientin mit schwerer *Platzangst*, die an einer Hämoptoe[22] erkrankt war, träumte, als sie im Bette lag und ihrem Beruf als Geschäftsfrau nicht nachgehen konnte: »Ich trete ins Geschäft und sehe, wie die Mädchen Karten spielen.«

In allen meinen Fällen von Platzangst fand ich dieses Symptom als ein vorzüglich geeignetes Mittel, anderen, der Umgebung, den Verwandten, dem Ehegenossen, den Angestellten, Pflichten aufzuerlegen und ihnen *wie ein Kaiser und Gott* Gesetze zu geben. Unter anderem geschieht dies dadurch, dass die Abwesenheit oder Entfernung gewisser Personen durch Angstanfälle, aber auch durch Übelkeit oder Erbrechen verhindert wird.[23] Mir taucht jedes Mal bei diesen Fällen die Wesensverwandtheit mit dem gefangenen Papst, dem *Stellvertreter Gottes*, auf, der gerade durch den Verzicht auf seine eigene Freiheit die Verehrung der Gläubigen steigert, ferner auch alle Potentaten zwingt, zu ihm zu kommen (»Der Gang nach Canossa«[24]), ohne dass sie auf einen Gegenbesuch rechnen dürfen. Der Traum fällt in eine Zeit, als dieses Kräftespiel schon offen zutage lag. Seine Interpretation liegt auf der Hand. Die Träumerin versetzt sich in eine künftige Situation, in der sie bereits aufstehen kann und nach Gesetzesübertretungen fahndet. Ihr ganzes Seelenleben ist durchtränkt von der Überzeugung, dass ohne sie nichts in Ordnung geschehen könne. Diese Überzeugung verficht sie auch sonst immer im Leben, *setzt jeden herab und bessert mit unheimlicher Pedanterie alles aus*. Ihr immer waches Misstrauen sucht stets, bei anderen Fehler zu entdecken. Und sie ist derart mit entsprechenden Erfahrungen in der Richtung des Misstrauens gesättigt, dass sie scharfsinniger als andere manches von den Fehlern anderer errät. O, sie weiß genau, was Angestellte treiben, wenn man sie allein lässt! Sie weiß ja auch, was die Männer anstellen, sobald sie allein sind. Denn »alle Männer sind gleich!«.[25]

Sie wird ohne Zweifel nach der Art ihrer Vorbereitung, sobald sie[26] genesen ist, eine große Anzahl von Versäumnissen im Laden, der an die Wohnung grenzt, entdecken. Vielleicht auch, dass Kartenspiele gespielt wurden. Am Tag nach dem Traume aber befahl sie dem Stubenmädchen unter Vorwänden, ihr

---

22 [Hämoptoe: Husten mit blutigem Auswurf]
23 *Anm. Adlers:* Vgl. *Adler,* »Beiträge zum organischen Substrat der Neurosen« [Adler 1912h/2007a] und einen Ausschnitt aus der Krankengeschichte der obigen Patientin in »Zur Rolle des Unbewussten« [Adler 1913h, S. 103].
24 [Gang nach Canossa: Italienzug (und »Bittgang«) König Heinrichs IV. von Speyer zu Papst Gregor VII. auf der Burg Canossa 1076 mit dem Anliegen, vom Kirchenbann befreit zu werden.]
25 *Erg. 1920:* Weshalb auch ihr Mann stets im Hause bleiben muss.
26 *Erg. 1920:* von ihrem Lungenleiden

die Spielkarten zu bringen, ließ auch die angestellten Mädchen häufig an ihr Bett rufen, um ihnen immer wieder neue Aufträge zu geben und um sie zu überwachen. – Um die dunkle Zukunft zu erhellen, braucht sie bloß im Wissen des Schlafes, entsprechend ihrem überspannten *Ziel nach Überlegenheit*, passende Analogien aufzustöbern, die Fiktion von der auch in der Einzelerfahrung zutage tretenden *Wiederkehr des Gleichen*[27] prinzipiell und wörtlich zu nehmen. Und um schließlich nach ihrer Genesung recht zu behalten, war ja nur nötig, das Maß ihrer Anforderungen höher zu stellen. Fehler und Versäumnisse mussten dann wohl offenkundig werden. *[578]* Als ein weiteres Beispiel der Traumdeutung möchte ich jenen aus dem Altertum von Cicero[28] überlieferten Traum des Dichters Simonides benützen, an welchem ich schon früher einmal (»Zur Lehre vom Widerstand« [1911d/2007a]) ein Stück meiner Traumtheorie entwickelt habe. Eines Nachts, kurz vor einer Reise nach Kleinasien, träumte Simonides, »ein Toter, den er einst pietätvoll begraben hatte, warne ihn vor dieser Reise«. Nach diesem Traume brach Simonides seine Reisevorbereitungen ab und blieb zu Hause. Nach unserer Erfahrung in der Traumkenntnis dürfen wir annehmen, dass Simonides diese Reise gescheut habe. Und *er verwendete den Toten*[29], der ihm verpflichtet schien, um sich mit den Schauern des Grabes, mit Vorahnungen eines schrecklichen Endes dieser Reise *zu schrecken und zu sichern*. Nach der Mitteilung des Erzählers soll das Schiff untergegangen sein, ein Ergebnis, das dem Träumer in Analogie mit anderen Unglücksfällen längere Zeit vorgeschwebt haben mag. Wäre übrigens das Schiff glücklich angelangt, wer hätte abergläubische Gemüter gehindert,

---

27 Anm. Adlers: Die genauere Kenntnis dieser »Fiktion des Gleichen«, einer der wichtigsten Voraussetzungen des Denkens überhaupt und des Kausalitätsprinzips, verdanke ich meinem Freunde und Mitarbeiter A. Häutler. Siehe »Fiktionen des Denkens« (Zentralblatt f. Psychoanalyse. Im Erscheinen) [Der Aufsatz ist im Zentralblatt für Psychoanalyse nicht erschienen.]

28 [Cicero, De divinatione, I,27]

29 Anm. Adlers: Über die Verwendung solcher bereitgestellter, Affekt auslösender Erinnerungsbilder, *die eben den Zweck haben [Änd. 1920: bekommen]*, Affekte und deren Folgen, vorsichtige Haltungen, aber auch Ekel, Übelkeit, Angst, Furcht vor dem geschlechtlichen Partner, Ohnmacht und andere neurotische Symptome hervorzurufen, wird noch ausführlich abzuhandeln sein. Vieles davon habe ich im »Nervösen Charakter« [Adler 1912a/2008a] als Gleichnis (z. B. als Inzestgleichnis, als Verbrechensgleichnis, als Gottähnlichkeit, als Größen- und Kleinheitswahn) auflösen können oder als »Junktim« beschrieben. Soweit mir bekannt, ist nur Herr Professor Hamburger zu annähernd ähnlichen Anschauungen gekommen. Eine ausführliche Schilderung dieser neurotischen Arrangements erschien in »Individualpsychologische Behandlung der Neurosen« [Adler 1913a, S. 59]. [Zu Franz Hamburger siehe Alfred Adler Studienausgabe, Bd. 2, S. 345 f.]

bestimmt anzunehmen, es wäre doch untergegangen, wenn Simonides der warnenden Stimme kein Gehör geschenkt hätte und mitgefahren wäre?[30]

Wir sehen demnach zwei Arten von Versuchen, im Traume vorauszudeuten, ein Problem zu lösen, das anzubahnen, was der Träumer in einer Situation will. Und er wird es auf Wegen versuchen, die seiner Persönlichkeit, seinem Wesen und Charakter angemessen sind. Der Traum kann eine der in der Zukunft erwarteten Situationen als bereits gegeben darstellen (Traum der Patientin mit Platzangst), um im Wachen das Arrangement dieser Situation hinterher heimlich oder offen durchzuführen. Der Dichter Simonides verwendet ein altes Erlebnis, offenbar um nicht zu fahren. Halten Sie hier fest daran, dass es ein Erlebnis des Träumers ist, seine eigene Auffassung von der Macht der Toten, seine eigene Situation, in der ihm ein Entschluss nottut, zu reisen oder zu bleiben – erwägen Sie alle Möglichkeiten, dann drängt sich unweigerlich der Eindruck auf, Simonides träumte diesen Traum[31], um sich einen Wink zu geben, um sicher und ohne Schwanken zu Hause zu bleiben. Wir dürfen wohl annehmen, dass unser Dichter, auch ohne diesen Traum geträumt zu haben, zu Hause geblieben wäre. Und unsere Patientin mit der Platzangst? Warum träumt sie von der Nachlässigkeit und Unordentlichkeit ihres Personals? Hört man daraus nicht deutlich die Fortsetzung: »Wenn *ich* nicht dabei bin, geht alles drunter und drüber, und wenn ich wieder gesund bin und die Zügel in die Hand nehme, werde ich schon allen zeigen, dass es ohne mich nicht geht.« Wir dürfen demnach erwarten, dass diese Frau bei ihrem ersten Erscheinen im Geschäfte allerlei Entdeckungen von Pflichtvergessenheit, von Nachlässigkeiten machen wird, *[579]* denn sie wird ja mit Argusaugen[32] zusehen, um ihrer Idee von ihrer Überlegenheit gerecht zu werden. Sie wird sicherlich recht behalten – und hat demnach im Traum die Zukunft vorausgesehen.[33]

Ich muss nun eine Erörterung einschalten, um einem Einwand zu begegnen,

---

30 *Erg. 1924:* Ein bekannter Schriftdeuter warnt, wie mir von mehreren darüber erkrankten Patienten bekannt wurde, seine Klienten vor einem drohenden Selbstmord. Welch billige Prophetengabe! Bringen sie sich um, so behält er Recht, bleiben sie am Leben, so gilt es als Nutzeffekt seiner Warnung und er behält abermals Recht.

31 *Erg. 1930:* und wählte unter tausend anderen gerade dieses Bild aus

32 [Griech. Mythologie: Göttin Hera ließ die Io, die Geliebte des Zeus, vom Riesen Argus mit seinen 100 Augen vergeblich bewachen, um den Ehebruch zu verhindern.]

33 *Anm. Adlers:* Es lässt sich leicht erraten, dass Simonides, der als Dichter *nach der Unsterblichkeit zielte,* diesem Traum gemäß durch Todesfurcht konstelliert war, während die Patientin mit Platzangst das fiktive Ziel eines Herrschertums, ein Königinnenideal verfolgte. Vgl. für Ersteres auch »Individualpsychologische Ergebnisse über Schlaflosigkeit« [Adler 1913d, S. 92], wo unter anderem die Beziehung kindlicher Todesfurcht zum ärztlichen Beruf hervorgehoben ist. *Erg. 1920:* Der Traum ist demnach wie der Charakter *[Erg. 1930: das Fühlen],* der Affekt, das nervöse Symptom durch die Endabsicht des Träumers arrangiert.

der gewiss schon vielen auf der Zunge sitzt. Wie will ich es denn erklären, dass der Traum auf die zukünftige Gestaltung der Dinge Einfluss zu nehmen sucht, wo doch die meisten unserer Träume unverständliches, oft albern scheinendes Zeug vorstellen? Die Wichtigkeit dieses Einwandes leuchtet so sehr ein, dass die meisten der Autoren das Wesentliche des Traumes in diesen bizarren, unorientierten, unverständlichen Erscheinungen gesucht haben, diese zu erklären trachteten oder, auf die Unverständlichkeit des Traumlebens gestützt, dessen Bedeutsamkeit geleugnet haben. *Scherner*[34] insbesondere von den neueren Autoren, und *Freud* haben das Verdienst, eine Deutung der Rätsel des Traumes versucht zu haben. Letzterer hat, um seine Traumtheorie zu stützen, nach welcher der Traum sozusagen ein Schwelgen in kindlichen, unerfüllt gebliebenen, sexuellen Wünschen[35] vorstellen sollte, in dieser Unverständlichkeit eine tendenziöse Entstellung gesucht, als ob der Träumer, ungehindert von seinen kulturellen Schranken, dennoch verbotene Wünsche in der Fantasie befriedigen wollte. Diese Auffassung ist heute ebenso unhaltbar geworden wie die Anschauung von der sexuellen Grundlage der Nervenkrankheiten oder unseres Kulturlebens. Die scheinbare Unverständlichkeit des Traumes erklärt sich vor allem aus dem Umstande, *dass der Traum kein Mittel ist*, um die zukünftige Situation zu erhaschen, sondern bloß eine begleitende Erscheinung, eine Spiegelung von Kräften, eine Spur und ein Beweis davon, dass Körper und Geist einen Versuch des Vorausdenkens[36] unternommen haben, um der Persönlichkeit[37] des Träumenden gerecht zu werden im Hinblick auf eine bevorstehende Schwierigkeit. Eine gedankliche Mitbewegung also, in ähnlicher Richtung verlaufend wie der Charakter und wie das Wesen der Persönlichkeit es verlangen, in schwer verständlicher Sprache, die, wo man sie versteht, nicht deutlich redet, aber andeutet, wohin der Weg geht. – So notwendig die Verständlichkeit unseres wachen Denkens und Redens ist, weil sie die Handlung vorbereiten, so überflüssig ist sie zumeist im Traume, der etwa dem Rauch des Feuers zu vergleichen ist und nur zeigt, wohin der Wind geht.

Anderseits kann uns aber der Rauch verraten, dass es irgendwo Feuer gibt. Und zweitens kann uns die Erfahrung darüber belehren, an dem Rauch über das Holz Aufschluss zu gewinnen, das da brennt.

Zerlegt man einen Traum, der unverständlich erscheint, in seine Bestandteile und kann man von dem Träumer in Erfahrung bringen, was diese einzelnen Teile für ihn bedeuten, so muss sich bei einigem Fleiß und Scharfsinn der Eindruck ergeben, dass hinter dem Traum *[580]* Kräfte im Spiel waren,

---

34 [Wahrscheinlich Karl Albert Scherner, Entdeckungen auf dem Gebiet der Seele. Buch I: Das Leben des Traums. Berlin: Verlag Heinrich Schindler 1861]
35 *Erg. 1930:* später in Todeswünschen
36 *Erg. 1920:* Voraustastens
37 *Erg. 1930:* nicht dem Common Sense entsprechend

die nach einer bestimmten Richtung streben. Diese Richtung wird auch sonst im Leben dieses Menschen festgehalten erscheinen und ist durch sein Persönlichkeitsideal bestimmt, durch die von ihm als drückend empfundenen Schwierigkeiten und Mängel. Man erhält also durch diese Betrachtung, die wir wohl eine künstlerische nennen dürfen, die Lebenslinie des Menschen oder einen Teil derselben. Wir sehen seinen unbewussten Lebensplan, nach welchem er der Anspannungen des Lebens und seiner Unsicherheit Herr zu werden strebt. Wir sehen auch die Umwege, die er macht, um des Gefühls der Sicherheit wegen und um einer Niederlage auszuweichen. Und wir können den Traum ebenso wie jede andere seelische Erscheinung, wie das Leben eines Menschen selbst dazu benützen, um über seine Stellung in der Welt und zu den anderen Menschen Aufschlüsse zu erhalten. – *Im Traum erfolgt die Darstellung aller Durchgangspunkte des Vorausdenkens*[38] *mit den Mitteln der persönlichen Erfahrung*[39].

Dies führt uns zu einem weiteren Verständnis der anfänglich unverständlichen Einzelheiten in dem Aufbau des Traumes. Der Traum greift selten – und auch dann ist dies wieder durch einen besonderen Charakter des Träumenden bedingt – zu einer Darstellung, in der letzte Ereignisse, letzte Bilder[40] auftauchen. Sondern zur Lösung einer schwebenden Frage klingen einfachere, abstraktere, kindlichere Gleichnisse an, häufig an ausdrucksvollere, dichterische Bilder gemahnend. So wird etwa eine drohende Entscheidung durch eine bevorstehende Schulprüfung ersetzt, ein starker Gegner durch einen älteren Bruder, der Gedanke an einen Sieg durch einen Flug in die Höhe, eine Gefahr durch einen Abgrund[41]. Affekte, die in den Traum hineinspielen, stammen immer aus der Vorbereitung und aus dem Vorausdenken, aus der Sicherung für das wirklich bevorstehende Problem.[42] Die Einfachheit der Traumszenen – einfach gegenüber den verwickelten Situationen des Lebens – entspricht nur vollkommen den Versuchen des Träumers, unter Ausschaltung der verwirrenden Vielheit der Kräfte, in einer Situation dadurch einen Ausweg zu finden, dass er es unternimmt, eine Leitlinie zu verfolgen nach Ähnlichkeit der einfachsten Verhältnisse. So wie etwa ein Lehrer den Schüler fragt, der einer Frage nicht gewachsen ist, der sich zum Beispiel keinen Rat weiß, was er bezüglich der Fortpflanzung der Kraft zu antworten hätte: »Was geschieht, wenn Ihnen jemand einen Stoß gibt?« Käme zu dieser letzten Frage ein Frem-

---

38 *Erg. 1920:* nach einem vorherbestimmten Ziele *[Erg. 1930: des Lebensstils]*
39 *Erg. 1930:* unter Anwendung eines trügerischen Gleichnisses
40 *Änd. 1920:* Bilder der Gegenwart
41 *Erg. 1920:* oder durch einen Fall
42 *Anm. Adlers:* Verstärken sich aber tendenziös aus dem Traumbild, wenn dies *[Erg. 1920:* zur Sicherung   *Erg. 1930: des Lebensstils]* erforderlich ist. [Diese Anm. war in der Vorveröffentlichung (in der Österr. Ärzte-Zeitung) noch nicht enthalten.]

der ins Zimmer, er würde den fragenden Lehrer mit dem gleichen Unverständnis betrachten, wie wir es tun, wenn man uns einen Traum erzählt.

Drittens aber hängt die Unverständlichkeit des Traumes mit dem zuerst erörterten Problem zusammen, bei welchem wir gesehen haben, dass zur Sicherheit des Handelns eine ins Unbewusste versenkte Anschauung von der Zukunft gehört. Diese Grundanschauung über das menschliche Denken und Handeln, derzufolge eine unbewusste Leitlinie zu einem im Unbewussten liegenden Persönlichkeitsideal führt, habe ich in meinem Buch »Über den nervösen Charakter« [Adler 1912a/2008a] *[581]* ausführlich dargelegt. Der Aufbau dieses Persönlichkeitsideales und der zu ihm hinführenden Leitlinien enthalten das gleiche Gedanken- und Gefühlsmaterial wie der Traum und wie die Vorgänge[43], die hinter dem Traum stecken. Der Zwang, der es ausmacht, dass das eine seelische Material im Unbewussten verbleiben muss, drückt so sehr auf die Gedanken, Bilder und[44] Gehörwahrnehmungen des Traumes, *dass diese, um die Einheit der Persönlichkeit nicht zu gefährden,* ebenfalls im Unbewussten, besser gesagt: unverständlich bleiben müssen. Denken Sie beispielsweise an den Traum der Patientin mit Platzangst. Was sie eigentlich kraft ihres unbewussten Persönlichkeitsideales anstrebt, ist die Herrschaft über ihre Umgebung. Verstünde sie ihre Träume, so würde ihr herrschsüchtiges Streben und Handeln der Kritik ihres wachen Denkens weichen müssen. Da aber ihr wirkliches Streben nach Herrschaft geht, muss der Traum unverständlich sein. An diesem Punkte kann man auch begreifen, dass seelische Erkrankungen, alle Formen von Nervosität unhaltbar werden und der Heilung entgegengehen, wenn es gelingt, die überspannten Ziele des Nervösen ins Bewusstsein zu bringen und dort abzuschleifen.

Ich will nun an einem Traume einer Patientin, die wegen Reizbarkeit und Selbstmordideen in meine Behandlung kam, auszugsweise zeigen, wie sich die Deutung eines Traumes durch den Patienten selbst vollzieht. Ich will besonders hervorheben, dass Sie das Analogische der Traumgedanken jedes Mal hervortreten sehen in dem »Als-ob«[45], mit dem die träumende Person die Erzählung beginnt. Die schwierige Situation der Träumerin bestand darin, dass sie sich in den Mann ihrer Schwester verliebt hatte. Der Traum lautet:

---

43 *Änd. 1920:* Bewegungsvorgänge
44 *Änd. 1930:* Gefühls-, Gesichts- und
45 *Anm. Adlers:* Vergleiche *Vaihinger*, »Die Philosophie des Als-ob« [Vaihinger 1911], dessen erkenntnistheoretische Anschauungen auf anderen Gebieten mit meinen Auffassungen in der Neurosenpsychologie vollkommen übereinstimmen.

Ein Napoleon-Traum[46]

»Mir träumte, als ob ich im Tanzsaal wäre, ich hatte ein hübsches blaues Kleid, war recht nett frisiert und tanzte mit Napoleon.«

»Hierzu fällt mir Folgendes ein:
Ich habe meinen Schwager zu Napoleon erhoben, denn *sonst lohnte es* sich nicht der Mühe, der Schwester ihren Mann wegzunehmen. (Das heißt, ihr neurotisches Streben[47] ist gar nicht auf den Mann gerichtet, sondern darauf, der Schwester überlegen zu sein.) Um über die ganze Geschichte den Mantel der Gerechtigkeit breiten zu können, ferner um nicht den Anschein zu erwecken, als ob mich die Rache, weil ich zu spät gekommen bin, zu dieser Handlung veranlasst hätte, muss ich mich als Prinzessin Louise[48] wähnen, mehr als die Schwester[49], so zwar, dass es ganz natürlich erscheint, dass Napoleon sich von seiner ersten Frau Josefine[50] scheiden lässt, um sich eine ebenbürtige Frau zu nehmen.[51]

Was den Namen Louise betrifft, so habe ich denselben längere Zeit hindurch geführt; es hat sich einmal ein junger Mann nach meinem *[582]* Vornamen erkundigt, und meine Kollegin, wissend, dass mir Leopoldine nicht gefällt, sagte kurzweg, ich heiße Louise.

Dass ich eine Prinzessin bin, träumt mir öfters (Leitlinie), und zwar ist dies mein kolossaler Ehrgeiz, der mich im Traum immer eine Brücke über die Kluft, die mich von den Aristokraten trennt, finden lässt. Ferner ist diese Einbildung darauf berechnet, beim Erwachen es umso schmerzlicher zu empfinden, dass ich in der Fremde aufgewachsen und allein und verlassen bin: Die traurigen Gefühle, die mich dann beschleichen, setzen mich in den Stand, *hart und grausam gegen alle Menschen zu sein*, die das Glück haben, mit mir in Verbindung zu stehen.

Was nun Napoleon betrifft, so will ich bloß bemerken, dass, nachdem ich nun einmal kein Mann bin, ich mich nur vor jenen beugen will, die größer und mächtiger als die anderen sind; übrigens würde mich dies nicht hindern, am Ende zu behaupten, Napoleon sei ein Einbrecher (Einbrecherträume). Auch

---

46 Anm. *Adlers:* Napoleon, Jesus, die Jungfrau von Orleans, Maria, aber auch der Kaiser, der Vater, ein Onkel, die Mutter, ein Bruder etc. sind häufige Ersatzideale der aufgepeitschten Gier nach Überlegenheit und stellen gleichfalls richtunggebende, Affekt auslösende Bereitschaften im Seelenleben des Nervösen dar.
47 *Änd. 1920:* Wesen
48 [Marie-Louise von Österreich (1791–1847), die zweite Ehefrau Napoleons]
49 [Gemeint ist hier wohl die eigene Schwester der Patientin, die Frau des zu Napoleon hinaufstilisierten Schwagers.]
50 [Joséphine de Beauharnais (1763–1814), erste, geschiedene Frau Napoleons]
51 [Napoleon ließ sich am 10.1.1810 von Joséphine wegen Kinderlosigkeit scheiden und heiratete am 11.3.1810 Marie-Louise von Österreich.]

würde ich mich nur beugen, nicht etwa auch unterwerfen, denn ich möchte den Mann, wie aus einem anderen Traume hervorgeht, an einem Faden halten, und dann, dann will ich tanzen.

Das Tanzen muss mir gar vieles ersetzen, denn die Musik hat einen kolossalen Einfluss auf mein Gemüt.

Wie oft hat mich bei irgendeinem Konzert das sehnende Verlangen überkommen, zu meinem Schwager zu eilen und ihn halb tot küssen zu dürfen.

Um nun diesen Wunsch einem fremden Manne gegenüber nicht in mir aufkommen zu lassen, muss ich mich mit der ganzen Leidenschaft dem Tanze hingeben oder, für den Fall, dass ich nicht engagiert bin, mit zusammengepressten Lippen sitzen und finster vor mich hinblicken, um jede Annäherung eines anderen unmöglich zu machen.

Ich wollte *der Liebe nicht unterliegen,* und meines Erachtens gehören Ball und Liebe zusammen.

Die blaue Farbe habe ich gewählt, weil sie mich am besten kleidet und ich von dem Wunsche beseelt war, einen günstigen Eindruck auf Napoleon zu machen; jetzt habe ich doch schon das Bestreben zu tanzen, was ich früher auch nicht konnte.«

Von hier aus würde die Deutung noch viel weiter gehen, um schließlich zu zeigen, dass der unbewusste Plan dieses Mädchens bloß auf Herrschsucht ausging, derzeit aber so weit geändert und abgeschwächt ist, dass sie im Tanzen nicht mehr eine persönliche Demütigung erblickt.

Ich bin am Schlusse angelangt. Wir haben gesehen, dass der Traum eine für das Handeln wohl nebensächliche seelische Erscheinung vorstellt, dass er aber wie in einer Spiegelung *Vorgänge und körperliche Attitüden* verraten kann, die auf das spätere Handeln abzielen. Ist es demnach verwunderlich, dass die Volksseele aller Zeiten mit der Untrüglichkeit eines allgemeinen Empfindens den Traum als ein auf die Zukunft weisendes Gebilde aufnahm? Ein ganz Großer, der wie in einem Brennpunkt alle Empfindungen der Menschenseele in sich vereinigte, *Goethe,* hat dieses »In-die-Zukunft-Schauen« des Traumes und die darin verströmende vorbereitende Kraft in einer Ballade[52] herrlich gestaltet. Der Graf, der vom Heiligen Land in seine Burg heimkehrt, [583] findet diese verwüstet und leer. In der Nacht träumt er von einer Zwergenhochzeit. Und der Schluss des Gedichtes lautet:

Und sollen wir singen, was weiter gescheh'n,
So schweige das Toben und Tosen.
Denn, was er, so artig, im Kleinen geseh'n,

---

52 [Goethe, Hochzeitslied (1802): »Wir singen und sagen vom Grafen so gern / Der hier in dem Schlosse gehauset«]

Erfuhr er, genoss er im Großen.
Trompeten und klingender, singender Schall,
Und Wagen und Reiter und bräutlicher Schwall,
Sie kommen und zeigen und neigen sich all',
Unzählige, selige Leute.
So ging es und geht es noch heute.

Der Eindruck, dass dieses Gedicht des Träumers Gedanken auf Hochzeit und Kindersegen gerichtet zeigt, wird von dem Dichter laut genug hervorgehoben.

7. Melancholie und Paranoia – Individualpsychologische Ergebnisse aus den Untersuchungen der Psychosen (1914)

Editorische Hinweise
Erstveröffentlichung:
1914d/1920a: Praxis und Theorie der Individualpsychologie, S. 171–182
Neuauflagen:
1924: Praxis und Theorie der Individualpsychologie, S. 171–182
1927: Praxis und Theorie der Individualpsychologie, S. 185–196
1930: Praxis und Theorie der Individualpsychologie, S. 177–188
Letztveröffentlichung:
1974a: Praxis und Theorie der Individualpsychologie, S. 265–280

Der Beitrag wurde nach Adlers Angaben (unten S. 128) 1914 für den nicht mehr zustande gekommenen Kongress für Psychologie und Psychiatrie (in Bern) entworfen, aber erst 1920 veröffentlicht.

Adler formuliert die Merkmale der Melancholie und Paranoia, wie sie sich in der Außensicht erschließen und von der inneren (privaten) Logik der Betroffenen her verständlich wären. Die Melancholie befalle Individuen, die seit der Kindheit mit der Unterstützung anderer rechnen. Sie erleben die Welt als feindlich und voller Hindernisse. Ihre Selbsteinschätzung sei niedrig. Ihre traurige, wahnhafte Verstimmung sei ein Mittel, die eigene Unverantwortlichkeit für die Misserfolge zu belegen.

Im Gegensatz zur Melancholie sei bei der Paranoia mehr Aktivität, meist kämpferischer Art, erkennbar. Sie trete auf, wenn der Patient das Scheitern seines bisherigen Lebensstils befürchtet. Die Selbsteinschätzung sei bis zur Gottähnlichkeit emporgetrieben. Durch die Aktivierung des Verfolgungswahns erlösche die Verantwortlichkeit des Patienten. Als Grundbedingungen des Wahns nennt Adler: 1. Antizipation und halluzinatorische Darstellung eines Wunsches oder einer Befürchtung, 2. tendenziöse Entwertung der Wirklichkeit, 3. Erhöhung des Persönlichkeitsgefühls, 4. Kampf gegen die Umgebung und deren Herabsetzung, 5. Verlegung der Aktivität auf einen Nebenkriegsschauplatz.

Die genannten Merkmale erläutert Adler am Beispiel von Träumen eines Melancholikers.

Die geringfügigen Veränderungen stammen von 1924 (21) und 1930 (14). 1924 betont Adler die Entmutigung und 1930 die mangelnde Kooperation des Neurotikers. 1930 ergänzt er, dass die Spannung, in die der Neurotiker im Gefühl einer Niederlage gerät, zwar meist den ganzen Körper ergreift, aber als Symptom am minderwertigen Organ am deutlichsten wird.

Melancholie und Paranoia – Individualpsychologische Ergebnisse aus den Untersuchungen der Psychosen

Vorbemerkung: Die von mir gefundenen und beschriebenen treibenden Kräfte der Neurosen und Psychosen: *kindliches Minderwertigkeitsgefühl; Sicherungstendenz, Kompensationsbestreben; in der Kindheit errichtetes, hernach teleologisch wirkendes, fiktives Ziel der Überlegenheit; die sich ergebenden erprobten Methoden, Charakterzüge, Affekte, Symptome und Haltungen gegenüber den Forderungen des gesellschaftlichen Zusammenhangs – alle verwendet als Mittel zur fiktiven Erhöhung des Persönlichkeitsgefühls gegenüber der Umgebung –; das Suchen nach Umwegen und nach einer Distanz zu den Erwartungen der Gemeinschaft, um einer realen Wertung und persönlicher Haftung und Verantwortung zu entgehen; die neurotische Perspektive und die tendenziöse, bis zur Verrücktheit gehende Entwertung der Wirklichkeit*[1] führten mich und viele andere Untersucher zur Aufstellung eines erklärenden Prinzips, das sich im weitesten Umfang für das Verständnis der Neurosen und Psychosen als wertvoll und unerlässlich erwiesen hat[2]. Die oben angeführten Mechanismen finden sich ausführlich in des Autors Werk »Über den nervösen Charakter«[3], »Studie über Minderwertigkeit von Organen«[4] und im vorliegenden Band[5] dargestellt.

Meine weiteren Untersuchungen über den Mechanismus der Psychose haben mit folgenden Feststellungen einen vorläufigen Abschluss gefunden: Zu den drei bereits hervorgehobenen Grundbedeutungen[6] des Wahns: Antizipation und halluzinatorischer Darstellung eines Wunsches oder einer Befürchtung zum Zwecke einer Sicherung, tendenziöser Entwertung der Wirklichkeit und resultierender Erhöhung des Persönlichkeitsgefühls[7] gesellen sich zwei weitere von größter Wichtigkeit: Kampf gegen die nähere oder weitere Umgebung und[8] Verlegung der Aktivität des Patienten von seinem *Hauptproblem weg auf einen Nebenkriegsschauplatz.*

---

1 *Erg. 1924:* die Ausschaltung fast aller Beziehungsmöglichkeiten   *Erg. 1930:* und der Kooperation
2 *Anm. Adlers: Bleuler* spricht – sonderbarerweise – im tadelnden Sinne davon, »dass man mit dieser Anschauung alles erklären könne«. Mir und andern wird sie gerade deshalb wertvoll erscheinen.   *Erg. 1930:* Ein anderer Schriftsteller, der ungenannt bleiben will, nennt mich einen »Winkeladvokaten«. In seinem Unverständnis meint er, die von mir aufgedeckten Tricks des Neurotikers seien meine Tricks.
3 [Adler 1912a/2008a]
4 [Adler 1907a/1977b]   *Erg. 1930:* »Menschenkenntnis« [Adler 1927a/2007b]
5 [Praxis und Theorie der Individualpsychologie, Adler 1920a/1974a]
6 *Änd. 1924:* Grundbedingungen
7 *Erg. 1930:* bei mangelnder Kooperationsfähigkeit
8 *Änd. 1924:* deren Herabsetzung und

Wie leicht ersichtlich, stehen alle fünf Bedingungen des Wahns in einem logischen und psychologischen Zusammenhang. *[172]*

In der folgenden Mitteilung, die im Jahre 1914 dem nicht mehr zustande gekommenen Kongress für Psychologie und Psychiatrie (in Bern) fast in der gleichen Form vorlag, ist der Versuch unternommen, die psychologische Struktur der Melancholie und der Paranoia gemäß den obigen Befunden zur Darstellung zu bringen.

I. Melancholie

Haltung und Lebensplan der zur Melancholie Disponierten, Ausbruch der Erkrankung und Kampf gegen die Umgebung. Gewinnung des Nebenkriegsschauplatzes aus Furcht vor herabsetzenden Entscheidungen.

1. Die Melancholie befällt Individuen, deren Lebensmethode vorwiegend mit den Leistungen und Unterstützungen anderer Personen schon seit der frühen Kindheit an rechnet. In ihrem Leben überwiegen Erscheinungen[9] von geringerer Aktivität und solche unmännlicher Natur. Sie zeigen sich meist auf den Familienkreis oder auf einen kleinen, ständigen Freundeskreis in ihrem Verkehr eingeschränkt, suchen immer Anlehnung an andere und verschmähen es nicht, durch übertriebene Hinweise auf die eigene Unzulänglichkeit die Unterstützung, Anpassung und Fügsamkeit anderer zu erzwingen.[10] Dass ihr oft schrankenloser Egoismus ihnen in einer Zeit schrankenloser Plusmacherei zuweilen äußere[11] Erfolge bringt, spricht nicht dagegen. Der Hauptfrage ihres eigenen Lebens aber, dem Fortschreiten, der Entwicklung oder auch nur dem Festhalten ihres eigenen Wirkungskreises weichen sie bei auftauchenden Schwierigkeiten aus oder nähern sich ihnen nur zögernd. Der Typus des Manisch-Depressiven dagegen dürfte ganz allgemein dadurch gekennzeichnet sein, dass er jede Aktion enthusiastisch beginnt, um bald nachher gewaltig abzuflauen. Dieser charakteristische Rhythmus, der auch den Bewegungen und Haltungen der gesunden Tage eigen ist, wird im Zeitpunkt der Erkrankung unter Berufung auf die Wahnidee und durch demonstrative und zweckentsprechende Ausgestaltung derselben verstärkt und befestigt. Zwischen diesen beiden Formen steht die periodische Melancholie, deren Ausbruch regelmäßig erfolgt, sobald der wankende Glaube des Patienten an seinen Erfolg einen Ruf des Lebens (Ehe, Beruf, Gesellschaft) abzuwehren zwingt.

---

9 Erscheinungen] *Änd. 1924:* leicht erworbene Triumphleistungen
10 *Erg. 1930:* Wo sie die Macht besitzen, gebrauchen sie sie schrankenlos, oft in Verbrämung mit ethischen Forderungen.
11 *Erg. 1924:* rasche

2. Die gesamte Lebensführung des »Typus melancholicus« lässt als Voraussetzung und wichtigsten Ausgangspunkt[12] eine fiktive, aber durchdringende Anschauung – eine melancholische Perspektive, dem kindlichen Seelenleben entstammend – erkennen, nach welcher das Leben ein schwieriges, ungeheures Wagnis vorstellt, die überwiegende Mehrzahl der Menschen aber aus feindlichen Individuen und die Welt aus unbequemen Hindernissen besteht. Wir erkennen in dieser dem Gemeinschaftsgefühl[13] zuwiderlaufenden Haltung ein verstärktes Minderwertigkeitsgefühl und einen jener Kunstgriffe, wie wir sie als Grundlage des nervösen Charakters beschrieben haben; mit ihren eigenartigen zu Charakterzügen, Affekten, Bereitschaften und Fertigkeiten (Weinen!) umgebildeten Angriffstendenzen fühlen sie sich den Forderungen des Lebens besser gewachsen und suchen sich in »gesunden Tagen« in einem kleinen Kreis zur Geltung zu bringen[14]. Indem sie ihr subjektives Minderwertigkeitsgefühl konkretisieren, erheben sie offen oder unausgesprochen seit ihrer Kindheit den Anspruch auf eine erhöhte »Krüppelfürsorge«. [173]
3. Ihre Selbsteinschätzung ist demnach seit der Kindheit eine deutlich niedrige, was aus ihren unausgesetzten Versuchen, zur Geltung zu kommen, zu folgern ist; immerhin deuten sie häufig – und diese meist versteckten Hinweise kennzeichnen die seelische Verwandtschaft mit der Paranoia – auf die versäumte Möglichkeit einer außerordentlichen Entwicklung hin, meist auf familiäre Übelstände, oder sie verraten in ihrer melancholischen Wahnidee eine unerschütterliche Voraussetzung von übermenschlichen, ja göttlichen Kräften. Dies und nichts anderes nämlich liegt solchen Klagen zugrunde, in denen der Kranke *in einer versteckten Größenidee* das schreckliche Schicksal beklagt, das zugleich mit seinem Ende über seine Familie etwa hereinbrechen werde, oder wenn er seine Schuld an dem Untergang der Welt, an der Entfesselung des Weltkrieges, am Tod und Verderben anderer Personen unter Selbstvorwürfen hervorhebt. Nicht selten auch liegt in der forcierten Klage über die eigene Unfähigkeit ein drohender Hinweis auf ganz reale, materielle oder moralische Gefahren für den Familien- und Freundeskreis und zugleich eine nicht stärker zu denkende Hervorhebung der persönlichen Bedeutung des Kranken. Solcher Art sind die Ziele des Melancholikers und zu solchen Zwecken bezichtigen sie sich offen aller Formen der Minderwertigkeit und *nehmen demonstrativ die Schuld für alle Fehlschläge und Misserfolge auf sich.* Der Erfolg ihres Verhaltens ist dann zum Mindesten der, dass sie weitaus mehr als bisher in den Brennpunkt der Aufmerksamkeit ihres eingeschränkten Kreises rücken

---

12 *Änd. 1924:* Anhaltspunkt
13 *Erg. 1930:* und der Kooperation
14 *Erg. 1930:* wo eine Reihe von Erfolgen im Beginn ihnen verstärkte Sicherheit gibt

und dass sie die ihnen verpflichteten Personen zu den größten Leistungen, zu den namhaftesten Opfern und zum weitest gehenden Entgegenkommen anspornen. Dagegen hat sich ihr Wille von jeder kleinsten sozialen Verpflichtung und Gebundenheit befreit, was ihrem egozentrischen, leitenden Ideal immer am besten entsprach, weil dieses jede Einfügung und Bindung an den anderen und dessen Rechte als einen unerträglichen Zwang und als schweren Verlust des persönlichen Wertes empfinden ließ.

Neben den Selbstvorwürfen und Selbstbeschuldigungen fehlen aber nie die heimlichen Hinweise auf Heredität, auf Erziehungsfehler der Eltern, auf böswillige Rücksichtslosigkeit von Angehörigen oder Vorgesetzten; nur dass sich diese Anschuldigung anderer – abermals ein der Paranoia verwandtes Phänomen – aus der einleitenden Position des Melancholischen ergibt. So zum Beispiel, wenn sich der Ausbruch der Melancholie bei einer jüngsten Tochter ergibt, nachdem sich die Mutter entschlossen hat, mit der ältesten Tochter auf längere Zeit zu verreisen, oder wenn die Erkrankung bei einem Geschäftsmann entsteht, der, mehrfach durch seine Kompagnons überstimmt, zur Erledigung der gegen seinen Willen gefassten Entschlüsse gedrängt wird.

Hinweise wie die obigen[15] auf Heredität, körperliche Anomalien etc. dienen andererseits auch der Feststellung, dass es sich um eine unabänderliche, unheilbare Erkrankung handelt, was den Kurswert des Leidens beträchtlich erhöht.

So dient die Melancholie, wie jede Neurose und Psychose, dem Bestreben, den gesellschaftlichen Wert des Eigenwillens und der Persönlichkeit zum Mindesten für die eigene Empfindung namhaft zu erhöhen. Ihre forcierte Eigenart gestaltet sich unter dem Drucke einer tief gefühlten Unzufriedenheit und eines objektiv meist unberechtigten Minderwertigkeitsgefühls bei Personen, deren Kindheitstypus eingangs geschildert [174] wurde. Dass sie die uns unglaublich erscheinenden Kosten einer immerhin konsequenten Haltung in schwierigen Positionen ihres Lebens zahlen, lehrt vor allem der Augenschein und ist in der übergroßen Spannung begründet, in der sie zum Leben stehen. Ihr empfindlicher Ehrgeiz, der sie mit heimlichem Zagen nach aufdringlicher Überlegenheit jagen lässt, zwingt sie gleichzeitig zur Desertion oder zur Zaghaftigkeit vor größeren gesellschaftlichen Aufgaben. So gelangen sie durch systematische Selbstbeschränkung auf ein Nebengeleis, in einen streng abgezirkelten Kreis von Personen und Aufgaben, den sie so lange pflegen, bis ihnen eine schwierig scheinende Veränderung droht. Jetzt greift die in der Kindheit aufgebaute, niemals revidierte Schablone abermals unge-

---

15 wie die obigen] Änd. 1924: auf die obigen Mängel

prüft ein: sich klein zu machen, durch Schwäche und Krankheit zu wirken[16].
4. Das hervorragendste Kampfmittel des Typus melancholicus behufs Hebung der Position ist seit früher Kindheit: Klage, Tränen und traurige Verstimmung. Er demonstriert in quälendster Weise seine Schwäche und die Notwendigkeit seines jeweiligen Begehrens, um andere zu Dienstleistungen zu zwingen oder zu verleiten.
5. Sie gewinnen ferner auf ihre Art den Anschein und die Überzeugung der Unverantwortlichkeit für ihre Misserfolge im Leben, weil sie immer ihre unabänderliche Schwäche und den Mangel einer Hilfe von außen hervorheben. Die seelische Verwandtschaft mit dem Typus der Phobiker und Hypochonder ist nicht zu verkennen; nur dass im Falle der Melancholie zum Zwecke des stärkeren Angriffs und aus Gründen des umfassenderen Minderwertigkeitsgefühls die Krankheitseinsicht schwindet und jede Kritik der Wahnidee ausgeschaltet wird: mittels einer starken Antizipation eines unentrinnbaren Unheils und einer entschlossenen Einfühlung in die drohende Gefahr. Der kategorische Imperativ des Melancholischen lautet demnach: »Handle, denke und fühle so, als ob das schreckliche Schicksal, das du an die Wand malst, bereits über dich hereingebrochen oder unabwendbar wäre.« Dabei als Hauptvoraussetzung des melancholischen Wahns: *sein der Gottheit verwandter, prophetischer Blick.*

Im weiteren Verfolg dieser Erkenntnis wird auch, gemessen am gemeinsamen Band der pessimistischen Perspektive, der Zusammenhang mit der Neurose und Psychose überhaupt klar. Etwa, um einfache Beispiele zu wählen: Enuresis nocturna[17]: »Handle so, als ob du auf dem Klosett wärst!« Pavor nocturnus[18]: »Benimm dich, wie in einer großen Gefahr!« Sogenannte neurasthenische und hysterische Sensationen, Schwächezustände, Lähmungen, Schwindel, Übelkeiten etc.: »Denke dir, du hättest einen Reifen um den Kopf, etwas im Halse stecken, wärest einer Ohnmacht nahe, könntest nicht gehen, dass sich alles dreht, du hättest eine üble Speise genossen« etc.

Immer handelt es sich um die Wirkung auf die Umgebung. So auch, wie ich seit Langem hervorgehoben habe, bei der »genuinen Epilepsie«, bei der vielleicht immer in pantomimischer Weise der Tod, ohnmächtige Wut, Vergiftungserscheinungen, ein Sichwehren und Unterliegen zur Darstellung gelangen. Das Material der Darbietung ergibt sich aus den Möglichkeiten des Organismus, die sich oft aus angeborenen Minderwertig-

---

16   *Erg. 1924:* und allen Aufgaben zu entgehen
17   [Enuresis nocturna: nächtliches Einnässen]
18   [Pavor nocturnus: ein Anfall von Nachtangst aus dem Tiefschlaf heraus mit vegetativer Erregung]

keitserscheinungen herleiten (siehe »Studie über Minderwertigkeit von Organen« [Adler 1907a/1977b]), und sie fangen an, eine Rolle zu spielen, sobald sie die höheren Ziele des Nervösen zu fördern imstande *[175]* sind und[19] gefördert werden.[20] In jedem Falle aber bedeutet das Symptom oder der Anfall des Patienten, dass er der Gegenwart (durch Antizipation) und der Wirklichkeit (durch Einfühlung in eine Rolle) entrückt ist. Am stärksten äußert sich der Erfolg der Entrückung wohl bei der genuinen Epilepsie. Ein häufig vorzufindender Typus solcher Kranken erweist sich als jüngstes Kind (zuweilen gefolgt von einem Spätgeborenen) und zeigt asymmetrische Verschiebung der rechten Gesichtshälfte nach unten, Vergrößerung des rechten Scheitelbeinhöckers und Spuren von Linkshändigkeit.[21]

Die Psychose zeigt, entsprechend der abschließenden Haltung des Patienten, der im Begriffe ist, jedes loyale Streben aufzugeben, die stärkere Entrückung, die weiter gehende Entwertung und Vergewaltigung der Wirklichkeit.

6. So sind es auch in der Psychose wie in der Neurose neue oder schwierig scheinende Situationen, Entscheidungen im Beruf, in der Liebe, Prüfungen aller Art, in denen sich zu Zwecken der Ausreißerei oder des Zögerns wie in einem komplizierten *Lampenfieber* der verstärkte Hinweis auf die Unabänderlichkeit von Schwächen und auf ein trauriges Schicksal als nötig erweist. Dabei muss der Untersucher sorgfältig vermeiden, seinen eigenen Eindruck von der ganzen Schwierigkeit der Situation in die Rechnung zu stellen. Denn was den Melancholiker bei seinen Befürchtungen leitet, was seine Wahnidee »unkorrigierbar« macht, ist nicht der Mangel an Intelligenz oder Logik, sondern die Unlust, die planmäßige Abneigung, diese Logik anzuwenden. Der Patient denkt, fühlt und handelt »sogar« unlogisch, wenn er nur auf diesem Wege, mit dem Mittel des Wahns, seinem Ziele näher kommt, wenn er sein Persönlichkeitsgefühl erhöhen kann. Wer an seinem Wahn zu rütteln sucht, erscheint ihm folgerichtig als sein Gegner, und so empfindet er auch die ärztlichen Maßnahmen und Persuasionsversuche als gegen seine Position gerichtet[22].

7. Es ist die dem melancholischen Typus eigentümliche Linie, dass er in Fortsetzung alter, ausgebauter Bereitschaften zu einem Krankheitsbild gelangt, das durch den geoffenbarten, verstärkten Hinweis auf die eigene Schwäche

---

19 *Erg. 1924:* durch sie
20 *Anm. Adlers 1930:* Die Spannung, in die der Neurotiker im Gefühl einer Niederlage gerät, ergreift wohl meist den ganzen Körper, wird aber als Symptom am minderwertigen Organ am deutlichsten.
21 *Erg. 1930:* Zornausbrüche bei einem der Eltern habe ich auffallend häufig gefunden.
22 *Erg. 1930:* und handelt demgemäß intelligent

den Zwang zu ununterbrochener, aber nutzloser Hilfeleistung und Berücksichtigung auf die Umgebung erstreckt. Die Nutzlosigkeit jeder von außen kommenden Beruhigung bei Ausbruch der Melancholie liegt gleichfalls nicht in einem Mangel ihrer Folgerichtigkeit, sondern ergibt sich aus der unbeugbaren Absicht des Kranken, die Erschütterung seiner Umgebung bis zum stärksten Maß zu steigern, alle Beteiligten einzuklemmen und ihnen jede Aussicht zu nehmen. Eine Heilung erfolgt nach Maßgabe des dem Patienten verbliebenen Lebensmutes in dem Zeitpunkt, in welchem der Patient die Genugtuung seiner Überlegenheit voll genossen hat[23]; der taktvolle Hinweis auf die wirklichen Zusammenhänge, fern von jeder Überlegenheitspose und von Rechthaberei, hat sich in meinen Fällen als günstig erwiesen. Die Voraussage des Abschlusses eines melancholischen Arrangements ist sicherlich nicht leichter als die von der Beendigung der Tränen bei einem Kinde[24]. Rettungslose Positionen, besonderer Mangel an Lebensmut in der Vorgeschichte, Provokationen und zur Schau getragene Respektlosigkeit der Umgebung können die Selbstmordabsicht als äußersten Racheakt einer ständig gegen die eigene Person gerichteten Aktivität hervorrufen.

Die Furcht vor einem Misserfolg, die Angst, dem sozialen Wettbewerb oder den Erwartungen der Gesellschaft, der Familie nicht oder *[176]* nicht mehr gewachsen zu sein, drängt diesen Typus im Falle subjektiv gefühlter Not zu dem Mittel der Antizipation des Verlorenseins. Die aus dieser Einfühlung erwachsende melancholische Perspektive, die aus ihren tendenziösen Ergebnissen im Wachen und im Traume sich immer aufs Neue vertieft, gibt in ihren Wirkungen auf den Gesamtorganismus den ständigen Anreiz ab für eine verschlechterte Funktion der Organe. In vorsichtiger Weise kann demnach die Funktion der Organe, körperliche Haltung,[25] Schlaf, Muskelkraft, Herztätigkeit, Darmerscheinungen etc. prognostisch verwertet werden. Gegen die ätiologische Deutung der Abderhalden'schen Befunde[26] bei den Psychosen streitet der psychologische Zusammenhang; im Zusammenhang mit unseren Anschauungen müssten sie sich als Folgeerscheinungen oder bloß als in der Psychose gesteigerte Symptome von angeborenen Organminderwertigkeiten herausstellen. Von den Organminderwertigkeiten haben wir unter anderem bekanntlich hervorgehoben,

---

23 *Erg. 1924:* und ermutigt ist   *Anm. Adlers:* siehe »Fortschritte der Individualpsychologie« [Adler 1923c, S. 201]
24 *Erg. 1930:* oder tief gefühlter Wut und Rachsucht
25 *Erg. 1924:* Gewichtszunahme
26 [Abderhalden'sche Reaktion: Abwehrfermente, die Eiweißstoffe spalten oder abbauen, und eine Rolle spielen sollen bei der Pathogenese der Psychosen. Abderhalden: deutscher Physiologe, geboren 1877]

dass sie in ihrem Endergebnis eine wichtige Grundlage des ätiologisch bedeutungsvollen kindlichen Minderwertigkeitsgefühls bilden können.[27]

8. Die Organe geraten also, soweit sie zugänglich sind, unter die Macht des melancholischen Zieles, passen ihre Funktion der Gesamtrolle an und helfen so, das Bild der klinischen Melancholie herzustellen (Herz, Körperhaltung, Appetit,[28] Stuhl- und Harntätigkeit, Gedankenablauf). Sie werden, soweit sie willkürlichen Antrieben[29] gehorchen, in die melancholische Stimmung versetzt. Oder die Funktion bleibt annähernd normal, wird aber vom Kranken als fehlerhaft empfunden und beklagt. Zuweilen wird auch durch ein deutlich unzweckmäßiges Verhalten eine Störung oder ein Reizzustand vom Kranken hervorgerufen (durch Schlafstörung, durch übermäßige Provokation der Stuhl- und Harntätigkeit).

9. In letzterem Falle wie auch bezüglich der Nahrungsaufnahme zeigt der Patient oft eine Reihe von störenden Selbstbeeinflussungen, die ohne genügende Selbstkritik, aber systematisch und planmäßig erfolgen. Diese Erscheinungen sowie des Patienten überspannte Forderungen an das Funktionieren seines Organismus, ferner seine unrichtige Einschätzung einer fiktiven Norm, die er angeblich entbehrt, lassen die Absicht erkennen, eine ernste Krankheitslegitimation allen sichtbar zu erbringen.

10. Die Nahrungsaufnahme wird durch Erweckung ekelerregender Gedanken oder ängstlichen Argwohns (Gift) eingeschränkt, steht überdies wie alle andern Funktionen unter dem Drucke der tendenziösen melancholischen Einfühlung (»als ob alles nichts tauge, alles zum Schlechten ausgehen müsse«), der Schlaf wird durch erzwungenes Grübeln und durch Gedanken über den ausbleibenden Schlaf sowie durch sichtlich zweckwidrige Mittel gestört. Die Stuhl- und Harnfunktion kann durch konträre Beeinflussung oder durch fortwährende Beanspruchung ins Krankhafte verändert werden, letzterenfalls durch Erzeugung eines Reizzustandes im zugehörigen Organ. Herztätigkeit, Atmung und Haltung der erkrankten Persönlichkeit geraten ebenso wie etwa gelegentlich die Tränendrüsen unter den Druck der melancholischen *Fiktion,* die zu einer restlosen Einfühlung in eine Situation der Verzweiflung hindrängt.

11. Der nähere Einblick, der einzig und allein durch eine individualpsychologische Zusammenhangsbetrachtung ermöglicht wird, ergibt, dass die melancholische Haltung als ein *Zustandsbild* und gleichzeitig als ein Kampfmittel

---

27 *Anm. Adlers 1930:* Die *Kretschmer*'sche Einteilung in Pykniker und Astheniker rechnet mit den gleichen Tatsachen, aus denen dem Pykniker die leichteren, dem Astheniker die schwereren Organminderwertigkeiten zuzuschreiben sind. Dem Letzteren die schwereren, weil ihm offenbar unsere Kultur weniger leicht annehmbar ist.

28 *Erg. 1930:* Schlaf

29 *Erg. 1930:* und dem vegetativen System

bei den oben charakterisierten Personen in *[177]* einer derartigen Lage *(Position)* auftreten kann, in denen wir andernfalls eine zornige, vielleicht wütende, rachsüchtige Aufwallung erwarten würden.[30] Der frühzeitig erworbene *Mangel an sozialer Aktivität* bedingt jene eigenartige Angriffshaltung, die, einem Selbstmord nicht unähnlich, durch Schädigung der eigenen Person zu einer Bedrohung der Umgebung oder zur Rache schreitet.

Im gelegentlichen Raptus melancholicus[31] oder im Selbstmord, der immer einen Racheakt vorstellt, bricht auch der zu erwartende Affekt sichtlich durch.

12. Niemals aber fehlt – als Voraussetzung ihres Handelns – der verborgene Hinweis auf die Bedeutung der eigenen Person, wie sie bereits in der Forderung nach Unterordnung des andern, in dem Anspruch auf den andern als auf ein Mittel zutage liegt. Da auch der Hinweis auf die fremde Schuld (siehe oben) niemals ausbleibt, so ist durch die melancholische Haltung die fiktive Überlegenheit und Unverantwortlichkeit des Kranken gewährleistet. Durch Verstärkung der letzteren Züge (Hinweis auf die fremde Schuld) gelangen paranoische Nuancen in der Melancholie zum Durchbruch.

13. Da dem Melancholiker der Nebenmensch immer nur Mittel zum Zweck der Erhöhung des eigenen Persönlichkeitsgefühls ist (wozu ihm außerhalb der Krankheit wohl auch die Gebärde der Freundschaft und Fürsorglichkeit zur Verfügung steht), kennt er keine Grenzen in der Erstreckung seines Zwanges über den andern, raubt ihm alle Hoffnung und geht bis zum Selbstmord oder zu Selbstmordgedanken, falls er seine *Endabsicht auf Enthebung von fremden Forderungen* verloren geben muss oder wenn er unüberwindlichen Widerstand findet.

14. So ist der Ausbruch der Melancholie recht eigentlich die ideale Situation für diesen Typus, sobald Schwierigkeiten seine Position bedrohen. Die Frage, warum er trotzdem seinen Zustand nicht mit Behagen genießt, wäre müßig: Das Kampfmittel der Melancholie lässt keine gegenteilige Stimmung aufkommen, und da der Patient auf Erfolg arbeitet, ist kein Platz für frohlockende Gefühle vorhanden, die seiner zwingenden Haltung von Depression hinderlich wären.

15. Die Melancholie klingt ab, sobald der Patient in irgendeiner Art das fiktive Gefühl seiner wiedergewonnenen Überlegenheit und die Deckung gegenüber eventuellen Misserfolgen durch die Krankheitslegitimation erlangt hat.

---

30 *Anm. Adlers 1924:* Ob man überhaupt von einer »*Verdrängung*« sprechen kann, ist sehr zu bezweifeln.

31 [Raptus melancholicus: aus schwerer depressiver Hemmung heraus auftretender Anfall von Schwermut]

16. Die Haltung von Menschen, die der Melancholie verfallen können, ist von Kindheit an eine misstrauische und verurteilend kritische gegenüber der Gesellschaft. Auch in dieser Haltung lässt sich als Voraussetzung ein Gefühl der Minderwertigkeit samt Kompensation, ein vorsichtiges Suchen nach Überlegenheit trotz aller andersartigen eigenen Behauptungen erkennen.

II. Paranoia

1. Befällt Personen, deren Haltung in der menschlichen Gesellschaft dadurch charakterisiert ist, dass sie nach einem mehr [oder] weniger energischen Auftakt in ihrer Bewegung oder in ihrer Lebenslinie in einiger Entfernung vor dem von ihnen und ihrer Umgebung erwarteten Ziele[32] haltmachen und durch umfängliche, gedankliche, meist gleichzeitig aktive Operationen[33] in einem Scheinkampf gegen selbst geschaffene Schwierig[178]keiten den unbewussten Vorwand gewinnen, ihre mögliche oder vermutete Niederlage im Leben zu verdecken, zu rechtfertigen oder endlos hinauszuschieben.

2. Diese Haltung in toto und gegenüber Einzelfragen ist von früher Kindheit an vorbereitet, erprobt und gegen die ärgsten Einwände der Wirklichkeit tunlichst abgeschliffen und gesichert. Deshalb auch trägt das paranoische System die Züge des Planmäßigen mehr als die andern Psychosen und ist nur unter günstigen Bedingungen, etwa im Beginne, zu erschüttern. Weder das Gemeinschaftsgefühl noch seine Funktion, die »allgemeingültige« Logik, wird jemals völlig gedrosselt.[34]

3. Als eine der Voraussetzungen dieser Haltung lässt sich eine tiefe, unabänderlich empfundene Unzufriedenheit mit den Errungenschaften im Leben erschließen, die den Patienten dazu drängt, für seinen Misserfolg vor sich und vor anderen die Deckung zu gewinnen, um nicht im Ehrgeiz und im Selbstbewusstsein verwundet zu werden.

4. Die stets vorhandene, immer merkbare Aktivität – meist stark kämpferischer Art und vom Charakter der Sehnsucht nach Überlegenheit geleitet – macht es aus, dass der Zusammenbruch gewöhnlich erst in späteren Jahren erfolgt, was auch der Wahnidee die Züge einer gewissen Reifung nach außen verleiht.

5. Diese Aktivität, die sich nach dem Zielpunkt eines Überlegenheitsideals

---

32 *Erg. 1924:* entmutigt
33 *Erg. 1924:* auf einem Nebenkriegsschauplatz des Lebens
34 *Erg. 1924:* Nur soll man die Logik nicht in den fixen Ideen suchen, die der Anzettelung der Revolte, der Niederschmetterung des »Gegenspielers« dienen müssen, sondern in der Gesamthaltung zum Leben.

richtet, erzwingt in ihrem Verlaufe von selbst *eine den Nebenmenschen verurteilende, feindliche Haltung,* die letzter Linie in sich eine Spitze trägt gegen den andern, gegen Einflüsse und Situationen, hinter denen sich ein Teil oder die Gesamtheit der Menschen verbirgt. So wird zur Schuld der andern gemacht, was dem Patienten von seinen überspannten Plänen nicht gelang. Auch bei der Paranoia dient die Antizipation des Überlegenheitsideals (Größenwahn) dazu, das Gefühl der Überlegenheit zu begründen und gleichzeitig der Verantwortung für das Scheitern in der wirklichen Gemeinschaft durch die Schaffung eines Nebenkriegsschauplatzes auszuweichen.

6. In der Haltung des Paranoikers spiegelt sich die von frühester Kindheit her eingenommene feindliche Stellung zum Nebenmenschen wieder; sie ergibt sich von selbst aus dem aktiven Streben nach Allüberlegenheit, welch Letzteres in der Form der Beachtungsidee, des Verfolgungs- und Größenwahns zum Ausdruck kommt. In allen drei Zustandsbildern sieht sich der Patient als das Zentrum der Umwelt.

7. Bei der reinen Form der Paranoia, die nur als Grenzfall in Betracht kommt, ergibt sich demnach immer ein aggressiver Auftakt, dem durch die Konstruktion des Wahnsystems Halt geboten wird. Ähnlich bei der Dementia praecox[35], bei der die *Furcht vor dem Leben* mit seinen Anforderungen größer zu sein scheint, die deshalb schon in früheren Jahren zutage tritt. Angrenzend beobachtet man Fälle von Zyklothymie, hysterischer Abulie[36] und Depressionserscheinungen neurasthenischer Art und von Konfliktneurosen (siehe »Über den nervösen Charakter« [Adler 1912a/2008a]), die ein stärkeres Zurückfluten vorübergehenden Charakters nach anfänglicher Aggression aufweisen können. Große Verwandtschaft in dynamischem Sinne zeigt das Verhalten der psychogenen Epilepsie, des chronischen Alkoholismus, Morphinismus und Kokainismus. Unterschiede liegen in dem zäheren oder intermittierenden Zurückfluten nach weitgehender Aktivität oder geringerer Gebundenheit derselben.

8. Sowohl in der Vorwärts- als in der Rückwärtsbewegung der psychotischen Welle liegt deutlich erkennbar der feindselige, kämpferische Zug, der zuweilen im Selbstmord mündet; so erscheint uns die Psychose überhaupt als geistiger Selbstmord eines Individuums, das sich den Anforderungen der Gesellschaft und seinen eigenen Zielen nicht gewachsen glaubt. Auch in seiner Rückwärtsbewegung liegt eine heimliche *Actio in distans,* Feind-

---

35 [Dementia praecox: vorzeitige Demenz. Bleuler prägte 1911 für diese Symptomatik den Begriff der Schizophrenie und leitete einen grundlegenden Wandel im Verständnis dieser Störung ein.]

36 [Abulie: griech. Ratlosigkeit, eine krankhafte Willensschwäche. Außerdem das Unvermögen zu sprechen infolge eines Verlustes der phonischen Innervation.]

seligkeit gegen die Wirklichkeit, während die Vorwärtsbewegung immer auch durch das Moment der Exaltation ihre innere Schwäche anzeigt[37].

9. Die Selbsteinschätzung des Paranoikers ist bis zur Gottähnlichkeit emporgetrieben. Sie baut sich aber kompensatorisch auf einem tiefen Gefühl der Minderwertigkeit auf und verrät ihre Schwäche in dem raschen Verzicht auf Erfüllung der gesellschaftlichen Forderungen und der eigenen Pläne, in der Verlegung des Kampfplatzes auf das Gebiet des Irrealen, in der starken Neigung zur Konstruktion paranoischer, *präokkupierender* Vorwände und in der prinzipiellen Beschuldigung der anderen. Dem Patienten fehlt offensichtlich der Glaube an sich; sein Misstrauen und sein Unglauben den Menschen, ihrem Wissen und Können gegenüber, die zur Konstruktion kosmogonischer, religiöser Staatsideen eigener Erfindung drängen,[38] der in diesen Fantasien liegende Gegensatz zu den allgemeinen Anschauungen sind für ihn nötig, damit er sein Gleichgewicht und sein Übergewicht fühlen kann.

10. Die Ideen des Paranoikers sind schwer korrigierbar, weil er sie gerade in ihrer Form zur Festigung seines Standpunktes braucht, insbesondere zur Erzielung seiner Unverantwortlichkeit im Leben, zum Vorwand gegenüber dem Mangel an Erfolgen und um den Stillstand seiner Aktion im gesellschaftlichen Leben zu erzwingen. Gleichzeitig gestatten sie ihm, die Fiktion seiner Überlegenheit festzuhalten, *ohne sie auf die Probe zu stellen*. Denn die Schuld liegt immer an der Feindseligkeit der anderen.

11. Ist die Passivität des Melancholikers eine Actio in distans, um andere zur Unterordnung zu zwingen, so zielt die aktive Fantasie des Paranoikers darauf hin, den unverantwortlichen Vorwand für seine Erfolglosigkeit im Leben und eine *zeitfüllende Präokkupation* zu gewinnen.

12. Seine Unverantwortlichkeit stützt sich im Gegensatz zum Bilde der Melancholie äußerlich mehr auf die Schuld des andern oder äußerer Umstände.

13. Der wahrnehmbare Ausbruch der Paranoia erfolgt gleichfalls in einer bedrohlichen Situation, in der der Patient seine überspannten Forderungen bezüglich seiner gesellschaftlichen Position endgültig verloren *glaubt*. In der Regel also vor einem Unternehmen, im Verlaufe desselben oder vor einer Herabsetzung, zumeist vor der »Gefahr« des Alterns.

14. Der Abbruch dieser Unternehmung[39] erfolgt durch die Zwischenkonstruktion des vorbereiteten Wahnsystems, durch dessen Aktivierung die Verantwortlichkeit des Patienten erlischt. Gleichzeitig steigt das Größengefühl des Patienten durch seine Einfühlung in die Verfolgungs-, Beachtungs- und Größenidee. Wir sehen in diesem Mechanismus einen kompensatorischen

---

37 *Erg. 1924:* und die anderen wie durch einen Bluff zu überrennen scheint
38 *Erg. 1924:* sie ermöglichen
39 dieser Unternehmung] *Änd. 1924:* der normalen Einordnung

Akt, der sich aus der Erwartung einer Herabsetzung entspinnt, und er verläuft in der Richtung des »männlichen Protestes«, wie ich es auch in der Psychologie der Neurosen (siehe »Über den nervösen Charakter« [Adler 1912a/2008a]) abschließend dargestellt habe. *[180]*

15. Die Konstruktion der Wahnideen lässt sich bis in die Kindheit zurückverfolgen, wo sie sich aus Tagträumen und Fantasien in kindlicher Weise an Situationen irgendeiner Herabsetzung anknüpften.
16. Die paranoische Haltung bringt nicht nur die Seele, sondern auch den Körper in die ihrem Wahnsystem adäquate Rolle. Stereotype Redensarten, Haltungen und Bewegungen stehen mit der leitenden Idee in Verbindung, finden sich übrigens reichlicher im Grenzgebiet und im Rahmen der Dementia praecox.
17. Melancholische Züge finden sich häufig der Paranoia beigemengt. So treten insbesondere Klagen über schlechten Schlaf, über mangelhafte Ernährung etc. öfters auf und werden im weiteren Verlauf meist einer Verarbeitung in der Richtung von Verfolgungs-, Vergiftungs- oder Größenideen zugeführt. Der letztere Weg zeigt sich zuweilen nur in der Betonung der Einzigartigkeit des Leidens.
18. Halluzinationen stehen im Zusammenhang mit der starken Einfühlung in die Rolle und vertreten aufmunternde oder warnende Stimmen. Sie ergeben sich in jedem Falle, wenn eine Willensrichtung des Patienten als inappellabel und gleichzeitig als unverantwortlich genommen werden will. Sie sind wie der Traum *gleichnisweise* zu verstehen, brauchen dem Patienten nicht verständlich zu sein, charakterisieren aber die Taktik des Patienten, die er einem bestimmten Problem gegenüber einschlagen will. Die Halluzination sowie manche der Träume ergeben sich *als ein Kunstgriff der Objektivierung subjektiver Regungen, an deren scheinbare Objektivität der Patient sich unbedingt bindet* (siehe die Traumtheorie des Autors in »Traum und Traumdeutung« [Adler 1913j, in diesem Band, S. 112] und im »Nervösen Charakter« [Adler 1912a/2008a]). Der Zwang zur Unverantwortlichkeit lässt die Führung des Willens durch eigene[40] Bestimmung nicht zu und setzt an dessen Stelle scheinbar fremde Stimmen und Gesichte.
19. Dazu kommt als Befestigung des Systems die tendenziöse, das heißt dem Wahnsystem günstige Auswahl der Erinnerungen und *die von der Endabsicht geleitete Auswertung der Erlebnisse.* Von unserem Gesichtspunkt aus treten die Tendenz derselben (Befestigung des Systems) und der entscheidende Zwang zu dieser Tendenz infolge der Zielsetzung (Zurück! Arrangement der Unverantwortlichkeit, Schuld des andern, Deckung des offenbaren Zusammenbruchs) womöglich noch deutlicher hervor.
20. Unsere Anschauung ergibt demnach, dass sich die Paranoia dort einstellt,

---

40 *Änd. 1924:* sachliche

wo normale Menschen etwa den Mut verlieren, wo labilere Naturen Selbstmord verüben oder querulierend alle anderen anschuldigen, wo ein aggressiver, den normalen Forderungen des Lebens feige ausweichender Mensch zum Verbrechen, zum Alkoholismus kommt und wo nur im Gemeinsinn gut geschulte Charaktere im Gleichgewicht bleiben. Gelegentlich findet man Beimischungen jeder der vorhergenannten Wendungen.

21. Das *selbstständige* Ringen des paranoisch Disponierten nach dem Triumph über alle bringt es mit sich, dass jeder als Feind oder als Schachfigur angesehen und behandelt wird. Dem Paranoiker fehlt wie jedem nervös und psychotisch Erkrankten das echte Wohlwollen für den Mitmenschen; er ist niemals ein verlässlicher Mitspieler in der Gesellschaft und geht in schlechter Haltung alle menschlichen Beziehungen (Liebe, Freundschaft, Beruf, Gesellschaft etc.) ein. Diese Haltungsanomalie stammt aus einer niederen Selbsteinschätzung und einer Überschätzung der Schwierigkeiten des Lebens. Sie ist es auch, die ihn zum Arrangement der (Neurose und) Psychose verleitet. Seine feindliche Haltung zur Gesellschaft ist demnach keineswegs angeboren oder unausrottbar, sondern sie ergibt sich als ein verlockender Notausgang[41].

22. Die Paranoia klingt selten ab, weil sie an jener Stelle der Lebenslinie auftritt, an der der Patient seinen *unwiderruflichen* Zusammenbruch wittert. Sinnfällige, subjektive Übertreibungen können im Anfang der Korrektur unterzogen werden. Dann kann die Erkrankung heilen[42].

23. Die Haltung des zur Paranoia neigenden Menschen zeigt von Kindheit an einen aktiven Zug, der vor Schwierigkeiten leicht zum Stillstand kommt. Deshalb findet man im Leben des Patienten häufig Unterbrechungen der geradlinigen Entwicklung scheinbar rätselhafter Natur. Alle diese den Fortschritt verzögernden Unternehmungen (auch häufiger Wechsel der Beschäftigung und Vagabundage) sind in Wirklichkeit durch die leitende Idee erzwungen: *Zeit zu verlieren, um Zeit zu gewinnen.*

Herrschsucht, Unverträglichkeit, Mangel der Kameradschaftlichkeit, Fehlen von Liebesbeziehungen oder Auswahl gefügiger Personen sind regelmäßige Erscheinungen im Leben des Erkrankten. Er zeichnet sich durch ein nörgelndes und ungerecht kritisches Wesen aus.

Anhang

Aus den Träumen eines Melancholikers
Ein 40-jähriger Beamter wird in ein anderes Büro versetzt. Vor 13 Jahren war aus dem gleichen Erlebnis heraus eine Melancholie entstanden. Auch diesmal

---

41 *Erg. 1924:* und Irrtum. *Denn es gibt überhaupt keine Gegengründe gegen die Mitarbeit*
42 *Änd. 1924:* geheilt werden

fand er sich unfähig, den ihm bevorstehenden Dienst zu versehen. Nebenbei kamen auch noch Gedanken zum Vorschein, in denen er andeutungsweise den andern die Schuld gab. Sie nähmen sich seiner nicht an, legten ihm Schwierigkeiten in den Weg, kurz: Die Bahn zur Paranoia war in schwacher Andeutung wie fast immer bei Melancholikern wahrzunehmen. Von mir verlangte er Gift, um seinen Qualen zu entgehen. Was immer sich ereignete, er gewann ihm die schwärzeste Seite ab. Schlaflosigkeit, Verdauungsbeschwerden, vor allem aber ununterbrochene Depression und die ärgsten Befürchtungen für die Zukunft, von Tag zu Tag steigend, ließen die Diagnose unzweideutig sicherstellen.

Ich habe gezeigt, wie die Melancholie als das »Restproblem« zu verstehen ist, bei dem die Individualität des Kranken, um den Krankheitsbeweis bemüht, darauf verfällt, *sich die Schuld zu geben,* sich zu verkleinern, um der offenen Entscheidung auszuweichen. Unser Patient zum Beispiel wird es auf seine Art erreichen, entweder einen ungünstigen Erfolg zu hintertreiben oder durch seine Krankheitslegitimation abzuschwächen oder einen günstigen Erfolg als Abschlagszahlung erscheinen zu lassen für eine fiktive Leistungsfähigkeit, die alles bisher Dagewesene übersteigt. Niemals fehlt auch die vergewaltigende Inanspruchnahme anderer Personen, die durch die Krankheit erschüttert werden sollen und zu größeren Anstrengungen im Dienste des Patienten angepeitscht werden. Reduzieren wir diese Position auf eine kindliche, so geraten wir auf das Bild des weinenden Kindes. Die ersten Kindheitserinnerungen dieses Patienten nun sind folgende: Er sieht sich auf einem Sofa als weinendes Knäblein. Eine zweite: Seine Tante schlug ihn einmal, als er acht Jahre alt war; da lief er in die Küche und rief unter Tränen aus: »Du hast mir meine Ehre geraubt!« Mit diesem individuellen Kunstgriff, andere durch sein Klagen zu erschüttern (zu vergewaltigen?), steht er auch jetzt der neuen Situation gegenüber. Nicht zu übersehen ist dabei, dass dieser Kunstgriff seines Lebens nur verständlich wird, wenn man annimmt, dass hier ein überaus ehrgeiziger Mensch nicht so weit an sich glaubt, als könnte er auf geradem Wege sein Ziel der Überlegenheit erreichen. Drittens sieht man deutlich, wie er, was mit all dem Früheren zusammenhängt, unter dem Drucke seiner heimlichen Gottähnlichkeitsidee in der Wirklichkeit der Verantwortung für seine Leistungen enthoben sein möchte, um seinen Gott nicht auf die Probe stellen zu müssen. So erklären sich seine zögernde Attitüde und das unbewusste Arrangement des »Restes«, der Distanz von seinem Ziele der Überlegenheit, das er bei jeder neuen Entscheidung zu verlieren fürchtet.

In der ersten Woche der Behandlung träumte er den in »Lebenslüge und Verantwortlichkeit« [Adler 1914m, in diesem Band, S. 170–180] berichteten Traum vom Weltuntergang. Hier finden wir alle oben hervorgehobenen Mechanismen der Melancholie. Er setzt den Fall einer vollkommenen Unverantwortlichkeit in seinem Sinne, er zeigt sich als der Stärkere, und seine Fantasie spielt wie ein Gott mit dem Schicksal der Welt. Alles ist erlaubt, wenn alles verloren geht![43] Ist nicht die gleiche Melodie in seinem: »Du hast mir die Ehre geraubt?« Wie er sich klein macht, müssen wir da nicht als Fortsetzung denken: »Jetzt komme ich mit dem ärgsten Gegenzug?« Liegt nicht die Selbstmorddrohung in der Luft, ist nicht die Depression als Pression benützt?

Alles soll sich seinem Willen beugen! Darauf zielt die Konstruktion seiner Melancholie. Hier der zweite Traum: »Ein Mädchen, das ich auf der Gasse sah, kam zu mir ins Zimmer und gab sich mir hin.« Der Hintergrund dieses Traumes? Wie fern ist er aller offenen Aggression! Aber es muss ein Zauber in ihm wohnen, der alle gefügig macht. Außerdem hilft er aber wie ein Taschenspieler nach und drückt mit dem Weltuntergang, mit seiner Depression auf die andern.

Ein dritter Traum zeigt uns das Arrangement seiner Depressionen: In einem andern Büro, das er in Wirklichkeit ausgeschlagen hatte, findet er sich leicht in die Arbeit. Alles geht gut und schön. »Das heißt, dort, wo ich nicht bin, dort ist das Glück.« Eine Annahme, durch seine Tendenz aufgeworfen, um die gegenwärtige Situation schmerzlich zu empfinden. Eine Widerlegung ist nicht möglich, denn es handelt sich um eine unerfüllbare Bedingung, wenn er sich anderswo sieht. Könnte man ihn dorthin versetzen, so fände er andere Ausflüchte.

---

43 *Anm. Adlers:* Gleichzeitig erfolgt die *Enthebung vom Gemeinschaftsgefühl.*

8. Die Individualpsychologie, ihre Voraussetzungen und Ergebnisse (1914)

Editorische Hinweise
Erstveröffentlichung:
1914h: Scientia (Bologna) 16, S. 74–87
Neuauflagen:
1920: Praxis und Theorie der Individualpsychologie, S. 1–10
1924: Praxis und Theorie der Individualpsychologie, S. 1–10
1927: Praxis und Theorie der Individualpsychologie, S. 1–10
1930: Praxis und Theorie der Individualpsychologie, S. 1–11
Letztveröffentlichung:
1974a: Praxis und Theorie der Individualpsychologie, S. 19–32

Nach Adlers Auffassung schließt die psychologische Wissenschaft emotionale Erfahrung, künstlerische Anschauung und Intuition aus. Diese Methodik erinnere ihn an die jetzt überholte ältere Naturwissenschaft mit ihren starren Systemen, die heute allgemein ersetzt sind durch Anschauungen, die biologisch, aber auch philosophisch und psychologisch das Leben im Zusammenhang zu erfassen trachten. Diese Herangehensweise an psychische Phänomene erprobt die »Vergleichende Individualpsychologie«, indem sie die Einheit der Individualität voraussetzt. Adler vergleicht dieses Geschehen mit dem Werk eines Künstlers: Das Verständnis eines Teiles erschließe sich erst aus dem Verständnis des Ganzen.

In diesem Beitrag beginnt Adler eine Konzeptualisierung des Lebens als Bewegung, die er vor allem in den 1930er Jahren weiterentwickeln wird. Die Gefahr jeder Konzeptualisierung bestehe darin, dass man mit einer Schablone an das individuelle Seelenleben herantritt, wenn man lebendige Bewegung in Worte einfängt. Nach Adler ist Denken, Fühlen, Wollen und Handeln ohne eine Zielvorstellung nicht möglich. Jede seelische Bewegung, auch in Mimik und Gestik, könne nur als Vorbereitung für ein Ziel verstanden werden. Adler veranschaulicht dies am Beispiel eines nach Hause Eilenden. 1924 ergänzt er, dass sich das Endziel in jeder Teilbewegung spiegelt und dass es, ob bewusst oder unbewusst, immer in seiner Bedeutung unverstanden ist. Dementsprechend stelle sich bei einer Gedächtnisschwäche die Frage: Wohin zielt sie? Auf was kommt es ihr an? 1924 stellt Adler fest, dass die Funktion der Gedächtnisschwäche erst aus dem Bezugssystem des ganzen Lebens dieser Persönlichkeit klar wird.

Den Ausdruck »Teleologie« verwendet Adler bei der Überarbeitung von 1924 zum zweiten Mal (erstmals in »Fortschritte der Individualpsychologie« 1923c, S. 201–215) und versteht ihn als Eigenkonstruktion und Kunstgriff der Seele, die nach Orientierung sucht. Die hier besprochene Dynamik findet sich laut Adler bei

Gesunden und Kranken. Was den Nervösen vom Gesunden unterscheidet, sei die stärkere Sicherungstendenz und, wie er 1930 ergänzt, die Zielsetzung auf der »unnützlichen« Seite des Lebens.

Zuletzt diskutiert Adler die Vor- und Nachteile der Fiktion nach Vaihinger, mit dessen erkenntnistheoretischen Anschauungen er übereinstimmt: Sie lehre Unterschiede machen, gebe Haltung und Sicherheit, bringe aber leicht eine feindliche, kämpferische Tendenz in unser Leben, raube uns die Unbefangenheit des Empfindens und versuche stets, uns der Wirklichkeit zu entfremden.

Die Änderungen stammen von 1920 (14), 1924 (27) und 1930 (13). Einige wurden schon erwähnt. 1920 konstatiert Adler, dass das Denken nur so viel vom neurotischen Machtstreben aufnehmen dürfe, wie das Gemeinschaftsgefühl erlaubt. Deshalb suche das Streben nach Macht sich heimlich auf den Wegen des Gemeinschaftsgefühls durchzusetzen, ein Gedanke, den Adler 1912 in den Begriff der Gegenfiktion gefasst hatte, den er aber seitdem nicht mehr verwendet. 1920 diskutiert Adler, wie Minderwertigkeitsgefühle neurotisch verstärkt werden können, und 1930 nennt er die Auswirkung davon den Minderwertigkeitskomplex.

Die Individualpsychologie, ihre Voraussetzungen und Ergebnisse

Ein Überblick über die Anschauungen und Lehren der meisten Psychologen zeigt uns eine sonderbare Beschränkung, soweit ihr Forschungsgebiet und ihre Mittel der Erkenntnis infrage kommen. Es ist, als ob Erfahrung und Menschenkenntnis mit tieferer Absicht ausgeschlossen sein sollten und als ob der künstlerischen, schöpferischen Anschauung und Intuition jede Geltung bestritten wäre. Während die Experimentalpsychologen Phänomene sammeln oder erzeugen, um Reaktionsweisen zu erschließen, also eigentlich Physiologie des Seelenlebens betreiben, reihen andere alle Ausdrucks- und Erscheinungsformen in althergebrachte oder wenig geänderte Systeme ein. Dabei finden sie nun freilich jene Abhängigkeiten und Zusammenhänge in den Einzelbewegungen wieder, die sie in ihrem Schema der Seele von vorneherein angebracht hatten.

Oder man versucht, aus kleinen, womöglich messbaren Einzelerscheinungen physiologischer Art Seelenzustände und das Denken aufzubauen, indem man beide gleichsetzt. Dass dabei das subjektive Denken und Einfühlen[1] ausgeschaltet erscheint, in Wirklichkeit freilich recht kräftig den Zusammenhang meistert, gilt diesen Forschern noch als Vorzug ihrer psychologischen Auffassung.

Die Methodik dieser Richtungen erinnert auch in ihrer Bedeutung als Vor-

---

1 *Erg. 1924:* des Forschers

schule des menschlichen Geistes an die jetzt überholte ältere Naturwissenschaft mit ihren starren Systemen, die heute allgemein ersetzt sind durch Anschauungen, die *[75]* biologisch, aber auch philosophisch und psychologisch das Leben und seine Varianten im Zusammenhang zu erfassen trachten. So auch jene Richtung in der Psychologie, die ich »vergleichende Individualpsychologie« genannt habe. Sie versucht das Bild der einheitlichen Persönlichkeit als einer Variante aus den einzelnen Lebensäußerungen und Ausdrucksformen zu gewinnen, indem sie die Einheit der Individualität voraussetzt. Nun werden die einzelnen Züge miteinander verglichen, auf ihre gemeinsame Linie gebracht und zu einem Gesamtporträt individualisierend zusammengetragen.[2]

Es dürfte auffallen, dass diese Art der Betrachtung des menschlichen Seelenlebens durchaus nicht ungewöhnlich oder besonders verwegen aussieht. In den Betrachtungen der Kinderpsychologie leuchtet sie trotz anderer Richtungslinien deutlich hervor. Vor allem aber ist es das Wesen und das Werk des Künstlers, des Malers, des Bildhauers, des Musikers, vorzüglich des Dichters, alle kleinen Züge seiner Geschöpfe so darzustellen, dass der Betrachter in ihnen die Grundlinien der Persönlichkeit[3] zu erfassen vermag, aufzubauen imstande ist, was der Künstler vorher schon, im Hinblick auf das Finale in sie versteckt hatte. Zumal das Leben in der Gesellschaft, das Leben ohne wissenschaftliche Voreingenommenheit ist so sehr im Banne der Frage nach dem Wohin einer Erscheinung, dass man es aussprechen muss: Trotz aller gegenteiligen wissenschaftlichen Anschauung hat noch nie einer sich über ein Geschehnis ein Urteil gebildet, ohne nach einer Linie gehascht zu haben, die alle seelischen Erscheinungen einer Person bis zu ihrem fiktiven Ziel zu verbinden scheint.

Wenn ich nach Hause eile, werde ich dem Betrachter alle Haltung, Miene, Bewegung und Gebärde darbieten, die man gemeiniglich von einem Heimkehrenden erwarten darf.[4] Und dies trotz aller Reflexe und trotz aller Kausalität. Ja, meine Reflexe könnten auch andere sein, die Ursachen könnten variieren. – Was man psychologisch erfassen kann und vor allem, was uns praktisch und psychologisch fast ausschließlich interessiert, ist: die Linie, die einer verfolgt.

Ferner: Wenn ich das Ziel einer Person kenne, so weiß ich ungefähr, was kommen wird. Und ich vermag es dann auch, jede der aufeinanderfolgenden Bewegungen einzureihen, im Zusammenhang zu sehen und meine ungefähre psychologische Kenntnis des Zusammenhangs fortlaufend zu korrigieren *[76]*

---

2   *Anm. Adlers 1924:* Auf anderen Wegen ist *William Stern* zu ähnlichen Ergebnissen wie ich gekommen.
3   *Erg. 1930:* den Lebensstil
4   *Anm. Adlers 1930:* Dem Kenner wird es nicht entgehen, wie eigentlich nur die »Gestaltpsychologie« von der gleichen Anschauung Gebrauch macht.

oder anzupassen. Solange ich nur die Ursachen, demnach nur Reflexe und Reaktionszeiten, Merkfähigkeit und Ähnliches weiß[5], weiß ich nichts von dem, was in der Seele dieses Menschen vorgeht.

Dazu kommt noch, dass auch der Untersuchte nichts mit sich anzufangen wüsste, solange er nicht nach einem Ziel gerichtet ist. Solange wir seine durch ein Ziel bestimmte Lebenslinie nicht kennen, wäre das ganze System seiner erkannten Reflexe samt allen kausalen Bedingungen nicht imstande, über die nächste Folge seiner Bewegungen Sicherheit zu verschaffen: Sie würden sich mit jeder möglichen seelischen Konsequenz in Einklang bringen lassen. Am deutlichsten ist dieser Mangel bei Assoziationsversuchen zu verstehen. Ich würde nie von einem Manne, der eine schwere Enttäuschung erlitten hat, erwarten können, dass er auf »Baum« etwa »Strick« assoziiert. Kenne ich aber sein Ziel, den Selbstmord, so werde ich solche Abfolge seiner Gedanken mit Sicherheit erwarten, so sicher, dass ich ihm Messer, Gift und Schießwaffen aus dem Wege räumen werde.[6]

Sieht man näher zu, so findet man folgende Gesetzmäßigkeit, die die Entfaltung alles seelischen Geschehens durchzieht: *Wir sind nicht in der Lage zu denken, zu fühlen, zu wollen, zu handeln, ohne dass uns ein Ziel vorschwebe.* Denn alle Kausalitäten genügen[7] nicht, das Chaos des Zukünftigen zu bewältigen und die Planlosigkeit, deren Opfer wir wären, aufzuheben. Alles Tun verharrte im Stadium eines wahllosen Herumtastens, die Ökonomie des Seelenlebens bliebe unerreicht; ohne jede Einheitlichkeit, jede Physiognomie und jede persönliche Note glichen wir Lebewesen vom Rang einer Amöbe.[8]

Dass wir durch die Annahme einer Zielsetzung im Seelenleben der Wirklichkeit besser gerecht werden, kann nicht bezweifelt werden. Bezüglich einzelner, aus dem Zusammenhang gerissener seelischer Phänomene besteht wohl auch kein Zweifel. Der Beweis kann leichtlich angetreten werden. Man braucht nur einmal die Gehversuche eines kleinen Kindes oder einer Wöchnerin mit dieser Voraussetzung zu betrachten. Freilich, wer voraussetzungslos an die Dinge herantreten will, dem dürfte sich meist der tiefere Sinn verbergen. Bevor der erste Schritt gemacht wird, steht schon das Ziel der Bewegung fest[9]. Der Wiener Physiologe *Exner* hat vor längerer Zeit *[77]* auseinander-

---

5 *Änd. 1924:* kenne
6 *Erg. 1924:* Erst in den Konsequenzen, die einer zieht, zeigt sich seine Individualität
   Erg. 1930: sein Apperzeptionsschema.
7 *Erg. 1924:* den lebenden Organismen
8 *Erg. 1924:* Nur Lebloses gehorcht einer erkennbaren Kausalität. Das Leben aber ist ein Sollen.
9 *Erg. 1924:* und spiegelt sich in jeder Teilbewegung

gesetzt, wie das Kind sich beim Sprechenlernen bemüht, eine ihm vorschwebende Lautkombination zu treffen.[10]

In gleicher Weise lässt sich von allen seelischen Bewegungen zeigen, dass sie ihre Richtung durch ein vorher gesetztes Ziel bekommen. Aber alle diese vorläufigen im Einzelnen sichtbaren Ziele geraten nach kurzem Bestand der seelischen Entwicklung des Kindes unter die Herrschaft des fiktiven Endzieles, des als fix gedachten oder empfundenen Finales. Mit anderen Worten: Das Seelenleben des Menschen richtet sich wie eine von einem guten dramatischen Dichter geschaffene Person nach ihrem fünften Akt.

Diese aus jeder Persönlichkeit individualpsychologisch einwandfrei zu erschließende Einsicht führt uns zu einem wichtigen Satz: *Jede seelische Erscheinung kann, wenn sie uns das Verständnis einer Person ergeben soll, nur als Vorbereitung für ein Ziel erfasst und verstanden werden.*[11]

Wie sehr diese Anschauung unser psychologisches Verständnis fördert, ergibt sich besonders, sobald uns die Vieldeutigkeit der[12] seelischen Prozesse klar geworden ist. Halten wir uns einen Menschen mit einem »schlechten Gedächtnis« vor Augen. Nehmen wir an, er sei sich dieses Umstandes bewusst und die Prüfung ergäbe eine geringe Merkfähigkeit für sinnlose Silben. Nach dem bisherigen Usus der Psychologie, der heute wohl Abusus zu nennen wäre, müssten wir das Urteil fällen: Der Mann leide angeborener oder krankhafter Weise an einem Mangel der Merkfähigkeit. Nebenbei gesagt, kommt bei dieser Art der Untersuchung gewöhnlich im Urteil heraus, was mit anderen Worten in der Prämisse bereits gesagt ist, zum Beispiel in diesem Falle: Wenn einer ein schlechtes Gedächtnis hat oder wenn einer [sich] nur wenige Worte merkt, so hat er eine geringe Merkfähigkeit.

Der Vorgang der Individualpsychologie ist nun von diesem gänzlich verschieden. Sobald sich organische Ursachen sicher ausschließen lassen, müsste sie die Frage aufwerfen: *Wohin* zielt die Gedächtnisschwäche?[13] Dieses Ziel können wir nur aus einer intimen Kenntnis des ganzen Individuums erschließen, so dass uns das Verständnis des Teiles erst aus dem Verständnis des Ganzen erwächst. Und wir würden etwa finden, was einer großen Anzahl von Fällen entspräche: Diese Person ist daran, vor sich und vor anderen den Beweis zu erbringen, dass sie – aus irgendwelchen zugrunde liegenden [78] Motiven, die ungenannt oder unbewusst bleiben sollen, die sich aber durch Gedächtnisschwäche besonders wirksam vertreten lassen – von irgendeiner Handlung oder Entscheidung (Berufswechsel, Studium, Prüfung, Heirat) fernbleiben

---

10 Der Wiener *bis* zu treffen *]* Ausl. 1920
11 *Erg. 1924:* Das Endziel erwächst jedem bewusst oder unbewusst, immer aber in seiner Bedeutung unverstanden.
12 *Erg. 1920:* aus dem Zusammenhang gerissenen
13 *Erg. 1924:* Auf was kommt es ihr an?

müsse. Dann wäre diese Gedächtnisschwäche als tendenziös entlarvt, wir verstünden ihre Bedeutung als Waffe im Kampfe gegen ein Unterliegen, und wir würden bei jeder Prüfung einer solchen Merkfähigkeit gerade jenen Defekt erwarten, der zum geheimen Lebensplan dieses Mannes gehört.[14]

Um noch ein Beispiel zu geben: Die gleiche Beobachtung machen wir bei den Affekten. Wir finden bei einer Dame Angstausbrüche, die sich von Zeit zu Zeit wiederholen. Solange nichts Wertvolleres zu finden war, konnte man sich mit der Annahme einer hereditären Degeneration, einer Erkrankung der Vasomotoren[15], des Vagus[16] etc. begnügen. Oder man konnte glauben, dem Verständnis näher zu sein, wenn man in der Vorgeschichte ein schreckensvolles Erlebnis, Trauma, aufspürte und diesem die Schuld beimaß. Sehen wir uns aber diese Individualität an und gehen ihren Richtungslinien nach, so entdecken wir etwa ein Übermaß von Herrschsucht, dem sich *als Angriffsorgan die Angst* beigesellt[17], sobald, kurz gesagt,[18] die geforderte Resonanz fehlt, wie es sich ergibt, wenn beispielsweise der Gatte einer solchen Patientin[19] das Haus verlässt.

Unsere Wissenschaft erfordert ein streng individualisierendes Vorgehen und ist deshalb Verallgemeinerungen nicht geneigt. In *usum delphini*[20] aber will ich folgenden Lehrsatz hierher stellen: *Wenn ich das Ziel einer seelischen Bewegung oder eines Lebensplanes erkannt habe, dann muss ich von allen Teilbewegungen erwarten, dass sie mit dem Ziel und mit dem Lebensplan übereinstimmen.*

Diese Formulierung ist mit geringen Einschränkungen im weiten Ausmaß aufrechtzuerhalten. Sie behält auch ihren Wert, wenn man sie umdreht: *Die*

---

14 *Erg. 1920:* Bleibt noch die Frage, wie man solche Mängel oder Übel erzeugt. Der eine »arrangiert« sie bloß, indem er allgemeine physiologische Schwächen absichtlich unterstreicht und sie als persönliche Leiden in Rechnung stellt. Anderen gelingt es, sei es durch Einfühlung in einen abnormen Zustand oder durch Präokkupation mit gefahrvollen, pessimistischen Erwartungen *[Erg. 1930:* und folgender seelischer Spannung*]*, den Glauben an ihr Können so weit zu erschüttern, dass ihnen dann kaum die Hälfte ihrer Kraft, ihrer Aufmerksamkeit, ihres Willens zur Verfügung stehen. *Erg. 1924:* Diese Schwäche hat also eine Funktion, die erst aus dem Bezugssystem des ganzen Lebens dieser Persönlichkeit klar wird. — *Erg. 1930:* Ihre Darstellung dieser Mangelhaftigkeit habe ich den »Minderwertigkeitskomplex« genannt.
15 [Gefäßnerven, die die Gefäße erweitern oder verengen]
16 [Hirnnerv, an der Regulation fast aller inneren Organe beteiligt]
17 *Erg. 1920:* sobald die Hörigkeit des anderen zu Ende geht
18 kurz gesagt *] Ausl. 1920*
19 *Erg. 1924:* ohne Bewilligung
20 [*In usum delphini: ad usum delphini,* für den Gebrauch des Dauphins, das heißt für den Unterricht des französischen Thronfolgers, wurde eine Ausgabe antiker Klassiker verwendet, die von anstößigen Stellen gereinigt war.]

richtig verstandenen Teilbewegungen müssen in ihrem Zusammenhang das Abbild eines einheitlichen Lebensplanes und seines Endzieles ergeben. Wir stellen demnach die Behauptung auf, dass unbekümmert um Anlage, Milieu und Erlebnisse alle psychischen Kräfte im Banne einer richtenden Idee stehen und dass alle Ausdrucksbewegungen, das Fühlen, Denken, Wollen, Handeln, Träumen und die psychopathologischen Phänomene von einem einheitlichen Le[79]bensplan durchzogen sind.[21] Ein kurzer Hinweis mag diese ketzerischen Sätze begründen und zugleich mildern: Wichtiger als Anlage, objektives Erlebnis und Milieu ist deren subjektive Einschätzung, und ferner: Diese Einschätzung steht in einem gewissen, freilich oft wunderlichen Verhältnis zu den Realien.[22] Aus der Einschätzung[23] aber, die meist zu einer dauernden Stimmungslage *im Sinne eines Minderwertigkeitsgefühls* Anlass gibt, entspinnt sich entsprechend der unbewussten Technik unseres Denkapparates ein fiktives Ziel als gedachte, endgültige Kompensation und ein Lebensplan als der Versuch einer solchen.[24]

Ich habe bisher viel vom »Verstehen« des Menschen gesprochen. Fast so viel wie manche Theoretiker der »verstehenden Psychologie« oder der Persönlichkeitspsychologie, die immer abbrechen, wenn sie uns zeigen sollten, was sie eigentlich verstanden haben. Die Gefahr, auch diese Seite unserer Untersuchungen, die *Ergebnisse der Individualpsychologie* in Kürze auseinanderzusetzen, ist groß genug. Man wird lebendige Bewegung in Worte, in Bilder einfangen müssen, man ist gezwungen über Differenzen hinwegzusehen, um einheitliche Formeln zu gewinnen, und man wird bei der Beschreibung den Fehler machen müssen, den in der Ausübung zu begehen uns streng verboten ist: mit einer trockenen Schablone an das individuelle Seelenleben heranzutreten[25].

Unter dieser Voraussetzung will ich in der Folge die wichtigsten Ergebnisse

---

21 *Erg. 1924:* Aus dieser selbst gesetzten Zielstrebigkeit erwächst die Einheit der Persönlichkeit; so ergibt sich im seelischen Organ eine Teleologie, die als Kunstgriff und Eigenkonstruktion *[Erg. 1930:* als endgültige Kompensation des allgegenwärtigen menschlichen Minderwertigkeitsgefühls*]* zu verstehen ist.
22 *Erg. 1924:* In der Massenpsychologie ist diese grundlegende Tatsache schwer zu entdecken, weil der »ideologische Überbau über der ökonomischen Grundlage« *(Marx* und *Engels)* und seine Tatsetzungen einen Ausgleich der persönlichen Differenzen erzwingen.
23 *Erg. 1924:* des Einzelnen
24 *Anm. Adlers 1924:* Das »fiktive Ziel«, verschwommen und labil, nicht zu ermessen, mit wenig zulänglichen, durchaus nicht begnadeten Kräften errichtet, hat keine reale Existenz, ist deshalb kausal nicht völlig zu begreifen. Wohl aber als teleologisches Kunststück der Seele, die nach Orientierung sucht *Erg. 1930:* und im Ernstfall stets konkret gestaltet wird.
25 *Erg. 1924:* wie es die *Freud*'sche Schule versucht

unserer Erforschung des Seelenlebens vorlegen. Es verdient hervorgehoben zu werden, dass sich die hier zu besprechende Dynamik des Seelenlebens in gleicher Weise bei Gesunden und Kranken findet. Was den Nervösen vom Gesunden unterscheidet, liegt in der stärkeren »Sicherungstendenz« des Kranken, mit der er seinen Lebensplan ausstattet. Von ihr wird später noch die Rede sein. Was aber die »Zielsetzung« und den ihr angepassten Lebensplan anlangt, so finden sich keinerlei grundlegende Differenzen[26].

Ich darf demnach von einem allgemeinen Ziel der Menschen sprechen. Die eingehendste Betrachtung ergibt nun, dass wir die seelischen Bewegungen aller Art am besten verstehen können, wenn wir als ihre *allgemeinste Voraussetzung* erkannt haben, dass sie *auf ein Ziel der Überlegenheit* gerichtet sind. Vieles davon haben große Denker verkündigt, manches weiß jeder für sich davon, das meiste birgt sich in ein geheimnis[80]volles Dunkel und nur im Wahnsinn oder in der Ekstase liegt es deutlich zutage. Ob einer ein Künstler, der Erste in seinem Fache oder ein Haustyrann sein will, ob er Zwiesprache mit seinem Gotte hält oder die andern herabsetzt, ob er sein Leid als das größte ansieht, dem alle sich beugen müssen, ob er nach unerreichbaren Idealen jagt oder alte Götter, alte Grenzen und Normen zerbricht[27] – auf jedem Teil seines Weges leitet und führt ihn seine Sehnsucht nach Überlegenheit, sein Gottähnlichkeitsgedanke, sein Glaube an seine besondere Zauberkraft. In der Liebe will er gleichzeitig seine Macht über den Partner empfinden, bei freiwilliger Berufswahl dringt das vorschwebende Ziel in übertriebene Erwartungen und Befürchtungen durch, und selbst im Selbstmord empfindet er[28] den Sieg über alle Hindernisse. Um sich einer Sache, einer Person zu bemächtigen, kann er auf geraden Linien wandeln, kann stolz, herrschsüchtig, trotzig, grausam, mutig zu Werke gehen; oder er zieht es, durch Erfahrungen auf Abwege und Umwege gedrängt, vor, seine Sache zum Siege zu führen durch Gehorsam, Unterwerfung, Sanftmut und Bescheidenheit. Auch die Charakterzüge haben kein selbstständiges Dasein, auch sie passen immer zu dem individuellen Lebensplan, dessen wichtigste Kampfbereitschaften sie vorstellen.

Dieses Ziel der Allüberlegenheit, das im Einzelfall oft wunderlich genug aussieht, ist aber nicht von dieser Welt. Für sich betrachtet, müssen wir es unter die »Fiktionen« oder »Imaginationen« einreihen. Von ihnen sagt Vaihinger (»*Die Philosophie des Als-ob*« [1911]) mit Recht, ihre Bedeutung liege darin, dass sie, an sich unsinnig, dennoch für das Handeln die größte Bedeutung hätten. Dies stimmt in unserem Falle so sehr, dass wir sagen können: *Diese der Wirk-*

---

26 *Erg. 1930:* außer der einen, freilich maßgebenden, dass das »konkrete« Ziel des Neurotikers immer auf der unnützlichen Seite des Lebens liegt
27 *Anm. Adlers 1930:* auch ob er in kindischer Weise mit leeren Phrasen die Individualpsychologie herabzusetzen trachtet
28 *Erg. 1920:* Rache dürstend

lichkeit so vollkommen Hohn sprechende Fiktion eines Zieles der Überlegenheit ist die Hauptvoraussetzung unseres[29] Lebens[30]. Sie lehrt uns die Unterschiede machen, sie gibt uns Haltung und Sicherheit, gestaltet, leitet unser Tun und Handeln und nötigt unseren Geist vorauszusehen und sich zu vervollkommnen. Daneben die Schattenseite: Sie bringt[31] eine feindliche, kämpferische Tendenz in unser Leben, raubt uns die Unbefangenheit des Empfindens und versucht es stets, uns der Wirklichkeit zu entfremden, indem sie deren Vergewaltigung nahelegt. Wer dieses Ziel der Gottähnlichkeit real[32] *[81]* fasst, es wörtlich nimmt, wird bald gezwungen sein, das wirkliche Leben als ein Kompromiss zu fliehen, um ein Leben neben dem Leben zu suchen, bestenfalls in der Kunst, meist aber im Pietismus, in der Neurose oder im Verbrechen.[33]

Ich kann hier auf Einzelheiten nicht eingehen. Eine Andeutung dieses überlebensgroßen Zieles findet sich wohl bei allen Menschen. Manchmal sticht es aus der Haltung hervor, zuweilen verrät es sich in den Forderungen und Erwartungen. Zuweilen findet man seine Spur in dunklen Erinnerungen, Fantasien oder Träumen. Sucht man es ernstlich, so darf man kaum je darnach fragen. Aber eine körperliche oder geistige Attitüde spricht deutlich ihre Abstammung[34] aus und trägt das Ideal irgendeiner Art von Vollkommenheit und Fehlerlosigkeit in sich. Immer wird in jenen Fällen, die sich der Neurose nähern, ein verstärktes Messen an der Umgebung, auch an Verstorbenen und Helden der Vergangenheit, auffällig werden.

Die Probe auf die Richtigkeit dieses Befundes ist leicht anzustellen. Trägt nämlich jeder, wie wir es beim Nervösen in vergrößertem Maße wahrnehmen, ein Ideal der Überlegenheit in sich, dann müssen auch Erscheinungen zu finden sein, die auf eine Unterdrückung, auf Verkleinerung, auf Entwertung der anderen hinzielen. Charakterzüge wie Unduldsamkeit, Rechthaberei, Neid, Schadenfreude, Selbstüberschätzung, Prahlerei, Misstrauen, Geiz, kurz: Alle Stellungen, die der Voraussetzung eines Kampfes entsprechen, müssen zum Durchbruch kommen, in weitaus höherem Grade, als es etwa die Selbsterhaltung gebietet[35].

Daneben, manchmal gleichzeitig oder austauschbar wird man je nach dem Eifer[36], mit dem das Endziel gesucht wird, Züge von Ehrgeiz, Wetteifer, Mut, die Attitüde des Rettens und Schenkens und Dirigierens auftauchen sehen.

---

29 *Erg. 1924:* bisherigen
30 *Erg. 1920:* geworden
31 *Erg. 1930:* leicht
32 *Erg. 1924:* und persönlich
33 *Anm. Adlers:* Siehe auch »Das Problem der Distanz« [Adler 1914k, S. 158]
34 *Erg. 1920:* vom Streben nach Macht
35 *Erg. 1930:* und das Gemeinschaftsgefühl verlangt
36 *Erg. 1920:* und dem Selbstvertrauen

Eine psychologische Untersuchung erfordert so viel Objektivität, dass ein moralisches Urteil die Übersicht nicht stört. Man muss auch noch hinzunehmen, dass *das verschiedene Niveau der Charakterzüge* in erster Reihe unser Wohlgefallen oder unsere Missachtung auslöst. Und schließlich liegen, insbesondere bei Nervösen, die feindlichen Züge oft so versteckt, dass der Träger *[82]* dieser Eigenschaften mit Recht erstaunt und unwillig wird, sobald ihn einer darauf hinweist. Von zwei Kindern zum Beispiel schuf sich das ältere eine recht unbehagliche Situation, weil es durch Trotz und Eigensinn die Herrschaft in der Familie an sich reißen wollte. Das jüngere Kind fing es klüger an, zeigte sich als ein Muster von Gehorsam und brachte es so dahin, dass es der Abgott der Familie wurde, dem man alle Wünsche erfüllte. Als es der Ehrgeiz weiter trieb[37], kam es zur Zerstörung der Gehorsamsbereitschaft; es stellten sich krankhafte Zwangserscheinungen ein, mittels deren jeder Befehl der Eltern durchkreuzt wurde, trotzdem man das Kind sich abmühen sah, im Gehorsam zu verharren. Ein Gehorsam also, dem seine Aufhebung durch Zwangsdenken und Zwangsbeten[38] auf dem Fuße folgte. Man sieht den Umweg, der gemacht wurde, um auf die gleiche Linie wie das andere Kind zu kommen.[39]

An dieser Stelle muss ich eine alte Grundanschauung aller Seelenkenner bestätigen. Jede auffällige Haltung eines Menschen lässt sich bis zu einem Ursprung in der Kindheit verfolgen. In der Kinderstube formt sich und bereitet sich die künftige Haltung des Menschen vor[40]. Grundlegende Änderungen ergeben sich nur durch einen hohen Grad der Selbsterkenntnis oder im Stadium der Nervosität durch ein individualpsychologisches Vorgehen des Arztes[41].

An einem andern Falle, wie er sich ähnlich ungezählte Male ereignet, will ich noch näher auf die Zielsetzung des Nervösen eingehen. Ein hervorragend begabter Mann, der sich durch Liebenswürdigkeit und feines Benehmen die Gunst eines wertvollen Mädchens errungen hatte, denkt an die Verlobung. Gleichzeitig rückt er mit einem Erziehungsideal dem Mädchen an den Leib, das diesem recht schwere Opfer auferlegt. Eine Zeit lang erträgt sie die maßlosen Anordnungen, bis sie weiteren Prüfungen durch den Abbruch der Beziehung aus dem Wege geht. Nun stürzt der Mann in nervösen Anfällen zusammen.

---

37 *Erg. 1924:* und als die unausweichlichen Enttäuschungen eintraten
38 und Zwangsbeten *] Ausl. 1920*
39 *Erg. 1920:* Die ganze Wucht des persönlichen Strebens nach Macht und Überlegenheit geht frühzeitig beim Kinde in die Form und in den Inhalt seines Strebens über, während das Denken nur so viel davon beiläufig aufnehmen darf, als das unsterbliche, reale, physiologisch gegründete Gemeinschaftsgefühl erlaubt. Aus Letzterem entwickelte sich Zärtlichkeit, Nächstenliebe, Freundschaft, Liebe; das Streben nach Macht entfaltet sich verschleiert und sucht, sich heimlich *[Erg. 1924:* und listig*]* auf den Wegen des Gemeinschaftsgefühls durchzusetzen.
40 *Erg. 1924:* und zeigt die Abdrücke der Umgebung
41 *Erg. 1930:* wenn der Patient den Fehler seines Lebensstils im Zusammenhang erkennt

Die individualpsychologische Aufklärung des Falles ergab, dass das Ziel der Überlegenheit bei diesem Patienten, wie es sich in den herrschsüchtigen Anforderungen an die Braut ergab, schon längst zu einer Ausschaltung der Ehe gedrängt hatte und dass er heimlich vor sich selbst[42] dem Bruch zutreiben musste, weil er sich dem offenen Kampfe, als den er sich die Ehe ausmalte, nicht gewachsen *[83]* glaubte. Auch dieser *Zweifel an sich selbst* stammte aus seiner frühesten Kindheit, wo er als einziger Sohn ziemlich abgeschlossen von der Welt mit seiner früh verwitweten Mutter lebte. Aus dieser Zeit, die sich in fortwährenden häuslichen Kämpfen abwickelte, hat er den unauslöschlichen Eindruck gewonnen, den er sich offen nie eingestanden hätte: als sei er nicht männlich genug, als würde er nie einer Frau gewachsen sein. Diese psychische Attitüde ist einem dauernden Minderwertigkeitsgefühl vergleichbar, und man kann es wohl verstehen, wie sie in das Schicksal eines Menschen bestimmend eingreift[43].

Dass der Patient erreichte, was seine heimlichen Vorbereitungen zur Ehelosigkeit bezweckten und was ihm seine Furcht vor dem Partner eingab, Kampfszenen und eine ruhelose Beziehung zur Frau, ist kaum zu verkennen. Ebenso wenig, dass er sich zu seiner Braut ähnlich stellte wie zu seiner Mutter, die er ja gleichfalls niederringen wollte. Diese durch Sehnsucht auf Sieg erzwungene Haltung[44] ist von der *Freud*'schen Schule als dauernde inzestuöse Verliebtheit in die Mutter glänzend missverstanden worden. In Wirklichkeit treibt den Patienten sein aus der schmerzlichen Beziehung zu seiner Mutter verstärktes kindliches Minderwertigkeitsgefühl dazu, es im Leben noch einmal unter Anwendung der stärksten Sicherungstendenz auf den Kampf mit der Frau ankommen zu lassen. Was immer wir unter Liebe verstehen wollen, es bleibt in diesem Falle nur *Mittel zum Zweck*[45]. Letzterer aber ist: endlich den Triumph über ein geeignetes weibliches Wesen zu erzwingen. Deshalb die fortgesetzten Prüfungen und Forderungen, deshalb auch die mit Sicherheit zu erwartende Lösung des Verhältnisses. Diese Lösung hat sich nicht »ereignet«, sie wurde kunstgerecht inszeniert und ihr Arrangement erfolgte mit den alten Mitteln seiner Erfahrung, wie er sie an seiner Mutter geübt hatte.[46]

---

42   *Änd. 1924:* ohne es zu verstehen
43   *Erg. 1920:* und ihn zwingt, sein Prestige anders zu wahren als in der Erfüllung realer Forderungen   *Erg. 1930:* auf der nützlichen Seite des Lebens
44   *Änd. 1924:* Beziehung
45   *Änd. 1924:* sie ist in diesem Falle nicht qualifiziertes Gemeinschaftsgefühl, sondern nur ihr Schein, ihre Karikatur, nur Mittel zum Zweck
46   *Erg. 1920:* Eine Niederlage in der Ehe schien ausgeschlossen, weil er die Ehe verhinderte.   *Erg. 1924:* Man sieht in dieser Stellungnahme das Überwuchern des »Persönlichen« gegenüber der »Sachlichkeit«, gegenüber der Unbefangenheit. Die Erklärung findet sich in der Feststellung des zitternden Ehrgeizes. Es gibt zwei Formen des Ehrgeizes, von denen die zweite die erste ablöst, sobald durch Niederlagen eine Entmuti-

Bleibt so kaum etwas Rätselhaftes an dem Verhalten dieses Mannes, erkennen wir in seiner herrschsüchtigen Attitüde deutlich die Aggression, die sich als Liebe gibt, so bedarf doch der weniger verständliche nervöse Zusammenbruch des Patienten einiger erläuternder Worte. Wir betreten damit den eigentlichen Boden der Neurosenpsychologie. Wieder einmal wie in der Kinderstube ist der Patient am Weibe gescheitert. In allen ähnlichen Fällen lockt es den Nervösen, *[84]* seine Sicherungen zu verstärken und sich in einen größeren Abstand von der Gefahr[47] zu begeben. Unser Patient braucht den Zusammenbruch, um eine böse Erinnerung in sich zu nähren, um die Schuldfrage aufzuwerfen und sie zu Ungunsten der Frau zu lösen, um in späteren Zeiten mit noch größerer Vorsicht zu Werke zu gehen! Oder um endgültig von Liebe und Ehe Abschied zu nehmen! Dieser Mann zählt heute 30 Jahre. Gestatten wir uns die Annahme, dass er seinen Schmerz zehn bis zwanzig Jahre mit sich herumtragen und ebenso lange sein verlorenes Ideal betrauern wird, so hat er sich dadurch vielleicht für immer vor jeder Liebesbeziehung und so in seinem Sinne vor jeder neuen Niederlage gesichert.

Den nervösen Zusammenbruch aber konstruiert er gleichfalls mit den alten verstärkten Mitteln seiner Erfahrung, ähnlich wie er etwa als Kind das Essen, das Schlafen, die Arbeit von sich gewiesen hatte und die Rolle des Sterbenden spielte. Da sinkt die Schale mit der *Schuld der Geliebten,* und er selbst überragt sie an Gesittung und Charakter, und siehe: Er hat erreicht, nach was er Sehnsucht trug, er ist der Überlegene, er ist der Bessere, sein Partner aber ist schlecht wie alle Mädchen. Sie können sich mit ihm, dem Manne, nicht messen. So hat er die Verpflichtung, die er schon als Knabe fühlte, erfüllt; er hat gezeigt, dass er höher steht als das weibliche Geschlecht[48].

---

gung eingetreten ist. Die erste Form steht hinter dem Menschen und jagt ihn nach vorne. Die zweite stellt sich vor den Menschen und drängt ihn zurück:»Wenn du den Halys überschreitest, wirst du ein großes Reich zerstören.« In der zweiten Lage befinden sich zumeist die Nervösen, und die erste Form findet sich bei ihnen nur mehr spurweise, bedingungsweise oder zum Schein. Sie sagen dann wohl auch:»Ja, früher, da war ich ehrgeizig.« Sie sind es aber noch ebenso, haben sich aber durch das Arrangement ihres Leidens, ihrer Verstimmung, ihrer Teilnahmslosigkeit den Weg nach vorne verlegt. Ihre Antwort auf die Frage:»Wo warst du denn, als man die Welt verteilet?«, lautet regelmäßig:»Ich war krank.« So gelangen sie, anstatt zur Beschäftigung mit der Außenwelt, zur Beschäftigung mit sich. *Jung* und *Freud* haben später, der eine als »Introversion«, der andere als »Narzissmus« diesen wichtigsten neurotischen Vorgang irrtümlich als angeborene Typen aufgefasst. [»Wenn du den Halys überschreitest ...«: Delphischer Orakelspruch an Krösus († 541 v. Chr.), der sich durch das Orakel ermutigt fühlte, das Perserreich anzugreifen, jedoch dadurch sein eigenes Reich zerstörte.]

47 *Anm. Adlers:* Siehe »Problem der Distanz« [Adler 1914k, in diesem Band, S. 158]
48 *Erg. 1924:* ohne seine Kraft auf die Probe zu stellen

Wir begreifen, dass seine nervöse Reaktion nicht scharf genug ausfallen kann. *Er muss als lebender Vorwurf gegen die Frau auf Erden wandeln.*[49] Wüsste er um seine geheimen Pläne, so wäre sein ganzes Tun Gehässigkeit und böse Absicht, könnte demnach den beabsichtigten Zweck, seine Erhebung über die Frau, gar nicht erreichen. Denn er sähe sich so, wie wir ihn sehen, wie er das Gewicht fälscht und wie er alles zu einem vorherbestimmbaren Ziele führt. Was sich mit ihm begibt, wäre nicht mehr »Schicksal«, geschweige denn, dass es für ihn ein Plus ergäbe. Sein Ziel, sein Lebensplan, seine Lebenslüge verlangen aber dieses Plus! Folglich »ergibt« sich auch, *dass dieser Lebensplan so weit im Unbewussten bleibt,* dass der Patient an ein *un*[85] *verantwortliches Schicksal,* nicht an einen lange vorbereiteten, ausgeklügelten, verantwortlichen Weg glauben darf.

Ich muss hier einer weitläufigen Schilderung dieser »Distanz«, die der Nervöse zwischen sich und die Entscheidung – in diesem Falle die Ehe – legt, aus dem Wege gehen. Auch wie er sie *macht,* ist einer Beschreibung der nervösen Arrangements vorzubehalten. Es sei nur darauf hingewiesen, dass diese Distanz sich in der »zögernden Attitüde« des Patienten, in seinen Prinzipien, in seiner Weltanschauung und in seiner Lebenslüge deutlich ausspricht. Am wirksamsten zu ihrer Entfaltung erweist sich immer die Neurose und Psychose. Auch die Eignung der aus den gleichen Quellen stammenden Perversionen und jeglicher Impotenz ist ungemein groß. Den Abschluss und die Versöhnung mit dem Leben findet der Mensch dann in der Konstruktion eines oder mehrerer »Wenn-Sätze«: »Wenn irgendetwas anders gewesen wäre, ...!«

Die Bedeutung der Erziehungsfragen, auf die unsere Schule das größte Gewicht legt (siehe »Heilen und Bilden« [Adler 1914a/1973c]), geht aus diesen Zusammenhängen scharf hervor.

Es ergibt sich aus der Anlage der vorliegenden Arbeit, dass unsere Untersuchung wie im Falle einer psychotherapeutischen Kur den rückläufigen Weg einschlägt, zuerst *das Ziel der Überlegenheit* betrachtet, an ihm die *Kampfstellung des Menschen*[50], in Sonderheit des Nervösen, erläutert und nun die Quellen dieses hervorragenden seelischen Mechanismus zu erfassen trachtet. Einer Grundlage dieser psychischen Dynamik haben wir bereits gedacht, sie liegt in der unausweichlichen artistischen Eignung des seelischen Apparats, die Anpassung und die Expansion in der Realität mittelst des *Kunstgriffs der Fiktion und der Zielsetzung* zu ermöglichen. Wie das Ziel der Gottähnlichkeit die Stellung des Individuums zu seiner Umgebung in eine kämpferische umgestaltet und wie der Kampf den Menschen auf den Linien geradliniger

---

49 Anm. Adlers: Der paranoide Zug wird erkennbar. Siehe »Lebenslüge und Verantwortlichkeit in der Neurose und Psychose« [Adler 1914m, in diesem Band, S. 170]
50 Anm. Adlers: Der »Kampf ums Dasein«, der »Kampf aller gegen alle« etc. sind nur andere Perspektiven der gleichen Reaktion.

Aggression oder auf Leitlinien der Vorsicht dem Ziele näher zu treiben sucht, habe ich kurz zu beleuchten unternommen. Verfolgt man den Werdegang dieser Aggression weiter in die Kindheit zurück, so stößt man in jedem Falle auf die auslösende Grundtatsache: *Dem Kinde haftet während* [86] *der ganzen Zeit seiner Entwicklung ein Gefühl der Minderwertigkeit in seinem Verhältnis zu den Eltern und zur Welt an.* Durch die Unfertigkeit seiner Organe, durch seine Unsicherheit und Unselbstständigkeit, infolge seines Anlehnungsbedürfnisses an Stärkere und wegen der oft schmerzlich empfundenen Unterordnung unter andere erwächst ihm dieses Gefühl der Insuffizienz, das sich in seiner ganzen Lebenstätigkeit verrät. Dieses Gefühl der Minderwertigkeit erzeugt die beständige Unruhe des Kindes, seinen Betätigungsdrang, sein Rollensuchen, sein Kräftemessen, sein Vorbauen in die Zukunft und seine körperlichen und geistigen Vorbereitungen. Die ganze Erziehungsfähigkeit des Kindes hängt an diesem Insuffizienzgefühl. So wird ihm die Zukunft ein Land, das ihm die Kompensationen bringen soll. Auch in seinem Minderwertigkeitsgefühl spiegelt sich die Kampfstellung wieder; und als Kompensation gilt ihm nur, was seine gegenwärtige dürftige Lage dauernd aufhebt und allen andern überlegen macht. So kommt das Kind zur Zielsetzung und zum fiktiven Ziele der Überlegenheit, wo sich seine Armut in Reichtum, seine Unterwerfung in Herrschaft, sein Leiden in Freude und Lust, seine Unkenntnis in Allwissenheit, seine Unfähigkeit in Kunst verwandeln wird. Dieses Ziel wird umso höher angesetzt und umso prinzipieller festgehalten, je deutlicher das Kind seine Unsicherheit empfindet und je mehr es unter körperlicher oder geringgradiger geistiger Schwäche leidet, je mehr es seine Zurücksetzung im Leben spürt. Wer dieses Ziel erraten will, muss das Kind beim Spiel, bei frei gewählten Beschäftigungen, seinen Fantasien über die künftige Berufswahl beobachten. Der fortgesetzte Wandel in diesen Erscheinungen ist nur äußerer Schein, in jedem neuen Ziel glaubt es, seinen Triumph vorwegzunehmen. Einer Variante dieses Pläneschmiedens sei noch gedacht, die man häufig bei weniger aggressiven Kindern, bei Mädchen und bei häufig erkrankten Geschöpfen findet: Sie lernen ihre Schwäche missbrauchen und verpflichten so die andern, sich ihnen unterzuordnen. Sie werden es auch später immer wieder versuchen, bis die Aufdeckung ihres Lebensplanes und ihrer Lebenslüge einwandfrei gelungen ist.

Ein besonderer Aspekt bietet sich dem aufmerksamen Betrachter, sobald das Wesen dieser *kompensatorischen Dynamik* die Geschlechtsrolle als minderwertig erscheinen lässt *[87]* und *zu übermännlichen Zielen* drängt. In unserer[51] Kultur wird sich das Mädchen wie der Knabe zu ganz besonderen Anstrengungen und Kunstgriffen genötigt glauben. Unstreitig gibt es unter diesen eine große Anzahl fördernder. Diese zu erhalten, die zahllosen irrefüh-

---

51 *Erg. 1924:* männlich gerichteten

renden und krankmachenden Leitlinien aber aufzudecken und unschädlich zu machen, ist eine[52] Aufgabe, die weit über die Grenzen einer ärztlichen Kunst hinausführt, von der unser gesellschaftliches Leben, die Kinder- und Volkserziehung viele wertvolle Keime erwarten dürfen. Denn das Ziel dieser Lebensanschauung ist: *verstärkter Wirklichkeitssinn, Verantwortlichkeit und Ersatz der latenten Gehässigkeit durch gegenseitiges Wohlwollen*[53].

---

52 Änd. 1920: unsere gegenwärtige
53 Erg. 1920: die aber ganz nur zu gewinnen sind durch die bewusste Entfaltung des Gemeinschaftsgefühls und durch den bewussten Abbruch des Strebens nach Macht. Wer die Machtfantasien des Kindes sucht, findet sie meisterhaft in *Dostojewskis* »Jüngling« (auch: »Ein Werdender«) geschildert. Bei einem meiner Patienten fand ich sie besonders krass. In seinen Gedanken und Träumen kehrte immer der Wunsch wieder: Andere mögen sterben, damit er Raum zum Leben habe, anderen möge es schlecht gehen, damit er bessere Möglichkeiten gewänne. Es erinnert diese Haltung an Gedankenlosigkeiten und Herzlosigkeiten vieler Menschen, die alle ihre Übel darauf zurückführen, dass schon zu viele Menschen auf Erden seien, Regungen, die sicherlich allenthalben den Weltkrieg schmackhafter gemacht haben. – Das Gefühl der Gewissheit bei solchen Fiktionen wird aus anderen Sphären herübergeholt, in obigem Falle aus den Grundtatsachen des kapitalistischen Handels, bei dem wirklich der eine umso besser fährt, je schlechter es dem andern geht. »Ich will Totengräber werden«, sagte mir ein vierjähriger Junge, »ich will der sein, der die anderen eingräbt.«

9. Das Problem der »Distanz«. Über einen Grundcharakter der Neurose und Psychose (1914)

Editorische Hinweise
Erstveröffentlichung:
1914k: Zeitschrift für Individualpsychologie 1, S. 8–16
Neuauflagen:
1920: Praxis und Theorie der Individualpsychologie, S. 70–75
1924: Praxis und Theorie der Individualpsychologie, S. 71–76
1927: Praxis und Theorie der Individualpsychologie, S. 71–76
1930: Praxis und Theorie der Individualpsychologie, S. 68–73
Letztveröffentlichung:
1974a: Praxis und Theorie der Individualpsychologie, S. 112–119

Das Streben nach oben erzwingt laut Adler den Fortschritt der Kultur und schafft gleichzeitig eine Methode und Technik des Lebens. Die Charakterzüge, Gefühle und Affekte erweisen sich als erprobte Bereitschaften, um das fiktive Ziel zu erreichen. Dabei seien auch gegensätzliche Haltungen möglich: Dissoziation, Polarität, Ambivalenz usw. Der Lebensplan des Nervösen enthalte Aggressionen, Ausweichmanöver und Ausschaltungen (ergänzt 1924), entweder in der Linie des männlichen Protestes oder der Furcht vor der Entscheidung. Ein alles übersteigender Ehrgeiz und zugleich der mangelnde Glaube an die eigene Kraft führten zu einem Ja – Aber. Dieses Ja – Aber definiere die Neurose, ergänzt Adler 1930.

Im Folgenden entfaltet Adler das »Arrangement der Distanz« genauer: Zwischen unten und oben entstehe ein immerwährendes Hin und Her; der Endeffekt sei ein Nichts oder bestenfalls die Vorbereitung einer schwierig scheinenden Situation und einer Krankheitslegitimation. Durch diese zögernde Attitüde lege der Patient eine Distanz zwischen sich und die zu erwartende Entscheidung oder Tat. An einem Fallbeispiel unterscheidet Adler: 1. Rückwärtsbewegung, 2. Stillstand, 3. Zweifel oder ein gedankliches oder tätiges Hin und Her, 4. Konstruktion von Hindernissen samt deren Überwindung als Andeutung der Distanz. Adler erwähnt die Ähnlichkeit mit Gestalten der Mythen und Dichtung, vor allem in der Figur des tragischen Helden, in der die Distanz als Peripetie einsetzt, mit der sich die »zögernde Attitüde« verbindet.

Änderungen stammen von 1920 (12), 1924 (14), 1930 (4). 1920 ergänzt Adler, dass sich das Leben des Neurotikers, entsprechend seinem Mangel an Gemeinschaftsgefühl, vorwiegend im Familienkreis abspielt. Im gleichen Jahr (1920) merkt Adler an, dass in antiken Dramen der »Chor« die Stimme der Gemeinschaft vertritt, die später »in die Brust des Helden« verlegt wird. Ebenfalls 1920 zitiert Adler den Historiker Niebuhr mit dem Satz, dass Nationaleitelkeit wie persönliche

Eitelkeit sich des Misslingens mehr schäme als der Unterlassung jeglicher Anstrengungen. 1920 hebt Adler das verminderte Gemeinschaftsgefühl hervor, 1924 die Entmutigung des Nervösen; auch betont er, dass viel zu wenig Beachtung gefunden habe, dass der Nervöse seine gesellschaftliche, berufliche und erotische Frage ungelöst lässt und Symptome und Gegengründe anführt.

Das Problem der »Distanz«. Über einen Grundcharakter der Neurose und Psychose

[1]Die praktische Bedeutung unserer *Individualpsychologie* liegt vor allem in der Sicherheit, mit der aus der Haltung eines Menschen zum Leben, zur Gesellschaft und *zu den gesellschaftlich notwendigen, durchschnittlichen Problemen*[2] sein Lebens[9]plan und seine Lebenslinien erkannt werden können. Indem wir viele unserer Anschauungen voraussetzen,[3] weisen wir auf die Grundtatsache des »*Minderwertigkeitsgefühls*« als treibenden Faktor im Seelenleben gesunder und nervöser Personen hin. Desgleichen auf den »*Zwang zur Zielsetzung* und zur Erhöhung des Persönlichkeitsgefühls«, einen »*kompensatorischen*« Akt, sowie auf den sich aufdrängenden »Lebensplan«, der dem Individuum die Erreichung seines Zieles unter mannigfachen »Aggressionen«[4] und »Ausweichungen«, in der Linie des »männlichen Protestes« oder der »Furcht vor der Entscheidung« gewährleisten soll. Auch das Verständnis für das neurotische und psychotische Seelenleben als das Haften an der »leitenden Fiktion« im Gegensatz zum Gesunden, der sein »ideales Leitbild« nur als »ungefähr orientierend« und als Mittel[5] erfasst hat, darf ich als bekannt voraussetzen. Desgleichen den Gesamtaspekt der Neurose und Psychose als einer »*Sicherung*« des Persönlichkeitsgefühls.

Wie das ununterbrochene Streben des Menschen nach »oben« den Fort-

---

1 *Erg. 1924:* Die auffällige Tatsache, dass der Nervöse seine gesellschaftliche, berufliche und erotische Frage ungelöst lässt, uns vielmehr mit seinen Symptomen und mit Gegengründen abspeist, hat viel zu wenig Beachtung gefunden. Freilich wird man hier erst ein Problem finden, wenn man sich im Sinne der Individualpsychologie auf den Standpunkt stellt: Es gibt keine Gegengründe gegen das Wohlwollen, gegen die Arbeit und gegen die Liebe! Wir präsentieren unerbittlich die Forderung, den anderen das Leben zu erleichtern und zu verschönern! Stattdessen hören wir die Forderung nach Enthebung und Gründe dafür. Wir halten es mit dem Dichter. »Das Weltgericht fragt nach Euren Gründen nicht!« [H. v. Kleist: Die Hermannsschlacht.]
2 *Erg. 1920:* aus seiner Prestigepolitik und aus seinem Gemeinschaftsgefühl
3 *Anm. Adlers:* Siehe »Über den nervösen Charakter« [Adler 1912a/2008a] und »Heilen und Bilden« [Adler und C. Furtmüller 1914a/1973c]   *Ausl. 1924*
4 *Erg. 1924:* »Ausschaltungen«
5 *Erg. 1924:* sachlich und nicht persönlich

schritt der Kultur erzwingt, gleichzeitig auch eine Methode[6] des Lebens schafft, bei der alle vorhandenen Möglichkeiten samt den organischen Realien ihre Ausnutzung, wenn auch nicht ihre richtige Verwendung finden, dürfte so weit geklärt sein, um die Bedeutung des »*Finale*« im Seelenleben gegenüber kausalen Erklärungsversuchen einleuchtend zu machen. Besonders die Unhaltbarkeit der sogenannten Sexualpsychologie trat dabei sinnfällig zutage, als eine der Grundanschauungen unserer Individualpsychologie – *das sexuelle Verhalten des Neurotikers als »Gleichnis« seines Lebensplanes verstanden* – im weitesten Umkreis stillschweigend aufgegriffen wurde.

Wir haben ferner bei diesen Untersuchungen die Tendenz zur »Lustgewinnung« als einen *variablen,* durchaus nicht leitenden Faktor kennengelernt, der sich ganz in die Richtung des Lebensplanes einfügt. Die *Charakterzüge und Affekte* erwiesen sich im Gegensatz zu den fast allgemeinen Anschauungen als erprobte und deshalb festhaftende Bereitschaften zwecks Erreichung des fiktiven Zieles der Überlegenheit. Zugleich mit dieser Aufdeckung musste die Lehre von den »angeborenen Sexualkomponenten, den Perversionen und der kriminellen Veranlagung« fallen. Das gemeinsame Gebiet der Psychoneurosen konnten wir erfassen als die Domäne aller jener Individuen, die aus [10] der Kindheit – sei es infolge von Organminderwertigkeiten, sei es im Laufe einer verfehlten Erziehung oder einer schädlichen Familientradition – ein *Schwächegefühl* ins Leben mitgebracht haben,[7] zugleich mit den alle Zeit gleichen und ähnlichen Kunstgriffen, Vorurteilen, Tricks und Exaltationen, wie sie sich behufs Herstellung eines imaginären, subjektiven Gleichgewichts[8] ergeben. Jeder einzelne Zug und jede Ausdrucksbewegung zeigt sich so in die Richtung des Ruhe und Sieg verheißenden Zieles gestellt, dass sich die Behauptung rechtfertigt: *Alle neurotischen Erscheinungen lassen als Voraussetzungen ihres Bestandes einen alles übersteigenden[9] Ehrgeiz und zugleich den mangelnden Glauben an die Kraft der eignenden[10] Persönlichkeit erkennen – und sind nur unter diesen Gesichtspunkten verständlich.*[11]

Die gleichen seelischen Überanstrengungen hat unsere Schule in den *Fantasien, Träumen und Halluzinationen* der Patienten aufgedeckt. Immer ergab sich als ihr treibendes Motiv: *in vorbereitender, tastender Weise,* in der Art eines »Als-ob« der Expansionstendenz[12] einen Weg zu finden oder vor Gefahren zu sichern. Dabei war immer in Anschlag zu bringen, dass die zweite Absicht

---

6   *Erg. 1920*: und Technik
7   *Erg. 1920*: eine pessimistische Perspektive
8   *Änd. 1924*: Übergewichts
9   *Erg. 1930*: persönlichen
10 *Änd. 1924*: entmutigten
11 *Erg. 1930*: Die Neurose ist am besten definiert als ein »Ja – aber!«
12 *Erg. 1920*: dem Streben nach Macht über andere

näher lag; die Konsequenz des Handelns erfolgt nicht unbedingt aus dem Akte der Entschließung, und dem Geltungsdrang genügen oft die sozialen Folgen des Krankheitsbeweises – oder die eigene Einbildung. Wie sehr aber dem Nervösen *alles Erleben nur ein Mittel* wird oder Material, mittelst seiner Perspektive erneute Antriebe in der Richtung seiner neurotischen Linien zu gewinnen, bewiesen die oft gleichzeitige Verwendung gegensätzlich scheinender Haltungen[13] – im Double vie, in der Dissoziation, in der Polarität, in der Ambivalenz –, die Verfälschung der Außenwelt, die bis zur Absperrung gedeihen kann, die willkürliche, immer tendenziöse Gestaltung des Gefühls- und Empfindungslebens samt den daraus erfließenden Reaktionen nach außen und das planvolle Zusammenspiel von Erinnerung und Amnesie, von bewussten und unbewussten Regungen, von Wissen und Aberglauben.

Hat man einmal den nie fehlenden Eindruck gewonnen und sichergestellt, dass jede seelische Ausdrucksbewegung des Nervösen in sich zwei Voraussetzungen trägt: ein Gefühl des Nicht-Gewachsenseins, der *Minderwertigkeit* und ein hypnotisierendes, zwangsmäßiges *[11]* Streben nach einem *Ziele der Gottähnlichkeit,* dann täuscht einen die schon von v. Krafft-Ebing hervorgehobene »Vieldeutigkeit« des Symptoms nicht mehr. Diese Vieldeutigkeit war in der Entwicklung der Neurosenpsychologie kein geringes Hindernis; sie hat es ausgemacht, dass fantastische Systeme und beschränkte Selbstbeschränkung die Neurologie beherrschen durften, von denen die Ersten an ihren unlösbaren Widersprüchen, die Letztere an ihrer Unfruchtbarkeit gemessen werden müssen. Die individualpsychologische Schule ist grundsätzlich daran gebunden, das System einer seelischen Erkrankung auf jenen Wegen zu erforschen, die der Kranke selbst gegangen ist. Unsere Arbeiten haben gezeigt, welche große Bedeutung dem individuellen Material, noch mehr der Einschätzung[14] desselben zukommt, über das der Patient verfügt. Deshalb war uns das Verständnis des Individuums und eine individualisierende Betrachtung ein Haupterfordernis. Der Ausbau seines Lebensplanes dagegen und seine starre Forderung nach allseitiger Überlegenheit bringen den Widerspruch mit den Forderungen der Wirklichkeit[15] zutage, drängen den Kranken aus der Unbefangenheit des Handelns und Erlebens und zwingen ihn, den gesellschaftlich durchschnittlichen Entscheidungen gegenüber mit der *Revolte des Krankseins* zu antworten. So gelangt ein deutlicher sozialpsychologischer Einschlag in die Betrachtung der Neurose: Der Lebensplan des Nervösen rechnet immer auch mit seiner individuellen Auffassung der Gesellschaft, der Familie und der Be-

---

13 *Anm. Adlers:* Ob es wirklich so schwierig ist, in der sog. Introversion und ihrem Gegenteil den »Schein« zu verstehen, beide als Mittel *[Erg. 1924: statt als Anlage]* zu begreifen?
14 *Änd.:* Selbsteinschätzung
15 *Erg. 1920:* das ist der Gemeinschaft

ziehungen der Geschlechter und lässt in dieser seiner Perspektive die[16] Voraussetzung seiner Unzulänglichkeit im Leben und einer feindseligen Haltung des Nebenmenschen erkennen. Dass hier allgemeinmenschliche Züge wiederkehren, wenn auch ohne inneren Ausgleich und in verstärktem Grade, belehrt uns von Neuem, dass die Neurose und Psychose der Eigenart des menschlichen Seelenlebens nicht fernliegt, dass sie als *Varianten* zu betrachten sind. Wollte jemand diese Tatsache bestreiten, dann müsste er gleichzeitig die Möglichkeit eines Verständnisses psychopathologischer Erscheinungen für jetzt und alle Zeiten von sich weisen, da uns immer nur die Mittel des normalen Seelenlebens zur Untersuchung bereitstehen.

Hält man sich an die von unserer Schule als maßgebend hingestellte Linie des Nervösen, die aus einem Gefühle der Minderwertigkeit nach »oben« zielt, so ergibt sich als das nervöse Zwittergeschöpf beider Gefühlslagen ein immerwährendes »Hin und Her«, ein »Halb und Halb«, die Haltung einer *ohnmächtigen Exaltation,* von der meist *[12]* Züge der Ohnmacht oder der Exaltation deutlicher zutage treten.[17] Wie beim nervösen Zweifel oder in der Zwangsneurose oder bei der Phobie ist der Endeffekt ein »Nichts« oder fast ein Nichts, bestenfalls die Vorbereitung einer schwierig scheinenden Situation und einer Krankheitslegitimation, an deren Arrangement zuweilen – in günstiger gelegenen Fällen – das Handeln des Patienten gebunden scheint. Wir werden sehen, aus welchen Gründen.

Dieser sonderbare Vorgang, der in allen Neurosen und in den Psychosen bei der Melancholie, der Paranoia und Dementia praecox immer nachweisbar zu sein scheint[18], wurde von mir als die »*zögernde Attitüde*« ausführlich beschrieben. Günstige Umstände gestatten mir, diese Anschauung noch ein wenig zu vertiefen.

Verfolgt man nämlich die Lebenslinie eines Patienten in der von uns angegebenen Richtung und versteht man, wie er in seiner individuellen Art (das heißt doch einfach: unter Benützung individueller Erfahrungen und persönlicher Perspektive) sein Minderwertigkeitsgefühl vertieft, *sich aber*[19] *der Verantwortung entschlägt,* indem er es auf Heredität bezieht oder auf die Schuld der Eltern oder anderer Faktoren, erkennt man ferner aus seiner Haltung und aus seinen Kunstgriffen die Forderung nach einer überlegenen Fehlerlosigkeit, so wird man regelmäßig dadurch überrascht, den Nervösen *an einer bestimmten Stelle seiner Aggression* von der zu erwartenden Richtung seines Handelns Abstand nehmen zu sehen. Der besseren Übersicht halber will ich

---

16 *Erg. 1924:* unkritische
17 *Anm. Adlers 1924:* Am deutlichsten tritt dieser Ablauf beim manisch-depressiven Irresein zutage.
18 *Änd. 1920:* ist
19 *Erg. 1924:* dadurch

Das Problem der »Distanz« 163

einen vierfachen Modus beschreiben, der jedes Mal dadurch auffällt, dass der Patient mit Sicherheit darangeht, an dieser Stelle eine »*Distanz*« zwischen sich und die zu erwartende Tat oder Entscheidung zu legen. Zumeist spielt sich dort die ganze Störung[20] ab, die uns äußerlich als Symptom oder neurotische Erkrankung zu Gesicht kommt. Gleichzeitig mit dieser tendenziösen Distanz, die sich recht häufig *auch in einer körperlichen Ausdrucksbewegung* kundgibt, gestaltet der Kranke[21] seine Abschließung von Welt und Wirklichkeit in verschieden hohem Grade. Jeder Neurologe wird dieses Bild seinen Erfahrungen leicht einfügen können, insbesondere wenn er der vielfachen Abstufungen eingedenk ist.

1. *Rückwärtsbewegung*. – Selbstmord, Selbstmordversuch; schwere Fälle von Platzangst mit großer Distanz; Ohnmacht, psychoepileptische Anfälle; Zwangserröten und schwere Zwangsneurosen; Asthma nervosum; Migräne und schwere hysterische Schmerzen; hysterische Lähmungen; Abulie; Mutismus; starke Angstanfälle aller Art; [13] Nahrungsverweigerung; Amnesie; Halluzinationen; Psychose; Alkoholismus, Morphinismus usw.; Vagabundage und Verbrechensneigung. Angst- und Fallträume, ebenso verbrecherische, sind häufig und zeigen die übergroße Voraussicht am Werk: Was etwa geschehen *könnte!* Der Begriff des äußeren Zwanges wird riesenhaft erweitert und jede gesellschaftliche, ja menschliche Forderung mit übergroßer Empfindlichkeit abgewehrt. In schweren, hierher gehörigen Fällen ist jede nützliche Tätigkeit unterbunden. Die Krankheitslegitimation dient selbstverständlich auch positiv der Durchsetzung des eigenen Willens, der auch in negativistischer Weise gegenüber den gesellschaftlich durchschnittlichen Forderungen siegreich bleibt. Dies gilt auch für die drei folgenden Kategorien.

2. *Stillstand*. – Es ist, als ob ein *Hexenkreis* um den Kranken gezogen wäre, der ihn hindert, näher an die Tatsachen des Lebens heranzurücken, der Wahrheit ins Gesicht zu sehen,[22] eine Prüfung oder Entscheidung über seinen Wert zuzulassen. Berufsaufgaben, Prüfungen, Gesellschaft und Liebes- sowie Ehebeziehungen geben, sobald sie als Fragen des Lebens auftauchen, den aktuellen Anlass. Angst, Gedächtnisschwäche, Schmerzen, Schlaflosigkeit mit folgender Arbeitsunfähigkeit, Zwangserscheinungen, Impotenz, Ejaculatio praecox, Masturbation und absolut störende Perversionen, Asthma, hysterische Psychosen usw. sind die sichernden Arrangements zur Verhütung der Grenzüberschreitung. Ebenso die weniger schweren Fälle der ersten Kategorie. Träume von Gehemmt-Sein und Nicht-erreichen-Können[23] sowie Prü-

---

20 *Erg. 1920:* wie ein Lampenfieber
21 *Erg. 1930:* in einem hohen Grad von Spannung gegenüber den Gemeinschaftsproblemen
22 *Erg. 1930:* sich zu stellen
23 *Erg. 1924:* von Versäumen des Zuges

fungsträume sind häufig und stellen oft in plastischer Weise die Lebenslinie des Patienten dar und wie er bei einem bestimmten Punkt abbricht und die »Distanz« konstruiert.[24]

3. *Zweifel und ein gedankliches oder tätiges »Hin und Her«* stellen die Distanz sicher und enden mit der Berufung auf obige Erkrankungen, auf den Zweifel, der mit ihnen oft vereint ist oder auf ein »Zu spät«. Deutliche Anstrengungen zur *Zeitvertrödelung*. – Ergiebiges Feld für Zwangsneurosen. Meist ist folgender Mechanismus auffindbar: Erst wird eine Schwierigkeit geschaffen und *geheilt*, dann wird ihre Überwindung[25] versucht. Waschzwang, krankhafte Pedanterie, Berührungsfurcht (auch als räumlicher Ausdruck des Arrangements der Distanz), Zuspätkommen, gemachte Wege zurückkehren, angefangene Arbeiten wieder zerstören (Penelope!) oder einen Rest stets übrig lassen usw. finden sich recht oft. Ebenso häufig sieht man ein Hinausschieben der Arbeit oder Entscheidung unter [14] »unwiderstehlichem« Zwang zu unwichtiger Tätigkeit, zu Vergnügungen, bis es zu spät ist. Oder knapp vor der Entscheidung tritt eine meist konstruierte Erschwerung (zum Beispiel Lampenfieber) ein. Dieses Verhalten zeigt eine deutliche Verwandtschaft zur letzten Kategorie, nur mit dem Unterschiede, dass in obigen Fällen die Entscheidung noch verhindert wird. Häufiger Traumtypus: in irgendeiner Weise ein Hin und Her oder ein Zuspätkommen als tastender Versuch des Lebensplans. Die Überlegenheit und Sicherung des Patienten ergibt sich aus einer Fiktion, die oft ausgesprochen wird oder unausgesprochen bleibt, nie aber verstanden wird. Der Patient »sagt es, weiß es aber nicht«[26]! Sie beginnt mit einem Wenn-Satz: »Wenn ich ... (dieses Leiden) nicht hätte, wäre ich der Erste.« Dass er sich von dieser Lebenslüge nicht trennt, solange er seinen Lebensplan aufrecht hält, ist begreiflich. In der Regel enthält der Wenn-Satz eine unerfüllbare Bedingung oder das Arrangement des Patienten, über dessen Abänderung nur er allein verfügt.

4. *Konstruktion von Hindernissen samt deren Überwindung als Andeutung der Distanz.* Leichtere Fälle, die immer irgendwie auch im Leben wirken, zuweilen glänzen. Manchmal entwickeln sie sich spontan oder unter Beihilfe irgendeiner ärztlichen Kur aus den schwereren. Dabei obwaltet meist bei Arzt und Patienten die gläubige Ansicht, es sei noch ein »Rest« der Krankheit geblieben. Dieser »Rest« ist nichts anderes als die alte »Distanz«. Nur dass sie der

---

24 *Erg. 1920: Niebuhr,* Römische Geschichte, Bd. III Jena, S. 248: »Nationaleitelkeit wie persönliche schämt sich des Misslingens, welches Beschränkung der Kraft verrät, mehr als der größten Schmach, welche träges und feiges Unterlassen aller Anstrengungen nach sich zieht: Durch jenes werden hoffärtige Ansprüche vernichtet, bei diesen bestehen sie fort.«
25 *Erg. 1924:* vergeblich
26 *Erg. 1924:* (Marx)

Patient jetzt anders, mit stärkerem Gemeinsinn verwendet. Schuf er sich früher die Distanz, um abzubrechen, so jetzt, um sie zu überwinden. Der »Sinn«, das Ziel dieser Haltung, ist jetzt leicht zu erraten: Der Patient ist seinem eigenen Urteil gegenüber, meist auch in der Abschätzung durch andere Personen bezüglich seiner Selbstachtung und seines Prestiges gedeckt. Fällt die Entscheidung gegen ihn, so kann er sich auf seine Schwierigkeiten und auf den (von ihm konstruierten) Krankheitsbeweis berufen. Bleibt er siegreich – was hätte er alles als Gesunder erreicht, wo er so viel als Kranker, sozusagen mit einer Hand leistet! Die Arrangements dieser Kategorie sind: leichtere Angst- oder Zwangszustände, Müdigkeit (Neurasthenie!), Schlaflosigkeit, Obstipation und Magen- und Darmbeschwerden, die Kraft und Zeit wegnehmen, auch ein pedantisches und zeitraubendes Regime erfordern,[27] Kopfschmerzen, Gedächtnisschwäche, Reizbarkeit, Stimmungswechsel, pedantische Forderungen nach Unterwerfung der Umgebung und fortwährende Konfliktsvorberei[15]tungen mit dieser, Masturbation und Pollutionen mit abergläubischen Folgerungen usw. – Der Patient macht dabei immer mit sich die Probe, ob er auch tauglich sei, kommt aber bewusst oder, ohne es sich zu sagen, zu dem Ergebnis einer krankhaften Insuffizienz. Oft liegt dieses Ergebnis unausgesprochen, aber leicht zu verstehen in eben jenem neurotischen Arrangement, das durch den Lebensplan des Patienten protegiert wird. Ist die Distanz einmal fertig, dann darf sich auch der Patient gestatten, sich auf seinen »anderen Willen« zu berufen oder gegen seine eigene Haltung anzukämpfen. Seine Linie setzt sich dann eben zusammen aus: unbewusstem Arrangement der Distanz plus mehr oder weniger unergiebigem Kampf gegen dasselbe. Es soll nicht weiter verkannt werden, dass der Kampf des Patienten gegen sein Symptom, dazu auch noch seine Klage, seine Verzweiflung und etwaige Schuldgefühle im Stadium der entwickelten Neurose *in erster Linie geeignet sind, die Bedeutung des Symptoms in den Augen des Kranken und seiner Umgebung stark hervortreten zu lassen.*

Zum Schlusse sei noch hervorgehoben, dass bei diesen neurotischen Methoden des Lebens alle *Verantwortlichkeit* bezüglich des Erfolgs der Persönlichkeit aufgehoben scheint. In wie viel höherem Grade dieser Faktor bei Psychosen mitspielt, will ich nächstens darzustellen versuchen.[28]

Es ist nur im Einklang mit den Anschauungen unserer individualpsychologischen Schule, wenn die Analogie mit dem Verhalten gesunder Menschen stark hervortritt. Bei jedem dieser Typen ist sein seelisches Verhalten eben

---

27 *Erg. 1924:* zwangsneurotische Pedanterien
28 *Erg. 1920:* Ebenso spielt sich das Leben des Neurotikers, entsprechend seinem gedrosselten Gemeinschaftsgefühl, vorwiegend im Rahmen seines Familienkreises ab. Findet man den Patienten im großen Kreis der Gesellschaft, so zeigt er immer eine nach dem Familienkreis weisende rückläufige Bewegung.

in letzter Linie als planmäßige Antwort zu verstehen, die auf die Fragen des gesellschaftlichen Lebens gegeben wird. Als immanente Voraussetzungen und Sicherungen finden wir dann regelmäßig: einen zu einer Einheit strebenden Lebensplan, der mit einer tendenziösen Selbsteinschätzung, mit einem Ziel der Überlegenheit und mit seelischen Kunstgriffen rechnet, die – selbst wieder in einheitlichem Zusammenhang – aus einer kindlichen Perspektive erwachsen sind.

Nicht weniger überzeugend ist die Ähnlichkeit unserer Typen mit den Gestalten der Mythen und der Dichtung. Daran ist nichts Auffälliges. Sie alle sind Gebilde des menschlichen Seelenlebens und sind mit den gleichen Anschauungsformen und -mitteln gezeugt. Und sie haben sich gegenseitig beeinflusst. In der Lebenslinie aller dieser künstlerischen Gestalten findet sich das Merkmal der »Distanz« wieder, am deutlichsten *[16]* in der Figur des tragischen Helden, in der die Distanz als Peripetie[29] einsetzt, mit der sich die »zögernde Attitüde« verbindet. Diese »Technik« ist sichtlich dem Leben abgelauscht, und die Idee der »tragischen Schuld« weist in hellseherischer Intuition zugleich auf Aktivität und Passivität, auf »Arrangement« und auf die Überwältigung durch den Lebensplan hin. Nicht bloß ein Schicksal, sondern vor allem ein planvolles Erleben bietet sich uns in der Erscheinung des Helden, dessen Verantwortlichkeit *nur zum Schein* erloschen ist, in Wirklichkeit aber besteht, *weil er die ewig drängende Frage nach seiner Einfügung[30] in die gesellschaftlichen Forderungen überhörte*[31].

So droht jedem, der neue, der Gemeinschaft fremde Wege sucht, die verstärkte Gefahr, die Fühlung mit der Wirklichkeit zu verlieren. Das Widerspiel von Ehrgeiz und Unsicherheit, das allen diesen Typen gemeinsam ist, fördert in ihrem Leben die Peripetie zutage und bannt sie in ihre individuelle Distanz zur Entscheidung.

---

29 [Peripetie: plötzlicher Umschlag oder Wendepunkt, seit Aristoteles in Bezug auf den Verlauf eines Dramas gebraucht]
30 *Änd. 1920:* Einführung
31 *Erg. 1920:* um als Held über die anderen hinauszuragen *Anm. Adlers:* Dagegen vertritt der »Chor« die Stimme der Gemeinschaft, die in der späteren Entwicklung des Dramas in die Brust des Helden verlegt wird.

10. Zur Sitophobie – Nervöser Hungerstreik (1914)

Editorische Hinweise
Erstveröffentlichung:
1914l: Zeitschrift für Individualpsychologie 1, S. 27–28
Neuauflagen:
1920: Praxis und Theorie der Individualpsychologie, S. 147–148, von hier an unter dem Titel »Nervöser Hungerstreik«
1924: Praxis und Theorie der Individualpsychologie, S. 151–152
1927: Praxis und Theorie der Individualpsychologie, S. 151–152
1930: Praxis und Theorie der Individualpsychologie, S. 145–146
Letztveröffentlichung:
1974a: Praxis und Theorie der Individualpsychologie, S. 218–220

Adlers Beitrag ist in der Zeitschrift unter der Rubrik »Aus der Praxis der Psychotherapie und Pädagogik« erschienen, in der Anregungen aus dem Kollegenkreis von den ständigen Mitarbeitern der Zeitschrift erörtert wurden.

Die ersten zwei Sätze des Beitrags stammen von 1924: Das Leiden der Sitophobie[1] stellt nach Adler »eine der heftigsten Revolten ehrgeiziger, aber entmutigter Menschen dar, einen verkappten Selbstmord«. 1923 und 1924 sind die Jahre, in denen Adler aufmerksamer wird auf die Auswirkung von Entmutigung.

Der Beitrag beschreibt ausführlich die Magersucht, in den Worten Adlers »den nervösen Hungerstreik«. Das Symptom der Furcht vor dem Essen beginne um das 17. Lebensjahr, fast immer bei Mädchen. Die Folge sei eine rapide Abmagerung, das Endziel sei die Ablehnung der Frauenrolle. Immer handle es sich um Mädchen, die schon als Kinder den Hungerstreik als Machtmittel erprobt hatten. Erst wird nach Adler die Bedeutung der Nahrung überbewertet, dann kommt es zur Furcht vor der Nahrungsaufnahme, schließlich bleibt nur die zögernde Attitüde, Stillstand oder Rückzug gegenüber den gesellschaftlichen Forderungen. Diese Erscheinungen seien Folge der »Furcht vor der Entscheidung«; was Freud »Wiederholungszwang« genannt habe, werde dadurch verständlich, ergänzt Adler 1930.

Von den Änderungen von 1920 (1), 1924 (4) und 1930 (3) wurden die wichtigsten genannt. Zu erwähnen ist noch Adlers Ergänzung von 1930, dass sich das Training eines Symptoms und damit die Symptomwahl des Neurotikers aus einem irrtümlichen Erfassen von Machtbeziehungen gestalte.

---

1 [Sitophobie: altgriech. Sition = Speise; Furcht vor dem Essen]

Zur Sitophobie – Nervöser Hungerstreik

[2]In der Regel beginnt dieses Symptom der *Furcht vor dem Essen* um das 17. Lebensjahr herum, fast immer bei Mädchen. Die Folge dieses Verhaltens ist gewöhnlich eine rapide Abmagerung. Als[3] Ziel, das auch aus der Gesamthaltung der Patientin hervorgeht, findet sich die Ablehnung der Frauenrolle. Das heißt, es liegt der Versuch vor, durch übermäßige Enthaltsamkeit – wie allgemein in der Mode auch – die Entwicklung weiblicher Formen aufzuhalten.[4] Eine dieser Patientinnen bestrich außerdem den ganzen Körper mit Jodtinktur, in der Meinung, auf diese Weise die Abmagerung zu erzwingen. Ganz regelmäßig aber hob sie die Wichtigkeit des Essens ihrer jüngeren Schwester gegenüber hervor und trieb sie unablässig an. *[28]* Eine andere Patientin langte endlich bei einem Gewicht von 28 Kilo an und sah einem Gespenst ähnlicher als einem jungen Mädchen.

Immer, glaube ich, handelt es sich um Mädchen, die schon als Kinder den Wert und die Bedeutung des »Hungerstreikes« als Machtmittel erprobt hatten.[5] Denn niemals fehlt bei entwickelter Neurose dieser gleiche Druck auf die Umgebung – und auf den Arzt. Mit einem Male dreht sich alles um die Patientin, und ihr Wille dominiert in jeder Beziehung. Nun wird auch verständlich, warum solche Patienten der Beschaffenheit der Nahrung so großes Gewicht beilegen und dieses Gewicht durch das »Arrangement« der Angst sichern müssen: Sie können den Prozess der Ernährung gar nicht hoch genug einschätzen, da diese Überbewertung ihnen erst gestattet, ihr Ziel, über alle anderen zu herrschen (wie ein Mann! wie der Vater!), konsequent zu verfolgen. Jetzt erst können sie alles bekritteln, sie haben den richtigen Standpunkt gewonnen, um die Kochkunst der Mutter anzuspannen und herabzusetzen, die Auswahl der Speisen zu diktieren, die Pünktlichkeit der Mahlzeiten zu er-

---

2 *Erg. 1924:* Als eine der heftigsten Revolten ehrgeiziger, aber entmutigter Menschen, ja als verkappten Selbstmord haben wir eine Anzahl von Fällen nervösen Hungerstreiks kennengelernt. Immer befällt dieses Leiden Menschen, die die erste Rolle zu spielen gewohnt waren und sie weiter spielen wollen, die stets bestrebt waren, ihre Umgebung mit sich zu beschäftigen *Erg. 1930:* und keinen anderen Weg fanden.

3 *Erg. 1930:* dunkles

4 *Erg. 1924:* In jüngeren Jahren liegt dem Hungerstreik das Verlangen zugrunde, die Umgebung mehr mit sich zu beschäftigen. Siehe auch Internationale Zeitschrift für Individualpsychologie, 2. Jg. [1924] 2. Heft: »Fragebogen zum Verständnis und zur Erziehung schwer erziehbarer Kinder«. Verlag Perles, Wien.

5 *Anm. Adlers 1930:* Für diejenigen, denen die Symptomwahl des Neurotikers ernste Schwierigkeiten macht, sei zu wiederholtem Male darauf hingewiesen, wie aus irrtümlichem Erfassen von Machtbeziehungen, wenn sie nur in kleinem Kreise wirksam werden, sich ein Training des Symptoms gestaltet, ein Hauptinteresse an einem einzelnen Lebensproblem, so dass dadurch die Harmonie des Lebens gestört wird.

pressen und gleichzeitig zu erzwingen, dass aller Augen mit der bangen Frage auf sie gerichtet sind, ob sie auch essen werden. Eine meiner Patientinnen änderte nach einiger Zeit ihr Verhalten dahin, dass sie unter der gleichen Betonung der Wichtigkeit des Essens anfing, ungeheuer viel zu verzehren und zu begehren, was die gleiche Inanspruchnahme der Mutter zur Folge hatte. Sie war verlobt, wollte angeblich auch heiraten, »bis sie gesund sei«, hinderte aber gleichzeitig die Fortsetzung ihrer Frauenrolle durch nervöse Symptome (Depression, Wutanfälle, Schlaflosigkeit) und besonders dadurch, dass sie sich durch fortgesetzte Mastkuren zu einem Monstrum entwickelte. Ununterbrochen nahm sie Brom und erklärte, sich ohne dieses Mittel schlechter zu fühlen; gleichzeitig klagte sie über die starke Bromakne, durch die sie ähnlich wie durch die Fettsucht entstellt wurde. (Ähnlichen Zwecken dient häufig die nervöse Obstipation[6], zuweilen ein Tick, oder Grimassieren oder eine Zwangsneurose.) Manche Patienten erreichen das Gleiche, indem sie öffentlich fasten und heimlich essen. Bekannt ist schließlich die ungeheure Bedeutung des Hungerstreiks bei Melancholie, Paranoia und Dementia praecox, wo immer durch Negativismus der Wille der Umgebung zur Ohnmacht verdammt wird.

Vielen anderen Arrangements in der Neurose analog ist der Kunstgriff des »*Hin und Her*«[7], durch den das Symptom der »Zeitvertrödelung« erzeugt wird, was in allen Fällen begreiflich wird, wenn man erkennt, dass sich der Patient aus »Furcht vor der Entscheidung«, in obigen Fällen aus »Furcht vor dem Partner« zur »zögernden Attitüde«, zur »Rückwärtsbewegung« oder zum Selbstmord entschlossen hat. Erst wird die Wichtigkeit der Nahrung überbewertet, dann kommt es zur Furcht vor der Nahrungsaufnahme; schließlich bleibt nur übrig, was wir erwarten: zögernde Attitüde, Stillstand oder Rückzug gegenüber den gesellschaftlich durchschnittlichen Forderungen der andern. In dieser Haltung spiegelt sich das alte kindliche Minderwertigkeitsgefühl gegenüber den Anforderungen des Lebens deutlich genug und die »Kunstgriffe des Schwachen« sind leicht zu entlarven.[8]

---

6   *Erg. 1924:* Stuhldrang, Harndrang
7   *Anm. Adlers 1930:* Später hat *Freud* diese Erscheinung als »Wiederholungszwang«, andere als »Iteration«, »Kleben« usw. beschrieben. Gegenüber unseren ursächlichen Feststellungen erscheinen die späteren Tiefblicke anderer Autoren recht oberflächlich.
8   *Erg. 1920:* Rachsüchtige Regungen sind immer vorhanden, ebenso Tyrannei im Familienkreis.

11. Lebenslüge und Verantwortlichkeit in der Neurose und Psychose. Ein Beitrag zur Melancholiefrage (1914)

Editorische Hinweise
Erstveröffentlichung:
1914m: Zeitschrift für Individualpsychologie 1, S. 44–53
Neuauflagen:
1920: Praxis und Theorie der Individualpsychologie, S. 164–170
1924: Praxis und Theorie der Individualpsychologie, S. 177–184
1927: Praxis und Theorie der Individualpsychologie, S. 177–184
1930: Praxis und Theorie der Individualpsychologie, S. 170–177
Letztveröffentlichung:
1974a: Praxis und Theorie der Individualpsychologie, S. 255–264

Im Gegensatz zum thesenartigen Artikel »Melancholie und Paranoia« (1914d, S. 126) schildert Adler in diesem Beitrag an zwei Fallvignetten ausführlich, wie der Patient seine Innenwelt auf der Grundlage einer verfehlten individuellen Perspektive ausbaut und wie sein Lebensplan verlangt, dass er durch fremde Schuld scheitere und seine persönliche Verantwortung dabei aufgehoben sei. Adler nennt diese Sehnsucht allgemein-menschlich; es handle sich um den »beruhigenden, das Selbstgefühl sichernden Strom der Lebenslüge«. Der Melancholiker mache sich klein, »antizipiert eine Situation des tiefsten Elends und schöpft aus der Einfühlung in diese den Affekt der Trauer und die Gebärde des Gebrochenseins«. Die Schwäche werde ihm eine furchtbare Waffe, um sich Geltung zu verschaffen. Bei der Melancholie fühle der Patient scheinbar in sich die Schuld, während der Paranoiker den anderen beschuldige. Die Heilung der Neurose gelinge nur, wenn der Patient es vermag, seine leitende Idee durch ein »beiläufig« abzuschwächen. Die Wahnidee beruhe nicht auf einem Fehler im Intellekt; sie sei von der leitenden Idee erzwungen und genüge ihrem Endzweck, unverantwortlich zu machen und das Persönlichkeitsgefühl durch die Distanz zu sichern.
Meist geringfügige Änderungen stammen von 1920 (27), 1924 (24), 1930 (8). 1920 spricht er vom eingeschränkten Gemeinschaftsgefühl des Neurotikers, 1924 von dessen starker Entmutigung und 1930 vom Mangel an Kooperationsfähigkeit. 1924 ergänzt Adler, dass es keine psychische Erkrankung gebe, unter der die Umgebung mehr leidet als die Melancholie. 1930 erkennt er in ihr sogar Zeichen einer imperialistischen Tendenz, die gelegentlich zu großen Leistungen führt. 1924 beschreibt Adler, wie der Patient sich kausal zu sichern versucht, indem er irgendwelchen Ursachen »die Folgen folgen« lasse. Dies präzisiert Adler 1930 dahingehend, dass die sogenannten Ursachen Eindrücke seien, die der Patient erst zu Ursachen mache.

Lebenslüge und Verantwortlichkeit in der Neurose und Psychose. Ein Beitrag zur Melancholiefrage

Gipfelt diese Arbeit letzter Linie in der Anschauung, dass alle psychogenen Erkrankungen, die wir zu den Neurosen und Psychosen rechnen, offenbar Symptome höherer Ordnung sind und als solche[1] Darstellungen und Ausgestaltungen individueller Lebenslinien, so soll einer ausführlichen Begründung eine spätere Arbeit gelten.[2] Es wird sich aber auch im Laufe der vorliegenden Untersuchung nicht vermeiden lassen, mit dieser einstweiligen Voraussetzung zu rechnen, wobei ich mich gerne auf die Anschauung namhafter Autoren stütze. So hat zum Beispiel Raimann[3], um nur einen Psychiater zu nennen, letzthin wieder scharf[4] auf den Zusammenhang von Individualität und Psychose hingewiesen. Ebenso lässt die Entwicklung der Psychiatrie eine fortschreitende Grenzvermischung erkennen. Ideale Typen verschwinden aus der Literatur und Praxis. Die von mir betonte »Einheit der Neurosen« darf hier gleichfalls angeführt werden. Wir nähern uns wohl allgemein einer Grundanschauung, zu der unsere Individualpsychologie namhaft beigetragen hat: dass die nervöse Methode des Lebens mit unausweichlich scheinender und individuell begründeter Gesetzmäßigkeit nach den Mitteln der[5] Neurose oder Psychose greift, um sich durchsetzen zu können.

Die psychologischen Ergebnisse unserer Individualpsychologie nun sind sehr geeignet, diese Anschauung zu stützen. Denn sie weisen uns in einem ihrer Endergebnisse darauf hin, dass sich der Patient seine mit der Wirklichkeit kontrastierende Innenwelt auf Grundlage einer verfehlten individuellen Perspektive ausbaut. Immer aber ist Letztere, die ihm seine Haltung zur Gesellschaft diktiert, uns menschlich begreiflich, in einem anderen Ausbau allgemein geläufig, und nicht selten erinnert man sich ihrer aus dem Leben oder aus der Dichtung, die nahe an solchen Abgründen vorbeigegangen sind. Es liegt bisher nicht *[45]* der geringste Beweis vor, dass eine Heredität oder ein Erlebnis oder ein Milieu zur Neurose oder gar zu einer bestimmten Neurose *verpflichtet*. Diese ätiologische Verpflichtung, die nie der persönlichen Tendenz[6] entbehrt, existiert vielmehr nur in der starr gewordenen Annahme des Patienten, der seine neurotische oder psychotische Konsequenz, damit den

---

1   *Erg. 1920:* Technik
2   *Anm. Adlers 1924:* Siehe »Fortschritte der Individualpsychologie« [1923c, S. 201].
3   [Wahrscheinlich Raimann, Emil (1872–1949), Professor für forensische Psychiatrie, Wien]
4   So *bis* scharf] *Änd. 1924:* So haben einige Psychiater
5   Der] *Änd. 1920:* einer brauchbaren
6   *Erg. 1920:* und Mithilfe

Zusammenhalt seiner Erkrankung derart sichert[7]. Er könnte auch weniger ätiologisch denken, fühlen und handeln, wenn er nicht durch sein Ziel, durch den ihm vorschwebenden fünften Akt auf diese Fährte gedrängt wäre. Unter anderm aber verlangt sein Lebensplan kategorisch, dass er durch *fremde Schuld* scheitere, *dass seine persönliche Verantwortung dabei aufgehoben sei*[8] oder dass eine fatale Kleinigkeit nur seinen Triumph verhindere.

Das Allgemein-Menschliche an dieser Sehnsucht tritt auffallend hervor. Das Individuum hilft mit seinen Mitteln nach, und so durchfließt den ganzen Inhalt des Lebens der beruhigende,[9] das Selbstgefühl sichernde Strom der *Lebenslüge*. Jede therapeutische Kur, noch mehr jeder ungeschickt brüske Versuch, dem Patienten die Wahrheit zu zeigen, entreißt den Patienten der Wiege seiner Unverantwortlichkeit und hat mit dem heftigsten Widerstand zu rechnen.

Diese von uns oft dargelegte Haltung entspringt der »Sicherungstendenz« des Patienten und zeigt seine Neigung zu Umwegen, Stillständen und Rückzügen[10], sobald es sich um gesellschaftlich notwendige Entscheidungen[11] handelt. Dem Kliniker[12] sind alle die Ausflüchte und Vorwände geläufig, deren sich der Kranke bedient, um seinen Aufgaben oder seinen eigenen Erwartungen den Rücken zu kehren. Unsere Arbeiten haben diese Probleme scharf beleuchtet und herausgekehrt. Und wir finden nur wenige Fälle, in denen die fremde Schuld zu fehlen *scheint*. Unter diesen drängen sich vor allem die Krankheitsbilder der *Hypochondrie* und der *Melancholie* auf.

Als einen überaus brauchbaren Leitfaden, ein psychogenes Krankheitsbild durchsichtiger zu machen, darf ich es ansehen, die Frage nach dem »Gegenspieler« zu erheben. Die Lösung dieser Frage zeigt uns den psychogen erkrankten Menschen nicht mehr in seiner künstlichen Isolierung, sondern in seinem gesellschaftlich gegebenen System. Leicht ergibt sich dann die Kampftendenz der Neurose und Psychose, und was sonst als Abschluss der Betrachtung gelten konnte, die spezielle Erkrankung, wird jetzt an die gehörige Stelle eingesetzt als ein Mittel, eine Methode des Lebens, als ein Symptom zugleich für den Weg, den *[46]* der Patient geht, um zum Ziele der Überlegenheit zu kommen oder um es als ihm zukommend zu empfinden.

In manchen Psychosen, aber auch bei neurotisch erkrankten Patienten gilt

---

7   derart sichert] *Änd. 1924:* kausal zu sichern versucht   *Erg. 1924:* indem er irgendwelchen Ursachen [*Änd. 1930:* Eindrücken, die er zu Ursachen macht] die Folgen – folgen lässt
8   *Anm. Adlers:* Siehe »Das Distanzproblem« [1926t, S. 279].
9   *Erg. 1920:* narkotisierende
10 *Erg. 1920:* Listen und Hinterlist
11 *Erg. 1930:* und um Kooperation
12 Dem Kliniker] *Änd. 1924:* Individualpsychologen

der Angriff und zugleich die Beschuldigung nicht einer einzelnen Person, sondern einer Vielheit, zuweilen auch der ganzen Menschheit[13] oder der Weltordnung. Ganz scharf tritt dieses Verhalten bei der *Paranoia* zutage. Die volle Abgekehrtheit von der Welt, *damit aber zugleich die Verurteilung derselben,* wird in der *Dementia praecox*[14] intendiert. Versteckter und auf einige wenige Personen beschränkt, spielt sich der Kampf des Hypochonders und des Melancholikers ab. Dort gewährt uns der Standpunkt der Individualpsychologie ein genügend großes Blickfeld, um auch in diesen Fällen die zugehörigen Kunstgriffe zu verstehen. So, wenn ein alternder Hypochonder den Erfolg erzielt, sich der Arbeit zu entziehen, bei der er Enttäuschungen fürchtet, und gleichzeitig eine Verwandte ans Haus fesselt und ihre Aufopferung erzwingt. Die Distanz zur Entscheidung – über seine schriftstellerische Begabung – ist groß genug, um nicht übersehen zu werden. Er unterstreicht sie durch eine außerordentlich wirksame Platzangst. Wer trägt die Schuld? Er wurde im Revolutionsjahr geboren und schwört auf diese hereditäre Belastung. Seine Verdauungsbeschwerden sind in der *Hierarchie der Mittel*[15] wesentliche Hilfen seiner Herrschsucht über die Umgebung[16] und seiner Aufgabe der Zeitvertrödelung. Sie werden durch Luftschlucken und durch tendenziöse Obstipation erzeugt.

Bei einem 52-jährigen Gewerbetreibenden kommt eine Melancholie zum Ausbruch, als eines Abends seine älteste Tochter in Gesellschaft geht, ohne sich von ihm zu verabschieden. Dieser Mann hat immer darauf gesehen, dass seine Familie ihn als Oberhaupt der Familie anerkenne, hat auch seit jeher durch hypochondrische Beschwerden exakte Dienstleistungen und strengen Gehorsam erzwungen. Sein nervöser Magen vertrug nicht die Wirtshauskost. Also war seine Frau genötigt, wenn er Ausflüge machte, »zu denen ihn sein Gesundheitszustand veranlasste«, in einer am Lande gemieteten Küche seine Speisen zu bereiten. Sein Altern erschien ihm anlässlich des »unkindlichen« Vorgehens seiner Tochter wie ein Schwächezustand. Sein Prestige drohte zu sinken. Da zeigte die hereinbrechende Melancholie der Tochter ihre Schuld und der ganzen Familie die Bedeutung seiner Arbeitskraft im hellsten Lichte. – Er hatte den Weg gefunden, den Nimbus zu erdichten und zu erzwingen, der ihm kraft der Tatsachen auszubleiben schien. Und *[47]* er war auf dem Wege zur *Unverantwortlichkeit,* falls seine persönliche Rolle versagen sollte.[17]

---

13 *Erg. 1920:* der Zweigeschlechtlichkeit
14 [Dementia praecox: vorzeitige Demenz. Bleuler prägte 1911 für diese Symptomatik den Begriff der Schizophrenie und leitete einen grundlegenden Wandel im Verständnis dieser Störung ein.]
15 *Erg. 1920:* (Stern)
16 *Erg. 1920:* die so Fleißaufgaben bekommt
17 *Erg. 1924:* Einer Patientin, die ihren gutmütigen Mann immer beherrschte, starb die

Ein 70-jähriger Fabrikant hatte bei zunehmendem Alter fast jedes zweite Jahr einen Zustand von Melancholie gezeigt, der immer einige Wochen währte. Wie der obige Fall begann auch dieser zu erkranken, als durch ein missliches Abenteuer sein Prestige zu sinken *drohte;* und auch er vernachlässigte seinen Beruf und alarmierte seine Familie, die auf seine Arbeit angewiesen war, durch unausgesetzte Klagen über drohende Verarmung. Die Situation, die er auf diese Weise schuf, glich einer Vergewaltigung seiner Umgebung auf ein Haar. Jeder Tadel und jede Kritik verstummte ihm gegenüber, *der Verantwortung für sein leichtsinniges Abenteuer blieb er entzogen,* und seine Bedeutung als Erhalter der Familie wurde nun jedem klar. Je stärker seine Melancholie sich geltend machte, je heftiger er klagte, umso höher stieg er im Werte, so dass er eigentlich keine Grenze finden sollte[18]. Er wurde gesund, als die Verstimmung über sein Abenteuer geschwunden war. – In der Folge trat die Melancholie immer dann auf, wenn er in eine finanziell nicht ganz sichere Situation geriet, einmal auch anlässlich einer Intervention der Steuerbehörde, und sein Zustand besserte sich, sobald die Schatten vorübergezogen waren. Man konnte leicht ersehen, dass er vor seiner Familie eine Prestigepolitik betrieb, indem er bei gefahrvollen Entscheidungen Deckung in der Melancholie suchte. So war er entschuldigt und ohne Verantwortlichkeit, wenn etwas schiefgehen sollte, und fand *die stärkere Resonanz* bei den Seinen, insbesondere wenn alles glücklich endete. Auch dieser Fall zeigt deutlich das im vorigen Heft dieser Zeitschrift[19] beschriebene Symptom der »zögernden Attitüde« und die Konstruktion der »Distanz« im Falle einer Entscheidung.

Ganz kurz sei auch auf den im Protokoll vom 13. Dezember 1913 (Heft 1 dieser Zeitschrift[20]) referierten Fall von Melancholie hingewiesen.[21]

Bevor ich in die Schilderung des letztbeobachteten[22] Falles von Melancholie eingehe, will ich versuchen, vom Standpunkt der Individualpsychologie den Mechanismus der Melancholie schärfer zu zeichnen und den Gegensatz zur Paranoia in einem bestimmten Punkte zu beleuchten. Ist einmal die soziale Bedingtheit und die Kampfstellung der Melancholie festgestellt, so sieht man bald auch das Ziel der Überlegenheit, das den Kranken hypnotisiert. Der

---

Mutter. Sie war die einzige von den Geschwistern gewesen, die mit der Mutter inniger zusammenhing. Sie wollte auch die alternde Frau zu sich nehmen, aber ihr Mann opponierte sanft unter Hinweis auf die beengten räumlichen Verhältnisse. Nach dem Tode der Mutter verfiel die Patientin in Melancholie. Ihre Krankheit war eine Anklage gegen die Geschwister und ein erzieherischer Hinweis für den Mann, künftig besser zu folgen.

18 so dass *bis* sollte *] Ausl. 1920*
19 [»Das Problem der ›Distanz‹« (1914k) in diesem Band, S. 158]
20 [Internationale Zeitschrift für Individualpsychologie 2 (1924), S. 29 f.]
21 Ganz kurz *bis* hingewiesen *] Ausl. 1920*
22 des letztbeobachteten *] Änd. 1924: eines weiteren*

Weg, den er dabei einschlägt, ist allerdings anfangs befremdend: Er macht sich klein, antizipiert eine Si*[48]*tuation des tiefsten Elends und schöpft aus der Einfühlung in diese den Affekt der Trauer und die Gebärde des Gebrochenseins.[23] Dies scheint ein Widerspruch gegenüber der Behauptung eines Größenideals. In der Tat aber wird ihm die bis zur Vernichtung gehende Schwäche eine furchtbare Waffe, um sich Geltung zu verschaffen und um sich der Verantwortlichkeit zu entziehen.[24] Eine Leistung wie die der reinen Melancholie scheint mir deshalb ein hervorragendes Kunstwerk; nur dass ihr die Bewusstheit der Schöpfung fehlt und *dass der Patient seit Kindheit in diese Haltung hineingewachsen ist.* Diese melancholische Haltung, die sich bis in die früheste Zeit des Patienten verfolgen lässt und sich als ein Kunstgriff, als eine von selbst sich ergebende Methode des Lebens entpuppt, die in einer Phase der Unsicherheit des Patienten als starre[25] Leitlinie hervortritt, besteht eigentlich in dem Bestreben, durch Antizipation des Zugrundegehens den andern seinen Willen aufzuzwingen[26]. Zu diesem Zwecke trägt der Patient alle Kosten, bringt sie mit seinen ganzen körperlichen und seelischen Möglichkeiten, stört seinen Schlaf und seine Ernährung[27], um herunterzukommen und so die Krankheitslegitimation zu erbringen, ebenso die Stuhl- und Harnfunktion und geht folgerichtig in diesem Streben bis zum Selbstmord. Einen weiteren Beweis für die aggressive Natur der Melancholie finden wir in den gelegentlich auftretenden Mordimpulsen und in der häufigen Durchbrechung der melancholischen Haltung durch paranoische Züge. Dann tritt die »Schuld des andern« deutlicher hervor, wie etwa in dem Falle einer Patientin, die sich dem Krebstod verfallen glaubte, weil ihr Mann sie gezwungen hatte, eine an Krebs erkrankte Verwandte zu besuchen. Fassen wir das Obige zusammen, so erscheint uns als Unterschied zwischen melancholischer und paranoischer Haltung, dass bei ersterer der Patient scheinbar in sich die Schuld fühlt, während

---

23 *Anm. Adlers:* Etwa wie der Schauspieler in »Hamlet«: »Er weint! Um Hekuba! Was ist ihm Hekuba?« Der Psychotiker verrät uns also, übrigens nicht anders als der Nervöse, in seinen Klagen zugleich auch sein »Arrangement«. [Hekuba: In Homers »Ilias« Königin von Troja und Frau des Priamos. »Was ist ihm Hekuba?« geht auf eine Stelle in Shakespeares Hamlet zurück und meint: Das bedeutet ihm nichts.]
24 *Erg. 1924: Es gibt keine psychische Erkrankung, unter der die Umgebung mehr leidet und auf ihren Unwert mehr hingewiesen wird als die Melancholie.*
25 *Erg. 1924:* wohl vorbereitete
26 *Erg. 1920: und sein Prestige zu wahren Anm. Adlers:* Nicht selten zeigt sich die melancholische Technik nebenbei oder vorwiegend als Racheimpuls einer sonst ohnmächtigen Wut.
27 *Anm. Adlers 1930:* dass dabei *Toxine mitsprechen, die durch den Affekt der Wut und der Trauer durch Vermittlung des vegetativen Systems aus den endokrinen Drüsen gelöst werden,* wollen wir nachdrücklich hervorheben. Siehe auch »Psychische Behandlung der Trigeminusneuralgie« [Adler 1910f/2007a].

der Paranoiker den andern anschuldigt; wir ergänzen, um zum Verständnis zu gelangen: ..., *wenn er seine Überlegenheit*[28] *nicht durchzusetzen vermag.* Dass diese zwei Typen allgemein menschliche sind und weit verbreitet, sofern man seinen Blick für sie schärft, sei nebenbei bemerkt.

Die geringere[29] psychische Beeinflussbarkeit der Psychosen scheitert demnach an ihrem stärker erfassten Ziel der Überlegenheit.[30] Die mit *[49]* Recht betonte »Unkorrigierbarkeit« der Wahnideen aber ergibt sich folgerichtig aus dem hypnotisierenden Ziel. Und wir konnten bereits zeigen, wie es dem psychotisch Erkrankten regelmäßig durch die Distanzsetzung gelingt, mittels einer Lebenslüge sein Persönlichkeitsgefühl zu sichern. Auch die Heilung der Neurose gelingt nur, wenn der Patient es vermag, seine leitende Idee durch ein »beiläufig« abzuschwächen. Eine »Persuasion«, die sich gegen Symptome richtet, kann demnach nur[31] Erfolg haben[32], wenn der Patient[33] bereits die Geneigtheit hat, sich heilen zu lassen, oder wenn es ihm gelingt, unbemerkt[34] und unmerklich sein Ziel zu lockern. An der Wahnidee ist, soweit wir sehen, kein Fehler[35]. Sie ist von der leitenden Idee erzwungen und genügt ihrem Endzweck: unverantwortlich zu machen und durch die Distanz das Persönlichkeitsgefühl zu sichern. *Eine logische Prüfung*[36] *kann ihr nichts*[37] *anhaben, weil sie als ein erprobter Modus Dicendi et vivendi*[38] *ihren Zweck*[39] *erfüllt*[40].

Der zuletzt von mir untersuchte Melancholiker deckte in einem zu Anfang der Kur geträumten Traum das ganze Arrangement seiner Krankheit auf. Er war erkrankt, als er aus einer leitenden Stelle anderswohin versetzt wurde, wo er sich erst bewähren sollte. Zwölf Jahre vorher, er war damals 26 Jahre alt, war er bei einem ähnlichen Anlass an Melancholie erkrankt. Der Traum lautete: »Ich bin in der Pension, wo ich immer zu Mittag speise. Ein Mädchen,

---

28 *Erg. 1920:* anders
29 *Ausl. 1920*
30 *Anm. Adlers 1920:* Ich sehe hier ab von zwischenlaufenden Zuständen höher gradiger Verworrenheit und abschließendem Blödsinn nach länger dauernder Inaktivität der Vernunft.   *Erg. 1924:* Letztere wird immer auch geschädigt, wenn sie von ihren Quellen, dem Gemeinschaftsgefühl, abgesperrt ist.
31 *Änd. 1924:* teilweisen
32 *Erg. 1924:* (Symptomheilung)
33 *Erg. 1924:* aus anderen Gründen
34 *Erg. 1924:* vor sich und dem Arzt
35 *Erg. 1930:* im Intellekt
36 *Erg. 1924: der aus dem Zusammenhang gerissenen Wahnidee*
37 *Änd. 1924:* nicht leicht etwas
38 [Modus dicendi: Redeweise; Modus vivendi: Lebensart]
39 *Erg. 1924:* im Bezugssystem des Patienten
40 *Erg. 1920:* und weil sich der Patient in einem eingeschränkten Gemeinschaftsgefühl der Logik *[Erg. 1930:* und der Kooperation*]* entschlägt, die uns alle bindet.

das mich seit Langem interessiert, trägt die Speisen auf. Plötzlich bemerke ich, dass die Welt untergeht. Da durchzuckt mich der Gedanke, jetzt könnte ich das Mädchen vergewaltigen. Denn ich wäre ohne Verantwortung. Nach geschehener Tat zeigt es sich, dass die Welt doch nicht untergegangen sei.« – Die Deutung liegt nahe. Wir erfahren, dass der Patient auch jeder Entscheidung im Liebesleben ausweicht[41]. Mit Gedanken des Weltunterganges[42] hat auch er öfters gespielt. Der Traum deutet in sexueller Verkleidung darauf hin, dass er an seinen Untergang[43] glauben müsse, um triumphieren zu können. Gleichzeitig stellt er eine Situation der Unverantwortlichkeit her. Der Schlusssatz zeigt den Patienten auf dem Wege, durch ein fiktives Arrangement, durch ein »Als-ob«, durch einen probeweisen Anschlag[44], durch eine Vergewaltigung anderer sein Ziel zu erreichen.

Nun können wir an die Konstruktion der Leitlinie dieses Patienten gehen! Er verrät sich uns als ein Mensch, der nicht an sich glaubt, *[50]* der nicht die Erwartung hat, auf geradem Wege durchzudringen. Wir werden demnach aus seinem früheren Leben sowohl wie im Bereiche des gegenwärtigen melancholischen Stadiums gefasst sein müssen, ihn vom geraden Wege auf ein Ziel abbiegen zu sehen. Und wir werden vermuten dürfen, dass er zwischen sich und den geraden Weg zum Ziele eine Distanz aufbauen wird. Vielleicht ist auch die Vermutung gerechtfertigt, dass er im Falle einer Entscheidung einer »idealen Situation« zustreben wird, wo er sich durch die sichere Erwartung eines drohenden Untergangs jeder Verantwortlichkeit entziehen kann, und dass er erst wieder Lebensmut gewinnen wird, wenn ihm der Sieg gewiss ist. Diese aus dem Traume[45] gewonnene Betrachtung deckt sich aber mit der oben entwickelten Anschauung über die Melancholie. Gleichzeitig wollen wir darauf hinweisen, dass diese Haltung für einen Großteil der Menschen bis zu einem gewissen Grade typisch ist und auch bei Neurotikern häufig zu finden ist. Es liegt in der besonderen Stärke und Ausschließlichkeit der leitenden Überlegenheitsidee,[46] wenn die Unverantwortlichkeit, damit auch die unkorrigierbaren Ideen bis zur Höhe der Psychose emporgetrieben werden. Demnach dürfen wir wohl auch einen besonderen Grad von Eigensinn und asozialer Herrschsucht vorläufig voraussetzen. Auf unsere Fragen leugnet der Patient derartige Charakterzüge.

Aus seinen Erinnerungen will ich folgende erwähnen: Als Jüngling fiel er

---

41 *Erg. 1920*: weil er die Verantwortung fürchtet
42 *Erg. 1920*: (Menschenfeind)
43 seinen Untergang *] Änd. 1920*: den Weltuntergang
44 *Anm. Adlers*: Siehe »Traum und Traumdeutung« [Adler 1913j, S. 112] und die Traumtheorie des Autors in »Über den nervösen Charakter« [Adler 1912a/2008a].
45 *Änd. 1920*: der Dynamik des Traumes
46 *Erg. 1920*: zudem in der geringeren Bindung an die Logik

einst mit seiner Tänzerin zu Boden, wobei ihm der Zwicker von der Nase glitt. Er greift noch im Liegen danach, hielt aber aus Vorsicht mit der andern Hand seine Tänzerin am Boden fest, was zu einer unangenehmen Szene führte. An diesem Falle lassen sich schon der asoziale Zug und die Tendenz zur Vergewaltigung abschätzen. Die gewohnheitsmäßigen Mittel werden uns aus einer ältesten Kindheitserinnerung wieder entgegenleuchten. Diese lautet: »Ich liege am Diwan und weine unermesslich lange[47].« Zu dieser Erinnerung weiß der Patient nichts anzugeben. Wohl aber sein älterer Bruder, der den Eigensinn und die Herrschsucht des Patienten lebhaft bestätigt und, nach Beweisen gefragt, spontan erzählt, wie ihn der Patient schon als Kind durch sein unaufhörliches Weinen gezwungen habe, ihm den ganzen Diwan einzuräumen.

Ich kann hier nicht ausführlich darauf eingehen, wie dieser Patient *[51]* seinen Schlaf, seine Ernährung und seine Darmfunktion so weit störte, dass er herabkam und den sichtbaren Krankheitsbeweis erbrachte. Ebenso wenig, wie er durch Aufstellung unerfüllbarer Bedingungen und Garantien seine Lage als aussichtslos sich und andern zur Empfindung zu bringen suchte und wie er jeden Schritt seiner Angehörigen und das Eingreifen des Arztes als weitere Schädigung empfand. Er ging auch so weit, sich jede Befähigung und Existenzmöglichkeit abzusprechen, erreichte aber gerade dadurch, dass sich seine Familie und alle seine Bekannten in seinen Dienst stellten und sich vergewaltigen ließen, indem sie gezwungen wurden, seine Vorgesetzten gefügig zu machen und ihm eine Stelle zu besorgen, in der er wieder den großen Herrn spielen konnte. Sein Kampf ging demnach gegen die ihm übergeordneten Beamten[48], und sein Weg führte über ein Stadium der Unverantwortlichkeit zu deren Vergewaltigung. Dann, nach Erreichung seines Zieles, wird er sich überzeugen lassen, dass die Welt nicht untergegangen sei.

In meinem Buche »Über den nervösen Charakter« [Adler 1912a/2008a] habe ich als Grundbedingungen der Wahnbildung an vereinzelten Fällen nachgewiesen:

1. Verstärktes Gefühl der Unsicherheit und Unzulänglichkeit einer bevorstehenden Entscheidung gegenüber.[49]

Als Folgen[50]: 2. Stärkere Abstraktion von der Wirklichkeit und Entwertung der Realität[51].

---

47 Anm. Adlers: Auf die tendenziöse Gestaltung oder Festhaltung erster Kindheitserinnerungen habe ich (»Nervöser Charakter« [Adler 1912a/2008a] und Schrecker [Kongress für Psychotherapie in Wien 1913]) hingewiesen.   *Erg. 1930:* Siehe auch »Menschenkenntnis« [Adler 1927a/2007b].

48 *Erg. 1920:* deren Forderungen er durchkreuzte

49 *Erg. 1924:* Starke Entmutigung.   *Erg. 1930:* Mangel an Kooperationsfähigkeit.

50 *Änd. 1920:* Mechanismen

51 *Erg. 1920:* (u. a. Durchbrechung der Logik als einer Funktion der Gemeinschaft)

3. Verstärkung der zum fiktiven Ziel der Überlegenheit führenden Leitlinie.[52]
4. Antizipation des Leitbildes.

Bezüglich der Melancholie darf im Anschluss an unsere Ausführungen ad 4 ergänzt werden, dass der Kranke sich dem von ihm erprobten Leitbild des hilflosen, schwachen, bedürftigen Kindes zu nähern sucht, das er nach seiner individuellen Erfahrung als die stärkste und zwingendste Macht empfindet. Dementsprechend formen sich ihm Haltung, Symptome und Unverantwortlichkeit.[53]

Die psychiatrische Wissenschaft findet als den wesentlichsten Charakter der[54] Psychosen den Mangel einer »Veranlassung« oder einer »genügenden Veranlassung«. Diese einheitliche Stellungnahme macht uns stutzig. Denn das Problem der »Veranlassung« ist uns in der Individualpsychologie genauestens bekannt und verschwindet fast nie aus unseren Diskussionen. Ein weiterer Fortschritt der modernen Psychiatrie, die maßgebende Stellung, die sie der Individualität und dem Charakter einräumt, führt zu unseren Problemen[55].
[52] Denn die wichtigste Frage des gesunden und kranken Seelenlebens lautet nicht woher, sondern wohin. Und erst worin wir das wirkende, richtende Ziel eines Menschen kennen, dürfen wir uns anheischig machen, seine Bewegungen, die uns als individuelle Vorbereitungen gelten, zu verstehen.[56]

In der klaren Fassung der Wiener psychiatrischen Schule lautet die Definition der Melancholie[57] folgendermaßen: »*Das Wesentliche der Melancholie ist eine primäre, das heißt nicht durch äußere Ereignisse motivierte, traurig-ängstliche Verstimmung mit Hemmung des Denkprozesses.*« Indem wir dieser Anschauung vollkommen beitreten, liegt es im Ergebnis unserer Betrachtung, die Motivierung durch das Ziel und durch die eigenartigen, individuell zu verstehenden Leitlinien, somit auch die versteckte Aktivität der Melancholie, stärker hervorzuheben. In ihrem Bilde finden sich die »zögernde Attitüde« und die »Avance nach rückwärts« in der vollendetsten Gestalt, beide bedingt durch die »Furcht vor der Entscheidung«. Die Melancholie zeigt sich uns demnach als ein Versuch und Kunstgriff, den »Rest«, die »Distanz« des Individuums zu seinem realen Ziel der Überlegenheit auf Umwegen zu erledigen. Dies geschieht wie bei jeder Neurose und Psychose *durch freiwillige Übernahme der*

---

52 *Erg. 1924:* Übermenschlicher Ehrgeiz   *Erg. 1930:* im Falle einer Niederlage
53 *Erg. 1924:* Die Ausschaltung und Entwertung fast aller menschlichen Beziehungen tritt stark hervor. Dadurch auch die Überlegenheit des Patienten.
54 *Erg. 1930:* endogenen
55 *Erg. 1924:* und muss unseren Anschauungen gerecht werden
56 *Erg. 1924:* In diesem Wohin aber steckt die Veranlassung.
57 *In Klammern:* Siehe Pilcz, Alexander: Spezielle gerichtliche Psychiatrie für Juristen und Mediziner, Leipzig, Deuticke 1908.

»*Kriegskosten*«. Und so ähnelt diese Krankheit auch einem Selbstmordversuch, in den sie zuweilen mündet. Denk- und Sprachhemmungen, Stupor und körperliche Haltung machen das Bild der »zögernden Attitüde« besonders greifbar, weisen auch als intendierte Störungen sozialer Funktionen auf die Einschränkung des Gemeinschaftsgefühles hin. Die Angst dient, wie immer, als Sicherung, Waffe und Krankheitsbeweis. Paroxysmen[58] der Wut, der Raptus melancholiae[59], brechen zuweilen als Äußerungen des Fanatismus der Schwäche und Zeichen der versteckten Aktivität hervor, die Wahnideen weisen auf die Quellen der tendenziösen Fantasie hin, die im Dienste der Krankheit dem Patienten die Affekte liefert und arrangiert. Unverkennbar scheint uns ferner der Mechanismus der Antizipation, die Einfühlung[60] in die Rolle des bereits zugrunde gehenden Menschen. Am stärksten äußert sich das Leiden in den Morgenstunden, das heißt: *sobald der Kranke in das Leben eintreten soll.*

Den außerordentlich[61] erfahrenen Beobachtern ist die »*Kampfposition*« des Melancholikers keineswegs[62] entgangen. Pilcz[63] zum Beispiel führt unter anderem an, wie die Gewissensqualen der Kranken manchmal *[53]* unsinnige Schenkungen und Testamentsbestimmungen zur Folge haben. Wir leugnen bloß das »Unsinnige«. Diese scheinbar so passive Psychose strotzt von Gehässigkeit und von Entwertungstendenz, und der Kranke hat dann, wenn er seine Angehörigen strafen will, auch die dazu nötigen Gewissensbisse, um seiner Verantwortlichkeit zu entgehen.

Die Vorgeschichte unserer Patienten zeigt uns mit großer Eindeutigkeit, dass alle[64] einem Typus angehören, der an nichts sein Herz hängt, der sich bald entwurzelt fühlt und den Glauben an sich und an die andern leicht verliert. Schon in gesunden Tagen zeigen sie ein[65] zögerndes Verhalten, scheuen vor jeder Verantwortung zurück und zimmern an einer Lebenslüge, deren Inhalt die eigene Schwäche, deren Effekt aber der Kampf gegen andere ist.[66]

---

58 [Anfälle]
59 [Depressiver Anfall mit Erregung und Lähmung (Katatonie)]
60 *Änd. 1924:* Einführung
61 *Ausl. 1920*
62 *Änd. 1920:* nicht ganz
63 [Siehe oben Anm. 57.]
64 *Erg. 1920:* Melancholiker
65 *Erg. 1920:* ehrgeiziges, aber
66 *Erg. 1924:* Es ist eine arge Verkennung, der Melancholie Wohlwollen und Güte zuzusprechen. *Erg. 1930:* Sie [Wohlwollen und Güte] sind vielmehr Zeichen einer imperialistischen Tendenz, die gelegentlich, bei gutem Fahrtwind, zu großen Leistungen der Melancholiker führt.

12. Nervöse Schlaflosigkeit (1914)

Editorische Hinweise
Erstveröffentlichung:
1914p: Zeitschrift für Individualpsychologie 1, S. 65–72
Neuauflagen:
1920: Praxis und Theorie der Individualpsychologie, S. 113–118
1924: Praxis und Theorie der Individualpsychologie, S. 115–120
1927: Praxis und Theorie der Individualpsychologie, S. 115–120
1930: Praxis und Theorie der Individualpsychologie, S. 110–116
Letztveröffentlichung:
1974a: Praxis und Theorie der Individualpsychologie, S. 170–179

Im Vortrag von 1913 »Individualpsychologische Ergebnisse bezüglich Schlafstörungen« (in diesem Band S. 92) beschäftigt sich Adler in zwei Fallvignetten mit einer besonderen Form von Schlaflosigkeit, dem Erwachen zu bestimmter Uhrzeit. Nun erweitert er das Thema auf jede Form von Schlaflosigkeit. Es gebe keine psychische Erkrankung, bei der dieses Leiden nicht gelegentlich anzutreffen wäre. Von Interesse sei die Haltung des Patienten zu seinem Symptom, der starke Hinweis auf das Quälende. Der Effekt dieses Symptoms sei meist eine verminderte Arbeitsfähigkeit. Die Schlaflosigkeit werde als Waffe zugunsten des bedrohten Persönlichkeitsgefühls benutzt. Immer werde man Züge von Misstrauen in die eigene Kraft finden, ehrgeizige Ziele, Überschätzung des Erfolgs und der Schwierigkeiten des Lebens, zögernde Attitüde und Furcht vor Entscheidungen. Die Gedanken in den Stunden der Schlaflosigkeit seien entweder Mittel, um sich wach zu erhalten, oder sie kreisen um das psychische Problem, das zur Konstruktion der Schlaflosigkeit führte. Im Anhang interpretiert Adler verschiedene Schlafstellungen.

Geringfügige Änderungen stammen von 1924 (3) und 1930 (2). Nach einer Ergänzung von 1924 soll die Aufklärung des Lebensplans eine Ermutigung bewirken. 1930 schreibt Adler, dass die nervöse Schlaflosigkeit der seelischen Spannung des Patienten entspringe, in die er vor der Lösung eines Problems gerät (da er sich zur Kooperation nicht gewachsen fühlt).

Nervöse Schlaflosigkeit

Eine *Beschreibung* des Symptoms der Schlaflosigkeit wird im Wesentlichen nicht viel Neues bieten. Die Klage des Patienten betrifft entweder die verminderte Dauer oder die mangelhafte Tiefe des Schlafes oder den Zeitpunkt der

Schlafstörung. Der Hauptakzent aber fällt immer – es klingt banal, dies hervorzuheben – auf die mangelnde Rast und auf das Resultat: die mangelnde Frische und Arbeitsfähigkeit.

Der Genauigkeit wegen wollen wir hervorheben, dass eine ganze Reihe von Patienten das gleiche Resultat trotz ungestörten Schlafes oder bei Verlängerung desselben beklagt.

Die Art der Erkrankung, bei der das Symptom der Schlaflosigkeit vorkommen kann, ist leicht umschrieben: Es gibt keine psychische Erkrankung und keine zugehörige Symptomgruppe, bei der dieses Leiden nicht durch längere Zeit oder gelegentlich anzutreffen wäre. Gerade die schwersten der seelischen Erkrankungen, die Psychosen, werden gewöhnlich durch ganz besonders schwere Formen der Schlaflosigkeit eingeleitet.

Von Interesse ist die Stellung des betroffenen Patienten zu seinem Symptom, der starke Hinweis auf das Quälende des Leidens und auf die unzähligen Hilfsmittel, die er immer wieder erfolglos anwendet. Der Eine wünscht die halbe Nacht aufs Innigste den Schlaf herbei, der Zweite geht erst nach Mitternacht schlafen, um doch Ruhe infolge der Müdigkeit zu gewinnen, andere versuchen ununterbrochen die leisesten Geräusche abzustellen oder zählen mehrere Male bis tausend, durchdenken lange Gedankenreihen hin und zurück und versuchen immer wieder neue Schlafstellungen, bis der Morgen anbricht.

Oder es werden – in leichteren Fällen – Schlafregeln aufgestellt und eingehalten. In einem Falle stellt sich der Schlaf nur ein, wenn der Patient Alkohol oder Brom genommen hat, wenn er wenig, wenn er viel, wenn er früh oder spät zu Abend gegessen, wenn er ein Kartenspiel hinter sich hat, wenn er Gesellschaft hatte oder allein bleibt, wenn er keinen schwarzen Kaffee, keinen Tee oder wenn er gerade von einem der beiden Getränke genommen hat. Die nicht selten gegensätzliche Bedingtheit des Schlafens ist auffällig, und dies umso mehr, weil jeder zugleich eine größere Anzahl von Erklärungsgründen für sein Verhalten mitbringt, wie etwa Patienten, die den Sexualverkehr für ein probates Mittel ausgeben, so wie andere wieder auf die Abstinenz schwören.

Leichter lässt sich zumeist ein Mittagsschläfchen erreichen, aber auch für dieses gilt eine weitere Reihe von Bedingungen (»wenn mich [114] niemand stört«, »wenn ich rechtzeitig zum Schlafen komme«, »gleich nach dem Essen« usw.), oder es wirkt nur ermüdend und erzeugt Schmerzen und Dumpfheit im Kopfe.

Überblickt man die Beschreibung, die der Patient von seinem Leiden gibt, so gewinnt man allerdings außer dem Eindruck, einen kranken Menschen vor sich zu haben, insbesondere wenn man bewusst sein Augenmerk auf den Effekt dieser Störung leitet, noch einen weiteren Eindruck: von der geminderten, erschwerten oder aufgehobenen Arbeitsfähigkeit dieses Patienten, von einem Hindernis also in seinem Leben, für das jede Verantwortlichkeit fehlt.

Der Einfachheit zuliebe sehen wir von älteren Fällen ab, in denen der Missbrauch von Alkohol oder von narkotischen Mitteln dem Patienten über den Kopf gewachsen ist und neue Symptome und Hindernisse geschaffen hat. Eine Betrachtung organisch bedingter Schlaflosigkeit fällt aus dem Rahmen dieser Arbeit.

Aber es verdient hervorgehoben zu werden, dass oft der Gebrauch narkotischer Mittel dem Patienten zur gleichen unverantwortlichen Arbeitserschwerung verhilft wie die Schlaflosigkeit. Er steht später auf, hat ein Gefühl der Müdigkeit und Zerschlagenheit und verwendet in der Regel einen weiteren Teil des Tages, um sich von seinem Schlaf zu erholen.

Dagegen stehen die »unschuldigen Mittel« in der Regel in schlechtem Kredit. Sie wirken entweder nur im Anfang der ärztlichen Behandlung oder gar nicht. Im Anfang immer bei solchen Patienten, die sich auch sonst im Leben durch eine äußerliche Folgsamkeit und durch liebenswürdiges Entgegenkommen auszeichnen. Das Ende des Heilerfolgs signalisiert immer die Stellung des Patienten zur neuen Kur, als wollte er die Nutzlosigkeit der ärztlichen Bemühung erweisen. Trotzigere und unwillige Nervöse beginnen zuweilen gleich anfangs die Kur mit Schlaflosigkeit und zeigen so auf *die Schuld des Arztes* hin. Man wird gewöhnlich in deren Anamnese finden, dass sie auch früher schon die Schlaflosigkeit als ein Mittel und als ein Zeichen erhöhter Gefährdung ihres Befindens in Verwendung gehabt haben, um so auf Enthebung von Leistungen zu plädieren oder dem andern Gesetze vorzuschreiben.[1]

Was wir ferner noch aus der Beschreibung des Patienten entnehmen oder herausfühlen können, ergibt sich als eine auffällige Hochwertung der Wichtigkeit des Schlafes. Kein Arzt wird die Bedeutung des Schlafes unterschätzen. Wer aber Selbstverständliches so breitspurig in den Vordergrund stellt, darf wohl um seine Absicht gefragt werden. Was schließlich bei dieser starken Unterstreichung klar werden soll, auch deutlich genug hervortritt, ist, dass der Patient die Anerkennung seiner schwierigen Lage verlangt. Denn nur wenn die Zubilligung erfolgt, ist der Patient der Verantwortlichkeit für etwaige Fehlschläge im Leben enthoben und darf sich Erfolge doppelt einrechnen.

Verfolgen wir das seelische Kräftespiel, das zum Arrangement der Schlaflosigkeit führt und aus ihr eine Waffe und Schutzwehr zugunsten des bedrohten Persönlichkeitsgefühls macht, so gelangt man bald zum Verständnis, wie sich dieses Leiden irgendwie der bedrohten Situation des Patienten eingeordnet hat. Und die Empfindung der Tauglichkeit dieses Mittels gewinnt der Kranke aus seiner Erfahrung, die er bei sich oder anderen gemacht hat, oder aus der Wirkung des Leidens auf die Umgebung und auf die eigene Person. So kann es uns auch nicht wundern, dass der Arzt oder irgendwelche Mittel oft nur die

---

1 *Erg. 1924:* Häufig findet sich auch Schlaflosigkeit als Anklage gegen den Gatten oder als Bestrafung.

Bedeutung *[115]* einer Bestätigung erlangen, solange die psychische Situation des Patienten unerkannt und unverändert bleibt.

An dieser Stelle hat die Individualpsychologie einzusetzen. Und sie wird in therapeutischer Absicht den Kranken so weit zu bringen suchen, dass er den Zusammenhang erkennt und ebenso auf die heimliche Erlangung einer Unverantwortlichkeit seinen eigenen Plänen gegenüber verzichtet. Zur vollen Verantwortung, zur bewussten Aktion oder zum offenen Verzicht wird er gedrängt, sobald er dem Arzt und vor allem sich gegenüber die Schlaflosigkeit als Mittel erkennt und aufhört, in ihr ein rätselhaftes Schicksal zu sehen. Die Übereinstimmung mit andern nervösen Symptomen wie Zwang und Zweifel in Hinblick auf die technische Verwendung in der Neurose ist klar zu sehen.

Nun wird uns auch der Typus offenbar, der zum Symptom der Schlaflosigkeit gelangen kann, und man kann ihn mit verblüffender Sicherheit dem Patienten schildern. Immer wird man Züge von Misstrauen in die eigene Kraft finden, immer auch hoch angesetzte ehrgeizige Ziele. Die Überschätzung des Erfolgs und der Schwierigkeiten des Lebens, eine gewisse Lebensfeigheit wird niemals fehlen, ebenso wenig die zögernde Attitüde und die Furcht vor Entscheidungen. Meist treten auch die kleineren Mittel und Kunstgriffe des nervösen Charakters, Pedanterie, Entwertungstendenz und Herrschsucht deutlich zutage. Die Neigung zur Selbstentwertung, wie bei der hypochondrischen und melancholischen Haltung, findet sich gelegentlich vor. Die Schlaflosigkeit kann ein wichtiges Bindeglied in der Kette jeder nervösen Lebensmethode vorstellen.

Ein rascher Erfolg lässt sich nicht mit Sicherheit erzwingen. Braucht man ihn dringend, so wird er am ehesten zu haben sein, wenn man den Patienten kurz, unverblümt und geschickt darüber belehrt, dass die Schlaflosigkeit ein günstiges Zeichen einer heilbaren seelischen Erkrankung sei, und wenn man in der Folge, ohne auf sie weiter zu achten, mit Interesse nach den Gedanken während der Nacht forscht. Gelegentlich weicht dann die Schlaflosigkeit einer tiefen Schlaftrunkenheit, die sich weit in den Tag hinein erstreckt und den Patienten in gleicher Weise im Verfolg seiner Aufgabe hindert.

Die Gedanken des Patienten in den Stunden der Schlaflosigkeit sind, soweit ich sehe, in zweierlei Hinsicht von großer Wichtigkeit. Sie sind entweder Mittel, um sich wach zu erhalten, oder sie enthalten den Kern der individuell erfassten vorliegenden seelischen Schwierigkeit, derentwegen die Schlaflosigkeit konstruiert wurde. Von Letzteren habe ich in einer Arbeit über »Individualpsychologische Ergebnisse bezüglich Schlafstörungen« [1913d, in diesem Band, S. 92] zu sprechen begonnen. Immer wieder fand ich in den Gedankengängen der Schlaflosen, oft nur »zwischen den Zeilen«, zuweilen nur als Zweck zu erraten, meist aber im Inhalt erkennbar, den *Sinn, etwas ohne Verantwortlichkeit zu erreichen, was sonst kaum möglich schien oder nur unter Einsetzung der ganzen, verantwortungsvollen Persönlichkeit zu erlangen war.*

So reiht sich auch die Schlaflosigkeit zwanglos in die Gruppe von seelischen Erscheinungen und Arrangements ein, die dazu dienen, die *Distanz* zum vorschwebenden Ziel des Patienten fertigzustellen, eine »actio in distans« einzuleiten.

Diese »actio« zu schildern und so ein Verständnis der Haltung des Patienten in seiner Welt zu geben, den Zusammenhang der Schlaflosigkeit mit den individuellen Schwierigkeiten zu erschließen, ist die *[116]* Aufgabe der Individualpsychologie. Der therapeutische, unvergleichbare Wert dieser Untersuchung liegt darin, dass sie dem Patienten seine fiktive, unverstandene und logisch widerspruchsvolle Leitidee zeigt und die aus ihr stammende eigensinnige Denkstarre löst. Gleichzeitig drängt sie den Patienten vorsichtig aus seiner unverantwortlichen Position und zwingt ihn, auch für die nun nicht mehr unbewussten Finten (Fiktionen!) die Verantwortung zu übernehmen. Dass die schrittweise Aufklärung in wohlwollender Weise zu erfolgen hat, ist von unserer Schule oft genug hervorgehoben worden.[2]

Die Mittel zur Erzeugung der Schlaflosigkeit sind verhältnismäßig einfach und leicht zu verstehen, wenn die Brauchbarkeit dieses Symptoms erst festgestellt wurde. Sie decken sich eigentlich vollkommen mit jenen, die einer anwenden würde, der mit Absicht schlaflos bleiben will. Um einige hervorzuheben: Man liest, spielt Karten, geht in Gesellschaft oder lädt solche ein, alles unter Hinweis auf die sonst eintretende Schlaflosigkeit; man wälzt sich im Bette, denkt an Berufsgeschäfte, an Schwierigkeiten aller Art und übertreibt sie, rechnet, zählt, fantasiert; man wünscht ununterbrochen, diesmal doch schlafen zu können; man zählt die Stundenschläge der Uhr im Wachen oder lässt sich von ihnen erwecken; man schläft ein und lässt sich plötzlich wecken durch einen Traum, durch einen Schmerz, durch einen Schreck, springt wohl auch auf und läuft im Zimmer umher; man erwacht zu einer frühen Stunde. Immer aber handelt es sich um Leistungen, die fast jeder nach einiger Übung zustande brächte, wenn sie für ihn in irgendeiner Art – zumeist wohl um ihn einer Verantwortlichkeit zu entheben – nötig würden. Zum Beispiel: Ein Patient nimmt sich vor, am nächsten Tag zur Prüfung zu studieren; er fürchtet ungemein, dass ihn die Schlaflosigkeit darin stören könnte, hat also einen guten Willen bewiesen; *er erwacht, das heißt erweckt sich,* um drei Uhr morgens, bleibt ohne Schlaf, weint bitterlich über das rätselhafte Missgeschick, ist aber bezüglich des Ausfalls seiner Prüfung frei von aller Schuld. Oder zweifelt jemand an der menschlichen Fähigkeit, zu der *geeignet erscheinenden Stunde* zu erwachen?

Rätselhafter erscheint die Schlafstörung durch Schmerz. In meinen Fällen handelte es sich meist um Beinschmerzen, Bauch-, Hinterhaupts- und Rückenschmerzen. Bei Ersteren halte ich dafür, dass sie bei spasmophiler An-

---

2 Erg. 1924: *Sie muss zur Ermutigung führen.*

lage durch unbewusste, aber planvolle *Überstreckung* erzeugt werden. Letztere fand ich bei *Luftschluckern* und bei Patienten mit meist *skoliotischen Verbiegungen der Wirbelsäule*. – Nebenbei: Diese Haltungsanomalien spielen in der Symptomatologie der Neurosen eine große Rolle und können von der unbewussten Tendenz leicht zur Schmerzerzeugung verwendet werden, speziell in der Symptomgruppe der Neurasthenie und Hypochondrie. Oft kann man den Patienten aus seiner fixierten Schmerzbereitschaft herausheben, wenn man ihm einen segmentalen Nävus[3] (als Minderwertigkeitszeichen[4]) auf den Kopf zu sagt – und Glück dabei hat. Eine orthopädische Kur ist danach wichtig und wertvoll. Oft gibt einem schon die körperliche Haltung des Patienten über den Bestand eines solchen Zusammenhangs Aufschluss.

Seltenere, aber einleuchtende Vorkommnisse sind etwa, wenn der Patient oder seine Angehörigen erzählen, der Schlaf komme dadurch zu [117] Ende, dass der Kranke den Kopf nach unten, über den Bettrand hinaushängen lasse, dass er mit dem Kopf Bewegungen mache oder ihn rhythmisch an die Bettwand anschlage. Zweifelhafter dürfte manchem der häufige Modus erscheinen, wie ein Patient mit tendenziös verschärfter Hypersensibilität jedes Geräusch und jeden Lichtschein als störend abzuhalten versucht, um mit ziemlicher Gewissheit an der Unlösbarkeit dieses Problems zu scheitern – und zu erwachen.

Einige Beispiele mögen unsere Anschauung illustrieren: Ein Patient, dessen Krankheit und dessen bewusstes Verhalten auf die Beherrschung und auf Quälerei seiner Frau zielen, wird schlaflos, weil er durch die leisesten Geräusche erweckt wird. Sogar (!) die Atemzüge seiner schlafenden Gattin stören ihn. Der Arzt übernimmt es, die Frau aus dem Schlafzimmer zu entfernen. – Ein Maler, dessen ungeheurer Ehrgeiz verhindert, je ein Bild fertigzustellen und der Öffentlichkeit zu übergeben,[5] erkrankt an nächtlichen Krämpfen der Beine, die ihn zwingen, aus dem Bett zu springen und stundenlang im Zimmer auf und ab zu laufen. Am nächsten Morgen ist er zur Arbeit unfähig. – Eine Patientin, die an Platzangst litt, um besser das Haus beherrschen zu können,[6] brachte es nicht zustande, ihren Mann vom abendlichen Wirtshausbesuch abzuhalten. Da erwachte sie nachts mehrere Male unter Angst und Stöhnen, störte so auch den Mann im Schlafe und erzielte so, dass dieser am nächsten Abend früher schläfrig wurde und früher nach Hause kam. Er verfiel auf die Idee eines Mittagsschläfchens. Da besetzte die Patientin den Diwan zuerst und verhinderte durch Hinweis auf ihr krankhaftes Ruhebedürfnis

---

3 [Leberfleck in einem bestimmten Rückenmarksabschnitt]
4 *Anm. Adlers:* Siehe »Studie über die Minderwertigkeit von Organen« [Adler 1907a/1977b].
5 je ein Bild *bis* übergeben] *Änd. 1924:* dass er je ein Bild fertigstelle und der Öffentlichkeit übergebe
6 *Anm. Adlers:* Siehe »Traum und Traumdeutung« [1913j, S. 112].

ebenso am Tage den Schlaf des Gatten, wie sie durch das obige Argument ihn zwang, abends früher schlafen zu gehen. – Ein anderer, der gegen seinen Willen gelegentlich zu Reisen gezwungen war und auch sonst sich und andern seine Unfähigkeit zum Beruf aus Krankheitsgründen vor Augen führen wollte, störte seinen Schlaf kontinuierlich durch Bauch- und Rückenschmerzen in der oben angegebenen Weise, schlief dann lange in den Tag hinein und half seiner Müdigkeit für die Tagesarbeit auch gerne durch Schlafmittel nach. Kaum hatte sich dieser Zustand gebessert, als er auf zwei wertvolle Ideen verfiel, die ihn in gleicher Weise für seine Arbeitsunfähigkeit unverantwortlich machen sollten. Er entdeckte, dass es seiner Gesundheit sehr zuträglich wäre, des Morgens auszureiten, und ließ sich um sechs Uhr wecken, ging aber gleichwohl erst nach Mitternacht schlafen. Und um sich gegen die schlechten Betten an fremden Orten abzuhärten, schaffte er sich ein Feldbett an, schlief darin ganz erbärmlich bis zwei Uhr morgens, um dann in sein gutes Bett zu kriechen. Der Erfolg in beiden Fällen: Unfähigkeit zur Arbeit. – Ein Patient, der mit übertriebenem Interesse die Schuld für den schlechten Gang seines Geschäftes auf seine reichen Verwandten abwälzen wollte, die ihm, den sie angeblich krank gemacht hatten, nicht zu Hilfe kamen, hatte die Kunst erlernt, im Schlafe auf seinen untergelegten Arm so fest zu drücken, bis er erwachte. Nun er auch noch schlaflos geworden war, schien ihm die Schuld der andern evident. – Und so weiter.

Die Physiologie des Schlafzustandes richtet ihr Augenmerk insbesondere auf die Anhäufung von Ermüdungsstoffen und auf die Blutfüllung im Gehirn. Und sicherlich gibt es Zustände von Schlaflosigkeit, *[118]* die durch primäre Störungen der Schlaf regulierenden Einrichtungen (schmerzhafte Gefäß-, Nierenerkrankungen, seelische Erschütterungen usw.) erwachsen. Die nervöse Schlaflosigkeit ist ganz anderer Art. Sie dient, wie andere nervöse Symptome auch, der nervösen Expansionstendenz und *setzt sich bis zu einem bestimmten Grade durch, unbekümmert um die physiologischen Bedingungen der Schlaflosigkeit.*[7]

Anhang: Über Schlafstellungen

So belehrt uns die individualpsychologische Forschungsmethode, dass auch die Phänomene des Schlafzustandes der individuellen Leitlinie angepasst sind und, solange sie im Aberglauben der Menschheit nur als Wirkungen bindender Ursachen gelten, der Willkür und der Verantwortung nahezu völlig entzogen bleiben. Wir haben uns überzeugt, dass die tatsächlichen, realen Grundlagen der Traumbildung und Schlafbereitschaft niemals in physiologisch unverfälschter Art sich durchsetzen, sondern dass sie immer von der Tendenz des

---

7 *Erg. 1930:* Sie entspringt der seelischen Spannung des Patienten, in die er vor der Lösung eines Problems gerät, da er sich zur Kooperation nicht gewachsen fühlt.

Individuums erfasst und zugunsten seiner individuellen Expansionstendenz[8] verwendet und ausgebaut werden. Eine vorsichtige und auf großes Material gestützte Untersuchung wird ergeben, dass auch die *Schlafstellung* eines Menschen von seiner Leitlinie zeugt. Einige Hinweise habe ich in Folgendem eingetragen. Es gelingt meist, einem Menschen, den man individualpsychologisch erfasst hat, seine Schlafstellung zu nennen. Folgende Beispiele, zu deren Vermehrung ich Psychiater, Neurologen und Pädagogen wärmstens einlade, mögen eine kleine Ergänzung bedeuten.

1. K. F., 16 Jahre alt, Lehrjunge, erkrankt an halluzinatorischer Verwirrtheit. Eine Beobachtung seiner Schlafstellung ergibt, dass er in sonderbar herausfordernder Haltung in Seitenlage mit *verschränkten Armen* schläft. Auch tagsüber treffe ich ihn öfters mit verschränkten Armen an. Der seelische Status ergibt vollständige Unzufriedenheit mit seinem Berufe. Wollte Lehrer werden oder Pilot. Auf die Frage, ob er wisse, wie er zur Gewohnheit der verschränkten Arme komme, erklärt er mit Bestimmtheit, so sei immer sein Lieblingslehrer auf und ab gegangen. Der habe ihn auch auf die Idee gebracht, Lehrer zu werden, ein Plan, den er infolge der Armut seiner Eltern wieder aufgeben musste.

Seine Schlafstellung kennzeichnet demnach deutlich seinen Widerspruch zu seiner gegenwärtigen Stellung und stellt eine Imitation Napoleons dar, auf dem Umweg über die Imitation eines Lehrers von gleichem seelischen Gefüge. Die Wahnidee des jungen Kellners war, dass er zum Feldherrn gegen Russland auserkoren sei, eine Idee, der sich ein Jahr später auch andere Lehrlinge anschlossen.

2. S. leidet an progressiver Paralyse, schläft etwas zusammengekauert, bis über den Kopf zugedeckt. Aus der Krankengeschichte entnehme ich unter anderem: »Keine Größenideen, apathisch, ratlos, ohne Initiative.«

Zum Schlusse will ich aufgrund einiger sicherer Beobachtungen bezüglich der Schlafstellungen von Kindern darauf hinweisen, wie groß die Bedeutung ihres Verständnisses für die Pädagogik werden könnte.

---

8 *Erg. 1930:* seines Lebensstils

13. Die Zwangsneurose (1918)

Editorische Hinweise
Erstveröffentlichung:
1918b/1920a: Praxis und Theorie der Individualpsychologie, S. 136–143
Neuauflagen:
1924: Praxis und Theorie der Individualpsychologie, S. 140–147
1927: Praxis und Theorie der Individualpsychologie, S. 140–147
1930: Praxis und Theorie der Individualpsychologie, S. 134–142
Letztveröffentlichung:
1974a: Praxis und Theorie der Individualpsychologie, S. 203–213

Eine Anmerkung zum Titel der Erstveröffentlichung weist darauf hin, dass dieser Aufsatz von 1920 auf einen Vortrag zurückgeht, den Adler im März 1918 in der »Gesellschaft der Ärzte« in Zürich gehalten hat.

Während Adler in dem Aufsatz »Zur Funktion der Zwangsvorstellung« (1913b, S. 78) die Funktion der Zwangsneurose darin sieht, den Zwangsneurotiker jedem äußeren Zwang dadurch zu entziehen, dass er nur seinem eigenen Zwang, seinem eigenen Willen gehorcht, beschäftigt ihn in diesem Beitrag die Persönlichkeit des Zwangskranken, dessen ängstliche und quälende Stimmung und das Vorstadium der Zwangsneurose, das man als Kampf des Patienten gegen seine inneren Zwänge bezeichnen kann. Diesem Stadium einer gefühlsmäßigen Entscheidung zugunsten des Symptoms gehe eine große Spannung in der Psyche des Patienten monate- und jahrelang voraus, als ob sich der Patient aus seinem »angeblichen Kampf gegen die Zwangshandlung« das Recht zusprechen wollte, sein Symptom zu produzieren. Dabei sei der Kranke Richter, Kläger, Angeklagter in einer Person.

Im Gegensatz zu den Autoren, die eine Dispositionserkrankung annehmen, will Adler hier wie auch bei den anderen Neurosen von einer »Positionserkrankung« sprechen. Er versteht darunter, dass der Druck der Familie den Patienten in eine Position von latentem oder offenem Trotz bringt, eine Kampfstellung, die der Patient später auch gegenüber den Anforderungen des Lebens einnimmt.

Adler meint, dass jeder Mensch einen Anteil in seinem psychischen Wesen besitzt, der an die Zwangsneurosen erinnert. Dementsprechend empfiehlt er, in der Behandlung das Symptom beiseitezuschieben und sich nur um die Persönlichkeit des Patienten zu kümmern.

Adler nennt drei Beispiele aus der Literatur: der Romantiker von Sonnenberg, Jean Paul und Vischer sowie zwei eigene Fallbeispiele.

Unter den meist geringfügigen Änderungen von 1924 (21) und 1930 (27) sind zwei wesentliche neue Sichtweisen: 1924 sieht Adler in der Entmutigung das sicherste Kennzeichen des Nervösen; sie zwinge ihn, zwischen sich und die nötigen Entscheidungen eine Distanz zu legen. Um diese Distanz rechtfertigen zu können, greife er zu Arrangements. Sucht man nach Adler eine Voraussetzung, unter der das Gebaren des Patienten verständlich wäre, wird man immer finden, dass auch der Patient von ihr ausgeht, ohne ihre Bedeutung zu begreifen. 1930 ergänzt Adler, dass die Krankheit nicht durch die Zwangsidee, sondern durch die Furcht vor Kooperation, vor den Lebensproblemen erzwungen sei.

Die Zwangsneurose

[1] Wer sich der Stimmung des Zwangsneurotikers erinnert, hat sicher den Eindruck eines Menschen, der sich ununterbrochen *abseits von der normalen menschlichen Betätigung* emsig abquält. Niemals fehlt diese Stimmung: ängstlicher, peinigender, quälender Natur.

Es ist auch auffällig, wie Patienten, die niemals mit medizinischer Literatur in Berührung kamen, die Eingebungen zu Zwangshandlungen mit einem Begriff bezeichnen, den auch die Wissenschaft wie die Philosophie aufgenommen hat: als Imperative. Man macht die überraschende Beobachtung, dass die Philosophie oft ähnliche Ausdrücke und Anschauungen produziert wie der Kranke.

Die Formen, in denen die Zwangsneurose meistens auftritt, sind: Waschzwang, Gebetzwang, Zwang zur Masturbation, moralische Zwangsideen der verschiedensten Art, Grübelzwang etc. Man kann vom Standpunkt einer systematischen Einteilung das Gebiet der Zwangsneurose noch erheblich erweitern und findet den gleichen Mechanismus auch beim Symptomgebiet der Enuresis nocturna[2], bei Nahrungsverweigerung nervöser Natur, Zwangshungern, Perversionen etc.

Das Symptom der Zwangshandlungen ist auch in die[3] Literatur übergegangen.

---

1 *Erg. 1924:* Die Entmutigung, das sicherste Kennzeichen des Nervösen, zwingt ihn, zwischen sich und die unumgänglich nötigen Entscheidungen eine Distanz zu legen. Um diese Distanz rechtfertigen zu können, greift er zu Arrangements, die sich wie ein Berg von Mist vor ihm auftürmen. So scheidet er sich von der Front des Lebens. Auf die Frage: »Wo warst du denn, als man die Welt verteilte?«, antwortet er mit dem Hinweis auf seinen Misthaufen. Sein Verbleiben im Hinterland trägt demnach einen durch seinen zitternden Ehrgeiz bedingten Zwangscharakter. *Erg. 1930:* erzwungen nicht durch die Zwangsidee, sondern durch seine Furcht vor der Kooperation, vor seinen Lebensproblemen. / Nirgends wird dieser Berg von selbst arrangierten Hindernissen so deutlich wie bei der Zwangsneurose.
2 [Enuresis nocturna: nächtliches Einnässen]
3 *Erg. 1930:* schöne

Drei Fälle sind mir bekannt geworden[4].

So die Lebensgeschichte des verschollenen Romantikers *von Sonnenberg*, der in früher Kindheit und bis über die Pubertät hinaus am Symptom des Gebetszwanges gelitten hat. Er war ein trotziger, sehr ehrgeiziger und ungebärdiger Junge, geriet mit seiner Umgebung häufig in Konflikt. Frühzeitig tauchten religiöse Ideen auf. Er zeigte dieses Symptom meist während der Unterrichtsstunde, *so dass der Unterricht oft stockte und unterbrochen werden musste*. Dann hat *Jean Paul* in »Schmelzles Reise nach Flaetz«[5] eine Unzahl von Zwangshandlungen beschrieben. In der Kindheit trat beim Helden der Handlung der Zwang auf, plötzlich laut »Feuer« zu schreien, was leicht Paniken hervorrufen konnte. Dieses und ähnliche Symptome sind außerordentlich häufig und führen zuweilen große Störungen des öffentlichen Lebens herbei.

Im dritten Fall, in *Vischers* »Auch einer«[6] ist die ganze Weltanschauung des Helden auf Nieszwang und Schnupfen aufgebaut.

Für die Zwangsneurose ist es besonders charakteristisch, dass alle Zwangshandlungen ein Vorstadium besitzen, das man als Kampf des Patienten gegen seine Eingebung[7] bezeichnen kann. In diesem Stadium verweilt er mit peinlichen Gefühlen. Es wird von allen Autoren als *[137]* besonders bedeutsam hervorgehoben, dass der Patient sich der Sinnlosigkeit seines Zwangssymptoms in voller Weise bewusst ist.

Wie alle derartigen Maximen und Anschauungen in der Neurosenliteratur muss man auch diesen Satz cum grano salis[8] nehmen. Eine Anzahl von Patienten hat berichtet, dass sie gerade in ihrer Symptomhandlung eine Erlösung und Erledigung gefühlt haben, weil sie aus ihrem ganzen Wesen entsprungen sei und sich als berechtigt und notwendig erwiesen habe.[9] Diesem Stadium einer gefühlsmäßigen Entscheidung zugunsten des Symptoms geht eine große Spannung in der Psyche des Patienten monate- und jahrelang vorher. Daher sind wir berechtigt anzunehmen, dass auch diese Stellungnahme eigentlich nur der Lockerung des Symptoms diente, als ob sich der Patient aus seinem angeblichen Kampf gegen die Zwangshandlung das Recht zusprechen wollte, sein Symptom zu produzieren.[10] Es ist auch nicht zu übersehen, dass der

---

4   Drei *bis* geworden] Änd. 1930: Auf drei Fälle soll hier hingewiesen werden.
5   [»Des Feldpredigers Schmelzle Reise nach Flätz«, eine Satire von Jean Paul, 1808 erschienen]
6   [»Auch einer«, ein psychologisch scharfsinniger Roman, in dem Friedrich Theodor Vischer (1879) den Ausdruck »Die Tücke des Objekts« prägte.]
7   als Kampf *bis* Eingebung] Änd. 1924: hervorgehoben
8   [Lat.: mit nur einem Körnchen Wahrheit (wörtlich: Salz)]
9   weil sie *bis* erwiesen habe] Änd. 1930: in Anführungszeichen
10 als ob *bis* produzieren] Änd. 1924: hervorgehoben

Kranke in seiner Argumentation willkürlich schaltet, dass er Richter, Kläger und Angeklagter in einer Person ist.

Die Zwangsneurose stellt in der Tat ein ungefähr abgeschlossenes Krankheitsbild dar und weist auch die Grundzüge der allgemeinen Neurosen auf. Zusammenhänge der verschiedensten Natur liegen vor. Der Übergang zum neurasthenischen Komplex ist ein ganz gewöhnlicher. Wenn wir die Zwangshandlung des Luftschluckens[11] ins Auge fassen, die häufiger vorkommt, als man gewöhnlich annimmt, so wird der Zusammenhang mit einer großen Anzahl von neurasthenischen Magen- und Darmstörungen augenscheinlich. Ebenso häufig sind die Zusammenhänge mit der Hysterie, und gerade im Gebiete der Kriegsneurosen sind die Analogien mit hysterischem Tremor, Lähmungen und Spasmen recht bekannt geworden. Nicht selten findet man beim Errötungszwang das Auftauchen von leichteren oder schwereren paranoiden Erscheinungen[12]. Den Zusammenhang mit Angstneurosen ergibt die Tatsache, dass die Unterdrückung der Zwangssymptome durch Angst ersetzt wird. Nicht selten gehen die Zwangsneurosen in Alkoholismus oder Morphinismus über oder sind mit ihnen verbunden. Zusammenhänge mit impulsivem Irresein, mit Zwangsimpulsen zu Verbrechen und mit zwangsmäßigen Selbstbeschuldigungen, ebenso zu Moral insanity[13] ergeben besondere Bilder. Eine Unzahl von Beziehungen liegt zu scheinbaren Unarten vor, so zum Beispiel zu gewissen Formen von Faulheit, zur Pedanterie, Zeitvertrödelung und insbesondere zu quälenden hypermoralischen[14] Anschauungen, Wahrheitsfanatismus etc.

Eigentlich besitzt jeder Mensch irgendeinen Anteil in seinem psychischen Wesen, der an die Zwangsneurose erinnert, der, verschiedentlich ausgebildet, gelegentlich zu Störungen nicht unbeträchtlicher Art führt: So übertriebenes Vertrauen auf überirdische Hilfe, das sich bei manchen Menschen durch ihr ganzes Leben und alle ihre Handlungen zieht[15]. Ferner Silben zählen, Lesen der Firmentafeln, Zählen der Fenster etc., alles scheinbar ohne Sinn, worüber viele normal gebliebene Menschen berichten können.[16]

Außerordentlich enge Zusammenhänge bestehen zwischen Zwangsneurose und neurotischem Zweifel.

Der psychische Zusammenhang aller dieser Erscheinungen bringt die Ge-

---

11 *Änd. 1924: hervorgehoben*
12 *Erg. 1930:* (Beobachtungswahn)
13 [Moral insanity: moralischer Schwachsinn oder moralischer Wahnsinn]
14 *Erg. 1930:* oder religiösen
15 *Erg. 1924: als ob sie alles geschenkt haben wollten*
16 *Erg. 1930:* Besonders in der Kindheit sind ähnliche Erscheinungen häufig und weisen auf das Schwächegefühl gegenüber der Wirklichkeit hin.

fahr nahe, uns in der Psychologie mit ihren unmessbaren Differenzen zu verlieren. *[138]*

Es gibt aber eine Anzahl von Proben auf die Richtigkeit oder ungefähre Richtigkeit einer neuropsychologischen Anschauung.

Die eine Probe besteht in Folgendem: Der Neurologe hat in Anwesenheit des Hausarztes eine Untersuchung, ein Examen des Patienten durchzuführen, ohne sich zu Suggestivfragen oder zu irgendwie planmäßigen Ausforschungen hinreißen zu lassen. Wohl aber so vorzugehen, dass auf die ganze Persönlichkeit des Untersuchten ein Licht fällt. Und dies ohne Verabredung mit dem konsultierenden Arzt. Der Arzt sieht gewöhnlich den Zusammenhang, während der Patient im Laufe des Examens keine Ahnung von diesem hat, der aus der Fragestellung und den Antworten zutage kommt.[17]

Diese Methode hat durchaus keine einwandfreie Bedeutung. Deshalb ist eine weitere Probe[18] über die Richtigkeit unserer Anschauung von den Symptomen nötig. Man schiebe das Symptom und den eigentlichen Grund zur Krankenbehandlung ganz beiseite[19] und kümmere sich bloß um die Persönlichkeit des Patienten. Man versuche, Aufschlüsse über ihn zu bekommen: sein Wesen zu ergründen, seine Absichten im Leben, seine Haltung zu den Forderungen der Familie und Gesellschaft. Man wird bald ein ziemlich scharf umrissenes Charakterbild erlangen. Die Untersuchung zeigt den Patienten mit einer Anzahl von Zügen behaftet, die wir zu einem Gesamtbild zusammenfügen können.[20]

Vor allem zeigt sich, dass es sich um Personen handelt, die wir nicht als durchaus passiv bezeichnen können. Sie entbehren einer gewissen Aktivität nicht. Man merkt dies schon daran, dass sie nicht völlig im Hintergrund des Lebens stehen. Sie haben gewöhnlich schon Prüfungen abgelegt, haben etwas gelernt, aber sie stehen in einem gewissen bedeutsamen Abschnitt ihres Lebens, in dem ihnen eine bestimmte Entscheidung bevorsteht, die Liebe, Ehe, Beruf, Altern usw.

Wenn man aus dieser Skizze und den Richtungslinien einen Schluss gezogen hat, wenn man bei den Patienten Züge großer Empfindlichkeit und

---

17 im Laufe *bis* kommt] *Änd. 1930:* von diesem, der im Laufe des Examens aus der Fragestellung und den Antworten zutage kommt, keine Ahnung hat.
18 *Änd. 1924:* hervorgehoben
19 Man *bis* beiseite] *Änd. 1924:* hervorgehoben
20 Anm. Adlers 1924: Eine weitere Probe: Man suche eine Voraussetzung, unter der das Gebaren des Patienten verständlich wäre. Ist diese Voraussetzung stichhaltig, dann wird man immer finden, dass auch der Patient von ihr ausgeht, ohne ihre Bedeutung zu begreifen.   *Erg. 1930:* Oder man frage: »Was würden Sie beginnen, wenn ich Sie in kurzer Zeit heilen würde«, und hat dann fast immer das Problem in der Hand, das den Patienten *zwingt*, auszuweichen.

ein Verhalten festgestellt hat, das wir als *unnahbar* bezeichnen können, wenn wir die Tatsache konstatieren können, dass sie wenig Menschenliebe, wenig Nächstenliebe besitzen, dass ihr ganzes Leben Neigung zu Isolierung zeigt, dass sie wenig[21] Freunde haben, dass ihr Ehrgeiz aber scharf hervortritt, in der Regel so scharf, dass er ihnen selbst bewusst ist: Dann wird der Eindruck plastisch, dass diese Menschen dem Leben mit einer leicht[22] abwehrenden Geste gegenüberstehen.

Wie bei den anderen Neurosen dürfen wir von einer *Positionserkrankung* sprechen, im Gegensatz zu den Autoren, die eine Dispositionserkrankung annehmen. Die Familie drückt oft auf den Patienten in einer Weise, dass sie ihn zu einem latenten oder offenen Trotz erzieht. Diese Kampfstellung äußert sich jeder Forderung gegenüber, die das gesellschaftliche Leben stellt.[23]

Man lege dem Patienten die Frage vor: *Was würden Sie tun, wenn Sie heute ganz gesund wären?* Und er wird mit großer Sicherheit jene Forderung nennen, von der wir gerade erwarteten, dass er ihr auszuweichen suche.

Bestätigungen dieser Auffassung gab es im Kriege genug. Die Kriegsneurose ist eine Form der Erkrankung, bei der das finale Moment der sichernden Isolierung als das Ausschlaggebende zu betrachten ist. Der Krieg stellte Forderungen, denen sich die erschütterte Seele des im Kriege zweckmäßig nervös Gewordenen zu entziehen suchte. [139]

Auffallend häufig sind zweitgeborene Söhne oder einzelne Mädchen unter einer Reihe von Knaben, einzelne Knaben unter einer Reihe von Mädchen von der Zwangsneurose befallen. Der Zweitgeborene befindet sich nämlich regelmäßig in einer Position, aus der ihm leichter als anderen durch Irrtum oder verlockende Tatsachen der Anreiz nahegebracht wird, mit verstärkten Bewegungen um seine Geltung im kleinen Familienkreise zu ringen.[24]

Die dritte[25] Probe auf die Richtigkeit des gefundenen Resultats besteht darin, dass die von uns aus dem Wesen des Patienten erschlossenen Richtungslinien uns das Symptom als notwendig, in irgendeiner Form als verwertbar,[26] als gelegen auffassen lassen können. Von einer kausalen Bedingtheit[27] ist natürlich keine Rede; der Patient ist nicht etwa zu seinem Symptom verpflichtet, wie man bei kausaler Betrachtung herausbekommen müsste. Es ist, als ob er sich zu seinem Symptom verlocken, verleiten ließe. Es liegt eine Verführung

---

21 *Änd. 1930:* selten
22 *Ausl. 1930*
23 *Erg. 1924:* Plötzlich beginnen seine Zwangserscheinungen zu sprechen. *Sie sagen uns, dass er seine Abwehrstellung durch sie sichert.*
24 Auffallend *bis* zu ringen] *Ausl. 1930*
25 *Ausl. 1930*
26 *Erg. 1930:* intelligent
27 kausalen Bedingtheit] *Änd. 1930:* hervorgehoben

des menschlichen Geistes vor, die aber so naheliegt, dass wir sie nachfühlen können.

Dieser *Irrtum* im seelischen Aufbau des Patienten stammt aus einer mehr oder weniger pessimistischen Weltanschauung, baut sich über einem Gefühl der Minderwertigkeit auf und ergibt automatisch eine Verlockung zum Rückzug, *sobald die Forderungen der Gemeinschaft an den Patienten herantreten*. Andererseits wird aus dieser Tatsache erklärlich, dass eine Änderung seines Wesens *durch Belehrung* und nur durch sie[28] zustande kommen kann.

Obige Zusammenhänge sollen an zwei Fällen klargelegt werden.

Der erste Fall betrifft eine junge Frau, die vor mehreren Jahren gegen ihren Willen durch einen etwas strengen Vater verheiratet wurde. Sie war immer ein ernstes, strebsames, äußerst gewissenhaftes Mädchen gewesen, dessen Gewissenhaftigkeit sich daraus erklärt, dass auch der Vater, den das Mädchen als die bedeutendste Persönlichkeit in der Familie einschätzte, auf diese Eigenschaft ganz besonderen Wert legte. Sie war das einzige Mädchen neben drei Knaben und erzählte sofort spontan, dass sie ihre *zurückgesetzte Stellung* außerordentlich schwer empfunden habe. Sie war auf die Hauswirtschaft beschränkt und dort eigentlich nur der Obhut einer etwas zänkischen, nörgelnden Mutter anvertraut. Durch ihre Gewissenhaftigkeit verdiente sie sich *das Lob* des Vaters.

Sie leistete wenig Widerstand gegen die Ehe. Diese war eine katholische und wurde nach zweijähriger Dauer wegen Vergehungen des Mannes im Privatleben gelöst. Nicht lange danach machte sie die Bekanntschaft eines Mannes, den sie bald liebte und mit dem sie eine nach ungarischem Ritus geschlossene Ehe einging. Die Ehe stieß auf den Widerstand der neuen Schwiegermutter. – Die Kriegsjahre brachen herein. Aus der ersten Ehe hatte sie einen Knaben mitgebracht. Nun musste sie zur Schwiegermutter übersiedeln, während der Mann im Kriege war. Sie kam so kurz nach der Eheschließung in eine[29] Situation, aus der sie sich mit allen Fasern heraussehnte. Die neue Situation beschwor ein Gefühl der Niederlage herauf, das sie schon bei ihrer Mutter kennengelernt hatte. Die Kritik der Schwiegermutter fiel außerordentlich heftig aus. Da fiel ihr ein Buch Professor *Försters* in die Hände. Darin las sie, dass die Ehe in jedem Falle unlösbar sei und dass die Lösung eine schwere sittliche Verfehlung sei. [140]

Seitdem hatte sie von Zeit zu Zeit unter depressiver Stimmung die Idee, sie müsse eigentlich zu ihrem ersten Manne zurückkehren. Die Depression war ununterbrochen vorhanden. Es handelte sich um eine der Zwangsneurosen, bei denen Depressionszustände auftreten und zwar zur Unterstützung der Zwangsidee. Die Bedeutung dieses Zwangsgedankens bestand darin, dass sie erstens eine Krankheitslegitimation hatte und, darauf gestützt, sich einer An-

---

28 und nur durch sie] Änd. 1924: hervorgehoben
29 Erg. 1930: neue

zahl von Privilegien erfreute, und zwar gerade jener, nach denen ihr Ehrgeiz ganz besonders ging. Sie war nun von jeder Kritik befreit,[30] konnte die Sorge für das Kind, also die niedrig eingeschätzte Hauswirtschaft, der Mutter übertragen und sah sich bald in den Mittelpunkt der Aufmerksamkeit des Hauses gerückt, mit einer Anzahl von Vorteilen fiktiver Art, wie sie der ehrgeizigen Frau als Ersatz dienen konnten für das, was sie als ihren Nachteil gegenüber ihren Brüdern empfunden hatte.

Wenn man an der Richtigkeit des von mir für alle Neurosen festgestellten *Zieles der Überlegenheit* zweifelt, dann mache man folgende Probe: Man suche die Absicht des Symptoms selbst, des Zwangsgedankens, sie habe eine Sünde begangen. Was ist der eigentliche Hintergedanke, der hinter diesen Gedanken steckt? Der religiös gewissenhafte Vater war nie auf eine ähnliche Idee gefallen. Die Tochter spielt sich als die religiösere und gewissenhaftere Natur auf! Sie war eine überaus ehrgeizige Natur, die unbefriedigt war, weil ihr Ehrgeiz nicht nur in der neuen Situation keine Erfüllung gefunden hatte, sondern nach der ganzen Art des Ehrgeizes auch nicht finden *konnte.* Was sie tat, war eigentlich ein Akt der Revolte in der Form der passiven Resistenz, wie wir ihn ähnlich bei jeder Neurose konstatieren können. Sie macht sich unfähig, die ihr obliegenden Arbeiten auszuführen, und zwar dadurch, dass sie *statt des Zwanges der Welt, des Lebens, einen selbst gesetzten Zwang* aufstellt und mit dieser *Präokkupation* alle Forderungen der Gesellschaft und des Familienkreises beiseite schiebt. Mit Regelmäßigkeit ist zu konstatieren, *dass als größter Feind solcher Patienten eigentlich die Zeit* zu betrachten ist. Sie muss die Zeit vertrödeln, denn die Zeit selbst ist eine Forderung an sie in der Form: Wie willst du mich zubringen? Dieser *Zeitvertrödelung* diente bei der Patientin ein ausgebreitetes System der Korrespondenz mit Geistlichen und Ethikern, dann die Depressionen und erzwungenen Tröstungen der Umgebung. Vor der Forderung, die Pflichten der zweiten Ehe zu erfüllen, war sie zurückgeschreckt, insbesondere weil sie der Kritik der zweiten Schwiegermutter ausweichen wollte.

Zweiter Fall. Der Patient ist ein außerordentlich wertvoller und ehrgeiziger Mensch: Er hatte schon in der Kindheit eine Unfähigkeit für das Leben[31] empfunden, was ihn von den Kameraden außerordentlich unterschied. Er hatte nie eine Vorstellung über einen zukünftigen Beruf oder über ein zukünftiges Eheleben[32]. Wir dürfen bei der *Selbstverständlichkeit solcher Forderungen* schließen, dass es sich nicht um ein bloßes Fehlen von Gedanken gehandelt haben wird, sondern um den Vorsatz, keinen Beruf auszuüben und keine Ehe zu schließen. Vorsätze, die man bei Kindern oft findet. [Der] Patient war wohl

---

30   *Erg. 1930:* kehrte der nörgelnden Schwiegermutter den Rücken und begab sich ins väterliche Heim
31   Unfähigkeit *bis* Leben] *Änd. 1924:* hervorgehoben
32   nie *bis* Eheleben] *Änd. 1924:* hervorgehoben

außerordentlich ehrgeizig, hatte aber, wie aus dieser *Ausweichung* hervorgeht, den Glauben an sich verloren.

Er wurde von den Eltern sorgsam erzogen. Der Vater war ein auffällig rechtlicher Mann. Schon in der Kindheit erlitt der Patient *[141]* einige Unannehmlichkeiten, die seinen Stolz auf seine Moral empfindlich berührten. Er wurde vom Vater bei einer Notlüge ertappt, was ihm sein Leben lang nachgegangen war. Ziemlich früh nach diesem Erlebnis stellten sich Zwangsgedanken in der Form eines heftigen *Schuldgefühls* ein. Sein Leiden wurde von der ganzen Umgebung peinlich empfunden, und man suchte es zu mildern. Monatelang machte er sich Selbstvorwürfe wegen einer falschen Auskunft, brütete ein Jahr lang über Lappalien[33], berichtete alles den Eltern, ging dann zu einem seiner Lehrer und beichtete etwa, dass er ihm vor einem Jahr irgendeine unrichtige[34] Angabe gemacht habe.

Er legte dennoch seine Prüfungen ab und absolvierte eine Hochschule. Nun aber, da er *ins Leben treten*, einem Erwerb nachgehen sollte, brach eine fatale Erkrankung herein und hinderte ihn daran. Nicht bloß sein Schuldgefühl bestand weiter, sondern es zwang ihn auch, öffentlich niederzuknien und Gebete vor sich her zu sagen. Dabei wiegte er sich scheinbar in der Hoffnung, man werde in ihm einen außergewöhnlich religiösen Menschen sehen, ohne ihn für einen Narren zu halten. Durch diese Annahme gestattete er sich die Prostration[35].

Die Krankheit schien verschwunden, als man ihm nahelegte, ein anderes Fach zu ergreifen. Er ging[36] in eine andere Stadt. Dort warf er sich in der Marienkapelle[37] nach längeren Vorbereitungen angesichts einer großen Menschenmenge zu Boden, stieß heftige Anklagen gegen sich aus und bekannte vor dem ganzen Volke seine Schuld. Er wurde interniert, dann vom Vater übernommen.

Nach einer Besserung begann er sein neues Fach zu studieren. Eines Tages war er plötzlich verschwunden. Man fand ihn in einer Irrenanstalt, in die er geflüchtet war, um dort erst seine Heilung abzuwarten. *Dort, von allen Erprobungen enthoben*, besserte sich sein Zustand. Die Selbstbeschuldigungsideen traten immer mehr zurück, waren eigentlich ganz belangloser Natur, schlossen wohl noch immer mit dem Imperativ, niederzuknien und zu beten; er war aber imstande, Widerstand zu leisten. Der Arzt riet ihm, nach Hause zu fahren und *sich irgendwie zu betätigen*.

---

33 *Änd. 1924: hervorgehoben*
34 *Änd. 1924: hervorgehoben*
35 [Prostration = Fußfall]
36 Er ging] *Änd. 1930:* Kurz nach einem Examen ging er
37 *Änd. 1930:* Kirche

An demselben Tage erschien er plötzlich splitternackt im gemeinsamen Speisezimmer.[38]

Nach längerer Zeit verließ er die Anstalt in gebessertem Zustande und setzte seine Studien fort. Jedes Mal aber, sobald er vor irgendeiner selbst gestellten oder ihm vorgelegten Aufgabe stand, flüchtete er in die Irrenanstalt, um dort längere Zeit zu verweilen. Er galt als guter Kenner in seinem Fache, war also kein passiver Mensch, sondern ziemlich weit den anderen voraus. Er selbst aber stand ganz unter dem Eindruck seiner Unfähigkeit. Das höchste Ziel seines Ehrgeizes war, mehr zu sein als die anderen, vor allem mehr als der ältere Bruder. Sein Leiden gestattete ihm, sich einigermaßen befriedigt zu fühlen, weil er so ungemein viel *in der Reserve* hatte. Er konnte immer durchdrungen sein von dem Gedanken, *was er alles geleistet hätte, wenn nicht diese fatale Neurose über ihn hereingebrochen wäre,* die ihn so viel Zeit gekostet, ihm so viel Mühe und Kummer gemacht habe. Folglich verlockte ihn sein zitternder Ehrgeiz in die rettende Krankheit, wie bei andern in ähnlicher Lage ein Narkotikum gesucht wird, etwa im Alkoholismus oder Morphinismus, gelegentlich auch in der Politik.[39] *[142]*

Es ist unmöglich, rein intellektuell ein solches Leben aufzubauen. Er verwendete alle seine Fähigkeiten und Gefühle zum Arrangement des Leidens.

Seinen engeren Kreis nur wollte er jetzt mehr überragen. Dies lässt sich auch aus der Art[40] seines Zwangsgedankens entnehmen. »Ich bin ja besser als die andern, ich fühle mich bereits da als schuldig, wo die anderen nichts Besonderes empfinden können. Ich bin frömmer, tugendhafter, gewissenhafter als alle anderen zusammen, meinen Vater mit inbegriffen.«[41]

So wollte er im beschränkten Kreise der Erste sein, nicht in der Gesellschaft, nicht auf geradlinigem Wege[42], nicht mit dem Aufgebot seiner ganzen Kraft. Es genügte ihm sein eigenes Vorurteil und der Schein der Überlegenheit.[43]

Die Tendenz zur Überlegenheit findet sich bei allen Neurosen. Sie ist auch das treibende Element bei der Zwangsneurose. Man wird es in keinem Falle vermissen. Doch eignet sich das Symptom der Zwangserscheinung nur für solche zur Neurose disponierte Menschen, deren Lebenslinie näher an die For-

---

38 *Erg. 1930:* Er war ein auffallend hübscher, schön gebauter Mensch.
39 *Erg. 1924:* Seine Neurose wurde ihm in seiner Entmutigung zum Balsam für den gekränkten Ehrgeiz.
40 der Art] *Änd. 1924:* dem wohlverstandenen Sinn
41 meinen Vater mit inbegriffen] *Änd. 1924:* hervorgehoben
42 nicht auf geradlinigem Wege] *Änd. 1930:* nicht auf der nützlichen Seite des Lebens
43 *Erg. 1924:* Er war Herr seiner Entschlüsse und konnte von den Forderungen der Gemeinschaft jene erfüllen, die ihm zusagten. Andere, die er fürchtete, schaltete er durch seine Zwangsneurose aus.   *Erg. 1930:* und war von der Kooperation, die er fürchtete, befreit

derungen der Gemeinschaft hinanreicht. Der Ausbruch der Zwangsneurose verhindert dann wie eine Revolte die völlige Hingabe an diese Forderungen.

Zusammenfassung
In einer Stimmung von ängstlicher, peinlicher, quälender Natur taucht als »imperative Eingebung« die Zwangsidee, das Zwangssprechen, die Zwangshandlung auf. Die Häufigkeit dieser Neurose ist bekannt, ist aber größer als derzeit angenommen wird, wenn der nervöse Zwang als Symptombild der Neurose verstanden wird und nicht durch einen ungerechtfertigten Einteilungsmodus verkürzt erscheint. Als Beitrag aus der Literatur kann die schöne biografische Schilderung aus dem Leben des in Melancholie verstorbenen, verschollenen Romantikers *Sonnenberg* gelten, ferner *Vischers* »Auch Einer« und die Figur *Schmelzles*[44] von *Jean Paul*. Enuresis, Zwangshungern und sexuelle Perversionen gehören unbedingt in diese Gruppe.

Die allgemeine Behauptung der Autoren, dass das wesentliche Merkmal der Zwangsneurose in der Empfindung des Unsinnigen, aber Unabwendbaren beim Patienten bestehe, trifft gelegentlich nicht zu. Zuweilen betont der Patient entgegen seiner sonstigen Haltung das Zweckmäßige und seiner Natur Entsprechende im Zwang. Die Bedeutung dieser Betonung von der Unsinnigkeit des Phänomens liegt aber nicht dort, wo die Autoren sie suchen, im Beweis von der uneingeschränkten Intelligenz des Patienten, sondern in der dadurch erworbenen Krankheitslegitimation, in der Unterstreichung des trotz aller Mühe Unentrinnbaren und in der Feststellung einer großen Qual und einer Mehrbelastung, die zu einer teilweisen oder völligen *Enthebung von den allgemeinen Pflichten* den Grund abgeben muss.

Die Grenzen zum neurasthenischen, hysterischen und angstneurotischen Symptomenkomplex sind oft verschwommen; Alkoholismus, Morphinismus etc. sind nahe verwandt, impulsives Irresein, Triebhandlungen, zwangsmäßige Selbstbeschuldigungen, gewisse Stereotypien und Verstimmungen psychotischer Natur zeigen eine ähnliche psychologische Struktur. Erscheinungen des normalen Seelenlebens leiten uns zum brauchbaren Untergrund des Zwangsphänomens, gewisse Formen von Gewohnheiten, übertriebene Prinzipien, Missbrauch der Wahrheit und der Moral[45] sind psychologisch von ähnlicher Struktur. Eng ist der Zusammenhang mit der Stimmungslage des Zweifels, der gleichfalls das Vorwärtsschreiten hindert[46].

Die individualpsychologische Klarstellung eines Falles von Zwangsneurose

---

44 [Schmelzle schildert die Furcht vor der Nacht, weist die Sicherungstendenzen auf und lässt die Minderwertigkeit des Harn- und Darmapparates erraten.]
45 Missbrauch *bis* Moral]*Änd. 1924: hervorgehoben*
46 *Erg. 1924:* und ein verkapptes *Nein!* gegenüber vorliegenden Forderungen bedeutet
Erg. 1930: Die richtige Definition jeder Neurose lautet: »Ja – aber!«

ergibt die unbewusste Absicht des Patienten, sich *durch den krankhaften Zwang vom Zwang*[47] *der gesellschaftlich notwendigen Forderungen zu entlasten* oder zu befreien, einen sekundären Kriegsschauplatz zu errichten, um dem Hauptkampfplatz des Lebens entweichen zu können und die Zeit zu vertrödeln, die ihn sonst zur Erfüllung seiner individuellen Aufgaben zieht[48].

Als einzig entscheidende Probe auf die Richtigkeit der psychologischen Klarstellung des Falles kann nur gelten, wenn es sich erweist, dass der Patient *auch mit anderen Mitteln als mit dem der Zwangsneurose,* also ganz abgesehen von seinen krankhaften Erscheinungen, unter Vorwänden, Ausflüchten, Ausreden und unter scheinbar guten Gründen den Forderungen seines Lebens zu entfliehen trachtet oder zum Mindesten die Verantwortung für die Entscheidungen über seine Leistungen zu mildern versucht.

Die Behandlung besteht in dieser Aufklärung des Sachverhaltes, in der Beseitigung von irrtümlichen Anschauungen aus der Kindheit, in einer offenen Wundbehandlung des übertriebenen Ehrgeizes, der Eigenliebe und der überängstlichen Tendenz des Patienten sich zu isolieren.[49]

---

47 *Erg. 1930:* der Kooperation und
48 *Änd. 1930:* ziehen würde
49 *Erg. 1924:* Der technische Apparat der Zwangsneurose muss erkannt, klargestellt und durch Demaskierung aufgehoben werden.   *Erg. 1930:* Dazu hilft in erster Linie die Kooperation mit dem Arzt. / Diese Kooperation ist selbstverständlich als Training zu verstehen. In neuerer Zeit gehen einige Autoren daran, oberflächliche Ähnlichkeiten mit motorischem, organisch bedingtem Verhalten bei postenzephalitischen Erscheinungen (Iteration, Blickzwang, Wiederholungszwang usw.), den sogenannten »striären Komplex« [Striatum-Syndrom: hyperkinetische Störungen infolge der Schädigung des Striatums in der Großhirnhälfte] mit der Zwangsneurose in Verbindung zu setzen. Als ob eine organische Grundlage maßgebend wäre und die Neurosenwahl bedingen würde. Eine solche Auffassung ist als entschiedener Rückschritt anzusehen und zeugt von dem Mangel an psychologischem Verständnis der Zwangsneurose. Das »Verharren in einer einmal eingenommenen Einstellung« *(Goldstein)* [Die Halluzination, ihre Entstehung, ihre Ursachen und ihre Realität. Wiesbaden 1912] hat bei der Postenzephalitis eine ganz andere Bedeutung als in der Zwangsneurose, in der Neurose überhaupt und wohl im Leben jedes Individuums. Öde Vergleiche beider Erscheinungen, von denen bei *Goldstein* nichts, bei späteren Autoren manches zu finden ist, führen zu Scheinproblemen. Die neurotische Zwangsbewegung ist aktives Arrangement des Lebensfeigen, bei dem er *beharren* muss, weil er in intelligenter, wenn auch irrtümlicher Weise alles andere fürchtet. Die von den Autoren angeführten Fälle sind viel durchsichtiger als die Autoren meinen.

14. Fortschritte der Individualpsychologie (1923)

Editorische Hinweise
Erstveröffentlichung:
1923c: Internationale Zeitschrift für Individualpsychologie 2, S. 1–7, 10–12
Letztveröffentlichung:
1982a: Psychotherapie und Erziehung, Bd. 1 (1919–1929), S. 33–47

Der Aufsatz geht auf einen Vortrag zurück, den Adler auf dem 7. Kongress für Psychologie in Oxford im August 1923 gehalten hat. Im Archiv der Deutschen Gesellschaft für Individualpsychologie liegt eine Kopie der Druckfassung dieses Aufsatzes aus der Internationalen Zeitschrift für Individualpsychologie. Am Rande des Textes finden sich Ergänzungen und Einfügungen von Adlers Hand, die hier in den Fußnoten mitgeteilt werden.

Adler schreibt über seine Behandlung eines Patienten mit rezidivierender Manie und Melancholie. Der erste Teil des Beitrags enthält Symptomatik und Lebensgeschichte des Patienten, im zweiten Teil entwickelt Adler seine Vorstellung der Psychodynamik und der Behandlungsgrundsätze. Während er in seinen zwei Artikeln von 1914 (»Melancholie und Paranoia«, 1914d, S. 126–142; »Lebenslüge und Verantwortlichkeit in der Neurose und Psychose«, 1914m, S. 170–180) mehr eine Außensicht auf den psychotischen Patienten einnimmt und vor allem bemerkt, wie sie ihre Verantwortlichkeit im Leben vermeiden, betont er hier das vertiefte Minderwertigkeitsgefühl und die Entmutigung. Außerdem entfaltet Adler in anschaulicher Weise sein Konzept der Einheit der Persönlichkeit. Deutlicher als im Aufsatz »Die Individualpsychologie, ihre Voraussetzungen und Ergebnisse« (1914h, S. 143–157) erklärt Adler, dass in der auf das Ziel gerichteten Sichtweise die Bedeutung der Kausalität zwar vorausgesetzt wird, dass aber ein wirkliches Verständnis für ein seelisches Phänomen oder für eine Persönlichkeit nur aus einer teleologisch begründeten Zusammenhangsbetrachtung gewonnen werden kann. Dies wird er im Aufsatz »Psychische Kausalität und Weltanschauung« (1924d, S. 226–228) wiederholen.

Die Psyche entwickelt sich laut Adler vermittels einer »fiktiven Teleologie« – dieser Ausdruck findet sich hier zum ersten Mal, dann nur noch im Aufsatz »Individualpsychologie« (1926m, S. 270–278). Das Ziel wird so zum Dirigenten, zur Causa finalis und »reißt alles seelisch Bewegliche in den Strom des seelischen Geschehens« hinein. Darin gründet nach Adler die Einheit der Persönlichkeit, die Individualität. Dementsprechend war sein Patient nicht nur krank in der Zeit seines manisch-depressiven Irreseins, sondern auch in seinen anscheinend gesunden Tagen. In den Jahren 1923 und 1924 wird Adler aufmerksamer auf die Entmutigung der Patienten. Es sei notwendig, dass der Kranke seine enorme Mutlosigkeit als unberechtigt verstehen lernt, denn nicht die Krankheit rezidiviere, sondern die Entmutigung. In einer bestimmten Hinsicht seien alle Neurotiker Opfer von Irrtümern der Kultur. Adler bestreitet, dass es einen völlig zureichenden Grund zur Entmutigung geben könne. Es komme nicht auf den Besitz, sondern auf den Gebrauch der seelischen Kräfte an, auf das mutige Ringen mit Schwierigkeiten.

In diesem Aufsatz erwähnt Adler erstmals den Common Sense und die drei Fragen, die das Leben an den Menschen stellt, den Beruf, die Gesellschaft und die Liebe. Nochmals wie in »Die Individualpsychologie, ihre Voraussetzungen und Ergebnisse« (1914h, S. 143–157) warnt Adler vor dem schablonenhaften Anwenden seiner Psychodynamik, die nur der Leitfaden sein könne auf einem Weg, den jeder selbst gehen muss, bis »wie durch eine Eingebung« dem Therapeuten wie dem Patienten der Zusammenhang klar ist.

Die Fortschritte der Individualpsychologie sieht Adler im Verständnis der präpsychotischen Persönlichkeit und in der Behandlungsmethode, einer Methode der Ermutigung, die nicht mit der üblichen teilweisen Ermutigung zu verwechseln sei. Diese Methode, die Lebensstilanalyse, mache unabhängig und selbstständig, weil sie die Ursachen der Entmutigung behebe.

Fortschritte der Individualpsychologie. Erster Teil

In der Verfolgung unserer Forschungen gelangten wir im Laufe der letzten Jahre zu einem immer stärkeren Ausbau unserer Standpunkte, die nunmehr der Öffentlichkeit und ihrer Überprüfung übergeben werden sollen. Dies gilt in erster Linie von der Grundanschauung der Individualpsychologie: Nicht die im Seelenleben auffindbaren Kräfte und Phänomene, wie sie experimentell erschlossen oder analytisch gefunden werden, ergeben ein Verständnis für eine Person. Das Individuum kann sie verschiedentlich benützen oder unbenützt lassen. Was wir den anderen Richtungen der Psychologie und Menschenkenntnis entgegenzuhalten hatten, war die Feststellung, dass sie uns bestenfalls etwas aussagen über die vorhandenen Kräfte, nicht aber über deren Gebrauch und Verwendungsart, nichts über die Richtung. Das Seelenleben aber ist kein Sein, sondern ein Sollen. Durch diesen Zwang zu einem auf ein Ziel gerichteten Geschehen kommt in das ganze Seelenleben ein Drang nach vorwärts, und in diesem Strom des Geschehens erfahren alle vorhandenen seelischen Kategorien und Kräfte ihre Form, Richtung und Modellierung.[1]

Der Ausbau des menschlichen Seelenlebens geschieht unter Zuhilfenahme einer fiktiven Teleologie, durch Aufstellung eines Zieles, unter dem Druck einer teleologischen Apperzeption, und so erweist es sich am Ende, dass wir in allen seelischen Erscheinungen den Charakter der Zielstrebigkeit wieder-

---

1 *Handschriftliche Erg.:* (Dazu 1).

finden, dem sich alle Kräfte, Instanzen, Erfahrungen,[2] Wünsche und Befürchtungen, Defekte und Fähigkeiten einordnen. Daraus ergibt sich, dass ein wirkliches Verständnis für ein seelisches Phänomen oder für eine Person nur aus einer teleologisch begründeten Zusammenhangsbetrachtung gewonnen werden kann.

Daraus[3] geht hervor, dass jedes Individuum handelt und leidet nach Maßgabe seiner individuellen Teleologie,[4] die wie ein Fatum wirkt, solange er sie nicht verstanden hat. Ihre Ursprünge führen bis in die erste Kindheit zurück und zeigen sich fast immer irrtümlich beeinflusst durch körperliche und seelische Schwierigkeiten, durch Gunst und Ungunst der ersten Situationen in der Kindheit.

Durch diese Betrachtung wird die Bedeutung der Kausalität für das Verständnis des seelischen Geschehens so weit eingeschränkt, dass wir sie wohl voraussetzen, dass wir sie aber als ungenügend erkennen bezüglich der Aufhellung eines seelischen Rätsels und gar zur Vorhersage einer seelischen Stellungnahme.

*

Das Ziel des menschlichen Seelenlebens wird so zum Dirigenten, zur Causa finalis und reißt alles seelisch Bewegliche in den Strom des seelischen Geschehens hinein. Hier ist die Wurzel der Einheit der Persönlichkeit, der Individualität. Ihre Kräfte könnten woher immer gekommen sein, nicht woraus sie entstanden sind, wohin sie gehen, auf was sie hinauslaufen,[5] macht ihre Eigenart aus. Ein Beispiel soll dies erörtern: Ein 40-jähriger höherer Beamter leidet seit seiner Kindheit an Zwangsimpulsen. Von Zeit zu Zeit muss er mit peinlicher Pedanterie die kleinen Aufgaben, die er sich stellt, sorgfältig auf einem Zettel niederschreiben. Dabei entdeckt er ein heimliches Lustgefühl, das er sich nicht erklären kann. Bald wird [2] dieses aber abgelöst durch ein heftiges Reuegefühl, wie er die Zeit mit solchen Dingen vertrödeln könne. Und nun gibt er sich die Schuld, dass er durch diese Abhaltungen sein Fortkommen im Leben verhindert habe. Nach kurzer Zeit wiederholt sich dasselbe Spiel.

Nach dem heutigen Stand der individualpsychologischen Erfahrung sind derartige Rätsel auf den ersten Blick lösbar. Wir sehen diesen Mann statt auf dem Wege der Gemeinschaft, anstatt mit der Lösung seiner Probleme beschäftigt, in unverstandene Schwierigkeiten verwickelt. Bei dieser Gelegenheit aber umgeht er wie ein Deserteur die ihm gesetzten, gesellschaftlich notwendigen Aufgaben. Seine Schuldgefühle, weit entfernt, seine und seiner

---

2 *Handschriftliche Erg.:* Gefühle, Affekte
3 *Streichung und handschriftliche Erg.:* Auch
4 *Handschriftliche Erg.:* seiner Meinung von sich und vom Leben
5 *Handschriftliche Erg.:* was aus ihnen gemacht wird,

Umgebung Lage, seine bisherigen Fehler zu verbessern, tragen nur zur Verschlimmerung bei, weil sie ihn noch weiter von seiner Arbeit abziehen. Sind also weitere, richtige Mittel zur Desertion. Seine bewegte Klage endlich, wie ihn sein Leiden im Fortkommen störe, entbehrt nicht des Lichtblickes, weil sie gleichbedeutend ist mit der Feststellung: »Was hätte ich alles geleistet, wenn ich dieses Übel nicht gehabt hätte!«

Wir sehen in das Arrangement eines Nebenkriegsschauplatzes, dessen Zweck und Ziel es ist, den Hauptkriegsschauplatz auszuschalten. Und alle vorhandenen seelischen Phänomene, Zwang, Lustgefühle, Schuldgefühle, Logik und Lebenswandel, spottend jeder Interpretation ihres Ursprunges und ihrer ursprünglichen Bedeutung,[6] gehorchen ausschließlich nur der einen Aufgabe: im Vormarsch des Lebens der Lösung der realen Fragen auszuweichen, eine sichernde Distanz zu ihnen zu gewinnen und den Schein einer tröstenden Reserve zu erobern: »Was ich alles hätte leisten können, wenn …«[7]

*

Neurose und Psychose sind die Ausdrucksformen entmutigter Menschen. Wem sich diese individualpsychologische Erkenntnis entschleiert hat, der wird es füglich vermeiden, mit entmutigten Menschen langwierige Exkursionen in mystische Felder der Psyche zu unternehmen. Selbst beiläufig richtige[8] Mutmaßungen über primäres psychisches Geschehen würden immer nur willkommener Ausweg sein, sich von lebenswichtigen Fragen zu entfernen. Was immerhin[9] wirksam und förderlich dabei zustande kommen kann, ist wie bei der Suggestiv- und hypnotischen Therapie die Ermutigung, die unverstanden (unbewusst?) aus der menschenfreundlichen, geduldigen Beschäftigung des Arztes erfließt.[10]

Diese Form einer teilweisen Ermutigung genügt in den seltensten Fällen, ist niemals auch gleichzusetzen unserer Methode, die unabhängig und selbstständig macht, weil sie die wirksamen Ursachen der Entmutigung behebt.

Also legt die Individualpsychologie doch auch den Ursachen einer seelischen Erscheinung Gewicht bei? Wohl denen des zu behebenden Grundphänomens, nicht aber denen, die als Ausdrucksmittel der Entmutigung immer nur ihrer Zweckmäßigkeit halber Anwendung finden, eigentlich richtig am

---

6 *Handschriftliche Erg.*: als welche bei den meisten [… *3 Wörter unlesbar*], die sie selbst in ihren eigenen Ausdrucksformen finden
7 *Handschriftliche Erg.*: Für diese zögernde, ausweichende Attitüde gibt es in der ganzen Welt nur eine Erklärung: Furcht vor einer Niederlage.
8 *Handschriftliche Anm.*: Etliche rühmen sich sogar, der Hysterie durch Aufdeckung der sexuellen Triebkräfte ein Ende gesetzt zu haben.
9 *Handschriftliche Erg.*: auch stark
10 *Handschriftliche Erg. unlesbar*

Platze sind, solange die Mutlosigkeit anhält, oder auch durch andere ersetzt werden können.

Um also von den Ursachen der Entmutigung zu sprechen: Sie sind immer irrtümlich! Einen völlig zureichenden Grund zur Entmutigung gibt es nicht! Nur dieser Irrtum[11] berechtigt uns, eine radikale Therapie der Neurosen in Angriff zu nehmen. Im obigen Fall war es der hochmütige, herrschsüchtige Vater, der den Jungen schon in seiner Kindheit bedrückte und ihm systematisch die Hoffnung auf ein gedeihliches Fortkommen raubte. Man wird einwenden, ob denn jedes Kind entmutigt werden könne? Nun, ich traue diese Kunst jedem Erzieher bei jedem Kinde zu, insbesondere weil die ganze Menschheit zur Entmutigung neigt. Freilich ist die aufzuwendende Kraft in jedem Falle verschieden und kann durch körperliche Minderwertigkeiten gefördert, durch günstige Umstände gehemmt werden. Das Ziel dieses Kindes aber war, den Vater zu übertreffen. Da es sich dies in offenem Streben nicht zutraute, unterfing es sich, den Schein der Überlegenheit zu retten, suchte Umwege und fand einen Ausweg und mildernde Umstände in seiner Zwangsneurose. [3]

Wer ist nun der wirkliche Dirigent, der vielleicht nur dort, wo es ihm passt, andere Ziele als das seine (Selbsterhaltung, Hunger und Liebe, Lustgewinnung) vorschiebt, sie gelegentlich auch vertauscht? Der in allen Phänomenen sein Spiel treibt, alle Ausdrucksformen, seelische wie körperliche, beherrscht und in seinen Dienst stellt? Ist es nur einer? Sind es mehrere? Ist es vielleicht denkbar, dass ein Individuum, ein Unteilbares, das wir als Einheit empfinden und verstehen, von dem wir, was als einziges Kriterium des Verständnisses Wert besitzt, vorhersagen können, wie es sich in einer bestimmten Lage benehmen wird, mehreren Zielen nachstrebt? Wir haben es nie gefunden. Aber das Double vie, die Ambivalenz? Sind hier nicht zwei Ziele zu sehen? Das Schwanken, der Zweifel?[12]

Immer weist uns das Geltungsstreben, im allgemeinen Sinne das Wollen,[13] darauf hin, dass in allem seelischen Geschehen eine Bewegung im Gange ist, die von einem Minderwertigkeitsgefühl aus ihren Lauf nimmt, um zur Höhe zu gelangen. Die individualpsychologische Lehre von der seelischen Kompensation weist darauf hin: Je stärker das Minderwertigkeitsgefühl ist, umso höher das Ziel der persönlichen Macht.

Ist aber das Geltungsstreben mit seinem Ziel der Überlegenheit jene richtende Kraft, die alle Bewegungen der Menschen lenkt, dann dürfen wir sie

---

11 *Handschriftliche Erg.*: in der Neurose
12 *Handschriftliche Erg.*: (Dazu 2.) *Am unteren Rand*: Man verzeihe mir die Härte des Ausdrucks, aber es gibt wirklich Halbköpfe, die es öffentlich vertreten, dass die Individualpsychologie die Liebe, andere, dass sie das »Ja/Es/Ich?«, wieder andere, dass sie den Sexualtrieb übersehe.
13 *Handschriftliche Erg.*: Freud sagt Wunscherfüllung

uns nicht etwa als belanglosen Faktor vorstellen. Dann ist sie mit unserem gesamten Leben verbunden, dann stellt sie ein Streben dar auf Leben und Tod. Und in der Tat: Sie ist imstande, unseren Selbsterhaltungstrieb, unser Lustverlangen, unseren Wirklichkeitssinn, unsere moralischen Gefühle zu stören oder aufzuheben. Sie findet im Selbstmord einen Weg zur Durchsetzung, sie lenkt unsere Freundschafts- und Liebesgefühle, sie lässt uns Hunger und Durst ertragen und macht uns Schmerz, Trauer, Qualen zu Etappen unserer Triumphe. Nichts, was der Mensch genießt oder empfindet und tut, empfängt er mit Unbefangenheit. »Schön ist hässlich, hässlich schön«, singen Macbeths Hexen.[14] Und: »Der Verstand ist listig«, erklärt Hegel.[15] Als Sokrates einst einen Sophisten in durchlöchertem Mantel sah, rief er ihm zu: »Jüngling von Athen, aus den Löchern deines Mantels guckt die Eitelkeit!«[16] Bescheiden und eitel zugleich! Ist hier eine ehrliche Ambivalenz vorhanden? Oder ist es nicht eine Finesse, mit zwei statt mit einem Pferde zu fahren, auch durch Bescheidenheit zu glänzen? Im Double vie unterstützen sich beide Rollen, um das[17] Ziel der Überlegenheit erreichen zu helfen. Sowie ein Börsenspieler, je nach Bedarf, das eine Mal in der Haltung des Haussiers, ein andermal als Baissier auftritt, beides, um Geld, das heißt Macht zu gewinnen. So antwortete mir einmal ein reich gewordener alter Geschäftsmann auf meine Frage, warum er noch verdienen wolle, da er doch alles kaufen könne, was käuflich sei: »Wissen Sie«, sagte er, »das ist die Macht, die Macht über die andern!«

Ich könnte als Psychologe auch andere Wege gehen. Ich könnte den psychologischen Wurzeln nachforschen, warum jener Sophist eine Vorliebe für zerrissene Mäntel hatte, um seine Bescheidenheit zu demonstrieren. Dann aber käme ich auf ein dem Sophisten erwünschtes Nebengeleise. Ich hätte seine Eitelkeit aus den Augen verloren. Ich muss vielmehr ergründen, woher seine Eitelkeit stammt.

Ob er dabei im Sinne des Vaterideals vorgeht, wenn er sich in Lumpen hüllt, oder im Sinne des sogenannten »Ödipuskomplexes« oder vielleicht in beider Sinne oder in keiner von diesen Richtungen, ist wohl recht belanglos. Auch die uns bekannten Tatsachen, dass einer den Vater nachahmt oder ihm zuwiderhandelt, haben durch eine derart mystifizierende Beleuchtung keine Bereicherung gefunden.[18]

Hier schließt sich unser Verständnis für die psychologische Struktur des

---

14 [Shakespeare, Macbeth, I,1.]
15 [Hegel (1979, Bd. 6, S. 452) spricht von der »List der Vernunft« in »Wissenschaft der Logik« II, 2, 3, C.]
16 [Überliefert bei Diogenes Laertios, Leben und Meinungen berühmter Philosophen, V, 5, 36]
17 *Handschriftliche Erg.:* konkrete
18 *Handschriftliche Erg. nicht lesbar*

Zweifels an. Auch beim Zweifel bestehen nicht etwa zwei verschiedene Ziele, sondern ein einziges: Stillstand! Die gleiche Überlegenheit gilt für alle sogenannten nervösen Symptome. Wie eine verschleierte Bremsvorrichtung greifen sie in die Bewegung des Fortschrittes ein, lenken sie auf ein Nebengeleise und hemmen die Erfüllung von oft selbst ausgesprochenen Forderungen.[19]

Auch in diesen Fällen finden wir als Dirigenten die Eitelkeit, die sich vor Verletzungen fürchtet.[20]

Das[21] Ziel der Überlegenheit, bei Nervösen außerordentlich hoch angesetzt, formt die Individualität des Einzelnen, modifiziert seine Logik, Ästhetik und Moral [4] und drängt ihm die zugehörigen Charakterzüge, Intelligenz, Energie und Affekte auf. Die leitende Idee seiner Persönlichkeit verhilft ihm zu seiner eigenartigen Gangart und Bewegungslinie, die wie eine ewige Melodie sein ganzes Leben durchzieht. Wer diese Bewegungslinie kennt, versteht erst den Sinn jeder einzelnen Bewegung. Reißt man ein einzelnes Phänomen aus diesem Zusammenhang, so wird man es immer missverstehen. Die einzelnen Töne sagen uns nichts, wenn wir die Melodie nicht kennen. Wer aber die Bewegungslinie eines Menschen kennt, für den beginnen die einzelnen Erscheinungen zu sprechen.[22]

Daraus folgt auch: Die richtig verstandenen seelischen Phänomene können als Vorbereitungen für ein Ziel der Überlegenheit aufgefasst werden.

Über den Ursprung des Geltungsstrebens sind wir durchaus nicht im Unklaren. Die Dürftigkeit und Hilflosigkeit des Kindes führt regelmäßig zu einem Minderwertigkeitsgefühl, das nach Erlösung drängt. Schlechte Erziehung, ungünstige Situation, angeborene körperliche Schwächen steigern dieses Minderwertigkeitsgefühl und damit auch die Sehnsucht des Kindes nach Geltung und Macht. Das Kind findet in seinen ersten Jahren die Schablone für seine Stellungnahme zum Leben, entsprechend seiner Situation, seiner Umgebung, seinem Lebensmut und seiner Findigkeit[23]. Im Trotz oder im Gehorsam, immer strebt es nach der Höhe.

Dabei ist entsprechend der Unreife des kindlichen Geistes und Verständnisses reichlich für Irrtümer Platz. Ja, wir werden, da das menschliche Wirken Stückwerk ist, eigentlich niemals den Irrtum vermissen. Nicht in der Einschätzung der eigenen Lage[24] und nicht in der Wahl des Zieles. Dazu kommt noch, dass bei ehrgeizig Strebenden[25] niemals Konflikte, Rückschläge und Nieder-

---

19 *Handschriftliche Erg.:* »Ja – aber!«
20 *Handschriftliche Erg. nicht lesbar*
21 *Handschriftliche Erg.:* konkrete
22 *Handschriftliche Erg.:* So auch die »Gestaltpsychologie«
23 *Handschriftliche Erg.:* die jeder kausalen Bewertung spottet
24 *Handschriftliche Erg.:* der eigenen Kraft
25 Ehrgeizig Strebenden]*handschriftlich geändert:* krankhaft ehrgeizigem Streben

lagen ausbleiben, da sie[26] sich von der Logik des menschlichen Zusammenlebens, von der absoluten Wahrheit, also vom Gemeinschaftsgefühl, allzu weit entfernt haben[27]. Damit aber stellt sich die Entmutigung ein, die immer Irrtum ist, in ihren verschiedenen Graden und arrangierten Sicherungen abermals zu zahlreichen Irrtümern Anlass gibt. Wir haben festgestellt, dass alle Nervöse entmutigte Ehrgeizige sind und dass die Entmutigung der Kinder und der Erwachsenen vielleicht auf 90 Prozent der Menschheit verteilt ist[28].

Die Aufgabe der Erziehung ist es, die Schablone des[29] Machtstrebens zu verhindern und die Entfaltung des angeborenen Gemeinschaftsgefühls zu fördern. Die individualpsychologische Behandlung der Nervösen, der entmutigten Ehrgeizigen, geschieht durch Aufdeckung ihrer Irrtümer, durch Abbau ihres[30] Machtstrebens und durch Hebung ihres Gemeinschaftsgefühls.[31]

*

Man könnte geneigt sein, in unseren Anschauungen den Bestand einer Schablone zu suchen, und könnte glauben, es genüge die Kenntnis dieser Schablone, etwa[32] des Minderwertigkeitsgefühls und seiner Kompensationen, um nun alle Rätsel des Seelenlebens lösen zu können. Da vergesse man nur nicht der Unsumme von Kunstgriffen und Listen, deren Buntheit nicht kleiner ist als das Leben selbst. Einen Leitfaden, einen sicheren Führer, nicht mehr bedeuten die Grundanschauungen der Individualpsychologie. Jedes Mal muss der Weg selbst gegangen werden, das Dunkel erhellt werden, bis wie durch eine Eingebung dem Suchenden und Untersuchten der Zusammenhang klar ist. Es ist durchaus nicht auf den ersten Blick einzusehen, wo im Falle der Depression, der Melancholie das Ziel der Überlegenheit wirksam sei. Wir wollen es an einem Falle von »manisch-depressivem Irresein« nachzuweisen versuchen.

Ein 40-jähriger, athletisch gebauter Mann mit lang gezogener Nase und eiförmigem Gesicht klagt, dass er derzeit bereits zum dritten Male in einen Zustand der Melancholie verfallen sei. Alles widere ihn an, er könne sich mit nichts beschäftigen, sein Schlaf sei seit Beginn der melancholischen Verstimmung vor acht Monaten wieder wie bei den anderen zwei melancholischen Phasen vollständig gestört. Er trauere den ganzen Tag und die Nacht dahin, finde an nichts Gefallen und sei erotisch völlig unempfindlich. Alles komme

---

26 *Handschriftliche Änd.:* es
27 *Handschriftlich gestrichen*
28 *Handschriftliche Erg.:* eine Auffassung, die in der M…psychologie nunmehr allgemein angekommen ist.
29 *Handschriftliche Erg.:* persönlichen
30 *Handschriftliche Erg.:* persönlichen
31 *Handschriftliche Erg.:* Dazu 3.
32 *Handschriftliche Erg.:* des Gemeinschaftsgefühls

ihm wie Mist vor. Im Jahre 1918 sei er an Manie erkrankt. Wie ein Champagnerrausch sei es über ihn *[5]* gekommen. Er dachte, er müsse sein Vaterland retten, er sei dazu auserkoren, müsse Reichsverweser werden; er habe auch versucht, Verhandlungen anzubahnen, hatte große Entwürfe für Kolossalbauten ausgearbeitet, bis ihn seine Familie in eine Irrenanstalt sperrte. Einige Wochen nachher verfiel er in einen Zustand der Depression, der neun Monate währte und ganz wie der gegenwärtige verlief.

Kaum fühlte er sich besser und dachte wieder an eine regelmäßige Arbeit, als die Manie wieder eintrat, ungefähr die gleiche Zeit wie das erste Mal dauerte, um dann der melancholischen Phase Platz zu machen. Fast unmittelbar an diese reihte sich das dritte manische Zustandsbild, welches von der gegenwärtigen Melancholie abgelöst wurde.

Die Ausdrucksform der völligen Entmutigung dürfte kaum zu übersehen sein. Der Lebenslauf dieses Mannes bot genug Verlockungen dazu und Bestätigungen dafür. Er war das Kind einer reichen Familie und hatte zum Taufpaten einen höchsten Würdenträger des Staates. Seine Mutter, eine ehrgeizige Künstlernatur, erklärte ihn fast in der Wiege schon als unvergleichliches Genie und stachelte seinen Ehrgeiz in unerhörtem Maße. Er wurde seinen anderen Geschwistern weit vorgezogen. Seine Fantasien in der Kindheit gingen daher ins Ungemessene. Am liebsten spielte er Feldherr, trommelte eine Anzahl Jungen zusammen und errichtete sich einen Feldherrnhügel, von dem aus er die Schlachten leitete. In der Kindheit schon und später in der Mittelschule empfand er es tief schmerzlich, wenn ihm nicht alles leicht und glänzend von der Hand ging. Von da an[33] begann er, seinen Aufgaben auszuweichen, und vertrödelte die Zeit hauptsächlich mit Tonarbeiten. Wir werden sehen, wie diese Spiele der Jugend zum Ausgangspunkt seiner Berufswahl wurden. Er ging später zum Militär, verließ aber bald[34] seine Stellung, um sich der Bildhauerkunst zu widmen. Als er auch da nicht gleich zu Ruhm und Ehren gelangte, sattelte er abermals um und wurde Landwirt. Als solcher verwaltete er die Güter seines Vaters, ließ sich in allerlei Spekulationen ein und stand eines Tages vor dem völligen finanziellen Zusammenbruch. Als er wegen seiner waghalsigen Unternehmungen als verrückt gescholten wurde, gab er das Rennen auf und zog sich zurück.

Da kam die große Geschäftskonjunktur der Nachkriegszeit, und alle seine waghalsig begonnenen, schon verloren geglaubten Unternehmungen begannen aufzublühen. Geld strömte ins Haus und überhob ihn jeder Sorge. Auch sein Prestige schien gerettet. Nun hätte er sich wieder nützlicher Arbeit

---

33 Von da an *] handschriftliche Änd.:* Enttäuscht
34 *Handschriftliche Erg.:* abermals enttäuscht

widmen können. Da brach sein manischer[35] Anfall aus und verhinderte jede Tätigkeit. Die gute Zeit traf ihn bereits im Zustande gänzlicher Entmutigung.

Aus seinen Jünglingsjahren erinnert er sich an ein starkes Prädestinationsgefühl. Selbst Gedanken der Gottähnlichkeit wagten sich an ihn heran. Seine Zimmer waren über und über mit Napoleonbildern geschmückt, die wir als Beweis seines Strebens nach Macht gelten lassen dürfen. Als ich ihn einst zur Illustration seiner Bewegungslinie darauf verwies, dass er einen Helden in seiner Brust trage, den er seit seiner Entmutigung nicht mehr auf die Probe zu stellen wage, erzählte er mir betroffen, dass er über der Türe seines Arbeitszimmers einen Spruch Nietzsches angebracht habe, der folgendermaßen laute: »Bei allem, was dir heilig ist, bitte und beschwöre ich dich: Wirf den Helden in deiner Brust nicht von dir!«[36]

In einer der Hauptfragen des menschlichen Lebens, in der Berufsfrage, sehen wir deutlich seine fortschreitende Entmutigung infolge seines unerfüllten und unerfüllbaren Ehrgeizes. Wir können sie, wenn auch nicht billigen, so doch begreifen. Wie war es mit der zweiten Hauptfrage, mit der sozialen Verknüpftheit von Mensch zu Mensch? Man konnte leicht vorhersagen, dass er auch hier scheitern musste, dass sein Hochmut ihn kontaktunfähig machen musste, so dass er im Großen und Ganzen niemandem zulieb und niemandem zuleid in einer isolierten Stellung verharrte. Selbst seine Geschwister und seine Kameraden wurden ebenso wenig in seiner Nähe warm wie er in ihrer. Nur zuweilen zeigte sich im Beginne einer neuen Bekanntschaft ein anfängliches Interesse, um bald wieder abzuflauen. Er kannte die Menschen nur von ihrer schlechten Seite und hielt sie ferne. Dies und sein Ziel der Überlegenheit zeigte sich auch in seinen satirischen, scharf zugespitzten Pointen. [6]

In der dritten Hauptfrage des Lebens hatte er schwer Schiffbruch gelitten. Er hat wohl niemals geliebt und kannte die Frau nur als Objekt. So kam es, dass er in jungen Jahren an Lues[37] erkrankte, an die sich unvermerkt eine Tabes[38] mit leichten Erscheinungen schloss. Dies trug nicht wenig zu seiner weiteren Entmutigung bei. Jetzt sah er sich von allen Triumphen ausgeschlossen, die er sich sonst im ersten Ansturm bei Frauen, beim Preisfechten, Wettschwimmen und bei Hochtouren geholt hatte.

Wie er die Menschen sich entfremdet hatte, stand er nun selbst als Fremdling in diesem Leben, das ihm nirgends einen Kontakt bot. Seinen Irrtum ein-

---

35 [Man würde einen depressiven Anfall erwarten, zumal im nächsten Satz von der »Entmutigung« die Rede ist. Siehe auch unten S. 213]

36 [Nietzsche (1886/1980, S. 53): »Aber bei meiner Liebe und Hoffnung beschwöre ich dich: wirf den Helden in deiner Seele nicht weg! Halte heilig deine höchste Hoffnung.«]

37 [Lues oder Syphilis: sexuell übertragbare Infektionskrankheit]

38 [Tabes: Ausfall von Funktionen des Rückenmarks bei Neurolues]

zusehen, zu verbessern, war er nicht fähig. Sicherlich hinderte ihn auch sein Stolz, der Held in seiner Brust daran. So fand ich ihn als einen Menschen, der nach einem glänzenden, ja fanatischen Auftakt immer nachgelassen hatte, sobald sein Ehrgeiz zu fürchten begann.

Sobald ich den Rhythmus seines Lebens, wie er unter dem Druck seines ehrgeizigen Strebens zustande gekommen war, erkannt hatte, wusste ich auch, dass alle seine seelischen Leistungen im Sinne dieses Rhythmus verlaufen mussten. Um die Probe darauf zu machen, ließ ich mir seine Schriftzüge zeigen.

Man sieht auch hier, und zwar ohne grafologische Deutungskunst, den starken Auftakt und das ständige Schwinden in der Größe der Buchstaben in jedem Wort.

Ebenso sinnfällig äußern sich die entfernten Pole seiner Bewegungslinie in der Wahl seiner Stoffe, die er plastisch gestalten wollte. Einen Sonnenanbeter wollte er schaffen, der mit ausgebreiteten Armen nach dem Höchsten greift, und die Trauer, die tief zur Erde gebückt ein verlorenes Glück beweint. Doch nicht einmal an die Vorarbeiten ist er geschritten. Sein Ehrgeiz lebte weiter, war aber ohnmächtig geworden und verbarg sich.

Alles, was dieser impotent gewordene Ehrgeiz noch gestalten konnte, zumal der Kontakt zur Außenwelt verloren gegangen war, sah man in der Darbietung seiner Psychose. Sie beginnt mit dem manischen Auftakt, der brüllend den Mut zur Leistung beweisen will, gerade aber durch sein Ungestüm und durch seinen Widerspruch gegen die Logik uns die Entmutigung verrät. Im Rausch seiner Machtlüsternheit rast er dahin und zwingt die Umgebung zur Korrektur, zur Obsorge und zur Hemmung, die der Kranke selbst nicht aufbringen darf, weil sein verwundeter Ehrgeiz keine Handlung im Sinne des Common Sense duldet.

Nun folgt das Schwinden des Kraftaufwandes im Zwange seiner Lebenslinie. Die Entmutigung in der melancholischen Phase liegt klar zutage. Wo steckt nun der Ehrgeiz? Alles ist schal. Nichts kann ihn bewegen, ihn erfreuen, nichts wirkt auf ihn. Allem steht er kalt und fremd gegenüber wie annähernd schon in seinen jüngeren Jahren. Die Nichtigkeit alles Irdischen, die Wertlosigkeit aller Menschen, aller menschlichen Beziehungen ist die Rache[39] seines verwundeten Ehrgeizes, mit der er sich jeder Wirkung und Kraft der anderen entzieht, indem er sie leugnet.

Und je mehr er über diese Entwertung klagt, umso deutlicher stellt er sie fest. Statt sich zu erhöhen, erniedrigt er die anderen. Dem irrtümlich allzu hoch gesteckten Ziel seiner frühen Kindheit bot die Wirklichkeit unlösbare Schwierigkeiten. Nur im Spiel, in der Fantasie und in leicht und rasch erworbenen [7] Triumphen genügten sein Mut und seine Ausdauer. Nach individualpsychologischen Maßen gemessen, war er immer ein Typus des Entmutigten. Sein manisch-depressives Irresein ist der Ausdruck einer stärkeren Entmutigung bei gleichbleibendem Rhythmus seiner Bewegungslinie.

Zum Rätsel des zyklischen Verlaufes dieser Erkrankung sollen demnächst noch einige Aufklärungen folgen. Ebenso bezüglich der Behandlung.

Fortschritte der Individualpsychologie. Zweiter Teil

Unsere Schilderung des manisch-depressiven Patienten zeigte uns ein völlig einheitliches Bild. Das hohe Niveau, das ihm in den ersten Kinderjahren durch die verzärtelnde Mutter angewiesen worden war, trübte seinen Blick für die Wirklichkeit, legte ihm nahe, immer nur den ersten Platz als den ihm gebührenden zu beanspruchen und zu erwarten! Im Hause und vor der Schulzeit, später auch außerhalb der Schule glückte es ihm auch dank der hervorragenden Stellung seiner Familie und mithilfe der Mutter, die ihn den übrigen Geschwistern vorzog. Für die Schule aber war er mit seiner ehrgeizigen Erwartung und seiner schlechten Vorbereitung für Aufgaben, die ihm andere stellten, ferner auch mit seinem Mangel an Gemeinschaftsgefühl und Kameradschaftlichkeit schlecht vorbereitet. So ließ er die Schule bald in den Hintergrund treten und fand sie zu sauer. Eine lange Jahre während *Enuresis* legte Zeugnis davon ab, dass er *auch bei Nacht* seine Umgebung, vor allem seine Mutter, mit seiner Person beschäftigen wollte, und enthüllte seine Unselbstständigkeit und seine Bangigkeit vor der Zukunft.

Als er ins Leben trat, war er schlecht vorbereitet, bereits geneigt, Schwierigkeiten auszuweichen, Aufgaben gegenüber leicht entmutigt, aber von einem ungeheuren Ehrgeiz beseelt, die herrschsüchtigen Träume seiner Jugend mü-

---

39 *Handschriftliche Anm.:* Viel später als ich, der im Jahre 1914 entgegen den landläufigen Anschauungen die Wut als das treibende Element in der Melancholie nachwies, hat Freud diese Auffassung angenommen und sie in »sadistische Aggression« umbenannt.

helos erfüllt zu sehen und die Erwartungen seiner Mutter von seiner sieghaften Größe ohne Anstrengung als ein Geschenk des Himmels zu übertreffen.

Die Tatsachen des Lebens leisteten Widerstand. Da verließ er dreimal als Geschlagener seinen Posten. Vor dem Ernst einer Liebe flüchtend, geriet er in die Banalitäten der Erotik und erwarb eine Lues. Seine Götterdämmerung brach herein. Eine Tabes, eine Untauglichkeitserklärung im Kriege und der drohende Verlust des Familienvermögens durch seine fantastischen Projekte lähmten die letzten Spuren seiner Tatkraft. Als in der Tollheit der Kriegs- und Friedenskonjunktur seine Unternehmungen wider aller Erwarten neues Leben gewannen und aufblühten, war er im Willen gelähmt.

Aber der Ruf zu neuen Taten traf an sein Ohr. Unfähig zu ernsten Leistungen, gelang ihm nur ein ekstatischer Taumel, ein Willensrausch, der potenzierte heroische Auftakt seiner alten Leitlinie, die wie gewöhnlich dem Abbruch zustrebte. An die Manie schloss sich eine Melancholie. Als diese langsam verebbte, das heißt für uns Individualpsychologen: als sich sein Mut wie immer nach Niederlagen wieder zu heben begann, hörte er nichts als freundliche Worte seines Psychiaters, die ihn zur Arbeit lockten und ihm Genesung verhießen. Wieder traf ihn der Ruf zur Arbeit, und abermals in mangelnder Vorbereitung, ohne dass genügender Mut ihn beseelte. Da brach zum zweiten Male die Manie bei ihm aus.

Mit geziemender Bescheidenheit, aber entschieden wollen wir feststellen, dass nur ein individualpsychologisches Verfahren den zweiten Anfall hätte verhindern können: Dieser Mann war nicht bloß krank in der Zeit seines manisch-depressiven Irreseins. Dieses *Zustandsbild* war bloß der forcierte Ausdruck seiner alten Leitlinie[40], er war auch krank, entmutigt mit einem vertieften Minderwertigkeitsgefühl behaftet in seinen anscheinend gesunden Tagen. Und sollte so aus dem Hinterland an die Front des Lebens gehen?

Als seine zweite melancholische Phase fast ebenso lange wie die erste gewährt hatte, hörte er von einem Psychiater, der die »luetische Grundlage« der Zyklothymie besonders betonte und sie zu heilen unternahm. Er unterwarf sich auch dieser antiluetischen Kur. Arzt und Patient sahen die Melancholie schwinden. Da setzte wieder, fast unvermittelt, das manische Zustandsbild ein.

Ich übernahm den Patienten nach etwa fünfmonatlicher Dauer seiner Melancholie. Das Ende konnte man nach Analogie der früheren Anfälle in zwei Monaten [11] erwarten. Mir war es nicht um das Aufhören der Melancholie zu tun. Ich sah meine Aufgabe klar vor mir. Ich brauchte viel mehr Zeit, um seine Irrtümer, seine falsche Lebensmethode, seine selbst geschaffene Leitlinie zu berichtigen. *Ich musste den Patienten erst ermutigen*, bevor ich ihn ins Leben hinausschickte, wollte ich nicht einen vierten manischen Anfall riskieren.

---

40 *Handschriftliche Erg.:* neuerdings Symptome

Nach dreimonatlicher Kur schied der Patient von mir. Seine Melancholie war geschwunden, er fand schon an mancherlei Gefallen, machte kleinere Bergpartien und konnte in Gesellschaft recht unterhaltend sein.

Über sein Minderwertigkeitsgefühl hatte ich ihn beruhigt. Er ist kein überzeugter Anhänger der individualpsychologischen Gleichheitslehre[1] geworden, aber er hatte sichtlich mehr Mut gewonnen und verstand und beherzigte den Unterschied zwischen Mut und manischem Getue. Seit einem Jahre ist er von weiteren Anfällen verschont geblieben. Aus seiner Umgebung hörte ich, dass er sich wohl befinde, nur etwas faul und missmutig sei. Weiter reicht sein Mut bisher noch nicht.

*

Was wir Neues an diesem Falle zeigen können, wenn wir auch derzeit noch nicht das Recht zur Verallgemeinerung in Anspruch nehmen, ist vor allem, dass das klinische Bild einer psychischen Erkrankung lange nicht alles ist, was für den Psychologen und Therapeuten in Betracht kommt. Wir haben vielmehr zeigen können, dass die klinische Erkrankung ganz der Leitlinie des Patienten angepasst ist, dass sie die eigentümliche Gangart des Patienten aus seinen besseren Tagen aufweist, dass sie dem alten Ziel des Patienten zustrebt und dass sie als verstärkte Sicherung gegen Niederlagen zu verstehen ist. In diesem Arrangement, das zum größten Teil durch verstärkte Ausschaltung normaler Lebensbeziehungen zustande kommt, bis schließlich auch die logischen Beziehungen intensiver ergriffen und entwertet werden, kommt immer das alte Schwächegefühl und die Entmutigung des Patienten zum stärkeren Ausdruck. Aber wie in der Geste der Angst das Individuum jedes Mal auch schon die Schutz- und Abwehrbewegungen zur Darstellung bringt, so tritt in den Ekstasen der Manie für jedermann sichtbar, in den Entwertungen alles Menschlichen in der Melancholie heimlicher das Ziel der Überlegenheit hervor.

Als zweiten, wichtigen Befund heben wir hervor, dass die sichtbare Erkrankung in einer Phase der größten Entmutigung ausbricht, dass diese Entmutigung begreiflich, wenn auch nicht berechtigt ist – weil der Patient wohl zur Entmutigung seit jeher neigt, während es doch für die Entmutigung niemals einen völlig zureichenden Grund gibt –, und dass für den Ausbruch der Krankheit jedes Mal auch eine subjektive Ursache aufzufinden ist.

Als dritte, für die Dynamik wie insbesondere für die Therapie bedeutsamste Tatsache konnten wir feststellen, dass es nicht mehr genügen darf, den Anfall ablaufen zu lassen und das Rezidiv zu erwarten. Die Aufgabe ist konkret in der Richtung zu lösen, dass der Kranke den überaus hohen Grad seiner Mutlosigkeit als unberechtigt verstehen lernt. Wir können aus der Kenntnis dieses und anderer Fälle mit einiger Sicherheit behaupten: *Nicht die Krankheit rezidiviert,*

---

1   *Handschriftlich in Anführungszeichen*

sondern die Entmutigung! Die Vorbereitung des Kranken für sein weiteres Leben muss auf diesen Gesichtspunkt weitestgehende Rücksicht nehmen.

In einer bestimmten Hinsicht sind alle Neurotiker Opfer von Irrtümern der Kultur. Letztere sind durchaus nicht zufällig entstanden, sondern stammen aus dem mangelhaften Aufbau der menschlichen Gesellschaft. Ziehen wir die letzten Konsequenzen aus den obigen Betrachtungen, sine ira et studio, wie es der Wissenschaft geziemt, so müssen wir sagen: *Nur der ist sicher vor der Entmutigung und ihren Begleiterscheinungen, also auch vor der Neurose und Psychose, dem die Gleichwertigkeit aller vollsinnigen Menschen aufgegangen ist.* Verschiedenwertig sind nur die Leistungen, diese aber setzen sich zusammen aus Vorberei[12]tungen und Entschlossenheit. Wahre Kraft ist nie allein aus Anlagen zu holen, sondern aus dem mutigen Ringen mit Schwierigkeiten. Wer überwindet, der gewinnt!

15. Individualpsychologie und Weltanschauung (1923)

Editorische Hinweise
Erstveröffentlichung:
1923f: Internationale Zeitschrift für Individualpsychologie 2, S. 30–31

Dieser Aufsatz ist als »Autoreferat« in der Internationalen Zeitschrift für Individualpsychologie 1923 in einem Bericht über den 1. Internationalen Kongress für Individualpsychologie in München, Dezember 1922, abgedruckt.

Ihre Bedeutung bezieht die Individualpsychologie laut Adler nicht in erster Linie aus ihren therapeutischen Erfolgen, sondern weil sie in der Lage sei, den Lebensmut der Patienten zu heben und sie zu »richtigen Mitspielern der Gesellschaft« zu machen. Damit trete ihre Lehre aus dem Bereich der Krankenbehandlung heraus, werde Prophylaxe und Weltanschauung.

Alle seelischen Phänomene seien Mittel und Wege, die Unsicherheit und das Minderwertigkeitsgefühl des Menschen zu bannen. Das Minderwertigkeitsgefühl stamme aus einer realen Not und aus der Hinfälligkeit des menschlichen Organismus gegenüber der Natur, ein Thema, das Adler 1926 weiter ausführen wird. Aus Not und Gemeinschaft stammen die Impulse zur Ausgestaltung von Sprache, Verstand und Logik, Ethik und Ästhetik. Alle großen Leistungen dienen nach Adler dazu, Sicherungen (Gruppenbildungen, Gesetzgebungen, Religionen, geniale Leistungen) und dadurch eine Milderung der Angriffe der Natur zu schaffen. Die Lösung dieser Aufgabe durch die Entfaltung des Gemeinschaftsgefühls sei der Sinn des Lebens der Menschheit und des Einzelnen.

Individualpsychologie und Weltanschauung

Den Anspruch auf ihre Bedeutung bezieht die Individualpsychologie nicht in erster Linie aus der Sicherheit ihrer therapeutischen Erfolge bei nervösen und seelischen Erkrankungen aller Art; wichtiger scheint uns, dass wir in der Lage sind, bei Kranken und ihrer meist angegriffenen Umgebung den gesunkenen Lebensmut wieder zu heben, ihre Lebens- und Genussfähigkeit wieder herzustellen und sie zu richtigen Mitspielern der Gesellschaft zu machen. Am meisten erhebt uns der Gedanke und die Erwartung, dass wir imstande sind, *dem unbekannten Kinde, dem uns unerreichbaren Erwachsenen* ein Martyrium zu erleichtern oder zu ersparen. Dass unsere Lehren aus dem Bereich der Krankenbehandlung, der individuellen Erziehung heraustreten, dass sie Prophylaxe werden, Weltanschauung, darin erblicken wir unsere Aufgabe.

Betonen wir zuerst unseren Standpunkt, der aus einer Gegebenheit, aus einer uns teilweise erfassbaren *absoluten Wahrheit* entwickelt ist, aus der Stellung des Menschen zu den Forderungen und Angriffen der Natur. Es ist leicht ersichtlich – die großen Anstrengungen in der kulturellen Entwicklung weisen darauf hin –, dass ein dauerndes Gefühl der Unsicherheit und Minderwertigkeit die Menschheit zu sichernden Versuchen drängt und drängen wird. Die Hinfälligkeit des menschlichen Organismus gegenüber der Natur hat innerhalb seiner Entwicklungsmöglichkeiten seine Leistungsfähigkeit geschaffen. Seine Leistungsfähigkeit stammt aus einer realen Not, die ein *Gefühl der Minderwertigkeit* als wesentlichen Inhalt des menschlichen Seelenlebens dauernd unterhält. Alle Lebensformen des Menschen, alle seelischen Phänomene sind Mittel und Wege, diese Unsicherheit zu bannen. Die individuellen Varianten, die Größe oder Kleinheit der dabei zustande gekommenen *Irrtümer* schaffen das Bild der individuellen Persönlichkeit. *[31]*

Die *Grundsicherung* für die Erhaltung des Menschengeschlechtes liegt in der Gruppenbildung mit ihren gegenseitigen Hilfen, der Arbeitsteilung. Aus Not und Gemeinschaft stammen die Impulse zur Ausgestaltung von Sprache, Verstand und Logik, Ethik und Ästhetik, Leistungen des Gemeinschaftsgefühls, die nur bei entwickeltem Gemeinschaftsgefühl gedeihen.

In dem sich gestaltenden Bezugssystem zwischen Mensch und Umwelt gibt es demnach laut Feststellung durch die Individualpsychologie zwei miteinander verbundene, dem Seelenleben zugrunde liegende angeborene Faktoren, deren Größe und Ausbildung und gegenseitige Beeinflussung das Wesen der Persönlichkeit ausmachen: Minderwertigkeitsgefühl und Gemeinschaftsgefühl als Knotenpunkte der Bahn, die zur Aufhebung des Ersteren führen soll, als der bedeutsamste Versuch, die Angriffe der Außenwelt zu beseitigen. Die Lösung dieser ununterbrochen drängenden Aufgabe ist der *Sinn des Lebens* der Menschheit und des Einzelnen. Die Erkenntnis dieser Aufgabe, die als absolute innerhalb des Bezugssystems Mensch – Natur begründete Forderung die Kräfte des menschlichen Organismus *teleologisch* bewegt, und des Weges zu ihrer Lösung durch die Entfaltung des Gemeinschaftsgefühls sind die Grundpfeiler unserer Individualpsychologie. Die Leiden der Menschheit und des Einzelnen als Folgen verfehlter Lösungsversuche – insbesondere die Neurose und Psychose als hierher gehörige Irrtümer erkannt zu haben, ist die Leistung der Individualpsychologie; ebenso das Verständnis dafür geschaffen zu haben, dass jeder andere Weg als der der Gemeinschaft charakterisiert ist durch Hoffahrt, Herrschsucht, Gewalt, List, Eigenliebe, Eitelkeit und ihre Folgen, kurz durch eine Störung in einer absoluten Logik des menschlichen Zusammenlebens und seiner Folgen.

Alle großen Leistungen der Massenseele gingen den gleichen Weg: Sicherungen zu schaffen und dadurch eine Milderung der Angriffe der Natur (Gruppenbildungen, Gesetzgebungen, Religionen, geniale Leistungen). Der vorläufig letzte Versuch, eine Milderung zu erzielen in dem Prozesse, den die

Natur gegen uns angestrengt hat, ist die Individualpsychologie. Der Prozess ist unerbittlich – viel strenger als wir selbst. Er bedroht den Neurotiker und Psychotiker nahezu mit der Ausrottung. Unfähigkeit zum beruflichen und gesellschaftlichen Leben, Niedergang und Verkommen ganzer Familien und Völker liegen auf diesem Wege. Freudlosigkeit, Alkoholismus, Verbrechen, Geschlechtskrankheiten, Perversionen, Impotenz, Kinderscheu, Frigidität und Ablehnung von Liebe und Ehe kennzeichnen diesen Niedergang. Die Züchtung persönlichen Hochmuts drosselt das Gemeinschaftsgefühl. Der Schlüssel zum Verständnis für ein uraltes Verhängnis der Menschheit, aus Unkenntnis und Irrtum entsprungen, ruht sicher in den Grundanschauungen der Individualpsychologie. Ihre Weltanschauung ist stärkste Sicherung des Menschengeschlechtes.

16. Neurosenwandel und Training im Traum (1924)

Editorische Hinweise
Erstveröffentlichung:
1924c: Internationale Zeitschrift für Individualpsychologie 2, S. 5–8
Letztveröffentlichung:
1982a: Psychotherapie und Erziehung, Bd. 1 (1919–1929), S. 52–58

Eine Kopie der Druckfassung dieses Aufsatzes aus der Internationalen Zeitschrift für Individualpsychologie liegt im Archiv der Deutschen Gesellschaft für Individualpsychologie. Sie enthält handschriftliche Randnotizen Adlers, die unten in den Fußnoten mitgeteilt werden.

Am Beispiel eines Patienten mit Herzneurose relativiert Adler den Stellenwert der Symptome und Diagnosen, da sich die Symptome, nach denen die Neurosen benannt sind, wandeln können, sofern der individuelle Lebensstil dies erforderlich macht. Adler nennt dies den Neurosenwandel. Er schildert, wie ein entmutigter Lebensstil den Patienten dazu bringt, immer neue Symptome zu entwickeln: die phobische Angst, allein in die Schule zu gehen, der Zwangsgedanke, verrückt zu werden, die Zwangshandlung, mitten auf einem Weg umkehren zu müssen. Die zwangsneurotischen Symptome stellten sich ein, wenn die berufliche Arbeit den Betroffenen zu sehr unter Druck setzt. Auch eine Besserung seines Zustands kann den Patienten bedrohen, solange er sich dem Leben nicht gewachsen fühlt. Den Hinweis darauf gab ein Traum des Patienten. In diesem Aufsatz geht Adler nicht mehr wie in »Traum und Traumdeutung« (1913j, S. 112) auf die innere Dynamik des Traumes ein, wie er durch die Endabsicht des Träumers arrangiert wird. Jetzt interessiert ihn, wie sich der Patient darauf trainiert, durch psychische Symptome (Neurosenwandel) von der Arbeit (und der Therapie) verschont zu werden.

Auch in Bezug auf die »Einheit der Neurose« ist dieser Fall lehrreich. »Herzneurose, Platzangst, Zwangsideen und Zwangshandlungen« wechseln miteinander ab, dirigiert von der Angst des Patienten vor Entschleierung seiner vermeintlichen »Unfähigkeit«.

Neurosenwandel und Training im Traum

Das Leiden des Patienten begann mit einer Herzneurose. Er war in der Bürgerschule und hatte als ein ausgeprägtes Muttersöhnchen immer die Empfindung, dass die Schule von seiner Wohnung zu weit entfernt sei. Schon hier zeigt sich ein Hinweis auf die Möglichkeit einer Platzangst. Denn wenn dieser verzärtelte Junge, der gleichzeitig einen strengen, herrschsüchtigen, manchmal auch betrunkenen Vater hatte, sich immer an seine Mutter anschmiegt und in ihr eigentlich die ganze Welt wiederfindet und immer wiederzufinden hofft, so können wir schon erwarten, dass ihm alle anderen Situationen als die bei seiner Mutter schwierig erscheinen werden. In der Volksschule ging es ihm noch halbwegs gut, aber in der Bürgerschule fing es schon an, schlechter zu werden. Er blieb oft aus, und da seine Mutter an Herzbeschwerden nervöser Art litt und damit öfters erreichte, dass sie von ihrer Berufstätigkeit befreit war, so wundert es uns nicht, wenn auch er sehr bald in der Halluzination einer schreckhaften Begebenheit zwischen ihm und seinem Vater[2] von Zeit zu Zeit Herzklopfen produzieren konnte, um bei seiner Mutter bleiben zu können.

So war bei ihm das Herzklopfen entstanden, und es gelang ihm oft, deswegen zu Hause zu bleiben. Die Behandlung war die gewöhnliche: Er bekam Eisbeutel, Brom und andere[3] Herzmittel. Der längere Aufenthalt bei seiner Mutter genügte immer, ihn wieder zu beruhigen, und wenn er sich eine Zeit lang gut fühlte, wurde er wieder in die Schule versetzt[4]. Dort hatten sich inzwischen die wissenschaftlichen Verhältnisse für ihn verschlechtert, er war ein noch schlechterer Schüler geworden, und da zeigte es sich auf einmal, dass das Herzklopfen und die ewige Angst, die ihn beseelte, es könnte ihn der Herzschlag treffen, ihm nicht mehr genügten, dass er diese Art einer Verhinderung seiner Entfernung vom Hause nicht mehr goutieren[5] konnte. Man hätte ihm, wenn man ihn damals verstanden hätte, sagen müssen, die Herzneurose war eine schlechte Wahl.

Er traf nun eine bessere. Er konnte auf einmal nicht mehr *allein* fortgehen. Es mussten entweder der Vater oder die Mutter den Begleiter machen, was nicht leicht war. So erreichte er dasselbe Ziel, womöglich zu Hause zu bleiben, keinerlei Aufgaben unterworfen zu sein, da er zur Schule eine Begleitung brauchte, die nicht leicht zu haben war.

So vollzog sich seine Ausbildung sehr schwierig. Von Zeit zu Zeit mengte sich der Gedanke ein, er müsse sterben.[6] Aber dieser Gedanke war für ihn wieder recht unangenehm. Er setzte sich mit einer Zwangsläufigkeit durch und kehrte bei allen Anforderungen an ihn wieder. Eines Tages machte er damit Schluss und sagte sich ungefähr Folgendes: »Irgendetwas Schlechtes wird

---

2 in der *bis* Vater] *handschriftlich unterstrichen*
3 *von Hand gestrichen*
4 *Handschriftliche Änd.:* geschickt
5 *Handschriftliche Korrektur nicht lesbar*
6 *Handschriftliche Anm.:* Aus solchen Gedanken kann der Psychologe, der lernen will, zweierlei verstehen: 1. dass Gedanken von Gefühlen und Emotionen nicht zu trennen sind und dass sie zu einer Satzäußerung drängen. 2. dass solche Äußerungen in der Neurose auch den Weg zeigen, auf dem der Patient seine Anfälle »arrangiert«.

mit mir geschehen, aber muss es denn gerade sterben sein, ich könnte ja auch verrückt werden.« Und *[6]* so begann sich bei ihm ein neuer Zwangsgedanke festzusetzen. Dieser allein aber hatte natürlich nicht die Kraft wie seine früheren nervösen Erscheinungen. Er konnte damit wohl seine Eltern irritieren, auch Angst bei sich selbst hervorrufen. Die Schule konnte er aber nicht ganz beiseite schieben.

Nun trat bei ihm plötzlich eine Zwangshandlung auf, die darin bestand, dass er immer, wenn er irgendwo hingehen sollte, mitten auf dem Wege umkehrte und zurückging, eine Zwangshandlung, die wir oft zu sehen bekommen. Da er nun aber eine gewisse Kontaktmöglichkeit bewahrt hatte, ist es begreiflich, dass diese Neurose auch nicht so stark sein konnte, dass sie ihm etwa jede Möglichkeit einer Betätigung untersagt hätte. Aber *behindern* konnte sie ihn, sie konnte sozusagen eine Reserve bilden, die dann aktiv gemacht wurde, wenn es ihm sonst irgendwie an den Kragen zu gehen schien.

Er kam später in ein Amt, wo er Vorgesetzte fand,[7] wo alle anderen mehr waren als er[8]. Und obwohl man ihm verhältnismäßig freundlich entgegenkam, so fühlte er doch den Druck der hierarchischen Rangpyramide sehr stark auf sich lasten. Die Zwangsneurose setzte nun ein. Kaum hatte er das Haus verlassen, als es ihn mit unheimlicher Gewalt wieder zurücktrieb. Nach kurzer Zeit war es ihm gelungen, durch diese Zwangshandlung wieder sein Amt, seine Aufgaben auszuschalten. Als er dann auf Anraten eines Arztes für ein Jahr von jeder Beschäftigung befreit worden war, schien sich die Wucht dieser Erscheinung, der Zwangshandlung des Umkehrens, gemäßigt zu haben. Das nimmt uns nicht wunder, weil ja die Neurose keinen Wert mehr hatte, sobald er von seinen Aufgaben befreit war. Wenn dann eine Zeit vergangen war, stellte sich wieder die Erscheinung des Zwangsgedankens vom Verrücktwerden ein. Dagegen konnte er *freiwillig* eine Menge Dinge tun, tanzen, Theater besuchen usw. Sobald man ihm aber von einer Beschäftigung sprach, stellte sich der obige Gedanke mit großer Macht ein und hinderte ihn, etwas zu leisten. Er trat sogar in der Form ein: »Wenn du das jetzt tust, dann wirst du verrückt werden.« Aufmerksam gemacht auf diese Zusammenhänge, die er nicht verstanden hatte, gab er vollkommen zu, dass er wirklich zu Hause bleiben wollte.

Vor einigen Tagen erschien er mit seinem Vater bei mir mit der Bitte, ihn in Behandlung zu nehmen. Einige Male ließ sich die Sache gut an. Er war nur etwas zurückhaltend. Seine Unternehmungslust dehnte sich aus, er begann sogar schon daran zu denken, in der nächsten Zeit wieder in sein Amt zu gehen, »weil es ihm schon auffallend besser ging«. Er war nämlich auf die Zusammenhänge schon besser aufmerksam geworden.

---

7   *Handschriftliche Erg.:* und
8   *Von Hand hervorgehoben*

Nun kam er heute zu mir und erzählte mir folgenden *Traum:* »Ich stand gegenüber einer Mädchenschule, die *in der Nähe der Volksschule* lag, zusammen mit einer Eintänzerin und einem Bürgerschullehrer, bei dem ich die Schule besuchte[9]. Dann ging ich mit den beiden weiter, nahm aber bei der nächsten Ecke Abschied und ging nach Hause.«

In Wirklichkeit nun befindet sich die Mädchenschule ganz in der Nähe seiner Wohnung, während die Volksschule weit davon entfernt ist. Er erinnert sich, dass er, als er in die Volksschule ging, immer zornig darüber war, dass die Mädchenschule so nahe lag, während er in seine Schule immer weit gehen musste. Die Verlegung der Volksschule in die Nähe der Mädchenschule, die er im Traum vornahm, zeigte uns nichts anderes als: »Ich habe schon als Kind immer alles in der Nähe haben wollen!« Nun ist uns auch begreiflich, warum er mit den beiden nicht weit geht, sondern an der nächsten Ecke umkehrt. Wenn wir aber bedenken, wie regelmäßig es vorkommt, dass ein Patient die Kur bei uns so auffasst, als ob er in einer Schule wäre, dann liegt der Gedanke nahe, dass es sich im Traume hier nicht um die Volksschule handelt, sondern um die Kur, und dass der Arzt, ich selbst, den Bürgerschullehrer darstelle. Die Behandlung ist die einzige Situation, die ein größeres Unternehmen für ihn darstellt, und da er weit von mir wohnt, erfährt auch der »weite Weg« eine Beziehung zu mir. Diese meine Annahme wurde auch sofort bestätigt; denn als ich mit diesen Auseinandersetzungen so weit war, sagte er: »Ich erinnere mich, dass der Lehrer gesagt hatte, ich solle morgen um zwei Uhr wiederkommen; um diese Zeit komme ich ja zu Ihnen.«

Ich bin also der, den er eine kurze Strecke begleitet, von dem er dann Abschied nimmt, um nach Hause zurückzukehren. Das ist ein höchst auffälliges Moment und *[7]* lässt uns hinter die Kulissen blicken. Denn das heißt: Eine kurze Strecke werde ich mit den beiden gehen, dann aber nehme ich von ihnen Abschied. Ich sagte ihm, man könne daraus zweierlei schließen: dass er nachgedacht habe, ob ihm überhaupt die Kur von Vorteil sein werde. Er verneinte dies zwar, erzählte aber, er hätte wieder Anwandlungen von seinen früheren Zwangsgedanken gehabt. – Er steht also auf dem Standpunkt: »*Das geht zu weit;* wenn das so weitergeht, dann werde ich ja am Ende noch arbeiten müssen!«

Nun konnte ich ihm sagen: »Wenn dieser Gedanke heute Nacht bei Ihnen aufgetaucht ist, *dann muss es Ihnen gestern sehr gut gegangen sein.*« Er bestätigte, dass er gestern anlässlich eines geselligen Abends sehr lustig gewesen sei und viel getanzt habe (Eintänzerin), so dass ihm alle gesagt hätten, ihm fehle ja gar nichts mehr, da er so lustig sei.

Heute ist seine Kettung an die Mutter *nicht mehr echt,* das war einmal so. Heute ist ihm die Verknüpfung mit der Mutter nur mehr eine gute Ausrede,

---

9 die Schule besuchte] *handschriftliche Änd.:* in der Schule lernte

eine Fiktion, die ihre Festigkeit aus ihrem Nutzen bezieht, kein realer libidinöser Faktor. Alles könnte er, nur wenn er arbeiten soll, dann hört er auf einmal in seinem Innern den Ruf nach der Mutter. Dies ist auch der Sinn des Traumes. Auf meine Erklärung erwiderte er mir: »Es ist ja begreiflich, dass der Patient nicht gerne in die Kur kommt, *denn da kommt man ja doch hinter alles.*« Was er aber *nicht* weiß, ist, dass man ihm dahinterkommen könnte, *dass er nichts wert sei,* nichts leisten könne, ein unfähiger Mensch sei. Er hat das Gefühl in sich, ein ausgemachter Schwächling zu sein, und *dies* fürchtet er, könnte sich entpuppen, würde sich verraten.

Das wichtigste Motiv der Traumbildung ist, dass der Träumer im Sinne seiner Persönlichkeit[10] einen probeweisen Anschlag macht, einen Versuch anstellt, wie er sich zu einem bestimmten, ihm vorliegenden Problem verhalten solle. Darin liegt aber sein ganzes Wesen, einen solchen Anschlag kann nur einer machen, der so ist wie dieser Träumer. Es handelt sich hier um die siegreiche Bewältigung eines Problems, also darum, von unten nach oben zu kommen. Der Traum setzt immer dann ein, wenn sich der Schlafende in einer Situation befindet, in der er sich irgendwie bedroht, bedrückt fühlt.

Wir können nun behaupten, dass wohl nicht der Traum selbst der Anschlag ist, dass man aber durch das Verständnis des Traumes dahin gelangt, diesen probeweisen Anschlag nicht als vereinzelt anzusehen, sondern ein unaufhörliches Drängen auch in der Dynamik des Traumes zu finden[11], wie der Träumer sich zu einer Stellungnahme vorbereitet. Diese Vorbereitung nun heißt aber nichts anderes als das neurotische Arrangement, ein *Training. Wir können im Traum dem Training des Patienten auf die Spur kommen*[12]. Wenn wir dieses tendenziöse, nach einem Irrtum gerichtete Training beobachten können, so können wir feststellen: Hier liegt dem Patienten ein Ziel vor, dem er immer nachstrebt, um eine Lösung seines Lebensproblems in seiner Art durchzusetzen. Und wir werden im Traume immer Lösungsversuche finden, die der Persönlichkeit des Patienten angepasst sind.

Im obigen Traum sehen wir, wie sich der Patient dazu bringt, Reißaus zu nehmen. Er ruft sich die Besorgnisse wieder ins Gedächtnis, die ihn schon als Kind befallen haben. Dabei fällt uns ein, dass in seiner Gegenüberstellung von Mädchen- und Knabenschule noch etwas darin liegt, dass es nämlich die Mädchen viel leichter haben. Auf diesen Gedanken gekommen, warf ich die Frage auf, ob er sich schon einmal damit beschäftigt habe, abzuschätzen, wer es eigentlich besser auf der Welt hätte. Er dachte eine Weile nach und sagte

---

10 im *bis* Persönlichkeit *]* handschriftlich hervorgehoben
11 ein *bis* finden *]* handschriftlich hervorgehoben
12 Handschriftliche Anm.: Siehe »Fortschritte der Traumdeutung« in diesem Bande [Ein Aufsatz dieses Titels ist nicht bekannt. Passen würde »Weiteres zur individualpsychologischen Traumtheorie« (Adler 1927g; in diesem Band S. 286.]

dann: »Ich habe immer gedacht, dass es die Mädchen viel leichter hätten, und jetzt erinnere ich mich sogar, meine Mutter hat auch immer zu mir gesagt, warum ich nicht lieber ein Mädchen geworden sei, da könnte ich immer bei ihr zu Hause bleiben.«

Der Junge hat also zumindest geschwankt, ob er nicht lieber hätte ein Mädchen werden sollen, und in der ganzen Entfaltung seiner Persönlichkeit sieht man deutlich, wie er das Knabenhafte auszuschalten versucht hat. Er benimmt sich eigentlich so, wie man im schlechten Sinn einen Menschen weibisch nennt. Er fürchtet sich, hat keinen Mut, will nichts unternehmen, die Arbeit ist ihm etwas Unangenehmes, er braucht immer eine Begleitung und dergleichen. [8]

Wir verstehen nun, warum er darauf trainiert, aus dem Bereich der Arbeit zu kommen, eine Situation zu finden, wo ihm alles geschenkt wird. Diesen Zug, diese Dynamik kann man also auch im Traum erkennen. Der Jüngling wollte sein ganzes Leben so einrichten, immer bei der Mutter zu bleiben. *Deswegen muss er den Zug zur Mutter unausgesetzt trainieren.* Es ist ein entmutigter Junge, der durch die Wärme der Mutter verzärtelt und für das Leben untauglich gemacht wurde. Nur *einen* Platz findet er im Leben, wo er sich sicher fühlt, der seinen Vorbereitungen und seiner Entwicklung entspricht, das ist: *bei der Mutter.*

Wir finden den neurotischen Kniff des Jungen in der gleichen Richtung ausgebildet, wie wir ihn bei den Perversionen beschrieben haben. Sein Minderwertigkeitsgefühl, genährt durch den aufbrausenden Vater, durch seine Situation als einziges Kind, durch die weiche, in allem nachgiebige Mutter, verführt ihn zur Ausschaltung aller Beziehungen, »wo man ihm dahinter kommen könnte«, dass er nichts wert sei. Arbeit, Selbstständigkeit, Gehen, Werben, all dies empfindet er in dieser Stimmung als zu gefährlich. Durch fortschreitende Ausschaltung bleibt ihm nur ein Weg übrig: zur Mutter. Dieser Weg ist ihm aus der Kindheit besonders geläufig. Seine dauernde Mutlosigkeit hat ihn andere Wege nicht finden lassen. So geht sein ganzes Sicherungsbestreben auf im Training, den Weg zur Mutter frei zu halten und alle anderen Wege zu verlegen. In diesem Wust von Irrgängen ist auch die Neigung zur Mutter nur eine Funktion seiner Entmutigung. Ursprünglich und echt ist nur eines: sein Minderwertigkeitsgefühl.

Seine Gesundung hängt demnach ab von der Beseitigung dieses falschen[13] Irrtums.

Auch in Bezug auf die von der Individualpsychologie geforderte »Einheit der Neurose« ist dieser Fall lehrreich. »Herzneurose, Platzangst, Zwangsideen und Zwangshandlungen« wechseln miteinander ab, einzig und allein dirigiert und gefordert von dem suchenden Patienten und erstrebt und trainiert von

---

13 *Von Hand gestrichen*

seiner irrenden Angst vor Entschleierung seiner vermeintlichen »Unfähigkeit«. Wer an dieses Wirrnis von Irrungen einen Maßstab anlegen wollte, sei es, dass er mit physiologischen oder, was dasselbe wäre, mit libidinösen Quantitäten rechnet, wird selbst in diese Komödie der Irrungen hineingezogen.

17. Psychische Kausalität und Weltanschauung, ein Tagungsbericht (1924)

Editorische Hinweise
Erstveröffentlichung:
1924d: Internationale Zeitschrift für Individualpsychologie 2, S. 38.

Bei dem vorliegenden Text handelt es sich um einen Bericht über eine Tagung des Internationalen Vereins für Individualpsychologie, teilweise wiedergegeben in wörtlicher Rede; manche Formulierungen klingen sehr pauschal. Adler eröffnet den wissenschaftlichen Teil der Tagung mit einem Vortrag über die Frage der psychischen Kausalität. Anschließend eröffnet Adler das zweite Thema der wissenschaftlichen Diskussion »Über Weltanschauung«.

Wie in »Fortschritte der Individualpsychologie« (1923c, S. 201) wird in Adlers Vortrag nochmals die Kausalität im Unterschied zur Zielgerichtetheit Thema. Den Ausdruck »Finalität« verwendet Adler erst in »Individualpsychologie und Psychoanalyse« (1931n, S. 482). Adler betrachtet den Menschen so, als ob nichts in seinem Leben kausal determiniert wäre und jede Erscheinung in seinem Leben auch anders hätte ausfallen können. Alles menschliche Denken, Fühlen und Handeln beruhe auf einem Irrtum, und dieser Irrtum könne durch seine Aufdeckung beeinflusst werden. Diese Auffassung finde sich bei Kant, im Pragmatismus, in der Philosophie des »Als ob«; sie sei praktisch nie berücksichtigt worden, und doch sei das ganze praktische Handeln darin begründet.

Der anschließende kurze Bericht über Adlers Beitrag zur wissenschaftlichen Diskussion »Über Weltanschauung« wird hier ebenfalls publiziert, weil Adler hier zum ersten Mal Gedanken äußert, die er in den folgenden Jahren weiterentwickeln wird.

Psychische Kausalität und Weltanschauung. Ein Tagungsbericht

Der Individualpsychologie wird nachgesagt, dass sie in sich vollkommen geschlossen sei, doch bedürfen einige Punkte weiterer Klärung, und ein wichtiger Punkt ist die Frage der Kausalität. Ferngehalten von aller Philosophie, ist die Kausalität in der Individualpsychologie ein Hemmnis gewesen, das überrannt wurde. Wir betrachten den Menschen so, als ob nichts in seinem Leben kausal bedingt wäre und jede Erscheinung in seinem Leben auch hätte anders sein können. Alles menschliche Denken, Fühlen und Handeln beruht auf einem Irrtum, und wir können diesen Irrtum durch seine Aufdeckung beeinflussen.

Diese Auffassung ist nicht neu; wir finden sie bei *Kant,* beim Pragmatismus, in der Philosophie des Als-ob, sie ist aber praktisch nie berücksichtigt worden, und doch ist das ganze praktische Handeln darin begründet. Eine Krankheit, die kausal bedingt ist,[14] können wir nicht beseitigen; was wir beseitigen können, ist die irrtümliche Stellungnahme. Dem kausalen Geschehen in der Natur können wir keinen Irrtum zuschreiben, aber im Psychischen, im Seelenleben, können wir nicht von Kausalität sprechen oder von Determination. Wir denken nicht an eine Erhaltung der psychischen Energie, weil wir wissen, dass die Kausalität, die wir antreffen, von der betreffenden Person erst hineingelegt wurde; der Mensch macht etwas zur Ursache und etwas zur Folge und verbindet dann beides.

Adler gibt ein sehr illustratives Beispiel und fährt dann fort:[15]

Vieles scheint kausal bedingt, trotzdem die Kausalität erst hineingelegt wurde; das geht so weit, dass auch Organminderwertigkeiten nur so weit wirken, wie man will; die Menschen können die Organminderwertigkeiten zu Rang und Würden erheben, sie zu einer Ursache machen. Eine große Zahl von Menschen kann diesem Hang nicht widerstehen. Ein Kind, mit schweren Fehlern zur Welt gekommen, wird dem Leben gegenüber eine ängstliche, feindselige Haltung einnehmen. Das ist aber nicht kausal bedingt, weil wir wissen, dass das vorübergehen kann, wenn man dem Kinde Verschiedenes erleichtert. Wir haben es hier mit einer Beschränktheit menschlichen Denkens zu tun, wir sind nicht mehr Herr der Zusammenhänge. Wir haben ein Ziel vor Augen, das dirigierend ist, aber aus irgendwelchen seelischen Ursachen müssen sich die Folgen nicht erklären. Wenn das eine große Rolle spielt bei den praktischen Versuchen, den großen Irrtum aufzuheben, kleinere Irrtümer einzuschalten und auch das so weit abzuschwächen, bis sie nicht mehr zum Schaden führen, so wird das bei unserer Grundauffassung scharf hervortreten. Ein Beispiel: Ein Kind ist verzärtelt worden und nimmt dann diese Ausdrucksformen an, mit all seinen Nachteilen. Das Kind wird größer, und wenn es sich klar wird über das Unheil, dem es entgegensteuert, das es erwartet, bis ein anderer kommt, der alles für dasselbe macht, wenn ein solches Kind fragt: Wer ist schuld, dann sagt die ganze Welt: die Mutter. Wir laufen oft Gefahr, dem zuzustimmen und auch der Mutter die Schuld zu geben; das bricht aber zusammen, wenn wir fragen, was geschieht, wenn das Kind durch eigene oder fremde Hilfe sich anders verhält, nicht mehr diese Fehler macht? Die Mutter ist nur so lange schuld, als das Kind Fehler macht, wenn das Kind aber keine Fehler macht, ist die Mutter auf einmal nicht mehr schuld? Da kann man doch nicht von Kausalität sprechen.

Das spielt natürlich eine große Rolle im Erziehungswesen, wenn man den

---

14 [Gemeint ist wohl eine psychische Krankheit.]
15 [Bemerkung des Berichterstatters]

Eltern gegenübertritt, ohne an Schuld zu denken. Das Kind eines Alkoholikers kann ein Alkoholiker werden, aber wenn es sich nicht dem Trunke ergibt, dann ist doch der Vater nicht schuld.

Über Weltanschauung

Die Weltanschauung sei festgelegt durch die Tatsachen, die aus dem Gemeinschaftsgefühl und aus dem Gemeinschaftsleben gewonnen werden, auch wenn dies zum Zweck der eigenen Geltung missbraucht werden könne. Nach Adler erwachsen große Leistungen nicht aus ursprünglich angeborener Begabung, sondern immer nur aus der Überwindung großer Schwierigkeiten, denn im Kampf mit Schwierigkeiten wachsen die Kräfte und werden für große Leistungen geeignet. Adler weist auch auf Berührungspunkte mit religiösen Ansichten hin: In der Beziehung des Individuums zur Erde und zur Natur liege eine absolute Wahrheit. Der Mensch gehe dieser Wahrheit nach, könne sie aber nicht finden.

18. Kritische Erwägungen über den Sinn des Lebens (1924)

Editorische Hinweise
Erstveröffentlichung:
1924g: Der Leuchter: Weltanschauung und Lebensgestaltung. Jahrbuch der Schule der Weisheit, Bd. 5, S. 343–350. Darmstadt: O. Reichl
1924/25n: Internationale Zeitschrift für Individualpsychologie 3, S. 93–96
Letztveröffentlichung:
1982a: Psychotherapie und Erziehung, Bd. 1 (1919–1929), S. 79–83

Der Aufsatz in »Der Leuchter« wurde unverändert in die »Internationale Zeitschrift für Individualpsychologie« übernommen.

Am Ende des Aufsatzes schreibt die Redaktion von »Der Leuchter« in einer Fußnote: »Dieser schöne Aufsatz gibt gleichsam den allgemeinen weltanschaulichen Rahmen für des Verfassers spezielle Arbeiten ab, deren Studium auch an dieser Stelle angelegentlichst empfohlen sei. Deren wichtigste sind: ›Praxis und Theorie der Individualpsychologie‹ [Adler 1920a] und ›Über den nervöse Charakter‹ [Adler 1912a/2008a].«

Dieser sprachlich dichte Beitrag über die drei »Gebundenheiten« des Menschen, die kosmisch-irdische, zweigeschlechtliche und gesellschaftliche Gebundenheit, stellt eine Zusammenhangsbetrachtung dar, die heute mit Klimawandel und Weltwirtschaftskrise wieder aktuell erscheint: über den Zusammenhang von Weltall, Erde, Menschheit, über den Sinn des Lebens, den der Mensch nicht kennt, aber sucht, dabei von Irrtum zu Irrtum geht.

Das Gegenwartsbewusstsein glaubt sich laut Adler nicht fähig, das Bezugssystem Mensch – Natur zu verstehen und zu meistern; es überlässt Gott, dem Zufall oder dem Kampf aller gegen alle die Führung der Menschheitsgeschichte. Das Laisser-faire setze sich in einem Ausmaß durch, als müsste man auf eine bewusste Führung des Lebens endgültig verzichten. Dieses Zeitalter sei nicht so wie vergangene Epochen imstande, das Weltgeschehen im Zusammenhang zu sehen. Deshalb gebe es seit Kant und außerhalb von Marx keine Möglichkeit einheitlicher Leitlinien. Die ethischen und ästhetischen Formeln entstammten längst vergangenen Zeiten und stünden im Dienste des persönlichen Machtstrebens. Der Wissenschaft und Technik fehlten meist die großen Gesichtspunkte. Es gehe um Augenblickserfolg und einseitige Nutznießung, nicht um die Hebung des Lebensniveaus.

Kritische Erwägungen über den Sinn des Lebens

Verstünden wir den Sinn des Lebens, so wäre der zielbewusste Aufschwung des Menschengeschlechtes nicht mehr aufzuhalten. Wir hätten ein gemeinsames Ziel, und alle würden ihre gesamte Kraft in den Dienst der Aufgabe stellen, diesen Sinn zu erfüllen. Wir wüssten auch um den Weg, wenn auch nicht mit unumstößlicher Sicherheit. Aber selbst die vielen Irrtümer, die uns dabei unterliefen, wären alle getragen von dem Streben, einer absoluten Wahrheit näherzukommen, einer Wahrheit, von der wir wissen, dass sie eine »unendliche Aufgabe« ist, ewig unerreichbar, aber ewig lockend. Unser Gefühl für den Irrtum in unserem Leben würde sich steigern und schärfen, und aus unserer Betrachtung eines waltenden Zusammenhangs von Weltall, Erde, Ich und Du ergäbe sich leichter und früher die Möglichkeit einer Korrektur. Der Sinn unseres Lebens wäre der Kompass für unser Streben. Die kurzatmige Teleologie, die uns heute noch auf nächstliegende Ziele weist, wiche einer von ferne wirkenden, unsere Fahrt beeinflussenden Leuchte, und die Scheinwerte unserer Tage, kurz und rasch verblühend, brächen zusammen vor dem sicher wägenden Urteil unseres gesteigerten Selbstbewusstseins.

Solange wir dieses Sinnes nicht habhaft sind, erscheinen uns die Vielheiten des Sinns unserer Tage, weniger dem Verstande als dem Gefühle, schwankend und leicht austauschbar. Wir wechseln unsere Tracht, unsere Gesin[344]nung, unseren Beruf, unsere Männer und Frauen, unsere Freunde und suchen Werte in ihnen, die wir ein andermal selbst verwerfen. Hat die Menschheit diesen Sinn des Lebens einmal verstanden? Ist er ihr später abhanden gekommen? Können wir ihn einmal wenigstens beiläufig erraten?

Das Tier, noch mehr die Pflanze haben ihre »Formel«. Wenn wir »Hase« sagen, so kennen wir die meisten der seelischen und körperlichen Bewegungsgesetze dieses Wesens. Aber auch dem Tier ist schon eine gewisse Wahlfreiheit in seinen Bewegungen gegeben, und ich kannte einmal einen mutigen Hasen, der der Schrecken seiner Umgebung war. Man könnte annehmen, dass die »natürliche Auslese« im Tierreich auf einen inneren Widerspruch zwischen Lebewesen und Daseinsbedingungen hinweist, dass die Entstehung der Arten einen Fehlschlag, einen Irrtum entlarvt, der der Zeit und den Veränderungen auf der Erde nicht standhalten kann. Vielleicht ist der Fortschritt in jeglicher Richtung durch diesen Irrtum gegeben und führt über die Gegenwart hinaus zu einem Menschengeschlecht, das dem Bezugssystem Mensch – Erde besser angepasst ist als das heutige.

Vielleicht haben wir damit mehr als einer Fantasie Raum gegeben. Vielleicht türmen sich die Schwierigkeiten unserer Tage so riesengroß, weil wir die »absolute Wahrheit« allzu sehr verfehlen. Vielleicht sind der Einzelne und ganze Massen viel mehr von der Ausrottung bedroht, als wir es wissen wollen,

und dies, weil sie den Sinn des Lebens nicht kennen und in die Irre gehen.
[345]
Ergibt sich da nicht wieder die oft gesehene Perspektive, die einmal Nemesis[1], dann aber Kausalität, Vergeltung, Gott heißt und ihre Warnungen, ihre Drohungen und Strafverheißungen wie unverwüstliche Wegweiser vor uns hinstellt? Wegweiser in der Unendlichkeit von Raum und Zeit, im Chaos des Lebens, als wüssten sie etwas von der Ordnung im Weltall, vom Sinn des Lebens, der uns noch verschlossen ist.

In der Verschlungenheit unserer Gegenwart setzt sich das Laissez-faire mit solcher Inbrunst durch, als müssten wir im Gefühl unserer Schwäche und Minderwertigkeit auf eine bewusste Führung des Lebens endgültig verzichten. Unser Gegenwartsbewusstsein glaubt sich nicht fähig, hält uns für zu schwach, das Bezugssystem Mensch – Natur zu verstehen und zu meistern. Es macht aus der Not eine Tugend, überlässt Gott, dem Zufall oder dem Kampf aller gegen alle die Führung der Menschheitsgeschichte. Unter größeren Opfern und Verheerungen, durch Ausrottung Einzelner und ganzer Gemeinschaften dürfte zustande kommen, was die Logik des menschlichen Zusammenlebens erfordert. Der Sinn des Lebens setzt sich durch und schleudert Menschen und Einrichtungen in den Orkus, sobald sie ihm widersprechen. Uralte Ahnungen der Menschheit begleiten uns auf diesem Martergang, aber unser Verstand hält sich an die einzelnen, aufeinanderfolgenden Takte, begreift noch nicht die ganze Melodie.

Unser Zeitalter war nicht so wie vergangene, primitive Epochen imstande, das Weltgeschehen im Zusammenhang zu sehen. Deshalb gab es seit *Kant* und außerhalb von *Marx* keine Möglichkeit einheitlicher Leitlinien. Unsere [346] ethischen und ästhetischen Formeln entstammen längst vergangenen Zeiten und stehen fast ausschließlich im Dienst des persönlichen Machtstrebens. Die Entwicklung der Wissenschaft und der Technik nimmt meist ihren Lauf in der Richtung des Eigennutzes Einzelner und der Habsucht einflussreicher Gruppen und stört die Harmonie des Zusammenlebens oft mehr, als sie sie fördert. Meist fehlen die großen Gesichtspunkte; der Augenblickserfolg und einseitige Nutznießung, nicht Hebung des Lebensniveaus sind die landläufigen Resultate. Dem allen entspricht eine lächerliche, mit viel Geschrei und wenig Berechtigung durchgeführte Anpreisung selten weitttragender Betrachtungen des irdischen Geschehens, die sich rasch hintereinander ablösen und von Cliquen und Koterien[2] lebhaft bejubelt werden.

Aber die Unruhe, mit der heute mehr denn je die menschliche Gesellschaft nach einer Zusammenhangsbetrachtung drängt, um sich den Sinn des Lebens klarzumachen, das Haschen nach jedem Rettungsbalken und die Begeiste-

---

1 [Nemesis: Göttin des gerechten Zorns]
2 [Koterie: Clique meist im negativen Sinn]

rung, die aufflammt, wenn irgendein neues Wort gesprochen wird, zeigen deutlicher als alles andere, dass noch immer jede befriedigende Lösung fehlt. Es wäre Vermessenheit, Endgültiges sagen zu wollen. Nur Winke und bescheidene Hinweise, wie sie sich aus einer reichen individualpsychologischen Erfahrung ergeben, sind am Platze.

Aus guten Gründen vermeidet es die Individualpsychologie, den isolierten Menschen zu studieren. Sie sieht ihn immer nur im kosmischen und sozialen Zusammenhang. Arg bedrängt von der Natur und erheb*[347]*lichen körperlichen Schwächen unterworfen, weist ihn sein denkendes Gehirn auf den Zusammenschluss. Dieser Prozess einer Vereinigung, selbst wieder eine Folge der persönlichen Schwäche und Unsicherheit, zeigt auf eine Voraussetzung hin, deren Erfüllung in jeder Betrachtung gesichert sein muss, ebenso wie der Wille zum Leben, ja, das Leben selbst stillschweigend angenommen werden muss: der Mensch als soziales Wesen. Anders ausgedrückt: Der Mensch und alle seine Fähigkeiten und Ausdrucksformen sind untrennbar verknüpft mit der Existenz anderer Menschen, so wie er verknüpft ist mit den kosmischen Tatsachen und mit den Bedingungen der Erde.

Solange die obigen Voraussetzungen gelten, ergeben sich Richtungslinien für die Daseinsform des Menschen. Er sorgt in mehr oder weniger zweckmäßiger Weise für die richtige Instandhaltung seiner körperlichen Bestände. So zwingen ihn zum Beispiel der Wandel von Tag und Nacht, die Schwerkraft, die atmosphärischen Verhältnisse zu bestimmten Lebensbetätigungen, deren Richtigkeit oder Mangelhaftigkeit durch das Bezugssystem Mensch – Erde vorausbestimmt ist. Vorausbestimmt ist auch die Abänderung der körperlichen und seelischen Entwicklung des Menschen durch diese Anspannung, und jeder Fortschritt, der so als zwangsläufig erscheint, weil er eine Anpassung an dieses Bezugssystem bedeutet und weil seine Verhinderung zu Erschwerung des Lebens, zu erhöhten Lasten und Mühen, zur Ausrottung führt, ist nur eine notwendig gewordene Korrektur vorhandener Fehler. Auch die Abstammung der Arten, die *natural selection* vollzieht sich unter dem *[348]* Druck, der in dem Bezugssystem Lebewesen – Erde herrscht.

Aus dieser Gebundenheit, die eine absolut richtige Lösung als »unendliche Aufgabe« stellt, wird sich eine der Richtungslinien aufbauen müssen, die zum Sinn des Lebens hinüberleitet. Eine zweite Gebundenheit liegt in der Zweigeschlechtlichkeit.

Der Zusammenhang beider Bezugssysteme ist leicht zu verstehen. Fasst man größere Zeiträume ins Auge, so ist die letzte Variation der Lebewesen der kleinste Irrtum. Und auch hier gilt wieder: Die Zweigeschlechtlichkeit steht als Aufgabe vor dem Menschen, deren Lösung im Einklang mit den anderen grundlegenden Faktoren des menschlichen Lebens zu erfolgen hat. Beide Gebundenheiten, irdisch-menschliches Bezugssystem und Zweigeschlechtlichkeit, grenzen die vielen Möglichkeiten der Lebensführung ab und geben dem Leben Sinn und Richtung. Der Sinn des Lebens kann nunmehr nicht aus Kausalitäten hergeleitet werden, schon gar nicht aus fantastischen Privateinfällen, sondern ähnlich wie bei einer Rechenaufgabe aus dem Verfolgen eines Zieles, aus dem Suchen nach einer Lösung, die in der Rechnung kraft ihrer Bedingungen drinnen steckt. Das Finale des menschlichen Werdens wird so zur treibenden Ursache.

Eine dritte, tief determinierende Gebundenheit liegt im Gruppen- und Gemeinschaftsleben der Menschen. Und wieder beobachten wir die innige Durchdringung des so geschaffenen Bezugssystems mit den Ergebnissen der vorher abgeleiteten Spannungen. Nur diese Erde konnte den Homo sapiens erzeugen, nur die von ihr für *[349]* ihn geforderte Zweigeschlechtlichkeit konnte ihm infolge der konstanten, durch die Inzestscheu weiter geförderten Blutmischung Gleichartigkeit und Gleichwertigkeit versprechen. Seine soziale Abgestimmtheit ist so lange bedroht, als die Gleichwertigkeit des Einzelnen infrage gestellt wird, solange eine Unterwertung des »Niederen«, eine Minderwertigkeit der Frau dogmatisch erzwungen wird. Aber der Mensch in seiner körperlichen und seelischen Eigenart liegt ewig verhaftet in sozialer Gebundenheit, und in der Lösung der Frage einer suffizienten Einrichtung der Gemeinschaft gipfelt die Schicksalsfrage des Menschengeschlechtes.

Derart eingespannt in mindestens drei Verknüpfungen bewegt sich das Menschengeschlecht, von Irrtum zu immer kleinerem Irrtum reisend, der Lösung einer uns gegebenen, ewig unverstandenen, aber ewig pochenden und drängenden Aufgabe zu. In dieser Aufgabe liegt eine absolute Wahrheit verborgen. Was von ihr stärker abweicht, ist von der Ausrottung bedroht. Das Suchen des Einzelnen ist durchströmt von dem unverstandenen Willen der Gesamtheit, ist ein winziger Bruchteil der treibenden Kraft der Menschheit. Es fällt nicht ins Gewicht, was er von diesem Strom des Lebens, den auch er treibt oder hemmt, zu verstehen glaubt. Nur seine Leistung kommt in Rechnung.

Das Leben des Einzelnen und der Gesamtheit ist immer ein Zielen in die Zukunft. Unsere Gegenwart, ein Durchschnittspunkt in der ewigen Entwicklung, trägt Lasten und Mühen eines unfertigen, noch allzu sehr irrtümlichen Versuches einer Anpassung. Der Mensch als Mittelpunkt *[350]* des irdischen Geschehens ist unrettbar. Wir sind die Antwortenden, und der Sinn unseres Lebens liegt innerhalb unserer Gebundenheit und deren Antwort heischenden Folgen.

19. Liebesbeziehungen und deren Störungen (1926)

Editorische Hinweise
Erstveröffentlichung:
1926a: Alfred Adler: Liebesbeziehungen und deren Störungen. [Erschienen in der Schriftenreihe:] Richtige Lebensführung. Volkstümliche Aufsätze zur Erziehung des Menschen nach den Grundsätzen der Individualpsychologie. Herausgegeben von Sofie Lazarsfeld. Wien und Leipzig: Moritz Perles
Letztveröffentlichung:
1982a: Psychotherapie und Erziehung, Bd. 1 (1919–1929), S. 99–118

Dieser Beitrag behandelt besonders die dritte Lebensfrage nach Adler, die Frage der Liebesbeziehungen. Seit seinen Aufsätzen über »Das Zärtlichkeitsbedürfnis des Kindes« (1908d/2007a), »Individualpsychologische Behandlung der Neurosen« (1913a, S. 59–77) sowie »Neue Leitsätze zur Praxis der Individualpsychologie« (1913c, S. 83–91) erwähnt Adler hier zum ersten Mal wieder die Zärtlichkeitsregungen und sieht sie als Regungen des angeborenen Gemeinschaftsgefühls. Die ganze Entwicklung des Kindes verlange dessen Einbettung in eine Situation, in der Gemeinschaftsgefühl vorhanden ist. Sein Leben und seine Gesundheit seien nur dann gewährleistet, wenn Menschen vorhanden sind, die sich für das Kind einsetzen.

Die erotische Bindung sei zwischen den Menschen immer vorhanden, es bedürfe aber gewisser Bedingungen, um sie als Liebe fühlbar und sichtbar zu machen. Den Beginn dieser erotischen Bindung, die im Unterschied zur Erotik noch nicht sexuell gefärbt sei, sieht Adler in den Formen des Gemeinschaftsgefühls von Anhänglichkeit und Zärtlichkeit wie zwischen Mutter und Kind. Solche Bindungen könne man nicht eigenwillig gestalten, müsse vielmehr ihre Auswirkung zulassen. Adler nennt es die Prestigepolitik beider Geschlechter, die dazu führen könne, die Harmlosigkeit und Unbefangenheit ihres Lebens zu stören, so dass jede Spur wahrhafter Freude und jedes Glücksgefühl verschwinden müsse.

Bei seinen Beispielen für problematische Liebesbeziehungen erwähnt Adler auch Goethe, Schleiermacher, Richard Wagner und Baudelaire.

Liebesbeziehungen und deren Störungen

Um einen Menschen ganz kennenzulernen, ist es notwendig, ihn auch in seinen Liebesbeziehungen zu verstehen. Wir müssen von ihm aussagen können, ob er sich in Angelegenheiten der Liebe richtig oder unrichtig verhält, wir müssen feststellen können, *warum* er in einem Fall geeignet, im anderen Falle ungeeignet ist oder sein würde. Es gesellt sich uns dann ganz von selbst die weitere Aufgabe: Wie wir es denn anstellen könnten, in Liebesbeziehungen irgendwelche Fehlschläge zu verhindern. Wenn man bedenkt, dass ja von der Lösung des Liebes- und Eheproblems vielleicht der größte Teil des menschlichen Glückes abhängig ist, wird uns sofort klar, dass wir eine Summe der allerschwerstwiegenden Fragen vor uns haben.

Eine Schwierigkeit taucht bei Erörterung dieser Fragen gleich *anfangs* auf – die meisten sprechen sie sofort aus. Die Menschen seien nicht alle gleich und vielleicht hätten zwei Menschen unter anderen Umständen glücklicher sein können, wenn beispielsweise jeder einen anderen Partner gefunden hätte. Diese Möglichkeit soll gerne zugegeben werden, sie sagt jedoch nichts anderes aus, als dass die Betroffenen eine schlechte Wahl getroffen haben. Ob das Scheitern am Liebesproblem in der schlechten, irrtümlichen Wahl zu suchen ist oder ob wir Fälle betrachten, in denen einer unter *allen* Umständen am Liebesproblem gescheitert wäre, weil er aus tieferen Gründen scheitern *musste*, in vielen Fällen wird uns die Kenntnis der menschlichen Seele und ihrer bewegenden Kräfte vor Fehlschlägen bewahren können. [4]

Die Frage der Liebesbeziehungen ist eine Teilfrage des menschlichen Lebens. Ihr Verständnis ist nur möglich, wenn wir den Zusammenhang mit allen übrigen Lebensfragen beachten. Das Leben stellt uns drei große Aufgabenkomplexe, von deren Lösung unsere Zukunft, unser Lebensglück abhängig ist.

Die erste Lebensaufgabe ist die *gesellschaftliche* Aufgabe im weitesten Sinne. Das Leben verlangt von jedem ein bestimmtes Verhalten und eine weitestgehende Kontaktfähigkeit unseren Nebenmenschen gegenüber, ein bestimmtes Verhalten innerhalb der Familie und eine Formulierung seiner sozialen Einstellung. Es ist für das Schicksal eines Menschen nicht gleichgültig, nach welcher Richtung er sich zum Beispiel eine soziale Ordnung zum richtunggebenden Ziel setzt, wie weit er bei seinen Handlungen an das eigene Wohl und wie weit er an das Wohl der anderen denkt. Seine innere Wahl ist hierbei in seinen äußeren Entschlüssen oft schwer zu finden, oft kann er sich in Fragen einer sozialen Stellungnahme überhaupt nicht entscheiden, und oft ist sein Standpunkt in anderem Sinne zu verstehen, als es äußerlich den Anschein hat. Auch von der politischen Stellungnahme gilt Ähnliches. Selten trifft man Menschen, die mit ihrer Partei zufrieden sind, sehr oft aber solche, die man eigentlich einer anderen Partei zurechnen möchte. Immer spielt ihr Verhalten zur menschlichen Gemeinschaft, ihr Verhalten zum Nebenmenschen im weitesten Sinne die größte Rolle, nicht was er oder andere davon denken.

Eine weitere Lebensaufgabe, die unserer Lösung harrt, ist die *Berufsfrage*, das ist die Art und Weise, wie einer seine Kräfte der Allgemeinheit dienstbar machen will. Die Lösung dieser Frage beleuchtet außerordentlich scharf das Wesen eines Menschen. Wenn wir zum Beispiel von einem jungen Manne hören, dass ihn jeder Beruf anwidert, so werden wir ihn vorerst nicht für einen geeigneten Mitmenschen halten, entweder weil er für die Gesellschaft *noch* nicht reif ist oder weil er ohne Belehrung von selbst auch gar nicht reif werden wird. Zur Ergreifung eines Berufes führen unbewusste Zusammenhänge, die bei der weit überwiegenden Mehrzahl der [5] Menschen eingreifen. Unbewusst sind diese Zusammenhänge, weil niemand, wenn er einen Beruf ergreift, daran denkt, dass er einen Schritt zum Nutzen der Allgemeinheit unternommen, dass er sich einen Platz in der allgemeinen Arbeitsteilung gesucht hat. Freilich kommt es weiters auch darauf an, *wie* er sich in seinem Beruf betätigt. Es gibt ja Menschen, die wohl bis zu einer Berufswahl gelangen, innerhalb ihres Berufes aber versagen oder nach einiger Zeit erkennen, sie hätten eigentlich etwas anderes werden sollen. Wir werden aus einem häufigen Wechsel der Berufe schließen, dass wir Menschen vor uns haben, die eigentlich gar keinen Beruf haben möchten, sich vielleicht für jeden Beruf als zu gut, also zu schlecht dünken und nur so tun, als ob sie mitgingen.

Die *dritte* Lebensfrage, die jeder Mensch lösen muss, ist nun die Liebes- und Ehefrage, die wir hier besonders betrachten wollen. In diese Frage wächst das Kind nach und nach hinein. Seine ganze Umgebung ist erfüllt von Liebes- und Ehebeziehungen. Es ist nicht zu verkennen, dass das Kind schon in den allerersten Lebensjahren zu dieser Frage Stellung zu nehmen und sich eine Richtung zu geben versucht. Was wir von dieser Tatsache in Worten hören, ist nicht entscheidend, denn sobald es auf Liebesfragen zu sprechen kommt, bemächtigt sich seiner oft eine ungeheure Scheu. Es gibt Kinder, die es ganz dezidiert aussprechen, dass sie über dieses Thema nicht reden können. Es gibt Kinder, die ihren Eltern sehr zugetan sind, es aber nicht zustande bringen, mit ihnen zärtlich zu sein. Ein vierjähriger Knabe hat Küsse, die man ihm geben wollte, mit Schlägen ins Gesicht beantwortet, weil ihm das Gefühl einer zärtlichen Regung unheimlich war, ihm beängstigend, geradezu demütigend schien. Auch bei einem Rückblick in unser eigenes Leben wird es uns nicht entgehen können, dass jede Zärtlichkeitsregung von einer Art Schamgefühl begleitet wird und von dem Eindrucke, als würde man dadurch schwächer werden oder im Werte sinken. Dies ist sehr merkwürdig und bedarf einer Erklärung. Wir wachsen in der Stimmungslage auf, als ob eine zärtliche Regung eine Schande wäre. Diese Stimmungslage stimmt [6] überein mit der einheitlichen Richtung unserer Kultur nach einem männlichen Ideal. Dementsprechend werden unsere Kinder in Schule, Literatur und jeder Umgebung fortwährend in der Richtung erzogen, in der Liebe eine Art Unmännlichkeit zu erblicken, und sie drücken das manchmal auch deutlich aus. Manche gehen darin so weit, dass man von ihnen als von *gefühlsscheuen* Menschen sprechen kann.

Die ersten Zärtlichkeitsregungen des Kindes treten schon sehr frühzeitig in Erscheinung. Wir können aus der Entwicklung derselben sehr leicht feststellen, dass sie alle Regungen des *angeborenen Gemeinschaftsgefühls* sind. Dass das Gemeinschaftsgefühl angeboren ist, erhellt aus der Regelmäßigkeit seines jedesmaligen Auftretens. Der Grad seiner Entfaltung gibt uns die Möglichkeit, die Stellung zum Leben zu überblicken. Im Begriff »Mensch« liegt bereits unser ganzes Verständnis für das Gemeinschaftsgefühl, wir könnten uns einen Menschen, der es verloren hätte und dennoch als Mensch bezeichnet werden sollte, nicht vorstellen. Auch in der Geschichte finden wir isoliert lebende Menschen nicht. Wo immer Menschen angetroffen wurden, fand man sie in Gruppen vor, wenn die einzelnen Menschen nicht etwa künstlich oder durch Wahnsinn voneinander getrennt waren. Darwin weist im Tierreiche nach, dass jene Lebewesen in Gruppen leben, die der Natur gegenüber eine ungünstigere Position haben. Die Vitalität, die Lebenskraft dieser ungünstiger gestellten Tiere wirkt sich dahin aus, dass diese Tiere sich zu Gruppen zusammenschließen, unbewusst einem Prinzip der Selbsterhaltung folgend. Wir können ferner verstehen, dass alle jene vereinzelt lebenden Tiere, denen in ihrer stiefmütterlichen Ausbildung das Gemeinschaftsgefühl gemangelt hat, zugrunde gehen mussten. Sie fielen einer natürlichen Auslese zum Opfer. Das Prinzip der natürlichen Auslese ist auch dem Menschen gegenüber gefährlich, da er der Natur gegenüber körperlich am stiefmütterlichsten ausgestattet ist.

Die Situation der Minderwertigkeit und Unzulänglichkeit des Menschengeschlechtes entwickelt im Ganzen und im Einzelnen einen fortwährenden Antrieb und Zwang, der uns so lange forttreibt, bis ein ungefährer Ruhezustand erreicht ist und ein Bestand *[7]* gesichert erscheint. Auf diesem Wege befinden wir uns auch jetzt noch, und es ist heutzutage vielleicht der schönste Trost des Menschen, wenn er sich bewusst ist, dass unsere heutige Situation nichts anderes ist als ein *Durchgangspunkt,* eine augenblickliche Phase menschlicher Entwicklung. Ihn wird in allen Fragen des Lebens natürlich der am besten durchschreiten, der mit den tatsächlichen Verhältnissen in Einklang steht, der der Logik der Tatsachen gerecht wird, während naturgemäß ein unerbittliches Geschick diejenigen trifft, die sich dieser Logik widersetzen. Im tiefsten Sinne aber ist das Gefühl für die Logik des menschlichen Zusammenlebens *Gemeinschaftsgefühl.*

Die ganze Entwicklung des Kindes verlangt dessen Einbettung in eine Situation, in der Gemeinschaftsgefühl vorhanden ist. Sein Leben und seine Gesundheit sind nur dann gewährleistet, wenn Menschen vorhanden sind, die sich für das Kind einsetzen. Ein neugeborenes Kalb kann zum Beispiel schon in kurzer Zeit Giftpflanzen von anderen unterscheiden. Der neugeborene Mensch jedoch ist infolge der Minderwertigkeit seines Organismus auf das Gemeinschaftsgefühl der Erwachsenen angewiesen, man muss das Kind lange betreuen, belehren und erziehen, bis es selbst die Fähigkeiten erwirbt, sich zu erhalten.

Auch wenn wir die Fähigkeiten betrachten, die unseren Stolz ausmachen und uns den Vorrang vor anderen Lebewesen sichern, wie Vernunft, Logik, die Sprache, unser Verständnis und unsere Vorliebe für alles Schöne und Gute, so können wir in ihnen auch nur Vorzüge erblicken, die der *einzelne* Mensch nie hätte hervorbringen können, weil sie gewissermaßen erst aus einer Massenseele geboren werden konnten. Wir befriedigen damit Bedürfnisse, die den Einzelnen nie bedrückt hätten, die erst in einer menschlichen Gemeinschaft lebendig wurden. Für einen *einzelnen* Menschen, der keinen Zusammenhang mit einer Gemeinschaft hätte, wäre die bewusste, bewusst überwachte Logik gänzlich gleichgültig, er müsste nicht sprechen, es wäre einerlei, ob er gut oder böse ist, ja diese Begriffe verlören mangels ihrer Beziehung zu einer menschlichen Gemeinschaft, zu einem Nebenmenschen, wie bei einzelnen Tieren, jeden Sinn. Alle Qualitäten des menschlichen Seelenlebens, alle [8] Leistungen des menschlichen Geistes sind nur in einem Zusammenhang der Menschen untereinander denkbar.

Und für diesen Zusammenhang sorgen nicht nur die Not, nicht nur die drängenden Bedürfnisse des Tages, sondern auch unsere sexuelle Organisation. Die Teilung der Menschheit in zwei Geschlechter bildet durchaus keine Separation, sondern sie bedeutet einen ewigen Zwang zueinander. Sie gebiert das Gefühl des gegenseitigen Verwandtseins, weil in den Adern eines jeden gemeinsames Blut fließt, weil jeder Fleisch ist vom Fleisch des anderen. Die Ehegesetze der Völker sind nur unter dem Gesichtspunkt zu verstehen, dass sie die Liebe als ein gemeinsames Band der Gruppe betrachteten. Sie verboten daher Eheschließungen und den Sexualverkehr unter Angehörigen einer Familie, weil dies zu einer Isolierung der Familien geführt hätte. Dichter, Religionen, die heiligen Gebote wenden sich gegen die Inzucht und versuchen sie auszutilgen. Die gelehrtesten Menschen haben sich den Kopf zerbrochen, worin eigentlich die natürliche Abwendung der Familienmitglieder gegeneinander begründet sei. Wir verstehen sie ganz leicht auf der Basis des sich in jedem Kinde entwickelnden Gemeinschaftsgefühls, das alle Möglichkeiten ausschaltet, die zu einer Isolierung der Menschen führen könnten.

Nun sind wir schon zu jenem Punkte gelangt, von welchem aus wir bereits verstehen können, dass das, was wir im eigentlichen Sinne *Liebe* nennen, die Beziehung der Geschlechter, immer mit dem Gemeinschaftsgefühl zusammenhängt und von ihm nicht zu trennen ist. Die Liebe als eine Beziehung zu zweit hat als ein Teil des Gemeinschaftsgefühls ihre eigenen Gesetze und ist als notwendiger Bestandteil der Erhaltung der menschlichen Gesellschaft aus der Gemeinschaft nicht wegzudenken. Wer die Gemeinschaft bejaht, bejaht notwendigerweise auch die Liebe. Wer Gemeinschaftsgefühl besitzt, muss für die Ehe oder eine ihr gleich- oder höherwertige Form der Liebe eintreten. Derjenige dagegen, dessen Gemeinschaftsgefühl gedrosselt ist, der zu keiner freien Entfaltung seines Wesens innerhalb der Menschheit gekommen ist, wird auch eine absonderliche Form seiner Liebesbeziehungen aufweisen. [9]

Wir können nun zurückblickend eine Anzahl von Schlüssen ziehen, die uns die Übersicht über das große Gebiet der Liebesbeziehungen erleichtern und uns das Dunkel plötzlich ein wenig erhellen. Wir können feststellen, dass ein Mensch, dessen soziale Entwicklung Schaden gelitten hat, der keine Freunde hat, kein richtiger Mitmensch geworden ist, der eine Weltanschauung sein Eigen nennt, wie sie dem Gemeinschaftsgefühl widerspricht, der auch vielleicht seine Berufsfrage nicht gut lösen konnte, also wieder der, der für die Gemeinschaft ganz oder nahezu ganz verloren ist, in seinen Liebesbeziehungen Schwierigkeiten haben muss, ja kaum imstande sein wird, die erotische Frage zu lösen. Die so gearteten Menschen werden absonderliche Wege einschlagen, Schwierigkeiten schaffen und, wo sie sich ihnen darbieten, wie nach einer sichernden Ausrede nach ihnen greifen. Diese Schwierigkeiten wollen wir nun etwas genauer betrachten, wobei wir in das ganze Problem eine tiefere Einsicht gewinnen werden. Wir werden feststellen können: Auch in den Liebesbeziehungen eines Menschen schwingt seine *ganze Persönlichkeit* mit. Es ist uns sowohl möglich, aus seinen Liebesbeziehungen seine Persönlichkeit mitzuverstehen, als auch aus dem Verständnis seiner Gesamtpersönlichkeit heraus die dazu passende Eigenart seiner erotischen Ansprüche zu erraten.

Überaus häufig finden wir innerhalb der erotischen Beziehungen sehr verbreitete, wenn auch irrtümliche Voraussetzungen, dass Liebe den anderen Teil verpflichte.

Wenn wir ein wenig ins Leben hineinhorchen und uns hierbei ein wenig selbst beobachten, so können wir uns davon überzeugen, dass wir sehr oft den Irrtum begehen, zu glauben, die geliebte Person sei durch die Tatsache, geliebt zu werden, bereits verpflichtet. Dieser Irrtum scheint irgendwie in unserer ganzen Anschauungsform enthalten zu sein. Er stammt aus der Kindheit und aus den Beziehungen innerhalb der Familie, in welcher in der Tat die Liebe des einen nahezu die Verpflichtung des anderen ist. Wir tragen nur einen Rest dieser kindlichen Anschauung in uns, wenn wir diese Verhältnisse ins Leben übertragen wollen. Die hieraus entstehenden Aus[10]artungen gruppieren sich etwa um den Gedankengang, »wenn ich dich liebe, musst du das und das tun«. Hierdurch kommt auch oft in Beziehungen von Menschen, die sich wirklich zugetan sind, ein viel härterer Einschlag hinein, und das Machtbedürfnis des Einzelnen, der, gestützt auf die Betonung seiner eigenen Liebe, den anderen in sein Schema, in seine Schablone hineinziehen will, fordert, dass Schritte, Mienen, Gebärden, Leistungen etc. so erfolgen, wie er will, nur aus dem Grunde, »weil er diese Person liebt«. Dies kann leicht in Tyrannei ausarten. Eine Spur hiervon finden wir vielleicht in jeder Liebesbeziehung.

Wir sehen so jenen Faktor das Liebesleben der Menschen durchziehen, der auch sonst immer zu Störungen des Mitmenschentums führt: das Streben nach Macht und persönlicher Überlegenheit. In einer menschlichen Gemeinschaft muss man die Freiheit der persönlichen Individualität so weit achten, dass man ihr das freie Ermessen anheimstellt. Wer nach persönlicher Überlegenheit strebt, verhindert seinen Anschluss an eine Allgemeinheit. Er will nicht seine Einfügung in das Ganze, sondern die Unterordnung der anderen. Damit stört er natürlich die Harmonie im Leben, in der Gesellschaft, unter seinen Mitmenschen. Da kein Mensch so geartet ist, dass er imstande wäre, sich dauernd ein Joch auferlegen zu lassen, müssen solche, die auch in ihren Liebesbeziehungen Macht über den anderen Teil erstreben, übergroße Schwierigkeiten antreffen. Wollen sie ihre Neigung zu Überhebung und Überlegenheit ins erotische Problem hineintragen, so müssen sie sich entweder einen Partner suchen, der sich ihnen scheinbar unterwirft, oder aber sie nehmen den Kampf mit einem Partner auf, der ebenfalls in der Erotik Überlegenheit oder Sieg sucht oder dazu verleitet wird. Im ersten Fall erleben wir die Umwandlung der Liebe in Sklaverei, im zweiten Fall sehen wir einen dauernden, gegenseitig aufreibenden Kampf um die Macht voraus, der nie irgendwelche Harmonie verspricht.

Die Wege, die hierbei beschritten werden, sind außerordentlich mannigfach. Es gibt herrschsüchtige Naturen, die dermaßen für ihren Ehrgeiz, um ihre Macht zittern, dass sie [11] nur einen Partner suchen, vor dessen Überlegenheit sie sicher zu sein glauben, der sich immer unterzuordnen scheint. Es handelt sich hierbei keineswegs bloß um wertlose Ehrgeizlinge, sondern die Besessenheit von diesem Streben nach Macht ist in unserer Kultur ein allgemein vorherrschender Zug, dessen ungemessenen Schaden für die Entwicklung der ganzen Menschheit die Forschung der Individualpsychologie in seinen beiläufigen Grenzen aufgezeigt hat. Wollte man zum Beispiel das Liebesleben Goethes in dieser Richtung überprüfen, so würde man mit Staunen auf die außerordentliche Unsicherheit stoßen, in die dieser ehrgeizige Mann in seinen Liebesfragen geraten ist.

Wir können so jene Merkwürdigkeiten verstehen, die uns öfters im Leben begegnen, dass Menschen in ihrer Liebeswahl in ein viel tieferes und ungeeignetes soziales Milieu hinabsteigen. Man findet es zum Beispiel nicht zu selten, dass ein Mann, der sich nur mit den höchsten Fragen der Menschheit beschäftigt, die Mitwelt damit überrascht, dass er etwa seine Köchin heiratet. Wir, die wir die Gleichwertigkeit der Menschen so sehr betonen, sind darüber nicht etwa entrüstet, aber wir sehen hier ein aus der Art fallendes Verhalten und wollen es vom Standpunkte des *Handelnden* verstehen lernen, indem wir seine Endabsicht erforschen. Uns schwebt als Norm vor, dass sich Menschen finden, die sozial und kraft ihrer Vorbildung und Lebensvorbereitung mehr zueinander passen. Sehen wir uns die Liebeswerber an, die eine Wahl getroffen haben, welche von der allgemein erwarteten abweicht, so finden wir in den meisten Fällen Menschen, die dem Liebesproblem außerordentlich zaghaft und mit Vorurteilen gegenüberstehen, vor dem geschlechtlichen Partner

Furcht empfinden und deshalb einen Partner suchen, bei dem sie weniger Macht und Kraft vermuten. Es ist wohl möglich, dass jemand aus dem Gefühl von *Stärke* von der beiläufigen Norm abweicht. Wir sehen aber in den meisten Fällen, dass es aus Schwäche geschieht.

Somit scheint eine solche Wahl manchen vorsichtigen Naturen ein außerordentlich glücklicher Griff zu sein, wenn*[12]*gleich sie ihre Endabsicht nicht verstehen, ihre tieferen Beweggründe mit Liebe und Erotik überdecken und überzeugt sind, dass hier nur Gott Amor seine Hand im Spiele habe. Der Verlauf derartiger Beziehungen ist aber in der Regel schlecht. Es erweist sich, dass diese Art, einer Konkurrenz der Geschlechter auszuweichen, mit mannigfachen Nachteilen behaftet ist. Die Nachteile entstehen nicht etwa daraus, dass der intellektuell oder sozial Höherstehende enttäuscht würde oder dass sich Schwierigkeiten gesellschaftlicher Natur einstellten, wenn der »niedrigere« Partner gewissen Forderungen nicht genügt und so Schwierigkeiten in das Familien- und Gesellschaftsleben bringt. Diese und andere äußere Faktoren wären eliminierbar und überbrückbar, wenn sich auch die Endabsicht des höher stehenden Partners verwirklichen lassen könnte. Aber es ergibt sich die merkwürdige Tatsache, dass der auf der tieferen Stufe stehende Partner es nicht lange *verträgt*, seine Schwäche missbraucht zu sehen. Wenn er auch nicht versteht, um was es sich handelt, so wird er doch das *Gefühl* nicht los, dass hier mit seiner Mangelhaftigkeit ein Unfug getrieben wurde. Er schreitet aus diesem Gefühl heraus zu einer Art Rache, er wird zu zeigen versuchen, dass er nicht weniger ist als der andere.

Auffällige Fälle dieser Art gibt es viele. Oft wirft sich ein junges, kultiviertes, an Geist hervorragendes Mädchen in die Arme eines unbedeutenden, oft sogar lasterhaften Menschen, vielleicht manchmal mit der Idee, den zu retten, den sie zu lieben scheint, ihn den Klauen des Alkoholismus, des Spielteufels, der Indolenz[3] zu entreißen. Noch nie sind solche Menschen durch Liebe gerettet worden – die Aktion misslingt fast regelmäßig. Der tiefer stehende Teil spürt unter allen Umständen die Bedrückung, die daraus erwächst, dass er niedriger klassifiziert wird. Er lässt sich nicht lieben und nicht retten, weil die bewegenden Kräfte seiner Lebenshaltung ganz andere und dem gewöhnlichen Verstande, dem Common Sense, nicht erkennbar sind. Er hat vielleicht schon längst die Hoffnung aufgegeben, dass aus ihm noch etwas werden könnte, und sieht in jeder Situation, die ihn als Mitmensch *[13] beansprucht*, eine neue Gefahr, in der seine vermeintliche Minderwertigkeit deutlich zutage treten könnte.

Wir kennen auch eine große Anzahl Menschen, die eine anderen Betrachtungen unerklärliche Neigung gerade nur für körperlich mangelhafte Liebespartner haben. Es gibt junge Mädchen, die nur für alte Männer schwärmen,

---

3   [Schmerzunempfindlichkeit, Apathie, Leidenschaftslosigkeit]

und genauso häufig finden sich die umgekehrten Möglichkeiten. Diese Tatsachen fallen mit Recht auf und reizen unser Erklärungsbedürfnis. Sehen wir uns dann die einzelnen Menschen an, so finden wir wohl manchmal eine in besonders gearteten Verhältnissen begründete natürliche Erklärung, immer aber entspricht diese Neigung auch dem sonstigen Lebensstil dieser Menschen, die *Linie des geringsten Widerstandes* einzuschlagen.

Wir finden ferner Menschen, die fast nur zu solchen Partnern Liebesneigung zeigen, die bereits vergeben sind. Diese merkwürdige Tatsache kann verschiedene Absichten verraten. Sie kann unter Umständen so viel bedeuten wie ein »Nein« auf die Forderungen der Liebe, Unmögliches anzustreben, zuweilen ein unerfüllbares Ideal. Sie kann aber auch den Zug des »Wegnehmenwollens« verraten, der von manchen Menschen in die Erotik hineingetragen wird und durch ihren sonstigen Lebensstil determiniert ist. Wir wollen zuerst jene Unzahl von Fällen betrachten, in denen der Liebeswerber gewillt ist, der erotischen Lebensaufgabe auszuweichen und es auf diesem nicht mehr ungewöhnlichen Wege versucht.

Es gibt Menschen, die für irgendjemand geschwärmt haben, ohne zu wissen, ob er überhaupt existiert. Diese Haltung spricht deutlich die Endabsicht aus: Sie wollen von Liebe und Ehe überhaupt nichts wissen und schwärmen dort, wo ihre Schwärmerei aller Wahrscheinlichkeit nach niemals realisiert werden kann. Das Gleiche gilt in der überwiegenden Mehrzahl aller Fälle von der dauernd *unglücklichen Liebe*. Sie ist in den meisten Fällen das Mittel, das zu realisieren, was von vorneherein das Lebensziel war: sich vom Leben, von der Welt nun mit einem Schein von Recht abzukehren. In diesen Fällen kann eine unglückliche Liebe [14] gar nicht unglücklich genug sein, soll sie diesen Zweck erfüllen. Sie trifft jene Personen, die immer schon auf dem Sprung waren, vor den Fragen des Lebens und besonders vor der Liebe Reißaus zu nehmen. Diese Bereitschaft zum Reißausnehmen erfährt manchmal durch einen Trick, einen Kunstgriff eine willkommene Verstärkung. Dieser ist nicht immer aus der Luft gegriffen, sondern heftet sich an irgendeine richtige Beziehung des Lebens und sieht nunmehr gar nicht wie ein Kunstgriff aus, sondern gleicht dem selbstverständlichen Ergebnis einer Erfahrung. Ungeheuer viele Menschen sind für die Gesellschaft noch nicht ganz reif geworden, erblicken in den Liebes- und Ehebeziehungen eine Gefahrenzone und bringen ihre unreife Ansicht in mannigfacher, aber äußerlich oft unverständlicher Weise zum Ausdruck. Hört man sie über diese sie ständig bedrängenden Fragen sich äußern, so vernimmt man Allgemeinheiten, die wohl in irgendeinem Zusammenhang wahr sein können und nicht Windbeutelei bedeuten müssen. Wenn zum Beispiel ein auch ansonsten Zaghafter meint, er heirate nicht, »denn das Leben sei jetzt so schwer«, so ist wohl jedes Wort wahr für die, die nicht heiraten, aber gleichzeitig auch für die, die heiraten. Diese Wahrheiten werden aber nur von jenen geäußert, die auch ohne diese Wahrheiten »Nein« gesagt hätten, nur hätten sie dann andere »Wahrheiten« aufgegriffen. Es wäre nicht diplomatisch, eine vorgefasste Absicht mit schlechten Gründen stützen zu wollen, wenn gute Gründe überall zu haben sind. Wer Gelegenheit gehabt hat, sich von der erschreckenden Häufigkeit jenes Typus von Menschen zu überzeugen, der vor der Lösung von Lebensfragen Reißaus nimmt, wird sich über die Einkleidung dieses Zuges in die Erotik nicht wundern.

Für Ausreißer ist ein Kunstgriff besonders zu empfehlen, der vielfach erprobt ist. Man schaffe sich eine neue Idee, ein besonderes Ideal. An diesem Ideal messe man nun alle Menschen, die einem über den Lebensweg laufen. Dies hat zur Folge, dass sich *keiner* als geeignet erweist. Alle weichen vom Ideal ab, und wenn wir sie ablehnen und ausschalten, *[15]* so sieht unser Tun nur vernünftig und wohlbegründet aus. Erst wenn wir den Einzelfall herausnehmen und betrachten, so finden wir, dass die so vernünftig wählenden Menschen auch ohne ihr Ideal von vorneherein gewillt waren, »Nein« zu sagen. Im Ideal finden sich wünschenswerte Ziele von Offenheit, Wahrheitsliebe, Mut usw. Sie stellen Begriffe dar, die wir nach unserem Belieben so lange dehnen und strecken können, bis sie jedes menschliche Maß überschreiten. Wir haben es daher in der Hand, uns etwas zu wünschen, das wir vorher unerreichbar »gemacht« haben.

Der Kunstgriff, dadurch nicht lieben zu müssen, dass man etwas Unerreichbares liebt, findet verschiedene Möglichkeiten der *Konkretisierung*. Wir können einen Menschen lieben, der einmal eine kurze Zeit da war, Eindruck machte, verschwand und nun nicht mehr zu finden ist. Man müsste die ganze Welt durchsuchen, um ihn zu finden. Im ersten Moment werden wir gerührt, wenn wir von einer so innigen und treuen Liebe hören. Die Bedingung aber, die hier der Verwirklichung der Liebe auf Erden gestellt ist, nämlich die ganze Welt zu durchsuchen, um ihn zu finden, ist übermenschlich und fordert unseren bereits geweckten Argwohn heraus.

Wir können uns auch einen Menschen unerreichbar »machen«. Oft hat der Liebeswerber schon im Anfang seiner Werbung den Eindruck, dass er hier nicht gut ankommen werde. Dieser Umstand wird sogleich der Ausgangspunkt einer größeren Aktion. Er glaubt, ohne die geliebte Person nicht leben zu können, bewirbt sich um sie, obwohl jeder objektive Zuseher es für unwahrscheinlich halten müsste, dass er jemals Gegenliebe finden werde. Er sagt es sich auch selbst. Oft kann man auch beobachten, dass solche Bewerbungen in einer Form geschehen, die für sich allein schon imstande ist, den Widerspruch des anderen herauszufordern, indem sie zum Beispiel auffallend vehement erfolgt oder zu einer Zeit, in der irgendwelche Garantien für ein Zusammenleben noch gar nicht möglich und gegeben sind.

Derlei Bewerbungen sind *abgezielt auf unglückliche Liebe*. Die Unzahl von Menschen, die bei ihren Bewerbungen auf das Ziel unglückliche Liebe zusteuern, ist geradezu über*[16]*raschend. Man sollte doch denken, wenn man an diese Dinge von außen herantritt, ein solches Verhalten liege gar nicht in der menschlichen Natur. Wir sehen es aber diesen Menschen von außen gar nicht an, dass wir hier durchwegs »Ausreißer« vor uns haben. Die individualpsychologische Durchleuchtung macht dann klar, dass eine unglückliche Liebe für diese Art von Menschen ein ausgezeichnetes Versteck bedeutet. Denn wenn ein Unglücklicher seine unglückliche Liebe fünf oder zehn Jahre mit sich herumträgt, so ist er eigentlich während dieser ganzen Zeit vor allen anderen Lösungen dieser Frage in Sicherheit. Er hat wohl gelitten, hat für die Durchsetzung seiner Absicht Kosten erbracht, aber sein Ziel, das ihm selbst unbewusst blieb, das er selbst nicht verstand, nämlich sich von der Lösung der Liebes- und Ehefrage fernzuhalten, hat er damit bei gutem Gewissen und gerechtfertigt völlig erreicht. Dass dieses Ziel und diese seine Lösung, die eigentlich *keine* Lösung ist, sich mit den Gegebenheiten unserer Erde und der Logik des menschlichen Zusammenlebens nicht verträgt, ist eigentlich seine tiefste Tragik, und erst diese letzte tiefste Einsicht vermag hier korrigierend einzugreifen.

Liebesneigungen zu Menschen, die bereits eine andere erotische Wahl getroffen haben, müssen nicht immer ein »Nein« bedeuten. Die Geschichte bedeutender Menschen kann uns darüber belehren, dass die Menschen in unserer so komplizierten Kultur mit einer außerordentlichen Begierde des Raubens, des Wegnehmens heranwachsen. Das Verlangen nach verheirateten Frauen hat immer erneute Aktionen im Gefolge, sich des Liebesobjektes zu bemächtigen, wenn diese Aktionen auch äußerlich oft die edelste Form wahren. Einer dieser Typen scheint Richard Wagner gewesen zu sein, in dessen dichterische Schöpfungen fast immer der Sinn eingewoben, die Komplikation hineingetragen ist, dass der Held eine Frau begehrt, die schon zu einem anderen gehört. Auch das Leben Richard Wagners zeigt diese Linie.

Allgemein bestimmt das Unsicherheitsgefühl viele Formen der Erotik. Es gibt junge Männer, die nur für ältere Frauen Sympathie empfinden, in irgendeiner irrtümlichen Meinung, [17] dass hier die Schwierigkeiten des Zusammenlebens geringer wären. Auch verraten sie ihr Gefühl der Schwäche durch ein gewisses Bedürfnis nach mütterlicher Fürsorge, sie gehören zu den meist verzärtelten Menschen mit großem Anlehnungsbedürfnis, von denen man sagt, dass sie »noch eine Amme brauchen«. Sie bereichern jenen Typus, der dem anderen Geschlecht gegenüber nie genug Sicherungen haben kann und in höchste Unruhe versetzt wird, wenn er dem anderen Geschlecht gegenübersteht. In unserer Kultur gibt es eine erschreckend große Zahl solcher unsicherer Menschen; sie tragen den Schönheitsfehler unserer Entwicklungsphase stark ausgeprägt mit sich: *die Furcht vor Liebe und Ehe.* Dies ist keine Ausnahmeerscheinung, sondern ein allgemeiner Zug der Zeit. Es wimmelt in unserer Gesellschaft von Ausreißern. Sie sind aus irgendeiner unglücklichen und irrigen Stellungnahme heraus immer wie auf der Flucht, kommen sich immer wie gejagt und verfolgt vor. Es gibt Männer, die sich isolieren und verstecken; es gibt Mädchen, die sich gar nicht mehr auf die Gasse trauen, überzeugt, dass sich alle Männer um sie bewerben und dass sie immer nur das Objekt von Angriffen wären. Hier treibt die reine Eitelkeit ihr Spiel und vermag das Leben eines Menschen oft völlig zu verpfuschen.

Aus Erfahrungen und Erkenntnissen lassen sich gute und schlechte Nutzanwendungen ziehen. Wir finden unter den schlechten Nutzanwendungen die übertriebene Umkehr eines Fehlers, welche ebenso ein Fehler ist. Das Gegenteil von Zurückhaltung und Verschlossenheit ist Offenheit, und so finden wir Menschen, die durch Offenheit Fehler begehen. Es gibt Menschen, die immer die Neigung zeigen, sich anderen *anzubieten*. Wenn es auch sehr schön ist, seine Liebe offen zu bekennen, sind wir trotzdem ebenso tief von der Wahrheit durchdrungen, dass man damit in unserer nicht einfach zu nehmenden Kultur einen schweren Fehler macht. Es gibt nämlich keinen Menschen, der dieses Anerbieten glatt vertragen würde, und der Voreilige wird dann nicht nur selbst den Schmerz der Reue und die Last auftretender Hemmungen zu tragen haben, sondern auch den Partner in der unbefangenen *[18]* Entfaltung seiner Liebesregungen stören, weil dieser, bei dem allgemein herrschenden Missbrauch, der mit der Liebe getrieben wird, bei der bestehenden Spannung und dem Kampf der Geschlechter untereinander, nie recht im Klaren sein wird, ob das Anerbieten echt und wahr gewesen ist oder ob nicht etwa schlechtere Absichten sich dahinter verbergen. Es gibt keine festen Gesetze – wir haben die Aufgabe, die Eigenheit des Partners in Rechnung zu ziehen und uns an die Gegebenheiten unserer Kultur zu halten. Es scheint heute eher empfehlenswert, seiner Neigung ein wenig die Zügel anzulegen.

Eine besondere Rolle spielt die Liebe, sowohl die glückliche als auch, und in höherem Maße, die unglückliche Liebe, bei *Künstlern*. Wir können wohl sagen, dass die unglückliche Liebe eine so allgemeine Zeiterscheinung ist, dass es kaum einen geben dürfte, der nicht einmal von ihr und ihren seelischen Beschwernissen heimgesucht worden wäre. Unter den Menschen aber, die mit besonderer Empfindlichkeit dem Leben gegenüberstehen, spielt der Künstler eine außerordentlich prominente Rolle. Er wird schon dadurch auffällig, dass er in seiner Kunst ein Leben »neben dem Leben« sucht, sich nicht in der Realität betätigt, sondern eine Ersatzwelt sucht, von der Wirklichkeit nahezu abgestoßen wird, freilich aber erst dann zum Künstler wird, wenn er seine Schöpfungen so gestaltet, dass sie der wirklichen Welt förderlich werden. Jedes Kunstwerk ist erst dadurch ein Kunstwerk, dass es allgemeinsten Wert besitzt, dass der Künstler in seiner Schöpfung den Weg zur Wirklichkeit und zur Gemeinschaft zurückfand.

In der Abbiegung aus dem realen Leben liegt ein Zug, die Realität des Lebens betonende Einrichtung der Liebe und Ehe als feindlich und störend zu empfinden. Wir begegnen einer Unzahl von Künstlern, die die Bindungen des

Lebens wörtlich als Bindungen, Fesselungen, als Hindernisse auffassen und sie sogar in ihrer Fantasie maßlos ausgestalten. Sie kommen über diese nun als maßlos empfundenen Hindernisse kaum hinweg, befinden sich in ihren Liebesbeziehungen vor einer unlösbaren Aufgabe und zeigen hierbei nicht nur die Bewegungen eines Liebenden, sondern gleichzeitig und in noch *[19]* viel stärkerem Maße die Bewegung eines Menschen, der vor der Liebe die Flucht ergreift. Dies drückt sich in ihren Gedanken und Schöpfungen aus, die die Probleme der Menschen in unterstrichener Form widerspiegeln. Der andersgeschlechtliche Partner wird in irgendeiner Weise als übermächtig empfunden, und bald erhält die Liebessphäre den Charakter einer Gefahr. Diesen Gedanken findet man fast wörtlich in Mitteilungen von Dichtern und Schriftstellern. Alle problematischen Naturen haben den gleichen Zug, weil sie alle außerordentlich ehrgeizig und empfindlich sind und jede Beeinträchtigung ihrer Machtvollkommenheit als eine schwere Beleidigung oder eben als Gefahr auffassen. So sagt der Dichter *Baudelaire*: »Ich habe nie den Gedanken an eine schöne Frau fassen können, ohne gleichzeitig die Empfindung einer ungeheuren Gefahr zu haben.«

Der Anblick eines Menschen, der nun einmal die von ihm vermeintliche »Gefahrenzone« betreten hat, bietet uns eine Aufeinanderfolge von Abwehr- und Sicherungsbewegungen. *Hebbel* schildert in einem Briefe, den er als Jüngling seinem Freund sendet[4], seine Empfindungen ungefähr folgendermaßen: »Natürlich wohne ich hier schon wieder dem schönsten Mädchen der Stadt gegenüber und bin bis über die Ohren in sie verliebt; aber hoffentlich wird sich auch hier bald das Gegengift neben dem Gift finden. […] Und wenn ich heute noch sehe, wie ihr Geliebter zu ihr durchs Fenster steigt, so bin ich mit ihr fertig.« Dies ist das Ergebnis eines Eindruckes, von dem wir eigentlich einen anderen Ausgang erwartet hätten.

Die Frau als Gefahr ist ein dauerndes Leitideal der Kunst. Man durchmustere die Bilder des Malers *Rops*, die die Frau als Gefahr, als Schrecken oder zumindest als ungeheure Macht darstellen. Die Kunst ist heute vorwiegend eine männliche Kunst, sie trägt in sich die männliche Tradition, bringt vorwiegend männliche Probleme und hebt die Frau zu jener Zauber- oder Schreckgestalt empor, die sie in den Augen vieler Männer ist. Die Frauen können bei diesem männlichen Zeitideal nicht mithalten und finden in der Ausübung der Kunst Schwierigkeiten, nicht weil sie nicht fähig wären, sondern weil sie dem übertriebenen *[20]* männlichen Ideal nicht dienstbar sein können. Die Vorrede zu »Tausend und eine Nacht« zeigt uns, wie der Autor besonders erschrocken auf die List und Verschlagenheit der Frau hinweist, die durch eine unglaubliche

---

4 [In »Über den nervösen Charakter« (1912a/2007a, S. 103) verweist Adler auf einen Aufsatz: R. M. Weber (1911): Aus Hebbels Frühzeit. Ungedruckte Briefe. In: Österreichische Rundschau, 29: 53–62; darin dies Zitat S. 59.]

Erfindungsgabe dem Manne gegenüber ihr Leben rettet. Aber auch die ältesten Gebilde der Kunst, zum Beispiel die Bibel, die ja alle Menschen von den ersten Kindheitstagen mit der ihr eigenartigen Stimmung erfasst, ist von dem ständig begleitenden Gedanken durchdrungen, dass die Frau eine Gefahr vorstelle, so dass das Kind in Schüchternheit, Unausgeglichenheit, Zaghaftigkeit dem Weibe gegenüber aufwächst. Eines der größten Kunstwerke, die Iliade, malt mit großer Präzision das Unglück aus, das durch eine Frau angerichtet wurde. In allen Dichtwerken, in allen Kunstwerken tönt das Problem der Zeit: Die Frau als Gefahr. Grillparzer sagt von sich: »Vor der Liebe habe ich mich in die Kunst gerettet.«

Wir können nicht ohne Weiteres voraussagen, wie eine unglückliche Neigung in einem Menschen sich auswirken wird. Seine Gesamtlebenshaltung, seine Lebenslinie ist hierfür maßgebend. Haben wir einen Menschen vor uns, welcher bei auftretenden Schwierigkeiten den Mut verliert und seine Aktivität abbricht, so wird auch der Schiffbruch in der Liebe ihm Schiffbruch des Lebens sein können. In der unglücklichen Liebe selbst ist diese Konsequenz *nicht* enthalten. Derjenige, dem der Plan innewohnt, durch Schwierigkeiten aufgestachelt zu werden, wird sich aus einer unglücklichen Liebe aufraffen und zu großen Leistungen gelangen. Die unglückliche Liebe ist weder Tragik noch Heilmittel, beide Konsequenzen werden aus ihr gezogen werden können, je nachdem, ob die Konsequenz von einem mutigen oder einem niedergebrochenen Menschen gezogen wird. Die vulgäre Psychologie weist öfters auf die großen Leistungen hin, die aus einer unglücklichen Liebe entstehen. Sie empfiehlt sie manchmal als Medikament. Wir kennen Menschen, die auch ohne unglückliche Liebe Großes geleistet haben. Der richtige Kern dieser halben Wahrheit ist, dass der Künstler vom Problem der Liebe in ganz besonderem Maße gepackt und gefesselt wird. *[21]*

Das Leben *Goethes* ist in dieser Hinsicht besonders lehrreich. Immer erblickte er in der Frau die Gefahr, immer war er vor ihr und vor der Liebe auf der Flucht. Die Leitlinie des »Faust« ist ein ewiges Suchen nach einer Lösung des Liebesproblems. Mit seinen eigenen Spannungen und Regungen und Strebungen baute er seine Welt, unzufrieden mit den Tatsachen des Lebens, und zauberte allgemein Menschliches vor unsere Augen. Es macht die Größe seiner Kunst aus, dass alle Seiten in uns mitklingen, wenn er das ewig neue Lied der Spannung der Geschlechter ertönen lässt, in die befangen die Menschen befürchten, dass Hingabe gleichbedeutend sei mit Verlust der Persönlichkeit, Hörigkeit oder Sklaverei.

Erwähnt sei hier noch *Schleiermacher*, der in einer wundervollen Abhandlung[5] zu erweisen sucht, dass Liebe gar kein so einfaches Ding sei, dass es

---

5 [Wahrscheinlich F. Schleiermacher: Vertraute Briefe über Friedrich Schlegels »Lucinde«. Weimar 1920]

töricht sei zu glauben, dass der Mensch, wenn er ins Leben hinaustritt, auch schon etwas von Liebe verstehe. Es müsse eigentlich jeder eine gewisse Vorübung, eine Vorschule leichterer Art durchmachen. Auch dieser Idealist reinsten Wassers, von den religiösesten Menschen hoch verehrt, kann sich der Überzeugung nicht verschließen, dass die Menschen in der Liebe nicht so leicht zueinander finden.

In meinen Vorlesungen über Menschenkenntnis (Adler 1927a/2007b), die ständig von zirka 500 Personen besucht werden, gelangen größtenteils Fragen über die Liebe an mich, als ein Zeichen, wie sich die Menschen in dieser Frage weniger leicht zurechtfinden als in denen des Berufs etwa.

Warum es so wenig glückliche Liebesbeziehungen gibt? Wir sind noch nicht die richtigen Menschen, wir sind noch nicht reif zur Liebe, weil wir mit der Mitmenschlichkeit im Rückstande sind. Wir wehren uns mit allen Mitteln, weil wir uns zu viel fürchten. Man bedenke nur, auf welche Schwierigkeiten der Gedanke der gemeinsamen Erziehung der Geschlechter, der Koedukation, stößt, welcher ja doch nichts anderes bezweckt, als dass die Geschlechter frühzeitig ihre Scheu und Angst verlieren und bereits von Jugend an Gelegenheit haben, sich besser kennenzulernen.

Für Schwierigkeiten in den Liebesbeziehungen gibt es kein *[22]* Heilmittel in Form einer festen Verhaltungsregel. Die Erfahrungen der Individualpsychologie zeigen es täglich aufs Neue, dass die Absonderlichkeit der Erotik eines Menschen ein Schnörkel seiner Gesamtpersönlichkeit ist, die es in jedem Einzelfalle zu erfassen gilt. Wir müssen den Zusammenhang aller Äußerungen eines Menschen erfassen, seine Persönlichkeit und deren Beziehung zur Umwelt ändern, um seine fehlgegangene Erotik zu verändern. Die Bewegungslinie eines Menschen wird sich auch in der Liebe geltend machen. Sie wird ihn zwingen, einmal eine unglückliche Liebe zu suchen und darin zu verharren, oder sie wird ihn diese leichter nehmen lassen und ihn zum Aufstieg führen. Sind es Menschen, die, mit Ehrgeiz vollgesättigt, eine Verweigerung irgendwelcher Art nicht zu ertragen vermögen, so wird aus diesem in einem Gesamtzusammenhang aufklärbaren Irrtum heraus der Selbstmord naheliegend erscheinen und in unserer die Unterordnung gebietenden Gesellschaft eine Gelegenheit zu einer hochtragischen Situation bieten, mit der Flucht aus dem Leben die Rache gegen die Gesellschaft und gegen einzelne Personen zu verbinden.

Die Liebe kultiviert sich, und die Beziehungen der Liebe verschönern und verfeinern sich mit der Kultivierung und Entwicklung des alle Menschen umfassenden Gemeinschaftsgefühls. Die Beziehungen der Liebe gestalten sich nicht plötzlich, sondern zeigen eine lange Vorbereitung. Die erotische Bindung ist zwischen den Menschen immer vorhanden, es bedarf aber gewisser Bedingungen, um sie als Liebe fühlbar und sichtbar zu machen. Der *Beginn von Liebesregungen* reicht zurück bis in jene fernen Tage, wo sie noch nicht

Erotik, noch nicht sexuell gefärbt gewesen sind, sondern wo sich noch der breite Strom des Gemeinschaftsgefühls in den Formen der Anhänglichkeit und Zärtlichkeit ergoss und einzig und allein nur jene allgemein menschliche Beziehung sichtbar war, die (wie zwischen Mutter und Kind) die Menschen sofort verbindet, ohne dass sich jenes dauerhafte, der Ewigkeit und dem Bestand der Menschheit dienende Band unter Einzelnen bildet, das wir die *Liebe* nennen. Sie ist Band und Verewigung zugleich. Diese Beziehungen kann man nicht eigenwillig gestalten, muss vielmehr *[23]* ihre Auswirkung zulassen. Das Wissen um diese Dinge ist noch nicht reif, weil der Mensch fähig ist, sich über die Vorgänge in seiner eigenen Seele zu täuschen. Beide Geschlechter geraten nur zu leicht in den Strudel der *Prestigepolitik* und spielen dann eine Rolle, der sie beide nicht gewachsen sind, die dazu führt, die Harmlosigkeit und Unbefangenheit ihres Lebens zu stören und sie mit Vorurteilen zu sättigen, denen gegenüber natürlich jede Spur wahrhafter Freude und jedes Glücksgefühl verschwinden muss.

Wer diese Gedanken in sich aufgenommen hat, wird zwar natürlich nicht fehlerlos auf Erden wandeln, sich aber wenigstens des rechten Weges bewusst bleiben und seine Irrtümer, statt sie zu vergrößern, ständig verkleinern können.

20. Die Individualpsychologie als Weg zur Menschenkenntnis und Selbsterkenntnis (1926)

Editorische Hinweise
Erstveröffentlichung:
1926k: Du und der Alltag: Eine Psychologie des täglichen Lebens. Hg. von Johannes Neumann. Berlin: Warneck, S. 211–236
Letztveröffentlichung:
1982a: Psychotherapie und Erziehung, Bd. 1 (1919–1929), S. 135–157

Nach einem Vortrag, gehalten am 6. März 1926 im Zentralinstitut für Erziehung und Unterricht in Berlin.

Wie der Künstler eine Symphonie, so hat nach Adler der Mensch aus angeborenen Faktoren und Möglichkeiten »sein seelisches Bild« geschaffen; es zeichne die Individualpsychologie aus, diese Melodien des einzelnen Menschen kennen und verstehen zu lernen. Sein seelisches Bild sei daher eine Einheit. Die Entstehung dieser Einheit erfolgt nach Adler zwingend: Wenn ein Kind im zweiten Lebensjahr seine Fähigkeiten im Verhältnis zur Umgebung ausgestaltet, sei es bald gezwungen, alle seine Bewegungen einer leitenden Idee unterzuordnen. Da »Menschsein« laut Adler impliziert, ein Minderwertigkeitsgefühl zu haben, gehe diese Bewegung in Richtung Sicherheit und Lebenssteigerung. Alle Symptome seien Teil dieser Aktionslinie, als Endpunkt einer vorhergehenden und Anfang einer fortschreitenden Bewegung. Warum wird eine falsche Bewegung beibehalten? Warum nützen Erfahrungen so wenig, warum wird nicht jeder Mensch durch Erfahrung klug? Auf seine Fragen antwortet Adler: Weil die Einheit der Persönlichkeit alle Erlebnisse tendenziös umgestalte und jede Situation so lange wende, bis sich aus ihr jene Erfahrungen gewinnen ließen, die dem Lebensplan angemessen sind.

Mit folgender Frage, die er in den nächsten Jahren noch mehrmals stellen wird, versetzt sich Adler in ein lügenhaftes Kind: Unter welchen Umständen wäre auch ich ein solches Kind? Adlers Antwort ist wesentlich davon bestimmt, dass er die Lüge als Sicherung sieht in Anbetracht einer Sache, der er sich irrtümlicherweise nicht gewachsen fühlen würde. Alle mangelhaften Entwicklungen im späteren Leben seien bedingt durch solche Irrtümer aus der Kindheit. So ein Kind glaube vielleicht nicht mehr, dass es für das Leben taugt; es habe schon so viel im Leben mitgemacht, und seine Hoffnungen seien immer zusammengebrochen.

Adler behandelt in diesem Beitrag ausführlich die drei Lebensfragen, die davon handeln, dass der Mensch gesellschaftlich nicht isoliert leben, einer für die Gesellschaft sinnvollen beruflichen Tätigkeit nachgehen und ein Liebesleben führen will und muss. Zum ersten Mal verwendet Adler den Ausdruck »unnützlich«, um die Tätigkeit desjenigen, der den Lebensfragen ausweicht, zu kennzeichnen. Im Zusammenhang mit allen drei Lebensaufgaben stehe auch die Kunst. Sie sei »die Führerin der Menschheit. [...] Unser ganzes Fühlen, unsere Mitmenschheit wird durch sie beeinflusst.« Auch die therapeutische Tätigkeit, Adler meint sogar, jede Art von Tätigkeit weise irgendeinen Zusammenhang mit der Kunst auf. Die Entwicklung der Kunst sei Entwicklung zur Gemeinschaft.

Ein Fallbeispiel handelt von einem Mann, der Kinder sexuell missbraucht hatte. Adler versucht die Wege zu ergründen, auf denen dieser Mann zu seiner Perversität gekommen ist, die Stelle zu finden, an der er in seiner Entwicklung stecken geblieben ist. Dabei ist bemerkenswert, wie Adler auf dessen wegwerfende Handbewegung achtet, die für Adler ausdrückt: »Alles ist nichts wert.« Die verächtliche Geste drückt sich in seiner ganzen Lebensbewegung aus. Diese einfühlsame Falldarstellung und seine Identifikation mit dem lügenhaften Kind gehören zu einer Entwicklung, die Adlers Schriften ab 1923, aber vor allem ab 1926 kennzeichnen.

Die Individualpsychologie als Weg zur Menschenkenntnis und Selbsterkenntnis

Ich weiß nicht, ob Sie mir am Schlusse dieses Vortrages dankbar sein werden wie ich Ihnen für Ihren freundlichen Besuch, wenn jetzt das ganze Rüstzeug der Individualpsychologie vor Ihnen aufmarschiert, und ich glaube nicht, dass es mir gelingen wird, diejenigen zu überzeugen, die vielleicht noch nicht eingeweiht und unserer Aufgabe noch nicht nähergetreten sind. Ich habe oft auch bei wissenschaftlichen Kritikern gefunden, dass sie eigentlich nur das Nebensächliche hervorheben, die Klaviatur unserer Arbeit, unseres Instrumentes kennen und glauben, wenn sie die Klaviatur betrachtet haben, dass sie auch schon ganz verständnisvoll über die Leistungen urteilen können, die auf dieser Klaviatur exhumiert werden. Das ist aber nicht der Fall. Wenn einer meint, unsere Feststellungen über das Minderwertigkeitsgefühl, das Streben nach Macht, die Kompensationen verschiedener Formen desselben seien die einzigen Aufgaben und Leistungen der Individualpsychologie, so irrt er sich.

Es handelt sich für uns darum, die Linien und Wege auf dem weiten Gebiet der menschlichen Seele, die entwickelten Melodien des einzelnen Menschen kennen und verstehen zu lernen, welche klingen wie eine Symphonie, die ein *Komponist* zustande gebracht hat. In diesem Sinne ist jeder Mensch ein Künstler, denn er hat aus irgendwelchen angeborenen Faktoren und Mög[212]lichkeiten etwas *geschaffen*. Sein seelisches Bild ist daher auch eine *Einheit*.

Das ist das Eingangstor zur Individualpsychologie, ihre notwendige Voraussetzung. Wir könnten eine weitere fruchtbare Arbeit nicht leisten, wenn wir uns nicht lebendig machten, was jeder seelische Ausdruck uns sagt, wenn wir etwa plötzlich bei unseren Untersuchungen abirren würden und vermeinen könnten, es gäbe vielleicht *zwei* Seelen im Menschen, vielleicht sogar mehrere, vielleicht gar keine. Gäbe es keine Einheitlichkeit in der menschlichen Seele, dann wäre natürlich jedes Streben, Klarheit zu schaffen, von vornherein verwegen. Wir können uns da auf große Zeugen stützen, die zwar die Praxis des Seelenlebens nicht so genau behandelt haben, deren Verständnis aber sicher weiter reichte als das vieler moderner Forscher. Es genügt vielleicht, darauf hinzuweisen, dass bei *Kant* die sichere Festsetzung der Einheitlichkeit der Persönlichkeit zu finden ist, ohne die eine psychologische Untersuchung überhaupt nicht denkbar wäre.

Wir sind nun einen Schritt weitergegangen und haben in die *Entstehung* dieser Einheit der Persönlichkeit Licht hineingebracht. Freilich gibt es Forschungsrichtungen, die an dieser Einheit zweifeln und eine Zwiespältigkeit der Persönlichkeit einleuchtender finden. Tatsächlich finden wir bei denjenigen, die von einer gut gebundenen Einheit der Persönlichkeit ausgehen, viel leichter Eingang und Verständnis als bei naturwissenschaftlichen Philosophen, die gewohnt sind, einzelne Symptome herauszugreifen und zu betrachten. Sie kommen uns so vor wie einer, der aus einer Melodie eine Note herausgreift, um den Wert der einzelnen Stelle zu beurteilen. Die Bedeutung der Note, des Akkordes, dieses Taktes geht aber nur aus der Betrachtung des Zusammenhanges hervor, wenn wir die Einheit der Melodie zuerst auf uns wirken lassen und aus dieser gefühlten Einheit die Einzelheiten beurteilen.

So sonderbar es manchem klingen mag, es hat nie jemand anders geurteilt, als dass er zuerst das Ganze zu erfassen und *[213]* in den Einzelheiten wieder die ganze Linie zu entdecken versucht hat, die sich durch das Ganze hindurchwindet, diese Linie, die Bewegungslinie, die uns das Seelenleben vorstellen muss, in dem nichts Ruhendes, in dem jedes Element dieser Bewegung Schluss einer vorhergegangenen Bewegung und Beginn einer neuen ist, etwa wie auch in einem Film, der sich vor unserem Auge abrollt, jedes Bild nur verständlich wird, wenn wir das Ganze im Auge haben, wenn wir die Bewegungslinie weiter ausziehen, den Blick richten auf das Finale dieser Bewegung, das Endziel, zu dem alles zusammentritt. Dichter, wenn sie Personen und Gestalten schufen, handelten so, dass sie bereits zu Beginn, schon im ersten Akt die Grundlinien legten, die unweigerlich zu einem einheitlichen Ende führen mussten. Die großen Komponisten vereinigten schon in den ersten Takten den ganzen Sinn ihrer Symphonie. Sie gaben uns ein richtiges Bild des menschlichen Seelenlebens.

Das Kind, das mit der Fähigkeit zu Reflexen und einer Anzahl von Bedürfnissen zur Welt kommt, ist sehr bald gezwungen, alle seine Bewegungen irgendeiner leitenden Idee unterzuordnen; wir können es nur beiläufig ausdrücken, wenn wir sagen: Selbsterhaltung, Streben nach Überlegenheit, Zwang zur Verteidigung, aber wir verstehen hierbei: Es handelt sich in erster Linie um einen *Schritt*, den dieses Kind machen muss. Seine Naturkräfte folgen natürlich auch dem Prinzip seiner Selbsterhaltung, schaffen ihm Möglichkeiten, wenn es einen derartigen Lebensplan entwirft, aber daneben gestaltet es in jeder Minute seine eigenen Fähigkeiten im Verhältnis zu seiner Umgebung aus. Dies ist nicht etwa zufälliges Ergebnis, sondern entspricht gesellschaftlichem Zusammenhang, der schon Richtungslinien in sich trägt, die, vom Seelenleben des Kindes in sich aufgewogen, zu dessen Lebensplänen und zu dessen Gestaltung herangezogen werden.

Wenn wir einen Begriff einsetzen wollen, um uns zu orientieren, *wohin* diese Bewegung des Seelenlebens gehen wird, so ist es eine Richtung nach *mehr*, nach einer *Ergän[214]zung*, einer *Verstärkung*, nach Kraft, nach Macht, die dem Kind irgendwelche Sicherheit zu bieten scheint, ohne der Situation der Unsicherheit vollkommen Abbruch zu tun.

Diese Situation erzeugt natürlich eine dauernde Steigerungslage, diese trägt nicht nur das Kind in sich, sondern die ganze Menschheit. Dieser Effekt, der auch Unzufriedenheit heißen mag, drängt unablässig zu Kompensationen, zur Erreichung eines Standpunktes, einer Sicherheit.

Der Blick des Kindes ist natürlich nach einem solchen Du-Punkt gerichtet, nach einer Situation, der alle Kräfte untergeordnet sind, und wer diese Bewegung näher betrachtet hat, der versteht, dass ununterbrochen an der Einheit der Persönlichkeit gearbeitet wird, die bestrebt ist, zu den großen Fragen Stellung zu nehmen.

Ist denn das so sicher, dass wir alle Bewegung sind, unser Leben nur als Bewegung zu fassen ist? – Es hätte gar keinen Sinn, wenn eine festwurzelnde Pflanze eine Seele haben würde, sie könnte damit nichts beginnen, da durch ihre festwurzelnden Organe jede Möglichkeit zur Verteidigung, zum Angriff genommen ist. Seelenleben finden wir nur bei Organen, die in Bewegung sind. Es ist selbstverständliche Tatsache, dass die Zentren der Bewegungsorgane und das Seelenleben innig miteinander verschmolzen sind, so dass wir von psycho-physischer Neutralität sprechen können.

Da nun auch am menschlichen Körper die Bewegungen dazu dienen, ihn in eine sichere Situation zu bringen, darauf gerichtet, die Einheit der Person zu wahren, so wird klar, dass das Seelenorgan des Menschen ein Verteidigungs- und Angriffsorgan und als solches einem Plan eingeordnet ist, dass sich das ganze Seelenleben in einem Zwang befindet zu Organen, die alle Teilbewegungen sind. Alle Symptome müssen dieser ganzen großen Aktionslinie eingegliedert sein, der Bewegungslinie, der einheitlichen Persönlichkeit. – Das ist nun ein für die Psychologie außerordentlich bedeutungsvoller Standpunkt. Natürlich wird derjenige, der diese Voraussetzungen bezwei[215]felt oder angreift, die weiteren Schritte kaum mittun können und nicht verstehen, wie man aus solcher Betrachtung Schlüsse ziehen kann auf die einzelnen Faktoren des Seelenlebens; er wird es nicht verstehen, dass uns eine Bewegung, eine

Bewegung im Symptom, bereits eine Tatsache des menschlichen Seelenlebens in seiner Gesamtheit zeigt.

Das Symptom erscheint uns aber verständlich, sobald wir seine Einordnung kennen, sobald wir die einzelne seelische Bewegung nur als einen Teil des Menschen, als Endpunkt einer vorhergehenden und Anfang einer fortschreitenden Bewegung erkennen. Wir müssen dann zu dem Schlusse kommen: Alles, was wir bei einem Menschen im Seelenleben beobachten können, ist *Vorbereitung für eine Weiterbewegung*.

Dadurch wird uns nahegelegt, dass in allen seelischen Erscheinungen *Tendenzen* vorhanden sind, deren Zielpunkt wir kennen müssen, wenn wir sie verstehen wollen. Alle Charakterzüge können etwas ganz anderes bedeuten, sie können in ihrer Ausübung bei verschiedenen Menschen ganz verschiedene Tendenzen in sich tragen. Wenn wir dieser Bahn folgen, so gibt es keine Charakterzüge mehr, sondern einen tendenziösen Sicherungsapparat. Wir kennen Menschen, die ängstlich sind, einen Schritt weiter zu machen, sich in ein Zimmer einsperren und diese Angst dadurch verlieren. Wenn man ängstliche Kinder beobachtet, so wird man regelmäßig finden, dass diese Angst eine Tendenz in sich trägt und nicht nur Angst in gewöhnlichem Sinne ist. Wir hören von solchen Kindern oft einen Notschrei, einen Hilfeschrei, der dieses Kind mit anderen Personen verknüpfen soll. Wenn ein Kind beim Fortgehen der Mutter aufschreit, ängstlich wird und sich von andern nicht führen lässt, so sehen wir, wie aus all diesen Erscheinungen etwas hervorwächst, was uns das Gesamtbild charakteristischer, besser zeigt, als wenn wir dem Sinn der Einzelerscheinung nachgehen. Ich will dies heute noch an einem komplizierten Fall nachweisen.

Wenn wir uns nun wieder unserem Hauptthema zuwenden, werden wir natürlich diese Voraussetzungen nicht entbehren können, [216] sondern daran festhalten, dass alle Charakterzüge, gleichgültig wie wir sie benennen mögen, immer eine Tendenz in sich tragen, einem einheitlichen Ziel näher zu kommen. Wir werden weiter sehr bald darauf stoßen, dass in der Menschheit die Charakterzüge durchaus nicht immer geradlinig auf dieses einheitliche Ziel vorstoßen, sondern dass sich merkwürdige Unterschiede und Nuancen zeigen, die zur Beurteilung des Menschen notwendig sind. Es ist nötig, das ganze Lebensspiel eines Menschen zu kennen, ehe wir Schlüsse auf Einzelheiten ziehen können. Wir können zum Beispiel beobachten, dass der eine auf sein Ziel *geradlinig* vorwärtsgeht und selten abweicht, ein anderer, um sich diesem Ziel zu nähern, an einer Stelle, wo er Schwierigkeiten vermuten könnte, in einem Bogen dahin zu gelangen sucht, ein dritter aber gar einen so großen Bogen macht, dass er überhaupt nicht zu seinem Ziel kommt.

Damit ist nun ein ziemlich klares Bild des Wesens, des Kernes der Persönlichkeit eines Menschen gegeben. Aber diese Linien sind durchaus nicht zufällig. Wir werden uns dabei nicht beruhigen, dass der eine vor einer schweren

Aufgabe nicht zurückschreckt, sie geradlinig zu durchbrechen sucht oder ein dritter sein Ziel darüber, dass er sich Ersatzziele[1] schafft, aus den Augen verliert; sondern wir werden mit Recht vermuten, dass die Anlagen für derartige Lebensformen in der Vorgeschichte begründet sein müssen, dass auch hier keine Zufälligkeit vorliegt, sondern ein Stück des wirklichen Lebensplanes, ein Stück, das von Anfang an begründet war. Wir werden auch in anderen Hinsichten bei denselben Menschen immer wieder dieselbe falsche Bewegung beobachten können.

Sind das an sich – so fragt sich vielleicht mancher – nicht sehr gewagte Schlüsse? Aber, kann da einer anders urteilen, wenn er konsequent genug ist, die Symptome nicht zu unterschätzen? Man wird an den sogenannten Neurosen zum Beispiel regelmäßig beobachten können, dass sich einer in Hoffnungen gewiegt hat und dann vor irgendeiner Schwierigkeit zu zweifeln beginnt. Es gibt viele Menschen, die – wenn sie vor einer Auf[217]gabe stehen – ängstliche Bewegungen machen und von derartigen Erschütterungen ergriffen werden, dass ihnen die Lösung ihrer Aufgabe nicht mehr gelingt. Es gibt bei der Zwangsneurose Fälle, dass einer, statt seine Lebensfrage zu lösen, sich mit ganz anderen Dingen beschäftigt, zum Beispiel mit dem Zählen von Fensterscheiben, mit schwierigen Zahlenmanipulationen, die niemandem irgendwelchen Vorteil bringen, die wir aber verstehen aus der Tatsache: Das ist ein Mensch, der vor der Lösung seiner Lebensfrage zurückweicht, ein unsicherer Mensch, entmutigt, der nicht an sich glaubt, keinen Optimismus in sich trägt. Den Betreffenden drängt es, sich irgendwo seitwärts in die Büsche zu schlagen. Das finden wir auch bei allen anderen Formen der Neurose.

Wir finden nebenbei auch in allen diesen abwegigen Lebensformen, die sich dadurch charakterisieren, dass sie den Menschen immer auf der Seite des Unnützlichen zeigen, ein Zeichenspiel dieser Menschen, das Ihnen sagt, dass sie aus irgendwelchem Grunde dem Nutzen der Allgemeinheit auszuweichen trachten.

Nun erwächst uns die Aufgabe, zu zeigen, woher derartige Charaktereigenschaften, wie Mutlosigkeit, Zweifel usw., kommen, ferner dass alle diese Erscheinungen schon durch den ganzen Lebensplan durch ein Ziel bedingt sind, das diesem Menschen vorschwebt, dass er, wenn die Fragen des Lebens an ihn herantreten, nicht allein vor ihnen zurückweicht, sondern sich auch mit unnützlichen Dingen herumschlägt. Dies alles geschieht durch den Zwang zur Festhaltung der Einheit dieser Persönlichkeit.

Dadurch werden wir darauf gelenkt, die Anfänge einer solchen Bildung zu untersuchen. Dies führt uns zurück bis in die früheste Kindheit, und wir können behaupten, dass wir den Lebensplan eines solchen Menschen, sein Endziel, auf das er zugeht, seine einheitliche Persönlichkeit bereits im zwei-

---

1 [Im Original »Ersatzteile«, wahrscheinlich irrtümlich]

ten Lebensjahr ziemlich eindeutig und klar gestaltet finden. Außerordentlich bedeutsam ist dabei, dass diese einheitliche Persönlichkeit besteht, *ohne dass sie dem bewussten Denken gegeben wäre, ohne dass* sie der Kritik bewusst ist. Diese Persönlich[218]keit ist unter Bedingungen und Situationen zustande gekommen, die nicht ewig andauern können, die sich verändern, die aber mit der dem Kinde eigenen Unfähigkeit und Unsicherheit und infolge irrtümlicher Einwirkungen der Umgebung in ihrer Bedeutung überschätzt und unrichtig erfasst werden. Es erwächst uns daher die Aufgabe, erst einmal den Gesamtlebensplan zu ergründen, zweitens, wenn wir ihn ergründet haben, dessen Irrtümer zu beseitigen. Als Pädagogen treten wir an schwer erziehbare Kinder mit der *Voraussetzung* heran: Hier liegt ein Lebensplan vor, der auf Irrtümern aufgebaut ist, für die das Kind nicht haftbar gemacht werden kann, weil kein Erzieher bisher diese Irrtümer beleuchtete. Keiner glaube, er müsse die Fehler und Unarten der Kinder bestrafen und mit ihnen einen Kampf führen. Das Resultat wäre traurig und beschämend. Der Lebensplan ändert sich nicht, sein Endziel ändert sich nicht, das Kind wird seine Irrtümer nicht erkennen, es wird nicht imstande sein, sich zu bessern, und wird angesichts der Schwierigkeiten, eine Einordnung in das Zusammenleben der Menschen zu finden, verzweifeln. Wenn dies auch wie eine Schematisierung klingt, wir können anders dieses weite Gebiet nicht übersehen, wenn wir nicht eine Ordnung vornehmen, eine Systematik aufbauen.

Dass es sich hier um vorläufige Begriffe handelt, um ein System von Paragrafen, das gleichsam ein Netzwerk darstellt, an dem wir abmessen können, wo wir die Nuancen rubrizieren, aufstellen können, erscheint selbstverständlich. Wir rechnen damit, dass der Höhepunkt unserer Erkenntnis sicherlich auch mit der gegenwärtigen Kultur zusammenfällt. Wir glauben nicht, dass wir die letzten Dinge erforscht, die letzte Wahrheit ausgesprochen haben, sondern dass dies alles nur ein Bestandteil der heutigen gegenwärtigen Erkenntnis und Kultur sein kann; wir freuen uns auf die, die nach uns kommen.

Um dieses Netzwerk zu vervollständigen, treten wir nun an die Lebensfragen heran. Es scheint, dass es drei Lebensfragen gibt, in die sich alle menschlichen Fragen einordnen lassen. Die [219] Lebensfragen haben die Eigenheiten, dass sie nicht für sich allein bestehen können, sondern nur mit den anderen zusammen.

Die erste Lebensfrage ist die Frage der Beziehung des Menschen zu einem anderen, die Frage der Mitmenschlichkeit also. Wenn einer glaubt, dass ihn diese nichts angeht, so irrt er sich, denn diese Frage löst jeder, auch wenn er sie ablehnt. Auch in der Ablehnung zeigt es sich, wie er zu den anderen Menschen steht. Wir sind in der Entwicklung begriffen. Unser heutiges Verständnis ist nur ein bestimmter Entwicklungsstandpunkt, den wir bis zu gewissen Grenzen überholen können. Auf Starrheit haben wir uns nicht gestellt, und uns genügt es, zu helfen, dass alle Kräfte für den Fortschritt entbunden werden.

Fragen der Freundschaft, der Kameradschaft, der Gemeinschaft sind Fragen aller Mitmenschen, der gesamten Menschheit. Die Möglichkeiten zur Lösung sind jedem Menschen natürlich mitgegeben, weil die Tatsache der menschlichen Gemeinschaft im Begriff des menschlichen Lebens bereits als Voraussetzung enthalten ist. Wir können uns einen Menschen, losgelöst von jedem menschlichen Zusammenhang, nicht vorstellen. Selbst Robinson ist diesen Zusammenhang auf seiner Insel nicht losgeworden; denn er tritt dort auf als ein Mensch, wie wir ihn nur im Zusammenhang mit anderen Menschen kennen. Wen es interessiert, wie diese soziale Triebfeder, dieser Hang, an dem andern Menschen teilzunehmen, sich als einen Teil der gesamten Menschheit zu betrachten, im Menschen Platz fand, der wird natürlich in die Biologie greifen und mit der Tatsache vorlieb nehmen müssen, dass jedes Lebewesen, das von Natur aus ungünstig gestaltet und für sich allein nicht genügend stark ist, sich im Gruppen- und Herdenwesen eine Sicherheit schafft. Der starke Löwe, der Gorilla lebt vielleicht allein; aber die schwächeren Lebewesen sammeln sich in Herden, weil aus diesem Zusammenschluss eine neue Sicherheit zur Bewältigung der Naturkräfte ersteht, vielen Gefahren entgangen werden kann und Angriffe durchgeführt werden können.

Unter den Lebewesen, die von Natur aus sehr stiefmütterlich *[220]* bedacht sind, nimmt sicherlich der Mensch eine erste Stelle ein. Er hat nicht die Ausrüstung jener Lebewesen, die den Kampf mit der Natur aufnehmen müssen, sondern er muss sich erst alles schaffen und muss sich Sicherungen in so unerhörtem Ausmaß aufbauen, wie kein anderes Lebewesen. Unsere ganze Kultur ist ein Effekt dieser Sicherungstendenzen, aus dem Zusammenhang der Menschheit geschaffen. Alle Fähigkeiten des Menschen, die wir schätzen, entstehen aus diesem Zusammenhang, für dessen Auswirkung wir den Begriff des Gemeinschaftsgefühls gefunden haben. Ihm entstammt die Entfaltung aller menschlichen Seelenfähigkeiten, wie zum Beispiel der Sprache, die ja nur ein Gemeinschaftswerk sein konnte und dazu dient, den Zusammenhang zwischen den Menschen stärker zu gestalten. Auch der Verstand ist ein Gemeinschaftskind, wie schon aus seinem Anspruch der Allgemeingültigkeit *(Kant)* hervorgeht. Ebenso sind Moral und Ethik ohne menschliches Gemeinschaftsgefühl undenkbar.

Sie sehen, wenn man der Frage des Zusammenhanges des Einzelnen mit der Gesamtheit nachgeht, ist die Schlussannahme unabweisbar, dass alle Fähigkeiten des Menschen aus dem Zusammenhang stammen. Eben deswegen müssen aber auch die Fähigkeiten des Menschen Mangel leiden, wenn die Gemeinschaftsbeziehungen aus irgendwelchen Gründen gestört, unterbrochen werden. Denken Sie sich ein Kind, das sich vor anderen fürchtet, im anderen seinen Feind sieht, und versuchen Sie, sich vorzustellen, wie dessen Sprache beschaffen sein wird. Sie wird kein einfaches, unbehindertes Band mehr darstellen, sondern das Kind wird meist stottern, scheu sprechen, es wird schon im Beginn seiner Sprachentwicklung lahmgelegt, weil der Impuls fehlt, der aus der Zusammengehörigkeit aller erwächst.

Dasselbe gilt von der Entwicklung des Verstandes. Ein Kind, das man der Gemeinschaft fernhält, dem man ohne Verständnis der Aufgaben der Erziehung sein Gefühl der Zusammengehörigkeit untergräbt, wird, wenn es in die Schule kommt, ein sogenanntes »unfähiges« Kind darstellen und nicht imstande sein, über jene Konzentration des Gedächtnisses zu ver*[221]*fügen, wie sie einem Schulkind schon zu eigen sein könnte. Dies ist eine bedeutsame Tatsache in der Erziehungskunst, und es erscheint uns unbedingt notwendig, darauf Wert zu legen, wenn wir an die Vorbereitung eines Kindes für seine spätere Aufgabe denken. Wenn Sie sich nun vor Augen halten, wie mangelhaft diese Vorbereitung in der ersten Zeit vor der Schule in Angriff genommen wurde, dann werden Sie nicht erstaunt sein, wenn mit Schuleintritt eine schwierige Situation über das Kind hereinbricht, in der sich dieser Mangel an Vorbereitung zeigen wird, ebenso wie in seinem ganzen Lebensplan. Ein derartiges Kind wird in seiner Verstandestätigkeit bereits Lücken zeigen, in seiner Moral, in seiner Sprache, in seinem Gefühl.

Ich sagte schon einmal: Menschsein heißt ein Minderwertigkeitsgefühl haben; denn gegenüber der Natur, gegenüber den Schwierigkeiten des Lebens, des Zusammenlebens, der Vergänglichkeit des Menschen kann sich ja niemand eines Minderwertigkeitsgefühls entschlagen. Dies ist aber kein Schaden, sondern ein Glück des Menschen, der Beginn, der Ansporn zur Entwicklung der Menschheit, die sich nicht nur selber für geeignet gehalten hat, sondern vorwärtsgetrieben wurde, um sich Sicherungen zu schaffen. Es kann aber dieses Minderwertigkeitsgefühl durch verschiedene Momente so außerordentlich stark vertieft sein, dass die Sicherungen, die ein solches Kind verlangt und erwartet, nicht zu finden sind. Dies ist außerordentlich wichtig, denn wir haben es dann mit Kindern zu tun, die, weil sie sich zu schwach fühlen, Bedingungen stellen, die wir ihnen nicht bieten können.

Wenn Sie auf einen Kreis von Kindern Ihre Aufmerksamkeit richten, denen Schaden dadurch zugefügt wurde, dass man sie in ihrem Kraftbewusstsein behinderte, ihre Selbstständigkeit untergrub, so werden Sie verstehen, dass die Vorbereitung solcher Kinder für spätere schwierige Situationen schlecht ist. Es wird sich herausstellen, dass sie nicht genügend geschult sind und Wiederholungsprüfungen machen müssen, um diese Schäden nach Möglichkeit auszubessern. *[222]*

Fragen wir uns nun, wer uns als die bedeutendste und wichtigste Vermittlerin zur Lösung dieser ersten Lebensfrage erscheint, so tritt sie uns in Gestalt der Mutter entgegen. Die Möglichkeit, der Zwang zur Vergesellschaftung steckt in jedem Kindesleben, und die Mutter als diejenige Person, die vor dem Kinde dieses Gemeinschaftsgefühl erstmalig entfaltet, hat die Aufgabe, dem Kind ein »Du« vorzustellen, mit dem dieses Kind rechnen muss, an das es gewöhnt werden kann. So übt sich das Kind in seiner Beziehung zur Mutter, sie als einen Teil des Ganzen zu empfinden, als Zusammengehörigkeit zu betrachten; *es erlebt in der Mutter den ersten Mitmenschen.* Dabei sind wir schon in der Lage, festzustellen, dass diese Funktion natürlich sehr gute Früchte tragen wird, wenn sie derartig ausgeübt wird, dass Irrtümer nicht hineinkommen. Sie sehen hier aus der Betrachtung der Vorbereitung: Wenn die Lösung der Aufgabe durch die Mutter in dem früheren irrtümlichen Sinne ausfällt, wenn sie das Kind so sehr mit sich verknüpft, dass dem Kind die Verknüpfung mit anderen Personen unmöglich wird, sogar die mit dem Vater, dann ist natürlich die Funktion der Mutter missglückt, ihre Aufgabe verfehlt; das Kind hat dann für alle anderen Personen kein Interesse, sondern wird immer trachten, bei der Mutter zu sein. Es ist auch unmöglich, dass ein solches Kind mutig wird, denn es braucht immer eine zweite Person, und diese Sehnsucht nach der zweiten Person drückt sich deutlich im Charakterzug der Feigheit aus. Solche Kinder müssen feig sein. Sie selbst allerdings, wenn wir sie fragen, werden uns kaum die richtige Antwort geben können.

Das Kind wird immer seine Hand nach der Mutter ausstrecken und damit zeigen, wie unsicher es sich fühlt; ja selbst wenn es schläft, vermag es sich nicht von der Mutter zu trennen, so dass diese sich auch des Nachts um das Kind kümmern muss.

Es ist überflüssig, an die Gedankengänge derer hier anzuknüpfen, welche meinen, dass es sich hier um eine sexuelle Bindung handelt. Es ist ja selbstverständlich, dass sich bei einem derartig starken Band, das niemand anderen gelten lässt als die *[223]* Mutter, der Sexualtrieb hineinmengt. Es gelingt aber natürlich auch, die Verknüpfung eines Kindes mit einem Tier herzustellen oder auch mit einem anderen Kind. Worauf es dem Pädagogen ankommen muss, ist, die Du-Findung an jeder menschlichen Persönlichkeit oder Macht zu erzielen.

Das war die erste Lebensfrage, nun kommen wir zu der zweiten. Die Frage der Beschäftigung: Wie willst du dich nützlich machen?, ist auch nicht willkürlich in die Welt gekommen. Es geht nicht an, dass einer glaubt, diese Frage wie die erste nicht lösen zu wollen.

Es ist sehr selten der Fall, dass einer einen Beruf ergreift und sich für die *gesamte* Menschheit nützlich macht. Er steht an *einer* Stelle, an der einer stehen muss, wenn der ganze Lauf der Menschheit ihm verständlich bleiben soll. Vielleicht gibt es einen anderen Planeten, wo die Arbeit überflüssig ist; durch unsere Verknüpfung mit der armen Erdkruste ist sie selbstverständlich Notwendigkeit und Tugend, denn unsere Tugenden stammen aus der Notwendigkeit, aus einer richtigen Lösung der Lebensfrage. Es gibt kein anderes Maß als das Gemeinschaftsgefühl; die Erhaltung dieser Allgemeinheit ist Aufgabe jedes Einzelnen, ist die Basis der Entwicklung für jeden Einzelnen.

Sie werden auch bezüglich der Lösung der zweiten Lebensfrage die mannigfachsten Schwierigkeiten finden und immer wieder darauf gelenkt werden, dass in den Vorbereitungen bereits Irrtümer begangen wurden, die zum Beispiel dadurch zustande gekommen sind, dass das Kind ein schweres Minderwertigkeitsgefühl erworben hat, weil immer jemand da war, der seinen Wert vor den anderen nicht gelten ließ, weil es nicht mitreden, nicht mithandeln durfte. Natürlich ging hierdurch dem Kind sein Selbstwert verloren. Es ist aber merkwürdig und interessant, dass *sowohl* aus den verzärtelten *wie aus* den hart behandelten Kindern Erwachsene entstehen, die sich der Aufgabe der Arbeit nicht gewachsen fühlen. Der Impuls der Gemeinschaft, aus dem heraus jeder seinen Wert bezieht, ist in diesen Kindern nie entstanden. Sie verstehen es nicht, in dieser Allgemeinheit zu leben. Dar[224]aus kann man den pädagogischen Schluss ziehen, dass man diese Kinder in eine Allgemeinheit bringen muss, sie nicht isolieren darf; man soll sie auch nicht nur Kindern aussetzen, sondern auch Erwachsenen. Sie müssen im Kleinen eine Welt erleben. Wir verstehen es gewiss, dass alle diejenigen Kinder, die für die Gemeinschaft vorbereitet sind, sobald sie in die Schule kommen, als die aufgeweckten bezeichnet werden, während die anderen immer im Schatten stehen.

Wir kommen nun zur dritten Lebensfrage, zur Frage der Liebe. Die Lösung derselben ist durch das bisher Gesagte in einigen Punkten schon eindeutig beschrieben. Es gibt zwei Geschlechter. Diese Tatsache zu übersehen, gelingt nur außerordentlich schwer. Natürlich werden wir nicht überrascht sein, dass diejenigen, denen es dennoch gelingt, daran vorüberzusehen, allerhand Gründe dafür aufbringen, die aber einfach nicht bestehen können gegenüber den Tatsachen, dass unser Leben ein Leben der Gesamtheit, der Zusammengehörigkeit ist, dass unsere Fähigkeiten, unser Dasein sich nur fruchtbar gestalten können, wenn wir uns als einen Teil der Gesamtheit betrachten.

Wenn wir bis jetzt auch immer nur von extremen Fällen gesprochen haben, so können wir dennoch sagen, dass natürlich auch alle Nuancen denselben Grundgesetzen und Bedingungen gehorchen müssen. Die Lösung der Lebensfrage ist nur denkbar unter der Voraussetzung der Mitmenschlichkeit. Jede andere Lösung ist mit dem Fluch der Unrichtigkeit behaftet und zieht – wie alles Unrichtige in diesem Lebenslauf – seine bösen Folgen nach sich. Die Elastizität der menschlichen Seelenart vermag wohl während eines Lebenslaufes durch allerlei Verschlingungen, durch das Eingreifen vieler Faktoren den Zusammenhang von Irrtum und Folge zu verdunkeln. Auch wird uns kurzsichtigen Menschen, wenn die Lösung einer dieser Lebensfragen spät erfolgt, der Zusammenhang oft nicht klar, obwohl derselbe zum Beispiel in den Religionen ziemlich klar ausgesprochen ist. Die Bedeutung einer unrichtigen Lösung in dieser dritten Lebensfrage kann natürlich nur in der Tatsache zu suchen sein, dass hier Irrtümer *[225]* vorherrschen, welche zu erkennen die bisherige Art der Betrachtung vielleicht überhaupt zu mangelhaft war.

Wir finden auch hier die gleichen Analogien wie bei der Lösung der ersten zwei Lebensfragen. Wo immer wir in der Lösung der dritten Lebensfrage ein Ausbiegen, ein Ausweichen antreffen, da werden wir immer in der Vorgeschichte die Gründe dafür finden. Betrachten Sie zum Beispiel von diesem Standpunkt aus die Homosexualität, so werden Sie in *jedem* Falle schon in der Vorgeschichte den Hinweis auf seine homosexuelle Entwicklung im späteren Leben vorfinden. Es ist ein Irrtum und sieht bloß so aus, als wäre das ein Zeichen dafür, dass hier alles unabänderlich und angeboren wäre; denn bei der Lösung der anderen Lebensfragen konnten wir die gleichen Umstände und Zustände beobachten, eine irrtümliche Entwicklung, gefördert durch Verfehlungen der Umgebung, ohne dass wir annehmen konnten, dass die hieraus entstandenen verfehlten Lösungen den Charakter der Unabänderlichkeit tragen oder auf angeborene Anlagen zurückzuführen wären.

Was wissen wir von den Homosexuellen? Dass sie immer nur Interesse für dasselbe Geschlecht haben. Es sieht allerdings so aus, als ob es *nur* »Interesse« wäre, während es in Wirklichkeit viel *mehr* ist. Fragen wir uns doch einmal, was bei einem normalen Menschen vorgeht, der nur Interesse für das andere Geschlecht hat. Dieses Interesse steht nicht isoliert für sich da, sondern ist verknüpft mit einer Unzahl von Tendenzen, Strebungen, Vorbereitungen, mit einem ausgedehnten Training, welches der gleichmäßigen Lösung aller Lebensfragen gilt. Wir sind also verleitet, bei den Homosexuellen etwas als »Interesse« anzunehmen, was in Wirklichkeit viel mehr, nämlich ein tendenziöses Training ist, dessen Ursache und Absicht wir suchen müssen. Wir konnten in der Vorgeschichte der Homosexuellen feststellen, dass es sich zumeist um Kinder handelte, die vor ihrem gegengeschlechtlichen Elternteil eine allzu große Furcht empfunden haben. Beispielsweise konnten wir bei Knaben, die sehr strenge [226] Mütter hatten, die es zwar vielleicht ganz gut mit ihnen meinten, aber keine Wärme aufkommen ließen, nicht nur beobachten, dass sie in der Mutter das ganze andere Geschlecht fürchten oder zum Mindesten zu respektieren beginnen, sondern auch, dass die Personen, die die Überleitung des Gemeinschaftsgefühls auf die anderen Menschen hätten vollziehen müssen, ihrer Aufgabe nicht gewachsen waren. So kommt eine Lebensform zustande, die bei aller Toleranz doch eigentlich keineswegs richtig ist, denn sie vernachlässigt die wichtigsten Aufgaben der Gemeinschaft. Wir machen immer wieder dieselbe Feststellung, dass jene Irrtümer der Vorgeschichte die mangelhafte Vorbereitung des Betreffenden zur Folge haben und in dem Momente zu wirken beginnen, wenn die Fragen des Lebens an ihn herantreten. Wir finden nicht nur einen Mangel an Training, sondern auch eine Ängstlichkeit und Unsicherheit, die den Weg verlegt. Solche Menschen, seien es nun schwer erziehbare Kinder, Verbrecher, Kranke oder sexuell abwegige Menschen, bieten das Bild, dass sie, zwar immer auf dem Wege zur Lösung des Zieles, in einer bestimmten Distanz davor abbrechend, sich irgendwie mit anderen Aufgaben befassen. Es ist so, als ob sie nicht an die Front gehen könnten, sich irgendwo im Hinterland aufhalten müssen, als ob sie an einem Punkt festwurzeln und sich dort verschanzen, weil ihnen die Lösung ihrer Lebensfrage nicht möglich erscheint, ohne dass sie dabei eine schwere Niederlage erleiden.

Die Betrachtung dieser Menschen ist nicht immer ganz einfach. Wir werden oft finden, dass die List des Menschen ein Ding, eine Erscheinung in sein eigentliches Gegenteil verwandeln kann, dass beispielsweise einer unausgesetzt nach Liebe schreit, aber gerade durch diese unzweckmäßige Art, diese Frage zu lösen, eine Lösung dieser Frage verhindert. So kann es vorkommen, dass einer mit unerbittlicher Hast und Eilfertigkeit seine Heilung von einer Neurose zu erlangen sucht. Aber gerade durch diese Ungeduld, anstatt auszuharren, kommt er nicht zum Ziel. Es kann so auch geschehen, dass schwer erziehbare Kinder ihre eigenen Fehler erkennen und beklagen, aber dabei bleiben. Das [227] ist aber nur möglich, wenn die einheitliche Dynamik in diesem Zusammenhang verhüllt bleibt. Betrachten Sie einmal die große Zahl der *faulen* Kinder. Faulheit ist natürlich keine Tugend, weil sie den Verknüpfungen des Einzelnen mit der Gesamtheit und mit dieser Arbeit widerspricht. Wenn ein solches Kind in die Reihe der Menschheit eintritt, so wird es seiner Aufgabe nicht genügen. Deshalb versuchen wir, die Faulheit zu bekämpfen. Die Art, wie sie zu bekämpfen ist, kann nun – wie ich schon früher erwähnte – nicht darin liegen, dass wir diese einzelnen Erscheinungen herausgreifen, um sie zu vernichten. Die Kinder, die uns mit einer Klage über Faulheit gebracht werden, werden uns regelmäßig mit den Worten zugeführt: Wir haben es schon mit der *Güte* versucht, es geht nicht; wir haben es mit der *Strenge* versucht, es geht auch nicht. Beides sind ja auch nicht die Mittel, die wir empfehlen; wir wundern uns vielmehr über Pädagogen, die glauben, dass das Kind, wenn sie ihm zum 101. Male dasselbe sagen, was es schon immer gehört hat, sich nun infolge der Zauberkraft oder der magischen Gewalt dieser Worte ändern soll. Wenn man stattdessen lieber die Vorgeschichte solcher Kinder ins Auge fasste, käme man bald dahinter, dass diese vorläufig letzte Erscheinung eine lange und komplizierte Entwicklung hat. Wir haben es eben mit Kindern zu tun, die nicht an sich glauben, die, da sie sich in ihrer Faulheit geborgen fühlen, diese natürlich finden. Sie haben mit ihrer Faulheit unzweifelhaft eine günstige Situation erhascht, aus der sie sehr schwer herauszubringen sind. Wenn sie irgendetwas nicht zustande bringen, dann sagt man von ihnen nicht: »Das ist ein unfähiges Kind«, sondern man sagt: »Es ist halt Faulheit«, und »Wenn es nicht faul wäre, so würde es alles können«. Wenn dieses Kind seine Aufgaben nicht leistet, treibt man es doppelt an, während sich um ein fleißiges Kind, wenn es dasselbe leistet, kein Mensch kümmert. Es gibt sogar Kinder, die nur deshalb faul sind, weil sie so die Aufmerksamkeit der anderen auf sich lenken. Welche Mittel wendet man nun bei diesen Kindern an? Sie arbeiten sozusagen unter mil[228]dernden Umständen. Schlägt man sie oder behandelt man sie härter, so kommen sie sich vor wie in eine andere Welt versetzt, wobei sie nicht wissen, an welchem Punkt sie angelangt sind. Auch die Frage der Faulheit gehört also zum System der persönlichen Einheit.

In vielen Fällen beobachtet man, dass ein Kind *unordentlich* ist, seine Sachen überall herumliegen lässt, keine Ordnung zu halten versteht. Wenn wir nur die Einzelheiten betrachten, so sehen wir nicht viel mehr, als dass es die Ordnung stört und andere belastet. Wenn wir all dies aber im Zusammenhang erblicken, in dem solch ein Menschenkind drin steckt, dann taucht vor unserem Auge eine andere Person auf, nämlich die, die Ordnung macht. Sie können sicher damit rechnen: Wenn Sie von einem Kind hören, dass es unordentlich ist, so steckt jemand dahinter, der für Ordnung sorgt.

Ich möchte in diesem Zusammenhange auf einen weiteren Fehler aufmerksam machen, den Kinder oft begehen. Kinder, die unordentlich sind, *lügen* häufig. Wir finden bald den richtigen Zusammenhang, wenn wir uns selbst die Frage vorlegen: Unter welchen Umständen wäre auch *ich* ein lügenhaftes Kind? Wenn ich zum Beispiel einer Sache gegenüberstehe, die sehr bedrohlich aussieht, der ich mich nicht gewachsen fühle, werde ich unter Umständen auch genötigt sein, zu der Sicherung der Lüge zu greifen. Da sehen Sie auf einmal die Lüge als Sicherung, nicht mehr bloß eine Einzelerscheinung, sondern einen Teil einer großen Bewegung darstellend, mittels welcher – mag man sie auch sonst als abwegig einschätzen – die Oberhand gewonnen werden soll. Dieser Zug, die Oberhand zu erlangen, kann bei manchen Menschen so stark ausgeprägt sein, dass *nur* die Tendenz nach oben übrig bleibt: Sie lügen nicht nur, weil sie eine starke Hand über sich sehen, sondern sie lügen bereits, um mehr zu erscheinen, weil sie sich zu gering eingeschätzt haben. Diese geringe Selbsteinschätzung ist uns als Teil dieser Vorbereitung von außerordentlicher Bedeutung; denn wir erkennen daraus, dass in den ersten Jahren der Kindheit eigentlich der wichtigste [229] Teil der seelischen Entwicklung bereits vor sich geht. Wir konstatieren dies bei allen Arten von Kindern und finden regelmäßig, dass alle Fehler, alle mangelhaften Entwicklungen im späteren Leben bedingt sind durch Irrtümer und Fehler, die in der Kindheit begangen sind. Wir können uns nun auch erklären, warum Erfahrungen so wenig nützen, warum nicht jeder Mensch durch Erfahrung klug wird, warum dies so selten der Fall ist. Weil die fertige Einheit der Persönlichkeit alle Erlebnisse tendenziös umgestaltet und jede Situation so lange wendet, bis sich aus ihr jene »Erfahrungen« gewinnen lassen, die dem Einzelnen von vornherein »in den Kram passen«, das heißt seinem Lebensplan angemessen sind. Betrachten wir zum Beispiel ein verzärteltes Kind, das nur bei seiner Mutter weilen will und für alle anderen Dinge kein Interesse hat, und versuchen wir im Vorhinein zu erfassen, wie sich dieses Kind in der Schule verhalten wird. Wir wissen genau, dass dieses Kind nicht die richtige Vorbereitung für die Schule hat und nun auch für die Schule nichts übrig haben wird. Es wird sich wehren, schreien, weinen und immer nur mit dem einen Gedanken dasitzen: Wenn ich nur schon wieder daheim wäre. Alle Aufgaben, die in der Schule gegeben werden, wird es mit Widerwillen, mit Abneigung, ohne Interesse aufnehmen. Man wird finden, dass seine Fähigkeiten nicht entwickelt sind, und es wird sich als unfähig entpuppen. Was ist die weitere Folge? Der günstigste Fall ist der, dass es eine schlechte Note erhält. Dies bestärkt das Kind natürlich nur in seiner Auffassung: Hier ist nicht gut sein. Alle solche Erlebnisse werden von dem Kind nur immer in seinem eigenen Sinne aufgefasst. Bestraft man es dann härter, so wird das Kind in seiner Überzeugung bestärkt: »Ich habe es ja gewusst, ich gehöre nicht hierher.« Wir können uns sein Verhalten zur Schule im Vorhinein konstruieren. Hat es zum Beispiel einen Lehrer, der von Natur aus ein sehr wohlwollender Mensch ist, so wird er möglicherweise dem Kinde eine Stütze bilden, weil dieses die Empfindung bekommt: »Der Lehrer ist so ähnlich wie meine Mutter, benimmt sich so ähnlich wie meine [230] Mutter.« Nun ist es aber außerordentlich schwer, aus der Schule eine Situation zu gestalten, die so ähnlich wie bei Muttern ist. In der Schule herrschen andere Gesetzmäßigkeiten, bestehen andere Forderungen. So ein Kind leidet in der Folge unter dem Druck der Missachtung, wird immer als ein »unfähiges« Kind betrachtet, das – wenn es nun ins Leben hinausgeht – vielleicht schon gar nicht mehr glaubt, dass es für das Leben taugt, immer weitere Niederlagen befürchtet, vor einer neuen Situation, einem neuen Beruf zurückschrecken wird, weil es immer nur Unannehmlichkeiten erwartet. Es hat schon so viel im Leben mitgemacht, und seine Hoffnungen sind immer zusammengebrochen. Eine Berufsberatung bringt dies alles nicht in Anschlag, sondern urteilt: mangelhaft vorbereitet, nicht in der richtigen Bereitschaft sich nützlich zu machen usw., und weist ab.

Dieses System zeitigt heikle Folgen und führt zu zahlreichen Übeln im späteren Leben.

Irgendwelche Widersprüche müssen natürlich genauer untersucht werden. Es gibt Kritiker, die sagen: Da haben Sie einen Menschen, der seine Berufsfrage glänzend gelöst hat, dagegen hat er keine Freunde, er will von den anderen Menschen nichts wissen, seine Erotik ist stecken geblieben. Ist dies wirklich die Lösung einer Berufsfrage, wenn einer von sieben Uhr morgens bis zwölf Uhr nachts nur arbeitet? Ist dies wirklich im Interesse der Menschheit gelegen? Wir sehen hier oft eine irrige Auffassung eines Berufes zum Nutzen der Allgemeinheit und müssen in dieser Einseitigkeit eine Abfindung erblicken, die er mit seinem Leben und mit uns getroffen hat.

Wer sich für diesen Typus interessiert, lese einmal das Weihnachtsmärchen von *Dickens*[2] in welchem solch ein Mann meisterhaft geschildert ist.

---

2 Charles Dickens, A Christmas Carol in Prose (1843). Ein Weihnachtsmärchen. München 1995

Ich will Ihnen hier noch ganz kurz von einem Menschen erzählen, der in seinem 30. Lebensjahr in eine kriminelle Angelegenheit verwickelt war. Der Tatbestand der Anklage war dadurch gegeben, dass er Kinder in sadistischer Weise zur Be[231]friedigung seiner sexuellen Gelüste missbraucht hatte. Für mich galt es nun erst einmal, die Wege zu ergründen, auf denen der Mann zu seiner Perversität gekommen ist, zu dieser mangelhaften Lösung in der Liebesfrage. Wir müssen also die Vorbereitung an der Stelle suchen, an der er in seiner Entwicklung stecken geblieben ist. Der Mann hatte keine Freunde, keinen Beruf. Er lebte von irgendwelchen wilden Spekulationen an der Börse, für die er, allerdings aber auch nur sporadisch, von Zeit zu Zeit, Interesse hatte. Sein Leben floss so hin, dass er im Kaffeehaus saß, Zeitungen las und aufpasste, wo für seine Gelüste etwas zu finden sei. Er besuchte kein Theater, las kein gutes Buch; für all dies hatte er nur Verachtung. Sein Gang und seine körperlichen Bewegungen sind charakteristisch und leuchten in die Einheit seiner Persönlichkeit. Er spricht mit seinem Körper. Diese wegwerfende Handbewegung (die Hand von oben nach unten verächtlich fallen lassend) sagt sehr deutlich: »Alles ist nichts wert.« Man kann mit ihm sprechen, was man will, immer wiederholt er diese Handbewegung. Diese wegwerfende, verächtliche Geste drückt sich aber nicht nur in dieser einzelnen Bewegung aus, sondern zum Beispiel auch in seinen Schriftzügen, die im Wortende in einem nach abwärts gerichteten Schnörkel verlaufen, analog seiner Handgeste. Betrachten wir nun die Verfehlungen, wegen deren der Mann vor Gericht gekommen ist, so finden wir eine wunderbare Übereinstimmung mit seiner ganzen übrigen Lebenshaltung. Wie er mit seiner Handbewegung einen Menschen als wertlos bezeichnet, genau so finden wir, dass er auch die Lösung der Liebesfrage praktisch für wertlos ansieht, hinstellt, entwertet.

Sie sehen, dass es uns nicht darauf ankommt, festzustellen: »Das ist ein Mensch mit einem Minderwertigkeitsgefühl, der nach Macht strebt.« Es ist sowohl ein Minderwertigkeitsgefühl als auch ein Streben nach Macht. Es ist natürlich nicht der Logik der Gemeinschaft entsprechend, dass er sich nur Kinder aussucht, die er besiegt. Dass er aber hier unumstrittener Sieger sein will, ist uns als Ausdruck seines Strebens nach Macht [232] verständlich. Seine Lösung der Liebesfrage musste Misserfolg haben. Ist es nicht zugleich ein Minderwertigkeitsgefühl auf der einen und ein Streben nach Macht auf der anderen Seite, das diesen Misserfolg verschuldete? Wir müssen uns hier fragen: »Wie konnte sich dies entwickeln?« Irgendwo muss ein Irrtum begonnen haben, der alles begründet hat. Betrachten wir seine Lebensverhältnisse in seiner frühesten Kindheit.

Er hatte einen sehr weichen Vater, die Mutter aber illustrierte durch ihr Verhalten dieselbe wegwerfende Bewegung, die wir beim Manne wahrnehmen können. Die ganze Mutter ist eine solche wegwerfende Bewegung. Unausgesetzt drückte sie auf den Jungen, der sich ihr zu entziehen versuchte. Der

Junge absolvierte seine Schule mit außerordentlich gutem Erfolg; seine Mutter aber hatte immer und immer wieder etwas an ihm auszusetzen. Er war ein guter Musiker, er war ein guter Klavierspieler, ohne hierdurch der mütterlichen Kritik Abbruch tun zu können. Während des Krieges, als er einst beabsichtigte, nach Hause zu fahren, hielt ihm seine Mutter entgegen, sein Cousin wäre schon Leutnant, er aber erst Fähnrich. »Komme nicht eher zurück, ehe du nicht auch Leutnant bist«, schrieb sie ihm. Sie hatte das schwächere Kind zum Opfer ihrer Tendenz, alles zu erniedrigen, gemacht und war nicht fähig, ihre Funktion als Mutter auszuüben, dem Jungen das Gemeinschaftsgefühl zu übermitteln. So kam es, dass der Junge nur eine wegwerfende Bewegung für alles übrig hatte und ein unfähiger und körperlich besonderer Mensch wurde. Der Sexualtrieb meldete sich bei ihm, wie bei den meisten Kindern, frühzeitig. Als die Mutter bemerkte, dass der Junge schon im dritten Lebensjahr sexuelle Regungen zeigte, entflammte ihr Zorn, und sie verfolgte und quälte den Jungen unausgesetzt. Dasselbe, was sie selbst in ihrem Vorgehen zeigte, sah sie nun den Jungen verrichten: nämlich heimlich, von ihr unbemerkt Dinge tun, die sie ihm verboten hatte, von denen er wusste, dass seine Mutter sie nicht vertrage; denn in der heimlichen Ausübung der Sexualität in frühkindlichen Formen fand er ein Gefühl, der [233] Stärkere zu sein, seiner Mutter überlegen zu sein. Das ist der Gang seiner Entwicklung: heimlicher Kampf gegenüber der für unüberwindlich angesehenen Mutter.

Ein solches Kind ist für die Schule schlecht vorbereitet, nicht etwa in seinen Leistungen, die können außerordentlich gut sein, aber seine schlechte Vorbereitung zeigt sich in seinem Verhalten gegenüber seinen Kameraden. Wir verstehen es, dass sich, wenn ein sonderbarer Vogel in einer Klasse sitzt, alle auf ihn stürzen. Dies erscheint uns wie eine Reaktion der Schuljugend, in der Richtung, das Gemeinschaftsgefühl anzuerkennen und für richtig zu erklären, an dem jeder Anteil nimmt. Wenn sich aber einer darunter befindet, der nicht Anteil nimmt, hierzu nicht couragiert genug ist, so wird er zum Anziehungspunkt für die Angriffe aller Jungen. Dieser Junge denkt sich dann: Habe ich nicht recht, wenn ich mir aus den Menschen nichts mache?

Wir haben gehört, dass der Vater weich war, sich immer des Jungen annahm, ihm jeden Wunsch erfüllte, und fragen uns vielleicht: Warum ist es denn dem Vater nicht gelungen, den Jungen auf einen anderen Weg zu bringen? Weil der Junge in den Kampf mit seiner Mutter verbissen war, hatte alles andere, auch die Weichheit des Vaters, für ihn an sich keine Bedeutung, sondern diente ihm nur wieder als ein neuer Beweis dafür, wie schlecht die Mutter an ihm handelte. Ist der eine Elternteil weich, der andere streng, so wird der Kampf gegen den strengeren nur umso erbitterter.

In unserer Betrachtung findet die mangelhafte Lösung der Liebesfrage in der Entwicklung dieses Jungen kein *ausschließliches* Interesse. Wir können mehr aus einer Gesamtbetrachtung uns konstruieren, welche Form der Erotik diesem Mann anhaften muss. Ich brauche nur darauf zu verweisen, dass er sich von allen Menschen entfernte, allein stand und von frühester Jugend an die Erotik in der diesem Verhalten entsprechenden Form trainierte. Er wäre bei seiner Form geblieben, aber die Gelegenheit bot ihm noch einen anderen Faktor. *[234]* Er, der sich mit ängstlichen Gedanken, mit Feindseligkeiten gegen die anderen Menschen ausrüstete, fand sein größtes Interesse sehr bald an Märchen und Geschichten. Da dünkte ihn als der Inbegriff aller Feindseligkeit, die er in seinen jungen Kinderjahren kennenlernte, die Geschichte vom Moloch, dem man Kinder opferte. Nicht allein wegen seiner eigenen Feindseligkeit gegen das gesamte Menschengeschlecht war er geneigt, sich immer wieder in die Geschichte vom Moloch zu vertiefen, sondern weil er sich selbst in die Rolle eines solchen geopferten Kindes hineindenken konnte, und weil er sich sagte: Ich bin auch solch ein Kind, das man dem Moloch opfert. Die schreckliche Seelennot, die er sich in seiner Fantasie vorspiegelt, erweckte in ihm das Gefühl der Angst, des Gruselns.

Warum ist er nun ein Sadist geworden? Er ist einer jener Menschen, die ihre Angsterregung auf das Sexualleben übertragen. Die Angst, die eine allgemein verbreitete Affektion im Menschen ist, hat verschiedene Ausstrahlungsmittel. Es gibt bestimmte Typen von Angst. In den häufigsten Fällen ergreift sie die Herznerven, bewirkt Herzklopfen oder ungleiches Arbeiten der Schläge des Herzens. Es gibt aber auch eine Type der Angst, die die Haare sträubt. Es gibt Menschen, die bei Angst vorwiegend das Symptom des Schwankens, des Zitterns spüren, welches Magen und Darm ergreift, von den vielen anderen gesonderten Typen nicht zu reden. So gibt es auch Menschen, bei denen die Angst das Sexualleben in Mitleidenschaft zieht, wie es in dem betrachteten Falle geschah.

Ich glaube, dass es uns gelungen ist, in der Auseinandersetzung dieses Falles die Erziehungsfehler zu verstehen. Die Ursache für dieses verfehlte Menschenleben war mangelhafte Vorbereitung in seiner Kindheit, und die prägte seinen Charakter. Auf zwei Irrtümer hauptsächlich baute er sein Leben auf. Der eine große Irrtum war, dass er Urteile und Schlüsse, zu welchen ihn das Verhalten seiner Mutter verleitete, auf alle anderen Menschen einfach schematisch übertrug. Der zweite muss der gewesen sein, dass er die krankhafte Ausprägung des Wesens *[235]* seiner Mutter nicht als krankhaft erkannte und sie als eine selbstverständliche und notwendige Eigenheit des weiblichen Geschlechtes ansah. Von seinem dritten Lebensjahr an begann dieser Junge sein Training und richtete sein ganzes Interesse nur darauf, seine Macht da zu betätigen, wo sie eine vollkommene schien und ihm ein Gefühl der Sicherheit, der Überlegenheit gab. Er wuchs isoliert auf, wurde durch keine Erfahrungen anderer Kinder bereichert und blieb nur auf jene Eindrücke angewiesen, unter denen er als einziges Kind dieser Mutter stand und litt.

Seine Verfehlungen bei der Lösung der erotischen Lebensfrage gleichen vollkommen seinem ganzen übrigen Verhalten. Er entwertete die Erotik so, wie er alle anderen Gemeinschaftsfragen entwertete. Diese Entwertungstendenz entspricht den Eindrücken, die seine Seele in der allerersten Jugend empfangen hat. Er ist Sadist, weil sein ganzer Charakter, seine Persönlichkeit zu dieser Art des leichten Sieges über Schwächere passt. Sein Drang, sich selber groß zu fühlen, realisierte sich dadurch, dass er andere unterjochte. Seine Perversität trägt deutlich diese Struktur. Wenn einer die Frage aufwerfen wollte, ob nicht vielmehr sein ganzes Wesen aus seiner Sexualität entstanden sei, so müsste ich zur Beantwortung derselben meinen Vortrag wiederholen und zeigen, dass dies eine unberechtigte Anschauung wäre. Die gesamte Persönlichkeit des Mannes ist durchweg einheitlich aufgebaut, alles in ihm wird nach seinem Ziel dirigiert, und auch die Form seiner Sexualität ist nur durch seinen Charakter bedingt.

Natürlich ist auch die Frage »Wie stehe ich zur Kunst: Malerei, Bildhauerei, Musik usw.?«, nur in innigstem Zusammenhang mit allen anderen Lebensfragen beantwortbar. Eine besondere Bindung gibt die Kunst darin, dass sie die Führerin der Menschheit ist. Das ist so auffällig und so betont, dass alle anderen Fragen durch sie beeinflusst werden. Unser ganzes Fühlen, unsere Mitmenschheit wird durch sie beeinflusst. Unser Denken, unser Fühlen steht immer irgendwie unter der Macht des [236] Kunstgenusses und -erlebens. Die Entwicklung der Kunst ist Entwicklung zur Gemeinschaft. Sie lehrt die Menschen sehen und hören, ist selbst eine Art Sprache und stapelt einen Fonds von enormem *Können* auf. Das künstlerische Schaffen ist einheitlicher Aufbau nach einer ihm jeweilig innewohnenden Melodie.

Wir glauben sogar, dass *jede* Art Tätigkeit irgendeine Beziehung und einen Zusammenhang mit der Kunst aufweist, insbesondere sehen wir Individualpsychologen einen besonderen Vorzug unserer Entzifferungsarbeit des menschlichen Seelenlebens darin, dass diese sich rühmen darf, nicht nur Wissenschaft, sondern auch Kunst zu sein.

Damit habe ich meine Aufgabe wenigstens angefangen. Wenn ich nur das eine erreicht habe, dass Sie für diese Art der Forschung Aufmerksamkeit und Interesse gewonnen haben, so glaube ich, für den heutigen Abend für mich genug getan zu haben. Für Sie bleibt die viel schwierigere Aufgabe, die Melodie, diese einheitliche Linie auch in Ihrem Lebenskreis nicht zu vernachlässigen. Es handelt sich um eine Aufgabe, die viel wichtiger ist: um die Behandlung von nervösen Menschen, um eine Vergrößerung der Menschenkenntnis, um eine größere Einsicht jedes Einzelnen in das eigene und fremde Seelenleben. Die Beziehungen der Menschen zueinander würden radikal geändert werden können, wenn sie einer dem anderen nicht mehr als unbekannte Größen gegenüberstünden, denen gegenüber man recht vorsichtig und ängstlich sein und sich sichern muss.

Es geht um eine Weltanschauung, die Wirklichkeitssinn enthält, auf die Frage des kindlichen Charakters gerichtet ist, die Entwicklung zum Mitmenschen anstrebt und dadurch eine ungefähr richtige Lösung der drei wichtigen Lebensfragen ermöglicht.

21. Individualpsychologie (1926)

Editorische Hinweise
Erstveröffentlichung:
1926m: Einführung in die neuere Psychologie. Hg. von E. Saupe, 4. Aufl., S. 364–372; 5. Aufl., S. 399–407. Osterwieck i. Harz: Zickfeldt
Letztveröffentlichung:
1982a: Psychotherapie und Erziehung, Bd. 1 (1919–1929), S. 158–168

Dieser Beitrag geht ausführlich auf die Lebensbewegung ein. Alle seelischen Bewegungen des individuellen Lebensstils (ein Begriff, der nun anstelle von »Lebensplan« eingeführt wird) stammen nach Adler aus der schöpferischen Kraft des Einzelnen, die »suchend und irrend« nach ihrem fiktiven Endziel strebt. Die Teleologie des Seelenlebens baue sich zwar «auf immanenten Notwendigkeiten» auf, sei aber in ihrer Eigenart eine Schöpfung des Individuums. In jeder seelischen Bewegung könne zugleich Vergangenheit, Gegenwart, Zukunft und Endziel, gleichzeitig auch die frühkindliche Situation des Betreffenden erblickt werden. Dabei werde ein Mangel kompensatorisch ausgeglichen. Diese kompensatorische Bewegung, der tiefste Sinn des menschlichen Lebens, sei schöpferische Kraft.

Nur im Zusammenhang mit seinem ganzen Bezugskreis lasse sich die Bedeutung eines seelischen Phänomens erkennen. Alle Phänomene trügen in sich die individuellen Nuancen des Strebens nach Überlegenheit und die Größe des Gemeinschaftsgefühls, das dieses Individuum an die anderen bindet. Bei der Lösung der drei großen Lebensfragen bewähre sich die Größe des Gemeinschaftsgefühls. Die großen Leistungen kämen nicht infolge ursprünglicher Begabung, sondern eher bei einem Mangel an Begabung durch mutige Überwindung von Hindernissen zustande.

Eine Organminderwertigkeit und eine »herzlose oder verzärtelnde Behandlung« eines Kindes seien deswegen so schädlich, weil sie bei der Ichfindung des Kindes in den ersten zwei Lebensjahren »seine relative Schwäche gegenüber den Anforderungen der Umwelt ihm allzu deutlich fühlbar« machen. Das Erleben dieser relativen Schwäche führe zu Minderwertigkeitsgefühlen. Bei solchen Kindern werde man in der Therapie nachholen müssen, was an ihnen versäumt wurde. Deshalb sei die Erziehung zu Mut so wichtig, denn kein Kind darf nach Adler den Glauben an seine Zukunft verlieren.

Den Ausdruck »Ziel der Vollkommenheit« verwendet Adler hier zum ersten Mal; dieses Ziel entspringe einer Sehnsucht nach Ausgeglichenheit und Sicherheit. Diesen Gedanken führt Adler im Aufsatz »Über den Ursprung des Strebens nach Überlegenheit« (1933i, S. 550) fort.

Individualpsychologie

Unter diesem Namen hat die von dem Verfasser begründete Wissenschaft einer Menschenkenntnis derzeit bereits erhebliche Verbreitung gefunden. Diese verdankt sie in erster Linie ihrer Brauchbarkeit für die Behandlung und Heilung schwer erziehbarer, verwahrloster Kinder und nervöser Personen. Aber auch ihr Wert für die Prophylaxe dieser seelischen Entwicklungsfehlschläge, ihre erzieherische Bedeutung also, erfreut sich fortschreitender Anerkennung, und vielleicht gibt es schon heute keine Richtung der Seelenforschung mehr, die nicht mit ihr in gewichtigen Punkten übereinstimmt. An ihren wissenschaftlichen Grundlagen hat sie trotz anfänglichen Ansturms mangelhaft orientierter Opponenten bisher eine wesentliche Änderung vorzunehmen nicht nötig gehabt.

Ihre erste Aufgabe suchte sie in einer besseren Durchleuchtung des Leib-Seele-Problems. Aus der Biologie und der medizinischen Pathologie entnahm sie den Ausgangspunkt ihrer Betrachtungen und stellte fest (»Studie über Minderwertigkeit von Organen« [1907a/1977b]), dass das Kind die Wertigkeit und die Tauglichkeit seines Organismus erlebt und in einer Stimmungslage eines länger währenden Minderwertigkeitsgefühls zu einem Gefühl der Vollwertigkeit, der Totalität, der Überlegenheit über die Schwierigkeiten der Natur und die sozialen Verhältnisse zu gelangen trachtet. An dieses je nach seiner Insuffizienz und den äußeren Schwierigkeiten gesteigerte Streben nach Macht schließen sich richtunggebende Tendenzen, die alle innewohnenden Kräfte und Möglichkeiten nach einem dunkel vorschwebenden Ziel der Vollkommenheit zu entwickeln trachten. Was immer wir später als seelische Vorgänge, Bewegungen, Ausdrucksformen usw., Fähigkeiten auch und »Begabungen« finden, stammt aus diesem individuell geübten Training, aus der schöpferischen Kraft des Einzelnen, die suchend und irrend nach ihrem fiktiven Endziel, nach ihrem Finale strebt. Wir haben demnach alles Recht auf unserer Seite, wenn wir unsere Wissenschaft Individualpsychologie nennen.

Das schöpferische Streben des Kindes vollzieht sich aber auch in einer individuell gegebenen Umwelt, die individuelle Schwierigkeiten setzt. Infolgedessen sind alle seelischen Phänomene, sobald der Start des Kindes nach einem Endziel – entsprechend seiner Ichfindung bereits in den ersten zwei Jahren seines Lebens – vor sich geht, antwortende Stellungnahmen entspre[365]chend der Spannung, in der ein Kind sich innerhalb einer bestimmten Situation erlebt. Ausschlaggebend sind demnach nicht die absoluten Werte seiner Organe und Organfunktionen, sondern ihre relativen, deren Verhältnis zur Umgebung. Da auch diese von dem Kinde individuell erlebt wird, so haben wir als Grundlagen des seelischen Aufbaus nicht mit absoluten Werten zu rechnen, sondern mit Eindrücken eines Kindes, die abhängig von hundert Einflüssen und Irrtümern nie kausal zu erfassen sind, sondern nur durch Einfühlung und durch Erfassung des individuellen Lebensstils verstanden werden können.

Dabei ist die finale Betrachtungsweise eine unbedingte Notwendigkeit. Ganz abgesehen davon, dass wir einen Menschen nie anders denn als ein einheitlich gerichtetes Wesen betrachten können, demnach als ein ziel- und planvoll auftretendes Ganzes, erfordern das Leben und planvolle Bewegungen in ihm die andauernde Festhaltung eines einheitlichen Zieles. Die für das Leben und für jede kleinste Bewegung geforderte Zielsetzung erzwingt die Einheit der Persönlichkeit und ihre individuelle Gestaltung, den Lebensstil. Die Teleologie des menschlichen Seelenlebens baut sich also wohl auf immanenten Notwendigkeiten auf, ist aber in ihrer Eigenart eine Schöpfung des Individuums.

Wäre uns nun das Ziel einer Person bekannt, das uns in der obigen Form – Überwindung von Schwierigkeiten – allzu undeutlich gegeben ist, so könnten wir uns anheischig machen, erklären und verstehen zu können, was uns die seelischen Phänomene sagen wollen, warum sie geschaffen wurden, was einer aus seinem angeborenen Material gemacht und warum er es so und nicht anders gemacht hat, wie beschaffen seine Charakterzüge, Affekte, Gefühle, seine Logik, seine Moral, seine Ästhetik sein müssen, damit er zu seinem Ziele gelange. Wir könnten auch verstehen, warum und wie weit er von unserer, des vielleicht Normalen Gangart abweicht, wenn wir etwa feststellen könnten, dass sein Ziel allzu weit von dem unsern oder gar allzu weit von der absoluten Logik des menschlichen Zusammenlebens entfernt ist. Wir sind doch imstande, aus einer uns unbekannten Melodie auf den uns bekannten Autor, aus einem Schnörkel auf den Baustil zu schließen, immer aus dem Zusammenhang des Teiles mit dem Ganzen. Die Rechnung des Lebens setzt einer selten in so kunstvollendeter Form. Die armselige Typenlehre sagt uns nichts über den individuellen Fehler. Könnten wir aus den Schnörkeln und Melodien eines Menschenlebens auf sein individuell erfasstes Ziel schließen und daran den ganzen Lebensstil entwickeln, dann könnten wir ihn nahezu mit naturwissenschaftlicher Sicherheit, beinahe mit mathematischer Schärfe einreihen, wir könnten die Probe auf den Wert individualpsychologischer Forschung ablegen, wir könnten sagen, wie [366] einer in einer bestimmten Situation handeln wird.

In einer schier unermüdlichen Arbeit scheint es der individualpsychologischen Schule gelungen zu sein, diese Aufgabe zu lösen (siehe Adler, »Über den nervösen Charakter« [1912a/2008] – »Praxis und Theorie der Individualpsychologie« [1920a] – »Heilen und Bilden« [1914a]). Das Netzwerk, über das wir heute verfügen, um Zielpunkt und Lebensstil eines Menschen, ob Kind oder Erwachsener, ob schlecht geraten oder nervös, festzustellen, ist auf empirisch gewonnenen Tatsachen aufgebaut, wie sie jedem zugänglich sein konnten, nur dass wir sie dank unserer finalen Anschauungsweise und unserer Zusammenhangsbetrachtung doch in einem besseren Lichte sahen und sie leicht einreihen und verbinden konnten. Wir lernten in jeder seelischen Bewegung zugleich Vergangenheit, Gegenwart, Zukunft und Endziel, gleichzeitig auch die frühkindliche Situation des Betreffenden an der Geburtsstätte seiner Persönlichkeit erblicken.

Der Ablauf des Lebens auch in seinem seelischen Anteil ist eine auf ein Finale gerichtete Bewegung. Sobald wir in dieser Anschauung mehr sehen als eine Redensart, wenn wir diese Behauptung ernst nehmen, so folgt daraus, dass unter dem Druck des Endzieles jede seelische Teilbewegung eingereiht ist in die ganze Aktionslinie und Vorbereitung ist für jede anschließende Bewegung. Der tiefste Sinn der ganzen Aktion ist aber die Entfaltung zur Totalität. Infolgedessen ist jeder Schritt auf dem Lebenswege zugleich planvoller Vollzug des Strebens nach Ergänzung; Kompensation hat die Aufgabe, ein Minus auszugleichen, von »unten« nach »oben« zu gelangen.

Diese kompensatorische Bewegung nun, der tiefste Sinn des menschlichen Lebens, ist schöpferische Kraft. Sie hat die Kultur gestaltet als Sicherung des menschlichen Geschlechtes, wie sie auch alle Ausdrucksformen und den Lebensstil des Einzelnen schafft als Antwort auf die Anspannungen durch die Außenwelt, als unermüdliche Versuche und Sicherungen, eine Balancierung im Kräftespiel Mensch – Erde – Gesellschaft herzustellen. Das Endziel aller seelischen Bestrebungen wird demnach sein: Ausgeglichenheit, Sicherheit, Anpassung, Totalität.

Die Bestätigung einer derartigen Kongruenz oder Inkongruenz erfolgt natürlich nicht nach wissenschaftlichen, mathematischen Prinzipien, sondern gemäß eines individuell erfühlten Eindrucks, der hinwieder von dem individuell konkretisierten Endziel der Vollkommenheit ganz und gar abhängig ist. Je nachdem, ob einer sein sicherndes Endziel, indem er es der Realität anpasst, in der Rolle eines Kutschers, eines Pferdes, eines Generals, eines helfenden Arztes, eines Retters der Menschheit sieht – wie es in kind*[367]* lichen Fantasien oder in der Berufswahl durchdringt –, wird er einen gewonnenen Standpunkt empfinden und werten. Hinter all diesen real verständlich gemachten, »konkretisierten« Endzielen steckt immer wieder seine schöpferische Sehnsucht, zu einem Ausgleich zu kommen, steckt immer auch seine Schulung fürs reale Leben und vor allem sein Mut und sein Selbstvertrauen. Sie bedingen auch sein Verhalten, seine Stellungnahme, seine Gangart oder, um in der landläufigen Sprache der Psychologie zu reden, seinen Charakter, sein Temperament, seine Affekte, sein Fühlen und Wollen, die Enge und Weite seiner Logik, die Richtung seiner Aufmerksamkeit und sein Handeln. Als letzte, ausschlaggebende Instanz in diesem Bezugssystem können wir ein Wert- oder Persönlichkeitsgefühl annehmen, dessen größere oder geringere Befriedigung die Bewegungen des Individuums gegenüber seinen individuell erfassten Lebensaufgaben erzwingt.

In diesem ganzen Bezugssystem gibt es keine mathematisch erfassbaren Größen. Nicht die Tatsachen des körperlichen oder seelischen Materials, nicht die hereditäre Begabung wirkt sich im weiteren Leben aus, sondern deren Verwendung innerhalb des in den ersten drei Jahren gewonnenen Lebensstils. So kann zum Beispiel eine »akustische Begabung«, wenn man schon eine solche annehmen will, sehr leicht durch zu viel oder zu wenig Sorgfalt gänzlich unentwickelt bleiben. Oder sie kann durch richtige Schulung und geeigneten Zuspruch geweckt, nein, erzeugt werden. Von *Karl dem Großen* erzählt sein Biograf[1], dass er trotz aller Bemühung mangels angeborener Begabung Lesen und Schreiben nicht erlernen konnte. Heute rechnen wir nicht mehr mit solchen Begabungen, seit wir von *Pestalozzi* und anderen die Methoden der Schulung gelernt haben. Und wir kommen über die schweigende Verehrung genialer Leistungen erst hinaus bis zu einem annähernden Verständnis ihres Werdens, wenn wir den individualpsychologischen Anschauungen Rechnung tragen und die vorhergegangene Schulung, das unablässige mutige Ringen mit Schwierigkeiten und den frühen Beginn des entsprechenden Trainings, ins Auge fassen.

Ganz in der gleichen Weise müssen wir die kausale Bedeutung von Situation, Milieu oder Erlebnissen des Kindes ablehnen. Ihre Bedeutung und Wirksamkeit entfaltet sich erst sozusagen im intermediären seelischen Stoffwechsel. Sie werden vom frühzeitig gewonnenen Lebensstil des Kindes assimiliert. So kann es kommen, dass in einer durchaus moralischen Familie ein Schädling heranwächst, ein wertvolles Menschenkind einer verlotterten Sippschaft entspringt. Nie wirkt das gleiche Erlebnis auf zwei Menschen in genau der gleichen Weise, und Erfahrungen machen nur so weit klug, als es der Lebensstil erlaubt. [368] Die absolut richtige Schlussfolgerung zu ziehen und danach zu handeln, ist offenbar dem Menschen nicht ermöglicht. Und ob es im weiten Reich der Irrtumsmöglichkeiten eine Kausalität gibt, ist unwahrscheinlich. Deshalb und wegen der ungeheuren Vielfältigkeit der konkurrierenden Veranlassungen ist es kaum mehr als ein frommer Wunsch, im Seelenleben eine kausale Betrachtung durchführen zu können.

Infolgedessen durchzieht das ganze Leben und alle seine einzelnen Ausdrucksformen jene einheitliche Aktionslinie, die der Individualität zugrunde liegt. Und so bedeutet jedes seelische Phänomen mehr, als der Common Sense in ihm erkennt. Nur im Zusammenhang mit seinem ganzen Bezugskreis lässt es sich erkennen, ob eine Lüge eine Prahlerei oder ein Ausweichen bedeutet, ob eine Spende Mitleid oder Großmannssucht, Gemeinschaftsgefühl oder Selbstüberhebung verrät. Die gleichen Klänge sagen anderes aus bei *Richard Wagner* und bei *Liszt*. Alle seelischen Erscheinungsformen sind um das Streben nach Überlegenheit gelagert. Aber alle tragen in sich die individuellen

---

1 [Einhard (ca. 770–840), fränkischer Gelehrter, schrieb die Vita Karoli Magni.]

Nuancen dieses Strebens und die Größe des Gemeinschaftsgefühls, das dieses Individuum an die andern bindet. Letzteres, dem Menschen eingeboren, bedarf einer steten Entwicklung von frühester Kindheit an. Ohne seine Entfaltung stößt der Einzelne auf Schwierigkeiten betreffs seiner Anpassung an die menschliche Gesellschaft. Nicht bloß soziale Rücksichten drängen uns, wie Kurzsichtige meinen, diesen Schluss auf. Nicht unser persönlicher Wunsch und unsere Überzeugung, dass nur bei Entfaltung des Gemeinschaftsgefühls die Menschheit besseren Tagen entgegengeht. Wir dürfen uns vielmehr einer Originalität bei diesem Streben gar nicht berühmen. Alle religiösen, gesetzlichen, staatlichen, sozialen Einrichtungen waren im Wesentlichen immer Versuche, das Zusammenleben der Menschen leichter und günstiger zu gestalten, den Einzelnen Lebensformen vorzuschreiben, bei denen eine Erhaltung des Menschengeschlechtes gewährleistet erscheint. Diesen Bestrebungen reiht sich die Individualpsychologie an, nur dass sie mehr als die anderen auf die Hindernisse hinweist, die einer Ausbreitung des Gemeinschaftsgefühls im Wege stehen, und bessere Methoden sucht.

Es gibt keine anderen Werte im Leben als die durch das Gemeinschaftsgefühl beglaubigten. Man nenne uns eine einzige wertvolle Leistung, die aus einem andern Grunde wertvoll wäre, als weil sie für die Allgemeinheit nützlich ist. So steigert sich und wächst das durch Schwäche bedingte Minderwertigkeitsgefühl des Kindes, sobald es sich seines mangelnden Wertes für die Gemeinschaft bewusst wird oder ihn dunkel fühlt.

Es wird jedem einleuchten, dass jede Verstärkung des Strebens nach persönlicher Macht der Entfaltung des Gemeinschaftsgefühls *[369]* Abbruch tut. Ein derartiger Mangel ist aber ungemein bedeutsam für die seelische Entwicklung, für den Lebensstil des Kindes. Denn mit dem Gemeinschaftsgefühl hängen die wichtigsten seelischen Funktionen und ihr Gedeihen innig zusammen. Sprache, Verstand, Moral, Ästhetik bedürfen zu ihrer Übung und Ausbildung der Verknüpfung mit dem Nebenmenschen. Umgang mit Menschen und Menschenkenntnis sind unerlässliche Vorbedingungen für ein gedeihliches Wirken in der Gesellschaft und können nicht theoretisch bewältigt werden. Und da ein wahres Glück untrennbar verbunden ist mit dem Gefühl des Gebens, so ist es klar, dass der Mitmensch dem Glück viel näher steht als der isoliert nach Überlegenheit strebende Mensch. Die Individualpsychologie hat mit großer Schärfe darauf hingewiesen, dass alle seelisch unglücklichen, der Neurose oder der Verwahrlosung verfallenen Menschen aus der Reihe derer stammen, denen es nicht vergönnt war, in jungen Jahren ihr Gemeinschaftsgefühl zu entwickeln und damit auch den Mut, den Optimismus, das Selbstvertrauen, die unmittelbar dem Gefühl der Zugehörigkeit zur Allgemeinheit entstammen. Diese Zugehörigkeit, die niemandem bestritten werden kann, gegen die es kein einziges Gegenargument gibt, kann aber nur durch Mitspielen, Mitarbeiten, Mitleben erworben werden, durch Nützlichkeit für die andern, aus der ein dauerndes, reales Wertgefühl entspringt. Drei große Lebensfragen sind es, in deren Lösung sich der Grad der Mitmenschlichkeit bewährt: in der Beziehung des Ich zum Du – in der produktiven Tätigkeit – in der Liebe. Wie einer sich diesen Fragen nähert, in welcher Distanz zu ihnen er haltmacht, wie er sich vor ihrer Lösung sichert – daran erkennt man den Stil des Menschen am besten, besonders dann, wenn er vor einer drängenden Entscheidung steht. Es ist nun ganz leicht einzusehen, dass der sicher in der Gemeinschaft ruhende, deshalb vorbereitete Mensch auch dort noch seinen Mut behält und auf die Seite einer nützlichen Lösung drängt.

Anders der andere Typus, der ferner und fremd der Menschheit und ihren Problemen näher kommt. Allzu sehr mit sich und seiner persönlichen Macht beschäftigt, doch aber in Abhängigkeit von der Meinung der andern, die ihm übel zu wollen scheinen und meist als Feinde gelten, in Unsicherheit und Entmutigung seinen Sieg erwartend, doch mehr noch zitternd vor der Niederlage, erlebt er es nun, dass sein zitternder Ehrgeiz sich vor ihm aufpflanzt und ihm den Weg nach vorwärts versperrt, damit er einer Niederlage entgehe. Es wird uns nicht wundernehmen, in der riesigen Zahl dieser Menschen alle jene wiederzufinden, deren Minderwertigkeitsgefühl immer größer gewesen ist. Denn nichts ist der Entfaltung des Gemeinschaftsgefühls so sehr im Wege wie ein stärkeres Minderwertigkeitsgefühl. [370]

Die Individualpsychologie hat nun einen großen Teil der Aufgabe gelöst, jene Irrtümer und Fehler aufzudecken, die an der Geburtsstätte des Lebensstils zu einem erhöhten Minderwertigkeitsgefühl Anlass geben. Der fehlerhafte Start, mit dem gewisse Kinder beginnen, kann später nur durch eine tiefe Selbstbesinnung in seinen Auswirkungen geändert werden. Dazu sind die einigermaßen schweren Fälle der nervösen oder verwahrlosten oder schwer erziehbaren Menschen selten geeignet. Da hat nun die individualpsychologische Methode mit ihrer eigenartigen Technik einzusetzen, die im Wesentlichen eine Methode der uneingeschränkten Ermutigung ist. In erster Linie bedeutet dies, dass alle Vorurteile einer angeborenen Begabung preisgegeben werden müssen. Alle großen Leistungen erscheinen uns als Ergebnisse einer guten Schulung, ungebrochenen Mutes und frühen Beginns des richtigen Trainings. Gegen diese drei Faktoren können Gegengründe nicht zugelassen werden. Und alle sonst ins Treffen geführten Einwände werden als feige Ausflüchte eines feigen Minderwertigkeitsgefühls, als Ausflüchte, um der Entscheidung über den eigenen Wert auszuweichen, entlarvt. Oder sie erweisen sich als Versuche auf der Seite des Unnützlichen, zum Scheine irgendwelcher Bedeutung durchzudringen, wie im Falle der Verwahrlosung und des Verbrechens. Die nervösen Symptome und die Fehler der Schwererziehbaren stellen Bremsvorrichtungen dar, Sicherungen und arrangierte Hemmungen, Selbstblockaden, um einer Entlarvung als minderwertig zu entgehen. Im Laufe dieser Unter-

suchungen hat sich als besonders bedeutsam herausgestellt, wie wertvoll die
Überwindung von anfänglichen Schwierigkeiten für das ganze Leben werden
kann, so dass sich der scheinbar paradoxe Standpunkt ergibt, die großen Leistungen kommen vielleicht regelmäßig durch mutige Überwindung von Hindernissen, nicht infolge ursprünglicher Begabung, eher bei einem Mangel von
»Begabung« zustande.

Die Individualpsychologie hat aber auch die Aufgabe gelöst, die namhaftesten Schwierigkeiten klarzustellen, die in den ersten drei Lebensjahren das
stärkere Minderwertigkeitsgefühl und damit den problematischen Lebensstil
schaffen, der zu den Abbiegungen von der Norm die regelmäßige Veranlassung gibt. Damit ist der Prophylaxe in der Erziehung, der Behütung vor Neurosen, Psychosen und Verwahrlosung ein breiter Weg geöffnet. Diesem Umstand wohl verdankt diese Wissenschaft ihre Anerkennung der Pädagogen.
Ebenso hat sie ihre Brauchbarkeit als einzige wissenschaftliche Methode zur
Menschenkenntnis erwiesen, indem sie gestattet, aus vereinzelten Schnörkeln,
Erinnerungen, Träumen, Fantasien, bewussten und unbewussten Regungen
auf den Lebensstil des Einzelnen und der Masse Schlüsse zu ziehen. Sie *[371]*
proklamiert die Gleichwertigkeit des Kindes, des Greises, der Frau und findet
den Grund von Unterwertungen in den behebbaren Mängeln unserer Kultur
und unseres Verständnisses.

Die tiefstgreifenden Veranlassungen zur Erzeugung eines stärkeren Minderwertigkeitsgefühls haben wir in dreierlei Situationen der frühkindlichen
Entwicklung feststellen können. Ihr maßgeblicher Schaden liegt einheitlich
darin, dass sie bei der Ichfindung des Kindes, vom Ende des ersten Lebensjahres an deutlich bemerkbar, seine relative Schwäche gegenüber den Anforderungen der Umwelt ihm allzu deutlich fühlbar machen. Aus dieser Situation
geht das Kind mit einer während des ganzen Lebens andauernden Perspektive
hervor, die sein Erleben der Welt andauernd fälscht. Seine Kompensationsversuche arten aus. Seine Unsicherheit ist ein ständiger Begleiter all seiner
Handlungen. Nur solche Charakterzüge werden stärker hervorgetrieben, die
seinem vermehrten Hang zur Überlegenheit entsprechen oder listige Umwege
zu gehen erlauben. Egoistische Züge, eine Neigung zur Isolierung treten stark
hervor. Pessimistische Anwandlungen, Furcht vor neuen Situationen, ein
Hang zu Ausbiegungen zeigt sich auf allen Linien. Entmutigungen stellen sich
leicht ein und führen oft zum Abbruch begonnener Handlungen. Der Kontakt mit anderen Menschen ist immer mangelhaft. Für Lob sind sie meist sehr
empfänglich, Tadel lähmt sie oft in stärkstem Ausmaße.

Als erste große Kategorie solcher Kinder nennen wir jene, die mit minderwertigen Organen zur Welt gekommen sind und deren Mängel als Lebensschwierigkeiten erleben. Eine spätere Besserung ihres Zustandes ändert ihr
pessimistisches Verhalten zu den Lebensfragen nicht, weil sie dann bereits
ihren Lebensstil gefunden haben und demgemäß alle Erlebnisse und Erfah-

rungen umdeuten und assimilieren. Überwindungen ihrer Fehler, besonders derer der Sinnesorgane, führen nicht selten zu feineren technischen Leistungen, die sie für die Kunst geeignet machen. Die Handhabung eines geeigneten Instrumentes gibt eben weniger Gelegenheit, macht es nicht notwendig, künstlerische Fähigkeiten zu entwickeln. Musiker mit schlechten Ohren, Maler und Dichter mit schlechten Augen kennt die Geschichte in großer Zahl. Auch die Linkshändigkeit stellt eine solche angeborene Minderwertigkeit dar. Es ist begreiflich, dass das endgültige Resultat dieses Ringens um die Selbstbehauptung von mannigfachen Faktoren abhängig ist, unter denen die Ermutigung die größte Rolle spielt.

Die zweite große Kategorie, vielleicht die größte unter allen, stellen die verzärtelten Kinder. Sie leben symbiotisch und können schon aus diesem Grunde kein nennenswertes Selbstwertgefühl *(Weinmann)* erwerben. Immer gelangen sie in ein [372] Stadium ihres Lebens, wo die Verzärtelung nicht mehr genügt, wo sie aus dem Paradies vertrieben werden. Bei ihnen ist die heilige Funktion der Mutter, ihnen das Erlebnis einer absolut verlässlichen Person zu geben, sie den Mitmenschen erleben zu lassen, nicht über die Mutter (oder eine ähnliche Person) hinaus gediehen, und so vermissen sie immer wieder im Leben jene ursprüngliche Wärme und können den Einklang mit anderen niemals finden.

Dieses Erlebnis des Mitmenschen ist der dritten Kategorie niemals aufgegangen, den herzlos erzogenen Kindern. Sie haben überall nur Feinde gefunden und nehmen dazu die geeignete Stellung: wie in Feindesland.

Der Varianten und Abstufungen gibt es viele. Als stellvertretende Schädigungen können zuweilen eintreten: überspitzte Erwartungen, schwierige Stellungen innerhalb der Geschwisterreihe, der Aberglaube mangelnder Begabung usw.

Eine ausführliche Erörterung der Behandlungsmethoden erübrigt sich an dieser Stelle. Sie findet sich in den Schriften des Autors. Als wesentlich heben wir hervor: Erziehung zu Mut und Selbstständigkeit, Geduld in schwierigen Fällen, Vermeidung jedweden Druckes durch zwecklose Ausspielung der Autorität, Vermeidung jeder Herabsetzung durch Hohn, Schimpf und Strafen. Vor allem: Kein Kind darf den Glauben an seine Zukunft verlieren!

Bei allen drei Kategorien von Kindern wird man, sobald sie im späteren Leben zu straucheln beginnen, den gleichen Weg gehen müssen, wird sie zuerst gewinnen müssen, um sie dann der Gemeinschaft zuzuführen. Mit anderen Worten: Man wird nachholen müssen, was an ihnen versäumt wurde.

22. Ein Beitrag zum Distanzproblem (1926)

Editorische Hinweise
Erstveröffentlichung:
1926t: Internationale Zeitschrift für Individualpsychologie 4, S. 141–143

Während Adler in »Das Problem der ›Distanz‹« (1914k, S. 158) die verschiedenen Formen von Distanz in der neurotischen Lebensbewegung beschreibt, versucht er jetzt die neurotische Verirrung eines Menschen danach zu messen, in welcher Entfernung er von der Lösung der drei großen Lebensfragen steht, ob er den Kontakt zu anderen Menschen in einer annähernd richtigen Art hergestellt hat oder ob er ihn verhindert. In folgenden Erscheinungen zeige sich dessen Distanzneigung, etwa wenn einer rot oder blass wird, wenn er nur zögernd die Hand reicht, misstrauisch ist, stottert und dergleichen. Das alles seien Zeichen einer mangelnden Kontaktneigung. Zuletzt bringt Adler ein Fallbeispiel, wie ein Patient den Kontakt beim Läuten an der Tür immer wieder unterbricht und dadurch Distanz schafft.

Ab 1926 (zuerst in diesem Beitrag) spricht Adler manchmal vom »innersten Kern eines Menschen«, den man schon aus einer Bewegung erkennen könne, vom »Zusammenhang des Teiles mit dem Kern der Persönlichkeit« (1930n, S. 373) oder von der »Urform, den Kern einer Ganzheit« (1932f, S. 384). Adler nennt diese Urform die »psychische Konstitution eines Menschen« (S. 384) und gebraucht sie synonym mit Lebensstil.

Ein Beitrag zum Distanzproblem

Wie bekannt, ist die individualpsychologische Forschung ziemlich rasch auf ein Problem gestoßen, das sie das *Distanzproblem* genannt hat. Dies war von fundamentaler Bedeutung. Denn es hat uns eine Basis gegeben, von der aus wir weiter forschen konnten. Sie besagt nämlich, dass es uns möglich ist, die Abwegigkeit, die neurotische Verirrung eines Menschen danach zu messen, in welcher Entfernung er von der Lösung der drei großen Lebensfragen steht. Es handelt sich bekanntlich um die Lösung der Fragen der sozialen Beziehung, der Beziehung des Ich zum Du, darum, ob er den Kontakt zwischen sich und den anderen Menschen in einer annähernd richtigen Art hergestellt hat oder ob er ihn verhindert. Aus der Größe der Verfehlung, aus der Distanz, in der er zur Lösung dieser Lebensfragen steht, konnten wir über seine Persönlichkeit, seine Individualität Schlüsse ziehen und waren in der Lage, daraus etwas für unsere Menschenkenntnis zu gewinnen. Dasselbe gilt auch bezüglich der zweiten Lebensfrage, der Berufsfrage. Steht er von der Lösung dieser Frage weiter weg, zeigt er hier Schwierigkeiten, dann konnten wir feststellen, dass dieser Mensch einer Lösung dieser zweiten Frage ausweicht. Die dritte Frage betrifft die Erotik, die Frage der Liebe und Ehe. Wir konnten einen Menschen danach beurteilen, wie weit er von der Lösung dieser Frage entfernt ist und auf welchen Abwegen er sich etwa befindet.

So hatten wir einen Standpunkt gefunden, von dem aus wir unerschütterlich über die Stellungnahme eines Menschen urteilen konnten. Und nun möchte ich an einem Beispiel zeigen, wie sich in der Neurose diese Distanzneigung ausdrückt. Wir kennen sie ja alle, diese Menschen, die sich sehr schwer anschließen, keine Freunde haben, nicht in Gesellschaft gehen, immer eine Scheu haben, wenn sie einem anderen Menschen gegenübertreten. Wir kennen auch die Erscheinungen, die da auftreten, so, wenn einer rot oder blass wird, wie er nur zögernd die Hand reicht, misstrauisch ist, stottert und dergleichen. Das alles sind Zeichen einer *mangelnden Kontaktneigung*.

Einen solchen Menschen zu beobachten hatte ich unlängst wieder Gelegenheit. Es wimmelt im Leben von solchen Menschen. Sie haben eine Abneigung gegen jedweden Kontakt und wollen sich nicht zum Ganzen bekennen, von dem sie ein Teil sind. Ihr ganzes Leben zeigt diese Tendenz, die natürlich auch mit einer Anzahl Sicherungen verknüpft ist, unter denen die nervösen Symptome eine große Rolle spielen. Der eine bekommt Kopfschmerzen, sobald er näher rücken soll, irgendein Unheil tritt ein, sobald er sich einem anderen nähern soll. Ihre ganze Haltung *[142]* zeigt eine nervöse Ausgestaltung, die das Zusammenkommen mit anderen verhindert.

Und so finden wir ihn sehr bald in einem Sonderlingsleben, jeder kennt ihn und weicht ihm aus. Er hat eine kurz angebundene Art, eröffnet sich nie, bricht immer gleich ab, lebt sozusagen »stakkato«. Jede Anknüpfung wird sofort unterbrochen. Derart ist die Lebenslinie.

Bei meinem Patienten konnte ich sehr bald den Zusammenhang feststellen. Er war von mehreren Kindern jenes, das mit mehr oder weniger Recht behaupten konnte, dass er das ungeliebte gewesen ist. Er hat nie geglaubt, dass jemand für ihn Wärme übrig haben könne. Sein Minderwertigkeitsgefühl äußerte sich besonders in dem Glauben, dass ihm etwas von jener Kraft fehle, die dazu gehört, um sich beliebt zu machen. Und so trachtete er, sich den Menschen ganz zu entziehen. Dabei zeigte es sich, dass er wenigstens in der Berufsfrage ganz gut vorwärts gekommen war[1]. Das hatte seinen Grund darin, weil er sich da *allein* in eine Arbeit vertiefen konnte. Es ist begreiflich und gleichzeitig bezeichnend, wenn solche Menschen einen Beruf suchen oder ihm zuneigen, in dem sie isoliert sind. Es ist auch begreiflich, dass sie ihre Berufs-

---

1 *Anm. Adlers:* Nicht selten. Meist findet man eine eigenartige, oft krampfhafte oder künstlerische Lösung. Völlige Verfehlung der Berufsfrage wäre oft lebensgefährlich. So weit geht der Neurotiker nur zuweilen.

frage nur bedingungsweise lösen können. Hätte dieser Mann zum Beispiel das Unglück gehabt, dass man ihn in einen Beruf gebracht hätte, wo er in der *Zusammenarbeit* mit anderen etwas hätte leisten sollen, so hätte er versagt. Sein Leitideal hat ihn dorthin geführt, wo er doch einigermaßen für seine Neigung Befriedigung fand. Auch seine Distanz zum anderen Geschlecht war riesengroß, und er machte alle Anstrengungen, von einem Mädchen, das er kennen und lieben gelernt hatte, wieder loszukommen, besonders als er einmal hörte, wie ein Mädchen in einer Gesellschaft ihn einen langweiligen Kerl nannte.

Nun hatte er ein nervöses Symptom, das schon in der ganzen Welt erfolglos behandelt worden ist. Dieses bestand im *Nägelbeißen*. Er biss sich ununterbrochen die Nägel bis an den Rand ab. Zu dieser Neigung, von der er nicht lassen konnte, erklärte er: »Eigentlich ist mir die Sache sehr angenehm, und das dürfte auch der Grund sein, warum ich es nicht lasse.« Wir sehen aber darin noch einen anderen Grund, den er auch sofort zugab. Er versteckte nämlich immer die Hände, wenn er mit mir sprach, was so viel bedeutete, als dass er sie mir nicht zeigen wollte, weil er fürchtete, ich würde sagen: »Sie könnten ja doch trotz Ihrer Hände in Gesellschaft gehen.« Dass dieses Symptom eine seiner Sicherungen gegen den sozialen Anschluss war, von dem er nach den traurigen Erfahrungen seiner Kindheit eine Bestätigung seines Minderwertigkeitsgefühls befürchtete, brauche ich für Individualpsychologen nicht zu betonen.

Hierzu möchte ich auch einen Traum dieses Mannes mitteilen. Die Neurotiker sprechen merkwürdigerweise oft in unseren Ausdrücken. Sie sprechen – allerdings von ihnen selbst unverstanden – wie wenn sie unsere Schriften gelesen hätten, sie reden von Minderwertigkeitsgefühlen, Distanz, Kontakt usw., aber sie sprechen nicht nur davon, sondern sie träumen auch in unseren Bildern und Ausdrücken. Dieser Mann träumte zum Beispiel Folgendes: »Ich komme nach längerer Abwesenheit wieder in mein Vaterhaus zurück. Es öffnet mir ein einstiges Kinderfräulein, bei dem ich auch nie Liebe gefunden habe, und sagt zu mir: »Ich wusste, dass *Sie* es sind, denn ich erkenne Sie schon am Läuten.« Auf meine Frage sagte er: »Ja, ich läute immer so, dass ich den *Kontakt immer wieder unterbreche*.« Er merkte nicht, dass das dasselbe ist, was er von mir schon so oft gehört hatte.

Man kann dies nicht aus einem Mangel an Intelligenz erklären. Der Patient ist ein hochintelligenter Mensch. Aber er hat seine Aufmerksamkeit so stark vom *[143]* Tatbestand abgelenkt, sich so sehr mit Gegengründen gegen den Anschluss präokkupiert, dass es ihm nicht gelingt, den Zusammenhang seines Symptoms mit seiner Lebensform zu finden. Sein ganzes Wesen besteht darin, dass er den Kontakt immer wieder unterbricht. In seinem Traum steckt alles das darin, was wir in ihm erwarten, und wir können nichts anderes schließen, als dass dieser Mensch seine Aufmerksamkeit vom Zusammenhang und von der zusammenhängenden Betrachtung aller seiner Erscheinungen geflissentlich abwendet. Aber darin liegt gerade der wesentliche Anknüpfungspunkt für die Behandlung, ihm immer wieder diesen Zusammenhang zu zeigen.

An diesem Fall wollte ich hauptsächlich zeigen, wie die Kontaktunterbrechung und die Tendenz, keinerlei Kontakt aufkommen oder bestehen zu lassen, in alle Beziehungen eines Menschen eindringt und manchmal sogar mechanisiert wird. Wir können manchmal den innersten Kern eines Menschen schon aus einer Bewegung erkennen, aber natürlich nur, wenn wir die Totalität seiner Persönlichkeit damit im Einklang finden.

23. Zusammenhänge zwischen Neurose und Witz (1927)

Editorische Hinweise
Erstveröffentlichung:
1927f: Internationale Zeitschrift für Individualpsychologie 5, S. 94–96
Letztveröffentlichung:
1982a: Psychotherapie und Erziehung, Bd. 1 (1919–1929), S. 178–181

Der Aufsatz geht auf einen Vortrag zurück, den Adler im Internationalen Verein für Individualpsychologie in Wien gehalten hat.
 Adlers Frage, unter welchen Bedingungen das Leiden des Neurotikers eine Berechtigung habe, gewährt Einblick in dessen Bezugssystem, denn der Neurotiker hat sich nach Adler andere Aufgaben gesetzt, als das Leben von ihm fordert. Dem Hang des Patienten nach einem anderen Bezugssystem ordne sich auch sein Gefühlsleben unter. Die zwei Bezugssysteme seien zu unterscheiden: das normale, gesellschaftlich-durchschnittliche, das Logik und Vernunft umfasst, und das privat-logische Bezugssystem. Auch bei der Anekdote und beim Witz gebe es zwei Bezugssysteme, deren Aneinanderstoßen die Komik bewirke. Ein guter Witz könne aber nur jener sein, bei dem die beiden Bezugssysteme annähernd gleichen Geltungswert zu haben scheinen, insofern sei die Neurose eher ein schlechter Witz.
 Einer der Ansatzpunkte der Therapie liege darin, die Privatlogik aufzuheben, etwa die Schwierigkeit einer Arbeit nie so hoch anzusetzen wie der Patient, der ihr ausweichen will, oder die Lebensfragen nicht für so beschwerlich zu halten, sondern die eigene Kraft des Patienten zu würdigen. Ein weiterer therapeutischer Ansatz liegt in Adlers Bemerkung, dass seine Auseinandersetzungen mit den Nervösen meist einen humorvollen Einschlag haben.

Zusammenhänge zwischen Neurose und Witz

Es ist auffallend, eine wie große Übereinstimmung die Neurose in ihrem technischen Aufbau und ihrer Struktur sowie auch einzelne Fehlschläge in der menschlichen Entwicklung, zum Beispiel die Verwahrlosung eines Kindes, mit der Technik des Witzes aufweisen. Oberflächlich betrachtend, kann man oft kaum umhin, bei einer leichteren Neurose oder bei einer kindlichen Verfehlung an einen guten oder schlechten Witz zu denken, und wir kommen oft in die Lage, einem Patienten oder einem bei einer Leistung versagenden Kinde zu sagen: Solch ein Leiden gibt es nicht. Oft haben wir vorgeschlagen, durch einen einfachen Kunstgriff den Grad, die Intensität der Nervosität festzustellen, ohne auf weitere Zusammenhänge einzugehen, und sagten: Wenn wir fragen, unter welchen Bedingungen hat dies vorliegende Leiden einen Sinn, eine Berechtigung, so erhalten wir bis zu einem gewissen Grade einen Einblick. Wir stellen uns auf den Standpunkt, dass wir es mit einem Menschen zu tun haben, der sich andere Aufgaben, einen anderen Endzweck gesetzt hat, als der ist, den wir sonst fordern bzw. den das Leben von ihm fordert. Denn wir setzen unbekümmert, ob gesund oder krank, als idealen, typischen Endzweck eines Menschen: seinen Lebensaufgaben zu obliegen.

Der Neurotiker hat aber völlig andere Aufgaben gesetzt. Und solange wir etwa vorgehen wie andere Pathologen, werden wir nie verstehen können, [95] warum ein Junge zum Beispiel faul ist, obwohl er dabei nur Unangenehmes erfährt. Erst wenn wir uns fragen: Ist nicht vielleicht seine Absicht eine ganz andere, und handelt er nicht vielleicht im Sinne dieser Endabsicht richtig, dann erst werden wir feststellen können, dass an den Erscheinungen, die wir sehen, eigentlich alles richtig ist, nur hat dieser Mensch einen anderen Lebensstil als den normalen. Nun schwebt ja das normale Lebensberufssystem auch dem Nervösen vor, jeder weiß, was die Forderungen des Lebens von ihm verlangen. Aber sein Benehmen, sein Handeln erfolgt unbekümmert um dieses Wissen nach einem anderen System.

Wir haben hier also zwei Bezugssysteme vor uns. Das eine davon ist das normale, das gesellschaftlich-durchschnittliche, das alle Logik, alle Weltvernunft umfasst, und im Sinne dieses letzteren erwarten wir normale Bewegungen eines Individuums. Daneben aber gibt es private Bezugssysteme, die mit dem ersteren nicht mehr zu identifizieren sind. So, wenn ein sehr verzärteltes Kind für sein Leben ein Verhalten zeigt, das von vornherein erfordert, dass man ihm alles auf dem Präsentierteller entgegenbringt, dass sich immer jemand finden soll, der sich in seinen Dienst stellt, damit es möglichst ohne Kraftaufwand alles erreichen kann, was sich andere erst mühsam erarbeiten müssen.

Sehr oft treffen wir Menschen, die die natürlichen Kräfte ihres Verstandes sowie insbesondere die Bedeutung des gesellschaftlich-durchschnittlichen Bezugssystems sehr wohl kennen, ja sogar den Willen haben, sich ihm zu unterwerfen, während man gleichzeitig an ihrem ganzen Verhalten erkennen kann, dass sie in Wirklichkeit doch einem ganz anderen Bezugssystem folgen. Unsere Auseinandersetzungen in der Kur von Nervösen haben meist einen leicht freudigen, humorvollen Einschlag, so dass es vielleicht manchmal den Anschein haben mag, als ob sich der Untersuchende der Schwere seiner Aufgabe nicht bewusst wäre.

Wenn man nun unter Festhaltung des Gesagten an die Betrachtung einer witzigen Anekdote geht, wird man verwandte und gleichartige Züge finden. Während der Zuhörer seine Auffassung dem normalen Bezugssystem entsprechend anwendet, bringt der Erzähler plötzlich ein neues Bezugssystem hinein, das mit dem alten nur in wenigen Punkten zusammenhängt, sonst aber eine ganz neue Beleuchtung hinein trägt. An einer kleinen, bekannten Anekdote soll gezeigt werden, wie diese zwei Bezugssysteme aneinanderstoßen und das Komische, Merkwürdige und Auffällige daran ausmachen:

Ein Pferdehändler will sein Pferd anpreisen und sagt: »Wenn Sie sich um sechs Uhr früh darauf setzen, können Sie um neun Uhr in Pressburg sein.« Der Kunde entgegnet: »Was soll ich denn um neun Uhr in Pressburg tun?«

Die beiden reden sozusagen aneinander vorbei, was da vorgeht, spaltet sich plötzlich entlang zweier Betrachtungsweisen. Das Wesentliche an der Anekdote ist dieses doppelte Bezugssystem. An diesem Punkt sehen wir die Verwandtschaft mit der anderen »Kunstform«, der Neurose.

Tatsächlich kommt uns eine große Zahl nervöser Erscheinungen wie ein schlechter Witz vor. Sie suchen uns aus unserem Gleichgewicht zu bringen *[96]* und überraschen uns manchmal wie ein Witz. Wir haben auch seit jeher eine große Neigung, dem Nervösen seinen Irrtum an Anekdoten klarzumachen, ihm zu zeigen, dass er ein zweites Bezugssystem hat, aus dem heraus er handelt, und dass er sein vorliegendes Problem entsprechend diesem System unter großem Kraftaufwand und unter Vornahme falscher Wertungen mit der Logik in Einklang zu bringen sucht. Hier liegt ein Hauptangriffspunkt der Therapie, indem wir die den Handlungen der Nervösen zugrunde liegenden falschen Wertungen aufzuheben trachten: etwa die Schwierigkeiten einer Arbeit nie so hoch ansetzen, wie einer, der ihr ausweichen will, oder dass wir die Lebensfragen nicht für so überaus beschwerlich halten wie der Patient und seine eigene Kraft viel höher veranschlagen. Wir stellen die Werte ganz anders, und zwar entsprechend einem Bezugssystem, das uns als Idealbild vorschwebt. Dem Hang des Patienten nach einem anderen Bezugssystem ordnet sich auch sein Gefühlsleben unter, weil sich dieses ganz außerordentlich zu falschen Wertungen eignet.

Man kann aber nicht behaupten, dass es sich hier um einen Mangel an Intellekt handelt. Unter unseren Patienten gibt es hochintelligente Menschen. Man muss hier vielmehr von einem vergewaltigten Intellekt reden. Denn *sobald sich einer der Lösung seiner normalen Aufgaben entziehen will, muss er seinen Intellekt vergewaltigen; denn dieser spricht für die Lösung.*

Was die anderen Punkte betrifft, in denen sich Neurose und Witz berühren, so ist besonders hervorzuheben, dass auch im Witz jenes Gesetz obwaltet, das uns immer bei der Betrachtung des Seelenlebens leitet, nämlich die Zusammenhänge mit dem Gemeinschaftsgefühl. Auch hier finden wir das Geltungsstreben wieder, das nach der Entwertung des anderen strebt. Es ist keine Frage, dass auch der Witz eine Revolte gegen das gesellschaftlich-durchschnittliche Bezugssystem vorstellt. Ein guter Witz kann aber nur jener sein, bei dem die beiden Bezugssysteme annähernd gleichen Geltungswert zu haben scheinen. Ist eines derselben offenkundig wertlos, so haben wir es nicht mehr mit einem guten Witz zu tun. Die Neurose ist deshalb eher einem schlechten Witz zu vergleichen, weil ihre eigentlichen Bezugssysteme individualpsychologisch entwertet erscheinen.

24. Weiteres zur individualpsychologischen Traumtheorie (1927)

Editorische Hinweise
Erstveröffentlichung:
1927g: Internationale Zeitschrift für Individualpsychologie 5, S. 241–245
Letztveröffentlichung:
1982a: Psychotherapie und Erziehung, Bd. 1 (1919–1929), S. 182–188

In diesem Beitrag nennt Adler das »Training« im Traum, von dem er in »Neurosenwandel und Training im Traum« [1924c, S. 219–225]) sprach, einen Selbstbetrug, der nötig sei, damit der Träumer sein gegenwärtiges Problem nicht entsprechend der Logik und Realität zu lösen versucht, sondern entsprechend seinem Ziel der Überlegenheit. Der Traum sei kein Gegensatz des wachen Denkens, nur eine andere Form, die mit anderen Mitteln zum selben Ziel strebt wie das sogenannte Bewusste. Der Traum übernehme die Funktion des seit der Kindheit geübten Trainings in wirkungsvollster Weise während des Schlafes, um sie mit seinen Mitteln exakter auszuführen, als dies im wachen Zustand möglich ist. Diese Mittel seien Gleichnisse, tendenziöse Auswahl von Erinnerungs- und anderem Material und Vereinfachung des gegenwärtigen Problems. Adler stellt die Frage, wodurch der Traum wirke, wenn er doch unverständlich sei. Seine Antwort ist: Die Wirkung werde durch die Stimmung erzielt. In »Über den nervösen Charakter« (1912a/2008a) hieß es, dass der Traum mit anfeuernder oder warnender Stimme rede. Diese Stimme sei es, die den Träumer bis über die Nacht hinaus in Stimmung versetzt und seinem unbewussten Ziel dient. Dies wird an zwei Träumen von Patienten veranschaulicht.

Weiteres zur individualpsychologischen Traumtheorie

Die bis heutigentags in den individualpsychologischen Arbeiten vorliegenden Feststellungen zur Traumtheorie und zum Verständnis des Traumes sind leider noch nicht gesammelt, gehören aber zu den grundlegenden Ergebnissen dieser Wissenschaft und Kunst. Sie sind in zahlreichen Schriften verstreut, von denen ich hier nennen will: »Der nervöse Charakter« [Adler 1912a/2008a], »Praxis und Theorie der Individualpsychologie« [1920a/1974a] und »Menschenkenntnis« [Adler 1927a/2007b]. Vor jeder anderen Traumtheorie haben sie voraus, dass sie keinerlei andere Voraussetzungen nötig haben, als die durch die Individualpsychologie bekräftigten Erfahrungen. Als das bisher letzte neue Wort war zu hören: »*Der Traum zeigt die Spur eines probeweisen Anschlags, in welcher Linie der Träumer ein gegenwärtiges Problem entsprechend seinem Lebensstil zu lösen versuchen will.«* In der letzten hierher gehörigen Arbeit: »Training im Traum« (1924c, S. 219), versuchte ich zu zeigen, dass der Traum das Training verrät, mittels dessen der Träumer das Arrangement seiner Haltung durchzuführen gedenkt.

Die weitere Entwicklung dieser individualpsychologischen Erkenntnisse führte mich zu dem Schlusse:

1. dass der Traum auf dem Wege zu einem *Selbstbetrug* gelegen ist, der nötig ist, damit der Träumer sein gegenwärtiges Problem nicht entlang der Logik und Realität zu lösen versucht, sondern entsprechend seinem Ziel der Überlegenheit,

2. dass der Traum die *Aufgabe hat, die Stimmung im Sinne dieses Selbstbetrugs herzustellen.*

Es darf wohl als das Zeichen einer brauchbaren Theorie angesehen werden, dass sie einfach im Verfolg ihrer Anwendung zu nützlichen und brauchbaren Weiterungen führt. So wie es andererseits als ein Zeichen pessimi ominis[1] gelten darf, wenn alljährlich Änderungen oder Zusätze aus ganz anderen Ebenen des Denkprozesses gemacht werden müssen, um nur eine wankende Theorie zu stützen. Was uns bezüglich der Fortsetzung unserer Traumtheorie nahezu mühelos zugewachsen ist, stammt aus den Feststellungen der Individualpsychologie über das »Arrangement« der Neurose, das heißt über die schöpferische Leistung des Patienten auf der »unnützlichen Seite des Lebens«, aus den von ihr gefundenen Tatsachen der tendenziösen »Ausschaltung« der Lebensaufgaben, die das Ziel der Überlegenheit zu bedrohen scheinen, aus [242] unserem Verständnis der grundlegenden Entmutigung, die zum Ausdruck der Neurose führt, der »Sicherungstendenz«, die Symptome erzwingt, um die Rückkehr auf den Weg des Nutzens für die Allgemeinheit, um die Entfaltung des Gemeinschaftsgefühls zu verhindern usw.

Auch unser bewährtes Misstrauen gegen die Antithetik im menschlichen Seelenleben, gegen die Betrachtung der Erscheinungen als von starren Gegensätzen (Ambivalenz, Polarität usw.) kam uns sehr zugute. So wie uns unsere Einsicht, das sogenannte Bewusste und das sogenannte Unbewusste seien nicht Gegensätze, sondern nur Varianten im Ausdruck des Seelenlebens, immer nach dem gleichen Ziel der Überlegenheit sich bewegend, vor Scheinproblemen bewahrte, so auch unsere Erkenntnis, der Schlaf ist kein Gegensatz des Wachens, nur eine Variante desselben, der Traum sei kein Gegensatz des wachen Denkens, sondern nur eine andere Form des wachen Denkens, die mit anderen Mitteln zum selben Ziele strebt wie das sogenannte Bewusste. Im Traum musste demnach wie in jeder anderen Ausdrucksform der ganze Le-

---

1 [pessimi ominis: einer düsteren Vorhersage]

bensstil samt dessen Streben zu seinem individuellen Ziel der Überlegenheit zur Erscheinung kommen.

Dies stimmt wiederum mit unserer Auffassung überein, dass die Bewegungslinie des Traumes von unten nach oben, nach einem Ziel der Überlegenheit geht, was wir an vielen Beispielen beweisen konnten.

Unsere Grundanschauung vom Arrangement des neurotischen Symptoms führte uns von selbst zu der Erkenntnis, dass auch der Traum innerhalb dieses Arrangements eine bedeutungsvolle Rolle zu spielen habe. Dass dieses Arrangement nicht direkt, das heißt auf das Ziel einer Neurose gerichtet sein konnte, wie etwa bei der Simulation, sondern der von uns beschriebenen »Sicherungstendenz« entsprechen musste, ergab sich auf der gleichen Linie. Diese Sicherungstendenz war auch im Traume leicht sichtbar zu machen und richtete sich, wie immer, dahin, entgegen aller Logik den Weg des Ausweichens vor den Lebensproblemen zu bezeichnen und festzulegen.

Der kunstvolle Aufbau der Neurose erwies sich uns als das Ergebnis eines seit der Kindheit geübten Trainings, das, geleitet durch das ehrgeizige Ziel eines schwachmütigen Menschen, des Gemeinschaftsgefühls, daher auch des Mutes entbehrte, sich daher großenteils, besonders deutlich angesichts eines gegenwärtigen Problems, auf der Seite des Unnützlichen bewegte. Frei auch von eigenen Vorurteilen konnten wir den gleichen Gang der Bewegung im Traume nachweisen. Dabei stellte sich die Erkenntnis ein, dass *der Traum die Funktion des Trainings in wirkungsvollster Weise* während des Schlafes übernimmt, um sie mit seinen Mitteln exakter, als dies im wachen Zustand möglich ist, auszuführen. Von diesen Mitteln haben wir als für den Traum besonders charakteristisch, aber ihm wie dem wachen Denken zugehörig, den Gebrauch von verlockenden Gleichnissen, die tendenziöse Auswahl von Erinnerungs- und anderem Material und die täuschende Anwendung der Vereinfachung des gegenwärtigen Problems hervorgehoben. Die starke Verwendung dieser Mittel gestattet dem Träumer besser als im wachen Zustand, wo die Realität und damit die Logik machtvoll korrigierend eingreift, sich abseits [243] von der Logik einen Weg zu seinem neurotischen Ziel der Überlegenheit zu bahnen.

Damit ist nun neuerdings aus dem Verständnis des Traumes der irrende Versuch des Neurotikers, ein Ziel der Überlegenheit zu gewinnen, ohne die Lebensprobleme in einer der Gemeinschaft nützlichen Weise lösen zu wollen, nachgewiesen. Wir finden im Traume nichts Neues, nur die Bestätigung dessen, was wir schon lange vorher durch das Netzwerk der Individualpsychologie feststellen konnten. Der Traum dient uns also nicht als »via regia«[2], dunkle Gebiete des »Unbewussten« aufzuschließen, sondern wir verwenden

---

2 [Freud 1900/1972, S. 577: »Die Traumdeutung aber ist die Via regia zur Kenntnis des Unbewussten im Seelenleben.«]

ihn und das Verständnis des Patienten dazu, um ihm neues Beweismaterial für seinen irrtümlichen, fehlerhaften Lebensstil beizubringen. Wir zeigen ihm, dass er sich einer schädlichen Lebenslüge bedient, dass er sich *im Wachen und besonders im Traume belügt,* um seine Ausreißerei vor seinen Lebensfragen durchführen und bemänteln zu können. Wir zeigen ihm zugleich, dass er diesen falschen Weg nur geht, weil ihm sein Gemeinschaftsgefühl und damit zugleich sein Mut zur Lösung der Probleme auf der nützlichen Seite abhanden gekommen sind.

Bleibt noch die eine schwerwiegende Frage: Wie das alles vor sich gehen kann, wie es zu einem Selbstbetrug führen kann, wo doch der Träumer (und mit ihm auch die übrige Wissenschaft) seinen Traum gar nicht versteht? Eines haben wir schon lange festgestellt: Dieser Selbstbetrug, diese Nasführung seiner selbst kann nur gelingen, wenn sie sich vor den scharfen Eingriffen der Logik verbergen. Was aber bleibt dann vom Traum übrig? Was macht seine Wirksamkeit aus? Was ist seine Funktion? Sein Zweck?

Wir können heute darauf antworten: *die Stimmung!*

Eigentlich wussten wir es schon lange. Ganz in den Anfängen der Individualpsychologie hieß es, wo vom Traume die Rede war (»Über den nervösen Charakter« [1912a/2008a]), dass er mit anfeuernder oder warnender Stimme rede. Nun, diese Stimme ist es, die den Träumer bis über die Nacht hinaus in Stimmung versetzt. Und diese Stimmung wird, durch die Kunstgriffe des Traumes, ferner von der Realität als Sicherung zugunsten des neurotischen Endzieles hergestellt.

Einige wenige Beispiele sollen diese Feststellung näher erläutern.

Ein etwa 30-jähriger Mann, erfüllt von sozialen Ideen, jüngstes Kind der Familie, hat sich bis über die Pubertät hinaus gut gehalten. Er rühmt sich stets, der Mittelpunkt seiner Gesellschaft gewesen zu sein, wie er es auch – als Jüngster – in seinen Kinderjahren in der Familie gewesen ist. Später trat die Bewunderung für seinen Vater mächtiger als zuvor an den Tag. Nach einigen gescheiterten Versuchen, seine Überlegenheit in der Gesellschaft, im Beruf, in der Liebe zu erweisen, zog er sich, bestürzt auch über die dauernde kritische Stellung seines Vaters ihm gegenüber, in deprimierter Haltung zurück. Das Streben der Jüngsten sowie der Zweiten scheint, wenn nicht besondere Umstände es verhindern, in irgendeiner Art unverwüstlich zu sein. So kam er zu mir, gewillt, noch einmal zu beginnen, freilich mit dem Gift des größeren Minderwertigkeitsgefühls im Leibe, aus dem seine zögernde Attitüde [244] entsprang. Eine richtige Beziehung zum Mitmenschen hatte er nicht gefunden. Seine gewohnheitsmäßige Haltung war die Opposition. In seinen Berufsfragen war er schwankend, doch hatte er diese, wie oft die Neurotiker es durchführen, getrieben durch die Notwendigkeit der Existenz, teilweise gelöst. In der Liebesfrage war er, da diese ein entwickeltes Gemeinschaftsgefühl voraussetzt, nahezu gänzlich gescheitert und klagte über Impotenz und quälende

Pollutionen. In der Kur zeigte er sich recht aufnahmefähig und gewann an Mut und Zuversicht. Immer aber trat ihm das nörgelnde Bild des Vaters entgegen und ließ ihn zaudern. In der Liebesfrage kam ihm die sittliche Tradition des Vaters in den Weg und gab ihm eine willkommene Ausrede, die er benützte, um über einen kränkenden Misserfolg hinauszukommen, wohl auch, um keinen neuen zu erleben. Als er den von mir abgelehnten Versuch unternehmen wollte, sich ohne Liebe einem Mädchen zu nähern, unterbrachen Pollutionen mit folgender Erschöpfung diesen Entschluss. Auch an diesem Arrangement ist die Absicht, eine dem Vorwärtsgehen entgegengesetzte Stimmung zu erzeugen, sichtbar genug. Als ihm dieser Kunstgriff klargemacht worden war, opponierte er wohl noch einmal, entsprechend seiner Oppositionsneigung, dann blieben die Pollutionen aus. In dieser Zeit hatte er folgenden Traum, den er selbst mühelos deutete:

»Mir war, als wäre ich mit mehreren anderen wie zum Zwecke einer heimlichen Verschwörung in einem mir unbekannten Hause gewesen. Plötzlich erfolgte eine Explosion, das Haus stürzte ein und begrub uns unter seinen Trümmern. Schließlich kamen wir lebend heraus, nur mir war die Nase abgehauen worden.«

Die heimliche Verschwörung zielt gegen ein Mädchen, die ihn, wie er meinte, schlecht behandelt habe. Das unbekannte Haus ist ein ihm bisher unbekannt gebliebenes Freudenhaus. Die Explosion deutet auf seine Ejaculatio praecox. Das eingestürzte Haus steht für den Zusammenbruch seiner Liebesbeziehung, wohl auch seiner bisherigen moralischen Haltung. Der Verlust der Nase ist eine Konsequenz einer Lues.

Der Sinn des Traumes geht in die Richtung, sich sexueller Beziehungen zu enthalten. Diese selbe Bewegungslinie ist uns schon vorher aus dem Leben des eingeschüchterten Patienten bekannt. Die Deutung und das Verständnis des Traumes kamen ihm erst, als ich ihn konfrontierte.

Aber auch ohne Traumdeutung hätte der Traum seinen Zweck erfüllt, indem er den Patienten mit Furcht vor Heimlichkeiten und einem drohenden Unglück ausstattete. Der Traum und die darin ausgedrückte Stimmung sollten demnach den Patienten betören, dorthin zu gelangen, wohin ihn sein neurotisches Ziel des Ausweichens zwang. Die Betörung geschah durch die oben erwähnten Mittel des Gleichnisses, der tendenziösen Auswahl und Aneinanderreihung von Gefahren und durch Simplifikation des ganzen Liebesproblems. Erst mit der Deutung des Traumes konnte es gelingen, den Selbstbetrug aufzudecken und den Patienten auf die ihm innewohnende Gefahr aufmerksam zu machen. Dies gelingt freilich nur, wenn man verstehen gelernt hat, dass »der Traum einen Versuch enthält, ein gegenwärtiges Problem nicht *[245]* entsprechend der Logik, sondern entsprechend der individuellen Leitlinie«[3], in

---

3   [Selbstzitat aus diesem Aufsatz; siehe oben S. 287.]

diesem Falle des neurotischen Endzieles des Ausweichens zu lösen, was nur auf dem Wege von Tricks, eines Selbstbetruges gelingt.

Derselbe Patient hatte lange vorher, als sein Mut noch nicht gebrochen war, geträumt, sein Vater habe die Sexualorgane eines Hundes. Auch diese Deutung fand er leicht. Im Kampfe gegen den überschätzten Vater bedient er sich der Entwertungstendenz und will sich männlicher sehen als den Vater, angespornt durch sein Minderwertigkeitsgefühl, als sei er weniger männlich als dieser.

Der letzte Traum eines geheilten Falles von Melancholie, knapp vor der Heilung geträumt, lautete: »Ich saß allein auf einer Bank. Plötzlich erhob sich ein gewaltiger Schneesturm, dem ich noch glücklich entrann, indem ich nach Hause zu meinem Manne eilte. Dort half ich ihm aus den Annoncen einer Zeitung eine geeignete Stellung suchen.«

Auch dieser ebenfalls von der Patientin gedeutete Traum zeigt deutlich die versöhnliche Stimmung gegen den Mann, den sie wegen seiner Schwäche und Saumseligkeit in Erwerbsangelegenheiten gehasst und verachtet hatte. Die Deutung des Traumes lautet: Es ist besser, bei meinem Mann zu bleiben, als sich den Gefahren des Alleinseins auszusetzen. So sehr wir der gegenwärtigen Absicht der Patientin in diesem Falle beipflichteten, die Art, wie sie sich zu ihrer Ehe entschloss, zur Versöhnung mit ihrem Manne, entspricht doch allzu sehr den Überredungskünsten, die in solchen Fällen von besorgten Verwandten angewendet werden. Die Gefahren des Alleinseins scheinen hier stark übertrieben.

25. Individualpsychologie und Wissenschaft (1927)

Editorische Hinweise
Erstveröffentlichung:
1927j: Internationale Zeitschrift für Individualpsychologie 5, S. 401–409
Letztveröffentlichung:
1982a: Psychotherapie und Erziehung, Bd. 1 (1919–1929), S. 193–203

Am Beispiel der Lüge, die als Arrangement einer fiktiven, sichernden Realität anzusehen sei und einem Schwächegefühl entspringe, setzt sich Adler mit der wissenschaftlichen Methode auseinander. Wenn wir einen Teil betrachten und den Grundton des Ganzen überhören, ist das noch Wissenschaft? Oder ist das schon Wissenschaft? Wenn außer den Feststellungen der Experimentalpsychologie noch etwas aufzufinden ist, was dem Zusammenhang, dem Ganzen angehört, haben wir dann den Boden der Wissenschaft verloren? Adler wendet sich gegen die Zweiteilung von Psychologie und Pädagogik: Erziehen und heilen könne nur der bessere »Psychologe«, aber er könne dies nur mit der Wahrheit und der tieferen Erkenntnis. Im Fall eines Lehrlings, der zugunsten seines Meisters einen Kunden bezüglich der Qualität einer Ware anlügt, wird die Problematik der sittlichen Forderung deutlich. Nach Adler wird sich die richtige Entscheidung erst im Nachhinein erweisen, aufgrund der »Immanenz einer absolut richtigen Lösung der Menschheitsfragen«.

Am Beispiel eines Patienten, der gegen den Drang kämpfen muss, beim Fenster hinabzuspringen, beschreibt Adler die individualpsychologische Methode, den Grundton in dieser Ausdrucksform zu erforschen. In diesem Fall verhelfen eine bestimmte Formulierung des Patienten und eine Kindheitserinnerung dazu, den Grundton zu erahnen. Um den Grundton zu erkennen, muss laut Adler der seelische Ausdruck seines Inhalts entkleidet werden. Was übrig bleibt, zeige die Bewegung vom Schwächegefühl hin zum »Ziel der Überwindung«, ein Ausdruck, den Adler hier erstmals verwendet und zunehmend anstelle von »Ziel der Überlegenheit« gebraucht.

Beim erwähnten Patienten besteht die Einheit der Persönlichkeit nicht nur in der Betonung der Furcht, sondern in der Furcht *und* des Kampfes dagegen. Es handle sich nicht um eine Ambivalenz, sondern das eine ergebe sich aus dem anderen. Der Patient schafft sich beängstigende Hindernisse, um sie zu überwinden. Eine Heilung könne nur gelingen, wenn der Patient diesen Lebensstil ebenso gut versteht wie seine Qual und wenn er auch für die Mitarbeit und Mitmenschlichkeit gewonnen ist. Adler nennt diese Überleitung des Gemeinschaftsgefühls auf die Mitmenschen die zweite Funktion der Mutter. Diese hat in der Therapie auch der Therapeut zu vollziehen: das in der Therapie geweckte Gemeinschaftsgefühl des Patienten auf die Allgemeinheit zu übertragen.

Am Ende des Aufsatzes ist eine Skizze beigefügt, die das Ziel der Überlegenheit und der Überwindung von Schwierigkeiten unterscheidet vom Willen zum Schein, der nach einer scheinbaren Erleichterung auf der unnützlichen Seite des Lebens sucht.

Individualpsychologie und Wissenschaft

Karl Reininger, »Die Lüge beim Kind und beim Jugendlichen als psychologisches und als pädagogisches Problem«[1], liefert hier eine saubere Arbeit, sehr unter *Ch. Bühlers* Einfluss[2] und in der Idee einer standardisierten Entwicklung der Kinderseele. Er beginnt mit einer naheliegenden Feststellung: »die Lüge als bewusst falsche oder verfälschende Darstellung eines Sachverhaltes, die den Zweck hat, durch die entstandene Täuschung bestimmte Ziele erreichbar zu machen« [Reininger 1927, S. 151]. Der Übergang zur pathologischen Lüge ist viel deutlicher ersichtlich, sobald man weiß, wie viel Unbewusstes, besser Unverstandenes im sogenannten Bewussten steckt. Auch der untrennbare Zusammenhang mit Abwehrreaktionen anderer Art wird viel klarer, wenn man unseren Anschauungen von der konstruktiven, von Fehlern nicht freien Leistung des Lebens folgt. Bei der Feststellung der sozialpsychologischen Funktion der Lüge wird der vor allen anderen Richtungen hervorstechenden sozialpsychologischen Grundanschauung der Individualpsychologie nur insoweit gedacht, als sie offenbar nicht unter jene fällt, die, »wie es vorher meist geschah«, die Lüge moralphilosophisch [ebd. S. 355] erfassen wollen.

Ch. Bühler teilt die Lügen ein in: soziale, asoziale und antisoziale, die aus der sozialen Einstellung des Lügners sich ergeben. [Reininger 1927, S. 356] Diese Beurteilung der Lüge als eines Teiles des Ganzen, aus diesem Ganzen heraus, darf uns gefallen. *Reininger* übernimmt diese Dreiteilung, die aber durchaus nicht mehr der »phänomenologischen Analyse der Lüge« zugehörig ist, wie der Autor meint [ebd]. Unsere Auffassung setzt hier hinzu, dass die Lüge in

---

1 *Anm. Adlers*: Aus »Die Lüge« [Reininger, K. (1927): Die Lüge beim Kind und beim Jugendlichen als psychologisches und pädagogisches Problem. In: Lipmann, O. u. Plaut, H. (Hg.): Die Lüge in psychologischer, philosophischer, juristischer, pädagogischer, historischer, soziologischer, sprach- und literaturwissenschaftlicher und entwicklungsgeschichtlicher Betrachtung. Leipzig, S. 351–395]
2 [Reininger bezieht sich (S. 356 ff.) auf Bühler, Ch. u. Haas, J. (1924): Gibt es Fälle, in denen man lügen muss? In: Bühler, Ch. u. Fadrus, V. (Hg.) Wiener Arbeiten zur pädagogischen Psychologie, Bd. 1. Wien]. Adler referiert im Folgenden aus dieser Darstellung Reiningers.]

jedem Falle einem *Schwächegefühl* entspringt und als Ausweichung aus der Realität in eine Fiktion, als das Arrangement einer fiktiven, sichernden, erleichterten Realität anzusehen ist. Die obige Einteilung *Bühlers* geschieht bereits unter dem Druck einer Wertbetrachtung, einer Frage, *wozu* diese fiktive Realität verwendet werden kann, eine Betrachtung, die philosophisch, psychologisch und pädagogisch, auch vom Standpunkt einer Weltanschauung durchaus mit der Individualpsychologie harmoniert. An diesem Punkte ist die Entscheidung durchaus einem Menschheitsideal vorbehalten. Dann ist aber die Kategorie der »asozialen« Lüge nicht mehr aufrechtzuerhalten oder höchstens unter dem Gesichtspunkt eines persönlichen Zweifels an diesem Ideal. Was die Immanenz einer »absolut richtigen Lösung der Menschheitsfragen« *(Adler)* keineswegs berühren würde, da wir dem menschlichen Ermessen bezüglich dieser Lösung leider Fehlerquellen zusprechen müssen. Mag sein, *[402]* dass der Lehrling, Frau *Bühler* oder wir nicht entscheiden können, ob ein Lehrling, der zugunsten seines Meisters einen Kunden bezüglich der Qualität einer Ware anlügt, einer endgültigen sozialen Haltung entspricht oder nicht, mag sein, dass wir derartige Zweifel nicht immer lösen können – das letzte Wort wird doch die Logik des menschlichen Zusammenlebens sprechen.

Dass auch die soziale, ja selbst die »heroische« Lüge, wie sie unser verstorbener Freund *Stanley Hall* genannt hat [Reininger 1927, S. 356] – erstere, um etwa Freude zu machen, letztere, indem einer Nachteile auf sich nimmt –, einem Gefühl der Schwäche entspringen, so einer sich nicht für fähig hält, die gleichen Ziele auf dem Wege der Wahrheit zu erreichen, zeigt, wie nur der individualpsychologische Gesichtspunkt der Dialektik des menschlichen Tuns zu folgen imstande ist. Solange die Lüge erkennbar auf der Seite des allgemein Nützlichen oder Unnützlichen liegt, verschwindet die Kategorie der asozialen Lüge ebenso wie die der vermeintlich sozialen. Erst wo menschlicher Zweifel beginnt oder der Weltanschauungsstandpunkt des Lügners oder Psychologen nicht mehr zur Unterscheidung ausreicht, kann *vorläufig* dieser Fall bestehen, bis das »Weltgericht« das Urteil spricht.

Wie aber, wenn wir finden – wie das nur bei individualpsychologischer Einsicht gelingt –, dass der betreffende sozial scheinende Lügner auf allen Seiten seines Seelenlebens zweifelt, sozial scheinen will und dann – lügt? Sollte diese Hinneigung auf die leichtere, jedenfalls nicht allgemein nützliche Seite des Lebens für die psychologische Forschung ganz belanglos sein? Wenn ich nach Art der Phänomenologie einen Teil betrachte und des nichtigeren Grundtons des Ganzen nicht gewahr werde, ist das noch Wissenschaft? Oder ist das schon Wissenschaft? *Reininger* führt an obigem Beispiel aus: »Der Meister beauftragt den Lehrling, über die Qualität einer Ware zu lügen, und so kann für den Lehrling die Frage entstehen: Verdient die sittliche Forderung nach Gehorsam gegen den Vorgesetzten oder die nach Wahrhaftigkeit den Vorzug?« [Reininger 1927, S. 356] *Muss* ein wissenschaftlich denkender Psychologe hier die Unterordnung des mit seinem Zweifel kämpfenden Lügners übersehen? Darf er übersehen, dass von des Lehrlings Entscheidung seine Zukunft vielleicht abhängig ist? Dass er als der Schwächere seine Unterwerfung sittlich rechtfertigen muss, um nicht in seinem Persönlichkeitsgefühl zu sinken? Der Meister würde bei einer Anregung seines Lehrlings wohl nie in derartige sittliche Zweifel geraten.

Nun zur *Frage der Individualpsychologie und Wissenschaft*. Nicht wir haben diese Frage aufgeworfen, ob die Individualpsychologie in höherem oder niederem Grade wissenschaftliche Psychologie ist. Aber wenn wir nur das eine mitsehen, dass außer den Feststellungen der Phänomenologie, der Experimentalpsychologie usw. noch etwas aufzufinden ist, was dem Zusammenhang, dem Ganzen angehört –, haben wir oder andere da den Boden der Wissenschaft verloren? *Spranger, Köhler, William Stern, Messer, Goldstein* und andere, *William Brown, Stark* und viele amerikanische Psychologen, wie *Stanley Hall, Morton Prince,* sind bereits viel weiter und gehen den gleichen Weg wie ihn die Individualpsychologie gegangen ist. [403]

Wollen wir einmal die Probe machen. Der Lehrjunge könnte doch wohl nur aus seinen Zweifeln befreit werden, wenn seine klare Erkenntnis, seine wissenschaftliche Erkenntnis, so weit gewachsen wäre, dass er seine Unsicherheit beheben könnte. Was er aus den vorliegenden Erörterungen entnehmen könnte, ist, dass er, wenn er lügt, immerhin einer sittlichen Forderung genügt, also gerechtfertigt ist und jedenfalls ohne Verantwortung. Könnte man ihm nun zeigen, dass, wenn er der Stärkere wäre, er anders handelte, dagegen wenn ihn sein Schwächegefühl, das tiefer liegt als seine Überlegung, sowohl zum Zweifel als auch zur sittlichen Rechtfertigung antreibt und verleitet, so würde er entschieden mehr von seiner Psyche verstehen.

Wohlmeinende Psychologen, die es noch nicht heraus haben, dass die Individualpsychologie nur mit der Wahrheit und mit der tieferen Erkenntnis erziehen und heilen kann, möchten uns zuweilen in den Rahmen der Pädagogik verweisen, indem sie meinen, die wissenschaftliche Psychologie sei gar nicht unsere Angelegenheit, und unser unbestreitbares Verdienst läge ganz aufseiten der Therapie. Wir können diese Zweiteilung nicht annehmen. Erziehen und heilen kann nur der bessere Psychologe. Ein Beispiel mag das beleuchten. Ein 50-jähriger, verdienstvoller Mann[3] klagt darüber, dass er jedes Mal, wenn er einige Treppen aufwärtssteigen müsse, was bei seinem Beruf oft vorkäme, er immer gegen den Drang kämpfen müsse, beim Fenster hinabzuspringen. Lassen wir die Heilung beiseite. Reden wir auch nicht davon, dass eine psycho-

---

3 [Diese Falldarstellung stimmt im Symptom und in einer Kindheitserinnerung mit einer Falldarstellung überein, die in »Psychologie und Medizin« (1928j, S. 321), in »Zwangsneurose« (1931f, S. 497) und in »Das Todesproblem in der Neurose« (1936j-1, S. 608) aufgeführt wird, jeweils unter verschiedenen Aspekten.]

logische Richtung, die Träume nicht versteht, sie nicht einmal als Gegenstand ihrer Betrachtung ansieht, zumindest nicht den Anspruch erheben kann, ihre wissenschaftliche Einsicht weit genug erstreckt zu haben, zumindest ihr Richteramt nicht allzu ernst nehmen sollte gegenüber der Individualpsychologie, wenn diese nie gelöste Rätsel des menschlichen Seelenlebens einer beiläufigen Lösung zuführt. Wir wissen ja auch nicht, wenn wir von obigen Ausdrucksformen hören, wie wir sie sofort psychologisch einordnen könnten. Deshalb suchen wir nach dem Grundton in dieser Ausdrucksform, nach der Stellungnahme dieses Individuums (daher Individualpsychologie) zum Leben, nach seinem Lebensstil. Ich kann ihn in diesem Ausdruck nicht finden, zweifle auch, ob es ein anderer könnte, und bin sicher, dass die Erkenntnisse der Phänomenologie, der experimentellen Psychologie usw. nicht so weit reichen, um zu einer Erklärung zu kommen.

Die Individualpsychologie hat nun in wissenschaftlich einwandfreier Art Methoden angegeben, um das zu finden, was in diesem Falle verborgen ist, was weder der Leidende noch der Psychologe versteht. Und sie hat sich überzeugt, dass die von ihr nachgewiesenen Mechanismen des Seelenlebens in allen verständlichen und anfangs unverständlichen Erscheinungen wirksam sind. Eine der wichtigsten ihrer Methoden, niemals zu umgehen, ist, den Grundton des Individuums in anderen gleichzeitigen oder früheren Ausdrucksformen aufzusuchen, wo er vielleicht offener zutage liegt, oder ihm durch Vergleich mehrerer seelischer Bewegungen auf die Spur zu kommen.

Da der Kranke verreisen musste, versprach ich ihm, in einer Sitzung sein Rätsel zu lösen, eine Leistung, die andere »Rätsellöser«, die zu ihrer Aufgabe [404] Monate und Jahre benötigen, immer in helle Entrüstung versetzt. Den Psychologen gegenüber brauche ich mich nicht zu rechtfertigen, dass die Lösung meiner Aufgabe in einem solchen Falle noch nicht die Heilung bedeutet. Wir sind hier ja erst beim Anspruch der Individualpsychologie, eine fortgeschrittenere psychologische Wissenschaft zu sein, die über ein eisernes Netzwerk zur Erhellung psychischer Phänomene dient. Die Heilung erfolgt erst, wenn der Patient die gleiche wissenschaftliche Einsicht gewinnt wie der Psychologe oder Arzt, was natürlich umso besser gelingt, je näher der Lehrer der Wahrheit steht und je besser er sie dem Schüler vermitteln kann.

Zwei Mitteilungen nun sind es, die uns der Lösung näher bringen. Mit den Schlussfolgerungen, die wir nun zu ziehen beginnen, verlassen wir das unzulängliche Gebiet der phänomenologischen Psychologie. Unser Fragesteller betont in auffälliger Weise, dass er sich seit seiner Kindheit immer gefürchtet habe und dass er gegen alles, was ihm Furcht einflößte, angekämpft habe. Wir sind in unseren Schlüssen sehr vorsichtig, glauben aber feststellen zu müssen, dass wir es mit einem keineswegs mutigen Menschen zu tun haben, der aber doch noch so viel Selbstvertrauen besitzt, um nicht kampflos zu entweichen. Aus der von uns empirisch festgestellten Naturgeschichte des verzärtelten

Kindes wissen wir – wie es dem Naturforscher auch gelingt, aus einem Knöchelchen Art, Gestalt und Lebensweise eines Vogels anzugeben –, dass wir es mit einem Menschen zu tun haben, der aus einer verzärtelnden Situation seinen Lebensstil entwickelt hat. Freilich mit einer Nuance, einem Schnörkel in seinem Baustil, der offenbar aus einer seinem Geltungsstreben günstigen Situation seiner Kindheit stammt (er war der Jüngste), einer Neigung zu kämpfen, einer Tendenz, die Furcht zu überwinden. Die Einheit seiner Person ist also nicht gekennzeichnet durch die Betonung seiner Furcht allein, sondern *der Furcht und des Kampfes dagegen zugleich*. Man wird bei ihm, je nach der Phase, in der man ihn trifft, bald mehr die Furcht, bald mehr den Mut, dagegen zu kämpfen, zu Gesicht bekommen. Diese Einheit drückt sich ja auch darin aus, dass er von seiner ewigen Furcht spricht, aus dem Fenster zu springen, während wir ihn lebend vor uns sehen.

Der Irrtum aller Psychologen, die in solchen Fällen eine Ambivalenz annehmen, eine mehr oder weniger gegensätzliche seelische Bewegung, gegensätzliche Gefühle oder Charaktere, besteht bekanntlich darin, dass sie die Entstehung des einen Ausdrucks aus dem anderen nicht gesehen haben (Kompensationsbestrebung), ferner auch darin, dass sie bei ihrem einseitigen Analysieren den Zusammenhang (Lebensplan, Lebensstil) aus dem Auge verlieren und dass sie statt seelischer Bewegung (die alles ist, alles durchfließt) abgesonderte Teile vorzufinden glauben (Gefühle, Intellekt, Wert, Charakter, Gegensätzlichkeit usw.) und sie »gegeneinander« halten und abmessen. Der Irrtum wäre ihnen freilich erspart geblieben, wenn die Sprache ein einheitliches Wort für derartige Typen hätte (etwa *Don Quixote* usw.)

Die zweite Mitteilung betrifft eine alte Kindheitserinnerung. Die psychologische Wissenschaft verdankt der Individualpsychologie die Kunst, [405] älteste und alte Kindheitserinnerungen zu lesen. Besser gesagt: die *Möglichkeit*, solche zu lesen. Denn es scheint, dass ihr »wissenschaftlicher« Apparat derzeit ebenso wenig ausreicht, die Bedeutung derselben als Spuren des Aufbaues des Lebensstils zu erfassen, als sie es auch nicht zuwege gebracht hat, den Traum als einen Versuch zu verstehen, durch Erzeugung von Stimmung und Gefühl auf den Abweg der automatisch strömenden individuellen Lebenslinie zu locken (siehe *Adler* [»Weiteres zur individualpsychologischen Traumtheorie«, 1927g, S. 286–291]). Item, eine Kindheitserinnerung ist der psychische Verrat von Eigenheiten des Lebensstils und zeigt in ihrer Dynamik den gleichen Verlauf wie die ganze Lebensform. In vorliegendem Falle lautet sie: »Als ich in die Schule kam, wurde ich von einem Jungen angegriffen. Ich hatte entsetzliche Angst und zitterte heftig, warf mich aber auf meinen Feind und verprügelte ihn.«

Da wir Individualpsychologen den wahren Tatbestand einer seelischen Regung in einer *Bewegung* suchen und feststellen, verfahren wir so, dass wir den seelischen Ausdruck *seines Inhaltes entkleiden*. Was übrig bleibt, zeigt uns den

Anteil einer Bewegung, die von einem Minderwertigkeitsgefühl ausgeht und zu einem Ziel der Überlegenheit zu gelangen trachtet. Im vorliegenden Falle ist der »untere Punkt« durch Zittern und durch ein Schwächegefühl in *besonders ausdrucksvoller Weise* gekennzeichnet. Das Ziel ist selbstverständlich Überwindung, das Resultat der gewonnene Sieg. »Trotz meiner entsetzlichen Furcht habe ich gesiegt«, könnte der Patient, deutlicher für alle, seine Stellungnahme zum Leben kundtun.

Wir haben demnach an zwei Punkten dieses Lebensstils die gleiche Bewegung gefunden: *trotz aller Furcht sich durchkämpfen!* Wir wagen nun zu behaupten, dass dies kein Zufall sein könne, dass aus allen Ausdrucksformen und Symptomen eines Menschen sein Grundton herausklinge. Die »Unmusikalischen« freilich werden es nicht verstehen, bis sie musikalisch werden. Der Vorsprung der Individualpsychologie ist es eben, dass sie den Grundton heraushört und den Patienten »musikalisch« macht, ihn den Grundton hören macht. Und wir werden uns damit vorläufig abfinden müssen, dass nicht jeder aus einzelnen Abfolgen von Tönen und Takten den Grundton »*Bach*« zum Beispiel heraushört, sogar zweifelt und mathematisch zu beweisen sucht, dass es so etwas gar nicht gibt. Wir verkennen aber auch gar nicht unsere Pflicht, immer weitere Beweise zu erbringen, vielleicht sogar so lange, bis manche glauben, sie hätten den Grundton gefunden und nicht wir.

Also – weitere Beweise! Dieser Patient klagt, dass er sich immer in der Gefahr befände, täglich, stündlich, beim Fenster hinauszuspringen zu wollen. Auch hier kommen uns alte Gesichtspunkte der Individualpsychologie zuhilfe.

Vor allem einmal: Solange einer will, ist nur eines sicher: dass nichts geschieht! Auch dieser Standpunkt der Individualpsychologie steht in Gegensatz zu den anderen Lehren vom Willen. *Thomas von Aquino:* Der Wille ist ein rationales Streben, welches von Natur aus auf ein Gut gerichtet ist[4]. *Kant:* Der Wille ist vernünftig bestimmtes Begehrungsvermögen – ein Vermögen, den Vorstellungen entsprechende Gegenstände entweder hervorzubringen oder wenigstens sich selbst zur Bewirkung derselben, das ist seine Kausalität, zu bestimmen. *Fichte:* Der Wille ist das Vermögen der absoluten Selbstbestimmung in Beziehung auf einen Begriff. *Hegel:* Wille ist Denken als Trieb, sich Dasein zu geben. *Schopenhauer:* Der Wille ist Kern alles Seins und Bewusstseins, das Wesen der Dinge. *Natorp:* Wille ist Zielsetzung, Vorsatz einer Idee, das ist eines Gesollten. *Münsterberg:* Der Wille umfasst alle Phänomene der Selbststellung. *Pfänder:* Das Wollen ist das siegreiche Streben des Ich. *Wundt:* Wille … ist ursprüngliche Energie des Bewusstseins. *Narciss Ach:* Eine gewollte Handlung ist ein auf die Wirksamkeit von früheren »de-

---

4 *Anm. Adlers:* Zitiert nach Eisler, Wörterbuch der Philosophie [Wörterbuch der philosophischen Begriffe, hg. von R. Eisler. 3. Aufl., Bd. 3. Berlin 1910: Stichwort »Wille«; zu allen Namen siehe auch R. Eisler, Philosophen-Lexikon, Berlin 1912.]

terminierenden Tendenzen« einer »Zielvorstellung« zurückzuführender Ablauf geistiger Prozesse. *William James:* Wille ist ... Bewegungsvorstellung plus dem »fiat«, ... damit die sinnlichen Konsequenzen einer Bewegung wirklich werden sollen. *Kern:* Das Wollen ... ist die Energie des bewussten Denkens. *Spencer:* Der Wille ... ist aus Reflexen hervorgegangen. *Ostwald:* Der Wille ... ist eine Form der Energie. *A. Spir:* Der Wille ist Ausdruck des in unserem Wesen liegenden Widerspruchs, dessen Beseitigung sein Ziel ist. *Rehmke:* Der Wille ... ist das Bewusstsein, sofern es sich »ursächlich auf eine im Lichte der Lust vorgestellte Änderung bezieht«. *Spengler:* Der Wille ist der Repräsentant des historischen Gefühls.

Die Tiefe all dieser Erklärungen entschädigt uns nicht für ihre Unzulänglichkeit in psychologischen Fragen. Sie sind samt und sonders identische Ausdrucksversuche, Beschreibungen für das, was jeder undeutlicher empfindet, wenn er die Aufgabe bekommt, zu sagen, was er über den Willen denkt, sobald man ihn aus dem Zusammenhang einer seelischen Totalität herausholt und in den Mittelpunkt der Betrachtung stellt. Dabei soll keineswegs verkannt werden, dass diesem Zusammenhang mehr oder weniger Rechnung getragen ist, immer aber so, als ob andere seelische Prozesse bei dieser Betrachtung untertauchen müssten. Unsere, die individualpsychologische Frage aber lautet: Welche Rolle spielt diese seelische Bewegung, die sich hier als Wille konkretisiert, im Gefüge des vorliegenden seelischen Zusammenhangs? Und darüber geben uns alle diese Beschreibungen keinen Aufschluss.

Aber wir wissen bereits aus den früheren Feststellungen, dass das hier betrachtete Individuum künstlich, listig geradezu, ein Hindernis schafft, das zu überwinden es sich zutraut, dessen Überwindung ihm Freude, Genugtuung, ein Gefühl des Stolzes und der Überlegenheit verschafft. Wie im Kinderspiel stellt es sich eine Aufgabe, mit deren selbstverständlicher Lösung es sein Persönlichkeitsgefühl zu heben in der Lage ist, ebenso wie etwa ein Knabe Disteln köpft und glaubt, Feinde besiegt zu haben. Er könnte auch andere Spiele zum gleichen Zwecke ersinnen, etwa Schlaflosigkeit erzeugen und trotzdem sein Geschäft musterhaft führen, so dass seine Leistung größer aussieht, so dass er sich und anderen den Eindruck vermittelt, wie alles, was er geleistet hat, durchaus kein Maß abgäbe für das, was er leisten könnte, wenn er die Angst, wenn er den Willen nicht hätte, beim Fenster herabzuspringen. *[407]*

Dabei, besser trotzdem, ist ihm viel im Leben gelungen. In seinem Verhalten, in allen seinen Bewegungen, teilweise auch in seinem bewussten Denken, tritt für den Individualpsychologen deutlich hervor: »Was hätte ich alles leisten können, wenn ich nicht durch meine Krankheit beschwert wäre!« Nun ist freilich der Patient so sehr mit dem Arrangement dieser im »Bewussten« wie im »Unbewussten« einheitlichen Bewegung beschäftigt, mit der Rettung seines Lebensstils, dass er für Erwägungen gleich den unsrigen ebenso wenig Augen und Sinn hat wie unsere Gegner oder gar wie die »Analysierten«. Und die Heilung kann nur so geschehen, dass man diesen Mann, der sich selbst betrügt, der seinen Ruhm, sein Ziel der Überlegenheit größtenteils auf der unnützlichen Seite des Lebens sucht, aus seinem »verrückten« Lebensstil befreit und ihn ganz auf die nützliche Seite des Lebens zurückdreht. Dies gelingt natürlich nur, wenn er seinen unzweckmäßigen Lebensstil, erwachsen aus der Verzärtelung seiner frühesten Kindheit, ebenso gut versteht wie seine Qual. Ich habe unter meinen Patienten, Kindern und Erwachsenen, noch niemals einen getroffen, bei dem es nicht gelungen wäre, seinen irrtümlichen Mechanismus ihm klarzumachen. Freilich sind meine Patienten fast immer intelligent.

Dies besagt nicht, dass die Klarstellung allein das Ende der gelungenen Kur des Patienten bedeutet. Es bedarf noch einer künstlerischen Durchdringung seines Lebens und seiner Mitarbeit, um im Einzelnen alle fehlgegangenen Automatismen bloßzulegen und das andauernde Training auf die nützliche Seite zu lenken. Was nicht geschehen kann, wenn der Patient nicht auch für die Mitarbeit und für die Mitmenschlichkeit gewonnen ist, wenn wir nicht auch die zweite Funktion der Mutter an ihm vollführen, sein Gemeinschaftsgefühl der Allgemeinheit zuzuwenden. Dies scheint mir aber eben die große Leistung der Individualpsychologie zu sein, dass sie zeigen kann, wie die Drosselung des Gemeinschaftsgefühls naturnotwendig zu den persönlichen und allgemeinen Schwierigkeiten des Lebens führen muss.

Auch in diesem so wichtigen Punkte stehen wir also auf dem Standpunkt, dass Belehrung und Unterricht die einzigen Mittel sind, die uns zur Fortentwicklung des Einzelnen und der Gesamtheit gegeben sind, dass »die Tugend lehrbar ist«[5].

Es ist nur ein Teil dieser Leistung, wenn wir auf folgende Leitsätze bei dieser Arbeit hinweisen:

1. Es gibt nur einen einzigen Grund, warum ein Mensch auf die unnützliche Seite abbiegt: *die Furcht vor einer Niederlage auf der nützlichen Seite.* In dieser Furcht kann man das vergrößerte Minderwertigkeitsgefühl des Patienten, ferner sein Zögern, Haltmachen oder seine Flucht vor der Lösung eines der sozialen Probleme des Lebens (es gibt keine anderen) sehen. Da alle Fragen des Lebens ein entwickeltes Gemeinschaftsgefühl erfordern, der Patient dieses aber in seinem Lebensstil vermissen lässt, so hat er »gewissermaßen« recht, auszuweichen, solange er nicht besser vorbereitet ist. Deshalb lehnen wir jedes Richteramt ab und verlangen eine bessere Vorbereitung im Gemeinschaftssinn für Nervöse, Psychotiker, schwer erziehbare Kinder, *[408]* Kriminelle, Selbstmordkandidaten, Prostituierte usw. Natürlich auch für alle diejenigen, die mit ihnen zu tun haben. Den Mut, auf der nützlichen Seite vorwärtszugehen, können natürlich nur diejenigen aufbringen, die sich als ein Teil des Ganzen betrachten, die auf *dieser* Erde, in *dieser* Menschheit heimisch sind. Was sie

---

5 [Dies ist nach Platons Dialog »Menon« der Standpunkt des Sokrates.]

Internationale Zeitschrift für Individualpsychologie. Jg. V, Heft 6.

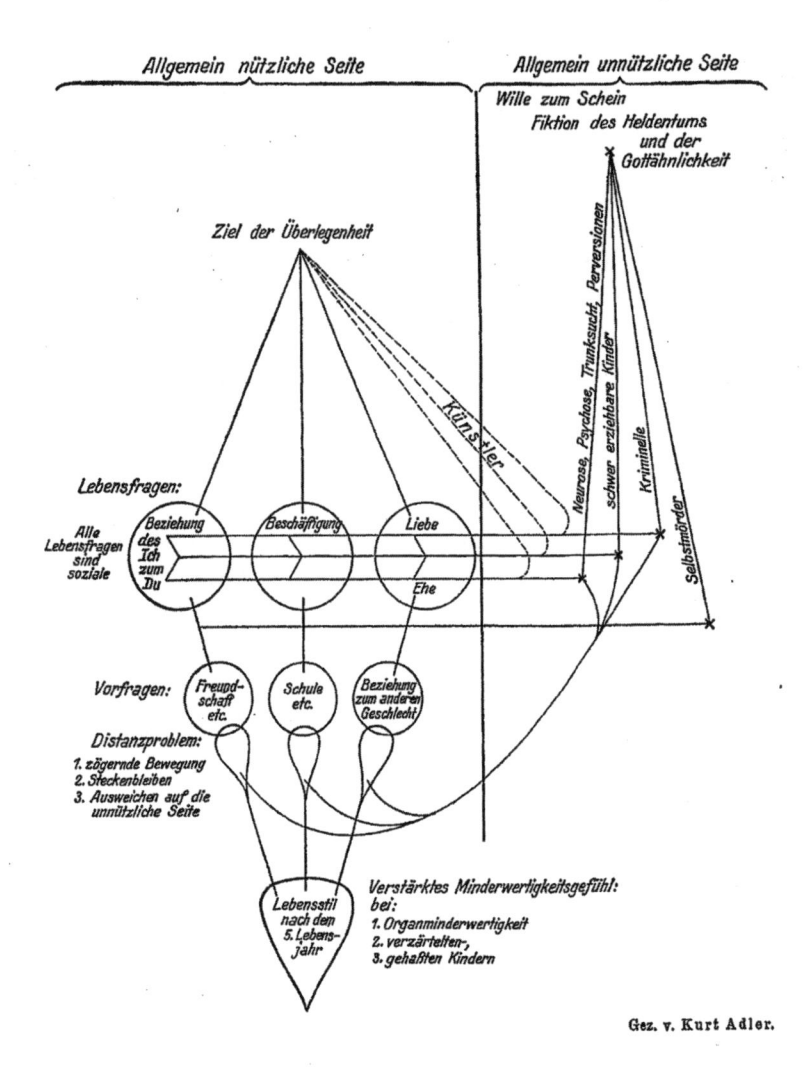

Individualpsychologische Skizze der Norm und der Fehlschläge.

Individualpsychologische Skizze der Norm und der Fehlschläge

freilich wieder mit der Aufgabe belastet, ihr entwickelteres Gemeinschaftsgefühl durch günstige Gestaltung der Umstände (»Die Umstände machen den Menschen, aber der Mensch macht die Umstände« *Pestalozzi*) zu realisieren.

2. Was *Griesinger* die »Flucht in die Krankheit« genannt hat, nach ihm auch noch andere, gibt nur einen winzigen Anteil des Ganzen von der Individualpsychologie aufgedeckten Zusammenhangs. Immer wird zu berücksichtigen sein: verstärktes Minderwertigkeitsgefühl in den ersten fünf Jahren der Kindheit, innig damit verbunden mangelndes Gemeinschaftsgefühl und Mut, das Suchen nach stärksten Beweisen der Überlegenheit, das schreckende neue Problem, die Distanz des Patienten zu demselben, die Ausschaltungstendenz des Patienten, sein Suchen nach einer scheinbaren Erleichterung auf der unnützlichen Seite, das ist nach dem Schein der Überlegenheit und nicht nach Überwindung der Schwierigkeiten. Eine grafische Darstellung ergibt ungefähr folgendes Bild, das dem Verstehenden nicht weiter interpretiert werden muss, obgleich von Vornherein der Versuch zum Scheitern verurteilt ist, die seelische Bewegung in einem ruhenden Bild einzufangen. Nur zwei Bemerkungen seien mir erlaubt hinzuzufügen, um oberflächliche und überflüssige Kontroversen zu vermeiden. Erstens: Zum Glück braucht die Entwicklung der Menschheit nicht so lange zu warten, bis jedes Wickelkind erforscht hat, was nützlich und was unnützlich ist. Diese Feststellung liegt außerhalb der menschlichen Beurteilung und kann dem schärferen menschlichen Verstande besser einleuchten als dem stumpferen. Nach allen menschlichen Erfahrungen aber wirkt sich dieser Unterschied aus für den Einzelnen sowohl als für die Masse. Zweitens: Der Weg der Neurose usw. und der Schwererziehbarkeit läuft in verschiedenem Maße ausgeprägt auf beiden Seiten des Lebens, was ich derzeit in diesem Schema nicht zum Ausdruck bringen kann.

26. Die ethische Kraft der Individualpsychologie (1927)

Editorische Hinweise
Erstveröffentlichung:
1927u: Forschungen und Fortschritte. Korrespondenzblatt der deutschen Wissenschaft und Technik (Berlin), Nr. 30 vom 20. Okt., S. 233-234
Letztveröffentlichung:
1989: Zeitschrift für Individualpsychologie 14, S. 200-201

Ein wörtlich übereinstimmender maschinengeschriebener Entwurf dieses Aufsatzes wird im Archiv der Deutschen Gesellschaft für Individualpsychologie aufbewahrt.

Adler schreibt sehr einfühlsam über Kinder, die mit Schwierigkeiten im Leben zu kämpfen haben. Er unterscheidet drei Typen: Kinder mit minderwertigen Organen, verzärtelte und gehasste Kinder, und er versteht deren Problematik als Folge des Mangels an Gemeinschaftsgefühl.

Die Neurose stellt für Adler die »zögernde« Bewegung solcher Patienten dar. Sie seien »Stotterer im Leben« und fühlten sich der Situation, in welcher sie sich befinden, nicht gewachsen, wie ein Schauspieler oder Prüfling, der vor Lampenfieber nicht sprechen kann. Adler rät dazu, den Patienten zu belehren, dass er nicht selbst Schuld daran trage, sondern dass die mangelhafte Ausbildung des Gemeinschaftsgefühls in seinen ersten Kinderjahren die gegenwärtige Vereinsamung herbeigeführt habe. Adler will den Patienten für sich gewinnen und das Gemeinschaftsgefühl des Patienten seiner eigenen Person gegenüber wecken. Dann müsse er versuchen, dieses »geweckte« Gemeinschaftsgefühl auch auf andere zu übertragen.

Diese beiden Funktionen, Weckung der Liebe und Übertragung der Liebe auf andere, seien im Grunde genommen die Funktionen, die das mütterliche Wesen ausmachen. Wenn diese mütterlichen Funktionen in den ersten vier oder fünf Lebensjahren versagt haben, dann müsse die individualpsychologische Behandlung eintreten, um das Fehlende zu ersetzen.

Die ethische Kraft der Individualpsychologie

Wir sind nicht Verwalter der Moral und der Tugend, aber es ist uns darum zu tun, Menschen, die vom rechten Wege abgewichen sind, auf einen besseren Weg *[234]* zu führen und sie zu stützen, wenn sie leiden und wenn durch sie die Umgebung mit leidet. Wir wissen, dass der Lebensstil bei jedem Menschen nach dem vierten oder fünften Lebensjahre fest geformt ist und dass eine Änderung nur dann *möglich ist,* wenn sich das Individuum *selbst* korrigiert und wenn es erkennt, was in seinem Leben nützlich und was unnütz ist.

Wir haben es gelernt, unter den Kindern, die uns zur Behandlung übergeben werden, drei Typen zu unterscheiden: Kinder mit minderwertigen Organen, verzärtelte Kinder und gehasste Kinder.

Die Kinder mit minderwertigen Organen haben mit den größten Schwierigkeiten in ihrem Leben zu kämpfen. Sie suchen irgendwo Schutz, um die Schwierigkeiten, die sich ihnen entgegenstellen, zu überwinden. Sie haben für andere nur wenig Interesse, weil sie sich überhaupt in dieser Welt nur schlecht zurechtfinden können und in dem Gefühl ihres Leidens und ihrer Unsicherheit sich zu viel mit ihrer eigenen Person beschäftigen. Es entsteht daraus das Streben nach Überlegenheit der eigenen Person, und das Ziel der Erziehung muss bei diesen Kindern dahin gehen, dass sie nicht mit diesem Streben nach eigener Überlegenheit aufwachsen.

Schon bei der Frage an die Kinder, was sie werden *wollen,* zeigt sich oft dieses Streben nach Überlegenheit. So konnte ich bei Kindern aus zwei Familien, in denen gerade ein Todesfall vorgekommen war, auf diese Frage zwei verschiedene Antworten bekommen. Das eine Kind wollte Arzt werden, um den Tod zu bekämpfen und die Krankheit zu beherrschen, das andere wollte Totengräber werden, um sich nicht von anderen begraben lassen zu müssen. Es ist charakteristisch, dass das zweite Kind ein schwächliches Kind mit verschiedenen Organminderwertigkeiten war, das sich durch die Berufswahl nur vor fremden Einwirkungen schützen wollte.

Verzärtelte Kinder, die im engsten Zusammenleben mit ihrer Mutter aufwachsen, fühlen sich immer in Gefahr. Trotz der Sorge, welche die Mutter um sie hegt, wachsen sie wie im Feindesland auf; es entsteht bei ihnen ein Minderwertigkeitsgefühl, welches das ganze Leben über anhält. Bei solchen Kindern *fehlt* das Gemeinschaftsgefühl, sie haben keine Empfindung für Freundschaft und Kameradschaft und kein Interesse für Nation, Vaterland und Menschheit. Wenn die Sozialfragen der Beschäftigung, des Berufes, der Liebe und Ehe an sie herantreten, so fühlen sie sich für die neuen Situationen nicht vorbereitet; ihre Bewegungen werden zögernd, ihre Entschließungen verlangsamt, sie bleiben auf ihrem Lebenswege plötzlich stecken, fühlen sich in einer Psychose etwa als Helden oder als Götter und fallen dem Größenwahn anheim. Wenn wir solche Kinder zur Erziehung bekommen, so müssen wir in ihnen das Gemeinschaftsgefühl wecken und dafür sorgen, dass sie Freunde und Kameraden erhalten – bei Erwachsenen, denen wir als Ärzte helfen wollen, versuchen wir es mit der Belehrung, dass sie nicht selbst Schuld an ihrem Wesen tragen, sondern dass die mangelhafte Ausbildung des Gemeinschaftsgefühls in ihren ersten Kinderjahren die gegenwärtige Vereinsamung herbeigeführt habe.

Die gehassten Kinder endlich, welche überall herumgestoßen werden, weil sie hässlich sind oder ungewollt zur Welt gekommen sind, wachsen ebenfalls mit dem vergrößerten Gefühl der Minderwertigkeit auf und können nur dann erzogen werden, wenn man sie zuerst mit Liebe umgibt.

Die Neurose zum Beispiel stellt sich als die »zögernde« Bewegung solcher Menschen dar. Sie sind allesamt Stotterer im Leben und fühlen sich der Situation, in welcher sie sich befinden, nicht gewachsen, wie ein Schauspieler oder Prüfling, der vor Lampenfieber nicht sprechen kann. Hier liegt die Erziehung dann darin, dass wir ihnen zeigen, wie sie sich für diese Situation vorbereiten und wappnen können. Ein anderes Beispiel, wie ein auf die unnütze Seite gebrachtes Geltungsbestreben zu Eigenheiten führt, welche durch eine vernünftige Erziehung zur Norm zurückgebracht werden müssen, liegt bei einem Menschen vor, welcher sich sehr häufig wäscht und seine Kleider fortwährend reinigt, weil er durch eine gewisse Form von Überkompensation sein Geltungsstreben deutlich machen will, als der Reinste zu gelten. Wer solche Kinder erziehen will, muss wissen, dass jede Überbetonung einen störenden Einfluss hat.

Wer sich lange Zeit mit Individualpsychologie beschäftigt, kommt zur Überzeugung, dass alle nervösen und schwer erziehbaren Kinder und Erwachsene einen ausgesprochenen Mangel an *Gemeinschaftsgefühl* zeigen. Wir müssen die Kinder so weit bringen, dass sie sich als Teil eines Ganzen fühlen und sich in der Gemeinschaft wie zu Hause finden. Wir müssen ihren Mut und ihr Selbstvertrauen heben. Wenn wir in der Lage sind, ihnen das Bewusstsein der Unabhängigkeit von anderen zu geben und ihnen optimistische Aktivität zu verleihen, so haben wir ihnen den rechten Weg gewiesen.

Freilich wird der Erzieher oder der Arzt nur dann zum Ziele kommen, wenn es ihm gelingt, seinen Zögling oder seinen Kranken für sich zu gewinnen und gewissermaßen das Gemeinschaftsgefühl seiner eigenen Person gegenüber zu wecken. Dann muss er danach trachten, dieses geweckte Gemeinschaftsgefühl auch auf andere zu übertragen.

Diese beiden Funktionen, Weckung der Liebe und Übertragung der Liebe auf andere, sind im Grunde genommen die Funktionen, die das mütterliche Wesen ausmachen. Wenn diese mütterlichen Funktionen in den ersten vier oder fünf Lebensjahren versagt haben, dann muss die individualpsychologische Erziehung und individualpsychologische Behandlung eintreten, um das Fehlende zu ersetzen. Dabei sind wir bewusst, dass diese neuen Wege der Erziehung nicht bloß von uns allein betreten werden können; jeder Arzt und jeder Erzieher ist dazu fähig, wenn seine Methode diese beiden Funktionen der Mutter erfüllt.

27. Erotisches Training und erotischer Rückzug (1928)

Editorische Hinweise
Erstveröffentlichung:
1928c: Verhandlungen des 1. Internationalen Kongresses für Sexualforschung, Bd. 3. Hg. von M. Marcuse, S. 1–7. Berlin, Köln: Marcus & Weber
Letztveröffentlichung:
1982a: Psychotherapie und Erziehung, Bd. 1 (1919–1929), S. 215–223

Der Beitrag geht auf einen Vortrag zurück, den Adler auf dem 1. Internationalen Kongress für Sexualwissenschaften, 10.–16. Oktober 1926, in Berlin gehalten hat.

Wird ein Mensch mit einem Mangel, etwa einer sexuellen Fehlleistung, in eine Situation versetzt, in der sein Mangel ihm ständig fühlbar wird, dann ist es nach Adler schwer, einen Ausgleich herzustellen. Es müsste untersucht werden, ob die Fehlleistung sich nicht im Laufe seiner Entwicklung unter ungünstigen Verhältnissen herausgebildet hat und zum großen Teil behebbar ist. Die äußeren Lebensbedingungen und die Erziehung üben nach Adler Einfluss auf sämtliche Organe aus. Das aber bedeute, dass die Möglichkeit eines Anreizes zu einer normaleren Entwicklung geschaffen werden kann. Auch der ungefähr normal entwickelte Mensch trainiere unaufhörlich auf das erotische und sexuelle Ideal hin, das ihm vorschwebt. Die Frage sei, wie ein Mensch mit einer Fehlentwicklung dieses Training nachholen könne.

Adlers Fallvignette ist eindrucksvoll: Ein Junge stiehlt und läuft von zu Hause fort. Eine ganzheitliche Untersuchung ergibt, dass er dem äußeren Anschein nach verwahrlost, in Wirklichkeit aber ein Kind mit ungeheurem Zärtlichkeitsbedürfnis ist, das nur deshalb stiehlt, um Kameraden zu beschenken und sie zu Freunden zu gewinnen. Der Junge läuft auch nur von zu Hause fort, wenn man ihm zu wenig Wärme gibt. Der Ausdruck »Zärtlichkeitsbedürfnis«, der seit 1913 ganz in den Hintergrund getreten war, wird nun seit 1926 (»Liebesbeziehungen und deren Störungen«, S. 234–249) wieder verwendet, seit Adler aufmerksamer ist auf die emotionale Erfahrung der Patienten und auf den Erfahrungsaspekt des Gemeinschaftsgefühls.

Impotenz, Ejaculatio praecox, Frigidität und Perversion gewinnen erst im Zusammenhang der ganzen Persönlichkeit ihre Bedeutung. Bei einer gestörten Erotik handle es sich um entmutigte Menschen mit zögernder Attitüde, die den Anschluss an andere nur schwer gewinnen. Eine normale Entwicklung in der Sexualität könne nicht stattfinden, wenn die äußeren Umstände eine neurotische Entwicklung bedingen. Zuletzt bringt Adler das Beispiel einer homosexuellen Entwicklung.

Erotisches Training und erotischer Rückzug

Die Bedeutung und die Fortschritte, die die Biologie gerade unserem Problem gegenüber zeigt, lassen es vielleicht angezeigt erscheinen, wenn ich von einem anderen Standpunkte aus gewichtige Fragen behandle, bei denen ich aber auch wieder die bedeutsame Grundlage der Biologie klarzustellen in der Lage sein werde. Das wird diejenigen, die sich mit unseren Forschungen auf dem Gebiete der Sexualpsychologie befasst haben, nicht wundernehmen; denn den Ausgangspunkt für diese Forschungen bildete ja eine Arbeit über Organminderwertigkeit (1997a/1977b), in der ich zu zeigen versuchte, dass das Kind im frühesten Lebensalter seinen Organismus erlebt und aus diesen Erlebnissen gewisse Schlüsse zieht. Von diesem Ausgangspunkt aus kam ich in weiterer Folge zu dem Ergebnis, dass es sich hier nicht um zwangsmäßige Entwicklungen handelt, sondern um Relationen, dass ein Gefühl der Minderwertigkeit der Organe zustande kommt, das sich auch aus äußeren Ursachen entwickeln kann, die in ähnlicher Weise einen Druck auf die wachsende Seele des Kindes ausüben und so genau dieselben Erfolge zeitigen können, als wenn das Kind sein minderwertiges Organ erlebt und dadurch unter gewisse Schwierigkeiten gerät. Wir konnten demzufolge zeigen, dass es sich bei Ursprünglichkeit eines minderwertigen Organs nicht um eine Entfaltung gewisser Fehlleistungen handelt, sondern vielmehr, was ich kurz vorwegnehmen muss, darum, dass sich ein solches Kind mit minderwertigen Organen als ein besonderes Problem darstellt, nicht als das gewöhnliche, das uns vor Augen schwebt, sondern als ein andersgestaltiges, demzufolge wir gewisse Formen der Erziehung und der äußeren Einflüsse geltend machen müssten, um es nicht in eine irrtümliche Gestaltung geraten zu lassen, die dem betreffenden Kind als außerordentlich verlockend, als verführerisch erscheint.

Ich möchte Ihnen an einem anderen Falle als dem der Minderwertigkeit der Sexualorgane und der Keimdrüsen kurz zeigen, worum es sich dabei für uns gehandelt hat und wie wir durch diese Problemstellung zu ganz besonderen Aufschlüssen und Eindrücken gelangt sind. Denken Sie an die große Zahl der linkshändigen Kinder, das heißt Kinder, die mit einer schlecht entwickelten rechten Hand und rechten Körperhälfte zur Welt gekommen sind. Wenn diese Kinder in eine Situation geraten, für die sie mangelhaft vorbereitet und auch organisch nicht zulänglich sind, so werden sie einen ganz bestimmten Verlauf ihres Lebensschicksals erleiden. Sie werden stets als die mit der rechten Hand Unzulänglichen, Ungeschickten, Untauglichen, Minderwertigen erscheinen und werden infolgedessen eine Anzahl von [2] Fehlleistungen aufzuweisen haben. Aber wir wissen aus unseren Erziehungserfahrungen und -resultaten, dass, wenn man ein Kind als bestimmtes Problem auffasst und dafür eine gewisse richtigere Erziehungsmethode handhabt, es geschehen kann, dass es trotz dieser scheinbaren oder wirklichen Unzulänglichkeit für den Lebenshaushalt genügt, ja sogar zu großen Leistungen gelangen kann. Dieselbe Tatsache konnten wir bei allen anderen Ausfallerscheinungen von Organen sehen und gerieten hier gerade bezüglich der sexuellen Fehlleistungen auf ein Gebiet, das uns von anderer Seite her außerordentlich bekannt und geläufig war. Es zeigte sich nämlich, dass beispielsweise bei den sogenannten Ausfallerscheinungen der Sexualorgane genau die gleichen Probleme und die gleichen Auffassungen wiederkehren, wie sie in der Darstellung und Auffassung von Charakterbildern von Menschen erscheinen, die man auch als gegeben und sehr oft, meistens sogar, als durch die Natur ihres Organismus bedingt ansieht. Die gleichen Erscheinungen begegnen uns auch in der Diskussion des sogenannten Begabtenproblems, bei dem die Gelehrten, die Sexualpsychologen und Erzieher allerorten bis in die allerletzte Zeit gemeint haben, es gebe eine gewisse Grenze, über die hinauszukommen dem weniger Begabten nicht möglich sei, demzufolge sie von der Konstanz der Erscheinungen sprechen.

Die Sexualpsychologie, die das Problem ja von einer anderen Seite anfasst, gelangt natürlich zu dem Ergebnis: Hier fehlt ein lückenloser Beweis; denn wenn wir Menschen mit einer bestimmten Mangelhaftigkeit in eine Situation versetzen, in der die Mangelhaftigkeit ständig fühlbar wird, so ist es sehr schwer, einen Ausgleich herzustellen; wir müssen vielmehr den betreffenden Menschen als eigenartiges, bestimmtes Problem erfassen und ihm gerecht zu werden versuchen, das heißt, wir müssen in allen drei genannten Fragen so vorgehen, wie die Ärzte es immer getan haben, die sich nicht mit der Entscheidung über den gegenwärtig erreichten Stand begnügen, sondern versuchen festzustellen, ob sich nicht möglicherweise im Laufe einer Entwicklung unter ungünstigen Verhältnissen die Mangelhaftigkeiten herausgebildet haben, die zum großen Teil behebbar sind. Denn uns Ärzten wird kaum jemand zumuten, dass wir von behebbaren Mängeln sprechen, wenn das Organ, das Substrat zu irgendeiner Entwicklung oder, wie wir es genannt haben, zu einer Kompensation fehlt.

Nun sind aber die äußeren Erscheinungen, die uns beispielsweise im Problem der Erotik und der Fehlschläge der Erotik entgegengetreten, durchaus zu vergleichen mit den Fehlschlägen, die wir in der Erziehung beobachten konnten und die wir auch im Rahmen der gesamten Neurosenpsychologie und -pathologie finden. Infolgedessen lag es natürlich nahe, eine Feststellung gleicher Art für alle drei Fragen zu machen, nämlich, dass wir mit allen unseren Prüfungen, seien sie von uns selbst angestellt oder mögen sie die Patienten uns entgegenbringen, immer nur das eine zutage fördern, wie weit der Betreffende entwickelt ist.

Hier möchte ich etwas einschalten, was mir auch bemerkenswert erscheint, und gerade zu der Frage, die heute in der gesamten Patho[3]logie die bewegende ist, gehört nämlich, dass die äußeren Lebensbedingungen und die Erziehung Einfluss auf sämtliche Organe ausüben, sicherlich auch auf die Entwicklung von Drüsen mit innerer Sekretion. So ist es zweifellos, dass gewisse fehlerhafte Erziehungsweisen den Knaben effeminieren oder ein Mädchen in eine männliche Haltung versetzen können. Wenn Sie sich beispielsweise an die Nachweise amerikanischer Biologen erinnern, welche festgestellt haben, dass das amerikanische Mädchen infolge seiner veränderten Lebensweise auch eine völlig veränderte körperliche Konstitution aufweist, so erkennen Sie ungefähr das, was ich hier meine. Es ist also untunlich, aus dem gegenwärtigen Bestande einer Organrelation, einer Organwertigkeit, ein prognostisches Urteil für alle Zeiten zu fällen, sondern es ist, wie das auch aus den biologischen Forschungen, wenn auch auf anderen Wegen und mit anderen Mitteln, hervorgeht, die Möglichkeit gegeben, einen Anreiz zu einer normaleren Entwicklung zu schaffen.

Nun gibt es einen Gesichtspunkt in der Entwicklung des Menschen, der uns besonderes Interesse abzwingt, weil in ihm verschiedene Erscheinungsformen des Seelenlebens, aber auch des biologischen Ablaufs zusammenfließen, und dieses Gebiet, das ich heute vor Ihnen kurz entwickeln will, mehr um es zu berühren, mehr um Ihnen zu zeigen, auf welchem Standpunkt die Sexualpsychologie in der Sexualpathologie steht, ist das Training. Es ist nämlich gar keine Frage, dass alle Ausdrucksformen, die wir bei einem Menschen beobachten können, von einem von ihm erarbeiteten Lebensstil abhängig sind. Dieser Lebensstil eines Menschen lässt sich durchgehends verfolgen, und wir tun unrecht, bei psychologischen Untersuchungen irgendeine Erscheinungsform herauszugreifen, sie aus dem Zusammenhang zu lösen und sie nach unserem Urteil von früher her, also nach unseren Vorurteilen zu betrachten und zu beurteilen. Auch hier spielt sich derselbe Prozess wie in der gesamten Psychologie ab. Damit Sie verstehen, was ich meine, weise ich auf Folgendes hin. Wenn Sie aus einem Lied eine Reihe von Tönen herausgreifen und sie als guter Musiker untersuchen, so werden Sie über diese Töne gewiss einiges sagen können, aber Sie werden nicht sagen können, was uns eigentlich daran interessiert. Wenn Sie uns das mitteilen wollen, so müssen Sie die Töne im Zusammenhang lassen; denn ihren Wert bekommen sie erst von ihrer Ganzheit, die erst unser Urteil bestimmen kann.

Wenn ich hier kurz auf die Psychologie der Kinder zu sprechen kommen darf, so haben Sie zum Beispiel einen Knaben, der an einem Charakterdefekt leidet[1]: Er stiehlt, er läuft von Zuhause davon. Nach der landläufigen Methode werden Sie annehmen, es sei ein verwahrlostes Kind, welches sich verschiedener Untugenden bedient, mit dem vorläufig nichts anzufangen ist und dem man entweder mit Gewalt oder mit Güte diese Eigenschaften abgewöhnen muss. Wie man das macht, wird natürlich nicht gesagt. Aber wenn dann eine genauere sexual-psychologische Untersuchung ergibt: Der Knabe

---

1 [Ausführlicher besprochen in »Symptomwahl beim Kinde« (1931m, S. 463)]

hat ein ungeheures Zärtlichkeitsbedürfnis, und wenn er stiehlt, so nur deshalb, um Kameraden zu beschenken und sie zu Freunden zu gewinnen und so bei ihnen Zärtlichkeit zu erpressen, und er läuft auch nur von Zuhause davon, wenn er das Gefühl hat, dass man sich mit ihm zu wenig be[4]schäftigt und ihm zu wenig Wärme gibt, dann wird man allgemeinhin sagen: Das ist äußerlich genommen ein Dieb und Vagabund, in Wirklichkeit aber ist es ein durch sein Zärtlichkeitsbedürfnis stark gebundenes Kind, das überhaupt nur das eine Ziel vor Augen hat, Wärme aus der Umgebung zu gewinnen.

So werden Sie auch bei manchen der sogenannten funktionellen Störungen in der Sexualsphäre vorgehen müssen. Alle diese Störungen, die man so schön in Kapiteln abfassen und abhandeln kann, sagen immer nur das aus, was die ganze Persönlichkeit aussagt, und so gewinnen beispielsweise Impotenz, Ejaculatio praecox, Prolongation und alle Formen von Perversion, Frigidität, Vaginismus immer erst in der Sphäre der eigenen Persönlichkeit ihre Bedeutung: Sie sind Ausdrucksformen mit teils äußeren verräterischen Zeichen eines in sich abgeschlossenen Lebensstils, der für die Sexualität nichts taugt, noch für das, was wir unter normaler Erotik verstehen. Aber diese Erscheinungsformen passen sehr wohl zu dem Lebensstil, den der Einzelne hat.

Der Einfachheit halber habe ich die Lebensprobleme, zu deren Lösung sich jeder Mensch entschließen muss, ob er will oder nicht, in drei Gebiete eingeteilt: 1. in die Frage der Geselligkeit – der Beziehung des Ich zum Du –, 2. in die Frage der Beschäftigung: Wie kann ich mich nützlich machen? – und 3. in die erotische Frage: Wie kann ich meine Beziehung zum anderen Geschlecht gestalten? – Wenn eine Persönlichkeit geworden ist, sei es aus organischen Gründen, aus biologisch begründeten Ursachen oder aber aufgrund äußerer Einflüsse, die ebenso schädlich wirken können, wenn sie nicht richtig erfasst und korrigiert werden, so ist in dem Moment, wo es zur Lösung einer dieser Lebensfragen kommt, die Schwierigkeit gegeben, und das betreffende Individuum wird versuchen, anstatt einer ihm und seiner Persönlichkeit angepassten, also der normalen Lösung, eine für unser Empfinden und Urteil abnormale Lösung zu finden. Sie können sich das etwa in einem Kreis vorstellen, der uns die Vorbereitung und den gewordenen Lebensstil aus der Kindheit aufweist, von welchem wir sagen können: Sei es durch biologische Ursachen, sei es durch die äußeren Einflüsse oder durch mangelhafte Erziehungsmaßnahmen ist die Vorbereitung innerhalb dieses Kreises, der gemeiniglich der Familienkreis ist, nicht so gelungen, dass die nun anschließenden Lebensfragen in einem größeren Kreise glatt erledigt werden können. Deshalb werden Sie an dieser Grenze irgendwelche fatalen Ereignisse auftauchen sehen, bei denen wir, sobald sie in den Bereich der ärztlichen Kunst ragen, von Krankheiten sprechen können, zu denen gewisse sexuelle Perversionen und Störungen der Sexualfunktionen zählen, oder Sie finden dieses Individuum, in weiteren Fällen oder weil irgendein Zwang besteht, schon innerhalb dieses

Kreises, dann werden Sie regelmäßig Bewegungen bei ihm wahrnehmen können, die das Bestreben verraten, ihn aus diesem Kreis herauszuführen. Dabei ist es interessant zu beobachten, dass der Betreffende nicht nur unbewusst, wie man es nennt, oder, wie wir lieber sagen: unverstanden die Gesamtheit der Persönlichkeit aufrechtzuerhalten sucht, sondern dass hier ganz bewusste Regungen und Urteile auftreten, ich möchte sagen, eine eigenartige neurotische Logik, welche in [5] die gleiche Richtung zielt. Ich sage meinen Schülern stets: Wenn ihr ein Symptom nicht versteht und darüber im Unklaren seid, was es bedeutet und welchen Stellenwert es im Lebensstil des Individuums hat, dann lasst das Symptom weg und schaut euch den übrigen Menschen an; dann werdet ihr nämlich ganz das Gleiche finden. Was die Erscheinungen anlangt, die wir heute hier im Auge haben, so handelt es sich regelmäßig um Gegengründe, die dem betreffenden Individuum ziemlich klar vor Augen stehen. Er leidet nicht nur an einer Sexualfunktionsstörung, sondern er hat auch eine ganze Unsumme von Gegengründen an der Hand, die ebenso bedeutsam wären, wenn er sie ehrlich nehmen und die Konsequenzen daraus ziehen würde. Aber der ganze Kreis der Menschen, die die Frage der Erotik nicht in einer annähernd normalen Weise lösen, ist innerhalb dieses Kreises von stark entmutigten Menschen zu suchen, und Sie werden infolgedessen auch in denjenigen anderen Lebensfragen ganz die gleichen Formen der zögernden Attitüde wiederfinden, die wir auch in der Erotik finden. Es sind zum Beispiel Menschen, die den Anschluss an andere nur schwer gewinnen. Freilich darf man dieses Stadium nicht als einfaches und simples hinnehmen. Es gibt Menschen, die in Gesellschaft stehen, die am Biertisch sitzen usw., aber das, was wir unter einem Freunde verstehen, einen Menschen, der Wärme gibt und Wärme nimmt, werden Sie in ihm nicht finden.

Es gibt aber noch viel gewichtigere Hinweise, dass der Lebensstil der Menschen, von denen ich spreche, durchaus mit stärkeren Mitteln arbeitet, um seinen Standpunkt der Abnormität festzuhalten. Ich habe schon vor längerer Zeit auf einzelne dieser Beziehungen hingewiesen, die bis weit in die Kindheit zurückzuverfolgen sind. So war zum Beispiel ein Homosexueller, ein ganz schwächliches, einziges spät geborenes Kind einer Mutter, die außerordentlich liebebedürftig war und ihr Kind ganz an sich gezogen hatte, es mit ihrer Arbeit, Frauenarbeit, Handarbeit beschäftigte und den Knaben so wie ein Mädchen erzog. Da sie gleichzeitig, wie es oft bei solchen Frauen der Fall ist, ein sehr rigoroses moralisches Ideal hatte, so verfehlte sie auch nicht, den Knaben unausgesetzt mit den Schwierigkeiten und Strafen zu erschrecken, die seiner warteten, wenn er nicht weiter ihren Weg ginge, so dass sie ihn dadurch abhielt, mit anderen Knaben gesellig zu werden. So wuchs er auf wie ein Zimmerpflänzchen und hatte auch alle Formen eines solchen. Er sah ziemlich feminin aus, und so geschah es, dass in der Zeit der Kindheit andere Knaben, die männlicher als er geartet waren, aber wie es in der Kindheit ist, viel leichter zu perversen Richtungen gelangen können als zum Normalen, sich mit ihm gern abgaben, ihn liebkosten, und als er endlich einmal in einem Theaterstück als Mädchen verkleidet auftrat, gewann er sich die Sympathien aller Kinder.

Ich möchte eine kleine Einschaltung machen, die uns zeigen kann, wie wenig einfach dieses Problem einer sogenannten Entwicklung der Sexualität, wie es zum Beispiel die Psychoanalyse lehrt, zu nehmen ist. Denn was immer für eine normale, natürliche Entwicklung in der Sexualität stattfände, sie kann nicht stattfinden, wenn die äußeren Umstände eine zwangsmäßige Entwicklung bedingen. Da ist es nun sehr lehrreich zu sehen, dass in der Kindheit nichts als ein so schweres Ver[6]gehen angesehen und geahndet wird wie die Entwicklung zu Normen. Solange sich Kinder in irgendeiner kindlichen unnatürlichen Art sexuell beschäftigen, solange ist man ihnen wohl nicht freundlich gesinnt, es gibt wohl Strafen; aber das Entsetzen übersteigt alle Grade, sobald ein Kind sich in normaler Weise betätigt. So können wir das, was wir immer wieder im Kindesleben wahrnehmen, nicht als unbeeinflusst durch die äußeren Umstände ansehen, das heißt, wir können gar nicht wissen, welche Entwicklung die Sexualität nähme, wenn wir keine Schranken dafür aufrichten würden und aufrichten müssten.

Der Knabe, von dem ich Ihnen erzählte, gewann sehr bald Freunde und, sobald die Sexualität einen gewissen Ausdehnungsgrad bei ihm erreicht hatte, wurde er auch in einer Beziehung zu einem anderen jungen Mann homosexuell. Er war damals schon über die Pubertät hinaus. Dabei ergaben sich einige Erschwerungen und besondere Arten der homosexuellen Beziehung, zu der eine starke Überwindung des Ekelgefühls gehörte: Fellatio und ähnliche Betätigungen. Eines Nachts erwachte der junge Mann und fand sich mit einem Uringlase in der Hand, das fast bis zur Neige geleert war. Die Schlussfolgerungen können Sie sehr leicht ziehen: Er war in eine Phase des Trainings getreten, sich des Ekels zu entschlagen.

Von anderer Seite her können wir solche Trainingsvorgänge wiederfinden, die unsere Auffassung unterstützen. Es ist Tatsache, dass der Schlaf und die Vorgänge im Schlaf Gelegenheit geben, das vorschwebende Ziel zugänglicher zu machen und sich zu trainieren. In den Träumen solcher Patienten finden wir immer wieder, wie sie unter Funktionsstörungen Perversionen begehen und sich so fertig machen bis zum nächsten Morgen. Das ist ein außerordentlich interessanter Prozess, den ich hier nur streifen kann.

In diesem Zusammenhange möchte ich noch auf etwas anderes hinweisen, das auch ein Streiflicht auf die Schwierigkeit der Behandlung der Perversionen wirft, insbesondere dann, wenn man sie nicht berücksichtigt. Auch sie gehört in das Gebiet des Trainings. Es ist kein Zweifel, dass der ungefähr normal entwickelte Mensch auf das erotische Ideal hin, das ihm vorschwebt, unausgesetzt trainiert, und die Summe dieses Trainings kann gar nicht zu groß genommen werden: Es ist der Gang auf die Straße, der Umgang mit dem anderen

Geschlecht, es ist die Vergleichung mit anderen Geschlechtsgenossen usw., kurz, man kann wohl sagen: Es besteht ein unausgesetztes Training für die Geschlechtsrolle und für das sexuelle Ideal, das einem Menschen vorschwebt. Infolgedessen darf es uns nicht wundernehmen, dass, wenn wir schon die Irrtümer in der Fehlentwicklung eines Menschen aufgedeckt haben, wir noch immer vor einer neuen Schwierigkeit stehen. Es ist ungefähr so, wie wenn wir einem Linkshänder, der nichts davon gewusst hat, dass er von der Natur stiefmütterlich mit einer ungelenken rechten Hand begabt sei, diesen Mangel zu fühlen geben; damit allein erreicht er die Gleichwertigkeit seiner Leistung nicht. Das ist nun eine schwierige Frage – ich möchte sagen: die Preisfrage –, die ich Ihnen allen ans Herz legen möchte und über die Sie nachdenken mögen: Wie muss man es anfangen, um Menschen, die in der sexuellen Entwicklung außerhalb der normalen Breite geraten sind, dieses Training, das bei den Normalen eine so [7] ungeheuer wichtige Rolle spielt, nachholen zu lassen. Wenn Sie beispielsweise wie ich auf dem Standpunkt stehen, dass ich niemand mit Prostituierten in Verbindung bringen möchte und dass ich keine Neigung habe, ihm irgendwelche Liebesabenteuer nahezulegen, so können Sie die Schwierigkeit dieser Aufgabe ermessen. Ob es eine Lösung dieses Problems überhaupt gibt, weiß ich noch nicht. Aber es wiederholt sich hier genau dieselbe Schwierigkeit, die wir in allen Erziehungsfragen finden, wo wir von einem Mangel an Begabung sprechen, wo wir eigentlich nichts anderes vor uns haben als das Fehlen einer richtigen Methode. Hier fehlt uns offenbar irgendeine Erfindung, wie man schlecht trainierte Menschen zu einem besseren Training bringen kann, ohne ihnen und der Allgemeinheit Schaden zuzufügen. Dass die Methode hier die ausschlaggebende Rolle spielt, ist zweifellos. Ob man zum Ersatz des sozialen Trainings, dieses Gefühlstrainings und logischen Trainings, das zur Entfaltung eines normalen Liebeslebens gehört, vielleicht auf biologischem Wege etwas finden kann, möchte ich Ihrem Urteil anheimgeben.

Ich bedaure, dass ich schon schließen muss; es wäre über diese Frage noch viel zu sagen. Andererseits bedaure ich es nicht, weil ich hier kaum mehr geben konnte als einen knappen Hinweis auf gewisse bedeutungsvolle Probleme und auf gewisse Schwierigkeiten, die sich bei ihrer Lösung ergeben.

28. Kurze Bemerkungen über Vernunft, Intelligenz und Schwachsinn (1928)

Editorische Hinweise
Erstveröffentlichung:
1928f: Internationale Zeitschrift für Individualpsychologie 6, S. 267–272
Letztveröffentlichung:
1982a: Psychotherapie und Erziehung, Bd. 1 (1919–1929), S. 224–231

Adler beschreibt den grundlegenden Unterschied zwischen Vernunft, Intelligenz und Schwachsinn. Schwachsinn sei nicht eine niedrigere Form der Intelligenz, sondern eine andere Form des Denkens. Wenn der Neurotiker seinem Ziel der persönlichen Überlegenheit folgt, handle er in seinem Sinne intelligent, aber er überschreite damit die Grenzen, die im Verlaufe der kulturellen Entwicklung den Common Sense kennzeichnen. Seine private Intelligenz sei scharf zu unterscheiden von Vernunft (Common Sense). Nur die Intelligenz, die mit Gemeinschaftsgefühl verknüpft ist, nennt Adler Vernunft. Vernunft sei eine soziale Fähigkeit und impliziere Verstehen und Identifizieren.

Einfühlung und Verstehen gehören auch zum Gemeinschaftsgefühl. Adler versteht unter Gemeinschaftsgefühl anderes als andere Autoren. Es sei ein Gefühl, aber mehr als das, es sei eine Lebensform, eine ganz andere Lebensform als bei einem Menschen, der als antisozial bezeichnet wird. Sie sei nicht nur äußerlich zu fassen; es sei vielmehr die Fähigkeit, »mit den Augen eines anderen zu sehen, mit den Ohren eines anderen zu hören, mit dem Herzen eines anderen zu fühlen«. Die Identifizierung bedeutet eine Mitbewegung mit dem anderen (siehe die Aktivität der Spiegelneuronen als organisches Substrat). Die Fähigkeit der Identifizierung könne nur trainiert werden, wenn einer im Zusammenhang mit anderen aufwächst und sich als Teil des Ganzen fühlt und wenn er sich auf dieser Erde mit allen ihren Vorzügen und Nachteilen heimisch fühlt. Dieses Sich-heimisch-Fühlen gehöre unmittelbar zum Gemeinschaftsgefühl. Daraus erwachse ihm eine ganz bestimmte Lebensform, in der er auch die Widrigkeiten des Lebens nicht als ein ihm angetanes Unrecht ansehe.

Kurze Bemerkungen über Vernunft, Intelligenz und Schwachsinn

Gewiss kann man über die Nomenklatur diskutieren, gewiss kann man andere Namen einführen, aber was ich betonen möchte, ist ein grundlegender Unterschied zwischen den beiden Fähigkeiten, der mir immer mehr und mehr aufgefallen ist, zwischen Vernunft und Intelligenz. Die Frage ist natürlich schon von verschiedenen Seiten berührt worden; aber von unserem Standpunkte aus kann man vielleicht eine tiefere Einsicht gewinnen.

Wir haben unter Vernunft eine *allgemeingültige* Kategorie zu verstehen, die durchaus zusammenhängt mit *Gemeinschaftsgefühl.* Es scheint notwendig, dass wir diesen Begriff der Vernunft mehr und mehr klären und schärfer fassen. Wir verstehen auch unter Gemeinschaftsgefühl anderes als andere Autoren. Wenn wir sagen, es ist ein Gefühl, so sind wir sicherlich dazu berechtigt. Aber es ist mehr als das, es ist eine Lebensform, es ist eine ganz andere Lebensform als bei einem Menschen, den wir als antisozial bezeichnen. Diese Lebensform ist nicht nur äußerlich zu fassen, ist nicht so zu verstehen, als ob sich hier nur eine angelernte Art des Lebens kundtun würde. Es ist viel mehr. Ich bin nicht in der Lage, es ganz eindeutig zu definieren, aber ich habe bei einem englischen Autor eine Wendung gefunden, die klar zum Ausdruck bringt, was wir zu unserer Erklärung beitragen könnten: »Mit den Augen eines anderen zu sehen, mit den Ohren eines anderen zu hören, mit dem Herzen eines anderen zu fühlen.« Das scheint mir eine vorläufig zulässige Definition von dem zu sein, was wir Gemeinschaftsgefühl nennen, und wir sehen auf den ersten Blick, dass diese Gabe teilweise zusammenfällt mit einer anderen, die wir Identifikation, Einfühlung (*Lipps*) nennen. Diese Identifikation geschieht immer je nach dem Grade unseres Gemeinschaftsgefühls.

Die Fähigkeit der Identifizierung muss trainiert sein und kann nur trainiert werden, wenn einer im Zusammenhang mit den anderen aufwächst und sich als ein Teil des Ganzen fühlt, wenn er nicht nur die Annehmlichkeiten dieses Lebens als ihm zugehörig empfindet, sondern auch die Unannehmlichkeiten, wenn er sich auf dieser Erde mit allen ihren Vorzügen und Nachteilen heimisch fühlt. Dieses Sich-heimisch-Fühlen gehört unmittelbar zum Gemeinschaftsgefühl. Sein Leben auf dieser armen Erdkruste verläuft so, dass er »wie zu Hause« ist. So erwächst ihm eine ganz bestimmte Lebensform, in der er auch die Widrigkeiten dieses Lebens nicht als ein ihm angetanes Unrecht ansieht. Da sehen wir, wie zum Gemeinschaftsgefühl die Tatsache der Sozietät hinzu[268]tritt. Wir werden in dieser Lebensform auch alle anderen Kraftlinien finden, die dazu dienen, die Widrigkeiten des Lebens zu überwinden. Also ein Teil des Ganzen ist einer, der sich der Gemeinschaft entsprechend und ihr nützlich erweist, und das alles zusammengenommen ist ein Handeln und Betragen, welches wir als »*vernünftig*« bezeichnen. Vernünftig ist, was man unter »Common Sense« versteht. Nebenbei gesagt, der Common Sense ist auch nicht unveränderlich, aber es ist der Sinn aller der Ausdrucksformen, der Inhalt allen Verhaltens, welches wir als gemeinschaftsfördernd finden, und in dieser Auffassung kommen wir auch dem Verständnis näher für das, was wir Vernunft nennen.

Wir gelangen so zu dem Schlusse *Kants:* Vernunft hat Allgemeingültigkeit. Das würde aber auch gleichzeitig heißen, dass wir unter Vernunft alle Handlungen, alles Verhalten, alle Ausdrucksformen begreifen, die abhängig sind von einem Ziel der Überlegenheit, in welchem der Nutzen für die Allgemeinheit zum Ausdruck kommt. Dieses Ziel müsste vorhanden sein. In der Psychotherapie beschäftigen wir uns hauptsächlich mit Menschen, die ein Ziel der *persönlichen* Überlegenheit haben und auf diesem Wege die Grenzen überschreiten, die im Verlaufe der kulturellen Entwicklung der Menschheit den Common Sense bedeuten. Wir werden im Common Sense auch ständig neue Wendungen finden. Ich weiß nicht, ob *Sokrates* der erste gewesen ist, der einen durchlöcherten Mantel nicht mehr als ein Zeichen der Demut, sondern der Eitelkeit angesehen hat.[1] Aber nehmen wir an, er wäre der erste gewesen, dann hat er den Common Sense bereichert. Er hat gezeigt, dass ein Ding sein eigenes Gegenteil sein kann und dass wir den Sinn einer Ausdrucksbewegung erst aus dem Zusammenhang erfassen können. Ich wollte damit zeigen, dass sich der Common Sense ändern kann. Er ist auch nichts Feststehendes, ist die Summe aller vernunftgemäß und allgemein anerkannten, mit dem Bestand des kulturellen Lebens verknüpften seelischen Bewegungen.

Wir wollen nun übergehen zur Betrachtung des Intellektes, wie wir ihn bei Neurotikern sehen. Der Neurotiker handelt vollkommen richtig. Er handelt so sehr richtig, dass er selbst, wie in der Zwangsneurose, den Unterschied zwischen seiner persönlichen Intelligenz und dem Common Sense merkt und feststellt. Alles, was er macht, ist »intelligent«. Diese Tatsache der »persönlichen Intelligenz« muss näher ausgeführt werden. Ein Verbrecher sagte: »Ich habe ihn erschlagen, weil er ein Jude war.« Es schwebte dem Manne vor, dass er als Christ eine gewisse Überlegenheit besitzt und also über andersgläubige, zum Beispiel über einen verachteten Juden, frei verfügen kann. Sein Ziel ist, sich der Habe dieses Juden zu bemächtigen. Entsprechend diesem Ziele handelt er. Die »Intelligenz« wird ihm diesen Weg erleichtern, ihn seinem Ziel näherbringen, wie wir es deutlich bei schwer erziehbaren Kindern sehen. Da sein Ziel, zu rauben, feststeht, wendet er Argumente an, die ihm dieses Ziel leichter erreichen lassen. Diese Erleichterung tritt auch tatsächlich ein. Ähnlich ein anderer Raubmörder. »Der junge Mann hatte schöne Kleider, und ich hatte keine. Deshalb erschlug ich ihn.« Das ist vollkommen intelligent gedacht und gehandelt. Da er sich nicht zutraut, in der *allgemein üblichen* [269] *Weise*, auf der allgemein nützlichen Seite zu Kleidern zu kommen, bleibt ihm tatsächlich zur Erreichung von schönen Kleidern nichts anderes übrig, als sie zu rauben. Dazu muss er den anderen erschlagen. So finden wir bei allen Verbrechern, wie sie durch irgendwelche »intelligenten« Argumente trachten, sich ihrem Ziele zu nähern. Auch bei den Selbstmördern können wir Ähnliches konstatieren, wie sie nach langem Training sich jedes Interesses für das Leben

---

1 [Siehe oben, S. 206.]

entschlagen, wie sie davon durchdrungen sind, durch ihren Selbstmord die
allgemeine Aufmerksamkeit zu erregen und so, wie die Mörder, ein Hochgefühl der Überlegenheit zu haben (»Ich habe getan, was nicht jeder tun könnte.
Mich hat früher niemand beachtet, aber jetzt ...«). Herr über Leben und Tod
zu sein, rückt sie in Gottes Nähe, wie den Mörder, der über das Leben der
anderen verfügt. Er wird immer Argumente finden, die vollkommen »intelligent« sind; da er sich umbringen will, hat nichts Interesse für ihn. Sie werden
immer Argumente finden, mittels deren sie ihr Ziel erreichen, mittels deren
sie sich selbst betrügen, selbst vergiften. Diese Argumente sind »intelligent«
in Beziehung zu ihrem Ziel der persönlichen Überlegenheit auf der Seite des
Unnützlichen.

Auf diesem Wege dürfte sich eine bedeutsame Unterscheidung zwischen
Schwachsinn und normal denkenden Menschen ergeben. Bei ersteren scheinen die obigen »intelligenten«, zum Ziel der Überlegenheit gerichteten Argumente zu fehlen, so dass der Denkwille eine gewisse Respektlosigkeit gegenüber der Logik aufweist. Diese private Intelligenz ist scharf zu unterscheiden
von dem, was man Vernunft, Common Sense, nennen muss. »Intelligenz«
finden wir in beiden Fällen, aber nur die Intelligenz, die mit Gemeinschaftsgefühl verknüpft ist, nennen wir Vernunft. Wenn wir den Alkoholiker betrachten, so finden wir auch bei ihm, wenn nicht Schwachsinn vorliegt, dass
er intelligent argumentiert. Das Leben bringt Sorgen. Da gibt es nun Mittel,
durch welche man über Schwierigkeiten des Lebens hinwegkommen kann.
Diese Handlung ist also intelligent in Bezug auf das Ziel, in leichter Weise
über die Schwierigkeiten hinwegzukommen, diese Schwierigkeiten nicht zu
lösen im Gemeinschaftssinne, sondern in persönlicher Art. Wenn man mit
dem Ziel übereinstimmte, würde jeder so handeln wie er.

Bei Perversitäten gilt das Gleiche. Wenn ein männlicher Homosexueller –
aus Gründen, die wir aus der Individualpsychologie kennen – einen Teil der
Menschheit ausschaltet, so wird er das Ziel, das er sich gesetzt hat, mit Logik
und Intelligenz zu verfolgen trachten. Er wird immer intelligent urteilen, er
wird immer solche Betrachtungen anführen, durch die er sich rechtfertigt. Er
hat in der Liebesfrage ein Ziel auf der unnützlichen Seite, aber diesem Ziel
entsprechend wird er vollkommen richtig urteilen und handeln. Der Grundgedanke ist der, dass wir scharf zu unterscheiden haben zwischen Vernunft, die
allgemeine Gültigkeit hat, die also dem Nutzen der Allgemeinheit entspricht,
und der isolierten Intelligenz des Neurotikers (»alles oder nichts«, »den Erfolg
im Beginn haben wollen« usw.), kurz also der Intelligenz in den Fehlschlägen,
mit denen wir uns immer beschäftigen.

Der Begriff »Identifizierung« wird verschieden gebraucht, bei *Freud* [270]
anders als in der Individualpsychologie. Wenn ein Kind dem Vater gleich zu
werden trachtet, wenn es mit den Augen des Vaters sehen will usw., wenn es
ihn »*versteht*« und ein nützliches Ziel vor Augen hat, so nennen wir dies Iden-

tifizierung. *Freud* fasst unmerklich diesen Begriff so auf, sich der Rolle eines anderen zu bemächtigen, um zu einem »persönlichen« Vorteil zu kommen.

Identifizierung ist unumgänglich notwendig, um zu einem Gemeinschaftsleben zu kommen. Mitleid ist ein teilweiser Ausdruck der Identifizierung, Letztere eine Seite des Gemeinschaftsgefühls. Wir können nur verstehen, wenn wir uns identifizieren, so dass Vernunft als eine soziale Fähigkeit erscheint. Wir identifizieren uns mit einem Bilde, indem wir es betrachten, mit allen anderen leblosen Gegenständen, zum Beispiel beim Billardspiel, beim Kegelschieben, wo der Spieler der Kugel nachschaut und jene Bewegung macht, von der er hofft, dass die Kugel sie auch machen wird. Im Theater fühlt und spielt jeder Zuschauer mit. Das ist Identifizierung in unserem Sinne. Nicht etwa die Rolle des Vaters usurpieren usw. Die Einfühlung spielt eine ungeheure Rolle in den Träumen. Ebenso in der Massenpsyche.

Intelligenz ist der weitere Begriff. Diejenige Intelligenz ist Vernunft, in der das Gemeinschaftsgefühl enthalten ist, die sich demnach auf der Seite des allgemein Nützlichen begrenzt.

Auch die Frage des Schwachsinnes kann nun schärfer gefasst werden. Schwachsinn ist nicht eine niedrigere Form der Intelligenz, sondern eine andere Form des Denkens. Die reine Form des Schwachsinnes steht den Forderungen der Vernunft kalt gegenüber, hält sie höchstens durch Zwang ein. Es fehlt, was beim Vernünftigen und Intelligenten nie vermisst wird, die Ausgestaltung eines Lebensstiles. Der Schwachsinnige hat keinen Lebensstil, seine Lebensformen sind durchaus von dem Verständnis eines Zusammenhanges entfernt. Wir vermissen auch den Respekt vor dem Common Sense, der bei privater Intelligenz immer noch in Entschuldigungen, Rechtfertigungen, Vergleichen usw. eine Rolle spielt. Er gelangt nicht zur Durchbildung eines Lebensplanes. So können wir bei einem Schwachsinnigen, wenn wir ihn in eine neue Situation versetzen, nicht erraten, was er, abgesehen von mechanisierten Bewegungen, machen wird, weil ihm das planmäßige Vorgehen fehlt. Zur Abtrennung des scheinbaren Schwachsinnes wird man fordern müssen, dass man ein ideales Ziel findet, mit dem man sich identifizieren kann. Mit einem wirklich Schwachsinnigen kann man sich nicht identifizieren. Der Schwachsinnige zeichnet sich durch seine Kälte und Respektlosigkeit gegenüber der Vernunft aus. Er steht nicht unter den Gesetzen des Common Sense und hat auch nicht die Intelligenz, die sich in einem Ziel der persönlichen Überlegenheit ausspricht. Bei der progressiven Paralyse zum Beispiel wird sich kein intelligenter Lebensstil finden lassen. Doch können Spuren des Gemeinschaftsgefühls immer vorhanden sein. Das Stilgemäße, das Einheitliche eines Lebensstiles auf der nützlichen Seite[2] findet man zum Beispiel bei der Paranoia. Eine ausgesprochen intelligente, aber nicht vernünftige gedankliche

---

2 [Man erwartet »auf der unnützlichen Seite«.]

Kette findet man bei der Melancholie. Der Patient erlebt in einer Fiktion die Erhöhung seines *[271]* Persönlichkeitsgefühls. Bei Katatonikern habe ich feststellen können, dass sie die *Rolle* einer Puppe, eines Toten, eines Helden usw. spielen. In die Gedankenabfolge eines Schwachsinnigen kann man sich nicht einfühlen, sie höchstens von außen her erraten.

Herder, *Novalis* und *Jean Paul* haben den Vorgang der Einfühlung gekannt, beschrieben und für wichtig befunden. Später haben *Wundt*, *Volkelt* und besonders *Lipps* die fundamentale Tatsache der Einfühlung für unser Erleben hervorgehoben. Letztere, *Dilthey*, *Müller-Freienfels* u. a. beschrieben den Zusammenhang von Einfühlung und Verstehen. Die Individualpsychologie darf als ihren Befund in Anspruch nehmen, Einfühlung und Verstehen als Tatsachen des Gemeinschaftsgefühls, des Einigseins mit dem All hervorgehoben zu haben. Wir nennen tugendhaft, klug, vernünftig, wertvoll nur, was sich auf der Seite der allgemeinen Nützlichkeit abspielt. Unser Urteil richtet sich auch danach, und jeder Vollsinnige unterscheidet ungefähr nach dem gleichen Einteilungsprinzip. Auch wer sich auf der unnützlichen Seite des Lebens bewegt, als Schwererziehbarer, Neurotiker, Verbrecher, Selbstmörder, Trinker, Perverser usw., wird sich des Unterschiedes bewusst sein, zwischen gut und böse unterscheiden können und sein eigenes Werk gegen die Vernunft und gegen die Tugend zu verteidigen suchen. Er wird aber seinen unnützlichen Weg weitergehen, solange er sich von seinem idealen Ziel einer persönlichen Überlegenheit, unnützlich für die Allgemeinheit, nicht getrennt hat. Er wird sich davon nur trennen, wenn er mit seiner privaten Intelligenz das Vernunftprinzip begriffen hat. Das heißt, wenn er den fehlerhaften Prototyp aus seiner Kindheit, sein verstärktes Minderwertigkeitsgefühl, sein Streben nach persönlicher Überlegenheit und die Bedeutung des Gemeinschaftsgefühls für die Entfaltung des Mutes, der Vernunft und des Wertgefühles erkannt hat.

Wir werden demnach bei allen »Problemmenschen«, soweit wir Schwachsinn ausschließen können, finden, dass ihr Ziel des persönlichen Machtstrebens missraten ist, dass aber alle Teilbewegungen »intelligent« sind. Sie werden uns als »abnormal« auffallen, weil sie der »Vernunft«, »die uns alle bindet«, dem Common Sense widersprechen. Aber sie werden immer richtig in ein Bezugssystem auf der unnützlichen Seite des Lebens eingeordnet sein. Deshalb wird ihnen auch der Grad eines entwickelten Gemeinschaftsgefühls abgehen und der Mut fehlen, der zur Lösung der nützlichen Lebensfragen gehört.

Beispiele:
1. Ein Kind, das sich durch ein jüngeres Geschwister aus seiner verzärtelnden Situation verdrängt fühlt, wird meist einem Ziele nachstreben, wieder in den Mittelpunkt der Aufmerksamkeit zu gelangen, und wird in kämpferischer Haltung die Ordnung des Hauses stören. Es handelt seinem Ziele nach intelligent, der Forderung der Gemeinschaft gegenüber unvernünftig.

2. Ein Angstneurotiker, der seine Angst von Kindheit an als Mittel gebraucht hat, einen anderen in seinen Dienst zu ziehen, ihm »die Gesetze *[272]* seines Handelns vorzuschreiben«, handelt intelligent, aber nicht entsprechend dem Common Sense.

3. Ein Mörder, der jemanden um seiner Habe willen erschlägt, dem also der Mut gebricht, auf allgemein nützliche Weise zu Geld zu kommen, handelt seinem Ziele nach, sich auf leichte Weise zu bereichern, intelligent, aber feig und unvernünftig, da der bessere Weg nie ausgeschlossen werden kann.

4. Ein Selbstmörder, der sich zu schwach fühlt, um seine persönlichen Schwierigkeiten zu überwinden, und daher (in Rachsucht) alles verwirft, um nur dem Gefühl seiner Minderwertigkeit mit einem Ruck zu entrinnen, handelt seinem Ziel nach, durch einen Kunstgriff mit den Schwierigkeiten des Lebens fertig zu werden, intelligent, aber gemeinschaftsschädlich, feig und unvernünftig.

5. Ein Pervertierter, der nach Ausschaltung der gemeinschaftsfördernden Form dem schäbigen Rest begeistert huldigt, ist durch diesen Trick den Komplikationen des normalen Liebeslebens entronnen, hat sich davor in intelligenter Weise gesichert, zeigt aber darin weder Common Sense noch Mut noch Gemeinschaftsgefühl.

6. Alkoholiker, Morphinisten usw. haben ihre Auswirkung vor Schwierigkeiten des Lebens in ein intelligentes System gebracht, aber unter Ausschaltung von Mut und Vernunft, die sie durch Betäubung unwirksam machen.

7. In allen Formen der reinen Psychosen (Schizophrenie, Melancholie, manisch-depressiven Irreseins, Paranoia) findet sich bei tieferer Einsicht ein intelligentes System, aber Ausschaltung der Vernunft.

Die Individualpsychologie ist auch in der Lage, den Schwachsinn dahin zu verstehen, dass in seiner Struktur weder Intelligenz noch Vernunft in nennenswertem Ausmaße zu finden ist.

Siehe auch den Artikel: »Witz und Neurose« [1927f, S. 283].

29. Psychologie und Medizin (1928)

Editorische Hinweise
Erstveröffentlichung:
1928j: Wiener medizinische Wochenschrift 78, S. 697–700
Letztveröffentlichung:
1982a: Psychotherapie und Erziehung, Bd. 1 (1919–1929), S. 204–214

Vortrag, gehalten beim Akademischen Verein für medizinische Psychologie, am 20. Oktober 1927.

Wenn die Position des Arztes sozial und wissenschaftlich ein höheres Niveau erreicht habe, so verdanke er diesen Umstand nicht zuletzt einer besseren psychologischen Einsicht in das Leben des Einzelnen und der Masse. Psychologisches Verständnis und eine kameradschaftliche Beziehung des Arztes zum Kranken seien außerordentlich bedeutsam vom Standpunkt des Common Sense und dem des Patienten aus, der sich nicht als Objekt fühlen will. Adler stellt sich als Mitmensch zur Verfügung und geht von seiner Selbsterfahrung aus: »Heilen [...] kann ich Sie nur mit der Wahrheit, bis zu der ich selbst vorgedrungen bin.« Jeder Pessimismus oder Negativismus schade dem Arzt wie dem Patienten.

Beeinflussen körperliche Leiden die seelische Entwicklung? Adler bejaht diese Frage; es sei sogar eine der Grundfragen der Individualpsychologie, wie das Kind seine minderwertigen Organe erlebe. Allerdings lasse sich diese Korrelation nicht objektivieren, denn es handle sich nicht um eine Reaktion oder einen Reflex, sondern um eine schöpferische, konstruktive Leistung des Seelenlebens. Adler hofft, dass man diese individuelle psychische Auswirkung einer Organminderwertigkeit durch eine passende Methode günstig beeinflussen könne.

Inwieweit wirken seelische Vorgänge auf den Körper? Manche Affekte beeinflussen laut Adler den Körper vor allem an einem minderwertigen Organ. Manche Formen von Kopfschmerz und Migräne, auch Trigeminusneuralgie und Epilepsie stünden unter dem Einfluss des Affektes der Wut.

Wie kann man verstehen, dass körperliche Veränderungen nur bei manchen Menschen auftreten? Es könnte sich laut Adler um bestimmte Typen handeln. Ein anderer Gesichtspunkt sei das Training, denn ein Mensch könne seine Stimmung immer trainieren. Alle Fehlschläge (Neurose, Selbstmord, Kriminalität) seien sicherlich lange Zeit vorher trainiert worden. Adler bringt das Fallbeispiel eines Patienten mit dem Zwangsimpuls, sich aus dem Fenster zu stürzen.

Psychologie und Medizin

Werte Anwesende! Auf dem Wege hierher, als ich mir einigermaßen das Material überlegte, das ich Ihnen heute zu unterbreiten habe, erschrak ich förmlich über die ungeheure Ausdehnung dessen, was zu dem Thema »Psychologie und Medizin« eigentlich alles zu sagen wäre. Mein Schrecken verminderte sich erst, als ich die Ankündigung Ihrer nächsten Vorträge und des Kurses »Einführung in die Methoden der Psychotherapie« erfuhr, so dass mir ein großer Teil dessen erspart bleibt, was ich sagen müsste. So bleibt mir nicht mehr zu tun als eine Anzahl von Problemen aus diesem Gebiet herauszuheben und Sie darüber einigermaßen zu unterrichten, wie ein Individualpsychologe, der Praktiker, Theoretiker, Psychologe und Mediziner ist, seinen Blick für diese Dinge geschärft hat. Ich werde gut daran tun, auch einiges darüber zu sagen, wie ich mir einen psychologischen Arzt der Gegenwart oder Zukunft vorstelle. Ich werde keine kunstvolle Schilderung bieten, das wäre mehr das Werk eines Dichters, sondern ich will bloß einige Punkte hervorheben, die sich in meinem Leben und in meiner Praxis bewährt haben. Es kann doch nicht daran gezweifelt werden, dass durch die ungeheuren psychologischen Bestrebungen der Gegenwart dem Arzt ein weites Feld eröffnet wird, und wenn heute die Position des Arztes sozial und wissenschaftlich auf ein höheres Niveau gekommen ist, so verdankt er diesen Umstand nicht zuletzt sicherlich einer besseren psychologischen Einsicht in das Leben des Einzelnen und der Masse. Und in der Tat glaube ich nicht, dass in der Zukunft eine Praxis ohne Menschenkenntnis wird aufgebaut werden können. Man wird die Anerkennung eines Arztes nicht durchsetzen oder heben können, wenn nicht zu seiner technischen Ausbildung die psychologische Schulung hinzukommen wird. Wenn wir uns fragen, was sind bisher die Wege gewesen, um den Studierenden in dieses wichtige Gebiet einzuführen, wichtig nicht nur für ihn, um sich halten und seine Praxis ausbauen zu können, sondern in noch erhöhtem Maße für den Patienten, so muss ich sagen: So weit ich blicke, liegt die Ausbildung in diesem Fach bis heute noch sehr darnieder. Freilich fehlt es nicht an Hinweisen, Erinnerungen, Ermahnungen aller Art, und gute Lehrer sparen nicht mit guten Lehren. Aber soweit ich sehe, legt man nicht allzu viel Gewicht darauf, zu lehren, zu unterrichten, wie sich [697b] der junge Arzt, wenn er in die Praxis eintritt, dem Menschen, dem Patienten gegenüber verhalten soll. Man wird sich darüber klar werden müssen, dass das psychologische Verständnis im Einzelfalle von ungeheurer Wichtigkeit ist. Wenn ich vorhin sagte, dass die psychologische Kenntnis dem Arzt ein weites Feld eröffnet hat, so darf ich auch sagen, dass sich das Zutrauen des Volkes zum Arzt auf seinem psychologischen Verständnis aufbaut, und es werden im Nachteil sein die dieses Gebiet vernachlässigen, wobei ich nicht verkenne, dass beim heutigen Stand unserer Kultur und bei der mangelhaften Menschenkenntnis auch einer gelegentlich Anklang findet, der psychologisch verfehlt vorgeht. Mir scheint es auch, dass jeder Pessimismus, Negativismus und so fort dem Arzt wie auch dem Patienten schadet. Freilich müssen wir uns fragen, woher dieser Pessimismus stammt. Ich würde mich nicht mit dem Hinweis begnügen, dass allgemein die Wiener Schule im Geruch des Nihilismus, des Pessimismus steht, sondern glaube vielmehr, dass es sich um Ärzte handelt, die auch sonst im Leben Pessimisten sind. Aus meinem eigenen Leben kann ich schließen, dass der aktive Optimismus, der bei mir im Leben auch sonst eine Rolle spielt, mir auch dort geholfen hat. Sie brauchen nur an die ängstlichen Blicke zu denken, mit denen Kranke förmlich an Ihren Lippen hängen, dann werden Sie verstehen, dass ein tapferes, mutiges Wort von weittragender Bedeutung ist. Ich darf wohl in aller Bescheidenheit sagen, dass die Psychotherapie in dieser Hinsicht Außerordentliches geleistet hat. Es ist ja richtig, dass oft einem Nichtarzt eine geradezu ans Wunderbare grenzende Besserung der Leiden von Patienten gelingt. Wir können auch nicht alle diese Dinge ins Gebiet der Hysterie verweisen. Vor allem müssen wir fragen, weshalb der Arzt derartige Kunststücke nicht auch zustande bringen sollte. Soweit wir dieses Phänomen untersuchen konnten, war stets die Erklärung darin gelegen, dass diese Leute wenigstens das eine mitgebracht haben: einen unverwüstlichen Optimismus, der sich auf den Kranken fortgesetzt hat. Vielleicht darf ich auch hervorheben, dass mir eine kameradschaftliche Beziehung des Arztes zum Kranken außerordentlich bedeutsam erscheint, nicht nur, weil sie mit den Grundanschauungen der Individualpsychologie übereinstimmt, sondern auch vom Standpunkt des Common Sense, von dem des Patienten aus, der sich nicht als Objekt fühlen will. Wir können nicht als Magier, Zauberer und dergleichen auftreten, sondern nur als Mitmenschen, Freunde, so dass wir auch bei einem Tadel, den wir aussprechen müssen, bei einer Verordnung, die wir treffen müssen, vor allem nicht das Gefühl der Unterlegenheit aufkommen lassen. Besonders bei nervösen Patienten, wo wir dieses ungezügelte, aufgepeitschte Begehren nach Geltung und Überlegenheit immer wieder sehen, ist es unangebracht, den Kranken zu bluffen, zu überrumpeln oder als Allmacht aufzutreten, wenn auch die Kranken suggestibel erscheinen. Es gibt wohl Menschen, die sich leicht etwas suggerieren lassen, aber es ist nicht so, als ob dies einen Ruhepunkt im Seelenleben des Betreffenden bedeuten würde, sondern im Gegenteil, gerade hier setzt eine saure Gärung ein, indem der Patient wieder nach Überlegenheit strebt. Das bleibt uns erspart, wenn wir dem Patienten die Aufgabe zuschreiben, mit seinen Symptomen fertig zu werden, so dass Sie nur den Weg weisen, der nach Ihrer Überzeugung zu gehen wäre. Ich möchte nun auch sagen, dass ich mir meine Ruhe auch in Schwierigkeiten, die sich mir entgegenstellten, immer bewahrt habe, weil ich mich stets des Standpunktes erinnerte, *meine Sache auf nichts zu stellen*. Besonders bei nervösen Patienten ist zu beachten, dass es sich ja nicht darum handelt, seinen Ruf zu mehren, sondern darum, sich dem Kranken freundschaftlich gegenüberzustellen. Der zweite Grundsatz ist der einer freundlichen Intransigenz[1]. Das heißt: Es nützt Ihnen gar nichts, wenn Sie Kompromisse machen. Es kommt darauf an, ruhig Ihren Standpunkt zu entwickeln. Speziell in der Psychotherapie, wo alle Notwendigkeiten der ärztlichen Praxis auf das Schärfste zugespitzt sind, kommt es förmlich zu einer Probe, ob der Arzt sich richtig verhält. So kommen wir wieder zum Standpunkt, auf dem *Virchow* einst stand, dass dereinst die Ärzte die Führer der Völker sein müssen. *[698a]* Wir Individualpsychologen wissen, dass selbst dann, wenn dieses Ideal niemals verwirklicht würde, wir doch dadurch ein Leitziel gewinnen. »Heilen«, sage ich meinen Patienten, »kann ich Sie nur mit der Wahrheit, bis zu der ich selbst vorgedrungen bin.« Es ist am besten, mit dem nervösen Patienten so zu sprechen wie mit einem befreundeten Menschen, dem Sie keine neuen Lasten aufbürden, keine Versprechungen abnehmen, sondern dessen Los Sie erleichtern wollen. Besonders deutlich liegt dies bei dem Melancholiker zutage. Ich sage ihm etwa: »Tun Sie nur das, was Ihnen angenehm ist.« Mit einer gewissen Sicherheit erfolgt die Antwort: »Mir ist eben gar nichts angenehm!« »Dann tun Sie wenigstens das«, sage ich weiter, »was Ihnen nicht unangenehm ist.« Wie Sie sehen, wenden wir eine indirekte Methode, die der Diskussion, an. Wir lüften langsam den Schleier, der die Zusammenhänge verdeckt, aber der Patient hat selbst den Prozess zu leiten. Er darf nicht die ganze Last dem Arzt aufbürden.

Ich komme nun zum zweiten Teil meiner Ausführungen, der mehr ins wissenschaftliche Gebiet hinüberreicht, nämlich zu der Frage: Wie weit beeinflussen körperliche Leiden die seelische Entwicklung? In diesem Punkte ist ja, wie Sie wissen, die Individualpsychologie besonders stark gestützt. Wie das Kind seine minderwertigen Organe erlebt, ist eine der Grundfragen der Individualpsychologie. Ebenso wie der Einfluss des Körperlichen die Entwicklung des Seelischen dirigiert. Dabei stoßen wir auf eine Tatsache, die unserer ganzen Lehre den Stempel aufgedrückt hat. Nämlich auf den Umstand, dass wir aus einem mangelhaften Organ keine bindenden Schlüsse ziehen können. Wir können raten, können verstehen, werden aber niemals sagen, dass ein ganz bestimmter Erfolg im Seelischen unbedingt eintreten muss. Wenn etwa ein Kind an Minderwertigkeit des Magen-Darm-Traktes leidet, der Sinnesorgane, des endokrinen Systems, so werden wir niemals mit Sicherheit feststellen können, wenngleich wir derartige Effekte als verständlich finden, welche Resultate daraus erwachsen. Das versteht man, glaube ich, erst dann, wenn man weiß, dass es sich in dieser Korrelation nicht um Naturgesetze handelt, soweit der Einfluss auf die Entwicklung des Seelischen in Betracht kommt, sondern um eine schöpferische, konstruktive Leistung des Seelenlebens, nicht um eine

---

1 [Intransigenz: Unnachgiebigkeit]

Reaktion, um einen Reflex, um eine Summe von Reflexen, sondern um eine künstlerische Leistung. In dem Sinne können wir sagen, dass jede Ausprägung des Seelischen, jeder Lebensstil, den wir antreffen, eine künstlerische Leistung ist, ein individuelles Gepräge trägt. Nicht nach dem Gesetz von Ursache und Wirkung, nicht nach dem Prinzip der Kausalität kommen diese Leistungen zustande, sondern als Folge eines Strebens, einer Haltung zu den Fragen, die jeden Einzelnen betreffen. Wenn wir bedenken, wie ein Kind seinen Körper erlebt, ihn empfindet, dann sehen wir schon, dass wir uns im großen Reich der Fehler und Mängel des Seelenlebens befinden, dass die Konsequenzen gar nicht abschätzbar sind, weil hier nicht eine Wirkung vorliegt, sondern weil sich dieser Prozess abspielt innerhalb eines Strebens nach einem Ziel, das generell ein Ziel der Überlegenheit, der Vollkommenheit ist. Es soll nur darauf hingewiesen werden, dass die spezifische Wirkung von spezifischen Giften oder die spezifischen Änderungen in der Sekretion von Drüsen ins Gebiet des Krankseins fallen und nicht in das Neurotische. Anders wäre es der gleiche Fehler, wie wenn wir die progressive Paralyse als Neurose behandeln wollten. Hier liegt Krankheit vor, und wenn wir das krankmachende Agens durch Gegengifte beheben können, so ist dies natürlich nicht zu vergleichen mit dem, was wir in der Neurose sehen, wo eine irrtümliche Anschauung vom Wert des eigenen Ich zum Zögern, zum Stehenbleiben führt. Mögen sich auch diese Erscheinungen noch so ähnlich sehen, so ist doch der psychologische Unterschied ungeheuer. Nun bleibt eine bedeutsame Frage noch offen, nämlich die, warum so oft Mangel in der Konstitution der Organe, im Aufbau der Heredität in gewissen Formen solcher Typen immer wiederkehren. Bis zu unseren Auseinandersetzungen war die herrschende Auffassung stillschweigend oder offen die, dass Veränderungen des Organischen, besonders im endokrinen System, derartige Ausge[698b]staltungen herbeiführen müssen. Dabei wurde ein Gesichtspunkt übersehen, der mir von größter Wichtigkeit scheint. Nämlich wenn Kinder mit hereditär minderwertigen Organen in eine annähernd normale Situation gesetzt werden, die für sie nicht passt, wo man sie mit den normalen Mitteln der Erziehung vorwärtszubringen trachtet, die für sie nicht passen, dann kann man nicht sagen, dass nur die minderwertigen Organe, die mangelhaften Drüsen für Fehlschläge schuldtragend sind. Wir können es aus der Therapie ersehen, dass für solche Kinder oder Erwachsene eine eigene Methode gefunden werden muss. Es geht nicht an, dass man für die außerordentliche Verschiedenheit des Starts eine einheitliche Methode anwendet. Wir sind nicht berechtigt zu übersehen, dass viele von ihnen bei Anwendung einer passenden Methode die Erzielung gewisser Fehler nicht zeitigen würden. Wie Sie sehen, gibt es für uns eine Unzahl von ungelösten Fragen, die uns sicherlich die nächste Zeit beschäftigen müssen. Und da wir das Gebiet des psychotherapeutisch ärztlichen Könnens auch auf die Erziehung erstreckt haben, da wir auch schwer erziehbare Kinder, Kriminelle usw. von unserem

Standpunkt aus untersuchen und behandeln, ist es selbstverständlich, dass wir das Recht haben, von einer Form des verfehlten Lebens auf andere zu schließen. Das hat unsere Aufgabe so ungeheuer erleichtert, 1. dass wir rechnen konnten mit der Einheit des Lebensstils, dass wir nicht in den Fehler verfallen, zu glauben, es könnte seelische Bewegungen im Individuum geben, die einander widersprechen, 2. konnten wir von einem Fehler auf den anderen Schlüsse ziehen. Wenn wir zum Beispiel einen Fall aus der Praxis der Erziehung betrachten wie den folgenden, können wir Schlüsse ziehen, die schon im Gebiet der Neurose oder Psychose Bedeutung haben. Es handelt sich um einen zwölfjährigen Jungen, zweitgeborenen, der seinem Vater, einem Lehrer, alle möglichen Schwierigkeiten macht. Er gilt als verdorbenes Kind, dem man mit der Erziehungsanstalt droht. Das auszuführen, wird einem Lehrer aus verschiedenen Gründen besonders schwer. Es ist ein nicht seltenes Vorkommnis, dass bei Kindern von Pädagogen Fehlschläge dieser Art vorkommen. Dieser Junge erkrankte an Hüftgelenkstuberkulose. Er musste jahrelang still in Gips liegen und nach jeder Richtung hin betreut werden. Als er sich wieder erheben und bewegen konnte, war er das beste Kind der Familie. Ich bin überzeugt, wenn der umgekehrte Fall eingetreten wäre, was auch vorkommt, wenn ein braves Kind nach einer Krankheit recht unerziehbar wird, zum Beispiel nach Enzephalitis, Scharlach, Keuchhusten, so wird es für den Arzt sehr schwer sein, sich des Eindruckes zu entschlagen, dass die Erkrankung die Ursache dieser Fehlschläge ist. Nun haben Sie hier den umgekehrten Fall. Ich glaube nicht, dass jemand behaupten wird, man könne durch Krankheiten, Toxine etc. auch Tugenden erwerben.

Nun möchte ich ein anderes Gebiet berühren, das mich in meinen Arbeiten viel näher berührt, nämlich inwieweit seelische Vorgänge den Körper beeinflussen können. Das sind alte Fragen, über die man sich kaum etwas Neues zu sagen getraut. Doch dürfte es gelingen, einige Schritte weiterzukommen, und wenn man sich dessen bewusst bleibt, dass alle seelischen Regungen im Körper vor sich gehen, wird uns eine einigermaßen gelungene Vertiefung in die Zusammenhänge von Leib und Seele in mancher Hinsicht vielleicht weiterführen. So zum Beispiel, wenn wir bedenken, dass gewisse Affekte den Körper sehr stark in akuter und chronischer Form beeinflussen. Die Individualpsychologie hat immer darauf hingewiesen, dass gewisse Formen von Kopfschmerz und Migräne, auch Trigeminusneuralgie, und Fälle, die man heute der Epilepsie zurechnet, sicher unter dem Einfluss des Affektes der Wut stehen. Das wird natürlich nur dem auffallen, der als psychologisch geschulter Arzt an diese Dinge herantritt und der ein Interesse dafür hat, die Zusammenhänge zu beleuchten. Wehrt sich jemand dagegen, so ist sein Interesse so weit eingeschränkt, dass er die dazugehörigen Begleitumstände gar nicht ins Auge fasst. Ich sehe keinen einzigen Fall von Migräne, wo ich nicht eine Situation vorfinde, bei der ich mir vorstellen könnte, dass ein Wutanfall am Platze wäre.

Das gilt auch für andere Erkran[699a]kungen, wo organische Veränderungen von vornherein vorliegen. Denken Sie etwa an die einfache Tatsache, dass manchen Menschen im Falle der Wut die Stirnadern ganz anders anschwellen als anderen, die einen vollkommen geänderten Ausdruck bekommen. Das dürfte genügen, um den Schluss nahezulegen, den wir Individualpsychologen gezogen haben, auch die tiefer liegenden Veränderungen, zum Beispiel Zirkulation im Gehirn, an den tiefer gelegenen Gefäßen zu affizieren. Ich darf auch betonen, dass wir Individualpsychologen durchaus auf dem Boden der Pathologie stehen und nur ihren Grundtatsachen Rechnung tragen. Freilich können wir nicht immer sicher feststellen, wo der Angriffspunkt des Leidens liegt, müssen uns wie andere Disziplinen mit plausiblen Annahmen vorläufig begnügen, aber es liegt außerordentlich nahe, anzunehmen, dass bei der Trigeminusneuralgie irgendwelche Asymmetrien der Kanäle, durch die der fünfte Hirnnerv geht, und auch Asymmetrien der Arterien und Venen, all diese Anlässe und Organminderwertigkeiten zu geänderten Druckerscheinungen im Falle der Wut führen, die auch eine dauernde Irritation, einen dauernden Schmerz hervorrufen können. Es liegt kein Widerspruch vor, wenn wir sagen, dass der Patient, der sich ganz wohl befunden hat, plötzlich im Zusammenhang dieser Erscheinungen Kopfschmerzen bekommt. Ich scheide natürlich wieder die Fälle aus, wo grobe anatomische Defekte vorliegen. Es gibt zweifellos Menschen, bei denen die Wut den Ernährungstrakt affiziert, die im Falle der Wut erbrechen. Es ist auch nicht von der Hand zu weisen, dass die Affekte irgendwie die endokrinen Drüsen beeinflussen, die zu krankhaften Erscheinungen führen. Es ist mir bekannt, dass ein russischer Forscher und auch ein amerikanischer auf dem Wege sind, diese Zusammenhänge festzustellen, wobei sie irgendwelche Toxine gefunden zu haben glauben. Deutlicher wird dieser Umstand, wenn wir das Gebiet der Angst ins Auge fassen. In irgendeiner Form spielt die Angst in der Neurose eine besondere Rolle. Sie ist ja die vorwiegendste Ausprägung des Minderwertigkeitsgefühls. Sie ist ein Versuch des Schwachmütigen, zu einem Ziel der Überlegenheit zu gelangen. Sie ist eine intelligente Funktion und wird entsprechend den verschiedenen Typen im Zusammenhang der Erscheinungen verschieden platziert sein. Es ist meiner Meinung nach nichts damit gesagt, wenn man sich auf den Sympathikus oder Parasympathikus beruft. Das sind nur Leitungswege. Es liegt eine angeborene Organminderwertigkeit vor, wenn die Erectores pili[2], die Schweißdrüsen, das Herz, der Digestionstrakt, die Blase, die Sexualorgane etc. im Falle der Angst besonders erfasst werden. Vielleicht ist der letztgenannte Typus viel weiter verbreitet, als wir wissen. Vielleicht ist gerade der Zusammenhang zwischen Angst und Sexualorganen so häufig, dass manche Autoren, die diesem

---

2 [Erectores pili: Kleine Muskelfasern, die die Haare aufrichten (Die Haare stehen zu Berge.)]

Typus angehören, eher sterben würden, als diesen Zusammenhang nur als Variante zu verstehen. Dass Trauer irgendwie zu Abmagerung führt, ist sicher, wenn wir auch noch nicht wissen, wie das zustande kommt, da die Verminderung der Nahrungsaufnahme durchaus nicht der einzige Grund sein kann. So liegt es auch hier nahe, an Angriffe zu denken, die den Körper in einer Weise beeinflussen, dass eine Gewichtsabnahme erfolgt. Ich will dieses Kapitel nicht allzu weit ausdehnen, sondern lieber auf einen Umstand Ihre Aufmerksamkeit lenken, der dazu gehört, verstehen zu machen, wie denn bei manchen Menschen körperliche Alterationen stattfinden können, die bei anderen ausbleiben. Der Gesichtspunkt, dass es sich um bestimmte Typen handeln könnte, wurde gestreift. Es bleibt eine andere Möglichkeit zu erwägen, das Training. Wer sich mit den Erscheinungen des Trainings im Seelischen näher befasst hat, dem wird es nie schwerfallen, gewisse Schlüsse daraus zu ziehen. Es sind zum Beispiel gewisse Tatsachen unbeachtet geblieben, wie etwa ein Mensch seine Stimmung immer trainieren kann. Sie brauchen nur die Gedanken und Träume eines Melancholikers aufzuschreiben und haben eine schöne Gelegenheit zu sehen, wie einer dauernd auf Trauer und Verstimmung trainiert. Wer auf somatische Faktoren allein achtet, dem entgeht der wunderbare, kunstvolle Aufbau dieses Trainings. Wenn Sie einen Traum betrachten, in dem etwas [699b] verloren geht, so ist es klar, dass dieser Traum eine Stimmung hervorrufen und fixieren kann, die das Handeln des nächsten Tages beeinflusst. Alle uns bekannten Fehlschläge (Neurose, Selbstmord, Kriminalität etc.) sind sicherlich lange Zeit vorher trainiert worden. Dieses Training ist nachweisbar und kann uns darüber aufklären, wohin der Patient seit langer Zeit zielt, wie er dieses Ziel zu erreichen sucht. Vielleicht darf ich zum Schluss, um dieses Training zu erklären, eine Zwangsneurose schildern: Ich denke da an einen 45-jährigen Mann[3], der im Leben eine schöne Rolle spielt und es zu Ansehen gebracht hat, der aber darüber klagt, dass er immer, wenn er das erste, zweite, dritte Stockwerk besteigt, den Zwang empfindet, sich hinunterzustürzen. Diese quälende Idee verfolgt ihn seit seiner Pubertät. An sich wäre ja dieser auch sonst häufig vorkommende Zwangsimpuls nicht so auffällig. Wenn Sie sich aber da einen der technischen Grundsätze der Individualpsychologie zu eigen gemacht haben, dass Sie, um ein Symptom zu verstehen, erstens fragen: Was kommt bei dieser Gelegenheit heraus? Was dahin klar zu beantworten ist, dass dieser Mensch in seinem Streben gehindert ist. Er trägt nämlich eine Bürde. Er leidet ja auch an dem Bewusstsein dieser Impulse. Zweitens, wenn Sie ein Symptom verstehen wollen, müssen Sie es seines Inhaltes entkleiden und nur die Bewegung ansehen, die sich abspielt. Nun wer-

---

3 [Diese Falldarstellung stimmt im Symptom und in einer Kindheitserinnerung mit einer Falldarstellung in »Individualpsychologie und Wissenschaft« (1927j, S. 292–302) überein.]

den Sie zugeben, dass nur der einen Impuls des Hinunterfallens haben kann, der das Gefühl hat, oben zu sein. Es ist das Gleiche wie bei den Fallträumen, die auch nur konkret werden können, wenn der Träumer seiner Voraussetzung nach sich oben befindet. So weit können wir schon bei oberflächlicher Betrachtung der Dinge kommen. Wir wissen aber noch nicht, welchen Sinn der Patient damit verbindet, sich in dieser Weise zu belasten. Dass er sicher kein mutiger Mensch ist, geht aus dem Inhalt hervor. Er fürchtet sich ja vor seinem Impuls. Wir können auch vermuten, dass er sich allein nicht sehr viel zutraut, dass er ein verzärteltes Kind war. Das bestätigt sich auch. Er war der Jüngste. Nun erzählt er, er habe sich sein Leben lang immer vor allem Möglichen gefürchtet. Was das für ein Menschenleben bedeutet, ist klar, aber Sie sehen das Training. Er hat die Welt ausgetastet nach den Möglichkeiten, die ihm gefährlich waren. Dass derartige Menschen den Charakterzug der Vorsicht haben müssen, dass sie derartige Charakterzüge immer mehr befestigen, ist begreiflich. Wir wollen aber sehen, was der Kern seines Lebensstils ist. Wir möchten die Urform dieses verwöhnten Kindes kennenlernen, und da hilft uns der Einblick in das wichtige Gebiet der ersten Kindheitserinnerungen. Wir konnten feststellen, dass in diesen Erinnerungen immer ein Teil, ein Schnörkel der Urform des Lebensstils zu finden ist. Ob es echte Erinnerungen sind oder nicht, ist gleichgültig. Eine dieser Erinnerungen unseres Patienten lautet: Als ich mit sechs Jahren in die Schule gehen sollte, hatte ich entsetzliche Furcht, umso mehr als dort ein Junge mich prügeln wollte. Aber im letzten Moment stürzte ich mich auf ihn und warf ihn zu Boden. Es kommt uns der Umstand zugute, dass wir wissen, dass der Lebensstil eines Menschen schon im vierten bis fünften Lebensjahr festgelegt ist und sich nur unter gewissen Einflüssen ändern lässt. So können wir diese Urform vergleichen mit dem, was wir vor uns haben. Es deutet auf einen Menschen, der seine Furcht überwindet, der immer auf seine Angst blickend, doch mit dem Gefühl des Überwinders durch die Welt geht. Das stimmt auch mit der heutigen Zwangsneurose überein; er hat sich ja noch nie hinuntergestürzt. Er hat immer überwunden. Daraus stammt doch seine Beruhigung, dass er wie in der Kindheit mit der drohenden Gefahr fertig wird. Da er solche Gefahren nicht immer zur Hand hat, ersinnt er sich welche und handelt wie die Kinder, die sich in ein Spiel vertiefen, so dass sie etwa ein anderes Kind als Indianer sehen und es bekämpfen wollen und in der Illusion leben, als wären sie Helden, wenn sie einen Holzsäbel und Papierhelm tragen. Wir finden hier genau die gleiche Illusion, wenn uns auch nur ein Teil geboten wird. Den praktischen Teil bietet er uns nicht. Dass er auch Sieger ist, darf er nicht offenbaren, sonst fällt die Bürde weg, und er könnte dieses Spiel, schwer belastet zu erscheinen, nicht mehr spielen. Wir können daraus *[700a]* auch den Schluss auf das sogenannte Bewusste oder Unbewusste ziehen, von dem die Individualpsychologie behauptet, dass sie keinen Unterschied in ihrer Zielrichtung aufweisen. Nur der

Neurotiker betont die Gegensätzlichkeit in so hohem Maße. Unser Patient etwa lebt in dem Gegensatz: Sieger – Besiegter.

Ich möchte nun schließen, aber nicht ohne zu zeigen, dass Sie auch in diesem einfachen Fall das Training sehen, eine Siegerstellung einzunehmen. Dieser Mann hat es weit gebracht, aber er hat weit mehr geleistet. Er ist mit der Angst, einen Selbstmord zu begehen, durchs Leben gegangen, und nicht nur das: Alles, was er bisher erreicht hat, drückt nicht aus, was er hätte erreichen können, wenn er nicht diese Last tragen müsste. Das ist ein eigenartiger Typus in der Neurose, der nicht so leicht zugänglich ist wie andere, wo das Geltungsstreben klar zutage tritt. Aber das Geltungsstreben werden Sie als positiven Faktor für das Verständnis des Seelenlebens immer verstehen. Darauf wollte ich im Zusammenhang der Einwirkungen körperlicher und seelischer Zustände, die sich im Training zeigen, hinweisen.

30. Psychologie der Macht (1928)

Editorische Hinweise
Erstveröffentlichung:
1928m: In: F. Kobler (Hg.), Gewalt und Gewaltlosigkeit. Handbuch des aktiven Pazifismus, S. 41–46. Zürich: Rotapfel
Letztveröffentlichung:
1982a: Psychotherapie und Erziehung, Bd. 1 (1919–1929), S. 232–237

Den Ausdruck »Vollendung« verwendet Adler hier nach 1918 (1918c/2009) zum ersten Mal. Die Vollendung wird ersehnt, um den Eindruck des Mangels, der Unsicherheit und der Schwäche zu überwinden. Adler verweist auf das Naturgeschehen, wo die »Vollkommenheit« des Einzelnen durch den Sieg über den Schwächeren errungen wird. Sowohl Vollkommenheit wie Vollendung bezeichnen hier wie in späteren Aufsätzen die vollständige Entfaltung und Erfüllung des Lebens.

Nach Adler ist das Mächtig-sein-Wollen die Sehnsucht aller Kleinen und sich klein Fühlenden, beim Einzelnen ebenso wie der Masse. Das Streben nach persönlicher Macht vergifte das Zusammenleben der Menschen. Auch Elternliebe könne von Herrschsucht entstellt sein. Es sei Aufgabe der Kinder, über ihre Erzieher und Lehrer hinauszuwachsen, denn das Machtbestreben sei nicht angeboren, sondern werde dem Kind frühzeitig eingeimpft.

Es sei gar nicht so leicht, den Gemeinsinn in sich zu unterdrücken. Der Verbrecher brauche den »Rausch der Sinne vor oder nach der Tat«, um sein Gemeinschaftsgefühl zu beschwichtigen. Das typische Ideal unserer Zeit sei noch immer der isolierte Held, für den die Mitmenschen Objekt sind. Diese psychische Struktur habe den Menschen auch den Weltkrieg »mundgerecht« gemacht. Der Machtrausch gelte nicht nur für die Einzelpsyche, sondern auch für die Massenpsyche, in der das Gefühl der persönlichen Verantwortlichkeit noch mehr herabgesetzt sei. Der Krieg sei nicht die Fortsetzung der Politik mit anderen Mitteln, sondern das größte Massenverbrechen an der Zusammengehörigkeit der Menschen.

Psychologie der Macht

Groß sein! Mächtig sein! Das ist und war immer die Sehnsucht aller Kleinen und sich klein Fühlenden. Jedes Kind sehnt sich nach höheren Zielen, jeder Schwache nach Überlegenheit, jeder Hoffnungsschwache nach Gipfeln der Vollendung. Der Einzelne ebenso wie die Masse, Völker, Staaten und Nationen. Was immer Menschen erstreben, stammt aus ihren drängenden Versuchen, den Eindruck des Mangels, der Unsicherheit, der Schwäche zu überwinden.

Um aber gehen zu können, brauchen sie ein Leitbild in der Zukunft. Das fiktive Leitideal der Vollkommenheit ist nicht greifbar genug, um seinen Zweck zu erfüllen. Der tastende Geist gestaltet zum Zweck des sicheren Gehens das Leitbild konkret. Ob einer seine Vollkommenheit darin erblickt, Kutscher, Arzt, Don Juan, Mitmensch, Tyrann zu sein, immer sieht er darin die höchste Erfüllung und Bestätigung seines Wesens. Ob ihm sein Leitideal unter gegebenen Umständen diese Erfüllung bringt, hängt von seiner Vorbereitung, seinem Training, von der Wahl seiner Methode, von seiner optimistischen Aktivität einerseits, von der Kongruenz mit den äußeren Möglichkeiten andererseits ab. Die ersteren Faktoren können wir durch Erziehung fördern, die letzteren müssen wir erkennen und durchschauen. Alle diese Faktoren durchdringen sich gegenseitig und beeinflussen einander.

Wir können viel zur Erreichung eines ungefähr richtigen Lebensweges beitragen, wenn wir über eine genaue Erforschung der äußeren Umstände verfügen. Viele der Übel, die den Menschen bedrängen, ließen sich leichter ertragen und bekämpfen, wenn wir sie nicht nur beklagten, sondern sie als den Ausdruck einer in Entwicklung und Fortschreiten begriffenen Bewegung sehen würden. Wir alle leiden daran, dass wir in einem Durchschnittspunkt der Entwicklung stehen, der durch die schöpferische Kraft der Menschheit überwunden werden muss. Der Individualpsychologe kann es mit Sicherheit behaupten, dass immer allgemeines und persönliches Leiden damit zusammen[42]hängt, weil wir heute noch unser Leitideal zu wenig im Sinne des Gemeinschaftsgefühls und zu viel im Sinne der persönlichen Macht aufgebaut haben. Das große Heer der schwer erziehbaren Kinder, die Nervösen, Wahnsinnigen, Alkoholiker, Morphinisten, Kokainisten, die Kriminellen und Selbstmörder bieten im letzten, tiefsten Grunde das gleiche Bild: Kampf um die persönliche Macht oder Verzweiflung darüber, sie auf der allgemein nützlichen Seite nicht erringen zu können. Als vollendete Form wird heute noch die Überlegenheit über den anderen angestrebt, unser Leitideal ist konkretisiert als Macht über andere, und dieses Problem steht für jeden zu sehr im Vordergrunde, überschattet alle anderen und lenkt alle Bewegungen unseres seelischen Lebens in seine Bahn.

Wie kam dieser Schaden in die Welt? *Das persönliche Streben nach Macht ist eine der Konkretisierungen des Strebens nach Vollkommenheit!* Und zwar eine der verlockendsten, besonders in einer von allen Seiten bedrängten Kultur. Ein naheliegender Irrtum, abgelauscht dem ungehemmten Naturgeschehen, wo die Vollkommenheit des Einzelnen durch den brutalen Sieg über den Schwächeren errungen wird. Aber selbst im Tierreich finden sich genügend Ansätze, den wilden Kampf zu mildern, soziale Instinkte, Herdentriebe, offensichtlich zum Schutz der Spezies, um deren Ausrottung zu verhindern. Den Menschen weist der Zwang zur Entwicklung viel stärker auf den Weg des Gemeinschaftsgefühls. Denn er ist der Natur gegenüber und den Tatsachen des

Lebens viel mehr als alle anderen Lebewesen zur gegenseitigen Verbundenheit gezwungen. Ohne die ausgebildetste Arbeitsteilung ist er dem Untergang geweiht oder geht der Entwicklung verlustig. Die Herrschaft des Mannes über die Frau beraubte ihn der höchsten Genüsse der Erotik und muss in einer entwickelteren Kultur die Frauen zur Auflehnung gegen ihre Frauenrolle bringen, wodurch gleichfalls der Bestand des Menschengeschlechts infrage käme, weil unkultivierte Völker einen Vorsprung gewännen.

Das Ergebnis individual- und massenpsychologischer Forschung lautet demnach: Das Streben nach persönlicher Macht ist ein verhängnisvolles Blendwerk und vergiftet das Zusam[43]menleben der Menschen. Wer die menschliche Gemeinschaft will, muss dem Streben nach Gewalt über andere entsagen. Gewaltsame Durchsetzung leuchtet vielen als ein selbstverständlicher Gedanke ein. Wir wollen zugeben: Es *scheint* der einfachste Weg, alles, was gut ist und Glück verheißend oder auch nur was im Sinne einer unaufhaltsamen Entwicklung liegt, mit den Mitteln der Macht zu erschaffen. Wo im Leben der Menschen oder in der Menschheitsgeschichte ist ein solches Vorhaben schon gelungen? So weit wir sehen, überall weckt die Anwendung selbst sanfter Gewalt den Gegenwillen, selbst dort, wo sichtlich das Wohl des Niedergezwungenen bezweckt wird. Das patriarchalische System, der aufgeklärte Absolutismus sind solche schreckende Spuren. Selbst seinen Gott vertrug kein Volk ohne Widerspruch. Führt einen Menschen oder ein Volk in den Machtbereich eines anderen, sofort wird sich sein Widerstand regen, offen und heimlich, und er wird nicht schwinden, bis alle Fesseln fallen. Der siegreiche Kampf des Proletariats gegen den Zwang des Kapitalismus zeigt deutlich diesen Entwicklungsgang, aber die wachsende Macht der Arbeiterorganisation kann bei unvorsichtiger Handhabung ein geringeres oder stärkeres Widerstreben bei unsicheren Naturen auslösen. Wo Machtfragen ins Treffen kommen, stoßen sie, unbekümmert um die Vortrefflichkeit ihrer Absichten und Ziele, auf den Willen zur Macht des Einzelnen und wecken den Widerspruch.

In die Elternliebe schleicht sich das Gift der Herrschsucht und sucht im Namen der Autorität und der Kindespflicht den Schein der Überlegenheit und Unfehlbarkeit festzuhalten. Da wird es zur Aufgabe der Kinder, über ihre Erzieher hinauszuwachsen, mit ihnen fertig zu werden. Nicht anders beim Lehrer. Auch die Liebe ist voll von diesen Tücken und fordert vom Partner zu weit gehende Ergebung. Das Machtbegehren des Mannes verlangt mit Berufung auf »die natürliche Bestimmung« die Unterwerfung der Frau; als Ergebnis zeigt sich, wenig erfreulich, die Zerstörung aller unbefangenen Beziehungen und Lahmlegung wertvoller Kräfte. Die lieblichen Spiele der Kinder verraten dem Seelenkenner ein einheitliches System von Befriedigungen der Herrschsucht. *[44]*

Die moderne Seelenkunde hat uns aber gezeigt, dass die Züge von Herrschsucht, Ehrgeiz und Machtbestreben über den anderen samt ihrer Fülle von hässlichen Begleiterscheinungen nicht angeboren und unabänderlich sind. Sie werden vielmehr dem Kinde frühzeitig eingeimpft, das Kind empfängt sie willenlos aus einer Atmosphäre, die vom Machtkitzel getränkt ist. In unserem Blute liegt noch die Sehnsucht nach dem Machtrausch, und unsere Seelen sind Spielbälle der Herrschsucht. Eins kann uns retten: das Misstrauen gegen jede Vormacht. Unsere Stärke liegt in der Überzeugung, in der organisierenden Kraft, in der Weltanschauung, nicht in der Gewalt der Waffen und nicht in Ausnahmegesetzen. Mit solchen Mitteln haben auch schon andere, starke Kräfte vergeblich um ihren Bestand gekämpft.

Für uns andere aber ergeben sich Weg und Taktik aus unserem obersten Ziel: der Pflege und Verstärkung der Gemeinschaftsgefühle.

Wir können das Wirken der Gemeinschaftsgefühle in uns bekämpfen. Ersticken können wir es nicht. So kann sich die menschliche Seele wahnhaft der heilig erklärten Logik entschlagen. Im Selbstmord hebt trotzig Lebenskraft den Lebenstrieb auf. Und Logik wie Lebenstrieb sind Realitäten gleich der Gemeinschaft. Solche Verfehlungen sind Sünden wider die Natur, wider den heiligen Geist der Gemeinschaft. Es ist gar nicht so leicht, den Gemeinsinn in sich zu unterdrücken. Der Verbrecher braucht den Rausch der Sinne vor oder nach der Tat, um sein Gemeinschaftsgefühl zu beschwichtigen. Verwahrloste Jugend schließt sich in Banden zusammen, um das Gefühl der Verantwortlichkeit mit anderen zu teilen und so zu mildern. Raskolnikow muss erst einen Monat lang im Bett liegen und meditieren, ob er ein *Napoleon* oder eine Laus sei. Und als er dann die Treppe hinaufsteigt, eine alte, wertlose Wucherin zu töten, verspürt er Herzklopfen. Aus dieser Erregung seines Blutes spricht das Gemeinschaftsgefühl. Der Krieg ist nicht die Fortsetzung der Politik mit anderen Mitteln, sondern das größte Massenverbrechen an der Zusammengehörigkeit der Menschen. Welche Summe von Lügen und künstlichen Aufstachelungen niedriger Leidenschaften, welche tausendfäl[45]tige Vergewaltigung war nötig, um den entrüsteten Aufschrei der Menschheitsstimme zu unterdrücken?

In die Enge der Kinderstube brechen die Wellen des Machtbestrebens der Gesellschaft ein. Die Herrschaftsgelüste von Eltern, Dienstverhältnisse im Hause, die Privilegien des kleinen Kindes lenken unwiderstehlich den Sinn des Kindes auf die Erringung von Macht und Vorherrschaft, lassen ihm nur diese Positionen als lockend erscheinen. Um einiges später erst fließen Gemeinschaftsgefühle in seine Seele, geraten aber zumeist unter die Herrschaft des bereits ausgebildeten Machtbegehrens. Man findet dann in feinerer Analyse alle Charakterzüge ausgebaut durch das Streben nach eigener Überlegenheit auf der unerschütterlichen Voraussetzung des Gemeinsinns. Tritt das Kind in die Schule oder ins Leben, so bringt es aus der Familie bereits den oben mehrfach geschilderten, dem Gemeinsinn schädlichen Mechanismus mit. Das Ideal der eigenen Überlegenheit rechnet mit dem Gemeinsinn der anderen. Denn das typische Ideal unserer Zeit ist noch immer der isolierte Held, für den die Mitmenschen Objekt sind. Diese psychische Struktur hat auch den Menschen den Weltkrieg mundgerecht gemacht, lässt sie in Bewunderung erschauern vor der haltlosen Größe eines siegreichen Feldherrn. Die Gemeinschaftsgefühle erfordern ein anderes Ideal, das des Heiligen, allerdings gereinigt von fantastischen, dem Zauberglauben entstammenden Schlacken. Weder die Schule noch das Leben sind späterhin imstande, das festgewurzelte, übertriebene Streben nach eigener Geltung auf Kosten anderer zu beseitigen. Es wäre eine grobe Täuschung, den Machtrausch nur für die Einzelpsyche gelten zu lassen. Auch die Masse wird durch das gleiche Ziel gelenkt, und dies wirkt umso verheerender, als in der Massenpsyche das Gefühl der persönlichen Verantwortlichkeit wesentlich verringert wird.

Wir brauchen die bewusste Vorbereitung und Förderung eines gewaltigen Gemeinschaftsgefühls und den völligen Abbruch der Gier und Macht beim Einzelnen und bei den Völkern. Was allen fehlt und wonach wir unausgesetzt ringen, sind neue Methoden zur Hebung des Gemeinsinns, das neue Wort. Bis [46] dahin scheint sich dieser Fortschritt vorwiegend durch Ausrottung des sozial Unbrauchbaren den Weg zu bahnen. Wir sind viel milder als die Naturtatsachen des Lebens, als dieser Kosmos, der dem nach Macht und Gewalt Lüsternen in den mannigfachsten Varianten zuruft: Der gefällt mir nicht, der muss weg! Wer wie der Psychologe diese harte Logik des menschlichen Zusammenlebens miterlebt, sehnt sich danach, diese unendlich düstere Stimme allen vernehmlich zu machen, sie vor dem Abgrund zu warnen, in den Einzelne, Familien, Geschlechter, Völker stürzen, um auf immer zu verschwinden. Aber – wir brauchen die neue Methode, das neue Wort, um diese schreckliche Stimme hörbar zu machen.

»Zwei stärkste Triebe wurden der Menschheit durch die Natur: zum Geschlecht und zur Gemeinschaft. Beide wurzeln in der Liebe. Beide haben das gleiche Ziel: Erhaltung der Art.

Sie sind lebensnotwendig und unüberwindlich. Ihre gewaltsame Unterdrückung kommt der Vernichtung des höchsten Lebensglückes gleich. Auch die Gemeinschaftsbegierde (Masseneros) drängt, wenn ihre Stunde gekommen ist, nicht weniger heftig zum Ziel als die leibliche Begierde.

Liebeshingabe an den Einzelnen oder an die Gemeinschaft – hier liegen die letzten Erfüllungen menschlichen Daseins!«

Armin T. Wegner
aus der bisher nicht veröffentlichten
Aphorismenfolge »Das Spiel mit dem Tode«.

31. Problems of Neurosis (Neurosen. Zur Diagnose und Behandlung) (1929) [Auszüge]

Editorische Hinweise
Erstveröffentlichung:
1929c: Problems of neurosis: A book of case histories. Ed. by P. Mairet. With a prefatory essay by F. G. Crookshank. London: Kegan Paul, Trench, Trubner
Neuauflagen:
1964: Problems of neurosis: A book of case histories. Ed. by P. Mairet. With a prefatory essay by H. L. Ansbacher. New York: Harper & Row
1981a: Neurosen. Zur Diagnose und Behandlung. Herausgegeben von H. L. Ansbacher und R. F. Antoch. Mit einer Einführung von R. F. Antoch. Frankfurt a. M.: Fischer Taschenbuch-Verlag

Herausgeber der englischen Originalausgabe war Philip Mairet, ein englischer Journalist, der selbst ein Buch über Individualpsychologie verfasst hatte.[1] Adler hatte, wie Ansbacher im Vorwort zur zweiten Ausgabe schrieb, seine englischen Manuskripte und Vorlesungsmitschriften zur redaktionellen Bearbeitung an Mairet übergeben. Bei der zweiten Ausgabe fügte Ansbacher den einzelnen Kapiteln des Buches sowie den darin enthaltenen 37 Falldarstellungen Überschriften hinzu.

Aus dem englischen Band wurden hier einige Abschnitte übernommen und von Sonja Schuhmacher (neu) übersetzt. Die Abschnitte stammen aus Kapiteln mit folgenden Überschriften[2]: Kapitel II. Unfähigkeit, die Lebensprobleme zu lösen. Aus diesem Kapitel wurden zwei Falldarstellungen übernommen: »Ein schizophrener Junge« (S. 18–21) und »Die dominierende Frau mit einer Melancholie« (S. 22–25). Kapitel III: Mangel an Gemeinschaftsgefühl und männlicher Protest (S. 40–41). Kapitel V: Neurotischer Lebensstil und Psychotherapie (S. 70–74). Die Falldarstellungen unterscheiden sich in ihrer Grundstruktur nicht von jenen, die Adler in den Schriften des vorliegenden Bandes bereits publizierte. Deshalb wurden hier nur Textstellen ausgewählt, in denen Adlers Behandlungsweise entsprechend seiner Theorieentwicklung seit 1926 erkennbar wird.

Adler beschreibt seine Vorgehensweise in wenigen Sätzen, wie er Schritt für

---

1 [Mairet, ABC of Adler's psychology. London: Kegan Paul 1928 und New York: Greenberg 1929; Mairet, The contribution of Alfred Adler to psychological medicine. London: Daniel 1938]
2 Die Seitenzahlen nach der Ausgabe von 1929, die Überschriften wurden von Ansbacher (1964) hinzugefügt und hier aus der Fischer-Taschenbuch-Ausgabe (1981) übernommen.

Schritt den Patienten zu den Problemen seiner Kindheit hinführt und besonders auf Vorfälle oder Phasen achtet, die das schmerzliche Gefühl der Schwäche, der Machtlosigkeit und der Wertlosigkeit offenbaren.

Folgende Behandlungsanweisungen gibt Adler in den ausgewählten Textstellen: Zunächst müsse man den Patienten gewinnen und so weit wie möglich seine Partei ergreifen, denn jeder Neurotiker habe zum Teil recht. Die Aufgabe des Arztes bestehe darin, »dem Patienten Erfahrung im Umgang mit einem Mitmenschen zu verschaffen und ihm dann zu ermöglichen, sein erwachtes Gemeinschaftsgefühl auf andere zu übertragen«. Diese Methode entspreche der mütterlichen Funktion und die therapeutische Arbeit müsse von entsprechender Hingabe an die Bedürfnisse des Patienten geprägt sein. Der Arzt müsse die besondere Struktur und Entwicklung dieses individuellen Lebens mit einer solchen Genauigkeit erfassen und mit solcher Klarheit zum Ausdruck bringen, »dass der Patient in ihr sofort seine eigene Erfahrung erkennt und fühlt«. Sobald der Arzt die Lebensumstände verstanden habe, suche er nach der Einheit im Lebensstil und erforsche, ob alle Gedanken, Gefühle, Handlungen und Charakterzüge des Patienten darauf hinwirken, das gegenwärtige Problem zu vermeiden oder aufzuschieben.

Neurosen. Zur Diagnose und Behandlung (1929)[3]

Kapitel II. Unfähigkeit, die Lebensprobleme zu lösen

[Ein schizophrener Junge][4]

[18] Jede Entwicklung im Leben eines Individuums wird durch sein Lebensziel bedingt, durch das die aufeinanderfolgenden Phasen seines Lebens organisch verbunden sind. Einer Mutter, deren Sohn im Alter von 18 Jahren plötzlich schizophren geworden ist, können wir nicht zustimmen, wenn sie sagt, er sei bis zu diesem Alter völlig normal gewesen. Bei näherer Nachforschung über das bisherige Leben des Jungen stellen wir fest, dass er eine Veranlagung zur Dominanz hatte und nicht mit seinen Schulkameraden spielte. Eine solche Kindheit ist eine schlechte Vorbereitung auf die echten Probleme des Lebens. In diesem Fall war sie eine Vorbereitung auf die Schizophrenie, die nicht eine plötzliche Entwicklung, sondern die Folge einer Lebenseinstellung war und sich erst zeigte, als er sich einer wirklich schwierigen Situation stellen musste. Im Alter von achtzehn Jahren wurde er mit den drei Fragen der Gesellschaft, des Berufs und der Liebe konfrontiert und fühlte sich außerstande, sie zu beantworten. Dass ein Patient aufs Leben nicht vorbereitet ist,

---

3 [Übersetzt von Sonja Schuhmacher]
4 [Überschrift von Ansbacher]

zeigt sich nicht immer unter günstigen Umständen oder wenn er von den wahren Anforderungen des Lebens abgeschirmt ist, die stets sozialer Natur sind und Gemeinschaftsgefühl verlangen. Die Kindheit ist normalerweise ein geschützter Lebensabschnitt, aber sie wird möglicherweise so gelebt, dass das Gemeinschaftsgefühl unentwickelt bleibt, wie es bei dem vorliegenden Fall zutraf; ebenso galt das für den vorherigen Fall, in dem ein Mädchen [19] in Konkurrenz zu einer älteren Schwester trat, ihr Prestige unablässig gefährdet sah und sich deshalb ausschließlich mit sich selbst beschäftigte. Eine solche Auffassung der eigenen Situation verhindert, dass ein Kind Gemeinschaftsgefühl entwickelt.

Die Umstände der ersten Lebensjahre, die Kinderstube, der Kindergarten, die Schule und die Kameradschaft sind die erste Übung und Prüfung im Sozialverhalten. Wenn sich eine Neurose entwickelt, stellen wir stets fest, dass die Schwierigkeiten des Individuums in diesen Beziehungen in der Kindheit ihren Schatten vorauswarfen. Ihm lag nichts daran, etwas mit anderen zu unternehmen, oder er tat es mit bestimmten seltsamen oder auffälligen Unterschieden gegenüber den anderen. Und ein Neurotiker behält seine Eigenheiten und Anpassungsschwierigkeiten in den ersten Lebensjahren meist als Rechtfertigung dafür in Erinnerung, dass er von seiner gegenwärtigen sozialen Umgebung Abstand hält. Wenn er durch Notwendigkeit oder seine eigenen Forderungen getrieben wird, sich einem annehmbaren Verhaltensstandard anzunähern, versucht der Neurotiker zwar scheinbar, sich anzupassen, aber in Wirklichkeit tut er nichts dergleichen: Er beantwortet die neuen Anforderungen mit automatischen Reaktionen und längst eingeübten Haltungen, unter deren Schutz er jeden wahren Kontakt vermeidet. Er mag sich oberflächlich im Gespräch oder in gewohnheitsmäßigen Formen der Kooperation unter die Menschen mischen, aber er tut das nach Maßgabe der von ihm etablierten Mechanismen, und hinter diesem Schutzschild zieht sich seine Psyche in ihre geheime Festung zurück. Dieses Verhalten zeigen Neurotiker, Psychotiker und Problemkinder unausweichlich, denn es ist ein notwendiges Ergebnis ihrer Vergangenheit. Die künstlichen Einstellungen, die sie sich ausgeklügelt haben, sind die logische Folge einer falschen Erziehung, und wenn wir versuchen, diese Folgen zu korrigieren, können wir kaum etwas erreichen. Wir müssen an den tieferen Beweggründen, am zugrunde liegenden Lebensstil etwas ändern, dann wird der Patient all seine Lebensaufgaben aus einem neuen Blickwinkel sehen. [20]

Die drei Lebensprobleme, die ich bereits geschildert habe, müssen von jedem Menschen so oder so gelöst werden, denn das Individuum steht in einer dreifachen Beziehung zur Welt. Niemand kann sich vor einer definitiven Antwort zur Frage der Gemeinschaft, des Berufs oder der Sexualität drücken. Wer sich mit der Gesellschaft anfreunden, mit Zuversicht und Mut einer sinnvollen Beschäftigung nachgehen und sein Sexualleben im Einklang mit einem guten

Gemeinschaftsgefühl einrichten kann, ist gegen die neurotische Infektion immun. Wer es aber versäumt, sich einer oder mehreren dieser unabdingbaren Fragen zu stellen, hüte sich vor Minderwertigkeitsgefühlen und der daraus resultierenden Neurose. Schizophrenie ist die Folge eines Versagens in allen drei Richtungen zugleich.

Der Junge, dessen Fall wir betrachten, war nicht darauf vorbereitet, mit diesen unausweichlichen Problemen fertig zu werden. Von unserem Standpunkt aus ist es offensichtlich, dass er in diesem späten Stadium seiner Entwicklung eine Umerziehung benötigte, ein Vorgang, der eine spezielle Methode erfordert. Der Arzt sollte sich am besten von Anfang an klar machen, dass nichts erzwungen werden kann. Der Patient muss freundlich angesprochen und zu einer aufnahmebereiten Haltung überredet werden. Die Aufgabe des Arztes oder Psychologen besteht eigentlich darin, dem Patienten Erfahrung im Umgang mit einem Mitmenschen zu verschaffen und ihm dann zu ermöglichen, sein erwachtes Gemeinschaftsgefühl auf andere zu übertragen.

Die Methode, den guten Willen des Patienten zu gewinnen und diesen dann auf dessen Umgebung zu übertragen, ist streng analog zur Funktion der Mutter. Die soziale Pflicht der Mutterschaft ist es, dem Individuum die Gemeinschaft zu deuten, und wenn die Mutter versagt, so fällt diese Pflicht sehr viel später dem Arzt zu, der für diese Aufgabe weit weniger gut gerüstet ist. Die [21] Mutter hat den enormen Vorteil der körperlichen und seelischen Beziehung; sie gewährt die tiefste Erfahrung der Liebe und Verbundenheit, die das Kind je erleben wird. Sie hat die Pflicht, das heranwachsende Kind seelisch an sich zu binden, so wie es zuvor körperlich an sie gebunden war, wobei sie sein wachsendes Bewusstsein mit wahren und normalen Vorstellungen von Gemeinschaft, von Arbeit und von Liebe versorgt. Auf diese Weise transformiert sie nach und nach die Liebe des Kindes zu ihr und seine Abhängigkeit von ihr zu einer wohlwollenden, zuversichtlichen und verantwortungsvollen Einstellung zur Gesellschaft und zur gesamten Umwelt. Dies ist die zweifache Funktion der Mutterschaft: dem Kind die umfassendste Erfahrung der menschlichen Zusammengehörigkeit zu verschaffen und diese dann zu einer Lebenseinstellung gegenüber den anderen auszuweiten.

[Die dominierende Frau mit einer Melancholie][5]

[22]Eine höchst intelligente Frau von sechsundvierzig Jahren hatte acht Jahre, bevor sie mich aufsuchte, drei Jahre lang an Melancholie gelitten. Sie hatte mit 16 geheiratet, und weil sie in den ersten zehn Ehejahren keine Kinder bekam, adoptierte sie ein Kind, verschwieg ihm aber, dass sie nicht seine wahre Mut-

---

5 [Überschrift von Ansbacher]

ter war. Eine solche Situation macht das Kind in der Regel später unglücklich. Danach bekam sie zwei eigene Töchter. Nach der Heirat arbeitete sie im Büro ihres Mannes, sie wusste demnach alles über seine Angelegenheiten, und als er nach ein paar Jahren einen Partner in das Geschäft aufnahm, ging sie nicht mehr gern ins Büro, weil ihre Bedeutung nunmehr gemindert war. Sie stritt unaufhörlich mit dem Partner, bis ihr Vater krank wurde; daraufhin zog sie sich aus dem Geschäft zurück, um ihn zu pflegen, und sobald sich der Vater [23] erholt hatte, verfiel sie in Melancholie. Sie verdächtigte ihren Mann, Geschäftsangelegenheiten vor ihr zu verheimlichen, und weinte, wenn er ihr nicht sofort alles erzählte, was sie wissen wollte. Sie hatte es darauf angelegt, ihren Mann zu dominieren, und durch ihr Weinen versuchte sie, ihn zu unterwerfen. Weinen ist in der Regel eine Anklage gegen einen anderen Menschen. Das Geschäft ihres Mannes lief finanziell befriedigend, und es war nicht nötig, sie über alle Einzelheiten auf dem Laufenden zu halten, aber sie fühlte sich ausgeschlossen und unterlegen, wenn sie nicht genau Bescheid wusste.

Sie war eine starke Frau, die einen schwachen Mann geheiratet hatte, um ihn zu beherrschen, und natürlich beweist man durch die Wahl eines gleichgestellten Partners mehr Mut. Die Ehe ist eine konstruktive Aufgabe für zwei Menschen, die entschlossen sind zusammenzuleben, um einander das Leben zu erleichtern und zu bereichern; und wenn sich jemand einen schwächeren Partner auswählt – aus einer niedrigeren Gesellschaftsschicht oder mit Lastern wie Alkoholismus, Morphinismus oder Faulheit behaftet – in der Hoffnung, ihn »zu retten«, dann verrät er damit das heimliche Verlangen nach Dominanz.

Diese Frau zeigte deutliche Anzeichen einer echten Melancholie. Sie nahm beständig ab, konnte nicht schlafen und war morgens stets deprimierter als abends. Sie fürchtete, die ganze Familie werde Armut und Hunger leiden müssen. Bei der Behandlung des Falls verfolgte ich zunächst das Ziel, die Patientin mit ihrem Mann zu versöhnen. Ich versuchte ihr zu zeigen, dass ihr Mann älter wurde, dass sie nicht böse auf ihn sein, sondern diplomatischer mit ihm umgehen sollte. Ich erklärte ihr, dass es bessere Methoden gibt, ihn gefügig zu machen, als das Weinen, dass der Schwächere immer irgendeinen Widerstand aufbaut, weil niemand unaufhörliche Dominanz erträgt, und dass Menschen einander als gleichberechtigt behandeln müssen, wenn sie harmonisch zusammenleben wollen. [24]

Bei der Behandlung von Neurotikern benutze ich immer eine möglichst einfache und direkte Methode, aber es hätte keinen Sinn, der Patientin in diesem Fall zu sagen: »Sie sind eine dominierende Frau, und nun versuchen Sie, mittels einer Krankheit zu herrschen«, denn dann wäre sie beleidigt. Ich muss sie zunächst gewinnen und so weit wie möglich für sie Partei ergreifen. Jeder Neurotiker hat teilweise recht. Wenn diese Frau sich nicht durch ihr fortschreitendes Alter ihres Wertes beraubt fühlen würde – ein realer Verlust für Frauen in unserer heutigen Kultur –, würde sie sich nicht in so ungebührlicher Weise an ihr Prestige klammern. Aber ich kann sie nur ganz allmählich dazu bringen, sich der Tatsache zu stellen, was sie da tut.

Gleichzeitig entwickelte diese Patientin einen Schuldkomplex – was in so einer Situation häufig vorkommt. Sie erinnerte sich, dass sie ihren Mann vor etwa fünfundzwanzig Jahren mit einem anderen betrogen hatte; all die Jahre lang hatte dieses Ereignis keine weitere Rolle in ihrem Leben gespielt, aber jetzt erzählte sie ganz plötzlich ihrem Mann davon und machte sich Vorwürfe. Dieser sogenannte Schuldkomplex, den wir durch die *Freud*'sche Deutung völlig missverstehen würden, war ganz klar ein Angriff gegen den Ehemann, der nicht länger gehorchte. Durch das Geständnis und die Selbstanklage konnte sie ihn verletzen. Wer ist so einfältig zu glauben, dass sich hier nach einem Vierteljahrhundert die erhabene Wahrheit behauptet? Die Wahrheit ist in vielen Fällen eine grauenhafte Angriffswaffe. Mit der Wahrheit kann man durchaus lügen und sogar töten.

Nietzsche, der einen durchdringenden Blick hatte und denselben Standpunkt einnahm wie die Individualpsychologie, bezeichnete das Schuldgefühl als reine Bosheit.[6] Und in der Mehrzahl der Neurosefälle wird ein Schuldkomplex dazu eingesetzt, um seinen Träger auf der nutzlosen Seite des Lebens zu fixieren. [25] Das zeigt sich häufig bei einem Kind, das eine Lüge erzählt, deshalb einen Schuldkomplex bekommt und sich durch dieses Arrangement in der Rolle der Nutzlosigkeit Anerkennung verschaffen kann. Jeder wird von seiner Ehrlichkeit beeindruckt sein, wenn es sich wegen einer Flunkerei solche Sorgen macht.

Kapitel III. Mangel an Gemeinschaftsgefühl

[40] Ein (solcher) Patient soll mithilfe des Arztes in der Lage sein, sein Verhalten zu erkennen und sein egozentrisches Interesse auf das gesellschaftliche Leben und auf nützliche Aktivitäten zu erweitern. Dies ist eine Kunst, die der Individualpsychologe durch Übung und Zusammenarbeit trainieren muss, denn Wissenschaft und prinzipielles Wissen werden ihn niemals dazu befähigen, das dazu nötige volle Vertrauen zu gewinnen. Bei dem gerade geschilderten Patienten musste ich beispielsweise in der ersten Viertelstunde seines Besuchs ganz genau diese Art der Überlegenheit erkennen, auf die sein Lebensstil ausgerichtet war. Wäre ich darin gescheitert, hätte ich mit Sicher-

---

6 [Vgl. Nietzsche 1888/1980, S. 278: »Nach dem, was man darüber hört, scheint mir ein Gewissensbiss nichts Achtbares [...] Man verliert beim schlimmen Ausgang gar zu leicht den richtigen Blick für das, was man tat: ein Gewissensbiss scheint mir eine Art böser Blick.«]

heit auf der Stelle Widerstand hervorgerufen. Schritt für Schritt musste ich ihn dazu bringen, seine Schwierigkeiten in der Kindheit einzuräumen, damit er selbst, mit mehr oder weniger Bedauern, seine tiefen Gefühle der Wertlosigkeit im Vergleich zu seinem Bruder enthüllen konnte. Auf diese Weise war es leichter für ihn, sich einzugestehen, wie er seinen Vater mit seiner Ehrlichkeit beeindruckt hatte und wie er sich selbst ins Rampenlicht gerückt hatte.

Weil die Methode der Individualpsychologie die Einräumung und Korrektur von Fehlern erfordert, die dem Patienten nach wie vor lieb und teuer sind, verlangt sie vom Arzt größtes Geschick. Wir wollen keineswegs leugnen, dass andere Richtungen der Psychiatrie bei der Behandlung von Neurosen ihre Erfolge verzeichnen, aber nach unserer Erfahrung liegt das weniger an ihren Methoden als daran, dass der Patient eine menschlich gute Beziehung zu dem Arzt aufbauen konnte und dass er vor allem ermutigt wurde. Es ist eine Tatsache, dass ein Quacksalber oder ein Osteopath zuweilen die Lebenseinstellung eines Menschen ganz erheblich verbessert; dasselbe kann eine Wallfahrt nach Sainte-Anne-de-Beaupré[7], ein Anhänger der Christian Science, ein *Émile Coué*[8] *[41]* oder ein Besuch in Lourdes bewirken. Aber wir bleiben bei der Überzeugung, dass die Heilung aller psychischen Störungen durch den einfacheren, aber auch arbeitsreicheren Prozess erfolgt, durch den der Patient seine eigenen Fehler einsehen lernt.

Kapitel V. Neurotischer Lebensstil und Psychotherapie

[70] Bei den ersten Gesprächen mit einem Patienten müssen wir feststellen, ob es sich tatsächlich um eine Neurose handelt. Nachdem ich gehört habe, unter welchen Beschwerden der Patient leidet, gehe ich *[71]* nach einer von zwei Methoden vor. Wenn ich vermute, dass keine echte organische Störung vorliegt, kann ich diesen Aspekt des Falles vorläufig außer Acht lassen und erkundige mich genauer nach den Umständen und dem Lebensstil. Wenn hingegen eine offensichtlich organische Störung vorhanden ist, so erwäge ich, ob die Beschwerden und das Leiden größer sind, als die Krankheit an sich rechtfertigen würde, das heißt, ob es sich um eine Kombination von organischer und psychischer Krankheit handelt. Ich habe zum Beispiel schon oft stärkere Schmerzen beobachtet, als die Krankheit erwarten lässt, und auch eine unerklärliche Aufregung, die mit einer schweren Krankheit einhergeht und die das Fieber verstärken kann. Bei organischen Erkrankungen schwankt auch der Appetit je nach den allgemeinen Aussichten, und eine schwere Krankheit

---

7 [Einer der bedeutendsten katholischen Wallfahrtsorte Nordamerikas, 30 km nordöstlich von Quebec, Kanada]

8 [Émile Coué (1857–1926), französ. Apotheker und Begründer der Autosuggestion]

kann sich länger als nötig hinziehen oder sogar unheilvoll beeinflusst werden, wenn der Patient pessimistisch ist oder psychisch lethargisch wird.

In diesen Fällen ist es dringend geboten, herauszufinden, ob der Patient vor einem Problem steht, das er glaubt nicht lösen zu können. Natürlich erfahren wir das kaum auf direktem Wege. Wenn möglich, bespreche ich den Lebenslauf des Patienten von frühester Kindheit an mit ihm und achte besonders auf Vorfälle oder Phasen, die das schmerzlichste Gefühl der Schwäche und Machtlosigkeit offenbaren oder verhüllen; gleichzeitig richte ich das Augenmerk auf Anzeichen einer Organschwäche. Wo wir eine Neigung entdecken, zögerlich oder stockend zu sprechen oder auszuweichen, haben wir zugleich einen Anhaltspunkt für die gegenwärtige Situation. Wenn sich herausstellt, dass die Krankheit sowohl organisch als auch psychisch ist, muss die Behandlung an beiden Fronten zugleich ansetzen. Falls die Störung vorwiegend oder ganz psychischer Natur ist, erkläre ich dem Patienten, was ich seit dem ersten Gespräch festgestellt habe, aber so, dass es nicht entmutigend wirkt, und ich achte sorgfältig darauf, dem Patienten nichts mitzuteilen, was er noch nicht verstehen kann. *[72]*

Um meine Befunde zu verifizieren, überprüfe ich ein Indiz anhand eines anderen, wobei ich dem Patienten Informationen unterschiedlichster Art entlocke. Zum Beispiel frage ich: »Was würden Sie tun, wenn ich Sie sofort heilen würde?«, und darf damit rechnen, dass diese Frage einen Hinweis auf ein gegenwärtiges, noch nicht besprochenes Problem nach sich zieht. Ich frage nach den frühesten Erinnerungen des Patienten, um Aufschluss über die beherrschenden Interessen im Leben zu erhalten. Um zu verstehen, was geschieht, achte ich darauf, welche Aktivitäten, mit denen man normalerweise rechnen darf, vom Patienten gemieden werden. Gleichzeitig frage ich mich gewissenhaft, ob ich derselbe Typ wäre wie der, den ich vor mir zu haben glaube, wenn ich unter denselben Umständen existieren und demselben Lebensstil folgen würde. Sobald ich seine Lebensumstände verstanden habe, erforsche ich, ob die Gedanken, Gefühle, Handlungen und Charakterzüge des Patienten allesamt darauf hinwirken, das gegenwärtige Problem zu vermeiden oder wenigstens aufzuschieben. Die gesammelten Erfahrungen der Individualpsychologen rechtfertigen, dass wir nach dieser Einheit im Lebensplan suchen; auch ist eine umfassende Kenntnis der Literatur und der Arbeitstradition der Individualpsychologie sehr wertvoll für die Diagnose, denn sie hilft uns, die typischen neurotischen Faktoren zu erkennen, zum Beispiel das fehlende Gemeinschaftsgefühl, den Mangel an Mut und Selbstvertrauen und die Ablehnung des Common Sense. So können wir den Lebensstil besser begreifen; und wenn wir jeden Eindruck anhand anderer Eindrücke überprüfen und verifizieren, gelangen wir nicht zu fehlgeleiteten Verallgemeinerungen.

In der Diskussion kommt unweigerlich ein betontes »Wenn« zum Vorschein. »Ich würde heiraten, wenn«, »Ich würde meine Arbeit wieder aufnehmen, wenn« oder »Ich würde meine Prüfung ablegen, wenn« und so weiter. Der Neurotiker hat immer einige mehr oder weniger einleuchtende Gründe gesammelt, um seine Flucht vor den Herausforderungen des Lebens zu rechtfertigen, aber ihm ist nicht klar, was er da tut. Der Patient muss sehr *[73]* behutsam geführt werden, und es obliegt dem Psychologen, den Patienten in der Fähigkeit der einfachen und direkten Erklärung zu schulen.

Der Psychotherapeut muss jeden Gedanken an sich und alle Empfindlichkeit wegen seiner Vormachtstellung ablegen und darf nie etwas von dem Patienten verlangen. Er übernimmt verspätet die Funktion der Mutter, und er muss sich mit entsprechender Hingabe den Bedürfnissen des Patienten widmen. Was die Freudianer Übertragung nennen (sofern wir diese abgesehen von den sexuellen Implikationen erörtern können) ist nichts anderes als Gemeinschaftsgefühl. Das Gemeinschaftsgefühl des Patienten, das immer in gewissem Maße vorhanden ist, findet den bestmöglichen Ausdruck in der Beziehung zum Psychologen. Die sogenannte »Abwehr« ist nur fehlender Mut, auf die nützliche Seite des Lebens zurückzukehren: was den Patienten veranlasst, einen Widerstand gegen die Behandlung aufzubauen, weil er fürchtet, dass seine Beziehung mit dem Psychologen ihn zu einer nützlichen Aktivität zwingen werde, bei der er versagen könnte. Aus diesem Grund dürfen wir einen Patienten nie zwingen, sich nützlich zu machen, sondern sollten ihn äußerst behutsam zu einer Herangehensweise führen, die ihm möglichst leicht fällt. Wenn wir Zwang anwenden, wird der Patient auf jeden Fall ausweichen. Ich selbst halte es so, dass ich nie die Ehe oder freie Beziehungen empfehle. Das zieht nach meiner Erfahrung schlechte Resultate nach sich. Ein Mensch, dem man sagt, er solle heiraten oder sexuelle Erfahrungen machen, entwickelt höchstwahrscheinlich Impotenz. Die erste Regel in der Behandlung besteht darin, den Patienten zu gewinnen; die zweite lautet, dass sich der Psychologe nie über seinen eigenen Erfolg Gedanken machen sollte; wenn er es tut, hat er ihn schon verwirkt.

Dass jede Nötigung abgelegt wird und die freiest mögliche Beziehung entsteht – das sind die unverzichtbaren Voraussetzungen zwischen Patient und Arzt. Denn eine Heilung hängt davon ab, dass sich beide im Verständnis des Zieles einig sind, das der Patient verfolgt und das bisher *[74]* ein streng gehütetes Geheimnis war. Ich habe bereits darauf hingewiesen, dass die Wahrheit, die dem individuellen Lebensstil zugrunde liegt, unverzichtbar ist für die Behandlung von Trunksucht, Morphiumabhängigkeit und ähnlichen Gewohnheiten. Nur das Gift zu entziehen und ein paar ermutigende Worte zu sprechen ist sinnlos. Der Patient muss erkennen, warum er angefangen hat zu trinken. Es genügt auch nicht, wenn der Patient die allgemeinen Prinzipien der Individualpsychologie anerkennt, die besagen, dass Trinker den sozialen Mut und das soziale Interesse verloren oder der Angst vor einer drohenden Niederlage erlegen sind. Der Arzt kann leicht sagen und der Patient leicht glauben, dass er wegen eines auf die Kindheit zurückgehenden Minderwertigkeitsgefühls angefangen hat zu trinken, aber es kommt nichts dabei heraus, wenn es bloß so hingesagt ist. Der Arzt muss die spezielle Struktur und Entwicklung dieses individuellen Lebens mit solcher Genauigkeit erfassen und mit solcher Klarheit ausdrücken, dass der Patient weiß, er wurde genau verstanden, und seinen Fehler erkennt. Wenn Patienten oder Ärzte zu mir kommen und behaupten: »Wir haben alles erklärt« oder »Wir verstehen es genau und haben doch keinen Erfolg«, erscheinen mir diese Aussagen lächerlich. Wenn ich mich mit einem solchen gescheiterten Anlauf befasse, stelle ich immer fest, dass weder Arzt noch Patient die Angelegenheit verstanden haben und dass nichts erklärt wurde. Es kommt vor, dass sich der Patient unterlegen und durch den Arzt unterdrückt fühlt und alle wahren Erklärungen abgewehrt hat. Gelegentlich wird der Spieß umgedreht, und der Patient behandelt den Arzt! Nicht selten bringt ein unerfahrener Arzt dem Patienten die Theorien der Individualpsychologie nahe, indem er ihm erklärt: »Ihnen fehlt der soziale Mut, Sie interessieren sich nicht für andere, Sie fühlen sich minderwertig«, und so weiter, was mehr als nutzlos ist. Eine echte Erklärung muss so klar sein, dass der Patient darin sofort seine eigene Erfahrung erkennt und fühlt.

32. Die Individualpsychologie in der Neurosenlehre (1929)

Editorische Hinweise
Erstveröffentlichung:
1929f: Internationale Zeitschrift für Individualpsychologie 7, S. 81–88
Letztveröffentlichung:
1982a: Psychotherapie und Erziehung, Bd. 1 (1919–1929), S. 238–248

Der Aufsatz geht auf einen Vortrag zurück, den Adler im Verein für Innere Medizin und Kinderheilkunde in Berlin am 17. Dezember 1928 gehalten hat.

Die seelische Überlastung der Neurotiker in ihrer Kindheit und ihr verstärktes Minderwertigkeitsgefühl ist nach Adler zurückzuführen auf die Auswirkung eines minderwertigen Organs oder auf die Erfahrung von Verwöhnung oder Hass. Adler lehnt das Trauma, vor allem das sexuelle Trauma, als Ursache der Neurose ab, weil starke affektive Erlebnisse niemals Ursachen seien, sondern erst durch den bereits vorgebildeten Lebensstil in diesen Zusammenhang gebracht würden.

In jedem Phänomen sei neben dem Grad des Gemeinschaftsgefühls das individuelle Streben nach persönlicher Überlegenheit festzustellen. Diese »doppelte Dynamik«, die Adler hier zum ersten Mal erwähnt, zeige sich im neurotischen Symptom genau in der gleichen Weise wie in irgendwelchen anderen Lebensäußerungen. So breche auch die Idee der »Ambivalenz« zusammen, wenn man die gleichlaufenden Linien und Bewegungsformen des Gemeinschaftsgefühls und des Strebens nach Überlegenheit in zwei oder mehreren Ausgestaltungen wahrnehme.

Was in der Entwicklung als sonderbar oder krankhaft erscheint, sei es durch den Mangel an Gemeinschaftsgefühl geworden. Dadurch haben aber laut Adler die bedeutenden Vorarbeiten Freuds nichts an ihrem Wert verloren. Nur sei, was er im Unbewussten fand, nicht Triebfeder, sondern späteres irregeleitetes Machtstreben, assimiliert durch den fehlerhaften, tieferliegenden Lebensstil.

Gemeinschaftsgefühl und das immanente Streben nach der idealen Endform seien »die tiefsten Triebfedern des menschlichen Seelenlebens«. Hier geht Adler nochmals (siehe »Liebesbeziehungen und deren Störungen« 1926a, S. 234) auf die Frage ein, ob das Gemeinschaftsgefühl angeboren sei. Seiner Meinung nach könne sich nichts entwickeln, für das nicht Anlagen bestehen.

Die Individualpsychologie in der Neurosenlehre

Unser bewusstes Denken beginnt wohl immer anlässlich einer Schwierigkeit mit einem Akt der Konzentration. Gleichzeitig ist damit gesagt: mit einem Akt der Ausschaltung unwesentlicher oder störender Einzelheiten, die wir als hinderlich finden gegenüber der Lösung von brennenden Aufgaben. Nun sind wir freilich reichlich gesegnet mit Schwierigkeiten aller Art. Dementsprechend der große Umfang unseres bewussten Denkens. Wäre einer den Forderungen des Lebens vollkommen und in jeder Richtung angepasst – wie es das menschliche Individuum vielleicht am wenigsten unter allen Lebewesen ist –, so könnte sein Leben bewusstseinslos verlaufen wie ein mechanischer Prozess im Bilde der gelungenen Vollwertigkeit. Da dem erfreulicherweise nicht so ist, so stehen wir stets vor Problemen, die wie eine Testprüfung auftauchen. Unsere Antwort zeigt den Grad unserer Vorbereitung, zeigt unsere erworbene Geschicklichkeit, Leistungsfähigkeit, Mut, Verstand, Charakter und Moral.

So viele der Fragen und Schwierigkeiten das Leben des Einzelnen auch bietet, sie wären scheinbar einfach zu lösen, wenn wir richtig vorbereitet wären. Dann würden unsere Antworten und Lösungen auch »richtig« ausfallen. Die für die Individualpsychologie gestellte Frage war demnach die: 1. Welcher Art sind die Probleme des Lebens? Gibt es nicht bei all ihrer Mannigfaltigkeit eine unerlässliche Voraussetzung? 2. Was geschieht, wenn in der Bereitschaft des Individuums diese Hauptvoraussetzung nicht erfüllt ist?

Für die erste Frage ergab sich eine überraschende Lösung. Es gibt keine anderen Fragen in unserem Leben als solche der *sozialen Stellungnahme*. Ob einer eine wertvolle Arbeit verrichtet, eine Erfindung macht, eine wissenschaftliche Leistung vollführt – wertvoll, gut, richtig wird nur jene Tat sein, die der Allgemeinheit nützlich ist. Wie einer zum anderen steht, in Kameradschaft, Freundschaft, Geselligkeit, dies alles mit allen unmittelbar damit verknüpften Charakterzügen, Tugenden, Wahrheitsliebe, Offenheit, Interesse am andern, an seinem Volke, an der Menschheit – in allen diesen Stellungnahmen schwingt der Grad seiner Anschlussbereitschaft, seiner Vorbereitung fürs Leben, für die Gemeinschaft mit. Unsere Sinnesorgane arbeiten auf Verbindung hin, die Augen, Ohren, der Tastsinn. Ihr Sinn, der häufig verfehlt wird, ist soziale Verknüpfung, Aufnahmebereitschaft. Die Sprache, alle Ausdrucksbewegungen, richtige und unrichtige, »gesunde« und neurotische, spiegeln den Grad der Anschlussbereitschaft wider. Der Verstand hat All[82]gemeingültigkeit, jede Moral will Spielregeln geben zum Nutzen der Gemeinschaft, die ästhetischen Gefühle und Urteile sind durchsetzt von einem Blick in die Zukunft der Menschheit; sie wollen Ewigkeitswert und weben an dem Traum einer schöneren, gesünderen Welt. Politische, religiöse Stellungnahme zielt auf das Wohl der Gesamtheit oder eines Teiles derselben. Liebe und Ehe sind in ihrer natürlichen und deshalb höchsten Entfaltung soziale

Bindungen der Geschlechter zwecks beiderseitiger Glücksbefriedigung und Fortdauer des Menschengeschlechts. Auch in das sexuelle Bezugssystem der Zweigeschlechtlichkeit tritt ordnend und lösend das Gemeinschaftsgefühl ein zum Zwecke der Nützlichkeit für die Allgemeinheit und verpönt den Inzest und die sexuellen Perversionen.

Die körperliche Schwäche des Einzelmenschen der Natur gegenüber, die allzu große Beschränktheit auf diese arme Erdkruste setzen das Zusammengehörigkeitsgefühl zwecks Lebenserhaltung voraus und erzwingen eine Ausgestaltung der Kultur und eine Organisation der Arbeitsteilung. Eine Steigerung erfährt dieses Kontaktgefühl durch die Notwendigkeit der Sorge um die schwangere Frau, um den langsam wachsenden Säugling und die lange Unselbstständigkeit des Kindes. Wahrscheinlich ist es die Schwäche und Minderwertigkeit des Menschen überhaupt, sein Wissen um den Tod und um drohende Gefahren, die als unumgängliche Ergänzung und Erlösung das Gemeinschaftsgefühl erzeugen.

An dieser Stelle kann ich es mir nicht versagen, auf den, wie ich glaube, müßigen Einwand einzugehen, ob denn das Gemeinschaftsgefühl angeboren sei. Die gleichen Schwierigkeiten sehen viele Autoren in Betreff der Frage angeborener seelischer Eigenschaften überhaupt. Es scheint mir klar zu sein, dass sich nichts im menschlichen Seelenleben entwickeln könnte, für das nicht Anlagen, Möglichkeiten, Hinneigungen bestehen. Die Entwicklung von Charakterzügen, Eigenarten und Fähigkeiten hängt wohl in erster Linie von ihrer Pflege, ihrem Training und der *Methode* ab.

Das Kind kommt in seiner abgegrenzten Sphäre bereits am ersten Tage zu einem Training seiner seelischen Möglichkeiten. Die Beziehung zur Mutter, zu älteren und jüngeren Geschwistern, zum Vater und zu Außenstehenden, zu den Aufgaben seines Lebens, zu den Förderungen und Verhinderungen bringt ihm ein Training bei, das bald zu einer *Mechanisierung* seiner Lebensform reift. Es wird sich in mehr oder weniger ähnlichen Lebenslagen, angenehmen wie unangenehmen, immer ähnlich verhalten. Die schwachsinnigen Kinder, gehirnkranke also, muss ich hier ausschalten, weil ihr geistiges Training zu wenig mit den Tatbeständen rechnet. Sonst aber wirkt die Umgebung mit ihren Lehren, mit ihren Beispielen, noch mehr mit schwerer fassbaren Einflüssen richtunggebend. Haben wir hier schon mit angeborenen Möglichkeiten und mit dem Milieu zu rechnen, so wird unser Gebiet noch vielfach komplizierter, weil in der Art des Trainings eine große Möglichkeit von kindlichen Irrtümern steckt. Aus letzterem Grunde ist die fehlerhafte Entwicklung eines Kindes nicht im Voraus berechenbar. Das Seelenproblem lässt sich nicht mathematisch oder vom kausalen Standpunkt aus lösen. [83]

Diese Irrtumsmöglichkeiten im Aufbau des Lebensstils liegen offenbar den *größeren* Zusammenstößen und Spannungen zugrunde, die später im Leben, sobald seine Aufgaben sicht- oder fühlbar werden, zu auffälligen Erscheinungen, Symptomen werden. Es lässt sich an dieser Stelle schon behaupten: Wenn es nur solche Fragen im Leben gibt, zu deren ungefährer Lösung ein gewisser Grad von Gemeinschaftsgefühl gehört, wenn dieser Grad des Gemeinschaftsgefühls, schon frühzeitig festgelegt, im mechanischen Lebensstil aufgeht, dann wird der Zusammenstoß der irrtümlich aufgebauten, des Gemeinschaftsgefühls allzu sehr entbehrenden Lebensform stets vor den drängenden Fragen des Lebens erfolgen, die eben diesen Grad von Interesse für die andern erfordern. Denn dann hat dieser Mensch nicht, womit er zahlen soll.

Dagegen scheint jetzt die Frage bezüglich angeborener seelischer Eigenschaften, von Plus- oder Minusvarianten, von Eigenarten der Triebe, der Instinkte, der Heredität überhaupt, vollkommen wertlos. Wenn wir es in der Hand haben – und das ist nach den erzieherischen Erfahrungen der Individualpsychologie durchaus sicher –, das Kind in der Richtung zum Mitmenschen zu entwickeln, dann würde es auch leicht gelingen, hereditäre Anlagen dem Gemeinwohl dienlich zu machen, wenn solche wirklich eine Rolle im Seelenleben spielen sollten, sie zu sublimieren, wie *Nietzsche* es nennt,[1] sie zweckdienlich auszugestalten, wie es *Fourier* in seinem System der Phalansteren[2] beschrieb. Beides hieße, sie mit Gemeinschaftsgefühl zu erfüllen.

Die Hereditarier[3], Trieb- und Instinktpsychologen machen es sich allzu leicht. Wo Fehlschläge sichtbar werden, suchen sie nach dem hereditären oder Triebeinschlag. Beide bemerken nicht, dass in ihrer Rechnung immer das fehlende Gemeinschaftsgefühl die Hauptrolle spielt. Sie vermeinen beide, an der Wurzel des Übels zu forschen, ganz in der Tiefe, ohne zu sehen, dass sich später – vor den sozialen Fragen – nur abspielt, was dem Mangel menschlichen Interesses zufolge geschieht, wo sich dann alles »unrichtig«, »ungesund«, »unnormal«, »unmoralisch« gestaltet, wo man dann, den Hauptfaktor vergessend, nur Triebe, Heredität, Physiognomik usw. sieht. Ähnlich wie wenn man bei einer Überschwemmung die geschmolzenen Eismassen, die Gewalt des Stromes, seine Windungen und nicht die Schwäche seiner Dämme anschuldigen wollte.

Sapienti sat[4]! Man wird an dieser Stelle verstehen, welches die neuen Gesichtspunkte waren, mit denen die Individualpsychologie die Entwicklung der Neurosenpsychologie zu bereichern trachtete. Bescheidenheit kann aus persönlichem Interesse zu gefallen, aufzufallen ebenso entstehen wie aus Hinneigung zu sozialer Art und Weise. Erotik kann ebenso aus egoistischem

---

1 [Nietzsche 1978/1980, S. 23]
2 [Phalansterium: Von Fourier entworfene Wohnblöcke (Phalanx), zugleich Wohn-, Wirtschafts- und Liebesgemeinschaft (Monasterium)]
3 [Hereditarier: Allgemein Anhänger der Vererbungslehre; speziell bezogen auf Rassen- und Entartungslehre, strikte Vererbbarkeit psychischer und sozialer Merkmale]
4 [Sapienti sat: Dem Wissenden/Weisen genügt es.]

Hang wie aus Zugetanheit entspringen. Freundschaft kann vorgetäuscht sein, um andere zu beherrschen, Angst und Schwächegefühle können geübt und trainiert sein, um den Beistand anderer zu erzwingen. Wer tief genug zu sein glaubt, wenn er das »Triebbündel« erhascht, ist noch lange an der Oberfläche.

In allen Fehlschlägen des menschlichen Seelenlebens ist stets die tiefste Wurzel der Mangel des Mitlebens, Mitspielens, Mitarbeitens, Mitliebens. Schwererziehbarkeit, Neurose, Neuropsychose, Selbstmord, Verbrechen, Süchte *[84]* aller Art, sexuelle Perversionen, Prostitution – sie alle zeigen uns, wie der Strom des Lebens sein Bett verlassen hat, weil die Dämme zu schwach waren.

Die Individualpsychologie unternahm es, die Dämme zu verstärken. Sicherlich kein durchaus neuer Weg. Vielleicht der Weg, den die strebende Menschheit in Religion, Erziehung, Politik immer zu gehen versucht hat. Vielleicht haben wir nur die Zusammenhänge besser gesehen, weil wir in unheimlicher Vergrößerung in der Neurose sahen, was das Leben auch sonst an Wahrnehmbarem bietet. Und die Therapie der Individualpsychologie forderte Verstärkung der Dämme, Bändigung der elementaren Kräfte in der Erhebung zum allgemeinen Nutzen, wo andere zumeist den Damm für nutzlos hielten oder ihn offen oder heimlich niederreißen wollten, vielleicht im guten Glauben, er[5] könne dann besser Mühlen treiben.

Wir sahen nur, dass später einstürzt, was ursprünglich schwach im Aufbau war, der im Rahmen der Gemeinschaft strebende, aber gemeinschaftslose Mensch. Was sich da im Einsturz zeigt, ist sicherlich der Betrachtung wert. Aber nicht um der Erscheinung willen, als weil zutage tritt, warum das Gemeinschaftsgefühl nicht vollwertig war. In den Angstsymptomen sehen wir das Gefühl der Schwäche und Unsicherheit, das, wie in einer Panikstimmung, ein Interesse für den andern schwer zulässt. In den Zwangserscheinungen finden wir den schwächlichen Versuch, in unnützlichen Leistungen (ohne Gemeinschaftswert) zur Meisterschaft zu gelangen – weil das Zutrauen zu allgemein nützlichen Leistungen zu schwach geraten ist. In der Melancholie zeigt sich der furchtbare Angriff gegen den andern, der über die Zerfleischung der eigenen Person, ähnlich wie im Selbstmord, geht. In der Manie das Strohfeuer leidenschaftlichen, krampfhaften Selbstvertrauens, der Schrei nach Selbstbestätigung des sich Aufgebenden. In der Schizophrenie ist die Ausschaltung des andern auf die höchste Spitze getrieben. Gesellschaft, Beruf, Liebe, die drei großen Lebensfragen, werden mit Erbitterung ausgeschaltet, und mit ihnen geht aller Sinn für das Gemeinschaftsleben (siehe oben: Sprache, Verstand, Moral, sinnvolles Streben) verloren. Immer wieder fanden wir in diesen Erkrankungen den Ausdruck der Entgemeinschaftung, damit auch den Ausdruck der Entmutigung für ein selbstbewusstes Streben.

---

5   [Gemeint ist hier wohl nicht der Damm, sondern der Strom, der Trieb.]

Der Brandherd ist niemals in der Vergangenheit zu finden. Immer bricht die Neurose aus in Hinblick auf eine der bevorstehenden sozialen Fragen, die sich auf Gesellschaft, Beruf oder Liebe beziehen. Die Symptome der Neurose entspringen immer aus der Spannung, in die der zahlungsunfähige Patient gerät. Die wichtigsten Grundformen dieser Spannung, wenn sie sich konkret gestaltet, sind Angst, Wut und Trauer. Der Übermut in der Manie ist, wie ich angedeutet habe, der krampfhafte Versuch, die Angst zu überwinden. Auch die Schwierigkeit, die verschiedenen neurotischen Ausdrucksformen zu erklären, scheinen wir teilweise überwunden zu haben. In dieser Spannung, die das vegetative System ergreift, reagieren verschiedene Menschentypen verschieden, die einen mehr mit dem Magen-Darm-Apparat, andere mit dem Zirkulationssystem, andere mit der Blase oder mit den Sexualorganen. Die erschütterte seelische Haltung des entmutigten Neurotikers sucht nach Stütz[85]punkten für seine Ablehnung der Gemeinschaftsaufgaben, rechtfertigt sie wohl auch bis zu einem gewissen Grade (zum Beispiel Herrschaft über den andern in der Platzangst, abwegige Konzentration und Zwangsgefühle, Phobien, um Aufgaben auszuweichen, Perversionen zum selben Zweck). Was die Erregung des Sympathikus und Parasympathikus durch Emotionen anlangt, so stehen wir hier offenbar vor einer letzten unlösbaren Frage. Wir wissen, dass es geschieht, aber wir werden nie wissen, wie es geschieht. Auch wenn sich bestätigen sollte, dass die Emotionen auf die endokrinen Drüsen wirken (Nebenniere, Thyreoidea, Sexualdrüsen usw.), mehr als deren größere Anfälligkeit, vielleicht infolge ihrer Minderwertigkeit, vielleicht infolge einer Minderwertigkeit der zuführenden Stränge des vegetativen Systems, werden wir nie erfahren.

Aber den größten Teil der zum Ausdruck gelangenden nervösen Symptome finden wir wurzelnd, angedeutet im frühen mechanischen Lebensstil. Es war einer der ersten Befunde der Individualpsychologie, in denen wir festgestellt haben, wie oft sich nervöse Störungen, funktionelle Neurosen im Gebiete hereditär minderwertiger Organe und Organsysteme einstellen. Oft konnten wir zeigen, dass sich das Bild der Neurose in der neurotischen Funktion des ursprünglich schwachen Organs gestaltet, und kamen so zu dem erst später gerechtfertigten Schluss (siehe *Adler*, »Studie über Minderwertigkeit von Organen« [1907a/1977b]), dass der Besitz minderwertiger Organe, auch endokriner Drüsen, eine Disposition zur Neurose schafft. Eine Reihe späterer Befunde, auch die *Kretschmers*, wiesen denselben Weg. Aber wir konnten Wichtigeres feststellen: dass der Besitz minderwertiger Organe durch die oft große, andauernde Überbelastung des Kindes infolge von Krankheiten, Leiden, Schwäche und einseitigem Interesse *die Entwicklung des Interesses für andere, des Gemeinschaftsgefühls, behindert*. Wir möchten nur gleich die Bedeutung der Heredität, die in dieser Feststellung zu liegen scheint, wieder abschwächen. Denn es ist leicht zu verstehen, dass zum Beispiel Linkshänder wohl unter der gleichen, hereditär geschaffenen Belastung leiden und bezüglich ihres Gemeinschaftsinteresses Gefahr laufen, dass wir aber bei Anwendung einer *geeigneten Methode* die Gefahren dieser Belastung vermeiden können. Dasselbe gilt bis zum Grade unserer bisherigen medizinischen Kenntnisse für alle andern minderwertigen Organe. Und ferner möchten wir hervorheben, dass ein annähernd normales Kind bei unzweckmäßiger Ernährung die gleiche Belastung erlebt wie ein solches mit minderwertigem Magen-Darm-Trakt. Es zeigt sich hier wieder die Grundauffassung der Individualpsychologie, nach welcher weder das Organ noch das Milieu allein Ursache von Fehlschlägen sein können, sondern dass die Spannung aus beiden plus den irrtümlichen seelischen Auswirkungen den wesentlichen Faktor abgeben.

Einmal so weit, war der weitere Weg gegeben. Wir hatten die seelische Überlastung von Neurotikern in ihrer Kindheit auch in anderen Situationen aufzusuchen, die der Entwicklung des Gemeinschaftsgefühls hinderlich sind, und fanden sie bei zwei andern Typen in mannigfach variierender Weise. Bei den »verwöhnten« und bei den »gehassten« Kindern. Beide können den Anschluss an die Gemeinschaft nicht finden, und in ihrem nach dem vierten bis fünften Lebensjahr mechanisierten Lebensstil ist später kein Platz mehr dafür offen. Nur das richtige Verstehen dieses Mangels kann ein erneutes Training des Gemeinschaftsgefühls zulassen.

In weiterer Verfolgung unseres Weges kamen wir auch zur Ablehnung des Traumas und gar des sexuellen Traumas, wie es nach anderen Auffassungen der Neurose zugrunde liegen sollte. Alle Erlebnisse erwiesen sich als von dem frühzeitig mechanisierten Lebensstil *assimiliert*. Wo wir starke affektive Erlebnisse im Zusammenhang mit der Neurose fanden, dort fanden wir sie niemals als Ursachen, sondern durch den bereits vorgebildeten Lebensstil in den unheilvollen Zusammenhang gebracht. Deshalb konnten wir auch die Bedeutung des Unbewussten für die Neurose bedeutend einschränken. Alle wiedererweckten Eindrücke, Stimmungslagen, Stellungnahmen – immer auch im Bewussten sichtbar – zeigten sich als Fragmente im Aufbau des Lebensstils, immer zugehörig dem verstärkten Gefühl der Minderwertigkeit, das der Organminderwertigkeit, der Verwöhnung und der Unterdrückung entsprungen war. Der scheinbare Widerspruch zwischen Bewusstem und Unbewusstem, die scheinbare Ambivalenz von Gefühlen, Tendenzen, Charakterzügen erwies sich als nicht vorhanden, sobald die Einheit des Lebensstils *verstanden war*.

In den bewussten Ausprägungen sowohl wie in den »unbewussten«, irgendwie aus dem Dunkel der Erinnerung herausgeholten oder erratenen Ausdrucksbewegungen, Erlebnissen, Haltungen und Stellungnahmen zeigt sich immer der gleiche Lebensstil und – worauf es zuerst ankommt: das gleiche in der Neurose stark herabgesetzte – Gemeinschaftsgefühl. Dieses Minus ist es, das – wie früher betont wurde – die mangelhafte Eignung zur Lösung der immer sozialen Lebensfragen ausmacht. Die mangelhafte Eignung aber zeigt sich in der vergrößerten Spannung, die wieder zu den körperlichen und seelischen »Spannungssymptomen« führt. Unmittelbar wirken diese Symptome weiter und ergeben Sperrvorrichtungen, denen zufolge der Patient, wie es sein Lebensstil befiehlt, zögert (Stottern, Angst, Zwangserscheinungen, Phobien usw.), stecken bleibt (Erythrophobie, Platzangst usw.) oder auf die unnützliche Seite des Lebens ausweicht (sexuelle Perversionen, Psychosen, Selbstmord, Verbrechen usw.). Gleichzeitig ist im Bilde der Erscheinungen die Entmutigung sichtbar und der Appell an die Zubilligung mildernder Umstände. In allen Fällen der Neurose spielt die »*Einfühlung*« in die Krankheitssituation als Mittel der *zögernden Attitüde* eine viel zu wenig beachtete Rolle, ebenso in verschiedenem Grade die dem Common Sense (Gemeinschaftsverstand) entzogene private Intelligenz (besonders deutlich in der Psychose).

Nur kurz will ich streifen, was heute nahezu allgemein als Verdienst der Individualpsychologie anerkannt wird, ihre scharfe Betonung der »finalistischen Apperzeptionsweise«. Es ist damit gemeint, dass jedes Individuum aus einem Gefühl der Schwäche und Minderwertigkeit, wie sich dies auch in der körperlichen Entwicklung zeigt, nach einem Ziel einer »*idealen Endform*« strebt, das heißt nach Überwindung aller Schwierigkeiten des Lebens. Befriedigend und zum richtigen Wertgefühl führend kann dies nur auf der nützlichen Seite [87] geschehen, im entwickelten Gemeinschaftsgefühl, wo das Individuum sich als *wertvoll* (das kann nur heißen: wertvoll für die Allgemeinheit) empfindet. Deshalb wird man in der Neurose stets das aus der frühesten Kindheit stammende verstärkte Minderwertigkeitsgefühl wiederfinden, demzufolge der Patient immer nach Erleichterungen (gesellschaftlich, beruflich, in der Sexualität) sucht, seinen Aktionskreis erheblich einschränkt und nicht selten im Todeswunsch diese Sehnsucht nach Erleichterung zum Ausdruck bringt. Aber auch auf der unnützlichen, gemeinschaftswidrigen Seite des Lebens peitscht ihn sein verstärktes Minderwertigkeitsgefühl einem Ziel der freilich nur persönlichen Überlegenheit zu oder dem Schein einer Überlegenheit, die meist auf Kosten der andern gesucht wird. Die dazu am meisten dienlichen Stimmungen und Affekte wie Angst, Wut, Trauer, Schuldgefühle zeigen in ihrer eigenen Dynamik abermals den krampfhaften Versuch von »unten« nach »oben«, aus einem verstärkten Minderwertigkeitsgefühl zur Überlegenheit über den andern, den Gegenspieler, zu gelangen. In jeder seelischen Ausdrucksbewegung ist demnach neben dem Grad des Gemeinschaftsgefühls das individuelle Streben nach Überlegenheit festzustellen und an anderer Stelle zu bestätigen. So werden wir erst beruhigt die Akten schließen, wenn wir diese doppelte Dynamik im neurotischen Symptom genau in der gleichen Weise spielen gesehen haben wie in irgendwelchen anderen Lebensäußerungen.

Das Asylum des »Unbewussten« dürfte durch diese Feststellungen merklich erschüttert sein. Das »Triebhafte« dorthin zu verlegen und es aus dem »Bewussten« zu verbannen, das »Bewusste« in Gegensatz zu bringen zu den

»Komplexen« des »Unbewussten«, erscheint als ein Irrweg. Für den Individualpsychologen existiert dieser Unterschied nicht, weil er alles Bewusstseinsfähige in seinem Zusammenhang verstehen muss. So bricht auch die Idee der »Ambivalenz« zusammen, wenn man die gleichlaufenden Linien und Bewegungsformen des Gemeinschaftsgefühls und des Strebens nach Überlegenheit in zwei oder mehreren Ausgestaltungen wahrnimmt. Höchstens dass durch einen scheinbaren Gegensatz oder Widerspruch (bei Entschlussunfähigkeit, Zweifel oder ergebnislosem Wollen) die zögernde Attitüde ihre Ausgestaltung findet. Das Gemeinschaftsgefühl fängt das gesamte Triebleben am ersten Tage nach der Geburt so sehr in sich auf, dass eine isolierte Betrachtung des Trieblebens ein Unding wird. Was davon als sonderbar, krankhaft, abnormal erscheint, ist es durch den Mangel an Gemeinschaftsgefühl geworden. Letzteres aber und das immanente Streben nach der idealen *Endform* sind die tiefsten Triebfedern des menschlichen Seelenlebens.

Deshalb aber haben die bedeutenden Vorarbeiten *Freuds* nichts an ihrem Wert verloren. Nur ist, was er im Unbewussten fand, nicht Triebfeder, sondern späteres irregeleitetes Machtstreben, assimiliert durch den fehlerhaften, tieferliegenden Lebensstil. Geht man von unserem Standpunkt an die maßvolleren Darstellungen des Ödipuskomplexes heran, an die Theorien der Verdrängung, der Triebverwandlungen, der Zensur, der sexuellen Komponenten, des traumatischen Erlebnisses, so wird man mit leichter Mühe finden, dass *die »unbewussten« Voraussetzungen der Autoren* bei der gleichnishaften Konzeption ihrer [88] Anschauungen immer diese sind: *verstärktes Minderwertigkeitsgefühl, Streben nach persönlicher Überlegenheit, Mangel an Gemeinschaftsgefühl.*

Auch der Hinweis auf archaische Verhältnisse kann die Aufstellung eines »triebhaften Bösen im Menschen« nicht rechtfertigen. Alle glaubhaften Forschungsergebnisse zeigen uns das Bild des »Wilden« als eines Gemeinschaftswesens, wohlbedacht auf die Stärkung des menschlichen Zusammenlebens.

Um auch noch kurz den Beitrag der Individualpsychologie zum Traumverständnis zu berühren, fassen wir diesen dahin zusammen: Der Traum hat die Aufgabe, durch Erzeugung von Gefühlen den Einfluss des Common Sense zu schwächen oder aufzuheben. Deshalb hat er »unverständlich« zu sein und in tendenziöser Weise den Lebensstil des Träumers anlässlich einer bevorstehenden Aufgabe durchzusetzen, wo dies nur durch den »Betrug der Gefühle« und nicht durch verstandesgemäße Überlegung gelingt.

33. Nochmals – die Einheit der Neurosen (1930)

Editorische Hinweise
Erstveröffentlichung:
1930j: Internationale Zeitschrift für Individualpsychologie 8, S. 201–216
Letztveröffentlichung:
1982b: Psychotherapie und Erziehung, Bd. 2 (1930–1932), S. 35–55

Nach Adler sind Gegensätze im Psychischen immer nur Varianten, Ausdrucksformen des Lebensstils. Durch die begriffliche Unterscheidung der äußeren Formen, Bewegungen, Ausdrucksformen und Symptome gerate die Angstneurose in einen Gegensatz zur Zwangsneurose, beide in einen Gegensatz zur Phobie usw. Die scharfe Unterscheidung von »normal« und »abnormal« schaffe einen weiteren scheinbaren Gegensatz. Der menschliche Hang nach Sicherheit lässt es laut Adler begreiflich erscheinen, dass jeder von vornherein den sichernden Ausgangspunkt seiner Betrachtung in der Setzung eines Gegensatzes sucht.

In diesem Beitrag setzt Adler die Konzeptualisierung der Erfahrung, die er in »Die Individualpsychologie als Weg zur Menschenkenntnis und Selbsterkenntnis« (1926k, S. 250) begonnen hatte, fort. Setzung des Gegensatzes gehöre ebenso wie Abstraktion und Ausschaltung zu den ordnenden Funktionen des Denkens, zur Ausgestaltung des Lebensstils, der im Chaos des Lebens Sicherheit gewährt. Erfahrung ebenso wie Begriffsbildung erfolgen immer unter dem Zwang von Abstraktion und Ausschaltung. Sobald der Lebensstil errichtet ist, seien Eindrücke ohne ein vorhandenes Apperzeptionsschema nicht möglich; »der Neurotiker leidet nicht an Reminiszenzen, sondern er macht sie«. Aus dieser Verkennung des Zusammenhangs im Lebensstil erkläre es sich, wie die Psychoanalyse zum Gegensatz des Bewussten und Unbewussten kommen musste, wo die Individualpsychologie das einheitliche Zusammenwirken beider Anteile, ihren gleichgerichteten Verlauf nach dem Ziel der Überlegenheit feststellen konnte. Das Individuum wird nach Adler später im Zusammentreffen mit seinen Lebensproblemen aus dem Bewussten und aus dem Unbewussten diejenige Lösung suchen und finden, die am besten dem Grad seiner Kooperationsfähigkeit entspricht.

Im Unterschied zur Gestaltpsychologie genüge es der Individualpsychologie nicht, den Zusammenhang und die Gestalt zu erkennen, indem zum Beispiel alle Noten auf die Melodie bezogen werden, sondern in der Melodie solle der stellungnehmende Urheber, beispielsweise Bach, Bachs Lebensstil erkannt werden. Das Unbewusste, das sei der Lebensstil. Diese Aussage bereitet noch radikalere Formulierungen vor, unter anderem die Aussage, der Lebensstil sei das Ich (»Der nervöse Charakter« 1931l, S. 451).

Wie sehr Adler sich mit den Patienten identifiziert, zeigen folgende Aussagen:

Ein Fall sei erst dann geklärt, und man könne sich trauen von Heilung zu sprechen, wenn der Therapeut verstehen kann, warum der Patient gerade diese Form des fehlerhaften Agierens gewählt hat. Noch mehr: wenn er sich eingesteht, dass er unter den gleichen Verhältnissen zu der gleichen neurotischen Lebensform gekommen wäre. Damit ist gesagt, dass im seelischen Aufbau ein Irrtum vorliegt, der in einer erschwerten Lebenssituation sich irgendwie bemerkbar machen muss. Wenn es gelungen wäre oder gelingen könnte, dem Patienten ein größeres Gemeinschaftsgefühl beizubringen, könnte er laut Adler der Neurose entkommen.

Nochmals – die Einheit der Neurosen

Dem oberflächlichen Betrachter, der über die Beobachtung der äußeren Formen, Bewegungen, Ausdrucksformen, Symptome nicht hinauskommt und ihnen gemäß seine Orientierung und Namensgebung sucht, scheint die von ihm gewünschte Sicherheit der Unterscheidung gegeben, wenn er wie in einer Gegensätzlichkeit eine Ordnung in einer Namensgebung, in einem Index findet. So kommt die Angstneurose in einen Gegensatz zur Zwangsneurose, beide zur Phobie, diese alle zum manisch-depressiven Irresein, zur Melancholie, zur Dementia praecox, zur Paranoia usf. Und wieder alle diese Ausdrucksformen eines verfehlten Lebensstils geraten unmerklich und unbewusst in einen schroffen Gegensatz zu anderen »unnormalen« Lebensformen, wie Trunksucht, Morphinismus, Verbrechensneigung, sexuelle Perversion usw. Der menschliche Hang nach Sicherheit, nach Überlegenheit über das störende Chaos im Leben lässt es begreiflich erscheinen, dass jeder den sichernden Ausgangspunkt seiner Betrachtung in der Setzung eines Gegensatzes von vornherein sucht, in der scharfen Unterscheidung von »normal« und »abnormal«. Dabei wird fast immer übersehen, dass »die Norm« ein Ziel und niemals Vollendung ist. Wer sich den freien Blick bewahrt, wird sich leicht überzeugen lassen, dass wir immer nur Varianten vor uns haben, niemals Gegensätze.

Aber auch wer geglaubt hat tiefer zu sehen, hat sich zumeist nicht frei gemacht von dieser Neigung zur Gegensätzlichkeit im Ausgangspunkt seines Untersuchens. Wenn ich in der »Studie über Minderwertigkeit von Organen« [Adler 1907a/1977b] für einen großen Teil der Neurosen und Psychosen auf die angeborene Organminderwertigkeit einschließlich der endokrinen Drüsen hingewiesen habe, so stellte ich gleichzeitig den Faktor der trägen Umwelt in Rechnung, die immer mit nahezu gleich bleibenden Forderungen an die Plus- und Minusvarianten herantritt und so Schwierigkeiten schafft, auf die das überbürdete Individuum häufig in seiner aktiven Tendenz »abnormal« antwortet. *Kretschmer* hat, wie ich zu sehen glaube, in einer stark gegensätzlichen Auffassung später den gleichen Gesichtspunkt der angeborenen Organminderwertigkeit zur Grundlage seiner Unterscheidung des »pyknischen« und »schizoiden« Typus gemacht[1], ohne auf die Bedeutung der Umweltfaktoren Wert zu legen. Von unserem Standpunkt aus wäre zu seinen Ergebnissen zu sagen, dass der pyknoide Typus die unseren Umweltforderungen genehmeren, der schizoide die weniger aufbaufähigen Eignungen hat. Und weiter: Wenn wir beiden die ihnen besser zukömmlichen Umweltforderungen, besonders in ihrem Aufbau, [202] das heißt in ihrer Erziehung bieten könnten, wenn wir für sie eine geeignete Erziehungsmethode finden könnten, dann wären beide für uns nicht mehr abnormale Typen, geschweige denn Gegensätze. Dass diese besseren Umweltforderungen gefunden werden können, geht wohl schon daraus hervor, dass viele von diesen Typen durchaus normal bleiben, ferner, dass manche von ihnen sich so benehmen, als gehörten sie zum anderen Typus, und dass, wie *Kretschmer* hervorhebt, Mischfälle vorhanden sind, die er auf die Mischung verschiedener Organanlagen, wir auf Erleichterungen oder Erschwerungen im Strom der Welt zurückführen und zurückführen können. Wir konnten bisher in jedem Falle von Schizophrenie, der genauer untersucht werden konnte, feststellen, dass da ein wenig geeigneter Prototyp auf schwieriger scheinende Lebensprobleme mit einem verständlichen, wenn auch nicht berechtigten Abbruch der Beziehungen geantwortet hat.

Dazu ist noch Folgendes zu sagen. Der kunstvolle Aufbau einer Lebensform, nicht etwa nur Reaktion, sondern in größerem Maße Aktion, geschieht keinesfalls in der Richtung ausrechenbaren oder kausalen Geschehens. Maßgebend ist immer das konkret gewordene fiktive Lebensziel im Sinne einer Überlegenheit, im Falle des »Abnormalen« mit größerer Unfähigkeit zur Kooperation. Die Enge, in der der entmutigte, zur Kooperation nicht geeignete Neurotiker den konkreten Ausbau seines Bezugssystems vollzieht, ist der letzte Bewegungsraum, der ihm geblieben ist, nachdem er zur Sicherung (Streben nach überlegener Sicherheit!) vor einer vermeintlichen Niederlage alle Wege einer besseren Kooperation ausgeschaltet hat. Und der Zwang, sei es in der Zwangsneurose, sei es in anderen Psychosen und Neurosen, die Eintönigkeit seiner Ausdrucksformen, Iteration, Wiederholungszwang usw. sind nicht bloß gefördert als Ausdruck, Sicherung und Fixierung der Enge, sondern als letzter Rest von Lebensausdruck und Energie, von armseligem Streben nach persönlicher Überlegenheit, gestaltet durch den *Zwang zur Ausschaltung eines »normalen«, das heißt kooperativen Lebens*. Der Zwang in der Psychoneurose und die Fixierung eines Symptoms zielen wohl *wie jede Ausdrucksform im Lebensstil eines Menschen* auf Überwindung des Minderwertigkeitsgefühls, ziehen aber ihre Kraft und Gestaltung als Zwang *aus dem Zwang zur Ausschaltung anderer Bewegungsformen*. Wer den Zwang in der Zwangsneurose oder in anderen psychischen Zwangssymptomen nur in der Struktur des

---

1   [Kretschmer, Ernst: Körperbau und Charakter (26. Aufl.). Springer, Berlin 1977]

Symptoms zu finden hofft, wie allgemein versucht wurde, als Ausdruck der »Psychopathie«, des Schuldgefühls, des Sadismus oder gar einer Komplexerscheinung des Corpus striatum[2], einer zwanghaften Wiederholung eines sexuellen Wunsches oder Aktes aus der Kindheit, wird freilich dem Verständnis des Zusammenhangs nicht näherkommen.

In diesen Symptomdeutungen wirkt sich immer das Haften an Analogien aus. In der Enge des Bezugssystems der eben genannten »Abnormalen« ist die Mannigfaltigkeit, der Wechsel der Erscheinungen, die Anpassung an neue Fragen und Forderungen des Tages, des Lebens ausgeschaltet. Bis zu einem gewissen Grade findet sich diese Ausschaltung und daher die Wiederholung bei jedem Menschen. Was wir *Charakter* nennen, ist entgegen den Anschauungen [203] der neuerdings wie Heringe auftauchenden Charakterologen die immer wiederholte Art, Leitlinie, wie einer sich kraft seines Lebensstils den Fragen des Lebens gegenüber benimmt. Ja, der Lebensstil selbst kann nur zustande kommen durch Ausschaltung weniger passender Ausdrucksformen, durch Akte der Abstraktion. Genauso wie der Stil in der Malerei, in der Architektur, in der Musik. Wir würden weder einen Gesunden noch einen Kranken verstehen, wenn wir nicht seine gewohnheitsmäßigen, immer wiederholten Ausdrucksformen bewusst oder unbewusst erfasst hätten. Und unsere Erfahrung, unsere Begriffsbildung geschieht immer unter dem Zwang der Ausschaltung. Ich habe im Jahre 1912 in meinem Buch »Über den nervösen Charakter« [Adler 1912a/2008a] diese Notwendigkeit unseres Erlebens dargestellt und klar auseinandergesetzt, wie der nervöse Mensch seinen Lebensstil starrer, enger fasst, wie er ans Kreuz seiner engen, persönlichen (nicht kooperativen) Überlegenheitsfiktion geschlagen ist. Noch schlimmer scheint es mir, wenn einer, in Analogien so verblendet, die Reste nach organischen Ausfallserscheinungen mit ihren organischen Reizerscheinungen als identisch mit psychischen Zwangserscheinungen ansieht und in Ersteren die dann für ihn wohl unbehebbaren Ursachen für Letztere zu finden glaubt. Ein kleiner Schritt trennt dann nur von einer Erklärung durch die Heredität, wo dann alles psychische Beweismaterial mit Notwendigkeit ausgeschlossen erscheint.

Wer für die Entstehung der Neurose und anderer Fehlschläge die Vererbung als Ursache annimmt, wo dann freilich nichts mehr übrig bleibt zu tun, als das Leiden ertragen zu lassen und vielleicht mildere Lebensformen auszusuchen, wie sie sich für einen seelischen Krüppel geziemen, dem wird es auch leicht sein, die Differenzen in der Auswahl der Neurose, ja alle groben und subtilen Symptome und Vorkommnisse in derselben[3] als angeboren und als Resultate der Vererbung zu erklären. Für ihn besteht, ob er es wahrhaben will oder

---

2 [Corpus striatum: Bereich unterhalb der Großhirnrinde, zentrale Schaltstelle motorischer Impulse]

3 [in der Neurose]

nicht, ein grundlegendes Vorurteil des Gegensatzes zwischen gesunder und kranker oder abnormaler Konstitution. Gegen Widersprüche, wie etwa das Ausbleiben von Symptomen in »hereditär belasteten Familien«, schützt er sich durch die Annahme von Varianten oder des *Mendel*'schen Gesetzes[4]. Den Zusammenhang zwischen Ausbruch der Symptome und der provozierenden Situation übersieht er geflissentlich, die Varianten des Lebensstils sowie den Lebensstil selbst erfasst er nur an den resultierenden Symptomen, so dass einer zum Dieb, zum Trinker, zum Melancholiker, zum Schizophrenen, zur Faulheit, zur Lügenhaftigkeit geboren erscheint, zur Dirne oder zur Mutter, zum Masochismus, Sadismus oder zur Homosexualität. Meist wird das Heil in Drüsenplantation oder -medikation gesucht. In dieser Schicht der Gelehrsamkeit scheint man nichts von dem Training zu wissen, von der intelligenten Vorbereitung, die zu solchen Endresultaten führt. Nichts auch von der unveränderlichen, seit früher Kindheit bestehenden Einheit des Lebensstils. Äußerliche Unterschiede im Charakter, im Fühlen und Wollen werden als gegensätzlich, ambivalent gebucht, ohne dass ihr wundervoller Zusammenklang in der Harmonie des Lebensstils erkannt wird. Die Spannung vor Eintritt des erlösenden sichernden Symptoms wird in Gegensatz zur früheren scheinbaren Gesundheit *[204]* gestellt und als *endogen* beschrieben, ohne dass die Frage berührt wird, warum eben in dieser Zeit, gerade dann das Verhalten geändert erscheint, wenn die Notwendigkeit zur Kooperation stärker an das entmutigte Individuum herantritt, wenn es mit einer Münze bezahlen soll, die es nicht hat, mit Gemeinschaftsgefühl.

So wie jede psychiatrische Schule enthält auch die *Freud*'sche große Anteile aus anderen Richtungen. So den Hereditätsglauben an angeborene Komponenten des Masochismus, des Sadismus, der verschiedenen erogenen Zonen, des Anteils der Lues und der endokrinen Drüsen. Vielfach findet man in ihr eine Ausbreitung in der Richtung zur Individualpsychologie. Ihre Vorzüge, die sie in bemerkenswerter Weise nur ihrem Schöpfer, nicht aber den psychoanalysierten Schülern verdankt, bestehen in der unbewussten Voraussetzung eines einheitlichen Lebensstils, zu dem sich die Psychoanalyse mit einem einheitlichen Schlüssel, der bewussten Anwendung des Mittels der Sexuallibido, den Zugang zu verschaffen sucht. Dieser Schlüssel ist eine unrichtige, wenn auch wissenschaftlich zu billigende Fiktion. Da, wie wir gezeigt haben, auch die Gestaltung der Libido vom Lebensstil als dem einzig bedeutsamen, tieferliegenden Faktor abhängt, so könnte bei verständiger Anwendung auch dieses Schlüssels der darin gelegene Lebensstil gefunden oder wenigstens unbewusst in Anwendung gebracht werden. Wie, um nur ein Beispiel für viele zu nennen, der Ödipuskomplex nicht einmal gedacht werden könnte, ohne dass der Autor unbewusst das Minderwertigkeitsgefühl

---

4 [Regeln für rezessive und dominante Vererbung]

des Knaben, sein Streben nach Überlegenheit über den Vater und schließlich die Verzärtelung durch die Mutter mitdenkt, das heißt die tieferliegenden Fakten, die summarisch wohl als Folgen einer Fehlerziehung zu einer Ausschaltung des Vaters führen können, in seltenen Fällen bis zu bewussten oder unbewussten Mordgedanken gegen ihn als einer konkretisierten Gestaltung dieser Ausschaltung. Sieht man warm und kalt als starre Gegensätze an, so kann man wohl auch die unendliche Reihe der Beziehungen so auffassen, als ob in ihren stärkeren Verschiedenheiten Gegensätze zutage treten, die doch eigentlich Abstufungen im Grade der Fähigkeit zur Kooperation bedeuten. Es handelt sich hier nicht um eine umfassende Kritik der *Freud*'schen Lehre, um eine Kritik, deren Stichhaltigkeit von uns schon längst dargetan wurde. Nur ein Punkt sei noch erwähnt, weil seine Berücksichtigung uns zwingt, die Zubilligung selbst einer unbewussten Anerkennung des einheitlichen Lebensstils zu schmälern – wenigstens noch für heute. Wir meinen die akzentuierte Betonung des traumatischen Erlebnisses und seiner Verdrängung ins Unbewusste. Die Betonung der kindlichen Eindrücke für das ganze Leben wurde durch *Freuds* Beobachtungen wesentlich gefördert. Aber seine enge Sexualtheorie zwang ihn, andere als sexuelle Eindrücke zu übersehen, die ungleich wichtiger sind: Gefühle der Minderwertigkeit, der Unsicherheit, der Unfähigkeit. Da nur auf infantil-sexuelle Eindrücke Gewicht gelegt wurde, kam er nicht zum Verständnis des frühkindlichen Lebensstils, des Prototyps, der vergleichbar einer Tierspezies eine Änderung seiner Lebensform nicht mehr zulässt, seine eigene Anschauung vom Leben durchsetzt und, wie es die Fehlschläge erweisen, seine Kooperations[205]fähigkeit nicht entwickeln kann. Daraus nun, nicht weil er etwas erlebt hat, sondern weil er mangels dieser Kooperationsfähigkeit in seinem Lebensstil mit einem Erlebnis nicht fertig wird oder auch weil er ohne zureichenden Grund, zureichend im Sinne des Common Sense, eines der stereotypen Erlebnisse zu einer Ursache macht (Belauschen einer Liebesszene zwischen den Eltern, Kastrationsdrohung usw.), was bei anderen Kindern infolge ihres größeren Gemeinschaftsgefühls, das heißt wegen ihres geringeren Minderwertigkeitsgefühls, wegen ihres gesünderen Apperzeptionsschemas ohne schädlichen Eindruck bleibt, durfte ich also mit Recht gegen *Freud* behaupten, »der Neurotiker leidet nicht an Reminiszenzen, sondern er macht sie« [Adler 1912a/2008a, S. 116], er erhebt sie zu Rang und Würde, weil er in der Zeit des Erlebens »bereits neurotisch ist« (*Wexberg*). Ich habe den bestimmten Eindruck, dass die »allzu Vielen«, die zu dem Thema »Ähnlichkeit der Anschauungen oder Verschiedenheit«, »Höhe oder Tiefe« usw. gar nicht einmal wissen, um welchen Punkt es geht, zumindest sich die Frage stellen müssen, ob sie glauben, dass ein Eindruck ohne ein vorhandenes Apperzeptionsschema möglich ist und die von ihnen angenommene Wirkung haben könnte.

Leugnet man diesen Zusammenhang, dann geht es so zu, wie wenn man aus einer Melodie einzelne Noten herausnimmt, um sie auf ihren Geltungswert, auf ihren Sinn zu prüfen. Ein besseres Verständnis für diesen Zusammenhang zeigt die *Gestaltpsychologie*, die sich wie wir des Öfteren dieses Gleichnisses bedient. Nur dass wir uns mit der »Gestalt« oder, wie wir zu sagen vorziehen, mit dem »Ganzen« nicht befriedigt erklären, wenn wir alle Noten auf die Melodie beziehen, sondern erst, wenn wir in ihr den Stellung nehmenden Urheber, zum Beispiel *Bach, Bachs Lebensstil* erkannt haben. Aus dieser Verkennung des Zusammenhangs im Lebensstil erklärt es sich auch, wie die Psychoanalyse zum *Gegensatz* des Bewussten und Unbewussten kommen musste, wo die Individualpsychologie das einheitliche Zusammenwirken beider Anteile, ihren gleichgerichteten Verlauf nach dem Ziel der Überlegenheit unzweideutig feststellen konnte.

Eigentlich hätte die Psychoanalyse »schon längst« ihren Irrtum berichtigen müssen, wenn sie nicht in nervöser Starrheit den Irrtum in der Festlegung auf die Gegensätzlichkeit des Bewussten und Unbewussten übersehen hätte. Vielleicht auch hätte sie ihn gar nicht übersehen, nachdem die Individualpsychologie auf die Unhaltbarkeit dieser Auffassung so klar hingewiesen hatte, wenn sie nicht von den Außenseitern der Individualpsychologie darin bestärkt worden wäre, von den vielen, deren Stimmen höchstens gezählt, aber nicht gewogen werden können. Denen sind natürlich Schlagworte wie Ambivalenz, Triebe, Urhorde, Sadismus, Unbewusstes usw., nicht zu vergessen Bipolarität, Todeswunsch, Wiederholungszwang, heiß ersehnte Anhaltspunkte in der Planlosigkeit ihres geschwätzigen Zugriffs. Denn was immer im sogenannten Unbewussten sein Unwesen treiben könnte, verdrängte oder nie geborene sexuelle Regungen, Sadismus, Todeswünsche usw. oder auch Schuldgefühle und ererbte soziale oder asoziale Triebe, der Zensor wie ein neuer Deus ex machina[5], aus der Kultur geschaffen, die er selbst erst erschaffen hat, kann ihnen wohl im Bewussten ein täuschendes Gesicht geben, ihre Wirkung [206] hindern kann er nicht. Wer also, wie das niedere Volk der Psychoanalytiker, das Bewusste als täuschende Maske zu erkennen glaubt, nur zu dem Zwecke erschaffen, um wie ein Rosstäuscher seinen Anteil am Leben hereinzubringen, müsste doch wohl bei einiger Anstrengung die Einheit seines Verhaltens im Bewussten und Unbewussten erkennen, müsste einsehen, dass es noch immer dieselbe heuchlerische Krokodilenbrut ist, ob sie nun in die Hände klatschen, wenn ihr Gegner bankrott von der Börse geht oder wenn er (Sublimierung) in Ohnmacht fällt, wenn er eine Gans bluten sieht. Ob einer mordet, verleumdet oder literarischen Diebstahl begeht, hängt wohl mehr von der Gelegenheit als vom Zensor ab. Und wenn er aus eigener Kraft den Strom seines Lebens in die Bahn mitmenschlicher Kooperation geleitet hat, was leicht gelingt, wenn

---

5 [Metapher aus der altgriech. Dramaturgie: Ein Gott kommt aus der Theatermaschine, um über einen unlösbaren Konflikt sozusagen von oben zu entscheiden.]

alle die Möglichkeiten (Triebe? Instinkte?) seiner embryonalen Form durch die Fähigkeit einer Mutter und anderer Personen und Umstände zu einem sozialen Lebensstil verschmolzen werden, dann wird das Individuum später im Zusammentreffen mit seinen Lebensproblemen gleichmäßig aus dem Bewussten und aus dem Unbewussten die Lösung suchen und finden, die am besten dem Grade seiner Kooperationsfähigkeit entspricht. Alle Probleme unseres Lebens sind soziale Probleme und verlangen zu ihrer Lösung einen bestimmten Grad eines trainierten Gemeinschaftsgefühls. Wer dieses nicht hat oder nur als Imitation hat, erpresst durch eine Art von Zensur – weil es sonst unbehaglich werden könnte –, wird natürlich immer in eine seelische Spannung geraten, wenn er zahlen soll, und wird sich entsprechend seiner Lebensform zu salvieren trachten, als schwer erziehbares Kind, als Neurotiker, als Delinquent, als Selbstmörder, als Trinker und Morphinist, als sexuell Pervertierter usw., wo dann ein geringeres Gemeinschaftsgefühl genügt. So ist der nicht häufige Ödipuskomplex[6] ein Resultat, eine von hundert konkret gewordenen Lebensformen, ein Resultat viel tieferliegender Strömungen in der Seele eines Kindes, das sich minderwertig fühlt und mangels Gemeinschaftsgefühls keine bessere Kompensation finden kann. Wenn es dann im späteren Leben auch keine bessere Lösung finden kann als die Neurose etwa, so ist dies ein weiterer Beweis dafür, wie schwer es ist, nach dem vollendeten fünften Lebensjahr das Interesse für den anderen zu verstärken. Auch wo sich etwa anstatt einer Erhöhung der Kooperationsfähigkeit als seichtes Schlussergebnis ein »Schuldgefühl« mit oder ohne Bußübungen einstellt, zeigt uns der Schlüssel der Kooperationsfähigkeit genau, dass das Interesse an der eigenen Person gewaltig überwiegt, ohne dass es zu nennbaren mitmenschlichen Leistungen kommen könnte. [207]

Noch ein Beispiel für das fehlerhafte antithetische Denken? Es wird neuerdings gelegentlich behauptet, dass die Zwangsneurose organischen Ursprungs sei, wie früher erwähnt. Es gibt nämlich einen Fall, vielleicht sogar einige Fälle, bei denen Zwangsdenken gleichzeitig mit einer Zwangsblickrichtung nach

---

6   *Anm. Adlers:* Nur wer den »Ödipuskomplex« als Gleichnis verstanden hat, wird davor bewahrt bleiben, dem Patienten Gedanken eines Vatermordes zu insinuieren aus Gedankengängen wie: Der Vater soll fortgehen, ich will allein sein mit der Mutter, wenn der Vater im Spital ist, habe ich es gut. Ja, selbst wo Gedanken sich regen, wie: Der Vater soll sterben, oder Träume auftauchen wie, den Vater zu erschießen, haben sie alle nicht größere Bedeutung als Austasten aller Möglichkeiten, wie man mit der Mutter allein sein könnte. Alle diese Formen sind Resultate einer Fehlerziehung, immer nur bei verzärtelten Kindern zu finden. Natürlich findet dann ein früh erweckter Sexualtrieb kein anderes Objekt als die Mutter, da alle anderen Personen ausgeschlossen sind. Was also dem »Ödipuskomplex« zugrunde liegt, tiefer liegt als er, ist das Überlegenheitsstreben des verzärtelten Kindes.

Enzephalitis[7] beobachtet wurde. Ohne auf den Fall näher einzugehen, wird nun gefolgert, dass die Gleichzeitigkeit der Erscheinungen ein Beweis ihrer gleichzeitigen Abhängigkeit vom Striakomplex[8] sei. Und wenn schon das Zwangsdenken eine Neurose sei, so sei hier die Neurosenwahl erklärt. Leider sind wir viel skeptischer. In unseren Fällen von Zwangsneurose besteht nie ein Zweifel bezüglich der Wahl. Freilich rechnen wir mehr als andere mit der Persönlichkeit des Patienten, und wir halten einen Fall erst dann für geklärt und getrauen uns von Heilung zu sprechen, wenn wir verstehen können, warum der Patient diese und gerade diese Form des fehlerhaften Agierens gewählt hat. Noch mehr: Wenn wir uns eingestehen, dass unter den gleichen Verhältnissen wir zu der gleichen neurotischen Lebensform gekommen wären. Freilich gehen wir weiter und stellen fest, dass, wenn es gelungen wäre oder gelingen könnte, dem Patienten ein größeres Gemeinschaftsgefühl beizubringen, er der Neurose entkommen könnte. Damit ist nun gesagt, dass in seinem seelischen Aufbau ein Irrtum vorliegt, der in einer erschwerten Lebenssituation sich irgendwie bemerkbar machen muss. Und er wird sich derart bemerkbar machen, wie es der Vorbereitung des Patienten und deren Mangel in einer schwierigen Lage seines Lebens, die wie eine Testprüfung seiner Vorbereitung geschätzt werden muss, entspricht. Freilich wird nur der die Neurosenwahl, das heißt immer die Symptomwahl, verstehen, der das Symptom aus dem richtig erkannten Lebensstil sich entwickeln sieht, der den Zusammenhang und die durchdringende Gewalt des Lebensstils in allen Ausdrucksformen erkannt hat.

Hat einer einmal die Organminderwertigkeiten als Varianten einer höheren Einheit erkannt und die Anforderungen einer Kultur als Abstufungen von Spannungen in ihrer Wirkung auf das Individuum oder auf die Masse, so wird er leicht verstehen, dass auch alle fehlgehenden Antworten Abstufungen einer unendlichen Reihe von Fehlschlägen, von Anomalien sind, von Versuchen mehr oder weniger entmutigter Menschen, ihre Lebensaufgaben ohne den Aufwand von Kooperation, von Gemeinschaftsgefühl zu lösen, dass sie also alle insgesamt Symptome und nicht distinkte Krankheitsbilder sind, die uns anzeigen, wie dieses oder jenes Individuum sich ins Leben hineinzuträumen gedenkt, ohne das Gefühl seines persönlichen Wertes zu verlieren.

Jeder Fall einer Neurose, einer Psychoneurose, eines Selbstmordes, des Alkoholismus, Morphinismus usw., der Verkommenheit und Schwererziehbarkeit, der sexuellen Anomalie, des Mordwahns, der Tyrannei usw. zeigt es uns immer wieder – und wir haben es oft genug nachgewiesen –, dass es in dem bestimmten Falle nicht gelungen war, in den ersten vier bis fünf Jahren ein

---

7   [Entzündung des Gehirns]
8   [Striatum-Syndrom: Hyperkinese; auch Verbindung mit Symptomen der Parkinson'schen Krankheit]

genügendes Gemeinschaftsgefühl einzupflanzen. Vielleicht ist die obige Auseinandersetzung geeignet, den folgenden Fall einer acht Jahre lang dauernden melancholischen Verstimmung im richtigen Lichte sehen zu lassen. [208]

Vor zwanzig Jahren entlief nach jahrelangem Streite im elterlichen Hause die jetzt 42 Jahre alte Patientin ihrer Familie mit dem Wunsche, sich in der Fremde einen Beruf zu suchen, um selbstständig zu sein und sich dem Studium zu widmen. Es war kein bestimmtes, auf einen Beruf gerichtetes Studium, das sie anstrebte, vielmehr ein solches zu Bildungszwecken, um aus dem niederen Niveau ihrer Familie herauszukommen und der ihr vorschwebenden Gefahr einer aufgezwungenen Ehe zu entgehen. Die Eltern waren arme Leute, das Bildungsniveau der Familie sehr niedrig, unsere Patientin, die Älteste von fünf Kindern, zeichnete sich schon früh als lernbegierig aus und brachte den konservativen Bestrebungen der Eltern den größten Widerstand entgegen. Besonders der Vater, der das Haus regierte, wendete alle Mittel väterlicher Strenge an, um den von Kindheit an unerschütterlichen Trotz seiner Tochter zu brechen. Die Mutter stand wohl nicht an ihrer Seite, begünstigte ihr andersgeartetes Streben nicht, aber war mild und nachsichtig. Mit der zweiten Schwester stand unsere Patientin immer im Kampf, wie das so oft der Fall ist bei zwei aufeinanderfolgenden Schwestern in einer Familie, wo jede wähnt, die andere sei vorgezogen, und wo die Ältere, die ja eine Zeit lang allein war und später ohne jede geeignete Vorbereitung zur Kooperation durch die zweite Schwester beengt wurde, ein vorwiegendes Interesse in der Richtung entwickelt, scharf Umschau zu halten, ob ihr nicht jemand wieder einmal vorgezogen wird, ihr den Platz streitig macht.

Der neue, harte Beruf in einer neuen Stadt absorbierte ihre Kraft vollständig. An eine Fortsetzung ihres Studiums dachte sie bald nicht mehr. Ihren Eltern gab sie lange Zeit keine Nachricht von ihrem Aufenthalt, bis sie sie eines Tages mit der brieflichen Mitteilung von ihrer Verlobung mit einem Handwerker benachrichtigte.

Das jungvermählte Paar war gerade nicht von Liebe zueinander durchdrungen. Der Mann, von der Sorte der gutmütigen ältesten Söhne, die sich mit ihrem Geschicke, von anderen in den Schatten gestellt zu werden, beinahe abgefunden haben, hatte nur eine Sorge: keine Kinder. Er begründete diese Abneigung zweifach. Erstens, wie das gewöhnlich geschieht, mit den ärmlichen Verhältnissen, die ihn und die Frau zwangen, unausgesetzt dem Erwerb nachzugehen, und zweitens mit einer seit Kindheit gehegten Furcht vor der Belastung mit den nachfolgenden Kindern seiner Eltern, die seiner Mutter und ihm als dem Ältesten so viel zu schaffen machten.

Unsere Patientin, immer von Kindheit gewöhnt, in den jüngeren Kindern eine Erschwerung ihres Lebens zu sehen, immer darauf bedacht, nur ja nicht um ihre Vormachtstellung gebracht zu werden, und darauf trainiert, immer in heftigstem Kampfe unter den heftigsten Zornausbrüchen, niemals auf die anderen Rücksicht nehmend, ihre eigene Person in den Vordergrund zu rücken, hatte in ihrer Abneigung gegen alles Gemeinschaftsgefühl natürlich auch keinen anderen Wunsch, als eine kinderlose Ehe zu führen. Kein Kind sollte ihr die Macht und den Einfluss auf den schwachen Mann rauben.

Die seelische Stellungnahme des Mannes zum Problem seiner Ehe mit der viel stärkeren Frau erzeugte bei ihm im sexuellen Verhalten eine ziemliche *[209]* Erkaltung und übergroße Spannung, welch Letztere – selbstverständlich unter Inanspruchnahme des vegetativen Nervensystems – zu einer distanzierten, vorschnellen Beendigung (Ejaculatio praecox) führte. Die von Kindheit geübte Ausschaltung der Kooperation, eingeleitet durch die Furcht einer zu starken Belastung durch seine jüngeren Geschwister, brachte eine Tendenz mit sich, so weit wie möglich die Lösung der Sexualfrage ohne Kooperation, durch Masturbation, durchzuführen.

Unsere Patientin stand, wie so häufig bei herrschsüchtigen, überehrgeizigen Frauen zu finden ist, der Sexualfrage ziemlich kühl gegenüber, wehrte mehr oder weniger entschieden die gelegentlichen schwächlichen Versuche des Gatten ab, die immer auch mit einem Fiasko endeten.

Jahre vergingen so, ohne dass sich im Leben unseres Paares mehr geändert hätte, als dass sie in etwas bessere Verhältnisse kamen. Dieser Umstand erlaubte der Frau, sich von ihrem Berufe ganz zurückzuziehen. Sie hatte einige Freunde, die ihr blind ergeben waren und sich von ihr beherrschen ließen. Sie besuchte fleißig das Kino, Theater und gelegentlich Vorträge für Laien. Der Haushalt fiel ihr leicht, da der Gatte anspruchslos war und erst abends von der Arbeit nach Hause kam. Sie konnte ihn mühelos beherrschen, was er mit ziemlichem Gleichmut ertrug, da auch seine Neigung für die Frau im Laufe der Zeit noch geringer geworden war, was übrigens der Frau kein Geheimnis blieb. Gelegentlich auch kamen Züge von Eifersucht bei ihr zutage, die nicht etwa von Liebe, sondern von ihrer Gier nach Besitz und Herrschaft Zeugnis ablegen konnte. Mit der nahezu restlosen Ausschaltung der ehelichen Beziehungen hatte sie sich vollständig abgefunden.

Da kam nach vierjähriger Ehe ganz unerwartet ein Kind. Die Zeit der Schwangerschaft verlief unter den größten Aufregungen der Frau, alle die Beschwerden dieser Zeit traten in verstärktem Maße auf und peinigten den Mann, der tagsüber angestrengt arbeitete, des Nachts. Es regnete Vorwürfe auf sein Haupt, die er mit Ergebenheit ertrug. Die Geburt ging klaglos vor sich, ein Mädchen ward geboren, und die Frau schien nach dem Wochenbett für einige Wochen sanfter und weniger ausfällig. Schon glaubte der Mann eine Besserung im Wesen der Frau wahrzunehmen, die nicht mehr so mürrisch und verdrossen ihm gegenüber erschien und ihn nur mehr als zuvor mit Eifersüchteleien verfolgte.

Er begann, sich für das Kind zu interessieren. Wie leicht zu erkennen, konnte diese Wendung von der Frau kaum ohne Wut und Gegenwehr ertragen werden. Eine solche Wegwendung (der Mutter) hatte sich ihrem Leben einst tief eingeprägt, als ihre jüngere Schwester geboren wurde. Und seither war es ihr hauptsächliches Interesse, verbunden mit Furcht, ein solches Schicksal nicht wieder zu erleben. Seit frühester Kindheit war sie darauf trainiert, ihre Gefolgschaft fest in den Zügeln zu halten und einen »Verrat« mit unerbittlicher Strenge zu strafen.

Zudem brachte sie für das Kind wohl mütterliche Instinkte, aber nicht jene optimistische und seelisch geübte Freudigkeit mit, die nur aus der Fähig[210]keit zur Kooperation, aus dem Interesse an anderen und aus dem selbstsicheren Mut zur Aufgabe entspringt und die erst geeignet macht, als Erzieher zu wirken, nicht etwa nur mühsam seine Pflicht zu tun oder das Kind im Streben nach herrschsüchtiger Unersetzlichkeit zu verzärteln. Denn erst die im Gemeinschaftsgefühl wurzelnde und geübte Fähigkeit der Identifizierung ermöglicht ein unmittelbares Erfassen der Situation des Kindes zur rechten Zeit und ein richtiges Handeln. So kam es, dass sie sich ihrer Mutteraufgabe weniger freute, als dass sie sich vielmehr zurückgesetzt fühlte und ihres früheren Machtgefühls beraubt.

Sie tat, was sie immer getan hatte, wenn sie sich in ihrer Familie zurückgesetzt fand, wenn sie nicht ihren Willen hatte, wenn Freunde ihr nicht gehorchten, wenn die Eltern ihrem Wunsch zu lernen in den Weg traten; sie begann einen rücksichtslosen Kampf um ihre Überlegenheit und suchte ihren Mann durch dauernde Vorwürfe über seine mangelnde Vorsicht und über seine eheliche Unfähigkeit herabzusetzen. Den Weg, den sie einst gegangen, als sie ihre Familie ohne ein Wort des Abschiedes im Stiche ließ, erwog sie wohl, verwarf ihn aber, da er ihr als Erhalter der Familie unentbehrlich war.

Auch einen anderen Weg, der in ähnlichen Fällen naheliegt, durch eheliche Untreue über den Mann zu triumphieren, konnte sie nicht wählen. Sie war für die Frauenrolle in keiner Weise vorbereitet, unterschätzte sie vielmehr so sehr, dass ihr eigennütziges Streben nach persönlicher Überlegenheit darunter gelitten hätte. Sie dachte wohl des Öfteren daran, verwarf aber diesen Plan jedes Mal sofort, freilich mit der Motivierung, dass ihre Tugend sie daran hindere.

Der Mann, dessen geringe Neigung für die Frau schon längst erkaltet war, nahm ihre fortwährenden Vorwürfe über seine eheliche Schwäche mit bewundernswertem Gleichmut auf, suchte mehrere Ärzte auf, um von seinem Übel geheilt zu werden, ließ sich geduldig von ihnen behandeln, um nach ihren gänzlich erfolglosen Versuchen endgültig jede Hoffnung auf Besserung zu begraben. Um Ruhe zu finden, suchte er auf jede Weise dem Hause zu entfliehen und beschäftigte sich, wenn er nach Hause kam, ausschließlich mit dem Kinde.

In den unaufhörlichen Vorwürfen der Frau kehrte nun immer mehr und mehr der Vorwurf wegen seines Leidens wieder. Die Gespräche über Sexualität nahmen kein Ende. Wie immer bei der unnatürlich gesteigerten Beschäftigung mit dem gleichen Gesprächsstoff und in der Sucht, dem Manne seine Wertlosigkeit ganz deutlich zu beweisen, lenkte sich das Interesse der Patientin mehr und mehr auf Sexualvorgänge hin, mit dem Erfolg, dass gleichlaufende Gefühle und Emotionen wach wurden, die nunmehr, andauernd unbefriedigt, der Patientin zu neuen Vorwürfen Anlass gaben. Die künstliche Steigerung ihrer Sexuallibido war für die Patientin eine Wahrheit geworden, und diese Wahrheit machte sie zu einer Ursache, der sie die gewohnheitsmäßigen Folgen folgen ließ. Sie stellte eine Kausalität her, wie etwa einer, der individualpsychologische Klarstellungen mit seinen psychoanalytischen Gefühlen verbinden wollte oder bekämpfen wollte, zu dem Zwecke, um auch recht zu behalten. *[211]*

Die Gleichgültigkeit ihres Mannes brachte die Patientin zur Raserei. Alle Macht über ihn schien verloren. Kein Weg schien mehr offen, um ihrer Machtgier zu dienen. Sie hätte ihn ermorden können, wenn diese Wahl eines Symptoms mit ihrem Lebensstil in Einklang gestanden wäre, hätte zu trinken beginnen, zu Morphium greifen können. Alle diese Symptome lagen ihrem Wesen ferne. Was sie wirklich konnte, war unter Hintansetzung ihrer eigenen Sicherheit, ja ihres eigenen Lebens, ihren Willen zu persönlicher Macht durchzusetzen, wie sie es getan hatte, als sie ohne alle Mittel, ohne Weg, ohne Gruß aus dem Hause entlief, um ihren Eltern den schwersten Schlag zu versetzen. Sich in Gefahr zu bringen, ja sich einem Schaden auszusetzen, dies war ihre stilgerechte Antwort in einer Situation der verzweifelnden Wut, des befürchteten Zusammenbruchs ihres Machtgebäudes.

Dieser Weg deckt freilich einen weiteren Zug ihres Wesens auf, den ich allen zu bedenken geben möchte, die sich im Chaos der Symptome wohl nicht zurechtfinden können. Diesen Weg kann nur der gehen, dessen Lebensraum von ihm und anderen unerkannt dahin zielt, den Wert seiner Person als unersetzlich in die Rechnung zu setzen, so dass der Verlust der eigenen Person zur härtesten Strafe für die anderen, für den Gegenspieler wird, zur dauernden Anklage und Brandmarkung seines Unrechts. Der Traum der Höhe, des Obenseins spielt im Symptom des vollzogenen und gewollten Selbstmordes seine verhängnisvolle Rolle, jenseits der Wirklichkeit.

Sie begann, schwarzzusehen und von Selbstmord zu sprechen. Da horchte der Gatte auf, begann vorsichtiger zu werden, trachtete abends früher nach Hause zu kommen, voll banger Sorge um ihr Leben. Seine Haltung wurde aufmerksamer, und er behandelte die Patientin mit größerer Geduld. Ihr Wort gewann bedeutend an Gewicht.

Jetzt wird sich gewiss wieder einer melden, der mir den Einwand machen wird, warum die Patientin nunmehr, nachdem sie doch wieder zur Herrin geworden war, ihrem Wüten nicht Einhalt getan hat. Die Antwort ist leichter, als man denkt. Da sie mit ihrer Methode endlich Erfolg hatte, welchen Grund sollte sie haben, diese segensreiche Methode zu ändern? Der einzige Grund wäre doch, wenn sie sich zur Kooperation hätte entschließen können. Sieht man jetzt, warum sie intelligenterweise ihr Symptom immer wiederholen musste? Immer wieder mit Selbstmord drohen musste, zwangsweise, nicht aus einem Striakomplex, sondern aus einem genialen Intelligenzkomplex, der leider des Gemeinschaftsgefühls beraubt war. Ich hoffe, dass mich niemand fragen wird, warum sie bei Selbstmorddrohungen stehen blieb und nicht das Symptom des Selbstmordes gewählt hat. Sie war ja nun im Besitze der Macht, einer persönlichen Überlegenheit auf der unnützlichen Seite des Lebens.

Wer etwa wie die Psychoanalyse den Selbstmord oder Selbstmorddrohungen aus diesem alleinigen Faktum erklären will und meint, er habe etwas erklärt, wenn er sagt, Selbstmord ist die Zurückziehung der Libido von der Außenwelt auf die eigene Person, der übersieht, dass dies das Muster einer schlechten Definition ist, da sie nichts sagt, was nicht auch im Begriff Selbstmord bereits [212] gesagt ist. Er übersieht aber auch den Zusammenhang, das heißt den Sinn, in dem dieses Faktum zum Individuum steht. Warum zieht er die Libido, besser gesagt, seine Aktivität von der bisherigen Seite zurück und wirft sie auf eine andere? Dies erst würde den Sinn erklären. Die »Gestaltpsychologie« (*Köhler, Wertheimer* u. a.) sieht da viel klarer und tiefer, wenn sie zum größten Teil in den Bahnen der Individualpsychologie nach der »Gestalt«, nach dem Zusammenhang fragt. Freilich geht die Individualpsychologie noch weiter und stellt wie in diesem Falle die »Gestalt« fest, in der diese Gestalt steht, als ein Teil, untrennbar mit dem Ganzen verbunden, den Lebensstil. Dann erst ergibt sich, dass diese Selbstmorddrohungen der Patientin in ihrer Weise, entsprechend dem geringen Grad ihres Gemeinschaftsgefühls, einwandfrei behilflich sind, ihr Ziel einer absoluten, persönlichen Herrschaft zu sichern.

Einwandfrei, das ist es, was diejenigen nicht erfahren haben, die sich vergeblich bemühen, die Symptomwahl zu verstehen.

Natürlich wurden im Falle unserer Patientin manche Ärzte zugezogen, die bald Rezepte verschrieben, bald Bäder und vorübergehend Erfolg hatten. Auch dies wird der verstehen, der die »Gestalt« der Patientin erkannt hat. Sie durfte dem Mann nicht alle Hoffnung rauben. Als ein besserer Psychologe empfand sie es recht gut, dass sie so viel davon übrig lassen musste, um den Mann zu immer neuen Bemühungen zu veranlassen. Auch Landaufenthalt hatte kurzen Erfolg. Aber immer wieder kehrten die alten Erscheinungen zurück.

Welche Erscheinungen? Natürlich die, die zu ihrem Plan gehörten. Wer an Selbstmord denkt, wird auch das dazugehörige Gesicht machen. Nicht als ob er sich vor den Spiegel stellte, um es einzustudieren. Aber können wir denn etwas denken, ohne die dazugehörigen Gefühle und Emotionen zu erzeugen? Jedes Denken an die Zukunft ist ein Träumen, bei dem wir uns so fühlen, als ob wir bereits in dieser Zukunft lebten. Und mindestens ein Teil der Affekte, die zu diesem zukünftigen Leben gehören, haben dabei bereits von uns Besitz ergriffen. Das ist ja der besondere Wert des gesunden Optimismus, dass er uns die fördernden Gefühle leiht, die abträglichen Schädigungen des Pessimismus: dass er uns in einer kraftlosen, zögernden Stimmung zurücklässt. Dass alle Stimmungen das vegetative System in Bewegung setzen und auf unsere Organe wirken, sicherlich auch auf die endokrinen Drüsen, habe ich schon längst beschrieben.

So erklärt sich die bedrückte, verängstigte Miene, die gebeugte Haltung (Verlust des Tonus), die Essunlust, die Abmagerung und, aus der seelischen Spannung, die nimmer ruht, die Schlaflosigkeit. Gedanklich ergeben sich Hoffnungslosigkeit, mangelndes Interesse, die Sucht zur Demonstration, die sich gegen den Gegenspieler richtet, Ausbrüche der Wut und Selbstanklagen, die immer den Wert der eigenen Person betonen und den Unwert und die Einflusslosigkeit der anderen. So hält die Patientin, selbst gefangen im Netzwerk ihrer Persönlichkeit, den anderen wie in einer Falle, immer in Angst, er könnte ihr entschlüpfen, wenn sie die Falle öffnet. Dieser ganze wunderbare Apparat wird nicht durch bewusstes Denken geleitet, weil dann der sicht*[213]* bare Mangel des Gemeinschaftsgefühls unerträglich wäre, er steht unter der finalen Leitung des fiktiven Machtzieles und ist mit ihm im Unbewussten wirksam.

Wer nicht die einzelnen Teile, sondern den Zusammenhang versteht, deutet den Sinn. Das Unbewusste, das ist der Lebensstil.

Die Individualpsychologie hat aus dem Verständnis der ältesten Kindheitserinnerungen und der Träume eine neue Wissenschaft gemacht. Sie sind Teile des Lebensstils, die einen: aus dem Aufbau wie Strebepfeiler die Richtung des Aufbaus zeigend, die anderen: Mittel zur Erweckung trügender Gefühle und Emotionen, geeignet den Lebensstil gegen die Anfechtungen der Logik und des Gemeinschaftsgefühls zu stärken.

Die älteste Erinnerung der Patientin lautet: »Ich erinnere mich deutlich und mit Freude an das Haus der Großeltern, die mich allen anderen Kindern vorgezogen haben.«

Ein Traum zeigt ihre Stellung zur Kur:

»Ich sehe, dass mich ein Wachmann verfolgt. Ich fürchte mich vor ihm.« Die Erinnerung spricht wohl für sich selbst. Der Traum kam, als die Patientin mir in freundlicher Opposition klarzumachen suchte, ich irrte mich, sie sei ihrem Gatten freundlich gesinnt und bedaure ihn, weil er so viel zu erdulden habe. Diese in fast allen Fällen von Melancholie zu vernehmende Äußerung ändert natürlich nichts an dem Leiden der Umgebung und ist als der letzte Rest des Gemeinschaftsgefühls zu verstehen. Ich erzählte der Patientin die Fabel Äsops von dem Löwen, der einst hungrig vor seiner Höhle lag, als er unweit von ihm einen Fuchs vorbeischleichen sah.[9] Er rief ihn an, lüstern nach einem Fuchsbraten, und lud ihn ein, seine Höhle zu besichtigen, sie werde ihm ge-

---

9 [Überliefert unter dem Namen »Der alte Löwe und der Fuchs«]

wiss gefallen. Der Fuchs aber erwiderte: »Oh nein, lieber Löwe. Denn ich sehe viele Spuren von Füßen, die hineinführen, aber keine, die hinausführen.« In dieser Art machte ich ihr verständlich, dass alle ihre Symptome in unbewusst listiger Weise eine Spitze gegen ihren Mann hätten. Und ich empfahl ihr, bei allen ihren Symptomen auch gleichzeitig daran zu denken, was für ein trefflicher Hieb das wieder für ihren Mann sei. Ihre Antwort darauf gab sie mir in obigem Traum. Ich sei hinter ihr her, als ob ich sie verdächtige, und sie müsse sich in Acht nehmen vor mir. Sie kam am nächsten Tage in meine Klinik und war in ihrem Gespräche recht zurückhaltend, unter der emotionalen Wirkung dieses Traumes, der sie ganz allgemein zur Vorsicht gegen andere mahnte.

Ihrer Schlaflosigkeit, gegen die sie sonst Schlafmittel gebrauchte, nie ohne ihren Mann zu wecken und ihm, der am Tage unermüdlich arbeitete, vorzujammern, konnte ich mit Erfolg entgegenarbeiten, indem ich ihr riet, dieses »für ihre Gesundheit ungefährliche Symptom« nicht so hoch einzuschätzen und des Nachts daran zu denken, wie sie jemandem nützlich sein, ihn erfreuen könne, und jedenfalls alle Einfälle zu sammeln, die ihr in der Zeit ihrer Schlaflosigkeit kommen, um so auch diese Zeit für unsere Kur zu nützen.

Unsere Patienten sind viel klüger als mancher Schwätzer, der, ohne den Zusammenhang zu verstehen, mir den Gebrauch solcher »Tricks« vergeblich [214] zum Vorwurf machen möchte. Er möchte wohl, dass ich auch in seiner einfältigen Sprache, die er für »Tiefe« hält, rede. Während er auf die allgemein unnützliche Seite ausweicht, kann ich mit Freude feststellen, dass der Patient den Zusammenhang wohl versteht und sich deshalb der nützlichen Seite mit gutem Erfolg für sich selbst nähert.

Nun aber muss ich noch eines Symptoms gedenken, das sich seit zwei Jahren bei der Patientin eingestellt hat und das sicher manchen guten Diagnostiker stutzig machen wird. Die Patientin macht mit Nachdruck geltend, dass sie vor dem Schlafengehen oft Stimmen hört. Mit diesem Symptom wäre eigentlich die Frage einer Differentialdiagnose gegenüber Dementia praecox aufgerollt. Wer wie ich in allen psychiatrischen Krankheitskategorien Symptome eines Fehlerhaften, der Kooperationsfähigkeit entbehrenden Lebensstils sieht und in den Symptomen die schöpferische Gestaltung dieses Lebensstils, wird weder über »Mischfälle« erstaunt sein, noch den Wert einzelner Symptome für eine Diagnostik oder für eine Behandlung ausschließlich betonen. Hier würde schon das Alter ein klein wenig gegen Dementia praecox sprechen. Noch mehr aber der Umstand, dass sich dieses Symptom erst sechs Jahre nach der Erkrankung einstellte, und zwar in einer Zeit, als eine jüngere Schwester an Dementia praecox erkrankt war und Stimmen beschimpfender Art beklagte. Die Übernahme dieses Symptoms durch unsere Patientin wird wohl auch der Psychiater anderer Schule nicht anders aufzufassen geneigt sein, denn als ein Zeichen, dass unsere Patientin geneigt war, sich aller Mittel zu bedienen, um ihr Leiden als dauernd, als aussichtslos erscheinen zu lassen. Wir Individualpsychologen werden trachten, diese Imitation von ihrem Ziel zur persönlichen Überlegenheit aus zu verstehen. Dazu kommt noch Folgendes: Die Stimmen, die sie hörte, waren durchaus harmloser Natur, hatten eher etwas Liebenswürdiges und gehörten wohlbekannten Freunden an, die sprachen, als kämen sie zu Besuch, um Guten Tag zu sagen. Nichtsdestoweniger zeigte sich die Patientin in einer Art erschüttert, wie man es nie in Fällen von paranoider Demenz findet. Nachdem ihr, immer in der freundlichsten Weise, klargemacht worden war, wie sie da unter Anlehnung an ihre Schwester ihr Waffenarsenal zu vergrößern suche, um ihrer Herrschaft sicher zu sein, verschwanden die Stimmen aus ihrem wachen Leben.

Eines Tages suchte ich ihr klarzumachen, dass die Heranziehung ihres gezähmten Gatten bei Tag und bei Nacht, ebenso die Beeinflussung ihrer Bekannten durch die Darstellung ihres Leidens zu dem Zwecke ihrer Herrschaft über sie geschehe, so wie sie seit Kindheit immer nur einen gefügigen Hofstaat um sich haben wollte; da erzählte sie mir, ohne sichtlichen Zusammenhang mit meiner Auseinandersetzung, folgendes Traumstück: »Ich befand mich in einem Palast. Da hörte ich, wie eine Stimme zu mir sagte: ›Hofmann‹.« Wieder die Stimme, wie früher im wachen Zustand. Den Palast verstand sie sofort als identisch mit meinen Aufklärungen. Einen Menschen namens Hofmann erklärte sie nie zu Gesicht bekommen zu haben. Als ich sie fragte, ob es sich denn nur um einen handeln müsse, errötete sie und bemerkte: »Äh, Sie meinen den Hofstaat.« *[215]*

Nun wird ein weiterer Sinn der freundlichen Stimmen von früher klar. Sie stammen samt und sonders aus ihrem Hofstaat.

Ich kann hier auch einen schönen Beitrag liefern dazu, wie unbesonnene Bemerkungen von solchen Menschen zur Verstärkung ihres Arsenals aufgenommen werden. Kurz bevor die Schwester der Patientin erkrankte, sagte ihr ein zurate gezogener Arzt, dem sie mehr aus ihrem Leben erzählt hatte, die Ursache ihrer Krankheit läge in ihrer unbefriedigten Sexualität, und eigentlich sei ihr Mann schuld an ihrem Übel. Wir brauchen wohl nicht viele Beweise dafür, dass diese Auffassung grundfalsch war und dass die Patientin jeden Mann unter ihr Joch zu beugen getrachtet hätte. Immer mit den geeigneten Mitteln. Aber nach dem Ausspruch dieses Arztes, der kaum etwas anderes hinzuzufügen gehabt hätte, als dass sie sich um einen anderen Mann umsehen müsse, überschüttete sie ihren Gatten mit den heftigsten Vorwürfen, und dies gerade in einer Zeit, wo er in volle Gleichgültigkeit zu verfallen drohte. Diese Vorwürfe aber spornten ihn, der sich schuldbewusst glaubte, zu erneuten Anstrengungen an, wie er der Frau gerecht werden könne. Er wagte kaum mehr eine eigene Meinung zu äußern. In seiner Einfalt ließ er sich eines Tages dazu hinreißen, das zu sagen, was eigentlich der Meinung des Arztes gemäß war, nämlich die Frau möge, um nur gesund zu werden, sich um einen anderen Mann umsehen, er würde beide Augen dazu schließen. Nun aber, da die Situation sich zugunsten des Mannes zu wenden drohte, war erst recht der Teufel los. So billig sollte er nicht wegkommen. Er wolle sich nur davon drücken, seine Ruhe haben und sie einem anderen zuschieben, zeterte sie. Und ihre Klagen und Verstimmungen wuchsen noch mehr an. Alles dies hinderte sie aber nicht, des Nachts den Mann aus dem Schlafe zu reißen, damit er sie umarme und küsse und bei ihr bleibe. In dieser Zeit erkrankte ihre Schwester.

Mit dieser Schwester, die sie eigentlich als die ihr folgende aus ihrer Alleinherrschaft verdrängt hatte, lebte sie immer in bitterster Feindschaft. Als diese nun erkrankte, machte unsere Patientin sich die größten Vorwürfe. Sie sei schuld an diesem Unglück, weil sie sich der Schwester nie angenommen habe. Sie entwickelte demnach bewusst, – wie manche meinen, die den Zusammenhang nicht verstehen, aus dem Unbewussten – das fragliche Schuldgefühl, das den Psychoanalytikern so maßlos imponiert, dem sie sicherlich auch die Neurose als Bußübung zuschreiben würden. Aber siehe da, als die Schwester nach zweijährigem Aufenthalt als vorläufig geheilt aus dem Irrenhaus entlassen wurde, verschlechterte sich abermals der Zustand unserer Patientin und sie erklärte, nun sei es ganz aus mit ihr und der Anblick der Schwester würde sie töten. – Verstärktes Schuldgefühl, um dem Anblick ihres Opfers zu entfliehen? Im Gegenteil. Die Schwester war der unbesiegte Rivale. Ihr gegenüber hatten ihre Machtmittel versagt, diese aus dem Irrenhaus als vorläufig geheilte Person entlassene Schwester war, wie vorher schon, nicht in ihren Hofstaat zu zwingen.

Auch das Leiden des Mannes konnte gebessert werden. Gelegentliche Versuche zeigten der Patientin, dass die spezielle Klage über ihn nicht mehr be[216]rechtigt war. Da entdeckte sie – zu ihrem Schrecken –, dass sie eine unüberwindliche Abneigung gegen die ehelichen Pflichten habe.

Später berichtet sie mir, dass sie in Frieden mit ihre Manne lebe; auch nicht mehr das Haus verlasse, um die Nacht bei ihrer Freundin zu verbringen, auch dass sie sich am öffentlichen Leben beteilige und neulich sogar in einer öffentlichen Versammlung lebhaft in die Debatte eingegriffen habe, gelegentlich einer religiösen Frage, freilich noch im Sinne ihrer alten Feindschaft gegen die Orthodoxie ihrer Eltern.

Mögen die »naiven« *(v. Bergmann[10])* Auseinandersetzungen dieser Arbeit, deren Grundlagen den Psychologen der »Tiefe« noch immer ein verschlossenes Buch sind, auch in den Kreisen der Individualpsychologen ernstlich einer Nachprüfung unterzogen werden.

---

10 [Offenbar ein Kritiker der Individualpsychologie]

34. Grundbegriffe der Individualpsychologie (1930)

Editorische Hinweise
Erstveröffentlichung:
1930n: In: F. Giese (Hg.), Handwörterbuch der Arbeitswissenschaft, Bd. 1, S. 2428–2437. Halle an der Saale: Marhold Verlag
Letztveröffentlichung:
1982b: Psychotherapie und Erziehung, Bd. 2 (1930–1932), S. 22–24

In diesem Beitrag und in »Individualpsychologie und Psychoanalyse« (1931n, S. 482) erläutert Adler seine Lehre vom männlichen Protest, einem Ausdruck, der zuletzt 1914 erwähnt worden, aber letztlich seit 1912 (»Über den nervösen Charakter«, 1912a/2008a) in den Hintergrund getreten war. Der männliche Protest sei nichts anderes als die Konkretisierung eines Strebens nach Macht, wie sie durch die soziale Unterschätzung der Frau in unserer Kultur notwendigerweise erzwungen werde.

Die Psyche ist nach Adler in erster Linie Angriffs- und Verteidigungsorgan und hat die Aufgabe, die Zukunft für den Menschen günstig zu gestalten. Diese Aufgabe könne nur zustande kommen, wenn ein feststehendes Ziel im Seelenleben vorausgesetzt wird. Dieses in frühester Kindheit gewonnene Ziel ziehe sich wie ein roter Faden, wie die Eigenart eines Künstlers in seinen Kunstschöpfungen, durch alle seine Ausdrucksbewegungen und Symptome. Charakterzüge bekämen ihre Bedeutung nur im Zusammenhang mit der ganzen Bewegungslinie des Menschen. Bescheidenheit könne auch Prahlerei und eine kritisch-entwertende Haltung könne auch Schwächegefühl sein. Nervöse Symptome träten auf, wenn eine bevorstehende Entscheidung zu einer Niederlage zu führen drohe.

Die Notwendigkeit, jeder Bewegung ein Ziel überzuordnen, bringe in alle seelische Bewegung einen Plan, der zu einer einheitlichen Organisation der Persönlichkeit führe, zur Kompensation der gesteigerten Unsicherheit des Kindes, das sich im Leben entfalten und eine Erfüllung finden will, was Adler die Vervollkommnung nennt. Hier liege eine der Wurzeln der erhöhten schöpferischen Kraft. Zur Beruhigung des vertieften Minderwertigkeitsgefühls würden ganz besonders starke Erfolge oder Verschleierungen benötigt. Mehr zu sein oder wenigstens mehr zu scheinen als andere werde jetzt zur Maxime des Lebens. Ein vertieftes Minderwertigkeitsgefühl könne auch zur Überkompensation führen. Dieser Ausdruck wird nach 1912 nur in »Neue Leitsätze« (1913c, S. 83), in »Zur Rolle des Unbewussten in der Neurose« (1913h, S. 103) und hier gebraucht.

Adler nennt hier zum ersten und einzigen Mal eine vierte Lebensfrage, nämlich außer der Frage der Mitmenschlichkeit, der Arbeit und der Liebe auch die Einstellung des Menschen zur Kunst und zur schöpferischen Gestaltung.

Grundbegriffe der Individualpsychologie

Forschungsgebiet ist der »normale« und »abnormale« Mensch, soweit er für Menschenkenntnis, Erziehung, Arbeit, Beruf und seelenärztliche Tätigkeit in Betracht kommt. Seine Eigenart und Eignung für Gesellschaft, Liebe und Beruf sind Gegenstand der Untersuchung.

In der Leistungsfähigkeit des menschlichen Organismus, in seiner Verknüpftheit mit der Erde, mit den Menschen und mit dem andern Geschlecht erkennt die Individualpsychologie die gegebenen Voraussetzungen, von denen nur der erste Faktor abänderlich erscheint. Als variable Funktionen erkennt sie die Stellungnahme des Einzelnen zur Gemeinschaft, die Art und Größe seiner Arbeitsleistung und seine Stellung zum andern Geschlecht, deren Abweichungen sie an dem Endergebnis ihres Nutzens für die Allgemeinheit misst. So kommt sie zu dem Schlusse, dass in der Beziehung des Ich zum Du, in der Arbeitsleistung für die Allgemeinheit und in der Beziehung der Geschlechter niemals Privatangelegenheiten, sondern Fragen der Allgemeinheit zur Lösung kommen und dass fehlerhafte Lösungen, wie sie aus mangelhaften Vorbereitungen in der frühesten Kindheit erwachsen, gegen die absolute Wahrheit verstoßen und zum Schaden ihres Trägers ausschlagen.

Derartige Feststellungen mussten natürlich ihre Rechtfertigung finden in der richtig verstandenen Eigenart des menschlichen Seelenlebens, in dessen Erforschung die Individualpsychologie zu manchen neuen Erkenntnissen gekommen ist. So in dem verstärkten Hinweis, wie sehr das menschliche Seelenleben mit dem motorischen Apparat verknüpft ist, der dazu dient, durch geeignete Bewegungen die Schwierigkeiten der Außenwelt zu überwinden, anzugreifen und abzuwehren. Das seelische Organ ist in erster Linie Angriffs- und Verteidigungsorgan und hat die Aufgabe, die Zukunft für den Menschen günstig zu gestalten. Diese Leistung kann nur zustande kommen, auch nur gedacht oder verstanden werden, wenn wir ein unter allen Umständen feststehendes Ziel im Seelenleben voraussetzen: Sicherheit, *[2429]* Überlegenheit über Angriffe von außen, von Natur und von Menschen zu gewinnen. In diesem Ziel kann als konkreter Anteil die lockende Aufgabe der Selbsterhaltung, der Befriedigung von Trieben, das Streben nach Macht, Reichtum, Herrschaft, Gottähnlichkeit oder, entsprechend unserem veralteten Kulturideal, eine männliche Heldenrolle einen hervorragenden Platz einnehmen. Dieses in frühester Kindheit gewonnene Ziel beherrscht die Bewegungen der Seele und des Körpers, sammelt alle angeborenen und erworbenen Kräfte zu einer einheitlichen Persönlichkeit, gestaltet den einheitlichen Lebensplan und zieht sich wie ein roter Faden, wie die Eigenart eines Künstlers in seinen Kunstschöpfungen durch alle seine Ausdrucksbewegungen und Symptome. Erst wenn wir diese seine Aktionslinie erkannt haben, wenn wir jedes seiner Phänomene im Lichte der ganzen Persönlichkeit erblicken, den Zusammenhang des Teiles mit dem Kern der Persönlichkeit, können wir seine Bedeutung, seinen Sinn, seinen Wert und seine Notwendigkeit verstehen. In gleicher Weise tönen uns die Charakterzüge nur, wenn wir sie im Zusammenhang mit der ganzen Bewegungslinie des Menschen belassen. Wir haben gelernt, dass Bescheidenheit auch Prahlerei, kritische Haltung und herabsetzende Tendenz auch Schwächegefühl sein kann. Faulheit, Indolenz, Interesselosigkeit, Zerstreutheit, Neigung zur Zeitvertrödelung haften immer solchen Menschen an, die nicht mehr an sich oder an die Ergiebigkeit ihrer Leistung glauben, und nervöse Symptome treten immer ein, wenn eine bevorstehende Entscheidung zu einer Niederlage zu führen droht. Ängstliche Erwägungen und Gegengründe werden wir immer bei jenen erwarten, deren zögernde Haltung uns von früher her oder aus anderen Beziehungen bekannt geworden ist. Verwahrlosung haben wir immer nur mit Lebensfeigheit verknüpft gefunden. Ihre ersten Anfänge reichen in eine Zeit zurück, in der das Individuum hoffnungslos die Seite der allgemein nützlichen Leistungen verlassen hat. Was übrig bleibt, um der Betätigung noch Raum zu geben, ist unnützlich oder schädlich. Ersteres ist vorwiegend in der Neurose, Letzteres in der Verbrecherslaufbahn zu finden. So konnten wir auch nachweisen, dass die sexuellen Perversionen (Homosexualität, Fetischismus, Sadismus, Masochismus usw.) nicht ursprünglichen Triebrichtungen – das Gleiche gilt für die Neurose –, auch nicht Erlebnissen ihren Ursprung verdanken, sondern den Sexualtrieb auf den restlichen Spielraum verbannen, sobald durch ein Misstrauen in die eigene Kraft die Norm ausgeschaltet wird. [2430]

Alle diese und die anderen von uns betrachteten Erscheinungen spielen sich gleichzeitig in den uns bekannten Bezugssystemen ab. Sie laufen in der Hauptbewegungslinie in der Richtung einer Erfüllung, einer gesuchten Überlegenheit über vorhandene Schwierigkeiten und haben immer auch Beziehung zur Gemeinschaft und deren traditionellen Gesetzmäßigkeiten: der Mitmenschlichkeit, der Arbeit und der Liebe. Jedes menschliche Verhalten ist in jedem Punkte Antwort auf diese großen drei Fragen der Menschheit und zugleich Versuch einer Kompensation eines Gefühls der Minderwertigkeit.

Die bisherige Betrachtung setzt ein allgemeines Minderwertigkeitsgefühl im Menschen voraus, dem das Streben nach Überwindung aller feindlichen Gewalten entspringt. Die ganze Entwicklung der Menschheit, ihre wertvollen und irrigen Versuche charakterisieren diesen Weg. Und auch in einer solchen massenpsychologischen Betrachtung werden wir immer wieder als zwingende Korrektur das Walten des Gemeinschaftsgefühls und sein Hinzielen auf den allgemeinen Nutzen finden. Dieser Zusammenhang scheint uns der tiefste derzeit auffindbare Mechanismus alles seelischen Lebens zu sein, so tief liegend und so sehr alle Bewegungen meisternd, dass niemand, auch unsere Kritiker nicht, anders als entlang dieser Dynamik: Minderwertigkeitsgefühl – Kompensation, ihre Denkformen oder Einwände bewegen können.

Am Eingang der individualpsychologischen Erkenntnisse steht das Verständnis für das *kindliche Minderwertigkeitsgefühl*. Der Anreiz desselben stachelt alle Kräfte, die ganze seelische Bewegung auf, Kompensationen zu erzwingen oder in deren Richtung zu drängen. Die Notwendigkeit, jeder Bewegung ein Ziel überzuordnen, bringt in alle seelische Bewegung einen Plan, der zu einer einheitlichen Organisation der Persönlichkeit führt. Alle Fähigkeiten und Triebe des Menschen sind diesem Lebensplan untergeordnet. Deshalb ist es vergebliche Mühe, Reflexe, Trieb, Konstitution oder die Sexuallibido zum Ausgangspunkt von psychologischen Forschungen zu machen. Denn man kann aus ihrer Betrachtung, abgesehen von ihren banalen, aus dem Zusammenhang mit der Persönlichkeit losgelösten Abfolgen von Ursache und Wirkung, nur dann auf ihren Sinn und ihre Bedeutung stoßen, demnach auf ihre Brauchbarkeit für Seelenkunde und Menschenkenntnis, wenn man ihnen heimlich oder unbewusst den individualpsychologisch gefundenen Lebensplan unterlegt, das heißt, wenn man außer der offen zutage liegenden Tatsächlichkeit sie nach ihrem Wege, nach ihrer Absicht, nach dem »Wozu« fragt.

Auf die Ausbildung des frühkindlichen Lebensplans hat die Wertigkeit seiner Organe einen maßgebenden Einfluss. Je minderwertiger eines der Organe des Kindes von Geburt aus gestaltet ist, umso deutlicher setzt das Streben zu einem Ausgleich ein, das häufig zu einer Überkompensation führt. Von einem Ausgleich können wir nur reden, wenn die Erfolge sich der kosmischen und sozialen Verknüpftheit des Menschen gewachsen zeigen. Dies kann durch Mehrleistung und erhöhten Wachs[2431]tumsschub, durch Eintreten eines andern unterstützenden Organs geschehen und ist immer auch Wirkung eines Trainings. Immer aber finden wir auch psychische Aufwände und charakteristische seelische Anstrengungen, die aus der Not des bedrohten Lebens stammen, aus der gesteigerten Schwäche und Unsicherheit des Kindes, die sich auf dem Wege zur Vervollkommnung befinden. Hier liegt eine der Wurzeln der erhöhten schöpferischen Kraft, für die die Individualpsychologie so viel klares Verständnis geschaffen hat. Denn das mächtig gesteigerte Training eines schwächeren Organs (Ernährungstrakt, Sinnesorgane, Bewegungsorgane usw.) führt zu neuartigen, technisch höher stehenden, weil nuancierteren Bewegungen und Kunstgriffen, schärft die Aufmerksamkeit und das Interesse und führt im günstigen Falle zu einer stärkeren Erfassung des Zusammenhangs von Mensch und Umgebung und verleiht dem siegreich gebliebenen Individuum dauernd das starke, mutige Gefühl einer großen Leistungsfähigkeit. Wie aus diesen Konstitutionen besonders erwerbstüchtige, visuelle, akustische oder motorische Typen hervorgehen können, haben wir an anderer Stelle ausführlich beschrieben. Ebenso haben ich und *Alice Friedmann* gezeigt, wie die große Zahl der linkshändigen Kinder innerhalb unserer rechtshändigen Kultur in Nachteil gesetzt sind, aber unter günstigen Umständen durch ein anhaltendes Training der schlechteren rechten Hand zu besseren Leistungen gelangen können als die Rechtshänder. Jedenfalls bewirkt die verstärkte Unsicherheit eine Stimmungslage oder Verstimmung im kindlichen Seelenleben, die in erster Linie zu einer niedrigen Selbsteinschätzung führt. Diese seelische Situation kann niemals einen Ruhepunkt bedeuten. Von hier aus gehen verstärkte Bewegungen aus, Hast, Ungeduld und eine ganze Reihe anderer Charakterzüge werden aus dem gesamten psychischen Bildungsmaterial stark hervorgetrieben und lassen einen aufgepeitschten Lebensplan, ein überaus hoch gesetztes Ziel erschließen. Denn jetzt genügen nicht mehr die normalen Erfolge des Lebens, sondern es werden zur Beruhigung des vertieften Minderwertigkeitsgefühls ganz besonders starke Erfolge, Verschleierungen, Sicherungen, Vorwände und Ausreden benötigt. Mehr sein als andere wird jetzt zur Maxime des Lebens, oder wenigstens mehr scheinen, alles oder nichts, Hammer oder Amboss sein! Lauter Verfehlungen auf dem Wege zu einer Lebenskunst und zur Mitmenschlichkeit, die notwendig zu Konflikten führen. Der stürmische Ehrgeiz am Beginn der Laufbahn schafft sich regelmäßig als Gegengewicht äußerste Vorsicht, aus der die größten Hemmungen erwachsen. Jede Prüfung und Entscheidung wird zur furchtbarsten Bedrohung des mühsam aufrecht erhaltenen Gleichgewichts, und schließlich finden wir diesen weitest verbreiteten Typus mit einer Ausrede oder mit einem nervösen Krankheitssymptom wohl verwahrt nicht an der Front des Lebens, sondern irgendwo im Hinterland, tief unter den durchschnittlichen, auch ihm erreichbaren Leistungen. Wo er sich bewähren soll, zeigt er in irgendeiner Art die *zögernde Attitüde*. In den vier großen Lebensfragen, die, obwohl schematisch, alle Beziehungen des Lebens umfassen, in der sozialen Beziehung zu den Mitmenschen, in der Berufsfrage, in der Liebesfrage, in der Stellung zu Kunst und zur schöpferischen Gestaltung bleibt stets ein ungelöster Rest, oder eine dieser Fragen wird in wenig erfreulicher, aber übertriebener Art zum Angelpunkt des Lebens gemacht. Solche Kinder benötigen eine besondere Methode der Erziehung, solche Erwachsene eine Umerziehung im Sinne der Individualpsychologie.

In der gleichen bedrückten Situation wachsen jene Kinder auf und gelangen zu ähnlichen Schwierigkeiten, die lieblos, hart, ohne Wärme erzogen werden. Hier fehlt die überaus wichtige Funktion der Mutter (oder einer stellvertretenden Person), die dem Kinde das Erlebnis eines verlässlichen, mitmenschlichen Partners gibt, ihm das Du und dessen Beziehung zum Ich vermittelt. In dieser Beziehung reift das Kind zum Ge[2432]meinschaftswesen heran, entwickelt sein Gemeinschaftsgefühl und lernt sich als einen Teil der ganzen Menschheit begreifen. Wieder sieht man an dieser Stelle die vollkommene Unzulänglichkeit der *Freud*'schen Auffassung, dahin lautend, als ob diese Beziehung libidinös wäre (Ödipuskomplex), da eine sexuelle Bindung niemals zur Gemeinschaft, sondern immer wieder nur zu anderen sexuellen Bindungen oder zur Verdrängung der Sexualität Anlass gäbe. Übrigens ist *Freud* derzeit bereits daran, seine Auffassung in unserem Sinne abzuändern. Dieser zweite Typus (oft illegitime Kinder) findet sich in einer drückenden, feindlichen Welt, die ihm den geraden Weg, sich der Allgemeinheit nützlich zu machen, wie im ersten Falle leicht verlegen kann. In allen menschlichen Beziehungen wird er einen Zug zur Isolierung erkennen lassen und für Gemeinsamkeit, auch zu gemeinsamer Arbeit nicht leicht zu gewinnen sein.

Der dritte Typus von weniger geeigneten, schlechter fürs Leben und die Arbeit vorbereiteten Menschen stammt aus dem riesigen Kreis der verzärtelten Kinder. Hier ist die obige Funktion der Mutter zu stark ausgefallen. Die Bindung wird so übermächtig, dass kein anderer Mensch als die Mutter, keine andere Situation als die mütterliche gern akzeptiert wird. Darunter leidet ebenfalls die Entwicklung zur Mitmenschlichkeit, aber auch die Entwicklung der kindlichen Fähigkeiten, weil überall die Mutter mit ihrer Sorgfalt und Bevormundung hindernd im Wege steht. Die ganze Lebensform des Kindes wird nur dieser Symbiose gerecht und ist in schlechter Form gegenüber anderen Situationen. Dabei ist für die Ausbildung von Selbstbewusstsein und Initiative kein Raum übrig. In allen selbstständigen Leistungen wird zumeist das sehnsüchtige Haschen nach einer Hilfe und nach Erleichterungen sichtbar werden. Die ganze Lebensführung zeigt den Einschlag eines schweren Minderwertigkeitsgefühls.

Die oben geschilderten Entwicklungen vollziehen sich nicht nach einer erkennbaren Kausalität, sondern im Drange der Not, unter dem Zwange eines Endzieles, bei dessen Erfassung oder Konkretisierung Irrtumsmöglichkeiten des Kindes, ein ganz subjektiver Faktor, immer auch berücksichtigt werden müssen. Solche Irrtümer liegen auffällig genug in der Selbstunterschätzung und in der leicht eintretenden Entmutigung sowie in der Überschätzung anderer zutage. Dass wir darauf ausgehen, solche Irrtümer durch Gespräche, Hinweise, durch Worte und Gedanken zu beseitigen, den asozial gewordenen Menschen in einen Gemeinschaftsmenschen zu verwandeln, dass wir von einer weit höheren Leistungsfähigkeit überzeugt sind als unsere Schützlinge und wohl auch als andere Richtungen, rechtfertigt unseren Anspruch, als rationelle Erziehungsmethode und Psychotherapie genommen zu werden. Die starke Betonung der psychischen Dynamik, der Bedeutung des Gemeinschaftsgefühls, des Strebens nach Macht hebt uns wohl auch über das seltsame Vorurteil hinaus, als ob die Individualpsychologie eine intellektualistische Doktrin wäre.

Alle Erlebnisse eines Kindes oder Erwachsenen ändern nichts an seiner bereits errichteten Aktionslinie, nichts an seinem Ziel. Nur dass beide von ihm entsprechend interpretiert und konkretisiert werden. Er[2433]fahrung kann nur so weit klug machen, dass sie dem Individuum ermöglicht, seine Aktionen in eine bessere Form zu bringen, sein Ziel in einen der Wirklichkeit entsprechenderen Ausdruck zusammenzufassen. In der Psychose, sobald der

Abbruch mit den vier Lebensfragen fast vollständig wird und die Logik des menschlichen Zusammenlebens, »die uns alle bindet«, als hinderlich für die Flucht aus der Gemeinschaft aufgegeben wird, zeigt sich das Endziel meist in unverhüllter, unkritischer Art, Kaiser, Gott, Jesus usw. zu sein. Innerhalb der Gemeinschaft und der ungefähren Breite der Norm können, von solchen Zielsetzungen aus, Ehrgeiz, kritische Haltung, Überempfindlichkeit usw. als verräterische Zeichen bestehen, nicht ohne dass eine übergroße Empfindlichkeit das zugrunde liegende Minderwertigkeitsgefühl entschleiert, die Entwicklung stört, weil sich Widersprüche und Konflikte mit den wahren Forderungen des Lebens spontan herausbilden und zur Nervosität als einer sichernden Lebensform Veranlassung geben.

Eine wirkliche Änderung der Lebensform, der Lebenslinie und des Lebensplanes scheint nur durch das wachsende Verständnis für diese Zusammenhänge, in rationaler Weise demnach nur durch individualpsychologische Einsicht in das irreführende Ziel möglich.

Um eine solche Aufgabe zu vollführen, sei es durch Erziehung oder durch individualpsychologische Behandlung, das Ziel von Kindern oder Erwachsenen in das Gebiet des Allgemeinnützlichen zu verpflanzen, ist es notwendig, die *Situation* der frühen Kindheit zu kennen oder zu *erkennen*, in der die Geburt der seelischen Gestalt und Form zustande kam. Diese Situationen, im Wesentlichen drei, haben wir oben gekennzeichnet. Allen gemeinsam ist die Erwerbung eines stärkeren Minderwertigkeitsgefühls, eines höher und starrer angesetzten Leitziels und eines Lebensstils, der mit den Forderungen des Lebens mehr oder minder in Widerspruch steht. Solche Forderungen machen sich immer laut und deutlich bemerkbar, sobald das Individuum in eine neue, gegen früher veränderte Situation tritt, für die es infolge seines andersartigen Lebensstils, wohl auch infolge seiner hoch gespannten Erwartungen, nicht richtig vorbereitet ist. Anfangs können es Misserfolge sein, die erschreckend einwirken, später hindert ihn seine wachsende Entmutigung, die Konkretisierung und Bestätigung seines schweren Minderwertigkeitsgefühls, der Lösung seiner Lebensfrage näherzutreten. Dieses Gehemmtsein erzwingt eine Veränderung seiner alten Zielrichtung. Die Losung lautet nunmehr nicht mehr Überlegenheit, sondern *Verhütung einer sichtbaren und fühlbaren Niederlage!*

Dieses neue Ziel bringt eine neue Lebensform in scharf ausgeprägten Zügen zur Erscheinung. Da wegen der Furcht vor einem Misserfolg alles unvollendet bleiben muss, so wandelt sich alles Streben, alle Bewegung zu einer Scheinaktivität, die sich auf der Seite des Unnützlichen, mindestens vorwiegend, abspielt. Das Individuum wird unsozial oder neurotisch oder beides zugleich. Seine Unnützlichkeit, entstanden, weil es den Glauben verloren hat, sich auf der nützlichen Seite auszuzeichnen, kann bis zur Strafbarkeit[1] heranwachsen,

---

1 [Strafbarkeit *(konjiziert)*: Im Text »Straffälligkeit«, das einen falschen Sinn ergibt]

durch die sich die Allgemeinheit gegen irrtümliche Entwicklungen zu schützen sucht. Innerhalb der Schule *[2434]* sind es zumeist Unfähigkeit, Faulheit und alle Erscheinungen der Gegnerschaft gegen das Lernen, gelegentlich aber auch zitternder Ehrgeiz und überhitzte Strebsamkeit, in der sich die Furcht vor der Zukunft entpuppt. Bei stärkerer Hemmung der Aktivität kommt es in der Zeit der einsetzenden Entmutigung zu den mildernden Bedingungen der nervösen Erscheinungen, Scheinbewegungen, mittels deren das von der zögernden Attitüde befallene Individuum so tut, als ob es etwas täte. Im gesellschaftlichen, im Berufs- und im Liebesleben tauchen unausgesetzt Gegengründe gegen eine fortschreitende Entwicklung auf, fatale Zwischenfälle ereignen sich oder werden maßlos ausgenützt und ein fortwährender Wechsel der Angriffspunkte zeugt von der Unechtheit der Initiative. In solch hoffnungsloser Stimmung, in der dauernden Furcht vor einer beschämenden Niederlage, meist in allzu großer Abhängigkeit von der Meinung der andern, wird häufig Richtiges fallen gelassen, Falsches aufgegriffen. Solche Menschen bezeichnen sich oft als »Pechvögel«, »Unglückskinder«, sind unter einem schlechten Stern geboren und stecken voll von abergläubischen Regungen, weil immer der an anderes glaubt, der den Glauben an sich verloren hat. Sie preisen nicht nur den Pessimismus als die einzig menschenwürdige Lebensauffassung, sondern handeln auch danach. So kommen sie nie zur Entwicklung ihrer Kräfte, weil sie sie immer nur halb in den Dienst stellen. Misslingt ihnen so ein Werk, so halten sie bloß ihre Auffassung für gerechtfertigt, ohne je zu verstehen, dass ihre mangelhafte Zuversicht das Defizit verschuldet hat. Einen wirklichen Zuwachs an Kraft und ein regelrechtes Training, wohl auch gutes Gelingen verdanken wir immer nur einer optimistischen Weltanschauung, die freilich dem leichter zugänglich ist, der von seinem ebenbürtigen Wert und seiner gleichwertigen Erfolgsmöglichkeit mit Recht durchdrungen ist.

Fügen wir noch hinzu, dass es bei einiger Übung leicht gelingt, mittels unseres Netzwerkes aus all diesen Ausdrucksbewegungen die geheime Melodie eines Menschen herauszuhören, insbesondere wenn wir noch der körperlichen Haltung (auch im Schlafe), des äußeren Auftretens, der Schrift als weiteren Zeigern zum Kern der Persönlichkeit Erwähnung tun, so wollen wir doch nicht unterlassen zu betonen, dass wir das Neuartige und oft zu anderen Anschauungen Gegensätzliche genügend ermessen können, um den langsam weichenden Widerstand manchmal auch sehr verdienter Forscher zu verstehen.

Stärker prägt sich der Widerstand aus gegenüber unseren Befunden von der geringen Bedeutung der Gefühle, von Lust und Unlust und ihrer Intensität für die ursächliche Ergründung des Handelns. Wenn mein Ziel feststeht, dann werden sich immer nur solche Gefühle regen, die mir in den Kram passen. Demnach sind Gefühle keine Argumente, sondern nur verräterische Zeichen meiner Billigung oder Missbilligung einer vorliegenden Aufgabe.

Auch den wundervollen theoretischen Erörterungen der Psychologen über das Problem des Willens konnten wir nur bis zu einem Punkte folgen. Wir konnten uns nämlich von der merkwürdigen Tatsache überzeugen, dass im Gegensatz zur Theorie die Sichtbarkeit und die Dauer des Willensaktes in striktem Gegensatz zur erwarteten Handlung steht, nicht bloß in der Weise, dass während des Willensaktes nichts geschieht, sondern – dies gilt in erster Linie für die Praxis des Lebens –, dass überaus häufig das starke Hervortreten des Willens von einer auffallenden Untätigkeit gefolgt ist. Es scheint eine der Kulturfinten unserer Zeit zu sein, dass sie so häufig den Willen für die Tat gibt.

In unserer Zusammenhangsbetrachtung zeigt sich natürlich eine große Anzahl von seelischen Bewegungen und Werten in einem anderen, klareren Lichte. So zum Beispiel der Zweifel. Hält man an der Notwendigkeit der seelischen Bewegung, damit auch an der Verpflichtung zum Eingreifen in die Außenwelt fest, dann ergibt sich der [2435] Zweifel, solange er währt, als ein verkapptes, aber leicht zu enträtselndes Nein!, als Stillstand. Eine weitere Verfolgung dieser und ähnlicher Probleme ergibt dann als wertvolle Leistungen der Individualpsychologie das Verständnis von körperlichen Ausdrucksformen, von der Sprache der Organe, von der Verwendung der Affekte, von Charakterzügen und von nervösen Krankheitssymptomen, die wir sehr häufig im Gegensatz zum Denken, Fühlen und Wollen des Individuums finden, in ihrer sozialen Bedeutung, in ihrer Abhängigkeit vom Ziel der Überlegenheit oder der Ausreißerei oder beider wesentlich gefördert zu haben. Was immer man als bewusst, unbewusst, vorbewusst usw. benannt hat, zeigt sich stets im Einklang mit der persönlichen Aktivitätslinie und besitzt soziale Aktivität.

Aus der dominierenden Rolle des Endzieles erklärt sich auch die Einheitlichkeit der körperlichen und seelischen Haltung eines Menschen, und wir verstehen, warum es uns meist nicht schwerfällt, ein verzärteltes, ein lieblos erzogenes Kind, einen Lehrer, einen Arzt, einen Schauspieler, einen Gelehrten auf den ersten Blick zu erkennen. Wir haben nachgewiesen, dass sogar die Haltung im Schlafe mit der Aktionslinie oft unmittelbar zusammenfällt, dass ängstliche Menschen die Decke gerne über den Kopf ziehen oder sich einrollen wie ein Igel in der Defensive, dass repräsentative Menschen, die groß erscheinen wollen, sich nicht genug strecken können usf. Auch das Traumleben und die Fantasien sind an die Aktionslinie gebunden, knüpfen an ein vorliegendes Problem an und suchen dieses wie über eine Brücke laufend dem Endziel einzuordnen und so individuell zu lösen. Derselben Strömung unterliegen die Assoziationen und der ganze Lauf des Denkens und Verstehens. Sehr wichtig erscheinen uns unsere Ergebnisse bei der Durchleuchtung ältester Kindheitserinnerungen, die, ob echt oder erdichtet, der Geburtsstätte der Persönlichkeit ungemein nahe liegen und uns die Situation während der Ichfindung beleuchten. Die gleiche überragende Bedeutung legen wir den kindlichen Berufswahlfantasien bei; denn sie sind klar ausgesprochene, wenn auch unbeholfene Konkretisierungen und »Verbalisierungen« des Strebens nach Geltung, nach Macht und nach Überlegenheit. Man erkennt in ihnen leicht die Art und Größe der Aktivität, kann meist leicht auf die Qualität und Tiefe des Minderwertigkeitsgefühls schließen und findet dabei oft die deutlichen Spuren eines Trainings für einen späteren Beruf. Dementsprechend klärt sich uns auch die Frage des Berufs als eine tiefst empfundene Angelegenheit der ganzen Persönlichkeit, und Wahl wie Ausübung desselben spiegelt uns die ganze Persönlichkeit des Individuums.

In vollem Einklang mit allen Ergebnissen der Individualpsychologie steht unsere Lehre vom *männlichen Protest*. Letzterer ist nichts anderes als die *[2436]* Konkretisierung eines Strebens nach Macht, wie sie durch die soziale Unterschätzung und Unterwertung der Frau in unserer Kultur notwendigerweise erzwungen wird. Die automatische Verknüpfung des Begriffes der Macht mit dem Begriffe der Männlichkeit lässt nur ein offen oder verkappt auftretendes Streben nach Manngleichheit oder einen gleichwertig scheinenden Ersatz derselben bei den Mädchen zu.

Die Weiblichkeit wird wie ein minderwertiges Organ empfunden, dem ein starkes kompensatorisches Streben entwächst. Gelingt es, diesen Zug auf die allgemein nützliche Seite zu lenken, dann kommt es zu wertvollen Leistungen im Sinne der Gleichberechtigung und des Fortschrittes. Sonst resultieren daraus aufgepeitschte, überhitzte Bestrebungen, die zum Zusammenbruch führen, die Lösung der Lebensfragen verhindern oder lähmende Feigheit und verbitterte Resignation mit dem gleichen mangelhaften Endeffekt unter Erscheinungen meist von nervösen Erkrankungen. Dieser alte Gärungsprozess schafft viel unfruchtbare Unzufriedenheit in der Seele der Frau, stört ihr soziales Gefühl, hindert sie an der vollen Entfaltung ihres Wertes und ihrer Fähigkeiten im Produktionsprozess, in der Kunst und in der Wissenschaft und vermindert ihre Eignung und Neigung für die Liebe, Ehe und Mütterlichkeit. Er wirkt auch erschreckend und revoltierend auf die Männerwelt zurück und verstärkt ihre Entmutigung. Störungen im Kontakt der Geschlechter sind letzten Endes oft auf diesen Übelstand der Entwertung der Frau zurückzuführen. Zu den äußersten bösen Konsequenzen gehören Mängel des erotischen Verhaltens, Perversionen und die Prostitution. Die Tragik dieses Zustandes, gegen die mit allen Kräften in Schule und Haus angekämpft werden muss, wird dank unseren Klarstellungen immer klarer erkannt, kann aber nur im Zusammenhang mit der Logik des menschlichen Zusammenlebens und mit der starken Fundierung der Gleichwertigkeit aller beseitigt werden.

Gerade unsere Einsicht in die Zusammenhänge von Mensch, Erde, Gemeinschaft, Zweigeschlechtlichkeit, unsere Feststellungen über die Einheit der Persönlichkeit innerhalb dieser Grenzen bewahrt uns vor der Einseitigkeit, zu glauben, als ob es eine ewig unerschütterliche Weisheit und Erkenntnis gäbe. Die Individualpsychologie beansprucht nicht mehr als für eine Lehre genommen zu werden, die dem gegenwärtigen Kulturzustand und dem gegenwärtigen Wissen um den Menschen und um seine Seelenzustände besser als andere Zusammenhangsbetrachtungen gerecht wird. Dabei erscheinen uns der Einfluss der Mutter in der Familie als der Wegbereiterin des Gemeinschaftsgefühls, der Einfluss der Schule zur Korrektur der Fehler der Familienerziehung und die Beseitigung der ökonomischen Unterdrückung von Klasse zu Klasse, von Nation zu Nation als ausschlaggebende Momente. In unseren zahlreichen Erziehungsberatungsstellen tragen wir diesen Gedanken Rechnung. Unsere erzieherischen Maßnahmen erscheinen uns als die derzeit besten prophylaktischen Eingriffe gegen Verwahrlosung, Schwererzieh*[2437]*barkeit, Neurose und Psychose. Die zwei großen Schwierigkeiten, der Aberglaube an die Heredität krankhafter Seelenzustände und der Begabungswahn, scheinen derzeit überwunden, und es wird allgemach Platz für die Erkenntnis von der grundlegenden Bedeutung der Irrtümer in Erziehung und Weltanschauung bei der Entstehung obiger Fehlschläge.

[Von Adler für diesen Aufsatz benannte weiterführende Literatur:]

Alfred Adler (1920a/1974a; 1912a/2008a; 1917b/2009b; 1919a/2009b; 1907a/1977b; 1914a/1973c)

Alfred Appelt, Die wirkliche Ursache des Stotterns und seine dauernde Heilung. Erschienen im Selbstverlag, München, Habsburgerstr. 1.

Hedwig Schulhof, Henrik Ibsen. Der Mensch und sein Werk im Lichte der Individualpsychologie, Reichenberg 1923

Alice Rühle-Gerstel, Freud und Adler. Elementare Einführung in die Psychoanalyse und Individualpsychologie, Dresden 1924

Otto Naegele, Der Erziehungsgedanke im Jugendrecht. Beiträge zur kriminalpädagogischen Reform, Leipzig 1925

Fragebogen zum Verständnis und zur Behandlung schwer erziehbarer Kinder. Verfasst und erläutert vom »Internationalen Verein für Individualpsychologie«, Wien 1924

Otto Rühle, Die Seele des proletarischen Kindes, Dresden 1925

Otto Felix Kanitz, Das proletarische Kind in der bürgerlichen Gesellschaft, Jena 1925

Oswald Schwarz, Psychogenese und Psychotherapie körperlicher Symptome, Wien 1925

Fritz und Ruth Künkel, Mensch und Gemeinschaft. Kleine Schriften zur Individualpsychologie, Berlin-Dahlem 1927

Erwin Wexberg, Handbuch der Individualpsychologie, München 1927. – *Erwin Wexberg*, Ausdrucksformen des Seelenlebens, Celle 1928

Internationale Zeitschrift für Individualpsychologie, 4. Jg., Wien VI, Joanelly 6

Adlers Beiträge im Handbuch der Physiologie, hg. von [G. Bethe] Bergmann, Berlin [1925–]

35. Rauschgift (1931)

Editorische Hinweise
Erstveröffentlichung:
1931c: Fortschritte der Medizin 49, S. 535–540, S. 571–575
Neuauflagen:
1932f: Internationale Zeitschrift für Individualpsychologie 10, S. 1–19
Letztveröffentlichung:
1982b: Psychotherapie und Erziehung, Bd. 2 (1930–1932), S. 210–235

Der Vortrag, den Adler im Berliner Ärztehaus am 25. März 1931 hielt, erschien im Juli 1931 in »Fortschritte der Medizin« und ein Jahr später (mit Ergänzungen) in der Internationalen Zeitschrift für Individualpsychologie. Hier wird die Fassung von 1932 als Leittext gewählt, da sie stilistische Verbesserungen enthält. Inhaltliche Differenzen zum Text von 1931 werden in den Fußnoten dokumentiert. Im Archiv der Deutschen Gesellschaft für Individualpsychologie findet sich die Kopie eines Typoskripts, das offenbar eine Nachschrift des Vortrags darstellt. Die Einleitung adressiert Adler an den Vorsitzenden des Berliner Ärztehauses. Am Schluss findet sich ein Ausschnitt aus einer anschließenden Diskussion, die in die Druckfassungen eingearbeitet wurde. Im Übrigen stimmt das Typoskript mit der Fassung von 1931 überein.

Für Adler stellt sich immer die Frage, für welche Situation und für welches Problem ein Patient nicht vorbereitet ist, so dass er auszuweichen sucht. Das Ausweichen sei bei Morphinisten und Alkoholikern eine auffallende Tatsache, die auch von den Patienten verstanden wird. Es handle sich um Leute, die in einer Situation eine Erleichterung suchen. Einige berauschen sich vor einer Schwierigkeit und bewältigen sie dann doch. Sie handeln so, als ob sie glaubten, dass die Kraft, die sie mitbringen, erst zusammen mit dem Rausch ihnen eine erfolgreiche Lösung verspricht. In jedem Fall werde in einem Gefühl der Unsicherheit eine Erleichterung in einem Rauschzustand gesucht.

In der allgemeinen Darstellung der Entstehung des Lebensstils fällt auf, dass Adler den Ausdruck »Lebensstil« nicht verwendet, sondern von Urform und psychischer Konstitution spricht. Im gleichen Jahr, in »Individualpsychologie und Psychoanalyse« (1931n, S. 482), erläutert Adler diese Gedanken näher, die zur Entwicklungslinie des Gemeinschaftsgefühls gehören. Hier führt Adler aus, dass man schon in den ersten vier bis fünf Lebensjahren die »Urform, den Kern einer Ganzheit und Persönlichkeit« wahrnehmen könne, der schon alle Funktionsmöglichkeiten für das spätere Leben in sich trage. Beim Zusammentreffen dieser Urform, der psychischen Konstitution eines Menschen, mit den Anforderungen des bevorstehenden Problems stelle sich eine seelische Spannung ein, die der

Ausdruck des Minderwertigkeitskomplexes ist. Die Strukturen, die man in einer solchen Urform findet, könne man zusammenfassen als Stimmung und Haltung der Minderwertigkeit und Unsicherheit. Es entwickelten sich Züge von Überempfindlichkeit, Ungeduld, krankhaftem Ehrgeiz, Mangel an Mut, Misstrauen oder Verzärtelung. Diese Grundlinie könne man aus der allgemeinen Diagnostik aufzeigen.

Zuletzt will Adler an eigenen Fällen nachweisen, wie diese Grundlinie sich darin spiegelt und der speziellen Diagnostik, der Lebensstilanalyse zugänglich wird.

Rauschgift

Das Problem, die psychischen Lebensformen des Morphinisten und Alkoholikers, stellt mich vor keine leichte Aufgabe. Es ist für mich umso schwerer,[1] als mein Material nicht gerade übermäßig groß ist. Nicht allzu oft habe ich die Möglichkeit, tiefer in die psychische Entwicklung eines Morphinisten oder Alkoholikers einzudringen, um seinen Lebensstil, seine Grundmelodie aufzubauen, und als ich heute daranging, in meiner Erinnerung die in ihrer Ganzheit erfassten Fälle zu sammeln, brachte ich kein allzu großes Material zutage. Sie werden also von mir eine extensive Bearbeitung dieses Materials oder dieser Patienten nicht erwarten dürfen, vielleicht aber das Resultat einer intensiven Bearbeitung einzelner Fälle. Ich werde uns auch durchaus nicht aufhalten mit einer Schilderung oder einem Hinweis auf die Schädigung, auf die organischen Benachteiligungen, auf das soziale Verhalten, auf den Druck, der auf der ganzen Bevölkerung lastet, die für all die Kranken Sorge tragen muss usw. Ich möchte vielmehr nur jene Gesichtspunkte in Erwägung ziehen, die mir als Individualpsychologen wichtig erscheinen, um einen Patienten, den man auf irgendeine Weise von seiner Gewohnheit, Rauschgifte zu nehmen, befreit hat, wieder dem Leben zurückzugeben und ihn lebensstark und arbeitsfähig zu machen, Fähigkeiten, die er ganz oder teilweise eingebüßt hat. Es darf uns nicht wundern, dass die Individualpsychologie auf diesen Punkt so viel Wert legt, denn schließlich und endlich würden wir uns ja mit dieser ganzen Frage nicht so plagen, wenn es sich nicht zeigen würde, dass *die*

---

1 *Im Typoskript lautet die Einleitung:* Meine Damen und Herren, indem ich dem Herrn Vorsitzenden meinen Dank für seine außerordentlich ehrenden Worte ausspreche, möchte ich hinzufügen, dass es für mich erfreulicher gewesen wäre, wenn diese so ehrenden Worte lieber am Schlusse meines Vortrags ausgesprochen wären und nicht am Anfang. Denn nun fühle ich mich geradezu verpflichtet, ihnen gerecht zu werden, und das ist natürlich in einer in Diskussion befindlichen Frage wie die der psychischen Lebensformen des Morphinismus und Alkoholismus keine leichte Aufgabe. Es ist für mich umso schwerer, …

Beziehungen des Individuums zu den Aufgaben des Lebens durch Rauschgifte gestört werden. Erscheinungen, die freilich den Betreffenden, der an Morphinismus oder Alkoholismus leidet, nicht allzu sehr bedrücken, weil er diesen Punkt weniger ins Auge fasst und ihm weniger Gewicht beimisst, während wir finden, wir können das Rauschgiftproblem nur verstehen, wenn wir dabei die *Bezogenheit des ganzen Individuums zu den mehr oder weniger gleichbleibenden Fragen des Kulturlebens* ins Auge fassen. Das ist der Standpunkt der Individualpsychologie in allen Fragen psychischer Fehlschläge, und insofern ist die Individualpsychologie berechtigt, auch in der Frage der Rauschgifte ihren Standpunkt in die Diskussion hineinzutragen und darauf zu achten, welcher Typus von Mensch es eigentlich ist, der dem Morphinismus und Alkoholismus bei seiner Ablehnung der »Leistung« verfällt. Es ist für mich keine Frage, dass es Menschen gibt, die absolut nicht zu bewegen wären, Morphinisten oder Alkoholiker zu werden, obgleich die Grenzen der Möglichkeiten sich unter [2] dem Druck äußerer Verhältnisse außerordentlich verschieben können. Aber wir müssen doch immer die Spannung ins Auge fassen, die zwischen der Validität des Individuums und der ihm bevorstehenden Aufgabe erscheint, und da möchte ich, da wir uns hier noch in der *allgemeinen Diagnostik* befinden, das allgemeine Schema der Individualpsychologie charakterisieren, wie wir uns der Erkenntnis eines solchen Menschen zu nähern trachten. Für uns ist das Maßgebende, in erster Linie festzustellen: In welcher Situation hat der Missbrauch begonnen? Denn wenn es uns gelingt, hier Klarheit zu schaffen, ganz genauen Einblick zu bekommen, was sich in dieser Situation abgespielt hat, dann finden wir die Frage beantwortet, die lautet: *Für welche Situation war der Patient nicht vorbereitet?* Es ergibt sich dabei der Eindruck, dass er auf seinem Lebensweg eine Strecke vorwärts dringt und nun auf ein Problem stößt, dem er auszuweichen sucht. Das Ausweichen aber ist bei dem Morphinisten und Alkoholiker eine auffallende Tatsache, die auch von dem betreffenden Patienten verstanden und dargestellt wird. Es handelt sich in all diesen Fällen um Leute, die in einer bestimmten Situation *eine Erleichterung* suchen. Dadurch können wir aber schon weitere Schlüsse ziehen. Es sind nicht jene Personen, die Schwierigkeiten mit Mut und Geduld, mit einem geschulten Charakter gegenüberstehen, sondern es sind Menschen, deren Blick immer darauf gerichtet ist, in einer schwierigen Situation in erster Linie *eine Erleichterung* zu suchen.

Was ist das eigentlich für ein Typus von Menschen, die immer die Neigung haben, sich Fragen, denen jeder gegenübersteht, die jedem zur Lösung aufgegeben sind, zu erleichtern, irgendeinen Umweg zu finden, um auszuweichen? Es ist wahr, dass es unter den Morphinisten und Alkoholikern Menschen gibt, die vor einer Schwierigkeit sich berauschen und dann doch irgendwie diese Frage lösen. Das ist ein Typus, der nicht so selten vorkommt, und insbesondere von den Morphinisten habe ich den Eindruck, dass sich unter ihnen häufig hochstehende, erfolgreiche Menschen befinden, die den Durchschnitt sicherlich überragen, aber sie erreichen den Erfolg bedingungsweise mit dem Gift im Leibe. Wenn wir ganz unvoreingenommen, ohne Formel, ohne Herumraten erfassen wollen, was mit ihnen vorgeht, so müssen wir sagen, sie glauben oder handeln, als ob sie glaubten, dass erst die Kraft, die sie mitbringen, plus dem Rausch ihnen eine erfolgreiche Lösung verspricht.

Dann gibt es andere, die stecken bleiben, die nicht weiterkommen, die zum Beispiel im Zustand der Berauschung oder des Morphiumgenusses ihre Fragen ungelöst lassen, ganz beiseiteschieben, durch den Rauschzustand Fragen ausschalten, auch dadurch, dass sie immer höhere Morphiumdosen nehmen, wobei sie arbeits- und lebensunfähig werden. In jedem Fall sehen wir ein Individuum in einem Gefühl der *Unsicherheit,* der *Minderwertigkeit eine Erleichterung suchend,* das diese Erleichterung in einem Rauschzustand zu finden trachtet, in welchem die *Funktionsprüfung* demnach schlecht oder gar nicht bestanden wird. Diese *Prüfungssituation* ist wohl in jedem Falle von einem Arzt festzustellen. Freilich finden wir meist nichts darüber in den landläufigen Krankengeschichten. [3] Aber bei vorsichtiger Befragung kann sie doch immer wieder festgestellt werden und gibt uns in einem Punkt des Lebens dieses Menschen, seiner Entwicklung eine klare Einsicht. Das ist die Stelle, wo er verwundbar ist; bis dorthin reicht seine Leistungsfähigkeit nicht; für die Lösung dieser Aufgabe ist er nicht richtig vorbereitet. Und nun erwächst für uns die weitere Aufgabe nachzuforschen, *warum er für die Lösung dieser Aufgabe nicht vorbereitet ist.* Da dürfen wir Individualpsychologen die große Erfahrung der Individualpsychologie zuhilfe nehmen, indem wir zurückblicken in früheres Leben und hier nach Anhaltspunkten suchen, warum diese Vorbereitung nicht gelungen ist. Die Gesichtspunkte, die dabei auftauchen, sind reichlich genug. Aber wenn Sie wollen, können wir sie schematisch einteilen in: Fragen der Beziehung vom Ich zum Du, wo es sich um Fragen der Freundschaft, der Kameradschaft, der Wahrhaftigkeit, der Treue, der Kontaktfähigkeit usw. handelt. Wir denken da zum Beispiel an den stillen Säufer, ein Spezialfall, der uns vor die Fragen der *Gemeinschaft* stellt. Dann wird sich ebenso die Frage der Beschäftigung als außerordentlich bedrohlich herausstellen, wenn einer nach all den Qualitäten, all den Attributen der Gottähnlichkeit strebt, ungeduldig, genäschig, außerordentlich erfolgreich zu sein, einen krankhaften Ehrgeiz zu befriedigen, über andere zu triumphieren trachtet, was natürlich zu einer außerordentlichen, dauernden seelischen Spannung führt. Diese Spannung finden wir als auslösende Ursache in vielen anderen Fällen von Neurose, so auch bei den funktionellen Neurosen, wo sie *auf den Körper,* auf minderwertige Organe übergreift, bei der Angstneurose und Phobie mit Ergriffensein *des emotionellen Gebietes,* bei Zwangserscheinungen, bei denen in erster Linie der *Denkprozess* irritiert wird, um den glatten Fortschritt zur Leistung zu verhindern, bei der

Hysterie mit Befallensein der *motorischen* Sphäre, bei Selbstmord unter vollständiger Ausschaltung des *Mitlebens,* unter Zeichen des indirekten Angriffs gegen andere usw. Wenn wir da zurückblicken, finden wir auf Schritt und Tritt Erscheinungen und Ausdrucksformen, die uns darüber belehren können, dass diese Individuen wirklich nicht für volle Leistungen vorbereitet sind. Wir treffen dabei auf die *Urform,* den Kern einer Ganzheit und Persönlichkeit, den man schon in den ersten vier, fünf Jahren wahrnehmen kann, der sich aber sicherlich schon früher bildet, ohne dass wir es bis zur Keimzelle nachweisen können, als eine *Einzigartigkeit,* die schon alle Funktionsmöglichkeiten für das spätere Leben in sich trägt und alle Fähigkeiten, die später in der Stellungnahme zum Leben auch *eine Meinung* von seiner Leistungsfähigkeit und eine Meinung vom Leben ausdrücken, *die auch schon ungefähr den Raum begrenzen,* in dem seine Aktion sich abspielen wird. Im Vergleich dieser Urform, die ich die *psychische Konstitution* eines Menschen nenne, mit den Anforderungen des bevorstehenden Problems, können wir ungefähr *voraussagen,* dass sich eine gefährliche Spannung einstellen wird. Zur Lösung des Gemeinschafts-, Arbeits- und Liebesproblems ist das organminderwertige, das verzärtelte oder vernachlässigte Kind nicht vorbereitet. Die Strukturen, die man in einer solchen Urform findet, kann man zusammenfassen als Stimmung und Haltung der Minderwertigkeit, Unsicherheit usw. [4]

Sind wir einmal so weit, feststellen zu können, dass das Individuum, das den Rauschgiften verfallen ist, auch schon in der frühen Kindheit sich als ein Mensch gezeigt hat, der den Aufgaben des Lebens gegenüber nicht richtig vorbereitet ist, dann begegnet uns natürlich die Frage: Was heißt denn das, den Aufgaben des Lebens gegenüber richtig vorbereitet zu sein? Ich habe die Frage der Beziehung vom Ich zum Du, die Frage der Beschäftigung erwähnt, wo immer schon gewisse Vorbereitungen, ein gewisses Training, eine Neigung zur Lösung dieser Fragen frühzeitig beobachtet werden kann, und zwar in der Stellungnahme zur Außenwelt. Ich habe noch die Frage der Liebesbeziehung zu erwähnen, von der man auch feststellen kann, wie bei all diesen drei Fragen, dass zu ihrer Lösung ein gewisses Maß von Interesse an dem andern unbedingt notwendig ist. Ich kann die Frage, die Beziehung des Ich zum Du nicht in normaler Weise lösen, das Problem der Freundschaft, Kameradschaft, Gemeinschaft nicht bewältigen, wenn das Interesse in dieser Urform nicht bereits vorhanden ist und weiterschreitend sich bis zu den Fragen des Lebens bewegt. Ich kann die Frage der Beschäftigung nicht lösen, wenn ich nicht das Interesse habe mitzuarbeiten, mitzuspielen, eine *Leistung* zu vollführen, was nicht anders verstanden werden kann als etwas Nützliches für die Allgemeinheit, und ich kann die nützliche Leistung nicht zustande bringen, wenn es mir nicht vorschwebt, wenn ich es nicht in mir habe, für die andern etwas zu tun. Und ich kann natürlich auch die Frage der Liebe nicht lösen, wenn dieses Interesse in mir nicht steckt, diese Möglichkeit einer Hingabe[2] für eine Person des andern Geschlechts. Wenn dieses Interesse nicht mir anhaftet – von dem ich gar nichts zu wissen brauche –, an der Wohlfahrt des Menschengeschlechts mitzuarbeiten, die Fortpflanzung des menschlichen Geschlechts als meine Aufgabe anzusehen, wenn ich diese Strebungen in meinem Lebensstil entbehre, besser gesagt, wenn ich diese Bewegungslinie zur Gemeinschaft nicht in der Urform entwickelt habe, treffe ich ja gar nicht bis zu den Hauptfragen des Lebens, die das soziale Interesse, die Aktionslinie des Gemeinschaftsgefühls erfordern. Wir werden also verstehen, warum die Individualpsychologie solch ein Gewicht darauf legt, *die Situation zu erfassen, in der es sich zeigt, wie bei einer Funktionsprüfung,* dass der Betreffende nicht imstande ist, eine Frage zu lösen, die unausgesetzt nach dem Grade des sozialen Interesses fragt. Dieses soziale Interesse kann nicht als abgesondert aus dem Gesamtbild des Individuums entnommen werden, es ist vielmehr die *Grundmelodie,* die in allen Ausdrucksformen erscheint. Durch den Sehakt zum Beispiel wird Sehbares natürlich nur aufgenommen, wenn Interesse für das Objekt auch wirklich vorhanden ist. Wir werden als Grundmelodie des Höraktes natürlich auch wieder dieses Gemeinschaftsgefühl, den Grad der Verbundenheit finden, ebenso in der Art, wie einer zum andern spricht und sich im Sprechen mit jemand verbindet. Natürlich finden wir die Grundmelodie auch in der Entwicklung des Verstandes, des *Common Sense,* der erfordert, irgendeine Situation, irgendeinen Menschen so zu erfassen, wie ich erwarte, dass jeder andere sie auch erfassen müsste. Ich bin da ein Teil des Ganzen in meinem Urteil über Dinge, Probleme, Menschen usw. Kurz, in *[5]* all den Fähigkeiten, die zur Lösung einer Aufgabe wichtig sind, ist das Ausschlaggebende immer der Grad des Interesses für das Problem, und wie wir gesehen haben, ist ja dieses Problem nur lösbar, wenn ich auch den genügenden Grad von Interesse mitbringe.

Nun ist eine weitere Frage die: Wer ist denn eigentlich nicht vorbereitet im Gemeinschaftsgefühl, im sozialen Interesse? Man kann natürlich kurz sagen, der, der mehr an sich denkt als an die andern, einer, der so lebt, als ob er nur nehmen könnte und nicht geben; einer, der dem Leben so gegenübersteht, als ob das Leben nur die Aufgabe hätte, ihm Annehmlichkeiten zu bereiten, und der nicht erwartet, dass die Schwierigkeiten des Lebens auch zu ihm gehören und ihm Aufgaben setzen, die er im Interesse der Allgemeinheit lösen muss. Wir sehen, dass bei all diesen Lebensformen vor ihren für sie unlösbaren Problemen eine solche seelische Spannung eintritt, die der Ausdruck des Minderwertigkeitskomplexes ist: »Ich bin meiner nicht sicher, ich kann die Aufgabe nicht lösen«, in den mannigfachsten Formen der Neurose, in den mannigfachsten Formen abwegiger Charakterzüge, und wir werden feststel-

---

2   einer Hingabe] *Änd. 1931:* eines Interesses

len, dass der genügende Grad des Gemeinschaftsgefühls fehlt, und dass ein solches Individuum von Anfang seines Lebens an nicht für die Verbundenheit vorbereitet war. Damit kommen wir auf die Grundlage zu sprechen, die wir bei allen Morphinisten und Alkoholikern finden: eine geringe Entwicklung des Interesses für die Allgemeinheit. Hier, glaube ich, mündet unsere Untersuchung in eine allgemein verständliche, allgemein akzeptable Feststellung. Der, der sich den *Rauschgiften* unterwirft, beweist dadurch allein schon, dass er die Fragen der Allgemeinheit nicht hoch genug einschätzt. Wie das zustande kommt, hat die Individualpsychologie in ziemlich umfangreicher, in scharfer, kritischer, ich möchte sagen, in skeptischer Art untersucht und festgestellt. Wir werden finden, dass Morphinisten und Alkoholiker als Kinder eine übergroße Neigung hatten, an sich zu denken und die andern auszuschalten. Ein Teil von ihnen hat frühzeitig an körperlichen Schwächen gelitten. Dieses Leiden kann dadurch zustande gekommen sein, dass sie mit minderwertigen Organen, körperlich erblich belastet zur Welt kamen und in ihrem Erleben der Welt größere Schwierigkeiten fanden als der Durchschnitt. Es ist begreiflich, dass solche Kinder, die das schwerere Erleben hatten, die die größere Bürde beim Start schon trugen – *es liegt keine Logik, keine Kausalität darin* –, es ist aber begreiflich, dass solchen Kindern das Leben nicht wie ein Paradies entgegentritt, sondern wie ein Jammertal, natürlich auch wieder in den verschiedensten Varianten, aber doch immer so, dass sie das Leben schwer finden. Darauf haben Ärzte wie zum Beispiel *Czerny* schon hingewiesen, und es erweist sich auch in der Statistik, dass solche Kinder häufig später irgendwelche abwegige Charakterzüge zeigen.

Im Jahre 1907 [1907a/1977b] und später habe ich darauf hingewiesen wie häufig solche Kinder, die an minderwertigen Organen gelitten haben, dem Leben mit gewissen gegnerischen Charakterzügen entgegenstehen, worunter in erster Linie *Überempfindlichkeit* festzustellen ist. Diese Überempfindlichkeit zeigt, dass dieses Kind nicht richtig eingebettet ist, dass es sich nicht als ein Teil des [6] Ganzen betrachtet, dass es auszuweichen geneigt ist, dass es Dinge schwer nimmt, mit denen ein anderer leicht fertig wird. Sind wir hier auf der richtigen Spur, dann müssen alle diejenigen, die in der krankmachenden Situation ihren Mangel an Vorbereitung zeigen, aus diesem Charakterzug auch zu verstehen sein. Freilich ist dieser Charakterzug auch nur ein Teil des Ganzen, und wir dürfen uns natürlich der von uns inaugurierten Ganzheitsbetrachtung nicht entschlagen, wir müssen immer die ganze Persönlichkeit erfassen; aber wir können die ganze Persönlichkeit nur induktiv erfassen, indem wir von einzelnen wahrnehmbaren Erscheinungen zu der transzendentalen Idee der Ganzheit der Persönlichkeit vorschreiten. Diese Ganzheit der Persönlichkeit ist nicht leicht zu beschreiben und nicht in einem einzigen Ausdruck darzustellen. Ich begnüge mich, einstweilen darauf zu verweisen, dass sie sich in dem Minderwertigkeitskomplex, der sich zeigt, wenn ein Problem auftaucht, für das sie nicht vorbereitet ist, *in der seelischen Überempfindlichkeit* als abnormal darstellt.

Ein anderer Charakterzug, den wir sowohl in der Situation, in der das Rauschgift genommen wird, als auch in der psychischen Konstitution, in der Urform wiederfinden, ist die *Ungeduld*. Wenn wir verstehen wollen, was ein Charakterzug bedeutet, ist es notwendig, ihn als Bewegung anzusehen. *Es gibt keinen Charakterzug, der nicht eine soziale Bezogenheit darstellt.* Die individuelle Art, wie einer Stellung nimmt zu einem andern, zu einer Aufgabe usw. hat die Sprache als Charakterzug bezeichnet. Der abstrakte Ausdruck für eine konkrete Stellungnahme gilt eigentlich nur »im Strom der Welt«, der Charakter kann nicht angeboren sein, weil er eine soziale Bezogenheit, einen abstrakten Ausdruck für eine konkrete Bezogenheit bedeutet. Die »Möglichkeit« von Charakterzügen mag schon im Embryo liegen, aber was aus diesen Möglichkeiten wird, entscheidet sich in den ersten vier, fünf Jahren, weil hier die soziale Bezogenheit schon vier, fünf Jahre trainiert ist unter nahezu gleichbleibenden Verhältnissen. Und nun wandert die Urform in ihrer stabilisierten Form weiter vorwärts, um auf soziale Probleme zu treffen. So kommen wir auch zur Betrachtung des Charakterzuges der Ungeduld. Wir können sagen, das ist nicht die Eigenschaft eines Menschen, der sich stark fühlt. Der Starke kann warten. Der Starke ist überhaupt *Affekten* nicht leicht zugänglich. Je stärker einer ist, je mehr Vertrauen er zu sich selbst hat, umso weniger werden Sie finden, dass er ungeduldig, überempfindlich ist, dass er Affektneigungen besitzt. Denn der Affekt der Ungeduld zeigt immer, dass einer fürchtet, es könnte eine Niederlage, ein Entzug ihm drohen, wenn der Erfolg nicht sofort eintritt. Auf der andern Seite können wir feststellen, dass Ungeduld mehr bedeutet, ein Verlangen nach einer Sättigung. Wir können von »*Genäschigkeit*« sprechen. Bei all den Menschen, deren Urform Interesse für den andern mangelt, finden wir diese Genäschigkeit, dieses *Gerichtetsein nach dem Lustprinzip*, ohne die große Grundmelodie des sozialen Interesses. So finden wir natürlich neben der Ungeduld, der Genäschigkeit, der Überempfindlichkeit auch die *egozentrische Haltung*, in der einer nur an sich denkt und nur an seine persönliche Überlegenheit. Und da kommen wir zu einem andern Grundzug, den man wahr[7]scheinlich bei all denen findet, die den Rauschgiften unterliegen, dass sie einen *krankhaften persönlichen Ehrgeiz* haben, den unsere Kultur nicht leicht befriedigen kann. Aber die Unbefriedigung eines krankhaften Ehrgeizes ist außerordentlich schmerzlich und umso schmerzlicher für einen Menschen, der auch verrät, dass er Züge von Überempfindlichkeit, Ungeduld, Genäschigkeit hat, der immer nur an sich denkt, so dass er überall verwundbar ist und diese Verwundbarkeit kraft seines Minderwertigkeitsgefühls viel schwerer verträgt als einer, dem das Interesse an den andern den Weg zeigt, der weiß, dass nicht nur die Annehmlichkeiten, sondern auch die Unannehmlichkeiten als Aufgaben zu ihm gehören, dass das Leben Aufgaben stellt, an deren Lösung er mitzuarbeiten hat.

Das sind die Ergebnisse, die in der *allgemeinen Diagnostik* aller Fehlschläge zu finden sind, deshalb auch ungenügend sind für die *Untersuchungen des Einzelnen,* weil wir ja immer auf etwas *Einmaliges* stoßen. Die Ungeduld des einen, der sich dem Morphinismus ergibt, ist eine andere Ungeduld als die des andern, der sich ebenfalls dem Morphinismus ergibt. Um uns dem Einzelfall zu nähern, dürfen wir uns wohl der allgemeinen Diagnostik bedienen, aber wir müssen in die spezielle Diagnostik eintreten. Da können wir einen Weg schreiten, den die Individualpsychologie gezeigt hat und den ich erwähnt habe, als ich von der Minderwertigkeit von Organen sprach, derzufolge einer das Leben als eine Bürde empfängt. Natürlich wird er vorsichtig sein, und so finden wir *Vorsicht* auch bei allen Fehlschlägen. Sie werden auch einen *Mangel an Mut* finden. Mut richtig gesehen heißt: sich irgendwo zu Hause, sich heimisch fühlen, diese Welt mit allen Unannehmlichkeiten und Annehmlichkeiten als zu sich gehörig zu empfinden. Deshalb fehlt allen Fehlschlägen Mut, und stattdessen haben Sie die Züge der *List.* Das beweist, dass alle Fehlschläge, wie auch Morphinisten und Alkoholiker so leben, als ob sie *in Feindesland* wären. Sie sind auch *misstrauisch, schließen sich schwer an und warten immer auf irgendwelche Angriffe,* auf irgendwelche Benachteiligungen. Sie sehen den andern immer in irgendeiner Art als Feind, und ich erinnere mich an einen Morphinisten, der während einer Entziehungskur, die damals in der Narkose durchgeführt wurde, ununterbrochen davon gesprochen hat, was ich für ein böser Mensch wäre, während er früher mein Freund gewesen ist oder so schien, so dass in der Narkose seine wahre Meinung durchdrang. Wir finden neben diesem Misstrauen auch die Neigung zur *Eifersucht,* die wir nicht nur bei Alkoholikern, sondern auch bei Morphinisten außerordentlich häufig finden. Sie leben wie in Feindesland und fühlen sich nicht zu uns gehörig, was nichts anderes heißt, als dass sie einen *Mangel an Gemeinschaftsgefühl* haben.

Es gibt eine größere Gruppe, wo wir von Kindern in deren Entwicklung Fehlschläge erwarten, unter ihnen Alkoholiker, Morphinisten und Kokainisten. Das sind diejenigen, die ihre Urform aufgebaut haben in einer Situation großer *Verzärtelung,* in der sie *abhängig* waren von andern Menschen und dadurch Gelegenheit hatten, den andern von sich abhängig zu machen und *sein Gemeinschaftsgefühl für die eigene Person auszubeuten.* In der Regel war es die Aus[8]nützung der Mutter. Die Züge der Verzärtelung hat die Individualpsychologie sehr sorgfältig studiert, so dass wir aus einzelnen Beziehungsformen eines solchen Kindes, ob das Kind sie offen zeigt oder nicht, immer feststellen können, ob ein Kind verzärtelt gewesen ist oder Verzärtelung sucht. Auch ein verzärteltes Kind wächst auf wie in Feindesland. Gewöhnt an die Gegenwart einer einzelnen Person, wird ihm jede andere Situation unannehmbar erscheinen. Deswegen werden wir bei verzärtelten Personen finden, dass jede

Änderung ihrer Situation für sie ein schwerer Eingriff ist. Alle verzärtelten Menschen werden dann von einer seelischen Spannung ergriffen, von der ich vorhin gesprochen habe, die immer auch in verschiedener Art auf *Gedanken, Gefühle, Motorik und Aktionen* übergreift. Dass auch die verzärtelte Person an Mangel an Gemeinschaftsgefühl leidet, ist klar, denn die Verzärtelten haben nur Interesse für sich und scheinbar für eine einzelne Person. Dass es hier auch *tausend Varianten* gibt, ist für denjenigen, der es sich leicht machen will, eine große Unannehmlichkeit, aber ich möchte ja, dass wir all diese Dinge nicht als leicht auffassen sollen und doch vor der Schwierigkeit einer individualpsychologischen Untersuchung nicht erschrecken.

Wir werden uns leicht ganz allgemein ein verzärteltes Kind in seiner sozialen Bezogenheit klarmachen können. Wenn ich die Frage aufwerfe, ob ein verzärteltes Kind Ordnung halten wird, werden wir es sicherlich verneinen. Denn das verzärtelte Kind wünscht in seiner parasitären Existenz zumeist, dass ein anderer Ordnung macht. Wenn ich frage, ob das Kind es verträgt, von seiner verzärtelnden Person getrennt zu werden, werden wir auch mit »Nein« antworten. Es ist gegen jede neue Situation außerordentlich empfindlich, ungeduldig, in Spannung, zu Affekten geneigt, zu Emotionen der Trauer, des Zorns, der Angst, der Ungeduld, und so nicht vorbereitet zur Lösung von Aufgaben, denen es ohne Zögern, ohne irgendwelche Ausrede entgegengehen sollte. Nun, diese Kategorie von Kindern, in tausendfältigen Varianten, in denen sie erscheinen, bildet wohl den Hauptstock aller Fehlschläge, auch des Alkoholismus und Morphinismus. Das sind auch die Kinder und die Erwachsenen, die am leichtesten zu verleiten sind, wenn man ihnen freundlich entgegenkommt. Das sind diejenigen, die immer Wärme suchen, und wenn ihnen jemand Wärme zeigt, sofort gewonnen sind. Das sind diejenigen, die in ihrem Suchen nach Wärme sich immer dem andern anschließen, um ihn für sich zu gewinnen, abhängige Menschen, die wir immer wieder unter den Fehlschlägen finden, auch unter den Alkoholikern und Morphinisten.

Auch ein dritter Typus ist zu betrachten, der auch wie in Feindesland aufwächst, das heißt, unter einer Bürde seinen Lebensweg sucht. Das sind die vernachlässigten, die gehassten Kinder, die nie etwas von sozialem Interesse erfahren haben, die gar nicht wissen, dass es ein Gemeinschaftsgefühl gibt, und die infolgedessen das ganze Leben als etwas Feindliches, Gegensätzliches empfinden, die immer von der Unruhe in der Kultur sprechen und die Kultur anschuldigen, aber keine Schritte machen, um diese Kultur für die Allgemeinheit günstiger zu gestalten, die immer nur nehmen wollen, aber niemals bereit sind zu geben. Auch diesen Typus finden wir gelegentlich unter den Morphinisten und Alkoholikern, freilich seltener, weil überhaupt [9] dieser reine Typ nicht weit verbreitet ist. Man findet ihn gelegentlich unter illegitimen Kindern, Waisen oder ungewollten Kindern.

So habe ich aus der *allgemeinen Diagnostik* der Fehlschläge, die sich auch auf Morphinismus und Alkoholismus bezieht, versucht, eine Grundlinie zu zeigen, und ich möchte aus den Fällen, die mir in Erinnerung sind, versuchen nachzuweisen, wie sie sich in meinem Material spiegelt und der speziellen Diagnostik zugänglich wird.

Um vom Morphinismus zu sprechen, erinnere ich mich an einen Patienten, der als Kind plump gewesen ist, schwer beweglich; zum Beispiel wenn man Ruhe vor ihm haben wollte, brauchte man ihn bloß auf den Rücken zu legen, in eine Lage, aus der er sich selbst, auch als er vier Jahre alt war, nicht wieder erheben konnte. Er hat früh an Angsterscheinungen gelitten, so, wenn er allein gelassen war, und war nicht zu bewegen, in die Schule zu gehen. Er war aus wohlhabendem Hause, das großen Einfluss besaß, und so gelang es den Eltern, die letzten Prüfungen, die er zu bestehen hatte, bevor er die Universität besuchen sollte, so einzurichten, dass die Prüfer zu ihm ins Haus kamen, indem man immer auf seine Angsterscheinungen, seine Platzangst hinwies. Später hat er geheiratet, hat aber nie eine richtige Beziehung zu seiner Frau gehabt, hat sie immer mit Eifersucht verfolgt, so dass die Frau, seiner überdrüssig, sich von ihm scheiden ließ. Er war ein intelligenter, scharfsinniger Mensch. Es gelang ihm, durch Protektion eine hohe Beamtenstelle zu erlangen, in der er nach der Meinung der einen sich auszeichnete, nach der Meinung der andern durchaus nichts Wesentliches geleistet hat. Bevor er diese Stellung übernahm – so erzählte er mir –, war er in großer Aufregung. Das war die Funktionsprüfung für ihn, und er konnte sich einige Zeit gar nicht entschließen. Da hatte er einen Bekannten, der ihm erzählte, dass er in solchen Situationen sich eine Morphiumspritze mache, um die Schwierigkeiten zu überstehen. So begann er mit dem Morphinismus, und jedes Mal, wenn er in dieser hohen Stellung, für die er eigentlich doch nicht geeignet war, irgendwelche Schwierigkeiten empfand, griff er zum Morphium und setzte dies eine Zeit lang fort, so dass er zum Schluss ununterbrochen Morphium gebrauchte. Die Schwierigkeiten in seiner Stellung wuchsen mehr und mehr, man setzte ihn auf einen niedrigeren Posten, was zur Folge hatte, dass er die Morphiumdosen erhöhte, in dem Gefühl der Erniedrigung und in einem überspannten Ehrgeiz, indem er sich für den Allerbesten unter allen Beamten seines Ressorts hielt, innerhalb dessen er auch gegen jeden andern kämpfte. Er hat ein zweites Mal geheiratet, und die Frau, die mit dem Morphinisten nicht viel anzufangen wusste, obwohl er durchaus seine Potenz nicht verloren hatte, wurde seiner überdrüssig, was[3] ihn abermals zu erhöhten Morphiumdosen veranlasste, hier auch wohl schon in der Erregung gegen seine Frau, gegen die nun die Erhöhung der Morphiumdosen einen feindlichen Akt, einen Angriff bedeuten sollte. Denn die Frau versuchte fortwährend, ihn davon abzubringen, und als sie eine Anzahl von hervorragenden Ärzten zu Hilfe rief, erklärte er, dass er sich nicht aus dem

---

3 wurde *bis* was] *1931:* beging einen Akt der Untreue, der

Bett erheben könne, dass er unfähig sei, seine Glieder zu bewegen, und dass er an Herzanfällen leide. In dieser Situation lernte ich ihn kennen *[10]* und trachtete, ihn von dem Morphinismus zu befreien, was auch gelang, wo aber doch das Fait accompli, die Abneigung[4] seiner Frau, durchaus von ihm nicht verschmerzt werden konnte. Da die Frau besonders hartnäckig war und die Trennung[5] als ihr gutes Recht ansah, griff er noch zu einem andern Mittel des feindlichen Angriffs und drohte mit Selbstmord, den er dann auch ausführte. Davon hörte ich später. So liegt der Ablauf seines Lebens vom Beginn seiner Kindheit bis zum Ende als unverbrüchliche Ganzheit klar zutage.

Während wir hier die Verzärtelung und die frühzeitige Neurose beobachten können, kann ich von einem andern Patienten, dessen Fall ich jetzt berichten möchte, sagen, dass er ein zweitgeborenes Kind von ungeheurem Ehrgeiz und Aktivität war. Er war klein gewachsen, ein ausgezeichneter Schüler, ehrgeizig, riesig empfindlich, was ihn unfähig machte, sich leicht mit Kameraden zu umgeben, Freunde zu haben usw. Er war dann in einem Amt, wo er die große Erschütterung erlebte, dass der Chef die Frage stellte: »Wo bleibt denn der kleine Zwerg?« Er trat sofort aus, konnte den Gedanken nicht verschmerzen, wie er von seinem Chef herabgewürdigt worden sei, und begann nun, um nicht dem schwierigen Problem einer niederträchtigen Kritik zu unterliegen, mit Morphiumeinspritzungen. Das ist der einzige Fall unter den vielen, den ich ohne irgendwelchen äußeren Zwang, in Freiheit vom Morphinismus befreien konnte. Ich muss gestehen, dass ich selbst glaube, dass das ein Unikum ist und dass ich mich nicht mehr getrauen würde, ohne irgendwelche Aufsicht einen solchen Fall nochmals vorzunehmen. Auch bei Ärzten versuchte ich, mich auf ihre Einsicht stützend, eine Entziehungskur in Freiheit durchzuführen, was mir aber nicht gelang. Ein anderer Patient kam erst, nachdem er sechs Kuren durchgemacht hatte, zu mir in Behandlung. Von diesem Mann kann ich anführen, dass er der einzige Knabe unter fünf Mädchen war, also außerordentlich verzärtelt. Auch dieser Patient war stark egozentrisch und ehrgeizig. Er war erfolgreich, hat es auch zu einem höheren Rang gebracht, aber der Wurm saß im Gebälk. Als er sich zur Lösung der Liebesfrage entschlossen hatte, war er in einer ungeheuren Spannung und heiratete ein auffallend hässliches Mädchen. Derartige Fälle bezeugen in der Regel, dass einer sich selbst nicht viel zutraut, dass er sich eine erleichterte Situation schaffen will, etwa so, als ob er unausgesetzt darauf warten würde, dass dieses hässliche Mädchen zu ihm in Dankbarkeit emporblicke. Dass das immer ein Fehler ist, wissen ja die Menschen nicht. Sie wissen nicht, dass diese Situation unerträglich ist. So haben sie die Hoffnung, dass, wenn sie unter ihrem Stand wählen, dies eine Erleichterung sein müsste. Wir sehen auch hier wieder, wie er solch eine *Er-*

---

4 Abneigung] Änd. *1931:* Untreue
5 Trennung] Änd. *1931:* Untreue

leichterung sucht. Es war während des Krieges, wo er eine Verwundung erhielt und wegen der Schmerzen einige Morphiuminjektionen bekam. Als er zurückkehrte und wieder seine Häuslichkeit aufnahm und die Ehegemeinschaft mit seiner Frau, fand er, dass die Frau außerordentlich widerspenstig war, und dass sie auch Züge der Untreue hatte. Dadurch außerordentlich erschüttert, nicht verstehend, wie er, dieser erfolgreiche Mensch, der von allen verzärtelt und hoch geschätzt wurde, nun durch die Haltung dieser Frau um sein Selbstbewusstsein [11] kommen könnte, in einer Art Erinnerung, wie er Erleichterung bei der Verwundung erlangt hatte, griff er abermals zur Morphiumspritze und wurde ein Morphinist; seine Frau kam bald dahinter und fand darin eine Erscheinung, die darauf hinwies, dass es sich um einen Racheakt handelt: der Partnerin zu zeigen, was sie aus ihm gemacht habe. Ähnliches finden wir zuweilen auch bei Alkoholikern: ein Jammerbild zu zeigen, um den andern anzuklagen, zu strafen. Als die Frau nun sah, dass der Mann vom Morphium nicht ablassen wollte, griff auch sie zum Morphium, um den Gegenangriff einzuleiten. Sie war, wie ich sagte, ein sehr hässliches Kind und stand während der ganzen Kindheit unter dem Druck eines sehr tyrannischen Vaters. Das ist vielleicht einer der Typen, die ich vorhin erwähnt habe, ein gehasstes, vernachlässigtes Kind. Ihre Hässlichkeit war sehr auffallend. Sie war empfindlich, ungeduldig, zu Affekten geneigt, so dass natürlich eine Harmonie zwischen den beiden erst dann entstehen konnte, als beide geheilt waren. Die Heilung konnte dadurch zustande kommen, dass ich beiden die Fehler, die Irrtümer, die sie in ihrer ursprünglichen Lebensform begangen hatten, ihren Mangel an Interesse für den andern, ihre Furcht, nicht bestehen zu können, wenn sie nicht immer an sich denken würden, erklären konnte.

Ein anderes einziges Kind einer wohlhabenden Familie, von dem wir voraussetzen dürfen, dass es verzärtelt wurde. Der Vater, Choleriker, zu Affektausbrüchen geneigt, intervenierte in allen Dingen, und als er eines Tages eine Liebesbeziehung des Jungen gewaltsam unterbrach, begann der Junge deprimiert zu werden, kam in eine Nervenanstalt, wurde von einem Morphinisten zum Morphinismus verleitet, machte sechs bis sieben Entziehungskuren durch, bis er nach der letzten Entziehungskur zu mir in Behandlung kam, wo all die Beziehungen seines Lebensstils aufgedeckt wurden. Er war außerordentlich genäschig, empfindlich, ungeduldig, widersetzlich, zu Affektausbrüchen geneigt, immer unter dem Druck des Vaters lebend, der dauernd nörgelte und den 35-jährigen Mann immer gängeln wollte. Auch er wurde geheilt, als es ihm gelang, sich unabhängig vom Vater zu machen und diesen Druck, der durchaus nicht nötig war, von sich zu entfernen. Der Druck bestand nur so lange, als er den Vater ernst nahm. Als es gelang, ihm die Nebensächlichkeiten dieser Beziehung klarzumachen, war es auch gelungen, ihn vor einem Rückfall zu bewahren. Seit acht Jahren ist er frei vom Morphium.

Ein anderer einziger Sohn einer Millionärsfamilie, sehr verzärtelt, ungeduldig, bestrebt, seinen Eltern das Geld aus der Tasche zu ziehen, betrank sich, wenn sie ihm nicht genug gaben, machte dabei großen Lärm, so dass er dadurch alles erreichen konnte, bis sein Vater starb und seine Mutter in schwierige Verhältnisse kam, so dass sie ihm nicht mehr so viel geben konnte. Als er merkte, dass sein Rauschzustand sie nicht weich klopfen konnte, fiel er eines Tages einem Händler mit Morphium in die Hände, der ihn zum Morphinismus und Kokainismus verführte. Der Patient kam in eine Anstalt.

Dann erinnere ich mich eines Falles, es war der jüngste von mehreren erfolgreichen Söhnen. Bezüglich der jüngsten Kinder können wir in der allgemeinen Diagnostik sagen, dass sie außerordentlich ehrgeizig sind und immer *[12]* bestrebt, den andern über den Kopf zu wachsen. Das ist wie in der Geschichte des biblischen Joseph, wo Joseph versonnen umhergeht und fantasiert, dass er mehr sei als alle andern usw. Dieser Junge, von dem ich spreche, wurde von seiner Mutter immer verzärtelt, von seinen Brüdern aber immer gedrückt. Er war der erfolgreichste und brachte es zu einem ungeheuren Vermögen. Eines Tages, in der Inflationszeit, ging der größte Teil seines Vermögens davon. Da er sein Kraftgefühl nur aufrechterhalten konnte, wenn er mehr war als seine Brüder, fiel jetzt diese Stütze, die er hatte, weg. In dieser Traurigkeit, in dieser Verlassenheit, in der er sich fühlte, traf er eine Frau, die eine Morphinistin war, die ihm ihre Liebe gestand, ihn zur Heirat bewog und ihn zum Morphinisten machte, um ihn über seine Sorgen, über seine Trauer hinwegzubringen. So begann er Morphinist zu werden. Er ließ sich später von seiner Frau scheiden und machte einige Entziehungskuren durch. In einer Pause des Morphinismus heiratete er abermals, wurde aber wieder Morphinist, als sein Geschäft nicht gut ging. Nun setzte etwas ein, was man einen indizierten Morphinismus nennen könnte. Die Frau, die ihn immer bewegen wollte, vom Morphinismus abzulassen, setzte sich nicht durch, kämpfte beharrlich gegen seinen Morphinismus, und als es ihr nicht gelang, wie zur Strafe, um zu zeigen, was er angerichtet hatte, sicherlich auch in der Überzeugung, dass sie sich von ihrem Kummer so befreien konnte, begann auch sie, Morphium zu nehmen. Auch sie war ein verzärteltes Kind gewesen, das nie vertrug, ihren Willen nicht durchzusetzen. Im Allgemeinen und im Speziellen zeigte sie sich immer als der Typus, den ich als *nervösen Charakter* beschrieben habe [1912a/2008a].

Um vom Alkoholismus zu sprechen, von dem ich ja auch kein großes Material bieten kann, wohl aber Fälle, die ich intensiv studiert habe, möchte ich einiges hervorheben. So im Falle eines Mannes, der nach verschiedenen Behandlungen aller Art zu mir kam, weil er von Zeit zu Zeit so viel trank, bis er ganz besinnungslos wurde. Es stellte sich sehr bald heraus, dass er ein außerordentlich verzärteltes Kind war, das das Leben und seine Aufgaben nicht vertrug. Er war neben einer älteren Schwester als einziger Sohn von der Mutter und der älteren Schwester verzärtelt worden, während der Vater sich um ihn nicht kümmerte, so dass zwischen Vater und Sohn ein gespanntes Verhältnis entstand. Von der Mutter konnte er alles erwarten. Interessant ist eine kleine Begebenheit aus seiner frühesten Kindheit. Als seine Eltern verreisen mussten, kam er in die Obhut seiner Großmutter, die ihn nicht verzärtelte. Eines Tages, vier Jahre alt, schnürte er sein Ränzel, nahm es auf den Rücken, marschierte aus und erklärte, er bleibe nicht da, es gefiele ihm nicht, er gehe fort. Da sehen wir, dass ein Mensch von einer Situation, wo es ihm nicht gefällt, sich fortbewegt, um aus dieser Situation, die ihm unerträglich erscheint, sich in *eine leichtere Situation* zu retten. Eine andere Erinnerung war die, dass er von seiner Mutter und seiner Schwester als Puppe verkleidet und herumgetragen wurde. Dies ist ein deutlicher Hinweis auf Verzärtelung. Als er in die Schule kam, sprach die Mutter mit dem Lehrer und bat ihn, den Jungen zart und freundlich zu behandeln. Er lebte in Amerika, wo in dieser Zeit die Prohibitionsgesetze stark gehandhabt wurden, was aber gar keinen [13] Eindruck auf viele macht, die mehr trinken, als sie vorher tranken, nur schlechtere Qualitäten. Sein Vater trank reichlich, ohne sichtlich Schaden davonzutragen, während die Mutter heftig remonstrierte und sich über das Trinken erregte. Nun beginnt dort oft die Jugend, um ihre Mannbarkeit zu zeigen, zu trinken. Auch er begann zu trinken, um das Gefühl des Verzärtelten, der Verlegenheit, der Schwäche und Unsicherheit zu kompensieren, sich als erwachsen und stark zu zeigen, wobei uns dieser Zug verrät, dass es sich um einen Menschen handelt, der wenig Selbstbewusstsein hat, der nach leichten Wegen sucht, um sich hervorzutun. Er kam in Trinkergesellschaft und trank. Die Mutter zeigte sich erschüttert und bat ihn händeringend, nie wieder zu trinken. Er versprach es. Eine Zeit lang hielt er auch sein Wort. Um einen Beruf zu ergreifen, kam er in eine andere Stadt, wo er auf sich angewiesen war, was er als zu schwer empfand. Er war scheu und beschäftigte sich mit sich selbst, blieb allein zu Hause, las viel, war ein guter Musiker. Er konnte es nicht vermeiden, gelegentlich eingeladen zu werden, was ihn bedrückte. Er kam dabei in eine große Spannung, und es geschah oft, dass er vor einer solchen Situation sich betrank und natürlich den Besuch nicht machen konnte. Er war hübsch, intelligent, vielversprechend, so dass gelegentlich Mädchen sich ihm gern näherten, was ihn ebenfalls in eine große Spannung versetzte, so dass er Reißaus nahm und sich dem Trunk ergab. Im Beruf hatte er keine glückliche Hand. Er wechselte oft den Beruf, und wenn er mit Kunden sprechen sollte, griff er auch wieder, um sich Mut zu machen, zum Glas und irrte oft zwei bis drei Tage besinnungslos umher. Am häufigsten trank er, wenn von seiner Mutter das Geld nicht pünktlich einlangte, das er für seinen Unterhalt brauchte. Da gingen immer Telegramme hin und her, und er konnte niemals Ordnung in seine Geldangelegenheiten bringen. Wenn die Mutter nicht umgehend Geld sandte, begann er wieder zu trinken. Dass er die Mutter dadurch am Schnürchen hielt und mit ihr machen konnte, was er wollte, ist klar. In diesem Zustand fand ich ihn, und es gelang mir, ihn nach einiger Zeit so weit zu bringen, dass er den Alkoholismus aufgab und sich seiner Arbeit widmete. Ich traf ihn nach drei Jahren wieder in vollkommen geordnetem Zustande. Meine Aufgabe gelang, weil ich ihn überzeugte, wie er der Spielball seines verzärtelten Lebensstils war.

Zum Schluss will ich Ihnen einen Bericht zeigen über einen Alkoholiker, den ich nie gesehen habe. Dieser Bericht ist sicherlich vollständig unzulänglich und auch wohl nicht nach den Grundsätzen der Individualpsychologie abgefasst:

»Er ist der einzige Sohn seiner Eltern.« Wir treffen schon wieder dasselbe Moment, von dem ich vorhin gesprochen habe. »Er ist von zartem Körperbau, klein, intelligent.« Vielleicht von endokriner Minderwertigkeit. »Sein Vater war ein Trinker, jedoch imstande, seinen Beruf als Geistesarbeiter auszufüllen. Er starb früh, so dass die Mutter die Erziehung des einzigen Knaben allein zu leiten hatte.« Das ist die Situation, die oft als unzulänglich erscheint, wenn *nur* die Mutter die einzige Beziehungsperson ist. Wenn wir jetzt noch hören werden, dass die Mutter ununterbrochen über ihn wacht, werden wir uns des Eindrucks nicht entschlagen können, dass er nur mit der Mutter in Beziehung steht. »In der Schule war er vom Spiel und Sport *[14]* befreit. Die Mutter entschuldigte ihn oft wider besseres Wissen.« Wir erwarten, dass die Mutter ihn nicht aus der Hand lässt. In seiner Urform besteht keine andere Beziehung als für die zärtliche Mutter. »Er entschied sich für den Lehrberuf, worin es ihm an Protektion nicht fehlte. Trotzdem die Mutter ihn vor dem Alkoholismus bewahren wollte, fing er, sich mehr selbst überlassen, an, Bier zu trinken.« Da haben wir wieder die *Funktionsprüfung*. Wenn die Mutter nicht da ist, geht es nicht, und zwar besonders, wenn er über größere Summen Geldes verfügt. Da zeigt sich die *Genäschigkeit*. Da kann er sich nicht zurückhalten in dieser Situation, die eine Anspannung bedeutet, sich irgendwelche Köstlichkeiten, Beruhigung, einen Rausch zu verschaffen, der ihn über *die Schwierigkeit der Situation*, mit seiner Arbeit allein gelassen zu sein, enthebt. Das heißt natürlich auch: Meine Mutter soll hier sein, ich kann nicht allein stehen, bin zu schwach. Hier haben wir den Ausdruck des Minderwertigkeitskomplexes. »Die Mutter log für ihn, wenn ihm Unannehmlichkeiten erwuchsen. Es gelang ihm, all seine Prüfungen zu bestehen und eine Anstellung zu erlangen. Als er allein über sein Gehalt verfügte, huldigte er dem Alkoholismus, besonders an Gehaltstagen, was so weit ging, dass er oft sein ganzes Gehalt durchbrachte.«

An dieser Stelle möchte ich eine Bemerkung machen, die ich bitte nachzuprüfen. Sie betrifft das, was wir »Quartalssäufer« nennen. Es ist oft die Ansicht geäußert worden, dass dafür keine Gründe vorliegen, also eine endogene Verursachung vorläge. Soweit ich sehen konnte, liegen immer Gründe vor. Wir dürfen nicht vergessen, dass der Mann an jedem Ultimo sein Gehalt bezog. Er ist daher kein Quartalssäufer, sondern er verhält sich entsprechend der Situation aus Gründen der Unsicherheit, in der er steckt.

»Er blieb unverheiratet.« Auch da haben wir wieder den Hinweis: unfähig, eine Frage zu lösen, die Interesse für den andern erfordert. Ich bin überzeugt, dass auch seine Sexualität sich in einer Weise ausprägte, die deutlich zeigt, dass er kein Gemeinschaftsgefühl hat. Es ist wohl eine Sexualität wie bei einem Eigenbrötler, entweder Masturbation oder Leere, bedingt durch die Ganzheit seines Lebensstils, nicht umgekehrt. – »Die Mutter konnte zuletzt sein Laster nicht mehr verbergen und offenbarte sich dem Vorgesetzten. Wenn ihm die Mutter Vorwürfe machte, behandelte er sie grob und roh.« Das finden wir bei verzärtelten Kindern oft, die früh Tyrannen des Hauses werden, frühzeitig trotzig, später aggressiv und gefährlich. »Er trat in einen Abstinenzler-Verein. Wurde rückfällig. Aus einer Anstalt entwich er, weil er nach seiner Angabe körperlich arbeiten musste. Wieder in seinen Beruf zurückgekehrt, verfiel er, trotz Mahnung seiner Mutter, an jedem Monatsende kürzere oder längere Zeit dem Alkoholismus. Er versäumte seinen Dienst, er wusste stundenlang nicht, was er tat.«

Wir werden auch aus diesem Bericht entnehmen können, dass dies ein Mensch ist, der für das Leben nicht vorbereitet ist, insbesondere nicht allein sein kann, der seine Mutter oder einen Ersatz zur Verfügung haben will. Wahrscheinlich liegt in seiner Trunksucht auch ein Angriff gegen seine Mutter, die ihn jetzt in einer Weise zurechtweist, die seinen krankhaften Ehrgeiz beleidigt.

[15]

Wenn ich zusammenfasse, möchte ich sagen, wir können im Rückblick auf die Urform, auf die in den ersten Jahren erworbene psychische Konstitution feststellen, was wir in vielen Fällen als zutreffend gefunden haben. Dieses krampfhafte *Suchen nach Erleichterung* finden wir in der Kindheit auch schon ausgedrückt in Fehlschlägen, bei schwer erziehbaren, bei nervösen und delinquenten Kindern.

Einer der häufigst betretenen Wege, einer der billigsten ist der *Tagtraum*. Sie finden immer wieder den Ansatz zu einem Tagtraum dann, wenn ein Kind sich nicht stark genug fühlt, an größeren Minderwertigkeitsgefühlen leidet und ein Gefühl der Herabsetzung hat. Wie in einem Aufschwung flüchtet es in die Fantasie und baut große Pläne und Bilder auf, die ihm dazu verhelfen, seine wirkliche Lage zu vergessen oder ihm dazu verhelfen, unter seiner wirklichen Lage nicht mehr zu leiden. Es ist die Sehnsucht, sich dem seelischen Leiden zu entschlagen. Und so können wir als einen Vergleich etwa den Morphinismus und den Alkoholismus als den Tagtraum des Erwachsenen bezeichnen.

Bezüglich der Frage, ob Psychotherapie allein für die Behandlung anzuwenden ist, sind wir uns alle einig. Solange Sie den Morphinisten oder Alkoholiker nicht sicherstellen, können wir mit ihm nicht reden und arbeiten. Deshalb ist es notwendig, dass man die Entziehung durchführt.[6] Die Ursache für

---

6 *1931:* Die Entziehung des Morphinisten ist ja heute wahrscheinlich zu einer vorläufig endgültigen Lösung gekommen. Wie Sie wissen, scheint *[Ausl. 1932]*

die Abstinenzerscheinungen scheint in einer Wasservergiftung zu bestehen, die am besten wahrscheinlich durch Euphyllin zu beseitigen ist. In der psychiatrischen Klinik des Professor *Pötzl* in Wien hat *Dr. Alexandra Adler* mit dieser Methode die Entziehungskur des Morphinisten in wachem Zustand in etwa drei bis acht Tagen durchgeführt, meistens so, dass kaum wesentliche Beschwerden bestehen.

[In den 1931 und 1932 veröffentlichten Fassungen schließt sich hier ein weiterer Fallbericht an, der von einem Teilnehmer eingebracht wurde. Dieser Passus wird in diese Ausgabe nicht übernommen.]

36. The Case of Miss A. – The Diagnosis of a Life-Style (Der Fall »Frau A.« – Diagnose eines Lebensstils) (1931)

Editorische Hinweise
Erstveröffentlichung:
1931e: Individual Psychology Publications. Ed. by F. G. Crookshank. Medical Pamphlet (1), pp. 15–46
Neuauflagen:
1964a: In: H. Ansbacher u. R. Ansbacher (Hg.), Superiority and social interest: A collection of later writings. Evanston, IL, S. 159–190
Letztveröffentlichung:
1982b: Psychotherapie und Erziehung, Bd. 2 (1930–1932), S. 118–148

Vor einer Runde von Ärzten in London demonstriert Adler seine Lebensstilanalyse. Der englische Text wurde von Sonja Schuhmacher neu übersetzt.

Adler lässt sich von der behandelnden Ärztin über Frau A., die er persönlich nicht kennt, berichten. Alle Auskünfte der Ärztin rufen seine Assoziationen und Hypothesen über den Lebensstil der Patientin hervor, die er mit jeder neuen Auskunft verwirft, verändert oder beibehält. Er äußert hier explizit, was jeder Therapeut mehr oder weniger bewusst assoziiert, während er im Verlauf eines Erstgesprächs seinem Patienten zuhört.

In der Vorrede erklärt Adler, worauf er besonders achtet: Da sei der Punkt, von dem die Symptomexpression ausgegangen ist. Die Beschwerden weisen nach Adler auf einen Mangel hin, den Frau A. unbewusst überwinden wolle. Die Richtung, in die Frau A. strebe, sei aufzusuchen. Der Mangel führe zur Entmutigung, so dass Frau A. sich nicht in der Lage fühle, ein bestimmtes Problem zu meistern, auszuweichen beginne und die Merkmale eines Minderwertigkeitskomplexes zeige. Das sei die erste Beschreibung, sie gehöre zur allgemeinen Diagnose.

Genaueres muss in der Fallgeschichte gesehen und erklärt werden, denn nun beginne die spezielle Diagnose (die individuelle Lebensstilanalyse), die Suche danach, warum dieser Mensch nicht vorbereitet ist. Jede gute Analyse sollte nach Adler diesen Mangel herausfinden. Dazu müsse man in die Vergangenheit dieses Menschen eintauchen, um herauszufinden, unter welchen Umständen er aufgewachsen ist. Für die spezielle Diagnose muss man sich laut Adler von allgemeinen Auffassungen freimachen und seiner Intuition folgen, aber immer bereit sein, die eigenen Folgerungen zu revidieren. Darin stimme die Individualpsychologie völlig mit den Grundansichten der Medizin überein.

Der Fall »Frau A.« – Diagnose eines Lebensstils[1]

Zunächst möchte ich Ihnen allen für Ihre Aufmerksamkeit danken und für Ihre Bereitschaft, einen Blick in die Werkstatt der Individualpsychologie zu werfen. Ich habe vor, die Sache folgendermaßen anzugehen: Sie sind ja teilweise ausgebildete, erfahrene Ärzte, und deshalb bat ich Sie, mir die Analyse eines kranken, neurotischen oder psychotischen Menschen zu geben, über den ich weiter nichts weiß. Sie sehen also, wir befinden uns sozusagen in der Praxis, und Sie wissen, was zu tun ist. Sie müssen zu einer allgemeinen Diagnose gelangen, dann zu einer speziellen Diagnose und so weiter. Sie sehen also, wir befinden uns auf dem Gebiet der Allgemeinmedizin. Wir handeln gar nicht anders. Wir wissen, dass wir in der Allgemeinmedizin unsere sämtlichen Mittel, all unsere Werkzeuge einsetzen müssen, weil wir andernfalls nicht berechtigt wären, zur Therapie zu schreiten. In diesem Fall haben wir es mit der psychischen *(mental)* Verfassung zu tun, deshalb brauchen wir eine Idee, eine Vorstellung von der Psyche *(mind)*. Wir suchen die Psyche als Teil des Lebens. Ich glaube kaum, dass wir noch weitergehen können. Wir wissen nicht mehr, sind aber damit zufrieden, weil wir sehen, dass in anderen Wissenschaften auch nicht viel mehr erklärt werden kann. Was sind Elektrizität, Gravitation und so weiter? Wahrscheinlich wird auf lange Sicht kein Mensch neues Wissen über die Psyche beitragen können, abgesehen davon, dass sie eine Fähigkeit des Lebens, ein Teil des Lebens ist. Wenn daher das Leben verstanden werden kann, werden wir feststellen, dass auch die Psyche wachsen und sich auf ein ideales letztes Ziel hin entwickeln will. Das heißt, wir müssen mindestens zwei Punkte betrachten.

Der erste ist der Punkt, von dem die Symptomexpression ausgegangen ist. Wir werden feststellen, dass stets dort, wo wir Beschwerden genau ausmachen können, ein Mangel herrscht, ein Gefühl von Minus. Und die Psyche will immer [16] dieses *Minus* überwinden und nach einer idealen, letzten Form streben. Wir sagen, wo Leben ist, da ist auch das Streben nach einer idealen letzten Form. Heute kann ich nicht all die Feinheiten und Eigenheiten dieses Emporwachsens schildern. Es möge genügen, wenn ich Ihnen in Erinnerung rufe, dass wir in der Individualpsychologie nach der Situation suchen, in der ein Mensch sich mit einem bestimmten Problem oder einer Schwierigkeit konfrontiert und sich nicht in der Lage fühlt, es zu überwinden. *Deshalb müssen wir nach der Richtung suchen, in die der Betreffende strebt.*

In dieser Richtung begegnen uns eine Million Spielarten, und diese Spielarten sind bis zu einem gewissen Grade messbar, wenn wir eine Vorstellung davon haben, was *Kooperation* und *soziales Interesse* bedeuten. Sehr häufig

---

1 [Der vorliegende Text wurde übersetzt von Sonja Schuhmacher.]

können wir berechnen, wie weit das jeweilige Streben des Patienten vom richtigen Grad der Kooperation entfernt ist. Deshalb sollte jede gute Analyse herausfinden, an welchem Punkt ein Mensch nicht recht vorbereitet scheint, soziale Probleme zu lösen, und er ist deshalb nicht recht darauf vorbereitet, weil er nicht leisten kann, was von ihm erwartet wird, nämlich das rechte Maß an Mut, an Selbstvertrauen, an gesellschaftlicher Anpassung, die richtige Form der Kooperation und so weiter. Diese Dinge müssen verstanden werden, denn Sie werden sehen, dass der Patient nicht bezahlen kann, dass er erklärt, er könne sein Problem nicht lösen, und dass er das zeigt, was ich als zögernde Attitüde, als *hemmende* Haltung bezeichne. Er beginnt auszuweichen und will sich gegen eine Lösung des unausweichlichen Problems verschließen.

An diesem Punkt stellen Sie bei ihm einen Geisteszustand fest, den ich als Minderwertigkeitskomplex bezeichnet habe, und deshalb strebt er stets danach, vorwärtszukommen, sich überlegen zu fühlen, zu denken, er habe seine Schwierigkeiten in der jetzigen Situation gelöst. Sie müssen nach dem Punkt suchen, an dem sich der Patient zufrieden *fühlt*, indem er sich überlegen *fühlt*. Nun kann er sich aber im Hinblick auf die Lösung seines gegenwärtigen Problems nicht auf nützliche Weise überlegen fühlen, und deshalb beweist er seine Überlegenheit auf dem unnützen Weg. In der eigenen Vorstellung hat er [17] sein Ziel der Überlegenheit erreicht und ist nun vielleicht zufrieden, aber es kann nicht als sinnvolles Ziel eingeschätzt werden.

Das ist die erste Beschreibung, die wir in jeder Fallgeschichte, bei jeder Analyse eines psychischen Leidens erwarten; sie gehört zur *allgemeinen Diagnose*. Ebenfalls zur allgemeinen Diagnose gehört die Suche nach der Erklärung, warum dieser Mensch nicht vorbereitet ist. Das ist schwer zu verstehen und zu erkennen. Dazu müssen wir in die Vergangenheit dieses Menschen eintauchen, um herauszufinden, unter welchen Umständen er aufgewachsen ist, wie er sich gegenüber seiner Familie verhalten hat, und Fragen stellen, wie man sie auch in der Allgemeinmedizin stellt. Wir fragen: »Wie waren Ihre Eltern?« Die Patienten wissen nicht, dass sie in ihrer Antwort ihre ganze Einstellung ausdrücken – ob sie sich verwöhnt fühlen und glauben, im Mittelpunkt der Aufmerksamkeit zu stehen, oder ob sie wütend auf einen von beiden Elternteilen sind –, aber wir sehen es. Und stellen Sie gerade an diesem Punkt immer »leere« Fragen! Dann dürfen Sie sicher sein, dass Sie nichts andeuten, dass Sie dem Patienten keinen Fingerzeig geben, das zu sagen, was Sie von ihm hören wollen.

An diesem Punkt sehen Sie den Ursprung der mangelnden Vorbereitung auf die jetzige Situation, die einer Prüfung gleicht. Warum der Patient darauf nicht vorbereitet wurde, muss in der Fallgeschichte gesehen und erklärt werden.

Das ist die *allgemeine Diagnose,* aber Sie dürfen nicht glauben, dass Sie nach getaner Arbeit den Patienten bereits verstehen. Denn nun beginnt die *spezielle Diagnose.* Bei der *speziellen Diagnose* gilt es, durch Testen zu lernen. Dabei handelt es sich um ähnliche Tests, wie sie zum Beispiel in der inneren Medizin benötigt werden. Sie müssen darauf achten, was der Patient sagt, aber wie in der Allgemeinmedizin, dürfen Sie sich selbst nicht trauen. Sie müssen es beweisen und nicht glauben, wenn Sie beispielsweise eine gewisse Beschleunigung des Herzschlags feststellen, dass dieser notwendigerweise auf eine bestimmte Ursache verweist. In der Medizin und in der Chirurgie muss man, ebenso wie in der Individualpsychologie, raten, *[18]* dann aber die eigene Vermutung anhand anderer, übereinstimmender Anzeichen beweisen; und wenn Sie geraten haben und sie stimmen nicht überein, müssen Sie hart und unerbittlich gegen sich selbst sein und nach einer anderen Erklärung suchen. Heute möchte ich mir eine Analyse vornehmen, wie sie zum Beispiel in der Praxis erfolgen könnte. Der Arzt erstellt eine Analyse eines Patienten, den er zum ersten Mal sieht, und versucht sich an einer Erklärung. Vielleicht können wir in dieser Weise arbeiten, denn dann ist das ganze Publikum, freiwillig oder unfreiwillig, gezwungen, darüber nachzudenken.

In der Individualpsychologie wird von Ihnen erwartet, alle Regeln zu beweisen. Sie müssen jede Regel verwerfen und versuchen *zu verstehen,* und letztlich werden Sie sich in Ihren allgemeinen Ansichten bestätigt sehen. Natürlich werden Sie bei Ihren Nachforschungen zwangsläufig von diesen allgemeinen Ansichten beeinflusst, aber ebenso verhält es sich in anderen Wissenschaften und ganz besonders in der Medizin. Sie müssen sich von Ihren Auffassungen über die Menstruation, die Konstitution, die Tätigkeit der Hormondrüsen und so weiter frei machen. Aber das ist der Mühe wert, weil Sie ein Indiz haben, und nun können Sie dem nachgehen und weitere Entdeckungen machen. Das ist wirklich das Ergebnis Ihres Denkens und zeigt, ob Sie richtig denken oder nicht, ob Sie Erfahrung haben oder nicht und so weiter. Genauso verhält es sich in der Individualpsychologie, und deshalb stimmt die Individualpsychologie, soweit ich sehe, völlig mit den Grundansichten der Medizin überein.

Hier haben wir nun den Fall »Frau A«. Wir sehen, dass sie verheiratet – oder vielleicht verwitwet – ist, mehr wissen wir nicht. Sie müssen jedes Wort festhalten und es hin- und herwenden, damit Sie alles erfassen, was darin steckt.

Die Patientin A., die Gegenstand dieser Abhandlung ist, war 31 Jahre alt, als sie zur Behandlung kam.

Einunddreißig Jahre alt und verheiratet! Nun kennen wir einige Umstände, in denen eine Frau, 31 Jahre, verheiratet, sich befinden kann. Es könnte ein Problem mit der Ehe vorliegen, mit den Kindern, heutzutage auch ein Problem mit dem Einkommen. Wir sind sehr *[19]* sorgfältig. Wir wollen nichts unterstellen, aber wir fühlen uns sicher, dass – wenn wir nicht später eine Überraschung erleben – etwas in einer dieser Richtungen falsch läuft. Also machen wir weiter.

Sie ist seit acht Jahren verheiratet ...
Das bringt uns voran: Sie hat mit 23 geheiratet.
... und hat zwei Kinder, beides Jungen, die vier beziehungsweise acht Jahre alt sind.
Sie hat also sehr bald ein Kind bekommen. Acht Jahre verheiratet und ein achtjähriges Kind! Was Sie davon halten, ist Ihre Sache. Vielleicht müssen wir die Anamnese korrigieren. Sie sehen, wie scharfsichtig die Individualpsychologie vorgeht!
Ihr Mann arbeitete als Fahrstuhlführer in einem Kaufhaus.
Dann leben die Eheleute vermutlich in ärmlichen Verhältnissen.
Der Mann war ehrgeizig und fühlte sich durch die Tatsache zutiefst gedemütigt, dass es ihm, anders als seinem Bruder, verwehrt blieb, eine bessere Beschäftigung zu finden, weil er seit dem Krieg unter einer Behinderung des rechten Armes leidet.
Wenn wir dieser Schilderung trauen können, ist er ein ehrgeiziger Mann und ist mit seiner Beschäftigung nicht zufrieden, was Folgen für sein Eheleben haben muss. Er kann seinen Ehrgeiz außerhalb der Familie nicht befriedigen. Vielleicht versucht er, ihn in der Familie zu erfüllen, womöglich versucht er, seine Frau und seine Kinder zu beherrschen und sie zu »schikanieren«. Wir wissen das nicht sicher, müssen also darauf achten, nicht gleich fest daran zu glauben, aber wir haben einen Blickwinkel. Vielleicht entdecken wir etwas in dieser Richtung. Ein ehrgeiziger Ehemann!
Seine Frau hatte jedoch wenig Verständnis für seine Schwierigkeiten ...
Wenn wir es richtig beurteilen, dass dieser Mann im Familienleben seine Überlegenheit beweisen will und seine Frau das weder billigt noch nachgibt, wenn sie wenig Verständnis für seinen Lebensstil hat, dann herrscht wahrscheinlich Streit in der Familie. Der Mann will herrschen; seine Frau billigt das nicht und gibt ihm keine Chance dazu. Deshalb gibt es zwangsläufig Probleme in der Familie. [20]
... weil sie viel zu sehr mit den Zwangsgedanken und der Angst vor dem Tod beschäftigt war, unter denen sie litt.
Zwangsgedanken und Angst vor dem Tod! Das sieht nicht nach einer Zwangsneurose aus, sondern eher nach einer Angstneurose. An diesem Punkt sollte ich Ihnen eine aus der Erfahrung abgeleitete Faustregel nennen, die sich hier anwenden lässt. Ich möchte die Frage stellen: Was ist in diesen Fällen passiert? Was ist die Folge, wenn eine verheiratete Frau unter Angst vor dem Tod und vielleicht noch unter anderen Ängsten leidet? Was hat das zu bedeuten? Wie wir sehen, ist sie damit zu sehr beschäftigt, und so bleiben viele wichtige Aufgaben unerledigt. Wir sehen, dass die Patientin sich viel mehr mit ihrer eigenen Person beschäftigt. Und wie wir hören, interessiert sie sich nicht für die Schwierigkeiten ihres Mannes.
In diesen Punkten sind wir uns also einig, aber wir sind noch nicht viel

weiter. Wir verstehen, dass eine solche Frau nicht gut kooperieren kann, wenn sie sich für die Angst vor dem Tod und andere Ängste interessiert, und wir begreifen, dass es in dieser Familie häufig Auseinandersetzungen geben muss.

Diese Ängste beschäftigten ihr Denken in einem solchen Maße, dass es ihr zu der Zeit, als sie zur Behandlung kam, schwerfiel, an irgendetwas anderes zu denken.

An diesem Punkt können wir mit Fug und Recht unsere Frage beantworten: Was passiert? Sie kann an nichts anderes denken. Dazu möchte ich Ihnen sagen, dass Sie dies stets feststellen werden, und wenn es bei einigen Fällen zunächst den Anschein hat, als verhielte es sich nicht so, wird es sich später bei der Schilderung doch erweisen. Das zeigt, dass es der Mühe wert ist und macht uns Mut, weil wir wissen, dass wir nicht ganz falschliegen, sondern vorhergesagt haben, was später kommen wird.

Wir lesen, dass sie nur an ihre Ängste denkt.

Sie war eine sorgsame Hausfrau gewesen – zuvor war sie von einem an Besessenheit grenzenden Hass auf Schmutz und einer ebensolchen Liebe zur Sauberkeit beherrscht gewesen, ...

So entsteht ein anderes Bild – eine Zwangsneurose in Hinblick auf Sauberkeit, wahrscheinlich ein Waschzwang. Wenn sie Angst vor Schmutz hatte, muss sie [21] stets putzen. Sie muss alles und auch sich selbst waschen und säubern. In derselben Weise leidet sie unter der Angst vor dem Tod. Es muss sich um eine Mischneurose handeln. Das ist wirklich sehr selten. Nach unserer allgemeinen Erfahrung leiden unter Waschzwang stehende Neurotiker nicht unter der Angst vor dem Tod. Vielleicht kombinieren sie beide Ideen und sagen: »Wenn ich diesen Schreibtisch nicht säubere oder diese Schuhe und so weiter, wird mein Mann sterben«, oder was auch immer. Aber das ist nicht die Angst vor dem Tod, wie wir sie bei vielen Angstneurosen feststellen. Wie ich in einem Vortrag in diesem Raum über »Obsessionen und Zwänge bei den Zwangsneurosen«[2] erklärt habe, gibt es immer eine zugrunde liegende Idee. Hier besteht die Idee darin, Schmutz zu entfernen.

Jetzt verstehen wir diesen Punkt besser. Wir sehen, dass diese Frau an anderer Stelle beschäftigt ist, als sie es sein sollte. Sie kooperiert nicht, sie interessiert sich nur für das eigene Leiden, für das Saubermachen und vielleicht für den Waschzwang. Deshalb gelangen wir zu der Einschätzung: Das ist ein Typ, der die sozialen Probleme des Lebens lösen kann, aber sie ist nicht auf die Kooperation vorbereitet, sondern viel eher darauf, an sich selbst zu denken. Aus unserer allgemeinen Erfahrung wissen wir, dass wir einen solchen Lebensstil vor allem bei Kindern finden, die unter minderwertigen Organen leiden, die große Mehrheit sind verwöhnte, verhätschelte und abhängige Kinder. Seltener finden wir ihn bei vernachlässigten Kindern, weil ein völlig vernachlässigtes

---

2 [Unbekannter Vortrag]

Kind sterben müsste. In der Mehrzahl wurden diese neurotischen Kinder verwöhnt, abhängig gemacht, und es wurde ihnen eine solche Vorstellung von sich selbst vermittelt, dass sie sich mehr für sich interessieren als für andere.

Diese Frau strebt nach einem hohen Ideal – sauberer zu sein als alle anderen. Sie können leicht begreifen, dass sie unser Leben nicht billigt; sie möchte es viel sauberer haben. Nun ist Sauberkeit eine sehr angenehme Eigenschaft, die wir durchaus schätzen, aber wenn ein Mensch das Leben auf Sauberkeit ausrichtet, kann er nicht mehr an unserem Leben teilhaben, und es muss für ihn einen anderen Ort geben; [22] wenn Sie sich einmal eingehend mit Fällen eines Waschzwangs beschäftigt haben, sehen Sie, dass eine derartige Idealvorstellung von Sauberkeit, wie es diese Leute anstreben, unmöglich erreicht werden kann. Irgendwo findet man immer ein bisschen Schmutz und Staub. Man kommt im Leben nicht weiter, wenn man stets nur auf einen Teil verweist – zum Beispiel Sauberkeit –, weil das die Harmonie des Lebens stört.

Soweit ich sehe, gibt es nur einen Teil unserer Emotionen und unseres Lebens, den man nie überstrapazieren kann, nämlich das *Gemeinschaftsgefühl* (social interest). Wenn Gemeinschaftsgefühl vorhanden ist, kann man es nicht in einem Maße überstrapazieren, dass die Lebensharmonie gestört wäre, alle anderen Dinge können aber die Harmonie stören. Wenn Sie die Gesundheit betonen und nur daran denken, ruinieren Sie Ihr Leben; wenn Sie nur ans Geld denken, ruinieren Sie Ihr Leben, ungeachtet der Tatsache, dass es leider, wie wir wissen, unumgänglich ist, daran zu denken. Wenn Sie sich dem Familienleben zuwenden und alle anderen Beziehungen ausschließen, ruinieren Sie Ihr Leben. Ein ungeschriebenes Gesetz scheint zu besagen, dass wir, sobald wir uns nur einem Punkt zuwenden, großen Schaden riskieren!

Jetzt sehen wir weiter.

... [sie war besessen von] Hass gegen den Schmutz und von Ordnungsliebe, sowohl im Hinblick auf ihr Heim als auch auf die eigene Person – nun aber begann sie beide Gebiete zu vernachlässigen.

Das ist ebenfalls ungewöhnlich, denn wir haben es bei Menschen, die sehr viel Wert auf Sauberkeit legen und Schmutz vermeiden, meist mit dieser Geisteshaltung zu tun. Aber diese Frau ist zusammengebrochen, deshalb gibt sie auf. Wir wissen nicht, wie sie jetzt in diesem Geisteszustand auftritt, aber es spricht viel dafür, dass sie in ihrer Vorstellung mit dieser Zwangsneurose keinen Erfolg hatte, und deshalb hat sie einen Schritt vorwärts gemacht und ist – wenn ich das recht lese und verstehe – in ein Stadium eingetreten, in dem sie sich allmählich vernachlässigt und Schmutzigkeit zulässt.

Hier haben wir nun einen interessanten Punkt. Ich habe nämlich noch nie so schmutzige Menschen gesehen wie jene, die an einem Waschzwang leiden. Wenn man die Wohnung eines Betroffenen betritt, hängt dort ein schrecklicher Dunst in der Luft. Überall liegt Papier und Schmutz herum. Die Hände und der ganze [23] Körper sind schmutzig, alle Kleider sind schmutzig, und die Menschen fassen nichts an. Ich weiß nicht, ob es hier auch so ist, aber bei diesen Menschen herrschen meist solche Zustände, und es ist komisch, dass gerade sie gewisse Abenteuer erleben, die anderen erspart bleiben. Wenn irgendwo Schmutz ist, haben sie damit zu tun. Wahrscheinlich kommt das, weil sie immer nach Schmutz Ausschau halten und ihn nicht so geschickt vermeiden wie andere. Ich habe die wunderlichsten Erfahrungen mit solchen Menschen gemacht, die sich ständig beschmutzen, während andere es umgehen. Es ist, als würden diese Menschen vom Schicksal verfolgt, so dass sie stets auf Schmutz stoßen.

Wir wissen nicht, was der Zusammenbruch in diesem Fall bedeutet – vielleicht ist er ein Schritt hin zur Psychose. Das geschieht manchmal bei Menschen, die an einer Zwangsneurose leiden.

Ihre oben erwähnte Angst vor dem Tod hing mit einer deutlich ausgeprägten Messerphobie zusammen ...

Man kann eine Messerphobie auch als Zwangsidee bezeichnen; sie ist sogar recht häufig, und das Leiden stellt sich ein, sobald die Betroffenen ein Messer sehen. Sie befürchten dann, sie könnten einen Menschen töten. Aber sie tun es niemals. Sie bleiben bei der Idee stehen. Hinter einer solchen Idee steht eine verborgene Bedeutung; und wir müssen ihren Gesamtzusammenhang und ihren Sinn erforschen. Nun habe ich erklärt, was sie bedeutet. Die Sache liegt ähnlich wie bei einem Menschen, der einen anderen verwünscht: »Ich könnte dich umbringen«, und dergleichen.

Über Streit haben wir bereits gesprochen. Der Ehemann ist ehrgeizig. Und wie wir aus der allgemeinen Diagnose von Neurotikern wissen, ist auch die Ehefrau ehrgeizig. Sie möchte herrschen, den Ton angeben. Sie will der reinlichste Mensch sein, und wir können uns vorstellen, wie sie ihrem Mann auf persönlicher und sexueller Ebene aus dem Weg geht, weil er nicht so reinlich ist. Für sie ist alles schmutzig. Auch einen Kuss wird sie womöglich als Schmutz bezeichnen. Wir können ihr nichts empfehlen. Wir müssen herausfinden, wie weit sie auf der Suche nach diesem Schmutz geht. Sie hat zwei Kinder, und wie wir annehmen müssen, sind es keine Wunschkinder. Hier sehen wir mangelnde [24] Kooperation. Wenn man etwas genauer hinsieht, wird man sicherlich feststellen, dass diese Frau frigide ist. Sehen Sie warum? Sie denkt immer an sich, und die Sexualfunktionen zwischen Mann und Frau sind nur dann in Ordnung, *wenn sie als Aufgabe für zwei Menschen erfüllt werden*. Wenn sich ein Mensch nur für sich selbst interessiert, sind die sexuellen Empfindungen nicht in Ordnung. So entsteht Frigidität. Seltener tritt Vaginismus[3] auf, aber meist geht es um Frigidität, und zwar mit Sicherheit bei Frauen, die nicht kooperieren. Das zeigt sich in der *Form* ihres Sexualtriebs, das heißt in ihrer *Sexualität*. Diesen Unterschied dürfen wir nicht vergessen – die Sexualität ist

---

3 [Scheidenkrampf]

eine *Form*, und der Sexualtrieb ist eine *Bewegung*. Deshalb können wir mit Sicherheit vorhersagen – obwohl wir das nicht dürfen, sondern geduldig abwarten sollten –, dass ihr der Geschlechtsverkehr zuwider ist.

Als Nächstes erfahren wir, diese Messerphobie sei

... mit Suizid- und Tötungstendenzen verknüpft.

Bei der Erörterung des Selbstmords habe ich erklärt, dass dies immer auf einen Menschen verweist, der nicht in der Kooperation geschult ist. Er kümmert sich stets nur um sich, und wenn er mit einem sozialen Problem konfrontiert wird, auf das er nicht vorbereitet ist, veranlasst ihn seine Vorstellung von seinem eigenen Wert zu glauben, dass er durch seinen Suizid einen anderen Menschen verletzt. Wenn Sie schon Fälle in diesem Zusammenhang gesehen haben, dann verstehen Sie das. Deshalb kann man sagen, dass Suizid in gewisser Weise stets eine Anklage und Rache ist, eine Angriffshaltung. Manchmal ist es ein Racheangriff. Daher müssen wir nach der Person suchen, gegen die sich die Phobie richtet. In diesem Fall liegt auf der Hand, dass es der Ehemann ist. Es kann mit Sicherheit angenommen werden, dass es der Mann ist, mit dem die Patientin uneins ist. Er will herrschen, sie interessiert sich aber nur für die eigene Person; und wenn es daher um Rache, einen Angriff oder eine Aggression gegen jemanden geht, muss sie sich gegen den Ehemann richten. Das können Sie erraten, warten Sie aber bitte ab, ob wir es auch beweisen können. [25]

Ihre aggressiven Gedanken und Gefühle gegen andere Menschen zeigten sich in anderer Weise.

Hier sehen wir »andere Menschen«. Wir wissen nicht, um wen es geht, aber das widerspricht in gewisser Weise unserer Ansicht, dass der Ehemann gemeint sei.

Sie verspürt manchmal den impulsiven Wunsch, ihren Mann zu schlagen ...

Da haben wir, was ich eben sagte. Es ist wie in der Allgemeinmedizin. Wenn Sie etwas erraten haben, finden Sie vielleicht einen Beweis. Wenn Sie zum Beispiel sehr schnell eine Lungenentzündung diagnostiziert haben, dann finden Sie womöglich später Symptome, die Ihre Diagnose stützen und die Sie vorhersagen können; sobald wir solche Beweise entdecken, befinden wir uns auf sicherem Boden.

... ihren Mann oder ...

Wir wissen, was folgen muss: ihren Mann oder die Kinder. Es gibt keine anderen Menschen, denen sie Vorwürfe machen könnte. Wahrscheinlich mag sie Kinder nicht. Wenn man sie fragen würde: »Mögen Sie Kinder?«, würde die Antwort wohl lauten: »Ja, meine Kinder sind mein Ein und Alles!« In der Individualpsychologie wissen wir aus Erfahrung, dass wir, wenn wir einen Menschen verstehen wollen, die Ohren verschließen müssen. Wir dürfen nur hinsehen. Auf diese Weise sehen wir das Ganze wie eine Pantomime. Vielleicht gibt es andere Personen. Möglicherweise existiert eine Schwiegermutter. Mög-

lich. Wir wären nicht erstaunt. Aber soweit wir die Situation kennen, dürften nun die Kinder folgen.
... ihren Mann oder jeden anderen, der sie zufällig verärgert hat.
Wer sind die Menschen, die sie verärgert haben? Offenbar ist diese Frau sehr sensibel, und in der Allgemeindiagnose bedeutet Sensibilität das Gefühl, sich in einem feindlichen Land zu befinden und von allen Seiten angegriffen zu werden. Das ist der Lebensstil eines Menschen, der nicht kooperiert und sich nicht zu Hause fühlt, der in seiner Umgebung immer Feindseligkeit erlebt und spürt, und deshalb verstehen wir, dass sie emotional so heftig reagiert.
[26]
Wenn ich das Gefühl hätte, in einem feindlichen Land zu sein, und immer mit Angriffen, mit Ärgernissen und Demütigungen rechnen müsste, würde ich mich genauso verhalten. Dann würde ich auch sehr empfindlich reagieren. Das ist ein höchst interessanter Punkt. Wir können diese Menschen nicht erklären, wenn wir nur auf ihre Emotionen schauen; wir müssen ihre irrtümliche Lebensauffassung und ihre Erziehung betrachten. Diese Frau glaubt wirklich, in einem feindlichen Land zu leben, und rechnet stets mit Angriffen und Demütigungen. Sie denkt nur an sich und ihre Rettung, an ihre Überlegenheit bei der Überwindung von Schwierigkeiten im Leben. Solche emotionalen Menschen muss man aus diesem Blickwinkel verstehen. Wenn ich glaube, dass sich vor mir ein Abgrund auftut, ist es gleich, ob da tatsächlich ein Abgrund ist oder nicht: Ich leide an meiner Meinung, nicht an der Realität. Wenn ich glaube, dass im Nebenzimmer ein Löwe ist, dann spielt es keine Rolle, ob einer dort ist oder nicht. Ich verhalte mich auf die gleiche Weise. Deshalb müssen wir nach der Auffassung dieser Person suchen. Sie lautet: »Ich brauche Sicherheit« – eine egoistische Auffassung.
Jetzt lesen wir:
Diese Eigenheiten hatten sich in letzter Zeit in zwei Richtungen entwickelt. Einerseits erlebte sie zuweilen das starke Verlangen, einen beliebigen Fremden zu schlagen, dem sie zufällig auf der Straße begegnete.
Habe ich das nicht ganz richtig geschildert? Sie lebt in einem feindlichen Land, wo jeder ein Feind ist. Einen Fremden schlagen zu wollen, der ihr auf der Straße begegnet, bedeutet, sie ist unmöglich, sie stellt sich bloß. Es bedeutet: »Man muss auf mich aufpassen, jemand muss sich um mich kümmern.« Sie zwingt andere Menschen – oder einen anderen Menschen –, sich um sie zu kümmern. Ob sie es wortwörtlich ausspricht oder nicht, sie sagt es durch ihre Lebenseinstellung und zwingt damit andere, sich um sie zu kümmern, falls sie sich so verhält. Aber wir müssen auch sehen, welchen Eindruck der Ehemann von der Sache hat. Seine Frau möchte jeden Fremden auf der Straße schlagen, und er lebt mit ihr in einer sozialen Beziehung. Deshalb hat, was sie tut, auch Folgen für ihn. Er muss etwas unternehmen. Was kann er in einem solchen Fall tun? Wir nehmen an, der Ehemann ist weder ein Narr noch schwach-

sinnig, [27] daher können wir vorhersagen, was er tun wird. Er muss sich so weit wie möglich um seine Frau kümmern, auf sie aufpassen, sie begleiten und so weiter. Sie gibt ihm durch das, was sie tut, die Regeln für sein Verhalten vor. Sie sehen diese ehrgeizige Frau mit einem ehrgeizigen Mann hat gesiegt. Er muss tun, was sie will und befiehlt. Sie verhält sich in einer Weise, dass andere die Verantwortung übernehmen müssen. Sie nützt den Mann aus und erteilt die Befehle, und deshalb begreifen wir, dass sie in diesem Punkt herrscht.

Nun sehen wir weiter:

Einerseits hegte sie Mordgedanken gegenüber ihrem jüngeren Sohn, einem Kind von vier Jahren ...

Das haben wir bisher nicht gehört, aber wir haben es erraten, dass sich die Angriffe gegen die Kinder richten. Hier wird besonders auf das zweite Kind verwiesen, und daher können wir mutmaßen, dass sie dieses Kind lieber nicht gehabt hätte, dass es ein ungewolltes Kind war, was sich darin ausdrückt, dass sie fürchtet, den Jungen zu töten, dass sie ihn nicht richtig behandelt und so weiter. Diese Gefühle sind manchmal so intensiv, dass der Ehemann auf seine Frau aufpassen muss. Der Mann wird nun zum Sklaven, und wahrscheinlich wurden die Absichten und Vorstellungen dieser Frau schon seit Langem nur noch von dem Wunsch beherrscht, den Mann zum Gefangenen und Sklaven zu machen. Sie wäre zufrieden gewesen, wenn der Mann sich im Allgemeinen unterworfen hätte, aber der Mann unterwarf sich nicht. Aber wir haben erfahren, dass der Ehemann ehrgeizig war; er wollte, dass sie sich unterwirft, er wollte sie unterwerfen. Er hat verloren, und sie hat gesiegt. Auf dem üblichen Weg, indem sie ihn überzeugt oder vielleicht an all seinen Interessen Anteil nimmt, konnte sie ihn nicht erobern, deshalb kam sie an einen Punkt, den wir nachvollziehen können. Sie hat recht; sie handelt intelligent. Wenn es ihr Ziel ist, ihn zu besiegen, ihren Mann zu unterwerfen, hat sie sich absolut richtig verhalten. Sie hat kreative Arbeit geleistet, ein Meisterwerk der Kunst geschaffen, wir müssen diese Frau bewundern!

Jetzt möchte ich Ihnen verraten, wie ich bei solchen Fällen vorgehe. Ich erkläre es mit knappen Worten. Ich sage: [28] »Ich bewundere Sie. Sie haben ein Meisterwerk geschaffen. Sie haben gewonnen.« Ich formuliere es freundlich.

Jetzt wollen wir den Zusammenhang herstellen. Diese Frau beschäftigt sich mit der Angst, jemanden zu töten. Wir müssen den Gesamtzusammenhang betrachten. Sie stützt sich auf einen Punkt und sucht nicht nach den anderen. Andere Psychologen werden sagen, sie sei überrascht, aber das ist sie nicht. Ich sehe es ganz deutlich. Sie will es nicht sehen, denn wenn sie es täte, würden die Überreste ihres Gemeinschaftsgefühls an die Oberfläche kommen und widersprechen. Kein Mensch, der weder schwachsinnig noch verrückt ist, würde einräumen, dass er andere auf solche Weise beherrschen will, und deshalb darf diese Frau nicht hinsehen. Aber wir müssen sie dazu bringen hinzusehen, und deshalb spreche ich lieber freundlich mit ihr und lobe ihre Klugheit: »Das haben Sie richtig gemacht.«

Dann stellt sich die Frage, ob sie auch zuvor schon keine andere Absicht verfolgte, als alle zu beherrschen. Dazu müssen wir herausfinden, ob sie auch als Kind schon »herrschsüchtig« war und andere herumkommandieren wollte. Wenn wir das als den nächsten rückwärts gewandten Verstehensschritt beweisen können, was entgegnen wir dann den Skeptikern, den Kritikern, die sagen, dass wir nichts über diese Frau und ihr Verhalten als Kind wissen? Können wir denn zeigen, dass sie als Kind »herrschsüchtig« war? Gibt es eine andere Wissenschaft, die mit solcher Sicherheit etwas postulieren kann, was 25 oder 28 Jahre zuvor geschah? Wenn man die Patientin nach ihren frühesten Erinnerungen fragt, wird sie zweifellos etwas berichten, in dem sich eine »herrschsüchtige« Haltung abzeichnet, denn wir werden bald den ganzen Lebensstil dieser Frau erfassen. Sie ist eine »herrschsüchtige« Frau, konnte aber auf normalem Wege nicht siegen. Sie hatte keine Chance – Armut, ein ehrgeiziger Mann, schon bald zwei Kinder, nicht kooperativ, wie wir gesehen haben. Sie musste auf normalem Wege eine Niederlage hinnehmen, und sie sucht auf einem anderen Wege zu siegen, den wir weder billigen noch für sinnvoll oder sozial ansehen können. [29]

Manchmal war die Vorstellung, den Jungen zu töten, so intensiv, dass sie fürchtete, sie könnte die Absicht in die Tat umsetzen.

Je größer ihre Furcht ist, die Tat auszuführen, umso mehr muss ihr Mann auf sie achten.

Sie erklärte, diese Symptome seien seit anderthalb Jahren vorhanden.

Wenn das zutrifft, sollten wir herausfinden, was vor anderthalb Jahren passiert ist, als dieses Kind zweieinhalb Jahre war. Ich würde es besser verstehen, wenn es geschehen wäre, bevor das zweite Kind kam, aber wenn es richtig ist, dass die Symptome vor anderthalb Jahren entstanden, müssen wir wissen, in welcher Lage die Frau damals war und was auf sie eingewirkt hat. Wir werden feststellen, dass sie Kooperation anbieten musste und es nicht konnte, dass sie fürchtete, unterworfen zu werden, sich wehrte und siegen wollte. Aber wir müssen das herausfinden.

Bei einer sorgfältigeren Untersuchung schien sich jedoch zu zeigen, dass schon seit vielen Jahren klare neurotische Züge vorhanden waren und sich nach der Heirat noch verschärften. Sie selbst steuerte sogar die Information bei, dass sie »nicht mehr die Alte« sei, seit sie geheiratet habe.

»Nach der Heirat!« Das ist höchst interessant, denn aus unserer allgemeinen Erfahrung wissen wir, dass es drei Situationen gibt, die wie Prüfungen zeigen, ob ein Mensch sozial interessiert ist oder nicht: das soziale Problem – wie verhält man sich anderen gegenüber; das Beschäftigungsproblem – wie man sich in der Arbeit bewährt; das Eheproblem – wie einigt man sich mit einem Menschen des anderen Geschlechts. Das sind die Prüfungen: Wie weit ist ein Mensch für soziale Beziehungen vorbereitet. Wenn die Symptome der Patientin sich seit der Heirat verschlimmert haben, ist das ein Zeichen dafür, dass sie nicht auf die Ehe *vorbereitet* war, und zwar weil sie sich zu sehr für die eigene Person interessiert hat.

Und was ist mit der Familiengeschichte? Die Familiengeschichten, die ich gelesen habe, sagen oft nicht viel aus. Wir Individualpsychologen sind es gewohnt, im Hinblick auf das Kind Situationen und Fakten zu erfahren, die wir [30] verstehen können, wir lehnen jedoch alle Schilderungen ab, die uns nur Hinweise auf die Vererbung liefern, zum Beispiel eine Tante sei verrückt gewesen oder die Großmutter Alkoholikerin. Das besagt gar nichts. Es trägt nichts zu unserem Verständnis bei. Wir interessieren uns hingegen sehr für Organfehler, wenn wir einen Fall begreifen wollen, weil wir es häufig mit Kindern aus einem Familienstammbaum zu tun haben, in dem Menschen mit organischen Schwächen zu tun hatten; wir dürfen also vermuten, dass sie an dieser Organschwäche leiden. Aber meistens liefern uns diese Schilderungen nur wenige Informationen.

Die Familiengeschichte wies auf beiden Seiten Anzeichen von Neurose auf.

Das ist wertvoll, weil wir sehen, dass das Kind eine schlimme Familiengeschichte hatte. Neurotisch bedeutet, dass die Eltern darum kämpften zu herrschen, zu kommandieren, andere zu unterwerfen, andere zu benutzen und auszunutzen und so weiter, und deshalb sind Kinder in einer solchen Atmosphäre wirklich gefährdet. An diesem Punkt muss ich jedoch bemerken, dass sie zwar in Gefahr sind, es aber nicht feststeht, dass sie tatsächlich leiden. Sie können diese Gefahren überwinden und Erfolge und Vorteile daraus ziehen. Aber wie wir mit einer gewissen Wahrscheinlichkeit erwarten dürfen, ist mit der Gefahr zu rechnen, dass Struktur und Stil des Lebens insgesamt eher egoistisch sind.

Gleichzeitig ist zu bedenken, dass die Informantin in diesen Fragen die Patientin war, deren Haltung zu ihren Eltern wohl kaum unvoreingenommen war.

Wir wollen sehen, welche Haltung sie hatte, und das dürfte bedeuten, dass sie eine feindselige Einstellung zu den Eltern hatte; sie hat gegen die Eltern gekämpft.

Zum Beispiel fühlte sie sich benachteiligt, weil Vater und Mutter Einzelkinder waren – denn das hieß, wie sie betonte, dass sie weder Onkeln noch Tanten hatte und deshalb nicht wie andere Kinder Geschenke erhielt.

Diese Frau erwartet, stets beschenkt zu werden, und das verrät viel über ihren Lebensstil. Sie ist der Typ, der nehmen und nicht [31] geben will. Wir begreifen, dass eine solche Frau gefährdet ist und zwangsläufig Schwierigkeiten im Leben bekommt, vor allem wenn sie auf einen ehrgeizigen Mann trifft.

Der Vater war Arbeiter. Die Mutter war eine fleißige Frau, die alles tat, um das Heim zusammenzuhalten. In einem wichtigen Punkt stellte sie sich jedoch nicht ihrer Verantwortung. Wenn ihre Kinder bestraft werden mussten, überließ sie das ihrem Mann.

Das heißt, sie fühlte sich nicht stark genug und benutzte ihren Mann für die Strafen, wie es in Familien oft vorkommt. Das ist schlecht für die Kinder, weil sie die Mutter nicht mehr achten und sich über sie lustig, sie lächerlich machen, denn sie stellt sich als schwacher Mensch dar, der nicht das Richtige tun kann.

Das war sehr ungünstig, denn Letzterer war sehr sadistisch.

Ich glaube, »sadistisch« sollte hier nicht so verstanden werden, dass er sexuelle Befriedigung erlebte, wenn er die Kinder schlug, sondern dass er hart und dominierend war, die Kinder herumkommandierte und sie unterwarf. Nun verstehen wir, dass die Patientin sich ihrerseits das Ziel setzte, andere zu unterwerfen. Ich kenne viele Fälle, in denen sich ein Kind, das schlimm geschlagen wurde, mit dem Gedanken trägt: »Wenn ich groß bin, werde ich dasselbe mit anderen machen – sie beherrschen und herumkommandieren.« Der Vater hat in seiner Härte dem Kind ein Ziel gegeben. Was bedeutet Überlegenheit? Was bedeutet es, die mächtigste Person auf der Welt zu sein? Dieses arme Mädchen, ein Kind, das stets unterdrückt und misshandelt wurde, konnte gar keine andere Vorstellung entwickeln, als dass es besser ist, oben zu sein, und nicht unten, andere zu misshandeln, statt misshandelt zu werden. Jetzt sehen wir sie aus diesem Blickwinkel und auf dieser Ebene.

Wenn er von seiner Frau erfuhr, dass sich seine Kinder irgendwie schlecht benommen hatten – vor allem im Hinblick auf Dinge, die den Geldbeutel betreffen –, zum Beispiel wenn sie die Sohlen ihrer Stiefel schnell abnutzten –, schlug er sie geradezu gnadenlos.

An diesem Punkt können wir etwas über körperliche Strafen lernen. [32]

Die Folge war, dass die Kinder in großer Furcht vor ihrem Vater lebten, sie aber gleichzeitig aus offensichtlichen Gründen ihrer Mutter nicht vertrauten.

Wo sollten die Kinder Kooperation lernen, wenn nicht mit Vater oder Mutter? Ein klein wenig Kooperation muss dieses Mädchen im Kopf gehabt haben, sonst hätte es nicht heiraten können. Vielleicht hat die Patientin es von anderen Kindern, von Spielkameraden gelernt, aber nicht von Vater oder Mutter.

Dennoch behauptete sie, er sei ein guter Vater gewesen, nur nicht samstagabends, wenn er betrunken nach Hause kam.

Das dürfte bedeuten, sie zog den Vater vor. Wenn ich das lese, bin ich beeindruckt, in Anbetracht dessen, dass sie das älteste Kind war. Meist wendet sich das älteste Kind, ob Junge oder Mädchen, dem Vater zu. Wenn ein zweites Kind kommt, wird die Beziehung zur Mutter unterbrochen und der Thron ist frei, so dass der Vater seine Chance bekommt. Aber das ist nur eine Vermutung, die wir überprüfen müssen.

Dann schlug er seine Frau und die Kinder und drohte unverhohlen, ihnen die Kehle durchzuschneiden.

Mit ihrer Zwangsidee, jemanden mit dem Messer zu töten, sei es Kind oder Ehemann, ahmt sie den Vater nach. Sagte ich nicht, dass ihr der Vater die Möglichkeit gab, ihr Überlegenheitsziel so zu formulieren?

Beachten Sie, dass der Vater nur schimpfte; er schnitt seinen Kindern nicht wirklich die Kehle durch. Deshalb nehme ich an, dass sie, wenn sie erklärt, sie könnte jemanden töten, ebenfalls nur schimpft und eine Idee formuliert: »Ich könnte dich umbringen!«

Dieser letzte Punkt dürfte im Hinblick auf ein ähnliches Symptom der Patientin interessant sein. Tatsächlich tendierte die Bildung ihrer neurotischen Symptome zu einer Imitation der Eigenschaften ihres Vaters.

Die Verfasserin, ebenfalls Ärztin, schreibt weiter:

Sie neigte in der gleichen Weise dazu, ihre eigenen Kinder ohne entsprechende Provokation zu schlagen.

Dem stimmen wir nicht zu. Die Provokation ist vorhanden. Sie will überlegen sein, ebenso wie ihr Vater überlegen sein wollte. Das ist eine Provokation – sie wurde provoziert. [33] Wenn ich andere herumkommandieren will, benutze ich dafür meine Kinder, weil sie schwächer sind und nicht zurückschlagen können.

Obwohl sie anschließend ihre Grausamkeit bereute ...

Das erinnert mich daran, dass wir sehr häufig etwas von Reue, Schuldgefühlen und dergleichen hören. In dieser Hinsicht sind wir Individualpsychologen allerdings skeptisch. Wir halten nicht gerade viel von dieser Reue und den Schuldgefühlen. Nach unserer Einschätzung sind sie vollkommen hohl und leer. Wenn ein Kind schlimm geschlagen wurde, spielt die Reue keine Rolle mehr. Das ist zu viel. Schon eins von beiden würde reichen – die Reue oder die Schläge –, aber beide! Ich würde es sehr übel nehmen, wenn mich jemand schlägt und es dann bereut. Ich sehe dieses Schuldgefühl als Trick, der dazu dient, die grausame Haltung des Herumkommandierens zu verschleiern. Es heißt: »Ich bin eine großmütige Frau, und ich bereue es.« Ich meine, in einer modernen Gesellschaft sollte solche Reue nicht sehr ernst genommen werden. Sie begegnet uns bei Problemkindern recht häufig. Sie begehen eine Tat, weinen, entschuldigen sich inständig und tun es wieder. Warum? Weil sie, wenn sie keine Reue zeigten, es aber weiterhin täten, ausgestoßen würden. Niemand würde das unentwegt hinnehmen. Sie schaffen sich eine Art Hinterland, in dem andere ihnen nicht in die Quere kommen, und haben das Gefühl, ein kluges Kind oder ein kluger Mensch zu sein. Da ist also diese Frau, die grausam ist und es bereut, aber welche Rolle spielt das? Es ändert nichts an den Tatsachen.

... dieses Gefühl trug wenig oder nichts dazu bei, in Zukunft ähnliche Ausbrüche zu verhindern.

Damit war zu rechnen, weil es sich um einen Trick handelt. Bei Melancholikern ist dieses Schuldgefühl anzutreffen, und es ist immer ein Trick. Es funktioniert nicht. Sie sehen also, wir haben richtig geraten.

A. war das zweite Kind und das zweite Mädchen in einer Familie mit acht Kindern – vier Mädchen gefolgt von vier Jungen.

Über zweite Kinder wissen wir, dass sie im Allgemeinen – es gibt da keine Regeln, wir sprechen [34] nur von der Mehrheit – ausgesprochen ehrgeizig sind. Sie wollen wie bei einem Wettrennen das erste Kind überholen. Ich glaubte zunächst, sie sei das älteste Kind, weil sie sich dem Vater zuwandte; aber es gibt Umstände, unter denen sich das zweite Kind auch so verhält, vor allem wenn es verwöhnt wurde, ein drittes Kind kommt und eine Situation entsteht, in der sich das zweite Kind am Vater orientiert.

Dass sich das zweite Kind darum bemüht, an erster Stelle zu stehen, wird sehr gut in der biblischen Geschichte von Jakob und Esau illustriert. Interessant ist auch, dass unter den jugendlichen Straftätern in Amerika statistisch gesehen die zweiten Kinder die Mehrheit stellen. Individualpsychologen haben eine Untersuchung von ein- und zweijährigen und jüngeren Kindern begonnen, die viel Material zum Verständnis ihres gesamten Lebensstils liefern wird. Über zweite Kinder wird Gutes und Schlechtes zutage kommen. Sie befinden sich in einer Art Wettrennen, bei dem sie das erste Kind überholen wollen. Vielleicht war es in diesem Fall so, aber mehr wollen wir dazu nicht sagen.

Als Kind, so sagte sie, sei sie insgesamt unbeschwert, fröhlich und gesund gewesen ...

Wenn das stimmt, dann stand sie im Mittelpunkt und wurde bevorzugt. Vielleicht war sie das Lieblingskind.

... ganz anders als ihre älteste Schwester, die sie als still und zurückhaltend beschrieb, Eigenschaften, die A. als Egoismus deutete.

Zurückhaltend zu sein ist sicherlich egoistisch, denn es heißt, dass man an sich denkt. Wir sehen, dass sie mit ihrem Ehrgeiz Glück hatte und dass das ältere Mädchen den Eindruck eines besiegten Kindes machte und überholt wurde. Diesen Zug sehen wir in der gesamten Veranlagung der Patientin – es geht ihr darum, wie man gewinnt. Sie ist fähig, ihr Ziel zu erreichen und Mutter und Vater zu sein und herumzukommandieren, ganz einfach, weil die ältere Schwester nachgegeben hat und besiegt wurde.

Die Eltern schienen ähnlicher Meinung zu sein und behandelten das älteste Kind besonders streng. [35]

Nun helfen ihr die Eltern beim Wettrennen, indem sie das älteste Kind unterdrücken.

Sie geriet häufig in Schwierigkeiten und die schlimmen Schläge, die sie vom Vater bekam, erfüllten A. mit Schrecken.

Sie hatte Angst, weil das älteste Kind so schlimm geschlagen wurde.

Der restlichen Familie brachte A. große Zuneigung entgegen, mit der bemerkenswerten Ausnahme ihres ältesten Bruders.

Das ist der erste Junge, der bei seiner Ankunft wahrscheinlich in einer Weise angebetet und geschätzt wurde, die ihr nicht gefiel, und daraus können wir schließen – obwohl wir es erst richtig beweisen müssen –, dass ihre Position in der Familie durch diesen Jungen gefährdet war.

Wie ihre Schwester hielt sie auch ihn für egoistisch und rücksichtslos, »ganz anders als wir übrigen, mit Ausnahme von T natürlich« (der ältesten Tochter).

Mit den anderen Kindern kam sie zurecht, was bedeutet, dass sie sie beherrschen konnte; sie machten ihr keine Schwierigkeiten. Der Junge und die älteste Schwester machten Schwierigkeiten, und deshalb hatte sie etwas an ihnen auszusetzen.

Persönliche Geschichte: Wie bereits erwähnt war A. ein gesundes Kind gewesen und stolz auf ihre robuste Gesundheit. Im Alter von 14 bis 17 Jahren litt sie jedoch an einer Schilddrüsenvergrößerung, die sich in der Folge wieder zurückbildete.

Hier sehen wir eine gewisse organische Einschränkung, die wir bei neurotischen Patienten häufig feststellen. Inwieweit die Patientin dadurch beeinflusst wurde, könnten wir nur von der ältesten Schwester erfahren, über die nicht viel berichtet wurde.

Obwohl das Leiden nicht wiederkehrte, erlebte sie während der Behandlung doch von Zeit zu Zeit, vor allem unter Stress, Anfälle von Atemnot – ein Symptom, das sie in große Angst versetzte.

Wahrscheinlich wurde die Atemnot nicht durch den Druck der Schilddrüse ausgelöst, sonst hätte man die Ursache erkannt und behandelt. Vermutlich war es ein psychologisches Problem. Sie konnte nicht atmen, wenn sie während der Behandlung aus dem Gleichgewicht geriet, vielleicht trat die Atemnot auch auf, wenn sie sich in Szene setzen wollte oder sich ungerecht behandelt fühlte. [36] All das kann Auswirkungen auf die Atmung haben, aber es wäre klar erkennbar gewesen, wenn die Schilddrüse Druck ausgeübt hätte.

Ihre Schulleistungen waren recht gut, und es fiel ihr damals nicht schwer, Freunde zu finden.

Vergessen Sie nicht, dass solche Menschen – von Grund auf egoistisch und darum bemüht, sich in eine günstige Lage zu bringen – nicht völlig unkooperativ sind. Deshalb erstaunt es uns nicht, dass die Patientin, die wahrscheinlich von Anfang an Erfolg hatte und in der Schule den anderen voraus sein und sie anführen wollte, leicht Freunde fand. Wahrscheinlich waren es Freunde, die sich ihr bereitwillig unterordneten, aber das ist ein Punkt, den wir nur im Gespräch klären können.

Sie ging mit 14 von der Schule ab, lebte aber noch ein paar Monate zu Hause und ging von dort zur Arbeit, die ihr gefiel.

In diesem Fall fand sie vermutlich eine gute Stelle, wo sie ihre Meinung sagen und vielleicht auch andere beherrschen konnte. *Aber sobald sie eine Stelle in einem Haushalt antrat und von zu Hause wegging, fingen die Schwierigkeiten an.* Eine Stelle im Haushalt bedeutet *Unterordnung,* und diese Frau kann sich nicht unterordnen. Sie kann sich nicht in einer Weise unterordnen, die als *Kooperation* gelten kann. Sie muss *herrschen,* und dafür finden wir hier einen weiteren Beleg. Sie ist nicht auf eine Situation vorbereitet, in der andere herrschen. Wir treffen häufig Mädchen, die Hausarbeit tun müssen und sich nicht unterordnen können. Zum Beispiel erinnere ich mich an eine Gouvernante, die auf die Bitte ihrer Arbeitgeberin, den Käfig des Papageis zu säubern, antwortete: »Sie sollten fragen, was ich heute Nachmittag tun möchte, und ich würde antworten, dass ich den Käfig des Papageis säubern möchte.« So hätte es den Anschein, als sei sie selbst auf die Idee gekommen; sie *kommandierte.* Dasselbe erleben wir bei Militärübungen, wo der Soldat, nachdem er den Befehl erhalten hat, ihn so wiederholen muss, als würde er ihn selbst [37] aussprechen. »Ich werde auf diese Parade gehen.« Sie sehen, wie viel Klugheit in dieser Regelung der Armee steckt.

Innerhalb einer Woche nach ihrer Ankunft bekam sie so schlimme Geschwüre am Rücken, dass der Arzt sie wieder nach Hause schickte.

Ich gehe nicht so weit zu behaupten, dass diese Geschwüre die Folge ihres Widerwillens waren, aber es ist eine Tatsache, dass, wenn sich ein Mensch in einer bestimmten Lage nicht wohl fühlt, etwas Derartiges passieren kann. Meine Tochter, die als Psychiaterin Untersuchungen über Unfälle anstellte, fand heraus, dass die Hälfte davon »Menschen betreffen, die den Beruf, in dem sie arbeiten, nicht mögen. Wenn Menschen überfahren werden, wenn sie herunterfallen und sich verletzen oder sich stoßen, ist es, als würden sie sagen: ›Das kommt, weil mein Vater mich zu dieser Arbeit gezwungen hat, und ich wollte einen anderen Beruf.‹« Die Hälfte aller Unfälle! Deshalb bin ich mir recht sicher, dass Geschwüre und Ähnliches bei Menschen auftreten, denen ihre Situation nicht gefällt. Weiter würde ich nicht gehen.

Das tat sie ziemlich verzagt, weil sie wusste, dass ihre älteste Schwester, die in ähnlicher Weise wegen Krankheit zurück nach Hause gekommen war, nicht gut aufgenommen worden war.

Sie hat gelernt, wie man sich nicht benehmen soll!

Eine Zeit lang ging jedoch alles gut. Aber bald zeigte der Vater offen, wie sehr es ihm missfiel, dass seine Tochter ihm »die Haare vom Kopf fraß«, wie er sich ausdrückte. Die Lage spitzte sich zu, als A. eines Morgens in die Küche kam, um mit ihrem Vater zu frühstücken, und ihr Vater ohne Vorwarnung mit einer Schaufel auf sie los ging, offenbar in der Absicht, sie seiner Tochter über den Kopf zu schlagen.

Es war Morgen, also war er nicht betrunken!

In Todesangst lief sie aus dem Haus und versteckte sich für den Rest des Tages vor der Familie. Im Hinblick auf ihre spätere Angst vor Särgen, Bestattern und allem, was mit dem Tod zusammenhängt, ist es vielleicht von Bedeutung, dass sie den Großteil der Zeit auf dem Friedhof verbrachte.

Jetzt taucht eine neue Idee auf. Wir können nun gewissermaßen sehen, dass die Krankheit und die neurotischen Symptome dieser Frau, ob sie es wusste oder nicht, eine Anklage gegen den Vater darstellten. Wir untersuchen die Naturgeschichte, die Biologie des Verhaltens. Jetzt finden wir [38] einen Knochen – wie ihn dieses neurotische Symptom darstellt –, und wir können ihn dem Vater zuordnen. Der Vater ist schuldig, und das ist eine Anklage gegen ihn. Sie könnte es in folgende Worte fassen: »Mein Vater hat mich so sehr gequält, und weil er mich so behandelt hat, bin ich, wie ich bin.« Nun hat der Vater sich nicht richtig verhalten, aber folgt daraus, dass auch die Tochter nicht in Ordnung sein muss? Ist das tatsächlich als Ursache und Wirkung aufzufassen? Ist die Patientin gezwungen, krank zu sein und Fehler zu machen, weil ihr Vater Fehler gemacht hat? Die Bedeutung dieser Frage ist ganz erheblich, weil diese Frau, wenn wir sie richtig verstehen, in Wirklichkeit sagt, dass sie, weil ihr Vater einen Fehler gemacht hat, ebenfalls einen begehen muss. Aber in der Psyche *(mind)* gibt es keine Kausalität; nur die Kausalität, die *sie*, die Patientin, herbeigeführt hat. Sie hat etwas zu einer Ursache gemacht, das keine Ursache sein muss; ich habe auch andere Kinder gesehen, die von ihren Eltern gequält wurden und diese Zwangsneurose erlitten. Das ist nicht mit der Kausalität zu vergleichen, die bei toten Objekten waltet, und selbst bei toten Objekten wird die Kausalität inzwischen in Zweifel gezogen.

Am Abend wurde sie jedoch von ihrer Mutter gefunden, die sie zur Heimkehr überredete. Ihr Vater stellte den Vorfall als Witz hin und lachte sie aus, weil sie »so dumm war«. Seine Tochter nahm die Sache jedoch nicht so leicht und schwor sich, dass sie nie wieder zu Hause wohnen wollte, ein Entschluss, an den sie sich lange Zeit hielt.

Wieder ein Entschluss, den sie fasste, wie ich zuvor sagte: »Ich darf nie in eine Lage geraten, in der mich ein anderer Mensch beherrscht.« In dieser kindischen Art, die wir immer bei neurotischen Patienten antreffen, kennt sie nur Widerspruch und Gegensatz: herrschen oder beherrscht werden. Es ist sehr interessant, dass alle im Leben Gescheiterten, ob Neurotiker oder nicht, stets nur Gegensätze kennen. Manchmal nennen sie es »Ambivalenz« oder »Polarität«, aber immer bilden sie Gegensatzurteile – oben, unten; gut, schlecht und so weiter; normal, nicht normal. Bei Kindern und Neurotikern und in der altgriechischen [39] Philosophie begegnet uns immer diese Suche nach Gegensätzen.

Auf diese Weise hat sie beschlossen, niemals beherrscht zu werden.

Nach diesem Vorfall fand sie wieder Beschäftigung in einem Privathaushalt, und offenbar arbeitete sie hart und sorgfältig. Sie bevorzugte jedoch grobe Ar-

beiten. *Ihre Abneigung gegen »fummelige« Arbeiten wie Abstauben begründete sie ausdrücklich mit ihrer Angst, Ziergegenstände und so weiter zu zerbrechen.*

Sie hat die Vorstellung, ein Mädchen mit robuster Gesundheit zu sein, die Stärke schätzt und Hausarbeit nicht mag. Wenn wir an ihre Ablehnung gegenüber dem ältesten Jungen denken, der, weil er ein Junge war, bevorzugt wurde, wollte sie wahrscheinlich überhaupt keine Frau sein. Die Beschäftigung mit Abstauben und solchen Kinkerlitzchen missfiel ihr. Das würde erklären, warum sie nicht für die Ehe vorbereitet war. Das wäre die Erscheinung, die ich als *männlichen Protest* bezeichnet habe. In diesem Fall neigt eine Frau zur Übertreibung, sobald sie gezwungen wird, Dinge zu tun, die sie nicht mag. Es kommt zu Ärger, Zorn und Übertreibung.

Diese Tatsache ist als möglicher Vorläufer ihrer späteren offen destruktiven Wünsche und Gefühle interessant.

Diese Bemerkung hatte ich bereits gemacht.

Mit 18 verlobte sie sich mit einem jungen Mann, den sie offenbar beherrschte.

Wir stellen fest, dass der Verfasser dieser Fallgeschichte auf derselben Fährte ist wie wir, und die Patientin schildert dieses Symptom, wenn sie hervorhebt, sie habe diesen Mann beherrscht.

Wegen seiner »Knausrigkeit«, wie sie sagt, fasste sie jedoch im Lauf der Zeit eine Abneigung gegen ihn, und nach zwei oder drei Jahren löste sie auf dramatische Weise die Verlobung, indem sie ihm den Ring ins Gesicht warf.

Das erwarten wir nun nicht von einem Mädchen; wir rechnen mit einer sanfteren Vorgehensweise!

Sie berichtete jedoch voller Stolz, dass er nach wie vor eine fast hündische Anhänglichkeit zeigte und sich sogar noch zu der Zeit, als sie sich in Behandlung begab, nach ihr erkundigte. Trotz dieser Bezeugung von Anhänglichkeit bereute sie ihr Verhalten in dieser Angelegenheit nicht im Geringsten. [40]

In diesem Fall bereut sie es nicht, weil sie keinen Grund hat, es zu bereuen.

Während des Krieges arbeitete sie in einer Munitionsfabrik in einer Provinzstadt, und zu der Zeit lernte sie ihren jetzigen Mann kennen.

Wir erinnern uns an den Mann. Er ist ein Krüppel. Gelegentlich ist bei Männern und Frauen, die dominieren wollen, eine starke Vorliebe für Krüppel festzustellen, für Menschen, die in irgendeiner Weise schwach sind – zum Beispiel für Trinker, die sie retten wollen, und für Menschen mit einer geringeren sozialen Stellung als der eigenen. Ich möchte vor allem Mädchen, aber auch Männer warnen, sich einen Partner nach diesen Kriterien auszusuchen, weil es in der Liebe oder Ehe *niemals gefahrlos möglich ist, auf den anderen herabzusehen.* Denn er wird rebellieren, so wie dieser Mann rebellierte.

Er war damals wegen seiner Kriegsverletzung im Krankenhaus. Das Ideal eines infrage kommenden Ehemanns erfüllte er in zwei überaus wichtigen Aspekten – er war groß und er war kein Trinker.

Wir sehen, dass der Vater durch seine Trinkerei stark gewesen war; dass sich viele Menschen, vor allem Mädchen, vor Trinkern fürchten, liegt daran, dass sie sich nicht beherrschen lassen. Vor Trinkern und kriechenden Tieren wie Mäusen und Insekten haben sie zuweilen Angst. Sehr oft ist diese Furcht offenbar darin begründet, dass sich Trinker nicht beherrschen lassen und einem Überraschungen bereiten. Warum die Patientin keinen Trinker wollte, ist leicht einzusehen, aber warum sie sich einen großen Mann wünschte, wissen wir nicht. Vielleicht lag das an der verbliebenen Bewunderung für ihren Vater, oder sie war selbst groß oder dachte, es sei eher der Mühe wert einen großen Mann zu beherrschen als einen kleinen. Das wäre nur durch Fragen herauszufinden.

Möglich ist auch, dass seine Verwundungen ihrem Machtstreben entgegenkamen – der Wunsch, eine dominante Rolle zu spielen, war ein auffälliger Charakterzug.

Der Verfasser ist auf der Linie, die ich erläutert habe. Auch möchten wir unterstreichen, dass ihr Lebensstil durch eine äußerst dominante und herrschsüchtige Haltung geprägt war. [41]

Eine Zeit lang ging alles gut. Aber als ihr Verlobter nach London ging, schrieb er aus Gründen, die nur ihm bekannt sind, Briefe, die dazu angetan waren, ihre Eifersucht zu wecken.

Wenn wir davon ausgehen, dass sie ihn beherrschen, ihn für sich haben und im Mittelpunkt seiner Aufmerksamkeit stehen wollte, ist die Eifersucht natürlich nicht fern. Sie muss darauf achten, nicht entthront zu werden, wie es geschah, als sie Geschwister bekam und schließlich der Junge geboren wurde.

Unglücklich und misstrauisch folgte ihm A. nach London, fand eine Stelle als Kellnerin in einem Restaurant und tat alles in ihrer Macht Stehende, um ihren Verlobten zu halten.

Sie sehen, wie sie sich anstrengt, ihn zu behalten.

Damit hat sich die Haltung der Liebenden zueinander offenbar grundlegend geändert. Einerseits übernahm die Frau die aktivere Rolle in der Beziehung ...

Wir sehen das als Beweis für ihre Meinung – sie übernahm die aktivere Rolle!

... andererseits wurde der Mann, der zuvor aufmerksam und freundlich geworden war, nachlässig und rücksichtslos.

Zu Anfang sahen wir, wie sie ihn zur Fürsorglichkeit zwang. Nun erfahren wir, dass er nachlässig geworden war.

Sie verabredeten sich, und er kam entweder zu spät oder erschien überhaupt nicht. A. wurde misstrauisch, weinerlich und verlor »ihre frühere fröhliche Wesensart«.

Sie fürchtete, ihre frühere beherrschende Stellung zu verlieren.

Die Lage spitzte sich zu, als er zum zweiten Mal eine Verabredung mit ihr versäumte – sie hatte an einem Novemberabend in Kälte und Nebel stundenlang auf ihn gewartet.

Das ist sehr hart, und es steht außer Frage, dass auch der Mann für eine solche Heirat nicht geeignet war. Jedes Mädchen wäre wegen einer solchen Nachlässigkeit zu Recht verletzt. Diese junge Frau fand keinen anderen Ausweg als die Entwicklung einer Zwangsvorstellung, mit der sie den Mann zurückerobern konnte. [42]

Als sie am nächsten Tag von ihm erfuhr, dass er die Verabredung nicht eingehalten hatte, weil er mit Freunden ausgegangen war, erklärte sie ihm wütend, sie wolle ihn nicht mehr sehen.

Sie fühlte sich besiegt. Vielleicht sollte man froh sein, einen solchen Partner loszuwerden, aber diese Frau *will* nicht besiegt werden. Sie *will* ihn behalten.

Zu einer Lösung der Verlobung kam es jedoch nicht – dafür war sie später dankbar, denn drei Wochen danach stand fest, dass sie schwanger war.

Hier scheint es angebracht, über voreheliche Beziehungen zu sprechen. In manchen Fällen mögen sie vorteilhaft sein, aber ich habe festgestellt, dass sie nachteilig sind, und als Ärzte sollten wir dazu raten, abzuwarten. Andernfalls entstehen immer Schwierigkeiten.

Als sie das wusste, war sie verzweifelt und hegte nun zum ersten Mal Selbstmordgedanken. Ihr Verlobter bemühte sich, sie zu trösten, und versprach, sie so bald wie möglich zu heiraten – was er drei oder vier Wochen später tat. Nun stellte sich die Frage, wo sie in den nächsten Monaten wohnen sollte. Sie scheute sich, nach Hause zurückzukehren, weil ihr Vater gesagt hatte, er wolle mit seinen Töchtern nichts mehr zu tun haben, falls sie in Schwierigkeiten gerieten. Obwohl sich diese Drohung nicht bewahrheitete und ihr die Eltern erlaubten, nach Hause zurückzukehren, war sie während dieser Zeit sehr unglücklich.

Tatsächlich hatte sie das Gefühl, eine Niederlage erlitten zu haben.

Ihr Unglück verschärfte sich noch durch die Geburt eines Sohnes, denn sie und ihr Mann hatten auf eine Tochter gehofft.

Damit hatten wir nicht gerechnet. Wir hätten eher erwartet, dass beide auf einen Sohn hoffen, wenn ein Kind unterwegs ist. Warum sie sich eine Tochter wünschten, können nur die Eheleute selbst erklären. Aber vielleicht wären sie bei der Geburt einer Tochter auch enttäuscht gewesen.

Es sei nebenbei bemerkt, dass A.s Hoffnung auf eine Tochter und ihre anschließende Enttäuschung mit ihrer späteren Feindseligkeit gegen ihre Söhne zusammenhing.

Da wir ihre Aussagen nicht überprüfen können, ohne sie zu fragen, müssen wir annehmen, dass sie den Mann in ihrer Umgebung nicht mochte. Dann wurde ihr Bruder geboren. Wahr[43]scheinlich suchte sie auch nach der Antithese *Mann – Frau*, weil Neurotiker Männer und Frauen als *gegensätzliche* Geschlechter sehen. Sie kennen die verbreitete Vorstellung – der

Gegensatz zwischen den Geschlechtern. Wenn man dies übertreibt, dann gerät man in eine Opposition zum *gegensätzlichen* Geschlecht, was sehr häufig bei Männern und Frauen anzutreffen ist, und ganz besonders bei Neurotikern.

Nach diesem Ereignis kehrte sie nach London zurück und bezog mit ihrem Mann zwei Zimmer. Doch von Anfang an ging es nicht gut. Es ist zwar richtig, dass sie zunächst gut mit ihren Nachbarn auskam, aber bald gewannen Minderwertigkeitsgefühle die Oberhand. Sie hingen offenbar mit einer gewissen Eifersucht gegenüber ihrem Mann zusammen, der allgemein beliebt war. A. interpretierte Worte und Blicke der anderen als gegen sie gerichtete Kritik.

Vermutlich betrachtete sie die Nachbarn als Untertanen, über die sie herrschen könnte, und deshalb waren die Beziehungen nie wirklich gut.

Als bewusste Reaktionsbildung gegen das Gefühl, verachtet zu werden, vermied sie es, Freundschaften zu schließen, »blieb für sich«, wie sie es ausdrückte, sang aber andererseits mit lauter Stimme Kirchenlieder, um den Nachbarn erstens zu zeigen, dass sie sich nicht fürchtete, und zweitens, dass sie jedenfalls eine gute Erziehung genossen hatte. Leider war ihre Kritik gegenüber den Nachbarn nicht unbegründet, weil es bei ihnen nicht selten Streit und Schlägereien unter Betrunkenen gab. Überdies fanden A. und ihr Mann unablässig Grund für Streit. Die Methoden, mit denen sie sein Mitgefühl zu erregen suchte, waren charakteristisch. So zog sie sich nach einem Streit ins Bett zurück und drohte, sich und das Kind zu töten, wenn es nicht besser würde.

Sie sehen, wie sie Gewalt anwenden wollte!

So ging es weiter, die Situation wurde immer schlimmer, bis A.s neurotische Symptome so manifest wurden, dass ihr Mann sie zum Arzt brachte. Es wurde eine nervöse Verdauungsstörung diagnostiziert und empfohlen, ihr alle Zähne zu ziehen.

Ich nehme an, das war als Strafe gedacht, nicht als medizinische Behandlung!

Nach einigem Zögern beschloss sie, diesem Rat zu folgen, und suchte mit diesem Vorhaben in Begleitung einer Freundin ein Krankenhaus auf. Letztere ärgerte sich sehr, als A. nach einem hysterischen Ausbruch vor dem Arzt und den Schwestern sich weigerte, ihren Mund anfassen zu lassen. [44]

Das zeigt, dass sie die Situation tatsächlich besser begriff!

Verständlicherweise weigerte sich die Freundin, sie ein zweites Mal zum Krankenhaus zu begleiten. Beim zweiten Termin ging A. deshalb alleine hin; bemerkenswert ist, dass sie sich trotz ihrer Nervosität ohne Weiteres drei oder vier Zähne ziehen ließ. Beim nächsten Mal ging es jedoch nicht so glatt. Sie hatte nach der Extraktion von zwölf Zähnen einen hysterischen Ausbruch, und zwar, wie sie sagte, aufgrund der Tatsache, dass sie die ganze Operation sah und spürte, obwohl sie unter Narkose stand. Die fantastische Natur dieser »Erinnerungen« lag auf der Hand. In Übereinstimmung auch mit ihren sadistischen Tendenzen

Der Fall »Frau A.« – Diagnose eines Lebensstils   425

überrascht es kaum, dass die »Erinnerungen«, auf die sie nicht selten verwies, einen tiefen Eindruck bei ihr hinterließen.
Nun stellen Sie sich diese Frau vor: Sie ist dreißig Jahre alt! Wenn ich richtig zählen kann, wurden ihr sechzehn Zähne gezogen! Ich glaube, eine Frau, die keine »sadistischen Tendenzen« hat, würde diese Tatsache nicht mit Humor nehmen! Es hinterlässt einen tiefen Eindruck. Wenn Sie wissen, was es für eine Frau oder einen Mann bedeutet, die ersten Zähne zu verlieren, können Sie einschätzen, was es heißt, dass diese Frau sechzehn eingebüßt hat. Und sie ist neidisch auf ihren Mann! Sie hat berichtet, wie sie leiden musste. Ich hoffe, ich erkläre das richtig, denn es könnte auch eine andere Erklärung geben. Diese Frau möchte schildern, wie sehr sie gelitten hat. Wahrscheinlich hatte sie Träume, wie es unter Narkose vorkommt, und sie erzählt diese Dinge, um andere mit ihrem Leiden zu beeindrucken.

Ich denke jedoch, wir sollten besser nicht von sadistischen Tendenzen sprechen, wie es heutzutage verbreitet ist, denn dies ist nur angebracht, wenn der Betreffende sexuelle Befriedigung empfindet. Wenn wir jede Form des Angriffs als »Sadismus« bezeichnen, verschwindet alles im Dunkeln.

Kurz danach kam ihr zweites Kind zur Welt.

Wir sehen, dass sie zu dieser Zeit verzweifelt war und wie hart sie um ihre überlegene Position kämpfte.

Die Tatsache, dass es ein Junge war, enttäuschte sie schwer – sie war ganz sicher gewesen, dass sie ein Mädchen bekommen würde. Die Machtlosigkeit ihrer Wünsche angesichts der Realität verletzte ihre Eitelkeit zutiefst – und von nun an trat ihre neurotische Tendenz immer deutlicher hervor. Der Widerwille, den sie gegen ihren [45] Säugling empfand, war das offenkundige Vorspiel zu ihrem später bewusst empfundenen Wunsch, das Kind zu töten.

Sie erinnern sich bestimmt, dass ich über die ersten Symptome und die Zeit ihres Auftretens sagte, ich würde es verstehen, wenn sie sich bei der Ankunft des zweiten Kindes einstellten; denn die Wichtigkeit der Patientin verminderte sich, sobald sie die Aufmerksamkeit mit zwei Kindern teilen musste, während sie doch anstelle der Kinder selbst im Mittelpunkt stehen wollte. Daher hatte sie ihren Groll und den Wunsch zu töten stärker empfunden.

Gleichzeitig lieferte ihr ein betrunkener Nachbar, der mit dem Messer in der Hand ihr Leben bedrohte, einen Grund zur Verschlimmerung ihrer Symptome. Dadurch hatte sie auch eine vernünftige Entschuldigung dafür, nicht länger in dem Haus zu bleiben, in dem die Familie lebte, obwohl es im Augenblick unmöglich war, in dem Viertel eine andere Unterkunft zu finden.

Nun war dieses Haus wirklich nicht gerade geeignet für eine dominante Frau. Die Nachbarn mochten sie nicht. Hier erkennen wir auch ein paranoides Symptom, und Sie sehen, dass sich das Verhalten dieser Frau gewissermaßen im Bereich der Paranoia bewegt – als würden die anderen sie verfolgen, sich für sie interessieren und sie ansehen. Aber selbst eine Zwangsneurose reicht weiter und berührt einige Symptome, die sonst unter eine andere Kategorie fallen. In diesem Bereich kommt es zu Vermischungen.

Überdies konnte sie auf diese Weise für eine Weile ihren Mann verlassen, und sie kam mit ihren Kindern vorübergehend bei ihrer Schwiegermutter unter, während ihr Mann allein in London blieb. Dieses Arrangement erwies sich jedoch als ungünstig.

Wahrscheinlich hat sich die Schwiegermutter auch nicht unterworfen!

Das war teilweise auf die kritische Haltung der Schwiegermutter gegenüber ihrer Schwiegertochter zurückzuführen und teilweise auf die Tatsache, dass A. ihrer Schwiegermutter von Anfang an feindselig gegenüberstand, weil ihr Mann immer wieder für sie ungünstige Vergleiche zwischen ihr und seiner Mutter gezogen hatte.

Das Übliche!

Im gegenseitigen Einverständnis wurde deshalb das Zusammenleben beendet, und A. zog mit ihren Kindern zu ihren Eltern. Von [46] dort wurde sie nach London zurückgerufen, weil ihr Mann unterdessen einen »Nervenzusammenbruch« erlitten hatte und von seiner Frau gepflegt werden wollte.

Wir kennen den Ehemann nicht. Vielleicht wollte auch er jemanden dominieren.

Es dürfte kein reiner Zufall sein, dass er zu der Zeit eine Unterkunft für die Familie besorgen konnte.

Wahrscheinlich arbeitete er mit nervösen Symptomen und wollte seine Frau so durch einen »Nervenzusammenbruch« beeindrucken.

Kurz nach ihrer Rückkehr nach London wurde sie von Zwangsgedanken und -gefühlen überwältigt, die nach und nach immer größere Aufmerksamkeit forderten, so dass fast alles andere zurückgedrängt wurde. Diese Phase ihrer Krankheit begann, wie sie sagte, nach einem angstvollen Traum von Engeln, die um einen Sarg herumstanden.

Das ist der Todesgedanke, aber Sie sehen, was er bedeutet. Er betrifft den Ehemann. Er muss sich um sie kümmern; also träumt sie von Engeln, die um einen Sarg herumstehen.

Von Bedeutung ist ihre beharrliche Assoziation dieses Traumes mit einem Bild ihres Elternhauses, das sie häufig betrachtete, als sie mit ihrem ersten Kind schwanger war.

Wir wissen, dass sie zu der Zeit mit Selbstmordgedanken spielte. Sie sah sich um, und das Bild war da, und die übrigen Familienmitglieder waren beeindruckt. Da kam ihr die Idee: »Ich hätte alle Fäden in der Hand, wenn die anderen befürchten müssten, dass ich Selbstmord begehe.«

Im restlichen Fallbericht geht es um die Behandlung, die nicht Gegenstand meines Vortrags ist. Ich wollte Ihnen einfach die Kohärenz eines *Lebensstils* zeigen. *[47]*

Postskriptum

Zu dem Zeitpunkt in der Lebensgeschichte, an dem Dr. Adlers Betrachtung von Frau A.s Fall abbricht, stellte sich ein bestimmter Traum ein, der im Leben der Patientin erhebliche Bedeutung gewann; der weitere Verlauf der Fallgeschichte dürfte aber ebenfalls von Interesse sein. Frau A. begab sich 18 Monate nach dem Auftreten des erwähnten Traums in Behandlung. Sie litt zu der Zeit unter großer Angst. Zitternd, nervös und in Todesangst vor Fremden, sprach sie nur unter Schwierigkeiten, gleich über welches Thema, während jeder Versuch, Assoziationen zu folgen, die zu persönlicheren Themen führten, die Patientin in solche Unruhe versetzten, dass es für einige Zeit fraglich schien, ob sie die Behandlung fortsetzen würde. Sie machte jedoch keine Anstalten, sie abzubrechen.

Sie wehrte sich dagegen, in irgendeiner Weise auf ihre Kindheit einzugehen, was, wie sich später zeigte, mit ihrem Schuldgefühl im Hinblick auf bestimmte Kinderspiele und -praktiken eindeutig erotischer Natur zusammenhing. Für einen erheblichen Zeitraum konnte jede Anspielung auf ihre Selbsttötungs- und Tötungstendenzen Angst und Feindseligkeit wecken, während später die Angst vor der Geisteskrankheit in den Vordergrund trat.

Aber sobald sie bemerkte, dass sie, ohne Angst vor Kritik durch ihre Ärztin haben zu müssen, über jedes Thema sprechen konnte, übte sie weniger strenge Selbstzensur und konnte ihren unterdrückten Gefühlen freien Lauf lassen. So lernte sie, sich ihrer Persönlichkeit in allen ihren Aspekten, den negativen wie den positiven, zu stellen, und sie fand zu einer ganz anderen Lebenseinstellung. Zu ihrer Familie hat sie nun eine freundlichere und tolerantere Haltung. Mangelndes Selbstvertrauen, Schüchternheit und Ausweichen vor den Nachbarn wurden durch gegensätzliche Tendenzen ersetzt, während sie durch neu erwachtes Interesse und Freude am Leben insgesamt glücklicher und zufriedener wurde.

Dieser Wandel erfolgte jedoch allmählich, und der Behandlungsverlauf unterlag erheblichen Schwankungen. Dennoch zeichnete sich nach einigen Monaten ein unübersehbarer Fortschritt ab.

Die verminderte Stärke ihrer Tötungsimpulse war begleitet von einem Nachlassen der Selbstmordtendenzen mit dem scheinbar paradoxen Ergebnis, dass auch ihre Angst vor dem Tod entsprechend abnahm.

Ihre Vorliebe für Ordnung und Sauberkeit besteht weiter, ist aber insgesamt weniger zwanghaft. Sie führt den Haushalt gut, wenn die Kinder jedoch etwas laut oder unordentlich sind, sagt sie nur: »Na ja, was soll man bei Kindern anderes erwarten?« Eine völlig andere Einstellung, verglichen mit der Reizbarkeit und Wut, in die sie früher unter ähnlichen Umständen geriet!

Eine Veränderung zeichnet sich auch in ihrem Verhalten gegenüber ihrem

Mann ab: Wärmere Empfindungen sind an die Stelle der Frigidität getreten, und Kooperation statt Dominanz ist das erklärte Ziel.

Dass durch Krankheit nun keine Vorteile mehr zu erlangen sind, wurde durch den Gewinn mehr als kompensiert: Die Tötungs- und Selbsttötungsimpulse wurden durch eine mutigere Einstellung, durch Liebe, Interesse und Lebensfreude ersetzt.

Hilda Weber

37. Der Sinn des Lebens (1931)

Editorische Hinweise
Erstveröffentlichung:
1931g: Internationale Zeitschrift für Individualpsychologie 9, S. 161–172
Letztveröffentlichung:
1982b: Psychotherapie und Erziehung, Bd. 2 (1930–1932), S. 71–84

Dieser Aufsatz geht auf einen Vortrag zurück, den Adler am 7. Juni 1930 in Berlin gehalten hat. Im Archiv der Deutschen Gesellschaft für Individualpsychologie liegt die Kopie eines Sonderdrucks dieses Aufsatzes von 1931 mit einigen handschriftlichen Randbemerkungen Adlers, die in den Fußnoten dokumentiert werden. Adler streicht in dieser Kopie den Kopf der Zeitschrift und setzt stattdessen die Nummer 6 ein. Das deutet darauf hin, dass diese Überarbeitung für eine Neuveröffentlichung bestimmt sein sollte.

Die Individualpsychologie versucht den Sinn des Lebens »als Ganzheitsbetrachtung« aus den »unwandelbaren Bedingungen des Daseins« abzuleiten. Adler stellt Fragen, die im 21. Jahrhundert eine neue Aktualität und Dringlichkeit gewonnen haben: Was geschieht, wenn der Mensch sich zu den Möglichkeiten dieser Erde nicht richtig verhält? Kann man sich gegen logische Forderungen, etwa »wie man sich dem Klima gegenüber zu benehmen hat«, vergehen, ohne dass daraus katastrophale Konsequenzen erwachsen und die Entwicklung der Menschheit bedroht ist? Nach Meinung Adlers gibt es die richtige Lösung der »Beziehung Mensch – Erde« wohl nur als ewige Aufgabe, der die Menschheit nur nachstreben kann. Aber dazu müsse »ein einheitlicher Geist« alle durchdringen. Dieser sei das Interesse am anderen, der sich auch im Blick zeige, sonst bleibe es ein seelenloser oder leerer Blick, auch wenn der Sehakt in Ordnung ist. Das Gleiche gelte für die anderen Sinnesorgane wie auch für den Verstand.

Wohl angeregt durch seine Amerika-Aufenthalte verwendet Adler seit 1923 (»Fortschritte der Individualpsychologie«, S. 201) den Begriff »Common Sense«, häufig übersetzt als »gesunder Menschenverstand«. Dem Verständnis Adlers näher kommt wohl die Übersetzung »Gemeinsinn«, ein Begriff, den er auch häufig verwendet. Nach Adler kommt der Fortschritt unseres Verstehens nicht aus der Analyse der bestehenden Tatsachen, nicht durch Zusammenfügen vorhandener Elemente; Erkenntnis gewinne man durch Intuition. Während Moral und Ethik laut Adler dem Gefühlsleben der Menschen zugehörig sind und Wertungen geben, müsse die Wissenschaft sich zuerst jeder Gefühlsregung enthalten. Die Individualpsychologie wolle, außerhalb der Grenzen der Moral, eine wissenschaftliche Überzeugung vom Sinn des Lebens schaffen. Dass dabei eine Wertpsychologie einfließe, sei nicht zu vermeiden, denn vom Sinn des Lebens zu sprechen, bedeute schon eine Wertung. Die Wissenschaft frage nicht immer nach diesem Wert, aber in ihrer Gesamtbewegung sei er enthalten.

Wenn die Individualpsychologie die Fähigkeit zur Kooperation zum Schlüssel des Verständnisses des Menschen gemacht habe, sei damit noch nicht das Einmalige, Individuelle verstanden; dieses Verständnis komme erst durch Einfühlung und Identifizierung. Adler betont Training und Mut: Der Einzelne könnte nicht arbeiten, wenn er nicht den Mut hätte, vorauszusetzen, dass ihm sein Werk gelingen wird. Das Gefühl des Wertes stamme aus der gelungenen Beitragsleistung für andere und sei die einzige Richtung, in der das Minderwertigkeitsgefühl eine gelungene Kompensation erfährt.

Der Sinn des Lebens

Ein Thema, das die Individualpsychologie seit Langem beschäftigt hat. Es ist nicht das erste Mal, dass ich dazu das Wort ergreife, es ist vor mehreren Jahren bereits von mir[1] und anderen der Versuch unternommen worden, in irgendeiner Weise die ewige Frage zu lösen, die heute noch vielfach als unbeantwortbar erscheint. Auch ich glaube nicht, dass ich heute alles vortragen kann, worüber schon gesprochen werden kann, noch dass ich die endgültige letzte Lösung bringen kann. Es scheint mir aber doch, dass gerade wir Individualpsychologen in Bezug auf diese Frage einen großen Schritt weitergekommen sind und uns durch nichts hindern lassen werden, jene Erkenntnisse, die uns aus unseren Erfahrungen geworden sind, auch auf diese Frage anzuwenden.

In meinem ersten[2] Versuch war ja schon deutlich zu finden, dass mir daran gelegen war, zu zeigen, dass die Individualpsychologie als *Ganzheitsbetrachtung* das Warum und Wohin, den Sinn einer Aktion, abzuleiten trachtet aus[3] den gegebenen, unwandelbaren Bedingungen des Daseins auf dieser armen Erdkruste. Es ist für alle Individualpsychologen bereits ein Gemeinplatz geworden, dass, wenn man darangeht, den Sinn des Lebens zu erfassen, man nicht absehen kann von den Grundbedingungen des menschlichen Lebens, deren wir drei festgelegt haben: die Beziehungen des Menschen zu den Möglichkeiten dieser Erde, eine kosmische Angelegenheit, aus der sich mit Notwendigkeit eine mehr oder minder bestimmte Wirkungsform des menschlichen Geistes, eine bestimmte Haltung als notwendig herausgestellt hat und immer wieder, wie unter einem Zwang, herausstellt. Dass sich hier eine Unzahl von Varianten in den Lösungen finden lässt, kann keinem Zweifel unterliegen. Die Frage, die mich und meine Freunde bewegt hat, lautete: Was geschieht,

---

1 *Anm. Adlers:* »Kritische Erwägungen über den Sinn des Lebens« (1924g, S. 229)
2 *Handschriftlich korrigiert:* obigen
3 *Handschriftliche Ergänzung:* aus der Spannung des Ich und

wenn einer diese Lösung unrichtig beantwortet, wenn vielleicht ganze Generationen diese Frage unrichtig beantworten? Bleibt das ungesühnt, kann man sich gegen logische Forderungen vergehen, ohne dass daraus böse, unangenehme Konsequenzen erwachsen? Die Entwicklung der Menschheit, die ein Suchen und Tasten gewesen ist, hat zu einer gewissen Sicherheit in diesem Verhalten geführt. Ich will darüber kurz hinweggehen, weil es sich um Fragen der Erkennung der Sicherungen des Lebens, um hygienische Fragen handelt, wie man sich dem Klima gegenüber zu benehmen hat usw. Das sind Fragen, die immer [162] wieder ins Gewicht fallen, die zeigen, was für unsere weitere Untersuchung von Belang ist: dass es richtige und unrichtige Lösungen gibt, dass es eine wahrscheinlich richtigste Lösung gibt, deren die Menschheit niemals ganz teilhaft werden kann, da sie eine ewige Aufgabe ist, der die Menschheit nur nachzustreben imstande sein wird. Wenn wir diesen Ausblick erweitern, so kommen wir zu dem Ergebnis, dass hier so etwas wie[4] eine grausame Logik waltet, dass alle diejenigen bedroht sind in ihrem persönlichen Bestande[5], dass Generationen, Völker in Gefahr geraten, die keine richtige Lösung dieser Frage finden. Dazu gehört die Lösung der Frage der Arbeit, die Arbeitsteilung, deren Organisation, Güterverteilung usw. Wir sehen, wie wir uns hier einem sozial-psychologischen Problem[6] nähern in einer rein psychologischen, wissenschaftlichen Betrachtung. Wir wollen die Konsequenzen hier übergehen; vielleicht hat man doch zu wenig Wert darauf gelegt, einzusehen, wie es doch mit ziemlicher Wahrscheinlichkeit zutage kommt, dass die Entwicklung der Menschheit durch die Unrichtigkeit der Lösung bedroht ist. Ich kann an diesem Punkte von dieser Frage Abschied nehmen und mich einer anderen zuwenden. Das eine haben wir als bedeutsam unterstrichen, dass für eine richtige Lösung der Beziehung Mensch – Erde das Arbeitsproblem einer immer geeigneteren Lösung zugeführt werden muss, um dem Zwange der Anpassung zu genügen. Und das nicht nur aus dem einen Grunde, weil der Einzelne sicherlich nicht alles hervorbringen könnte, was zur Erhaltung seiner Person notwendig ist, sondern weil ein einheitlicher Geist der Erfassung der Notwendigkeiten alle durchdringen muss. Wir werden sehen, dass wir in dem anderen Bezugssystem zu demselben Schluss gelangen, dass Menschen nicht allein leben können, dass sie nie isoliert gelebt haben, dass es eine unbedingte Voraussetzung war, das Zusammenleben zu schaffen. Es gibt sehr viele Beispiele, doch scheint mir gerade dieser Punkt einer der wichtigsten, der überzeugendsten zu sein: Was wir an der Entwicklung des menschlichen Geistes schätzenswert finden, ist niemals das Produkt des Einzelnen gewesen; was

---

4 so etwas wie] *handschriftliche Änd.:* irgend
5 *Handschriftlich umgestellt:* in ihrem persönlichen Bestande bedroht sind
6 einem sozial-psychologischen Problem] *handschriftlich hervorgehoben*

wir in der Entwicklung eines Kindes, in den Fortschritten des Erwachsenen suchen und erwarten, sind Fähigkeiten, Möglichkeiten, die in innigstem Zusammenhang mit dem Zusammenleben der Menschen und ihren Gesamterfahrungen (Common Sense) stehen. Diese individuelle Evolution beginnt außerordentlich früh. Schon bei der Funktion unserer Sinnesorgane sind wir nicht etwa darauf beschränkt, nur den physiologischen Vorgang ins Auge zu fassen, nur zu konstatieren, dass einer *sehen* kann. Was wir in seinem Blick suchen, ist das Interesse, das ihn mit den Menschen, mit der Außenwelt verbindet. Wenn einer es nicht hat, dann sprechen wir von einem seelenlosen Blick, obwohl in der Physiologie dieses Organs, im Sehakt, kein Mangel zu finden ist. Wir wissen, dass Sehen, wie wir es erwarten, beseelt sein muss. Dieses Beseeltsein heißt Interesse haben für die Außenwelt. Wir können sehr wohl verstehen, dass sich, wenn einem Kinde oder Erwachsenen das Interesse für die Außenwelt fehlt, sein Blick sich uns ganz anders darbieten wird, als wir es »normalerweise« erwarten, es wird ein leerer Blick sein, ein abgewandter Blick, wie bei Geisteskranken, *[163]* deren Interesse für die Außenwelt verloren gegangen ist, »abnormal« auch bei einem Menschen, der dem anderen nicht gerade ins Gesicht sehen kann. Wir schließen: Sein Interesse für die anderen wird mangelhaft sein. Wir werden in dem Blick eines Menschen sein Wohlwollen für den anderen oder sein Übelwollen entdecken. Wenn wir uns an die traditionelle Erfahrung halten, wie ein Verbrecher blickt, so haben wir auch hier wieder den deutlichen Ausdruck dafür, dass ihm das Interesse für den anderen mangelt. Dies betrifft ein einzelnes Sinnesorgan – in ähnlicher Weise lassen sich diese Gedankengänge auf andere Sinnesorgane anwenden. Auch auf das Hören; und wir konstatieren, dass Menschen, denen die Fähigkeit des »Zuhörens« mangelt, die sich nicht konzentrieren können, in ihrem Interesse für andere durchaus nicht jenen Grad erreicht haben, den wir erwarten. Wenn wir die Bedeutsamkeit dieser zwei Sinnesorgane ins Auge fassen, wenn wir bedenken, wie die ganze äußere Welt nur »richtig« aufgenommen werden kann, sofern Interesse für den anderen besteht, je nachdem wie er die Verbindung seiner Sinnesorgane mit der Außenwelt geschaffen hat, und verstehen, wie weit dieser Einfluss reicht auf die Entwicklung seines Verständnisses, auf die Beziehung seiner Handlungen, seines Erfassens vom Sinn des Lebens, ob ihm das teilweise oder gar nicht gelingt, so können wir bereits auf einer niedrigen Stufe der menschlichen Entwicklung feststellen, ob etwa ein Kind der Allgemeinheit angeschlossen ist. Es gibt eine Million von Varianten, aber gerade diese Einmaligkeit, nicht die Kategorie oder das Typische zu erfassen, die man gar nicht sprachlich ausdrücken kann, sondern nur in künstlerischer Beschreibung, dazu dient uns die Übung in der Individualpsychologie.

Wenn ich einen Schritt weitergehe und darauf hinweise, wie eine der größten Fähigkeiten im Leben des Einzelnen und der Menschheit die Entwicklung der Sprache geworden ist, so wird auf den ersten Blick klar, dass auch hier die Fähigkeit nicht dem Einzelnen zugehörig ist, sondern aus der Zusammenarbeit aller erflossen ist, dass die Sprache gar nicht denkbar wäre ohne Voraussetzung eines Interesses an der Gesamtheit. Die Sprache ist ein Band zwischen zwei oder mehr Menschen, um zu *vermitteln,* was sie meinen. Dieses Kunstwerk verdanken wir der Gesamtheit, und wir können verstehen, dass es nur entwickelt werden konnte, wo Interesse für den anderen bestand. Am stärksten drückt sich dieser Drang zur sprachlichen Verbindung in der Familie mit ihren ununterbrochenen Bezogenheiten aus. Wir finden bei Kindern und Erwachsenen, wenn ihre Sprachentwicklung mangelhaft, also in einem »abnormalen« Zustand ist, bei Sprachfehlern, Stottern, dass dieses große schöpferische Interesse der sprachlichen Verbindung mit anderen fehlt, dass einer nicht die »gebende« Stellungnahme zeigt, dass einer sich dem anderen nicht »hingibt«, sich demnach nicht heimisch fühlt in der Gesamtheit der Menschen, dass also sein Interesse für die Gesamtheit nicht vorhanden ist. Hier sind auch die starken Zusammenhänge zu sehen zwischen Hören und Sprechen, und so können wir oft von dem Mangel der einen psychischen Fähigkeit auf den Mangel der anderen schließen und sehen, [164] wie die Entwicklung des Kindes behindert ist, wenn das ursprüngliche Interesse für den Zusammenhang, auch etwa wegen organischer Defekte, nicht vorhanden ist.

Hier spreche ich vom Verhalten in diesem Sinne vorgebildeter Organe. Es ist keine Frage, dass das Gleiche für andere Sinnesorgane auch gilt. Wir können erwarten, dass jeder »Normale« *sich so verhält,* dass er nicht in Widerspruch mit den »wohlverstandenen« Aufgaben der Gesamtheit gerät, dass nicht das Interesse der Gesamtheit sich gegen ihn wendet. Ich will nicht von den höheren Entwicklungsformen der Seele sprechen; die Philosophie hat vieles vorweggenommen, zum Beispiel dass der Verstand Allgemeingültigkeit hat. *Verstehen* bedeutet ein außerordentlich vertieftes Interesse für den anderen, alles so auffassen, wie ich erwarte, dass es jeder andere auffassen muss. Der »Common Sense« ist bis auf den heutigen Tag aus Missverständnis unterschätzt worden, insbesondere von denen, die vom Common Sense nicht gerade weitgehend erfasst sind. Er ist nicht etwa eine gegenwärtige Stimmung, eine Meinung, die uns irgendwo entgegentritt, es ist das Ideal eines Gesamtverständnisses aus den Erfahrungen der ganzen Menschheit. Auch der Common Sense ist Wandlungen unterworfen, da er in Zusammenhang steht mit allen Notwendigkeiten unseres Lebens, aber nur er wird für den größten Teil unserer Probleme eine Antwort zu geben imstande sein. Wir sind überzeugt, dass wir nicht in der allgemeinen Meinung den Common Sense erblicken wollen, wir wissen, dass hier Wandlungen vorliegen. Wir erinnern uns, dass es Zeiten gegeben hat, wo der Hexenglaube allgemein gewesen ist, ohne dass wir da von Common Sense sprechen könnten. Wir könnten auch in der gegenwärtigen

Zeit so manche »allgemeine« Anschauung als außerhalb des Common Sense gelegen ansehen.[7]

Ich möchte nicht weitergehen, ohne darauf hinzuweisen, dass das, was den Fortschritt unseres Verstehens ausmacht, nicht etwa eine Analyse der bestehenden Tatsachen ist, dass wir nicht etwa durch Zusammenfügung von vorhandenen Elementen zur Erkenntnis kommen. Was uns vorwärts hilft in unserem Verstehen des Sinnes des Lebens, das ist das *Erraten*. Der menschliche Geist ist auf Erraten angewiesen. Man soll das Erraten nicht etwa als außerhalb des wissenschaftlichen Denkens gelegen ansehen; auch in der Wissenschaft kommt der Fortschritt nur durch Erraten zustande. Man kann es auch, stolzer, Intuition nennen. Aber »Intuition« unterscheidet sich nicht von dem, was jeder alltäglich tut, und ist nicht etwa von irgendwelchen Gründen aus, von der Kausalität etwa, zu erfassen.

Wenn ich weiter von Moral und Ethik sprechen wollte als von bindenden Entschlüssen der Menschheit, so möchte ich darüber kurz hinweggehen. Sie sind dem Gefühlsleben der Menschen zugehörig und geben Wertungen. Eine Wissenschaft muss so weit gehen, dass sie sich zuerst jeder Gefühlsregung entschlägt. Wir wissen, dass seit undenkbaren Zeiten das »Liebe deinen [165] Nächsten wie dich selbst« von den Menschen aufgenommen worden ist, es war immer in ihrem Gefühlsleben verankert, da es aus Gründen der Lebensnotwendigkeit dem zweifelnden Verstande entzogen werden musste. Was wir Individualpsychologen wollen, ist, obwohl manche das bezweifeln, außerhalb der Grenzen der Moral eine wissenschaftliche Überzeugung vom Sinn des Lebens zu schaffen. Wir werden uns dadurch nicht irremachen lassen, dass im Gefühlsleben der Menschen die gleiche Sicht vorhanden ist. Wir sind darauf aus, *wissenschaftlich* zu überzeugen, wenn wir etwas als wahr, richtig anerkannt haben. Dass dabei eine Wertpsychologie einfließt, ist nicht zu vermeiden, denn wenn ich nur vom Sinne des Lebens zu sprechen beginne, so liegt darin auch schon eine Wertung. Ich möchte den Hochmut streifen, dem man manchmal in theoretisierenden Kreisen begegnet, und sagen: Wenn Wissenschaft etwas bedeuten soll, dann nur, wenn sie den Durchbruch zu einer Wahrheit bedeutet. Wer darin keinen Wert erblickt, dem ist nicht zu helfen. Die Wissenschaft fragt nicht immer nach diesem Wert, aber in ihrer Gesamtbewegung liegt er beschlossen. So sind auch wir auf dem Wege, durch wissenschaftliche Erkenntnis zur Lösung dieses gewaltigsten aller Probleme, zur Wahrheit, zu gelangen.

Auch die Ästhetik ist aufgebaut auf dem Interesse für die anderen. Ich will mich begnügen, davon zu sprechen, dass, was wir als schön und hässlich empfinden, in innigem Zusammenhang mit der Idee der Gesundheit steht, wobei

---

[7] *Anm. Adlers:* So zum Beispiel auch Anschauungen darüber, was »Wissenschaft«, was »Metaphysik«, was »Tiefe« ist.

sich unbemerkt der Gedanke an die Zukunft des Menschengeschlechtes einschleicht. Was hätte Gesundheit für einen Wert, wenn sie nicht auch auf die Zukunft zu erstrecken wäre, wenn nicht auch darin die Idee der Nachkommenschaft sich ausprägen möchte. Auch hier sehen wir, wie das Schönheitsideal Wandlungen unterworfen war, wie auch das Ideal der Gesundheit. In meinen Kinderjahren wurde als gesund ein Mensch betrachtet, der an [die] einhundert Kilogramm schwer war. Das hat sich geändert, aber nur deshalb, weil die Erkenntnis dessen, was »gesund« heißt, so weit vorgeschritten ist, dass sie die Ästhetik beeinflussen konnte. Es ist in unserem ästhetischen Gefühle der Blick für die Zukunft mit eingeschlossen. Wenn wir etwas für schön erklären, erklären wir damit, dass wir es für ewig als schön erklären möchten.

Nun ist es Zeit, über die Bedeutung des Sinnes des Lebens nachzudenken. Es gibt viele Menschen, denen schon der Gedanke, dass ein anderer als sie selbst darüber nachdenkt, überflüssig erscheint. Bis in die letzte Zeit werden Zweifel laut, ob wir etwas über den Sinn des Lebens aussagen können. Ich möchte sagen: Wenn wir mehr darüber wüssten, hätte sich vieles geistig und materiell geändert. Wir würden Fehler vermeiden können, die dadurch zustande kommen, weil so viele Menschen so wenig darüber wissen; wir würden richtigere Wege finden. Es ist eine lohnende Arbeit, und ich möchte anregen, dass in unserem Kreise fleißig darüber nachgedacht wird. Es muss eine Brücke geben, die uns behilflich sein könnte, zu verstehen, was der Sinn des Lebens ist. Hier muss ich etwas einschalten, da man sonst Widersprüche geltend machen könnte. Wenn einer das Leben verneint, wenn er sagt: Ich will nicht den Bestand der Menschheit – wenn er dies ganz ernst *[166]* im Sinne hat, dann ist ein Sinn des Lebens für ihn undenkbar. Er kann nur dort gefunden werden, wo das Leben bejaht wird, deswegen ist diese Voraussetzung der Bejahung unbedingt notwendig. Wenn wir hier an diesem Punkte weitergehen wollen, so haben wir zu bedenken, dass außer dem gesellschaftlichen Leben der Menschen, außer der Notwendigkeit einer Zusammenarbeit auch noch ein drittes Problem heranzuziehen sein wird, das in den Sinn des Lebens einfließen muss. Das ist die Tatsache, dass wir in zwei Geschlechtern leben. Die biologische Notwendigkeit der Entwicklung des Menschen in zwei Geschlechtern habe ich hier nicht zu vertreten. Es ist keine Frage, dass dadurch die Möglichkeit der größeren Variation gegeben ist, anders als bei ganz niedrigen Lebewesen. Wir können an dieser Stelle sehen, wie wieder das gesellschaftliche Zusammenleben zu einer ungeheuren Bedeutung gekommen ist, wenn wir bedenken, dass diese Zweigeschlechtigkeit dazu führt, eine grenzenlose Blutvermischung durchzuführen, das heißt den organischen Bestand des einzelnen Menschen so zu gestalten, dass er in Harmonie mit den anderen ist, was notwendig gewesen ist, um ein gleichförmiges Streben durchzuführen, was wieder nur in der Weise exakt durchgeführt werden konnte, wenn schon frühzeitig, unbekümmert, ob für den Einzelnen von Vorteil oder Nachteil, die Inzestschranke aufgerichtet worden ist. Die Tatsache des Verbotes des Inzestes ist ein Hinweis, dass sich hier der Drang zur Gemeinschaft durchgesetzt hat. Wir können behaupten, dass, abgesehen von ganz versprengten, im Niedergang begriffenen Stämmen, in der gesamten Menschheit eine ziemlich gleichförmige Blutvermischung vorhanden ist. An dieser Stelle wird notwendig sein, dass ich ein anderes Problem kurz berühre, das der Nachkommenschaft. Es ist sicherlich eine Notwendigkeit, dass das Menschengeschlecht so zahlreich ist wie der Sand am Meere, weil diese Spezies Mensch sich nicht hätte erhalten können, zugrunde gegangen wäre, wenn es den richtigen Weg nicht gefunden hätte, wenn es, sei es organisch oder durch seine Lebensweise, mit den äußeren Tatsachen nicht im Einklang gewesen wäre, den Forderungen der Natur nicht gewachsen gewesen wäre. Hier gewinnen wir etwas Licht mit Bezug auf die Entstehung der Arten, von denen wir beobachten können, dass jene Arten Fehlschläge gewesen sind, gegen die sich die Not der aktiven Anpassung aufgerichtet hat, um sie zu verurteilen, sie zu vernichten. Hier möchte ich an den Gedankengang erinnern, dass ja wahrscheinlich auch im ganzen Menschengeschlecht ein grausamer Ausrottungsprozess im Gange ist, der diejenigen betrifft, die unrichtige Lösungen finden, die dem Sinne des Lebens nicht gerecht geworden sind. Es scheint ein unverbrüchliches Gesetz der Evolution, dass man an den Folgen beobachten kann, ob einer dem Sinne des Lebens gerecht geworden ist. Wir möchten eine wissenschaftliche Untersuchung durchführen, um das im Vorhinein feststellen zu können, weil es in der Aufzucht des Menschengeschlechtes von so unerhörtem Werte ist.

Ich möchte nun weiter zeigen, dass diese Gedankengänge berechtigt sind und uns Aufschlüsse geben können, dahin gehend, dass wir bei allen Fehlschlägen sehen können, wie sie alle aus einer Unterentwicklung des sozialen [167] Interesses stammen, aus der mangelhaften Entwicklung des Gemeinschaftsgefühls. Ich will der Reihe nach die Fehlschläge aufzählen:

Schwer erziehbare Kinder. Wie immer einer ein solches Kind verstehen möchte, er kommt nicht darüber hinweg, dass es kein Interesse für andere hat, nur an sich denkt. Deshalb ist die Individualpsychologie darauf gerichtet, dieses Gemeinschaftsgefühl im Kinde zu erhöhen. Es gibt keine andere Methode, sie vorwärtszubringen. Dann: Neurotiker, die an Angstneurose, Zwangshandlungen leiden, seelisch Erkrankte, die in Wahnsinn verfallen, ohne dass organische Gründe vorliegen; auch bei ihnen fehlt es an sozialem Interesse. In dem Moment, wo es gelingt, ein solches Interesse zu wecken, sprechen wir von Besserung. Das, was wir Gemeinschaftsgefühl nennen, mangelt diesen zwei Fehlschlägen. Dann: Verbrecher. Wir werden finden, dass Menschen nur Verbrecher sein konnten, wenn ihnen das Interesse für die anderen abgegangen ist. Dasselbe finden wir bei Menschen, die Selbstmord begehen, denn keiner könnte Selbstmord begehen, der ein starkes Interesse an der Menschheit hat.

Wir finden in den nachgelassenen Briefen der Selbstmörder oft: »Das Leben hat kein Interesse für mich.« Dass hier Schwierigkeiten des Lebens, Enttäuschung, verschmähte Liebe, ökonomischer Druck eine große Rolle spielen, ist nicht von der Hand zu weisen. Es zeigt sich nur, dass eine ungeheure Anzahl von Menschen ihr soziales Interesse nur bis zu einem gewissen Punkt aufrechterhalten kann, wo sie so stark bedrückt erscheinen, dass ihr Interesse für den anderen endet. Dasselbe bei Trinkern, Morphinisten usw., die sich ihren Verpflichtungen auf kurzem Wege, in ihrer Genäschigkeit, durch einen Trick zu entziehen trachten. Ausschaltung eines sozialen Problems finden wir auch bei sexuell Pervertierten und bei den Prostituierten. Allen diesen Fehlschlägen fehlt immer das Eine: Interesse für das Wohl der Gesamtheit.

Das ist ein bedeutsamer Befund der Individualpsychologie, die ja die *Fähigkeit der Kooperation* zum Schlüssel des Verständnisses des Menschen gemacht hat. Aber es soll keiner glauben, wenn er sagt: Einer, der Fehlschläge zeigt, hat kein richtiges Gemeinschaftsgefühl, dass er schon das Einmalige, Individuelle des Falles verstanden hat. Es ist notwendig, Schritt für Schritt sich einzufühlen in den anderen, um zu verstehen. Wie könnte sich nun einer einfühlen in eine Person, in eine Sache, in Geschehnisse, wenn ihm dieses Interesse für die Allgemeinheit nicht geworden ist? Wir sehen, in diesem Prozess der Identifizierung eines Arztes, eines Erziehers finden wir abermals als notwendige Grundlage Interesse für die Allgemeinheit.

Wir können auch von einem anderen Punkte aus forschen, ob das Interesse für die Allgemeinheit wirklich den Sinn des Lebens ergibt. In der Entwicklung des kleinen Kindes sehen wir, entgegengesetzt anderen Standpunkten, die nur das isolierte Individuum kennen und uns mit dem Hereditätsaberglauben abspeisen wollen, nur Beziehungen und Stellungnahmen zur Außenwelt. Im einfachsten Falle – das Kind unter der Obhut der Mutter – sieht man, wie viel die Geschicklichkeit einer Mutter ausmacht, um die Stellungnahme des Kindes zu einer kooperativen zu machen. Was wir sehen, ist immer das Produkt dessen, wie die Mutter es versteht, das Kind vorwärtszubringen, das *[168]* heißt auch, wie weit das soziale Interesse der Mutter für dieses Kind reicht. Daher hat sie das Kind auch anderen Personen näherzubringen. Das Kind erlebt den Nebenmenschen. Das Erlebnis des Nebenmenschen und dessen Auswertung können wir am Kind beobachten. Sicherlich kommen Kinder in verschiedener Vorbereitung zur Welt. Aber wir können wenig darüber aussagen. Es würde auch nichts bedeuten gegenüber dem Umstand des Trainings. Wir wissen genau, dass wir Menschen trainieren können, auch wenn sie für die Leistung nicht befähigt erschienen, zum Beispiel dass wir Linkshänder für ihre rechte, minderwertige Hand so trainieren können, dass sie Leistungen vollführen wie die von Natur aus Rechtshändigen. Was soll es ausmachen, wenn Unterschiede am Beginn des Lebens zu finden sind? An diesem Punkt sehen wir, wie viel in der Entwicklung des Kindes eigentlich von der Fähigkeit der Mutter abhängt. So wird die Erziehung, die heute so allgemein verlästerte Erziehung, wieder auf den Thron gehoben. Was wir finden, ist Produkt der Erziehung. Das ist nicht etwa so gemeint, dass einer nach dem Buch vorgehen muss; ebenso nicht, dass eine Person für die Erziehung maßgebend ist; besagt auch nicht, dass, *wenn es die Mutter gut meint, das Kind gut antwortet.* Aber immer ist es das Resultat des Einflusses der Mutter, die es versteht, das Kind zum Mitmenschen zu machen oder nicht. Das Werk ist nur zu einem geringen Teil getan, wenn das Kind nur auf die Mutter mit Interesse blickt, sich mit ihr durch Blick, Gehör und Sprache zu verbinden trachtet. Sein soziales Interesse muss weiterentwickelt werden. Wir haben in unserer Kultur die Notwendigkeit vor uns, das Interesse auch auf den Vater zu erstrecken. Da sehen wir, dass wir einer der Tatsachen der Fehlschläge auf der Spur sind, und verstehen, warum wir Fehlschläge häufiger in Familien finden, wo ein gestörtes Familienleben ist, warum dort ein Kind sich nicht zum Mitmenschen entwickelt. Wir sehen auch schon das souveräne Mittel gegen alle Fehlschläge: es zu erreichen, das Gemeinschaftsgefühl so weit zu erhöhen, dass Interesse für den anderen nicht verloren geht. Dann würden wir eines großen Teiles der Fehlschläge ledig, die wie eine ungeheure Last auf die Entwicklung der Menschheit drückt. Auch äußere Verhältnisse sind maßgebend. Wenn ein Kind nicht in ruhiger Atmosphäre aufwächst, wenn Anfeindungen bestehen, ein irritiertes gesellschaftliches Leben, da wird man eine Kinderschar aufwachsen sehen, die durchaus nicht geneigt ist, für die Allgemeinheit Partei zu ergreifen. Alle Gesichtspunkte bekommen Gewicht, wenn ich endlich vom Sinn des Lebens zu sprechen beginnen will.

Was ist es, was wir, wenn wir ins Leben treten, vorfinden? Was ist es, mit dem wir rechnen können, was wir benutzen können, worauf wir weiter aufbauen können? Wir finden nur, *was andere beigetragen haben.* Diese Beiträge der anderen, das ist es, was durch das Gemeinschaftsgefühl zustande gekommen ist. Man muss sich nur vor dem Fehler hüten, die Menschen zu fragen, ob sie an den anderen interessiert sind, wenn sie ihnen etwa Schuhe verkaufen. Ihre Meinung spielt keine Rolle. Von Wichtigkeit ist nur, *was ein Mensch tut, seine Leistung.* Wir setzen voraus, dass er das meistens gar nicht weiß, nicht weiß, dass er nicht arbeiten könnte, wenn er nicht jenen Mut [169] hätte, vorauszusetzen, dass ihm sein Werk gelingen wird und dass er etwas beitragen kann. Wir müssen es verstehen, dass auch der Mut eine soziale Funktion ist, weil Mut nur der haben kann, der sich als Teil des Ganzen betrachtet, dass Mut nur dort zu finden ist, wo sich einer heimisch fühlt, wo er nicht nur die Annehmlichkeiten des Lebens als zu seiner Person zugehörig betrachtet, sondern auch die Unannehmlichkeiten, die Unruhe in unserer Kultur als seine Aufgabe, dass er mitbeteiligt ist, der Menschheit und sich darüber hinwegzuhelfen. Wir verdanken unsere Überzeugung unserer Untersuchung an Fehlschlägen. Wir alle[8] fragen: Was bekomme ich denn? Ich muss im Mittelpunkt des Lebens sein; wenn nicht, dann ist alles andere feindlich, dann ist ja jeder andere mein Feind. Warum soll ich meinen Nächsten lieben, da er doch als mein Gegner meinen größten Hass verdient?! Das sind jene Stellungnahmen, bei denen einer nicht unter andere Menschen gehen kann, Lampenfieber hat, daher stammen die krankhaften seelischen Spannungen, die nervöse Angst, Verfolgungsideen und alle Symptome, die wir meist unter Menschen finden, die verzärtelt aufgewachsen sind und die Verzärtelung durch ihr ganzes Leben fortgesetzt wünschen, deshalb in die Klage ausbrechen: Weshalb kann ich denn nicht immer alles bekommen, was ich will?! Was wir vorfinden, das sind die Leistungen der anderen, die Leistungen unserer Vorgänger, die etwas beigetragen haben, deren Werken wir unsere Kultur verdanken, die nicht nur die Annehmlichkeiten genossen haben, die *gegeben* haben. Da stellt sich nun heraus, dass der Geist dieser Menschen unsterblich ist. Ihr Geist lebt mit uns, ihre Tradition, sie können nicht verschwinden, wir bauen auf ihnen weiter. Die anderen aber, die nicht beitragen, sind nicht schuldig. Sie können ja nicht zahlen, was verlangt ist, sie haben es ja nicht. Wenn wir diese Frage von dieser Seite betrachten, so ergibt sich: Diejenigen sind unsterblich, die beigetragen haben, die im Strom des gesellschaftlichen Lebens gewesen sind, die, vielleicht ohne daran zu denken, für das Menschengeschlecht etwas geleistet haben.

Viel schärfer wird der Einblick, wenn wir fragen: Was ist mit jenen geschehen, die nur genommen haben, die am Wohl der Menschheit nicht interessiert sind? Verschwunden, ausgerottet? Das ist die Antwort auf unsere Frage nach dem Sinn des Lebens. Wenn man das Leben bejaht, so ist der Sinn des Lebens, beizutragen, weil die Logik des Lebens zu den anderen sagt: Geht weg, ihr gehört nicht hierher, wir können euch nicht brauchen, das Leben kann nur die brauchen, die daran interessiert sind, beizutragen.

Ist es schon eine interessante Einsicht, die wir auf diesem Wege gewinnen, so wäre mehr gewonnen, genauer zu sehen, an welcher Stelle das Leben so spricht. Vielleicht hilft uns eine kleine Betrachtung weiter. Welches sind die Probleme unseres Lebens? Es gibt nur drei Hauptprobleme. Diese richtig zu lösen, liegt im Sinne des Lebens, zeigt uns, wo der Sinn des Lebens zu finden ist. Die erste Frage ist die des gesellschaftlichen Lebens, die Beziehung des Ich zum Du. Die zweite Frage ist die Frage der Arbeit. Sie lautet: Wie kann ich mich nützlich machen, wie kann ich beitragen zum Wohl der Allgemeinheit? Die dritte Frage: die Frage der Liebe, Interesse *[170]* zu haben für eine Person des andern Geschlechts, die körperlich anziehend ist, mehr Interesse als für sich selbst, darnach zu trachten, dem anderen das Leben zu erleichtern und zu verschönern, eine Frage, die mit der Frage der Nachkommenschaft in untrennbarer Verbindung steht. Wer heute überlebend ist, wer überhaupt noch

---

8   Wir alle] *handschriftliche Änd.:* Wie viele

die Frage aufwerfen kann nach dem Sinne des Lebens, kann es nur deshalb, weil die Vorfahren zu dieser Möglichkeit beigetragen haben. Es gibt eine Unzahl von Teilfragen. Wir können uns leicht überzeugen, dass das Problem der Freundschaft, des Interesses an der Menschheit, der politische Standpunkt, das Problem des Berufes, der Schule, des Kindergartens, des Spieles usw., Probleme des Berufes, der Liebe und der Vorbereitung zur Liebe erwachsen sind auf dem Boden des Gemeinschaftsinteresses und in ihrer Lösung diesem zu dienen haben. Wenn wir vor einer solchen Frage stehen und haben das nicht, was zur Lösung gehört, was geschieht da? Da entstehen seelische Spannungen im schlecht vorbereiteten Menschen, die sich körperlich auswirken oder aber in dem Versuch der Ausschaltung von Problemen, im Aufsuchen eines scheinbar leichteren Weges ohne Beitragsleistung oder in einer seelischen Präokkupation (Phobie, Zwangsneurose, Psychose), in der Furcht vor einer Niederlage – lauter Irrwege, die verschwinden in dem Moment, wo der Mensch sich und seine Kraft der Arbeit, der Gemeinschaft weiht und nicht danach fragt: Was bekomme ich dafür, wie sehe ich aus?

Wir sehen, dass alle diese Probleme wie eine Funktionsprüfung allen Menschen entgegentreten und sie nach ihrem Gemeinschaftsgefühl fragen. Eine Unzahl von Menschen kann diese Fragen nicht lösen und erscheint wie einer, der bezahlen soll und das Geld nicht hat. Diese fragende Situation ist der gefährliche Punkt, an dem sich entscheidet, dass der Sinn des Lebens das Gemeinschaftsgefühl ist, die Beitragsleistung, Schöpfung im Dienste der Allgemeinheit. Das, was überlebt, ist die Beitragsleistung, deshalb kann der Sinn des Lebens nicht anderswo zu finden sein als in der schöpferischen Beitragsleistung des Einzelnen und der Gesamtheit.

Der Common Sense geht nur denen auf, die die Angeschlossenheit an die Gesamtheit durchgeführt haben. Deshalb findet man bei allen Fehlschlägen Schrullen, Selbstbetrug, Berauschung an vagen Gefühlen, die dem verfehlten Lebensstil entsprechen, eine private Intelligenz. Auch ihr Spürsinn, ihre List und Verschlagenheit, die sie anstelle des Mutes des Mitmenschen, des Gemeinschaftsmenschen haben, lenken sie immer gegen das Interesse der Allgemeinheit. Überempfindlichkeit und übertriebene Ungeduld verraten, wie schlecht sie im sozialen Leben eingebettet sind, und steigern ihre Affektbereitschaft.

Das Gefühl des Wertes stammt einzig aus der gelungenen Beitragsleistung für andere und ist die einzige Richtung, in der das durchgängige Minderwertigkeitsgefühl des Menschen eine gelungene Kompensation erfährt. Wertvoll sein heißt, beigetragen zu haben. So erklärt sich auch, dass menschliches Glück nur innerhalb des betätigten Gemeinschaftsgefühls zu finden ist. Glück ist die Lust des Mitmenschen, Lust das Glück des Neben- oder Gegenmenschen. *[171]*

Die Charakterlehre nähert sich so einer sicheren Lösung. Charakterzüge sind, wie die Individualpsychologie gezeigt hat, Leitlinien im Gefüge des Lebensstils. Sie zeigen uns die *Bezogenheit* des einmalig Individuellen zu den sozialen Problemen. Die Möglichkeiten ihrer Entwicklung sind natürlich angeboren. Eine soziale Bezogenheit muss erworben werden und stammt aus der schöpferischen Kraft des Kindes. Gut, böse, faul, fleißig, sadistisch, masochistisch, männlich, weiblich – als Charakterzüge zeigen sie uns immer an, welcher soziale Gehalt des Individuums seine Stellungnahme in den sozialen Problemen leitet: das Ganze in seinen Teilen.

38. Trick und Neurose (1931i)

Editorische Hinweise
Erstveröffentlichung:
1931i: Internationale Zeitschrift für Individualpsychologie 9, S. 417–423
Letztveröffentlichung:
1982b: Psychotherapie und Erziehung, Bd. 2 (1930–1932), S. 149–158

Adler beginnt mit einem kurzen philosophischen Exkurs: Mit unserem Verstand könnten wir immer nur Beziehungen erfassen, aber nicht die Tatsachen, die hinter unseren Eindrücken stecken. Dann kommt er auf sein Thema zu sprechen, dass das ganze Leben etwas Trickhaftes habe. Jede Erfindung, jeder Fortschritt in der Wissenschaft kam seiner Meinung nach nicht mit den Mitteln der Logik zustande, sondern in der Auffindung eines Tricks, der die Schwierigkeit zu umgehen trachtet, um sie zu lösen. Adler verbindet mit Trick nichts Abfälliges, sondern zitiert Hegel: »Der menschliche Geist ist listig.«

Adler erwähnt die Beziehung des Tricks zum Metaphorischen der Dichtung, zum Traum, zur Mathematik, zum Witz. An Fallbeispielen erläutert Adler das Trickhafte in der Neurose: Die Neurose sei nicht der Krankheitsgewinn, nicht die Spannung, die entsteht, wenn ein neues Problem auftaucht. Die Neurose entstehe erst, wenn der Betreffende die Spannung unbewusst trickhaft ausnützt, wenn einer den Trick findet, aus einer Schwäche eine Stärke zu machen und dabei andere ausnütze.

Trick und Neurose

Das Thema, das zu besprechen ich mir heute vorgenommen habe, würde als Einleitung eines weiten philosophischen Exkurses bedürfen. Ich will nur darauf hinweisen, dass wir mit unserem Verstande immer nur Beziehungen ergreifen können, dass wir über das Reale, über die Tatsachen, die hinter unseren Eindrücken stecken, eigentlich nicht viel sagen können. Wenn Sie mit diesen kurzen Worten etwa den Titel meines Vortrages vergleichen, werden Sie ahnen, worauf ich hinaus will, dass eigentlich der größte Teil unseres Lebens etwas an sich hat, was man als Trick bezeichnen kann, wenn man unter Trick nicht etwas Abfälliges, etwas dem Gemeinschaftsgefühl Widerstrebendes versteht, sondern etwas, wovon die menschliche Natur abhängig gemacht ist, das heißt, dass wir im Gebiet des Erratens stehen, wenn wir vorwärtskommen wollen. Ich könnte diese Tatsache beweisen, indem ich hinweise auf die Kunst. Ich möchte noch, um einen Einwand vorwegzunehmen, scharf darauf hinweisen, dass der Trick als etwas Durchgreifendes anzusehen ist, dass wir erst feststellen müssen, ob die Anwendung eines Tricks im Sinne des Gemeinschaftsgefühls gelegen ist oder abseits davon. Sie werden sich bald überzeugen, dass ich vorhabe, Ihnen den Hinweis zu geben, dass unser ganzes Leben eigentlich etwas Trickhaftes hat, sobald wir die Beziehung zu den Naturkräften ins Auge fassen, die uns zu sieghafter Anpassung zwingen. Der Verlauf der Evolution beweist, dass im Sinnenleben irgendetwas steckt, was nicht etwa nach Regeln und Formeln der Logik vor sich geht, sondern in einer Anpassung, die durch Erraten zustande kommt. Alle Erfindungen beruhen auf einem Trick. Nun werden sich alle beruhigen, die darin etwas Abfälliges sehen wollen. Es ist nichts Abfälliges damit gemeint – ich erinnere an *Hegel*, der sagt: »Der menschliche Geist ist listig.«[1] Das trifft nicht nur für die Kunst, für Entdeckungen, für Erfindungen zu, nicht nur für jeden Fortschritt in der Wissenschaft, sondern auch auf engere Gebiete, zum Beispiel das verhallende Wort zu fangen und festzulegen in der Buchdruckerkunst, ist nicht von Natur aus gegeben. Man kann nicht annehmen, dass von vornherein eine Kraft bereits in die Entwicklung des menschlichen Geschlechts eine Gabe gelegt hat, die zur Buchdruckerkunst führt. Wenn einer dieser Annahme Raum gibt, so ist es nur ein frommer Wunsch und ist nicht durch Tatsachen zu belegen. So können wir von allen Leistungen immer wieder nachweisen, dass sie nicht in den Formen der Logik zum Fortschritt geführt haben, sondern auf dem Wege des Tricks, in der Auffindung einer Finte, die die Schwierigkeit zu umgehen trachtet, um sie zu lösen. Gerade wir *[418]* Individualpsychologen sind darüber nicht erstaunt, wir können auch andere Gebiete nennen, wo auch der Trick eine Rolle spielt, zum Beispiel in der Poesie. Hier feiert der Trick Triumphe. Einen Menschen darzustellen, der nie gelebt hat, der uns belehrt, der unsere Gefühlserregung anspornt usw. Alle diese Erscheinungen belehren uns immer wieder, dass das Leben etwas Trickhaftes hat. Wenn Sie zurückdenken an die Entwicklung des Kindes, so wird es schwer, anzunehmen, dass diese Entwicklung etwa nach bewussten Gesetzen der Logik, etwa nach kausalen Gesichtspunkten vor sich geht. Sogar das kleinste Kind ist schon im Besitz der Trickhaftigkeit. Sicherlich ist diese Fähigkeit (als Instinkt, als Reflex, als Unbewusstes, als Intuition usw. beschrieben) in der Entwicklung des Gehirns vorgebildet, so dass später erst – der Zeitpunkt ist nicht zu bestimmen – die Fähigkeit des *Erratens*, eine Fähigkeit, die man weiter nicht erklären kann, durch Vernunft überprüft und reguliert wird. Die Vernunft wächst erst durch die Erfahrung, organisch ist im kleinen Ausmaße die Trickfähigkeit vorgebildet. Das Kind überlegt nicht, wenn man es im Experiment einer Prüfung aussetzt, wenn man es sticht, kitzelt, sich selbst überlässt usw., nicht der Verstand gibt das Resultat, sondern die List seiner Persönlichkeit. Von dort aus müssten

---

1   [Hegel (1979, Bd. 6, S. 452) spricht von der »List der Vernunft« in »Wissenschaft der Logik« II, 2, 3, C.]

unsere Untersuchungen ausgehen, wenn wir imstande sein sollten, das Trickhafte und seine Entwicklung zu verstehen. Hinsichtlich der Poesie: Unsere Erörterungen über das Metaphorische wären hier anzuführen. Eine Tatsache wird dabei in überspannter Darstellung betrachtet. Wenn er sie metaphorisch einkleidet, gelingt es dem Dichter, Eindruck zu machen. Ich verweise auch auf die individualpsychologische Interpretation des Traumes, wo der Träumer, um sich selbst zu betrügen, einen Trick anwendet, um durch den Trick bei seiner Haltung zu bleiben, die von außen her bedroht erscheint, seinen Antrieb durch Erweckung von Gefühlen und Emotionen zu verstärken. Er tut dasselbe, was er auch sonst täte, nun aber mit stärkerem Antrieb, etwa wie einer, der zum Betrieb eines Motors mehr Gas gibt. Es ist dasselbe Ziel, dieselbe Richtung, nur mehr Schwung kommt hinein. Der Trick ist noch in mancher Hinsicht interessant, zum Beispiel wenn wir an den Zauberkünstler denken. Die Kinder haben eine große Anhänglichkeit an das Trickhafte der Zauberspiele, die Magier erwecken unser Interesse, Fotografie, Radio, Kino. Durch einen Trick wird die Wirklichkeit vorgezaubert. Ich verweise Sie darauf, wie ein Schlosser mit einem Sperrhaken die Tür aufsperrt; nicht jeder kann das. Wenn Sie den Schlosser fragen, so wird er sich hinter dem Ohr kratzen und wird, wenigstens bei uns in Wien, sagen: »Ja, da muss man den Vorteil haben.« Erklären kann er das nicht, Sie müssen es finden. Von Tricks wimmelt es in der Mathematik und Geometrie, man scheut sich da nicht, von Kniffen zu sprechen, zum Beispiel

$$X^2 + px = q$$

Diese Gleichung ist so nicht zu lösen, kein Verstand kann das ausrechnen.

$$X^2 + px + \left(\frac{p}{2}\right)^2 = q + \left(\frac{p}{2}\right)^2$$

Durch diesen Trick ist sie zu lösen.[2] *[419]*

---

2   [In der algebraischen Verfahrensweise besteht der »Trick« darin, dass auf beiden Seiten der Gleichung (1) $x^2 + px = q$ der Ausdruck $\left(\frac{p}{2}\right)^2$ hinzuaddiert wird. Dadurch lässt sich die Gleichung (2) $x^2 + px + \left(\frac{p}{2}\right)^2 = q + \left(\frac{p}{2}\right)^2$ mithilfe der binomischen Formel (3) $a^2 + 2ab + b^2 = (a + b)^2$ lösen durch Ersetzen von a mit x und von b mit $\frac{p}{2}$.
Zugrunde liegt eine geometrische Betrachtung: »Teilt man eine Strecke an einem beliebigen Punkt, so ist das Quadrat aus der ganzen Strecke den Quadraten über den Abschnitten und zweimal den Rechtecken aus den Abschnitten zusammen gleich« (Euklid, Elemente II, 4). In heutiger Schreibweise $(a + b)^2 = a^2 + 2ab + b^2$. Diese Erkenntnis wird zum Lösen der Gleichung $x^2 + px = q$ benützt. x^2 ist ja schon das Quadrat der ersten Teilstrecke, p*x entspricht den beiden Rechtecken. Also muss $\left(\frac{p}{2}\right)^2$ das fehlende Quadrat der zweiten Teilstrecke sein. Da man eine Gleichung immer auf beiden Seiten in gleicher Weise verändern muss, gilt also:

$$\left(x + \frac{p}{2}\right)^2 = x^2 + px + \left(\frac{p}{2}\right)^2 = q + \left(\frac{p}{2}\right)^2$$

So geht es im Leben auch zu. Ich habe schon vor Jahren Betrachtungen angestellt in Beziehung auf den Witz. Auch beim Witz ist es der Trick, der herausführt aus dem Common Sense, der die private Intelligenz eines Menschen darstellt. Zum Beispiel die Anekdote von dem Mann, der an einem hohen jüdischen Feiertag in die Synagoge wollte, jedoch keine Eintrittskarte hat. Er sagt zum Tempeldiener: »Ich suche nur den Herrn Müller«, worauf der Tempeldiener ihm empört erwidert: »Sie Gauner, Sie wollen beten.« Hier sieht man die scharfe Unterscheidung zwischen Privatintelligenz und Common Sense, auch hier sieht man das Trickhafte, dass einer sich des Gemeinschaftsgefühls entschlägt und private Wege beschreitet. In der Vernunft müssen wir den Zusammenhang mit dem Common Sense verstehen.

Hiermit komme ich zu meinem eigentlichen Thema: Wie sich das Trickhafte bei Fehlschlägen abspielt. Ich werde dabei immer von der privaten Intelligenz sprechen, die sich durchsetzen will zugunsten des Überlegenheitsgefühls des einen, zum Nachteil des anderen, wie einer den sozialen Beitrag des anderen für sich auszunützen trachtet. Auch hier werden wir eine Einschränkung machen müssen – es ist nicht schlecht gemeint. – Auch bezüglich des Verbrechers möchte ich das sagen, obwohl die Gesetzbücher betonen, dass eine Absicht des Verbrechers bestehen müsse. Aber wenn es seiner Lebensform nicht entspricht, eine Unterscheidung zu machen zwischen gut und böse, so müssen wir daran festhalten, dass hier eine Lebensform besteht, die ihren privaten Weg geht, um auf leichtere Art zu Erfolg zu kommen. Nun erst bei anderen Fehlschlägen. Dort können wir von einer Absicht der Schädigung durchaus nicht reden, es handelt sich um die Ausgestaltung einer Lebensform, an der sich nichts mehr ändert, solange der Betreffende nicht versteht, dass er in den Banden eines Tricks steckt. Zu diesem Zwecke möchte ich Fälle kurz, entkleidet von wirklichen Fakten, beschreiben. Ich möchte darauf hinweisen, wie zum Beispiel ein schwer erziehbares Kind, von dem wir wissen, dass es sich in den Mittelpunkt der Aufmerksamkeit stellen will, ohne beizutragen – weil es nicht überzeugt ist, durch den Beitrag in den Mittelpunkt zu kommen –, verblendet ist zu glauben, dass nur durch Verzärtelung es dem Sinn des Lebens gerecht werden kann. Wenn Sie von einem solchen Kind die Quintessenz suchen, so werden Sie finden, dass dieses Kind einen Trick gebraucht. Ein Trick ist es deshalb, weil es durch Umgehung der Vernunft zum Ziele kommen soll. Der Mensch muss sich entscheiden, entweder für das persönlich Trickhafte oder für das Gemeinschaftsgefühl. Wenn wir hier Extreme anführen, so werden wir nicht vergessen, dass es Tausende von Varianten gibt. Wir müssen gefasst darauf sein, immer verschiedene Bilder zu sehen. Zusammenfassend, vom Standpunkt einer allgemeinen Diagnostik aus gesehen, können wir aber

---

In dieser Sicht liegt der eigentliche »Trick« in der Rückführung des Problems auf eine schon bekannte Lösung. Frau Barbara Taube, München: Dank für die Erläuterung.]

sagen, dass wir bei den schlimmen Kindern einen Typus kennen, der durch Unarten hofft, in den Mittelpunkt der Aufmerksamkeit zu kommen. Hier ist nicht nach Gesetzen von Ursachen und Folgen vorgegangen worden, in begrifflicher Vorstellung, sondern in unmittelbarer Anschauung. Zum Beispiel: Es steht einer unter der Herrschaft einer strengen, nörgelnden Mutter. Zum Schlusse kommt er dazu, um einer ähnlichen [420] Situation auszuweichen, den Trick zu verwenden: »Ich schalte alle Frauen aus.« Da kommen wir zu dem Gesichtspunkt, dass das, was wir Prinzip nennen, auch ein Trick ist.

Oder ein Fall, der in das Gebiet der Neurose fällt: Nehmen wir an, es handle sich um einen Mann, der sich ganz glänzend entwickelt hat, nehmen wir an, er sei ein einziges Kind, verzärtelt, mit Erwartungen und Hoffnungen überladen, die sich auch erfüllt haben. Er ist ein glänzender Kaufmann, gebildet, von Freunden geschätzt. Er bekommt einen Kompagnon. Der zeigt sich voll Kraft und Stärke und beginnt ihn zu überflügeln. Der Sinn des Lebens für unseren jungen Mann, sein Ideal ist: Erster zu sein. Er ist von krankhaftem Ehrgeiz besessen, der sich nicht für jeden sichtbar zeigt, solange er sich auf der aufsteigenden Linie befindet. Nun steht ein Hindernis vor ihm. Zuerst gerät er in große Spannung, er wird stutzen, nicht vorwärts gehen in der Furcht, die Entscheidung könnte gegen ihn ausfallen. Das wird sich nicht bewusst in ihm abspielen, sondern anschaulich, aus dem Verstand des Körpers, des Erlebens. Die Aufregung wird sich steigern, er wird schlaflos werden, wird immer müde sein, alles infolge der Spannung, nicht wissend, wie er die Höhe halten soll, in der Furcht zu sinken. Auf einmal spürt dieser Mann, dass man außerordentlich zart und vorsichtig mit ihm umgeht, dass man für ihn sorgt, dass man mit seiner Spannung rechnet, und hat dadurch eine Erleichterung in seinem Erleben, verträgt auch diese Spannung viel leichter und hat die Entscheidung über seinen Wert – wie ein geschickter, voll Tricks steckender Rechtsanwalt die Urteilsfällung – hinausgeschoben. Er, der sich unsicher fühlt, ist de facto in Sicherheit; auch wenn er das Rennen aufgibt, wird sein Blick und der der Umgebung auf seine nervöse Erregung und nicht auf seine Leistungsfähigkeit gerichtet sein. Das Rätsel der Neurosenpsychologie war immer: Was ist hier vorgegangen? Da stellte sich für viele die Idee des Krankheitsgewinnes ein, eine laienhafte Auffassung, die von dem geistreichen *Griesinger* stammt, heute von allen Psychologen angenommen, aber als unhaltbar zu erweisen ist. Das nervöse Symptom entsteht nicht in der Sehnsucht nach einem Krankheitsgewinn, aus der Spannung, die entsteht, wenn er vor einem neuen Problem steht. Das wäre noch nicht Neurose. Diese beginnt einen Schritt weiter, wenn der Betreffende die Spannung trickhaft ausnützt, nicht etwa in vorbedachtem Sinn, sondern im ganzen Lebensprozess, um eine Schwierigkeit zu umgehen, um zu einer Scheinlösung zu gelangen. Der Antrieb, das nervöse Symptom zu beseitigen, bleibt aus. Die Frage, ob ein solcher Mensch ein Glücksgefühl, das Gefühl eines Krankheitsgewinnes hat, ist naiv. Er möchte ganz gerne die neurotischen Symptome aufgeben – wir müssen dem Patienten schon so viel Zutrauen entgegenbringen –, aber es ist doch seine Aufgabe gestellt: *Er muss der Entscheidung ausweichen.* Das bedeutet für ihn, dass er den Antrieb nicht verstärkt, um sich von den Symptomen zu befreien. Der Antrieb fehlt ihm natürlich deshalb, weil er hier einen Weg einschlägt, der dem Common Sense nicht entspricht. Er ist auf einem Wege, nicht sein Problem zu lösen, sondern es zu umgehen. Die Art, wie er das macht, die Folgen der Spannung, [421] die wir bei ihm beobachten, das ist seine persönliche Lebensform sowie sein Suchen nach Hinausschieben der Entscheidung. Deshalb die vielen Verschiedenheiten. Die Neurose aber entsteht erst, wenn einer die Spannung und Erregung, die aus einer Situation für ihn erfließen, stabilisiert, um scheinbar besser durchzukommen.

Ein Fall einer Zwangsneurose: »Eine verheiratete Frau, die schon immer etwas griesgrämig gewesen ist, aufbrausend, nicht in schlechten Verhältnissen. Sie hat einen freundlichen Mann, ein Kind, das Schwierigkeiten macht. Sie lebt jetzt in engeren Verhältnissen, ist betrübt, dass sie die Wirtschaft versehen muss. Nehmen Sie an, diese Persönlichkeit hat sich geformt, weil sie als ältestes Kind von der Mutter gezwungen wurde, nicht auszugehen, sondern die anderen Kinder zu behüten. Seit früher Kindheit hat sie ihr Los verflucht, wilde Schimpfworte gebraucht, es stand ihr ein ganzes Lexikon solcher Wörter zur Verfügung. Nach dem finanziellen Zusammenbruch des Mannes ist diese Frau gezwungen, in einem Bezirk zu wohnen, wo sie mit den ärmsten Leuten beisammen leben muss, wo sie keine Freunde findet, wo sie wie in ihrer Kindheit mit der Behütung des Kindes und des Haushaltes beschäftigt ist. Auf einmal kommt diese Frau zu dem Zwangsgedanken, einem den Kopf abzuschlagen, ihn umzubringen. Es sind Zwangsideen, über die sie erschrickt. Sie geht nun zum Psychiater. Wer meiner Darstellung gefolgt ist, sieht hier schon, wie dieses Symptom zustande gekommen ist. Diese Frau war von Kindheit an geübt darin, in dem Moment, wo eine schwierige Situation auftaucht, der peinvollen Erregung Schimpfworte und Flüche folgen zu lassen, die von scheinbarer Überlegenheit diktiert sind. Das hat sie als Kind gelernt. Nun in einer solchen Situation quillt sie über von solchen Schimpfworten: Das wäre noch keine Neurose, sonst müsste man bei uns alle Pferdekutscher als Zwangsneurotiker betrachten. Die Neurose entsteht, wenn diese Frau erklärt: Ich kann nichts mehr machen, ich bin gequält von diesen Gedanken, man muss mir helfen; wenn sie darüber weint. Hier beginnt erst die Neurose. Es ist die mildeste Art eines Angriffs: einem den Tod, ein Leid, eine Beschmutzung wünschen. Hier erst beginnt die Neurose, wenn sie diese Tatsache zu Rang und Würde erhebt, wenn sie beginnt, hier Nutzen davon zu ziehen, sie für ihre Situation auszunützen, wenn sie bei jedem Erlebnis, das ihr nicht passt, derartig grässliche Bilder aufsteigen lässt, um sie dem anderen an den Kopf zu werfen und für diese Leistung von anderen eine Erleichterung zu verlangen.

Wir können nicht übersehen, dass diese Frau tatsächlich eine Erleichterung findet. Sie hat die Wirtschaft stehen gelassen, kann ihr Kind in ein Heim geben, sie kann auch darauf drängen, dass sie nun in Gesellschaft kommt, sie kann sich besser kleiden usw. Sie hat das alles auch erreicht, aber sie hat es nur so lange, als sie eine außerordentlich banale Erscheinung, eine Schimpforgie zu Würden erhebt, wenn sie daraus etwas macht, wenn sie einen Trick anwendet, von dem sie eigentlich nichts weiß.

Ein anderer Fall, der sich dadurch auszeichnet, dass er die Sexualität zu einem Trick verwendet. Bei allen Perversionen handelt es sich ja um einen *[422]* Trick, der Norm zu entgehen, dem Common Sense ein Schnippchen zu schlagen.

Ein junger Mann, der außerordentlich verzärtelt worden ist, der sich unter der Obhut des Vaters befunden hat. Der Vater war gütig, nur etwas kritisch. Der Sohn hatte großen Respekt vor ihm. Der Vater konnte es nicht vermeiden, dem jungen Mann Unfähigkeit vorzuwerfen. Mit der Mutter stand er in keinem guten Verhältnis. Er hatte eine ältere Schwester, die sich glänzend entwickelt hat, so dass auch diese Schwester als Last für ihn erschien. So ein Kind, geformt in dieser Art, zu viel Respekt vor dem Vater, zu viel Furcht vor den Frauen, kommt in die Zeit, wo der Sexualtrieb nach Befriedigung drängt. Es ist selbstverständlich, dass dieser Mensch, der sich wegen des Vaters gar nichts zutraut, auch in der Liebe sich nichts zutraut, umso weniger als von der anderen Seite her der Einfluss der Mutter und Schwester schädlich wirkt. Wir können seine sexuelle Form erraten. In seinen Nöten, in seiner Furcht vor dem Leben, wird er auf sich angewiesen sein, wird bei der Selbstbefriedigung bleiben. Auch hier gibt es Tausende von Varianten. Ich will hier Typisches herausgreifen. Der Junge wird mannbar, man hört und sieht nichts bei ihm von einem Interesse für Mädchen. In dieser Lage sind sehr viele Jungen, deren einzig mögliche Befriedigung die Autoerotik ist. Das ist noch keine Neurose, das ist ein simpler Akt, bei dem man nicht von Neurose sprechen kann. Die Neurose beginnt erst dort, wo einer den Trick findet, aus einer Schwäche eine Stärke zu machen, und diesen Vorgang zielgemäß stabilisiert. An dieser Stelle treffen wir später den jungen Mann, der in dem Gefühl seiner Unsicherheit das Gefühl der Minderwertigkeit umgehen muss, um zur Geltung zu gelangen. Er treibt Masturbation in einer Weise, dass sie auffallend wird. Er verbleibt ganze Nächte in Kaffeehäusern, in Gesellschaft von Frauen, wo er bei der Autoerotik stecken bleibt, bis man errät, um was es sich handelt. Jetzt setzt die Bemühung der Umgebung ein. Er hat sie dazu gezwungen, er hat die Tatsache, zu der er kraft seines Lebensstils kommen musste, ausgenützt. Er steigt im Kurs. Der Vater hat keine größere Sorge mehr, als sich um ihn zu kümmern. Er erlöst ihn von allem Druck, die Mutter, die Schwester benehmen sich nett gegen ihn. Das sind äußere Einwirkungen, die gewöhnlich in Anspruch genommen werden, wenn die Familie einen solchen Trick beseitigen will. Glauben Sie, dass es etwas nützt? Nein. Der Junge hat mit Recht die Angst, dass, wenn er sich ändert, diese Bemutterung, diese Erleichterung gar nicht mehr erzwungen werden kann. Solange er dabei bleibt, so lange ist es sicher, dass ihm die anderen nachlaufen. Selbst wenn einer auf den Gedanken käme: Wir werden uns nicht darum kümmern, soll er zugrunde gehen. Er fürchtet, auf dem geraden Weg nichts leisten zu können. Das ginge nur durch Ermutigung, dadurch, dass er diese alten Eindrücke und Fehlschlüsse durchschaut, wenn er den Trick durchschaut, den er angewendet hat.

Da bin ich nun an dem letzten Punkt meiner Auseinandersetzung angelangt. Das sind Dinge, die dem menschlichen Seelenleben sehr naheliegen. Man braucht nicht an Diplomatie, an Politik zu denken. Der ist der beste Diplomat, *[423]* der den besten Trick anwendet. Das Trickhafte spielt in unserem Leben eine unglaublich große Rolle, ist immer in einiger Entfernung vom Common Sense und ist nicht aus der Erfahrung gewonnen. Da der Betreffende nur auf seine Schwäche oder auf sein quälendes Symptom schaut, nicht auf den ganzen Zusammenhang, kann er sich vom Symptom nicht befreien. Er müsste die Dinge im Zusammenhang erfassen, verstehen, dass hier ein Trick angewendet wird, eine Entschuldigung vorgebracht, eine Erleichterung gesucht wird, die er sich andernfalls nicht verschaffen zu können glaubt. Da können wir leicht sehen, wie die Wirkung einer individualpsychologischen Auseinandersetzung zustande kommt. Sie zeigt dem Betreffenden den Trick, sie überzeugt ihn, dass er den Trick begangen hat, ohne dass er es weiß. Sie lehrt ihn verstehen, dass er zu dem Trick aus den frühesten Eindrücken seiner Kindheit kam, im Gefühl der Unsicherheit, sie zeigt ihm, dass die Unsicherheit unberechtigt ist, dass die Eindrücke der Kindheit nicht ausreichen, um ein ganzes Leben darauf aufzubauen, sie beleuchtet das Feld, um ihn sehen zu lehren, wie er sich da in seiner Sehnsucht nach Erleichterung des Trickhaften im Leben zu bedienen trachtet. Die Aufgabe des Individualpsychologen ist damit weit gediehen, auch wenn es ihm nicht gleich gelingt, den Betreffenden zu überzeugen. Sie können ihn ruhig seinen eigenen Überlegungen überlassen. Wenn er fragt: »Was wird mit mir geschehen?«, so kann man ihm sagen: »Wenden Sie mit Absicht den Trick weiter an, wenn Sie wirklich hier die Grenze Ihrer Fähigkeit zu finden glauben. Das wäre im besten Falle Selbstbetrug, im schlechtesten Betrug der anderen, aber keine Neurose.« Die Verwendung von seelischen Regungen zum Zwecke der Ausnützung anderer auf dem Wege eines Tricks, das macht die Neurose aus. Man kann mir nicht entgegnen: Ich habe alles verstanden, aber der Patient ist von den Symptomen nicht befreit. Dann ist das Werk nicht gelungen. Sie haben den ganzen Trick nicht durchschaut. Es wird sich immer darum handeln, das Gesichtsfeld so weit zu erleuchten, bis man den Zusammenhang klar erkennt, um den Patienten zu überzeugen, so dass auch er den Zusammenhang sieht.

Es ist auch ein Trick, wenn einer Selbstmord begeht, um sich den dringenden Aufgaben des Lebens zu entziehen, auch wenn einer, um den normalen Weg zu vermeiden, in der Sexualität eine perverse Richtung einschlägt, wenn ein schwer erziehbares Kind zu Vorteilen zu gelangen sucht oder der Verbrecher die Bedeutung der anderen Person so weit unterschätzt, dass es ihm nichts mehr ausmacht, sich auf kürzere Weise in den Besitz eines Gutes zu setzen, das einem anderen gehört.

Wir dürfen nicht vergessen, dass das Trickhafte in der Entwicklung der Menschheit die vornehmste und wichtigste Rolle spielt, zum Beispiel ist damit auch erklärt, was andere als Intuition, als das Erraten bezeichnen. Um zum Ausgangspunkt zurückzukommen, lässt es sich leicht nachweisen, dass das Trickhafte eine Notwendigkeit ist in der Entwicklung, weil alles, was lebt, eigentlich immer nur Eindrücke bekommt, ohne jemals dessen, was hinter den Eindrücken steckt, habhaft zu werden, weil es vom Physischen bewegt wird, ohne des Metaphysischen jemals sicher zu werden.

39. Der nervöse Charakter (1931)

Editorische Hinweise
Erstveröffentlichung:
1931l: Zeitschrift für angewandte Psychologie, Beiheft 59, S. 1–14
Letztveröffentlichung:
1982b: Psychotherapie und Erziehung, Bd. 2 (1930–1932), S. 159–172

In diesem Aufsatz unterscheidet Adler erstmals deutlich zwischen dem neurotischen Streben nach persönlicher Macht oder Überlegenheit und dem Streben nach Vollkommenheit. Diese Unterscheidung setzt die Differenzierung der doppelten Dynamik fort, wie Adler sie in »Die Individualpsychologie in der Neurosenlehre« (1929f, S. 346) entworfen hat.

Die Individualität und den Lebensstil beschrieb Adler fast 20 Jahre früher in »Über den nervösen Charakter« (1912a/2008a), aber erst jetzt kann er das Ungeheuerliche formulieren, dass nämlich das Ich nichts Strukturelles ist, sondern die Stilisierung der eigenen Lebensbewegung. Bei seinem Versuch, den Zusammenhang von Gedanken, Gefühlen, Emotionen und Affekten zu verstehen, stoße er immer wieder »auf die Individualität [...], auf den Lebensstil eines Menschen, auf sein Ich«.

Adler löst die Struktur des Charakters in Bewegung auf und findet in ihr »die Melodie des gesamten Ich, der Persönlichkeit mit ihren tausendfachen Verzweigungen«. Was man Charakter nennt, sei die soziale Stellungnahme, wie sie in der Stilisierung der Lebensbewegung zum Ausdruck kommt. Die Sprache sei zu arm, um die tausend Varianten zu schildern. Um das differenziert Individuelle etwa an einer Angstneurose zum Ausdruck zu bringen, müsse das zu den Emotionen und Affekten der Angst gehörige Gedankliche herausgearbeitet werden. Es müsse verständlich werden, auf welchem Wege des Denkens ein Mensch zu einer solchen Emotion kommt.

Forscher, die einen Teil des Ganzen, etwa Triebe, Reflexe oder den Charakter, besonders hervorheben, legen nach Adler in diesen Teil alle Fähigkeiten des Individuums hinein, seine Voraussicht, Entschlussfähigkeit, Willensäußerung, ohne zu merken, dass sie eigentlich das Ich schildern. Es sei ein Irrtum, »aus dem lebendigen Strom seelischen Geschehens« einen Teil als etwas Feststehendes zu erfassen.

In den letzten Sätzen des Aufsatzes wird deutlich, wie groß Adlers Anliegen ist, durch die Fortbildung von Erziehern und Lehrern das »Grundproblem des Lebens« zu lösen, nämlich die Erweiterung und Festigung des Gemeinschaftsgefühls. Er schreibt, man müsste Lehrer finden, die sich mit Wärme und Interesse der Kinder annehmen. Mit Freude stellt Adler fest, dass nicht nur in Wien und in

Deutschland, sondern auch in New York Schulberatungsstellen eingerichtet werden.

Der nervöse Charakter[1]

Wir erleben es immer wieder, dass das eine oder das andere Motiv, die eine oder die andere Ursache einer Erscheinung überbetont wird, dass man die Schuld bald diesem, bald jenem zu geben pflegt, ohne damit den wundervollen Zusammenhang des Lebens, des Seelenlebens zu treffen. Und ich würde ähnliche Fehler begehen, wenn ich etwa behaupten wollte, dass der Charakter das Wesentlichste im gesamten Seelenleben bedeutet, denselben Fehler, den ja andere begehen, wenn sie glauben, dass das Triebleben das Wesentlichste und Wichtigste im Seelenleben ist. Und wenn man meint, hier das Fundament gefunden zu haben, so finden wir in Wirklichkeit immer wieder die Melodie des gesamten Ich, der Persönlichkeit mit ihren tausendfachen Verzweigungen, die wir natürlich übersehen, wenn wir glauben, das Fundament, den Urgrund aller Dinge im Charakter, in den Trieben, in den Reflexen gefunden zu haben. Und so kommt es natürlich, dass alle jene Forscher, die einen Teil des Gesamten besonders hervorheben, in diesen einen Teil alle Fähigkeiten und Tatsachen des Individuums hineinlegen und so ein Etwas zeigen, das begabt ist mit Voraussicht, mit Entschlussfähigkeit, mit Willensäußerung, mit schöpferischer Kraft, ohne zu wissen, dass sie eigentlich das Ich schildern und durchaus nicht den Trieb oder den Charakter oder die Reflexe. Und so kommt es dann zu Hilfskonstruktionen, die zwangsläufig aus einer [2] mechanistischen Auffassung entspringen und die uns natürlich als Bild dessen, was wir bereits verstanden haben, gar nichts Neues bieten können, sondern nur in einer andern bildlichen Art zum Ausdruck bringen, was wir bereits wissen oder zu wissen glauben.

Deshalb will ich vorher darauf aufmerksam machen, dass eine Schilderung des Charakters durchaus nicht die Schilderung des Ganzen des Seelenlebens bedeutet, und dass wir uns immer wieder bewusst sein müssen, dass wir fehlen, wenn wir aus dem lebendigen Strom des seelischen Geschehens einen Teil als geronnenes Ganzes erfassen, als etwas Feststehendes und Unabänderliches. Aber die Charaktere sind nicht unabänderlich. Wir finden sie in der modernen Psychologie mit außerordentlicher Übertreibung geschildert. Man

---

1 *Anm. Adlers:* Die »Individualpsychologie« verdankt *William Stern* in erster Linie den großen Beitrag einer philosophischen Grundlegung des Finalismus und das vertiefte Verständnis der Differenzen und Varianten sowie die Bereicherung der Erfahrung über das kindliche Seelenleben. In bewundernder Anerkennung seiner Kinderforschung im Besonderen sei der folgende Beitrag ihm gewidmet.

findet gegensätzliche Charaktere in einer und derselben Persönlichkeit, wobei man ganz vergisst, dass auch in gegensätzlichen Charakteren sich die gleiche Individualität widerspiegeln kann, wie zum Beispiel dass einer grausam gegen Untergeordnete und liebevoll und sanft und milde gegen Übergeordnete sein kann; das ist eben seine einheitliche Individualität, für die uns ein einheitliches Wort fehlt. Und es ist durchaus kein Missgriff der Natur, kein seelischer Fehlschlag zu verzeichnen, wenn man derartige gegensätzliche Charakterzüge herausgerissen aus dem seelischen Zusammenhang wahrnimmt. Es gibt auch keinen Anlass, etwa zu meinen, dass auf dieser Gegensätzlichkeit sich irgendeine nervöse oder psychische Krankheit aufbauen könnte. Und da ich über den nervösen Charakter sprechen möchte, muss ich auch einiges über Nervosität, über die Neurose sagen. Da bin ich schon wieder mitten in Konstruktionen und Anschauungen der verschiedensten Art. In der Psychologie und Psychiatrie unterscheidet man eine Anzahl von typischen nervösen Erkrankungen, die man als Neurasthenie, als Psychasthenie, als Phobie, als Angstzustand, als Hypochondrie, als Zwangsnervosität unterscheidet. Es bieten sich da verschiedene Aspekte der unmittelbaren Erfahrung. Aber Wissenschaft werden diese erst, wenn es uns gelingt, die unmittelbaren Erfahrungen, die wir machen, auf etwas tieferliegendes Gemeinsames zurückzuführen, das durchaus nicht unmittelbar mehr erfassbar ist, sondern nur als Idee, als vereinigendes Prinzip vorhanden ist. Und so können wir verstehen, dass die Psychologie und Psychiatrie in ihrer richtigen Anwendung allen Forderungen einer Wissenschaft genügt, weil sie genötigt ist, zusammenfassend in einer transzendentalen Idee ins Gebiet der Metaphysik auszustrahlen. *[3]*

Nun, der von der Individualpsychologie gefundene Zustand etwa einer Neurose ist natürlich nicht in einem Begriff zu schildern, wie überhaupt wir Individualpsychologen besonders darüber zu klagen haben, dass die Sprache zu arm ist, um alles das knapp zu schildern, was wir gern geschildert haben möchten. Deshalb sind wir genötigt zu beschreiben, und dabei trauen wir dem einzelnen Ausdruck nicht. Wir wissen, wenn wir sagen »nervös«, dass sich darunter tausend Varianten zusammenfassen lassen, von denen der Zuhörer kaum versteht, was der Vortragende meint. Wie soll er es denn schildern? Es handelt sich um Erkrankte, die gefühlsmäßig leiden, die sich müde fühlen, die sagen, dass sie einen Druck im Kopfe, am ganzen Körper haben, dass sie Schmerzen speziell im Rücken empfinden, dass sie verdrossen und mürrisch in fortwährender Anspannung leben. Das wäre ungefähr die Beschreibung von Symptomen, die wir Neurasthenie und Psychasthenie nennen. Bei den Angstzuständen haben wir es mit einem ganz andern Symptomenkomplex zu tun, der sich offenbar im Gebiet der Gefühle und der Emotionen abspielt. Das sind außerordentlich wichtige Gesichtspunkte, aber wir sind genötigt, wenn wir uns verständigen und verstehen wollen, auch das differenziert Individuelle daran, soweit es sich durch die Sprache ausdrücken und auf das

Gedankliche zurückführen lässt, zum Ausdruck zu bringen. Und da werden wir auf einmal wieder gewahr, dass es natürlich ein Fehler ist, irgendeinen Teil herauszugreifen aus dem ganzen seelischen Getriebe und zu glauben, dass man in dieser Beschränktheit beschreiben oder verstehen könnte. Ich könnte zum Beispiel eine Angstneurose nur verständlich machen, wenn ich auch das dazugehörige Gedankliche zu den Emotionen und Affekten der Angst in Beziehung setze, wenn ich auseinandersetze, auf welchem Wege des Denkens ein solcher Mensch zu einer solchen Emotion kommt, oder, anders ausgedrückt, welche Gedanken wir voraussetzen können bei einem Menschen, der an Angstzuständen leidet, zum Beispiel wenn er über die Straße gehen soll, wenn er sein Haus verlassen soll, wenn er allein gelassen werden soll usw. Dann werden wir gewahr, dass sich darunter manches birgt, was von andern ganz anders verstanden wurde, die diese Zusammenhänge und ihre Bedeutung nicht ermessen haben, oder die nicht bedacht haben, dass wir die Einzelheiten im seelischen Leben nur dann verstehen können, wenn wir den ganzen Zusammenhang kennen. Andernfalls kommt man zu Hypo[4]thesen wie »Verdrängung«, Gegensatz des »Bewussten und Unbewussten«, »triebhafte, emotionale Grundlage des Seelenlebens« usw. Wir müssen zuerst das Individuum verstehen, dann können wir auch die einzelnen Teile seines Seelenlebens verstehen. So suchen wir zum Beispiel in der Schilderung der Neurasthenie, der Angstneurose eines Menschen das gedankliche Material eines solchen Individuums, wir finden darin seine Meinung über sich selbst, seine Meinung vom Leben, die sich gedanklich erfassen lassen. Und es sind nicht nur Gedanken und Gefühle, die in der Gesamtheit des seelischen Lebens in Zusammenhang stehen müssen. Dazu gehören auch die Ausführungen, die Konsequenzen, die ein solcher Mensch zieht, die wir dabei betrachten müssen, so zum Beispiel, dass er sich nur im Hause aufhält, dass er sich gegen das Alleinsein sichert, dass er irgendjemandem das Gesetz gibt, bei ihm zu bleiben, dass er anderes ausschließt, das man von ihm verlangen könnte. Wir sehen hier den ganzen Zusammenhang, dass Gedanken, dass Gefühle bestehen, Emotionen, Affekte, und dass Folgerungen daraus gezogen wurden.

Diese Auffassungen der Individualpsychologie, die sie davor schützen, als individualistische Philosophie aufgefasst zu werden, bestätigen sich auch noch in einem anderen Punkt. Es gibt zum Beispiel eine andere Neurose, wo nur die Ausführungen aus diesem Zusammenhang sichtbar werden: die Hysterie, die mit Krämpfen, Lähmungen, Erbrechen usw. einherläuft. Dort wieder sind wir genötigt, sowohl die nahezu unsichtbaren Emotionen und Affekte in Betracht zu ziehen als auch das gedankliche Material, das dazu gehört, so dass wir immer und immer wieder auf die Individualität stoßen, auf den Lebensstil eines Menschen, auf sein Ich. Wenn wir die Zwangsneurose ins Auge fassen, in der zum Beispiel ein Mensch sich ununterbrochen die Hände wäscht, um sich immer wieder zu reinigen, so zeigt er sich, ohne dafür Interesse zu zeigen, von dem Gedanken erfasst, dass alles schmutzig ist, nur er rein. So finden wir hier die Betonung des Gedanklichen im Vordergrund, natürlich im Zusammenhang damit auch das Emotionelle und die Konsequenzen, die der Patient daraus zieht.

So glaube ich berechtigt zu sein, von dem großen, wundervollen Zusammenhang zu sprechen, in dem jeder einzelne Teil unseres Seelenlebens zu erfassen und zu betrachten ist. So auch der Charakter. Als ich begann, Neurosenpsychologie zu verstehen und einer breiteren Öffentlichkeit mein Verständnis davon vorzulegen, begann ich eigentlich mit der Beschreibung des nervösen Charakters. Aber *[5]* ich war mir sehr wohl bewusst, dass er nur die eine Seite des Ganzen vorstellt. Ich hatte die Vorstellung, die ich heute viel deutlicher und viel klarer zum Ausdruck bringen kann, dass es sich beim Charakter um eine, metaphorisch ausgedrückt, gefügte Leitlinie eines Individuums handelt, Leitlinie eines Lebensstils, den wir von Anfang bis zum Ende verfolgen können. Denn die Auffassung von dem Charakter, den man bis zu meiner Zeit großenteils als angeboren angesehen hatte, konnte ich anfangs nur unklar als unhaltbar, später als total falsch erkennen.

Was Charakter in Wirklichkeit bedeutet, ist eine soziale Stellungnahme. Es gibt keinen Charakterzug, der nicht reflektiert auf die Außenwelt und auf die Nebenmenschen. Wenn wir zum Beispiel Charakterzüge von allgemeiner Bedeutung nehmen, wie gut und böse, so gibt es die nur in einem sozialen Zusammenhang. Und insofern sind wir berechtigt anzunehmen, dass ein Charakterzug wie gut oder böse niemals angeboren sein kann. Denn in der Zeit, bevor das Kind in einen sozialen Zusammenhang eintritt, ist ja gar keine Möglichkeit für derartige Entwicklungen und Ausprägungen gegeben. Und wenn man etwa irgendeine Potenz des Bösen oder Guten aus dem Ich herausholen wollte, um es in die Zeit vor der Geburt des Kindes zu versetzen, so wäre dem entgegenzuhalten, dass wir ja nie etwas wissen können über angeborene Fähigkeiten oder Kräfte. Die ersten Äußerungen nämlich, die wir bei dem Kinde wahrnehmen, sind nicht unbefangene Leistungen angeborener Eigenschaften, sind nicht Äußerungen, die ihm allein angehören, sondern sind bereits soziale Stellungnahme. Und in dieser sozialen Stellungnahme spielt natürlich die Unerfahrenheit oder die Reife der Mutter eine Hauptrolle, so dass wir in alledem, was dieses kleine Kind vollführt, doch schon den Einfluss der Mutter, den Einfluss der Umgebung wahrnehmen. Da ist es natürlich sehr schwer, eine Trennung durchzuführen, da ja natürlich alle Mütter und alle Umgebungseinflüsse verschieden sind. Wenn wir bloß bedenken, wie außerordentlich verschieden die vielen Handreichungen sind, die die verschiedenen Mütter an ihren Kindern vornehmen, dann verstehen wir auch die Verschiedenheit, mit der die Kinder im frühesten Alter sich einstellen. Wir wissen, dass eine erfahrene Mutter die Fehler einer unerfahrenen Mutter sofort sieht und zu verbessern imstande ist, so dass sie natürlich auch die »Eigenarten« eines Kindes beeinflussen und zum Guten wenden kann. Ich sage dies, damit wir deutlich erkennen können: Jeder [6] Charakterzug: Verdrossenheit, Feindseligkeit, Kunstbeflissenheit usw., ist immer Stellungnahme im sozialen Leben. Tapfer und feige gibt es natürlich nicht in der Zeit, bevor das Kind geboren ist. Ich habe hier also zu zeigen versucht, wie sehr auch das kleine Kind schon beeinflusst ist von der Außenwelt.

Und nun muss ich auch noch zeigen, dass wir imstande sind, mit großer Leichtigkeit die Gründe festzustellen, warum ein Kind gerade diesen und nicht einen anderen Charakterzug entwickelt hat. Die Aufdeckungen der Individualpsychologie über das ganze Problem der Erziehung von Kindern, über die Verzärtelung von Kindern, über die Art, sie abhängig zu machen, zeigen ja ganz deutlich, dass alle die Fehler, die wir bei verzärtelten Kindern beobachten können, Kunstprodukte sind. Wir können direkt den Finger an die Stelle legen, wo das Gefühlsleben gereizt oder verstümmelt wurde, wo sich das Kind in die Abhängigkeit begeben hat und nichts anderes in der Welt sieht als eine Möglichkeit, die Beitragsleistungen anderer für sich auszunützen. Und wenn wir da bei diesem Standpunkt angelangt sind, dann fällt uns natürlich die schlagende Ähnlichkeit des Nervösen mit dem Lebensstil des verzärtelten Kindes auf. Es gibt keine Nervosität ohne Verzärtelung! Und wenn wir die Charakterzüge eines nervösen Menschen untersuchen und die Meinung eines solchen Menschen vom Leben heraushören, so sehen wir immer ein egoistisches Interesse, wie er immer an sich denkt und nicht oder nur wenig an die andern, so finden wir immer, dass seine Fähigkeit zur Kooperation stecken geblieben ist, weil er immer alles von andern erwartet, weil er immer in erwartender Haltung den andern gegenübersteht, während er sich selber durchaus nicht geneigt findet beizutragen. Solange er in einer Situation verweilen kann, in der andere für ihn sorgen, so lange merken wir gar nichts an ihm von nervösen Symptomen. Erst wenn er einer Prüfung unterzogen wird, wenn er zum Beispiel in einer Gemeinschaft leben soll, wenn er sich sozial betätigen soll, dann finden wir, dass er schlecht antwortet. Und wir verstehen, warum er versagt. Es ist ja die Folge seines ganzen Lebensstils, es mangelt ihm ja die Fähigkeit beizutragen, sich anzuschließen. Und so verstehen wir auch die Charakterzüge des Nervösen, wie er immer an sich denkt und nicht oder nur wenig an die anderen. Das liegt natürlich in seinem Verhalten und nicht immer in seinen Gedanken, wie ich früher geschildert habe. Er blickt nur auf jene Stelle, die für seine Haltung maßgebend ist, [7] diese sichert, sei es gedankliches Material oder Emotionen oder die Ausführung seiner Lebensauffassung. Er sieht nur eine Seite des Ganzen scharf und sieht nicht den Zusammenhang und insbesondere nicht – was als der Schlüssel der Individualpsychologie zu betrachten ist – den Mangel an Gemeinschaftsgefühl, an sozialem Interesse, die Unfähigkeit, sich anzuschließen. Und so finden wir gewisse Charakterzüge auch deutlich ausgeprägt, unter denen egoistische die Hauptrolle spielen. Die finden wir bei dem verzärtelten Kinde auch. Und so sind wir zur Vermutung berechtigt, dass ein inniger Zusammenhang zwischen Verzärtelung, Egoismus und Neurose besteht. Vielleicht der auffallendste Charakterzug aller Nervosität besteht in der Überempfindlichkeit. Das heißt doch, dass einer das Gefühl hat, dass er zusammenbrechen könnte, wenn auch nur eine Kleinigkeit gegen ihn geschieht, und dass er sich dagegen mit allen Mitteln zur Wehr setzen muss. Dass das natürlich nicht das Gefühl von Kraft und Stärke bedeutet, vielmehr ein Gefühl der Minderwertigkeit, ist ja klar. Es ist das große Gefühl der Minderwertigkeit, von dem alle Nervösen, aber auch alle verzärtelten Kinder beseelt sind. Sie sind ängstlich und fühlen sich zu schwach, an einer Gemeinschaft von Kindern teilzunehmen, ohne die erste Rolle zu spielen. Diese Empfindsamkeit ist so recht eigentlich der Vorposten des Nervösen. Sie stammt aus dem Gefühl, dem eine unbekannte, unrichtige Anschauung entspricht, als ob man in einer feindlichen Welt lebe, eine Anschauung, aus der unbedingt folgt, dass das Leben nicht genug gebe und dass es unverständlich sei, dass man seinen Nächsten lieben solle, da er einen ja auch nicht liebt.

Ein weiterer Charakterzug, der den Nervösen außerordentlich charakterisiert, ist die Ungeduld. Der Ungeduldige drückt, für ihn unkenntlich, die Meinung aus, dass alles oder vieles für ihn verloren sei, wenn er etwas nicht sofort erreichen könne. Er will den Erfolg unverzüglich. Auch in dieser Hinsicht ähnelt der Nervöse vollkommen dem verzärtelten Kinde, das sofort in Affekt gerät, wobei es sich zur Erde wirft usw., wenn es nicht sofort haben kann, was es will.

Nun möchte ich darauf aufmerksam machen, dass an diesen Charakterzügen auch andere Gruppen von Fehlschlägen Anteil haben. Es ist eine ganz merkwürdige, auffallende Tatsache, dass zum Beispiel bei Verbrechern, die wir Individualpsychologen untersucht haben, dieser Charakterzug der Ungeduld im allerstärksten Maße [8] sich findet, ebenso wie wir auch gefunden haben, dass unter den Verbrechern eine große Anzahl von ehemals verzärtelten Kindern sich befindet. Die Neigung zu Zornausbrüchen, zu großen Affekten charakterisiert natürlich auch den Nervösen und zeigt immer den verzärtelten Typus, ein Empfinden, als ob er von allen Seiten bedroht wäre und sich nur durch die äußerste Kraftanstrengung behaupten könnte. Das ist wieder die Ausprägung des Minderwertigkeitsgefühls, das von ihm in verschiedener Weise empfunden und dargestellt wird. Aber wir dürfen nicht vergessen, dass hinter all dem auch eine Meinung über ihn selbst und eine Meinung vom Leben steckt, und diese Meinung über ihn selbst, diese Meinung vom Leben stammt aus der frühesten Kindheit. Wir wissen es aus der ungeheuren Sammlung von Kinderbeobachtungen, zu denen das Ehepaar *Stern* so viel beigetragen hat. Wir haben sie dankbar ausgenützt zum Aufbau der individualpsychologischen Theorien, die sich um die Gesamtauffassung bemühen. Nun fanden wir diese Gesamtauffassung darin, dass alle diese Beobachtungen Teile davon sind, wie sich ein Kind zum Leben stellt. Und es dauert vier, fünf Jahre, bis das Kind eine für uns sichtbare und feste Meinung vom Leben hat. Fünf Jahre aber genügen vollkommen, um diese Meinung zu trainieren und zu mechanisieren; dann ist das Kind ein fertiges Individuum, es benimmt sich ähnlich wie eine besondere Spezies im Tierleben. Und dass es keine kleine Schwierigkeit, besonders für kleine Kinder, bedeutet, eine halbwegs richtige Meinung vom Leben zu gewinnen, unterliegt keinem Zweifel. Wir Individualpsychologen sind glücklich, wenigstens einen Teil dieser richtigen Meinung gefunden zu haben, der lautet: Beitragsleistung. Aber vielleicht ist das nicht viel anderes als was die Bibel sagt, dass »Geben seliger als Nehmen« ist, ohne dass es richtig verstanden oder lebendig gemacht würde. Aber, auf eine wissenschaftliche Basis gebracht, wird es vielleicht gelingen, die Überzeugung zu verbreiten, dass ohne diese in den Kindern entwickelte Neigung mitzuarbeiten, mitzuleben, beizutragen unbedingt irgendwelche Fehlschläge entstehen müssen, weil dann das Kind ja nichts hat, womit es im späteren Leben bezahlen soll. Es sind da drei große Hauptprobleme, denen kein Mensch entrinnen kann, und die für jeden von Bedeutung sind. Es sind die Probleme der Sozietät, des Verhältnisses zu den andern, der Arbeit und der Liebe. Das sind die drei Hauptprobleme, zu deren Lösung ein lebendiges Gemeinschaftsgefühl gehört. Alle Versuche zur Lösung [9] dieser Probleme ohne dieses Gemeinschaftsgefühl müssen natürlich scheitern. Wir sagen nicht, dass solche Menschen schuldig sind, obwohl sie die Schöpfer ihres Lebensstils sind. Sie haben nicht erfasst, nicht erraten, nicht verstanden, was das Leben in seiner Dunkelheit vor ihrem langsam aufkeimenden Verstande versteckt hat. Sie sind nicht schuldig, aber sie fehlen später, weil sie frühzeitig nicht gelernt haben, sich anzuschließen, sich als einen Teil des Ganzen zu betrachten. Das bedeutet freilich sehr viel, ob ein Kind sich als einen Teil des Ganzen, sich als zugehörig betrachtet. Das heißt ja so viel, dass es sich zu Hause fühlt auf dieser Erde, in diesem Leben, und das heißt auch, dass es Mut hat. Nun finden wir als durchschlagenden Charakterzug bei allen Nervösen, dass sie keinen Mut haben. Das zeigt sich deutlich in der Angstneurose; dass der nervöse Patient immer versagt, ist so begreiflich. Wir finden die zögernde Attitüde bei allen Formen der Neurose. Aber das sind auch wieder dieselben Bilder, die wir aus der Betrachtung verzärtelter Kinder gewonnen haben. Sie sind alle zaghaft, sie wollen immer jemanden zum Schutz haben, sie fürchten sich vor dem dunklen Zimmer, vor Gespenstern, vor fremden Menschen usw. Und das alles, weil in ihnen diese Meinung vom Leben steckt: Irgendjemand muss für sie da sein, der für sie handelt, von dem sie alles empfangen, während sie selbst nichts zu geben brauchen.

Unglücklicherweise ist dieser Typus außerordentlich weit verbreitet, und es darf deshalb nicht wundernehmen, dass wir so viele Menschen finden, die über das Leben und seine Einrichtungen klagen, und so wenige, die etwas dazu tun, um es zu bessern.

Nun, so weit über den nervösen Charakter, wobei ich noch hinzufügen muss, dass wahrscheinlich ein sehr durchgreifender Charakterzug aller Nervösen ist, dass sie übervorsichtig und misstrauisch sind. So sehen wir eigentlich immer nur die verschiedenen Seiten einer und derselben irrtümlichen Meinung. Wer nicht Mut hat, muss immer vorsichtig sein. Wer empfindlich ist, muss übervorsichtig sein. Das sind immer nur andere Worte für dieselbe Grundtatsache. Aber was im Grunde dabei zu finden ist, das ist ein besonderer Lebensstil in Millionen von Varianten und Differenzen. Wir können natürlich diese einzelnen Züge in ihrer Wertigkeit, in ihrer Bedeutung fürs Leben, in ihrer Tragweite nur verstehen, wenn wir vorher das ganze Individuum verstanden haben, das uns ein Bild seines Lebensstils gegeben hat. In diesem *[10]* Material der Charakterzüge, das uns zur Verfügung stand, war das Auffallendste immer das Gefühl der Schwäche, der Minderwertigkeit.

Aber wir sollen nicht glauben, dass die Seele fähig wäre, in diesem Gefühl der Minderwertigkeit zu harren. Sie strebt immer nach aufwärts, nach Anpassung, nach Überwindung, nach Überlegenheit. Und es ist leicht einzusehen, welch ungeheuren Wert der Nervöse sich selbst zubilligt, dass er die Forderung stellen kann, dass die andern eigentlich für ihn alles zu leisten haben. Er ist von seinem Wert vollkommen überzeugt und will alle Opfer dafür bringen, aus diesem Wertgefühl nicht mehr ausgestoßen zu werden. Im Einzelfall sehen wir das viel deutlicher, zum Beispiel an einer Zwangsneurose, wo jemand sich fortwährend wäscht und natürlich den Glauben haben muss – ohne dies bewusst und offen hinzustellen, ohne sich dessen bewusst zu werden –, dass er nur sich selbst für rein hält und alle anderen für schmutzig. So findet sich natürlich in jedem einzelnen Fall verschieden, aber doch regelmäßig, dass neben diesem Gefühl der Minderwertigkeit das Streben nach Überlegenheit sich äußert. Und in diesem Aufwärtsstreben lehnt sich der nervöse Lebensstil an den allgemeinen Lebensstil an. Der große Unterschied ist nur der, dass der Nervöse nach einer persönlichen Überlegenheit strebt und dabei von der Gemeinschaft, in der er lebt, eine Beitragsleistung erwartet, während der normale Mensch nach einer Vollkommenheit strebt, die allen zugute kommt.

Nun glaube ich an dem Punkt zu sein, wo ich wiederholen kann, dass alle Charakterzüge einen sozialen Gehalt in sich tragen. Solange das nicht bekannt war, konnte man natürlich daran denken, dass Charakterzüge angeboren sein können. Gerade heute ist ja, wie früher oft schon, der Gedanke in Psychologie und Psychiatrie aufgeworfen, ob nicht alle die Mängel im Leben eines Fehlschlags: kriminelle Neigungen, sexuelle Perversionen, Trunksucht, Morphiumsucht usw., angeboren sein könnten. Wir werden immer finden, dass es ein eigenartiger Lebensstil eines Menschen ist, dem die soziale Anpassung nicht gelungen ist und der auf anderen Wegen ringt, doch ungefähr wieder ins Gleichgewicht zu kommen. Solange wir sagen »Anpassung«, so lange sind wir noch im Dunkeln. Die einzige richtige Anpassung, die es im Leben gibt, ist Mitarbeit, ist Gemeinschaftsgefühl. Infolgedessen sind alle Erscheinungen, die wir hier betrachten, Fehlschläge, in erster Linie die Neurosen. Aber noch etwas anderes sehen wir an dieser Stelle, nämlich, dass Psycho*[11]*logie jenseits der Betrachtung des Gemeinschaftsgefühls, außerhalb desselben, überhaupt nicht existiert. Es gibt nur eine Psychologie, die des Gemeinschaftsgefühls. Und deshalb ist alle übrige Psychologie eigentlich nur eine Physiologie des Seelenlebens. Der Mechanismus des Seelenlebens lässt sich erst in Bilder kleiden (von Trieb und Hemmungsvorrichtungen, von Reflexen und Instinkten usw.), nachdem wir sein Zusammenspiel verstanden haben, darüber aussagen können, was eine Ausdrucksform bedeutet und wohin sie zielt. Wenn Psychologie etwas bedeutet, dann muss sie bedeuten: Verständnis des menschlichen Seelenlebens; und das gibt es nicht außerhalb der Betrachtung des Gemeinschaftsgefühls. Nun habe ich früher auseinandergesetzt, dass nach dem vierten, fünften Jahr der Lebensstil eines Menschen feststeht und sich nicht mehr ändert, außer wenn dieser Mensch den Fehler in sich erkennt und zu ändern bestrebt ist, das heißt, wenn er sein Gemeinschaftsgefühl erweitert, vergrößert, verbessert. Und da lautet natürlich die außerordentlich wichtige Frage: Wie sind denn eigentlich diese vielen Fehlschläge, die wir beobachten, entstanden? Für unsere Zeit ist die Antwort eigentlich leicht zu geben: Es ist gar keine Frage, dass die soziale Anpassung in unserer so kompliziert gewordenen Zeit außerordentlich schwierig geworden ist. Deshalb war es früher vielleicht gar nicht einmal nötig, die Individualpsychologie auszubauen. Es ist wahrscheinlich unserer Zeit erst vorbehalten gewesen, die Bedeutung des Gemeinschaftsgefühls in der Erziehung der Menschheit zu erfassen und fördern zu wollen.

Und damit kommen wir zu einem außerordentlich wichtigen Gesichtspunkt. Wie wir gesehen haben, sind wir berechtigt, den angeborenen Charakter, die angeborenen seelischen Mängel zu leugnen. Wie verhält sich das nun mit der Umgebung und ihren Einflüssen? Es ist ganz sicher: Wenn wir einmal die Opposition der Hereditarier[2] gebrochen haben, dann werden sie sich mit ungeheurer Wucht auf die Einflüsse der Umgebung stürzen. Aber diese Einflüsse sind auch nicht sicher. Wir sehen nicht selten, dass Kinder in sehr guter Umgebung Fehlschläge zeigen oder dass Kinder aus sehr schlechter Umgebung ausgezeichnete Menschen werden oder dass zum Beispiel aus ein und derselben Familie das eine Kind ein hervorragender Mensch und das andere Kind ein Lump geworden ist. Schon diese Fragen stellen, heißt, die Theorie von dem Einfluss der Umgebung ins Wanken bringen. *[12]* Aber wir müssen noch etwas hinzufügen: Ist es uns denn überhaupt gegeben, die Umgebung und ihre Einflüsse richtig zu erfassen und richtig zu verdauen? So

---

2 [Hereditarier: Allgemein Anhänger der Vererbungslehre; speziell bezogen auf Rassen- und Entartungslehre, strikte Vererbbarkeit psychischer und sozialer Merkmale]

verstehen wir, dass jedes Kind wenigstens bis zum vierten, fünften Lebensjahr im Reich der Freiheit des Geistes lebt und mit den Eindrücken, die es empfängt, tun kann, was es will. Freilich gibt es da eine gewisse Wahrscheinlichkeit, aber nicht mehr als eben eine Wahrscheinlichkeit. Und deshalb sind wir als Erzieher genötigt, auch auf die Resultate der Eindrücke und Einflüsse zu achten. Wir können, wenn wir das Resultat als schlecht finden, eingreifen und eine Situation schaffen, in der dieses Kind versteht, dass es auf einem schlechten Wege ist, dass es sich ändern muss. Dass das natürlich nicht durch Härte, durch Strenge, durch Tortur zu erzielen ist, ist selbstverständlich. In dieser Beziehung stehen wir heute ja geradezu vor einem Zusammenbruch aller Erziehungsmaßnahmen, die bezwecken, den Menschen durch Strenge und Härte und Angst zu bessern, insbesondere auch in der Kriminalistik. Überall ringt man damit, bessere Formen zu finden, weil die bisherigen Resultate außerordentlich schlecht sind.

Aber an diesem Punkte sind wir uns auch klar, dass das maßgebende Gewicht in der Erziehung des Menschengeschlechts auf die Erziehung fällt, dass ein wachsames Auge genau verfolgen muss, wie ein Kind seine Anpassung, sein Gemeinschaftsgefühl, seine Neigung beizutragen entwickelt, damit man dort, wo diese Entwicklung fehlerhaft gefunden wird, eingreifen und mit allen Mitteln bessern kann. Das heißt also, dass die Individualpsychologie die Erziehung, die in den letzten Jahrzehnten etwas über die Achsel angesehen wurde, wieder in ihr königliches Recht einsetzt.

Nun ist aber die Frage: Wer kann das? Wer kann denn eigentlich erziehen? Und da sind wir natürlich gern bereit, die Eltern zu belehren, über die einzelnen Tatsachen, über die Gesamterziehung, wie sie ein Kind haben soll. Aber wir denken nicht daran, obwohl wir verschriene Optimisten sind, dass wir alle Eltern beraten könnten, dass wir alle Eltern so weit bringen könnten, wenigstens die gröbsten Fehler zu unterlassen. Insbesondere zweifeln wir daran, dass wir denjenigen Eltern dienen können, bei denen es am allernotwendigsten wäre. Denn der Mangel an Interesse geht so weit, dass sie sich oft um derartige Fragen überhaupt nicht kümmern und sich immer zu trösten wissen, wenn Fehler auftauchen: »Es wird sich auswachsen, die Kinder werden sich die [13] Hörner schon ablaufen!« Aber wir könnten doch einen gewaltigen Schritt machen, der ebenso sehr durch die Not der Zeit bedingt ist wie die Entstehung der Individualpsychologie. Wir könnten das ganze Werk der Erziehung des Volkes in die Hände gut beratener und erfahrener Lehrer legen, insbesondere wenn wir imstande wären, gerade die Volksschullehrer, die mit dem Kinde in den ersten Jahren des Schullebens zu tun haben, so weit zu bringen, dass sie die Zusammenhänge verstehen, dass sie auch über die pädagogischen Fähigkeiten verfügen, die nötig sind, um die einzelnen Kinder in freundlicher Belehrung auf ihre Fehler hinzuweisen und sie der Gemeinschaft näherzubringen. Wenn das geschieht, dann glaube ich, würde es der größte Schritt in der bewussten Entwicklung des Menschheitsgeschlechts sein, den wir überhaupt bis jetzt beobachten konnten.

In der Schule finden wir alle Kinder. Wir müssten ihnen auch die Lehrer finden, die sich mit Wärme und Interesse dieses Werks annehmen. Dass das möglich ist, daran ist nicht zu zweifeln. Seit fünfzehn Jahren wird von uns an diesem Werk gearbeitet. Mit großer Bewunderung sehen wir den Einfluss der Lehrer auf die kommenden Geschlechter, der so weit geht, dass sie keine Schwierigkeiten mehr haben. Das gilt nicht etwa nur für die Aufführung der Kinder in der Schule, sondern auch in Haus und Familie. Natürlich werden auch die Eltern von den Lehrern immer wieder beeinflusst. Das gilt auch für die Leistungen der Kinder in den einzelnen Schulfächern. Wenn wir uns an den einen Gesichtspunkt erinnern, dass alle diese Kinder mit Fehlschlägen an einem Minderwertigkeitsgefühl leiden, dass sie sich nichts zutrauen, dass sie immer erwarten, ein anderer möge sie fördern, dass sie überhaupt nur vorwärts gehen, wenn sie im Mittelpunkt des Interesses stehen, wenn jemand hinter ihnen steht, dann lässt sich leicht verstehen, warum die Kinder, die Gemeinschaftsgefühl haben, die bereit sind, mitzuarbeiten, auch gewisse Schulerfolge haben.

Aber natürlich braucht es Zeit, bis solch ein Gedanke sich durchringt. Aber ich habe mit Freude gesehen, dass in manchen Städten in Deutschland so wie in Wien derartige Schulberatungsstellen sich entwickelt haben, wo ein geschulter Individualpsychologe mit den Lehrern die Probleme dieser Art erörtert und einen Plan mit ihnen gemeinsam ausarbeitet, nach dem gearbeitet wird. Auch in Amerika, wo ich mehrere Jahre zu wirken Gelegenheit gehabt habe, ringt sich dieser Gedanke mehr und mehr durch, und *[14]* vom nächsten Jahr an wird in der größten Stadt Amerikas, in New York, mit der Errichtung derartiger Schulberatungsstellen begonnen. Ich möchte dieses System überall empfehlen, wo ich Gelegenheit habe, über Psychologie zu sprechen, weil ich der Überzeugung bin, dass es die beste und vernünftigste Art ist, wahr zu machen, was die Individualpsychologie fordert, weil sie als das tragende Grundproblem unseres Lebens ansieht: Erweiterung und Festigung des Gemeinschaftsgefühls!

40. Symptomwahl beim Kinde (1931)

Editorische Hinweise
Erstveröffentlichung:
1931m: Kinderärztliche Praxis 2, S. 398–409
Neuauflage:
1936k: Internationale Zeitschrift für Individualpsychologie 14, S. 65–80
Letztveröffentlichung:
1982b: Psychotherapie und Erziehung, Bd. 2 (1930–1932), S. 173–191

Adlers Vortrag »Symptomwahl beim Kinde« im Verein für Innere Medizin und Kinderheilkunde, Pädiatrische Sektion, im Langenbeek-Virchow-Haus, Berlin, am 23. März 1931 wurde im selben Jahr in der »Kinderärztlichen Praxis« und 1936 unter dem Titel »Symptomwahl« mit einigen Ergänzungen (vor allem dem Bericht über eine 26-jährige Frau mit Angst vor dem Sterben) in der Internationalen Zeitschrift für Individualpsychologie veröffentlicht. Den Ausdruck »Lebensstil« benützt Adler hier synonym mit Urform oder psychischer Konstitution.

Wenn man die Symptomwahl verstehen will, muss man laut Adler sagen können: »Wenn ich an derselben Stelle wäre, wenn ich denselben Irrtum in meiner Meinung vom Leben gehabt hätte, wenn ich in dieser Weise trainiert hätte wie dieser Mensch, [...] dann würde ich ungefähr an denselben Symptomen leiden.« Erst nach einer solchen Identifizierung könne man die individuelle Symptomwahl begreifen. Diese Identifizierung ist ein wesentlicher Bestandteil der Entwicklungslinie des Gemeinschaftsgefühls.

Adler nennt die Symptomwahl ein Kunstwerk. Das Symptom werde als Teil des Ganzen betrachtet, das heißt, dass in jedem Symptom noch etwas zu finden ist, außer der äußeren Erscheinung, außer dem Inhaltlichen, außer dem Leiden an Angsterscheinungen, Zwangsvorstellungen usw. Es stecke noch etwas Persönliches, Einmaliges darin. »Symptome, die das Gleiche bedeuten«, gebe es nicht. Wegen der Armut der Sprache könnten die Unterschiede nur bis zu einem gewissen Grad benannt werden. In dieser schöpferischen Leistung der Symptomentwicklung finde sich immer ein Zug, der nach einer Art von Vollendung strebt, finde sich ein Werden, niemals ein Sein.

Adler demonstriert die Symptomwahl ausführlich an zwei Fallbeispielen. Zur Behandlung schreibt er, man könne an einem beliebigen Punkt beginnen, weil in jedem Symptom immer »die ganze Melodie des Individuums« enthalten sei. Man könne den Patienten nicht beeinflussen, wenn man ihn nicht zuerst nur freundlich behandle. Es sei freilich noch nichts damit getan, wenn man den Patienten verzärtle. Das wäre ja die gleiche Situation, die er von früher her auch kennt. Vielleicht müsse jedes Kind im Beginn seines Lebens eine gewisse

Verzärtelung erfahren. Jedenfalls sei der Patient ohne anfängliche Wärme nicht behandlungsfähig.

Eine Ergänzung von 1936 enthält eine wichtige Klärung: Man sollte nicht von verzärtelten Kindern sprechen, sondern von verzärteltem Lebensstil. Einen solchen Lebensstil könne auch ein Kind entwickeln, das von niemandem verzärtelt wurde. Diese Aussage bedeutet, dass gehasste und verwahrloste Kinder, laut Adler oft mit verzärteltem Lebensstil, nicht notwendigerweise eine Neurose entwickeln, sondern ein anderes abweichendes Verhalten.

Symptomwahl beim Kinde

Das Thema, das ich heute zu behandeln habe, erscheint mir als das allerschwierigste in der Neurosenpsychologie und in der Psychologie überhaupt. Es scheint mir, dass man sich an dieses Thema erst heranwagen darf, wenn man die Schwierigkeiten bereits überwunden hat, die sich der Psychologie der Neurosen und der Psychiatrie fortwährend entgegenstellen. Vor allem auch muss gesagt werden, dass, wenn man an die Symptomwahl schreitet, um sie zu verstehen, man sich vor allem jedes Herumratens entschlagen muss. Hier muss alles fest gehämmert sein, von allen Seiten bewiesen. Da darf kein Stein im Bau wanken. Ja, wir müssen so weit kommen, dass wir sagen können: Wenn ich an derselben Stelle wäre, wenn ich denselben Irrtum in meiner Meinung vom Leben gehabt hätte, wenn ich in dieser Weise trainiert hätte wie dieser Mensch, wenn ich fälschlich wie er etwas zu einem Problem gemacht hätte, zur Ursache für die Organisation meines Lebens, dann würde ich ungefähr an denselben Symptomen leiden. Erst dann, nach dieser Identifizierung, können wir behaupten, dass wir wirklich einen Menschen verstanden haben und dass wir seine Symptomwahl begreifen. Freilich muss noch einiges hinzugefügt werden. Vor allem möchte ich sagen, dass, wenn ich heute von Symptomwahl spreche, man mir erlauben muss, dass ich nicht nur auf die Symptomwahl in der Neurose zu sprechen komme, vor allem deshalb, weil – wie die Individualpsychologie feststellt – eigentlich das, was wir Neurose nennen, auch nur Symptome sind, Symptome eines fehlerhaften Lebensstils, Erscheinungen, die auftreten, wenn einer nicht in der von uns erwarteten normalen Weise mit den Lebensfragen fertig wird. Das ist der eine Gesichtspunkt, den wir berücksichtigen wollen. Und wenn wir dann zum Schluss sehen werden, dass tatsächlich unsere Untersuchungen nicht bloß für die Neurose, sondern auch für die schwer erziehbaren Kinder, für Kriminelle usw. gelten, dann werden Sie[1] mir verzeihen, dass ich mein Thema so weit ausgedehnt habe.

Wir werden die Symptomwahl nur verstehen, wenn wir sie als ein Kunst-

---

1 *Änd. 1936:* wird man

werk betrachten. Wir müssen uns unseres richterlichen Urteils entschlagen und nur bewundernd betrachten, wie jeder Mensch ein Künstler ist auf seinem Lebenswege, wohl aus seinen Irrtümern heraus, aus Beeinflussungen, die sicherlich nicht die richtigen waren, die der Betreffende auch nicht richtig beantwortet hat. *[399]* Wenn wir also, von irgendeinem Symptom ausgehend, etwas feststellen wollen, so können wir, menschlicher Voraussicht nach, es nicht anders, als dass wir es *als einen Teil des Ganzen* empfinden, das heißt, dass wir in jedem Symptom, das wir betrachten und verstehen wollen, noch etwas finden, außer der Äußerlichkeit, die man beobachtet, außer dem Inhaltlichen, außer dem, dass einer zum Beispiel *leidet,* an Kopfschmerzen, an Angsterscheinungen, Zwangsvorstellungen, dass er ein Dieb geworden ist oder ein Faulpelz in der Schule. Es steckt noch etwas Persönliches, Einmaliges darin. Eine Entscheidung lässt sich mit einer Formel nicht fällen. Je schärfer man solch ein Symptom ins Auge fasst und je mehr man von dem Aufbau seelischer Struktur versteht, umso mehr wird man begreifen, dass es Symptome, die das Gleiche bedeuten, nicht gibt. Nur bis zu einem gewissen Grade können wir die Unterschiede benennen wegen der Armut unserer Sprache. Daher kommt es, dass andere Gleichheiten sehen, wo wir Unterschiede finden. Aber eins darf man jedenfalls sagen: In dieser schöpferischen Leistung, die uns vorliegt, eine schöpferische Leistung, deren Meister immer der betreffende Patient oder wie wir ihn nennen wollen ist, findet sich immer ein Zug, der nach einer Art von Vollendung strebt, findet sich ein Werden, niemals ein Sein, ein Werden, das offenbar auch all denen vorschwebt, die von einer Symptomwahl sprechen. Ob sie es wissen oder nicht, wer von Symptomwahl spricht, muss damit auch die Idee verbinden, dass es sich hier um etwas Zielstrebiges handelt, um etwas, das man nur unter dem finalen Gesichtspunkt begreifen und verstehen kann.

Vorerst ist die wichtige Frage zu entscheiden, die heute besonders stark betont wird, wie weit die Vererbung eine Rolle spielt, da man oft beobachten kann, wie in einem Familienstammbaum gewisse, ähnliche Erscheinungen auftreten. Nun, ich sagte vorher, dass wir aus der äußerlichen Ähnlichkeit oder Gleichartigkeit von Symptomen niemals einen Schluss ziehen können und dass hier das Wort gilt: Wenn zwei dasselbe tun, ist es nicht dasselbe. Wir trachten in der Individualpsychologie, alle die Tatsachen festzustellen, die auf irgendwelche irrtümliche Wege geführt haben. Die Tatsache, der wir zuerst beggenen, ist, wie das Kind das Erlebnis seiner Körperlichkeit aufnimmt, mit der es ins Leben zu treten hat, mit der es das Leben zu bestehen hat. Nach einiger Zeit findet man ja auch das Verhalten des Kindes und seine Stellungnahme in dem Sinne ganz deutlich ausgeprägt, dass sich das eine Kind mehr, das andere weniger zutraut, wie das eine aktiv, das andere weniger aktiv vorgeht, wie das eine Kind nahezu besorgt immer an sich denkt, während das andere bereit ist, sich anzugliedern und mitzuarbeiten, mitzuhelfen, mitzuspielen und die Last nicht auf andere zu schieben, auszudrücken, ob es eine Hilfe oder eine Bürde ist usw. Natürlich, wenn ich hier darüber spreche, habe ich nur Typen herausgegriffen, die uns für den einzelnen Fall noch keine endgültige Lösung geben, weil wir ununterbrochen mit Tausenden von Varianten zu rechnen haben. Immerhin können wir die Einflüsse der Körperlichkeit, der Validität der Organe sehr bald beobachten, der offenbar verschieden angeborenen seelischen, allmenschlichen Möglichkeiten und Fähigkeiten, über die wir nichts aussagen können, da wir sie nur an den trainierten Resultaten errechnen wollen, wie sie von dem Kinde erlebt werden und wie das Kind sie verwendet und verwertet. Natürlich können dem Kinde auch Fehler unterlaufen. Das Kind befindet sich in irgendeiner Stimmungslage gegenüber den Anforderungen des Lebens. Diese Anforderungen können noch so klein sein, sie betreffen doch die Atmung, die Bewegung, die Aufnahme der Nahrung, die Reinlichkeit, die Umgebung usw. All diese Funktionen stehen natürlich auch in Beziehung zur Wertigkeit der Organe. Und so konnte die Individualpsychologie in größerem Maße, als das früher schon bekannt war, feststellen, dass Kinder, die mit schwächeren Organen zur Welt kommen, irgendwie Eindrücke davon bekommen, die uns als [400] Eindruck der Schwäche, der Unsicherheit, der Minderwertigkeit, der Schwierigkeit oder Feindlichkeit des Lebens erfassbar sind und die als Ergebnisse einer Unsicherheit sich immer wiederholen können. An dieser Stelle muss ich einen wichtigen Gedanken vortragen, der uns weiter zum Verständnis der Symptomwahl führen kann. Wenn ein solcher Zustand des Unsicherheitsgefühls, des Minderwertigkeitsgefühls, das heute, wie es die Individualpsychologie gelehrt hat, ganz allgemein als eine Tatsache festgehalten wird, längere Zeit besteht, ist es selbstverständlich, dass dieses Kind nun in dieser Situation, in dieser Empfindung, in dieser Stimmungslage sein Leben und seinen Lebensplan ausbaut, dass es dementsprechend Stellung nimmt, so dass wir behaupten können, hier liegt ein Training vor, ein Training, das zu einer Fixierung der Haltung den Lebensaufgaben gegenüber Anlass gibt. Ein Training, das sich hauptsächlich dadurch charakterisiert – wie ich zeigen konnte –, dass ein solches Kind viel mehr um sich besorgt sein kann und alle jene Charakterzüge erzeugt, die uns dann verständlich erscheinen, dem Kinde aber als notwendig und selbstverständlich. Sie werden zum Beispiel Charakterzüge finden von übergroßer Vorsicht, was auch schon besagt, dass es sich hier um ein Individuum handelt, das sich nicht allzu viel zutraut und eine Welt von Gefahren wittert. Sie werden Züge von besonderer Empfindlichkeit finden, was verstehen lässt, wie dieses Kind fürchtet, den Halt zu verlieren, wenn sein ängstlicher Ausblick ins Leben eine Bedrohung wittert oder es angegriffen wird. Sie werden Züge von Ungeduld finden, die uns ebenfalls zeigen, dass wir es hier mit einem Individuum zu tun haben, das wenig Selbstvertrauen hat, nicht warten kann, sondern glaubt, es müsse im

Augenblick Erfüllung aller Wünsche haben, widrigenfalls es eine Niederlage bedeutet[2].

Wir kennen die Symptome, die sich körperlich zeigen, die andauern oder immer wieder auftauchen, ohne organisch begründet zu sein, wenngleich sie häufig den »locus minoris resistentiae«[3] verraten. Wir stellen fest, dass an solchen minderwertigen Organen im weiteren Leben nicht selten ausgeprägte Erscheinungen organischer Schädigung zutage treten, dass aber auch das Kind, ohne es auffällig zu finden, sehr oft ein besonderes Interesse zur Behütung und größerer schöpferischer Leistung des Locus minoris resistentiae aufwendet. Da kann man feststellen, dass Kinder, die an irgendwelchen Sehschwächen leiden, mit besonderem Interesse die Perspektiven, Farben, Linien, Schatten und die Symmetrie beobachten, um alles besser erfassen zu können. Es ist sicher, dass sie unter einer größeren Spannung stehen, die gelegentlich zu großem Vorteil führen kann, einer Spannung, die vielleicht später sie dazu führt, das Sehbare besser zu erfassen, während andere wieder unter anderen Einflüssen dieses Streben sehr bald aufgeben, sich um das Sehbare nicht bemühen, weil sie es erlebt haben, dass sie nicht durchkommen. Dasselbe findet man bei anderen Organen, bei Minderwertigkeit des Ernährungsapparates, wo Kinder oft lange leiden, wo sie hungern müssen, um zu gesunden oder am Leben erhalten zu bleiben, wo sie unangenehme Sachen zu schlucken bekommen, wo man mit ihrer Nahrung sehr vorsichtig sein muss, so dass bei diesen Kindern künstlich das Interesse auf das Essbare gelenkt wird, wie *Czerny* schon vor vielen Jahren gezeigt hat. Man wird bei solchen Menschen sehr häufig finden, dass nicht nur ihr Ernährungsapparat anfällig ist und gelegentlich Krankheiten zeigt, gelegentlich freilich nur am Familienstammbaum. Sondern solche Menschen interessieren sich oft unausgesetzt für das Essen, sprechen gern davon, können auch hier wieder gewisse Vorzüge erreichen, aber stehen doch eigentlich mit einer Hauptachse dem Leben gegenüber, die zur Harmonie des Lebens nicht passt. Denn wir müssen behaupten, was durch alle Erfahrung be*[401]*kräftigt wird, das, was immer in der Zusammensetzung, in der Konstruktion unseres Seelenlebens, in der Organisation unseres Lebens eine Überbetonung erfährt, die

---

2 *Erg. 1936:* eine übergroße Neigung hat, die Lösung von Aufgaben anderen zuzuschieben, unordentlich zu sein oder um andere zu bestechen und eine bevorzugte Stellung zu erlangen, sich scheinbar unterordnen und alle Regeln sklavisch zu befolgen. Freilich immer im Streben, erhöhte Geltung zu erlangen, was auf allen diesen Linien nur möglich ist bei eingeschränkter Sphäre der Aktivität und unter erhöhter Emotionalität. Letztere führt sehr oft auch zu offenem Ausbruch von Emotionen, die deutlich als Zorn, Trauer, übertriebene Zärtlichkeit, kurz als erhöhte Affektivität zum Zweck der Selbsterhöhung in Erscheinung treten.

3 [Ort des geringeren Widerstandes]

Harmonie des Zusammenlebens stört. Sie brauchen nur zum Beispiel an Reinlichkeit zu denken. Wenn irgendein Kind dazu angehalten wird, die Reinlichkeit zu übertreiben und sie als Hauptpunkt des Lebens anzusehen, wenn ein solches Kind nun heranwächst mit einer derartigen Auffassung des Lebens, als ob Reinlichkeit unter allen Umständen das Allerwichtigste und alles andere demgegenüber zu vernachlässigen sei, so können wir schon ahnen, dass es von hier aus näher sein wird zu einer Waschzwangneurose. Ein solcher Mensch wird wohl stillschweigend seine Reinlichkeit allen andern gegenüber hervorheben, auch dass sie ihm nicht rein genug sind, er wird aber doch im Lebenswerk fehlgehen. Es gibt vielleicht nur eine einzige Leistung des seelischen Organismus, von der ich nicht sehen kann, dass sie jemals zum Schaden übertrieben werden könnte, zuungunsten des Betreffenden, und das ist das soziale Interesse. Hier eröffnet sich ein Weg zum Verständnis einer ganzen Anzahl von Symptomen, nicht nur neurotischer Symptome. Zum Beispiel bei den Schwierigkeiten des Ernährungsapparates geschieht es sehr bald, dass ein solches Kind mit dem großen Interesse für alles Essbare, mit dem *vielleicht* außerordentlich gesteigerten Heißhunger und der Begehrlichkeit für das Essen aus dem Zusammenhang des Essbaren mit dem Geldproblem sein Interesse auch auf das Geldproblem erstreckt und dass wir bei solchen Menschen sehr häufig finden, wie sie sich nicht nur mit dem Essen, sondern auch mit Geldgier ungeheuer belasten. Wenn ich an dieser Stelle Ihnen zwei markante Beispiele eines Typus erwähnen darf, den ich schon vor längerer Zeit als »kleinen *Napoleon*« beschrieben habe, so betrifft das eine *Rockefeller,* der Zeit seines Lebens an Magenstörungen gelitten haben soll. Das andere Beispiel betrifft *Ford,* den man wohl auch unter die geschäftstüchtigen Menschen rechnen kann, der unter anderem ein Lehrbuch der »richtigen Ernährung« geschrieben hat. Es gibt auch andere Beispiele, und gelegentlich bekommt man Ausblicke so interessanter Natur, dass ich Ihnen nur empfehlen kann, diese Gesichtspunkte im Auge zu behalten. *Czerny* hat schon vor längerer Zeit hingewiesen auf die Bedeutsamkeit der Schwäche des Ernährungsapparates für die seelische Entwicklung und auch für neurotische Probleme. Im Einzelfall lässt sich mehr darüber sagen, ich kann nur die grundlegende Linie zeichnen, aber natürlich je klarer die Frage, desto verschlungener die Antwort. Es handelt sich nicht bloß um minderwertige Organe, die den Lebensstil beeinflussen, sondern auch um alle Kinder, die sich irgendwie künstlich den Lebensproblemen schief gegenübergestellt haben und deshalb nicht vorbereitet sind für die Forderungen unserer Kultur. Wir müssen auch der Einflüsse gedenken, die durch die Führung eines Kindes sehr frühzeitig auf das Kind einwirken. Nicht nur die ökonomischen Bedingungen, nicht nur die Geschicklichkeit der Erzieher, die Gewandtheit und Erfahrenheit der Mutter wirken auf das Kind ein, sondern die gesamte Familiensituation auch. Von außen her fluten die Wellen des sozialen Lebens bis in die Kinderstube und beeinflussen ununterbrochen das Kind[4].

Auch hier hat das Kind[5] Stellung zu nehmen, um nicht in seinem seelischen Gefüge auseinanderzufallen, es muss eine Richtung finden, und diese Richtung wird dahin zielen, irgendwie fertig zu werden mit den Problemen des Lebens, irgendeine Endform anzustreben, eine Lösung der Schwierigkeiten usw. Aber aus der Familiensituation stammt natürlich ein großer Zustrom von Regungen und Erregungen, die zur Symptomwahl leiten können. Wir haben die seelischen Einflüsse ins Auge zu fassen. Das Kind muss die Vorbereitung für ein konstantes, in seinen [402] Anforderungen ziemlich gleichbleibendes[6] Leben finden. Dies ist eine Aufgabe, bei der die Erzieherin, die Mutter helfen muss. Da es sich hier um menschliche Leistungen handelt, verstehen wir wohl, dass eine ideale Lösung dieser Aufgabe wohl kaum zu erwarten sein wird, und es werden sich tausenderlei Varianten in der Aufzucht des Kindes ergeben, in der Leitung, es mit seiner primitiven Leistungsfähigkeit in Einklang mit der Kultur zu bringen. Da können wir verstehen, dass sich eine Unzahl von Fehlern herausstellen können und mehr und mehr die[7] Lebenshaltung des Kindes in eine bestimmte Richtung bringen, so dass die zu erwartenden Lebensfragen das Kind in einer mangelhaften Vorbereitung finden werden. Man kann die Probleme des Lebens – natürlich ist dies nicht wörtlich zu nehmen – auffassen wie eine mathematische Aufgabe. Die ungefähr richtige Lösung wird nur der finden können, der die mathematische Vorbereitung hat. Man muss[8] das Kind so erziehen, dass es, wie unsere Kulturfragen es verlangen, ein richtiger Mitmensch wird, dass es vorbereitet wird für die Lösung von Fragen, die ohne soziales Interesse nicht gelöst werden können, Fragen des Ich zum Du, Fragen der Beschäftigung, Fragen der Liebe, bei denen es sich immer darum handelt, ein genügendes Interesse für den Partner[9] mitzubringen, alles Fragen, die nicht gelöst werden können, wenn einer im Gemeinschaftsgefühl nicht vorbereitet ist.

Soweit wir feststellen konnten, hat das Kind nach drei, vier, fünf Jahren einen so fest gefügten Lebensstil, dass er sich ohne Verständnis der Irrtümer, die darin verborgen sind, nicht mehr ändert. Dieser Lebensstil hat nun die Form und Ausbreitung, die bis zu der Zeit erreicht werden konnten, und es ist die Frage: Wie wird dieser eigenartig geformte Lebensstil, auf den die Einflüsse

---

4 *Erg. 1936:* das freilich in seiner Antwort auf Heredidäts- und Umgebungseinflüsse das stärkste Wort zu sprechen hat
5 Auch *bis* Kind] *Änd. 1936:* Denn das Kind hat
6 *Änd. 1936:* wechselndes und wachsendes
7 *Erg. 1936:* Selbstbestimmung der
8 *Änd. 1936:* will
9 *Erg. 1936:* für die Wohlfahrt der Menschheit

der Mutter, der Umgebung gewirkt haben, individuell erfasst von der schöpferischen Kraft des Kindes, wie wird dieser nun fest gefügte Lebensstil antworten, wenn er einer Frage gegenübersteht, für die er nicht vorbereitet ist? Es zeigt sich sehr bald, wie weit irrtümliche Auffassungen der Außenwelt sich in der Antwort des Lebensstils geltend machen. Das zeigt sich in der Art, wie ein Kind sich von einer andern Person abhängig macht und dadurch diese andere Person von sich abhängig macht, wie man es bei verzärtelten Kindern findet. Es gibt eigentlich recht wenige Kinder, die nicht verzärtelt worden sind. Vielleicht muss jedes Kind im Beginn seines Lebens eine gewisse Verzärtelung erfahren. Die richtige Art der Erziehung wäre nun, so bald als möglich das Kind zu einem selbstständigen Mitarbeiter zu machen. Darauf zielt wohl das Werk unserer Erziehung hin. Wir würden ja von Symptomen, von Fehlschlägen, von den Irrwegen des menschlichen Seelenlebens gar nicht sprechen, wenn wir nur sicher wären, dass die Irrenden Mitmenschen sind, dass sie mitleben, mitarbeiten, mitlieben. Aber gerade daran fehlt es ja, und deswegen ist ja die Menschheit immer wieder bemüht, Ordnung zu schaffen, Besserungen zu erzielen usw. Nun, die ideale Art der Führung der Erziehung ist außerordentlich selten, und deshalb wird man in der Entwicklung eines Kindes natürlich mit irgendwelchen Abwegigkeiten immer zu rechnen haben. Das zumeist vergessene Kind ist ja immer antwortend in der Art, wie es ihm erfolgreich scheint. Aber nun setzt eigentlich das schärfste und bedeutsamste Werk der Erziehung ein; diese Abwegigkeit frühzeitig zu bemerken und ihr abzuhelfen. Ich höre oft Einwendungen wie: Ich habe alles getan, was ich konnte, ich habe versucht, das Kind unabhängig zu machen, und es ist doch nicht gelungen, zum Beispiel es macht doch Schwierigkeiten beim Essen, will nicht schlafen gehen, hat Schwierigkeiten mit dem Stuhl, ist eifersüchtig auf die jüngere Schwester, macht das Bett nass, schreit bei Nacht auf usw. Wir können nur antworten: Das Werk ist nicht gelungen. Vielleicht sind wir heute noch nicht so weit, die Erziehung in einem richtigeren Maße einem Kinde angedeihen zu lassen, so dass seine Führung zur Mitmenschlichkeit von vornherein gesichert wäre. Freilich, wir könnten viel *[403]* mehr tun als heute getan ist, und dann würden wir natürlich nicht erleben, dass ein Kind etwa die Annahme der Kultur verweigert; denn ein Kind verweigert die Kultur nur dann, wenn es der Mutter nicht gelingt, es der Kultur anzupassen. Mögen Schwierigkeiten vorliegen – dass es gelingen kann, ist keine Frage. Freilich heißt »Erziehung« nicht nur, günstige Einflüsse geltend zu machen, sondern auch nachzuhelfen, wenn das Kind nicht richtig antwortet. Wenn jemand an den Möglichkeiten einer guten Erziehung zweifelt, würde ich die Frage daran knüpfen: »Wenn Sie es sich nicht zutrauen, ein Kind dazu zu bringen, dass es in seiner Haltung der Kultur gegenüber in Ordnung kommt, würden Sie sich nicht wenigstens zutrauen, jedes Kind dazu zu bringen, dass es sich schmutzig macht, nicht essen will, nicht schlafen will, Vater oder Mutter hasst?« Das wäre sicherlich leicht zu erreichen. Daraus können wir sehen, dass hier Erziehungsfaktoren im Spiele sind, und es sind hauptsächlich die verzärtelten Kinder, die den Lebensproblemen nicht gewachsen sind, die gewohnt sind, dass sie jeden ihrer Wünsche erfüllt bekommen, die natürlich auch ein Gefühl und ein Streben in sich erzeugen, alles sofort haben zu wollen und jene zu hassen, die sie daran hindern. Das sind die Kinder, die sich an eine Person anschließen und alle andern Personen ausschalten möchten. Das sind die Kinder, bei denen man, später oder auch früher schon, freilich in stark übertriebener Art, von einem Ödipuskomplex sprechen kann. Das sind die Kinder, die die Kultur nicht angenommen haben, die im Kampf gegen die Kultur sind, weil es niemandem gelungen ist, sie der Kultur anzupassen. Das sind immer Kinder, die voll von Selbstliebe sind und darauf pochen: »Zuerst komme ich, ich tue, was ich will, und habe nichts mit den andern zu tun.«[10] Hier sehen Sie bald die Verweigerung zur Mitarbeit. Dieser Prozess beginnt schon in den ersten Tagen. Hier brauche ich Kinderärzten nicht weiter zu sagen, wie wichtig es ist, dass ein Kind nicht nur nicht verzärtelt wird in der ersten Zeit, sondern dass man sofort eine gewisse Ordnung in seiner Lebensführung durchführt, dass man vermeidet, das Kind in Konflikt mit der Kultur kommen zu lassen. Es gelingt häufig, derartige Fehler zu vermeiden. Hier kann man nicht etwa damit antworten, als ob solche Kinder von Natur aus zu irgendwelchen Unarten eine Eignung besäßen. Die beliebte »Kotstange« hat eigentlich niemand gesehen, und es ist vielmehr sicher, dass bei Obstipation der ganze Ablauf der Darmbewegung ins Stocken kommt. Nun komme ich auf einen Punkt zu sprechen, der hauptsächlich verzärtelte Kinder betrifft. Verzärtelte Kinder sind in einer Situation, in der ihr Minderwertigkeitsgefühl außerordentlich verschärft wird. Es ist heute kaum ein Geheimnis mehr, dass das Minderwertigkeitsgefühl verzärtelter Kinder sich davon ableitet, dass sie jede veränderte Situation als eine Gefahr, als eine Verkleinerung ihres Machtbereichs empfinden, so dass sie in einer Welt leben, in der sie fortwährend Unsicherheiten, Gefahren, Niederlagen befürchten. In der verzärtelten Situation wenigstens wollen sie der Herr sein. Die verzärtelten Kinder eignen sich am besten zu Haustyrannen. Dass die Mutter zuerst einbezogen wird, kommt daher, dass die Mutter diejenige Person ist, die sich zuerst dem Kinde darbietet, so dass tatsächlich die Verzärtelung durch die Mutter eine Hauptrolle spielt auf den Irrwegen, die das Kind in den ersten Jahren einschlägt. Nun gibt es eine Unzahl von Familien, die den Fehler machen, den ich schon früher erwähnt habe, die ebenfalls unsichere Menschen sind, vielleicht auch aus einer verzärtelten Situation erwachsen und mit fehlerhaften Traditionen behaftet, die sie nun weitergeben, die zum Beispiel auf das Essen

---

10 *Erg. 1936:* »Alles oder nichts«, plectere si nequeo supera, Acheronta movebo. [»Wenn ich die Oberen nicht beugen kann, werde ich die Unterirdischen bewegen.« Siehe dazu oben S. 99, Anm. 16; dort flectere.]

einen übertriebenen Wert legen, so dass das Kind Gelegenheit findet, dagegen zu revoltieren. Merkt das verzärtelte Kind nun, dass es auf diese Art eine verstärkte Aufmerksamkeit und Verzärtelung erweckt, so revoltiert *[404]* es mehr. Es ist keine Frage, dass ein solches Kind, das das Essen verweigert, ein viel größeres Machtgefühl hat und eine viel stärkere Befriedigung seines Machtstrebens als andere Kinder. Diese verzärtelten Kinder treffen nach einigen Vorversuchen den ganz richtigen Punkt. Sie sind geübte Strategen, sie greifen am schwächsten Punkt an. Und wenn eine Familie großen Wert auf die Reinlichkeit des Bettes legt, und das Kind hat das Bedürfnis und die Hoffnung, die Mutter auch bei Nacht heranziehen zu können, so wird man erwarten dürfen, dass das Kind das Bett nässt. Dabei übersehe ich nicht, dass auch die Organfunktionen mitspielen, verschiedene Anomalien usw. Wenn aber ein solches Kind mit irgendwelchen kleinen Schwierigkeiten oder aber auch ohne diese Schwierigkeiten verstärkt immer auf einen Punkt hingewiesen wird, zum Beispiel auf das richtige Reden, Essen, Schlafen, auf Stuhl und Urin usw., und zwar in einer Art, durch die dieses Kind bald bemerkt, wie es da jemanden festhalten kann, dann wird ein verzärteltes Kind mit ziemlicher Sicherheit zum Stotterer, Ess- und Schlafverweigerer, Enuretiker werden. Dasselbe gilt für die Stuhlschwierigkeiten. Es gibt eine Anzahl von Familien, für die der Stuhl der Mittelpunkt des Lebens ist. Das merkt ein solches Kind bald und zwingt die Familie, sich unausgesetzt mit seinem Stuhl zu beschäftigen. Die Frage, wie es das zustande bringt, will ich später zu lösen versuchen. Es geht sicher instinktiv auf der Linie einer fieberhaften Emotion vor sich und erhöht automatisch die Genugtuung des Kindes darüber, der Mittelpunkt der Verzärtelung zu sein oder diese trotzig zu erzwingen.[11]

Ich weiß, dass ich verschiedene Gesichtspunkte übergehen muss, aber ich möchte Ihnen vor allem zeigen, wie die Auswahl gewisser Symptome durch Mangel in der Erziehung zustande kommen können. Wenn Symptome später verschwinden, ist es immer in solcher Situation, wo die Symptome keinen Wert mehr für den Betreffenden haben. Wächst das Individuum heran, kommt es in eine Situation, für die es sich nicht vorbereitet fühlt, so ist es immer aus mangelnder Fähigkeit, ein Mitmensch, ein Mitarbeiter zu sein. Dann kommen alle jene körperlichen Spannungen in Lauf, die auf den Wegen des vegetativen Systems entweder minderwertige Organe treffen, oder das Kind benimmt sich so, wie es sich immer schon siegreich gezeigt hat. Auch hier wird es sich wieder darum handeln, wie bei der Neurose, jemand in den Dienst zu ziehen, den Beitrag der Gemeinschaftsleistung anderer auszubeuten.[12]

---

11 *Erg. 1936:* Ich spreche lieber vom »verzärtelten Lebensstil«, den das Kind auch entwickeln kann, wenn es von niemandem verzärtelt wurde.
12 *Erg. 1936:* Wie ich in andern Arbeiten gezeigt habe, hängt es von der geringeren Aktivität dieser Kinder ab, ob sie zur Neurose oder Psychose neigen.

Ich wähle absichtlich unkomplizierte Fälle, weil es sich mehr darum handelt zu zeigen, wie man beginnen kann, um zum Verständnis einer Symptomwahl zu kommen. Wenn ich nun weitergehe, möchte ich sagen, dass es Kinder gibt, bei denen ebenfalls durch ein mangelhaftes Interesse für die Allgemeinheit etwas mangelhaft ausfällt, was eigentlich den Wert des Menschen ausmacht, und das ist die *Leistung*. Nun ist es schwer in unserer Kultur, auch schon in der Kindheit, die Leistung zu unterschlagen. Aber man kann sich da schon helfen, und so finden Sie es in der Neurose. Der Zuschuss, zu dem jeder verpflichtet ist, weil er in einer sozialen Bindung lebt, kann in unserer Kultur erspart werden dadurch, dass man einen andern heranzieht, der diesen Zuschuss liefert, so dass man wohl die Mitarbeit des andern verlangt, aber selber eigentlich nichts dazu bei*[405]*trägt. Das wird nur dann der Fall sein, wenn einer sich selbst vor einer Niederlage sieht, wenn einer den mehr oder weniger dunklen Eindruck hat, dass er selbst zu schwach, dass er minderwertig ist. Es könnte sich das düstere Geheimnis entpuppen, dass er eigentlich keinen Wert hat. Das sind wieder die, die nur an sich, an ihre Eitelkeit denken und nicht an die andern, die sich nicht vergessen können, die nicht die Kraft in die Arbeit legen können und immer nur darauf sehen: Wie schaue ich aus, was für einen Eindruck mache ich, was denkt man von mir, was bekomme ich? Das sind diejenigen Menschen, bei denen wir stark antagonistische Gefühle finden, bei denen man Trotz, Neid, Eifersucht usw. findet, immer Zeichen, dass hier die soziale Beziehung eine feindliche geworden ist, etwas, das man zurückverfolgen kann bis an den Beginn des Lebens, wo es nicht gelungen ist, die Urform des Kindes zu einem Mitmenschen zu gestalten. Man kann in jedem Falle diesen Prozess wieder bestätigt finden, wenn man auf dieser Linie vorwärtsgeht. Nun, wenn einer seine Leistung der Gemeinschaft offen vorenthält, so ist das, was wir Neurose nennen, ausgeschlossen. Dies ist zum Beispiel möglich im Selbstmord, im Verbrechen, in der Trunksucht und in aktiver Perversität. In der Neurose ist es nicht möglich; denn der Neurotiker zeigt sich von einer solchen seelischen Struktur, als ob er sagen wollte, ich möchte ja mitarbeiten, aber ich kann nicht. Er schaut natürlich immer auf die dem schlecht Vorbereiteten erwachsenden inneren Widerstände und auf die äußeren Hindernisse und knüpft daran die Forderung seiner Enthebung von der Mitarbeit. Wir sehen es in seinen Angsterscheinungen deutlich, dass er sich selbst als minderwertig empfindet, dass er wie vor einem Abgrund steht, ohne dass wir es bestätigen könnten. Denn gerade wir Individualpsychologen sind von einem so unverbesserlichen Optimismus, dass wir geradezu behaupten, dass jeder Vollsinnige zumindest alles Durchschnittliche leisten kann. Wenn aber einer das Gemeinschaftsgefühl noch nicht erlernt hat, bleibt nichts anderes übrig als es zu erlernen. In der Tat, das soziale Interesse, das als angeborene Möglichkeit die wichtigste Mitgift des Kindes ist, um der Neurose auszuweichen und allen Fehlschlägen, muss in der Kindheit lebendig werden, oder aber es muss später nachgeholt werden. Der Betreffende muss repetieren. Da der Neurotiker auf dem Standpunkt steht: »Ja – aber«, muss er natürlich die Gründe außerordentlich stark ausgestalten, die eine Entschuldigung für ihn bieten. Die Anerkennung der Notwendigkeit der Mitarbeit ist ja bei ihm erhalten. Sein Wille – wie sich alle nervösen Patienten ausdrücken – ist ja immer da. Was nicht da ist, ist die Leistung. Diese Leistung verhindert er, er schiebt sie hinaus, immer gestützt auf irgendwelche Argumente, die als Entschuldigung dienen können, aber aus reiner seelischen Spannung stammen, als Schockresultate[13]. Nun handelt es sich in der Neurosenpsychologie darum, zu sehen, wie der Patient seine Entschuldigungen erzeugt. Wenn einer irgendetwas vollbringen *will,* wenn einer über irgendetwas *nachdenkt* – was immer im seelischen Leben vorgeht, er kann nichts anderes benützen, als was in seiner (früheren) Erfahrung gelegen ist. Es ist unmöglich, irgendwie anders vorzugehen als unter Benutzung früherer Erfahrung. Da muss er zurückgreifen bis zu einer Situation, wo er schon einmal die Mitarbeit verweigern konnte unter den möglichst günstigen Umständen, als Angst, als Ausrede, als Alibi. Kommt ihm dabei ein weiteres Training seiner neurotischen Haltung zugute, umso besser. Kommen minderwertige Organe als Stützen in Betracht, werden sie sicher ausgenutzt, weil sie von selber mitzuschwingen beginnen, sobald eine seelische Spannung erregt wird. Bei einer seelischen Spannung beginnt der ganze Körper zu vibrieren. Wir nehmen dies aber nur an Stellen wahr, wo sich die *[406]* Erscheinungen deutlicher zeigen, und das ist zumeist an den minderwertigen Organen oder an irgendwelchen Organbetätigungen, die früher schon in der Kindheit aus Gründen, die ich schon angedeutet habe, erlebt wurden. Nun genügt es natürlich nicht, einfach zurückzugreifen, sondern hier liegt schon ein Ziel vor, ein Ersatzziel, das ein Gefühl der Überlegenheit bietet, obwohl es eigentlich lautet, wenn man es mit dürren Worten beschreibt: »Wie mache ich es, dass ich enthoben bin, dass ich die Leistung nicht durchzuführen brauche, vor der ich mich fürchte?« Das Eingeständnis der Feigheit ist nicht beliebt, deshalb muss der Vorgang umgegossen werden. Der Betreffende wird fast niemals sagen: Ich bin in Erregung, weil ich glaube, ich bin nichts wert, nicht fähig, die Aufgabe zu lösen, sondern er wird geleitet sein, sich irgendwie eine Deckung zu verschaffen und ununterbrochen nur auf Resultate der Erregung blicken, die wie eine Sicherung vor ihm stehen. Sicherung gegenüber einer Niederlage, gegenüber einer Entwertung der eigenen Persönlichkeit. Diese Spannung wird bei verschiedenen Menschen verschiedene Resultate zeigen. Es ist im höchsten Grade wichtig und interessant, dass sie *auch auf das gedankliche* Gebiet ausstrahlt, wie ich zum Beispiel bei der Zwangsneurose festgestellt habe, wo einer sich mit solchem gedanklichen

---

13 *Erg. 1936:* wie ich es in dieser Zeitschrift beschrieben habe [gemeint ist der Aufsatz »Das Todesproblem in der Neurose«, 1936j, S. 608].

Material erfüllt und ein Gefühl dafür bekommt, das ihn aus den Klammern der Wirklichkeit befreit, und er »nur« durch seine Zwangserscheinungen verhindert ist, mehr zu leisten, als er leistet, dabei aber automatisch, ohne daran zu denken, sich ein Übergewicht über die anderen zuschreibt. Auf der einen Seite ist das wie ein Balsam für den verwundeten Ehrgeiz, auf der andern Seite ein Leiden, die Kosten, die er für sein Entweichen zahlt. Um zur Aufklärung über diesen Punkt zu kommen, möchte ich sagen, die Leiden sind dem Neurotiker sicherlich nicht angenehm, sind keine Wunscherfüllung, keine Erfüllung von sexuellen Gelüsten oder von Schuldgefühlen, sondern sie sind die traurigen Kosten, die er dafür zahlt, um enthoben zu sein, um einer Niederlage ausweichen zu können. Aber die Gefühle, die Gedanken, die dort entstehen, *Gefühle* wie bei der Angstneurose, *Gedanken* wie bei der Zwangsneurose, Motilitätserscheinungen wie bei der Hysterie usw. weisen darauf hin, lassen uns erraten, wo der Betreffende nun sein Ziel hingesetzt hat, um seiner eigentlichen Leistung, seiner Mitarbeit entgehen zu können, und was für ihn in der Kindheit Kompensationen seines Minderwertigkeitsgefühls waren, Gedanken, Gefühle, Motilität – sind aber Leistungen. Auch hier sehen Sie wieder etwas »Trickhaftes« im Wesen des Neurotikers, im Wesen aller Fehlschläge; deshalb tauchen gewisse Charakterzüge immer wieder auf, die eigentlich nicht dem Starken, dem Selbstbewussten zugehören, sondern immer dem, der sich schwach einschätzt, der aber die Enthüllung seines Schwächegefühls mit allen Kräften zu verhindern trachtet, der also anschuldigt, was sein Lebensstil erzeugt hat. Überempfindlichkeit, Ungeduld, Genäschigkeit in jeder Form, Ängstlichkeit, Sehnsucht nach unstatthaften Erleichterungen und starke Affektbereitschaft sind seine ständigen Wegbegleiter.

Nun bleibt uns zur Erörterung übrig, wie sich die schöpferische Kraft des Individuums in der Erzeugung seiner Symptome zeigt. Dafür ein Beispiel: Wenn ich das Ziel vor Augen habe, einer Leistung zu entgehen, und ich bin von Kindheit an durch meine Ängstlichkeit darauf trainiert, einen andern für mich arbeiten zu lassen, mich zu begleiten, mich zu beschützen, ihn seiner Freiheit zu berauben, ihn mir untertan zu machen usw., wenn ich auf diesem Wege bin, muss ich natürlich diesen Weg so stark wie möglich ausbauen, so dass ich mein Ziel mit Sicherheit erreichen kann. Nun, wie erzeugt man Angst, die mich notwendige Leistungen *[407]* ausschalten lässt und einen andern zwingt, mir diese Angst zu erleichtern? Die Patienten sagen es ganz deutlich. Sie verstehen nicht, was sie uns sagen, haben keine Ahnung davon, dass sie uns einen Blick tun lassen in die Werkstätte der Neurose, wenn sie zum Beispiel sagen: »Ich fühle den Boden schwanken«, oder wenn sie sagen: »Ich denke an den Tod meines Mannes, an meinen eigenen Tod«, »Ich fürchte, dass ich ohnmächtig werde, dass ich einen Herzanfall bekomme« usw. Besonders bei verzärtelten Menschen spielt der Todesgedanke eine unglaubliche Rolle, sobald ihr Streben nach Erfolg stark infrage gestellt ist, weil ihnen da die Stütze abhanden kommen könnte, weil einer verschwinden könnte, der zu ihrem Hofstaat gehört. Der Patient ist ununterbrochen mit dem Gedanken beschäftigt, wie elend er wäre, wenn seine Stütze verloren ginge; aber durch diesen Gedanken, der für ihn an seine Lebensnotwendigkeit rührt, ist er imstande, durch Einfühlung eine solche Angst zu erzeugen, als ob der unentbehrliche »Hofstaat« verloren gehen könnte, das heißt, er identifiziert sich mit einer Situation, die möglicherweise in der Zukunft erfolgen könnte. Das kann man am besten bei dem Melancholiker sehen, der so lebt, als ob das Unglück schon geschehen wäre.

Durch diese Darstellung konnte ich Ihnen natürlich nur die Grundlinien geben, und ich glaube, dass wir hier ein außerordentlich fruchtbares Feld haben, um zum Verständnis der Symptomwahl zu kommen. Wie früh aber die Symptomwahl bereits begründet ist und wie schwierig es doch in den einfachsten Fällen ist, die Symptomwahl richtig aufzudecken, ohne herumzuraten, möchte ich Ihnen an dem einen oder andern Falle zeigen, die ich ihrer Einfachheit halber gewählt habe, weil sie außerordentlich durchsichtig sind.

In einem Falle handelt es sich um einen dreizehnjährigen Jungen,[14] der im fünften Jahre der Volksschule war, also zweimal bereits repetiert hatte und als der schlechteste Schüler dieser Schule galt. Außerdem hatte er sich mehrere Diebstähle zuschulden kommen lassen und war auch einige Male vom Hause durchgebrannt, auf einige Tage verschwunden, bis ihn die Polizei gefunden und zurückgebracht hatte. Der Lehrer hatte es mit Strafen versucht, mit Ermahnungen, aber weder so noch in Güte konnte er etwas ausrichten, so dass man beschloss, den Jungen in ein Fürsorgeheim zu schicken. Er kam dorthin mit einem Attest, in welchem geschrieben stand, dass der Junge schwachsinnig sei. In diesem Fürsorgeheim befand sich ein Lehrer, der einer meiner Schüler war und der sich nicht damit begnügte, nur auf die Symptome zu sehen, sondern der auch den Lebensstil und damit die Symptomwahl verstehen wollte, der überzeugt war, dass kein Diebstahl dem andern gleich ist. Da er wusste, dass es sich bei obigen Verfehlungen um Erscheinungen der Gesamtpersönlichkeit handeln müsse, trachtete er bis zum Kern der Persönlichkeit vorzudringen, zu finden, was ich die »psychische Konstitution« genannt habe, die man im dritten, vierten und fünften Lebensjahr entwickelt sieht, die immer vorhanden bleibt, immer als solche perzipiert, antwortet, assimiliert, solange sie nicht zum Bessern gewendet wird. So wusste er auch, dass er an irgendeinem beliebigen Punkt beginnen konnte, weil in jedem Symptom immer die ganze große Melodie des Individuums steckt. Er begann mit einer Musterung der Zeugnisse. Da fand er, dass der Junge in den ersten drei Klassen gute

---

14 [Dieses Fallbeispiel, das schon in »Erotisches Training und erotischer Rückzug« (1928c, S. 306) erwähnt wurde, wird hier ausführlicher behandelt.]

Zeugnisse hatte, erst im vierten Jahr schlechte. Daraus schloss er, dass er für die vierte Volksschulklasse aus irgendwelchen Gründen nicht die richtige Vorbereitung hatte. Der Lehrer des Fürsorgeheims hat nun weiter geschlossen, dass der Junge in der vierten Klasse einen anderen Lehrer bekommen hat. Das bestätigte sich auch. Und er konnte auch weiter schließen, dass der Junge in den ersten drei Jahren einen freundlichen Lehrer hatte, im vierten Jahre einen unfreundlichen, für den sein Lebensstil nicht vorbereitet war. Er konnte den Rückschluss machen, dass es sich hier um ein verzärteltes Kind handelte, das nur gemäß seinem Lebensstil *bedingungsweise,* wenn freundlich behandelt, vorwärts geht. Es ergab sich also, dass dieser Knabe mit seiner psychischen Konstitution, einer Funktions*[408]*prüfung ausgesetzt wie in diesem Falle gegenüber einem strengen Lehrer, in einem Symptom anzeigen muss, dass er versagt, weil nur für Wärme eingerichtet. So weit kam der Lehrer schon bei Betrachtung der Zeugnisse. Diese Tatsachen wurden durch den Jungen bestätigt. Er fragte ihn weiter: »Was hast du denn mit dem gestohlenen Geld und den gestohlenen Dingen getan?« Da antwortete der Junge: »Ich habe es meinen Kameraden geschenkt, damit sie meine Freunde werden, denn ich habe keine Freunde, und da ich ein armer Junge und der schlechteste in der Klasse bin, weichen mir die andern aus.« Wieder hört man die große Grundmelodie in der Symptomwahl des Diebstahls, denn ein anderer Weg zur Bestechung der Kameraden war kaum möglich. Wir sehen die Sehnsucht des Jungen, seinen Hunger nach Zärtlichkeit, und wie er sich Zärtlichkeit durch Bestechung erkaufen will. Wir können den Rückschluss machen, dass offenbar die Mutter ihn verzärtelt hat, und wir werden das beweisen müssen. Der Lehrer fragt ihn: »Wie ist es denn gekommen, dass du davongelaufen bist?« Er sagte: »Ich habe mich im Walde versteckt oder in einer Scheune, wenn mein Vater mich schlagen wollte. Aber in der Nacht habe ich immer im Walde Holz gesammelt und habe es vor die Küche meiner Mutter gelegt, damit sie Holz zum Kochen hat.« Er hat wieder gestohlen zu dem Zweck, um seine Mutter zu bestechen, um ihre Liebe zu gewinnen, wie er die Liebe seiner Kameraden zu gewinnen trachtete. Er weiß kein anderes Mittel, um zur Verzärtelung zu kommen, was für ihn der Gipfelpunkt des Lebens ist. Aber können Sie mir ein anderes Mittel sagen?[15] Ein schlechter Schüler, vom Vater geschlagen, unfähig vorwärtszukommen, wie sollte er zu Freunden kommen? Ich weiß kein besseres Mittel, als der Junge gefunden hat.[16] Wir können auch entgegen seiner Schulbeschreibung behaupten, dass der Junge intelligent ist. Er hat etwas getan, was ein anderer intelligenter Mensch auch nicht besser und zielgerechter hätte tun können.

Da sehen wir die Symptomwahl: Er trifft den richtigen Punkt, um zu seinem

---

15   Aber *bis* sagen] *Ausl.* 1936
16   Ich *bis* gefunden hat] *Ausl.* 1936

Ziel zu gelangen. In der Schule hat er nur erwartet, beschimpft zu werden. Wenn ich die gleiche Erwartung hätte, würde ich auch nicht hingehen. Auch diese Symptomwahl ist intelligent, begreiflich und *zwingend*. Er ist von zu Hause fortgelaufen, weil der Vater mit ihm streng war, und wenn er schlechte Zeugnisse brachte, hat der Vater ihn geschlagen, die Mutter hat geweint und war unfreundlich. So ist er davongelaufen, um das Herz der Mutter zu rühren. So sehen Sie, wie jedes der Symptome über sich hinauszeigt und die Grundmelodie in sich trägt: Der Diebstahl, um andere zu bestechen, das Davonlaufen, um die Mutter zittern zu machen, um ihre Zärtlichkeit zu erpressen, das Versagen in der Schule als Protest gegen die Lieblosigkeit des Lehrers, alles nur im Streben, Wärme zu gewinnen, verzärtelt zu werden[17]. Wie weit diese psychische Konstitution in die Kindheit zurückreicht, möchte ich Ihnen auch an diesem Falle zeigen. Sie wissen vielleicht, dass die Individualpsychologie auf älteste Kindheitserinnerungen einen ungeheuren Wert legt, weil die ältesten Kindheitserinnerungen das Hauptinteresse eines Menschen anzeigen, wenn er zurückblickend aus tausend Einflüssen einen heraushebt, der auf ihn besonderen Eindruck gemacht hat. Er erzählt:

»Als ich vier Jahre alt war, schickte mich mein Vater um eine Zeitung, aber« – wenn Sie dieses »aber« hören, sehen Sie schon eine Bewegung des Jungen, sich der Aufgabe, die ihm der strenge Vater setzt, zu entschlagen. Er interessiert sich nicht für den Vater, wie er sich auch für den strengen Lehrer nicht erwärmt. – Die Fortsetzung dieser Erinnerung lautet: »Ich ging zu meinem Onkel, er schenkte mir Kuchen, und den brachte ich meiner Mutter.« Hier sehen Sie in seiner Bewegungslinie, dass dieses Kind nur seine Mutter kennt, und er nimmt nur vorlieb mit einem anderen – sei es Mann oder Frau –, wenn der ihn gleicherweise verzärtelt. Aber ohne Verzärtelung geht er nicht vorwärts.

Bezüglich der Behandlung eines solchen Jungen lässt sich folgern, dass Sie ihn nicht beeinflussen können, wenn Sie ihn nicht zuerst verzärteln,[18] und das kann man natürlich nur verstehen, wenn man seinen ganzen Lebensstil erkannt hat. Es ist freilich noch nichts damit getan, wenn man ihn verzärtelt. Das wäre ja die gleiche Situation, die er von früher her auch kennt. Aber ohne anfängliche Verzärtelung[19] *[409]* ist der Junge nicht behandlungsfähig. So hat der Lehrer auch begonnen.[20] Eine andere Erinnerung dieses Jungen: »Einmal am Bahnhof hat ein Waggon zu brennen begonnen. In dem Waggon waren Kinderbälle. Da haben sich die Arbeiter bemüht, die Bälle vor dem Verbrennen zu retten und haben sie herausgeworfen. Eine Anzahl Kinder und

---

17 *Erg. 1936:* wenn ohne Hoffnung, zu versagen
18 wenn *bis* verzärteln] *Änd. 1936:* wenn Sie ihn nur freundlich behandeln
19 *Änd. 1936:* Wärme
20 *Änd. 1936:* Dies hat der letzte Lehrer auch erfahren.

Erwachsene sind herumgestanden und haben sich diese Bälle angeeignet.«
Sie sehen schon, in seinem dritten Lebensjahr ist ihm der Diebstahl als etwas
Gewöhnliches, Mögliches erschienen. So kann man auf leichte Weise zu etwas
kommen, ohne Beitrag, ohne Mitarbeit, ohne Leistung, dadurch, dass man die
andern arbeiten lässt, dass man sich der andern zur Mitarbeit versichert und
an ihren Leistungen teilhat.[21]

Nun möchte ich Ihnen einen andern Fall mitteilen, der auch einfach liegt,
so dass man die Symptomwahl leicht begreifen kann. Ich habe darauf hingewiesen, dass verzärtelte Kinder feige und ängstlich sind, weil sie immer gewohnt sind, eine Stütze zu haben, dass sie immer wieder Angsterscheinungen
äußern, wenn sie in eine Situation kommen, wo sie eine Niederlage voraussehen.

Als der Junge fünf Jahre alt war, war er einer der ungebärdigsten Kinder.
Die Mutter war immer erschöpft, so sehr nahm er sie in Anspruch. Er kletterte
mit den Schuhen auf den Tisch, griff mit den Händen in den Suppentopf,
nahm mit einem Werkzeug alle Schrauben seines Bettes heraus, zerstörte alle
seine Spielsachen usf. Wollte seine Mutter lesen, drehte er das Licht ab, wenn
sie Klavier spielen wollte, hielt er sich die Ohren zu und begann gellend zu
schreien usw. Der Junge war natürlich eine große Last, die Eltern versuchten
vieles mit ihm, um ihn wieder auf den richtigen Weg zu bringen. Wir verstehen
nun schon, dass seine Unarten offenbar das Resultat einer Funktionsprüfung
sind, die der Junge nicht bestanden hat. Die Eltern bekommen verschiedene
Ratschläge, was sie machen sollen. Es wurde ihnen geraten, den Jungen unter
andere Jungen zu schicken. Das taten sie auch. Der Junge brachte eine Unzahl
von unflätigen Ausdrücken mit und kam immer beschmutzt nach Hause.

Der Vater nahm ihn in den Zoo mit, um ihn abzulenken. Der Junge hatte
schon immer die Aufmerksamkeit der Eltern dadurch erweckt, dass er, wie so
oft verzärtelte Kinder tun, unruhig schlief, dass er in der Nacht aufschrie und
gelegentlich schlafwandelte. Nachdem er im Zoo war, schrie er weiter in der
Nacht auf und klagte beim Schlafengehen, er könne die Augen nicht schließen,
denn sobald er die Augen schließe, sehe er die Schlangen, die der Vater ihm
im Zoo gezeigt habe. Sie sehen, man kann den Jungen auch in den Zoo schicken – er wird immer nur den Gebrauch davon machen, der in seinen Lebensstil passt. Die Funktionsprüfung aber hatte er nicht bestanden, weil er einen
jüngeren Bruder bekommen hat. Sein Machtbereich war eingeschränkt, und
er trachtete, um wieder der Mittelpunkt zu sein wie vorher, mit aller Macht
nach einer Erweiterung.

Sie haben gesehen, dass der Junge Angst als Symptom gewählt hat. Warum

---

21 *Erg. 1936:* Aus seiner Kindheit lassen sich leicht eine große Aktivität und ein Mangel
an Gemeinschaftsgefühl erschließen. Er war ein potenzieller Delinquent, bis er geheilt
wurde.

macht er das Bett nicht nass? Warum macht er keine Schwierigkeiten mit dem Stuhl? Vielleicht ist er angeborenerweise anders veranlagt, hat andere erogene Zonen? Wenn Sie wollen, mache ich den Jungen zu einem Enuretiker und züchte ihm Stuhlschwierigkeiten an.[22] Wir werden lieber daraus schließen, dass die Mutter den Stuhl- und Urinfunktionen keine Aufmerksamkeit geschenkt hat, so dass der Junge nicht merkte, dass dies auch verwundbare Stellen wären, an denen er angreifen könnte.

Übrigens: »Auch der gute *Homer* schläft bisweilen.«[23]

Die Wahl der Symptome zu verstehen, ist keine mathematische Angelegenheit, die man mit einer Formel lösen könnte. Jede Formel ist zu vermeiden. Hier heißt es: verstehen, Beweise zu bringen für das, was man kraft einer größeren Erfahrung erraten kann. Man muss wohl die allgemeine Diagnostik der Individualpsychologie anwenden, aber sich damit noch lange nicht begnügen, sondern dann die spezielle Diagnostik folgen lassen, bis Sie zu der Aufdeckung der Ganzheit, der Persönlichkeit, der Individualität kommen. Daher »Individualpsychologie«.

[Ergänzender Fallbericht 1936:]

Eine 26-jährige, jung verheiratete Frau[24] verlor in der Zeit der wirtschaftlichen Depression ihre Stelle als Lehrerin, auf die sie sehr stolz war, und nahm eine Stelle als Schreiberin an, während ihre ältere Schwester, auch eine Lehrerin, ihre Stelle behielt. Kurze Zeit nach Antritt der neuen Stelle überkam sie eines Tages plötzlich das Gefühl, sie würde sofort sterben, wenn sie nicht von dem Stuhle aufstünde, auf dem sie bei ihrer Arbeit saß. Diese Angst vor dem Sterben überfiel sie auch bald nachher, wenn sie in der Untergrundbahn zu ihrer Arbeitsstelle fahren wollte, so dass sie, obwohl schon in Begleitung ihres Mannes, immer wieder aussteigen musste.

Prahlerisch erzählte sie gleich zu Beginn der Behandlung, wie sie als Kind immer alles durchsetzen konnte, selbst bei dem strengen Vater, der nur Interesse für den Jüngsten, einen Sohn, hatte. Als typische Zweite ergab sich für sie als verlockend, ihre Schwester in allem zu übertreffen, was ihr gewöhnlich gelang, insbesondere, wenn sie durch Weinen (»Wasserkraft«) ihre Eltern zum Weichen brachte. Hart traf sie aber, dass dem Bruder so viel mehr Gunst gewährt wurde als ihr. Die Herrschaft des Vaters im Hause und die dem Sohne gewährte Überlegenheit tönte ihre ins Klagen gewendete Revolte

---

22 Änd. 1936: Wie leicht wäre es, den Jungen zu einem Enuretiker zu machen und ihm Stuhlschwierigkeiten anzuzüchten.
23 [Horaz, Ars poetica, v. 359: »Indignor, quandoque bonus dormitat Homerus – Ich ärgere mich, wenn der gute Homer bisweilen schläft.«]
24 [Das Fallbeispiel wird in »Das Todesproblem in der Neurose« (1936j-1) unter dem Aspekt des Todes nochmals erörtert.]

mit der Furcht vor der weiblichen Rolle, dem »männlichen Protest«, der sich unter anderem, wie ich es als gewöhnliches Symptom aufzeigte, in Dysmenorrhoe zur Erscheinung brachte. Auch dass sie, belehrt durch die Erfahrungen mit dem Vater und mit dem Bruder, vorsichtigerweise einen ihr unterlegenen Mann suchte und fand, zeigt ihre Haltung zum Leben und zum männlichen Geschlecht. Trotzdem ihre junge Ehe ganz glücklich verlief, brach sie bei dieser Erwähnung in Tränen aus und äußerte die Befürchtung, dass sie auch in der Ehe unterliegen könnte. Als ihre Phobie, die sich zu einer Platzangst steigerte, anhielt, war ihr Gatte gezwungen, sich ganz in ihren Dienst zu stellen, sie überallhin zu begleiten und jeden ihrer Wünsche zu erfüllen. Die hinter ihrer Todesfurcht steckende Ablehnung einer sie erniedrigenden Stelle gewann noch Nahrung dadurch, dass die Schwester, auch eine Lehrerin, von ihr stets übertroffen, ihre Stelle erhalten hatte. Die Wahl ihres nervösen Symptoms war völlig identisch mit ihrem Verhalten in der Kindheit, wo sie ebenfalls durch Entfaltung ihrer zu Tode betrübten Persönlichkeit wieder die Überlegenheit erlangte, wenn sie sich verkürzt fühlte. Die besondere Nuance dieses Verhaltens war, dass sie dem Manne gegenüber sich unsicher fühlte, wie in der Kindheit ihrem Vater und dem Bruder gegenüber, so dass ihr die Schockresultate aus ihrer Niederlage gegenüber der Schwester so gelegen kamen, um ihrem Gatten gegenüber eine stärkere Überlegenheit zu gewinnen.

Natürlich konnte sie in Situationen, wo sie ihres Erfolges sicher war, auch durch Festigkeit und Zornausbrüche ihren Erfolg sicherstellen, wie in schwierigen Fällen durch Angst und Weinen. Die Unsicherheit der Autoren, die in solchen Fällen von Ambivalenz, Polarität oder Double Life sprechen, rührt daher, dass sie nicht das Ganze der Persönlichkeit als einheitlich sehen, sondern nur die Mittel, die zum Ziele des Lebensstils führen. Freilich haben wir keinen vereinheitlichenden Namen für nuancierte Lebensstile. Hätten wir ihn, so würde niemand an eine Ambivalenz denken.

Wieder zeigt sich uns durch obige Auseinandersetzung, dass der Weg zur Verhütung von Fehlschlägen gegeben ist, wenn wir, wie ich gezeigt habe, die Symptomwahl als durch den einheitlichen Lebensstil erzwungen begriffen haben.

41. Individualpsychologie und Psychoanalyse (1931)

Editorische Hinweise
Erstveröffentlichung:
1931n: Schweizerische Erziehungs-Rundschau 4, S. 59–61, 89–93
Letztveröffentlichung:
1982b: Psychotherapie und Erziehung, Bd. 2 (1930–1932), S. 192–209

In Teil I stellt Adler den aktuellen Stand seiner Theoriebildung dar. Er führt seine Überlegungen von »Der nervöse Charakter« (1931l, S. 451) über das Ich fort. Wie im Organischen den »Urkeim, die Zelle«, so sieht Adler auch im Seelischen ein Potenzial, die »Keimzelle als eines Ichs, der alle menschlichen Entwicklungsmöglichkeiten mitgegeben sind«. Die Notwendigkeit zur Ichbildung sei in der Evolutionstendenz der Urzelle begründet aufgrund der »evolutionären, schöpferischen Kraft« des Ich, der nach Vollendung strebenden Tendenz. Dieses Ich finde ein »Eingebettetsein in Werden und Tun«, finde Schranken an den Gegebenheiten der Gemeinschaft und den Zwang zur Anpassung und Überwindung. Adler unterscheidet die in gewissen Grenzen freie schöpferische Kraft des Kindes von der determinierten schöpferischen Kraft nach dem Aufbau seines Lebensstils, determiniert nicht durch Ursachen, sondern durch sein Ziel bzw. seinen Lebensstil. In diesem Beitrag nennt Adler das Streben nach Macht eine Verzerrung des Strebens nach Vollkommenheit.

Adler betont die Notwendigkeit der »finalen Anschauung« zum Verständnis seelischer Vorgänge im Gegensatz zur rein kausalen. Wissenschaft sei nicht eine Summe von empirischen Tatsachen. Wissenschaft heiße vielmehr, für den Zusammenhang der unmittelbaren Erfahrungen ein »erklärendes Prinzip« gefunden zu haben. Insofern jeder wissenschaftlichen Wahrheit ein ethischer Wert zukomme, sei auch die Individualpsychologie eine »ethische, wertende Anschauungsform«.

In Teil II geht Adler auf die Unterschiede von Individualpsychologie und Psychoanalyse ein: Zensur des Unbewussten, Narzissmus, Ideal-Ich, Über-Ich und Kastrationskomplex. Den Grundunterschied zwischen Psychoanalyse und Individualpsychologie sieht Adler nicht in der Trieblehre oder im Geltungsstreben, sondern im unterschiedlichen Menschenbild: Freud gehe davon aus, dass der Mensch von Natur aus dem Lustprinzip folge, daher vom Standpunkt der Kultur aus als böse anzusehen sei, während die Individualpsychologie behaupte, dass der Mensch zum Guten neige. Die Frage der Ganzheit der Persönlichkeit, die den wesentlichen Beitrag der Individualpsychologie zur modernen Medizin ausmache, erscheine in der Psychoanalyse als unwesentlich. Die Ganzheit sieht Adler als Grundmelodie des Lebensstils, der alle Kräfte und Triebe, auch die Sexualität, zur einheitlichen Stellungnahme zwingt.

Individualpsychologie und Psychoanalyse[1]

I. Individualpsychologie

Die individualpsychologische Theorie fußt auf der Erfahrungstatsache des Primordiats der Keimzelle als eines Ichs, einer Ganzheit, einer wenn auch mit unseren Mitteln schwer erkennbaren Persönlichkeit, der beim Menschen alle menschlichen Entwicklungsmöglichkeiten mitgegeben sind. Außerhalb dieses Ichs der Keimzelle gibt es weder ein »Es« noch »Triebe« sadistischer oder welcher Art immer. Zu den menschlichen Entwicklungsmöglichkeiten gehören in millionenfacher Verschiedenheit Triebe, Gefühle, Motilität, Denkkraft, Leistungsfähigkeit in ihren minimalen Ursprüngen. Hier liegt das freilich bescheidene Feld der Hereditätsforschung, die aber niemals die evolutionäre, schöpferische Kraft des Ichs übersehen sollte, besonders aber nicht die nach Vollendung strebende Tendenz, eine ewige Aufgabe des Individuums.

Denn dieses Ich, die keimgegebenen Möglichkeiten der primitiven Zelle, findet gegenwärtige und vielleicht auch dauernde Schranken an den Gegebenheiten der Gemeinschaft, der Beschaffenheit des Kosmos, der Erdkruste, der Zweigeschlechtlichkeit und allen Wegbereitungen derselben. Im Erleben aller Realitäten liegt der Zwang zur Anpassung und Überwindung. Dadurch ist die Aufgabe gesetzt, für alle Ewigkeit, der die Ganzheit des Individuums, die Ganzheit der Menschheit ausgesetzt ist, ein Eingebettetsein in allmenschliches Werden und Tun, dem jede menschliche Kreatur unterliegt, wo jedes Individuum durch sein Verhalten und durch seinen Lebenslauf seine größere oder geringere Eignung und Anpassung erweist. Dabei ist die Einmaligkeit jedes menschlichen Lebensstils weder durch Heredität noch durch Milieueinflüsse, sondern nur durch das zielstrebige, nach Vollendung drängende, individuelle, schöpferische Gestalten.

---

1 Vorbemerkung der Redaktion der Schweizer Erziehungs-Rundschau: Endlich sind wir in der Lage, die bereits letztes Jahr vorbereitete und angekündigte Artikelreihe über Individualpsychologie und Psychoanalyse zu veröffentlichen. Die Verzögerung hatte ihren Grund in der Arbeitsüberlastung Dr. *Adlers* und in seiner längeren Abwesenheit in Amerika. Die Verzögerung wird aber reichlich durch den Umstand ausgeglichen, dass wir nun in der Lage sind, einen Originalartikel des berühmten Begründers der Individualpsychologie zu veröffentlichen. Wir befolgen auch bei dieser Artikelreihe unseren Grundsatz, zu einem Thema auch gegensätzliche Meinungen zum Ausdruck kommen zu lassen und fügen darum bei, dass die Redaktion der SER nicht mit allen Darlegungen einig geht.
Im nächsten Heft wird Herr Dr. *Adler* speziell die Unterschiede der Individualpsychologie gegenüber der Psychoanalyse behandeln, während Herr Dr. *Pfister* die Unterschiede der Psychoanalyse gegenüber der Individualpsychologie hervorheben wird.

So wird der allem seelischen und körperlichen Wachstum zugrunde liegende finale Prozess entschleiert. Und es ergibt sich trotz aller psychologischer Spruchweisheit die Notwendigkeit einer *finalen Anschauung* zum Verständnis seelischer Vorgänge im Gegensatz zu rein kausalen.

Die Finalität in der Betrachtung seelischer Prozesse drängt sich mit solcher Urgewalt in die Betrachtung des Trieblebens, der Denkvorgänge, des Gefühlslebens und der Aktivität, dass selbst dort, wo, wie so häufig, die Individualpsychologie mit recht wenig Kenntnis und Geschick bekämpft wird, auch der verwegenste Opponent im Banne der Finalität steht. Und selbst die Bildersprache anderer psychologischer Richtungen baut *[60]* sich in deren Unbewusstem auf als ein Streben nach irgendeiner Art von Vollendung, im Suchen nach Überlegenheit, um einem Minderwertigkeitsgefühl zu entkommen (Ödipuskomplex, Narzissmus, Zensor, Über-Ich, Ideal-Ich, Schuldgefühl, Triebhaftigkeit etc.). Jenseits der wissenschaftlichen Voreingenommenheit dürfte wohl kein Zweifel bestehen, dass die individualpsychologische Konzeption viel tiefer liegt und nicht übersehen werden kann.

Auch die weitverbreitete Zweifelsucht mancher Kritiker glaube ich beheben zu können, die der Individualpsychologie folgende Rechte bestreiten: 1. sich Individualpsychologen zu nennen. Da wir die Ganzheit des Individuums in seiner Bezogenheit zu den unumgänglichen Lebensfragen untersuchen, könnte sich dieser Zweifel wohl beheben lassen. 2. sich eine Wissenschaft zu nennen. Dieser Irrtum beruht ganz und gar auf einem Missverständnis darüber, was Wissenschaft eigentlich ist. Meist meinen diese Kritiker, Wissenschaft sei eine Summe von empirischen Tatsachen, aus einem Laboratorium oder durch unmittelbare Anschauung gewonnen. Dann wäre mancher Laboratoriumsdiener der eigentliche Wissenschaftler. Wissenschaft heißt vielmehr für den Zusammenhang und die Beziehung der unmittelbaren Erfahrungen ein erklärendes Prinzip gefunden zu haben, dem sich alle unmittelbaren Erfahrungen einordnen lassen, ohne einen Widerspruch aufkommen zu lassen. Dabei ist die Bedeutung des Common Sense von ausschlaggebendem Wert. 3. dass sie der Metaphysik keinen Raum gibt. Da das oben beschriebene erklärende Prinzip der Individualpsychologie jenseits der unmittelbaren Erfahrung liegt und sich nur durch die – bisher – vollkommene Widerspruchslosigkeit mit den unmittelbaren Erfahrungen rechtfertigt, erledigt sich auch diese Meinungsäußerung in glatter Weise.

Ernster scheint mir der Einwand, dass die Individualpsychologie eine ethische, wertende Anschauungsform sei. Dieser ungerechte Tadel enthält eigentlich, ganz abgesehen von dem nicht zu leugnenden letzthinnigen ethischen Wert aller wissenschaftlichen Wahrheit, ein starkes, uneingeschränktes Lob, gelegentlich auch schüchtern ausgesprochen, die Konzedierung der »praktischen Vernunft«, der menschlich und gesellschaftlich zutage liegenden Brauchbarkeit der Individualpsychologie. Das »Soll«, das »Fiat«, das in jeder

Erkenntnis liegt, ist nicht die Erkenntnis selbst. (Man verzeihe mir diesen Exkurs in den psychologischen Kindergarten.)

Die schöpferische Kraft des Kindes im Aufbau seines Lebensstils ist in gewissen Grenzen frei und ungebunden. Erst wenn es sein Ziel nach mannigfachen Vorversuchen und Meinungen konkret gestaltet hat, alle andern zu beherrschen, an den notwendigen Leistungen teilzunehmen, allen Entscheidungen auszuweichen und, noch konkreter: reich, stark, mutig, vorsichtig, schlau, wahrheitsliebend, was alles sich in der Fantasie, in der Berufswahl, in der Wahl der Symptome ausprägt, ist es determiniert, aber nicht durch Ursachen, sondern durch sein Ziel oder, was dasselbe ist, durch seinen Lebensstil. Dieser Einheit der Persönlichkeit, diesem unbewussten Lebensplan fügen sich gleichlaufend das Denken, das Fühlen, das Handeln, das Wollen, alle Charakterzüge, das Bewusste und das Unbewusste ein. Nur wer das »Bewusste« wörtlich nimmt, wer nicht erfasst hat, dass ein bewusster Vorgang »sein eigentliches Gegenteil« bedeuten kann, wer vergessen hat, dass Bescheidenheit auch Hochmut bedeuten kann (*Sokrates*) wird immer Gegensätze des Bewussten und Unbewussten zu entdecken glauben. Wer nicht erfasst hat, dass Konflikte des Bewussten und Unbewussten ebenso wie der Konflikt im Zweifel des Bewussten zur »zögernden Attitüde« gehören, wird den Gleichlauf vermissen.

Am frühesten war die Aufmerksamkeit der Individualpsychologie auf jene Einflüsse gerichtet, die bei unserer scharfen Erfassung der Einmaligkeit des Individuums »erwartungsgemäß« nicht »kausal« die Ganzheit beeinflussen können. So kamen wir zum Verständnis der Bedeutung von der verschiedenen Wertigkeit der Organe für das Erleben, für die *Meinung* des Kindes in Bezug auf seine Rolle im Leben. Der Einmaligkeit der Organminderwertigkeit entspricht auch die Einmaligkeit im Eindruck auf das seelische Wachstum. Ist man in das Netz der »Typisierung« verstrickt, so wird man von der Tausendfältigkeit der seelischen Erfolge überrascht, besonders wenn man der »freien« schöpferischen Kraft des Kindes keine Rechnung trägt. Bei richtiger Anwendung des individualpsychologischen Grundsatzes, *keine Formel zu verwenden, sondern Schlüsse im Sinne des Common Sense*, nicht das eigene Urteil als maßgebend zu betrachten, sondern den Spuren zu folgen, die das Kind gegangen ist, wird man der kindlichen Konstruktion der *»psychischen Konstitution«* gerecht werden. Dem Erleben der Organminderwertigkeit können Stärke und Schwäche entspringen. Und dazwischen liegen tausend Varianten. Immer aber wird es sich um einen Versuch der Anpassung, um ein Ziel der Vollendung handeln.

Die genauesten Kenntnisse über die Wahl des Lebensstils verdanken die Psychologie und die Pädagogik den individualpsychologischen Untersuchungen des *verzärtelten,* von einer zweiten Person abhängigen Kindes. Von den einfachsten bis zu den kompliziertesten Fällen zieht sich die Erscheinung der

»Anlehnung«, der »Erwartung« (die schon *Kraepelin* aufgefallen war), der geringen Entwicklung des Gemeinschaftsgefühls. Ich darf wohl nach jahrelangem Suchen behaupten, dass nahezu ausschließlich alle menschlichen Fehlschläge, Schwererziehbarkeit, Neurose, Psychose, Selbstmord, Verbrechen, Trunksucht, Morphinismus und Kokainismus und ein ganz großer Teil abwegiger Lebensanschauungen auf das Gefühl der Unsicherheit zurückzuführen sind, das man am deutlichsten bei ehemals verzärtelten Kindern antrifft. Wobei nicht zu vergessen ist, dass auch solche unter ihnen zu finden sind, die bei Überwindung der hierher gehörigen Schädlichkeiten ganz große Leistungen vollbracht ha*[61]*ben, während andere auch mit einem blauen Auge davongekommen sind, wenn sie nicht einer strengen Funktionsprüfung unterworfen wurden.

Freilich ist die Entscheidung, ob einer diesem verzärtelten Lebensstil angehört, nicht immer leicht. Ich möchte nach meiner Erfahrung das Urteil darüber nicht jedem beliebigen Kritiker überlassen.

Auch Lieblosigkeit in der Erziehung, die Rivalität der Geschwister, unglückliche Ehen der Eltern, Familientraditionen, die soziale Umwelt und die ökonomischen Verhältnisse lassen ihre Spuren zurück. Aber auch in dieser Beziehung ist es wichtig, bei der Tausendfältigkeit dieser Spuren darauf zu achten, was das Kind daraus gemacht hat.

Unsere scharfe Betonung der Ganzheit, die seither fast Allgemeingut der Psychologie geworden ist, führte uns ganz im Anfang schon in die Zeit zurück, in der wir den Aufbau des Lebensstils feststellen konnten, ohne dass wir gezweifelt hätten, dass dieser Lebensstil schon vor unserer Entdeckung bestanden hat. Dieser Lebensstil ist recht eigentlich die *psychische* Konstitution des Individuums und kann nur geändert werden nach Aufdeckung des Fehlers in ihm und nach voller Überzeugung des Untersuchten. Unser »Überzeugen« des Untersuchten sollte doch nicht als Intellektualismus angesehen werden, da wir bei unserer Ganzheitsbetrachtung fraglos die Beeinflussung der ganzen Persönlichkeit im Auge haben. Unter anderem dienen uns Erinnerungen, Träume, Fantasien, kurz alle Ausdrucksbewegungen als Wegweiser zum Verständnis des Lebensstils, wie besonders zum Zwecke der Überzeugung des Untersuchten. Erst wenn wir in allen diesen Erscheinungsformen die gleiche Grundmelodie, die gleichen seelischen Klangfiguren festgestellt haben, die Ganzheit, die das ganze seelische Gewebe durchzieht, sind wir unsrer Sache sicher.

Weitgehende Untersuchungen haben uns darüber belehrt, dass unter allen Umständen der Grad des erworbenen Gemeinschaftsgefühls, des Interesses für den andern und für das Wohl der Gesamtheit den Unterschied der Lebensstile ausmacht, viel mehr als alle anderen Faktoren. Dies gilt so sehr als Grundsatz der Individualpsychologie, dass wir eine Verbesserung des in jedem Falle künstlerischen Aufbaues der Ganzheit nur erwarten können, wenn es gelingt, die

Anpassung des Individuums im Sinne der Mitmenschlichkeit, der Mitarbeit, der Liebe zu verbessern. Diese Aufgabe setzt ein intensives Verständnis der Individualpsychologie voraus. Es fällt uns nicht ein, dem Untersuchten mit einer Formel an den Leib zu rücken. Wohl aber sind wir durch unsere Grundanschauungen geleitet, ohne dabei die Einmaligkeit, die tausendfältigen Varianten zu vergessen. Wie sehr dabei der Common Sense gewahrt werden muss, wie groß die Schulung in der Zusammenhangsbetrachtung sein muss, wissen vielleicht nur die wenigen, die in jahrelanger Arbeit Individualpsychologie betrieben haben.

II. Die Unterschiede zwischen Individualpsychologie und Psychoanalyse

Ich stelle mir vor, dass ich eine Auseinandersetzung über Psychoanalyse lese und dass, wie es sich in letzter Zeit häuft, darin Bemerkungen zu finden sind, wie etwa dass die Individualpsychologie auf demselben Boden steht oder sie nicht an Tiefe erreicht. Ich würde entgegenhalten: Ist nicht die tiefere Grundlage aller von *Freud* behaupteten psychologischen Tatsachen, zum Beispiel die Zensur des Unbewussten, durchaus auf dem Streben von unten nach oben aufgebaut? Wer schafft und leitet die Zensur? Nach welchen Gesichtspunkten arbeitet die Zensur? Ist es nicht das Streben nach Geltung und Überlegenheit, um aus einem Gefühl der Minderwertigkeit herauszukommen und eine Art Totalität, eine Art Gleichwertigkeit festzuhalten? Ich möchte sagen: Wir können uns unmöglich damit begnügen anzunehmen, dass die Zensur *biologisch* eine Rolle spielt, wir müssen darauf hinweisen, dass, wenn es so etwas gibt, es nur einen Sinn haben könnte, irgendwelche unbewusste Regungen zu irgendeinem Zweck zu verschleiern und zu verändern. Zu welchem Zweck? Wir werden kaum einen andern Zweck finden können, als den, der dazu dient, das Gefühl des Eigenwertes festzuhalten und zu heben. Das würde heißen, dass die tiefere Grundlage einer solchen Darstellung doch wieder zu finden wäre in den Feststellungen der Individualpsychologie, in dem Streben aus einem Gefühl der Minderwertigkeit heraus zu einer Art Überlegenheit zu kommen. Das würde aber auch heißen, dass in dem Werk eines Mannes, der diese Auffassung einer Zensur auseinandergesetzt hat, wirksam ist: die individualpsychologisch festgehaltene Idee des Strebens nach oben. Das würde heißen: In dem Unbewussten *Freuds* findet die individualpsychologische Auffassung sich bestätigt. Wenn das nicht bewusst zutage tritt, so müsste bei *Freud* nach seiner eigenen Anschauung eine Zensur angenommen werden, die diese tiefere Grundlage verhüllt. Auch diese Zensur wäre geleitet durch das Streben von unten nach oben. Da man oft auf die Behauptung stößt, als ob die Psychoanalyse tiefer gehen würde, genügt der Hinweis, dass die individualpsychologische Anschauung auch dem Denken des Psychoanalytikers die Wege weist, zum Beispiel auch beim Ödipuskomplex, das ist bei der Idee, als ob das Kind den gegenteiligen Partner libidinös besitzen will. Die Anschauung hat sich in letzter Zeit geändert – die Mädchen haben keinen Ödipuskomplex –, weil mit der wachsenden Erfahrung der Ödipuskomplex als der fixe Pol nicht festgehalten werden konnte. Eines ist sicher, dass auch diese Aufstellung nicht konzipiert werden könnte, wenn nicht gleichzeitig gedacht wird, dass der Sohn nach den Lorbeeren, nach den Möglichkeiten, nach der Stärke des Vaters strebt. Ob man das als Sexuallibido auffasst oder dem ein weiteres kompliziertes Feld gibt – es ist sicher, dass diese Auffassung nicht gedacht werden könnte, wenn der Denker nicht unbewusst von der Idee beeinflusst wäre, dass der Knabe über sich hinauswachsen will, zu einer Überlegenheit über den Vater gelangen will. Wir sehen, wie stark diese Tatsache des Strebens nach Geltung alle unsere Gedanken beeinflusst, auch die Gedanken anderer Schulen. Ich glaube, man kann von einer Lehre nicht mehr verlangen. Auch hier wieder, in dieser [90] Konzeption, ist die tiefer liegende individualpsychologische Dynamik zu sehen.

Ich möchte mich zu einer anderen *Freud*'schen Auffassung wenden, zum Narzissmus. Sie wurde in einer Zeit bekannt gemacht [Freud 1914c/1975], wo die Individualpsychologie das Egozentrische des Nervösen scharf hervorgehoben hat. Es ist eine Frage der Terminologie. Will ich unter Narzissmus nur eine sexuelle Eigenliebe verstehen, dann muss der »Narzissmus«, wenn er mehr sein soll als eine der tausend Varianten der Eigenliebe, geleugnet werden. Wo die sexuelle Eigenliebe auftritt, da ist sie nur eine der vielen Erscheinungsformen, in der einer nur an sich denkt. Das vollzieht sich nicht nur innerhalb seiner sich entwickelnden Sexualität, sondern in allen Beziehungen seines Lebens. Wir finden dann das Bild eines in sich gekehrten Kindes oder Erwachsenen, einen Lebensstil, der nur dadurch zustande kommen kann, wenn einer vorher alle anderen Menschen aus seinem Erleben auszuschalten imstande war. Das andere ist der natürliche Gang der Entwicklung, so dass wir derartige Erscheinungen wie den Narzissmus nicht als angeborene Komponente oder als Durchgangspunkt ansehen können, sondern als sekundäre Phase, als ein Ergebnis, zustande gekommen, weil einer die selbstverständlich gegebenen sozialen Beziehungen ausgeschaltet oder nicht gefunden hat. Dann bleibt für das Erleben nichts übrig als das Erleben seiner eigenen Persönlichkeit, die Lösung aller Lebensfragen mit ausschließlicher Rücksicht auf die eigene Person. Wenn man den Begriff des Narzissten außerordentlich erweitert wie in der Psychoanalyse, so zeigt er nichts anderes als den von uns ausführlich beschriebenen Typus des egozentrischen Menschen. Wir werden feststellen müssen, dass diese Ausschaltung der anderen einen Mangel an Gemeinschaftsgefühl bedeutet, dass er entstanden sein muss, weil einer sich die Kraft nicht zutraut und nicht gelernt hat, innerhalb des Gefüges, in das er gestellt ist, innerhalb des menschlichen Zusammenhanges den ihm gegebenen Aufgaben gerecht zu werden. Damit sagen wir, dass in der Konzeption des Narzissmus der wichtigste Teil übersehen ist: die dauernde Ausschaltung der anderen, die Einengung der Aktionssphäre. Wir sehen daraus mit Recht, dass das ein Mensch ist, der sich nicht für stark hält, dass Narzissmus ein Schwächegefühl bedeutet, einem Minderwertigkeitsgefühl entsprungen, welches gleichzeitig aus sich heraus Kompensation sucht durch scheinbare Erleichterung der Situation. Dass diese Haltung in Konflikt kommt mit den sozialen Fragen des Lebens ist evident. Es ist also festzustellen, dass wir hier einen Mangel an Gemeinschaftsgefühl finden, wie er einem stärkeren Minderwertigkeitsgefühl entspricht, wo ein Kind sich wie in Feindesland sieht und glaubt, nichts mehr leisten zu können oder nur, indem es alle Ereignisse nahezu zwangsweise auf sich bezieht und alle Bindung ausschaltet.

Ich möchte noch ein Wort zum Todeswunsch sagen, der später [Freud 1920/1975] in der Psychoanalyse eine große Rolle gespielt hat. Dieser Todeswunsch ähnelt dem Narzissmus aufs Haar. Er ist nichts anderes als die noch weiter gehende Ausschaltung aller Beziehungen zum Leben. Auch er ist der Ausdruck des Schwächegefühls. Dieser Todeswunsch läuft parallel mit der Idee des Pessimismus. Die Psychoanalyse ist pessimistisch. Der Todeswunsch ist ein vielleicht unverstandenes Bekenntnis der Schwäche gegenüber der Wirklichkeit und Mangel an Interesse für die anderen, an der Mitarbeit. Wir finden darin den Mangel des Gemeinschaftsgefühls, er ist ein letztes Auskunftsmittel für den Schwachmütigen. Wenn ein Autor zu einer solchen Auffassung gelangt, als ob der Todeswunsch das Allgemeine wäre, dann muss man die Behauptung aufstellen, dass dies selbst ein Bekenntnis der Schwachmütigkeit ist. Er empfindet die Welt voll Unruhe und Schwierigkeiten, vor denen er kapituliert. Auch hier ist es der Ausdruck eines Minderwertigkeitsgefühls, präsentiert in wissenschaftlicher Form.

Das *Ich-Ideal* ist eine späte Konzeption der Psychoanalyse. Das Ideal-Ich hat eine verfluchte Ähnlichkeit mit dem Gemeinschaftsgefühl. Dieses Ideal-Ich will nichts anderes, als was durch das Gemeinschaftsgefühl als Ideal hingestellt ist: das Streben nach einem Ziel der Mitmenschlichkeit. So findet sich im Ideal-Ich versteckt die finalistische Anschauung der Individualpsychologie. Wenn man an das *Über-Ich* denkt, so müssen wir sagen, das ist die spätere Konzeption dessen, was wir als das fiktive Ziel der Überlegenheit kennengelernt haben. Das ist auch nur ein neues und nicht schönes Wort, nachgebildet dem Wort »Übermensch«. Hieße es so, dann würde jeder den Abklatsch des Gottähnlichkeitsstrebens feststellen können. Es heißt nicht so, weil man die Individualpsychologie aus Missverständnis in die Nähe *Nietzsches* versetzt hat. Hier erscheint nichts anderes als das individualpsychologische Ziel der Überlegenheit.

Ich möchte nun den maßgebenden Grundunterschied zwischen Psychoanalyse und Individualpsychologie zeigen. Er liegt nicht etwa darin, dass *Freud* die von der Individualpsychologie zuerst geschaffene, später als unrichtig verlassene Trieblehre aufgegriffen hat. Ich habe das Streben nach Geltung in den Vordergrund gebracht. Nicht das ist der Unterschied, sondern dass *Freud* davon ausgeht, dass der Mensch von Natur aus nur seine Triebe befriedigen will – Lustprinzip –, daher vom Standpunkt der Kultur aus als durchaus böse anzusehen ist. Das ist die Konzeption der *Freud*'schen Auffassung, dass dieser von Natur aus böse Mensch nur zum Zwecke der besseren Lebensführung dieses unbewusste Böse durch die Zensur verdeckt, während die Individualpsychologie feststellt, dass die Entwicklung des Menschen kraft seiner ungeeigneten Körperlichkeit unter dem erlösenden Einfluss des Gemeinschaftsgefühls steht, so dass alle seine Triebe in die Richtung des allgemein Nützlichen gelenkt werden können. Das unzerstörbare Fatum des Menschengeschlechts ist das Gemeinschaftsgefühl. Das ist in der Individualpsychologie die Wahrheit, in der Psychoanalyse Finte. Die Individualpsychologie [91] behauptet demnach, dass der Mensch kraft seiner Körperlichkeit, also eines biologischen Faktors, zum Gemeinschaftsgefühl, zum Guten neigt. Neurotiker, Verrückte, Selbstmörder etc. werden wir erst dann finden, wenn das Gemeinschaftsgefühl gedrosselt wird. In diesem Falle wird das Kind egoistisch, verliert das Interesse an den anderen und drängt sein biologisch begründetes Geltungsstreben auf die unnützliche Seite, um das Ziel einer *persönlichen* Überlegenheit zu erreichen. Wer diesen Unterschied klar erfasst hat, wird nicht daran denken können, dass diese zwei Lehren mehr gemeinsam haben als einzelne Worte. Das hat jede Lehre gemeinsam mit jedem Wörterbuch. Es ist unzulässig, sich auf derartige Dinge zu stützen.

Ich habe mit diesen Ausführungen viel Wichtiges nicht berührt. Ich könnte von der verschiedenen Bedeutung sprechen, die wir den Kindheitserinnerungen beilegen. Wir finden keinen Typus von Kindern darin, die den Ödipuskomplex haben, aber einen Typus der verzärtelten Kinder. Wir kennen auch andere Typen, Kinder mit minderwertigen Organen und den Typus der Kinder, die nie etwas von Mitmenschlichkeit erlebt haben. Hier ist der Rahmen viel weiter als in der psychoanalytischen Anschauung. Auch die Anschauungen über den Traum sind grundverschieden.

Trotz der, wie ich glaube, vielfachen wissenschaftlichen Gegensätze war ich immer bereit anzuerkennen, dass *Freud* durch seine Bestrebungen vieles klargestellt hat, vor allem die Position der materialistisch gerichteten Neurologie außerordentlich erschüttert hat und der Psychologie als Hilfswissenschaft der Medizin ein breites Tor geöffnet. Das ist neben seiner detektivischen Kunst des Erratens kraft des Common Sense sein Hauptverdienst. Dass er nicht weitergekommen ist, daran sind die Grenzen seiner Persönlichkeit und die Grenzen der Persönlichkeit seiner Schüler schuld.

Mir scheint, dass in der ganzen Frage der Urtriebe und der Heredität eine große Verwirrung herrscht. Nehmen wir an, dass im Leben eines Menschen sich nichts entwickelt, wofür nicht die Möglichkeit von vornherein gegeben ist, dann sehen wir, welchen Missbrauch man mit dieser nicht wegzuleugnenden Tatsache treiben kann. Niemand war so kühn zu behaupten, dass sich irgendwann später im Leben etwas zeigen könnte, das nicht schon embryonal gegeben ist. Diese Möglichkeiten sagen aber noch nicht, dass etwas, was wir im Leben vor uns sehen, sich schon in dieser Form embryonal gestaltet hat; alle die Möglichkeiten können *verschiedenartig* ausgestaltet werden. Wenn wir unsere Auffassung vom Streben nach Geltung beleuchten wollen, müssen wir sagen: Es ist selbstverständlich, dass es nur zustande kommen kann, wenn es in der Anlage begründet ist. Was wir sehen, wie etwa den Charakter, kann aber nicht außerhalb der Gemeinschaft gedacht werden, weil dieses Streben nach Geltung als Charakter gesehen, als soziale Funktion angesehen werden muss, die sich nur im Rahmen einer Gemeinschaft zeigen kann. Wir werden nicht vergessen, dass das Kind in seinen ersten Tagen seine körperliche Schwäche gegenüber den kulturellen Forderungen erlebt, dass sie auf dieses Kind, insbesondere wenn es zu vergleichen beginnt, wie ein Stachel wirkt. Welche Möglichkeiten immer vorliegen mögen, die ein Machtstreben entwickeln, der Stachel führt immer dazu, mehr sein zu wollen. Da der Faktor der Evolution unaufhörlich wirksam ist – und Streben nach Geltung ist sein seelischer Ausdruck –, kann das Streben zu einem Streben nach persönlicher Macht ausarten. Hier greift das Gemeinschaftsgefühl regulierend ein. Das Streben nach Macht ist nur die verzerrte Seite des Strebens nach Vollkommenheit. Es wird dem Kinde täglich nahegelegt, über seine Schwierigkeiten hinauszukommen, dorthin zu gelangen, wo es Sicherheit findet, wo es eine Befriedigung seiner Bedürfnisse erwarten kann. *Die Zielsetzung aber muss vorangehen.* So haben wir das Streben nach Geltung aufzufassen als eine im Biologischen wurzelnde Funktion. Aber nicht in der Form, als ob das, was wir heute als Streben nach Überlegenheit sehen, angeboren wäre. Wäre das so, so käme man freilich zu dem Schlusse, dass der Mensch, so häufig nach egoistischer Macht gierig, von Natur aus böse ist. Wir finden aber immer, dass das persönliche Machtstreben zustande kommt durch einen Irrtum aus der frühesten Kindheit, wo die Seele des Kindes nicht reif genug ist, richtige Schlüsse zu ziehen. Wir sehen, dass sich nach dem vierten oder fünften Lebensjahr ein *Prototyp* gestaltet, eine ursprüngliche Lebensform, *eine psychische Konstitution,* die selbstständig wirksam wird, selbstständige Schlüsse zieht, in tausend Varianten sich seiner ursprünglichen Eigenart nach entwickelt. Wir können von unserem Standpunkt nachweisen, inwieweit und warum diese ursprüngliche Entwicklung des Kindes abweicht von dem, was wir als Gemeinschaftsmenschen erfasst haben. Von einem Urtrieb des egoistischen Machtstrebens kann nicht gesprochen werden, weil es die Objektivierung gegenüber einem sozialen Zusammenhang, eine soziale Relationserscheinung ist.

Ich habe noch nie eine Äußerung vernommen, die das Lustprinzip mit dem Gemeinschaftsgefühl in Zusammenhang bringen will. Das Lustprinzip ist nach *Freud* mit dem Triebleben verknüpft, das Gemeinschaftsgefühl ist der kompensatorische Faktor für das körperliche Minderwertigkeitsgefühl des Menschen. Man kann sich den Menschen in seiner Schwäche nicht anders vorstellen als unterstützt durch die Gemeinschaft. Man könnte sagen, dass dieses Geschöpf isoliert nicht leben kann, dass es nur lebensfähig ist durch die Hilfe der Gemeinschaft. Wir können die Gemeinschaft als den wichtigsten kompensatorischen Faktor der menschlichen Schwäche ansehen. Das Erlebnis des Gemeinschaftsgefühls hat mit Lust nichts zu tun. Es ist lustvoll für den Gemeinschaftsmenschen, aber nur deshalb, weil er in die Gemeinschaft eingebettet ist, es ist unlustvoll, für den, der die Gemeinschaft als Fessel empfindet, *[92]* der nur nach persönlicher Genugtuung verlangt. Zum Beispiel für den Mörder ist es lustvoll, gegen das Gemeinschaftsgefühl zu handeln, für den Neurotiker ist es lustvoll, sich auf andere zu stützen. Das Ziel, der Lebensstil erzwingen die Lust oder Unlust, wobei zu bemerken ist, dass der Mitmensch in seinem Ziel nicht nach Lust, sondern nach Glück strebt. Da wir Individualpsychologen so außerordentlich stark, »wie in einer Art Elephantiasis« *(Pfaundler) die Einheit des menschlichen Seelenlebens* betonen, so ist es keine Frage, dass die Lustempfindung parallel laufen muss entsprechend dem Ziel. *Nietzsche* sagt ungefähr: »Die Lust stellt sich ein, wenn es kraft der Gangart eines Menschen am Platze ist.«[2] Deswegen kann man das Lustprinzip als ordnenden Gedanken nicht verwenden, sondern nur das Streben nach der idealen Endform.

Seit langer Zeit bemühe ich mich, hier eine biologische Analogie zu entdecken. Ich weiß nicht, ob sie mehr wäre als ein Gleichnis. Auch im Organischen spielt sich der Prozess ähnlich ab. Im Keim liegt als Möglichkeit vor, zum Beispiel dass sich das Ei einer Henne immer zur Henne entwickelt. Dieser im Organischen stattfindende Prozess, der finale Tendenz hat, die wieder latent im Urkeim gelegen ist, ist offenbar auch dem seelischen Urprozess beigemengt und wird irgendwie durchzudringen trachten. So kam ich zu dem Begriff des *Strebens nach Totalität,* das nichts anderes heißen kann als das Suchen nach einer Situation, in der alle Kräfte, Triebe, Gefühle, bewusste und unbewusste Regungen etc. einheitlich darnach streben, die Schwierigkeiten des Lebens zu überwinden. Dieses Suchen, diese Bewegung, mündet in eine Form aus. So kann ich von einer idealen Endform sprechen.

---

2 [Das Zitat ist in dieser Form nicht nachweisbar. Oft bezeichnet Nietzsche aber Lust als »Gefühl der Macht«, zum Beispiel Nietzsche 1977, S. 750: »Lust ist nur ein Symptom vom Gefühl der erreichten Macht, eine Differenz-Bewusstheit – (es strebt nicht nach Lust: sondern Lust tritt ein, wenn es erreicht, wonach es strebt: Lust begleitet, Lust bewegt nicht–).«]

Einzelne Psychoanalytiker haben es selbst hervorgehoben, dass sich der *Kastrationskomplex* aus dem »*männlichen Protest*« entwickelt hat. In unserer Kultur steckt der Fehler, weibliche Gestaltung und weibliches Verhalten als minderwertig, als verkürzte Lebensform anzusehen. Im »Nervösen Charakter« [Adler 1912a/2008a] finden sich Fälle beschrieben, wo die Patienten ihr Gefühl des Verkürztseins so ausdrücken, dass sie vom Verlust des Penis sprechen.

Anfänglich war bei *Freud* der *Traum* eine Wunscherfüllung, um infantile, sexuelle Erregungen zur Auslösung und Befriedigung zu bringen. Er musste dann alles, was in den Träumen vorkommt, sexuell auffassen. Daher stammt auch die Auffassung von den Sexualsymbolen. Der Träumer wolle den Blick nach rückwärts kehren. Ich habe darauf hingewiesen, dass der Träumer nach vorwärts blickt, die Lösung einer Aufgabe bezweckt. Das ist der Grundunterschied. Ich glaube nicht, dass *Freud* auch diesen Gesichtspunkt übernommen hat, als ob der Traum versucht, ein vorliegendes Problem einer Lösung zuzuführen. Es sind im weiteren Verlaufe unserer Auffassung neue Gesichtspunkte hinzugekommen, zum Beispiel: Was ist der Zweck des Traumes? Das hat mich am meisten beschäftigt: Warum träumen die Menschen, wenn sie ihre Träume nicht verstehen? Die Lösung, die *Freud* gegeben hat, ist zu sehr aus der Luft gegriffen; der Mensch träume, damit er nicht erwache, damit er sich mit der Erfüllung seiner infantilen Erregung beschäftige und den Schlaf nicht störe. Ich erlebe es oft, dass die Patienten erwachen, wenn sie träumen. – Weiter ist dieser Punkt nie berührt worden, während ich die Frage aufgeworfen habe: Warum träumt ein Mensch? Eine zureichende Lösung schien ich nicht gefunden zu haben, bis mir der Gedanke aufdämmerte: Dass der Mensch seine Träume nicht versteht, das liegt in der Absicht des Träumers. Er *will* den Traum seinem Verständnis entziehen. Das kann kaum einen anderen Sinn haben, als dass im Traum etwas geschieht, was er mit dem Verstand nicht rechtfertigen könnte. Der Traum hat die Absicht, den Träumer zu betrügen. Der betreffende Mensch sucht sich in einer bestimmten Situation selbst zu betrügen. Ich habe auch verstanden, warum man den Traum nicht versteht. Er ist nur dazu da, um eine *Stimmung* zu erzeugen. Diese Emotion darf nicht durchleuchtet werden, sie muss als Emotion bestehen und wirken, geschaffen aus der Individualität eines Menschen. Das muss offenbar dem Wunsch entsprechen, da dieses Individuum sich die Lösung seines Problems entsprechend dem Common Sense nicht zutraut, sie mittels einer Emotion und entsprechend seinem Lebensstil durchzuführen. Wenn ich die Mittel des Traumes untersuche, finde ich, dass sie das richtige Arsenal eines Selbstbetruges darstellen: 1. *die Auswahl bestimmter Bilder*. Nicht in den Bildern ist die Erklärung zu finden, sondern in der Auswahl, das heißt, dass der Träumer in der Auswahl seiner Gedanken durch eine Tendenz geleitet wird. Wir kennen die Kraft, die auswählt, es ist die Individualität eines Menschen, seine Einheit, sein Ziel, und so finden wir schon in dem einen Gesichtspunkte, dass hier die Individualität waltet und nicht der Common Sense. Der Mensch ist nicht imstande, das Problem nach dem Common Sense zu lösen, sondern dadurch, dass er ein Bild auswählt, welches eine seinem Lebensstil geneigte Emotion erzeugt. Durch die Emotion geschieht nichts anderes, als was er kraft seiner Individualität auch getan hätte; der Träumer will sich nur verstärken, er will sich recht geben. So konnte ich verstehen, dass der Traum die Brücke vorstellt, vom gegenwärtigen Problem zur Individualität. Andere Mittel des Traumes, zum Zwecke der Autointoxikation sind 2. die *Gleichnisse und Symbole*. Auch hier ist das Wichtigste: Warum gerade dieses Gleichnis? Warum überhaupt ein Gleichnis? Auch in der psychologischen Struktur des Gleichnisses ist die Neigung zum Selbstbetrug enthalten. Es wäre sehr interessant, bezüglich der dichterischen Gleichnisse die psychologische Struktur bloßzulegen; auch hier ist es ein Betrug, Betrug im weitesten Sinn, irgendeiner Absicht auf einem Umweg gerecht zu werden, hier zum Zwecke der poetischen Verklärung. Alle Symbole haben den Zweck, den Betreffenden mit einer Stimmung zu erfüllen, kraft deren er ausführt, was er auch entsprechend seiner Individualität *[93]* ausführen würde. Es gibt noch eine Menge anderer Mittel, zum Beispiel 3. die *Simplifikation* im Traum. Das ist das bedeutsame Mittel des Selbstbetrugs, ein Problem so weit einzuengen, dass nichts übrig bleibt als ein kleiner »unschuldiger« Rest. Dann erlebt er das Problem nicht als Ganzes, sondern nur als einen kleinen Teil. Da hat er die Möglichkeit, eher den Weg zu gehen, den er gehen will, als wenn er durchgängig Umschau hält. Diese Mittel sind nicht nur dem Traum eigen. Wenn sich einer im wachen Leben betrügen will, dann verwendet er dieselben Mittel. Er arbeitet mit der Auswahl bestimmter Erinnerungen und Bilder, er verwendet auch Gleichnisse und Symbole und auch die Simplifikation. So ist unser Ergebnis von dem der Psychoanalyse grundverschieden: »Der Traum ist die Via Regia zum Unbewussten.«[3] Das bedeutet einen Gegensatz zum wachen Denken. Wir sagen: Dieser Gegensatz existiert nicht. Auch das *Unbewusste* ist kein Gegensatz des Bewussten. Wenn einer das Bewusste analysierend aus dem Zusammenhang reißt, kann er Unterschiede entdecken, wer aber das Bewusste zu deuten lernt, der versteht, dass das Bewusste ebenso unbewusst ist. Einen Gegensatz gibt es da nicht. Deshalb konnte die Auffassung *Freuds* nicht haltbar sein, wenn er meint, die Neurose entsteht aus dem Konflikt zwischen dem Bewussten und Unbewussten.

Zu alledem noch: Man kann aus dem Triebleben den seelischen Aufbau eines Menschen nicht verstehen, weil der Trieb »richtungslos« ist (siehe auch *Hermann Schwarz*). – Das Hauptproblem der Psychologie ist nicht, die ursächlichen Wirksamkeiten wie in der Physiologie zu erfassen, sondern die rich-

---

3 [Freud 1900/1972, S. 577: »Die Traumdeutung aber ist die Via regia zur Kenntnis des Unbewussten im Seelenleben.«]

tenden, ziehenden Triebe und alle anderen seelischen Bewegungen leitenden Ziele. So kam die Individualpsychologie zu ihrer finalistischen Auffassung.

Die Notwendigkeit zur Ichbildung ist in der Evolutionstendenz der Urzelle (von Menschen und anderen Lebewesen) begründet. – Die Zelle samt ihrer Evolutionstendenz stellt das Ich vor. Außerhalb dieses Ichs gibt es nichts, kein »Es« und keinen »Trieb« und keine »Libido«, was das Material zur Stellungnahme gegenüber den Lebensfragen abgeben könnte. Das Ich aus den Trieben – gar aus dem sadistischen und masochistischen – entwickeln zu wollen, heißt, diesen Trieben die Ichgestalt zuschreiben: Wissen und List in die Zensur, in Über-Ich- und Ideal-Ich-Entwicklung legen, ebenso Richtung gegen die – obwohl in verschiedener Gestalt – nach der Geburt auftretenden Menschen; in alle drei ein Geltungsstreben: in den Ödipuskomplex, ins Ideal-Ich, in den Kastrationskomplex (s. Männlicher Protest); ein Ziel in die abwandelbaren Sexualtendenzen etc. – Kurz, der Trieb wird hier zum Dämon in fertiger Gestalt.

Die Frage der Ganzheit der Persönlichkeit, die den wesentlichen Beitrag der Individualpsychologie zur modernen Medizin ausmacht, erscheint in der Psychoanalyse als unwesentlich. Wie diese Ganzheit jede seelische Teilerscheinung durchdringt und individuell färbt, fällt aus der Betrachtung der Psychoanalyse, die wie hypnotisiert in jedem Anteil nach der sexuell-libidinösen Struktur sucht.

Es würde zu weit führen, in dieser Arbeit auch noch den Beweis zu führen, dass die *Freud'sche Psychologie der Psychopathologie des verzärtelten Kindes entnommen ist und diese in sexuellem Dialekt beschreibt.*

An allen Punkten rächt sich das Übersehen der Ganzheit als Gestalterin und Grundmelodie des durchschlagenden Motivs, das alle Teile, Kräfte, Triebe, auch die Sexualität, zur einheitlichen Stellungnahme zwingt. Daher das Missverständnis eines Gegensatzes von Bewusstem und Unbewusstem, daher auch die enthusiastische Akzeptierung der Ambivalenz, beides im Gegensatz zur Einheit der Persönlichkeit.

Auch in der Behandlung zeigt sich die Psychoanalyse unzulänglich. Das besagt nicht, dass nicht auch geheilte Patienten existieren. Wir greifen das Grundprinzip an, die Übertragung und die schwächliche Nothilfe der Sublimierung. Die »Übertragung« in der Psychoanalyse hat zwei Gesichter. In Hinblick auf das eine ist nicht mehr darin zu finden als die unveränderliche Ganzheit der Persönlichkeit und ihre Stellungnahme auch dem Arzt gegenüber. Dieser Gesichtspunkt gehört also der individualpsychologischen Persönlichkeitspsychologie an. Durch die ständige Unterstreichung von sexuellen Zusammenhängen zweitens – ob sie nun bestehen oder nicht – kommt wie immer im Leben eine sexuelle Atmosphäre zustande, die zur Annäherung oder Abstoßung führt.

Wenn wirklich nur die Sublimierung der bösen Triebe übrig bleibt, wie will man die durchführen, ohne vorher das Gemeinschaftsgefühl gehoben zu haben, ohne den Mut zur Mitmenschlichkeit, zur Leitung geweckt zu haben? Sapienti sat[4].

In einer zukünftigen Geschichte der Entwicklung der Psychologie und Psychopathologie wird die *Freud*'sche Lehre als der bewundernswerte Versuch figurieren, das Seelenleben des verzärtelten Kindes als eine allgemeingültige Psychologie in den stärksten Ausdrücken der Sexualterminologie zu beschreiben.

Der Hinweis auf geheilte oder gebesserte Fälle ist kein hinlänglicher Beweis für die Güte einer Methode. Eher die Tatsache der ungeheilten Fälle. Denn trotz aller theoretischen Formeln ist der Arzt gezwungen, seine Fähigkeit, dem Common Sense Rechnung zu tragen, zur Auswirkung zu bringen. Auch der Patient kann seinen eigenen Common Sense im Laufe von Diskussionen entbinden, vielleicht oft, ohne dass der Arzt es merkt. Common Sense, das heißt aber: der *menschlichen Gemeinschaft* entsprechendes Denken.

---

4 [Sapienti sat: »Dictum sapienti sat est« stammt vom römischen Dichter Plautus, wörtlich übersetzt: Dieses Wort genügt dem Verständigen. Gemeint ist, dass der Eingeweihte keine weitere Erklärung brauche.]

42. Zwangsneurose (1931)

Editorische Hinweise
Erstveröffentlichung:
1931q: Archiv für Psychiatrie und Nervenkrankheiten 93, S. 262–274
Neuauflage:
1931f: Internationale Zeitschrift für Individualpsychologie 9, S. 1–15
Letztveröffentlichung:
1982b: Psychotherapie und Erziehung, Bd. 2 (1930–1932), S. 85–105

Der Vortrag, den Adler auf dem 5. Internationalen Kongress für Individualpsychologie am 26.–28. September in Berlin hielt, wurde am 29. November 1930 eingereicht und erschien 1931 in der Zeitschrift »Archiv für Psychiatrie und Nervenkrankheiten« (zusammen mit dem Kongressbericht von Otto Kankeleit s. u.). Im gleichen Jahr wurde er auch in der Internationalen Zeitschrift für Individualpsychologie veröffentlicht. Die Erstveröffentlichung des Vortrags im »Archiv für Psychiatrie und Nervenkrankheiten« ist Bestandteil des Kongressberichts und scheint eine Mitschrift oder ein Entwurf zu sein. Für die »Internationale Zeitschrift für Individualpsychologie« hat Adler den Vortrag stilistisch überarbeitet und inhaltlich ergänzt. Da die Differenzen keine sachliche Relevanz haben, wird hier diese Fassung veröffentlicht.

Der Berichterstatter des Kongressberichts war Otto Kankeleit aus Hamburg. Der erste Teil (ohne den Vortrag) wird hier vollständig wiedergegeben: »Der diesjährige Kongress, der unter dem Vorsitz von Dr. Kronfeld tagte, stellte einen Höhepunkt in der Entwicklung der Individualpsychologie dar: Die Zahl der Teilnehmer betrug über 2000, und es zeigte sich, was besonders aus den Vorträgen von Kronfeld und Wexberg hervorging, dass die Brücken von der Individualpsychologie zur Klinik geschlagen sind. Der Struktur der Individualpsychologie entsprechend wurde nicht nur die ärztliche Psychotherapie referiert, sondern es wurden auch pädagogische und sozialpsychologische Probleme erörtert, und zwar war der erste Tag der ärztlichen Psychotherapie, der zweite Tag der Pädagogik und Heilpädagogik und der dritte Tag der Sozialpsychologie gewidmet. Im Gegensatz zu rein wissenschaftlichen Tagungen hatte dieser Kongress in manchen Referaten eine persönliche, mehr oder weniger weltanschaulich gefärbte Prägung. Man könnte das von der wissenschaftlichen Warte aus als einen Mangel kritisieren. Doch im praktischen Wirken des Psychotherapeuten und Erziehers ist die Persönlichkeit von überragender Bedeutung: Die noch so exakt begründete Technik versagt, wenn sie ohne persönliche Resonanz angewendet wird. So ist es verständlich, dass der Eindruck, den der Kongress etwa auf einen kritisch eingestellten Forscher machte, ein völlig anderer sein musste als der auf einen um Heilung bzw.

Führung der ihm anvertrauten menschlichen Seelen bemühten Arzt oder Erzieher. Bei Letzteren hängt das Urteil wesentlich von dem Eindruck ab, den der Vortragende in seinen Qualitäten als Arzt oder Erzieher erweckt, und ein weniger gelehrtes und weniger wissenschaftliches Referat kann, von einer Führerpersönlichkeit vorgetragen, der Sache mehr dienen als ein wissenschaftlich stich- und hiebfester Vortrag aus dem Munde einer unausgereiften, in den Fundamenten unsicheren Persönlichkeit. Auf der Vortragsbühne des Kongresses traten die verschiedensten Spielarten menschlicher Charaktere auf: vom kühl abwägenden Gelehrten und Forscher bis zum draufgängerischen, von Fanatismus durchglühten Reformer. Der dritte Tag zeigte, wie es ja das Gebiet der Sozialpsychologie verständlich macht, mehr Persönlichkeiten der letzten Gruppe, während am ersten Tag sich mehr eine wissenschaftliche Abgeklärtheit geltend machte. Den Auftakt zum Kongress bildete ein öffentlicher Vortrag von Alfred Adler: ›Zum Sinn des Lebens‹[1]. Er führte aus, dass nur das Dauer hat in der Geschichte der Menschheit, was allgemein nützlich ist. Das irdische Leben stellt den Menschen immer vor Fragen, die Gemeinschaftsgefühl verlangen. Wer es nicht hat, kann sie nicht lösen (Fragen der gesellschaftlichen Beziehungen, des Berufs, der Liebe). Bei allen Fehlschlägen im Leben mangelt es an einem genügenden Grad von Kooperation: bei schwer erziehbaren Kindern, Nervösen, geistig Anormalen, Verbrechern, Selbstmördern, Süchtigen, sexuell Perversen usw. Das Ich in seinen tausend Varianten unterscheidet sich hauptsächlich durch den Grad des Gemeinschaftsgefühls. Ewigen Bestand hat nur, was dem Sinn des Lebens entspricht: Kooperation. Den medizinischen Teil des Kongresses leitete Adler durch ein Referat über Zwangsneurose ein.«

Im Artikel erwähnt Adler, dass eine Gruppe der neurotischen Symptome unter dem Namen der »Zwangsneurose« zusammengefasst worden sei. Er betont, dass die Einteilung in verschiedene Gruppen der Belehrung diene, dass aber nicht vergessen werden dürfe, dass es sich um individuelle Nuancen des neurotischen Lebensstils handle. Zum ersten Mal seit 1912 erwähnt Adler wieder den Aggressionstrieb (1912a/2008a). Es handle sich dabei um eine teils bewusste, teils unverstandene Stellungnahme dem Leben gegenüber. Bei der Zwangsneurose wie bei allen anderen Neurosen sei eine Grundstimmung aufzuspüren, die entweder deutlich Angst ist oder auf Angst zurückzuführen ist. Die Zwangsneurose zeige regelmäßig Züge der Angst, wenn der betreffende Patient nicht seine Symptome entwickelt. Schon in seinem Beitrag »Die Zwangsneurose« (1918b, S. 189) erwähnte Adler die ängstliche und quälende Stimmung des Zwangspatienten. In diesem Beitrag interessiert ihn die Funktion dieser Stimmung: Der Patient werde gezwungen, eine Zwangshandlung auszuführen, die ihm selbst als sinnlos er-

---

1   Aus der Zusammenfassung von Kankeleit ergibt sich eine Übereinstimmung mit Adlers Vortrag »Der Sinn des Lebens« (Adler 1931g, S. 429), den er im Juni 1930 in Berlin gehalten hat.

scheint, aus einem Gefühl der Unsicherheit heraus, welches einem bestimmten Zweck diene, dem Zweck des Geschütztwerdens. Bei einem Patienten, der einen Zwang in sich fühlt, aus dem Fenster zu springen, handle es sich nicht um Abwehr, um einen Konflikt oder um Schuldgefühle. Der Zwang liege nicht in der Idee oder der Handlung, der Zwang komme von den Anforderungen des Lebens, denen der Zwangsneurotiker ausweichen will, weil er sich ihnen nicht gewachsen fühlt. Er weiche aus auf einen Nebenkriegsschauplatz, der ihm eine Überlegenheit verspricht, wenn er irgendwelche Befürchtungen durch Anspannung seiner ganzen Kräfte überwindet. Zuletzt bringt Adler eigene Fallbeispiele.

Zwangsneurose

Wenn wir heute das allgemeine Gebiet der Wirkung und Wirkungsweise der Individualpsychologie verlassen, um in ein spezielles Feld einzutreten, das in erster Linie die Ärzte berührt und interessiert, so wollen wir niemals des großen Zusammenhanges vergessen, in dem der Einzelne zur Allgemeinheit steht und mit der er untrennbar verbunden ist. Ich hoffe, Sie zu überzeugen, dass das, was wir in dieser medizinischen Sitzung beraten und besprechen, immer Nuancen sind, die zum Zwecke der Belehrung, des Erkennens in verschiedene Gruppen eingeteilt werden, von denen eine die Zwangsneurose betrifft.

Es ist kein Zweifel, dass in den letzten Dezennien und wohl auch schon früher besonders die Ärzte psychologischen Untersuchungen geneigt waren. Es hängt dies damit zusammen, dass der psychologisch interessierte Arzt wie unter einem Mikroskop Veränderungen beobachtet, die sonst im Leben wohl auch vorkommen, aber dem Blick des Ungeschulten entgehen. Es war ein großer Fortschritt, als *Westphal* nach einigen Vorbereitungen, die aus Frankreich und aus Wien (*Krafft-Ebing*) kamen, sich entschloss, eine Gruppe der neurotischen Störungen, der neurotischen Symptome unter dem Namen der »Zwangsneurose« zusammenzufassen. Seit dieser Zeit ist die Literatur ungeheuer angewachsen, und wenn ich nur auszugsweise Namen nenne wie *Bonhoeffer*, *Bumke*, *Freud*, *Kronfeld*, *Stekel*, so bin ich mir bewusst, dass ich viele bedeutsame Autoren nicht erwähnt habe, die doch mehr oder weniger mit den Genannten in manchen Punkten übereinstimmen, in manchen Punkten freilich abweichen. Heute will ich den Beitrag schildern, den die Individualpsychologie zum Verständnis der Zwangsneurose geleistet hat. Ich muss weit zurückgreifen; denn das Bestreben der Individualpsychologie war immer mehr darauf gerichtet, das Warum verstehen zu lernen, warum ein Mensch sich in dieser oder jener Weise, die uns auffällt, die uns als krankhaft erscheint, benimmt, während andere Forscher mehr Neigung hatten, zu erkennen, *wie* gerade diese Symptome zustande kommen. Dabei darf nicht außer Acht gelassen werden, dass bei beiden Gruppen auch die andere Frage

Berücksichtigung fand, während doch immer die eine Frage im Vordergrund stand. Es ist begreiflich, dass bei unserer Ganzheitsbetrachtung gerade die Frage mehr in den Vordergrund trat, warum ein Mensch sich so benimmt, dass er seine Lebensfrage nicht in der *allgemein erwarteten* Weise löst. So begann ich ebenfalls im Jahre 1908, kurz nach Vollendung meiner »Studie über Minderwertigkeit von Organen« [Adler1907a/1977b], in welchem Werk ich zu zeigen versuchte, dass ein Kind, welches mit schwachen Organen zur Welt kam, die Schwäche, die Unsicherheit seiner Organe erlebt, dass es in dem Aufbau seines Ich in einem Gefühl der Unsicherheit, in einem Gefühl der Überbürdung, des Druckes sich auf verschiedenste Weise, in tausenden Varianten seines Druckes zu entledigen sucht, um im Zusammenhang mit seiner Umgebung doch zu einem Gefühl des Wertes seiner Persönlichkeit zu gelangen, die finale Anschauung der Individualpsychologie auszugestalten, die darauf hinausläuft, zu zeigen, dass es sich im Seelenleben um eine *Bewegung* handelt, auf die Lösung nahezu unwandelbarer Lebensaufgaben gerichtet. Dabei besteht freilich auch die Tendenz, die Außenwelt in einer Weise zu verändern, dass das Individuum zu einer idealen Endform zu gelangen hoffen kann. Dass es sich hier um Lebensfragen und Probleme handelt, die wir, einigermaßen im Bereich unserer Willkür, sehr verschieden sehen und zu lösen versuchen, ist keine Frage, und daraus erklären sich auch die zahllosen Varianten in unserer Entwicklung und in unseren Ausdrucksformen. Im Jahre 1908 kam ich auf den Gedanken, dass sich jedes Individuum eigentlich stets in einem Zustand der Aggression befindet, und unvorsichtigerweise habe ich diese Stellungnahme Aggressionstrieb genannt. Wer diese Arbeit zur Hand nimmt, wird darin die Grundlage jener psychologischen Schule finden, die sich später als Triebpsychologie entwickelte. Bald erkannte ich jedoch, dass es sich dabei gar nicht um einen Trieb handelt, sondern um eine teils bewusste, teils unverstandene Stellungnahme den Aufgaben des Lebens gegenüber, und ich gelangte auf diese Weise zum Verständnis *des sozialen Einschlags* in der Persönlichkeit, dessen Grad immer nach Maßgabe seiner *Meinung* über die Tatsachen und Schwierigkeiten des Lebens ausgestaltet ist. Nicht die Tatsachen also, das Ding an sich, ein bestehendes »Realitätsprinzip« also, sondern was ein Individuum von den Forderungen der Außenwelt »meint«, und was es von seiner Fähigkeit, sie zu erfüllen »meint«, zeigt sich in seiner Stellungnahme. Die Individualpsychologie stellt demnach das Individuum in die Geschlossenheit und in den Bezugskreis sozialen Geschehens, eine Einfügung, bei der jeder freilich immer nur auf dem Wege zu einer idealen Ausgestaltung bleibt. Auf diese Weise kam die Individualpsychologie auf den Weg, den sozialen Gehalt im Lebensstil, wie ich es im »wissenschaftlichen Sinn des Lebens«[2] zu schildern

---

2 [Gemeint sein dürfte »Der Sinn des Lebens«, 1931g, in diesem Band, S. 429]

versucht habe, festzustellen und tatsächlich in jeder Bewegung diese Fähigkeit zur Kooperation auf dem Wege zur Überlegenheit zu messen.

Um auf mein Spezialthema überzugehen, muss ich erwähnen, dass ich im Jahre 1912[3] in Zürich in der »Gesellschaft der Ärzte« einen Vortrag über die Zwangsneurose hielt, der in »Praxis und Theorie der Individualpsychologie« vollinhaltlich veröffentlicht ist [Adler 1918b, in diesem Band; S. 189]. In dieser Arbeit glaube ich einen Schritt getan zu haben, der sich heute in allen anderen Auffassungen psychiatrischer Schulen, wenngleich in veränderter Form, wiederfindet. Ich stellte nämlich fest, dass unter allen Umständen ein neurotisches Symptom zustandekommt, wenn einer vor den Lebensfragen auszuweichen [3] trachtet, weil er sich zur Lösung derselben im Sinne seines Strebens nach Überlegenheit in seiner Grundstimmung nicht gewachsen fühlt. Der Zwangsneurotiker zeigt regelmäßig Züge der Angst, wenn er nicht in einer bestimmten Situation seine Symptome entwickelt. Er wird gezwungen, etwas zu tun, eine Zwangshandlung auszuführen, die ihm selbst als sinnlos erscheint und, ich will vorwegnehmen, die ihm als vom sozialen Leben abwegig erscheint, der er aber dennoch Raum geben muss, weil er es sonst mit der Angst zu tun bekommt. Der Zwangsneurotiker hat ein Gefühl der Unsicherheit, ein Gefühl des Nichtgewachsenseins, das immer biologisch sinnvoll ist, niemals ein psychologisches Endstadium vorstellt, sondern im sozialen Leben sich auswirkt. Angst ist eine der konkretesten Formen des Minderwertigkeitsgefühls, das einem bestimmten Zweck dient, dem Zweck des Geschütztwerdens. Eine angstneurotische Patientin zum Beispiel war schon so weit, dass sie allein ausgehen konnte. Als sie eines Nachts nach Hause kam und vor dem Haustor einen fremden Menschen stehen sah, schrie sie ihn an: »Warum gehen Sie denn nicht fort, sehen Sie denn nicht, dass ich Angst habe?!« Die Verwendung der Angst als Mittel zur Macht spielt im sozialen Zusammenhang eine große Rolle. In dieser Arbeit aus dem Jahre 1912 [1918] habe ich auch darauf hingewiesen, dass der Zwangsneurotiker sich sichtlich auf einem sekundären Kriegsschauplatz befindet und dass er sich *dort* abmüht, anstatt wo wir ihn erwarten, in der Lösung seiner Lebensfrage, so dass wir den Eindruck bekommen, er führt einen Kampf gegen Windmühlen, ist der richtige Don Quijote, beschäftigt sich mit Dingen, die gar nicht in unsere Welt hineinpassen, offenbar um die Zeit zu vertrödeln, die Zeit, die ihm als der gefährlichste Feind erscheint, weil sie immer etwas von ihm verlangt, weil sie ihn zur Lösung von Aufgaben veranlasst, denen er sich nicht gewachsen fühlt. Es ist immer feststellbar, dass tatsächlich ein Mangel an Vorbereitung zur Lösung der Lebensfragen vorliegt und dass dieser Mangel – ob er nun wirklich besteht oder nur in der Einbildung »gemeint ist« – ihn hindert, vorwärtszukommen, so dass er in die *zögernde Attitüde* verfällt. In dieser zögernden Attitüde wendet sich

---

3   [Adler hielt den Vortrag 1918.]

der Zwangsneurotiker auf den sekundären Kriegsschauplatz, und wir müssen feststellen, dass ein solches Ausweichen nur geschehen kann, wenn einer sich vor einer Niederlage fürchtet. Denn wenn der Zwangsneurotiker seiner Sache sicher ist, geht er vorwärts, dann ist er nicht durch Zwangsideen gehindert; dann löst er seine Aufgabe. Nur in einem gewissen Anteil seines Lebens, im Berufsleben, im wissenschaftlichen Leben, oft auch im Liebesleben, findet man in besonderer Stärke seine Neigung entwickelt, seine Niederlage zu verhüten, indem er sich auf einen sekundären Kriegsschauplatz begibt und den Zwang des Lebens durch einen Gegenzwang ausschaltet.

An dieser Stelle muss ich auf die Vergangenheit des Patienten zurückgreifen. Denn was jemand tut, tut er immer aus dem Material seiner Erfahrungen, und das liegt natürlich in der Vergangenheit. Jeder besitzt schon nach dem 4. oder 5. Lebensjahre eine gefestigte Lebensform, die ihre eigenen Organe hat, die assimiliert, die alle Erlebnisse nach ihrem Gutdünken verwendet und verdaut, und Schlüsse zieht, die in ihr Apperzeptionsschema passen, [4] so dass ihr nur diejenigen Teile eines Erlebnisses als wichtig erscheinen, die den Lebensplan nicht mehr stören. Ferner erwähnte ich, dass in seltenen Fällen nur die Ausprägung des Strebens nach Überlegenheit *so deutlich* ist wie in der Zwangsneurose, was viele der Autoren sagten, aber nicht verstanden, weil sie nicht das Maß der Individualpsychologie hatten. Der Zauberglaube, der Glaube an die Allmacht der Gedanken, das Aufgreifen des primitiven, archaischen Denkens –, das nicht als Atavismus, nicht aus dem »kollektiven Unbewussten« stammt, sondern einen allgemein zugänglichen, kindlichen Kunstgriff nach dem Machtgefühl vorstellt –, das alles stammt aus dem Streben nach einer einzigartigen Überlegenheit, die ich als *Gottähnlichkeit* beschrieben habe. Der Zwangsneurotiker strebt nach dem deutlichsten Ausdruck seiner Gottähnlichkeit, den er natürlich auf dem Gebiet des sozialen Lebens nicht erreichen kann, weil er das nicht hat, was selbst nur zum Streben danach gehört, nämlich das Interesse für den anderen. So kann ich auch Meinungen übergehen, als ob der Zwangsneurotiker sich dadurch von den anderen unterscheiden würde, dass er an einer Objektkrankheit litte. Ganz im Gegenteil, der Angstneurotiker benötigt den anderen, drückt seine Gefühle der Minderwertigkeit deutlich aus in der Ausprägung seiner Unsicherheit, seiner Angst und zieht eine andere Person in seinen Bereich, in dem er zum Ausdruck eines sichtbaren Minderwertigkeitskomplexes gelangt. Der Zwangskranke trachtet, diese Angst zu überwinden, trachtet sich zu zeigen in der Form, in der er seinen Weg angetreten hat, als einer, der *gottähnlich ist, der sich über alle anderen erhebt, der alle anderen entwertet.* Er gestaltet so einen Überlegenheitskomplex in der Überdachung eines Minderwertigkeitskomplexes, und kommt sich als erhaben genug vor, da er nur durch den Zwang gehindert ist, seine Siegermission zu erfüllen. In dem Zwangsgedanken aber erschimmert voll und ganz seine fantastische Überlegenheit. Ferner erwähnte ich, dass das, was die Autoren als Ambivalenz beschrieben haben, als Zweifel, als Gegensatz der Charaktere und Gefühle, durchaus nur eine Antinomie in den Mitteln ist, aber nicht in dem Endzweck. Es handelt sich hier um eine Frage, die natürlich für die ganze Neurosenlehre von größter Bedeutung ist. Die Individualpsychologie, die die Einheit des persönlichen Lebens und Strebens so scharf betont, musste Stellung nehmen zur Idee der Ambivalenz, indem sie hinzufügt, dass natürlich einer, der ausweichen will, um sich in seiner Einbildung und in seinem Gefühle zur Gottähnlichkeit zu erheben, einen Anfangspunkt und einen Endpunkt zeigen muss in dieser Bewegung. Die Individualpsychologie hat immer scharf darauf hingewiesen, dass sie das seelische Leben als Bewegung sieht, Form, Ausdruck und Funktion als gefrorene Bewegung, und so darf es uns nicht wundern, wenn sich jemand von unten nach oben erheben will, dass er zwei anscheinend kontrastierende Punkte erkennen lässt. Ferner entspricht es auch der Tausendfältigkeit des Lebensstils, dass niemals eine ideale Bewegung in ihm zu finden ist. Die Differenz zum Ideal des Mutes, der Wahrhaftigkeit, der Aktivität usw. wird sich bei ungenauer Betrachtung immer als Gegensatz darstellen lassen. Schade, dass wir für die Varianten einer seelischen Bewegung nicht einheitliche Worte und Begriffe haben. Dann wäre der Irrtum sicher nicht unterlaufen. *[5]*

Man wird natürlich auch die sogenannte »Freude am Leiden« wahrnehmen, die ihm dann schließlich das Gefühl der Einzigartigkeit, das Gefühl der Gottähnlichkeit einträgt und wirklich nur jene Freude darstellt, die einer hat, wenn er sich durch eine Schadensumme vom größeren Übel, der offensichtlichen Niederlage im Leben losgekauft hat.

Ich habe auch darauf hingewiesen, dass in der frühesten Kindheit schon der Zwangsneurotiker jedesmal einen Weg findet, der darauf hinweist, welches Wertgefühl dieses Kind in sich entwickelt auf Grund der Einflüsse, denen es ausgesetzt war. So entwickelt der Zwangsneurotiker frühzeitig schon ein Gefühl des höchsten Eigenwertes ohne Leistung in einer absurden Gedankenfolge. Fehlerlosigkeit, exzessive Peinlichkeit, Verquickung von schwer erscheinenden Aufgaben mit der Lösung leichterer ohne inneren Zusammenhang, starre Religionsübungen, die danach auslugen, »Gott zu versuchen« usw., Situationen als schwierig zu empfinden, um sie dann siegreich zu lösen, Rivalitäten, die man auf einem Nebengeleise zu schlagen hofft, groteske Übertreibungen einer guten Familientradition liegen immer in einer richtig geführten Anamnese vor. Immer war der Zwangsneurotiker ein Mensch, der den neurotischen Charakter gezeigt hat, wie ich ihn im Jahre 1911 in meinem Buch »Über den nervösen Charakter« [1912a/2008a] zu schildern versucht habe, ein Mensch, der sich den anderen gegenüber als abgesondert fühlt, der nur an sich denkt, der voll von Eigenliebe ist, der kein Interesse am Wohlergehen der Allgemeinheit hat und sein persönliches Ziel hoch über die anderen in die Luft spitzt, ohne sich die Verwirklichung im sozialen Strom der Welt zu-

zutrauen. Ferner habe ich als »Sicherungstendenz in der Neurose« bezeichnet, die in der Zwangsneurose besonders stark hervortritt, was nicht etwa nur eine Abwehr vorstellt, schon gar nicht gegen unterdrückte sexuelle Wünsche, sondern psychische Ausdrucksformen, arrangiert und wohl trainiert, um in neurotischer Art sein Ziel der persönlichen Überlegenheit wahrhaft zu erreichen. Wenn wir einen Patienten finden, der einen »Zwang« in sich fühlt, aus dem Fenster zu springen, so baut er diesen Zwang als Sicherung auf, um zu dem Gefühl seiner Überlegenheit zu gelangen, wenn er ihn siegreich bekämpft und in diesem ganzen Zusammenhang eine Ausrede für das Misslingen im Leben findet. Ebenso wenig können wir von einem Konflikt im wahren Sinne des Wortes sprechen, da wir den Patienten immer auf dem Wege des Ausweichens finden, den er mit guten Vorsätzen oder Schuldgefühl pflastert. Diese guten Vorsätze, die als Schuldgefühle erscheinen mögen, sind absolut tot, sie bedeuten gar nichts für das Leben des Patienten. Es bedeutet auch gar nichts, wenn er seine Schuldgefühle in die Auslage stellt, in dem sicheren Bewusstsein, durch das Bekenntnis seiner Schuld edler, vornehmer und frommer zu erscheinen als alle übrigen, indem er Nichtigkeiten zu Bedeutung und Würde erhebt. Dass sich hinter diesen beklagten Nichtigkeiten nichts »Tieferes« verbirgt, geht wohl daraus hervor, dass es, wie in der Melancholie, bei der Äußerung des Schuldgefühls bleibt, ohne dass je »tätige Reue« geübt wird. Ich komme nun zur Feststellung einer wichtigen Tatsache, die den Autoren entgangen zu sein scheint. Es wird immer von einem Zwange gesprochen, der [6] in die »Zwangsideen« verlegt wird, als ob die Zwangsidee oder Zwangshandlung mit Zwang geladen wäre und wie aus der Versenkung herauf gelegentlich, von Zeit zu Zeit aufstiege, um sich seiner Opfer als »ichfremd« zu bemächtigen, dem normalen Denkakt entzogen, als dämonische Macht. Diese anthropomorphisierende Auffassung (vgl. die »fundamentale Apperzeption« Jerusalems) wird durch die *Freud*'sche Idee (der mit unübertrefflicher Grazie jedem seiner Triebe menschliche Züge eines Ichs verleiht) durchaus nicht gefördert, wenn das, was man schon weiß (Mangel an Gemeinschaftsgefühl, Minderwertigkeitsgefühl, Streben nach Überlegenheit), in seine Sprache transformiert wird (anal, sadistisch, Schuldgefühl). Der Zwang liegt gar nicht in der Idee oder der Handlung, sondern außerhalb, er liegt auf dem Gebiet unseres normalen, sozialen Lebens. Von dort aus ist der Zwangsneurotiker gezwungen oder getrieben. Er *muss* den Tatsachen des Lebens ausweichen, weil er sich ihnen nicht gewachsen fühlt und weil sein himmelhoher Ehrgeiz eine offene Niederlage vermeiden muss. Er weicht weiter und weiter vor den Bajonetten des Lebens zurück, die er gegen sich gerichtet fühlt, bis er sich in einer Ecke des Lebens befindet, wo er keiner Prüfung ausgesetzt ist und sich Ideen zurechtzimmert, die ihm das Gefühl seiner Allüberlegenheit geben, weil er sich allmächtig fühlt, wenn er irgendwelche selbst verfertigte Befürchtungen durch Anspannung seiner ganzen Kräfte überwindet. Darin liegt der Sinn der

»Sicherungstendenz«, wie ich sie beschrieben habe. Also der Zwang liegt nicht in dem zwangsneurotischen Symptom, sondern innerhalb der schreckenden Tatsachen unseres Lebens. Ferner konnte ich mit großer Sicherheit feststellen, dass das persönliche, plötzliche Aufraffen dem Patienten seit Kindheit anhaftet, was auch in seinen frühesten Erlebnissen zu sehen ist. Einen Fall möchte ich kurz berichten, der einen 45 Jahre alten Mann[4] in guter Position betrifft. Sie können leicht den Schluss ziehen, dass solche Menschen, die nach Überlegenheit streben, gelegentlich auch im Leben ganz gute Erfolge aufweisen. So finden wir den Zwangsneurotiker außerordentlich häufig in einer vorgerückten sozialen Situation. Er hat etwas erreicht. Freilich kann er mit dem Erreichten niemals zufrieden sein. Und so auch dieser 45-jährige Mann, der sich mit der Klage vorstellte, dass er dauernd an dem Zwangsgedanken leide, aus dem Fenster herauszuspringen zu müssen. Der Mann ist von blühender Gesundheit, hat aber seit 25 Jahren ständig an diesem Zwangsgedanken gelitten, besonders wenn er ein höheres Stockwerk bestiegen hatte. Nun steht er lebend vor mir, ist niemals hinausgesprungen und hat seinen Zwang besiegt. Er ist der Sieger über sich selbst. Diese Aufklärung kommt vielleicht für den ersten Moment einem weniger geschulten Denker gesucht oder gekünstelt vor. Aber es ist doch eine weitverbreitete Tatsache, dass wir sehr oft uns gerade dessen rühmen, mit unseren eigenen Neigungen fertig geworden zu sein, irgendwelche Wünsche überwunden zu haben. Das gibt unserem Patienten ein Gefühl der Allmacht, wenn er sich sagen kann, diesen ganzen Berg der Qualen muss ich tragen. »Ich unglückseliger Atlas.«[5] Freilich, wie jeder Neurotiker schaut er nicht auf den wichtigen Punkt, sondern daneben, er schielt auf die Angst, weil er sie als Material braucht, um sie zu überwinden, und nicht auf sein fantastisches *[7]* Allmachtsstreben, nicht auf sein Minderwertigkeitsgefühl, das ihn leichte Wege zu gehen zwingt. Es ist Windmühlenkampf, ein Sieger zu sein, wenn nicht in der Wirklichkeit, doch innerhalb seines eigenen Seelenlebens. Blicken wir zurück auf seine Kindheit. Es ist der Individualpsychologie gelungen, aus dem Verständnis der alten Kindheitserinnerungen einen neuen Wissenschaftszweig zu machen. Diese alten Kindheitserinnerungen beginnen zu sprechen und zu tönen. Er war das jüngste Kind und der Liebling seiner Mutter. Er war immer schon ängstlich gewesen, wie alle verzärtelten Kinder, und als er in die Schule kam, steigerte sich seine Angst. Das offenbarte sich be-

---

4 [Diese Falldarstellung stimmt im Symptom und in einer Kindheitserinnerung mit einer Falldarstellung überein, die in »Individualpsychologie und Wissenschaft« (1927j), S. 292–302), in »Psychologie und Medizin« (1928j, S. 321–330) und in »Das Todesproblem in der Neurose« (1936j-1, S. 608–615) aufgeführt wird, jeweils unter verschiedenen Aspekten.]

5 [»Ich unglücksel'ger Atlas« ist ein Gedicht von Heinrich Heine, vertont von Franz Schubert.]

sonders, als ein rüder Knabe sich gegen ihn wandte und ihn bedrohte. Aber da raffte er in seiner Angst alle seine Kräfte zusammen, stürzte sich auf ihn und warf ihn zu Boden. Wer die Dynamik in dieser alten Kindheitserinnerung herauszufinden imstande ist, wird sich sagen müssen, der Mann macht während seines ganzen Lebens nichts anderes. Zuerst hat er Angst, dann überwindet er sie. So trachtet er nach dem Gefühl der Überlegenheit.

Ferner habe ich feststellen können, dass eine Persönlichkeit wie die des Zwangsneurotikers nie auf mechanischem Wege zustande kommen kann. Die Triebe haben in der Triebpsychologie ein Wahlvermögen. Sie können denken, sie haben ein Bewusstsein, kennen ihre Richtung, sie haben eine zielbewusste, schöpferische Kraft usw. Kurz, alles, was wir im Seelenleben des Ichs finden, wird in der Triebpsychologie auf den Trieb verschoben. Dies trägt nichts Neues zu unserem Verständnis bei. Wir können auch deshalb im Trieb nicht die Ausgestaltung zu einer Zwangsneurose suchen, weil der Trieb richtungslos ist. Ebenso wenig können wir uns entschließen, die Heredität dafür haftbar zu machen, weil alles, was in der Neurose erscheint, Charakter, Affekte, Emotionen, sich erst innerhalb der Sozietät gestaltet. Wir müssen auch an die großen Irrtumsmöglichkeiten des menschlichen Geistes denken, wenn wir die Differenzen der neurotischen Symptome verstehen wollen. Und in diesen Irrtümern steckt gar keine Kausalität. Zur Neurose ist niemand gezwungen, weder durch Heredität noch durch Triebe, nur in einer gewissen Wahrscheinlichkeitsbreite *verlockt*. Das verzärtelte Kind, das wir fast immer unter den Neurotikern finden, geht nicht kausal vor, wenn es ein Erlebnis aus Tausenden auswählt, um es zu einer Ursache für sein weiteres Leben zu machen. Die Heilung des Neurotikers besteht darin, ihn von einer falschen, selbst gefertigten Kausalität zu befreien und ihn dem Leben anzupassen.

Ferner konnte ich feststellen, dass der zwangsneurotische Lebensstil – diese deutlichste, aber nichtigste Ausprägung einer Gottähnlichkeit – natürlich alles akzeptiert, was zu ihm passt, und alles ausschaltet, was nicht zu ihm passt. Ich will Ihnen ein Beispiel geben, das wahrscheinlich einer weiteren Untersuchung und Grundlegung noch bedarf, und das uns auch vieles aufklären wird, was heute noch unbesehen in das Gebiet des Unbewussten geschoben wird. Es handelt sich um einen Patienten, einen Studenten der Medizin, der von Kindheit an daran verzagt hat, ob er es auch mit seinem Bruder wird aufnehmen können. Sein Bruder hat es sich leicht gemacht, ist als Ältester und Stiefsohn weniger verzärtelt worden und ist mutig vorwärts gegangen, so dass *[8]* der Patient sich im Schatten[6] des älteren Bruders gefunden hat. Nun steht er im Studium und konnte die theoretischen Fächer glänzend bewältigen. Als

---

6 *Anm. Adlers:* Sich im Schatten jemandes befinden, kann natürlich auch heißen, an den Schattenseiten eines andern leiden; insbesondere dann darf diese Auffassung gelten, wenn einer sich höflich ausdrücken will. Hier ist es anders gemeint.

er nun vor der Entscheidung stand, weiter zu studieren, immer zum Bruder emporblickend, fand er auf einmal, dass er nicht in die Leichensäle gehen konnte, dass er einer Operation nicht beiwohnen konnte usw. Wenn wir die Verbundenheit betrachten, in der diese Erscheinungen zu seiner Überschätzung des Bruders standen, so verstehen wir, dass aus dieser Furcht, aus dieser Abneigung, die Entscheidung herbeizuführen, natürlich gewisse Erscheinungen des Lebens besonders unterstrichen wurden. Man könnte diese Wertungen besonderer Erlebnisse mit den *Chladnischen* Klangfiguren[7] vergleichen, die immer je nach dem verschiedenen Stimmungsgehalt einer Glasplatte verschieden erscheinen. Die Furcht, einer Operation beizuwohnen, ist gleichbedeutend mit der Aufgabe seines Studiums. Sein Blick in die Zukunft zeigt ihm die Rettung seines Persönlichkeitsgefühls, als ob er sich einst sagen könnte : »Wenn ich nicht diese rätselhafte Furcht gehabt hätte, hätte ich meinen Bruder übertroffen.« So schiebt auch er die Entscheidung über den Sieg hinaus, wappnet sich gegen die Beeinträchtigung seines persönlichen Ehrgeizes, zielt aber bloß, in menschlich verständlicherer Weise, nach der Höhe des Bruders, nicht wie der, der nach ausdrücklicherer Gottähnlichkeit strebt. Für ihn ist es aber nur der Bruder, ist es nicht die Überlegenheit unter allen Umständen, die wir beim Zwangsneurotiker finden, was vielleicht nur den Individualpsychologen erraten lässt, dass sich die Zwangsneurose nur bei stärkerer Distanz zum Gemeinschaftsgefühl entwickeln kann. Ein Automatismus, der offenbar eine Eigenart des menschlichen Seelenlebens ist, die wir auch bei annähernd normalen Menschen finden, immer eine solche Auswahl und Betonung von jenen Seiten der Erlebnisse instinktiv zu treffen und eine solche Meinung von Erlebnissen zu haben, wie sie in den Lebensstil passen, ist deutlich erkennbar.

Weiterhin konnte ich feststellen, dass die so häufigen Erniedrigungsgefühle des Kranken Zeitvertrödelung sind. So konnten wir auch feststellen, dass was als sadistische Neigung in der Zwangsneurose betrachtet wird, nichts anderes ist als eine der tausend Nuancen, wie einer über den anderen siegen will, nichts anderes als der Herrscherwille, die Tendenz der Entwertung des anderen, ausgedrückt in einer Art, wo der deutliche, unmittelbar sadistische Einschlag durch ein Erschrecken darüber und Schuldgefühle besiegt wird. Dabei ist zu bemerken, dass die Begriffe Sadismus und Analerotik nur unstatthafte Verallgemeinerungen vorstellen, der Lehre zuliebe und als petitio principii[8] abzulehnen sind. Aber vielleicht ist in dem törichten Streben des Zwangsneurotikers, über alle anderen in einer so auffallenden und rapiden Art hinauszuwachsen, das Element der Grausamkeit näher gerückt, da es sich, wie auch

---

7 [Muster, die auf einer mit Sand bestreuten dünnen Platte (am besten aus Metall) entstehen, wenn diese in Schwingungen versetzt wird]

8 [Behauptung eines Beweisgrundes, der erst bewiesen werden soll; Zirkelschluss]

in kräftigen Schimpfworten, der Sphäre der Aktivität nicht nähert und nur Streben nach Entwertung des anderen vorstellt. Das bedeutet aber nichts anderes, als was die Individualpsychologie bereits hervorgehoben hatte. [9]

Über einen weiteren Punkt muss ich noch sprechen, der in der Individualpsychologie schon geklärt ist, aber doch noch zu Irrtümern Anlass gibt. Das ist die Tatsache des Zweifels. Es ist wohl bekannt, dass in der Psychologie der Zweifel als eine besondere Entität erscheint. Wenn Sie aber diese Stimmungslage nicht aus dem Zusammenhang herausheben und sich fragen, was bedeutet der Zweifel angesichts irgendeiner Leistung im Rahmen des sozialen Lebens, so werden Sie finden, dass dabei alles beim Alten bleibt, dass sich nichts ändern soll. Das ist die zögernde Attitüde, bedeutet Zeitvertrödelung, einen Versuch, Zeit zu vertrödeln, um Zeit zu gewinnen.

Über die Kausalität und ihre geringe Bedeutung für das Verständnis des Seelenlebens, dass sie höchstens physiologische Zusammenhänge, nicht psychologische beherrscht, und den Aufbau der Zwangsneurose habe ich deutlich genug gesprochen, um die Wahl gerade des Zwangssymptoms verständlich zu machen. Eine kurze Schilderung von Fällen soll Ihnen das Wesen der Zwangsneurose am praktischen Beispiel zeigen und die Anwendung unserer Gesichtspunkte als einen wesentlichen Fortschritt der Neurosenpsychologie aufweisen.

Die Zwangsidee, beim Fenster herauszuspringen, findet sich häufig. Ein angehender Sänger, der das Bewusstsein hatte, eine schöne Stimme zu haben, aber von seinem Vater und älteren Bruder in den Schatten gestellt wurde, war unausgesetzt damit beschäftigt, sich diesen Zwang vom Halse zu schaffen, der ihn hinderte, »der größte Tenor« zu werden. Er war nur dadurch zu beruhigen, wenn irgendjemand bei ihm war, was natürlich im Theater nicht anging.

Einen wohl seltenen Fall stellt der Fall eines Mädchens dar, das nicht in Gesellschaft gehen konnte, weil es immer von dem Zwang gequält war, ein Hahnengeschrei auszustoßen. Hier finden wir, was in der Individualpsychologie eine Rolle spielt, die Tatsache des männlichen Protestes in einer Art zum Ausdruck gebracht, die ihr den Beweis ihrer männlichen Überlegenheit ersparte. Als Mädchen fühlte sie sich in Gesellschaft untergeordnet, minderwertig. Das hat sicher keine kausale Begründung. Sehr viele Mädchen und auch viele Männer sind von dem Aberglauben der Minderwertigkeit der Frau durchdrungen. So dürfen wir uns nicht wundern, wenn ein ehrgeiziges Mädchen aus den sozialen Beziehungen her einen Zwang fühlt, sich der Gesellschaft zu entziehen. Dass es sich hier um sadistische Tendenzen handeln sollte, dürfte wohl nicht einleuchten, vielmehr dass sie hier, in der Beziehung der Frau zum Manne, in dem männlichen Prinzip eine Art von Gottähnlichkeit findet und nun einen Kampf gegen Windmühlen ausführt, indem sie sich die Rolle eines männlichen Geschöpfes »anmaßt« und gleichzeitig des Beweises überhoben ist. Das findet man immer in der Zwangsneurose, dass einer das Gefühl der Allüberlegenheit hat und gleichzeitig alle sozialen Bindungen ausschaltet.

Ein anderer Fall betrifft ein Mädchen, bei dem die Zwangserscheinungen auftraten, als es in seinem Streben nach Überlegenheit auf der nützlichen Seite des Lebens eine Niederlage erlitt. Immer treten ja die Neurose und alle die Einzelanfälle auf, wenn der Patient sich zum Beweis seiner Überlegenheit herausgefordert fühlt. Sie war die zweite Schwester, durch die ältere verdrängt, aber von durchdringendem Verstand und glänzenden Gaben für Schule und [10] Beruf. Lange war nichts von Zwangsgedanken zu merken. Sie hatte freilich ein außerordentlich überspanntes Streben nach Allüberlegenheit. Erst als sie ihren Beruf durch eine unglückliche Spekulation verloren hatte, und als ein Mann, der ihr gefiel, ihr deutlich zu verstehen gab, dass er die Schwester vorzog, traten die Zwangserscheinungen ein. Dieses Mädchen entwickelte nun eine Zwangserscheinung, als ob aus ihrer Tasche bei Begegnung einer Frau mit einem Gemüsekorb eine Münze mit Grünspan in den Gemüsekorb springen könnte und die Familie vergiftet werden könnte. Auf eine nichtige Art, in einem Kampf gegen Windmühlen, suchte sie gottähnlich zu werden und die Menschen zu retten. Ihre Zwangserscheinungen zeigten sich auch in anderer Weise. Insbesondere erklärte sie Bücher und besonders die Bibel für heilig, und sobald ein Buch oder die Bibel zur Erde fiel, schaffte sie neue an. Auch in dieser billigen Weise brachte sie deutlich zum Ausdruck, dass sie der Schwester an Schätzung der Religion und der Gelehrsamkeit überlegen sei. Sie ist frommer, ethischer, mehr auf das Wohl der anderen bedacht, verehrt Wissenschaft und Religion. So hat sie auf eine billige Weise, nicht im sozialen Leben, den Sieg über die Schwester errungen.

Ein anderer Fall aus einer Irrenanstalt. Ein Mann, der seit früher Kindheit an der Neigung litt, sich in ganz kleinen Dingen als ethisch, als edel, als allen überlegen darzustellen. Seine älteste Kindheitserinnerung reicht bis in den Beginn des Kindergartens zurück, wo er irgend einmal einen Strich unrichtig gemacht hatte, ohne dass die Lehrerin es bemerkt hätte. Dies verfolgte ihn zwei Jahre lang, bis er endlich auf Anraten seines Vaters zur Lehrerin ging und ihr seine Schuld bekannte. In einer Familie mit kulturellen Anschauungen aufgewachsen, schienen für ihn die Siegespalmen da zu wachsen, wo er edler sein konnte. Er hatte in seinem Leben gute Leistungen aufzuweisen. Jedoch jedes Mal, wenn er eine größere Prüfung vor sich hatte, stellten sich Zwangserscheinungen ein, so dass er seine Prüfung nicht bestehen konnte. So wechselte er oft den Beruf. Eines Tages, als er wieder eine Prüfung bestehen sollte, warf er sich in der vollgefüllten Kirche zu Boden und rief aus: »Ich bin der *größte Sünder* in der ganzen Welt!« Er wurde nun in eine Irrenanstalt gebracht und war der Prüfung überhoben. Dass tatsächlich die Gottähnlichkeit nicht nur in dem geschilderten Beispiel in die Augen springt, sondern auch anderwärts, zeigt die Tatsache, dass er eines Tages im Speisesaal der Anstalt vor allen Anwesenden splitternackt erschien. Natürlich hat er auf diese Weise wieder eine bevorstehende Prüfung hinausschieben können. Er war wirklich ein schöner Mensch und hatte eine wundervolle Gestalt. So machte sich wieder der Zwang, der von der Prüfung ausging, bemerkbar, in einer nichtigen und zugleich sein zugespitztes Persönlichkeitsgefühl rettenden Weise sich den anderen überlegen zu zeigen.

Ein anderer Mann, der viele Jahre an Zwangserscheinungen in mannigfacher Art gelitten und sich in der Behandlung wesentlich gebessert hat. Er war der Älteste aus einer Familie, in der der Vater eine angesehene Stellung einnahm. Der Vater hoffte, in ihm ein Genie zu erziehen, und der Knabe war dem Vater außerordentlich verbunden, bis fünf Jahre später eine Schwe*[11]*ster kam. Der Vater wandte seine Neigung der Schwester zu. Da überkam es den Jungen, auf den Vater hinaufzuklettern und, über seinem Kopf stehend, ihm den Schädel einzuschlagen. Bis auf den Tag seiner Besserung hatte er sich das Gefühl errungen, dass er, wenn auch nicht so hoch gelangt, wie der Vater es von ihm erwartet hatte, sicherlich dem Vater über den Kopf gewachsen wäre, wenn er nicht an seinen schweren Zwangserscheinungen gelitten hätte. Später gesellten sich schwere, pedantische Züge hinzu und grausame, zuweilen beschmutzende Gedanken, wenn er in ein Gefühl der Zurückgesetztheit geriet, das andere mit drohendem, schmutzigem Geschimpfe begleitet hätten. Seine Gedanken bedeuteten mehr als ein Geschimpf, aber weniger als einen Angriff. So sehen Sie, wie aus dem Gedankengange heraus eine Art von Befriedigung erwächst, nicht aus den Tatsachen des Zwangsgedankens, nicht aus der aggressiven Neigung, die in dem Zwangsgedanken sich kundtut, sondern weil hinter diesen Erscheinungen ein Stern blinkt: Beruhigung gegenüber der Furcht einer Niederlage. Er hat den Blick ins gelobte Land gerichtet, er könnte dem Vater überlegen sein, wenn er nicht unglücklicherweise durch die rätselhafte Erkrankung gehindert wäre, über die bisher kein Arzt Herr werden konnte. Dieses sind die Schwierigkeiten in der Behandlung eines Zwangsneurotikers. Die Heilung in der Individualpsychologie ist nicht allein Sache der Wissenschaft, sondern auch der Kunst.

Sehr häufig finden sich Zwangsgedanken in der Art, einem Menschen etwas anzutun, wenn der Patient ein Messer sieht. Zum Beispiel eine Frau, die als einziges Kind aufgewachsen und das Zentrum der Aufmerksamkeit gewesen ist, sah sich von ihrem Gatten betrogen und hintenan gesetzt. Diese Idee, das Messer zu ergreifen und ihm oder dem Kinde etwas anzutun, ist ungefähr des Sinnes, wie man im Volke Flüche ausstößt, zum Beispiel: Ich möchte den Kerl umbringen! Hier ist diese Stimmung pantomimisch ausgedrückt. In einem anderen Falle hatte eine verzärtelte junge Frau Angst, mit dem Messer etwas anzustellen, weil ihr Mann, ein seelensguter Mensch, die Neigung hatte, ein Buch zu nehmen und zu lesen, anstatt sich mit ihr zu unterhalten. Das waren Gründe für sie, beim Anblick eines Messers ihm etwas antun zu wollen, wobei wieder das Gefühl der Überlegenheit deutlich zum Ausdruck kommt.

Hier möchte ich einen prinzipiellen Punkt besprechen. Wenn wir auch bei Betrachtung des Problems der Zwangsneurose intellektuell vorgehen, so wissen wir, dass sich das Gedankliche nicht aus dem Gefüge der ganzen seelischen Beschaffenheit loslösen lässt. Wenn ich irgendeinen Gedanken konzipiere, erreiche ich auch Gefühle und Emotionen, die diesem Gedanken entsprechen, nicht nur in dem Sinne: Es soll so gedacht werden, sondern auch durch Versetzung der eigenen Person in die nunmehr geänderte gedankliche Sphäre. Es lassen sich die verschiedenen seelischen Funktionen voneinander nicht trennen. Wenn ich daran denke, in einer schönen Stadt zu sein, so steigen mir beim Bilde dieser Stadt schon Gefühle und Emotionen herauf, als ob ich schon dort wäre oder mich dieser Stadt näherte. Es ist dies vor allem auch ein wesentlicher Bestandteil unserer Traumpsyche, dass wir darin, ohne es zu wissen, Gefühle und Emotionen erregen, durch Heraufbeschwörung *[12]* von Bildern, deren Eindruck uns in eine bestimmte Richtung bewegt. So ist es auch in der Zwangsneurose, dass in dem Gedanken der Allüberlegenheit auch das Gefühl, die Emotion der Allüberlegenheit sich fühlbar macht. Es ist natürlich, dass sich bei Menschen, die sich den Lebensproblemen gegenüber zu schwach fühlen, diese Ausreißerei auch in vielen Fragen deutlich zeigt, wie zum Beispiel bei manchen Zwangsneurotikern in der Form der Homosexualität, wenn das Problem der Sexualität zu schwierig erscheint. Dass wir dabei oft zwangsneurotische Vorstellungen vorfinden, ist leicht begreiflich. So zum Beispiel in einem Falle, wo ein Mann von Kindheit an trainierte, durch seine Schönheit, seine Gestalt alle zu bezaubern. Dass dies natürlich in einer mädchenhaften Form leichter möglich ist als in einer bubenhaften, ist leicht verständlich. So übte sich der Junge seit Kindheit an in der Rolle eines Mädchens. In der Schule spielte er einmal so wundervoll die Rolle eines Mädchens, dass ein Mann aus dem Zuschauerraum sich sofort in ihn verliebte. Diese Neigung, solche Triumphe zu erringen, brachte ihn in den Bereich der Homosexualität. Dieser Mann sollte nun einen Beruf ergreifen und zu diesem Zweck Prüfungen ablegen. Das heißt, auf eine normale Weise vorwärtskommen, um zu dem Glanz zu gelangen, der ihm immer vorschwebte, eine Aufgabe, bei der ein Scheitern viel leichter möglich ist, als jemanden zu bezaubern. Da zeigte es sich nun, dass er regelmäßig, wenn er die Vorlesung besuchte, an einem Schlafzwang litt, der ihn natürlich vollkommen vor der Prüfung sicherte, der ihm sagen musste, wenn ich regelmäßig einschlafen muss, werde ich natürlich die Prüfung nicht bestehen. Und er bestand sie auch nicht, war aber leichter getröstet, als wenn er trotz Aufmerksamkeit durchgefallen wäre.

Hinsichtlich der Jugenderinnerungen möchte ich folgenden Fall vor Augen führen: Eine verheiratete Frau, die unablässig sich mit dem Ordnen der Wäschestücke unter ungeheurer Aufregung beschäftigte. Dies nahm den größten

Teil des Tages ein und geschah in deutlicher Weise als Zwang in dem Streben nach Gottähnlichkeit. Es musste eine Hausgehilfin die Arbeit machen, der die Patientin fortwährend diktierte. Sie wuchs in einer großen Familie auf, wo jeder mit dem anderen im Streite lag, wobei es auch für sie mancherlei Hiebe und Beschimpfungen abgab. Sie erinnerte sich, wie sie sich eines Tages sagte: »Wenn ich einmal groß bin, will ich ebenso herrschen, wie jetzt die anderen über mich herrschen.« Hier sehen Sie etwas von dem, was ich als Lebensplan beschrieben habe, was wir bei den größten wie bei den kleinsten unter unseren Mitmenschen immer wieder finden, diese Zielsetzung: »Ich muss einmal herrschen.« Es stellte sich heraus, dass sie durch ihr Zwangssymptom zu verhindern trachtete, in Gesellschaft zu kommen, indem sie unausgesetzt Reibungen und Streit hervorrief und Menschen so beschimpfte, dass sie ihr auswichen. So war sie allein. Für ihre Kinder war sie der Herrgott, lobte und strafte sie nach Willkür. Der Mann war unter ihrer Willkür. Aber *so wie sie* einen Kasten ordnen konnte, was immer auch der Stolz der Eltern und Schwestern war, konnte es keiner, und dabei das Gefühl zu haben, einen Sklaven zuhaben, ihm Aufträge zu geben, die – wenn wir Wertansprüche hätten für derartige Lächerlichkeiten – in einer künstlerischen Weise durchgeführt [13] werden, das war für diese Frau der Ausbund der Macht. Und in der Tat, in diesem kleinen Kreis, in diesem kleinen Stall, den sie für sich hergestellt hatte, war sie die Regentin.

Außerordentlich häufig finden wir nun den Waschzwang, die Neigung zum Putzen, alles rein zu halten. Es fehlt dabei niemals der Einschlag, dass alles andere und alle anderen schmutzig sind. Keiner darf etwas anrühren, nur der Patient selbst erhebt sich zu einer Glorie der Reinheit und Überlegenheit. Freilich ist das ebenfalls nur ein Mittel, um die Lösung der Lebensaufgabe hinauszuschieben, um dort nicht seinen Wert zu beweisen, wo es sich um Leistungen und Beiträge handelt. Einer dieser Fälle betraf ein zweitgeborenes Mädchen, das in eine Situation geriet, in der die ältere sich verdrängt fühlte und revoltierte, so dass alle Neigung sich dem zweiten Mädchen zuwandte. Sie war das Musterkind, gelobt, geliebt und beschenkt. Sie erwartete viel vom Leben. Aber bei dem ersten Schritt, den sie ins Leben trat, in der Schule, scheiterte sie. Sie brachte seither keine Arbeit zu Ende; sie wurde wegen ihrer Faulheit bestraft, aber nicht wegen ihres Könnens. Ihre Stellung als verheiratete Frau betrachtete sie als eine Herabsetzung, insbesondere, weil ihr viel älterer Mann außerordentlich verknöchert war und sie ihn durchaus nicht für eine Liebe oder Ehe geeignet ansah. Als sie heiratete, stellte sich der Waschzwang ein, der ihren Mann als unrein von Tisch und Bett verbannte. Es ist interessant, dass derjenige, der einen Waschzwangkranken gesehen hat, erstaunt ist, einen Schmutz vorzufinden, wie nie bei einem anderen. Es kommt dies daher, dass die ganze soziale Harmonie des Hauses gestört ist.

Ein Fall von Zwangserröten: Eine Frau hatte eine Labilität der Hautgefäße seit Kindheit und zeigte häufiges Erröten. Sie war geradezu stolz, wenn jemand ihr Erröten bemerkte und davon sprach. Hier sehen Sie wieder das Unwesentliche der Kausalität. Das Erröten machte ihr anfangs Freude. Als sie ein Kind bekam in einer Ehe, die nicht aus Liebe geschlossen war, und ihre Tante anfing, dieser überaus ehrgeizigen Frau Erziehungsmaßregeln zu diktieren, fiel ihr auf einmal ein, dass ihr Erröten etwas ganz Schreckliches sei, dass sie dadurch allen anderen Menschen ausweichen müsse, als ein geschlagener Held, aber durchaus als ein Held. In dem kleinen Bereich ihres Hauses, in dem sie den Errötungszwang unter allen Umständen im Sinne von Privilegien ausnützen konnte, war sie die Herrschende und konnte ihre Herrschsucht befriedigen.

Ein anderer Fall, den vielleicht niemand in das Gebiet der Zwangsneurose einreihen will: Ich habe ein Hausfräulein kennengelernt, die dadurch auffiel, dass sie jeden Auftrag, der ihr gegeben wurde, in der Ichform wiederholte. Wenn ihr zum Beispiel ihre Herrin auftrug, einen Kasten in Ordnung zu bringen, sagte sie: »Heute Nachmittag werde ich den Kasten in Ordnung bringen.« Hier haben Sie die Ablehnung der Autorität. Sie kann es nur tun, wenn sie das Gefühl hat, als ob sie es aus Eigenem machen würde. Vielleicht ist Ihnen bekannt, dass man diese Eigenart des menschlichen Seelenlebens, dass jedermann der Leiter sein will, beim Militär verwendet, wo jeder Soldat den Auftrag, den er bekommt, in der Ichform wiederholen muss, so dass es ihm *[14]* tatsächlich so scheint, als ob er der Herr und Gebieter wäre. Eine Tradition, die sicherlich auf tieferer Menschenkenntnis beruht. Eine ausnehmend schöne Frau zeigte folgendes Zwangssymptom: Wenn sie im Hause etwas ordnen sollte, was ihr immer in Anbetracht des Wertes ihrer Schönheit als Erniedrigung erschien, musste sie sich selbst den Befehl dazu geben. Dieses Symptom und Zwangserröten traten ein, als sie durch belanglose Erlebnisse an das Altern und an den drohenden Verlust ihrer Schönheit gemahnt wurde.

Über die Prognose der Zwangsneurose ist grundsätzlich dasselbe auszusagen wie in Bezug auf jede andere Neurose. Es ist gar keine Frage, dass manche Form der Neurose mit einer scheinbaren Zwangsneurose beginnt, und es ist gar keine Frage, dass die Zwangsneurose nach einer Seite hin an die Zyklothymie angrenzt, nach der anderen an die Schizophrenie, sich auch in eine oder die andere auflösen kann. Es ist in seltenen Fällen nicht leicht zu unterscheiden, ob man es noch mit einer Zwangsneurose oder mit einer Melancholie zu tun hat, oder ob man das Anfangsstadium einer Schizophrenie vor sich hat. Freilich ist in beiden Fällen ein verschiedener Einschlag zu beobachten. Bonhoeffer hat mit Scharfblick Ähnlichkeiten mit der Zyklothymie, Bumke mit der Schizophrenie hervorgehoben. Alle drei Symptomgruppen stellen Varianten vor bei maßlos gesteigertem Überlegenheitskomplex und verschiedenem Grad der Fähigkeit zur Kooperation.

Zusammenfassung. Die bisherigen Befunde bezüglich der Zwangsneurose seit 1912 [richtig 1918] ergaben:

1. Streben nach persönlicher Überlegenheit, das durch Furcht vor einer Entschleierung der eigenen Minderwertigkeit auf leichtere, allgemein unnütze Bahnen abgelenkt wird.

2. Dieses Streben nach ausschließlicher Überlegenheit wird durch übertriebene Verzärtelung in einer Kindheit künstlich bis zur Gottähnlichkeit emporgezüchtet, welche weniger als bei anderen Neurosen durch das konkrete Ziel (Sieg in der Wirklichkeit) gemildert und verändert wird.

3. Vor aktuellen Situationen (Gemeinschafts-, Berufs-, Liebesproblemen) fährt die Furcht vor einer Niederlage zur zögernden Attitüde, die sich naturgemäß in Zeitvertrödelung, Wiederholung und Aufsuchen einer Ausdrucksbewegung darstellt, welch letztere die Fühlungnahme mit den gefürchteten Lebensproblemen ausschaltet, wie zum Beispiel der Zweifel, der ein verkapptes »Nein« darstellt.

4. Diese nunmehr geschaffene Erleichterung der Stimmungslage gibt einerseits durch ihre Fixierung auch noch eine Entschuldigung ab dafür, dass der Patient nicht die höchste Spitze des Daseins erreichen konnte. Erfolge im Leben, die trotz der durch die Zwangsneurose geschaffenen Schwierigkeiten erreicht wurden, fallen deshalb viel schwerer ins Gewicht und mildern das starke Minderwertigkeitsgefühl des Patienten. Andererseits wird der neurotische Zwangsausdruck, meist in mehrfacher Ausführung, so gewählt, dass die ungeheure persönliche Überlegenheit darin in fiktiver Weise zum Ausdruck kommt (Gottähnlichkeit). [15]

5. Der Aufbau der Zwangsneurose ist identisch mit dem Aufbau des ganzen Lebensstils und der Persönlichkeit. Der »Ausbruch« wird als abnorme Lebensführung sichtbar, sobald der Patient vor einer Lebensfrage steht, die zur Lösung ein entwickeltes Gemeinschaftsgefühl erfordert, über welches der Patient aus seiner frühkindlichen Entwicklung her nicht verfügt..

6. Der Zwang einer sozialen Einordnung wird von dem Patienten kraft seiner Prestigepolitik durch einen Gegenzwang beantwortet und beseitigt.

In den letzten Jahren konnte ich zur weiteren Entwicklung beitragen:

1. Der »Zwang« liegt gar nicht in den Zwangsbewegungen, sondern in der drohenden Attacke der Gemeinschaftsforderungen. Sie zwingen den Patienten, sich eine Sicherung, einem Schutzpatron vergleichbar, zu schaffen, die eine Ausschaltung von Niederlagen [bewirkt], eine Offenbarung der eigenen Minderwertigkeit verhindert.

2. Dieses persönliche Aufraffen und Suchen nach persönlicher Überlegenheit charakterisiert den Patienten seit frühester Kindheit und lenkt ihn zur Schöpfung einer Zwangsneurose, nicht zu anderen Fehlschlägen.

3. Eine derartige früh geformte, einheitliche Persönlichkeit kommt nie auf mechanischem Wege, nie durch Entfaltung von Trieben, nie durch Heredität zustande. Sie ist vielmehr das aus der irrationalen Willkür geschaffene Endprodukt, zu welchem der Patient durch körperliche Minderwertigkeit, durch

Einflüsse des Milieus, durch Nachahmung von Beispielen usw. irrtümlich verleitet werden kann. Eine kausale Bedingtheit kann trotz einer gewissen Verständlichkeit des Irrtums nicht zugegeben werden; wie ein kindliches Seelenleben sich formt, ist niemals kausal zu verstehen, sondern ursprünglich als tastender, irrender Versuch, wohl plausibel, niemals aber wissenschaftlich berechenbar. Nach dem fünften Lebensjahr erlebt, apperzipiert und assimiliert das Kind nur noch in dieser bisher gewonnenen Lebensform, die nunmehr einheitlich final gerichtet ist.

4. Der zwangsneurotische Lebensstil protegiert alle zu ihm gehörigen Ausdrucksformen und verwirft andere.

5. Die fast immer zutage liegenden Schuld- oder Erniedrigungsgefühle der Zwangskranken sind Ausdehnungsversuche der Zeitvertrödelung, zeigen die von Bonhoeffer und anderen hervorgehobene Verwandtschaft mit der Melancholie und sind derartig konstruiert, dass die Umgebung das Haltlose und Verzerrte darin leicht erkennen, sie als krankhaft verstehen kann. Sehr oft dienen sie ähnlich wie bei übertriebenen Bußübungen, dem Beweise einzig dastehender Tugend und ebensolchen Edelmuts.

Die Heilung kann demnach nur bei Aussöhnung mit den Lebensfragen zustande kommen, das heißt durch Erkenntnis des fehlerhaften Lebensstils und Verstärkung des Gemeinschaftsgefühls, wovon ein bedeutsamer Anteil die Beitragsleistung und der Lebensmut ist. Sie erfolgt immer nur durch Selbsterkenntnis, wobei die Individualpsychologie mit ihrer nicht leicht zu erlernenden und nicht leicht zu verstehenden künstlerischen Technik einen guten Führer abgibt.

43. Persönlichkeit als geschlossene Einheit (1932g)

Editorische Hinweise
Erstveröffentlichung:
1932g: Internationale Zeitschrift für Individualpsychologie 10, S. 81–88
Letztveröffentlichung:
1982b: Psychotherapie und Erziehung, Bd. 2 (1930–1932), S. 236–247

Nach einem Vortrag, gehalten im Verein für Individualpsychologie in Wien.
 Zunächst berichtet Adler ein Missverständnis der Individualpsychologie, als ob sie das Seelenleben nicht nur auffasse als ein Streben nach Macht, sondern das Machtstreben auch propagieren würde.
 Im Folgenden definiert er das Ich als schöpferische Kraft oder Lebenskraft. Diese schöpferische Kraft gestalte und habe die Fähigkeit, vorauszublicken. Sie wird erstmals in »Individualpsychologie« (1926m, S. 270) erwähnt, als »kompensatorische Bewegung« und als »der tiefste Sinn des menschlichen Lebens«.
 Seelenleben sei Bewegung und Richtung, unter ein Ziel gestellt, zur Überwindung sozialer Probleme, zur Selbsterhaltung und Vollendung. Die Frage sei, in welcher Richtung die schöpferische Kraft zu überwinden trachtet, im Sinne der persönlichen Überlegenheit oder im Sinne des Gemeinschaftsgefühls. Das abstrakte Ziel der Überwindung werde mit konkretem Inhalt gefüllt. Die Schwierigkeit sei, dass es tausend Varianten gebe und jeder Fall einmalig sei. Das konkrete Ziel könne niemals mit »absoluter Wahrheit« erkannt werden, aber »größere Irrtümer« könnten durch kleinere ersetzt werden.
 Die Zielsetzung im Seelenleben bestimme die Form der Bewegung und die Einheit der Person. Wenn alles diesem Ziel nachstrebt (Denken, Fühlen, Wollen, Leisten), dann sei ein Lebensstil gegeben, dem sich jeder Teil des Seelenlebens einfügen müsse, von dem jeder Anteil nur ein Bruchstück des Ganzen sei. Deshalb könne aus der Beziehung der Teile das individuelle Bewegungsgesetz, wie Adler den Lebensstil auch nennt, erraten werden. Der Lebensstil sei nicht unmittelbar gegeben, nur als Ausdrucksform und deren Bezugssystem.
 Zuletzt formuliert Adler Gedanken über das Bewusste und Unbewusste, für das wir heute den Begriff des impliziten Gedächtnisses verwenden. Oft werde das Unbewusste als das Nichtbegriffliche gedacht, das bewusst genannt werde, sobald man es in Begriffe fasst. Aber auch das nichtbegriffliche Denken, von dem wir jeden Moment unseres Lebens erfüllt sind, sei bewusst im Sinne des Bewusstseins, weil es immer präsent ist und bleibt. Deshalb habe die Aufstellung des Unbewussten keine Auswirkung auf das »untrennbare einheitliche Ich«.

Persönlichkeit als geschlossene Einheit

Wie wichtig eine Auseinandersetzung über dieses Thema ist, mag zeigen, dass, noch mehr als innerhalb der Kreise, wo wir Individualpsychologie antreffen, auch außerhalb dieser Kreise sich eine große Anzahl von Missverständnissen aufhäuft, die für uns wie ein kräftiger Antrieb wirken. Wir sind oft gezwungen, der Auffassungskraft derjenigen, die außerhalb unserer Kreise stehen, nachzuhelfen. Wir wissen nicht, wo es den anderen fehlt, aber dadurch, dass sich in den letzten Jahren der Ansturm gegen die Individualpsychologie verschärft, verfügen wir über das unerschöpfliche Material ihrer Irrtümer. Es ist eine dankbare Aufgabe, diese Missverständnisse zu beleuchten.

Ich beziehe mich auf die Behauptung von vielen Autoren, als ob die Individualpsychologie eine Milieutheorie wäre, als ob sie die ganze Geistesart eines Menschen von der Auswirkung der Außenwelt auf ihn ableiten würde. Wenn einer diese Anschauung schärfer ins Auge fassen würde, müsste er fragen: Wer sucht, wer antwortet, wer verarbeitet die Eindrücke? Ist der Mensch ein Diktaphon? Eine Maschine? Es muss noch etwas im Spiele sein! Auch die Hereditätslehre können wir nicht anerkennen. Hier erheben wir den allerschärfsten Einwand. Auch bei der Zwillingsforschung zeigt es sich, dass auch dort nicht so heiß gegessen wie gekocht wird. Man spricht von der Einwirkung der Erziehung, dass das soziale Leben modifizierend einwirkt. Wer modifiziert? Ist es eine mathematische Rechnung? Demgegenüber steht die Individualpsychologie auf dem Standpunkt: Wenn wir beginnen vom »Seelenleben« zu sprechen, begeben wir uns auf transzendentales Gebiet. Man weiß nur etwas von der Wirkung, von den Ergebnissen, von Beziehungen, die auffällig werden. Wir müssen Annahmen machen, an die niemand mehr denkt, wenn für ihn der Begriff »Seelenleben« ein einmal gegebener ist oder, wie von den Behavioristen, überhaupt geleugnet wird. Aber auch dem Behaviorismus gegenüber müssen wir betonen, dass es seelische Regungen geben muss, denen jene Ausflüsse unseres Denkens, Fühlens, Handelns zu verdanken sind, die sichtbar werden, von denen wir sagen können: Wir sind nicht viel weiter als die Physiker, wenn sie von Elektrizität sprechen. So wie jede Wissenschaft mündet die Individualpsychologie in die Metaphysik ein. Wir können über jene Einwände lächeln, die besagen, dass die Individualpsychologie der metaphysischen Grundlage entbehrt. Hier handelt es sich um ein Gebiet unserer Erkenntnis, das wir voraussetzen müssen, weil wir andererseits nicht *[82]* arbeiten können, weil wir Eindrücke, die vor uns liegen, ordnen und sie als seelische bezeichnen wollen. Es ist eine Auffassung a priori, die wir machen müssen, die uns dazu dient, Geschehnisse zu ordnen und sie unter ein gemeinsames Licht zu stellen.

Wir können von unserem Seelenleben auch noch mehr aussagen, wenn wir im transzendentalen Gebiet bleiben. Wenn wir das Seelenleben konstruieren wollen, so muss es mit unserer Anschauung von Zeit und Raum übereinstimmen, das heißt, dass wir nicht nur die zeitliche Anschauung darauf anwenden, also Bewegung betrachten, sondern dass wir auch die *Richtung* ins Auge fassen müssen. Woher kommt die Richtung? Diese Richtung kann aus hereditären Kräften nicht erschlossen werden. Wenn man eine Triebpsychologie aufstellt, kann die Bewegung erschlossen werden, aber nicht die Richtung. Da kommen wir auf jenes Rätsel, auf das sich die Individualpsychologie geworfen hat, im Einklang mit Forschern längst vergangener Zeiten. Es ist eine schöpferische Kraft im Seelenleben vorhanden, die identisch ist mit der Lebenskraft selbst. Diese schöpferische Kraft gestaltet, hat die Fähigkeit, vorauszublicken, was sie tun muss, wie ja im Seelenleben *vorausblicken* als notwendig erscheint, weil der Mensch beweglich ist. Seelenleben ist Bewegung und Richtung, unter ein Ziel gestellt. Da der Mensch nicht isoliert ist, so muss das Ziel von einer schöpferischen Kraft gestaltet sein, aus dem Drang zur Überwindung von sozialen Schwierigkeiten, die sich der Bewegung entgegenstellen. Es muss immer ein Ziel der Überwindung gegeben sein, der Durchsetzung zum Zwecke der Selbsterhaltung, der Vollendung. Immer schwebt vor uns auch die Drohung der Schädigung, der Unlust – des Todes.

Wir bleiben mit Vorliebe bei dem allgemeinen Ausdruck: *Überwindung*. Hier setzt das Missverständnis ein, als ob die Individualpsychologie das Seelenleben nicht nur auffasst als ein Streben nach Macht, als ob sie es auch propagieren würde. Dieses Streben nach Macht ist nicht unser Wahnsinn, es ist der, den wir bei den anderen finden. Ein Ziel der Überwindung als eine abstrakte Fassung ist dem menschlichen Geist unannehmbar im Strom der Welt; da handelt es sich um eine viel konkretere Fassung. So kommt jedes Individuum zu einem konkreten Ziel der Überwindung durch seine schöpferische Kraft, die identisch ist mit dem Ich. Unsere Aufgabe ist, festzustellen, in welcher Richtung ein Mensch zu überwinden trachtet. Seine Meinung davon beherrscht ihn. Wir können von dieser Meinung nur sagen, dass sie mehr oder minder unrichtig ist. Wir behaupten niemals, dass wir im Besitze einer absoluten Wahrheit wären, wir machen uns nur anheischig, dass wir imstande sind, kleinere Irrtümer anstelle von größeren zu setzen. Größere Irrtümer hindern die aktive Anpassung ans Leben. In dem Moment, wo wir von Zielstrebigkeit sprechen, in dem Moment, wo wir den konkreten Zielbegriff besser erfassen können, da taucht eine ungeheure Schwierigkeit auf: dass wir es mit tausend Varianten zu tun haben, immer mit einem einmaligen Falle, mit einer einmaligen konkreten Zielsetzung. Hier kommen wir auf das Märchen zu sprechen, das uns imputiert wird, als ob wir die Gleichheit der [83] Menschen voraussetzten oder anstrebten. Wir gerade trachten die Nuancen zu untersuchen, diese Einmaligkeit der Zielsetzung, das Einmalige der Meinung eines Menschen von sich und von den Aufgaben des Lebens. Das ist die

Aufgabe der Individualpsychologie, die individuelle Abwegigkeit zu erfassen. Wenn ich hier nur einige Begriffe dafür einsetze, wie etwa, dass einer das Ziel der Überlegenheit darin sucht, andere zu beherrschen oder der Lösung der Aufgaben auszuweichen, so dass ein anderer Ausbeutungsobjekt wird, so sind das weit gefasste Stellungnahmen, die und deren Varianten herauszufinden Aufgabe der Individualpsychologie ist.

Wenn einer schon gar nichts mehr der Individualpsychologie entgegenzuhalten weiß, so sagt er: Wenn wir an keine Heredität glauben, so wäre es möglich, dass sich der Mensch zu einer Gans entwickelt. Man sollte doch denken, dass man unter ernsten Leuten über solche Dinge nicht zu reden braucht. Möglichkeiten müssen gegeben sein, nichts kann entwickelt werden, was nicht irgendwie in der Struktur des menschlichen Embryos gegeben ist. Derartige Einwände könnten uns aber zu dem Glauben verleiten, dass in seltenen Fällen eine solche Entwicklung doch möglich sei.

Ein anderes Missverständnis besteht darin, als ob es uns eingefallen wäre, zu behaupten, dass wir Kinder zu vollwertigen Wesen erziehen könnten, denen von Natur aus, wie den Schwachsinnigen, die Fähigkeit der Entwicklung genommen ist. Das wäre so, als ob wir Zeichnen mit der rechten Hand von einem verlangen würden, der die rechte Hand verloren hat. Ich hätte nie geglaubt, dass ich mit derartigem Unfug in der Kritik zu arbeiten haben werde. Es ist selbstverständlich, dass, wenn irgendwie der Rahmen der Menschlichkeit eingeengt ist, sich das im Verhalten des Menschen zeigen wird, zum Beispiel bei schwachsinnigen Kindern, also bei Menschen mit untauglichen Instrumenten, dem Gehirn oder den endokrinen Drüsen. Hier handelt es sich nicht darum, sie auf die Stufe zu bringen, die uns als normal erscheint.

In den letzten Jahren mehren sich die bösartigen Angriffe gegen die Individualpsychologie. Für den Kenner ist es leicht einzusehen, wie da die harte Arbeit, für irgendeine andere Anschauung einzutreten, die dann in den Himmel erhoben wird, gelegentlich auch verschämt in einer Randbemerkung zutage tritt, den Sinn des Kritikers umnebelt. Unbefangene Beobachtung lässt uns da mehrere Ausgangspunkte unterscheiden. Am humorvollsten geben sich die Neulinge und Ignoranten auf dem Gebiet der modernen Psychologie. Eingeschworen auf das Wort ihres Lehrers oder eines Prüfungslehrbuches sind sie der Entrüstung voll, wie man denn »die Heredität anzweifeln könne«, »wie man die Sexualität übersehen könne«, wie man glauben könne, dass das »Machtstreben« alles beherrsche, ob man nicht wisse, dass auch andere ..., dass »*Plato* auch schon«, »... besonders *Guyeau*«, »dass alle Schulen der Psychologie vom Gemeinschaftsgefühl, von der Ganzheit der Persönlichkeit reden« usw.

Dann gibt es wieder ganz bissige Kritiker. Meist sprechen sie von »Tiefe«. Nehmen an, dass man ihnen deshalb die Tiefe glauben werde. Sind ganz wild im Anfang und mäßigen sich erst, bis sie ein wenig mehr von der Individualpsychologie zu sich genommen haben. Schreiben oft in Zeitschriften, deren Herausgeber schlafen oder schlafen wollen. Werden gelegentlich von den Ersteren ernst genommen. Sonst von keinem.

Dann kommt der »Einzugsmarsch der Plagiatoren«[1]. Sie können es nicht verwinden, dass sie ihr Leben fristen müssen, indem sie eine »Rezeption« der Individualpsychologie von Zeit zu Zeit vornehmen. Wissen es oft gar nicht und werden durch das wohlwollende Stillschweigen der Eingeweihten in ihrem Vorhaben verstärkt. Neue Schimpfworte fallen ihnen nicht ein, was ein böses Zeichen für ihre Unfruchtbarkeit ist. Gelegentlich merkt man, wie sie als ewige Rekruten nach dem Beifall der Sektenführer schnappen. Worte wie »banal«, »oberflächlich«, »unwissenschaftlich« kehren als stereotype Ausdrücke wieder. Das Verhalten ihrer Gönner, der Herausgeber usw., ist dadurch mehr gebrandmarkt als das der [84] armseligen Rekruten. Lässt sich einmal einer darauf ein, mehr als einen unverschämten Ausdruck zu gebrauchen, so zeigt sich seine Unwissenheit in erschreckendem Maße.

Die »große Ausbreitung« der Individualpsychologie lässt sie nicht schlafen. »Es muss da wohl irgendwo ein Fehler stecken.«

Sicherlich gibt es Bücher und Schriften, die nicht voll und ganz als Individualpsychologie gelten können. Solche, zum Beispiel, die Religion, die Politik, die psychoanalytische Redensarten nötig zu haben glauben. Neuerdings treten auch Autoren auf den Plan, die den Weg zur Gehirnpathologie mit verräterischer Inbrunst suchen. Aber trotzdem sie die Individualpsychologie für ihre persönlichen Anschauungen zu missbrauchen trachten, sind sie doch um mehrere Nasenlängen jenen voraus, die nichts von der Individualpsychologie gelernt haben. Also lasst mir sie ungeschoren, auch wenn sie gelegentlich einen Likör empfehlen oder auf das Corpus striatum[2] schwören, ob sie nun Gott oder der Politik helfen wollen. Manchmal belehren sie mich über Individualpsychologie.

So ein Psychoanalytiker: »Da aber die Isolierung nicht im Lebensplan der Menschenschöpfung liegt, die Gemeinschaft, die Sozialität ein Gebot der Natur ist, dessen (?)[3] man sich nicht straflos entziehen kann …«

Ein belehrbarer Freudianer nimmt sich »außerdem« auch der Gesamtpersönlichkeit an: »Man muss sich nur immer klar vor Augen halten, dass alle Einteilungen nur abstrakte Bedeutung haben. Verwechselt man gedankliche Unterscheidung mit realer Scheidung und Geschiedenheit, so fällt man in die alte Vermögenspsychologie zurück. Im Geltungstrieb steckt viel Sexualität, *in der Sexualentwicklung viel Geltungsstreben;* aber es geht nicht an, das eine konstant auf das andere zu reduzieren und nur dem einen oder anderen Begehren wirksame Ursächlichkeit zuzusprechen. Es wäre so geschmacklos, wie wenn man alle menschlichen Tätigkeiten dem Esstrieb unterordnete und sogar Kunst und Wissenschaft lediglich als Mittel für Nahrungserwerb ausgeben würde. Man vergesse doch nicht, dass alle psychischen Funktionen einem Organismus angehören! Seit 1916 kämpfe ich unaufhörlich für die ›organische Betrachtungsweise‹, nach welcher jede seelische Tätigkeit nur im Zusammenhang mit dem Lebensganzen verständlich wird, und die Isolierung der einzelnen Triebe, abgesehen von ihren elementarsten Äußerungen, die generelle Unterwerfung des einen Triebgebietes unter das andere zu Irrtümern und Vergewaltigungen führen.« – Der Sexualtrieb scheint davon ausgenommen zu sein.

---

1 [»Einzug der Plagiatoren« ist wohl eine Anspielung auf den Einzug der Gladiatoren, der Schwertkämpfer im antiken Rom.]

2 [Corpus striatum: Teil der Basalganglien, die zum Großhirn gehören, die das Zusammenwirken von Motivation, Emotion, Kognition und dem Bewegungsverhalten auf neuronaler Ebene realisieren.]

3 [Fragezeichen von Adler wohl wegen des unklaren grammatischen Bezuges gesetzt.]

Desgleichen ein anderer: »Übrigens steckt in der Sexualbetätigung immer auch Selbstbestätigung (self assertion).«

Ein anderer kundiger Thebaner[4]: »Selbstvertrauen und ein ernster Wille zur Leistung –, mehr tut nicht not.« Ein Optimismus ohnegleichen also.

»Freilich auch eine (dahinterstehende) Weltanschauung, die nicht gerade tief ist, eine Psychotherapie für Oberlehrer, wie sich die Individualpsychologie selber mit Stolz nennt.« (?)

»... ›für *Adler*, nichts als Machtstreben‹.«
Wie man sieht, ein Analphabet und kein Oberlehrer.

Herbart: »Wenn ein Dorfschullehrer seine verfehlten Methoden auch 30 Jahre lang betrieben hat, so sollte er uns doch nicht zumuten, an seine Erfahrung zu glauben.«

Dagegen: »Wer die Homosexuellen wirklich kennt – und der Referent glaubt, das von sich behaupten zu können –, muss schon über die jeder Erfahrung widersprechenden Leitsätze des Vorworts (*Alfred Adler*, Das Problem der Homosexualität [1930d/1977a]) staunen, wonach die Homosexualität ein Training des entmutigten Menschen seit seiner Kindheit darstellt, um auf dem Wege der Ausschließung von Möglichkeiten einer Niederlage – im Falle der Homosexualität also auf dem Wege der Ausschaltung des anderen Geschlechts –, der normalen Lösung der Liebesfrage auszuweichen.«

Ich kann nur annehmen, dass der Autor nur die Ausnahmen zu Gesicht bekommt.

»Der nicht auf die *Adler*'sche Lehre Eingeschworene wird in diesen Formulierungen keine Vermehrung seiner Erkenntnis erblicken.«

Auch keine Verminderung? »Wer fertig ist, dem ist nichts recht zu machen.«

Das arme Ich wird so sehr in den Hintergrund gedrängt, als ob es keine befruchtete Eizelle gäbe, die bereits ein Vollendetes ist. Von Trieben zu sprechen, die erst das Ich erzeugen sollten, ist weit hergeholt. Es ist das Ich, das ins Leben hineinwächst, das wir später als schöpferische Kraft ersehen. Wenn einer glaubt, dass er in die Triebe hineinlegen kann, was dem Ich [85] zugehört, ein Suchen, Fragen, Zweifeln, Denken, Fühlen, Wollen, Zielstrebigkeit usw., so ist das Taschenspielerei. Die Frage ist die wichtigste: Wer bewegt das Seelenleben und in welche Richtung bewegt er? Immer handelt es sich um das Ich.

Ich möchte einem Gedanken Ausdruck geben, der mich in letzter Zeit besonders beschäftigt hat. Es hat sich unmerklich in die ganze psychologische Literatur ein Irrtum eingeschlichen, als ob nur das, was in einem Begriff ausgedrückt ist, dem Bewusstsein angehörte. Wäre dies richtig, dann gäbe es beim Tier kein Bewusstsein. Das Tier hat, natürlich, ein Bewusstsein ohne Begriffe; hat es der Säugling nicht auch, handelt er nicht außerordentlich vernünftig? Sind wir nicht alle in der Lage, im Bewusstsein Dinge zu tragen, die wir nicht begrifflich erfassen, die uns aber gegeben sind? Warum soll sich einer auf Worte nur verlassen? Vielleicht erscheint diese Auseinander-

---

4 [Shakespeare, »König Lear« (III, 4) nennt einen Philosophen, vielleicht Diogenes, einen »kundigen Thebaner«. Die Thebaner galten in der Antike als besonders dumm.]

setzung nicht außerordentlich wichtig, aber wenn ich darauf aufmerksam mache, dass, wenn man sich das Unbewusste als das Nichtbegriffliche denkt, es plötzlich als »bewusst« erscheint, sobald man es in Begriffe fasst, dann versteht man auch, dass durch die Aufstellung des Unbewussten das *untrennbare einheitliche Ich* nicht tangiert ist. Auch das nichtbegriffliche Denken, von dem wir jeden Moment unseres Lebens erfüllt sind, ist bewusst im Sinne des Bewusstseins, weil wir es immer gegenwärtig haben, weil es niemals verschwindet.

Im Verfolgen dieses Gedankens kommen wir zu Aufschlüssen, die anderen Anschauungen sehr stark entgegentreten. Durch die Zielsetzung im Seelenleben ist auch die Lebensform gegeben. Wenn für jede Regung ein Ziel vorhanden ist, dann ist auch die Form vorhanden. Wenn alles diesem Ziel nachstrebt (Denken, Fühlen, Wollen, Leisten), dann ist ein Lebensstil gegeben, dem sich jeder Teil des Seelenlebens einfügen muss, von dem jeder Anteil nur ein Bruchstück des Ganzen ist. Deshalb sind wir in der Lage, aus Bruchstücken und Vergleichung derselben, durch Aufeinanderbeziehung die Lebensform, das *individuelle Bewegungsgesetz* zu erraten. Sie ist uns nicht unmittelbar gegeben, nur aus Ausdrucksformen und deren Bezugssystem können wir sie erfassen. Wir können nur sagen: Das ist ein Mensch, der sich zum Ziel gesetzt hat, alle Aufgaben ungelöst zu lassen. Das muss sich in allem, in seiner Haltung und in seinen Leistungen zeigen. Dabei sind strenge die tausend Varianten eines solchen Lebensstils zu berücksichtigen.

Um aus der Theorie einen Schritt in die Praxis zu machen, möchte ich, wie ich dies gewöhnlich tue, einen konstruierten Fall erzählen. Ich liebe es, Fälle vorzuführen, wo die Einheitlichkeit der Person *für jeden* in die Augen springt. Von der Ganzheit wird viel gesprochen; ich habe mich aber in der Literatur vergebens umgesehen, um den Nachweis zu finden, dass einer wirklich alles Denken, Fühlen, Wollen, Erinnerungen, Träume, kurz jeden Anteil auf dieselbe Lebensform bezogen hätte. Es sind fromme Wünsche, denen wir begegnen. Wenn ich und andere es versucht haben, die Einheit schärfer darzustellen, so sind das bisher die einzigen Versuche, die Einheitlichkeit der Person zu demonstrieren. *[86]*

Ganz richtig ist das auch nicht, es gibt Vorgänger und auch Menschen der Gegenwart, die dasselbe geleistet haben. Sie sind unter Dichtern, Malern und Musikern zu finden, die Persönlichkeiten als Einheiten erschaffen, wie das Kind den Mann aus sich erschafft in seiner einmaligen, nie wiederkehrenden Eigenart und Einheit, wo jeder Teil zum Ganzen passt. *Schopenhauer* gibt seiner Bewunderung für *Shakespeare* Ausdruck, weil er in drei Dramen Northumberland[5] in einheitlichen Formen erscheinen lässt, jovial, ein Ge-

---

5 [A. Schopenhauer, »Parerga und Paralipomena«, Bd. 2, Kap. »Zur Ethik«, § 118 zu Graf Northumberland in Shakespeares »Richard II«, »Heinrich IV«, Teil 1 u. 2]

folgsmann, bis der König in Gefahr gerät. Dann verrät er ihn dreimal. Das sieht so aus wie »Ambivalenz«. Untertänig und aufrührerisch. Wir haben keinen Einzelbegriff für die Millionen von Varianten. Da ist ein Mensch, dessen Treue bis zu einem bestimmten Punkt reicht und nicht weiter. Was weiter geschieht, ist nicht mehr Treue. Das ist das große Verdienst der Individualpsychologie, gezeigt zu haben, dass wir am besten messen können an der Fähigkeit der kooperativen Leistung. Ich habe zu zeigen versucht, dass es keine anderen Lebensfragen gibt als solche, die diese Fähigkeit verlangen. Deshalb ist es selbstverständlich, dass gerade aus diesem einen Gesichtspunkt sich der Maßstab ergibt für die Charakterisierung einer Lebensform; wie weit das Gemeinschaftsgefühl reicht, wo es aufhört. Das ist keine mathematische Aufgabe, die wir zu lösen haben, sondern eine künstlerische. Man muss herausfinden, wo einer nicht mehr imstande ist, Gemeinschaftsgefühl bereitzustellen, wo er die Funktionsprüfung auf soziales Interesse nicht mehr besteht. Auch hier sprechen wir nicht von einem moralischen Ideal, nicht im Sinne einer religiösen Erfassung, sondern im Sinne einer durchaus wissenschaftlichen Betrachtung des menschlichen Seelenlebens. Alle Fähigkeiten können nur entwickelt werden auf der Basis des Gemeinschaftsgefühls. Es ist so, dass der eine mehr, der andere weniger entwickelt. Das Gemeinschaftsgefühl muss erzogen werden. Das besagt nicht, dass die Milieutheorie hier Triumphe feiern kann. Kundige Erzieher haben die Aufgabe, die schöpferische Kraft des Kindes auf dem Wege des Gemeinschaftsgefühls zu lenken. Da heißt es, nicht nur Einflüsse abzuwägen. Man muss zusehen, *wie die schöpferische Kraft des Kindes den Eindruck erfasst,* ob es dabei auf dem richtigen Wege ist.

Um die Einheit der Persönlichkeit an einem Beispiel zu zeigen, greife ich auf einen Fall zurück, der in »Problems of Neurosis«[6] erschienen ist. Ein 50-jähriger Mann kam nach einer Vorlesung zu mir und klagte über Depression; er sei stets zum Weinen geneigt. Trotzdem habe er im Beruf Erfolg gehabt, es zu Reichtum gebracht. Ich hatte damals wenig Zeit und trachtete, einige Bruchstücke aus seinem Leben zu erhaschen. Seine älteste Erinnerung war: Er war der Jüngste einer kinderreichen Familie, die viele Jahre in größter Not lebte, er schlich bleich und hungrig umher, so dass die Nachbarn sich seiner annahmen und ihn beschenkten. Auch damals wirkte schon seine Traurigkeit. Die Individualpsychologie hat gezeigt, dass die Lebensform dem Kenner nach dem dritten oder vierten Lebensjahr sichtbar wird. Ich zweifle nicht daran, dass sie schon früher besteht; deutlich sichtbar wird sie erst später. Er war der Liebling der Mutter und sehr verwöhnt. Als sie einmal, um Geld zu verdienen, [87] einen Beruf antreten wollte, weinte er so heftig, dass sie sagte: »Ich gehe nicht fort, ich will lieber mit dir verhungern.« Er hatte einen Sprachfehler und

---

6 *Anm. Adlers:* Verlag Kegan Paul, London 1929 [Adler 1929c]

wurde spaßeshalber öfters eingeladen, Gedichte zu rezitieren. Zum Schluss nahm er den Hut und ging herum, Münzen einzusammeln. Er benahm sich wie ein Bettler. Der Mann hat die Lebensform des Bettlers bis heute gewahrt. Ich sagte es ihm. Das machte einen großen Eindruck auf ihn. Er sagte: »Ich erinnere mich an den großen Eindruck, als ich als Kind einen Bettler auf der Straße singen hörte und sah, wie man ihm Münzen gab.« Auch heute benimmt er sich wie ein Bettler, und deshalb geht man auch viel zarter mit ihm um. Ich sah den Mann nicht mehr, doch er hat mir einen Brief geschrieben, in dem er mir auseinandersetzte, wie sehr ich recht habe. Und er sandte mir einen Zeitungsartikel ein, den er zehn Jahre vorher verfasst hatte mit dem Titel »Eine Organisation der Bettler«. – Sollte der Mann nur im Unbewussten die Bettleridee gehabt haben? Wir sehen die Einheit in allen seinen Gedanken, in der Art, wie er den Artikel schreibt, in den Gefühlen, der Haltung, schließlich auch in seiner Art von Leistung. Er geht alle Probleme des Lebens wie ein Bettler an. Dies ist sein Bewegungsgesetz.

Ein Kaufmann, 30 Jahre alt, der Jüngste. Die Situation des Jüngsten ist, unserer Erfahrung nach, eine besondere. Der Jüngste wächst in einer eigenartigen Situation auf. Hinter jedem Kind kommt ein neues. Nur bei ihm nicht. Er hat niemanden im Rücken. Das bedeutet viel bei unserer Art der Erziehung. Eines Tages werden die Kinder durch neu ankommende entthront. Das erlebt der Jüngste nie. Außerdem sind die Vordermänner größer, genügen größeren Anforderungen und können mehr leisten. Das wird zu einem bedeutenden Antrieb für den Jüngsten. Jeder Jüngste ist dadurch nuanciert. Hier setzt die schöpferische Kraft des Individuums ein. Doch der starke Antrieb für den Jüngsten lässt sich nicht übersehen (der biblische Josef, der Jüngste im Märchen). Dieser Jüngste hatte alle seine Geschwister überflügelt, war der Liebling der Eltern, der Erste in der Schule, ein sehr ehrgeiziges Kind, das vor jeder Prüfung zitterte. Dieser Mann heiratete ein Mädchen, von dem er glaubte, dass er sie vollständig beherrschen könne. Charakteristisch für diesen Fall war, dass er eigentlich keine Freunde hatte. Das zeigt uns schon, dass er nur Situationen liebte, in denen er der Herr gewesen ist, alle anderen Situationen auszuschalten trachtete. Es ereignete sich, dass er an nervösen Symptomen litt, wenn etwas geschehen sollte, wo er nicht der Führende war, wo er einen Druck von außen her spürte, zum Beispiel wenn er, wie im Theater, in einem abgeschlossenen Raum saß. Diese Situation, wo er sich nicht seines führenden Einflusses bewusst war, erschien ihm wie eine Gefahr.

Ich will abschweifen und über gedankliche Vorgänge sprechen. Es ist nicht wahr, dass wir gedankliche Vorgänge in uns haben könnten, ohne dass dabei das Wollen und die Gefühle folgen würden. Nur gibt es Menschen verschiedener Art, von denen einige mehr auf das Gedankliche, andere mehr auf das Gefühlsmäßige, andere mehr auf das Willensmäßige schauen. Wir *[88]* sind genötigt, den Zusammenhang herzustellen. Wenn ich denke: »Ich bin nicht frei«, werde ich als Mensch, der keinen Zwang verträgt, Gefühle und Emotionen entwickeln, mich dagegen zur Wehr setzen. Das sind Menschen, die zum Beispiel im Theater nur Ecksitze haben wollen, um frei zu sein. Dieser Mensch unterschied sich vom anderen Typus des Angstneurotikers; er kämpfte dagegen, aber es war deutlich sichtbar, dass er durch den Motor des Ehrgeizes angetrieben war, er wollte immer Führer sein, über die anderen hinauswachsen, was ihm durch den Eindruck, den seine Symptome machten, leichter gelang. *Kein Wunder, dass der Antrieb, sich ihrer zu erwehren, gering blieb.* Ich möchte darauf hinweisen, dass wir denselben Mechanismus beobachten konnten in der Traumlehre, wo es sich um einen gedanklichen Inhalt handelt, der nicht verstanden werden soll. Auch der Traum enthält ein Bruchstück der Persönlichkeit, es werden Gefühle geweckt, die der Träumer benötigt.

Erster Traum: Es war wie in der Schule, er war nicht richtig vorbereitet. Wenn man das im Zusammenhang sieht, so heißt das: Der Lehrer ist der Arzt, der mehr weiß als ich. Darauf muss eine Verschlechterung erfolgen, das ist eine Gefahr.

Zweiter Traum: Er bekam Rechnungen nachzurechnen, unter denen sich einige von ihm befanden, andere von anderen. Die Rechnung von den anderen fand er unrichtig. Seine eigenen waren richtig. Das ist ein Versuch, sich einen Antrieb zu verschaffen, über die anderen hinauszuwachsen. Die Rechnungen stimmen nicht, auch nicht die des Arztes. Wir sehen, dieser »Widerstand« hat nichts zu tun mit Liebe und Sexualität, sondern der Patient will entsprechend seiner Eigenart Führer sein. Deshalb dürfen die anderen keine Führertätigkeit haben.

Dritter Traum: Er sieht sich, wie er einen alten Rock nach Hause tragen muss. Er sagt: »Das Unangenehmste war mir immer, wenn man mir etwas zu tragen gegeben hat.«

Vierter Traum: Er hat zwei Hüte, einen steifen und einen weichen, welch letzteren er sehr vorsichtig benutzt. Gefragt, wie es sich mit den zwei Hüten verhalte, sagt er: Es ist wahr, um den weichen zu schonen, trage ich bei schlechtem Wetter den harten Hut; das heißt um einem Schaden vorzubeugen, nicht so viel Geld auf Hüte ausgeben zu müssen. Er ruft seine Sparsamkeit an. Er lässt alle Minen springen, um mich, der bezahlt sein muss, in den Hintergrund zu drängen.

Die vier Träume besagen: Das werde ich nicht vertragen, dass einer wie ein Lehrer vor mir steht, mir vielleicht Aufträge gibt, glaubt, dass er es besser als ich versteht, mich außerdem noch Geld dafür ausgeben lässt.

Um das Porträt vollkommen lebenstreu zu machen, so dass der Patient von seiner Richtigkeit überzeugt ist, bedarf es weiterer, subtiler Arbeit. Stößt man auf unlösbare Widersprüche, so war unsere Auffassung unrichtig und muss geändert werden. So weit geht der von vielen unverstandene Ernst, mit dem die Individualpsychologie die geschlossene Einheit einer Person vor Augen hat und verfolgt.

44. Die Systematik der Individualpsychologie (1932)

Editorische Hinweise
Erstveröffentlichung:
1932h: Internationale Zeitschrift für Individualpsychologie 10, S. 241–244
Letztveröffentlichung:
1982b: Psychotherapie und Erziehung, Bd. 2 (1930–1932), S. 248–252

Der Aufsatz geht auf einen Vortrag zurück, den Adler in der Arbeitsgemeinschaft individualpsychologischer Ärzte in Wien, Mai 1932 gehalten hat. Ein maschinenschriftlicher Entwurf dieses Aufsatzes, dessen Kopie in der Bundesgeschäftsstelle der Deutschen Gesellschaft für Individualpsychologie aufbewahrt wird, nennt als Anlass »Angriffe, die in dem Prager Brief enthalten sind«.

Der erste Teil des Aufsatzes beschäftigt sich mit philosophischen Fragen, denn nach Adler ist Individualpsychologie Philosophie und das Problem des Seelenlebens ein metaphysisches Problem. Der zweite Teil nennt die hauptsächlichsten Formen der Ausdrucksbewegung bei Menschen, die zu wenig Gemeinschaftsgefühl in sich tragen.

Schon in »Die Individualpsychologie, ihre Voraussetzungen und Ergebnisse« (1914h, S. 143) begann Adler, den Begriff der Bewegung zu konzeptualisieren. In »Die Individualpsychologie als Weg zur Menschenkenntnis und Selbsterkenntnis« (1926k, S. 250) und in dem vorliegenden Beitrag führte er diese Konzeptualisierung fort. Die menschliche Psyche sei Bewegung in räumlicher und zeitlicher Hinsicht, auf ein Ziel ausgerichtet (teleologische Sichtweise). Die Systematik der Individualpsychologie besteht nach Adler darin, dass sowohl das Unvollendete des Anfangs der Lebensbewegung wie das Streben nach Vollendung sich in jedem Phänomen finden muss. Adler besteht darauf, dass es keine andere Systematik gebe, die im Verständnis des einzelnen Individuums so weit fortgeschritten sei.

Der jeweilige Lebensstil – als das Ich oder die schöpferische Kraft – ist individuell in einer bestimmten Form gestaltet, deshalb nennt Adler das Ich auch eine »Gebundenheit«, die sich »selbstschöpferisch« bildet und die »unter Verwendung aller äußeren Eindrücke zu einer Form zu gelangen trachtet, die wir als geronnene Bewegung betrachten können«. Anstelle von »geronnen« spricht Adler ein Jahr später in »Über den Ursprung des Strebens nach Überlegenheit und des Gemeinschaftsgefühls« (1933i, S. 550) von gefrorener Bewegung. Dieses Ich könne nur gesehen werden in Bezogenheit, weil dieses Ich immer antwortend sei.

Alle Ausdrucksformen des Menschen werden nach zwei Seiten hin betrachtet: nach den exogenen Anforderungen und nach der psychischen Konstitution (Lebensstil). Erst aus der Spannung zwischen diesen beiden entwickelt sich die Haltung eines Individuums in einer Situation. Bisher sah Adler die Spannung zwischen Minderwertigkeitsgefühl und Ziel, nun beschäftigt ihn die Spannung zwischen psychischer Konstitution und exogenen Anforderungen.

Die Systematik der Individualpsychologie

Vage kritische Bemerkungen gegenüber der Individualpsychologie zeigen wie in einer Testprüfung das mangelhafte Verständnis voreingenommener Dilettanten. In der Psychologie kann der eigene Verstand gegenüber dem Experiment und sogenannter »Erfahrung« nicht ausgeschaltet werden. Ich möchte meinen Freunden nahelegen: Vermeiden Sie es, schwächlich aufzutreten. Das betrifft zum Beispiel Äußerungen über die philosophische Durchdringung der Individualpsychologie. Wer sich auch nur teilweise mit Philosophie beschäftigt hat, wird mit *William Stern* übereinstimmen: Individualpsychologie ist Philosophie. Wenn man dennoch auch in unserem Kreise Menschen findet, die gelegentlich Gegnern das Stichwort geben, so können Sie darauf gefasst sein, dass die Gegner sofort darauf einschnappen. Es wird der falsche Schein erweckt, als ob die Individualpsychologie mit Philosophie nichts zu tun hätte. Dasselbe gilt auch für die Systematik. Ich selbst habe in manchen Arbeiten solche armselige Hinweise gefunden, als ob man die Systematik der Individualpsychologie erst ausbauen müsste. Ich habe nichts dagegen, wenn recht viel beigetragen wird, ich habe aber noch nie etwas bei denen gefunden, die sich großmäulig daran gemacht haben. Wenn ich gesagt habe, dass man in der Individualpsychologie ohne geschärfte Vernunft und ohne vernünftigen Scharfsinn nicht auskommt, werde ich wohl jedem Individualpsychologen zumuten können, dass er es durchschaut, wenn einer derartige Mätzchen und sich zu Rang und Würden erheben will. Es soll keiner glauben, dass solche Sprünge dem scharfen Auge der Individualpsychologie entgehen.

Was das Problem des Seelenlebens anbelangt, so sehen wir es als metaphysisches Problem. Wir stehen auf dem Standpunkt, unter Seele einen Teil des Lebens zu verstehen, der alle bewegten Strukturen des Lebens in sich tragen muss. Das bedeutet vor allem Bewegung nach räumlicher und zeitlicher Anschauung. Diese Bewegung ist auf ein Ziel hingelenkt, was wir seit Jahren als teleologische Anschauungsform in die moderne Psychologie eingeführt hatten. Eine Bewegung ohne Ziel ist nicht vorstellbar. Sie werden kaum eine andere Richtung der Psychologie finden, die mehr über das Seelenleben gesagt hätte, als in diesen wenigen Worten zu finden wäre. Da Bewegung Veränderung ist, ist es klar, dass aus der systematischen Betrachtung hervor[242]geht, dass wir

Anfang und Ende jeder Teilbewegung ins Auge fassen müssen. Der Anfang ist das Unvollendete, die Unsicherheit, die Minderwertigkeit; während das Streben nach Vollendung sich in jeder Ausdrucksform ebenfalls finden muss. Insofern können wir feststellen, dass sich die Individualpsychologie einer strikten Systematik bedient, im weiteren Ausbau eines starken Netzwerkes, das nicht durchbrochen werden kann. Es ist eine so ausgebildete Systematik, wie sie keine andere Psychologie aufweist. Diese Auffassung stand an der Wiege der Individualpsychologie. Wir müssen hinzufügen, dass wir das Ich als eine Gebundenheit betrachten, die sich *selbstschöpferisch* bildet, unter Gebrauch aller Möglichkeiten, unter Gebrauch der Wertigkeit und des Eindruckes seiner Unvollkommenheit, der Validität der Organe, und die unter Verwendung aller äußeren Eindrücke zu einer Form zu gelangen trachtet, die wir als geronnene Bewegung betrachten können. Dieses Ich kann nur gesehen werden in Bezogenheit, weil dieses Ich immer antwortend ist. Es wird von außen angefragt, wird sich äußern in seiner Antwort gegenüber den Problemen der Außenwelt. Und wir erkennen, dass es sich um Umstände handelt, die im Strom der Gemeinschaft geschaffen sind. Es zeigt sich, dass die Leistung des Individuums im Verhältnis zu den Problemen, die immer soziales Interesse verlangen, nicht zur vollen idealen Lösung kommt, wenn das Individuum nicht genügend sozial vorbereitet ist. In der äußeren, wandelbaren, verschiedengradigen Situation finden wir die *stets vorhandenen exogenen Faktoren,* die wie Fragen vor dem Individuum stehen. Es gibt keine Beurteilung eines Menschen, bei der wir etwas anderes beobachten, als die Antwort des eigenartigen Individuums auf die Fragen der sozialen Außenwelt, die ihn nach seiner sozialen Kontaktfähigkeit fragen. Das muss in Betracht gezogen werden und bedeutet einen großen Schritt über alle anderen psychologischen Richtungen hinaus. Wenn wir also diese exogenen Faktoren festgestellt haben und die erfolgende Antwort des Individuums, werden wir nach der eigenartigen Entwicklung der sozialen Kontaktfähigkeit fragen müssen, die schon früher in ihrer konstanten Größe entwickelt worden sein musste. Wir sind dazu gekommen, zu behaupten: Der Grad des Gemeinschaftsgefühls (die Neigung zum Mitleben) ist im Beginn des Lebens in den ersten Jahren errungen worden. Wir kennen die näheren Umstände, unter denen sich Gemeinschaftsgefühl bildet oder nicht bildet, Fehler, *die sich einschleichen,* so dass das Individuum in seiner *endogenen Gestaltung* nicht fähig ist, auf soziale exogene Faktoren (Du und Wir, Beruf, Liebe) »richtig« zu antworten. Es ist die »*psychische Konstitution*«, die nicht angeboren ist, aber im Laufe der ersten Jahre fertiggestellt wird, unter dem Einfluss der Organminderwertigkeiten und Milieueinflüsse, denen wir keine unbegrenzt kausale Bedeutung, sondern eine »statistische Wahrscheinlichkeit« zumessen. Alle Leistungen eines Menschen betrachten wir nach zwei Seiten hin: 1. nach den exogenen Anforderungen, 2. nach der psychischen Konstitution. Erst aus der Spannung zwischen diesen beiden entwickelt sich die Haltung eines Individuums in einer Situation, seine »Vorzüge«, seine Fehler. [243]

Ich möchte heute über die hauptsächlichsten Formen der Ausdrucksbewegung bei Menschen sprechen, die zu wenig Gemeinschaftsgefühl in sich tragen, vom Verhalten der endogenen zu den exogenen Faktoren bei Menschen, die nicht fähig sind, die Lebensfragen »richtig« zu lösen. Auch hier sind wir viel weiter gekommen als andere. Wir haben festgestellt, dass alle Lebensfragen in drei Kategorien zu subsumieren sind. Gesellschaft, Liebe, Beruf. Die Frage der Religion fällt zum größten Teil unter die Gesellschaftsfrage, in Anbetung eines höchsten Wesens das irdische Leben seinen Gesetzen gemäß einzurichten, umfasst aber auch wie die Frage der Kunst alle drei Lebensfragen. Heute will ich schildern, welche Hauptformen der Bewegung man trifft, wenn einer für die Lösung einer der Fragen nicht vorbereitet ist. Da kommt in erster Linie in Betracht, »*die zögernde Bewegung*« gemessen an der Form des Rhythmus und der Schnelligkeit. Auf den ersten Blick können wir mithilfe unserer Systematik irgendwelche Feststellungen machen. Zum Beispiel wenn ein Kind von zwölf Jahren erst in die vierte Volksschulklasse geht. Da können wir, Sonderfälle ausgeschlossen, von vornherein annehmen, dass dieses Kind langsamer vorgeht. Diese langsamere Vorwärtsbewegung kann einen bestimmten Rhythmus haben. Es zeigt sich der Rhythmus in Form eines Charakterzugs, der mehr oder minder mangelhaften Ausdauer. Wenn wir nicht gleichmäßiges Vorwärtsgehen beobachten können, werden wir auf Unsicherheit schließen. Das ist besonders deutlich bei jenem Typus, wo einer mit großem Ansturm beginnt, um bald nachzulassen (als Krankheitsfall: manisch-depressives Irresein). Die zweite Form, an der wir auch sofort die mangelhafte Mitbezogenheit des Individuums bemerken können, das Missverhältnis zwischen endogener Gestaltung und exogenen Faktoren, ist die *Distanz*. In den einfachsten Formen findet sie sich, wenn einer mit 30 Jahren noch keinen Beruf hat, mit 40 Jahren noch nie verliebt war, mit 20 Jahren noch keinen Freund hat. Auch hier werden wir Schlüsse ziehen können, dass es sich um ein Individuum handelt, welches für die Lösung einer bestimmten Aufgabe nicht richtig vorbereitet ist. Die dritte Form ist die *Ausbiegung vor einem Problem*. Hier finden wir alle Fehlschläge. Ich möchte betonen, dass besonders aus den hierher gehörigen Erfahrungen der starke erzieherische Einfluss der Individualpsychologie entsprang, weil wir aus einem ungeheuren Material beobachten und klar darstellen konnten, wo in der frühen Kindheit der Beginn der Abwegigkeit entstand, und wie man es hätte machen müssen, um Fehlschlägen vorzubeugen. Die vierte Form ist die *verkürzte Aufmarschbreite*. Einer ist nicht für das ganze Problem vorbereitet, er zerstückelt es. Das wird sich in dem Bestreben zeigen, gewisse Teile des Problems auszuschalten. Auch hier finden Sie Züge, die allen Fehlschlägen zukommen, nicht nur dem Neurotiker. Ein schwer erziehbares Kind macht seine Fehler meist in der gleichen Art, ein Taschendieb bleibt ein Taschendieb, ein Einbrecher immer ein Einbrecher. Die enge Aufmarschbreite müssen wir in Betracht ziehen, auch in Fällen, wo einer teilweise das Problem löst dadurch, dass er gewisse Teile ausschaltet, gelegentlich dadurch zu einer Künstlerschaft gelangt. Alle diese Gesichtspunkte sind bei *[244]* jedem einzelnen Fall in Betracht zu ziehen. Man darf sich nicht zu einer Typologie verleiten lassen, sondern muss im Verständnis *des fehlerhaften Einzelnen* vorwärtsschreiten. Ich wäre neugierig zu sehen, wo noch eine so fest gefügte Systematik in einer anderen psychologischen Richtung existiert. Wenn Sie bedenken, wie stark unsere Wissenschaft mit Selbstkritik und Skepsis ausgestattet ist, erscheinen alle Vorwürfe mangelhafter Systematik lächerlich. Gerade das ist ein Einwand, den ein Gegner nie machen könnte. – Wenn gelegentlich von unseren Schülern derartige Hinweise gemacht werden, so beweist es, dass sie nicht durchgedrungen sind. Wir sind in dem Punkt der Systematik so reichlich bedacht, dass wir nicht zu sorgen brauchen, wichtige Punkte übersehen zu haben.

45. Der Aufbau der Neurose (1932)

Editorische Hinweise
Erstveröffentlichung:
1932i: Internationale Zeitschrift für Individualpsychologie 10, S. 321–328
Letztveröffentlichung:
1982b: Psychotherapie und Erziehung, Bd. 2 (1930–1932), S. 263–272

Vortrag, gehalten in der ärztlichen Arbeitsgemeinschaft für Individualpsychologie, Wien.

Im Anschluss an die Definition des Ich als Lebensstil im Aufsatz »Der nervöse Charakter« (1931l, S. 451), als schöpferische Kraft in »Persönlichkeit als geschlossene Einheit« (1932g, S. 516) und als Gebundenheit in »Die Systematik der Individualpsychologie« (1932h, S. 527), die sich selbstschöpferisch bilde, führt Adler nun aus, dass das Kind ein subjektives Empfinden dafür hat, ob diese Bewegungsgestalt von ihm als richtunggebende Überwindung empfunden wird.

In der Neurose gebe es kaum eine Erscheinung, die nicht auch außerhalb der Neurose in geringerem Grade zu finden ist. Jeder Mensch reagiere individuell, gemäß seinem Lebensstil, auf seelische Spannungen. Ein tieferes Verständnis sei erst möglich, wenn die Lebensbewegung »eingefangen« und so betrachtet werde, als ob sie geronnene Bewegung wäre. Adler fasst hier den Lebensstil explizit als Bewegungsform, als Stilisierung des Lebens.

Die Bewegung nach einem Ziel (als einheitlicher Stil) finde sich im Leben überall. Es wachse alles, als ob ihm das Ziel der Überwindung und Vollendung vorschwebte. Das Ziel der Überwindung äußere sich bei jedem Menschen anders. Adlers allgemeine »Diagnostik« offenbart etwa Züge von Herrschsucht oder Symptome, die daran hindern, der Erste zu sein, oder ein fiktives Wertgefühl, das der Patient trotz der Neurose erreicht habe. Aber diese allgemeine Diagnostik diene nur dazu, beim einzelnen Individuum das »Gesichtsfeld zu beleuchten«, auf dem die einzelnen individuellen Bewegungen klar erkennbar werden.

Der Neurotiker lebt in großer seelischer Spannung unter der Parole: Ja – aber! Hier spielt bei Adler die »Meinung« des Individuums eine große Rolle. Darunter versteht er aber nicht eine konkrete, begrifflich gefasste Vorstellung, sondern die dem Individuum unbewusste Deutung seines Lebens. Adler ist nicht der Ansicht, dass der Neurotiker die Fragen, an denen er scheitert, nicht lösen könnte; nur die Voraussetzung zu einer Lösung müsse der Neurotiker erst entwickeln.

Der Aufbau der Neurose

So schwierig es ist, in der kurzen Zeit ein Kapitel aus der Individualpsychologie ausführlich zu behandeln, möchte ich das Schwierigste herausgreifen und die Struktur der Neurose auseinandersetzen.

Ich möchte sagen, dass wir in der Neurose kaum eine Erscheinung finden, die man in einer psychologischen Betrachtung, sofern sie den Einklang der Einzelerscheinung mit der Ganzheit nicht erfasst hat, nicht auch außerhalb der Neurose in geringerem Grade findet. Es ist begreiflich, dass man Angsterscheinungen beobachten kann, ohne dass man von Neurose sprechen kann; auch gedankliche Festlegungen finden sich bei den meisten Menschen, die auf Regeln und Formelkram einen besonderen Wert legen. So geht es bei allen anderen neurotischen Erscheinungen auch, zum Beispiel Ermüdungserscheinungen, wie bei der Neurasthenie usw. Auch bei den Erscheinungen der funktionellen Neurosen sehen wir dasselbe. Jeder Mensch wird nach seinem besonderen Typus auf seelische Spannungen reagieren. Bei der Angst wird man die verschiedensten Auswirkungen beobachten können wie Herzklopfen und Atembeschwerden usw. All das kann noch außerhalb der Neurose stehen. Schluckbeschwerden treten im Stadium der Unsicherheit auf. Andere werden im Falle eines Angstaffektes Erscheinungen des Magen-Darm-Apparates aufweisen oder Blasenerscheinungen; eine große Anzahl von Menschen gibt es, bei denen der Angstaffekt sich in Beziehung zum Sexualorgan setzt. Es ist ein besonderer Typus von Menschen, bei dem die Angst eine Sexualerregung verursacht, und sie alle schwören, dass das bei jedem so sein müsste, bauen gelegentlich sogar eine Theorie darauf auf. Wir wollen festhalten, dass Erscheinungen, die außerhalb des menschlichen Seelenlebens und seiner Ausstrahlungen liegen, in der Neurose auch nicht vorkommen.

Ich muss kurz die Grundanschauungen der Individualpsychologie, insbesondere den Begriff der Seele streifen. Es ist ganz klar, dass wir uns da auf transzendentales Gebiet begeben. *Watson*[1] und andere wollen von der Seele nichts wissen, ebenso sehen diejenigen, die einer rein mechanistischen Anschauung huldigen, vom Seelenleben ab. Der Psychologe kann dies nicht tun; er nimmt an, dass seine Idee vom Seelenleben als unterliegende Idee alle Erscheinungen verbindet, die nach einer bestimmten Richtung zu ordnen sind. Es gibt keinen Beweis gegen den Bestand eines Seelenlebens. Es ergibt sich aber die Notwendigkeit einer spekulativen Einsicht in die Zusammenhänge, die uns außerhalb des Gebietes der Erfahrung führen. Auch hier ergibt sich kein Widerspruch, wenn wir annehmen, dass es ein Seelenleben *[322]* gibt. Die Seele ist ein Teil des Lebens. Der wichtigste Charakter des Lebens ist Bewegung. Das sagt nicht, dass das Lebewesen nicht im Ruhezustand sein

---

1 [John Watson (1878–1958), Begründer des Behaviorismus]

kann, aber Bewegungsfähigkeit ist dem Leben eigen. Wir können auch das seelische Leben nur als Bewegung feststellen. Alle Erscheinungen, die wir auf das Seelenleben beziehen, können wir so in räumlicher und zeitlicher Anschauung betrachten. Wir fangen die Bewegung ein, sehen sie so, als ob sie geronnene Bewegung, Form im Ruhezustand wäre. Erst wenn wir die seelische Ausdrucksform als Bewegung verstanden haben, nähern wir uns dem Verständnis. Der auffallendste Charakterzug einer jeden Bewegung ist, dass sie ohne Ziel nicht zustande kommen kann. Wir werden annehmen müssen, dass jede seelische Ausdrucksform nach einem Ziel gerichtet ist. Dieses Ziel könnte nicht bestehen, wenn nicht das gesamte Seelenleben ein Ziel hätte. Man nimmt allgemein diese Tatsache als bestehend an, wenn man sich auch nicht so scharf äußert wie wir. Das Ziel muss charakterisierbar sein, auch wenn es nicht vom Individuum in Worten gefasst ist. Es ist sicher, dass wir im Bewusstsein eine Unzahl von Eindrücken tragen, die nicht begrifflich gefasst sind. Wir können sie unter Umständen begrifflich fassen. Rechnet man als mit einem Gegensatz, so meint man, dass, wenn man unbegriffliche Fakten in Worte kleidet, man vom Unbewussten etwas ins Bewusste gehoben hat. Sicherlich ist dies nicht der Fall.

Ich habe davon gesprochen, dass jede Bewegung ein Ziel hat. »Trieb«, »Anlage« sind richtungslos, können deshalb zum Verständnis seelischer Vorgänge nicht herangezogen werden. Diese Bewegung nach einem Ziel zeigt sich uns als einheitlicher Stil. Die Zielsetzung des Seelenlebens erst bringt das ganze Seelenleben in eine Einheit. Daraus folgt, dass jeder Teil der Bewegung dieses Ziel in sich trägt, also ein Teil der Einheit ist. Für uns folgt daraus, dass wir einen Teil des Seelenlebens erst verstanden haben, wenn wir feststellen, dass er ein Teil der Einheit ist, von dem gleichen Strom des Geschehens durchflossen ist. In der praktischen individualpsychologischen Tätigkeit ist dieser Standpunkt von größter Wichtigkeit. Es wird notwendig sein, Aufklärung darüber zu verschaffen, wie das Ziel zustande kommt.

Die Zielstrebigkeit findet sich im Leben überall. Es wächst alles, als ob ihm das Ziel der Vollendung vorschweben würde. Das Ziel der Vollendung nennen wir das Ziel der Überwindung. Die Sprache ist arm, und so sagt der Begriff der Überwindung für jeden etwas anderes. Das Ziel jedes Individuums ist verschieden von dem eines anderen. Wenn wir »Macht«, »Stärke«, »Ausweichen vor den Problemen des Lebens« sagen, haben wir etwas Typisches gesagt, was beim einzelnen Falle keine klare Einsicht bringt, aber eines haben wir gewonnen: Wir beleuchten das Gesichtsfeld, und so gelingt es uns, einzelne Bewegungen festzustellen. Dazu gehört Erfahrung, Scharfsinn, unvoreingenommene, skeptische Durchleuchtung des einzelnen Falles. Alle Erscheinungen tragen eine Minus- und eine Plussituation (Minderwertigkeitsgefühl – Streben nach Überlegenheit) zugleich in sich. Das Minderwertigkeitsgefühl kann sich in tausenden Varianten zeigen, ebenso das Streben nach Überlegen[323]heit. Die

Frage taucht auf: Wer errichtet den für jeden verschiedenen Ausbau im Ablauf des Lebens? Wenn die Natur sich so auswirkt, warum schafft sie nicht gleiche Individuen? Die Tatsache brauche ich vor Ärzten nicht zu betonen: Jedes Kind kommt mit verschiedenen Möglichkeiten zur Welt. Unser Einspruch gegen die Bedeutung der Hereditätslehre und jeder »*Besitzpsychologie*« lautet im Sinne einer »*Gebrauchspsychologie*«: Es kommt nicht darauf an, was einer mitbringt, sondern was einer daraus macht. Wer macht es nun? Die Einflüsse der Umgebung? Wer sagt uns, dass gleiche Einflüsse in gleicher Weise erfasst, verarbeitet, verdaut, beantwortet werden? Wir können nicht darauf verzichten, noch eine Kraft anzunehmen, wodurch sich die Unhaltbarkeit der Anschauung derer, die an die Heredität, oder derer, die an das Milieu glauben, noch zu größerer Unsicherheit steigert: *die schöpferische Kraft des Kindes*. Wir können nicht umhin, dem Kinde schöpferische Kraft zuzusprechen, die alle diese Einflüsse, die alle Möglichkeiten ordnet, um eine Bewegung zu gestalten, die zur Überwindung führt, in einer Form, die von dem Kinde als richtunggebende Überwindung empfunden wird. Aber dass alle Bewegungserscheinungen im Seelenleben eines Kindes zur Überwindung drängen, daran ist kein Zweifel. Das gilt für alle unmittelbar zu erfassenden Ausdrucksbewegungen und auch für alles, was man in transzendentaler Anschauung als Trieb ansieht. Denn der Trieb ist nicht gerichtet, solange das Kind selbst ihm nicht ein Ziel gibt. Der Trieb ist richtungslos, deshalb ist es vergeblich, auf den Trieben eine Psychologie aufzubauen, ohne die schöpferische Eigenart des Kindes in Betracht zu ziehen. Es gibt aber, wohl nicht als kausales Element, wohl aber als verlockende Gelegenheit, eine Anzahl von Faktoren im frühesten Kindesalter, die auf das Kind einwirken und nahelegen, in welcher Art es sein Leben ausgestalten soll. Das wird von den verschiedenen Kindern verschieden beantwortet. Es gibt keine mathematische Regel, nach der man aus «Besitz« den richtigen »Gebrauch« machen kann. Was wir beobachten können, ist der Gebrauch, nicht der Besitz. Diese Anzahl von Faktoren treten als verlockende Gelegenheiten in Erscheinung, sind nicht kausal, sondern als Wahrscheinlichkeit in der Statistik auftretend.[2] Sie können von uns »verstanden« werden. Wir verstehen nach unserer menschlichen Erfahrung, dass Kinder mit minderwertigen Organen in Bezug auf die Aufgaben des Lebens sich schwächer fühlen werden, dass diese Minussituation von einem solchen Kinde stärker empfunden werden kann als vom Durchschnitt. Das bedeutet viel, denn wieder deckt es sich mit unserer Erfahrung, dass dort, wo eine Situation als besonders unsicher empfunden wird, auch die Folgen, die daraus erwachsen, auffällig sind, insbesondere das Drängen nach einer Plussituation. Das betrifft Kinder, die mit minderwertigen

---

2 *Anm. Adlers:* Vergleiche die gleichlaufenden Anschauungen in der modernen Physik, die, was *Kausalität und Richtung* anbelangt, unabhängig von uns die gleiche Auffassung zeigen.

Organen zur Welt kommen, minderwertige Sinnesorgane, vielleicht eine minderwertige Gehirnstruktur, minderwertige endokrine Drüsen besitzen. Das alles muss sich als organische Minussituation nicht geltend machen, aber das Kind erlebt die Schwäche seines organischen Bestandes und muss sich damit einrichten. Es gibt eine *[324]* Unzahl von Formen, in denen wir das Drängen nach Überwindung feststellen können. Die einen suchen die Überwindung darin, indem sie bestrebt sind, Probleme auszuschalten; sie sind eines Problems ledig geworden und fühlen sich dadurch in erleichterter Stimmung. Andere ringen und streben (Linkshändigkeit zum Beispiel), äußere Einflüsse werden mit einbezogen, die Ausführung hängt von der schöpferischen Kraft des Kindes ab, die sich regellos ausweitet, doch immer den Erfolg sucht. Nach dem dritten, vierten Lebensjahr hat ein solches Kind seine Lebensform beendigt, hat das Ziel der Überwindung konkret gestaltet. Aus seiner Haltung kann man das Resultat des Prozesses wahrnehmen. Zwischen Extremen gibt es millionenfache Varianten, die dem Grade nach, der Tönung, dem Rhythmus nach verschieden sind.

Die zweite, zu einer bestimmten, annähernd ähnlichen Lebensform verlockende Gelegenheit stammt von außen. Sie betrifft die Verwöhnung. Je mehr ich mich in die Materie vertieft habe, desto deutlicher konnte ich sehen: Es gibt gar keine Neurose, wo nicht die Tatsache der Verwöhnung feststellbar wäre. Die Abhängigkeit von einer zweiten Person zwecks Lösung der Aufgaben spielt eine auffallend große Rolle. Unter Verwöhnung verstehen wir nicht, dass das Kind geküsst und gekost wird, sondern dass die Mutter stets sich um das Kind bewegt und ihm seine Aufgaben abnimmt. Hier vollzieht sich das Leben wie in einer Symbiose, das Kind wächst auf wie ein Parasit. Da entwickelt sich eine Unzahl von Varianten. Entweder es wachsen Menschen heran, die später eine übertriebene Neigung haben, jede Beeinflussung strikte abzulehnen, oder aber solche, die immer Hilfe suchend um sich schauen. Dazwischen sind tausend Varianten.

Eine dritte Form ist die Vernachlässigung von Kindern (illegitime, unerwünschte, hässliche Kinder). Äußere Einflüsse können die Vernachlässigung verstärken. Jedes verwöhnte Kind gerät später automatisch in eine Situation, in der es sich vernachlässigt fühlt.

Wir wollen die unterliegende einigende Linie suchen, die alle diese Typen verbindet. Alle drei Typen stehen dem Leben gegenüber unsicher da. Das scheint ein Charakteristikum aller Fehlschläge zu sein. Wir werden aus ihren Antworten sehen, wie weit sie zur Lösung der Aufgaben vorbereitet sind. Die Aufgaben sind immer sozialer Natur. Es gibt keine anderen (Gesellschaft, Beruf, Liebe). Die Lösung dieser Aufgaben hängt davon ab, wie weit einer sozial vorbereitet ist. Das Gegenteil gilt für alle Fehlschläge, schwer erziehbare Kinder, Verbrecher, Selbstmörder, Neurotiker, Psychotiker, Trinker, sexuell Perverse usw., sie alle sind keine Mitarbeiter, keine Mitmenschen, eher

Nebenmenschen, wenn nicht Gegenmenschen. Was bedeutet dieser Gesichtspunkt, der nun anfängt aus der Individualpsychologie eine Wertpsychologie zu machen? Nur der kann die Aufgaben lösen, wie sie unser gesellschaftliches Leben bietet, der sozial zum Mitgehen vorbereitet ist. Das heißt, es muss in der Lebensform, im Bewegungsgesetz eines Menschen ein bestimmter Grad von Kontaktgefühl, von Streben nach Kooperation zu finden sein. Ich habe früher schon gezeigt, bei welchen Kindern sich die Leistungsneigung nicht richtig entwickelt: bei denen, die sich unsicher fühlen. Dort bildet sich *[325]* ein Lebensstil, der Mangel an sozialem Interesse zeigt, weil der unsichere Mensch mehr an sich als an die anderen denkt, von sich nicht loskommt.

Wir werden für den Neurotiker feststellen, dass bei ihm ein Mangel an sozialem Interesse besteht. Wir werden uns dadurch nicht irremachen lassen, dass manche Neurotiker als Weltbeglücker auftreten. Die Minussituation ist stark, ihr Streben nach Überwindung ist ebenso stark, wie es sich auch im Organischen zeigt. Wo ein Hindernis groß ist, dort ist auch die Spannung groß. Das Ziel der Überwindung ist hoch gestellt, es bezieht sich, wie auch beim Normalen, auf das persönliche Wertgefühl, das aus der Überwindung fließt. Im Bewegungsgesetz des Neurotikers herrscht ein Mangel an sozialem Gefühl. Der Mangel ist nicht so groß wie beim Verbrecher, der die Mitmenschlichkeit kennt, aber ablehnt. Der Neurotiker lehnt sie nicht ab, aber seine Bestrebungen gehen dorthin, das Gemeinschaftsgefühl der anderen auf die Probe zu stellen, es auszunutzen. Das gilt für alle Neurosen, so dass wir aus der Struktur der Neurose den allgemeinen Gesichtspunkt festhalten können: die Ausnützung des Gemeinschaftsgefühls der anderen, die Hinderung der eigenen kooperativen Leistung durch ein »Aber«, welches alle neurotischen Symptome charakterisiert. Der Neurotiker lebt unter der Parole: Ja – aber! Darin finden wir alle hindernden Symptome. Er leitet sein Wertgefühl davon ab, wie viel ein anderer zu seinem Wertgefühl beiträgt. Was die funktionellen Neurosen anbelangt, so stehen sie unter dem gleichen Gesichtspunkt. Es handelt sich um das jenseits der Mitarbeit erwachsende Arrangement eines Affektes (Angst, Unsicherheit, Überempfindlichkeit, Zorn, Ungeduld, Gier). Die Spannung, in der der Neurotiker ist, macht es ihm leicht, in Affekt zu geraten. Das wirkt sich entweder am Locus minoris resistentiae[3] aus, und es tritt die familiäre Eigenart deutlich in Erscheinung, von der ich früher gesprochen habe (Magen, Blase usw.). So können wir verstehen, dass eine funktionelle Neurose nur dann zu verstehen sein wird, wenn wir das Individuum als Einheit erkannt haben, das, vor eine Prüfung gestellt, nicht selbstständig und mitgehend die Fragen zum Nutzen der Allgemeinheit zu lösen trachtet, sondern im Interesse seines persönlichen Ehrgeizes. Dasselbe gilt auch für andere Neurosen. Alle Neurosen erwachsen aus der seelischen Spannung eines sozial schlecht vor-

---

3 [Ort des geringsten Widerstandes]

bereiteten Menschen anlässlich einer Aufgabe, die mehr Gemeinschaftsgefühl zur Lösung erfordert, als der Betreffende in sich trägt. Was man endogene Faktoren nennt, wird deutlich, wenn das Individuum vor einer Prüfung steht. Hier spielt die »Meinung«[4] des Individuums eine große Rolle. Wir sind nicht der Ansicht, dass der Neurotiker die Fragen, an denen er scheitert, nicht lösen könnte, aber er hat es noch nicht in sich, was zur ungefähr richtigen Lösung gehört: Die Anschlussfähigkeit besitzt er nicht. Da entwickelt sich nun jene seelische Spannung, wie bei jedem, der unsicher ist. Diese Spannung ergreift den ganzen Körper und das ganze Seelenleben. Bei *[326]* verschiedenen Menschen immer in anderer Art. Es gibt Menschen, bei denen die Spannung sich intellektuell auswirkt, gedanklich, begrifflich, so wie wir es am deutlichsten bei der Zwangsneurose beobachten können oder in der Paranoia. Bei anderen tritt eine andere Sphäre des Seelenlebens in Bewegung: das Gefühlsmäßige, zum Beispiel die Angst bei der Angstneurose, Phobie. Ich will die Bedeutung der exogenen Faktoren unterstreichen. Es gibt kein neurotisches Symptom ohne endogene und exogene Faktoren. Das Exogene ist in seinem Gewicht nur bei Durchleuchtung des ganzen Individuums, im Zusammenhang mit dem Lebensstil zu verstehen. Der Untersucher muss sich in die Meinung des Patienten hineinfühlen, um zu verstehen, dass für diesen Menschen eine bestimmte Situation als zu schwierig erscheint. Zum Beispiel kam dieser Tage ein Patient zu mir, der schon früher von einem Individualpsychologen erfolgreich behandelt worden war. Er hatte damals sexuelle Regungen nur, wenn er Tiere erblickte (platonisch). Es ist sicher interessant nachzuforschen, warum er Tiere gewählt hatte. Doch muss ich diesen Teil seines Lebensstils übergehen. Den weitaus wichtigsten Teil der Liebesbeziehung hatte er ausgeschaltet, in einem starken Minderwertigkeitsgefühl, wie ich es als charakteristisch für alle Perversionen nachgewiesen habe[5]. Er steht nun im Begriffe, eine Ehe zu schließen. Er sagte: »Ich möchte heiraten, aber nun stehe ich vor der Frage: Ich muss meiner zukünftigen Frau gestehen, was früher war. Wenn ich es tue, bin ich sicher, dass sie sich abwenden wird.« Noch einmal also versucht er, mit einer anderen Wendung, der Lösung des Liebesproblems zu entgehen. Ich sagte: »Sie können doch nicht über alle unangenehmen Fakten, an denen Sie unschuldig sind, jedermann eine Beichte ablegen. Es ist unschicklich, über gewisse Dinge zu sprechen. Es war doch der schäbige Rest, der übrig geblieben war, infolge Ihrer Lebensfeigheit. Auch können Sie erwarten, dass der andere

---

4   *Anm. Adlers:* Keineswegs ist hier eine konkrete, begrifflich gefasste Meinung zu denken, sondern was wir aus der Haltung des Individuums als seine begrifflich zu fassende Meinung konstruieren müssten. Diese Konstruktion führt uns zum Verständnis des »Sinnes« einer Äußerung und ist unentbehrlich in der Behandlung.
5   *Anm. Adlers: Adler:* Das Problem der Homosexualität (und Perversionen) [Adler 1930d/1977a].

durchaus anders verstehen wird, was Sie ihm da mitteilen.« Das hat ihm eingeleuchtet. Ich hoffe, dass der letzte Rest seiner Furcht vor dem Problem der Liebe geschwunden ist.

Versteht man das Bewegungsgesetz der Neurose, so findet man immer Patienten, bei denen erst wieder das Gedankliche oder das Gefühlsmäßige oder das Stellungsmäßige in den Vordergrund tritt, während das Übrige des seelischen Ablaufs, dynamisch noch stets vorhanden, nicht in Erscheinung kommt (Neurasthenie, Hysterie, Katatonie). In der Behandlung muss der ganze psychische Ablauf klar herausgestellt werden. Reine Fälle gibt es nicht, nur Mischfälle, von denen wir nur sagen können, dass ein Mal das eine, das andere Mal das andere des Ablaufs in den Vordergrund tritt, was Uneingeweihte meist verleitet, von Unbewusstem zu sprechen, wo meist nur Unbegriffliches vorliegt.

Wenn man die Aufmerksamkeit auf die Bewegung richtet, was einzig die wahre Aufklärung gibt, so findet man verschiedene Bewegungstypen unter den Neurotikern, wie ich sie kurz im vorigen Heft dieser Zeitschrift (»Zwangsneurose« [1931f, in diesem Band, S. 497]) beschrieben habe: *[327]*

Erstens: Das Distanzproblem. Es gibt Neurotiker, die eine auffallende Distanz zur Lösung des Problems zeigen (hysterische Ohnmacht, Unentschlossenheit, Zweifelsucht, bedeutet nichts als Stillstand). Wenn einer nicht weiß, ob er das oder jenes tun soll, ist nur eines sicher: dass er sich nicht bewegt. Auch die Angstneurose kann sehr deutlich die Distanz zum Ausdruck bringen. Dasselbe gilt auch für die funktionellen Neurosen. Auch sie sind imstande, den Menschen zu hindern, das gesellschaftliche Problem zu lösen (zum Beispiel Harndrang, wenn einer in Gesellschaft gehen soll). Auch bei der Zwangsneurose kann es zum Stillstand kommen, wenn der Betreffende etwas ausführen soll.

Die zweite Gangart ist die zögernde Attitüde. Der Neurotiker geht wohl vorwärts, aber zögernd. Ein Beispiel ist das Stottern. Das Problem wird stotternd angegangen. Dieses Zögern kann zu einem Hinausschieben der Lösung führen (Agrypnie[6]). Der Mensch ist so müde, dass er die Aufgabe nur zögernd lösen kann. Auch bei der Neurasthenie kommt es zu Ermüdungserscheinungen. Bei der Agoraphobie wird es deutlich, dass ein anderer Hilfe leihen muss.

Die dritte Bewegungsform, die für alle neurotischen Symptome gilt, ist die Ausbiegung vor dem Problem, das Aufsuchen eines Nebenkriegsschauplatzes. Das ist bei der Zwangsneurose sehr deutlich. Der Betreffende stellt einen Gegenzwang auf gegen den Zwang der sozialen Fragen. Er schiebt Letzteren dadurch hinaus (Waschzwang).

Die vierte Bewegungsform ist die komplizierteste und auffälligste: die ver-

---

6 [Schlaflosigkeit]

minderte Aufmarschbreite. Einer gibt sich nicht dem ganzen Problem hin, er greift nur einen Teil heraus (Perversionen). Freilich auch Künstlerschaft.

Das Ziel der Überwindung stellt sich bei jedem Menschen anders dar. Wenn man generell vorgeht, wie bei der allgemeinen Diagnostik, findet man Züge von unverhüllter Herrschsucht, so dass der andere der Sklave ist (Angstneurose). Das sind Menschen, die in der Kindheit gelernt haben, durch Erweckung von Angst andere zu zwingen, zu Hilfe zu eilen. Bei anderen ist das Wichtigste, zum Ziel der Überwindung zu kommen, eine Ausrede zu haben. Ihre ehrgeizige Strömung wird sehr deutlich, wenn die Patienten auf dem Standpunkt stehen: Wenn ich schlafen könnte, würde ich der Erste sein. Es genügt ihm, diese Ausrede zu haben. Das wird nicht jeder begrifflich zum Ausdruck bringen, deshalb wird man auf sein Innenleben Bezug nehmen müssen. Bei einer dritten Form handelt es sich um das Gefühl des fiktiven Wertes, den die Patienten in sich erzeugen. Er besteht darin, was sie trotz der Neurose erreicht haben. Solche Patienten werden wir außerordentlich häufig finden.

Noch eines: Im Seelenleben sind die einzelnen Sphären nicht so geteilt wie in der Schulpsychologie. Es gibt keinen Platz, wo sich nur das Emotionelle, das Handeln, Wollen abspielt, der seelische Ablauf umfasst alles. Wir sind genötigt, wenn wir einen Teil wahrnehmen, nach den anderen zu fragen. Wenn einer uns seine erste Kindheitserinnerung bringt, so werden wir das Gedankliche, Gefühlsmäßige, Stellungsmäßige daraus entnehmen, und erst dann gelangen wir zur Erfassung der einheitlichen Persönlichkeit. Aufgrund unserer Erfahrung ist es uns möglich, mit größter Vorsicht freilich, das Gedankliche, das Emotionelle und das Stellungsmäßige festzustellen. *[328]*

Wir werden zur Auffassung gelangen: Alle neurotischen Symptome sind Sicherungen von Personen, die sich den Lebensfragen gegenüber als zu schwach empfinden, die aber dennoch eine gewisse mehr platonische Wertschätzung des Sozialgefühls in sich tragen, oft nur darin sichtbar, dass sie auf das Gemeinschaftsgefühl der andern rechnen, um es für sich in Anspruch zu nehmen. Hat man nach langer Mühe und nach großer Erfahrung diesen Zusammenhang erkannt, dann taucht wie von selbst dem wahren Kenner die Erkenntnis auf, dass man es in der Neurose immer mit dem Typus der Verwöhnung zu tun hat, mit dem Typus eines Menschen, der nicht Mitspieler geworden ist, weil er in seiner frühesten Kindheit darauf trainiert wurde, andere für die Lösung seiner Aufgaben in Anspruch zu nehmen. Dies zeigt sich sehr häufig bereits in der Schwierigkeit, den primitiven Funktionen des Essens, der Reinlichkeit, der Exkretionen ihre kulturelle, soziale, das heißt selbstständige Richtung im Sinne der Kooperation zu geben.

46. Technik der Behandlung (1932)

Editorische Hinweise
Erstveröffentlichung:
1932l: Technik der Behandlung. Engl. Übersetzung. In: H. L. Ansbacher u. R. Ansbacher (Hg.), Superiority and social interest: A collection of later writings, S. 191–201. Evanston, IL: Northwestern Univ. Press.
Letztveröffentlichung:
1982b: Psychotherapie und Erziehung, Bd. 2 (1930–1932), S. 253–262

Der Abdruck in »Psychotherapie und Erziehung« folgt einem maschinengeschriebenen Protokoll einer »Ärzte-Sitzung« vom 6. 7. 1932, das von Martha Holub angefertigt wurde. Es handelt sich offensichtlich um einen frei gehaltenen Vortrag. Der Text weist zahlreiche stilistische Mängel auf; er ist zu Adlers Lebzeiten nicht veröffentlicht worden. Eine Kopie des Typoskripts liegt im Archiv der Deutschen Gesellschaft für Individualpsychologie, derzeit in Gotha. Die hier vorgelegte Fassung wurde anhand dieses Typoskripts korrigiert.

Dieser Aufsatz ist neben »Beitrag zur Lehre vom Widerstand« (1911d/2007a) und »Individualpsychologische Behandlung der Neurosen« (1913a, S. 59–77) der einzige Aufsatz, der sich mit der Behandlung der Neurosen beschäftigt. Weitere Behandlungshinweise finden sich verstreut vor allem in den Aufsätzen von 1926 bis 1931; außerdem im Buch »Neurosen« (Adler 1929c/1981a, Ausschnitte S. 336–345).

Dieser Beitrag befasst sich überwiegend mit dem Erstinterview. Wenn der Patient kommt, wäre es nach Adler ein großer Fehler, ihm einen bestimmten Platz zuzuweisen, denn aus der Wahl des Platzes lassen sich Schlüsse ziehen. Die große Bedeutung, die der Neurotiker seinen Symptomen gibt, müsse in freundlicher Weise vermindert werden. Während Adler in »Individualpsychologische Behandlung der Neurosen« (1913a, S. 59–77) das Verständnis und die intuitive Einfühlung in das Wesen des Patienten hervorhebt, betont er nun vor allem die Erweiterung der Kooperationsfähigkeit. Im deutlichen Gegensatz zu den Behandlungshinweisen von 1926 bis 1931 ist Adlers Tonfall in diesem Beitrag eher direktiv und pädagogisch. Umso überraschender ist sein geduldiges Annehmen der Patienten, wenn er schreibt: »Eine Anzahl von Patienten redet viel, man muss es über sich ergehen lassen, auch wenn es drei Stunden sind. Manchmal kann man es durchsetzen, dass man zu Worte kommt.«

Technik der Behandlung

Es ergeht mir heute wie Augustinus, der einmal gesagt hat: »Wenn du mich nicht fragst, so weiß ich es, wenn du mich fragst, so weiß ich es nicht.« So geht es jedem von uns, wenn er von der Technik sprechen soll. Seit Jahren bin ich beschäftigt, darüber zu schreiben – ich zögere, nicht, weil ich es nicht weiß, es ist automatisch bei mir geworden, aber eine Beschreibung scheitert daran, dass sich hier nichts in Regeln fassen lässt. Hier zeigt sich das Künstlerische der Individualpsychologie am deutlichsten. Wenn ich heute über einige Gesichtspunkte spreche, bitte ich, im Auge zu behalten, dass dieselben Gesichtspunkte in einem anderen Falle ganz andere sein können.

Einer der Hauptgesichtspunkte ist: Man muss danach streben, die große Bedeutung, die der Neurotiker seinen Symptomen gibt, herabzudrücken. Das muss freundlich geschehen, es kann ein Fall sein, der das nicht verträgt. Das kann der rechnende Verstand nicht sagen, da muss ein Eindruck maßgebend sein, wie weit man gehen kann in der Bagatellisierung der Symptome, wann man schärfer sein muss etc. Es ist eine künstlerische Aufgabe, von der der Patient nur Vorteil hat, wenn es trotz seines negativen Lebensstils doch gelingt, sich ihm zu nähern. Ich möchte noch systematischer vorgehen und schildern, wie man es machen kann.

Das beginnt beim ersten Erscheinen des Patienten. Es ist notwendig, so unvoreingenommen als möglich sich dem Patienten gegenüberzustellen, alles zu vermeiden, was ihn in den Glauben versetzen könnte, dass Sie sich für ihn opfern. So verlockend es erscheinen mag, ihm etwa zu sagen: »Es ist die größte Aufgabe meines Lebens, Sie gesund zu machen«, so wäre es verfehlt im Hinblick darauf, was Sie erzielen wollen: dem Patienten die Aufgabe zuzuschieben. Es empfiehlt sich, *[254]* die Aufgabe im Auge zu behalten, ihn bei jeder Bewegung das verstehen zu lassen. Diese Fähigkeit kann einem sehr oft über große Schwierigkeiten hinweghelfen. Eine der größten Schwierigkeiten stellt die Behandlung der Melancholie dar. Der Patient ist bestrebt, die Beschwerden auseinanderzusetzen, weint, beschreibt seine Symptome in einer Art, als ob das etwas noch nie Dagewesenes wäre. Sie dürfen ihn nicht schockieren, aber wenn Sie ihm zugehört haben, verstehen Sie, dass das Zeitvertrödelung ist, und Sie können ihm in freundlicher Weise vorschlagen: »Gut, jetzt sehen wir, was Sie gehindert hat, jetzt wollen wir an die wirkliche Arbeit gehen.« Zum Beispiel, wenn einer Symptome als Sicherungen vor Ihnen ausbreitet, weil er fürchtet, dass, wenn er sich ihrer begibt, es herauskommen würde, dass er nicht so wertvoll ist, wie er erscheinen möchte: »Jetzt wollen wir nicht mehr von dem sprechen, was Sie hindert, der Erste zu sein, sondern wie Sie dazu gekommen sind, dieses Ziel wie auf Kommando erklettern zu wollen.« Da werden Sie beobachten, wie der Patient davon abschwenken will. Sie müssen bestrebt sein, ihm das Problem der Mitarbeit näherzubringen. Viele Patienten kommen von der Konkurrenz und suchen alle Symptome sexuell zu erklären. Es empfiehlt sich, eindeutig darauf hinzuweisen, mitzuarbeiten. Die Tatsache der Mitarbeit ist leicht einzusehen, wenngleich sie in den meisten Fällen mangelhaft ausfällt. Wenn einer mitarbeitet, wird er nie Neurotiker. Das muss man den Menschen in der Kur beibringen. In manchen Fällen habe ich Erfolg gehabt, wenn ich gesagt habe: »Ich höre Ihnen nicht mehr zu, damit stören Sie die Mitarbeit.« Ich würde es nicht immer so tun. Ich sage auch: »Jetzt sind wir uns über diesen Punkt im Klaren, jetzt müssen wir an die Arbeit gehen.«

Wenn der Patient zum ersten Mal kommt, so wäre es ein großer Fehler, ihm einen bestimmten Platz zuzuweisen. Alle Patienten wollen auf das »Arme-Sünder-Bankerl«. Es ist gut, wenn man die Sitzordnung stört, eine Reihe von Stühlen aufstellt, der Patient wählt. Er muss sich aktiv zeigen. Man kann aus geringfügigen Tatsachen Schlüsse ziehen, daraus, dass der eine sich näher setzt, der andere in weiterer Entfernung. Der eine macht die Bewegung zum Schreibtisch, das ist günstig, der andere vom Schreibtisch weg, das ist ungünstig. Das kann man später als Beweismittel anwenden.

Natürlich klagt jeder in ganz verschiedener Weise. Sie sprechen in abstrakter Weise, sie sagen nichts Präzises. Man macht [255] so, als ob man sie verstünde und wartet bis man etwas Konkretes aus den Klagen entnehmen kann. »Haben Sie vielleicht Angst?« Der Patient ist gelockert und klagt über die Angst. Dasselbe gilt auch für Zwangskranke. Eine Anzahl von Patienten redet viel, auch wenn sie nicht an Hypomanie leiden. Wir werden nicht in den Fehler verfallen wie viele andere, die sagen: »Fassen Sie sich kürzer!« Man muss es über sich ergehen lassen. Ich habe schon Patienten gehabt, die drei Stunden ununterbrochen gesprochen haben. Manchmal kann man es durchsetzen, dass man zu Worte kommt. Es gibt Patienten, die nach einer Stunde nicht aufhören wollen zu reden. Da können Sie in einer Atempause sagen: »Sie haben mir so viel erzählt, dass ich mir das überlegen muss.« Eine gewisse Manierlichkeit dem Patienten gegenüber ist am Platz, so dass er nicht das Gefühl hat, wie ein Angeklagter dazustehen. Wir werden voraussetzen, dass es in der menschlichen Natur liegt, dass niemand Unterordnung verträgt. Noch nie hat sich einer untergeordnet ohne Protest.

Dann fragt man: »Seit wann bestehen Klagen?« Das ist bei uns noch mehr berechtigt als bei der organischen Pathologie (schwierige Situation!). Sie müssen Ihren Blick darauf richten: Woher ist es gekommen, dass er in einer gewissen Situation versagt hat, das muss aus der Kindheit her stammen. Deswegen gehen Sie in die Kindheit zurück. Es ist nicht notwendig, zu sagen: »Erzählen Sie etwas aus Ihrer Kindheit!«, sondern Sie können nach den Eltern fragen: »Wie waren die Eltern? – Gesund, nervös?« Wir denken nicht an Heredität, sondern an die Atmosphäre, wie die Eltern zu dem Patienten gestanden sind. In vielen Fällen ist es das Allerbeste, zu sagen: »Erzählen Sie mir etwas über

Ihren Vater!« Es kommt keiner darum herum, zu erklären, wie der Vater zu ihm gestanden ist. Wenn er sagt: »Gütig«, so wissen wir, dass es keinen Charakter ohne Bezogenheit zu den anderen gibt. Man muss es naiven Forschern immer wieder sagen: Es entwickelt sich alles im Rahmen der Möglichkeit im Sinne einer Gebrauchspsychologie, nicht im Sinne einer Besitzpsychologie. Wenn der Patient sagt: »Der Vater war gütig«, so heißt das, er war gütig zu mir. Wenn er sagt, dass die Mutter kritisch war, können Sie sehen, dass hier die Idee durchschlägt, dass er sich von der Mutter fernzuhalten getrachtet hat. Wichtig ist die Frage: »Wie viele Kinder waren Sie?« Wir legen viel Gewicht darauf, zu erfahren, an welcher Stelle in *[256]* der Kinderreihe der Patient gestanden ist. Dann: »Wer war der Liebling des Vaters, der Mutter?« Bei unseren Patienten finden wir auffallend häufig, dass sie der Liebling des Vaters oder der Mutter gewesen sind, manchmal beider. Es scheint dies nicht günstig.

Überhaupt ist Verwöhnung das Schädlichste. Wenn Sie so weit sind, haben Sie einen Punkt, wo möglicherweise die Schwäche des Aufbaus dieser Persönlichkeit begonnen hat. »Waren Sie in der Kindheit ein schlimmes Kind oder ein braves?« Das ist für uns nicht so wichtig, aber die Antwort zeigt uns doch, ob er frühzeitig aktiv oder passiv gewesen ist. Dann andere Fragen: Freunde, welcher Art, ob er frühzeitig über die Geschlechtsrolle aufgeklärt war, obwohl diese Frage manchmal so sehr im Dunkel ist, dass der Patient kaum richtig darauf antworten kann. Die Psychoanalytiker würden sagen: Das ist im Unbewussten. Das ist nicht wahr, er hat es nie in Worte gefasst. Das liegt in ihm, umso mehr, weil seine Vernunft keinen Angriff dagegen machen konnte. Daran muss man bei vielen unserer Äußerungen denken, dass es sich hier nicht um begrifflich gefasste Bewusstseinsvorgänge handelt. Wenn einer so etwas findet und es in Worte umsetzt, wird er glauben, dass er etwas aus dem Unbewussten ins Bewusstsein gezogen hat, aber es ist kein Unterschied.

Nun kommen Sie zu dem Punkt, der für uns so wichtig ist, zur Psychopathologie des verwöhnten Kindes. Ich habe mich immer mehr und mehr überzeugen können, dass es sich bei Nervösen immer um verwöhnte Kinder handelt. Dieser Begriff sagt uns mehr als der gewöhnliche Sprachgebrauch. Das ist eine Anschauung des Lebens, als ob der andere für ihn da sei. Diese Anschauung ist durch die Erfahrung gewonnen, ein solcher Mensch muss diese Erfahrung einmal gemacht haben. Es muss von dem Grad der Erfahrung abhängen, von den interkurrierenden Tatsachen, ob da nicht auch andere Maßnahmen eingeflossen sind, wo es dann gelungen ist, das Kind frühzeitig zum Mitarbeiter zu machen. Es hängt davon ab, wie das Kind Eindrücke verarbeitet hat. Das ist die schöpferische Kraft des Kindes. Kausal [begründet] antwortet ein Kind niemals. Wenn einer die statistische Wahrscheinlichkeit mit Kausalität verwechselt, glaubt er, dass sich alles kausal entwickelt. Wenn Sie auch die Tatsachen der Organminderwertigkeit ins Auge fassen, sind Sie schon sehr weit. Die Neurose, über *[257]* die er klagt, ist das Bekenntnis seiner

Schwäche. Er erklärt sich bankrott. Der Beweis der Verwöhnung gelingt am besten, wenn man nachweisen kann, dass der Betreffende nie mitgemacht hat, wie er eine solche Leistung nie zustande gebracht hat. Zum Beispiel, wenn er unordentlich war, sieht man den Schatten einer anderen Person, die Ordnung gemacht hat. Diese kleine Erscheinung schon ist außerordentlich bedeutsam. Wenn Sie ihm das erklären können: »Sie waren unordentlich, Sie haben Ihre Aufgaben den anderen zugeschoben, so ist das bis heute auch noch, Sie schrecken davor zurück, allein vorwärtszugehen, ...« Es gibt eine Unzahl von anderen Erscheinungen auch, es kommt auch vor, dass ein solches Kind pedantisch sein kann, was nicht schwer zu verstehen ist, wenn man bedenkt, dass Verwöhnung manchmal durch Ordnungsliebe zu erkaufen ist.

Wichtig ist die Frage nach der Freundschaft. Es ist eine nicht zu übersehende Tatsache, dass ein Mensch bei der Frage irritiert ist. Es ist nicht beliebt, zu sagen, dass man keine Freunde gehabt hat. Die zögernde Attitüde ist aus der Antwort zu ersehen. Es ist für niemanden eine einfache Frage, wenn man ihm vorstellt, ob er leicht Freunde gewonnen hat. Bei Kindern bekommt man oft unrichtige Antworten. Bei Erwachsenen sind die Antworten meist präziser. Wenn sie so ausfallen, wie wir es erwarten, dass es schwierig war, so haben wir die Bestätigung, dass es Menschen sind, die keine Mitspieler geworden sind. Wie groß der Grad des Mangels ist, können wir daraus noch nicht erfahren, aber aus weiteren Tatsachen, zum Beispiel einer hat sich nur an Mädchen angeschlossen oder an Kinder, die sich ihm unterworfen haben. Auch hier sieht man wieder, wie aus der Verwöhnung die Herrschsucht hervorgegangen ist.

Die Angst interessiert uns am meisten. Man findet sie immer bei verwöhnten Kindern. Es könnte leichte Grade von Verwöhnung geben, wo Kinder frühzeitig daran gewöhnt worden sind, allein zu sein, aber es wird sich anderswo zeigen, dass sie nachts aufschreien, herumwandeln. Da zeigt sich, dass sie die Abgeschlossenheit schlecht vertragen.

Es gibt noch andere Charakterzüge, die uns auch sehr interessieren, zum Beispiel das Nägelbeißen. Es zeigt uns, dass das ein Kind gewesen ist, das gegen die Aufnahme der Kultur revoltiert hat. Bei verwöhnten Kindern finden Sie alle jene Erscheinungen, die Sie in der Psychoanalyse als sexuelle Auslandungen charak*[258]*terisiert erhalten, zum Beispiel die Obstipation, dasselbe gilt für das Urinieren.

So verstehen wir auch, dass sie wegen ihrer Verwöhnung die Unterlassung eines Wunsches nicht vertragen konnten. Immer gibt es tausend Varianten, und man muss gefühlsmäßig herausfinden, in welchem Grade eine solche Stellungnahme sich durchgesetzt hat. Freilich im Vergleiche mit der heutigen Situation gewinnen Sie neue Bestätigungen, die zeigen, wie bedeutsam die ersten Kinderjahre sind. Sind Sie mit den Angsterscheinungen zu Ende, dann empfiehlt es sich zur Bestätigung des Umstandes, dass so viele Kinder die Nacht als Ungehörigkeit empfinden, zu fragen, ob Schwierigkeiten in der Nacht bestanden haben, Bettnässen etc. Das ist noch nicht die Aufdeckung des ganzen Zusammenhanges. Es ist ein Versuch, einen Zustand herbeizuführen, bei dem die Verwöhnung nicht unterbrochen wird.

Wenn Sie so weit sind, fragen Sie: »Erinnern Sie sich weit zurück in die Kindheit?« Sie kennen die große Bedeutung dieser Frage. Aus der Erforschung ältester Kindheitserinnerungen haben wir eine wertvolle Wissenschaft gemacht. Ich möchte keinen Patienten ungefragt lassen. Bedeutsam ist der Aufschluss über das Gedächtnis. Das Gedächtnis ist eine aktive Leistung. Sie ist durch den Lebensstil des Betreffenden gemacht, hier greift er ein, wenn er aus alten Eindrücken einen heraußholt, was uns zur Frage bewegt: Warum den einen? Es schwingt in ihm der ganze Lebensstil mit. Man muss sich erinnern, wie man sich seelische Vorgänge klar vorstellen kann, wenn man nicht nur das Gedankliche sieht, auch das Wollen und die Stellungnahme. Es gibt auch Unbegreifliches, dem das Gefühlsmäßige und die Stellungnahme angeschlossen sind. Es geht nicht an, anzunehmen, dass Säuglinge kein Bewusstsein hätten. Man muss sich das, was man hört, ergänzen. Hier ist man im Gebiet des Erratens, aber man hat schon genug Winke bekommen; wir stehen nicht ohne Hilfe, wir können andere Bruchstücke heranziehen. Was wir erraten haben, muss durch andere Befunde erhärtet werden – wenn es nicht gelingt, so war die Sache verfehlt.

Je mehr man sich mit älteren Kindheitserinnerungen beschäftigt, desto reizvoller wird die Sache. Man kommt auf Zusammenhänge, die einem die menschliche Natur in erschütterndem Lichte zeigen. Selbst die größten Irrtümer können noch [259] übertroffen werden, zum Beispiel ein Zyklothymer, der in kurzen Intervallen Depressionen bekommt. Seine älteste Erinnerung: Er bekam einen Zornanfall, war böse, als die Mutter starb. Es ist der Gedanke: Wie konnte meine Mutter mir so etwas antun, dass sie stirbt und mich allein lässt. Ein verwöhntes Kind – welcher Hoheitsgedanke! Auch in seinem weiteren Leben war es immer so – mit dem Vater hatte er Differenzen, weil er nicht imstande war, alle seine Wünsche zu erfüllen.

Eine Kindheitserinnerung kann manchmal nicht ganz deutlich sprechen, man muss weitere Erinnerungen heranziehen. Man sieht dann viel klarer, man findet das Gemeinsame. Man findet bestimmte Grade oder einen Mangel der Wir-Funktion. Das ist genügend Arbeit für einige Tage. Sie können dem Patienten Anregungen geben, zum Zwecke der Mitarbeit noch mehr Material heranzutragen. Es ist ein Vorteil, wenn man dem Patienten, der sagt, dass ihm nichts eingefallen ist, vorhält, dass das ein Mangel an Mitarbeit ist. Es könnte einmal der Fall eintreten, wo Sie sich mit der Schnelldiagnose irren können. Sie müssen weitergehen in der Technik und müssen voraussagen können, was er in einer bestimmten Situation machen wird.

Ein weiteres Hilfsmittel ist das Traumleben. Auch hier liegt viel größere

Klarheit vor als bei anderen Autoren. Im Traum geschieht nichts anderes als im wachen Zustand. Der Patient fühlt sich hingezogen, gegen den Common Sense zu handeln. Er berauscht sich im Traum, um zu tun, was ihm sein Lebensstil vorschlägt. Es ist der Versuch einer Selbsttäuschung. Würde der Patient sich das Problem vornehmen, könnte er sich der Logik nicht entschlagen, der Vergleich führt ihn hinters Licht, das gilt auch für dichterische Vergleiche. Der Lebensstil dominiert. Der Betreffende ist aus einem Guss gearbeitet, das muss man in allen Teilen wiederfinden. In diesem einheitlichen Guss ist das Streben nach fiktiver Überlegenheit, es gibt keinen nervösen Patienten, der nicht durch seine Symptome verschleiern will, dass er um seine fiktive Überlegenheit bangt. Das sind Erfahrungstatsachen. Die ganze Neurose ist Verschleierungstaktik. Hinter der Erkrankung steckt das krankhafte ehrgeizige Streben des Patienten, sich als etwas Außergewöhnliches zu sehen. Stellen Sie sich die Situation vor, und Sie kommen sofort zur Technik der Behandlung. Die Symptome sind ein großer Misthaufen, an dem der Patient baut, um sich *[260]* verstecken zu können. Diese fiktive Überlegenheit des Patienten stammt aus der Zeit seiner Verwöhnung. Davon kommt er nicht mehr los, es ist die Macht, die er auf andere ausübt, dass er ihnen zumutet, für ihn sorgen zu müssen. Das stammt aus der Zeit, wo es nicht begrifflich aufgebaut wurde, deshalb muss man darüber sprechen, damit es durch die Logik gefasst werden kann.

Sie bekommen den Patienten »in der Blüte seiner Sünden«. Wenn die Frage ertönt: »Wo warst du, als man die Welt verteilte?«, wird er auf den Misthaufen hinweisen, der ihn daran hinderte. Während wir deutlich sehen, was er tut, ist er bemüht, Hindernisse aufzurichten, so wie ein gewiegter Verbrecher sich ein Alibi verschaffen will. Es liegt mir fern, den großen Unterschied zwischen Neurotiker und Verbrecher dadurch verwischen zu wollen. »Ich kann nicht schlafen – sonst wäre ich der Größte.« – »Ich muss mir den ganzen Tag die Hände waschen – deshalb kann ich nicht das hohe Ziel erreichen.« Während er auf einen Punkt hinschaut, müssen wir auf den anderen hinschauen. Er schaut auf die Hindernisse, wir müssen auf den Versuch hinschauen, seine fiktive Überlegenheit zu schützen, seinen Ehrgeiz zu retten. Es tönt immer aus in: »Was hätte ich alles tun können, wenn ich nicht durch die Symptome gehindert wäre?« Unsere Aufgabe ist, was unbegrifflich in ihm gesteckt hat, begrifflich zu machen. Gefühlsmäßig kam das in ihn hinein, die Empfindung des ungeheuren Wertes. Die Individualpsychologie legt einen ungeheuren Wert darauf, dass die seelische Entwicklung eines Menschen nur dann in einen normalen Zustand kommen kann, wenn er den nötigen Grad von Kooperationsfähigkeit zustande bringt. Das müssen Sie sich klarmachen. Ferner, dass alle Probleme des Lebens einen gewissen Grad von Kooperationsfähigkeit verlangen. Sie sehen einerseits die endogenen Faktoren, die exogenen Faktoren, die Situation, in denen die Klagen entstanden sind. Der Patient muss sich bankrott erklären, das gebietet ihm das Ziel der Überlegenheit. Selbst wenn er den Minderwertigkeitskomplex in der krassesten Art zur Darstellung bringt, bedeutet es nicht ein Eingeständnis seines Unwertes, sondern den Hinweis auf etwas scheinbar Krankhaftes. Die Erkenntnis der Unfähigkeit erfolgt selten, sondern Sie hören etwas von rätselhaften Erscheinungen, zum Beispiel von Schlaflosigkeit. Jeder Patient wird angesichts exogener Faktoren, wenn er die Kooperationsfähigkeit nicht *[261]* besitzt, in seelische Spannung geraten. Hier beginnt sein ganzer Körper zu schwingen, an den minderwertigen Stellen kommt das deutlicher zur Erscheinung. Sie müssen nicht organminderwertig sein, es kann sich auch in anderer Weise ein Symptom zeigen, ein Prüfstein dafür, dass das Symptom geeignet sein muss, die Unfähigkeit zu verdecken. Seelische Spannungen werden bei anderen Menschen andere seelische Bahnen ergreifen, zum Beispiel die Bahn des Denkens (Konfusionen, Hypomanie, Zwangsgedanken). Das Gefühl der fiktiven Überlegenheit ist durch den neurotischen Prozess nicht tangiert. Auch hier das Alibi. Diese Spannung kann auch die Gefühlssphäre ergreifen (Angst, Trauer). Wenn sich dieses Symptom als geeignet erweist, so können wir feststellen, dass es besonders geeignet war für Intellektuelle. Es gibt auch solche, bei denen das motorische System irritiert wird (Hysterie). Bei Normalen würden derartige Regungen in keiner Situation eine Stellungnahme hervorrufen, die zu einem Fehlschlag führt, wie Selbstmord, Homosexualität, Verbrechen. Der Normale trachtet, durch seine Stellungnahme trotz des Mangels zur Lösung des Problems zu kommen. Das sind jene Fälle, wo der Mangel an Kooperationsfähigkeit nicht allzu groß ist.

   Zur Technik der Behandlung gehört in jedem Falle Aufklärung über diesen Gesichtspunkt und Erweiterung der Kooperationsfähigkeit. Das ist der Kern der individualpsychologischen Behandlung. Bei der Zusammenarbeit zwischen Arzt und Patient habe ich viel Gewicht darauf gelegt, wie der Patient dem Problem angenähert werden muss, so dass er langsam in diese Bahn hineingebracht wird, bis es ihm selbstverständlich erscheint. Das Resultat ist die erweiterte Kooperationsfähigkeit. Die setzt ihn in einen besseren Stand. Natürlich tauchen tausend Fragen auf, wie zum Beispiel, ob nicht die persönliche Entwicklung dadurch geschädigt wird, wenn man zu viel an die anderen denkt. – »Wie soll man das machen, dass man Freunde bekommt?« Man bekommt mit der Zeit eine Sammlung von Schlagwörtern zusammen. »Sie sind in derselben Lage wie jeder andere. Wenn Ihnen etwas schwierig erscheint, machen Sie die Fehler. Das ist immer so bei neuen Aufgaben«. Es ist notwendig, dass Sie über eine Anzahl von dramatischen Darstellungen verfügen, die besser wirken als nüchterne Auseinandersetzungen. Es macht nichts aus, wenn Sie gelegentlich freundschaftliche Ironie hineinlegen. Das darf man nicht zu weit treiben. *[262]* Sie müssen dem Patienten den Eindruck vermitteln, dass Sie ihn ernst nehmen. Es schwebt mir da vor *Shaws* »Androklus und der Löwe«[1], als ob die Sache wie ein kindliches Spiel vor sich ginge, dass man nie frappiert sein darf, alles freundlich entgegennehmen muss und den Zusammenhang feststellt.

Zum Honorarproblem: Man soll aus der Individualpsychologie nicht in erster Linie ein Geschäft machen. Das gelingt auch nicht, das würde als Widerspruch auffallen. Andererseits muss man die Erwartung hegen, dass der individualpsychologische Arzt imstande sein muss, durch seine Arbeit seinen Lebensunterhalt zu decken. Deshalb ist es so notwendig, dass man diese Frage bald bereinigt. Gleich anfangs. Man sagt: »Acht bis zehn Wochen wird es dauern«; in zweifelhaften Fällen: »Das weiß ich nicht. Wir wollen anfangen. In einem Monat werde ich an Sie die Frage richten, ob Sie überzeugt sind, dass wir auf dem richtigen Wege sind, wenn nicht, brechen wir ab.« Ich habe das sehr oft in schwierigen Fällen vorgeschlagen. Es ist besser, dem Patienten nicht zu konzedieren, dass er [später] einmal das Honorar bezahlen wird. Lieber schicken Sie den Patienten ins Ambulatorium. Es ist nicht gut, eine größere Anzahl umsonst zu behandeln, weil die Patienten den Unterschied zu bemerken glauben. Es ist [für arme Patienten] nicht angenehm, mit Leuten zusammenzukommen, die gut angezogen sind. Besser man schickt sie ins Ambulatorium. Alle Vorstellungen verlangen einen geübten Scharfsinn. Joviales Benehmen gehört dazu. Wenn der Individualpsychologe mit Heiterkeit und Humor gesegnet ist, ist das ein Vorteil. Notwendig ist auch äußerste Geduld und Nachsicht.

---

1 [Androklus, ein christlicher Sklave, der im Kolosseum mit dem Löwen kämpfen soll, zieht diesem in seiner gläubigen Naivität einen Dorn aus dem Fuß und wird verschont.]

47. Über den Ursprung des Strebens nach Überlegenheit und des Gemeinschaftsgefühls (1933)

Editorische Hinweise
Erstveröffentlichung:
1933i: Internationale Zeitschrift für Individualpsychologie 11, S. 257–263
1933: Mitteilungsblatt Individualpsychologischer Veranstaltungen 1 (2), S. 1 ff.
Letztveröffentlichung:
1983a: Psychotherapie und Erziehung, Bd. 3 (1933–1937), S. 21–32

Aus einem Vortrag in der Wiener medizinischen Gesellschaft für Individualpsychologie.

Dieser Beitrag ist der bedeutendste Aufsatz für die Ausarbeitung von Adlers Konzepten der Bewegung, des Gemeinschaftsgefühls und der Vollendung oder Vollkommenheit. Er entwickelt deutlich eine lebensphilosophische Grundlegung seiner Theorie.

Schon in »Die Individualpsychologie, ihre Voraussetzungen und Ergebnisse« (1914h, S. 143) begann Adler den Begriff der Bewegung zu konzeptualisieren. Diese Begriffsarbeit führte er fort in »Die Individualpsychologie als Weg zur Menschenkenntnis und Selbsterkenntnis« (1926k, S. 250 und in »Systematik der Individualpsychologie« (1930n, S. 373). In »Der Aufbau der Neurose« (1932i, S. 532) ergänzt er, dass ein tieferes Verstehen erst möglich wird, wenn die seelische Ausdrucksform als geronnene Bewegung verstanden wird. Im vorliegenden Beitrag findet er dafür den Ausdruck »gefrorene« Bewegung. Und nun kehrt er die Perspektive um und führt aus, wie Menschenkenntnis aus Form möglich ist, nämlich dann, wenn wir die gestaltete Bewegung in ihr erkennen und in der Therapie die Form wieder in Bewegung auflösen.

Den Begriff der Vollkommenheit hatte Adler schon in »Psychologie der Macht« (1928m, S. 331) eingeführt, aber erst jetzt definiert er ihn genauer. Mit Streben nach Vollkommenheit oder Vollendung meint Adler die Bewegung des Lebens, die nach Selbsterhaltung geht, nach Vermehrung, nach Steigerung; »ein Drang, ein Sichentwickeln, ein Etwas, ohne das man sich Leben überhaupt nicht vorstellen kann«. Das Streben sei »angeboren als etwas, was dem Leben angehört«. Adlers Worte lassen sich in der Weise auslegen, dass sowohl Vollkommenheit wie Vollendung die vollständige Entfaltung und Erfüllung des Lebens bedeuten.

Adler hofft, dass das angeborene Gemeinschaftsgefühl in der evolutionären Weiterentwicklung dem Menschen so selbstverständlich zur Verfügung stehen wird wie das Atmen. Das menschliche Streben zum fiktiven Ziel kann im Dienste des Willens zur Macht stehen oder mit Gemeinschaftsgefühl geschehen. Insofern kann das Gemeinschaftsgefühl die Richtung vorgeben, hin zu einem Zustand, in dem alle Fragen des Lebens, alle Beziehungen zur Außenwelt gelöst sind. Auch Vernunftgründe sprechen nach Adler für eine bessere soziale Kooperation. Eine Gemeinschaft, in der das Gemeinschaftsgefühl idealerweise voll entfaltet wäre, sei niemals eine gegenwärtige Gesellschaft, denn man könne nie wissen, welches der richtige Weg der menschlichen Entwicklung ist.

Zuletzt berührt Adler die Frage der Metaphysik. Wenn alles, was nicht unmittelbar erfassbar sei, aus dem Leben der Menschheit ausgeschaltet werde, würden jegliche Entwicklungsmöglichkeiten verhindert werden, denn jede neue Idee liege jenseits der unmittelbaren Erfahrung. Unmittelbare Erfahrungen ergäben niemals etwas Neues, sondern erst die zusammenfassende Idee, die die Tatsachen verbindet. Nach Adler gibt es keine Wissenschaft, die nicht in die Metaphysik münden müsste.

Über den Ursprung des Strebens nach Überlegenheit und des Gemeinschaftsgefühls

Es klingt fast wie ein aktuelles Problem, über das Streben nach Vollkommenheit und über die Wurzeln des Gemeinschaftsgefühls zu sprechen. Für die Individualpsychologie ist es ein altes Problem. Ich darf wohl sagen, dass in diesen beiden Fragen und ihrer Lösung der ganze Wert und die ganze Bedeutung der Individualpsychologie stecken. Die Betonung dieser beiden Fragen hat niemals in unserer Arbeit gefehlt, aber Sie selbst wie ich werden wohl das Bedürfnis gehabt haben, diese Fragen einmal in einer grundlegenden Form behandelt zu sehen, damit wir jenes Schwanken und jene Unsicherheit vermeiden können, die wir gelegentlich bei unseren Freunden, noch häufiger bei unseren Gegnern angetroffen haben. Ich glaube nicht, dass es außerhalb unseres Kreises sehr gut bekannt ist, was wir unter Streben nach Vollkommenheit verstehen. Ich bin genötigt, weitere Zusätze zu der bisherigen Erkenntnis hinzuzufügen. Diese Erkenntnis ist nicht unmittelbar erfassbar, sie kann nicht gefunden werden durch eine Analyse der sichtbaren Erscheinungen und Tatsachen, wie ja überhaupt niemals durch Analyse etwas Neues geschaffen werden kann. Wir haben dabei die Teile statt des Ganzen in der Hand. Uns Individualpsychologen sagt das Ganze viel mehr als die Analyse der Teile. Es kann auch nicht durch Synthese etwas Neues entstehen, wenn man die Teile einfach zusammenfügt.

Wo haben wir mit unseren Untersuchungen anzufangen, wenn wir über den Stand des Erreichten hinauskommen wollen? Was das Streben nach Vollkommenheit oder, wie es manchmal erscheint, das Streben nach Überlegenheit oder, wie es uns manchmal von weniger verständigen Schriftstellern in die Schuhe geschoben wird, das Streben nach Macht anbelangt, so haben einzelne immer davon gewusst, aber nicht so gründlich, dass sie dieses Wissen einer größeren Masse hätten vermitteln können oder die grundlegende

Bedeutung dieses Strebens für den Aufbau der ganzen Persönlichkeit hätten beleuchten können. Erst die Individualpsychologie hat festgestellt, dass jedes Individuum von diesem Streben nach Vollkommenheit erfasst ist, dass wir es bei jedem Individuum finden, dass es gar nicht notwendig ist, wie der kühne [258] Versuch *Nietzsches* gezeigt hat, es erst den Menschen einzuimpfen, dass sie sich zum Übermenschen entwickeln sollen. Die Individualpsychologie hat gezeigt, dass jedes Individuum vom Streben nach Vollkommenheit, vom Streben nach oben erfasst ist. Wer zwischen den Zeilen lesen kann, dem wird es klar geworden sein, dass die Individualpsychologie sich der grundlegenden Bedeutung des Strebens nach Vollkommenheit dauernd bewusst ist und in der Betrachtung eines Krankheitsfalles die individuelle Richtung dieses Strebens stets aufdeckte. Und doch ist eine Frage übrig, die ständig wiederkehrt, so oft dieses Problem erscheint, von Freunden und Gegnern betont, eine Frage, die vielleicht auch in unserem Kreis noch nicht ganz geklärt war. Ich will versuchen, sie heute einer Lösung näherzubringen, weil es mir immer schon nötig erschien, in diesem Punkte Klarheit für alle zu schaffen.

Und so möchte ich zuerst betonen, dass das Streben nach Vollkommenheit angeboren ist. Freilich nicht in konkreter Art, wie wir es bei den einzelnen Individuen in tausendfacher Variation immer wieder finden, nicht so, wie wenn da ein Trieb bestünde, der später im Leben imstande wäre, alles zu Ende zu führen, der sich nur zu entfalten brauchte, sondern angeboren als etwas, was dem Leben angehört, ein Streben, ein Drang, ein Sichentwickeln, ein Etwas, ohne das man sich Leben überhaupt nicht vorstellen kann. Die Forscher, insbesondere die Naturforscher, haben immer dieses Entwicklungsprinzip im Körperlichen betont. Insbesondere seit *Darwin, Lamarck* und anderen ist es selbstverständlich, mit dem Entwicklungsgedanken zu rechnen. Wenn wir hier noch einen Schritt weitergehen und schärfer betonen, was diesen genialen Forschern vorgeschwebt hat, so wollen wir feststellen, Leben heißt sich entwickeln. Der menschliche Geist ist nur allzu sehr gewöhnt, alles Fließende in eine Form zu bringen, nicht die Bewegung, sondern die gefrorene Bewegung zu betrachten, Bewegung, die Form geworden ist. Wir Individualpsychologen sind seit jeher auf dem Weg, was wir als Form erfassen, in Bewegung aufzulösen, und da müssen wir für das einzelne Individuum unserer Zeit sowie für die Entwicklung der Lebewesen feststellen, dass Leben sich entwickeln heißt. Dass der fertige Mensch aus einer Eizelle stammt, weiß jeder; er soll aber auch richtig verstehen, dass in dieser Eizelle Fundamente für die Entwicklung liegen. Wie das Leben auf die Erde gekommen ist, ist eine zweifelhafte Sache, eine endgültige Lösung werden wir vielleicht niemals finden. Wir können daran denken, wie zum Beispiel der geniale Versuch *Smuts*[1] es getan hat, an-

---

[1] [Jan Christiaan Smuts ist Begründer des Holismus; Smuts, J. C.: Holism and Evolution. New York 1926]

zunehmen, dass Leben auch in der toten Materie besteht, eine Auffassung, die uns durch die moderne Physik sehr nahegelegt wird, wo gezeigt wird, wie die Elektronen sich um das Proton bewegen. Ob diese Auffassung auch weiterhin recht behalten wird, wissen wir nicht; sicher ist, dass unser Begriff vom Leben nicht mehr angezweifelt werden kann, dass damit auch gleichzeitig Bewegung festgestellt ist, Bewegung, die nach Selbsterhaltung geht, nach Vermehrung, nach Kontakt mit der Außenwelt, nach siegreichem Kontakt, um nicht unterzugehen. An diesen Weg der Entwicklung, einer fortwährenden aktiven Anpassung an die Forde[259]rungen der Außenwelt, müssen wir anknüpfen, wenn wir verstehen wollen, in welche Richtung Leben geht und sich bewegt. Wir müssen daran denken, dass es sich hier um Ursprüngliches handelt, das dem ursprünglichen Leben angehaftet hat. Immer handelt es sich um Überwindung, immer um den Bestand des Individuums, der menschlichen Rasse, immer handelt es sich darum, eine günstige Beziehung herzustellen von Individuum und Außenwelt. *Dieser Zwang, die bessere Anpassung durchzuführen, kann niemals enden.* Hierin liegt die Grundlage für unsere Auffassung vom Streben nach Überlegenheit.

Ich möchte an dieser Stelle noch einmal darauf hinweisen, dass wahrscheinlich vieles von dem, was ich da auseinandersetze, Ihnen bekannt vorkommt, sicher auch von anderen gewusst war. Die Individualpsychologie hat nur das eine Verdienst, einen Zusammenhang hergestellt zu haben und gezeigt zu haben, wie sich diese Kraft »Leben« in jedem einzelnen Individuum ausgestaltet und durchsetzt. Wir sind mitten im Strom der Evolution und merken es ebenso wenig, wie wir die Umdrehung der Erde merken. In dieser kosmischen Verbindung, wo das Leben des einzelnen Individuums ein Teil ist, ist das Streben nach *siegreicher Angleichung an die Außenwelt Bedingung.* Selbst wenn man zweifeln würde, dass schon am Anfang des Lebens das Streben nach Überlegenheit bestanden hat, der Lauf der Billionen von Jahren stellt es klar vor unsere Augen, dass heute das Streben nach Vollkommenheit ein angeborenes Faktum ist, das in jedem Menschen vorhanden ist. Etwas anderes kann uns diese Betrachtung noch zeigen. Wir wissen ja alle nicht, welches der einzig richtige Weg zur Vollkommenheit ist. Die Menschheit hat vielfach Versuche gemacht, sich dieses Endziel der menschlichen Entwicklung vorzustellen. Die beste Vorstellung, die man bisher von dieser idealen Erhebung der Menschheit gewonnen hat, ist der Gottesbegriff[2]. Es ist gar keine Frage, dass der Gottesbegriff eigentlich jene Bewegung nach Vollkommenheit in sich schließt als ein Ziel und dass es dem dunklen Sehnen des Menschen, Vollkommenheit zu erreichen, als konkretes Ziel der Vollkommenheit am besten entspricht. Freilich scheint es mir, dass jeder sich seinen Gott anders vorstellt. Da gibt

---

2   Anm. *Adlers:* Siehe *Ernst Jahn* und *Alfred Adler:* »Religion und Individualpsychologie. Eine prinzipielle Auseinandersetzung über Menschenführung« [Adler 1933c].

es wohl Vorstellungen davon, die von vornherein dem Prinzip der Vollkommenheit nicht gewachsen sind, aber zu seiner reinsten Fassung können wir sagen: Hier ist die konkrete Fassung des Ziels der Vollkommenheit gelungen. Natürlich gibt es eine Unzahl von Versuchen unter den Menschen, sich dieses Ziel der Vollkommenheit anders vorzustellen. Wir Individualpsychologen, insbesondere wir individualpsychologischen Ärzte, die mit den Fehlschlägen zu tun haben, mit Menschen, die an einer Neurose erkrankt sind, an Psychosen, die delinquent geworden sind, Trinker usw., wir sehen dieses Ziel der Überlegenheit in ihnen auch, aber nach einer anderen Richtung, die der Vernunft insoweit widerspricht, dass wir darin ein richtiges Ziel der Vollkommenheit nicht anerkennen können. Wenn einer zum Beispiel dieses Ziel sich [260] dadurch konkret zu machen sucht, dass er über andere herrschen will, so scheint uns dieses Ziel der Vollkommenheit deshalb schon unfähig, den Einzelnen und die Masse zu lenken, weil nicht jeder sich dieses Ziel der Vollkommenheit zur Aufgabe setzen könnte, weil er gezwungen wäre, mit dem Zwang der Evolution in Widerspruch zu geraten, die Realität zu vergewaltigen und sich voll Angst gegen die Wahrheit und ihre Bekenner zu schützen. Wenn wir Menschen finden, die sich als Ziel der Vollkommenheit gesetzt haben, sich auf andere zu stützen, so scheint uns auch dieses Ziel der Vollkommenheit der Vernunft zu widersprechen. Wenn einer vielleicht das Ziel der Vollkommenheit darin findet, die Aufgaben des Lebens ungelöst zu lassen, um nicht *sichere Niederlagen zu erleiden, die das Gegenteil des Ziels der Vollkommenheit wären,* so erscheint uns auch dieses Ziel durchaus ungeeignet, obwohl es vielen Menschen als annehmbar erscheint.

Wenn wir unseren Ausblick vergrößern und die Frage aufwerfen: Was ist mit jenen Lebewesen geschehen, die sich ein unrichtiges Ziel der Vollkommenheit gesetzt haben, deren aktive Anpassung nicht gelungen ist, weil sie den unrichtigen Weg eingeschlagen haben, die nicht den Weg der Förderung der Allgemeinheit gefunden haben?[3] – da belehrt uns der Untergang von Spezies, Rassen, Stämmen, Familien und Tausenden von einzelnen Personen, von denen nichts übrig geblieben ist, wie notwendig es für den Einzelnen ist, einen halbwegs richtigen Weg zu finden zum Ziel einer Vollkommenheit. Es ist ja auch für unsere Tage und für den Einzelnen unter uns selbstverständlich, dass das Ziel der Vollkommenheit die Richtung gibt, für die Entwicklung seiner ganzen Persönlichkeit, für alle Ausdrucksbewegungen, für sein Schauen, für sein Denken, seine Gefühle, seine Weltanschauung. Und ebenso klar und für jeden Individualpsychologen verständlich ist es, dass eine einigermaßen von der Wahrheit abweichende Richtung zum Schaden des Betreffenden ausschlagen muss, wenn nicht zu seinem Untergang. Da wäre es eigentlich ein glücklicher Fund, wenn wir Näheres wüssten über die Richtung, die wir ein-

---

3 Siehe *Alfred Adler:* »Der Sinn des Lebens« [Adler 1933b/2008b].

zuschlagen haben, da wir ja doch im Strom der Evolution eingebettet sind und ihm folgen müssen. Auch hier hat die Individualpsychologie große Arbeit geleistet, ebenso wie mit der Feststellung des allgemeinen Strebens nach Vollkommenheit. Sie hat aus tausendfältiger Erfahrung eine Anschauung gewonnen, die imstande ist, die Richtung zur idealen Vollkommenheit einigermaßen zu verstehen, und zwar in ihrer Feststellung der Normen des *Gemeinschaftsgefühls*.

Bezüglich des Gemeinschaftsgefühls werden Sie auch gewisse Schwankungen in der individualpsychologischen Literatur beobachtet haben, und deshalb wollte ich darüber sprechen. Ich will nicht viel über den gewöhnlichen und kopflosen Fall sprechen, der gelegentlich innerhalb unseres Kreises bei Anfängern gefunden wird, und außerhalb unseres Kreises, als ob das, was wir Gemeinschaft nennen, etwa ein Privatzirkel in unserer Zeit wäre oder ein größerer Kreis, dem man sich anschließen müsse. Gemeinschaftsgefühl *[261]* besagt viel mehr, vor allem besagt es *Fühlen mit der Gesamtheit sub specie aeternitatis*[4], ein Streben nach einer Gemeinschaftsform, die für ewig gedacht werden muss, wie sie etwa gedacht werden könnte, wenn die Menschheit das Ziel der Vollkommenheit erreicht hat. Es handelt sich niemals um eine gegenwärtige Gemeinschaft oder Gesellschaft, auch nicht um politische oder religiöse Formen, sondern das Ziel, das zur Vollkommenheit am besten geeignet ist, müsste ein Ziel sein, das die ideale Gemeinschaft der ganzen Menschheit bedeutet, die letzte Erfüllung der Evolution. Natürlich wird man fragen, woher ich das weiß. Sicher nicht aus der unmittelbaren Erfahrung, und ich muss schon zugeben, dass diejenigen recht haben, die in der Individualpsychologie ein Stück Metaphysik finden. Die einen loben es, die anderen tadeln. Es gibt leider viele Menschen, die eine irrige Anschauung von der Metaphysik haben, die alles, was sie nicht unmittelbar erfassen können, aus dem Leben der Menschheit ausgeschaltet wissen wollen. Damit würden wir die Entwicklungsmöglichkeiten verhindern, jeden neuen Gedanken. Jede neue Idee liegt jenseits der unmittelbaren Erfahrung. Unmittelbare Erfahrungen ergeben niemals etwas Neues, sondern erst die zusammenfassende Idee, die diese Tatsachen verbindet. Sie können es Spekulation nennen oder transzendental, es gibt keine Wissenschaft, die nicht in die Metaphysik münden müsste. Ich sehe keinen Grund, sich vor der Metaphysik zu fürchten, sie hat das Leben der Menschen und ihre Entwicklung im stärksten Grad beeinflusst. Wir sind nicht mit der absoluten Wahrheit gesegnet, deshalb sind wir gezwungen, uns Gedanken zu machen über unsere Zukunft, über das Resultat unserer Handlungen usw. Unsere Idee des Gemeinschaftsgefühls als der letzten Form der Menschheit, ein Zustand, in dem wir uns alle Fragen des Lebens, alle Beziehungen zur Außenwelt gelöst vorstellen, ein richtendes Ideal, ein richtunggebendes Ziel, dieses

---

4 [unter dem Gesichtspunkt der Ewigkeit]

Ziel der Vollendung muss in sich tragen das Ziel einer idealen Gemeinschaft, weil alles, was wir wertvoll finden im Leben, was besteht und bestehen bleibt, für ewig ein Produkt dieses Gemeinschaftsgefühls ist. Ich will wiederholen, was ich in einem anderen Zusammenhang ausgeführt habe. Das neugeborene Kind findet im Leben immer nur das vor, was die anderen zum Leben, zur Fürsorge, zur Sicherheit beigetragen haben. Was wir vorfinden, wenn wir in unser Leben eintreten, ist immer der Beitrag unserer Vorfahren; schon diese eine Tatsache könnte uns darüber aufklären, wie das Leben weiterrollt, wie wir uns einem Zustand größerer Beiträge nähern, größerer Kooperationsfähigkeit, wo sich jeder Einzelne mehr als bisher als ein Teil des Ganzen darstellt, ein Zustand, für den natürlich alle Formen unserer gesellschaftlichen Bewegung Versuche, Vorversuche sind, von denen nur diejenigen Bestand haben, die in der Richtung dieser idealen Gemeinschaft gelagert sind.

Wir wollen nicht entscheiden, nur das eine können wir sagen: Eine Bewegung des Einzelnen und eine Bewegung der Massen kann für uns nur als wertvoll gelten, wenn sie Werte schafft für die Ewigkeit, für die Höherentwicklung der gesamten Menschheit. Vielleicht wird Ihnen diese Tatsache besser einleuchten, wenn ich noch einmal die Frage aufwerfe: Was geschieht [262] mit jenen Menschen, die nichts beigetragen haben? – Verschwunden, ausgelöscht! – Da sehen Sie wieder, wie die Kraft der Evolution, wie dieser Drang, auf eine höhere Stufe zu gelangen, körperlich, geistig, wie dieser Drang alles auslöscht, was nicht mittut und nichts beiträgt. Wenn man ein Freund von Formulierungen ist, könnte man sagen, es gibt ein Grundgesetz in der Entwicklung, welches den Verneinenden zuruft: Hinweg mit dir, du verstehst ja gar nicht, um was es geht! So betont sich der Bestand, der ewige Bestand des Beitrags von Menschen, die etwas für die Allgemeinheit geleistet haben. Freilich sind wir besonnen genug, nicht anzunehmen, als ob wir den Schlüssel dazu hätten, in jedem Fall genau zu sagen, was für die Ewigkeit berechnet ist und was nicht. Wir sind überzeugt, dass wir irren können, dass nur eine ganz genaue, objektive Untersuchung entscheiden kann, oft auch erst der Lauf der Dinge. Es ist vielleicht schon ein großer Schritt, dass wir vermeiden können, was nicht zum Streben nach Vollkommenheit beiträgt. Ich könnte noch mehr davon sprechen und zeigen, wie alle unsere Funktionen darauf berechnet sind, die Gemeinschaft der Menschen nicht zu stören, den Einzelnen mit der Gemeinschaft zu verbinden. Sehen heißt Aufnehmen, Fruchtbarmachen, was auf die Netzhaut fällt. Dies ist nicht bloß ein physiologischer Vorgang, er zeigt den Menschen als Teil des Ganzen, der nimmt und gibt. Im Sehen, Hören, Sprechen verbinden wir uns mit den anderen. So sind alle Funktionen unserer Organe nur dann richtig entwickelt, wenn sie dem Gemeinschaftsgefühl nicht abträglich sind. Wir sprechen von Tugend und meinen, dass einer mitspielt, von Laster und meinen, dass einer die Mitarbeit stört. Ich könnte noch darauf hinweisen, wie alles, was einen Fehlschlag bedeutet, deshalb ein Fehlschlag ist, weil er die Entwicklung der Gemeinschaft stört, ob es sich um schwer erziehbare Kinder, Neurotiker, Verbrecher, Selbstmörder handelt. In allen Fällen sehen Sie, dass der Beitrag fehlt. In der ganzen Menschheitsgeschichte finden Sie keine isolierten Menschen, die Entwicklung der Menschheit war nur möglich, weil die Menschheit eine Gemeinschaft war und im Streben nach Vollkommenheit nach einer idealen Gemeinschaft gestrebt hat. Das drückt sich in allen Bewegungen, allen Funktionen eines Menschen aus, ob er diese Richtung gefunden hat oder nicht, im Strom der Evolution, der durch das Gemeinschaftsideal charakterisiert ist, weil der Mensch unverbrüchlich durch das Gemeinschaftsideal gelenkt, gehindert, gestraft, gelobt, gefördert wird, so dass jeder Einzelne jede Abweichung nicht nur zu verantworten, sondern auch zu büßen hat. Das ist ein hartes Gesetz, grausam geradezu. Diejenigen, die in sich bereits ein starkes Gemeinschaftsgefühl entwickelt haben, sind unentwegt bestrebt, die Härten von dem, der fehlerhaft schreitet, zu mildern, als ob sie es wüssten: Das ist ein Mensch, der den Weg verfehlt hat, aus Ursachen, die die Individualpsychologie erst nachzuweisen imstande ist. Wenn der Mensch verstünde, wie er, der Seite der Evolution ausweichend, fehlgegangen ist, dann würde er diesen Weg verlassen und sich der Allgemeinheit anschließen.

Zum Schluss möchte ich einen Gedanken vorlegen, der viel für sich hat, den Sie sich überlegen sollen. Wenn Sie meinen Erörterungen zustimmen, [263] dann werden Sie die Frage aufwerfen müssen: Wie steht es mit dem Gemeinschaftsgefühl, ist das auch angeboren oder muss man es in den Menschen hineintragen? Selbstverständlich ist es auch angeboren, nur kann es erst entwickelt werden, wenn das Kind bereits im Leben steht, *es kann erst wie die von ihm abhängigen Charakterzüge lebendig gemacht werden im sozialen Zusammenhang,* freilich nur in der Weise, wie das Kind den sozialen Zusammenhang dunkel versteht. Es liegt die Entscheidung in der schöpferischen Kraft des Kindes, geleitet durch die Außenwelt, durch Erziehungsmaßnahmen, beeinflusst durch das Erlebnis seines Körpers und dessen Wertung. Bei dem heutigen Stand der seelischen Entwicklung der Menschheit, vielleicht auch deren körperlicher Entwicklung, müssen wir das angeborene Substrat des Gemeinschaftsgefühls als zu gering bewerten, nicht stark genug, um sich ohne soziales Verständnis durchsetzen und entfalten zu können. Es gibt ja angeborene Fähigkeiten und Funktionen, die sich fast allein durchsetzen, zum Beispiel das Atmen. So weit sind wir mit dem Gemeinschaftsgefühl noch lange nicht, wir haben es nicht in dem Maße entwickelt wie das Atmen, und doch müssen wir im letzten Ziel der Vollkommenheit die Entwicklung des Gemeinschaftsgefühls so stark erwarten, dass die Menschheit der Zukunft es besitzen und betätigen wird wie Atmen. Was wir in dem gegenwärtigen Notstand zu tun haben, ergibt sich von selbst. Es ist keine Frage, dass diese Betrachtung uns eine sichere und feste Grundlage gibt nicht nur für die Beurteilung eines Menschen, für die Erziehung eines Kindes, sondern auch für die Verbesserung,

Lenkung eines, der fehlgegangen ist. Aber dies gelingt nur durch Erklärung und Verständnis. Wir müssen darüber sprechen, weil wir nicht sicher sind, dass jedes Kind, jeder Erwachsene weiß, wohin der Weg geht. Deshalb muss darüber gesprochen werden, so lange, bis vielleicht im Laufe von tausenden Jahren auch das Sprechen überflüssig sein wird, so wie vielleicht das Sprechen über das richtige Atmen heute überflüssig geworden ist. Das Sprechen über das Gemeinschaftsgefühl, als der Evolution der Menschheit angehörig, als ein Teil des menschlichen Lebens, dieses Sprechen und das Erwecken des Verständnisses besorgt heute die Individualpsychologie. Das ist ihre grundlegende Bedeutung, ihre Daseinsberechtigung und das macht ihre Stärke aus. Über Gemeinschaft und Gemeinschaftsgefühl sprechen heute schon alle. Wir waren nicht die Allerersten, aber wir sind die Ersten, die eine starke Betonung auf das grundlegende Wesen der Gemeinschaftsgefühle gelegt haben. Man kann auch den Begriff der Gemeinschaft und des Gemeinschaftsgefühls missbrauchen. Aber wer richtig verstanden hat, weiß, dass im Wesen der Gemeinschaft und des Gemeinschaftsgefühls ein evolutionäres Moment steckt, das sich gegen alles wendet, was dieser Richtung widerstrebt. Der wird vermeiden können, diesen Begriff der Gemeinschaft zu missbrauchen oder sich durch andere dafür missbrauchen zu lassen. Das macht den praktischen Wert und die Bedeutung der Individualpsychologie aus, dass sie die grundlegende Bedeutung des Gemeinschaftsgefühls für die Entwicklung, die Höherentwicklung des Einzelnen und der gesamten Menschheit klargestellt hat.

48. Die Formen der seelischen Aktivität. Ein Beitrag zur individualpsychologischen Charakterkunde (1933)

Editorische Hinweise
Erstveröffentlichung:
1933k: Nederlands Tijdschrift voor de Psychologie 1, S. 229–235
1934g: Internationale Zeitschrift für Individualpsychologie 12, S. 1–5
Letztveröffentlichung:
1983a: Psychotherapie und Erziehung, Bd. 3 (1933–1937), S. 40–46

Die beiden Versionen in der »Nederlands Tijdschrift« (1934k) und in der Internationalen Zeitschrift stimmen wörtlich überein; lediglich die Hervorhebungen werden in der deutschen Zeitschrift (1934g) ergänzt. Darum wird diese Version hier abgedruckt, auch weil diese Zeitschrift leichter zugänglich ist.

Bereits im Beitrag »Der Aufbau der Neurose« (1932i, S. 532) beschrieb Adler die neurotischen Aktivitäts- und Bewegungsformen. In diesem Aufsatz hebt er die Konstanz des Aktivitätsgrades entsprechend der Konstanz des individuellen Bewegungsgesetzes, das heißt des Lebensstils, hervor, denn der verschiedene Grad der Aktivität wird in der frühesten Kindheit erzeugt und bleibt das ganze Leben bestehen. Aktivität dürfe nicht mit Mut verwechselt werden, wenngleich es Mut ohne Aktivität nicht gebe. Das Wahrnehmen der Aktivität eröffne eine neue Perspektive für die psychiatrische Behandlung, für Erziehung und Prophylaxe. Denn aus den Ausdrucksbewegungen der Kindheit lasse sich vorhersagen, mit welchem Grad von Aktivität dieses Kind einmal den Lebensproblemen gegenübertreten wird. Dem schwächeren Aktivitätsgrad in der Kindheit entspreche der schwächere Aktivitätsgrad der Neurose und der Psychose im späteren Leben. Aber erst die Verbindung mit einem Mangel an Gemeinschaftsgefühl mache das Auftreten einer neurotischen Entwicklungsstörung wahrscheinlich und lasse Rückschlüsse auf die Art der Störung zu. Eine solche Entwicklungsstörung werde erst vor einem schwer zu bewältigenden Problem offenkundig. Durch verständnisvolles Erfassen des irrtümlichen Lebensstils könne die Aktivität verbessert werden.

Die folgenden Aussagen bekommen im Jahr 1933 eine besondere politische Brisanz: Bestimmte gesellschaftliche Bedingungen lassen ein Kind aufwachsen »wie in Feindesland«. Deshalb müsse die Individualpsychologie aufklärend wirken, sowohl »gegen schlecht verstandenen Nationalismus«, gegen »Eroberungs-, Rache- und Prestigekriege«, wie auch gegen »das Versinken des Volkes in Hoffnungslosigkeit infolge weitverbreiteter Arbeitslosigkeit«.

Die Formen der seelischen Aktivität. Ein Beitrag zur individualpsychologischen Charakterkunde

Unter anderen wichtigen Tatsachen legt die Individualpsychologie in ihrem Bestreben, aus der Haltung eines Individuums zu den stets sozialen Lebensfragen ein Bild seiner Ganzheit zu gewinnen, besonderen Wert auf den *Grad seiner Aktivität,* mit der er seine Probleme aufgreift. Tatsachen wie die der zögernden Attitüde, der Selbstblockade, der Ausbiegung und der verringerten Aufmarschbreite, des jähen Angriffs mit folgender Erschlaffung, das Umspringen von einer Aufgabe zur andern habe ich schon vor längerer Zeit als typische Formen des Fehlschlags bei verminderter Fähigkeit zur Mitarbeit klargelegt. Es ist mir auch nicht entgangen, dass jede dieser fehlerhaften Gangarten in ihren tausenderlei Varianten einen geringeren oder größeren Grad von Aktivität aufweist. Dieser verschiedene Grad der Aktivität wird von der Persönlichkeit in der frühesten Kindheit mit einer gewissen Willkür erzeugt, wobei freilich hereditäre und Umweltfaktoren, sicher nicht kausal, aber im Sinne einer Wahrscheinlichkeit eine Rolle spielen. Die Individualpsychologie ist auch in der Lage, den in der Kindheit erworbenen Grad der Aktivität als *dauernden Bestand für das ganze Leben* festzustellen, und hat auch scharf darauf hingewiesen, dass diese Tatsache unwidersprochen bleiben muss, obwohl in vielen Fällen der bleibende Grad nur bedingungsweise in Erscheinung tritt, zum Beispiel in Fällen, in denen das Individuum sich in günstigen oder ungünstigen Umständen befindet.

Die *Konstanz des Aktivitätsgrades* lässt sich wohl kaum ziffernmäßig erfassen. Ein Kind, das seinen Eltern davonläuft, ein Junge, der auf der Straße Händel anfängt, wird mit einem höheren Aktivitätsgrad zu klassifizieren sein als ein Kind, das gerne zu Hause sitzt und Bücher liest.

Ich muss aber mit Nachdruck darauf hinweisen, dass man Aktivität nicht mit *Mut* verwechseln darf, wenngleich es Mut ohne Aktivität nicht gibt. Als Mut kann man nur die Aktivität eines Individuums bezeichnen, das mitgeht, mitarbeitet, mitlebt. Auch im Falle festgestellten Mutes soll man die zahlreichen Varianten und Mischfälle nicht vergessen sowie die Fälle, in denen Mut nur bedingungsweise auftritt, zum Beispiel im Falle äußerster Not oder unter Beihilfe anderer.

Wer sich von der Konstanz des Aktivitätsgrades, ganz entsprechend der von der Individualpsychologie nachgewiesenen Konstanz des individuellen Bewegungsgesetzes, das heißt des Lebensstils, überzeugt hat, wird der Feststellung des individuellen Aktivitätsgrades die größte Aufmerksamkeit [2] zuwenden müssen. Denn die Einsicht in dieses Problem eröffnet eine gänzlich neue und wertvolle Perspektive für die psychiatrische Behandlung, für Erziehung und für Prophylaxe. Denn unsere Feststellung besagt nicht weniger, als dass wir aus den kleinsten Zügen und Ausdrucksbewegungen der Kindheit voraussagen können, mit welchem Grad von Aktivität dieses Kind später einmal den Lebensproblemen gegenüberstehen wird.

Freilich wäre ein solcher, immerhin wertvoller Anblick praktisch unvollkommen, wenn wir ihn nicht mit einer weiteren Feststellung der Individualpsychologie verbinden würden, nämlich mit der Feststellung der gleichfalls bewiesenen *Konstanz des Gemeinschaftsgefühls* im vorliegenden Falle. Beide zusammen erst, wobei der Grad der Kooperationsfähigkeit die Richtung gibt, lassen voraussagen, ob die Gefahr eines Fehlschlages vorliegt, und welcher Art dieser Fehlschlag sein würde.

Nicht aus dem Auge zu verlieren ist aber, dass ein Fehlschlag erst angesichts eines schwer zu bewältigenden Problems sichtbar würde, anlässlich einer exogenen Schwierigkeit, ganz allgemein gesagt, unter ungünstigen Bedingungen. Solcher ungünstiger Bedingungen gibt es eine große Anzahl. Nur darf man kein objektives Maß daran legen und muss auch von der häufigen irrtümlichen Überschätzung von Schwierigkeit Kenntnis haben, da ganz allgemein Aufgaben aller Art demjenigen schwieriger erscheinen, der das größere Minderwertigkeitsgefühl hat.

Dazu kommt auch die Inkompatibilität jeder individuellen Lebensform mit Aufgaben, die dem angestrebten *Ziel der Vollkommenheit* widersprechen. Ist der Lebensstil eines Individuums mehr oder weniger nach dem Ziel gerichtet, unter allen Umständen der Erste zu sein, so wird automatisch eine immer affektbetonte Ausschaltung aller unüberwindlichen Situationen erfolgen. Ist in einem andern Falle das Ziel der Überlegenheit gesucht in der Herabsetzung des andern, dann gestaltet sich der Lebensraum entsprechend dieser konstanten, unabweislichen Forderung. Wenn einer immer nur der Enthüllung seiner vermeinten Wertlosigkeit aus dem Wege zu gehen trachtet, dann wird sich gedanklich, gefühlsmäßig und stellungsmäßig sein Verhalten darauf einrichten, alle Fragen ungelöst zu lassen, um so wenigstens den Schein und die Möglichkeit einer Überlegenheit in der Reserve zu haben. Ist einer ein richtiger Mitarbeiter, so wird dies zur Leitlinie seines Lebens und wird in allen Lebensaufgaben durchdringen.

Und in allen diesen Fällen mit ihren Millionen von Varianten wird stets auch die gleiche Art der Aktivität festgestellt werden können.

In der Regel wird man den Grad der Aktivität auch aus der Größe der Aktivitätssphäre, die für jeden Menschen verschieden ist, wahrnehmen können. Es wäre eine verlockende Aufgabe für einen Psychologen, sich grafisch Ausbreitung und Form des individuellen Lebensraumes vor Augen zu führen.

Ich will in dieser Arbeit nur jenen Anteil meiner Untersuchungen und Feststellungen vorlegen, der sich auf die Konstanz und Identität des Aktivitätsgrades von »Fehlschlägen« und deren Kindheit bezieht. Ich muss dabei an die traditionelle Auffassung von Typen der »Fehlschläge« anknüpfen, obwohl ich alle Fehlschläge nur als Symptome eines [3] mangelhaften Gemeinschaftsgefühls qualifizieren kann. Und ich muss hinzufügen, dass jeder einzelne Fall innerhalb der typischen Gruppe Qualitäts- und Quantitätsunterschiede zeigt, soweit es sich um seine Aktivität handelt.

Eine genaue Kenntnis der Struktur jedes typischen Fehlschlags ist notwendige Voraussetzung einer solchen Untersuchung. Diese Kenntnis dient der Individualpsychologie zur Beleuchtung des Gesichtsfeldes, auf dem wir den Einzelfall zu finden erwarten. Die typischen Fehlschläge will ich in folgender Weise auseinanderhalten und einteilen in: schwer erziehbare Kinder, Neurosen und Psychosen, Selbstmord, Verbrecher, Trinker und Morphinisten etc., Sexualperversionen, Prostitution.

Einen Anfang zur Feststellung des Aktivitätsgrades habe ich bereits im Jahre 1908 gemacht, in einer Arbeit über den »Aggressionstrieb im Leben und in der Neurose« [Adler 1908b/2007a]. Diese Arbeit hat nicht nur zu einer Grundanschauung der Individualpsychologie geführt, sondern hat auch einen verhängnisvollen Einfluss auf die Entwicklung der Psychoanalyse ausgeübt.

Heute kann ich wohl feststellen, dass schon bei schwer erziehbaren Kindern der Unterschied in ihrer Aktivität deutlich hervortritt und entsprechende, verschiedene Erziehungsmaßnahmen bedingt. Wilde, übermütige, trotzige, diebische, streitsüchtige Kinder zeichnen sich sichtlich durch einen größeren Aktivitätsgrad aus als scheue, verschlossene, ängstliche, von andern abhängige Kinder. Der Aktionskreis der Ersteren ist sichtlich größer als der der Zweiten. Suchen wir den für beide verschiedenen Fehlschlag auf, so lässt sich leicht nachweisen, dass dem schwächeren Aktivitätsgrad in der Kindheit der schwächere Aktivitätsgrad der Neurose und der Psychose im späteren Leben entspricht. Freilich ist auch in diesen Krankheitstypen und Symptomen der schwächere Aktivitätsgrad qualitativ und quantitativ verschieden, höher zum Beispiel bei der Zwangsneurose und in der Melancholie, niedriger in der Angstneurose und in der Schizophrenie.

Ein etwas höherer Aktivitätsgrad charakterisiert Selbstmörder und Trinker von Kindheit an und liegt auch der Struktur dieser Fehlschläge zugrunde. Ihr Aktionskreis ist deutlich größer, aber ihre Aktivität entfaltet sich auf dem Umweg der Schädigung ihrer eigenen Person. Als Kinder wie fast alle Fehlschläge verweichlicht, empfinden sie ihre eigene Person so wertvoll, dass ihnen der Angriff gegen die eigene Person als ein Angriff gegen ihre nächste und weitere Umgebung erscheint.

Die Sexualperversionen zeigen sich unter diesem Gesichtspunkt in einer Skala von niedrigster bis zur höchsten Aktivität, in der am einen Punkt etwa der Masturbant oder der Fetischist steht, am andern etwa der Lustmörder, beide auch schon von Kindheit an durch den entsprechenden Aktionskreis und durch mangelhaftes Gemeinschaftsgefühl charakterisiert.

Am stärksten zeigt sich die Aktivität beim Verbrecher, und zwar in Abstufungen je nach der Art der Verbrechensneigung. Am untersten [4] Punkt der Aktivitätsskala etwa der Betrüger und Taschendieb, am höchsten Punkt der Aktivitätsskala der Mörder.

Ganz irrig wäre es, die Verschiedenheit der Aktivität oder des Gemeinschaftsgefühls, das der Aktivität die Richtung gibt, auf angeborene Faktoren zurückführen zu wollen. Nicht nur deshalb irrig, weil wir keine Möglichkeit haben, jemals die Auswirkungen angeborener Ausdrucksformen aus dem Gewordenen herauszuschälen, sondern deshalb, weil das Kind alle angeborenen Faktoren und ihre Auswirkungen in seinem individuellen Sinn erlebt, nicht nach mathematischen oder kausalen Gesetzen. Dasselbe gilt aber auch für die Umweltfaktoren und für die Einflüsse der Erziehung. Aus allen diesen Eindrücken, die das Kind erlebt, bildet es wie in einer Eingebung seinen Lebensstil, der als wichtigste Strukturen einen bestimmten Aktivitätsgrad und einen bestimmten Grad des richtunggebenden Gemeinschaftsgefühls in sich trägt. Als weitere, den Lebensstil charakterisierende Struktur habe ich eine vorwiegende Betonung von Anteilen der psychomotorischen Sphäre gefunden, eine Betonung, die uns nicht der Aufgabe enthebt, die mitschwingenden andern Bewegungsformen der Psyche gleichzeitig in Betracht zu ziehen. Man kann sich leicht davon überzeugen, dass es Menschen gibt, bei denen eine Betonung oder Überbetonung der gedanklichen und begrifflichen Sphäre im Vordergrund steht, so dass sie ihre Aktivität dem Leben gegenüber gedanklich zum Ausdruck bringen. Auch in diesem Falle hängt der Wert ihres Lebensstils davon ab, wie viel Gemeinschaftsgefühl sie aufbringen können. In günstigem Falle kooperiert die Gefühlssphäre und die Stellungnahme zur Mitarbeit so weit mit der gedanklichen Verarbeitung, dass die richtige Vorbereitung zu den Lebensfragen gesichert ist. In ungünstigem Falle, bei mangelndem Gemeinschaftsgefühl, ergeben sich kalte, schwätzerische, wortklauberische Lebensformen, die, wie ich gezeigt habe, eine Annäherung an die Zwangsgedankenneurose aufweisen können.

Infolge dieser einseitigen Akzentuierung scheint ein grundlegender Teil des seelischen Ablaufes oft wie im »Unbewussten« gelagert. In Wirklichkeit fehlt aber das *Verständnis für den Zusammenhang mit der individuellen Lebensform*, wie zum Beispiel wenn ein Zwangsneurotiker sich Wortgrübeleien hingibt, wie: »Was ist der Mensch? Warum heißt er Mensch?«, ohne den Zusammenhang mit der stets vorhandenen Gefühlserregung und Stellungnahme zu erfassen.

Noch deutlicher wird der Missbrauch des Begriffs des Unbewussten anlässlich der Untersuchung von Menschen, bei denen das gefühlsmäßige Erfassen und Erleben überbetont ist, so dass die gedankliche und begriffliche Begleitung ebenso wie die immer vorhandene Stellungnahme verschwunden zu sein scheint. Es kann dann leicht bei oberflächlicher Betrachtung der Eindruck erweckt werden, sobald man den Gefühlsprozess und die Stellungnahme ins Begriffliche umsetzt, als ob man etwas aus dem Unbewussten ins Bewusste gehoben hätte, so etwa bei jeder Erziehung, wenn es sich darum handelt, durch Erklärungen und durch Zurückführung auf die Ursachen einer Verfehlung Zusammenhänge begrifflich zu beleuchten und verständlich zu machen. [5]

Auch die Stellungnahme des Individuums, seine Haltung zum Leben in all seiner Eigenartigkeit und im Zusammenhang mit seinem individuellen Lebensstil bleibt fast immer unverstanden, wird höchstens unter dem Druck des Lebensstils als gerechtfertigt empfunden. In anderen Fällen eines Mitspielers oder eines Gegenspielers kann gerade die Stellungnahme, das heißt die individuelle Aktivität, die sichtbare Hauptachse des Lebens sein und als solche gewertet werden. Auch die Individualpsychologie betont in erster Linie die durch genügendes Gemeinschaftsgefühl gerichtete Aktivität, die, wenn abwegig, durch verständnisvolles Erfassen des fehlerhaften Aufbaues der Lebensform verbessert werden kann. »An ihren Früchten sollt ihr sie erkennen.«

In dieser Gesamtbetrachtung steht wohl die im Sinne der richtigen Evolution wirkende Aktivität voran. Diese Forderung ist nur dann fest gegründet, wenn sie gleichzeitig verbunden ist mit einer weitreichenden, begrifflichen, geistigen Erfassung des Werdens eines Individuums in seiner Haltung zu den Lebensfragen. Dass in der Individualpsychologie die Gefühlssphäre besser zu ihrem Recht kommt als in einer einseitig konstruierten Triebpsychologie oder Affektpsychologie, geht aus der strengen Forderung der Individualpsychologie hervor, dem Gemeinschaftsgefühl die größtmögliche Ausdehnung zu geben.

So stellt sich auch die Individualpsychologie als die schärfste Gegnerin einer unkritischen, selbstschmeichlerischen Hereditätspsychologie dar. Zugleich deckt sie schonungslos alle Irrtümer auf, die verheerend einer *Verstärkung des Gemeinschaftsgefühls* im Wege stehen, mittelbar oder unmittelbar das Gemeinschaftsgefühl der gegenwärtigen und der nächsten Generationen drosseln. Der ehrliche Psychologe kann seine Augen nicht davor verschließen, dass es Zustände gibt, die das Eingehen des Kindes in die Gemeinschaft, sein Sichzuhausefühlen verhindern und es aufwachsen lassen wie in Feindesland. Deshalb muss er aufklärend wirken auch gegen schlecht verstandenen Nationalismus, wenn dieser die allmenschliche Gemeinschaft schädigt, gegen Eroberungs-, Rache- und Prestigekriege, gegen das Versinken des Volkes in Hoffnungslosigkeit infolge weitverbreiteter Arbeitslosigkeit und gegen alle andern Störungen der Ausbreitung des Gemeinschaftsgefühls in der Familie, in der Schule und im sozialen Leben.

49. Vor- und Nachteile des Minderwertigkeitsgefühls (1933)

Editorische Hinweise
Erstveröffentlichung:
1933l: Pädagogische Warte 40, S. 15–19
Letztveröffentlichung:
1983a: Psychotherapie und Erziehung, Bd. 3 (1933–1937), S. 33–39

In vier Punkten beschreibt Adler seine Psychodynamik, die er hier »Bewegungsgesetz« anstelle von Lebensstil nennt. Die Tendenz der individuellen Lebensbewegung nach Überwindung gründe in der biologischen Evolution und in den drückenden Spannungsgefühlen einer Unvollendung und äußere sich im Streben nach einem Ziel der Vollkommenheit, Sicherheit und Vollendung. Dieses Streben teile sich jedem kleinsten Bewegungsimpuls mit, erfolge wort- und begrifflos und beanspruche die ganze individuelle Schöpferkraft eines Menschen. Der Antrieb dieser Dynamik sei stets das Gefühl der Unvollendung, der Unsicherheit und der Minderwertigkeit. Diese »Minussituation« gebe auch den Anstoß zur Kulturentwicklung. Das Verständnis für die Einmaligkeit jedes Individuums schütze die Individualpsychologie davor, »sich dem Banne von Regeln und Formeln zu unterwerfen«. Es klingt wie eine Mahnung Adlers zur Vorsicht, wenn er betont, dass statistische Erfahrungen nur »zur Beleuchtung des Gesichtsfeldes« verwendet werden dürfen, »auf dem der Einzelfall in all seinen Verwicklungen gesichtet werden muss«. Wenn dies beachtet wird, seien auch allgemeine Aussagen zulässig. Adler betont so häufig die negativen, gemeinschaftsfeindlichen Auswirkungen der Neurose, dass Aussagen wie die folgende leicht übersehen werden: »Wahrscheinlich gibt es für jeden eine Prüfung, so schwer und unerträglich, dass der Grad seiner Kooperationsfähigkeit nicht mehr ausreicht. Auch ist die Verwundbarkeit gegenüber den verschiedenen Lebensfragen bei jedem anders.« Adler schildert ausführlich, wie die seelische Spannung zu den körperlichen und seelischen Ausdrucksformen des »Minderwertigkeitskomplexes« führt. Diesen Begriff erwähnt Adler auch in einer Ergänzung von 1930 in »Die Individualpsychologie, ihre Voraussetzungen und Ergebnisse« (1914h, S. 143–157). Der Minderwertigkeitskomplex entstehe infolge Heredität und Mängeln der Erziehung. Das Minderwertigkeitsgefühl sei oft überdeckt von einem Gefühl der Überlegenheit. Über die Behandlung sagt Adler, dass es nicht um Wärme um jeden Preis gehe, sondern um die »Anerkennung und Steigerung des Wertgefühls durch mutige, geduldige Mitarbeit«.

Vor- und Nachteile des Minderwertigkeitsgefühls

Es lag seit jeher in der Luft, die Einheit des menschlichen Seelenlebens anzunehmen oder wenigstens (*Kant*) das Seelenleben so zu betrachten, als ob es eine Einheit wäre. Auch die letzten Feststellungen der modernen Psychologie (Psychoanalyse, Gestaltpsychologie) kamen nur wenig über diese im Theoretischen ruhende Annahme hinaus, obwohl ich von Anfang an in der Individualpsychologie den empirischen Nachweis erbracht hatte. Vielleicht erschreckte die anderen Forscher die von mir immer wieder durchgeführte Darstellung der Unverbrüchlichkeit dieser Einheit. Sicher waren ihre Methoden oder ihre oft nur in der Theorie verhaftete Forschung unzulänglich. Auch manche der landläufigen Irrtümer wie von der Spaltung des Bewusstseins, vom Gegensatz des »Bewussten« und »Unbewussten« standen einer klareren Einsicht im Wege. Ich selbst tat nur zögernd den entscheidenden Schritt, bewaffnete mich mit der größten Skepsis, bis ich durch die überwältigende Fülle des Beweismaterials und durch die immer wiederkehrenden Widersprüche in anderen Auffassungen genötigt war, folgende Feststellungen zu machen:

1. Jedes Individuum hat seit frühester Kindheit sein eigenes, einmaliges Bewegungsgesetz, das alle seine Funktionen und Ausdrucksbewegungen beherrscht und ihnen die Richtung gibt.

2. Das Bewegungsgesetz und seine Richtung stammen aus der schöpferischen [16] Lebenskraft des Individuums und benutzen in freier Wahl die Erlebnisse der Körperlichkeit und der Einwirkungen von außen, innerhalb des Rahmens menschlicher Tragfähigkeit.

3. Die Richtung der seelischen Bewegung zielt immer auf eine millionenfach verschiedene Überwindung von Schwierigkeiten aller Art, hat also ein Ziel der Vollkommenheit, der Sicherheit, der Vollendung stets im Sinne und in der Meinung des Individuums. Sinn und Meinung sind fast nie gedanklich oder begrifflich zur Darstellung gebracht, bilden sich auch, wie bei sprachlosen Lebewesen, meist in einer Lebensphase des Kindes, in der Sprache und Begriffe noch fehlen oder mangelhaft sind.

4. Alle Aufgaben, die dem Individuum gegeben sind, sind Fragen der Gemeinschaft, als deren Übungs- und Trainingsplatz die Familie eintritt.

Bewegung, das Grundgesetz alles Lebens, demnach auch des Seelenlebens, kann ohne Ziel und Richtung nicht gedacht werden. Aus Trieben eine Psychologie aufbauen zu wollen ist deshalb von Grund auf verfehlt, da der Trieb richtungslos ist. So kam ich zur finalistischen Grundlegung der Individualpsychologie, die sich in manchen Punkten mit der finalistisch orientierten modernen Biologie und Physik berührt.

Wer demnach Individualpsychologie richtig verstehen will, wird sich an ihre Klarstellungen von der einheitlichen Zielstrebigkeit des Denkens, Fühlens, Wollens, Handelns des einmaligen Individuums halten müssen. Er wird

dann erkennen, wie die Stellungnahme, der Lebensstil eines Individuums wie
eine künstlerische Schöpfung in allen Lebenslagen die gleichen sind, unabänderlich bis ans Lebensende, es wäre denn, dass das Individuum das in Bezug
auf Mitarbeit Irrtümliche, Unrichtige, Abnormale erkennt und zu verbessern
strebt, was erst dann möglich wird, wenn es begrifflich erfasst und der Kritik
der praktischen Vernunft des *Common Sense* unterworfen wird, also durch
überzeugende Aussprache.

Da nun einmal seelische Bewegung ohne Richtung und ohne Ziel undenkbar und undurchführbar ist, da ihr schon bei ihrem Beginn ein Ziel und eine
Richtung vorschweben müssen, so verhält sich die ganze große Lebensbewegung sowie jeder Anteil einer Bewegung als strebend von Unvollendung zur
Vollendung. Die ganze individuelle Lebenslinie demnach hat, aus Gründen
der biologischen Evolution wohl auch, besonders aber infolge der drückenden Spannungsgefühle einer Unvollendung die Tendenz nach Überwindung,
ein Streben nach Überlegenheit. Dieses Streben teilt sich jedem kleinsten Bewegungsimpuls mit, erfolgt wort- und begrifflos und beansprucht die ganze
individuelle Schöpferkraft eines Menschen. Das Ziel der Überwindung aber
ist millionenfach verschieden und erfährt seine bleibende Struktur aus dem
schöpferischen Gebrauch von angeborenem lebenden Material und von Umwelteinflüssen, unter denen bewusste und unbewusste Erziehung den größten
Raum einnehmen. Das Ziel und das von ihm abhängige Bewegungsgesetz der
Teile determinieren nach ihrer Vollendung im frühen Kindesalter Haltung
und Stellungnahme eines Menschen. Das Maß, mit dem die Individualpsychologie misst, ist durch das nie erreichte Ideal des Mitmenschen gegeben,
dessen Bewegungsgesetz ihm das Wohl und die Vervollkommnung des Menschengeschlechtes vorschreibt. Demnach ist es die Distanz, in der ein Individuum zur richtigen, vernünftigen, allmenschlichen Lösung einer Lebensaufgabe steht, die wir festzustellen trachten, um gleichzeitig die Frage aufzuwerfen, warum dieses Individuum keine normale Lösung zustande bringt.
Letztere Frage führt uns zur Betrachtung der frühesten seelischen Entwicklung zurück, aus der die Irrtümer in der Entwicklung der Fähigkeit zur Mitarbeit, in der Entwicklung des Gemeinschaftsgefühls zu erkennen sind. Die
daraus resultierenden, haftenden Mängel des Lebensstils führen angesichts
der sozialen Fragen des Lebens (in Gesellschaft, [17] in Beruf, in Liebe) wegen
deren unerbittlichen Forderungen nach sozialem Interesse zu Fehlschlägen,
die wir zumeist als Schwererziehbarkeit, als Neurose und Psychose, als Selbstmord, Verbrechen, Prostitution, Trunksucht, sexuelle Perversion usw. finden.
Ihnen allen ist der Mangel an Gemeinschaftsgefühl eigen, der auch die soziale
Vorbereitung im richtigen Denken, Fühlen und Handeln hemmt. Daher zeigt
sich dieser Mangel an sozialem Interesse wie im ganzen Lebensstil so auch
selbstverständlich im Ziel der Überlegenheit, das nicht mehr dem Rahmen
der Gemeinschaftsfähigkeit entspricht, sondern nur einem Gefühl einer per-

sönlichen Genugtuung förderlich ist, ohne zum Wohle der Allgemeinheit etwas beizutragen, vielmehr dieses zu stören geeignet ist.

Als Triebfeder in diesem Kraftfeld ist stets das Gefühl der Unvollendung, der Unsicherheit, der Minderwertigkeit zu finden. Die Minussituation liegt jeder seelischen Ausdrucksform zugrunde. Sie ist es, die, geleitet durch das individuelle Ziel der Vollendung, den Anstoß zur Fortbewegung abgibt, wie sie ja auch aus der Unbeholfenheit und Unvollkommenheit der Kindheit entspringt und die gesamte Menschheit gezwungen hat, aus ihren Nöten eine sichernde Kultur zu suchen. Die Individualpsychologie ist durch ihr Verständnis für die Einmaligkeit jedes Individuums genügend geschützt, sich dem Banne von Regeln und Formeln zu unterwerfen. Und wenn sie behauptet, dass das Erlebnis stärkeren Druckes in der Kindheit das Minderwertigkeitsgefühl verschärft und so die Gelegenheit stört, ein weitreichendes Gemeinschaftsgefühl zu erschaffen, wie es bei dem Druck durch minderwertige Organe, besonders durch Verwöhnung und Abhängigkeit eines Kindes, auch durch Vernachlässigung geschieht, so darf diese statistische Erfahrung nur zur Beleuchtung des Gesichtsfeldes Verwendung finden, auf dem der Einzelfall in all seinen Verwicklungen gesichtet werden muss.

Sehen wir von idealen Gestaltungen ab, wie sie die Fantasie einer Gottheit oder einem Heiligen zuspricht, so dürfen wir als leitenden Gesichtspunkt folgenden Schluss ableiten, der durch die Erfahrung Bestätigung findet: Je größer das in der Kindheit erworbene, trainierte Gemeinschaftsgefühl, also der Grad der Bereitschaft zur Mitarbeit, zur Mitliebe, zur Mitmenschlichkeit, umso höhere, wertvollere Leistungen sind aus der Stimmungslage des Minderwertigkeitsgefühls zu erwarten. Gedanken, Gefühle, Stellungnahmen werden stets auf den Höhen allgemeinen Wohles zu finden sein. Ob der geniale Mensch oder der Mitmensch des Alltags davon weiß, ja selbst ob er dieser Auffassung widerspricht, seine Leistungen geben ihm vorübergehend oder dauernd ein so hohes Wertgefühl, das mit dem Glückserlebnis identisch ist. Alle großen Leistungen stammen schließlich aus dem gesegneten Ringen mit den Nöten der Kindheit, seien diese Organminderwertigkeiten, verwöhnende oder drückende Umstände, sofern das Kind in der Zeit seiner Bedrücktheit die aktive Anpassung an die Mitarbeit bereits erlernt hat. Dann werden in seinem unverbrüchlichen Bewegungsgesetz auch späterhin anlässlich aller Schwierigkeiten und Qualen nur die Wege zur Mitarbeit offenstehen.

Begreiflich, dass bei den meisten andern das soziale Interesse nicht die gleiche ideale Tragkraft besitzt. Wahrscheinlich gibt es für jeden eine Prüfung, so schwer und unerträglich, dass der Grad seiner Kooperationsfähigkeit nicht mehr ausreicht. Auch ist die Verwundbarkeit gegenüber den verschiedenen Lebensfragen bei jedem anders, so dass der eine leichter unrichtig, gegen das Gemeinschaftsgefühl, antwortet, wenn es sich um das Interesse des andern im gesellschaftlichen Leben handelt, der andere in Fragen des Berufes oder der

Liebe. Immer aber ist es der Fehlschlag in einer bestimmten Situation, der uns die Möglichkeit gibt, den geringeren Grad des vorhandenen Gemeinschaftsgefühls zu ermessen. Solange keine Prüfung erfolgt, sind wir nicht ohne Weiteres in der Lage, Bestimmtes darüber auszusagen. Dann aber erscheint *[18]* uns der Fehlende ganz seinem Minderwertigkeitsgefühl anheimgegeben. Die seelische Spannung, die ihn da erfasst, führt zu jenen körperlichen und seelischen Ausdrucksformen, die ich als den Minderwertigkeitskomplex (»Minko« in der Sprache der deutschen Schuljugend) beschrieben habe. Lampenfieber, Stottern, Weinen, Klagen, Angst usf. sind seine einfachen, leicht zu durchschauenden Ausgestaltungen, denen sich fast immer körperliche Zustandsänderungen anschließen wie Herzklopfen, Blasswerden, Erröten, Luftmangel, aber auch Magen- oder Darmbeschwerden, Harndrang, sexuelle Erregungen, Kopfschmerz, Schlaflosigkeit, Müdigkeit usf. Das Ziel der Überwindung ist dabei durchaus nicht verloren gegangen. Denn alle diese Erscheinungen geben kraft der sozialen Struktur unseres Lebens automatisch Anlass zu einem meist unverstandenen Gefühl der Genugtuung, appellieren an das Mitleid und an die Hilfe der andern oder produzieren ein Gefühl der Überlegenheit, so das Minderwertigkeitsgefühl überdeckend, etwa in dem Sinne: »Was hätte ich alles geleistet, wenn ich nicht an dieser Störung leiden müsste, für die nicht ich, für die die Heredität, meine Erziehung, die andern verantwortlich sind.«

Was wir vorher als Fehlschläge gekennzeichnet haben, zeigt schon deutlicher das Suchen nach einem Überlegenheitskomplex fiktiver Art, der das Minderwertigkeitsgefühl überdecken soll, ohne mehr zu sein als die Ausbeutung des Gemeinschaftsgefühls der andern. Das schwer erziehbare Kind bewegt sich ganz in diesen Bahnen und genießt seine Überlegenheit über Personen mit Verantwortungsgefühl. Der Nervöse diktiert seiner Umgebung die Regeln ihres Verhaltens und schränkt seine Mitarbeit mehr oder weniger ein. Der Verrückte entschlägt sich jeder Mitarbeit und schwelgt in seinen hochtrabenden oder niederdrückenden Fantasien. Der Selbstmörder wirft alle Mitarbeit von sich und trifft als trauriger Sieger die mit ihm Verbundenen. Der Süchtige schafft sich künstlich Lustgefühle eigensüchtiger Art, die seinen Mangel an Selbstvertrauen verdecken sollen. Der Verbrecher fühlt sich als Sieger über sein Opfer und über die Gesetze der Gemeinschaft, die nie als eine gegenwärtige oder vergangene, sondern als eine ideale, nie ganz zu erreichende, aber als Ziel gegebene gedacht werden muss. Der sexuell Perverse trachtet nach persönlicher Lust als der einzig zulässigen Kompensation seines Minderwertigkeitsgefühls unter Ausschaltung der Glücksverbundenheit zweier Wesen, die schließlich doch auf dem Wege zur Erhaltung des Menschengeschlechts gelagert ist.

Allen den Fehlschlägen, die nach einem Ziel persönlicher Genugtuung, fern von nützlicher Bewährung, streben, fehlt der Mut zur Mitarbeit. An seiner Stelle finden sich als Ausprägung und Auswirkung des Minderwertigkeitsgefühls, zu dessen Verdeckung und Beschwichtigung, Angst, die das Gemeinschaftsgefühl der andern in Anspruch zu nehmen sucht, Erregungen und Vibrationen des seelischen und körperlichen Apparates, wie bei den Neurosen und Psychosen, Tricks und Listigkeiten, um dem Gemeinschaftsgefühl aus dem Wege zu schleichen und doch einen schalen Triumph über andere zu genießen. Einige Beispiele von schwerer Durchschaulichkeit sollen diesen Scheintriumph über das eigene Minderwertigkeitsgefühl klarmachen.

Ein 15 Jahre altes Mädchen fühlt sich seit Kindheit andern Geschwistern gegenüber zurückgesetzt. Sie schafft ihr Bewegungsgesetz entsprechend ihrer Meinung, es komme im Leben immer nur auf Wärme und Verzärtelung an. Es gelingt ihr, in der Schule eine Vorzugsstellung einzunehmen, bis ein neuer Lehrer sie mit Unrecht stark zurücksetzt. Das in ihr seit der Kindheit ruhende Minderwertigkeitsgefühl drängt nun nach neuer Genugtuung in der Richtung von Wärme und Verzärtelung. Wo anders kann sie ihrem Ziel näherkommen, da Haus und Schule ihr verschlossen scheinen, als auf dem Wege nach Verzärtelung durch Männer? Sie verfällt einem liederlichen Lebenswandel, merkt aber bald, dass auch dieser Weg ihr nicht jene Wärme gibt, nach der einzig sie sich sehnt. Was bleibt für sie übrig, da kein Weg mehr ihr Ziel der Ver[19]zärtelung sicherstellt? Selbstmord, vor dem sie durch eine gütige Aussprache mit der verzeihenden, von ihr zu Boden geworfenen Mutter bewahrt bleibt. Heilung erfolgt durch Änderung des Lebenszieles. Nicht Wärme um jeden Preis, sondern Anerkennung und Steigerung des eigenen Wertgefühls durch mutige, geduldige Mitarbeit, die auch nicht im Falle einer Niederlage unterbrochen werden darf.

Ein älteres Mädchen, aus einer religiösen Familie stammend, leidet seit Kindheit unter dem Druck eines allgemein beliebten, hervorragenden jüngeren Bruders. Ihr Verlobter bricht aus nichtigen Gründen die Beziehung ab. Von dieser Zeit an tauchen Gedanken in ihr auf, sie könne Menschen, die ihr unangenehm sind, zur Hölle verdammen. Erschrocken über diese ungeheure Überlegenheit, die ihr verliehen ist, sucht sie, nunmehr heimlich weit über den Bruder hinausgewachsen, ihrer Sündhaftigkeit dadurch ledig zu werden, dass sie den Verdammten durch Gebete wieder aus der Hölle befreit. Ein neuer Beweis ihrer Überlegenheit. Heilung erfolgt durch stärkere Einfügung in die Gemeinschaft.

Ein Einbrecher dringt in das Zimmer einer schlafenden Lehrerin und stiehlt ihr ihre kleine Habe. Die Lehrerin erwacht, sieht den kräftigen Burschen im Zimmer, macht ihm Vorwürfe darüber, dass er einer schwer verdienenden Person die letzte Habe fortträgt, und drängt auf Antwort, warum er, solch ein kräftiger Bursche, nicht lieber eine Arbeit suche. Der Bursche antwortete: »Meine Mutter hat mich für etwas Besseres erzogen. Und dann – kennen Sie denn die furchtbaren Umstände körperlicher Arbeit?« Hier mit der Verzärtelung durch die Mutter, Ausbeutung der Mitarbeit anderer, Furcht vor eigener

Mitarbeit, Ausweichen davor und Triumph über ein schlafendes Opfer, alles Abläufe fern vom Gemeinschaftsgefühl und seiner Vorbereitung.

Wer seinen Blick für diese Zusammenhänge in der Einheit jedes Individuums genügend geschärft hat, wird leicht verstehen, wie das Minderwertigkeitsgefühl ständig nach seiner Aufhebung drängt. Wert und Bedeutung dieser Aufhebung ruhen ganz im Bestand und im Grade des Gemeinschaftsgefühls, das, bald stärker, bald schwächer, das Schicksal, den Fehlschlag oder die Glücksmöglichkeit eines Menschen bedingt.

50. Körperliche Auswirkungen seelischer Störungen (1934)

Editorische Hinweise
Erstveröffentlichung:
1934h: Internationale Zeitschrift für Individualpsychologie 12, S. 65–72
Letztveröffentlichung:
1983a: Psychotherapie und Erziehung, Bd. 3 (1933–1937), S. 47–56

In diesem Beitrag verwendet Adler sein Konzept der Bewegung, die Form geworden ist, zum letzten Mal. Dabei weist er auf die Gestaltung der menschlichen Körperform, auf die Physiognomik hin. Sie sei Form gewordene Bewegung.

Adler berichtet von einem Patienten, der »mit der Muskulatur« spricht, dessen »deprimierende Eindrücke den Verlust des Tonus der Muskulatur mit sich bringen«, und schreibt: »Wir müssen den Organdialekt verstehen lernen.« Den Ausdruck »Organdialekt« hatte Adler seit 1912 (»Organdialekt« 1912c/2007a) nicht mehr verwendet. Es gibt laut Adler wohl keine Organminderwertigkeit, die nicht auf seelische Einflüsse antwortet. Dies bestimme die Wahl der Symptome, insbesondere bei Hysterie oder funktioneller Neurose. Jede Krankheit habe eine individuelle Ausprägung. Die Psyche leite durch Stimulierung von Gefühlen, Emotionen und Affekten die Erregung auf den Körper über. Endogene und exogene Faktoren seien nicht zu trennen.

Die Frage sei, ob jemand, der endogen für die Erkrankung veranlagt ist, die Erkrankung bekommen muss. Wenn die Lebensumstände des Patienten seine körperliche Eigenart berücksichtigen würden, müsste er nach Ansicht Adlers nicht erkranken. Adler meint sogar, dass für jeden Menschen eine Situation denkbar wäre, die eine ähnliche Spannung hervorrufen würde. »Das gibt uns ja den Mut zu sagen, dass die Stellungnahme eines Menschen geändert werden kann.«

Körperliche Auswirkungen seelischer Störungen

Im Großen und Ganzen kann man sagen, dass es sich wahrscheinlich im Laufe der Zeit herausstellen wird, dass es keine Organminderwertigkeit gibt, welche nicht auf seelische Einflüsse antwortet, nicht ihre Sprache spricht, die entsprechend der Frage gestaltet ist, die an das Individuum gestellt ist. Das ist bedeutsam für die Wahl der Symptome, insbesondere für das, was man jetzt noch als Hysterie bezeichnet oder als funktionelle Neurose. Es zeigt sich hier, wie richtig die Basis der Individualpsychologie ist, wenn sie sagt: Wenn an einem Organ vorübergehend oder dauernd ein Defekt sichtbar ist, muss dieses Organ sorgfältig in Betracht gezogen werden, wobei sich herausstellt, dass das Individuum auch sonst in irgendeiner Weise durch dieses Organ charakterisiert ist. Wir wissen auch, dass durch Eindrücke von außen her bald das eine, bald das andere Organ mehr beeinflusst ist. Ich will hier, wenn ich von seelischen Einflüssen spreche, besonders jene betrachten, die durch Erweckung von Gefühlen, Emotionen, Affekten die Erregung auf den Körper überleiten. Wir stehen nicht mehr allein, von allen Seiten werden immer mehr die seelischen Einflüsse festgehalten, auch vom Standpunkt der allgemeinen Medizin aus wird keiner leugnen, dass die Eigenart des Individuums jede Krankheit verändert und nuanciert. Das war den alten Ärzten bekannt, zum Beispiel, dass bei irgendwie empfindlichen Kindern die Infektionskrankheit die Empfindlichkeit stärker zum Ausdruck bringt; es ist noch kein sehr alter Befund, der feststellt, dass bei anderen Kindern zum Beispiel die endokrinen Drüsen stärker in Anspruch genommen werden können. Diese allgemeinen Erscheinungen müssen daraufhin betrachtet werden, ob sie hier dauernde oder vorübergehende Veränderungen bringen. Wenn wir zum Beispiel die allgemeine Befallenheit des Menschengeschlechtes in dieser Richtung hin betrachten, so sehen wir, wie fast jeder durch Herzattacken antwortet. Die Frage, ob die Veränderung dauernd oder vorübergehend ist, ist von Bedeutung. Bei der Neurose ist die dauernde Veränderung des Herzens sehr selten, aber wir wissen sehr genau, dass gerade von vornherein minderwertige Herzen oder die durch Krankheit geschädigt sind, solchen Einflüssen mehr ausgesetzt sind, die dann auch zu dauernden großen Schädigungen Anlass geben können. Man darf nicht vergessen, dass der Organismus eine Einheit ist, dass durch einen Anstoß an einer Stelle der ganze Organismus in Vibration gerät. Wir wissen zu wenig, um Regeln aufstellen zu können, aber es ist ziemlich sicher, dass durch einen solchen Ansturm ein Organ geschädigt werden kann. [66]

Es ist darüber nicht viel bekannt, wie ein seelischer Eindruck an die Organe herankommt, aber dass es sich um eine Gesamtwirkung handelt, ist keine Frage. Der Organismus hat ein starkes Streben, das Gleichgewicht zu erhalten. Aus einer großen Anzahl von Fakten werden wir belehrt, dass Störungen auf der Grundlage von Affekten zustande kommen können. Dabei ist die Eigenart des Individuums zu berücksichtigen, die wir erst erforschen müssen. Die Individualpsychologie hat darin keine großen Schwierigkeiten. Es gelingt ihr meist schon in der ersten Unterredung.

Ich darf darauf aufmerksam machen, wie sehr wir es mit tausend Varianten von Menschen zu tun haben, die erwarten, dass der andere für sie eintritt, die Hilfe suchen, Erleichterung, was fast regelmäßig zurückzuführen ist auf eine frühe Zeit des Trainings, wo man es dem Kinde anerzogen hat. Dass gerade diese Menschen in einer Welt wie der unseren besonders stark belastet erscheinen, ist keine Frage; sie fassen die Welt als feindlich auf, sie erzeugen in sich selbst nicht den Antrieb, über Schwierigkeiten hinwegzukommen, sondern sie wollen sie umgehen. Wenn ich mehr auf das Spezielle eingehen sollte, wäre ich im Zweifel, welches Organ ich nicht besprechen sollte. Fast alle Gynäkologen stehen auf dem Standpunkt, dass die seelischen Veränderungen während der Menstruation auf Gefühlsmomenten beruhen. Über dieses Gefühl der Erregung, über diese Stimmungslage kann die Patientin kaum etwas sagen. Die Patientin ist so an ihre Stimmungslage gewöhnt, dass sie nicht versteht, warum ein solch belangloses Ereignis sie so bedrücken sollte. Sie hat sich damit abgefunden, dass monatlich etwas vorgeht, versteht aber nicht, dass ihre ganze Stimmungslage auf dieses verhältnismäßig kleine Ereignis die größte Wirkung ausübt. Man muss daran denken, wie viele Mädchen sich ganz instinktiv dagegen in einer Abwehrstimmung befinden. Auch die Aufklärung darüber, wie wertvoll das ist, nützt nichts, sie wissen aus anderen Beziehungen: Man zeigt einem den Vorteil einer Sache, der andere sieht das ein, springt aber doch nicht hinein. Wir müssen so weit gehen, die mangelnde Bereitschaft zu erkennen und zu erklären. So wird man in allen Fällen von Schwierigkeiten der Menstruation aus der Stimmungslage heraus die Abwehrstellung leicht finden können, die auf irgendwelchen Bahnen zu einer Art von Verschluss führt. Man darf nicht übersehen, dass vielleicht diese instinktive Abwehrstellung eines Mädchens nicht von so großer Bedeutung wäre, wenn nicht das Einmalige zu berücksichtigen wäre. Die besondere Eigenart gerade dieses Mädchens kann uns einen Anhaltspunkt dafür geben, warum die gewohnheitsmäßige Abwehrstellung verstärkt wurde, zum Beispiel durch Ablehnung der Frauenrolle überhaupt, durch Erfahrungen und Erlebnisse, wie leicht Mädchen während der Pubertät oder nachher in Schwierigkeiten geraten können. Das wird in Betracht gezogen werden müssen. Es ist die äußere Situation, die die Auslösung verursacht, sie wirkt auf die Stimmungslage.

Dieses einfache Beispiel lässt sich anwenden, um zu zeigen, dass das, was die Autoren zu trennen versuchen, indem sie etwas einmal als endogen, dann wieder als exogen ansehen, nicht zu trennen ist. Es gibt keine Erscheinung, die nicht bedingt wäre durch exogene und endogene Fakten. Wenn wir hier sehen, wie sich das auf alle Neurosen und Psychosen an[67]wenden lässt, so sehen wir auch den Fortschritt der Individualpsychologie, der kaum mehr zu verhindern ist. Wir können mit eindeutigen Fakten aufwarten. Ich könnte keinen Fall als vollkommen klar ansehen, wenn man mir nicht die Situation zeigt, in der, wie in einer Funktionsprüfung, der Patient sich nicht genügend gewachsen erweist und in der wir gleichzeitig auch die Eigenart des Patienten gesehen haben, die uns zeigen konnte, dass er wirklich nicht richtig vorbereitet ist.

Die nicht richtige Vorbereitung muss nicht im Organischen liegen, sondern kann auch in der Meinung begründet sein. Die Meinung eines Menschen beeinflusst die Haltung, die Eigenart der Präsentierung seiner Funktionen. Alles hängt von der Meinung ab. Das gibt uns ja den Mut zu sagen, dass die Stellungnahme eines Menschen geändert werden kann.

Die Pseudogravidität gehört auch hierher. Man weiß heute noch nicht, wie sie entsteht. Ich habe einen Fall erlebt, der sehr aufschlussreich war. Es handelte sich um die Freundin eines Mannes, der seit vielen Jahren mit ihr Umgang pflegte. Er äußerte die Absicht zu heiraten, wenn sie ein Kind hätte. Eines Tages schien sie in der Hoffnung zu sein. Das Abdomen[1] entwickelte sich wie bei einer Schwangeren. Das dauerte sechs bis sieben Monate. Ich wurde mit dieser Dame bekannt. Es fiel mir einiges auf. Ich riet den beiden, zu einem Gynäkologen zu gehen. Eine Stunde später kamen sie zurück, der Bauch war verschwunden: Der Gynäkologe hatte festgestellt, dass die Frau nicht schwanger war. Er selbst war sehr erstaunt darüber. Unter heftigem Ructus[2] entwich die Luft aus Mund und Anus. Es war Meteorismus[3] gewesen, eine Schöpfung der Frau aus dem Instinktiven heraus und nur bei einer Frau möglich, die diesen Meteorismus erzeugen wollte.

Ich möchte hier auf Erfahrungen hinweisen, dass es eine Anzahl von Menschen gibt, die Meteorismus erzeugen können. Sie schlucken Luft. Das wird in der internen Medizin nicht genug beachtet. Andere Erscheinungen spielen oft mit, so dass das Luftschlucken zum Hebel eines angstneurotischen Symptoms werden kann. Das habe ich oft beobachtet. Es lässt sich erklären, dass einer, der zu Angstsymptomen neigt, durch die Folgen, die sein aufgeblähter Magen mit sich bringt, in einen Zustand der Benommenheit gerät. Das kann auch weitere Erscheinungen haben. Man wird verstehen, dass das Luftschlucken in einer Situation erfolgt, wo der Patient nicht durchzukommen glaubt, wo er sich besonders bedrängt fühlt, wo sein Minderwertigkeitsgefühl sich besonders deutlich zeigt. Wenn man die Eigenart eines Menschen losgelöst vom Symptom ins Auge fasst, wird man finden, dass es ein Mensch ist, der sich von früher Kindheit an der sozialen Bedeutung der Angst, der Auswirkung der Angst auf andere bewusst war.

In den letzten Jahren war ich oft in der Lage, Einflüsse von Gefühlen und Emotionen auf die Schilddrüse zu beobachten. Es war mir klar, dass die endokrinen Drüsen durch Affekte beeinflusst werden können. Ich habe sogar behauptet, dass auch die Sexualdrüsen durch Gefühle in passive Haltung versetzt werden können. Auch hier muss man die Meinung des Individuums in Betracht ziehen, zum Beispiel dass ein Junge, wenn er sich als unmännlich empfindet, demgemäß die Anregung für das Wachstum der Sexual*[68]*drüsen vermissen lässt; er wird gewisse Lebensbeziehungen, die für die Entwicklung der Sexualdrüsen wichtig sind, ausschalten. Es werden Knaben in Situationen gehalten, wie man sie als für die Mädchen geeignet ansieht, wo sie zum Beispiel still zu Hause sitzen müssen, mit Puppen spielen, wo ihnen verwehrt wird, sich aktiv zu gebärden. Solche Buben können später feminin aussehen.

---

1 [Bauch]
2 [Aufstoßen]
3 [Blähungen]

Ich habe gesehen, wie solche Buben, wenn man sie unter Knaben gebracht hat, Veränderungen ins Knabenhafte aufwiesen. Der New Yorker Biologe *Boas* hat nachgewiesen, dass amerikanische Mädchen durch den Sport dem männlichen Typus näherstehen. Es ist keine Frage, dass zum Beispiel die Sexualdrüsen und damit der körperliche Aufbau beeinflusst sind davon, ob einer seine Sexualrolle ernst nimmt oder nicht. Die Wirksamkeit der Sexualdrüsen bei Menschen, die für das andere Geschlecht eine größere Neigung haben, wird unter gleichbleibenden Umständen eine größere Aktivität bekommen. Wenn wir daran denken, wie groß die Einflüsse dieser Art sind, so werden wir zu dem Schluss kommen können, dass das, was man funktionsuntüchtig nennt, zum Beispiel der Verfall bei Frauen im Klimakterium, nicht unabänderlich ist, sondern auch durch die Stimmungslage der Frau bedingt, die im Klimakterium eine Gefahr oder eine Krankheit sieht. Gerade wir Ärzte sind besonders verpflichtet, Schäden aus dem Glauben der Menschen zu entfernen.

Eine ganz bedeutende Rolle spielt die Thyreoidea[4], insbesondere die Basedowoide Dysfunktion[5]. Ich hatte Gelegenheit, in der Klinik *Zondek* in Berlin eine Anzahl von Basedowkranken zu untersuchen. *Zondek* steht auf dem Standpunkt, dass man Basedow nicht untersuchen kann, ohne die Eigenart des Patienten in Betracht zu ziehen. Das ist manchmal nicht leicht. Zum Beispiel litt ein 26-jähriger Mechaniker seit zwei Jahren an Basedow. Die Symptome waren deutlich, der Grundumsatz war um dreißig Prozent erhöht. Ich forschte nach auslösenden Ursachen. Er war der einzige Knabe in der Familie und von größter Empfindlichkeit gewesen. Wer wie ich die Charakterologie des Neurotikers studiert hat, weiß, dass wir unter seinen Charakterzügen immer wieder die Überempfindlichkeit konstatieren können. Der Patient sagte selbst: Wenn einer krank wird, schickt man ihn auf Beobachtung, weil die Leute misstrauisch sind. Es war wie ein Vorwurf. Es deutet darauf hin, dass der Mann sehr empfindlich ist, sich nicht leicht anschließt. Wenn der Patient es einem entgegenträgt, kann man vermuten, dass es sich hier um einen besonderen Grad von Empfindlichkeit handelt. Ungeduld konnte sich konstatieren lassen, weniger deutlich Affektausbrüche. Träume waren nicht festzustellen. Die älteste Erinnerung zeigte, dass er sich gegen eine neue Situation besonders wehrt. Aus seiner Arbeitsstätte möchte er um keinen Preis weggehen. Das sagt nicht viel über die krankmachende Situation. Auf meine Frage, ob sich nicht etwas zugetragen hatte, was ihn aufgeregt hatte, kam wenig zum Vorschein. Er sprach über eine Liebesaffäre. Er hatte bis vor sechs Monaten eine Freundin, die damals einen anderen Bewerber gefunden hatte. Wenn man ihm aufs Wort glauben würde, wäre auch das belanglos. »Ich war eigentlich froh; sie hat nicht zu mir gepasst.« Wenn man weiß, wie gerade

---

4 [Schilddrüse]
5 [Autoimmunerkrankung der Schilddrüse]

Nervöse sich an einem Menschen festhalten wollen, sich verletzt fühlen, wenn einer sich einem anderen zuneigt, so wird man annehmen, dass es sich hier um die krankmachende *[69]* Situation handelt, umso mehr als das Ereignis in eine Zeit fiel, in der die ersten Erscheinungen von Zittern auftraten. Das ist einer der schwierigeren Fälle, und ich kann schon begreifen, dass, wenn einer nicht mit unseren Mitteln der Untersuchung ausgestattet ist, es nicht merkt. Gerade diejenigen, die aufs Endogene pochen, sind nicht so weit in der Feststellung des Endogenen wie wir.

Es gibt Fälle, die viel sprechender sind und bei denen sich gewiegte Untersucher nicht zurechtfinden. Ein solcher Fall ist zum Beispiel der eines siebenjährigen Mädchens[6], das durch die Dysfunktion der Thyreoidea in einen lebensgefährlichen Zustand geraten war. Als ich sie sah, war die größte Gefahr vorüber; sie zeigte alle Symptome des Basedow. Es war mir darum zu tun, neben dem Endogenen der Anfälligkeit auch den äußeren Einfluss festzustellen, zugleich die seelische Eigenart des Mädchens. Sie war die Jüngste, verzärtelt, hatte eine Stelle bei einem Juwelier, die sie sehr liebte. Eines Tages schickte der Chef sie um einen Diener. Sie ging in das Haus, traf dort eine Frau, fragte nach dem Mann. Die Frau zeigte auf eine Tür. Sie öffnete die Tür und befand sich in einer Kaschemme, sah wüst aussehende Leute, die tranken. Sie schrie auf, rannte davon, weinte jämmerlich und war von diesem Augenblick an krank. Es war nicht ganz leicht, diese Geschichte herauszubringen. Sie war erstaunt zu sehen, dass dieses Erlebnis einen Zusammenhang mit der Erkrankung haben könne. Als ich sie fragte, ob sie sich nicht aufgeregt habe, erzählte sie mir unter Weinen diese lächerliche Affäre. Aber bedenken wir, dass dieses Mädchen wahrscheinlich von Kaschemmen eine Meinung hat, die das Ärgste bedeutet – Verbrechen, Vergewaltigung, Mädchenhandel; sie litt an dem Abstand der Haltung, die man ihr gegenüber zu Hause und im Geschäft annahm und der Haltung, die sie dort erwartete. Das macht enorm viel aus. Wir könnten für jeden von uns eine Situation konstruieren, die uns in eine ähnliche Spannung versetzen würde.

Es ist vielleicht auch am Platze, das ganz wenige, was wir wissen können über die Beeinflussung der Organe, hier anzuführen. Wie wirkt das Seelische auf die Organe? Selbstverständlich hat es die Sphären unseres Bewusstseins zu passieren, die Umwandlung des Aufgenommenen findet statt, von dort wird das vegetative System in Erregung versetzt. Durch das vegetative System wird die Erregung weitergeleitet in verschiedenster Art, nach der Eigenart des Individuums, nach der Eigenart der Organe, die in Vibration geraten. Bei allen diesen Erregungen kommt der gesamte Organismus in Erregung; wir können es nur an den Stellen feststellen, wo sich die Irritation deutlicher zeigt. Wir

---

6 [Offensichtlich ein Irrtum, da wenige Zeilen später gesagt wird, das Mädchen habe eine Stelle bei einem Juwelier.]

sprechen dann von Ausfallserscheinungen. Hier müssen wir viele andere Drüsen mit einbegreifen, auch die Leber. Auf die Leber hat die Erregung Einfluss, bei jedem in verschiedener Art. Es gibt Menschen, die bei einer Erregung, bei der man Zorn erwarten könnte, Schmerzanfälle in der Leber haben. Es ist nachgewiesen worden, dass auch der Gallenabfluss sich bei Erregung verändert. Auch das Pankreas[7], die Langerhans'schen Inseln[8], können durch Affekte erregt werden. Es gibt Leute, die auf seelische Erregungen mit Zuckerausscheidung antworten, und es ist klar, dass man wird trachten müssen, einen solchen Pa*[70]*tienten in eine Stimmungslage zu bringen, wo er einer derartigen Schädigung nicht ausgesetzt ist.

Ein schwer erfassbares Gebiet ist das der Psychose und der Epilepsie. Dass wir dort auslösende Situationen finden können, wird kein einsichtsvoller Psychiater übersehen können. Die Eigenart der krankmachenden Situation wird ins Auge gefasst werden müssen; das gilt für die Melancholie, Schizophrenie und Epilepsie. Wenn man nur einen Teil abgrenzt, wird man sagen müssen, dass bei der Affektepilepsie ein Teil des Gehirns auf die Irritationen antwortet. Dass da möglicherweise auch Veränderungen Platz greifen können, ist nicht von der Hand zu weisen; zum Beispiel zeigen alte Fälle von Schizophrenie Veränderungen der Gehirnsubstanz. Das kann zum Teil als Variante der Gehirnstruktur, die von vornherein die Eigenart des Individuums charakterisiert, angesehen werden. Möglicherweise handelt es sich um Quellungsvorgänge, durch die vielleicht das Gehirn beeinflusst werden kann. Zum Beispiel sind eine große Anzahl von neurotischen Erscheinungen bei der Morphiumentziehung durch Beeinflussung der Gewebe durch das zurückgehaltene Wasser bedingt (Untersuchungen von Dr. *Alexandra Adler*), ein Gesichtspunkt, der beleuchtend für andere Vorgänge wirkt. Es ist denkbar, dass seelische Erregungen vielleicht auch andere Zustände herbeiführen. Das ist kein Widerspruch gegen die individualpsychologische Anschauung; diesen Mechanismus kennen wir schon seit Langem.

Die Wirkung von Strukturveränderungen im Falle einer seelischen Erregung sieht man besonders deutlich bei den Skoliose-[9] und Plattfußschmerzen. Fälle, die ich gesehen habe, hatten die Bedingung für diese Schmerzen in sich; sie hatten sie nicht immer, sondern erst von irgendeiner Zeit an, gewöhnlich wenn der Betreffende die Haltung verlor, in einer Situation, in der er das Vertrauen zu sich eingebüßt hatte. Es ist eine Erfahrung, die heute schon 25 Jahre alt ist, dass das, was man Skolioseschmerzen nennt, viel komplizierter ist. Es gibt Schmerzen, die an der Vorderwand des Thorax[10] sich lokalisieren und in

---

7   [Bauchspeicheldrüse]
8   [Ansammlung von Zellen, die Insulin produzieren]
9   [Seitenverschiebung der Wirbelsäule]
10 [Brustkorb]

der Zeit einer Depression zustande kommen, zum Beispiel bei Melancholikern; auch bei Nichtmelancholikern, wenn sie sich zurückgesetzt fühlen. Ich glaube nicht, dass die bloße Annahme, die Nerven würden gedrückt, richtig ist; das wäre zu primitiv. Ausstrahlende Schmerzen anzunehmen, vielleicht im Sinne der *Head*'schen Zone[11], ist mir auch nicht wahrscheinlich. Ich habe, schon lange bevor von der orthostatischen Albuminurie[12] die Rede war, darauf aufmerksam gemacht, wie häufig sich Verkrümmungen der Wirbelsäule verbunden zeigen mit Erscheinungen an den Nieren. Ich habe das beim ersten urologischen Kongress bei großem Skeptizismus der Anwesenden auseinandergesetzt. Vielleicht ist in der embryonalen Entwicklung das ganze Segment irritiert. Alle Verkrümmungen weisen mit Deutlichkeit darauf hin, dass eine familiäre Deformation vorliegt, die sich dadurch charakterisiert, dass an der Spitze der Skoliose oder im Segment ein Nävus[13] ist. Ich habe frappante Erlebnisse in dieser Beziehung gehabt. Ich konnte voraussagen, wo der Nävus sitzt.

Dasselbe gilt für den Plattfuß. Diejenigen, die über Schmerzen geklagt haben, waren verstimmte Menschen. Das kann man sich nur so erklären, dass deprimierende Eindrücke den Verlust des Tonus der Muskulatur mit sich bringen. Sie können das am ganzen Menschen sehen; auch wenn er *[71]* keine Plattfüße hat, zeigt er durch seine Haltung, was in ihm vorgeht; er spricht mit der Muskulatur. Wir müssen den Organdialekt verstehen lernen. Wenn ich das jemandem erklären wollte, habe ich ihm eine Geschichte erzählt, die ich auf einer psychiatrischen Klinik erlebte. Der Assistent zeigte mir einen Patienten, der ihn immer zum Besten halten wolle. Der Mann stand am Sessel beim Fenster und hatte einen Zwirnsfaden um den Hals gelegt. Nun stieß er den Sessel weg und zerschnitt sich das Gesicht an der Fensterscheibe. Es ist im Wesen eines Menschen vorgebildet, dass, wenn eine für ihn zu schwierige Situation auftritt, auch der Körper Schaden nimmt.

Ich möchte auch darauf hinweisen, dass die Vasomotoren[14] und damit auch die Haut unter seelischem Einfluss stehen. Es ist bekannt, dass Hauterkrankungen durch seelische Einflüsse angeregt werden. Doch gilt dies nicht für jedermann als bindend, der diese Eigenart hat. Wir kommen da zu einer Fragestellung von größter Bedeutung: ob einer, der endogen für die Erkrankung vorbereitet ist, die Erkrankung bekommen muss. Wenn wir an die Schizophrenie denken – wir sind über die körperliche Eigenart eines Schizophrenen zum Teil unterrichtet –, ist damit gesagt, dass er wirklich Schizophrenie bekommen muss? Wenn die körperliche Eigenart des Patienten unter Verhält-

---

11 [Kranke Organe rufen Schmerzen an bestimmten Hautarealen hervor, den Head'schen Zonen, benannt nach dem englischen Neurologen Head.]
12 [Ausscheidung von Eiweiß über den Urin]
13 [Muttermal, Leberfleck]
14 [Gefäßnerven]

nisse gebracht würde, bei denen er sich im Gleichgewicht erhält, müsste er nicht erkranken. Wir können ihn beeinflussen, so dass seelische Einflüsse für ihn nicht diese ausschlaggebende Wirkung haben.

Ich möchte noch auf eine Erscheinung hinweisen, auf die Gestaltung der menschlichen Körperform, auf die Physiognomik. Es ist etwas daran, nur wissen wir nicht, was, weil das, was die Physiognomik hervorruft, Bewegungen sind. Physiognomik ist Form gewordene Bewegung. Diesen Übergang kennen wir zu wenig, wir urteilen nach Äußerlichkeiten, oft in verwegenster Weise, doch ist kein Zweifel, dass die seelische Stimmung die Körperlichkeit beeinflusst, so dass die Gesichtszüge sympathisch oder unsympathisch erscheinen. Wer beobachtet hat, wie der Melancholiker in seiner melancholischen Phase aussieht und nachher, wird verwundert sein. So wirkt in jedem in seinem Ausdruck seine seelische Stimmung nach.

Wir kommen auf unsere Grundanschauung zurück, auf die Grundlage aller richtigen Funktionen: auf das Richtig-eingebettet-Sein in den Entwicklungsgang der Menschheit. Nur so können wir verstehen, woher wir annehmen, dass der eine sympathisch, der andere unsympathisch ist, dass sich das automatisch vollzieht, dass wir es erst genauer verstehen, wenn es uns gelingen wird, den Vorgang in Begriffe zu fassen. Das ist ein Gedanke, der nur in eine Evolutionsanschauung hineinpasst. Bei den Spezies kommt es auf das an, was irgendwie zu dem Entwicklungsgang der Menschheit gehört. Von hier aus werden wir verstehen, was als fehlerhaft oder als ungefähr richtig anzusehen ist. Ein weit verbreiteter Irrtum besteht über den Begriff der Gemeinschaft. Nur der wird ihn verstehen, der weiß, wie innig er mit dem Entwicklungsgang der Menschheit zusammenhängt, als etwas zu Erstrebendes. Was die äußere Form eines Menschen anbelangt, so ist sie viel mehr durch seinen Gleichklang mit der zu erstrebenden Gemeinschaft verbunden, als wir bisher nachweisen konnten. [72]

Es scheint, dass seelische Einflüsse lang dauernder Natur nur das minderwertige Organ dauernd beeinträchtigen können. Da stehen wir wieder vor der Frage: Wo beginnt die Minderwertigkeit des Organs? Vielleicht muss man mehr an die Schädigung durch den ganzen Körperhaushalt denken, die sich auswirkt im Locus minoris resistentiae[15]. Es gibt viele Beispiele, die die Schädigung im Körperlichen zeigen. Ein Mann wurde zum Beispiel an dem Tage von einem Auto überfahren, an dem er durch seine bösartige Gesinnung eine untergebene Beamtin zur Hingabe zwingen wollte. Sie mobilisierte Freunde, um zu beraten, was man mit ihm anfangen solle. Wenn solche Zufälle – die für uns keine Zufälle sind – möglich sind, kann man sich schon denken, dass man in den Schwierigkeiten, die den Menschen immer umgeben, Schädigungen bei jenen Menschen wird eher verfolgen können, die seelisch nicht gestärkt sind. Dasselbe erleben wir auch bei Epidemien.

---

15 [Ort der verminderten Abwehrkraft]

51. Der Komplexzwang als Teil der Persönlichkeit und der Neurose (1935)

Editorische Hinweise
Erstveröffentlichung:
1935j: Internationale Zeitschrift für Individualpsychologie 13, S. 1–6
Letztveröffentlichung:
1983a: Psychotherapie und Erziehung, Bd. 3 (1933–1937), S. 75–83

Der Artikel geht auf einen Vortrag im Wiener Verein für Individualpsychologie zurück.

Die Individualpsychologie beschäftigt sich laut Adler mit der Stellungnahme des Individuums zu den Aufgaben des Lebens. Zur Stellungnahme eines Menschen gehöre auch die Bildung seelischer Komplexe. Diese Komplexe (in Form von »wirkenden Organen«) charakterisieren den Betreffenden wie eine Schablone und seien in Tausenden von Varianten vorhanden. Ein Komplex charakterisiere eine Anzahl von Bewegungen, die nach der gleichen Richtung streben. Es gebe keinen Menschen, dessen Stellungnahmen sich nicht in Komplexe fassen lassen.

Adler führt eine Reihe von Komplexen auf, darunter den Minderwertigkeitskomplex; er sei im Unterschied zum Minderwertigkeitsgefühl die Stellungnahme der Unfähigkeit, ein vorliegendes Problem zu lösen. Im Ödipuskomplex erscheine der Charakterzug eines verzärtelten Kindes. Der Erlöserkomplex sei die Stellungnahme eines Menschen, der seinen Wert darin findet, die Probleme anderer zu lösen. Beim Beweiskomplex wolle jemand beweisen, dass er ein Recht hat, auch auf der Welt zu sein. Er sehe jeden Akt als Probe darauf an, ob er Anerkennung findet, und sei immer in Verteidigungs- und Rechtfertigungsstellung.

Der Komplexzwang als Teil der Persönlichkeit und der Neurose

Individualpsychologie ist Persönlichkeitsforschung, das heißt, wir beschäftigen uns damit, die Stellungnahme, die Beziehung des Individuums zu den Aufgaben des Lebens ins Auge zu fassen und daraus Schlüsse zu ziehen, wie diese [Stellungnahme] zu einer Erfolgsmöglichkeit (Überlegenheit) in ihrem Sinne zu kommen trachtet. Unsere vorzügliche Aufmerksamkeit gilt der Richtung seiner [des Individuums] Ausdrucksbewegung, seinem Ziel. Von frühester Kindheit an hat das Individuum seine Richtung festgelegt, die man sich ohne Zielsetzung nicht vorstellen kann. Wir haben oft erfahren, wie verschieden die geheimen, ihm unbekannten Ziele eines Menschen sind, wie sie unauffällig und unerschütterlich alle seelischen Ausdrucksformen dirigieren. Das ist das im Allgemeinen Tiefste, was man über Persönlichkeitsforschung sagen kann. Wer das Ziel kennt, kann die Persönlichkeit erfassen, weil er ihr Bezugssystem zu den Lebensaufgaben kennt. Zur Stellungnahme eines Menschen gehört auch das Ausbilden seelischer Komplexe. Dies aus Gründen seelischer Ökonomie. Man kann sich diese Komplexe in der Form von wirkenden Organen vorstellen. Es wird in allen Fällen notwendig sein, diese seelischen Organe, die wie eine Schablone den Betreffenden charakterisieren, ähnlich wie Charaktere, mit den Aufgaben der Außenwelt in Verbindung zu bringen. Sie sind Abkömmlinge der dirigierenden Kraft des Endzieles, Erleichterungen, Schablonisierungen. Ich bitte festzuhalten, dass Schablonisierungen in Tausenden von Varianten vorhanden sein können. Sie sind einmal weniger vorhanden, so dass ein Zweifel denkbar ist, im anderen Fall außerordentlich stark, maniert. Dazwischen gibt es eine Unzahl von Varianten, bei denen eine verschieden starke Ausbildung der Schablonisierung zu finden ist. Die aus der Schablonisierung erwachsene Perspektive ist die Grundlage dessen, was man als Komplex bezeichnet. Vielleicht ist bei der Erörterung des Begriffes des Komplexes diese Tatsache unbekannt geblieben. Da es eine Erleichterung bietet, den umfassenden Begriff des »Komplexes« anzuwenden, so war die Individualpsychologie geneigt, ihn zur Erklärung verschiedener Stellungnahmen anzuwenden. Es ist keine Frage, dass dieser Komplex nicht etwas Greifbares ist, sondern eine Anzahl von Bewegungen charakterisiert, die wie sinngemäß nach der gleichen Richtung streben, von dem Träger unverstanden, aber doch in Gebrauch genommen. Ähnliches findet man bei allen, es gibt keinen Menschen, dessen Stellungnahmen sich nicht in Komplexe auf[2]lösen lassen, zum Teil innerhalb des ungefähr Normalen, zum größeren Teil in abnormaler Richtung. Deswegen ist es eine interessante und wertvolle Beschäftigung, die Menschen auf ihre Komplexe hin zu studieren. Das soll durchaus kein Gesellschaftsspiel sein, aber es bietet dem Psychologen und Psychiater einen geeigneten, praktisch wertvollen Ausblick, weil er aus ihnen weitführende Berechnungen schöpfen kann.

Einen besonderen Aufschwung im Gebrauch des Begriffes Komplex haben wir dem wenig originellen Psychologen *Jung* zu verdanken, dessen Komplex der des Mitläufers oder Zehenläufers zu sein scheint. Er hat den Begriff unter lebhaftem Widerstreben seines Lehrers *Freud* verwendet, der anfangs vom Komplex nichts wissen wollte, aber dann doch beherzt zugegriffen hat und nun sehr häufig diesen Begriff in seinen Darstellungen erscheinen lässt, vor allem in der Prägung des »Ödipuskomplexes«.

Wundt erklärt »Komplex« als Verknüpfungsganzes, als zusammengesetzten Begriff, als zusammengesetztes Gebilde, *Lipps* und *Meinong* bringen diesen Begriff näher zu gesuchten Einheiten und Relationen, *Preuß* versteht unter komplexer Vorstellung die unanalytische Denkweise primitiver Menschen, die Voraussetzung des magischen Denkens. *H. Volkelt* findet Verwandtes in den Vorstellungen der Tiere. *Krueger* versteht unter Komplexqualitäten die diffusen Gesamtzustände des Bewusstseins, die einen beträchtlichen Einschlag motorischer und viszeraler Elemente aufweisen.

Unter den Komplexen, von denen man spricht und die nicht nur wissenschaftlichen, sondern auch Laienkreisen bekannt sind, ist vielleicht der Minderwertigkeitskomplex, den die Individualpsychologie in ihren Darstellungen gebraucht hat, der am meisten verbreitete. Er bezeichnet die Stellungnahme eines Menschen, der dadurch ausdrückt, dass er nicht in der Lage ist, ein vorliegendes Problem zu lösen. Er ist nicht mit dem Minderwertigkeitsgefühl zu verwechseln. Der Minderwertigkeitskomplex und sein Geschwister, der Überwertigkeitskomplex, sind Darstellungen eines Menschen, aus denen er sich und anderen erklärt, nicht stark genug zu sein, um ein bestimmtes Problem in sozial wertvoller Weise zu lösen. Dass dadurch kein Ruhepunkt gegeben ist, brauche ich nicht zu erwähnen; dass sich diese Gesamtstimmungslage mit all ihrem gedanklichen, gefühls- und handlungsmäßigen Material in Fehlschlägen fortsetzt, ist bekannt. Alle Formen von Fehlschlägen, die wir kennen, sind Bewegungsformen eines Minderwertigkeitskomplexes.

Stark verbreitet ist der oben erwähnte Komplex, ohne dass man einen rechten Einklang der Erscheinungsformen, die damit verbunden sind, mit dieser Bezeichnung finden kann. Es ist der Ödipuskomplex, der besagen sollte, dass ein Kind irgendwelche sexuelle Neigungen zum anders-geschlechtlichen Elternteil hat, was aber bei einer einsichtigen Reduzierung auf die Tatsachen nichts sagt, als dass der Name Ödipus schlecht gewählt ist und nur der Charakterzug eines verzärtelten Kindes zum Ausdruck kommt, das von der Mutter nicht lassen will. Das Festhalten zeigt sich in tausenderlei Varianten, aber die Beziehung, wie *Freud* sie denkt, auf das grundlegend Sexuelle ist abzulehnen. Selbst dort, wo aus dem Fest[3]halten der Mutter wirkliche Sexualerregungen anknüpfend an die Mutter als Folge zutage kommen. Der »Ödipuskomplex« sollte die Grundlage der Entwicklung des Seelenlebens sein, die Individualpsychologie hat aber gezeigt, dass er ein künstlicher Erziehungsfehler ist.

Wenn man sich auf Komplexforschung begibt, wenn man die Stellungnahme eines Menschen als Schablone erkannt hat, kann man eine Unzahl solcher Schablonen finden. Eine der interessantesten ist der *»Erlöserkomplex«*. Das sind Menschen, die in auffälliger Weise eine Stellung einnehmen, ohne es zu wissen, als ob sie jemanden retten, erlösen müssten. Das findet sich in tausend Graden und Verschiedenheiten. Manchmal läuft es ganz glimpflich ab, aber immer ist es deutlich die Stellungnahme eines Menschen, der seine Überlegenheit, seine Erfolgsmöglichkeit darin findet, die Komplikationen im Seelenleben und äußeren Leben des anderen zu lösen. Manche dieser Varianten scheinen so harmlos, dass man nicht viel darüber sagen kann. Es kann sehr wohl sein, dass sich in das ärztliche Streben oder in die Berufswahl des Geistlichen der Erlöserkomplex hineinschleicht. In den schwersten Graden werden wir freilich ein Gehaben finden, als ob der Betreffende ein Gottgesandter wäre, als ob er die Übel der Menschheit schlankweg kurieren könnte. Wenn einer glaubt, erlösen zu müssen, zum Beispiel ohne genaue Kenntnisse einen Trunkenbold erlösen zu müssen, so ist das der Ausdruck dafür, dass es sich hier nicht um die normale Lösung von Fragen handelt. Es wäre nur durch eine tiefe psychologische Einsicht und Schulung denkbar, nicht durch Gattenwahl, nicht durch Hingabe. Auch hier sieht man das Ausweichen vor den normalen Problemen, ein Suchen nach Erfolgsmöglichkeiten, das die Eitelkeit befriedigen kann. Der Betreffende fühlt sich gedrängt, sich als Erlöser aufzuspielen. Dieser Komplex findet sich auch häufig in Neurosen und Psychosen.

Ein weiterer Komplex ist der »*Beweiskomplex*«. Er ist bei zahlreichen Menschen zu finden, die herumlaufen und beweisen wollen, dass sie ein Recht haben, auch auf der Welt zu sein, oder beweisen wollen, dass sie keine Fehler haben. Sie haben eine ungeheure Furcht, Fehler zu begehen, sie sehen jeden Akt als Probe darauf an, ob sie Anerkennung finden, perfekt sind; sie sind immer in Verteidigungs- und Rechtfertigungsstellung. Bei jedem Gespräch wollen sie beweisen, dass sie nicht wertlos sind. Keiner in der Umgebung ist daran interessiert, aber es lässt ihnen keine Ruhe. In der Neurose spielt der »*Beweiskomplex*« eine ungeheure Rolle und ist immer gemengt mit dem Hinweis auf bestimmte Milderungsgründe, mit starken Emotionen, mit einer Neigung zum Rückzug.

Nun komme ich zu einem Komplex, der mehr in das komische Gebiet der Psychologie gehört. Das ist der »*Poloniuskomplex*«. Hamlet zu Polonius: »Sieht diese Wolke nicht aus wie ein Kamel?« Polonius: »Ja, ganz wie ein Kamel.« »*Etwas sieht aus wie ...*« Damit ist eine äußere, beiläufige Entscheidung getroffen, die meist nichts besagt. Und doch findet man, dass die moderne Psychologie vom Poloniuskomplex beherrscht ist. »Alles sieht aus wie bei den Wilden« – »Schon der Wilde zeigte ein solches Verhalten«, nicht zu sprechen von der Psychoanalyse, wo »*alles* aussieht wie ...«. Aber man findet diesen Komplex auch außerhalb der Psychologie. Der »Poloniuskomplex« ist nicht nur in der Wissenschaft gefährlich, sondern auch sonst im Leben, wo er zu lächerlichen Verallgemeinerungen führt. Wenn Sie sich an die Interpretation des Traumlebens erinnern, so werden Sie auch hier den Poloniuskomplex finden. Auch für den Träumer sieht alles aus wie ... Ich möchte Sie auch hier an *Vaihingers* »Als ob« erinnern, zum Beispiel in einer Urreligion wird eine Eidechse heilig erklärt, als ob sie eine Gottheit wäre, es wird auch damals Leute gegeben haben, die die Göttlichkeit einer Eidechse nicht ernst genommen haben, aber das zur Tatsache zu machen, hat für den Stamm große Vorteile gehabt, denn in dieser Als-ob-Vorstellung betrachteten sich alle Poloniusse als Brüder. Sie versammelten sich im Namen der Eidechse, und obwohl das Ganze nur Gruppenegoismus war, sollte es über die Not der Zeit hinweghelfen. Sicherlich sind viele auch daran gescheitert, aber unter Umständen konnte es hilfreich sein. Sie sehen, wie weit sich das Suchen nach einer Erleichterung im Leben, nach Überlegenheit, nach einer Erfolgsmöglichkeit erstreckt, in irgendeiner vom Betreffenden unverstandenen Zusammenfassung. Es ist eine Erscheinungsform, die die Individualpsychologie mit dem Namen »Poloniuskomplex« benennt. Sie werden Menschen finden, die nicht anders reden, die immer einen Vergleich bei der Hand haben, immer »ist etwas wie ...«. Das lässt uns auch dichterische Redeblüten und metaphorische Ausgestaltung verstehen, die dazu dienen, den Common Sense zu umgehen, in den weitaus meisten Fällen, um Gefühle und Emotionen zu wecken. Deshalb finden Sie Symbole und vergleichsweise Darstellungen auch im Traum. Die Beschäftigung mit dem Poloniuskomplex ist wertvoll; er wirft ein scharfes Licht auf die Wesenlosigkeit vieler philosophischer und psychologischer Systeme.

In der Individualpsychologie werden Sie auch öfters Erwähnung vom »*Ausschaltungskomplex*« finden. Auch der charakterisiert viele Menschen. Man findet ihn in Tausenden von Varianten bei Menschen, die ihren Aktionsraum immer verkleinern wollen, die auch alle Probleme aus dem Weg räumen wollen. So wie der »Poloniuskomplex« eine Stütze für den Unsicheren sein soll, der glaubt, sich auf geradem Wege nicht behaupten zu können und deshalb zu Vergleichen greift, so werden Sie bei dem Ausschaltungskomplex dasselbe Prinzip finden. Das schablonenhafte Suchen nach der Ausschaltung wird immer demjenigen anhaften, dessen Ziel es ist, auf leichtere Weise zu einer persönlichen Überlegenheit zu kommen. Alle diese Komplexe können eine Verbindung untereinander eingehen. Sie können miteinander kooperieren. Es ist auch klar, dass diese Schablonen von der einen Seite als Minderwertigkeitskomplex, von der anderen Seite als Poloniuskomplex oder als Ausschaltungskomplex, als beruhigender Überlegenheitskomplex festgestellt werden können. Es gibt ungeheure Möglichkeiten, Komplexe festzustellen und in dieser Weise die Persönlichkeit besser erfassen zu können.

Ein anderer Komplex, der sehr vielen Menschen anhaftet, ist der »*Prädestinationskomplex*«. Er zeigt sich als eine Haltung den Leben gegen[5]über, als ob einem nichts geschehen könnte. Da gibt es ungeheure Steigerungen, so dass er einem sofort in die Augen springt. Der »Prädestinationskomplex« gibt dem Betreffenden einen großen Halt. Selbstsicherheit, natürlich ist sie erschwindelt, denn so etwas wie wirkliche Prädestination, als ob einer auserlesen wäre, wie das auch manche Völker von sich glauben, gibt es nicht. Dabei gibt es manchmal komische Erscheinungen. In den Schulen habe ich beobachtet, dass es Kinder gibt, die von sich so eingenommen sind, dass sie glauben, sie wissen alles. In einer angespannten Situation fühlen sie sich hingerissen, sich zu melden, ohne eine Ahnung von der vorliegenden Frage zu haben. Ich habe einige solcher schöner Fälle erlebt und bin überzeugt, dass dies manchen in eine schwierige Lage bringen kann. Umso gefährlicher, wenn es sich im öffentlichen Leben abspielt, wenn einer sich alle möglichen abwegigen Leistungen zutraut, in dem Gefühl, dass ihm nichts geschehen kann, dass er irgendwie durchrutschen wird. An diesem Komplex können Sie den verzärtelten Lebensstil deutlich sehen, es sind Menschen, die gewöhnt waren, dass sie die Mutter herausreißt. Auf der anderen Seite wird man bei Menschen, die sich ganz heimisch fühlen, so ganz verwurzelt mit den irdischen Tatsachen, Ähnliches finden, das sich dann als Mut darstellt. Es wird dann diese Neigung, sich etwas zuzumuten, was über menschliche Kräfte geht, nicht auftauchen, es wird vielmehr eine sachliche Art des Vorgehens zu beobachten sein. Es sind dies Menschen, die vor einer Leistung haltmachen, die menschlich nicht zu lösen ist. Spurweise wird man auch bei ihnen den »Prädestinationskomplex« finden, der vielleicht bei der Unsicherheit der Zukunft nötig erscheint, als Optimismus und Selbstvertrauen. Reale Erfolgsmöglichkeiten gibt es in beiden Fällen. Natürlich auch Rückschläge, die von dem Ersten übersehen oder mit einem Zusammenbruch (eventuell Schizophrenie, Zyklothymie, Melancholie, Verbrechen) beantwortet werden, von den anderen bei sozialer Aktivität mit baldiger Aufrichtung nach der Niederlage. Einen schönen Fall fand ich bei einem manischen Paralytiker. Ich besuchte ihn in einem Sanatorium. Er bat mich weinend und flehend, ihn nach Hause zu bringen, da man ihn hier roh behandle. Sonst zeigte er Einsicht und wesentliche Besserung. Im Hause angelangt, war er ruhig und freudig gestimmt. Ein Gespräch unterbrechend, wandte er sich an mich mit den Worten: »Sehen Sie, so geht es immer in meinem Leben. Alles gelingt mir.« Er dachte an mein Einverständnis, ihn nach Hause zu bringen, ich an die harte Behandlung, die mehrere blaue Flecke an ihm hinterlassen hatte.

Häufig findet man bei Kindern und Erwachsenen einen Komplex, den man als »*Führerkomplex*« bezeichnen kann: der Erste zu sein, die anderen zu führen. Es sind Menschen, die sich in jeder anderen Rolle schlecht fühlen, die Tag und Nacht darauf aus sind, an der Spitze zu stehen. Diesem Komplex stehen die Zweitgeborenen und Jüngsten, auch stark gebliebene Älteste näher (in der Bibel Jakob, Esau, Josef). Man kann bei führenden Menschen finden, dass sie schon in der Kindheit den Führerkomplex entwickelt haben. Er ist das Resultat eines Trainings. Solche Kinder können es nicht vertragen, im Spiel zu verlieren oder das Pferd zu sein und nicht der Kutscher. Allen Genies eignet dieser Komplex. *[6]* Leider auch anderen, die unter günstigen Umständen ohne zureichende Befähigung, aber infolge ihres Trainings zum Führer, gewagte Situationen herbeiführen.

Vielleicht nicht gar so häufig ist ein anderer Komplex, der »*Zuschauerkomplex*«. Er zeigt sich bei Menschen, die dadurch auffallen, dass sie ihr Leben so einrichten, immer Zuschauer zu sein, ohne aktiv einzugreifen. Verzärtelte Kinder sind oft in diese Rolle gezwungen. Leider ist der »Zuschauerkomplex« so wenig mit Aktivität versehen, dass sich daraus für die Gemeinschaft nicht viel machen lässt. Das bringt die Notwendigkeit einer gewissen Methode der Behandlung mit sich. Wenn man einen Menschen mit einem »Zuschauerkomplex« vor sich hat, ist es viel dringender, ihm Mut zu machen, als etwa einem, der Aktivität zeigt. Gerade er muss darauf hingewiesen werden, wie wichtig es ist, in das Leben einzugreifen. Sie werden diesen »Zuschauerkomplex« oft im Traum finden. Häufig sind Träume, dass einer im Theater sitzt, weil ihm das Leben wie ein Theater erscheint. In den ältesten Erinnerungen kommt bei ihnen oft das Zuschauen zutage. Solche Menschen werden sehr häufig durch das Leben enttäuscht; dass sie von der Höhe heruntergestürzt werden, ist selbstverständlich. Die Neigung, zu schauen, kombiniert sich oft mit der Neigung gesehen zu werden (auch im Exhibitionismus, aber auch in übertriebener Eitelkeit). Immer handelte es sich um visuelle Typen.

Ein Komplex, der sehr häufig ist und bei dem man in der Erziehung und Behandlung sehr vorsichtig sein muss, ist der »Nein-Komplex«. Es gibt Menschen, die von der Opposition nicht loskommen, denen es schwer wird, jemandem zuzustimmen, die etwas Großes darin erblicken, dem anderen unrecht zu geben. Dies kann auch in einer Neigung bestehen, den anderen ohne Berechtigung oft zu kritisieren. Es gibt Menschen, die das Nein auf der Lippe haben, bevor der andere den Mund aufmacht. Sie warten schon darauf, bis sie das Nein sagen können. Unter den Kritikern wird man gelegentlich solche Menschen finden, ebenso unter den Pessimisten. Paart sich diese Neigung mit sozialem Interesse, so wirkt sie fördernd. In der Kindheit drückt sich dieser Komplex manchmal in grotesker Weise aus. Zum Beispiel: Eine Mutter wollte sich mit dem widerspenstigen Kind versöhnlich stellen und sagte: »Ich habe dir Orangen mitgebracht, weil ich weiß, dass du sie gern isst.« Das Kind rief sofort: »Ich will die Orangen nur, wenn ich sie will, nicht wenn du sie mir bringst.« Dieselbe Mutter hat einmal gesagt: »Nimm eine Tasse Milch oder Kaffee, was du willst.« Das Kind antwortete: »Wenn du Milch sagst, trink' ich Kaffee, wenn du Kaffee sagst, trink' ich Milch.« Es ist das Streben, nicht etwa durch Übereinstimmung mit den andern das Herrschergefühl einzubüßen. Die Erfolgsmöglichkeit ist hier darin gesehen, nicht durch den andern beeinflusst zu sein, ihm nicht das Gefühl der Überlegenheit zu gewähren. Der »Nein-Komplex« spielt in der Wissenschaft oft eine verheerende Rolle. Die besten Fortschritte werden gestört, wenn sich ihnen Leute mit dem »Nein-Komplex« entgegenstellen. Es geht ihnen um Befriedigung der Eigenliebe, der Eitelkeit, die sich verwundet fühlen würde, wenn man zustimmen würde.

52. Über das Wesen und die Entstehung des Charakters (1935)

Editorische Hinweise
Erstveröffentlichung:
1935k: Internationale Zeitschrift für Individualpsychologie 13, S. 29–30

Der Aufsatz ist ein »Nachwort zu vorstehendem Artikel«, das heißt zu einem Beitrag »Über das Wesen und die Entstehung des Charakters« von Agostino Gemelli[1]. Adler würdigt und kommentiert diese Arbeit, die in italienischer Sprache vor einigen Jahren erschienen sei, weil der Autor die Darstellungen der Individualpsychologie noch nicht gekannt habe.

Gemellis Auffassung, dass die Persönlichkeit des Normalen wie des Abnormalen nur aus der Bezogenheit zur Außenwelt erfasst werden kann, decke sich mit der Auffassung der Individualpsychologie. Jeder Charakterzug zeige aufgrund der Einheit des Ich den Grad der Fähigkeit zum Mitleben. Dass sich im Charakter außerdem der Grad der Aktivität erkennen lässt, stehe im Einklang mit dem Grad seines sozialen Interesses. Diese Auffassung sei in der Gesamtstruktur des Lebens begründet. Charakterologie könne demnach nur Erforschung der Bezogenheiten des Individuums zum evolutionären Gesamtprozess des Lebens sein.

Den Ausdruck »soziales Interesse« anstelle von »Gemeinschaftsgefühl« verwendet Adler in seinen letzten Lebensjahren häufiger.

Über das Wesen und die Entstehung des Charakters

Die vorliegende Arbeit des verdienten und gewissenhaften Forschers Professor *Gemelli* verdient eine eingehende Würdigung, nicht zuletzt, weil sie vor einigen Jahren erschienen ist und die seither klaren Darstellungen der Individualpsychologie nicht in Betracht gezogen hat.

Man muss dem geehrten Verfasser das Zeugnis geben, dass er ganz an der Spitze der modernen Psychologen und Psychiater steht. Seine mit der Individualpsychologie gleichlaufende Auffassung, dass die Persönlichkeit des Normalen wie des Abnormalen nur aus der Bezogenheit zur Außenwelt erfasst werden kann, damit auch, was man gemeiniglich den Charakter nennt, zeigt die Durchdrungenheit seiner Lehre mit dem Maße des Gemeinschaftsgefühls, mit der finalen Auffassung des menschlichen Seelenlebens, mit der Tatsache

---

1 [Internationale Zeitschrift für Individualpsychologie 13 (1935) 7–28]

der Einheit der Persönlichkeit. Seine fundamentalen Gesichtspunkte rücken seine Lehre ganz in die Nachbarschaft der Individualpsychologie.

Sein teilweises Lob für die Psychoanalyse teilen wir nicht. Was sie an obigen Gesichtspunkten bieten könnte, passt nicht zu ihrer kausal-mechanistischen Auffassung, und trotz mancher Adoptionen aus dem Gesichtskreis der Individualpsychologie hat man oft den Eindruck, als ob ein fremder Aufsatz einen ganz andersartigen Körper zieren sollte. Immerhin müssen auch wir feststellen, dass *Freuds* Einbruch in die veraltete Psychologie von Nutzen war und dass er auf dem Wege war, den die Individualpsychologie ausgebaut hat. Dass er einer unhaltbaren Theorie zuliebe, einer Idee des Pansexualismus wegen, eine kausal-mechanistische Auffassung entwickelte, dass er der Hereditätslehre verfiel, Ausartungen des verzärtelten Lebensstils als Norm der Psyche auffasste, die Tatsache des sozialen Interesses als listige Schwäche sah, jeder seiner künstlichen psychischen Gruppierungen Ichcharakter verlieh, ohne die gestaltende Einheit des Ich zu erfassen, trennt ihn von der Individualpsychologie, der er freilich viele Gesichtspunkte seiner späteren Forschung verdankt.

Was die Individualpsychologie, vielleicht nur erläuternd, sicherlich überraschend zu *Gemellis* »Aufgaben der Charakterologie« zu sagen hat, ist, dass es eine Wesenheit des Charakters weder angeborener Weise noch erworben gibt. Was wir Charakter nennen, ist die äußere Erscheinungsform der Beziehung eines Menschen zu einer von ihm postulierten Aufgabe. Der Charakter kann nicht von sozialer Bezogenheit getrennt werden. Es gibt keinen Charakter in luftleerem Raum. Richtig verstanden zeigt jeder Charakterzug den Grad der Fähigkeit zur Mitarbeit, zum Mitleben, zum Mitlieben. Dieser Grad ist ihm von der Einheit des Ich verliehen. Dass sich im Charakter außerdem der Grad der Aktivität erkennen lässt, steht im Einklang mit dem Grade seines sozialen Interesses, dessen idealer Maßstab nicht anders genommen werden kann, als durch ein Ziel eines idealen Verhaltens zum Wohle der gesamten Menschheit und für die Ewigkeit. Dass darüber Kontroversen möglich sind, habe ich stets betont. Was im[30]mer aber einer für richtig, wertvoll, normal, verständig nennt, bezieht seinen Wert aus der Idee der Vollkommenheit des Menschengeschlechts und aus der Idee einer Forderung für die Ewigkeit.

Diese Auffassung hat ihre biologische Fundierung in der Gesamtstruktur des Lebens. Jeder Einzelne ist sozusagen eine kristallisierte, fleischgewordene Einheit in dem ganzen evolutionären Streben nach Vollkommenheit mit allen seinen Fehlern und Vorzügen. Charakterologie kann demnach nur Forschung nach den Bezogenheiten des Individuums zum evolutionären Gesamtprozess des Lebens sein. Auf diesem Wege unserer Forschungen ist es eine erfreuliche Begebenheit, den Forschungen *Gemellis* zu begegnen.

53. On the Interpretation of Dreams (Zur Traumdeutung) (1936)

Editorische Hinweise
Erstveröffentlichung:
1936f: International Journal of Individual Psychology 2 (1), S. 3–16. «On the interpretation of dreams».
Letztveröffentlichung:
1983a: Psychotherapie und Erziehung, Bd. 3 (1933–1937), S. 110–129 (übersetzt von Heinz Ansbacher)

Der Aufsatz wurde neu übersetzt von Sonja Schuhmacher.
1936 führt Adler einen Gedanken aus dem Aufsatz von 1927 (»Weiteres zur individualpsychologischen Traumtheorie« 1927g, S. 286–291) weiter aus: Der Traum wirke durch die Stimmung, in die er den Träumer versetze. Das wichtigste Mittel, einen Lebensstil zu verstärken, sei die Fähigkeit, Gefühle zu erregen. Träume produzierten Bilder, die Gefühle und Emotionen wecken, die zur Lösung der Probleme im Sinne des eigenen Lebensstils erforderlich sind. Oft stelle der Traum die eigene Lebenssituation metaphorisch dar, möglicherweise eine Methode, um ihr zu entfliehen. Die eigene Situation werde oft reduziert auf nur einen Aspekt, was die Lösung eines Problems erleichtert. Adler meint, dass die wahre Bedeutung des Traumes gerade darin liege, dass er nicht verstanden werde und dass diese Täuschung (in Bezug auf die Realität, nicht in Bezug auf das lebensstiltypische Ziel) beabsichtigt sei.

Adler findet ehrenvolle Worte für Freud, der »die Grundlage für die wissenschaftliche Traumdeutung« gelegt habe. Er fasst Freuds Beitrag in vier Punkten zusammen. Da Freud »bewusst« und »unbewusst« als Gegensatz verstehe, gebe er dem Traum eigene Gesetze. Nach Adler sind »bewusst« und »unbewusst« jedoch keine Gegensätze, sondern Varianten, und der Träumer folge dem individuellen Lebensstil im Schlaf genauso wie im Wachzustand.

Adler erwähnt in zahlreichen Beispielen Traumsymbole des Fliegens, des Fallens, des Sich-gelähmt-Fühlens, außerdem Prüfungsträume.

Zur Traumdeutung

Allgemeine Überlegungen

Fast jeder Mensch träumt, aber nur wenige verstehen ihre Träume. Dies ist erstaunlich. Obwohl Träumen eine verbreitete Betätigung des menschlichen Geistes darstellt, werden Träume meist als »Unsinn« abgetan. Dennoch fesseln sie seit den Anfängen der Menschheitsgeschichte unser Interesse. Menschliches Interesse und menschliche Tätigkeit liefern das Mahlgut für die Mühle des Psychologen. Deshalb stellen sich jeder Psychologe und jede psychologische Schule, die das Thema der Träume und ihrer Deutung außer Acht lassen, ein Armutszeugnis aus, denn der Vorgang des Träumens gehört für uns alle zum Leben.

Träume als Prophezeiungen aus historischer Sicht

Der maßgebliche Beitrag der Antike zum Thema Träume besteht in der Ansicht, dass sie prophetischer Natur seien. Zwar muss jede wissenschaftliche Psychologie diesen Standpunkt ablehnen, die Betrachtung einiger historischer Träume und ihrer Deutung wirft jedoch Licht auf die damit zusammenhängenden Probleme. Zum Beispiel wurden Josephs Träume, wie sie die Bibel überliefert – wo sich Sonne, Mond, Sterne und Getreidegarben vor ihm verneigen – von seinen Brüdern ganz richtig verstanden.[1] Die Traumbücher der Antike bieten Erklärungen, was ein Traum im Hinblick auf das künftige Geschick des Träumenden zu bedeuten hatte. Primitive Völker suchten in ihren Träumen nach Omen und Prophezeiungen. Die Griechen und die Ägypter suchten in der Hoffnung auf einen heiligen Traum, der ihr künftiges Leben beeinflussen werde, ihre Tempel auf. Solche Träume wurden als heilsam angesehen, als Mittel, um körperliche und seelische Schwierigkeiten zu beseitigen. Die Indianer Amerikas gaben sich größte Mühe, durch Reinigung, Fasten und Schwitzbäder Träume herbeizuführen, und gründeten ihr Tun auf die Deutung ihrer Träume. Noch heute behaupten manche Menschen, sie hätten Träume gehabt, die später in Erfüllung gegangen seien.

Seit ich zum ersten Mal versuchte, Träume zu verstehen, schien mir klar, dass ein Mensch, der träumt, schlechter darauf eingerichtet ist, die Zukunft vorherzusagen, als einer, der wach ist. Ein wacher Mensch ist im Vollbesitz

---

1 [Anspielung auf Gen 37,8: Nachdem Josef seinen Traum erzählt hatte, fragten ihn die Brüder: »Willst du etwa König über uns werden und dich als Herr über uns aufspielen?«]

seiner geistigen Kräfte und kann die ganze Situation mit all ihren Folgerungen eher verstehen. Dennoch müssen wir die traditionelle Sicht der prophetischen Kraft der Träume berücksichtigen, die gewisse Einsichten beisteuern kann. Eine Tatsache sticht hervor: Alle historischen Traumdeutungen versuchten Probleme zu lösen [4] und suchten Anleitung für die Zukunft. Wir berücksichtigen die Bedeutung dieses Ansatzes, obwohl wir Träume natürlich nicht als Prophezeiungen auffassen. Wir müssen erwägen, welche Problemlösungen gesucht werden und woher die Hoffnung auf diese Lösungen rührt. An diesem Punkt können wir sagen: Träumend versucht ein Individuum seine Probleme im Schlaf zu lösen.

In der Wissenschaft, in Sachbüchern und in der schönen Literatur finden wir zahlreiche brauchbare Ansichten über Träume und ihre Bedeutung. Zum Beispiel sagte bereits 1850 der Dichter *Hebbel* in seinen Kindheitserinnerungen über Träume: »Wenn man seine Träume sammeln und sie untersuchen und sie zu den Träumen hinzufügen würde, die man jetzt hat, all die Gedanken, die man damit assoziiert, alle Erinnerungen, all die Bilder, die man von ihnen noch erfassen kann, und wenn man diese mit den Träumen, die man in der Vergangenheit hatte, verbinden würde, wäre man imstande sich viel besser zu verstehen als mithilfe jeder anderen Art von Psychologie.«[2] Rund 50 Jahre später bringt *Freud* als Erster den Mut auf, *Hebbels* Rat zu folgen. Zwar ist *Freuds* Traumdeutung heute größtenteils nicht mehr haltbar, aber wir müssen ihm hoch anrechnen, dass er den Grundstein für die wissenschaftliche Traumdeutung gelegt hat.

Freuds Traumdeutung ist bekannt, daher wird hier auf eine ausführliche Darstellung verzichtet. Vom Standpunkt der Individualpsychologie kann sein aussagekräftiger Beitrag folgendermaßen zusammengefasst werden:

1. Die affektiven oder emotionalen Haltungen in einem Traum zeigen seine wahre Bedeutung weitaus besser als die rein bildlichen oder verbalen Elemente.

2. In engem Zusammenhang damit steht die Unterscheidung zwischen den manifesten und den latenten Inhalten eines Traums. Der manifeste Inhalt ist der Traum, so wie er dem Träumenden erscheint. Der latente Inhalt besteht aus den damit assoziierten Gedanken, Erinnerungen und emotionalen Haltungen. Letzteres ist die Traumdeutung.

3. Träume sind keine isolierten seelischen Phänomene. Sie bedienen sich derselben seelischen Dynamik wie sie in Versprechern, Tagträumen, Fantasien und anderem Wachverhalten angewendet wird.

---

2 [In Hebbels »Aus meinem Leben (Meine Kindheitserinnerungen)« ist das Zitat nicht nachweisbar.]

4. Die Methode der verbalen Assoziation ist geeignet, um den latenten Inhalt eines Traums zu erschließen.

Obwohl *Freuds* Theorien einen deutlichen Fortschritt in der Traumdeutung brachten, kann die Individualpsychologie seinen Standpunkt nicht als der Weisheit letzten Schluss hinnehmen. *Freud* hat von Anfang an behauptet, dass Träume die Erfüllung infantiler Sexualwünsche repräsentieren. Später stellte er fest, dass der Todeswunsch in Träumen ebenfalls eine Rolle spielt. In Anbetracht der tatsächlichen Erfahrung weist diese Sicht den Träumen eine zu eingeschränkte Rolle zu. Wie kommt es, dass Menschen seit Urzeiten fast jede Nacht träumen und es heute noch tun? Gewiss erfüllen Träume mehr als nur diese eine begrenzte Aufgabe.

Die Befunde der Individualpsychologie weisen darauf hin, dass das gesamte Verhalten eines Menschen einheitlich ausgerichtet und Ausdruck seines jeweiligen Lebensstils ist. Weil Träume eine Form menschlichen Verhaltens sind, können sie da keine Ausnahme bilden. Sie sind ein Teil der Einheit.

Die Freudianer selbst fanden [5] die sexuelle Deutung von Träumen unzureichend. *Freud* erklärte daraufhin, er könne in Träumen auch den Ausdruck eines unbewussten Todeswunsches sehen. Das mag in gewissem Sinne wahr sein. In bestimmten Träumen, vor allem von Neurotikern, zeigt sich mangelnder Mut, sich den eigenen Problemen zu stellen. Das könnte als Todeswunsch interpretiert werden, aber wir verwenden diesen Begriff in einem rein metaphorischen Sinn. Damit kommen wir der Einsicht, wie Träume die Gesamtpersönlichkeit reflektieren, kein bisschen näher. Das Streben nach Leistung und Erfolg, die gelungene Lösung von Problemen ist inhärent mit der Lebensstruktur verbunden. Dort, wo die Leistung gehemmt wird, drehen sich die Träume des Betroffenen oft um den Tod.

Freud konstatiert einen Widerspruch zwischen dem »Bewussten« und dem »Unbewussten«. Damit weist er den Träumen eigene besondere Gesetze zu, die den Gesetzen des Alltagsdenkens widersprechen. Bei den primitiven Völkern ebenso wie bei den antiken Philosophen trifft man häufig den Wunsch an, Begriffe in einer starken Antithese einander gegenüberzustellen, sie als Gegensätze zu behandeln. Auch Neurotiker illustrieren ganz klar die antithetische Haltung. Die Menschen glauben oft, links und rechts, Mann und Frau, heiß und kalt, leicht und schwer, stark und schwach seien Gegensätze. Vom wissenschaftlichen Standpunkt aus sind es aber keine Gegensätze, sondern Varianten. Sie repräsentieren Abstufungen auf einer Skala, angeordnet je nach ihrer Annäherung an ein fiktives Ideal. Ebenso sind gut und schlecht, normal und abnormal keine Gegensätze, sondern Varianten. Deshalb ist jede Theorie, die Traumgedanken und Taggedanken, Bewusstes und Unbewusstes als Gegensätze betrachtet, unwissenschaftlich.

Ohne es zu durchschauen, geht die Psychoanalyse offenbar von der Prämisse eines verwöhnten Kindes aus, das glaubt, seine Wünsche dürften ihm niemals verweigert werden. Die Psychoanalyse arbeitet diese Prämisse in allen Einzelheiten aus. Aber das Streben nach Befriedigung (die Grundannahme der Psychoanalyse) ist nur eine der zahllosen Varianten des Strebens nach Überlegenheit; wir dürfen sie nicht als zentrales Motiv aller Ausdrucksformen der Persönlichkeit sehen.

Um den wahren Zweck von Träumen zu entdecken, müssen wir herausfinden, welchem Zweck gedient wird, wenn sie vergessen oder nicht verstanden werden. Das war das verzwickteste Problem, vor dem ich stand, als ich vor einem Vierteljahrhundert begann, mich mit der Bedeutung von Träumen zu beschäftigen. Eines Tages ging mir auf, dass die eigentliche Bedeutung eines Traums womöglich darin besteht, dass er nicht verstanden werden soll; vielleicht arbeitet eine Dynamik des Verstandes darauf hin, uns zu verblüffen. Diese Idee lieferte mir den ersten wichtigen Anhaltspunkt für eine adäquate Traumdeutung. Weiter nachforschend fragte ich mich: »Zu welchem Zweck machen wir uns etwas vor?« Als Antwort darauf stellte sich ein weiterer Hinweis durch die normale soziale Interaktion ein. Wir alle kennen Menschen, darunter uns selbst, die sich absichtlich so ausdrücken, dass sie nicht verstanden werden, um die Wahrheit zu verschleiern, oder sie sprechen mit sich selbst in einer Weise, die der Common Sense ablehnt. Hier zeigt sich eine sehr enge Analogie zum Traum, ja mehr als eine Analogie, [6] weil dieselbe seelische Dynamik beides produziert. Wir »machen« uns nicht in den Gedanken »etwas vor«, sondern in den Emotionen und Gefühlen, die durch die Gedanken und Bilder eines Traums erweckt werden. Der Traum erreicht seinen Zweck, indem er Emotion und Stimmung verwendet, nicht Vernunft und Urteil. Die Vernunft allein könnte uns nicht vorsätzlich täuschen. Gedanken können zu einem irrigen Urteil führen, aber diese Irrtümer sind auf unzureichende Fakten zurückzuführen. Wenn unser Lebensstil mit der Wirklichkeit und dem Common Sense kollidiert, müssen wir, damit wir den Lebensstil beibehalten können, Gefühle und Emotionen mit den Ideen und Bildern eines Traumes wecken, den wir nicht verstehen.

Bevor wir uns einer detaillierten Erörterung der Traumdeutung zuwenden, müssen wir das Wesen des Schlafes begreifen. Jeder weiß, was Schlaf ist, aber nur wenige verstehen sein Wesen. Schlaf kann nicht bloß die Folge von Müdigkeit sein, denn wir begegnen häufig sehr müden Menschen, die nicht schlafen können. Da gibt es nun verschiedene Ansichten. Eine Meinung besagt, dass Milchsäure den Schlaf herbeiführt. Zweifellos stellen Physiologen während des Schlafs einen erhöhten Milchsäurewert im Körper fest, wenn aber Milchsäure geschluckt oder gespritzt wird, schläft der Betreffende nicht unbedingt ein. Demnach ist sie eher als Nebenprodukt des Schlafes anzusehen und nicht als seine Ursache. Unlängst hat *Zondek* bekannt gemacht, er habe im unteren Teil der Hypophyse eine bestimmte Menge Bromid entdeckt, und dieses

Bromid wandere in das verlängerte Rückenmark und löse den Schlaf aus. Ich glaube, die Individualpsychologie hat eine brauchbarere Idee beizusteuern. Der Schlaf ist Teil des Lebens. Die Evolution hat unser Leben so eingerichtet, dass es einen Wechsel von Wachen und Schlafen gibt. Wenn wir einen besonderen Grund haben zu schlafen, dann haben wir auch einen Grund, wach zu sein. Wir können wenig mehr über den Schlaf sagen, als dass er ein Teil des Lebens ist und wir nicht wissen, ob Schlafen eine Variante des Wachsein oder Wachsein eine Variante des Schlafens ist.

Der Schlaf ist nicht der »Bruder des Todes«, wie uns viele Dichter einreden wollen. Er ist auch nicht die Antithese zum Wachsein. Wenn dem so wäre, würde niemand durch Geräusche, Berührung, Licht oder von selbst wach werden. Obwohl der Schläfer mit seiner Umwelt in Verbindung steht, kann er viele Elemente ausgrenzen, die ihn wecken könnten. Der Schlaf erfordert so etwas wie eine Entscheidung, einen Willensakt, ein »fiat«, wie *James* sagen würde. Unter Schlaflosigkeit Leidende, die unentwegt nach Geräuschen lauschen oder nach Licht suchen, bestätigen diese Idee. Diese Menschen entfernen nicht die störenden Elemente, sondern suchen im Gegenteil danach.

Träume als Ausdruck des Lebensstils

Die Individualpsychologie geht davon aus, dass das sogenannte Bewusste und das Unbewusste keine Gegensätze, sondern eine Einheit darstellen. Die Methoden, mit denen das »bewusste« Leben interpretiert wird, können auch zur Deutung des »unbewussten« oder »halbbewussten« Lebens, des Traumlebens, eingesetzt werden. Gerechtfertigt wird diese Methode durch die Tatsache, dass unser Traumleben ebenso Teil des Ganzen ist [7] wie unser Wachleben, nicht mehr und nicht weniger. Zu einer angemessenen Traumdeutung gelangen wir nur, wenn wir Träume als eine Ausdrucksform des Lebensstils ansehen.

Träume als Versuch, Lebensprobleme zu lösen

Träume versuchen, gemäß dem individuellen Lebensstil Probleme zu lösen, und sollten nicht als Ausdruck des Common Sense interpretiert werden. In der Antike sah man Träume im Zusammenhang mit einem Lebensproblem. Dass diese Ansicht richtig ist, bestätigt sich durch die Tatsache, dass ein Mensch, je zufriedener er ist, das heißt, je weniger ihn sein Problem stört, desto weniger träumt. Die Individualpsychologie zeigt uns, dass wir im Traum versuchen, uns »etwas vorzumachen«. Die beiden Ideen widersprechen sich nicht. Wir machen uns die unangemessene Lösung eines Problems vor, unangemessen vom Standpunkt des Common Sense, aber angemessen vom Standpunkt des

Lebensstils. Zu diesem Trugschluss gelangen wir, indem wir wichtige Fakten weglassen, so dass nur ein kleiner Teil des Problems übrig bleibt, der, bildlich gesprochen, leicht gelöst werden kann. Dieser Traumprozess unterscheidet sich kaum vom Wachleben. Zum Beispiel: Ein junger Mann möchte heiraten, aber er zögert und bringt widersprüchliche Ansichten über den wichtigen Schritt, den er erwägt, zum Ausdruck. Ein Freund sagt vielleicht: »Sei nicht so ein Trottel!« Auf diese Weise reduziert der Freund das ganze komplizierte Problem darauf, ob man ein Trottel ist oder nicht, und ermöglicht damit dem jungen Mann, eine leichte Lösung zu finden.

Emotionale Beschleunigung

Vielleicht hilft ein anderer Vergleich, Träume zu erklären. Aber lassen wir uns nicht durch Vergleiche irreleiten, die ebenso wie Träume Probleme simplifizieren. Träumen ist wie das Gasgeben beim Autofahren. Der Fahrer kennt sein Ziel; er sitzt im Auto, ist bereits unterwegs. Aus irgendeinem Grund wird er unsicher, ob er sein Ziel erreicht, dann tritt er aufs Gas, so dass er mit höherer Geschwindigkeit in die bereits eingeschlagene Richtung fährt. Er hat weder das Ziel noch die Richtung geändert; er hat lediglich in einer Zeit der Unsicherheit einen zusätzlichen Impuls gegeben, um sein Ziel zu erreichen. Im Traum bleibt also das Erfolgsziel das gleiche, aber der Traum treibt den Träumenden mit vermehrter emotionaler Kraft auf das Ziel zu. Ein Mann, der über einen Bach springen will, zählt vielleicht bis drei, ehe er springt. Ist das Bis-drei-Zählen eine *notwendige* Voraussetzung für den Sprung? Keineswegs! Dennoch zählt er, um seine Gefühle anzustacheln und seine ganze Kraft zu mobilisieren. Wir haben in unserem Verstand die Mittel parat, um einen Lebensstil zu entwerfen, festzulegen und zu verstärken; eines der wichtigsten Mittel zur Ausbildung dieses Stils ist die Fähigkeit, Gefühle zu erregen. Dieser Tätigkeit widmen wir uns Tag und Nacht. Ob wachend oder schlafend, sehen wir kaum je ein Bild, ohne emotional darauf zu reagieren. In unseren Träumen produzieren wir Bilder, die Gefühle und Emotionen wecken, die wir für unsere Zwecke brauchen, das heißt für [8] die Lösung der Probleme, vor denen wir zur Zeit des Traums stehen, und zwar in Übereinstimmung mit unserem jeweiligen Lebensstil.

Die Auswahl des Traummaterials

Von dem griechischen Dichter *Simonides,* der zu einer Vortragsreise nach Kleinasien eingeladen wurde, ist ein bekannter Traum überliefert. Er zögerte, verschob die Reise immer wieder, obwohl das Schiff im Hafen auf ihn wartete.

Seine Freunde versuchten vergebens, ihn zur Abfahrt zu bewegen. Dann hatte er einen Traum: Ein Toter, den er einmal in einem Wald gefunden und fromm beerdigt hatte, erschien ihm und sagte: »Weil du so fromm warst und im Wald für mich gesorgt hast, rate ich dir nun, nicht nach Kleinasien zu fahren.« Simonides erhob sich und sagte: »Ich werde nicht fahren.« Aber er war bereits abgeneigt gewesen zu fahren, bevor er den Traum hatte. Dieser Traum illustriert die bisher erörterten Punkte. Offensichtlich versuchte Simonides ein sehr reales Problem zu lösen, denn in jener Zeit war eine Seereise mit großen Gefahren verbunden. Aber in diesem Traum sehen wir einen Ausdruck seines Lebensstils, nämlich die Tendenz zu zögern. Durch bewusstes Denken allein konnte er sein Problem nicht lösen, also musste er sich durch die Metapher eines Traums etwas vormachen, um zu einer Lösung zu gelangen. Dies gab ihm den nötigen emotionalen Anstoß, um endgültig zu sagen: »Ich fahre nicht.« Aber beachten Sie, wie das Problem gelöst wurde. Der Traum verengte es auf die Frage des Todes; unberücksichtigt blieb, dass die Reise den Ruhm des Dichters mehren könnte, dass er gesellschaftlich verpflichtet war, einer vernünftigen Bitte zu folgen, dass er durch die Verbreitung der griechischen Kultur Gutes bewirken konnte und zahlreiche andere erwägenswerte Möglichkeiten.

Dieser Traum ermöglicht uns auch, die Traumdeutung noch einen Schritt weiterzutreiben. Warum wählte *Simonides* aus der Fülle seiner Erfahrungen ausgerechnet den Toten für seinen Traum? Offenbar beschäftigten ihn Todesgedanken. Wahrscheinlich fürchtete er nicht nur die Seekrankheit, sondern auch, dass das Schiff sinken könnte. Wegen seiner Beschäftigung mit dem Tod wurde im Traum die Episode mit dem Toten gewählt. Aber wir bemerken, dass der Traum eigentlich keine Wiedergabe einer Erfahrung war. Der Tote wurde veranlasst zu sprechen, was die kreative Kraft des menschlichen Denkens veranschaulicht. Diese Kreativität schuf einen Traum, der den Zwecken des Träumenden diente.

Träume, die auf Minderwertigkeitsgefühlen, Erfolgsstreben und sozialem Interesse beruhen

In der Individualpsychologie können wir Gesetze und Regeln nicht als bindend hinnehmen. Wir akzeptieren lediglich Möglichkeiten. Im Hinblick auf die Traumdeutung sind die hier dargestellten Elemente also nur wahrscheinlich. Überdies sind es keine klar abgegrenzten Elemente, sondern sie stehen zueinander in Beziehung. Das sollten wir bedenken, wenn wir nun eine weitere gemeinsame Eigenschaft von Träumen betrachten. Obwohl es manchmal schwer zu entdecken ist, drücken Träume häufig das Überlegenheitsstreben des Träumenden aus. Wie wir wissen, beruht dieses Streben [9] auf Minderwertigkeitsgefühlen. Die Fantasien und Tagträume von Kindern sind das beste Beispiel dafür. In diesen Tagträumen sehen sich Kinder häufig als den »Stärksten«, den »Reichsten«, als »Retter«, »Eroberer« und so weiter. Aber die Bedeutung dieser Kreationen unterscheidet sich erheblich von Kind zu Kind. Ein Kind, das die reichste Person sein möchte, um alles zu besitzen, was es will, ist ganz anders geartet als ein Kind, das die reichste Person sein möchte, um den Armen zu helfen. In letzterem Fall sehen wir, dass soziales Interesse zum Ausdruck kommt. Ich bin mir nicht sicher, ob dieses Kind tatsächlich den Armen helfen würde, wenn es der reichste Mensch wäre; aber wenigstens stellt es sich den Reichtum nicht vor, ohne zugleich daran zu denken, anderen zu helfen.

Ein praktisches Beispiel aus meinen Fallgeschichten verdeutlicht diesen Punkt. Ein Kind träumte: »Ein Riese jagte uns. Wir sprangen auf einen Baum, und als er an uns vorüberkam, töteten wir ihn mit einem Schwert, das wir ihm wegnahmen.« Hier haben wir den Traum eines Jungen, der Angst vor Schwierigkeiten hat (Minderwertigkeitsgefühl). In dem Traum siegt er (strebt nach Überlegenheit), aber er siegt zusammen mit anderen (»wir«: eine Andeutung von sozialem Interesse).

Zusammenfassung der individualpsychologischen Theorie der Traumdeutung

Ein Traum strebt danach, den Weg zur Lösung eines Problems zu ebnen, indem er es metaphorisch, durch einen Vergleich oder ein »Als-ob« zum Ausdruck bringt; an sich ist er ein Anzeichen dafür, dass sich der Träumer nicht imstande fühlt, seine Probleme mit dem Common Sense allein zu lösen. Eine metaphorische Darstellung der eigenen Situation ist eine Möglichkeit, ihr zu entfliehen. Man kann eine Metapher benutzen, um fast jede praktische Handlung zu unterstützen. Diese Methode veranschaulichen die Träume am besten, die Gefühle und Emotionen des Erfolgs oder der Angst wecken, denn sie rufen eine Art Vergiftung hervor, die sich der Logik des Gemeinschaftslebens vollkommen widersetzt. Natürlich erkennt der Träumende den Zweck seiner eigenen Metapher nicht. Wenn er ihn durchschauen würde, würde sie ihren Zweck nicht mehr erfüllen. Es handelt sich im Wesentlichen um eine Selbsttäuschung im Interesse seines Zieles. Deshalb dürfen wir erwarten, dass der Mensch umso weniger träumt, je stärker sein individuelles Ziel mit der Wirklichkeit übereinstimmt, was wir tatsächlich bestätigt sehen. Sehr mutige Menschen träumen selten, weil sie tagsüber adäquat mit ihrer Situation umgehen.

Träume zweier Mädchen

Nun können wir bestimmte Traumtypen genauer untersuchen. Ein Mädchen von 24 Jahren hatte folgenden Traum: »Ich war in einem Freibad, wo sich viele Menschen befanden«, sagt sie. »Jemand bemerkte, dass ich auf den Köpfen der Leute dort stand. Ich merkte, dass jemand schrie, als er mich sah, und ich schwebte in großer Gefahr, abzustürzen.« Wenn ich Bildhauer wäre, würde ich sie genauso darstellen, auf den Köpfen der anderen stehend. Das war ihr Lebensstil; das waren die Gefühle, die sie gerne bei sich erregte. Jedoch sah sie ihre Stellung als gefährlich an und dachte, dass auch andere die Gefahr erkennen sollten, in der sie schwebte. Aus anderen Quellen erfuhr ich, dass sie sich zum Ziel gesetzt hatte, »ein Mann zu sein, obwohl sie ein Mädchen war«. Dieser Traum drückt auf andere Weise dasselbe Ziel aus, den »männlichen [10] Protest«, wie ich es nenne. Sie möchte überlegen wirken, so wie die Männer ihr erscheinen, statt adäquat mit ihrer Situation umzugehen. Doch die Angst vor der Niederlage verfolgt sie unablässig. Um ihr zu helfen, müssen wir eine Möglichkeit finden, sie mit ihrer weiblichen Rolle zu versöhnen, sie von ihrer Angst zu befreien und sie von ihrer Überschätzung des anderen Geschlechts zu heilen, so dass sie ihren Mitmenschen freundlicher begegnet und sich ihnen gleichgestellt fühlt.

Ein anderes Mädchen berichtet: »Mein häufigster Traum ist sehr merkwürdig. Meist gehe ich eine Straße entlang, in der ein Loch ist, das ich nicht sehe. Ich bin allein unterwegs und falle in das Loch. Es ist mit Wasser gefüllt, und sobald ich das Wasser berühre, wache ich mit einem Ruck auf und mein Herz klopft schrecklich schnell.« Der Traum sagt ihr emotional: »Sei auf der Hut, es existieren Gefahren, von denen du nichts ahnst.« Er sagt uns jedoch noch mehr als das. Wenn sie in Gefahr schwebt zu fallen, muss sie sich einbilden, sie sei über den anderen, denn wenn sie unten wäre, könnte sie nicht fallen. Wie im vorhergehenden Beispiel sagt sie: »Ich bin überlegen, aber ich muss immer aufpassen, nicht zu fallen.«

Traum eines Problemkindes

Ein zehnjähriger Junge wurde in die Sprechstunde gebracht; gegen ihn lag die Beschwerde vor, er sei gemein und bösartig zu anderen Kindern, und er stehle in der Schule Sachen und lege sie in das Pult anderer Jungen. In der Sprechstunde erzählte er unter anderem folgenden Traum: »Ich war ein Cowboy im Wilden Westen. Sie schickten mich nach Mexiko, und ich musste mir meinen Weg durch die Vereinigten Staaten freikämpfen. Als mich ein Mexikaner angriff, trat ich ihm in den Magen.« Das Gefühl des Traumes ist: »Ich bin von Feinden umgeben. Ich muss kämpfen.« Er hält es für heroisch, ein Cowboy zu sein und andere in den Magen zu treten. Der Magen spielt in seinem Leben eine große Rolle. Er selbst leidet an Magenschwäche, und sein Vater hat nervöse Magenbeschwerden, über die er sich ständig beklagt. Der Junge verfolgt das Ziel, Menschen an ihrem schwächsten Punkt zu treffen. Sein Traum und sein Verhalten zeigen genau denselben Lebensstil: einen Mangel an sozialem Interesse gepaart mit großer Aktivität.[3]

Traum eines verwöhnten Kindes

Ein Junge, der, wie wir wissen, von seiner Mutter verwöhnt und übertrieben behütet wurde, hatte folgenden Traum: »Zwei Krähen erschreckten mich.« Auch hier drückt sich das Gefühl von der Feindseligkeit des Lebens außerhalb seiner bevorzugten Lage aus. Er denkt: »Ich muss bei meiner Mutter bleiben.« Wir sehen deutlich, dass sich dieses Kind in der Schule, wo es nicht verwöhnt wird, nur schwer einfügen wird.

Traum einer verheirateten Frau

Eine Frau erinnerte sich an folgenden Traum aus einer Zeit, in der sie ernste Meinungsverschiedenheiten mit ihrem Mann hatte; sie stritt ständig mit ihm: »Da war ein schmaler Kanal, und ich sah Bäume und Wiesen am Ufer. Wir ruderten auf dem Wasser, und das Wasser war ganz klar. Wir ruderten zu einem Bungalow, in dem meine Schwester lebt. Meine Schwester wartete an der Tür. Ich war mit jemandem zusammen, wusste aber nicht, wer es ist. In meinen Träumen habe ich oft das Gefühl, *[11]* mit jemandem zusammen zu sein, weiß aber nicht, wer es ist.« Offenbar war der Mann in diesem Traum nicht ihr Ehemann. Im Traum ist sie untreu. Weil sie in Wirklichkeit nicht zur Untreue bereit ist, versucht sie sich im Traum darauf vorzubereiten. Sie spürt, wie angenehm das wäre. Die Schwester hat einen Bungalow an einem kleinen Fluss; sie und ihr hypothetischer Liebhaber könnten angeln gehen und Boot fahren; sie könnte ein ebenso angenehmes Leben haben wie ihre Schwester. Eine Beziehung mit einem anderen wäre klares Wasser, nicht trübes Wasser wie in ihrer Ehe. Beachten Sie, wie sie sich vorbereitet, wie sie »Gas gibt«, um dieses Ziel zu erreichen: um ihren Mann wegen eines anderen zu verlassen, ein schönes Leben zu führen, dahin aufzusteigen, wo ihre Schwester ist. Diese Interpretation macht deutlich, dass ihr Traum ganz mit ihrem Lebensstil über-

---

3 *Anm Adlers:* Siehe Adler: »Prevention of Delinquency«, International Journal of Individual Psychology, Vol. I, Nr. 3. [Adler 1935m/1983a]

einstimmt, mit ihrem Handeln und ihrem Streben, die Nase vorn zu haben, aufzusteigen und sich nicht unterwerfen zu lassen.

Traum eines verheirateten Mannes

Ein Patient von mir entwickelte tiefes Misstrauen gegen seine Frau und verlor jedes Vertrauen in die Frauen. Eines Nachts träumte er: »Ich war in einer Schlacht in den Straßen einer Stadt, und mitten unter der Schießerei und den Bränden wurden viele Frauen wie durch eine Explosion in die Luft geschleudert.« Wenn er sich danach an dieses Bild erinnerte, litt er unter schweren Gewissensbissen, denn er glaubte irrtümlich, er habe eine sadistische Ader geerbt, bis ihm die Behandlung ermöglichte, seinen Traum zu verstehen. Der Traum stimmte mit seiner Haltung zu seinem Eheproblem überein; denn in seinem Traum zeigt er seine Wut, indem er sich eine allgemeine Vernichtung der Frauen ausmalt, die er jedoch zurückweisen musste, weil er nicht ohne Gemeinschaftsgefühl und Mitleid war. Die nachträgliche Reue ermöglichte ihm, an seiner alltäglichen Einstellung gegenüber seiner Frau festzuhalten, nämlich dass er gar nicht wütend auf sie, sondern nur besorgt um die Kinder sei. Ich analysiere die Struktur des Traums wie folgt: Er wählte schreckliche Bilder aus seinen Kriegserinnerungen aus (ich nenne das die »tendenziöse Auswahl adaptierter Bilder«) und verglich dann die Beziehungen zwischen den Geschlechtern mit dem Krieg, den diese Bilder präsentierten. Auf diese Weise reduzierte er das ganze Problem der Beziehung zwischen den Geschlechtern auf einen kleinen Aspekt davon, einen Kampf, wobei er die anderen wichtigeren Faktoren wegließ, also einen Ausweg aus der Sexualität in einer Versuchslösung suchte, die vom Common Sense abgelehnt würde. Der Common Sense als bisher höchster Ausdruck des Verstehens stellt immer den bisher höchsten Ausdruck des Gemeinschaftsgefühls dar.

Träume einer Angstneurotikerin

Eine Patientin suchte mich wegen einer Angstneurose auf. Sie war 37 Jahre alt und das jüngste von sieben Kindern. Sie leidet seit vielen Jahren an ihrer Angst und fühlt sich stets erschöpft. Interessanterweise suchte sie mich auf, nachdem sie von zahlreichen Ärzten behandelt worden war, von Psychiatern unterschiedlicher Schulrichtungen, darunter auch Psychoanalytiker, und nach jeder Behandlung wurde ihr Zustand schlimmer statt besser. Was sie träumt, können wir schon fast erraten. Ihre Träume müssen ihr ein gutes Alibi für den Rückzug liefern, durch den sie ein Gefühl der Sicherheit gewinnt. Natürlich können wir [12] den tatsächlichen Inhalt des Traums nicht voraussagen, weil er sich aus ihren Erfahrungen nährt, die wir nicht kennen. Aber wir können davon ausgehen, dass ihr Traum sie vor der Gefahr voranzugehen schützt. Sie hat den Lebensstil des verwöhnten Kindes. Überdies muss sie einen Menschen finden, an den sie sich anlehnen kann; einen Menschen, der an ihrer Stelle vorangeht; einen Menschen, der sie beschützt und alles für sie tut. Während sie bei mir in Behandlung war, träumte sie als Erstes: »Mein Vater hatte einen kleinen Laden, der war hell und frisch gestrichen.« Vom Laden ihres Vaters hatte sie schon zuvor geträumt, aber dort war es dunkel gewesen, jetzt war es hell. Hier wird die Deutung klar. Ihr erster Besuch bei mir war wie ein neuer Laden. Ich wurde der Vater, an den sie sich anlehnen konnte und der einen Laden besaß, aus dem sie Nutzen ziehen konnte. Sie schmeichelte mir und erwartete, in mir einen Menschen zu finden, an den sie sich anlehnen konnte. Diese Zuneigungsbezeugung ist unter Neurotikern nichts Ungewöhnliches. An diesem Punkt müssen wir uns vor dem hüten, was man gemeinhin »Übertragung« nennt. Es geht eigentlich nicht um Übertragung, sondern um den Versuch, den Therapeuten hereinzulegen, damit er einen verwöhnt. Das bedeutet nicht, dass die Patientin in den Arzt verliebt ist. In diesem Fall ist die erste Sorge des Arztes, die angestrebte Kontrolle abzuwenden.

Träume vom Fallen

Träume vom Fallen sind vor allem bei Neurotikern und Psychotikern sehr verbreitet. Warum? Weil die Angst vor dem Fallen sie stets beschäftigt. Sie steht für die Angst vor dem Prestigeverlust, als würde der Betreffende sagen: »Ja – aber«. Das Fallen ist eines der deutlichsten Traumsymbole. Einerseits zeigt es den Ehrgeiz des Träumenden, der den anderen voraus sein will, andererseits fungiert er als Warnsignal, das praktisch eine Haltung der Untätigkeit hervorruft. Oft entsteht der Eindruck, der Träumende sei ein Seiltänzer.

Träume vom Fliegen

Fliegen ist ein weiteres verbreitetes und deutliches Traumsymbol. Der Schlüssel zu den Flugträumen liegt in den Gefühlen, die sie wecken. Sie hinterlassen eine Stimmung der Beschwingtheit und des Muts. Sie führen von unten nach oben. Bildlich gesehen, repräsentieren sie die mühelose Überwindung von Schwierigkeiten und das mühelose Streben nach dem Ziel der Überlegenheit; deshalb lassen sie uns vermuten, dass der Träumer ein aktiver, zukunftsorientierter und ehrgeiziger Mensch ist, der seinen Ehrgeiz nicht einmal im Schlaf ablegen kann. Sie stellen uns vor das Problem: »Soll ich weitermachen oder nicht?« Und die vorgeschlagene Antwort lautet: »Keine Hindernisse stehen mir im Weg. Ich kann, was andere nicht können.«

Träume vom Gelähmtsein

Häufig auftretende Träume von Gelähmtsein symbolisieren oft die Warnung, das gegenwärtige Problem sei nicht lösbar. Wird im Traum ein Zug versäumt, kann das heißen: »Ich wäre froh, wenn dieses Problem vorüberginge, ohne dass ich eingreifen muss. Ich muss einen Umweg nehmen; ich muss zu spät kommen, um einer Konfrontation aus dem Weg zu gehen. Ich muss den Zug fahren lassen.«

Prüfungsträume

Viele Menschen träumen von Prüfungen. [13] Zuweilen sind sie erstaunt, dass sie so spät im Leben eine Prüfung ablegen müssen oder dass sie in einem Fach geprüft werden, in dem sie schon längst bestanden haben. Bei manchen bedeutet das: »Du bist nicht bereit, dich dem Problem zu stellen.« Bei anderen heißt es: »Du hast diese Prüfung schon bestanden, und du wirst auch den Test bestehen, der dir jetzt bevorsteht.« Jeder Mensch hat andere Symbole. *In der Traumdeutung müssen wir uns vor allem die verbliebene Stimmung und deren Zusammenhang mit dem gesamten Lebensstil ansehen.*

Wiederholungsträume

Warum haben einige Menschen wiederkehrende Träume? In solchen Träumen finden wir den Lebensstil sehr klar ausgedrückt. Ein wiederkehrender Traum liefert uns den definitiven, unverkennbaren Hinweis auf das Ziel der Überlegenheit, das der Träumende anstrebt. Ein wiederkehrender Traum ist die wiederholte Antwort auf ein immer wieder auftretendes Problem.

Lange und kurze Träume

Kurze Träume verweisen darauf, dass der Träumende eine »Abkürzung« zwischen seinen gegenwärtigen Problemen und seinem Lebensstil finden kann. Kurze Träume sind übrigens erheblich leichter zu analysieren. In langen oder sehr komplizierten Träumen kommt zum Ausdruck, dass die Patienten durch Umgehungsstrategien in ihrem Leben äußerste Sicherheit schaffen möchten oder dass sie unterschiedliche Lösungen für ihre Probleme erwägen. In solchen Träumen offenbaren sich in der Regel eine zögernde Haltung und der Wunsch, sogar noch eine selbsttrügerische Lösung zu verschieben für den Fall, dass sie nicht richtig funktioniert. Sich häufig wiederholende Träume oder solche, die einem viele Jahre lang in Erinnerung bleiben, demonstrieren den Lebensstil oft am besten.

Abwesenheit von Träumen

Je besser der Lebensstil eines Menschen mit der Wirklichkeit übereinstimmt, desto weniger träumt er. Mit anderen Worten, je mutiger und realistischer wir uns den Lebensproblemen stellen, desto weniger haben wir es nötig zu träumen. Aber wer gar nicht träumt, ist nicht unbedingt ein angepasster Mensch. Wenn nicht geträumt wird, kann das bedeuten, dass der Inhalt vollständig in Vergessenheit gerät und nur die Emotion zurückbleibt. Dieses Vergessen ist nur ein weiterer Schritt in die Selbsttäuschung, die zu den Funktionen der Träume zählt. Wer seine Träume vergisst, will verhindern, Einsichten in die eigenen Träume zu gewinnen. Das Fehlen von Träumen kann aber auch bedeuten, dass der Betreffende zu einem Ruhepunkt in seiner Neurose gekommen ist und eine neurotische Situation hergestellt hat, die er nicht zu ändern wünscht. Darin liegt eine Übereinstimmung mit seinem Lebensstil, nicht aber mit der Gesellschaft. Ein Traum ist eine Schöpfung, und Schwachsinnige können nicht schöpferisch sein. Der Fantasiemangel, wie er bei Schwachsinnigen vorkommt, ist meist der Grund für die Seltenheit oder das Fehlen von Träumen.

Wir dürfen nicht vergessen, dass wir nicht alles aus einem Traum erklären können, ohne seine Bezüge [14] zu den übrigen Teilen der Persönlichkeit zu kennen. Auch können wir keine festen, starren Regeln der Traumdeutung aufstellen. Die goldene Regel der Individualpsychologie lautet: »Alles kann anders sein.« So verhält es sich auch mit der Traumdeutung. Wir müssen jede Traumdeutung so modifizieren, dass sie zu dem betreffenden Individuum passt. Wenn wir nicht sorgfältig sind, achten wir nur auf das Typische oder auf Universalsymbole, und das reicht nicht. Wer nur feststellt, dass es sich um einen Traum vom Fallen, vom Fliegen, von Lähmungen oder Prüfungen handelt, dass der Traum sich wiederholt, lang oder kurz ist oder dass er einem der vielen anderen Typen angehört, übersieht oft die entscheidende Verbindung zwischen Traum und Gesamtpersönlichkeit. Auch wer den Menschen aufgrund eines Traums als visuellen oder akustischen Typ klassifiziert, oder als schüchtern, mutig, sozial eingestellt, verwöhnt und so weiter, übersimplifiziert Kategorien, die zu Lehrzwecken zuweilen nützlich sind, aber dem analysierten Individuum keineswegs gerecht werden. Jedes Individuum ist anders.

Die Traumdeutung ist nur gültig, wenn sie auf das Verhalten des Betreffenden, seine frühen Erinnerungen, Probleme und so weiter abgestimmt ist.

Der Gebrauch von Träumen zur Diagnose

Bei einer praktischen Untersuchung fangen wir nicht mit den Träumen an, sondern mit den Beschwerden. Aus diesen Beschwerden versuchen wir abzuleiten, vor welchem Problemtyp der Patient steht: einem Problem der Gemeinschaft, des Berufs oder der Liebe. Dabei helfen uns zahlreiche Faktoren: das Alter, der gesellschaftliche und wirtschaftliche Status, die Stellung in der Familie. Wenn der Patient zum Beispiel acht Jahre alt ist, handelt es sich wahrscheinlich um ein Schulproblem; bei einem 18-Jährigen geht es meist um ein Liebesproblem, bei einem 50-Jährigen um ein Altersproblem. Aber die Natur des Problems muss immer festgestellt werden. In der Individualpsychologie müssen wir alles durch Beweise untermauern. Der nächste Schritt besteht darin, die Situation zu finden, in der das Problem aufgetreten ist. Diese Situation wird unsere ursprüngliche Annahme bestätigen oder widerlegen. Danach können wir uns mit frühen Erinnerungen, Träumen und so weiter befassen, um das Bild des Lebensstils abzurunden. Aber ich muss betonen, dass auch die hier vorgeschlagene Reihenfolge nicht wesentlich, noch immer wünschenswert ist.

Die eigentliche Traumanalyse kann beginnen, wenn der Patient den Traum erzählt. Manche Patienten schreiben den Traum gern nieder, bevor sie zur Therapie kommen. So oder so sollten wir den Inhalt des Traums mit dem Patienten besprechen und ihm zu jedem Punkt so viele Erklärungen wie möglich entlocken.

Missbrauch der Traumdeutung

Die Traumdeutung ist kein Selbstzweck. Sie ist lediglich eines der Mittel, durch die sich der Lebensstil des Individuums zeigt. Auf keinen Fall sollte sie als Gesellschaftsspiel praktiziert werden, was zurzeit unter Psychoanalytikern en vogue zu sein scheint. So etwas zeugt lediglich von schlechtem Geschmack. Auch sollte dieses Wissen nicht benutzt werden, um andere zu »durchschauen«, was in der Regel geschieht, um ein Gefühl der Überlegenheit zu erlangen und was nahe menschliche Beziehungen erheblich stört. Die Traumdeutung darf rechtmäßig, ebenso wie alles psychologische Wissen, nur von einer Person in ihrer Funktion als Therapeut oder Erzieher angewendet werden. *[15]*

Das Ziel der Ermutigung

Die individualpsychologische Behandlung zielt darauf ab, dem Individuum mehr Mut zur Lösung der Lebensprobleme zu geben. Wenn wir damit Erfolg haben, ist damit zu rechnen, dass Träume sich im Verlauf der Behandlung ändern. Der folgende Traum einer depressiven Patientin kurz vor ihrer Heilung liefert dafür ein gutes Beispiel (und ist zugleich ein passendes Symbol für das Ende dieses Beitrags): »Ich saß allein auf einer Bank. Plötzlich kam ein schwerer Schneesturm auf. Glücklicherweise entkam ich, denn ich lief ins Haus zu meinem Mann. Dann half ich ihm, im Anzeigenteil der Zeitung nach einer geeigneten Stellung zu suchen.« Die Patientin konnte ihren Traum selbst deuten. Er zeigt deutlich ein Gefühl der Aussöhnung mit ihrem Mann. Zu Anfang hasste sie ihn und beklagte sich bitter darüber, dass er wegen seiner Schwäche und seines fehlenden Unternehmungsgeistes nicht gut verdiente. Der Traum bedeutet: »Es ist besser, bei meinem Mann zu bleiben, als mich allein den Gefahren auszusetzen.« Obwohl wir der Patientin in ihrer Sichtweise der Umstände zustimmen können, deutet sich in der Art der Versöhnung mit Mann und Ehe doch jene Sorte von Rat an, den besorgte Verwandte gerne geben. Die Gefahren des Alleinseins werden übertrieben, und sie ist immer noch nicht ganz bereit, mit Mut und Unabhängigkeit zu kooperieren.

Die Notwendigkeit, Träume zu verstehen

Dass Träume uns etwas »vormachen«, muss durchschaut werden, damit wir aufhören, uns emotional zu vergiften. Seltsamerweise bietet die Tatsache, dass Träume emotional vergiftend wirken, eine Methode, um diesen Auswirkungen von Träumen entgegenzuwirken. Wenn ein Mensch versteht, was er geträumt hat, und erkennt, dass er sich vergiftet, dann stellen Träume keine Gefahr mehr für ihn dar. Jedenfalls traf das für den Verfasser zu.[4] Nebenbei bemerkt muss diese Erkenntnis, um zu wirken, mit einer tiefgehenden emotionalen Wandlung einhergehen. Sein letzter Traum führte zu so einer Veränderung. Der Traum trat im Weltkrieg in Verbindung mit seinen Pflichten bei der Armee auf. Er unternahm die größten Anstrengungen, um zu verhindern, dass ein bestimmter Mann an die Front an einen gefährlichen Abschnitt geschickt wurde. In dem Traum kam dem Verfasser die Idee, er hätte jemanden ermordet, wisse aber nicht wen. Er quälte sich sehr mit der Frage: »Wen habe ich ermordet?« Tatsache ist, dass er sich mit der Idee vergiftete, die größtmöglichen Anstrengungen zu unternehmen, um diesen Soldaten bestmöglich

---

4 [Derselbe Traum Adlers wird ausführlicher berichtet in Adler 1929b/1973b, S. 80–82; 1929d/1978b, S. 93; 1931b/1979b, S. 91 f.; dazu Hannen 1994, S. 85–99.]

vor dem Tod zu schützen. Die Traumemotion war dazu angetan, diese Idee zu verstärken, aber als er die List des Traums erkannte, gab er das Träumen ganz auf, denn er brauchte keine Selbsttäuschung mehr, um etwas zu tun, was er aus Gründen der Logik entweder tun oder lassen konnte.

Wenn wir darüber nachdenken, die Lage der Menschheit insgesamt zu verbessern, müssen wir uns mit dem Problem beschäftigen, diese Selbsttäuschungsmacht der Träume auszuschalten. Wir müssen lernen, Träume zu verstehen, um ihnen diese Macht zu nehmen. Viele *[16]* versuchen, Träume zu deuten, aber ihre Bemühungen offenbaren sehr bald eklatante Ungereimtheiten und Unzulänglichkeiten. Wir behaupten nicht, dass wir über die ganze Wahrheit verfügen, aber meines Wissens stimmt die Traumdeutung der Individualpsychologie am besten mit den Tatsachen überein und trifft am besten zu. Die Einbildungskraft, wie sie sich im Traum zeigt, ist höchst wertvoll, solange sie das Leben in eine sinnvolle Richtung lenkt. Andernfalls, wenn das soziale Interesse fehlt, sind Träume als Manifestationen der Einbildungskraft ein gefährlicher Übungsplatz für unsoziales Verhalten.

54. Das Todesproblem in der Neurose (1936j-1)

Editorische Hinweise
Erstveröffentlichung:
1936j-1: Internationale Zeitschrift für Individualpsychologie 14, S. 1–6
Letztveröffentlichung:
1983a: Psychotherapie und Erziehung, Bd. 3 (1933–1937), S. 130–138

Im Archiv der Deutschen Gesellschaft für Individualpsychologie liegt die Kopie einer genau übereinstimmenden englischsprachigen Version dieses Aufsatzes, maschinengeschrieben. Die englische Fassung enthält noch die Fallskizze der 30-jährigen Lehrerin und die Bemerkung über das Unbewusste (unten S. 614). Der Rest fehlt. Es ist unbekannt, ob diese Übersetzung die Vorbereitung einer Veröffentlichung war.

Bereits in seinem Beitrag »Der nervöse Charakter« (1931l, S. 451) stellt Adler fest, dass das Ich mit seinem Lebensstil identisch ist. In diesem Aufsatz löst er den Begriff »Lebensstil«, der immer der Gefahr der Hypostasierung unterliegt, in Bewegung auf, als die »Beziehung des eigenartig stilisierten Individuums zu Fragen der Außenwelt«. Demgegenüber gelte das Interesse anderer psychologischer Richtungen mehr den Inhalten und Einzelfunktionen der Psyche.

Sobald der Lebensstil gestaltet ist, werden alle neuen Erfahrungen, auch die eines Todesfalls, unbewusst nach der lebensstiltypischen tendenziösen Apperzeption ausgewählt, aufgenommen und verarbeitet. Der Lebensstil bestimme auch die Einstellung gegenüber der Endlichkeit des menschlichen Lebens. Nach Adler lässt die Struktur des Lebens drei Strebungen erkennen: 1. nach Verewigung menschlichen Lebens, 2. nach Überwindung äußerer Probleme, 3. nach einer Stellungnahme zu den Aufgaben des Lebens. Wenn ein Streben blockiert ist, könne sich dies im subjektiven Erleben als Gefahr für das Leben, als Todesgefahr im Selbstwertverlust äußern. Gleichzeitig würden Schocksymptome ausgelöst, die den Patienten hindern, sein Problem zu lösen.

Ein Fallbeispiel aus dem Aufsatz »Symptomwahl beim Kinde« (1931m, S. 463) wird hier unter dem Aspekt des Todes erläutert, ebenso das zweite Fallbeispiel, das bereits in »Individualpsychologie und Wissenschaft« (1927j, S. 292) und in »Zwangsneurose« (1931f, S. 497) enthalten ist.

Das Todesproblem in der Neurose

Es ist wenig darüber bekannt, wie die Erfahrung des Todes auf das Kind im frühen Alter wirkt. Sicherlich lässt sich eine einheitliche Antwort nicht finden. Unseren Befunden gemäß ist es sicher, dass die Fertigstellung des Lebensstils etwa im dritten Lebensjahr einen entscheidenden Unterschied ausmacht. Vor dieser Zeit scheint der Eindruck oder die Haftung einer solchen Erfahrung kaum anders zu sein, als das Verschwinden einer mehr oder weniger bekannten Person oder Sache, eine recht häufige Begebenheit im Leben des Kindes, Eindruck machen kann. Vielleicht wirkt sich ein solcher Eindruck derart aus, dass das Kind sich auf die Tatsache des Verschwindens nach seinem eigenen Gutdünken einstellt. Es dürfte mit der Tatsache, dass Personen und Dinge verschwinden können, rechnen lernen.

Anders, wenn es nach dem dritten Jahre etwa in den Hauptlinien seines Lebensstils zu den Problemen der Außenwelt Stellung genommen hat. Da wird eine solche Erfahrung oder der Anblick eines Toten nach diesen Hauptlinien gemessen, perzipiert, assimiliert, verdaut und beantwortet. Der höhere oder geringere Grad des Fertigwerdens mit erledigten Tatsachen wirkt sich dabei wohl aus. So auch bei Erwachsenen. Dass dabei der verzärtelte Lebensstil mit seinem »Alles-oder-Nichts«-Komplex, mit seiner Ichbezogenheit, mit seinem Leiden bei unerfüllten Wünschen und mit seinen aufgepeitschten Gefühlen deutlicher hervortritt, in tausend Varianten, ist individualpsychologisch leicht festzustellen. Dass dieser »verzärtelte Lebensstil« als ihre eigene Schöpfung fast häufiger bei vernachlässigten oder sich vernachlässigt fühlenden Kindern zustande kommt, habe ich stets betont. Da spielt dann die größere oder geringere Verbundenheit des Kindes mit der verstorbenen Person die Hauptrolle. Es kommt nicht selten vor, dass ungeliebte oder die Verbundenheit des Kindes mit einer anderen Person störende Personen durch ihren Tod keinerlei traurige Empfindung auslösen, gelegentlich sogar Genugtuung. Was das Kind dabei denkt, ein Verschwundensein auf ewig oder eine zeitliche Begrenztheit, ist sicherlich auch in Betracht zu ziehen. Ebenso seine Auffassung von der Größe des Unglücks, das die verstorbene Person und die Umgebung betroffen hat.

Die Allgemeinheit der Tatsache des Sterbens wirkt sich wieder in verschiedener Weise aus, sicherlich immer auch in der Beziehung auf die eigene Person. Zu der Tatsache, dass das Leben beschränkt ist, nimmt jeder in seiner ganzen Haltung zum Leben Stellung. Alle seelischen und automatischen Ausdrucksformen nehmen teil daran. Selbstmord und verschleierte Formen desselben, wie Wahnsinn und Süchtigkeit, sind mehr [2] oder weniger aktive Stellungnahmen gegen vermeintliche Verhinderungen, den Gesetzen des Lebens weiter folgen zu können.

Kein Widerspruch wird sich finden lassen gegen die individualpsychologische Auffassung, dass in der sich mit evolutionärer Kraft durchsetzenden Struktur des Lebens drei Hauptlinien zu erkennen sind. Die eine nach Verewigung menschlichen Lebens strebend, die andere nach erfolgreicher Überwindung äußerer Schwierigkeiten, die dritte nach Stellungnahme zu den Aufgaben des gesellschaftlichen Lebens. Alle drei Strebungen sind Teile eines untrennbaren Ganzen, der Funktion des Lebens. Die Bedrohung einer derselben, die Blockade einer derselben im Gefühl des Lebenden infolge fehlerhafter Richtung, eines fehlerhaften Endziels, eines fehlerhaften Lebensstils bedrohen das Ganze, erscheinen als Gefahr für das Leben. Die dabei entstehenden Schockresultate werden im besten Falle überwunden, sonst aber durch die drohende Gefahr einer entscheidenden Niederlage als erleichternde Alibis fixiert (Neurose) oder bei größerer Aktivität durch aktive Fehlschläge (Delinquenz etc.) zum scheinbar Erfolg versprechenden Abweg weitergeführt. Der Schock manifestiert sich immer im Ausdruck der Unfähigkeit, ein vorliegendes, notwendiges soziales Problem zu lösen (Minderwertigkeitskomplex), aus dem sich dann in der Ergriffenheit des Körpers und der Psyche der Rückzug vom Problem oder der Aufstieg ergibt, im Falle unterwertigen Gemeinschaftsgefühls der aktive Fehlschlag.

Diese Phase der Erschütterung liegt immer auf dem Wege der Todesfurcht, da die Linie zur erfolgreichen Lösung des vorliegenden Problems vorerst abgeschnitten zu sein scheint. Die erfolgreiche Problemlösung aber ist ein Bestandteil der Lebensmöglichkeit.

Ein fünfjähriger Junge erhielt von seiner Tante eine Ohrfeige. Laut weinend rief er aus: »Wie kann ich weiterleben, nachdem du mich so erniedrigt hast?« In späteren Jahren entwickelte er eine Melancholie, in der er stets den Tod und Selbstmord im Sinne hatte.

Wie wenig andererseits der Tod Kinder berührt, die den verzärtelten Lebensstil besitzen und zugleich – eine der tausend Nuancen – daran gewöhnt sind, dass ihnen die betreuende Person Personen und Sachen entzieht, zeigt der Fall eines sechsjährigen Jungen, dem man den Tod seines Vaters mitteilte, worauf er sich an seine Gouvernante wandte und sie fragte: »Kann ich jetzt spielen gehen?« Ich traf ihn 30 Jahre später, als er finanziell zugrunde ging. Er trug es mit der gleichen Unberührtheit wie den Tod seines Vaters.

Bei Neurotikern, die, wie ich gezeigt habe, alle den verzärtelten Lebensstil besitzen, wenig Gemeinschaftsgefühl in der Kindheit entwickelt haben und ebenso wenig Aktivität, fällt schwer ins Gewicht, sobald sie vor einer Niederlage zu stehen glauben, die ihre Eitelkeit, ihr Prestige zu erschüttern droht, dass sie in ihrem Gefühlsüberschwang einen so schweren Schock erleiden, der ihnen wie der Tod zu Gemüte kommt. Einen Schritt weiter, und sie sehen im Tod die einzige Hoffnung, einen eminenten Prestigeverlust zu vermeiden wie im Selbstmord oder im Spiel mit einem Todeswunsch. *Freud* hat schon lange vorher diesen Todeswunsch in den Träumen seiner Patienten nachgewiesen, ihn aber gemäß seiner Auffas*[3]*sung von der Sexuallibido und von dem angeborenen Destruktionstrieb missverstanden. Er hat trotz meiner Hinweise bisher übersehen, dass der von Kindheit an »potenzielle« Neurotiker zu viel an sich denkt (»Warum soll ich meinen Nächsten lieben?«), wegen seines der Wirklichkeit entfremdeten Weltbildes wie in Feindesland lebt, überempfindlich, ungeduldig, überhitzt in seinen Gefühlen und in der Überschätzung seiner eigenen Person unweigerlich zu dem künstlichen Erziehungsfehler des »passiven« Ressentiments kommt, wie ich im »Aggressionstrieb in der Neurose« [1908b/2008b, S. 64–76] und in »Über den nervösen Charakter« [1912a/2008a] auseinandergesetzt habe. Die mangelhafte Entwicklung seines Gemeinschaftsgefühls und seiner Aktivität macht aus ihm den Erwartungstyp (siehe auch *Kraepelin*), der das Gemeinschaftsgefühl der andern voraussetzt und ausbeutet, im Gegensatz zum Delinquenten, der den andern als Gegner und Beute betrachtet.

Stets anlässlich eines »exogenen Fakts«, einer sozial zu lösenden Aufgabe, der sich der potenzielle Neurotiker nicht gewachsen glaubt und die sein hoch gesteigertes Prestigeverlangen zu vernichten droht, erfolgt der Schock, der körperliche und seelische Irritationen, Symptome, hervorruft. Nun erfolgt die Rettung vor endgültigem Prestigeverlust ähnlich wie in der Kindheit, wenn ein Erfolg verweigert war. Das ganze Interesse des Neurotikers wendet sich den Schockresultaten, den Symptomen, zu. Die mit Prestigeverlust drohende Aufgabe ist nahezu vergessen, der Patient erklärt sich »wegen der Symptome und nur wegen dieser« unfähig, seine Aufgabe zu lösen, und erwartet deren Lösung von den andern, oder zumindest die Enthebung von allen Forderungen, nicht selten auch nur »mildernde Umstände«. Er hat sein erleichterndes »Alibi« und fühlt sein Prestige gewahrt. Die dem Lebensprozess eingebettete Erfolgslinie kann weiter unter Zahlung der Unkosten frei von Unterbrechung bleiben. Das so wichtige Prinzip des Lebens, Streben nach erfolgreicher Lösung eines Problems, ist nicht mehr bedroht, das Todesproblem rückt in die Ferne. Kann aber mehr oder weniger deutlich im Auge behalten werden, je nach dem Lebensstil des Betroffenen, das eine Mal deutlicher, das andre Mal undeutlich – *Freud* würde sagen: unterdrückt im Unbewussten. Das Leiden des Patienten ist real, meist zum Schutze vor Prestigeverlust übertrieben. Es ist ein allgemeiner Missbrauch in der psychiatrischen Literatur, als ob der Patient in die Neurose flüchte, als ob er in seine Symptome verliebt wäre, als ob er seine Symptome nicht aufgeben wollte. Im Gegenteil: Er gäbe sie gerne auf, wenn er nicht das scheinbar schwerere Übel riskieren würde: die Todesgefahr im Prestigeverlust.

Törichte Anfänger im Verständnis der Individualpsychologie ziehen den Schluss, als ob wir den Neurotiker verantwortlich machen wollten für sein Leiden. Dies Missverständnis rührt wohl aus einer Unkenntnis der Unzulänglichkeit unserer Sprache her. Indem wir es begreiflich machen, schließen sie, als ob auch der Patient begreifen könnte. Er ist erst verantwortlich, nachdem er begriffen hat. So auch der Kritiker.

Die Erfassung des obigen Problems eröffnet eine weite Perspektive. Der faktische Tod bedeutet ja gleichfalls das Ende des Strebens nach erfolgreicher Lösung der Lebensprobleme. Die vielfachen Strebungen, den leiblichen Tod in seiner Geltung zu verringern, sind bekannt. Der geistige [4] Tod, wie er besonders dem Neurotiker vorschwebt, hat nicht weniger schreckende Kraft.

Hier ein Beispiel aus der klinischen Praxis:

Eine 30-jährige Lehrerin[1], seit sechs Monaten verheiratet, hat in dem ökonomischen Sturm der letzten Jahre ihre Stellung verloren. Auch ihr Mann wurde stellungslos, und so entschloss sie sich, sehr gegen ihren Willen, eine Stelle als Schreibkraft anzunehmen. Täglich fuhr sie in einer Untergrundbahn zu ihrer Arbeit, als eines Tages sie der Gedanke überfiel, *wenn sie nicht sofort von ihrem Stuhl aufstünde, so müsste sie sterben*. Sie wurde von Kollegen nach Hause gebracht, wo sie sich von ihrem Schrecken erholte. Aber nun überfiel sie derselbe schreckliche Gedanke an einen plötzlichen Tod jedes Mal, wenn sie die Untergrundbahn benutzte, so dass eine Weiterarbeit gänzlich ausgeschlossen war.

Die generelle Einsicht in den Fall war nicht schwer. Die Individualpsychologie legt mehr als andere Schulen Gewicht auf die Art der Bewegung und rechnet dieselbe gleich wie die Bewegung des Sprechens zu den deutbaren Ausdrucksformen des Individuums. Auch das gedankliche und aussprechbare Material ist durchsetzt von unverstandenen Regungen, wie ich gezeigt habe. Das Gleiche gilt für alle andern Arten der Bewegung, die sich im Zusammenhang mit der Außenwelt zeigen. Das Untersuchungsfeld der Individualpsychologie ist, im Gegensatz zum Untersuchungsmaterial anderer Schulen, die in Akten vollzogene Beziehung eines eigenartig stilisierten Individuums zu Fragen der Außenwelt. Die Inhalte und Einzelfunktionen des Seelenlebens (Perzeption, Gedächtnis, Denk- und Fühlsphäre, Instinkte, Libido, Triebe, Reflexe, Ganzheiten etc.) nehmen das Interesse anderer Schulen mehr in Anspruch. Wir sind dankbar für jede Erweiterung unseres Wissens in dieser Richtung, sind aber weit entfernt anzunehmen, dass aus selbst erkannten Inhalten das Rätsel einer einmaligen Persönlichkeit verstanden werden kann. Deshalb befassen wir uns mit dem nahezu Messbaren, der Bezogenheit des einmaligen Individuums zu den Lebensproblemen. Wer diese Unterschiede im untersuchten Material nicht kennt, wird leicht geneigt sein, jede andere als seine Schule als »unwissenschaftlich«, als »nicht tief genug« etc. zu verwerfen.

Sehen wir also in unserem Falle vom gedanklichen Inhalt der angstvollen Vorstellung der Patientin ab, der ihr den Tod als drohend vor Augen führt,

---

1 [Dieses Fallbeispiel wird auch in »Symptomwahl beim Kinde« (1931m) aufgeführt.]

so finden wir eine Bewegung, die nach unserer Voraussetzung als für die Patientin erfolgreich anzusehen ist. Sie bewegt sich demnach von einem als Niederlage empfundenen Platz zu einer andern Stelle, die irgendwie Schutz verspricht vor der befürchteten Niederlage. Setzen wir nun die Inhalte ein, so muss der Sitz auf jedem Stuhle und offenbar, was damit zusammenhängt, die Arbeit, an dieser Stelle als erniedrigend, als völlige Niederlage ihr erschienen sein. Daraus allein lässt sich vieles über den Lebensstil und das Weltbild dieser Patientin sagen. Sie muss große Eitelkeit besitzen, Eigendünkel, ein wahrscheinlich übertriebenes Selbstbewusstsein, muss einen Mangel an Gemeinschaftsgefühl aufweisen und einen Mangel an Aktivität, eine spezielle Nuance des »verzärtelten Lebensstils«. Es müssten schon starke Argumente ins Treffen zu führen sein, um diese Schlussfolgerungen aufzuheben. [5]

Aber, so sehr wir selbst von unseren Schlüssen überzeugt sein mögen, wir haben die Pflicht, die Patientin zu überzeugen und Lernende zu unterrichten. Daher haben wir aus ihrer genauen Biografie Bestätigungen zu erbringen, auch auf die Gefahr hin, uns selbst korrigieren zu müssen. Aus ihrer Kindheit entnehmen wir, dass sie die zweite Schwester unter drei Kindern war. Das dritte Kind war ein Knabe. Ich habe gezeigt, dass der Zweitgeborene leicht eine Erfolgsmöglichkeit dahin ausarbeitet, dem ersten über den Kopf zu wachsen. So war es auch hier. Die Patientin erzählte, dass ihre Schwester bei dem mürrischen Vater nie etwas durchsetzen konnte, sie immer, und zwar zumeist durch Weinen. Diese als »Wasserkraft« zu bezeichnende Beziehung zum andern ist die Waffe des Schwachen, des weniger aktiven Menschen, und verspricht Erfolg durch Erweichung des andern. Mit demselben Mittel erreichte sie es auch, jeden Vorteil ihrer Schwester auch für sich in Anspruch zu nehmen. Als erstere anlässlich eines Schlussexamens einen Ring von der Mutter bekam, ließ die Patientin mit Bitten und Tränen nicht ab, bis sie denselben Ring erhielt. Der jüngere Bruder war ihr ein starker Rivale. Er war des Vaters Liebling, der sich wenig um Frau und um die Mädchen kümmerte. Auch war die Ehe der Eltern nichts weniger als glücklich, was die Auffassung der Patientin über die Zuverlässigkeit der Männer seit jeher erschüttert hatte. Auf die Frage, ob sie in ihrer Ehe glücklich sei, begann sie heftig zu weinen und erklärte, sie sei die glücklichste Frau. Gefragt, warum sie dann weine, antwortete sie, sie fürchte immer, es könne nicht so bleiben. Alle wirklichen und möglichen Niederlagen erschütterten sie aufs heftigste. Das Endziel, dem sie offensichtlich zustrebte, war, ihre Überlegenheit und Sicherheit dadurch zu festigen, dass sie gewohnheitsmäßig, freilich ohne den Zusammenhang zu verstehen, das Bild einer leicht erschütterbaren Person bot, die auf die Weichheit und Nachgiebigkeit ihrer Umgebung rechnete, demnach, wie alle Neurotiker, dem vorhin geschilderten Typus angehörte, der wenig Interesse am andern hat, ihn eher als Ausbeutungsobjekt betrachtet und wenig Aktivität zeigt.

Zwischen sich und die als erniedrigend empfundene Stelle schob sie das sichernde Todesproblem ein. Das heißt, es stellte sich von selbst ein, als die Patientin sich jeder Erfolgsmöglichkeit beraubt glaubte. In dieser Richtung sind auch ihre Träume von Interesse, in denen stets Bilder von Gestorbenen auftauchten. Wer die individualpsychologische Traumlehre kennt, wird davon nicht überrascht sein, hätte sogar ihre Trauminhalte erraten können. Ihr Lebensstil musste diese Auswahl treffen, um den Gedanken des Todes nicht verschwinden zu lassen. So kam sie zu Verstärkungen ihrer schreckenden Vorstellung vom Tode, indem sie ein verstärkendes Training im Traume durchführte. Man kann ihre Haltung in der Neurose einfach und kurz dahin ausdrücken, als ob sie sagen wollte: lieber sterben als diese Stelle behalten. Was letzten Endes ja nicht sterben bedeutet, sondern die Stelle aufgeben.

Was ihr in ihrem Falle bekannt war, waren zusammenhanglose Einzelheiten. Was ihr nicht bekannt war, ist der Zusammenhang, der sich aus ihrer Lebensform, ihrem Weltbild und den äußeren Faktoren zusam[6]mensetzte. Manche nennen diesen unverstandenen Zusammenhang das Unbewusste. Dann aber ist er auch im Unbewussten aller derer, die diesen Zusammenhang nicht verstehen.

Dass das in der Neurose auftauchende Todesproblem auch weitere Komplikationen zulässt, und zwar nicht selten und in mannigfachen Übergängen, will ich an folgendem Falle erörtern.

Ein etwa 50-jähriger Mann[2] klagte über ein zwanghaft auftretendes Symptom, sich aus dem Fenster zu stürzen, sobald er sich in einem höheren Stockwerk befand. Dieses Symptom habe ihn seit seiner Pubertät stets erschreckt, besonders auch deshalb, weil er in seinem mit großem Erfolg tätigen Beruf gezwungen war, auch Personen in höheren Stockwerken zu besuchen.

Der erste Gedanke, der in mir auftauchte, war, dass dieser Mann doch lebendig vor mir steht. Das heißt wohl, dass er den Todeswunsch siegreich überwunden hatte und noch überwindet. Es schien mir eines jener vielen Spiele zu sein, wie sie Kinder oft heimlich spielen, nicht auf eine Spalte zwischen den Steinen zu treten etc. Auch eine Ähnlichkeit mit gewissen abergläubischen Regungen war nicht von der Hand zu weisen. Er erschien als der Sieger über eine schwere Bedrückung.

Aus seiner Biografie ging hervor, dass er der Jüngste einer kinderreichen Familie war, der verzärtelte Liebling seiner Mutter, und dass er alle die von mir geschilderten Charaktere eines verzärtelten Kindes gehabt hatte. Derzeit aber hat er sie alle größtenteils überwunden. Abermals stand er als Überwinder vor mir.

---

2 [Diese Falldarstellung stimmt im Symptom und in einer Kindheitserinnerung mit einer Falldarstellung überein, die in »Individualpsychologie und Wissenschaft« (1927j, S. 292), in »Psychologie und Medizin« (1928j, S. 321) und in »Zwangsneurose« (1931f, S. 497) aufgeführt wird, jeweils unter verschiedenen Aspekten.]

Eine schöne Bestätigung fand meine Auffassung in dem Sinne einer ältesten Kindheitserinnerung, wie mir ja Interpretationen ältester Erinnerungen als eine der wertvollsten Gaben der Individualpsychologie erscheinen. Er erzählte, dass er mit Schrecken zum ersten Schultag in die Schule kam. Da traf er einen Knaben, der Miene machte, sich auf ihn zu stürzen. Fast wäre er in Ohnmacht gefallen. Dann aber nahm er alle Kräfte zusammen, warf sich auf den Knaben und ging als Sieger aus dieser schrecklichen Lage hervor.

Hier ein Fall, der zeigt, wie die aus einem Schock geborene Todesfurcht zum Antrieb genommen werden kann, sich in deren Überwindung als Sieger zu fühlen. Hätte der Patient diesen Zusammenhang gekannt, dann wäre ihm sein Heroismus als ein kindisches Spiel erschienen. So aber gab ihm sein Beruf eine gehäufte Gelegenheit, sich in fiktiver Weise zu bewähren. Er sah auf die Schockresultate, die Symptome seiner Neurose, ich auf die Folgen. Hätte er sich darüber gefreut, dem Tod ein Schnippchen zu schlagen, er wäre des ihm lieb gewordenen Spieles bald überdrüssig geworden. Es hätte den ganzen Wert seiner Erfolgshascherei infrage gestellt. Sein eitler, selbstgefälliger Lebensstil hatte die Oberhand und diktierte, was er ansehen und was er nicht ansehen sollte.

55. Das Todesproblem (1936j-2)

Editorische Hinweise
Erstveröffentlichung:
1936j-2: Internationale Zeitschrift für Individualpsychologie 14, 2, S. 125
Letztveröffentlichung:
1984: Individual Psychology News Letter 35, 10, S. 4–13

Dieser Aufsatz wurde an einigen Stellen gekürzt, die Wiederholungen aus dem vorangegangenen Aufsatz enthalten.

Der Herausgeber der Wiederveröffentlichung, Horst Gröner, gibt an, er habe diesen Vortrag Adlers in einem Antiquariat als Manuskript in einem Heft der Internationalen Zeitschrift für Individualpsychologie, wie oben zitiert, gefunden. Dort sei vermerkt, dass Adler den Vortrag am 5. Juni 1936 wahrscheinlich in Amsterdam gehalten hat. Horst Gröner zeigte das Manuskript Heinz Ansbacher. Dieser antwortete, Gröner habe ihm mit dem Vortrag eine große Freude gemacht, besonders wegen des zweiten Satzes über Virchow. Der Satz sei eine weitere Bestätigung seiner These, dass Adler Virchow als sein Vorbild betrachtet habe. Das bezieht sich auf Adlers Mitteilung, es habe ihn einmal außerordentlich bewegt, als er »den alten Virchow« über das Todesproblem sprechen hörte. Virchow sei damals über 80 Jahre alt gewesen.

Adler führt aus, wie sich die Menschen durch Vorsichtsmaßregeln oder Gesetzgebungen vor der Todesgefahr schützen und auch anderen beistehen wollen, um sie von dem Tode zu retten. Bei Medizinstudenten stellte Adler häufig Kindheitserinnerungen fest, die mit dem Tod zu tun haben. Menschen, die sich abgeschnitten glauben von jeglichem Erfolg, dächten häufig an Selbstmord, als stelle der Tod die einzig erfolgreiche Lösung dar. Dabei werde das Selbstwertgefühl meist vom Erfolg einer Sache abhängig gemacht.

Nach Meinung Adlers lebt nach dem Tod »der Geist der Werke«, welche die Menschen geschaffen haben, weiter, denn jeder Mensch baue auf den Beiträgen seiner Vorfahren auf. In solchen Beiträgen sei der Drang der Menschen aufgehoben, den Tod zu überleben.

Das Todesproblem

Ich glaube, Ihnen versprechen zu können, dass ich mich zu der Frage, die Sie mir vorgelegt haben, ganz sachlich verhalten kann. Ich selbst war einmal außerordentlich bewegt, als ich über dieses Thema den alten *Virchow* sprechen hörte, der über 80 Jahre alt war.

Die Individualpsychologie unterscheidet sich von anderen Schulen der Psychologie dadurch, dass sie in erster Linie betrachtet, wie ein Mensch sich zu den Aufgaben des Lebens [5] bezieht. Das ist der feste Grund, auf dem wir zu stehen haben, wenn wir Menschen verstehen wollen. Wir sind eigentlich recht skeptisch, wenn wir die Inhalte des Seelenlebens feststellen wollen, und ich denke, dass dabei nicht mehr herauskommt, als dass man eben nur Namen gibt.

Wir Individualpsychologen sind der Ansicht, dass man aus diesen Teilen Interessantes hervorheben kann, wenn man die Inhalte des Seelenlebens einzeln behandelt wie Perzeptionen, Gedächtnis, Triebe, Instinkte etc.

Aber wir Individualpsychologen können das Seelenleben eines Menschen nur von der Ganzheitsbetrachtung aus erkennen. Es ist so, wie wenn man bei einer Melodie die einzelnen Noten durcheinanderschüttelt und dann wieder irgendwie zusammensetzt. Dabei fehlt dann die Melodie selbst, die nicht mehr aus den einzelnen Noten zu finden ist, sondern nur aus dem Ganzen besteht. Daher kann die Individualpsychologie nicht anders, als sich das Lebewesen als ein Ganzes vorzustellen.

[…]

Bei dem Problem der Todesfurcht hängt es auch davon ab, welchen Lebensstil man schon vorher erworben hat. Der Lebensstil charakterisiert sich am besten durch das Ausmaß, wie jemand seit seiner frühesten Kindheit geübt hat mitzutun, am Leben teilzunehmen oder etwas beizutragen. Dieses Ausmaß ist natürlich unter allen Umständen verschieden.

Man findet meist beim Kind so viel Gemeinschaftsgefühl, wie ihm zu seinem Erfolg nötig zu sein scheint und auch den Grad von Aktivität, der ihm ebenfalls zum Erfolg wichtig erscheint. Wir können also jeden Menschen danach beurteilen, wie viel Gemeinschaftsgefühl und Aktivität er besitzt. Ein Kind, das wenig Gemeinschaftsgefühl besitzt, findet sich schwieriger in den Momenten der Gefahr zurecht als das Kind mit viel Gemeinschaftsgefühl und viel Aktivität, von dem wir nicht annehmen, dass es Todesfurcht besitzt.

[…]

Wenn wir es richtig betrachten, sind wir im Leben eigentlich immer bemüht, Todesgefahren auszuweichen, sie durch Vorsichtsmaßregeln oder Gesetzgebungen auszuschalten. Der Mensch ist wohl auch das einzige Wesen, von dem wir voraussetzen, dass es etwas von dem Tode weiß.

Alle Menschen mit viel Gemeinschaftsgefühl und viel Aktivität versuchen, sich mit einer erfolgreichen Lösung des Todesproblems auseinanderzusetzen. Sie werden nicht nur an die Todesgefahr der eigenen Person denken, sondern auch an die Gemeinschaft, und auf die Frage, die man diesen Menschen gestellt hat, was sie eigentlich werden wollten, wurde oft erklärt: »Ein Doktor!« Das zeigt ganz deutlich, dass diese Gemeinschaftsmenschen in ihrer Entwicklung schon so weit waren, dass sie verstanden haben, dass man etwas tun müsse, um die Todesgefahr zu überwinden, und gleichzeitig, dass sie dazu beitragen wollen, anderen beizustehen, um sie von dem Tode zu retten.

Ich habe daher bei Medizinstudenten ihre erste Kindheitserinnerung aufschreiben lassen, und bei 70 Prozent der Studenten waren es Erinnerungen, die sich an den Tod knüpften. Es ist anscheinend ein starker Drang, wenn sich ein Kind, das viel Gemeinschaftsgefühl besitzt, mit dem Todesproblem beschäftigt, dann Arzt werden will.

Aber folgendes Beispiel zeigt, wie man bei einem Kind auch kein großes Gemeinschaftsgefühl herausfinden kann, das durch den Tod seiner Eltern sehr aufgeregt war. Es handelt sich um einen fünfjährigen Jungen, der angab, dass er Totengräber werden wolle. Man sieht, dass auch dieser Junge sich damit beschäftigt hat, wie er mit der Todesgefahr fertig werden kann. Aber wo lag da bei ihm der Erfolg?

Auf die Frage, warum er gerade Totengräber werden wolle, antwortete er: »Weil ich derjenige sein will, der die anderen eingräbt und nicht von den anderen eingegraben werden will.«

Man sieht, dass Kinder sehr stark beeinflusst werden durch das Todesproblem und dass sie ihr Leben so einrichten, um mit der Todesgefahr fertig zu werden.

Wir können uns aber ein Leben nicht vorstellen, ohne gleichzeitig auch die Struktur zu erkennen, die nach Erfolg drängt. Mit dem Tode aber hört das alles auf. Der Tod bedeutet das Ende allen Erfolgsstrebens, und so findet man sehr häufig, dass ein Mensch, der sich abgeschnitten glaubt von jeglichem Erfolg, sofort das Todesproblem aufgreift. Die Hoff[7]nungslosigkeit, die ich hier andeute, wie sie bei vielen Menschen auftritt, ist ja selten etwas Krankhaftes. Es sind dies Menschen, die ihr Erfolgsstreben im Leben als so erfolglos ansehen, dass der Tod für sie die einzig erfolgreiche Lösung darstellt, wie dies bei Selbstmördern oder deprimierten Menschen der Fall ist. Sie haben dann meist eine Sache zu dem bedeutendsten Problem ihres Lebens gemacht, wie zum Beispiel vielen Menschen Reichtum, Vermögen, Geld alles bedeutet. Sie fühlen sich für dieses Leben zu schwach, wenn sie nicht die Stütze des Geldes haben, und müssten sie das Geld einbüßen, so sehen sie sich ihres Erfolges beraubt. Da sie davon überzeugt sind, dass sie ohne Geld von jedem Erfolg abgeschnitten sind, geraten sie in Hoffnungslosigkeit und sind imstande, sich umzubringen.

Es gibt auch eine Anzahl Menschen, die die Wertschätzung durch andere als höchstes Problem betrachten. Das sind meist solche Menschen, die in einer ungeheuren krankhaften Art abhängig sind.

Wir können verstehen, dass bei diesem Menschen, wo sich in irgendeiner Situation die Meinung entwickelt, dass seine Wertschätzung bei den anderen Menschen vorbei sei, dass sein Erfolg im Leben abgeschnitten sei, auch sofort das Todesproblem auftaucht, das ihm als einzige Lösung erscheint. Deswegen finden wir sehr häufig Selbstmorde, die verbunden sind mit dem Gefühl eines Sieges, des Sieges über einen anderen. Es ist wohl kaum ein Selbstmord zu finden, wo der Selbstmörder in seinem Gefühl nicht zu sagen scheint, dass es sich hier um eine Art von Bestrafung handelt.

Und auch bei Kindern, bei denen das Todesproblem auftaucht, handelt es sich meist darum, dass sie gegen irgendjemanden vorgehen wollen, um den anderen zu treffen. Wir können wohl sagen, dass ein gewisser Teil von Kindern, der in der Schule durch die nicht genügende Wertschätzung des Lehrers sich vom Erfolg abgeschnitten glaubt, sich mit Todesgedanken trägt und dann auch ausführt, es nur tut, um den Lehrer oder die anderen zu strafen und sich so an ihnen zu rächen. Er will den anderen zeigen, wie schlecht der [Lehrer] gehandelt hat, und wir wissen auch bei allen Schülerselbstmorden, wie die Lehrer sich bemühen, alle Schuld von sich abzuweisen.

Diese Menschen erleben den Selbstmord mit dem Gefühl eines Sieges, wie wir es bei den Japanern im Harakiri erleben.

Dann gibt es andere, die sich in ihrer Fantasie damit beschäftigen, wie schön es wäre, wenn sie sterben könnten und wie sehr die anderen dann um sie trauern würden.

Kinder und Erwachsene träumen ja öfters, dass sie gestorben seien, und sie sehen dann im Traum ihre eigene Beerdigung. Hier sieht man, wie das Streben nach Erfolg auch den Tod selbst als einen Erfolg buchen kann.

Wir können schließen, dass alle überempfindlichen Menschen, wenn sie abgeschnitten von jedem Erfolg im Leben stehen oder auf Situationen treffen, denen sie sich nicht gewachsen glauben, schwere Schockwirkungen erleiden. Diese Schockwirkungen sind ja eigentlich nichts anderes als nervöse Symptome, die auch irgendwelche Störungen des Herzens, des Magens oder sonst irgendeines Organs hervorrufen können.

Bei diesen Menschen tritt dann das Todesproblem in den Vordergrund, und diese Menschen machen dann, wenn sie keinen anderen Ausweg mehr finden, ihrem Leben ein Ende.

Ein letzter Brief von Selbstmördern beginnt meist: »Verzeihe mir, was ich Dir angetan habe.« Was ja eigentlich als eine Aggressivität aufzufassen ist.

Da ist zum Beispiel ein 16-jähriger Junge, der als das Hauptproblem seines Lebens ansieht, alles von seiner Mutter zu erwarten, alles von seiner Mutter zu verlangen. Er wollte immer aus der Mutter eine Sklavin machen, bis er eines Tages von der Mutter verlassen wurde, weil sie vom Arzt aus Gesundheitsrücksichten eine Weltreise unternehmen musste. Sie ließ den Jungen unter der Obhut seiner älteren Schwester. [8]

Eines Tages, weil auch Schulmisserfolge zu verzeichnen waren, nahm sich der Junge das Leben. Er hinterließ seiner Schwester, die auch gerade ein paar Tage nicht anwesend war, einen Brief, in dem er sie bat, der Mutter nicht zu sagen, was er getan habe, aber ihre Adresse sei die und die. Erst nach ihrer

Rückkehr solle sie auch sagen, dass sein letzter Wunsch gewesen sei, die Mutter möge täglich frische Blumen an sein Grab bringen.

Das zeigt ganz deutlich, wie er seine Mutter strafen wollte, dafür, dass sie ihn allein gelassen hatte.

[…]

Nun wollen wir uns denjenigen Menschen zuwenden, die, ohne zu den Nervösen zu gehören, sich mit dem Todesproblem beschäftigen, wie Menschen, wenn sie älter werden, dem Todesproblem gegenüberstehen. – Hier habe ich Beobachtungen machen können, die mir den Mut geben, Ihnen etwas darüber zu sagen.

Sind das Menschen, die gewohnt waren, von frühester Kindheit an sich für das Ende zu interessieren, so findet man immer, dass diese Menschen dem Tode viel ruhiger gegenüberstehen. Sie wissen wohl, dass der Körper stirbt, dass aber der Geist ihrer Werke, die sie geschaffen haben, weiterlebt. Von dieser Erkenntnis scheint die ganze Beruhigung und Heiterkeit auszugehen, mit der sie leben und mit der sie dem Tode entgegengehen. [9]

Alles das, was wir vorfinden, wenn wir die Bühne des Lebens betreten, sind ja eigentlich die Beiträge unserer Vorfahren. Sie leben ja tatsächlich mit uns, um uns herum, und wir bauen weiter darauf auf. Es ist ja keine Frage, dass diejenigen, die beigetragen haben am Werke der Menschheit, weiterleben für die Ewigkeit.

Irgendwie scheint mir da etwas im Dunkeln des Wesens der Menschheit verborgen zu sein, dass diejenigen, die nichts beigetragen haben, denen man keinen Erfolg zu danken hat, dass die vollständig aus der Welt ausscheiden. Sie werden am schwersten mit dem Todesproblem zu kämpfen haben, da sie in dem Tode völliges Erlöschen für alles empfinden. Während die anderen, die etwas geleistet haben, davon überzeugt sind, der Nachwelt etwas hinterlassen zu haben, und dass wohl ihr Körper stirbt, aber dass ihr Geist etwas geschaffen hat, was für die Ewigkeit weiterlebt. Sie haben mitgetan am Leben des Fortschritts, sie sind mit dem Strom der Evolution weitergegangen.

Die Menschen wissen viel mehr, als sie verstehen. Sie wissen, dass irgendein Drang in allen steckt, den Tod zu überleben und nicht nur als Abbruch eines erfolgreichen Lebens anzusehen.

Trotzdem kann man immer wieder feststellen, dass es Menschen gibt, die mit dem Tode liebäugeln, die Todeswünsche haben, ohne sie zu erfüllen. Das sind Menschen, die fürchten, dass »sich das dunkle Geheimnis ihrer Wertlosigkeit enthüllen könnte«[1]. Sie waren für dieses Leben nicht richtig vorbereitet und sind davon so hart getroffen, dass ihnen der Tod als beste Lösung erscheint. Es sind die Menschen mit dem verwöhnten Lebensstil, die fortwährend mit

---

1 [Adler spielt hier auf eine Formulierung aus »Der Sinn des Lebens« (1933b/2008b, S. 102) an.]

Todesgedanken spielen und bei denen sofort Todesgedanken dann eintreten, wenn sie meinen, von dem Erfolg des Lebens abgeschnitten zu sein.

Daraus verstehen wir auch, was *Freud* verleitete, anzunehmen, dass jeder Mensch in seinen Träumen Todeswünsche entwickeln würde, und wenn diese Wünsche nicht erfüllt würden, an seinem eigenen Wert zweifeln müsste.

Diese Anzeichen werden wir immer bei dem verwöhnten Lebensstil finden, wo der Mensch erwartet, dass alles, was er tut, als Erfolg bezeichnet werden kann, und wenn der Erfolg nicht eintritt, das Todesproblem in den Vordergrund tritt.

Gegen alle diese Schwierigkeiten hilft nur eines, Entfaltung des Gemeinschaftsgefühls, großes Interesse für alle anderen, wodurch sich der Mensch als Mitmensch fühlt und dann auch tatsächlich eine Möglichkeit des Überlebens besteht.

Deshalb gehen solche Menschen mit Ruhe und Heiterkeit der Zeit entgegen, wo sie den Tod erwarten, weil sie wissen, dass ihr Geist nicht untergehen kann.

56. Neurotisches Weltbild (1936)

Editorische Hinweise
Erstveröffentlichung:
1936l: Internationale Zeitschrift für Individualpsychologie 14, S. 129–137
Letztveröffentlichung:
1983a: Psychotherapie und Erziehung, Bd. 3 (1933–1937), S. 139–150

Das Weltbild des Neurotikers wird laut Adler durch die Realität so erschüttert, dass er sich bedroht fühlt, sein Betätigungsfeld einengt und einen Minderwertigkeitskomplex entwickelt mit Mutlosigkeit, Zweifeln, Überempfindlichkeit, Ungeduld, gesteigerter Affektivität und Rückzugstendenz. Infolge der tiefen Erschütterung, die einen körperlichen und psychischen Gefühlsaufruhr bewirkt, bilde er die Schocksymptome aus. Dabei würden Gedanken, Gefühle und Einstellungen ausgeschaltet und inhaltlich entleert, die dem Lebensstil nicht entsprechen.

Adler wendet sich gegen die Darstellung, als ob neurotische Symptome »gemacht« werden könnten. Sie seien vielmehr die »letzten, automatischen Ausläufer tiefer liegender seelischer Erregungen«, möglicherweise auch Ausdruck einer Organminderwertigkeit. Die Heilung erfolge durch die Analyse des falschen Weltbildes, Verstärkung des Gemeinschaftsgefühls, Ermutigung, Verzicht auf scheinbare Größe und stärkere Unabhängigkeit von der Meinung der anderen.

An einem Fallbeispiel wird ein neurotisches Weltbild ausführlich dargestellt.

Neurotisches Weltbild

Ist es das Streben des Individualpsychologen, die Kenntnis der nervösen Persönlichkeit aus ihren fehlgeschlagenen Beziehungen zur wirklichen Welt, wie sie dem sozial gerichteten Auge entspricht, zu erlangen, so ist er, um seinen Patienten zu überzeugen, bestrebt, ihm dessen unrichtiges, fiktives Weltbild, die haltlose Philosophie seines Lebens klar auseinanderzusetzen. Der Neurotiker ist so sehr in seine in der Kindheit geschaffene Welt schlafwandlerisch verflochten, dass er nur unter den günstigen Bedingungen einer individualpsychologisch geleiteten Diskussion und mit dem schmalen Anteil seines Gemeinschaftsgefühls und daher mit dem verringerten Maß seines Common Sense mitzugehen imstande ist. Die Heilung erfolgt durch die Zerstörung des falschen und restlose Anerkennung des gereiften Weltbildes, was immer in jenen Formen geschieht, die wir nur aphoristisch als Vergrößerung seines Gemeinschaftsgefühls, Ermutigung, Verzicht auf Scheingröße und stärkere Unabhängigkeit von der Meinung der andern ausdrücken können. Das reifere Weltbild setzt diese Aufgabe, in deren Lösung nicht etwa eine Anpassung, wie die des Wurms in einem Apfel, verstanden werden kann, sondern Richtigkeiten, wie sie für alle und für eine vorauszusetzende Ewigkeit gelten sollten.

Fraglos, dass das unrichtige Weltbild des Neurotikers ständig durch die Wirklichkeit so stark ins Schwanken gebracht wird, dass der Neurotiker sich von vielen Seiten bedroht fühlt, seinen Wirkungskreis einengt, pedantisch die gleichen Stellungnahmen zum Ausdruck bringt, einen Minderwertigkeitskomplex mit allen Folgen zeigt, dem zu entkommen, da nun das Todesproblem droht, er krampfhaft einen Überlegenheitskomplex konstruiert. Mutlosigkeit, Zweifel, Überempfindlichkeit, Ungeduld, aufgepeitschte Affektivität und Rückzugserscheinungen, körperliche und seelische Störungen mit allen Zeichen der Schwäche und des Anlehnungsbedürfnisses beweisen immer wieder, wie er den früh erworbenen »verzärtelten Lebensstil« nie verlassen hat. Wie er, mit geringer Aktivität ausgestattet, ohne genügendes Gemeinschaftsgefühl sich eine Welt vorgespiegelt hatte, in der er berechtigt wäre, überall der Erste zu sein, ohne im negativen Falle eine andere Antwort bereitzuhaben, als in mehr oder weniger gehässiger Weise andere, das Leben, die Eltern anzuklagen. Diese Einengung auf einen kleinen Bezugskreis bringt es mit sich, dass er Fragen notwendiger Art ungelöst lässt, vor sie gestellt mit einer Schockwirkung antwortet und in dieser exogen ausgelösten Situation Schocksymptome entwickelt, die seiner Körperlichkeit und seinem Lebensstil entsprechen, besonders aber jene betont, die ihn zu berechtigen scheinen, der vorliegenden mit einer Niederlage drohenden Frage auszuweichen. *[130]*

Die Mannigfaltigkeit der nun erscheinenden Symptome lässt sich, wie ich in meinem im vorigen Heft dieser Zeitschrift erschienenen Artikel »Symptomwahl« [in diesem Band, S. 463] gezeigt habe, ziemlich restlos begreifen. Freilich muss man es verstanden haben, dass seelische Zusammenhänge nicht im Sinne des Beobachters, sondern im Sinne des Patienten geschaffen werden, dass wir es bei den neurotischen Symptomen nicht mit dem »Ding an sich«, nicht mit kausalen Faktoren zu tun haben, sondern mit der Meinung und Auffassung, mit dem fehlerhaften Weltbild des Patienten.

Vielleicht kann ich diese Tatsachen an folgendem Falle näher erläutern.

Ein 21-jähriger Chicagoer Student der Anthropologie klagt über einen Mangel an Konzentrationsfähigkeit, über Verlust des Gedächtnisses und über starke Angsterscheinungen. Wir sind gewiss, dass wir eine ganze Reihe weiterer nervöser Symptome vorfinden werden.

Seine Mutter starb an einer Herzerkrankung. Schon vor ihrem Tode litt der Patient an starkem Herzklopfen, das sich nach ihrem Tode auffallend verstärkte.

Da wird mancher sagen: »Aha, er identifiziert sich mit der Mutter!« Der Individualpsychologe würde einwenden: »Du kommst zu diesem Schlusse, weil·

du starr nach einer einzigen Richtung blickst. Und du findest, was du schon vorher weißt. Du wirst nun, gezwungen durch dein Orientierungsschema, mit Schärfe darauf achten, ob du Anhaltspunkte findest für die homosexuelle Neigung dieses Patienten, der dem Vater die Mutter ersetzen will. Dagegen ist zu sagen: Niemand schätzt die Rolle der Identifikation höher als der Individualpsychologe. Und wenn hier wirklich eine Identifikation mit der Mutter vorliegt, warum sollte diese Identifikation sich nur oder besonders auf die Sexuallibido erstrecken? Gibt es sonst nichts in der Persönlichkeit der Mutter, ihr Hauswerk, ihre Stellung zu gesellschaftlichen Fragen, das ganze Wesen ihrer Persönlichkeit, die zur Identifizierung Anlass geben könnten? Könnte es nicht sein, dass dieser Sohn gerade die Enthebung von Aufgaben, die der kranken Frau gewährt wurde, höher stellt als alles andere? Wir wollen nicht auch in den Fehler voreiligen, durch unsere Blickrichtung dargebotenen Herumratens verfallen, obwohl die obigen Klagen des Patienten auf Enthebung Anspruch machen.

Auch eine andere Frage erhebt sich hier. Wir müssen alle jene Darstellungen verwerfen, als ob neurotische Symptome »gemacht« werden könnten. Sie sind vielmehr die letzten, automatischen Ausläufer tiefer liegender seelischer Erregungen. Eine Neigung, sich mit der Mutter zu identifizieren, Symptome nachzuahmen, könnte nie zu Herzklopfen führen. Dass aber die Angst, über die der Patient klagt, Herzklopfen hervorrufen kann, ist kaum zu bestreiten. Vielleicht wird sich der in der Medizin geschulte Individualpsychologe vorsichtigerweise auch zu der vorläufigen Annahme entschließen, dass vielleicht bei dem Patienten eine von der Mutter geerbte Organminderwertigkeit des Herzens vorliegt, eine Annahme, die deshalb nicht allzu gewagt erscheint, weil wahrscheinlich die ganze gegenwärtige Generation eine relative Minderwertigkeit des Herzens [131] aufweist, was durch die überragende Zahl der Herztodesfälle beweiskräftig erscheint.

Als eine weitere Klage des Patienten erfahren wir, dass er an einer Akkomodationsschwäche der Augen leidet (Schwäche der Musculi interni), die den leicht kurzsichtigen Studenten am Lesen hindert.

Fassen wir unter seinen Symptomen den Mangel an Konzentrationsfähigkeit, die mangelnde Gedächtniskraft und die Unfähigkeit zu lesen zusammen, so müssen wir gestehen, dass er in seinem Berufsleben als Student vor dem Schiffbruch steht. Die Angsterscheinungen klären das Bild, wenn wir erfahren, dass er vor einer Prüfung steht, der er sich nicht gewachsen fühlt. Dieser Zusammenhang wird uns, und was weit wichtiger ist, dem Patienten nur dann als überzeugend erscheinen, wenn wir nachweisen können, dass der Patient kraft seines Lebensstils stets mit Angst antwortete, wenn ein Erfolg ausgeschlossen schien, wenn sich die selbstgefällige Eitelkeit des verzärtelten Lebensstils bedroht fühlte.

Unter anderem erwähnte er auch ein bei Neurotikern häufiges Symptom, das sich immer einstellte, wenn er über eine Brücke ging. Er fürchtete, zu fallen oder sich selbst in die Tiefe zu stürzen.

Wie ich schon anlässlich der Interpretation von Fallträumen erklärte, der Eindruck des Fallens setzt voraus, dass einer sich »oben« fühlt, aber dessen nicht sicher ist. Und dass er in verzagter oder warnender Art jene Stimmung und jene Gefühle erweckt, als ob das Unglück schon geschehen wäre. Der Gedanke an Selbstmord, das Todesproblem, taucht, wie ich gezeigt habe, immer auf, wenn das Individuum die dem Leben einverleibte Struktur des Strebens nach Erfolg abgeschnitten findet. Wir finden hier den kurz gefassten symbolischen Ausdruck für die Verzweiflung des Patienten an seinem Erfolg.

Er erinnert sich, dass alle seine Symptome ihre Höhe erreichten, als er kurz vor einer Prüfung eine Vorlesung über Napoleon anhörte. Die Schilderung dieses meist siegreichen Kraftmenschen und sein Sturz erschütterten ihn außerordentlich. Wir finden in dieser Erschütterung die gleiche Stärke der Identifikation, die viele Medizinstudenten dahin führt, alle Krankheitssymptome an sich zu entdecken, von denen sie in der Klinik Kenntnis bekommen. Diese Identifizierung mit Napoleon gelingt unserem Patienten wohl deshalb leichter, weil er sich offenbar ein Weltbild geschaffen hat, in dem er wie ein Napoleon über die andern hinausragt.

Seinen Vater schildert er als einen wertlosen Menschen, der sich um die Familie nicht kümmerte.

Diese Bemerkung ist deshalb von größter Wichtigkeit, weil sie zeigt – was dem Patienten gänzlich unbekannt, von ihm unverstanden und durchaus nicht etwa im »Unbewussten« ist –, dass sein Platz in der frühesten Kindheit zu enge war, um ihn zur Entfaltung seiner angeborenen Fähigkeit des Gemeinschaftsgefühls gelangen zu lassen. Sein Interesse für andere hat wohl bei der Mutter halt gemacht.

Seine Mutter war eine überaus gütige Frau, die in der Sorge für ihn, der in der Kindheit an Tuberkulose litt, aufging und ihn im äußersten Grade verwöhnte. Dasselbe tat auch eine Großmutter. Eine Freundin der Mutter, *[132]* die gegen die Verwöhnung auftrat, lehnte er gänzlich ab. Er war ein einziges Kind.

Wir haben bereits so viel Material beigetragen, um jedem verständlich zu machen, dass die Neurose die Stellungnahme des »verwöhnten Lebensstils« ist, dass ich nicht gerne wieder darauf eingehen will. Der »Ödipuskomplex« und seine Folgen sind nichts anderes als die Erscheinungsformen des »verwöhnten Lebensstils«. Nur auf den wiederholt und mit Nachdruck nachgewiesenen Punkt will ich noch einmal hinweisen, dass der »verwöhnte Lebensstil« in seiner lebendigen Ausgestaltung die Schöpfung des Kindes ist, die freilich von außen her häufig Förderung erfährt. So dass gelegentlich dieser Lebensstil auch dort zu finden ist, wo man gerechterweise nicht von Verwöhnung, eher von Vernachlässigung sprechen könnte.

Eines aber erscheint mir wichtig, um an dieser Stelle erwähnt zu werden. Wenn das Kind in seinem verwöhnten Lebensstil irrend und nahezu traumhaft sein Weltbild gestaltet hat, dann wird jedes Erlebnis im Sinne seiner Haltung zum Leben gesehen, empfunden und beantwortet. Nicht die Erlebnisse als solche, ihre ureigenste Bedeutung wirken sich dann aus, sondern die Auffassung, Wertung und Bedeutung, die dem Erlebnis durch den vorhandenen Lebensstil gegeben wird. Es soll nun noch etliche Psychiater und Psychologen geben, die aufgedeckte Erlebnisse als »Tiefenpsychologie« hinstellen. Um wie viel tiefer geht die Deutung der Individualpsychologie, die in den Erlebnissen den viel tiefer liegenden Lebensstil klarstellt! Aber auch das Ressentiment, von einigen als sadistischer Urtrieb beschrieben, ist lange nicht Tiefe, sondern findet sich regelmäßig als spätere Reaktion besonders im verzärtelten Lebensstil, sobald die Außenwelt nicht mehr gewährt, was das irrtümlich geschaffene Weltbild solcher Kinder zu versprechen scheint. Kinderfehler irgendwelcher Art, ob sie den Mund oder andere Körperstellen betreffen, zeigen deutlich die frühzeitige Revolte dieser Kinder gegen die Forderungen des Gemeinschaftsgefühls, gegen ihre Einfügung in ein soziales Leben. So erscheinen sie schon frühzeitig als eine Bürde für die andern und nicht als eine Hilfe.

So erzählt auch unser Patient, dass er mit den Jahren, in denen er naturgemäß nicht mehr seine Welt der Verzärtelung erleben konnte, trotzig und aufbrausend wurde, was aber nur in solchen Situationen zutage trat, in denen er, sich frei fühlend von jeder Verantwortung, die Oberhand hatte wie zu Hause und in der Schule. Hier besonders, wo er nicht der Einzige, nicht der Erste sein konnte, zeigte sich seine Schulfeindlichkeit in fortgesetzten Versuchen zu stören. Fremden Leuten gegenüber zeigte er sich scheu und verschlossen. Auch war es ihm unmöglich, Freundschaften zu schließen. In diesen Lebensformen zeigte sich deutlich seine Ausschaltungstendenz, die schon in jüngsten Jahren dort auftrat, wo er sich nicht als Herr der Situation fühlte.

Bezüglich der »Ausschaltungstendenz« und ihrer Wichtigkeit habe ich oft das Nötige gesagt. Sie macht sich als Abstraktion geltend. Sowie ein Weg, eine Haltung, eine Beziehung zu Problemen der Außenwelt erfasst wird, der Außenwelt, zu der auch das Erlebnis der Körperlichkeit und die Eindrücke des Seelenlebens gehören, wird alles, was nicht zu dem *[133]* gewählten Weg gehört, mehr oder weniger ausgeschaltet. Oder es wird ganz oder teilweise seines gedanklichen Inhaltes entkleidet. Dasselbe geschieht mit den untrennbar verbundenen Gefühlsmomenten und der daraus sich ergebenden Stellungnahme. Übrig bleibt nur die vom Lebensstil gewählte Richtung, gedanklich, gefühlsmäßig und stellungsmäßig. Was bei dieser Ausschaltung der Lebensstil übrig lässt, bleibt im Seelenleben bestehen und wirkt sich aus – »unbewusst«, wie die Autoren zu sagen pflegen, besser *unverstanden*, weil der betreffende Lebensstil die von ihm modelten Eindrücke einer weiteren Kritik sorgfältig entzieht. Sein Weltbild kann der Neurotiker nur mithilfe solcher der Kritik entzogenen Hilfskräfte aufrechterhalten. Die Haltung unseres Patienten zeigt demnach, wie er durch Ausschaltung anderer seinen neurotischen Bezugskreis aufrechtzuerhalten suchte, ihn so weit verkleinerte, dass er die Fiktion von seiner Einzigartigkeit bewahren konnte.

Als er in höhere Klassen, in der High School, aufrückte, traf er auf freundliche, wohlwollende Lehrer, wie er sie früher nicht gehabt hatte. Da wurde er einer der besten und folgsamsten Schüler. Nur die Mathematik machte ihm Schwierigkeiten, wie so oft verwöhnten Kindern, die, im weiten Feld dieser Wissenschaft alleingelassen, oft auch ohne Erfolg im Beginn sich zu enge Grenzen setzen, sich hinter den Glauben an einen Mangel der Begabung zurückziehen und alle Gedanken und Impulse an eine Besserung ausschalten.

Außerordentlich stark wirkte auf ihn der Religionsunterricht. Die Allmacht Gottes faszinierte ihn. Mehrere Jahre verlebte er in religiöser Inbrunst und war ein regelmäßiger Kirchengänger. Die Teilnahme an der Größe Gottes, das Bewusstsein, mit dem höchsten Wesen verbunden zu sein, lag im Bereiche seines Weltbildes. Aber seine Hingabe an das höchste Wesen begann für ihn zu stark zu werden. Da wendete er sich von der Religion ab und vermied, in die Kirche zu gehen.

Seine Lehrer sagten ihm eine große Zukunft voraus. Bevor er an die Universität ging, bot sich ihm eine Stellung als Hauslehrer. Die Unterordnung unter den Willen einer verzärtelnden Mutter und eines verwöhnten Kindes war zu viel für sein Weltbild. Kaum zwei Wochen hielt er es aus. An einer zweiten Stelle blieb er fünf Tage. Dann gab er Hausunterricht gänzlich auf und wurde Student der Anthropologie.

Aber auch hier störte ihn sein kindliches Weltbild. Er kam an der Universität neben einer 17-jährigen Studentin zu sitzen. Da überkam ihn die Furcht, diese Situation könnte ihn sexuell aufregen. Da ihm die Möglichkeit, vor einem Mädchen geprüft und vielleicht zurückgesetzt zu werden, unerträglich war, er aber unter allen Umständen nur erfolgssichere Wege gehen konnte, schaltete er das andere Geschlecht gänzlich aus seinem Erleben aus und weidete sich an dem Gedanken, ein reines Leben zu führen. Dass diese Reinheit durch Masturbation einigermaßen gemindert war, störte ihn nicht, war doch sein eingeengter Lebensstil für Masturbation zugänglich, war doch Masturbation der richtige sexuelle Ausdruck eines Lebensstils, der mangels einer genügenden Entwicklung des Gemeinschaftsgefühls keinen Platz für eine Aufgabe hatte, an der zwei Personen in beiderseitiger Ergebenheit unter dem Gefühl der Gleich[134]wertigkeit ihre endgültige Vereinigung beschließen. Sein eitler, ehrgeiziger Lebensstil konnte auch die Sexualfunktion in seinem Sinne gestalten, wo das Gefühl einer Niederlage so ziemlich ausgeschlossen war, wenn die Meinung des Patienten es so wollte. Er verharrte so, weil seine Sexualfunktion nicht in die Richtung des Gemeinschaftsgefühls drängte, in der Linie der Ausschaltung normaler Sexualität und Liebe und war nur auf den Schutz seines Prestiges bedacht. Die Folge war, dass er *den Weg aus der kindlichen Gestaltung der Sexualfunktion, der Selbstbefriedigung,* nicht finden konnte. Bei dieser Gelegenheit will ich auch hervorheben, dass dieser Mangel einer sozial gerichteten Sexualfunktion die Hauptrolle in allen Perversionen und in allen psychischen Störungen der Sexualität spielt.

Wir wären nun schon imstande, widerspruchslos die Sphäre seiner Aktivität, den Bezugsraum zu umschreiben, den er kraft seines Weltbildes entsprechend seiner Meinung vom Leben selbsttätig geschaffen hat. Dadurch sind wir imstande, auch alle seine Ausdrucksbewegungen, seine Art, Lebensprobleme zu lösen oder auszuschalten, mit einiger Sicherheit vorauszusagen. Mit einiger Sicherheit nur, da niemand sich ganz in den andern hineindenken kann, und da besonders Ausweichungsmöglichkeiten in großer Zahl gegeben sind. Wir könnten zum Beispiel annähernd angeben, was der Patient uns als eine älteste Kindheitserinnerung offenbaren wird. Er wird mit Wahrscheinlichkeit eine Situation oder ein Ereignis schildern, in denen sich sein Weltbild wörtlich oder symbolisch darstellt. Seine älteste Erinnerung lautet: »Ich sah von einem hohen Fenster aus in einen Hof, in dem Soldaten in Uniform exerzierten.« Vielleicht wird nur der Individualpsychologe das kleine Detail ernster fassen, dass er von oben herabschaute, und wird finden, dass dieses Schauen wenig von Aktivität aufweist, gleichzeitig auch mit seiner Kurzsichtigkeit einen Zusammenhang hat, da Kinder mit leichteren Augenfehlern recht häufig für das Sehbare ein größeres Interesse entwickeln. Auch seine frühzeitige Berufswahl wäre nicht schwer vorauszusagen: Er wollte Pilot, Redner, politischer Führer (von oben herab) oder Lokomotivführer werden.

Eine weitere seiner Klagen bezieht sich darauf, dass er außerordentlich suggestibel sei. Wir treffen sehr selten unter Fehlschlägen, wie einer Neurose, Psychose, Delinquenz etc., eine Suggestibilität in der Richtung auf Mitarbeit und Mitmenschlichkeit. Wenn wir sie antreffen, meist bei schwer erziehbaren Kindern von geringer Aktivität, so ist sie immer gefolgt von Ressentiment und heimlicher Revolte, gelegentlich auch während einer Behandlung, so dass der Patient zuzustimmen scheint, ohne eine Besserung seines Verhaltens durchzuführen. Sonst aber finden wir diese und ähnliche Klagen dort, wo wir eigentlich das Gegenteil feststellen können, so dass die Annahme gerechtfertigt erscheint, der Patient mache solche Feststellungen, um sich dagegen zu wehren. Im Allgemeinen kann gesagt werden, dass Suggestibilität immer dort erscheint, wo sie dem Lebensstil angepasst ist. So offenbar auch hier, wenn der Patient andern leicht zustimmt, weil er fürchtet, durch Widerspruch einer Niederlage entgegenzugehen. Seine Suggestibilität ist also unmittelbar verwandt mit seiner Scheu. *[135]*

Dieses Symptom bringt er in unmittelbaren Zusammenhang mit der Haltung der bereits erwähnten Freundin seiner Mutter, die nicht nur für ihn die wichtigste Person seiner nächsten Umgebung war. Zu Besuchen bei ihr musste er sich so hübsch wie möglich kleiden, und ihre Vorwürfe trafen ihn aufs härteste. Allmählich betrachtete er sie als seine größte Feindin, da seine Eitelkeit durch sie stets verletzt wurde.

Das Grab seiner Mutter, deren Beziehung zu ihm der Kern seines verwöhnenden Weltbildes geworden war, besuchte er häufig und fragte sich häufig dort, was ohne sie aus ihm werden sollte. Dabei lenkten sich seine Gedanken regelmäßig auf den Herzfehler, den kein Doktor bestätigen konnte. Hier ließ ihn die beklagte Suggestibilität im Stich.

Er wandte sich an Psychiater und Psychologen. Einer von ihnen fragte ihn, ob er sich auf der Gasse beobachtet fühle. Der Patient erriet, dass der Arzt die Diagnose Paranoia im Sinne hatte. Er hatte nie zuvor einen ähnlichen Gedanken gehabt. Seit dieser Frage aber blickte er häufig auf der Straße um sich, argwöhnend, dass ihn jemand verfolge.

Ein anderer Psychiater fragte ihn, ob er Stimmen höre. Auch aus dieser Frage entnahm der Patient, dass er der Schizophrenie verdächtig sei. Er leugnete es, aber seit dieser Bemerkung glaubte er stets Geräusche und Klingen im Ohr zu verspüren. Dieses Symptom erfuhr noch eine Verstärkung, als die erwähnte Freundin der Mutter auf seine unbefangen scheinende Frage erklärte, solches seien Zeichen von Wahnsinn. Eines Nachts trat dieses Klingen im Ohr außerordentlich stark auf. Er schrie und weinte so laut, dass sein Vater kommen musste und ihn beruhigte; darauf hörten die Ohrgeräusche auf, traten aber immer wieder auf, wenn er die Freundin der Mutter besuchte.

Sollen wir die Tatsache der Ohrgeräusche leugnen? Oder sollen wir, wie andere, annehmen, dass der Patient sie willkürlich erzeugte? Ich glaube nicht, dass jemand sie erzeugen kann, und nehme lieber an, dass er ein empfindliches Gehörorgan besaß, eine Organminderwertigkeit, die sich bei Emotionen geltend machte, vielleicht auch schon früher, ohne dass der Patient vor seiner Konsultation bei dem Psychiater Gewicht darauf gelegt hätte.

Nun aber sehen wir, wie er zur Sicherung seines Weltbildes, also zum Schutz seiner Eitelkeit, einen Wall gegen die Forderungen des wirklichen Lebens errichtet hatte. Ohne sich Klarheit darüber zu machen, konnte er alle Lebensfragen ausschalten oder hinausschieben, indem er sich ganz der Betrachtung und den Gefühlen seiner Symptome hingab, die das Resultat seines Schocks waren, den er erlebte, da er sich zu schwach fühlte, das Ziel seiner Eitelkeit zu erreichen, seinem Weltbild getreu eine überragende Rolle zu spielen. Wobei er dem Schock durch die vorliegenden Probleme ausweichen, diese in den Hintergrund drängen konnte, was ihm unter zwei Übeln als das kleinere erscheinen musste.

Spitzfindige Kritiker der Individualpsychologie müssten hier fragen: Wenn die Individualpsychologie das Streben nach Erfolg als der Lebensstruktur untrennbar eingebettet findet, wenn diese Wissenschaft behauptet, dass niemand ohne Änderung seines Weltbildes seinen Lebensstil ändert, ist es gerechtfertigt anzunehmen, 1. dass das Streben nach Erfolg auch in *[136]* der armseligen Haltung dieses Patienten zu finden ist, 2. dass die Persönlichkeit des Patienten sich nicht geändert hat?

Wer sich mit diesem Patienten identifizieren kann, wird leicht finden, dass seine gegenwärtige Haltung seinem Weltbild entspricht, das nur Situationen zulässt, in denen der Patient seine Eitelkeit befriedigt findet. Von allen Situationen nun, die hier denkbar wären, bleibt nur die eine als passend übrig, sich jeder Niederlage zu entziehen, ein haltbares Alibi dafür aufzubringen und seine Familie in seinen Dienst zu zwingen. Dabei gewinnt der Patient den Vorteil, dass er in seinem idealen Weltbild verharren kann, als ob er der Sieger über alle sein könnte, wenn nur das Hindernis seiner Krankheit überwunden wäre. Und dies ist ja die Pflicht des Arztes und nicht seine.

Daraus geht auch hervor, dass sich die Persönlichkeit des Patienten nicht geändert hat. Er lebt auch jetzt entsprechend seinem Weltbild. Er gibt jetzt die Antwort, die wir kraft seines Lebensstils von früher erwarten konnten, sobald sich anlässlich einer drohenden Niederlage sein Minderwertigkeitskomplex entwickelt.

Die Wahl seiner neurotischen Symptome, automatisch entwickelt, ist durchaus verständlich. Allen zugrunde liegt die tiefe Erschütterung, nicht seinem eitlen Weltbild entsprechend leben zu können. Diese Erschütterung, weil fortlaufend wie die exogenen gefährlichen Probleme, brachten Körper und Seele in einen Gefühlsaufruhr. Die körperlichen Minderwertigkeiten, Auge, Ohr und Herz, gaben zuerst nach. Angst als die Erscheinungsform eines schweren, hilflos erscheinenden Minderwertigkeitsgefühls gesellte sich hinzu. Die Furcht, zu fallen oder sich hinabzustürzen, weisen auf den Anbruch des Todesproblems hin in symbolischer Verkleidung. Die scheinbar paranoiden Züge waren geglückte Folgen einer unverstandenen Anleitung durch Ärzte.

Sein Traumleben entspricht ganz seinem Weltbild. Seine sexuellen Träume zeigen, dass er die masturbatorische Phase der Sexualfunktion, einer Aufgabe für eine Person allein, noch nicht überwunden hat. Verfolgungsträume spiegeln ihm vor, dass er von Gefahren umringt sei und vorsichtig sein müsse. Einer seiner Träume enthält eine Szene, in der er auf der Spitze eines Berges steht und auf die kleinen Menschen unten herabsieht, ein Bild, das seiner ältesten Kindheitserinnerung völlig entspricht. Ein andermal sieht er sich auf einer hohen Kirchturmspitze, von der er herabgleitet, um im Lande der Kommunisten zu landen. »Kommunismus« ist für ihn gleichbedeutend mit den ärgsten Übeln.

Sein Studium ist ihm ganz verleidet. Er träumt, sein Professor kommt die Stufen herauf, und er erwartet, dass dieser mit ihm sprechen wolle. Als der Professor näher kommt, wendet derselbe sich weg und sagt, er habe sich geirrt, und wendet sich zu einem andern Schüler. Verlassen also auch von seinem

Lehrer, was ihm mehr bedeutet als sein Studium, kehrt er der Wissenschaft den Rücken.

Er lauert auf jedes Wort, das seinem Rückzug zustattenkommt, ihm als Alibi dienen könnte. Sein Blick ist nur darauf gerichtet, sich drohenden Aufgaben zu entziehen. Die Freundin der Mutter erzählt ihm von einem Manne, der mit 40 Jahren einen Schlaganfall hatte; sie fügt hinzu, *[137]* er müsse eine Ahnung von seinem späteren Schicksal gehabt haben, da er nicht heiraten wollte. Sofort kommt ihm in den Sinn, dass auch er dasselbe Schicksal erleiden werde.

Ein Trost ist ihm geblieben. Jener Trost, der so viele Menschen dazu bringt, aus ihrem Minderwertigkeitskomplex in einer Kompensation einen Überwertigkeitskomplex zu gestalten, auch hier wieder die Tendenz, ein Leben wenigstens scheinbar erfolgreich durchzuführen: Er findet, dass seine Stirne mächtig gewachsen sei, und ist überzeugt, dass ihn dies zu einem »politischen Führer« qualifiziere. Dies freilich für spätere Zeiten.

Der Weg zur Heilung ist klar ersichtlich. Sein Lebensstil und sein Weltbild sind ein einziges Bezugssystem. Er sieht alles nur mit seinen eitlen, selbstgefälligen Augen. Er bezieht sich zu jeder Frage des Lebens mit der ängstlichen Erwartung, ob auch sein Prestige gesichert sei, findet dies selten und ist so genötigt, sich von den Lebensaufgaben unter Festhaltung der Schockwirkungen zurückzuziehen. Solange er diesen Irrtum nicht versteht, solange er seine Welt für die richtige, die richtige Welt aber für seine Eitelkeit unerträglich findet, bleibt er ein Neurotiker. Löst sich sein Traum von einer Welt, die seine Eitelkeit geboren hat, die seine Eitelkeit rechtfertigt, beginnt er, sich mehr und mehr als ein Gleichberechtigter unter Gleichen zu fühlen, unabhängig von der Meinung der andern; so steigt auch sein Mut, und seine Vernunft bekommt die Kontrolle über unverstandene Zusammenhänge. Von allen Erlebnissen aber und von allen angeborenen Möglichkeiten ist zu sagen, dass sie nicht einen allgemeingültigen Marktwert haben wie Händlerware, sondern dass sie so viel Wirkung haben wie der Lebensstil zulässt. Nur wer diesen Punkt verstanden hat, darf von Höhe oder Tiefe psychologischer Wissenschaft sprechen.

57. Vorwort zum Tagebuch von Waslaw Nijinsky (1936)

Editorische Hinweise
Erstveröffentlichung:
1936s: als Vorwort für eine Veröffentlichung des Tagebuchs von Waslaw Nijinsky[1] im Auftrag von Romola Nijinsky geschrieben; es blieb unveröffentlicht.
Die Übersetzerin und Herausgeberin des Buches, Romola Nijinsky, ersetzte Adlers Vorwort durch ein von ihr selbst verfasstes Vorwort.
1981: Archives of General Psychiatry 38, S. 834–835 (mit ausführlichem Kommentar von Heinz L. Ansbacher, S. 836–841)
Neuauflage:
1983: Zeitschrift für Individualpsychologie 8, S. 68–71. Einleitender Kommentar von Heinz L. Ansbacher. Deutsche Übersetzung von Dr. Angela Schorr.
Letztveröffentlichung:
1983: Psychotherapie und Erziehung. Bd. 3 (1933–1937), S. 157–162

Einleitende Zusammenfassung aus den »Archives of General Psychiatry« in der Zeitschrift für Individualpsychologie: »Dies ist ein bisher unveröffentlichter Aufsatz von Alfred Adler, der 1936 als Vorwort zu ›The Diary of Vaslav Nijinsky‹ geschrieben wurde. Beschrieben wird eine Theorie der Schizophrenie, wie charakteristische präpsychotische Züge, insbesondere ein Mangel an Gemeinschaftsgefühl und eine Überempfindlichkeit gegenüber realen und eingebildeten Kränkungen zu wachsendem Irrationalismus und übermäßiger Beschäftigung mit hochtrabenden Gedanken führen. Der Aufbau einer kooperativen therapeutischen Beziehung und die Vermittlung von Hoffnung werden als zentrale Faktoren für eine erfolgreiche Behandlung dargestellt.«

    Einleitender Kommentar von Dr. Heinz L. Ansbacher 1983: »Die glänzende Karriere des russischen Balletttänzers Waslaw Nijinsky (1888–1950) wurde 1919 durch eine psychische Erkrankung jäh unterbrochen. Alfred Adler (1870–1937) besuchte Nijinsky 1934 im Sanatorium Bellevue in Kreuzlingen in der Schweiz. 1936 schrieb Adler auf Wunsch von Nijinskys Frau Romola, die Adler in London im Mai jenes Jahres besucht hatte[2] und die das Tagebuch von Waslaw Nijinsky in Englisch herausgab, dieses Vorwort in Englisch. Jedoch verwandte Frau Romola statt Adlers

---

1 [The Diary of Vaslav Nijinskij. Ed. by Romola Nijinskij. New York: Simon & Schuster. Berkeley: University of California Press, 1973. – Deutsche Ausgabe: Waslaw Nijinskij, Der Clown Gottes. Tagebuch des Waslaw Nijinskij. Übers. v. L. Schlaich. Stuttgart: Ernst Klett, 1955, und München: Schirmer-Mosel 1985]
2 [Siehe Feldmann, E.: Thirty days with Alfred Adler. Journal of Individual Psychology, 1972, 28, S. 81–89]

ihr eigenes Vorwort, als das Tagebuch 1936 veröffentlicht wurde. Adler starb im Jahr darauf, und sein Vorwort blieb mit Rücksicht auf Frau Nijinsky unveröffentlicht. Mit ihrem Tod in Paris im Jahr 1978 wurde es von dem Nachlass Adlers freigegeben.

Das ›Vorwort‹ soll nun aus verschiedenen Gründen veröffentlicht werden. Erstens ist Nijinskys Tagebuch als Selbstportrait eines Falles von Schizophrenie zu einem Klassiker in der Psychiatrie geworden; und es hat durch die Berühmtheit seines Verfassers die Aufmerksamkeit einer weiten Öffentlichkeit erregt, was auch die zahlreichen Übersetzungen und Nachdrucke erklärt. Die Meinung eines bedeutenden Psychiaters, wie das ›Vorwort‹ sie darstellt, sollte daher von Interesse sein. Zum Zweiten wurden zu verschiedenen Zeiten zehn Spezialisten zurate gezogen: Adler, Binswanger, Bleuler, Ferenczi, Forel, Freud, Jung, Kraepelin, Sakel und Wagner-Jauregg; doch ist Adlers Befund des Falles der einzig vorhandene. Schließlich bietet das ›Vorwort‹ eine prägnante Darstellung von Adlers Theorie der Schizophrenie. – Einige Abschnitte werden neu geordnet und die Überschriften hinzugefügt.«

Adler nennt zwei Gründe, die ihn veranlasst haben, dieses Vorwort zu schreiben. Der eine war, dass das Tagebuch einen sehr klaren Einblick gibt, wie ein großer Künstler in seiner Verzweiflung sich den Problemen der Außenwelt nicht mehr stellt und so ganz klar verrät, wonach er wirklich gestrebt hat. Der andere Grund war, die Aufmerksamkeit von Erziehern, Psychiatern und Psychologen darauf zu lenken, wie viel von Geist und Psyche verstanden werden könne und wie häufig man vorbeugen und heilen könnte.

Vorwort zum Tagebuch von Waslaw Nijinsky

Nijinskys seelischer Tod hat die Anteilnahme weiter Teile der zivilisierten Welt gefunden.

Als ich ihn vor zwei Jahren in einem Sanatorium besuchte, war er ruhig, gut genährt und interessierte sich für seine Gäste. Aber er sprach nicht und zeigte nur gelegentlich ein freundliches Lachen. Der behandelnde Arzt teilte mir mit, dass dieser Patient immer ruhig sei und nicht zum Sprechen gezwungen werden konnte. Auch seine Frau war damals nicht in der Lage, ihn zu einer Unterhaltung zu bringen. *[69]*

In dieser Autobiografie eines großen, unglücklichen Künstlers, dem Empfänger von viel Bewunderung, die dennoch weit hinter seinen Erwartungen zurückblieb, versucht Nijinsky zu erklären, was er in Wirklichkeit ist und warum nicht die ganze Welt davon weiß. Er möchte seine Einzigartigkeit beweisen, deren Entfaltung durch die fragwürdigen Handlungen von andern verhindert wurde. Er ist Gott, Erfinder, Dichter, Schriftsteller, doch fortwährend eingeschränkt durch den Betrug und die Versäumnisse von andern.

Nijinsky begann, wie die meisten Künstler, mit großen und trainierten Begabungen von mehr als nur einer Funktion. Seine motorischen und auditorischen Fähigkeiten lagen weit über dem Durchschnitt. Seine visuelle Begabung überschritt ebenfalls beträchtlich die Norm, wie man aus seiner Vorstellung und seinen Kulissen ersehen kann. Einige seiner vielen Bilder, gemalt während seines Aufenthalts im Asyl, sind mit ihrer Sehnsucht nach Bewegung, gutem Stil und Farbe hinreichend Beweis dafür.

Zur Möglichkeit der Besserung

Fragte man mich, ob eine Möglichkeit zur Besserung bestünde, würde Nijinsky mit den Methoden der Individualpsychologie behandelt, so könnte ich nicht antworten. Bei Fällen mit dieser Krankheit, der Schizophrenie, hängt alles von der Herstellung eines schöpferischen Kontaktes zwischen Arzt und Patient ab. Zuerst muss die Möglichkeit zur Herstellung eines solchen Kontaktes ermittelt werden, da die Behandlung eine Aufgabe für zwei Individuen ist; die Fähigkeiten beider sollten dabei in Betracht gezogen werden, weil es hier um eine Kooperation nicht nur wissenschaftlicher, sondern auch künstlerischer Natur geht. Hier ist nicht der Ort, ein solches Thema ausführlicher zu besprechen. Lassen wir es damit bewenden, dass durch diese Methode mehr Fälle als zuvor gebessert und geheilt werden können, ganz abgesehen von den vielen Fällen, in denen Vorbeugung durch richtige Erziehung der richtige Weg wäre, das Problem zu behandeln.

Der Zweck des Irrationalismus

Der schizophrene Patient ist der reinste Vertreter des Irrationalismus. Unter den Menschen und sogar unter den Philosophen bis in unsere Zeit hinein ist die Versuchung groß, das zu ignorieren, was uns alle bindet – nämlich die höchste Entwicklung des Common Sense, die sich nicht ableugnen lässt –, und sich statt dessen, getrieben durch das, was ich einen »Minderwertigkeitskomplex« genannt habe, aufzuschwingen und sich ihrer anderweitig verhinderten Eitelkeit hinzugeben.

Nijinskys Weg geht in diese Richtung. »Zu denken« verachtet er, wer denkt, hat unrecht. Man soll fühlen. Unser armer Held, schlecht vorbereitet für das Leben und von Kindheit an mit hoch gespannten Erwartungen belastet, dem eine normale Erziehung fehlte und der automatisch in eine Gruppe von Menschen geriet, bei denen bessere Ausbildung und gesellschaftlicher Hintergrund ihm das Gefühl gaben, wenig geachtet zu werden, versuchte vergeblich, sein Streben nach Überlegenheit dadurch zu bewahren, dass er rationales

Denken verachtete. Um seinem »Lebensstil« treu zu bleiben, wandte er sich dem Irrationalismus zu, ohne ihn weiterhin durch Vernunft zu kontrollieren. Als seine Hoffnung auf unerhörten Ruhm dahin war, veränderte er seinen Stil nicht, sondern wandte sich gänzlich den Tagträumen seiner Kindheit zu. Dass er dieses Buch geschrieben hat, weist in dieselbe Richtung, auf sein Ziel, einzigartig zu sein. Er gab sich in der Fantasie einer Großartigkeit hin, die ihm in seinem wirklichen Leben versagt geblieben war. *[70]*

Außerordentlich hohe Erwartungen

Aber war er nicht eine außergewöhnliche Persönlichkeit auf der Bühne? Wurde er nicht auf zwei Kontinenten bewundert? War sein Name nicht im Munde all derer, die seine unvergleichliche Kunst anbeteten? Für Nijinsky fehlte vieles von dem, was er erwartet hatte. Man kann es in seinem Buch nachlesen. Mal war es ein Direktor oder ein Kritiker, ein Arzt, ein Familienmitglied, ein Kollege oder eine berühmte Persönlichkeit; mal war es Geldmangel, oder es waren die reichen Börsenmakler, die ihm das Gefühl gaben, nicht in der Position zu sein, die er erwartete.

Die Schwierigkeit, die Laien wie Psychiater haben, liegt, soweit ich es beurteilen kann, darin, dass sie immer ihre eigene Vorstellung von Eitelkeit, von Luftschlössern und Anerkennung zum Maßstab nehmen. Aber dies wird um hundert und aberhunderte Male von der Leidenschaft übertroffen, die in den Seelen von Neurotikern und Psychotikern brennt. Ihr Übermaß an Eitelkeit, voll von Aufstiegserwartungen, führt ganz automatisch die Schockwirkungen und den Rückzug aus dem sozialen Leben herbei. Es gibt hier keine »Spaltung« in ihrer Persönlichkeit.

Wer immer das Leben eines Schizophrenen in diesem Zusammenhang sehen kann, wie ich zu erklären versuchte, wird mir zustimmen: *Wenn die Lebensauffassung eines schizophrenen Menschen richtig wäre, wenn der Sinn des Lebens wirklich in der Gottähnlichkeit läge, dann wäre die Wahl der Schizophrenie die bestmögliche Wahl – weil sie dem Tod ähnelt.* Und das Problem des Todes tritt immer dann auf, wenn ein Mensch – ob zu Recht oder zu Unrecht – das Gefühl hat, von jeglicher erfolgreicher Leistung in seinem individuellen Streben abgeschnitten zu sein.

Die präpsychotische Persönlichkeit

Zumindest eines kann mit einem gewissen Grad von Sicherheit gesagt werden: Ein Mensch, der später psychotisch wird, zeigt in seinem frühen Leben bestimmte Anzeichen, die den scharfsinnigen Beobachter in die Lage versetzen, Gefahr zu vermuten. In der präpsychotischen Phase eines potenziell psychotischen Kindes lassen sich immer Hinweise auf eine eigentümliche Lebensauffassung finden. Wie im Fall aller Fehlschläge findet sich ein ausgeprägter Mangel an Gemeinschaftsgefühl[3]. Dieser wird häufig hinter einer Freundlichkeit verborgen, die dazu benutzt wird, die Umgebung zu bestechen, und manchmal sogar hinter einer Hilfsbereitschaft, die so beharrlich ist, dass die Umwelt tyrannisiert wird.

Solch ein Mangel an Gemeinschaftsgefühl kann häufig unentdeckt bleiben, da die Umwelt zugleich nachsichtig und unterwürfig sein mag. Auf diese Weise entwickelt das Kind einen »verzärtelten Lebensstil«, welcher eine so bedeutende Rolle in der Psychose spielt; es erwartet ein Leben voll von Triumphen und frei von Schwierigkeiten, dass andere alles für es tun werden, während es selbst tatkräftig danach strebt, andere zu übertreffen. Folglich kann ein solcher Mensch eine Zeit lang äußerst erfolgreich sein. Seine Aktivität braucht nicht groß zu sein, aber er tendiert dazu, Dinge der Leistung und des Empfanges bewundernden Beifalls überzubetonen. Während er nach einer idealen Vollkommenheit strebt, wofür er von seiner Umgebung Bewunderung und Anerkennung erwartet, zeigt [71] jede Handlung von ihm starke Gefühlsbetontheit. Frühe Eitelkeit und ein anmaßender Wunsch nach Prestige finden wir zusammen mit Überempfindlichkeit, Furchtsamkeit, Schüchternheit und Ungeduld. Die Last, die beständig aus all diesen Komplexen erwächst, ist eine gesteigerte emotionale Spannung.

Verzicht auf Common Sense

Früher oder später – insbesondere, wenn er mit den Problemen des sozialen Lebens, des Berufs und der Liebe konfrontiert wird – gewinnt ein solcher Mensch den Eindruck, dass die Umwelt ihn beständig angreift. Indem er die Situation nicht versteht, erfährt er dies als eine wiederholte Beleidigung und wird einer Reihe von Schocks ausgesetzt, bis sein Widerstand schließlich völlig zusammengebrochen ist. Auf eine Lösung seiner Probleme, die erfordern würde, dass er sein unsoziales Interesse an sich selbst aufgibt und auch dann zu kooperieren und seinen Beitrag zu leisten, wenn die Bedingungen schwierig und für ihn selbst ungünstig sind, ist er nicht vorbereitet. Daher bricht er seine Beziehungen zur wirklichen Welt ab und lässt sich, allein gelenkt durch seinen Lebensstil, von den Launen und Einbildungen seiner Kindheit leiten.

Er nimmt soziale Beziehungen, seine Arbeit oder normale Sexualität nicht

---

3 [Anm. v. Ansbacher: »Das englische Original hieß ›social interest‹, im Allgemeinen die englische Wiedergabe von ›Gemeinschaftsgefühl‹. Es sei aber bemerkt, dass in seinen Spätschriften Adler manchmal auch in Deutsch ›soziales Interesse‹ schrieb.«]

mehr wahr, wobei Letztere notwendigerweise eine Aufgabe für zwei miteinander kooperierende Individuen ist. Der Patient, der in seinem Zugang zu sozialen Beziehungen, zum Beruf und zur Liebe leidet, hat das Gefühl, als stünde er vor einem Abgrund. Völlig desillusioniert und ohne Hoffnung verliert er den Rest seiner Aktivität, die von Anfang an vermindert war, und wendet sich mehr und mehr seiner »irrationalen« Fantasie zu. Er trennt sich von Common Sense und normaler Sprache, entstellt sein Sehen und Hören wie auch sein soziales Handeln und kehrt zur primären unsozialen Phase der Sexualität zurück. Da kommt dann ein Ziel persönlicher Überlegenheit ans Tageslicht, das so groß ist, dass es für einen ungefähr normalen Menschen fast unbegreiflich ist. Der Mensch strebt nach Gottähnlichkeit, und um sein Versagen, diese zu erreichen, abzumildern, beklagt er sich, dass andere Menschen und die Umstände seinen Weg zu den Höhen versperrt haben.

Abschließende Bemerkungen

Es gab für mich zwei Gründe, dem Wunsch von Nijinskys Frau und des Verlags, dieses Vorwort zu schreiben, Folge zu leisten. Der eine war, dass das Tagebuch einen sehr klaren Einblick gibt, wie ein großer Künstler, verzweifelt und ohne Hoffnung, sich den Problemen der Außenwelt nicht mehr stellt und so ganz klar verrät, wonach er auf dieser armen Erdkruste wirklich gestrebt hat. Der interessierte Leser wird fraglos erkennen, wie gut dies ausgedrückt ist, wenn der Verfasser in einem Geisteszustand, in dem er den Boden unter den Füßen verliert, versucht, die eitlen Träume seiner Kindheit zu rationalisieren.

Der andere Grund war, die Aufmerksamkeit von Erziehern, Psychiatern und Psychologen darauf zu lenken, wie viel in Dingen von Geist und Psyche verstanden werden kann und wie häufig wir vorbeugen und heilen könnten. Ich werde niemals vergessen, was mir einer meiner erfolgreich behandelten Patienten zur Antwort gab, als ich ihn einmal fragte: »Was war Ihrer Meinung nach die Ursache dafür, dass es mir gelang, Sie nach all diesen Jahren des Leidens zu heilen?« Er antwortete: »Ich wurde krank, weil ich alle Hoffnung verloren hatte. Und Sie gaben mir Hoffnung.«

Literatur

Adler, A. (1905b/2007a): Drei Psycho-Analysen von Zahleneinfällen und obsedierenden Zahlen. In: Adler 2007a, S. 41–47

Adler, A. (1907a/1977b): Studie über Minderwertigkeit von Organen. Mit einer Einführung von W. Metzger [Neudruck der 2. Aufl. v. 1927]. Frankfurt a. M.

Adler, A. (1908b/2007a): Der Aggressionstrieb im Leben und in der Neurose. In: Adler 2007a, S. 64–76

Adler, A. (1908d/2007a), Das Zärtlichkeitsbedürfnis des Kindes. In: Adler 2007a, S. 77–81

Adler, A. (1908e/2007a): Die Theorie der Organminderwertigkeit und ihre Bedeutung für Philosophie und Psychologie. In: Adler 2007a, S. 51–63

Adler, A. (1909a/2007a): Über neurotische Disposition. Zugleich ein Beitrag zur Ätiologie und zur Frage der Neurosenwahl. In: Adler 2007a, S. 82–102

Adler, A. (1910c/2007a): Der psychische Hermaphroditismus im Leben und in der Neurose. Zur Dynamik und Therapie der Neurosen. In: Adler 2007a, S. 103–113

Adler, A. (1910d/2007a): Trotz und Gehorsam. In: Adler 2007a, S. 122–131

Adler, A. (1910f/2007a): Die psychische Behandlung der Trigeminusneuralgie. In: Adler 2007a, S. 132–153

Adler, A. (1911d/2007a): Beitrag zur Lehre vom Widerstand. In: Adler 2007a, S. 213–222

Adler, A. (1911f/2009b): Syphilidophobie. Ein Beitrag zur Bedeutung der Phobien und der Hypochondrie in der Dynamik der Neurose. In: Adler 2009b, S. 61–71

Adler, A. (1912a/2008a): Über den nervösen Charakter. Grundzüge einer vergleichenden Individualpsychologie und Psychotherapie. Mit einer Einführung von A. Bruder-Bezzel. Hg. von K. H. Witte, A. Bruder-Bezzel und R. Kühn, unter Mitarbeit von M. Hubenstorf. Alfred Adler Studienausgabe, Bd. 7. Göttingen

Adler, A. (1912h/2007a): Das organische Substrat der Psychoneurosen. In: Adler 2007a, S. 237–249

Adler, A. (1913a): Individualpsychologische Behandlung der Neurosen. In: D. Sarason (Hg.), Jahreskurse für ärztliche Fortbildung, Bd. 1. München, S. 39–51 [in diesem Band, S. 59–77]

Adler, A. (1913a/1974a): Individualpsychologische Behandlung der Neurosen. In: Adler 1974a, S. 48–66

Adler, A. (1913b/1920a): Zur Funktion der Zwangsvorstellung als eines Mittels zur Erhöhung des Persönlichkeitsgefühls. In: Praxis und Theorie der Individualpsychologie. München, S. 144–146 [in diesem Band, S. 78–82]

Adler, A. (1913b/1974a): Zur Funktion der Zwangsvorstellung als eines Mittels zur Erhöhung des Persönlichkeitsgefühls. In: Adler 1974a, S. 203–213

Adler, A. (1913c/1920a): Neue Leitsätze zur Praxis der Individualpsychologie. In Praxis und Theorie der Individualpsychologie, S. 16–21 [in diesem Band, S. 83–91]

Adler, A. (1913c/1974a): Weitere Leitsätze zur Praxis der Individualpsychologie. In: Adler 1974a, S. 40–47

Adler, A. (1913d): Individualpsychologische Ergebnisse bezüglich Schlafstörungen. In: Fortschritte der Medizin 31: 925–933 [in diesem Band, S. 92–102]

Adler, A. (1913d/1974a): Aus den individualpsychologischen Ergebnissen bezüglich Schlafstörungen. In: Adler 1974a, S. 178–187

Adler, A. (1913g/2009b): Neuropsychologische Bemerkungen zu Bergers »Hofrat Eysenhardt«. In: Adler 2009b, S. 72–87

Adler, A. (1913h): Zur Rolle des Unbewussten in der Neurose. In: Zentralblatt für Psychoanalyse 3: 169–174 [in diesem Band, S. 103–111]

Adler, A. (1913h/1974a): Zur Rolle des Unbewussten in der Neurose. In: Adler 1974a, S. 234–241

Adler, A. (1913j): Traum und Traumdeutung. In: Zentralblatt für Psychoanalyse 3: 574–583 [in diesem Band, S. 112–125]

Adler, A. (1913j/1974a): Traum und Traumdeutung. In: Adler 1974a, S. 221–233

Adler, A. (1914a/1973c): Heilen und Bilden: Ein Buch der Erziehungskunst für Ärzte und Pädagogen. Hg. von A. Adler und C. Furtmüller. Neu hg. von W. Metzger [Neudr. der 3. Aufl. v. 1928]. Frankfurt a. M.

Adler, A. (1914c/1973c): Ein Beitrag zur Psychologie der ärztlichen Berufswahl. In: Adler 1973c, S. 178–181

Adler, A. (1914d/1920a): Melancholie und Paranoia. Individualpsychologische Ergebnisse aus den Untersuchungen der Psychosen. In: Adler 1920a, S. 171–182 [in diesem Band, S. 126–142]

Adler, A. (1914d/1974a): Melancholie und Paranoia. Individualpsychologische Ergebnisse aus den Untersuchungen der Psychosen. In: Adler 1974a, S. 265–280

Adler, A. (1914h): Die Individualpsychologie, ihre Voraussetzungen und Ergebnisse. In: Scientia 16: 74–87 [in diesem Band, S. 143–157]

Adler, A. (1914h/1974a): Die Individualpsychologie, ihre Voraussetzungen und Ergebnisse. In: Adler 1974a, S. 19–32

Adler, A. (1914k): Das Problem der »Distanz«. Über einen Grundcharakter der Neurose und Psychose. In: Zeitschrift für Individualpsychologie 1: 8–16 [in diesem Band, S. 158–166]

Adler, A. (1914k/1974a): Das Problem der »Distanz«. Über einen Grundcharakter der Neurose und Psychose. In: Adler 1974a, S. 112–119

Adler, A. (1914l): Zur Sitophobie. In: Zeitschrift für Individualpsychologie 1: 17–18 [in diesem Band, S. 167–169]

Adler, A. (1914l/1974a): Nervöser Hungerstreik. In: Adler 1974a, S. 218–220

Adler, A. (1914m): Lebenslüge und Verantwortlichkeit in der Neurose und Psychose. Ein Beitrag zur Melancholiefrage. In: Zeitschrift für Individualpsychologie 1: 44–53 [in diesem Band, S. 170–180]

Adler, A. (1914m/1974a): Lebenslüge und Verantwortlichkeit in der Neurose und Psychose. In: Adler 1974a, S. 255–264

Adler, A. (1914p): Nervöse Schlaflosigkeit. In: Zeitschrift für Individualpsychologie 1: 65–72 [in diesem Band, S. 181–188]

Adler, A. (1914p/1974a): Nervöse Schlaflosigkeit [Mit einem Anhang: Über Schlafstellungen]. In: Adler 1974a, S. 170–179

Adler, A. (1918c/2009b): Dostojewski. In: Adler 2009b, S. 101–110

Adler, A. (1918b/1920a): Die Zwangsneurose. In: Adler 1920a, S. 136–143 [in diesem Band, S. 189–200]

Adler, A. (1918b/1974a): Die Zwangsneurose. In: Adler 1974a, S. 203–213

Adler, A. (1918h/2009b): Bolschewismus und Seelenkunde. In: Adler 2009b, S. 111–119

Adler, A. (1919a/2009b): Die andere Seite. Eine massenpsychologische Studie über die Schuld des Volkes. In: Adler 2009b, S. 120–130

Adler, A. (1920a/1974a): Praxis und Theorie der Individualpsychologie: Vorträge zur Einführung in die Psychotherapie für Ärzte, Psychologen und Lehrer. Neu hg. von W. Metzger [Neudr. d. 4. Aufl. v. 1930]. Frankfurt a. M.

Adler, A. (1923c): Fortschritte der Individualpsychologie. In: Internationale Zeitschrift für Individualpsychologie 2: 1–7, 10–12. [in diesem Band, S. 201–215]

Adler, A. (1923c/1982a): Fortschritte der Individualpsychologie. In: Adler 1982a, S. 33–47

Adler, A. (1923f): Individualpsychologie und Weltanschauung. In: Internationale Zeitschrift für Individualpsychologie 2: 30–31 [in diesem Band, S. 216–218]

Adler, A. (1924c): Neurosenwandel und Training im Traum. In: Internationale Zeitschrift für Individualpsychologie 2: 5–8 [in diesem Band, S. 219–225]

Adler, A. (1924c/1982a): Neurosenwandel und Training im Traum. In: Adler 1982a, S. 52–58

Adler, A. (1924d): Psychische Kausalität und Weltanschauung. Ein Tagungsbericht. In: Internationale Zeitschrift für Individualpsychologie 2: 38 [in diesem Band, S. 226–228]

Adler, A. (1924g): Kritische Erwägungen über den Sinn des Lebens. In: Der Leuchter: Weltanschauung und Lebensgestaltung, Bd. 5. Darmstadt, S. 343–350 [in diesem Band, S. 229–233]

Adler, A. (1924n/1982a): Kritische Erwägungen über den Sinn des Lebens. In: Adler 1982a, S. 79–83

Adler, A. (1926a): Liebesbeziehungen und deren Störungen. In: S. Lazarsfeld, Richtige Lebensführung. Wien [in diesem Band, S. 234–249]

Adler, A. (1926a/1982a): Liebesbeziehungen und deren Störungen. In: Adler 1982a, S. 99–118

Adler, A. (1926k): Die Individualpsychologie als Weg zur Menschenkenntnis und Selbsterkenntnis. In: J. Neumann, Du und der Alltag. Berlin, S. 211–236 [in diesem Band, S. 250–269]

Adler, A. (1926k/1982a): Die Individualpsychologie als Weg zur Menschenkenntnis und Selbsterkenntnis. In: Adler 1982a, S. 135–157

Adler, A. (1926m): Individualpsychologie. In: E. Saupe (Hg.), Einführung in die neuere Psychologie. Osterwieck i. Harz, S. 364–372 [in diesem Band, S. 270–278]

Adler, A. (1926m/1982a): Individualpsychologie. In: Adler 1982a, S. 158–168

Adler, A. (1926t): Ein Beitrag zum Distanzproblem. In: Internationale Zeitschrift für Individualpsychologie 4: 141–143 [in diesem Band, S. 279–282]

Adler, A. (1927a/2007b): Menschenkenntnis. Hg. mit einer Einführung von J. Rüedi. Alfred Adler Studienausgabe, Bd. 5. Göttingen

Adler, A. (1927f): Zusammenhänge zwischen Neurose und Witz. In: Internationale Zeitschrift für Individualpsychologie 5: 94–96 [in diesem Band, S. 283–285]

Adler, A. (1927f/1982a): Zusammenhänge zwischen Neurose und Witz. In: Adler 1982a, S. 178–181

Adler, A. (1927g): Weiteres zur individualpsychologischen Traumtheorie. In: Internationale Zeitschrift für Individualpsychologie 5: 241–245 [in diesem Band, S. 286–291]

Adler, A. (1927g/1982a): Weiteres zur individualpsychologischen Traumtheorie. In: Adler 1982a, S. 182–188

Adler, A. (1927j): Individualpsychologie und Wissenschaft. In: Internationale Zeitschrift für Individualpsychologie 5: 401–408 [in diesem Band, S. 292–302]

Adler, A. (1927j/1982a): Individualpsychologie und Wissenschaft. In: Adler 1982a, S. 193–203

Adler, A. (1927u): Die ethische Kraft der Individualpsychologie. In: Forschungen und Fortschritte: Korrespondenzblatt der deutschen Wissenschaft und Technik (Berlin), Nr. 30 vom 20. Okt., S. 233–234 [in diesem Band, S. 303–305]

Adler, A. (1927u/1989): Die ethische Kraft der Individualpsychologie. In: Zeitschrift für Individualpsychologie 14: 200–201

Adler, A. (1928c): Erotisches Training und erotischer Rückzug. In: M. Marcuse (Hg.), Verhandlungen des 1. Internationalen Kongresses für Sexualforschung in Berlin vom. 10. bis 16. Okt. 1926, veranstaltet von der Internationalen Gesellschaft für Sexualforschung, Bd. 3. Berlin, Köln, S. 1–7 [in diesem Band, S. 306–313]

Adler, A. (1928c/1982a): Erotisches Training und erotischer Rückzug. In: Adler 1982a, S. 215–223

Adler, A. (1928f): Kurze Bemerkungen über Vernunft, Intelligenz und Schwachsinn. In: Internationale Zeitschrift für Individualpsychologie 6: 267–272 [in diesem Band, S. 314–320]

Adler, A. (1928f/1982a): Kurze Bemerkungen über Vernunft, Intelligenz und Schwachsinn. In: Adler 1982a, S. 224–231

Adler, A. (1928j): Psychologie und Medizin. In: Wiener medizinische Wochenschrift 78: 697–700 [in diesem Band, S. 321–330]

Adler, A. (1928j/1982a): Psychologie und Medizin. In: Adler 1982a, S. 204–214

Adler, A. (1928m): Psychologie der Macht. In: F. Kobler (Hg.), Gewalt und Gewaltlosigkeit: Handbuch des aktiven Pazifismus. Zürich, S. 41–46 [in diesem Band, S. 331–335]

Adler, A. (1928m/1982a): Psychologie der Macht. In: Adler 1982a, S. 232–237

Adler, A. (1929b/1973b): Individualpsychologie in der Schule: Vorlesungen für Lehrer und Erzieher. Mit einer Einführung von W. Metzger. Frankfurt a. M.

Adler, A. (1929c): Problems of neurosis: A book of case histories. Mit einem Vorwort von F. G. Crookshank. Hg. von P. Mairet. London [Ausschnitte in diesem Band, S. 336–345]

Adler, A. (1929c/1981a): Neurosen. Zur Diagnose und Behandlung [Problems of Neurosis] mit einer Einführung von R. F. Antoch, aus dem Engl. von W. Köhler. Hg. von H. L. Ansbacher u. R. F. Antoch. Frankfurt a. M.

Adler, A. (1929d/1978b): Lebenskenntnis. [The Science of Living]. Mit einer Einführung von W. Metzger. Frankfurt a. M.

Adler, A. (1929f): Die Individualpsychologie in der Neurosenlehre. In: Internationale Zeitschrift für Individualpsychologie 7: 81–88 [in diesem Band, S. 346–354]

Adler, A. (1929f/1982a): Die Individualpsychologie in der Neurosenlehre. In: Adler 1982a, S. 238–248

Adler, A. (1930a/1976a): Kindererziehung [The education of Children]. Mit einer Einführung von W. Metzger. Frankfurt a. M.

Adler, A. (1930d/1977a): Das Problem der Homosexualität und sexueller Perversionen. Erotisches Training und erotischer Rückzug. Mit einer Einführung von W. Metzger. Frankfurt a. M.

Adler, A. (1930j): Nochmals – Die Einheit der Neurosen. In: Internationale Zeitschrift für Individualpsychologie 8: 201–216 [in diesem Band, S. 355–372]

Adler, A. (1930j/1982b): Nochmals – die Einheit der Neurosen. In: Adler 1982b, S. 35–55

Adler, A. (1930n): Grundbegriffe der Individualpsychologie. In: F. Giese (Hg.), Handwörterbuch der Arbeitswissenschaft, Bd. 1. Halle an der Saale, S. 2428–2437 [in diesem Band, S. 373–383]

Adler, A. (1930n/1982b): Grundbegriffe der Individualpsychologie. In: Adler 1982b, S. 22–34

Adler, A. (1931b/1979b): Wozu leben wir? [What life should mean to you]. Mit einer Einführung von W. Metzger. Frankfurt a. M.

Adler, A. (1931c): Rauschgift. In: Fortschritte der Medizin 49: 535–540 u. 571–575 [in diesem Band, S. 384–401]

Adler, A. (1931e): The case of Mrs. A. In: Individual Psychology Pamphlets (1): 15–46 [in diesem Band, S. 402–428]

Adler, A. (1931e/1982b): Der Fall von Frau A. In: Adler 1982b, S. 118–148

Adler, A. (1931f): Zwangsneurose. In: Internationale Zeitschrift für Individualpsychologie 9: 1–15 [in diesem Band, S. 497–515]

Adler, A. (1931g): Der Sinn des Lebens. In: Internationale Zeitschrift für Individualpsychologie 9: 161–172 [in diesem Band, S. 429–441]

Adler, A. (1931g/1982b): Der Sinn des Lebens. In: Adler 1982b, S. 71–84

Adler, A. (1931i): Trick und Neurose. In: Internationale Zeitschrift für Individualpsychologie 9: 417–423 [in diesem Band, S. 442–450]

Adler, A. (1931i/1982b): Trick und Neurose. In: Adler 1982b, S. 140–158

Adler, A. (1931l): Der nervöse Charakter. In: Zeitschrift für angewandte Psychologie, Beihefte 59: 1–14 [in diesem Band, S. 451–462]

Adler, A. (1931l/1982b): Der nervöse Charakter. In: Adler 1982b, S. 159–172

Adler, A. (1931m): Symptomwahl beim Kinde. In: Kinderärztliche Praxis 2: 398–409 [in diesem Band, S. 463–481]

Adler, A. (1931m/1982b): Symptomwahl beim Kinde. In: Adler 1982b, S. 173–191

Adler, A. (1931n): Individualpsychologie und Psychoanalyse. I. Individualpsychologie. II. Die Unterschiede zwischen Individualpsychologie und Psychoanalyse. In: Schweizerische Erziehungs-Rundschau 4: 59–61, 89–93 [in diesem Band, S. 482–496]

Adler, A. (1931n/1982b): Individualpsychologie und Psychoanalyse I u. II. In: Adler 1982b, S. 192–209

Adler, A. (1931q): Zwangsneurose. In: Archiv für Psychiatrie und Nervenkrankheiten 93, 262–274 [in diesem Band, S. 497–515]

Adler, A. (1931q/1982b): Zwangsneurose. In: Adler 1982b, S. 85–105

Adler, A. (1932f): Rauschgift. In: Internationale Zeitschrift für Individualpsychologie 10: 1–19 [in diesem Band, S. 384–401]

Adler, A. (1932f/1982b): Rauschgift. In: Adler 1982b, S. 210–235

Adler, A. (1932g): Persönlichkeit als geschlossene Einheit. In: Internationale Zeitschrift für Individualpsychologie 10: 81–88 [in diesem Band, S.516–526]

Adler, A. (1932g/1982b): Persönlichkeit als geschlossene Einheit. In: Ader 1982b, S. 236–247

Adler, A. (1932h): Die Systematik der Individualpsychologie. In: Internationale Zeitschrift für Individualpsychologie 10: 241–244 [in diesem Band, S. 527–531]

Adler, A. (1932h/1982b): Die Systematik der Individualpsychologie. In: Adler 1982b, S. 248–253

Adler, A. (1932i): Der Aufbau der Neurose. In: Internationale Zeitschrift für Individualpsychologie 10: 321–328 [in diesem Band, S. 532–540]

Adler, A. (1932i/1982b): Der Aufbau der Neurose. In: Adler 1982b, S. 263–272

Adler, A. (1932l/1964a) Technik der Behandlung. Engl. Übersetzung. In: Ansbacher, H. L. u. Ansbacher, R., Superiority and social interest. Evanston, Il., S. 191–201, in diesem Band, S. 541–549]

Adler, A. (1932l/1982b): Technik der Behandlung. In: Adler 1982b, S. 253–262

Adler, A. (1933b/2008b): Der Sinn des Lebens. Hg. von R. Brunner. In: Adler 2008b, S. 5–176

Adler, A. (1933c/2008b): Religion und Individualpsychologie. Hg. von R. Wiegand. In: Adler 2008b, S. 177–224

Adler, A. (1933i): Über den Ursprung des Strebens nach Überlegenheit und des Gemeinschaftsgefühles. In: Internationale Zeitschrift für Individualpsychologie 11: 257–263 [in diesem Band, S. 550–558]

Adler, A. (1933i): Über den Ursprung des Strebens nach Überlegenheit und des Gemeinschaftsgefühles. In: Mitteilungsblatt Individualpsychologische Veranstaltungen 2 (7): 1

Adler, A. (1933i/1983a): Über den Ursprung des Strebens nach Überlegenheit und des Gemeinschaftsgefühls. In: Adler 1983a, S. 21–32

Adler, A. (1933k): Die Formen der seelischen Aktivität. Ein Beitrag zur individualpsychologischen Charakterkunde. In: Nederlands Tijdschrift voor de Psychologie 1: 229–235 [in diesem Band S. 559–564]

Adler, A. (1934g): Die Formen der seelischen Aktivität: Ein Beitrag zur individualpsychologischen Charakterkunde. In: Internationale Zeitschrift für Individualpsychologie 12: 1–5 [in diesem Band, S. 559–564]

Adler, A. (1934g/1983a): Die Formen der seelischen Aktivität. Ein Beitrag zur individualpsychologischen Charakterkunde. In: Adler 1983a, S. 40–46

Adler, A. (1934h): Körperliche Auswirkungen seelischer Störungen. In: Internationale Zeitschrift für Individualpsychologie 12: 65–71 [in diesem Band, S. 572–580]

Adler, A. (1934h/1983a): Körperliche Auswirkungen seelischer Störungen. In: Adler 1983a, S. 47–56

Adler, A. (1935j): Der Komplexzwang als Teil der Persönlichkeit und Neurose. In: Internationale Zeitschrift für Individualpsychologie 13: 1–6 [in diesem Band, S. 581–587]

Adler, A. (1935j/1983a): Der Komplexzwang als Teil der Persönlichkeit und Neurose. In: Adler 1983a, S. 75–83

Adler, A. (1935k): Über das Wesen und die Entstehung des Charakters. In: Internationale Zeitschrift für Individualpsychologie 13: 29–30 [in diesem Band, S. 588–589]

Adler, A. (1933l): Vor- und Nachteile des Minderwertigkeitsgefühles. In: Pädagogische Warte 40: 15–19 [in diesem Band, S. 565–571]

Adler, A. (1933l/1983a): Vor- und Nachteile des Minderwertigkeitsgefühls. In: Adler 1983a, S. 33–39

Adler, A. (1935l/1983a): Vorbeugung der Neurose. In: Adler 1983a, S. 84–97

Adler, A. (1935m): Die Vorbeugung der Delinquenz. In: Adler 1983a, S. 96–109

Adler, A. (1936f): On the interpretation of dreams. In: Internationales Jahrbuch für Individualpsychologie 2: 3–16 [in diesem Band, S. 590–607]

Adler, A. (1936f/1983a): Zur Traumdeutung. In: Adler 1983a, S. 110–129

Adler, A. (1936j-1): Das Todesproblem in der Neurose. In: Internationale Zeitschrift für Individualpsychologie 14: 1–6 [in diesem Band, S. 608–615]

Adler, A. (1936j-1/1983a): Das Todesproblem in der Neurose. In: Adler 1983a, S. 130–138

Adler, A. (1936j-2/1987): Das Todesproblem. In: Individividudal Psychology News Letter 35 (10): 4–13 [in diesem Band, S. 616–621]

Adler, A. (1936l): Neurotisches Weltbild. In: Internationale Zeitschrift für Individualpsychologie 14: 129–137 [in diesem Band, S. 622–631]

Adler, A. (1936s): Vorwort zum Tagebuch von Waslaw Nijinsky [als Vorwort für eine Veröffentlichung des Tagebuchs von Waslaw Nijinsky; in diesem Band, S. 632–640]

Adler, A. (1936l/1983a): Neurotisches Weltbild. In: Adler 1983a, S. 139–150

Adler, A. (1937g/2009b): Ist Fortschritt der Menschheit möglich? wahrscheinlich? unmöglich? sicher? In: Adler 2009b, S. 194–198

Adler, A. (1974a): Praxis und Theorie der Individualpsychologie: Vorträge zur Einführung in die Psychotherapie für Ärzte, Psychologen und Lehrer. Neu hg. von W. Metzger [Neudr. d. 4. Aufl. v. 1930]. Frankfurt a. M.

Adler, A. (1982a): Psychotherapie und Erziehung. Ausgewählte Aufsätze Band 1: 1919–1929. Ausgew. u. hg. von H. L. Ansbacher und R. F. Antoch, mit einer Einführung von R. F. Antoch. Frankfurt a. M.

Adler, A. (1982b): Psychotherapie und Erziehung. Ausgewählte Aufsätze Band 2: 1930–1932. Ausgew. u. hg. von H. L. Ansbacher und R. F. Antoch. Mit einer Einführung von R. F. Antoch. Frankfurt a. M.

Adler, A. (1983a): Psychotherapie und Erziehung. Ausgewählte Aufsätze Band III: 1933–1937. Ausgew. u. hg. von H. L. Ansbacher und R. F. Antoch. Mit einer Einführung von R. F. Antoch. Frankfurt a. M.

Adler, A. (2007a): Persönlichkeit und neurotische Entwicklung. Frühe Schriften (1904–1912). Hg. mit einer Einführung von A. Bruder-Bezzel. Alfred Adler Studienausgabe, Bd. 1. Göttingen

Adler, A. (2007b): Menschenkenntnis. Hg. mit einer Einführung von Jürg Rüedi. Alfred Adler Studienausgabe, Bd. 5. Göttingen

Adler, A. (2008a): Über den nervösen Charakter. Grundzüge einer vergleichenden Individualpsychologie und Psychotherapie. Mit einer Einleitung von A. Bruder-Bezzel. Hg. von K. H. Witte, A. Bruder-Bezzel und R. Kühn. Alfred Adler Studienausgabe, Bd. 2. Alfred Adler Studienausgabe, Bd. 1. Göttingen

Adler, A. (2009b): Gesellschaft und Kultur. Hg. mit einer Einführung von A. Bruder–Bezzel. Alfred Adler Studienausgabe. Bd. 7. Göttingen

Antoch, R. F. (2006): Über das Selbstsein im Bezogensein. In: Zeitschrift für Individualpsychologie 31: 347–360

Bacon, F. (1990): Neues Organon. Deutsch, Lateinisch. 2 Bde. Philosophische Bibliothek. Hamburg

Bauer, J. (2006): Prinzip Menschlichkeit. Warum wir von Natur aus kooperieren. Hamburg

Bion, W. R. (1970/2006): Aufmerksamkeit und Deutung. Tübingen

Bollas, Ch. (1997): Der Schatten des Objekts. Das ungedachte Bekannte: Zur Psychoanalyse der frühen Entwicklung. Stuttgart

Brisch, K. H. (2009): Bindungsstörungen. Stuttgart

Bruder-Bezzel, A. u. Bruder, K.-J. (2004): Kreativität und Determination. Studien zu Nietzsche, Freud und Adler. Göttingen

Bruder-Bezzel, A. (2009): Einleitung (zu Adler 2009b)

Dornes, M. (1999): Die frühe Kindheit. Entwicklungspsychologie der ersten Lebensjahre. Frankfurt a. M.: Fischer

Dürr, H.-P. (2003): Die ontologische Revolution durch die Quantentheorie und die Erneuerung der Naturwissenschaft. In: H.-P. Dürr u. H.-J. Fischbeck, Wirklichkeit, Wahrheit, Werte und Wissenschaft. Berlin, S. 23–34

Eife, G. (2004): Augenblick der Begegnung. Die Eröffnung einer trans-subjektiven Dimension. In: A. Springer (Hg.), Psychoanalyse des Glaubens. Gießen, S. 231–242

Eife, G. (2005): Individualpsychologische Behandlung der Neurosen (Adler 1913–1930). Eine Re-Lektüre. In: U. Lehmkuhl (Hg.), Die Gesellschaft und die Krankheit. Göttingen, S. 95–112

Eife, G. (2008): Gemeinschaftsgefühl und Vollendungsstreben als Ausdruck unmittelbarer Erfahrung – ein wenig beachteter Aspekt von Adlers Theorie. In: R. Kühn u. K. H. Witte (Hg.), Lebensethik. Freiburg u. München, S. 144–157

Eife, G. (2009): Die doppelte Dynamik: Was treibt und was hilft Menschen mit psychischen Störungen? In: P. Wahl, H. Sasse u. U. Lehmkuhl (Hg.), Macht – Lust. Göttingen, S. 119–137

Eife, G. (2010): Alfred Adler – der unbekannte Therapeut. Lesefrüchte aus Adlers psychotherapeutischen Schriften der Jahre 1926–1933. In: Zeitschrift für Individualpsychologie (im Druck)

Fischer, G. u. Riedesser, P. (1999): Lehrbuch der Psychotraumatologie. München

Fonagy, P., György, G., Elliot L. J. u. Target, M. (2002): Affektregulierung, Mentalisierung und die Entwicklung des Selbst. 2. Aufl., Stuttgart

Freud, S. (1900/1972): Die Traumdeutung. Studienausgabe, Bd. 2. Frankfurt a. M.

Freud, S. (1914c/1975): Zur Einführung des Narzissmus. In: Psychologie des Unbewussten. Studienausgabe, Bd. 3. Frankfurt a. M., S. 37–68

Freud, S. (1920/1975) Jenseits des Lustprinzips. In: Psychologie des Unbewussten. Studienausgabe, Bd. 3. Frankfurt a. M., S. 213–272

Funke, G. u. Kühn, R. (2005): Einführung in eine phänomenologische Psychologie. München u. Freiburg

Furtmüller, C. (1912): Psychoanalyse und Ethik. Schriften des Vereins für freie psychoanalytische Forschung. München

Görnitz, T. u. Görnitz, B. (2008): Die Evolution des Geistigen. Quantenphysik – Bewusstsein – Religion. Göttingen

Grotstein, J. S. (1997). Integrating one-person and two-person psychologies. Autochthony and alterity in counterpoint. In: Psychoanalytic Quarterly 66: 403–430

Hannen, H.-W. (1994): Alfred Adler – im Banne seines Unbewussten. Weinheim

Havelock, E. (1911): Die Welt der Träume. Würzburg

Hegel, G. W. F. (1979): Werke. Auf der Grundlage der Werke von 1832–1845 neu edierte Ausgabe. Redaktion E. Moldenhauer und K. M. Michel. Frankfurt a. M.

Heidegger, M. (1927/1977): Sein und Zeit. Gesamtausgabe, Bd. 2. Frankfurt a. M.

Heisterkamp, G. (2002): Basales Verstehen – Handlungsdialoge in Psychotherapie und Psychoanalyse. Stuttgart

Henry, M. (1992): Radikale Lebensphänomenologie. Übers. von R. Kühn. Freiburg u. München

Hoffmann, E. (1994): The drive for self. Alfred Adler and the founding of Individual Psychology. Roading, Mass., New York u. a.

Hurry A. (2002): Psychoanalyse und Entwicklungstherapie In: A. Hurry, Psychoanalyse und Entwicklungsförderung von Kindern. Frankfurt a. M., S. 43–88

Kandel, E. R. (2006): Psychiatrie, Psychoanalyse und die neue Biologie des Geistes. Frankfurt a. M.

Kernberg, O. F. (1988): Innere Welt und äußere Realität. Anwendungen der Objektbeziehungstheorie. München u. Wien

Klein, M. (1937/1975): Liebe, Schuldgefühl und Wiedergutmachung. In: R. Cycon (Hg.), Melanie Klein. Gesammelte Schriften. Stuttgart, Bd. 1, Teil 2, S. 105–158

Klein, M. (1944/1975): Gefühlsleben und Ich-Entwicklung des Säuglings. In: R. Cycon (Hg.), Melanie Klein. Gesammelte Schriften Bd. 1, Teil 2. Stuttgart, S. 261–320

Kohut, H. (1979): Die Heilung des Selbst. Frankfurt a. M.

Kramer, J. (1914): Kindliche Phantasien über Berufswahl. In: A. Adler (Hg.), Heilen und Bilden. 2. Aufl., München 1922, S. 321–335

Lacan, J. (1991): Das Spiegelstadium als Bildner der Ich-Funktion, wie sie uns in der psychoanalytischen Erfahrung erscheint. In: Schriften Bd. 1. Hg. von N. Haas. 3. Aufl., Berlin

Levinas, E. (1989): Die Zeit und der Andere, übers. von L. Wenzler. 2. Aufl., Hamburg
Lichtenberg, J. D., Lachmann, F. M. u. Fosshage, J. L. (2000). Das Selbst und die motivationalen Systeme. Zu einer Theorie psychoanalytischer Technik. Frankfurt a. M.
Kühn R. (1988): Fiktives Leben oder lebendige Fiktion. In: Zeitschrift für Individualpsychologie 13: 219-224
Nietzsche, F. (1977): Werke in drei Bänden. Hg. von K. Schlechta, Bd. III. Nachlass. München
Nietzsche, F. (1878/1980): Menschliches, Allzumenschliches, I und II. Kritische Studienausgabe, Bd. 2. Berlin u. München
Nietzsche, F. (1886/1980): Also sprach Zarathustra. Kritische Studienausgabe, Bd. 4. Berlin u. München
Nietzsche, F. (1888/1980): Ecce homo. Kritische Studienausgabe, Bd. 6. Berlin u. München, S. 355-374
Roth, G. (2003): Fühlen, Denken und Handeln. Wie das Gehirn unser Verhalten steuert. Frankfurt a. M.
Rudolf, G. (2006): Strukturbezogene Psychotherapie. Leitfaden zur psychodynamischen Therapie struktureller Störungen. 2. Aufl., Stuttgart
Sloterdijk, P. (2009): Du musst dein Leben ändern. Frankfurt a. M.
Spitzer, M. (2007): Vom Sinn des Lebens. Stuttgart
Stern, D. N., Sander, L. W., Nahum, J. P., Harrison et al. (2002): Nicht-deutende Mechanismen in der psychoanalytischen Therapie. Das ›Etwas-Mehr‹ als Deutung. In: Psyche – Zeitschrift für Psychoanalyse 56, S. 974-1006
Stern D. N. (2005): Der Gegenwartsmoment. Frankfurt a. M.
Strenger, C. (2005) The designed self. Psychoanalysis and contemporary identities. London
Symington, J. u. Symington, N. (1996): The clinical thinking of Wilfred Bion. London
Vaihinger, H. (1911): Die Philosophie des Als-ob. System der theoretischen, praktischen und religiösen Fiktionen der Menschheit auf Grund eines idealistischen Positivismus. Mit einem Anhang über Kant und Nietzsche. Berlin
Winnicott, D. W. (1985): Vom Spiel zur Kreativität. Stuttgart
Witte, K. H. (2008): Das Individuelle in der Individualpsychologie Alfred Adlers. In: R. Kühn u. K. H. Witte (Hg.) Methode und Subjektivität. Freiburg u. München, S. 135-147
Witte, K. H. (2010). Zwischen Psychoanalyse und Mystik. Psychologisch-phänomenologische Analysen. Freiburg u. München

Personenverzeichnis

Adler, Dr. Alexandra (1902–2001), Psychiaterin und Neurologin, Tochter von Alfred Adler 401, 578

Adler, Victor (1852–1918), österr. sozialdemokratischer Führer, Wien 96

Ansbacher, Heinz (1904–2006), Individualpsychologe, Prof. f. Psychologie in Vermont 9, 336 f., 339, 402, 541, 590, 616, 632, 636

Antoch, R. F., Dr. phil., Individualpsychologe 9, 45

Aronsohn, Oscar, prakt. Arzt aus Graudenz 68

Artemidorus, Traumdeuter und Wahrsager im 2. Jahrhundert n. Chr. 113

Äsop (um 600 v. Chr.), griech. Dichter von Fabeln und Gleichnissen 369

Augustinus, Aurelius (354–430), Kirchenlehrer und Philosoph 542

Bach, Johann Sebastian (1685–1750), Komponist des Barock 40, 298, 355, 361, 596

Baco, Francis Bacon, engl. Philosoph und Staatsmann (1561–1626) 104

Baudelaire, Charles (1821–1867), französ. Dichter 234, 246

Bauer, Joachim, Prof. f. Inn. Medizin und Psychiatrie, Psychotherapeut 37

Berger, Alfred Freiherr von (1853–1912), Jurist, Privdoz. f. Philosophie, Prof. f. Ästhetik, Wien 106

Bergmann, von (Kritiker der Individualpsychologie) 372

Bergson, Henri (1859–1941), französ. Philosoph 99, 105

Binswanger, Ludwig (1881–1966), Schweizer Psychiater, Begründer der Daseinsanalyse 633

Bion, Wilfried R. (1897–1979), engl. Psychoanalytiker 23, 46

Bleuler, Eugen (1857–1939), Prof. f. Psychiatrie, Zürich 127, 137, 173, 633

Boas, Franz (1858–1942), Ethnologe und Ethnosoziologe in New York 576

Bollas, Christopher, Psychoanalytiker in London, Prof. f. engl. Literatur 23

Bonhoeffer, Karl (1868–1948), deutscher Psychiater und Neurologe 499, 513, 515

Börner, Wilhelm (1882–1951), Arzt, Pädagoge, Schriftsteller, Vorkämpfer der österr. Friedensbewegung, Wien 16

Brisch, Karl Heinz, Prof. f. Kinder- und Jugendlichenpsychiatrie, München 51

Brown, William (1765–1793), amerikan. Psychologe 295

Bruder-Bezzel, Almuth, Dr. phil., Psychoanalytikerin (DGIP) in Berlin 9, 10, 28

Bruder, Klaus-Jürgen, Prof. f. Psychologie, Psychoanalytiker (DGIP) in Berlin 28

Bühler, Charlotte (1893–1974), deutsche Psychologin, Mitbegründerin der Humanistischen Psychologie 293 f.

Bumke, Oswald (1877–1950), deutscher Psychiater und Neurologe 499, 513

Cicero, Marcus Tullius (106–43 v. Chr.), röm. Politiker, Anwalt und Philosoph 113, 118

Ciompi, Luc, Prof. f. Psychiatrie in Lausanne 24

Coué, Émile (1857–1926), französ. Apotheker und Begründer der Autosuggestion 342

Czerny, Adalbert (1863–1941), Prof. f. Pädiatrie 390, 467, 468

Darwin, Charles Robert (1809–1882), engl. Naturforscher 237, 552

Dilthey, Wilhelm (1833–1911), deutscher Philosoph, Psychologe und Pädagoge 11, 319

Dornes, Martin, Gruppenanalytiker und Soziologe 24

Dostojewski, Fjodor Michaelowitsch (1821–1881), russischer Schriftsteller 9, 16, 157

Dürr, Hans-Peter, deutscher Physiker, bis 1997 Direktor am Max-Planck-Institut f. Physik in München 15

Personenverzeichnis

Eife, Gisela, Dr. med., Psychoanalytikerin (DGIP) in München 39, 43, 46, 49, 53f.
Engels, Friedrich (1820–1895), Unternehmer, Politiker, Philosoph, Historiker 149
Exner, Sigmund (1846–1926), österr. Physiologe 146
Ferenczi, Sándor (1873–1933), ungarischer Psychoanalytiker 633
Fichte, Johann Gottlieb (1762–1814), deutscher Philosoph 298
Fonagy, Peter, Dr. phil., Dipl.-Psych., Psychoanalytiker (IPV) 23f.
Ford, Henry (1863–1947), Gründer der Ford Motor Company 468
Forel, August (1848–1931), Direktor des Burghölzli in Zürich 633
Förster, Friedrich Wilhelm (1869–1966), Prof. f. Pädagogik und Philosophie in Wien 195
Fourier, Charles (1772–1837), französ. Gesellschaftstheoretiker, Frühsozialist 349
Freud, Sigmund (1856–1939), Neurologe und Psychiater, Begründer der Psychoanalyse 23, 52, 67, 90, 99f., 107, 120, 149, 153f., 167, 169, 317f., 341, 346, 354, 359f., 377, 383, 482, 487–490, 492–496, 499, 504, 582f., 589f., 592f., 610f., 621, 633
Friedmann, Alice R. (1897–1980), österr.-amerikan. Individualpsychologin 376
Furtmüller, Carl (1880–1951), Dr. phil., Gymnasialprofessor, Individualpsychologe 9, 79, 100, 104f., 159
Gemelli, Agostino Edoardo (1878–1959), italienischer Arzt und Psychologe 588f.
Goethe, Johann Wolfgang (1749–1832) 89, 124, 234, 240, 247
Goldstein, Kurt (1878–1965), deutscher Neurologe und Psychiater 200, 295
Görnitz, Thomas, Prof. f. Didaktik d. Physik in Frankfurt a. M., 16
Griesinger, Wilhelm (1817–1868), deutscher Internist und Psychiater 302, 446
Grillparzer, Franz (1791–1872), österr. Schriftsteller 247
Gröner, Horst, Dipl.-Hdl., Geschäftsführer der Deutschen Gesellschaft für Individualpsychologie 616
Grotstein, James S., amerikan. Psychoanalytiker 40
Grün, Heinrich (1868-1924), Dr. med., Standes- und Kommunalpolitiker, Sozialdemokrat, Wien 133
Hall, Stanley Granville (1844–1924), amerikanischer Psychologe 294f.
Hamburger, Franz (1874–1954), Prof. f. Pädiatrie in Wien 118
Hamlet, Prinz von Dänemark, Hauptfigur der Tragödie von Shakespeare 175, 584
Häutler, Adolf, Freund und Mitarbeiter Adlers 118
Havelock, Ellis (1859–1939), britischer Sexualforscher und Sozialreformer 116
Hebbel, Christian Friedrich (1813–1863), Dramatiker 246, 592
Hegel, Georg Wilhelm Friedrich (1770–1831), deutscher Philosoph 206, 298, 442f.
Heidegger, Martin (1889–1976), deutscher Philosoph 14
Heisterkamp, Günter, Prof. f. Psychologie, Psychoanalytiker (DGIP), Körpertherapeut 31, 51
Henry, Michel (1922–2002), Prof. f. Philosophie in Montpellier 14, 46
Herder, Johann Gottfried von (1744–1803), deutscher Dichter, Theologe und Philosoph 11, 319
Herodot von Halikarnassos (um 484-424 v. Chr.), antiker griech. Historiograph, Geograph und Völkerkundler 113
Holub, Martha, (1887–1945 [?]), Individualpsychologin 541
Horaz – Quintus Horatius Flaccus (65–8 v. Chr.), röm. Dichter 88, 480
Hurry, Anne, brit. Psychoanalytikerin 53
Jahn, Ernst (1893–1969), evangelischer Theologe und Psychologe 553
James, William (1842–1910), amerikan. Schriftsteller und Psychologe 299, 595
Jeanne d'Arc, Jungfrau von Orleans (1412–1431), französ. Nationalheldin und Heilige 123

Jean Paul, eigentlich Johann Paul Friedrich Richter (1763–1825), deutscher Schriftsteller 189, 191, 199, 319
Jerusalem, Wilhelm (1854–1923), österr. Philosoph 504
Jesus 123
Joséphine de Beauharnais (1763–1814), erste, geschiedene Frau Napoleons 123
Jung, Carl Gustav (1875–1961), Psychiater, Zürich, Begründer der analytischen Psychologie 67, 154, 582, 633
Kainos, Caenis, mythische Gestalt 108
Kandel, Eric R., Prof. f. Psychiatrie in USA 23
Kankeleit, Otto (1884 1973), Nervenarzt 497
Kant, Immanuel (1724–1804), Philosoph 11f., 89, 226f., 229, 231, 252, 257, 298, 315, 566
Karl der Große, ab 768 König des Fränkischen Reiches, ab 800 römischer Kaiser 274
Kernberg, Otto F., Prof. f. Psychiatrie in New York, Psychoanalytiker (IPV) 51
Kern, Berthold (1848–?), Allgemeinarzt und Philosoph, Berlin 299
Klein, Melanie (1882–1960), Psychoanalytikerin in London 11, 15, 42
Köhler, Wolfgang (1887–1967), Mitbegründer der Gestaltpsychologie 295, 368
Kohut, Heinz (1913–1981), amerikan. Psychoanalytiker 24
Kraepelin, Emil (1865–1926), Prof. f. Psychiatrie in München 486, 611, 633
Krafft-Ebing, Richard von (1840–1902), deutsch-österr. Psychiater und Rechtsmediziner 161, 499
Kramer, Josef, Individualpsychologe, Wien 97
Kretschmer, Ernst (1888–1964), Prof. f. Psychiatrie 351
Kretschmer, Ernst (1988–1964), Prof. f. Psychiatrie 67, 134, 356, 357
Kronfeld, Arthur (1886–1941), Psychiater und Psychotherapeut 497, 499
Krueger, Felix (1874–1948), deutscher Psychologe 583

Kühn, R., Dr. phil., Philosoph, Wien, Freiburg 11, 14, 47
Lacan, Jacques (1901–1981), französ. Psychoanalytiker in Paris 18
Lamarck, Jean-Baptiste (1744–1829), Naturforscher 552
Levinas, Emmanuel (1906–1995), französ. Philosoph 14
Lichtenberg, Joseph D., Prof. f. Psychiatrie in Washington, Säuglingsforscher 19, 40
Lipps, Theodor (1851–1914), deutscher Philosoph und Psychologe 315, 319, 582
Liszt, Franz (1811–1886), ungar. Komponist 274
Maday, Dr. Stefan von, Dozent in Budapest, Mitarbeiter der Internationalen Zeitschrift für Individualpsychologie 95
Mairet, Philip (1870–1975), Journalist 336
Maria, Mutter Jesu 123
Marie-Louise von Österreich (1791–1847), die zweite Ehefrau Napoleons 123
Marx, Karl (1818–1883), Philosoph 149, 164, 229, 231
Meinong, Alexius Ritter von Handschuchsheim (1853–1920), österr. Philosoph und Psychologe 582
Messer, August Wilhelm (1867–1947), deutscher Psychologe 295
Miltiades der Jüngere (550–489 v. Chr.), aus Athen stammender Feldherr und Politiker 96
Miltiades der Jüngere (550–489 v. Chr.), aus Athen stammender Feldherr und Politiker 96
Müller-Freienfels (1882–1949), deutscher Philosoph und Psychologe 319
Münsterberg, Hugo (1863–1916), deutschamerikan. Psychologe und Philosoph 298
Napoleon Bonaparte (1769–1821), französ. Staatsmann und Feldherr 123, 334, 468, 625
Natorp, Paul (1854–1924), deutscher Philosoph und Pädagoge 298
Niebuhr, Barthold Georg (1776–1831), deutscher Historiker 158, 164

Nietzsche, Friedrich (1844–1900), Philosoph 11, 20, 27, 116, 210, 341, 349, 489, 492, 552
Nijinskij, Waslaw (1889 (?)–1950, polnisch-russischer Balletttänzer und Choreograf 632
Novalis, eigentlich Georg Friedrich Philipp Freiherr von Hardenberg (1772–1801), deutscher Schriftsteller 11, 319
Obersteiner, H. (1848–1922), Neurologe in Wien 75
Oppenheim, David Ernst (1881–1943), Altphilologe, Individualpsychologe, Wien 108
Ostwald, Wilhelm (1853–1932), deutschbaltischer Chemiker und Philosoph 299
Ovid, Publius Ovidius Naso (43 v. Chr.–18 n. Chr.), röm. Dichter 108
Pawlow, Iwan Petrowitsch (1849–1936), russischer Mediziner und Physiologe 115
Pestalozzi, Johann Heinrich (1746–1827), Schweizer Pädagoge 274, 302
Pfaundler, Meinhard von (1872–1947), Prof. f. Pädiatrie 492
Pfänder, Alexander (1870–1941), deutscher Philosoph 298
Pilcz, Alexander (1871 1954), österr. Psychiater 180
Platon (427–347 v. Chr.), griech. Philosoph in Athen 300
Polonius aus Hamlet 584
Pötzl, Otto (1877–1962), Leiter der Wiener psychiatr. Universitätsklinik 401
Preuß, Konrad Theodor (1869–1938), deutscher Ethnologe 582
Prince, Morton H. (1854–1929), amerikan. Neurologe und Psychologe 295
Raimann, Emil (1872–1949), Prof. f. forens. Psychiatrie, Wien 171
Rehmke, Johannes (1848–1930), Philosoph 299
Reininger, Robert (1869–1955), österreichischer Philosoph 293 f.
Rockefeller, John Davison (1839–1937), amerikan. Unternehmer 468

Rops, Félicien J. V. (1833–1898), belgischer Zeichner und Maler 246
Roth, Gerhard, Prof. f. Verhaltensphysiologie, Direktor des Instituts f. Hirnforschung in Bremen 23
Rudolf, Gerd, Prof. f. Psychosomatische Medizin und Psychotherapie in Heidelberg 19, 21, 23 f.
Sakel, Manfred Joshua (1900–1957), Neurophysiologe und Psychiater, Wien und New York 633
Scherner, Karl Albert, Prof. f. Philosophie in Breslau 120
Schleiermacher, Friedrich (1768–1834), Theologe, Altphilologe, Philosoph 234
Schopenhauer, Arthur (1788–1860), Philosoph 298, 523
Schorr, Angela, Prof. für Psychologie 632
Schrecker, Paul, Individualpsychologe 98, 105, 178
Schuhmacher, Sonja, Übersetzerin, Weiden 336 f., 402 f.
Schuhmacher, Sonja, Übersetzerin, Weiden 590
Schwarz, Hermann (1864–1951), deutscher Philosoph 494
Shakespeare, William (1564–1616), engl. Dichter 521, 523
Shaw, George Bernhard (1856–1950), irischer Dramatiker 548
Signorelli, Luca (1441–1523), italienischer Maler 80
Simonides von Keos (556–468), griechischer Dichter 112, 118 f., 596 f.
Sloterdijk, Peter, Prof. f. Ästhetik und Philosophie 12, 27
Smuts, Jan Christiaan (1870–1950), Naturphilosoph, Staatsmann, Premierminister von Südafrika 552
Sokrates (ca. 469–399 v. Chr.), griech. Philosoph 22, 206, 300, 316, 485
Sonnenberg, Franz von (1779–1805), deutscher Dichter 189, 191, 199
Spengler, Oswald (1880–1936), deutscher Geschichtsphilosoph 299
Spir, Afrikan Olexandrowytsch (1837–1890), ukrainisch-russischer Philosoph und Logiker 299

Spitzer, Manfred, Prof. f. Psychiatrie (Neurodidaktik) 37
Spranger, Eduard (1882–1963), Philosoph, Pädagoge und Psychologe 295
Stark, Karl Wilhelm (1787–1845), Prof. f. Pathologie 295, 583
Steinthal, Heymann (1823–1899), deutscher Philologe und Philosoph 105
Stern, Daniel N., Psychoanalytiker, Säuglingsforscher und Entwicklungspsychologe in Genf 22, 29, 31, 43, 46
Stern, William (1871–1938), Prof. f. Psychologie 105, 145, 173, 295, 452, 457, 528
Strenger, Carlo, israel. Psychoanalytiker 14, 37, 40
Symington, Joan, austral. Psychoanalytikerin 23
Symington, Neville, austral. Psychoanalytiker 23
Themistokles (525–459 v. Chr.), Feldherr Athens 96
Thomas von Aquin (um 1225–1274), Philosoph, Theologe und Kirchenlehrer 298
Vaihinger, Hans (1852–1933), Prof. f. Philosophie in Straßburg und Halle 11
Vaihinger, Hans (1852–1933), Prof. f. Philosophie in Straßburg und Halle 11, 105 f., 122, 144, 150, 584
Vergil (70–19 v. Chr.), röm. Dichter 99
Virchow, Rudolf (1821–1902), Prof. f. Pathologie in Berlin und Würzburg 21, 324, 463, 616
Vischer, Friedrich Theodor (1807–1887), deutscher Schriftsteller, Literaturwissenschaftler und Philosoph 189, 191, 199
Volkelt, Johannes (1848–1930), deutscher Philosoph 319, 583
Wagner, Richard (1813–1883), Komponist 100, 234, 244, 274
Wagner von Jauregg, Julius (1857–1940), Prof. f. Psychiatrie in Wien 633
Watson, John Broadus (1878–1958), amerikan. Prof. f. Psychologie 533
Wegner, Armin T. (1886–1978), deutscher pazifistischer Schriftsteller 335
Weinmann, Kurt (1885–1974), Dr. med., Individualpsychologe, München 278
Wertheimer, Max (1880–1943), Begründer der Gestaltpsychologie 368
Westphal, Carl Friedrich Otto (1833–1890), deutscher Psychiater und Neurologe 499
Wexberg, Erwin (1889–1957), Psychiater, früher Mitarbeiter Adlers, eigenständiger Theoretiker der Individualpsychologie 360, 497
Wilde, Oscar (1854–1900), irischer Schriftsteller 562, 584
Winnicott, Donald W. (1896–1971) engl. Psychoanalytiker 45
Witte, Karl Heinz, Psychoanalytiker (DGIP), München 12, 19 f., 43, 45
Wundt, Wilhelm Maximilian (1832–1920), deutscher Physiologe, Philosoph und Psychologe 298, 319, 582
Zondek, Bernhard (1891–1966), Gynäkologe 576, 594

Sachverzeichnis

A

absolute Wahrheit 34, 38, 45 f., 217, 228, 230, 233, 374, 516, 518, 555
abstrakt 14, 19, 27, 30, 51, 57, 61, 101, 391, 516, 518, 520, 543
Abstraktion 96, 100, 178, 355, 358, 626
Abulie 137, 163
Affekt 21, 23, 25, 49, 62 ff., 66, 68, 72, 74, 85 f., 112, 118 f., 121, 123, 127, 129, 135, 148, 158, 160, 170, 175, 180, 207, 272 f., 321, 326, 353, 368, 381, 391, 454, 457, 506, 537, 575, 578
Affektbereitschaft 60, 63, 65, 68, 440, 475
Affektherstellung 72
Affektivität 60, 65, 67 f., 76, 467, 622 f.
  gesteigerte 24
Affektstörung 61 f., 65
Affektverstärkung 62, 65
Aggression 22, 28, 62, 94, 106, 137, 142, 154, 156, 158 f., 162, 410, 500
Aggressionsbasis 68
Aggressionshemmung 114
  scheinbare 60
Aggressionstrieb 22, 60, 116, 498, 500, 562, 611
Aktivität 23, 41, 84, 126 ff., 133, 135 ff., 166, 179, 193, 247, 305, 332, 344, 368, 380 ff., 395, 467, 472, 479, 484, 503, 508, 559–564, 576, 586, 588 f., 600, 610, 613, 617, 623, 628, 636 f.
Alkoholiker 228, 317, 320, 332, 384 ff., 390, 392 f., 396, 399 f.
Alkoholismus 137, 140, 163, 192, 198 f., 218, 241, 340, 363, 386, 393 f., 397, 399 f.
Als-ob 106, 122, 160, 177, 226, 584, 598
Ambivalenz 158, 161, 205 f., 287, 292, 297, 346, 352, 354, 361, 420, 481, 495, 503, 523
Analogie 72, 101, 118, 165, 192, 213, 260, 358, 492, 594
analogisch 116, 122
analogisieren 73

Anforderungen des Lebens 67
Angriffsorgan 148, 253, 373 f.
Angst 24, 35, 38, 63, 74, 78, 80, 84, 86, 92–95, 99 f., 118, 133, 148, 163, 165, 168, 180, 186, 192, 214, 219, 220 f., 225, 248, 254, 267, 297, 299, 320, 327, 330, 344, 350 f., 353, 369, 393, 406 f., 409, 412, 417 f., 420 ff., 427, 439, 449, 451, 454, 461, 463, 474 f., 479 ff., 498, 501 f., 505, 510, 533, 537, 540, 543, 545, 548, 554, 569 f., 575, 598 f., 601 f., 624, 630
Angstanfall 65, 117, 163
Angstausbruch 148
Angstneurose 192, 355 f., 387, 406, 436, 451, 454, 458, 475, 538 ff., 562, 601
Angstneurotiker 320, 502, 525
Anpassung 26, 37, 44, 128, 155, 232 f., 273, 275, 358, 404, 431, 436, 443, 459, 461, 482 f., 485, 487, 518, 553 f., 568, 623
Anschauungsform 166, 528
Antithetik 109, 287
antithetisch 61 f., 362, 593
Antizipation 66, 126 f., 131 ff., 137, 175, 179, 180
Apperzeption 25, 58, 64, 202, 504, 608
Apperzeptionsschema 146, 355, 360, 502
  primitives 72
a priori 11, 517
apriorisch 12
Argumente 317
Argusaugen 119
Arrangement 25, 45, 49, 57–60, 63, 65 f., 68, 72, 74, 77, 80, 84, 92, 94 ff., 101, 118 f., 133, 139–142, 153 ff., 158, 162–166, 168 f., 175 f., 183, 185, 190, 198, 200, 204, 214, 223, 287 f., 290, 292, 294, 299, 341, 426, 537
Ätiologie 59, 61
ätiologisch 133, 171 f.
Atmosphäre 543
Attitüde 75 f., 81, 94 f., 97, 105, 151, 153 f., 158, 539, 545, 560

enuretische 67
zögernde 76f., 110, 141, 155, 158, 162, 166f., 169, 174, 181, 184, 289, 306, 311, 353f., 377, 380, 404, 458, 485, 501, 508, 514, 539, 545, 560
Außenwelt 88, 154, 161, 211, 217, 273, 368, 374, 381, 388, 432, 437, 455, 470, 500, 517, 529, 551, 553, 555, 557, 582, 588, 608f., 612, 626, 633, 637
Aufmarschbreite 531, 540, 560
  verkürzte 530
Ausbiegung 66, 530, 539, 560
  vor einem Problem 530
Ausdrucksbewegung 17, 19, 21, 51, 70f., 149, 160f., 163, 316, 347, 352f., 373f., 380, 486, 514, 527, 530, 535, 554, 559f., 566, 628
Ausdrucksform 20, 29, 44, 69, 145, 204f., 209, 227, 232, 271, 273f., 287, 292, 296, 298, 309f., 315f., 351, 356ff., 363, 381, 383, 388f., 460, 500, 504, 515f., 522, 528f., 534, 550, 563, 565, 568f., 582, 594f., 609, 612
Ausschaltung 32, 63, 66, 82, 87, 121, 127, 153, 158f., 179, 214, 224, 287, 320, 347, 350, 355, 357f., 360, 365, 388, 437, 440, 488f., 514, 521, 561, 569, 585, 626f.
Ausschaltungskomplex 585
Ausschaltungstendenz 65, 302, 626
Außenwelt 11, 19, 37
Ausweichen 25, 68, 261, 274, 288, 290f., 384, 386, 427, 502, 504, 534, 571, 584
Ausweichung 61, 64, 114, 159, 197, 294

B
Basedow 576f.
bedrohliche kindliche Situation 58, 64
Bedürfnis 20, 26, 31, 36, 43, 45, 52f., 67, 238, 244, 252, 337, 344, 472, 491, 551
Befürchtung 66f., 73, 76, 116, 126f., 132, 141, 150, 203, 481, 499, 504
Begabung 22, 47, 83, 89, 173, 228, 270, 274, 276, 278, 313, 627, 634
Behandlung 49, 50f., 53, 57ff., 63, 69f., 73f., 77, 93, 98, 102, 108ff., 116, 118, 122, 141, 175, 183, 189, 200f., 208, 212, 220ff., 234, 268, 270f., 282, 303ff., 312, 336f., 340, 342ff., 370, 379, 383, 395ff., 400, 405, 407, 418, 421, 424, 426f., 463, 478, 480, 495, 510, 538f., 541f., 547f., 559f., 565, 586f., 601, 606, 628, 632, 634
Behandlungsanweisung 49–52, 57f., 337
Behaviorismus 517, 533
Berufsfrage 210
Bettnässen 89
Betzwang 78f.
Bewegung 10, 12f., 15f., 19, 28–31, 39ff., 43ff., 47, 71, 74, 101, 114, 128, 136, 139, 143–150, 165, 179, 186, 194, 205, 207, 230, 246, 250, 252–255, 263, 265, 270–273, 282, 284, 288, 296–299, 302–305, 311, 316, 318, 326, 328, 332, 355f., 369, 373–377, 379, 381, 391, 410, 451, 466, 478, 492, 495, 500, 503, 516, 518, 527–530, 532ff., 538f., 542f., 550, 552f., 556f., 566f., 572, 580ff., 608, 612f., 634
Bewegungsgesetz 21, 25, 516, 522, 524, 537, 539, 565–568, 570
Bewegungslinie 29, 207, 210ff., 248, 252f., 288, 290, 373, 375, 389, 478
Beweiskomplex 581, 584
bewusst 10, 15, 18f., 21f., 28, 36, 44, 61, 86, 88, 98, 100, 103f., 106, 108, 110, 112, 115, 143, 147, 157, 161, 165, 182, 184, 191, 194, 229, 231, 237f., 249, 256, 275, 277, 284, 293, 299, 305, 311, 319, 326, 335, 347, 352, 358, 359, 372, 381, 402, 424f., 443, 446, 452, 455, 459, 462, 485, 487, 492, 498, 516, 522, 525, 552, 567, 575, 590, 595
Bewusste, das 22, 58, 60, 98, 103, 107, 110, 293, 299, 329, 352f., 355, 361, 362, 454, 485, 494f., 516, 534, 563, 566, 593, 595
Bewusstsein 20, 22, 41, 103, 105–110, 115, 122, 298, 305, 328, 339, 516, 522, 534, 544, 546, 566, 577, 583, 627
Bezogenheit 12, 16, 29, 40, 45, 52, 386, 391, 393, 441, 484, 527, 529, 544, 588, 589, 612
Bezugssystem 143, 148, 176, 217, 229–233, 273f., 283ff., 319, 348, 357f., 431, 516, 522, 582, 631
Bibel 113, 247, 458, 509, 586, 591

Sachverzeichnis

C

Charakter 9 ff., 17, 23, 30, 39 f., 47, 58, 62, 64, 67 f., 77, 84, 95, 99, 102, 105, 109, 112, 116, 118–122, 127, 129, 136 f., 139, 154, 159, 177 ff., 184, 202, 229, 246, 261, 267 ff., 272 f., 286, 289, 297, 347, 358 f., 373, 386, 391, 397, 451 f., 455, 459, 460, 482, 491, 493, 503, 506, 532 f., 544, 588 f., 608, 611

Charakterzug 21 f., 24, 29, 49, 59 f., 62 f., 65, 68, 72, 74, 86, 100, 109 f., 127, 129, 150 ff., 158, 160, 177, 207, 254, 259, 272, 277, 329, 334, 337, 343, 347 f., 352, 373, 375, 377, 381, 389 ff., 422, 440, 453, 455 ff., 459, 466, 475, 485, 534, 545, 557, 576, 581, 583, 588 f.

Common Sense 58, 64, 67, 85, 93, 101, 113, 116, 120, 211, 241, 274, 314–321, 323, 343, 353 f., 360, 389, 432 f., 440, 445, 447 ff., 484 f., 487, 490, 493 f., 496, 547, 567, 585, 594 f., 598, 601, 622, 634, 636 f.

D

Defizit 18, 59, 90, 380
Dementia praecox 137, 139, 162, 169, 173, 356, 370
Demütigung 109, 124
Denken 118
Depression 135, 137, 141 f., 169, 195, 208 f., 480, 523, 579
Diagnose 50, 141, 336 f., 343, 402 f., 410, 605, 629
  allgemeine 403 f., 409
  spezielle 405
Diagnostik
  allgemeine 22, 386, 392 f., 397, 445, 480, 532, 540
  spezielle 480
Dispositionserkrankung 189, 194
Disposition zur Neurose 25, 60, 351
Dissoziation 158, 161
Distanz 10, 41, 58, 81, 127, 141, 151, 154 f., 158 f., 163, 164 ff., 170, 173 f., 176 f., 179, 185, 190, 204, 261, 276, 279, 281, 302, 507, 530, 539, 567
double vie 100, 161

Du, das 39, 230, 253, 258 f., 276, 279, 310, 374, 377, 387 f., 439, 469, 529
Dynamik 11–17, 20 ff., 25 f., 28, 40, 43 f., 48, 50, 57, 90, 100, 143, 150, 155 f., 177, 214, 219, 223 f., 262, 297, 346, 353, 375, 378, 451, 488, 506, 550, 565, 592, 594

E

Ehrgeiz 59, 88, 90, 96 f., 100, 123, 130, 136, 151, 153, 158, 160, 166, 179, 186, 190, 194, 196, 198, 200, 208–212, 240, 248, 276, 334, 377, 379 f., 385, 387, 391, 394 f., 400, 406, 417, 446, 475, 504, 507, 525, 537, 547, 602

Einfühlung 13, 24, 31, 36, 47 f., 52 f., 59, 63, 66, 69, 85, 97, 116, 131–134, 138 f., 148, 170, 175, 180, 272, 314 f., 318 f., 353, 430, 476, 541
  intuitive 30, 57, 69, 541

Einheit 12, 18, 21, 23, 32, 40, 58, 103, 106, ff., 111, 122, 143, 145, 149, 166, 171, 201, 203, 205, 219, 224, 250–253, 255, 263, 265, 272, 292, 297, 326, 337, 343, 352, 355 f., 359, 361, 363, 382, 485, 492 f., 495, 503, 516 f., 523, 526, 532, 534, 537, 566, 571, 573, 588 f., 593, 595

Einheit der Persönlichkeit 12, 18, 32, 103, 106 ff., 111, 122, 149, 201, 203, 250, 252 f., 263, 272, 382, 485, 495, 523, 589

einheitlich 12, 18, 21, 23, 38, 60, 65, 73, 85, 103, 105, 145, 149, 166, 179, 236, 252–255, 262, 268, 272, 274, 277, 299, 325, 355, 359, 361, 373 f., 376, 429, 453, 481 f., 492, 495, 503, 514, 516, 522 f., 540, 547, 566, 593, 609

Einschätzung 23, 25, 48, 57, 68, 74, 85, 134, 149, 161, 207, 407, 416

Einsicht 30, 49, 57, 69, 74, 86, 91, 94, 105, 107, 147, 239, 244, 268, 287, 294, 296, 315, 320 ff., 379, 382, 387, 395, 439, 533 f., 560, 566, 584, 586, 593, 612

Einstellung 65, 99, 200, 235, 293, 339, 404, 414, 427 f., 601, 608

Einzelne, der/die 15, 19, 20 f., 26 ff., 32, 34, 36, 38, 42, 43 f., 50, 85, 207, 216 f., 230 f., 233, 238 f., 249, 257, 259, 262 f., 268, 270 f., 273, 275, 277, 300, 302,

310, 321f., 325, 331ff., 335, 347, 374, 392, 430–433, 436, 440, 499, 531, 554, 556ff., 589
Ejaculatio praecox 163, 290, 306, 310, 365
Emotion 25, 67, 93, 101, 351, 367, 368, 369, 393, 408, 411, 444, 451, 453f., 456, 467, 472, 493f., 506, 511, 520, 525, 572f., 575, 584f., 590, 594, 596, 598, 604, 629
Empfinden 124, 144, 151, 310, 457, 532
Empfindlichkeit 163
Empfindung 25, 62, 66, 80, 90, 101, 124, 130, 178, 183, 199, 219, 246, 264, 304, 409, 428, 466, 547, 609
Endabsicht 112, 119, 135, 139, 219, 240, 241f., 284
endogen 179, 359, 399, 529f., 538, 547, 572, 574, 577, 579
endogener Faktor 538
Endziel 13, 25f., 32, 62, 69, 96, 103, 105f., 112, 116, 143, 147, 149, 151, 167, 252, 255, 270f., 273, 289, 291, 378f., 381, 553, 582, 610, 613
entmutigt 30, 47, 74, 92, 102, 136, 160, 167f., 204f., 208, 212f., 219, 224, 255, 306, 311, 351, 357, 359, 363, 521
Entmutigung 13, 28, 30, 45, 126, 154, 159, 167, 170, 178, 189, 190, 198, 201f., 204f., 208–212, 214f., 224, 276f., 287, 350, 353, 378ff., 382, 402
Entstehung 70, 230, 250, 252, 297, 358, 383, 436, 461, 588
der Arten 230, 436
Entthronung 81
entwerten 66, 73
Entwertung 48, 81, 89, 111, 126f., 132, 151, 178f., 212, 214, 285, 382, 474, 507
Entwertungstendenz 109f., 180, 184, 268, 291
Enuresis 131, 190, 199, 212
enuretische Attitüde 67
Epilepsie 67f., 94, 131f., 137, 321, 326, 578
epileptische Neurose 102
Erfahrung 9f., 13, 16, 19, 23, 28–33, 35, 37, 40, 43, 46ff., 50f., 59, 63f., 68ff., 76, 95, 99, 117f., 120, 143, 144, 150, 153, 154, 162, 179, 183, 203, 232, 242, 245, 248, 250, 263, 267, 274, 278, 281, 286,

302, 306, 337, 339, 342–346, 349, 355, 358, 387, 405ff., 409, 410, 413, 430, 432f., 443, 449, 452f., 467, 474, 480ff., 484, 486, 488, 502, 521, 524, 528, 530, 533f., 540, 544, 551, 555, 565, 568, 574, 575, 578, 593, 597, 602, 608f.
Erhöhung 11, 20, 68, 78f., 106, 126f., 135, 159, 319, 362, 394
Erlebnis 69
Erlöser 71, 584
Erlöserkomplex 581, 583
ermutigen 89
ermutigt 133
Ermutigung 276, 278
Erotik 76, 89, 213, 234, 240–244, 248f., 264, 266, 268, 280, 306, 308, 310f., 333, 349
erotisch 61, 87, 159, 208, 234, 239f., 242, 244, 248, 267, 306f., 310, 312, 382, 427
Errötungszwang 192, 513
Erwartung 66, 69, 71, 73, 78, 80, 82, 94, 115, 127, 133, 139, 148, 150f., 172, 177, 212f., 216, 278, 379, 446, 478, 486, 549, 631, 633ff.
Erziehung 48f., 53, 87, 160, 168, 207f., 216, 248, 258, 270, 277, f., 304–308, 325f., 332, 338, 350, 357, 374, 377, 379, 383, 399, 411, 424, 438, 456, 460f., 470, 472, 486, 517, 524, 557, 559f., 563ff., 567, 569, 587, 634
erzwingen 59, 76, 128, 138, 149, 153, 168, 169, 173, 184, 348, 350, 376, 472, 492
Ethik 37, 42, 78, 79, 100, 104, 216f., 257, 429, 434, 523
ethisch 9, 26f., 66, 77, 103, 128f., 231, 303, 482, 484, 509
Evolution 34, 37, 44, 46, 432, 436, 443, 491, 553, 555–558, 564f., 567, 595, 620
evolutionär 13, 24, 34, 482f., 550, 558, 588f., 610
exogen 528f., 530, 538, 547, 561, 572, 574, 611, 623, 630
exogener Faktor 529f., 538, 547, 572

F

Faust, Goethes Drama 247
Feindesland 14, 36, 278, 304, 392f., 489, 559, 564, 611

Sachverzeichnis

feindlich 62, 88, 99, 126, 129, 137, 140, 144, 151 f., 245, 375, 378, 394, 411, 439, 457, 473, 573
feindselig 28, 48, 73, 77, 137, 162, 227, 414, 426
Feindseligkeit 48, 57, 73, 138, 267, 411, 423, 427, 456, 600
Fiktion 11, 14, 18 f., 46, 66, 82, 92, 96–100, 103, 105–108, 111, 118, 134, 138, 144, 150, 155, 157, 159, 164, 185, 223, 294, 319, 359, 627
  des Gleichen 118
  leitende 21, 92, 96 ff., 100, 107 f., 159
fiktiv 18, 26 f., 44, 46, 50, 57, 60, 62, 70, 72, 86, 92, 96, 105 ff., 112 f., 119, 127, 129, 134 f., 141, 145, 147, 149, 156, 158, 160, 177, 179, 185, 196, 201 f., 270 f., 292, 294, 332, 357, 369, 489, 514, 532, 540, 547, 550, 569, 593, 615, 622
fiktive Gleichung 57, 70
fiktives Ziel 46, 86, 106 f., 112 f., 119, 127, 149, 158, 160, 489
fiktive Überlegenheit 62, 135, 547
final 194, 272, 369, 465, 482, 484, 492, 500, 515, 588
Finale 29, 145, 147, 160, 233, 252, 271, 273
Finalität 12, 226, 484
Flucht in die Krankheit 67, 302
Forderungen der Gemeinschaft 68, 84, 86, 195, 198 f.
Forderungen des Lebens 42, 44, 83, 129, 140, 284, 347, 379
Form 60
Formenwandel 92, 103, 106, 108
frühkindlich 23, 85, 266, 270, 273, 277, 360, 376, 514
Führerkomplex 586
fünfter Akt 73, 147, 172
Funktion 189
Funktionsstörung
  körperliche 63
Furcht 61, 63, 76, 97, 98 f., 118, 128, 133, 137, 153, 158 f., 167 ff., 179, 181, 184, 190, 199, 241, 244, 261, 277, 290, 292, 296, 298, 300, 329, 364 ff., 379, 396, 413, 415, 422, 440, 446, 448, 481, 507, 510, 514, 539, 570, 584, 627, 630

G

Gangart 207, 214, 272 f., 492, 539
Ganze, das 10, 19, 28 f., 36, 39, 50, 143, 147, 210, 237, 240, 252, 259, 272, 280, 292–295, 300, 302, 305, 314 f., 361, 368, 389 f., 410, 438, 441, 451 f., 455 f., 458, 463, 465, 481, 516, 522 f., 551, 556, 572, 584, 595, 610, 617
Ganzheit 39 f., 309, 385, 388, 390, 395, 400, 480, 482–486, 495, 519, 522, 533, 560
Ganzheitsbetrachtung 390, 429 f., 486, 500, 617
Gebrauchspsychologie 535, 544
Gebundenheit 41, 130, 137, 229, 232 f., 527, 529, 532
Gedächtnisschwäche 143, 147, 163, 165
gefroren 15, 29 f., 40 f., 45, 503, 527, 550, 552
Gefühl 13 f., 16 f., 21, 24 f., 31, 34 f., 40, 42 f., 47, 50, 52 f., 58 ff., 62 ff., 66 ff., 70, 72, 75, 81, 84, 90 f., 93, 98, 101, 122 f., 126, 132, 135–138, 156 ff., 161 f., 178, 183, 195, 198, 206, 217, 223, 230 f., 236 ff., 241, 244, 258, 266, 267, 271 f., 275, 294, 297, 299, 304 f., 307, 310, 314 f., 320, 323, 329, 331, 334 f., 337, 342 f., 347, 350, 352 ff., 360, 363, 367 ff., 375 f., 380, 382, 384, 387, 393 f., 398, 400, 403, 410 ff., 416, 421 ff., 430, 435, 440, 446 ff., 453, 457, 459, 471, 473, 480, 483, 486 f., 492 f., 499–506, 509–513, 525, 537, 540, 543, 548, 554, 565, 567 ff., 574 f., 585 ff., 590, 594, 596, 598–601, 605 f., 610, 619, 622, 625, 627, 634 f., 637
Gegenfiktion 144
Gegensatz 16, 22, 26, 61, 75, 103, 106 f., 115, 126, 138, 159 f., 170, 174, 189, 194, 286 f., 298, 330, 353, 355 ff., 359 ff., 381, 420, 424, 454, 482, 484 f., 490, 494 f., 497, 503, 534, 541, 566, 590, 593, 595, 611 f.
Gegenspieler 172, 353, 367, 369
Gegenwart 60, 92, 100, 121, 132, 230 f., 233, 270, 273, 322, 392, 523
Gegenzwang 83 ff., 502, 514, 539
gehasst 291, 303 f., 352, 393, 464

Gehorsam 150, 152
Geltung 19, 59, 66, 87f., 95, 110, 129, 144, 170, 175, 194, 207, 228, 323, 335, 382, 448, 467, 487f., 490f., 612
Geltungsstreben 205, 207, 285, 297, 305, 330, 482, 490, 495, 520
Gemeinschaft 10, 13, 18, 21, 28, 34, 37f., 40, 42–45, 48, 52, 69, 83–87, 89, 105, 115, 127, 137, 158, 161, 166, 178, 195, 198f., 203, 216f., 233, 235, 238ff., 245, 251, 257f., 260f., 265, 268, 275f., 278, 288, 305, 315, 319, 333ff., 338f., 347, 350, 352, 374f., 377, 379, 382f., 387f., 436, 440, 456, 459, 461, 473, 482f., 491f., 496, 520, 529, 555f., 558, 564, 566, 569f., 580, 586, 605, 617
Gemeinschaftsgefühl 9, 12–16, 21, 25, 28, 30f., 33–39, 41–46, 48ff., 52f., 58ff., 63, 66, 83, 85, 89, 91, 103, 106, 110, 129, 136, 142, 144, 151ff., 157ff., 165, 170, 176, 180, 208, 212, 216ff., 228, 234, 237ff., 248f., 257ff., 261, 266, 270, 274ff., 285, 287ff., 293, 300, 302–306, 314f., 317–320, 331f., 334–339, 341, 343f., 346, 348–354, 356, 359f., 362–366, 368, 369, 375, 377f., 383, 389, 392f., 400, 408, 412, 436ff., 440, 442f., 445, 451, 456, 458, 460–463, 469, 473, 479, 486, 488–492, 496, 498, 504, 514ff., 519, 523, 527, 529f., 537f., 540, 550f., 555–559, 561–564, 567–571, 588, 601, 610, 613, 617f., 621ff., 625ff., 632, 636
Gemeinschaftsideal 557
Gemeinsinn 36, 44, 46, 140, 165, 331, 334f., 429
Genie 72, 89, 209, 510
geronnen 29, 40f., 44, 452, 527, 529, 532, 534, 550
Gesamtheit 37, 42, 137, 233, 254, 257, 260, 262, 300, 311, 347, 433, 437, 440, 454, 486, 555
Gesamtzusammenhang 10, 25, 28, 34, 44, 248, 409, 412
Geschwisterreihe 278
Gestaltpsychologie 40, 145, 355, 361, 368, 566

gesteigert 24f., 27, 60, 109, 133, 230, 271, 366, 373, 376, 468, 513, 611, 622, 636
Gewissensbiss 341
Gleichberechtigung 52, 71, 87, 382
Gleichnis 64, 77, 92, 100, 113, 118, 121, 160, 286, 288, 290, 361f., 492, 494
Gleichung 74
   fiktive 70
Gleichwertigkeit 215, 233, 240, 277, 313, 382, 487
gottähnlich 59, 66, 79, 502, 509
Gottähnlichkeit 17f., 26, 48, 63f., 66, 68f., 75, 79, 90, 118, 126, 138, 151, 155, 161, 210, 374, 387, 502f., 506–509, 512, 514, 635, 637
Gottähnlichkeitsgedanke 150
Gottähnlichkeitsidee 141
Gottähnlichkeitsstreben 489
Gottgefühl des Nervösen 64
Größenideal 73, 104, 107, 175
Größenidee 88, 107, 110, 129, 138f.
Größenwahn 115, 137, 304
Gummifetischismus 88

H
Halluzination 66, 85, 106, 139, 160, 163, 220
halluzinatorisch 101, 126f., 188
Haltung 24, 31, 38, 48, 51, 64, 69ff., 74, 80, 85, 103, 109, 114f., 118, 127–130, 132–137, 139f., 144f., 151ff., 157ff., 161f., 165, 169, 171f., 175, 177, 179ff., 184ff., 188, 193, 199, 206, 227, 242, 280, 287, 289f., 294, 309, 319, 325, 338f., 351f., 367, 369, 373, 375, 379, 380f., 385, 388, 391, 396, 404, 413f., 416, 422, 426f., 430, 444, 456, 466, 470, 474, 481, 489, 522, 524, 528, 530, 536, 538, 560, 564, 567, 574f., 577ff., 585, 592f., 601f., 604, 609, 614, 626, 628, 630
Heilung 32, 45, 70, 74, 85f., 91, 122, 133, 170, 176, 197, 262, 271, 291f., 295f., 300, 342, 344, 356, 363, 383, 396, 497, 506, 510, 515, 570, 606, 622, 631
Hereditarier 10, 349, 460
Heredität 67f., 130, 162, 171, 325, 349,

351, 358, 383, 483, 490, 506, 514, 519, 535, 543, 565, 569
Hereditätslehre 517, 535, 589
Hermaphroditismus
    psychischer 61
Herrschaft 14, 59, 65, 77, 93, 122, 147, 152, 156, 333 f., 351, 365, 368, 371, 374, 446, 480
Herrschsucht 76, 109, 111, 124, 140, 148, 173, 177 f., 184, 217, 331, 333 f., 513, 532, 540, 545
Hilflosigkeit 18, 81, 207
Hingabe 35, 52, 199, 247, 337, 344, 389, 580, 584, 627
Höhe 58, 60, 63
Homosexualität 61, 90, 261, 359, 375, 511, 521, 538, 548
homosexuell 261, 306, 312, 624
Homosexueller 261, 311, 317, 521
humorvoll 283 f.
Hypochonder 131, 173
Hypochondrie 66, 172, 186, 453
hypochondrisch 173
Hysterie 86, 192, 323, 387, 454, 475, 539, 548, 572
hysterische Beeinflussbarkeit 63

I
Ichbildung 39 f., 482, 495
Ich, das 14 f., 18, 20, 23, 39 ff., 44 f., 74, 88, 176, 230, 276, 279, 298, 310, 325, 355, 374, 377, 387 f., 439, 451 f., 454 f., 469, 482 f., 495, 498, 500, 504, 506, 516, 518, 521 f., 527, 529, 532, 588 f., 608
Ichfindung 270 f., 277, 381
Ideal 13, 19, 28, 33, 36 f., 66, 73, 76, 81, 86 f., 106, 130, 151, 154, 171, 236, 242 f., 246, 294, 306, 311 f., 324, 331, 335, 408, 421, 433, 435, 446, 482, 489, 503, 523, 555, 567, 593
Ideal-Ich 482, 484, 489, 495
Idee
    leitende 21, 25, 92, 95, 108, 139, 140, 170, 176, 207, 250, 252
    regulative 99
Identifikation 36, 100, 251, 315, 624 f.

Identifizierung 36, 53, 314 f., 317 f., 366, 430, 437, 463 f., 624 f.
Ilias, Epos Homers 247
Impotenz 66, 155, 163, 218, 289, 306, 310, 344
individualisierende Betrachtung 161
Individualität 15, 21 f., 39, 41, 68, 85, 104, 141, 143, 145 f., 148, 171, 179, 201, 203, 207, 240, 274, 279, 451, 453 f., 480, 493 f.
Individualpsychologie 9–12, 15, 21, 27, 29, 34, 37 f., 40 ff., 51, 58, 83 f., 99, 102 f., 133, 143 ff., 147, 149, 150 f., 153, 155, 157, 159, 160, 168, 171, 173 f., 179, 184 f., 201 f., 204, 208, 212, 216 ff., 224, 226, 232, 234, 240, 248, 250 f., 270 ff., 275 ff., 286 f., 288 f., 292–298, 300, 302 f., 305, 317, 319 ff., 323 f., 326, 328 f., 336, 341–344, 346 f., 349 ff., 353 ff., 359, 361, 368 f., 373 f., 376 ff., 381 ff., 385 ff., 389 f., 392, 399, 402 f., 405 f., 410, 429 f., 436 f., 441, 452–456, 460–465, 478, 480, 482–490, 495, 497, 499–502, 505, 508, 510, 515–521, 523 f., 526–530, 532 f., 537, 541 f., 547, 549–553, 555, 557–562, 564–568, 572 ff., 581, 583, 585, 588 f., 592 f., 595, 597, 604 f., 607 f., 611–615, 617, 626, 629, 634
individualpsychologisch 9, 29, 50 f., 53 f., 57 ff., 85 f., 88 f., 91 ff., 118 f., 126 f., 134, 147, 152 f., 161, 165, 181, 184, 187, 199, 203 ff., 208, 212 ff., 232, 234, 244, 272, 274, 276, 279, 285 ff., 292, 294, 297, 299, 303, 305, 367, 376, 379, 393, 444, 449, 457, 483 ff., 487, 489, 495, 527, 534, 541, 548 f., 554 f., 559 f., 578, 590, 598, 606, 609 f., 614, 622
individuell 11, 14, 17 ff., 21, 30, 38 f., 41–44, 50 f., 57, 82, 101, 104, 113, 116, 141, 143, 149 f., 161 f., 166, 170 f., 179, 184 f., 187, 200, 203, 216 f., 219, 270–274, 288, 290, 297, 321, 325, 337, 344, 346, 353, 381, 391, 432, 463, 470, 483, 495, 498, 516, 518, 522, 527, 532, 552, 559 ff., 563 ff., 567 f., 572, 590, 595, 598, 635

Individuelle, das 29, 50, 430, 437, 441, 451, 453
Individuum 10, 12, 16, 18 f., 21, 23, 27, 29, 32, 39, 40 f., 43 ff., 47, 57, 67, 86, 114, 137, 147, 155, 159, 161, 172, 179, 188, 200, 202 f., 205, 214, 228, 270, 272 f., 275, 284, 296, 299, 304, 310, 326, 337 ff., 347, 353, 355 f., 359, 362 f., 368, 375 f., 378 f., 381 f., 386 ff., 390, 437, 441, 451 f., 454 f., 458 f., 463, 466, 472, 475 f., 483–487, 493, 500, 518, 524, 527–530, 532, 534, 537 f., 552 f., 560 f., 564–568, 571 ff., 575, 577 f., 581, 588 f., 592, 604 ff., 608, 612, 625
intelligent 132, 194, 200, 285, 300, 314, 316–320, 327, 339, 359, 394, 398 f., 412, 477 f.
Intelligenz 21, 132, 199, 207, 281, 314–320, 353, 440, 445
Introversion 154, 161
Intuition 19, 113 f., 144, 166, 402, 429, 434, 443, 450
intuitive Einfühlung 30, 57, 69, 541
inzestuös 77, 153
Irrtum 30, 36, 38, 45, 49, 69, 82, 85, 109, 140, 194 f., 205, 207 f., 210, 213, 217 f., 223 f., 226 f., 229 f., 232 f., 239, 248 ff., 256, 259 ff., 263, 265, 267, 276, 285, 297, 313, 332, 356, 361, 363, 378, 383, 396, 451, 463 f., 469, 484, 491, 503, 515–518, 522, 546, 564, 566 f., 577, 580, 594, 631

J

Ja – aber 109, 158, 160, 199, 474, 532, 537, 602
Junktim 65, 72, 118

K

Kampf 22, 38, 61 f., 70, 79, 81, 87, 97, 111, 126 ff., 151, 153, 155, 165, 173, 178, 180, 189, 191, 228 f., 231, 240, 245, 256 f., 266, 292, 297, 332 f., 364, 366, 471, 501, 508 f., 601
Kampfposition 88
Kampfstellung 89
kapitalistisch 157
Kastration 360

Kastrationskomplex 482, 493, 495
kausal 146, 149, 160, 170, 172, 194, 226 f., 272, 274, 348, 357, 443, 482, 484 f., 506, 508, 515, 529, 535, 544, 560, 563, 589, 623
Kausalität 9, 145 f., 201, 203, 226 f., 231, 233, 274, 298, 325, 367, 378, 390, 420, 434, 506, 508, 513, 535, 544
Kausalitätsprinzip 118
Kindheit 23, 25, 36, 47, 51, 58 f., 63, 69, 75 f., 88, 94 f., 99, 107 f., 126–131, 136 f., 139 f., 152 f., 156, 160, 175, 191 f., 196 f., 200, 203, 205, 209, 212, 224, 239, 250, 255, 263, 265, 267, 275, 281, 286, 288, 296 f., 300, 302, 310 ff., 319 f., 329, 337, 338, 342 f., 345 f., 352 f., 358 f., 364 f., 366, 371, 373 f., 379, 388, 395 f., 398, 400, 427, 447, 449, 457, 473 ff., 478 f., 481, 491, 503, 505 f., 509, 511, 513 f., 521, 530, 540, 543 f., 546, 559–562, 566, 568, 570, 575, 581, 586 f., 610 f., 613, 617, 620, 622, 625, 634, 636 f.
Kindheitserinnerung 51, 99, 141, 178, 292, 295, 297, 328 f., 369, 381, 478, 490, 505, 509, 540, 546, 592, 614 ff., 618, 628, 630
kindlich 47 f., 50, 62, 64, 87, 95, 98, 110, 119 f., 127, 129, 134, 139, 141, 153, 166, 169, 207, 239, 269, 283, 312, 348, 360, 376, 377 f., 382, 452, 485, 502, 515, 549, 627
Kokainismus 137, 397, 486
Kompensation 9, 11, 15 ff., 22, 25 ff., 39, 49, 57, 59, 87, 136, 149, 156, 205, 208, 251, 253, 273, 308, 362, 373, 375 f., 430, 440, 475, 489, 569, 631
Kompensationsprozess 15
kompensatorisch 20–23, 26, 39 f., 48, 50, 58 f., 64, 138, 156, 159, 270, 273, 382, 492, 516
kompensatorischer seelischer Überbau 59
kompensieren 38, 61, 398
Komplex 85, 192, 200, 358, 581–587, 609
    Ausschaltungskomplex 585
    Beweiskomplex 584
    Erlöserkomplex 583
    Führerkomplex 586
    Minderwertigkeitskomplex 583

Sachverzeichnis

Nein-Komplex 587
Ödipuskomplex 582f.
Poloniuskomplex 584
Prädestinationskomplex 585
Zuschauerkomplex 586
Konfliktneurose 137
konkret 13f., 18f., 21, 26, 29, 44, 46, 57f., 149, 150, 214, 329, 332, 351, 357, 362, 374, 391, 485, 516, 518, 532, 536, 538, 543, 552f.
Konkretisierung 17, 19, 32, 51, 243, 378f., 382
Konstitution 50, 75, 309, 325, 359, 376, 388, 391, 400, 405, 463, 476, 478, 485f., 491, 528f.
Konstruktion 45, 50, 66, 68, 72, 77, 92, 94, 137, 138f., 142, 155, 158, 164, 174, 177, 453, 467, 485, 538
Kontaktfähigkeit 235, 387, 529
Kooperation 31, 37, 76, 79, 105, 126f., 129, 172, 176, 181, 187, 190, 198, 200, 338, 357, 359, 360f., 363–366, 368, 403, 407, 409f., 413, 415, 419, 428, 430, 437, 456, 498, 501, 513, 537, 540, 551, 634
Kooperationsfähigkeit 35, 47, 127, 170, 178, 355, 360, 362, 370, 541, 547f., 556, 561, 565, 568
kooperativ 357f., 413, 437, 523, 537, 632
Krankheitsbeweis 60, 62, 65, 101, 141, 165, 178, 180
Krankheitseinsicht 131
Krankheitsgewinn 442, 446
Krankheitslegitimation 82, 90, 134f., 141, 158, 162f., 175, 195, 199
Kriegsneurose 67, 192, 194
Kultur 17, 33f., 72, 82, 134, 156, 158, 160, 202, 215, 236, 240, 244f., 256f., 273, 277, 322, 332, 341, 348, 361, 363, 373, 376, 382, 391, 393, 438, 468ff., 473, 482, 490, 493, 545, 568, 597
Kunst 10, 30, 40, 80, 90, 151, 156f., 187, 205, 245ff., 268, 278, 286, 297, 310, 341, 373, 377, 382, 412, 442, 490, 510, 521, 530, 635
Kunstgriff 14, 22, 47, 49, 59f., 64f., 70, 72, 74–77, 80, 82ff., 103, 105–108, 111, 129, 139, 141, 143, 149, 155f., 160, 162, 166, 169, 173, 175, 179, 184, 208, 242f., 283, 289, 290, 320, 376, 502
Künstler 19, 40, 64, 81, 143, 145, 150, 245, 247, 250f., 373f., 465, 633f., 637
künstlerisch 10, 19, 30, 39f., 57, 69, 104, 121, 143, 144, 166, 268, 278, 280, 300, 325, 432, 486, 512, 515, 523, 542, 567, 634
künstlerische Versenkung 30, 57, 69
Künstlerschaft 531, 540

L
Lebensanschauung 73, 157
Lebensaufgabe 25, 38, 44, 59, 235, 242, 273, 284, 287, 338, 363, 466, 500, 512, 554, 561, 567, 582, 631
Lebensform 32f., 35f., 38, 217, 255, 261, 275, 281, 297, 314f., 318, 348f., 356ff., 360, 362f., 378f., 385, 389, 396, 445, 447, 491, 493, 502, 515, 522ff., 536f., 561, 563f., 614, 626
Lebensfrage 25, 35, 38, 68, 84f., 234ff., 243, 250, 255f., 258–261, 267–270, 276f., 279, 283, 285, 289, 310f., 319, 350, 352, 377, 379, 382, 464, 469, 484, 488, 495, 500f., 514f., 523, 530, 540, 560, 563ff., 568, 629
Lebenslinie 52, 61ff., 65, 68, 73f., 76f., 80, 104, 116, 121, 136, 140, 146, 159, 162, 164, 166, 171, 198, 211, 247, 280, 297, 379, 567
Lebenslüge 141, 155f., 164, 170ff., 176, 180, 201, 289
Lebensplan 21, 25, 32, 48, 52, 57, 63f., 68–71, 73f., 77, 103–106, 109f., 121, 128, 148ff., 155f., 158–161, 164ff., 170, 172, 181, 250, 253, 255, 258, 263, 270, 297, 318, 343, 374, 376f., 379, 466, 485, 502, 512, 520
Lebensproblem 63, 78, 82, 168, 190, 223, 288, 310, 336ff., 355, 357, 362, 468, 471, 511, 514, 559, 561, 595, 604, 606, 612, 628
Lebensstil 10, 13ff., 19, 22f., 25, 30ff., 38–41, 44f., 49–53, 57f., 64, 67, 93, 101, 121, 145, 152, 188, 202, 219, 242, 272–277, 284, 287ff., 292, 296–300, 303, 309ff., 318, 325f., 329, 336ff.,

341–344, 346, 348, 351f., 354–363,
367–370, 379, 384f., 389, 396, 399f.,
402f., 406f., 411, 413f., 417, 422, 426,
440f., 448, 451, 454ff., 458f., 463f.,
468f., 472, 475f., 478f., 481ff., 485f.,
488, 492f., 498, 500, 503, 506f., 514ff.,
522, 527f., 532, 537f., 542, 546f.,
559ff., 563ff., 567, 586, 589f., 593–597,
599f., 602–605, 608–611, 613–615,
617, 620–631, 635f.
Leitbild 21, 27, 83, 159, 179, 332
leitende Fiktion 21, 92, 96ff., 100, 107f.,
159
leitende Idee 21, 25, 92, 95, 108, 139f.,
170, 176, 207, 250, 252
leitendes Ziel 95, 100
Leitideal 27, 36, 246, 281, 332
Leitlinie 10, 23, 77, 89, 106, 121ff., 156f.,
175, 177, 179, 187, 213f., 229, 231, 247,
290, 358, 441, 455, 561
Leitziel 68, 324
Libido 19, 67, 359, 368, 495, 612
Liebe 14, 20, 33, 38, 43, 52f., 61, 66, 76f.,
81, 83, 85ff., 90f., 124, 132, 140, 150,
152, 153f., 159, 193, 202, 205, 213, 218,
234, 236, 238–245, 247f., 260, 262,
276, 280f., 289, 303ff., 333, 335, 337,
339, 347, 350f., 364f., 374f., 382, 388,
397, 407, 421, 428, 437, 439, 448, 458,
469, 477, 487, 498, 512f., 525, 529f.,
536, 539, 567, 569, 605, 627, 636f.
Linkshändigkeit 132, 278, 536
Logik 21, 25, 38, 42f., 83, 85, 89, 91, 113,
126, 132, 136, 176ff., 204, 207f., 211,
216f., 231, 237f., 244, 265, 272f., 283–
290, 294, 311, 317, 334f., 369, 379, 382,
390, 431, 439, 442f., 547, 598, 607
  des menschlichen Zusammen-
    lebens 38, 43, 208, 217, 231, 237,
    244, 272, 294, 335, 379, 382
  private 83, 85, 126
logische Forderungen 77, 429, 431
  der Gemeinschaft 69
Lues 210, 213, 290, 359
Lüge 32, 250, 263, 274, 292ff., 334, 341
Lust 156, 160, 299, 380, 440, 492, 569
Lustprinzip 391, 482, 490, 492

M

Macht 13, 16f., 20f., 25ff., 33, 36f., 41,
50, 63, 72, 78ff., 82, 85ff., 89ff., 119,
128, 134, 150ff., 157, 160, 179, 205ff.,
210, 221, 239ff., 246, 251, 253, 259,
265, 267f., 271, 275, 276, 331–335, 365,
367f., 373f., 378, 382, 422, 451, 479,
482, 491, 501, 504, 512, 516, 518, 534,
547, 550, 551, 607
Machtgefühl 66, 87, 366, 472, 502
Machtstreben 26, 43, 89, 108, 208, 229,
231, 319, 346, 354, 422, 472, 491, 516,
519, 521
Magersucht 167
Manie 115, 201, 209, 213f., 350f.
manisch 162, 201, 208–214, 320, 356,
530, 586
manisch-depressiv 128, 162, 201, 208,
212f., 320, 356, 530
männlich 17, 33, 61, 62, 65, 69, 72, 76,
80ff., 139, 153, 156, 158f., 236, 246,
291, 309, 311, 317, 336, 373f., 382, 421,
441, 481, 493, 508, 576, 599
männlicher Protest 17, 69, 80, 139, 158f.,
336, 373, 382, 421, 481, 493, 508, 599
Männlichkeit 64, 90, 382
masochistisch 62, 103, 109, 441, 495
Masturbation 61, 76, 163, 165, 190, 365,
400, 448, 627
Masturbationszwang 78f.
Melancholie 25, 66, 126ff., 130f., 133–
136, 138, 140ff., 162, 169–177, 179f.,
199, 201, 208f., 213f., 291, 319f., 336,
339f., 350, 356, 369, 504, 513, 515, 542,
562, 578, 586, 610
Melancholiker 24, 126, 129, 132, 135, 138,
140, 170, 173, 176, 180, 324, 328, 359,
476, 580
melancholisch 129–135, 175, 177, 184,
208f., 211, 213, 364, 580
Menschenkenntnis 10, 19, 127, 144, 178,
202, 248, 250f., 268, 271, 275, 277,
279, 286, 322, 355, 374, 376, 513, 527,
550
Menstruation 405, 574
Metaphysik 517, 551, 555
metaphysisch 517, 527f.
Migräne 163, 321, 326

Sachverzeichnis

Milieu 57, 67f., 149, 171, 240, 274, 348, 352, 535
Milieutheorie 517, 523
minderwertig 62, 276, 376
minderwertiges Organ 11, 23 f., 126, 132, 277, 304, 307, 321, 324, 346, 352, 382, 387, 390, 407, 467, 472, 474, 490, 535, 568, 580
Minderwertigkeit 11, 15, 18, 20, 38, 47, 58 f., 61 ff., 67, 84, 89, 110, 127, 129, 132, 136, 138, 156, 161 f., 186, 195, 199, 205, 217, 231, 233, 237, 241, 271, 278, 305, 307, 320, 324, 348, 351 ff., 356, 360, 375, 385, 387, 392, 399, 448, 457, 459, 466 f., 487, 500, 502, 508, 514, 529, 565, 568, 580, 624, 630
  der Frau 233, 508
Minderwertigkeitsgefühl 9, 11, 17 f., 24 f., 27 f., 48, 57, 59, 61, 63, 66, 68 f., 72, 76, 85, 87, 89, 103, 108 f., 127, 129 ff., 134, 144, 149, 153, 156, 159, 162, 169, 201, 205, 207 f., 213 f., 216 f., 224, 250 f., 258, 260, 265, 270 f., 275 ff., 280 f., 289, 291, 298, 300, 302, 304, 319, 327, 339, 345 f., 353, 354, 357, 359, 373, 375–379, 382, 391, 400, 424, 430, 440, 457, 462, 466, 471, 475, 484, 489, 492, 501, 504 f., 514, 528, 534, 538, 561, 565 f., 568–571, 575, 581, 583, 597 f., 630
Minderwertigkeitskomplex 25, 82, 144, 148, 390, 404, 548, 565, 569, 581, 583, 585, 610, 622 f., 630 f., 634
Minus 67, 273, 352, 403, 534
Minussituation 535 ff., 565, 568
Mitarbeit 83, 85 f., 115, 140, 292, 300, 460, 471, 473 ff., 479, 487, 489, 537, 542, 546, 556, 560, 563, 565, 567–570, 589, 628
Mitleben 43, 276, 529, 588 f.
Mitmensch 12, 24, 27, 34, 36, 40, 42, 50, 86, 89, 140, 236, 239, 240 f., 257, 259, 269, 275, 278, 289, 321, 323, 331 f., 335, 337, 339, 349, 377, 438, 440, 469 f., 472 f., 492, 512, 536, 567 f., 599, 621
Mitmenschlichkeit 37, 43, 83, 85 f., 91, 248, 256, 260, 276, 292, 300, 373, 375, 377 f., 470, 487, 489 f., 496, 537, 568, 628

Mittel 22, 65 f., 72, 74, 78–81, 92, 96–101, 103, 106, 108, 117, 120, 126 f., 132–135, 144, 153, 159, 161 f., 169, 172 f., 178, 181–185, 204, 216 f., 242, 262, 286, 288, 290, 300, 317, 320, 353, 359, 364, 367, 369 f., 395, 403, 438, 477, 481, 493, 501, 512, 521, 590 f., 596, 605, 613
Modus Dicendi 176
Modus Vivendi 58 f., 68, 75, 176
Morphinismus 137, 163, 192, 198 f., 340, 356, 363, 386, 392–397, 400, 486
Morphinist 320, 332, 362, 384 ff., 390, 392 ff., 396 f., 400 f., 437, 562
Mut 99, 140, 151, 211–214, 224, 243, 247, 270, 273, 275 f., 278, 288–291, 297, 300, 302, 305, 319 f., 338, 340, 343 f., 347, 366, 386, 392, 398, 404, 407, 430, 438, 440, 458 f., 496, 503, 559 f., 569, 572, 574, 586, 587, 592 f., 606, 620, 631
Mutter 49, 52 f., 66, 69, 75 ff., 90, 93–96, 98, 123, 130, 153, 168 f., 174, 195 f., 209, 212 f., 220, 222, 224, 227, 234, 249, 254, 258 f., 261, 263, 265 ff., 278, 292, 300, 304 f., 311, 337, 339 f., 344, 348, 359 f., 362, 364, 366, 377 f., 383, 392, 397, 399 f., 414 f., 417, 420, 426, 437, 446 ff., 455, 468 ff., 477–480, 505, 524, 536, 544, 546, 570, 583, 586 f., 600, 613 f., 619 f., 623 ff., 627 ff., 631

N

Narzissmus 76, 154, 482, 484, 488 f.
Nebengleis 206 f., 503
Nebenkriegsschauplatz 126 ff., 136 f., 204, 499, 501 f., 539
Negativismus 48 f., 58, 71, 77, 169, 321, 323
Nein-Komplex 587
Nervöse, der 10, 17, 21, 60–68, 71 f., 74, 83, 85, 87 f., 96, 104, 109, 116, 118, 122 f., 132, 139, 144, 150 ff., 154 f., 158 f., 161 f., 190, 207 f., 283–286, 332, 456 f., 459, 488, 493, 498, 544, 620
nervöse Familientradition 70
nervöse Persönlichkeit 11, 60, 622
Neurasthenie 66, 165, 186, 453, 533, 539
neurasthenisch 137, 192
Neurose 17, 20, 24 f., 44, 46–49, 51,

57–65, 67, 69, 73 f., 80 ff., 84 f., 89 f.,
102 ff., 109, 111, 114, 117 f., 127, 130 ff.,
139 f., 151, 155, 158–162, 165, 168–172,
176, 179, 184, 186, 189, 192, 194, 196,
198–201, 204 f., 215, 217, 219, 221, 224,
234, 255, 262, 275, 277, 280, 283, 285,
287 f., 302 f., 305, 320 f., 325–328, 330,
336–339, 342, 346, 350–353, 355–358,
362 f., 372 f., 375, 383, 387, 389, 395,
414, 442 f., 445–449, 453 f., 457 f., 460,
464, 472 f., 475, 486, 494, 498, 504,
506, 509, 513 f., 532 f., 536 f., 539 ff.,
544, 547, 550, 554, 559, 562, 565, 567,
570, 572, 574, 581, 584, 604, 608–611,
614 f., 625, 628
Neurosenwahl 74, 84, 200, 363
Neurotiker 17 f., 20, 26, 31, 47 f., 63 f., 66,
68 f., 83, 99, 105, 109, 126 f., 132, 150,
158, 160, 165, 167 f., 170, 202, 215, 218,
280 f., 283 f., 288 f., 314, 316 f., 319,
330, 337 f., 340, 344, 346, 351, 355, 357,
360, 362, 407, 420, 423, 436, 473 f.,
490, 492, 505 f., 530, 532, 536–539,
541 ff., 547, 557, 576, 593, 611 ff., 622 f.,
626, 631
neurotisch 13 f., 16 f., 21, 25 f., 31 f., 38,
45 f., 48 f., 51 ff., 58, 60, 63–66, 68–71,
73 f., 76 ff., 80 ff., 84 f., 90, 96, 99, 101,
103, 105–110, 118, 123, 127, 144, 154,
159 ff., 163, 165, 171 f., 192, 200, 223 f.,
279, 288–290, 306, 311, 339, 343,
346 f., 351, 353, 356, 360, 363, 379,
403, 408, 413, 416, 418, 420, 424 f.,
447, 451, 468, 474, 498 f., 501, 503,
506, 514, 533, 537, 539 f., 548, 559, 578,
604, 622 ff., 627, 630
neurotische Absicht 64
neurotische Perspektive 60, 127
neurotisches System 21, 52, 63, 69 f., 76,
107
neurotische Tendenz 101
Nichts 72
Niederlage 61, 65 f., 69, 71 f., 74, 109,
121, 126, 132, 136, 153 f., 179, 195, 208,
213 f., 262, 264, 276, 300, 344, 357,
373, 375, 379 f., 391, 413, 423, 440, 467,
471, 473, 479, 481, 502 ff., 509 f., 514,

521, 554, 570, 586, 599, 610, 613, 623,
627 f., 630
Not 58, 60, 72, 98, 115, 133, 216 f., 378
innere 65
Notbehelf 63
nützlich 38, 153, 163, 198, 209, 259, 264,
275 f., 287 ff., 294, 300, 302, 304, 310,
315–320, 332, 341, 344, 347, 350, 353,
370, 375, 378 f., 382, 388, 404, 439,
498, 509, 569, 604
Nützliche, das 294, 318, 490
nützliche Seite des Lebens 153, 198, 294,
300, 344, 509
Nützlichkeit 276, 319, 348

O
oben 12, 17, 27, 58, 60 f., 72, 74 f., 80, 99,
111, 127, 135, 141, 158 f., 162, 177, 187,
223, 263, 265, 273, 288, 290, 329, 334,
353, 409, 415, 420, 487, 503, 552, 583,
602, 625, 628
Ödipuskomplex 206, 354, 359, 362, 377,
471, 484, 488, 490, 495, 581 ff., 625
Ohnmacht 21, 50, 85, 98, 118, 131, 162 f.,
169, 361, 539, 615
Operationslinie 51, 71
Organ *siehe* minderwertiges Organ
Organdialekt 572, 579
Organminderwertigkeit 11, 17, 24, 47, 70,
76, 133 f., 160, 227, 270, 303 f., 307, 321,
327, 352, 356, 363, 485, 529, 544, 568,
572, 622, 624, 629
Orientierung 9, 12, 28, 61, 67, 143, 149,
356

P
Pantomime 74, 410
Paranoia 25, 67, 126–130, 136–141, 162,
169, 170, 173 f., 201, 318, 320, 356, 425,
538, 629
paranoid 15, 155, 192, 630
Paranoiker 137 f.
paranoisch 89, 135 f., 138 ff., 175
Passivität 63, 138, 166
Pavor nocturnus 131
Peripetie 166
Persönlichkeit 11 ff., 18, 22, 40, 51, 60,
62, 65, 85, 90, 92, 96, 100, 102–108,

Sachverzeichnis

111, 116, 119 f., 122, 130, 134, 143, 145, 147 ff., 160, 165, 184, 189, 193, 195, 201 ff., 207, 217, 223 f., 239, 247 f., 250, 252–255, 259, 263, 265, 268, 272 f., 279, 282, 310 f., 363, 369, 373 f., 376, 380 ff., 384, 388, 390, 427, 443, 447, 451 ff., 474, 476, 480–483, 485 f., 488, 490, 495, 497, 500, 506, 514, 516 f., 519, 523, 525, 532, 540, 544, 552, 554, 560, 581 f., 585, 588, 594, 604, 612, 622, 624, 630, 635 *siehe auch* Einheit der Persönlichkeit
Einheit der 292
Persönlichkeitsgefühl 11, 15, 20, 58, 63, 68, 78 f., 106, 111, 115, 126 f., 132, 135, 159, 170, 176, 181, 183, 273, 295, 299, 319, 507, 510
Persönlichkeitsideal 12, 18 f., 22 ff., 57, 66, 68, 95, 105 f., 108, 110, 112, 121 f.
Persönlichkeitsidee 107
Persönlichkeitspsychologie 149
Perspektive 13, 50, 60, 69, 104, 114, 127, 129, 131, 133, 155, 160 ff., 166, 170 f., 231, 277, 550, 559 f., 582, 612
pervers 312, 450
Perversion 66, 72, 85, 109, 155, 160, 163, 190, 199, 218, 224, 306, 310, 312, 348, 350 f., 353, 356, 375, 382, 448, 459, 538, 540, 567, 628
Perversität 251, 265, 268, 473
Philosophie 11, 91, 105 f., 122, 150, 190, 226, 420, 433, 454, 527 f., 622
Phänomen 58, 60, 64
Phobie 162, 356, 387, 410, 440, 453, 481, 538
Phobiker 131
phobisch 219
Platzangst 65, 71, 103, 107, 117, 119, 122, 163, 173, 186, 219, 224, 351, 353, 394, 481
Plus 155, 349, 356
Plussituation 534 f.
Poloniuskomplex 584 f.
Positionserkrankung 189, 194
Prädestinationskomplex 585 f.
Prestige 153, 173 ff., 209, 338, 341, 610 f., 631, 636

privat 83, 85, 126, 283 f., 314, 317 f., 353, 440, 445
private Logik 83, 85
Privatintelligenz 445
Privatlogik 283
privat-logisch 283
Protest *siehe* männlicher Protest
Pseudogravidität 574
Psychoanalyse 22, 37, 78, 79, 100, 104, 118, 226, 312, 359, 361, 368, 383, 482, 483, 487–490, 494 f., 545, 562, 566, 584, 589, 593
Psychologie 9 f., 37, 97, 104, 126, 128, 139, 145, 147, 149, 193, 201 f., 247, 253, 273, 292, 295 f., 309, 321 f., 325, 327, 329, 331, 452, 459, 462, 464, 485 f., 490, 494 ff., 508, 519, 528 f., 535, 550, 566, 584, 589, 591 f., 617
Psychoneurose 160
Psychose 66, 85 f., 106, 126 f., 130 f., 132 f., 136 f., 140, 155, 158 f., 162 f., 165, 170 ff., 176 f., 179 f., 182, 201, 204, 211, 215, 217, 277, 304, 320, 326, 353, 356 f., 378, 383, 409, 440, 472, 486, 554, 559, 562, 567, 570, 574, 578, 584, 628, 636
Psychotiker 21, 96, 175, 218, 300, 338, 536
psychotisch 85, 87, 137, 140, 159, 171, 176, 199, 201, 403, 635
Psychotische, der 67

R
Rauschgift 384 ff., 391
real 11, 14, 18, 20, 47, 58, 61, 63, 82 ff., 86, 89, 96, 116, 127, 129, 149, 151 ff., 179, 187, 204, 217, 223, 245, 273, 276, 340, 520, 597, 611, 632
reale Eindrücke 58, 63
Realität 28, 92, 98, 105 f., 115, 155, 178, 245, 273, 286–289, 292, 294, 411, 425, 554, 590, 622
Richtung 11 ff., 18, 21, 26, 29, 41, 43 f., 61, 69, 76, 93, 97, 101, 114, 116 f., 120 f., 139, 145, 147, 160 ff., 202, 214, 224, 230 f., 233, 235 f., 240, 250, 253, 266, 271, 273, 290, 296, 311, 326, 347, 349, 357, 359, 364, 369, 375 f., 402 f., 406, 430, 440, 444, 450, 469, 490, 495, 506, 511, 516, 518, 522, 528, 531, 533, 535,

540, 550, 552 ff., 556 ff., 561, 563, 566 f.,
   570, 573, 581, 596, 607, 610, 612, 614,
   624, 626 ff., 634
richtunggebende Macht 72
Richtungslinie 45, 60, 63 f., 68, 71, 88,
   145, 148, 193 f., 232, 253
Rolle *siehe auch* weibliche Rolle
   der Frau 76
   übergeordnete 71
Rückzug 84, 167, 169, 172, 195, 306 f., 584,
   601, 610, 623, 631, 635

S
Sadismus 109
Sadist 267, 268
sadistisch 103, 109, 265, 415, 424 f., 441,
   483, 495, 504, 507 f., 601, 626
Schablone 130, 143, 149, 207 f., 239, 581 ff.
Schein 60, 84, 89, 91, 153 f., 156, 161, 166,
   198, 204 f., 242, 293, 302, 333, 353,
   528, 561
Scheinsieg 62
Schema 61, 72, 88, 144, 239, 302, 386
Schizophrenie 137, 173, 320, 337, 339,
   350, 357, 513, 562, 578, 579, 586, 629,
   632–636
Schlaflosigkeit 25, 74, 83 f., 88, 90,
   92–96, 101 f., 119, 141, 163, 165, 169,
   181–185, 187, 299, 369, 370, 539, 548,
   569, 595
Schlafstörung 92 f., 134, 181 f., 184 f.
Schock 610 f., 615, 629, 636
Schockresultat 474, 481, 610, 615
Schocksymptom 608, 622 f.
Schockwirkung 619, 623, 631, 635
schöpferisch 14 f., 19, 22 f., 38–41, 43, 45,
   48, 53, 144, 270 f., 273, 287, 321, 324,
   332, 370, 373, 376, 377, 433, 440 f., 452,
   463, 465, 467, 470, 475, 482 f., 485,
   506, 516, 518, 522 ff., 527, 532, 535 f.,
   544, 557, 566 f., 604, 634
schöpferische Kraft 14 f., 22 f., 38–41, 43,
   45, 48, 53, 270 f., 273, 332, 373, 376,
   441, 470, 475, 482 f., 485, 506, 516,
   518, 522 ff., 527, 532, 535 f., 544, 557
Schuld 90, 129, 135, 137 ff., 141, 148, 154,
   162, 166, 170, 172 f., 175, 183, 185, 187,
   197, 203, 227 f., 303 f., 452, 504, 509,
   515, 619
Schuldgefühl 66, 165, 197, 203 f., 341, 353,
   358, 361, 372, 416 f., 427, 475, 484,
   499, 504
Schwäche 17, 27, 50, 58, 60, 63, 87, 131 f.,
   138, 148, 156, 170, 175, 180, 231 f., 241,
   244, 270, 275, 277, 291, 294, 331, 337,
   343, 348–351, 353, 366, 376, 398, 442,
   448 f., 459, 466, 468, 485, 489, 491 f.,
   500, 536, 544 f., 589, 606, 623 f.
Seelenleben 11, 19, 21, 37, 41, 61, 64 f.,
   71 f., 74, 86, 101, 107, 114, 117, 123, 129,
   143–147, 149 f., 159 f., 162, 166, 179,
   199, 202 f., 208, 217, 227, 238, 252 ff.,
   268, 270, 272, 274, 285, 287, 294, 296,
   309, 321, 323 f., 330, 346, 348 ff., 354,
   374, 377, 383, 449, 452, 454 f., 460,
   467, 470, 492, 496, 500, 505–508, 513,
   515–518, 522 f., 527 f., 533 ff., 538, 540,
   566, 583, 588, 612, 617, 626
Selbsterkenntnis 152
Selbstmord 44, 86, 119, 135, 137, 140, 146,
   150, 163, 167 ff., 175, 180, 206, 248,
   317, 321, 328, 330, 334, 350, 353, 367 f.,
   388, 395, 426, 436, 449, 473, 486, 548,
   562, 567, 570, 609 f., 616, 619, 625
Selbstmorddrohung 142
Selbstmordgedanke 135, 423, 426
Selbstmordversuch 110
selbstschöpferisch 527, 529, 532
Sexualität 61, 90, 266, 268, 306, 310, 312,
   338, 353, 366, 371, 378, 400, 409, 448,
   450, 482, 488, 495, 511, 519 f., 525, 601,
   627, 636
Sexuallibido 359, 367, 376, 488, 611, 624
Sexualproblem 66, 77
Sexualpsychologie 160, 307 ff.
sexuell 47, 61, 67, 76, 78 f., 93 f., 108, 120,
   160, 177, 199, 210, 234, 238, 249, 251,
   259, 261, 265 f., 290, 306, 308, 310,
   312 f., 344, 346, 348, 350, 352 ff., 356,
   358, 360 f., 363, 365, 375, 377, 409, 415,
   425, 437, 448, 459, 475, 488, 493, 495,
   498, 504, 536, 538, 543, 545, 567, 569,
   583, 593, 627, 630
sexuelle Konstitution 67
Sicherheit 16, 19, 26 f., 41, 43, 46, 53, 76,

Sachverzeichnis

95, 113 f., 121 f., 129, 144, 146, 151, 153, 159, 163, 184, 194, 214, 216, 230, 244, 250, 253, 257, 267, 270, 272 f., 324, 332, 342, 355 ff., 367, 374, 409 f., 411, 413, 431, 446, 472, 475, 491, 505, 556, 565 f., 601, 603, 613, 628, 635
sichern 17, 47, 58, 60, 63, 66 f., 72, 86, 89, 91, 115, 118, 160, 168, 170, 172, 176, 238, 268, 368
Sicherung 14, 17, 20, 24, 30, 32, 47, 50, 59 ff., 68, 72, 76, 80, 84, 90, 97, 106, 115, 121, 127, 154, 159, 164, 166, 180, 208, 214, 216 f., 244, 250, 257 f., 263, 273, 276, 280 f., 289, 357, 377, 431, 474, 504, 514, 540, 542, 629
Sicherungskoeffizient 63, 65
Sicherungsnetz 64
Sicherungstendenz 23, 65, 127, 144, 150, 153, 172, 199, 257, 287 f., 504 f.
siegen 63, 413, 507
Simplifikation 290, 494
Sinn 13, 31, 39 f., 42, 69, 74, 76, 79, 88, 94, 106, 146, 165, 184, 192, 198, 207, 216 f., 223 f., 229–233, 238, 244, 252 ff., 270, 273, 284, 290, 299, 315 f., 329, 334, 340, 347, 350, 361, 368 f., 371, 375 f., 409, 429 f., 434 f., 437, 439 f., 445 f., 487, 493, 498, 500, 504, 516, 519, 554, 563, 566, 593, 620, 631, 635
Sinn des Lebens 13, 88, 216 f., 229–233, 429 f., 432, 434–440, 445 f., 498, 500, 554, 620, 635
Sollen 146, 202, 629
sozial 17, 20, 29, 37, 38, 42, 76, 82, 84, 86, 100, 108, 130, 133, 135, 161, 174, 180, 210, 232 f., 235, 239, 240 f., 257, 271, 275, 279, 281, 289, 293 f., 300, 313 f., 318, 321 f., 332, 335, 338 f., 344, 347, 349, 351 f., 361, 376 f., 381 f., 385, 389, 391, 393, 403, 407, 410 f., 413, 421, 431, 436 ff., 440 f., 445, 451, 455 f., 459, 468 f., 473, 486, 488, 491, 500–504, 508 f., 512, 514, 516 ff., 523, 529, 536 f., 539 f., 551, 557, 560, 564, 567 f., 575, 583, 586–589, 594, 597 f., 600, 604, 607, 610 f., 622, 626, 628, 635 f.
soziales Interesse 344, 389, 391, 393, 403, 436 f., 456, 468 f., 473, 523, 529, 537, 567 f., 587 ff., 597 f., 600, 607
Spaltung der Persönlichkeit 62, 100
Spannung 13, 24, 27, 35, 47, 59, 63, 66, 68, 126, 130, 132, 148, 163, 181, 187, 189, 191, 233, 245, 247, 271, 348, 351 ff., 359, 362 f., 365, 369, 384, 386 f., 389, 393, 395, 398, 439 f., 442, 446, 467, 472, 474, 528 f., 532 f., 537 f., 548, 565, 569, 572, 577, 636
Stellungnahme 25, 49, 63, 153, 179, 191, 203, 207, 223, 227, 235, 244, 271, 273, 280, 296, 298, 347, 352, 365, 374, 388, 391, 433, 437, 439, 441, 451, 455, 465, 482, 495, 498, 500, 519, 545 f., 548, 563 f., 567 f., 572, 574, 581, 583, 608 f., 610, 623, 625 f.
Stil 10, 19, 276, 358, 414, 532, 534, 634 f.
Stimmung 64, 82, 134 f., 189 f., 195, 199, 224, 247, 286 f., 289 ff., 297, 321, 328, 369, 380, 385, 388, 433, 493 f., 498, 510, 536, 580, 590, 594, 602 f., 625
Stotterer 303, 305, 472
stottern 257
Stottern 353, 383, 433, 539, 569
streben 14, 17, 60, 85, 89, 109, 121, 207, 240, 265, 270 f., 285 ff., 323, 353, 387, 403 f., 408, 459, 463, 465, 488, 492, 502, 505, 507, 536, 542, 567, 569, 581 f., 598, 636 f.
Streben 12–20, 25–28, 33, 37, 41, 43 f., 46 ff., 60, 63, 73, 83, 85 f., 88 f., 91, 103, 109, 113, 116, 122 f., 132, 137, 151 f., 157–161, 175, 205 f., 210 f., 230, 239 f., 251 f., 265, 270 f., 273 ff., 288 f., 298, 304, 319, 325, 328, 331 f., 346, 350, 353 f., 357, 360, 364, 366, 373–376, 378 f., 382, 403 f., 435, 451, 459, 467, 471, 475, 478, 482, 484, 487–492, 501 f., 504, 507, 509, 512, 514, 516, 518, 527, 529, 534, 537, 547, 550–553, 555 f., 565, 567, 573, 583, 587, 589, 593 f., 597, 601 f., 608, 611 f., 619, 622, 625, 629, 634 f.
Struktur 30, 39 f., 128, 199, 206, 268, 283, 320, 331, 335, 337, 345, 357, 414, 451, 465, 473, 494 f., 497, 519, 533, 537, 562 f., 567, 569, 601, 608, 610, 618, 625
Sublimierung 361, 495

Suggestibilität 628f.
Suizidversuch 109f.
Symbol 89, 92f., 100, 102, 494, 585, 603, 606
Symptom 13, 17, 19ff., 25, 38, 58ff., 62–65, 68ff., 72, 74, 80f., 83, 86, 88, 90, 101, 103, 105, 107, 112, 117ff., 126f., 132f., 159, 161, 163, 165, 167ff., 171f., 174, 176, 179, 181–185, 187, 189ff., 193f., 196, 198, 207, 219, 250, 252–255., 267, 276, 280f., 287f., 295, 311, 328, 346, 351, 353, 355–358, 363, 367f., 370, 373ff., 383, 410, 413f., 416, 418, 420f., 424f., 439, 446f., 449, 463ff., 467, 472, 475f., 478–481, 485, 498, 499, 501, 505f., 513, 525, 532, 537, 539, 540ff., 547f., 561, 572, 575ff., 611, 614f., 619, 622–625, 628ff.
Symptomherstellung 72
Symptomsprache 62
Symptomwahl 36, 167f., 363, 368, 463f., 466, 469, 473, 476–479, 481, 608, 612, 623
System 18, 49, 63f., 69f., 76f., 107, 134, 136, 139, 146, 161, 172, 175, 196, 256, 263f., 284f., 320, 324, 333, 349, 351, 369, 462, 472, 548, 577
Systematik 256, 527–532, 550

T

Teleologie 68, 143, 149, 201ff., 230, 270, 272
teleologisch 11, 33, 69, 111, 127, 149, 201f., 217, 527f.
Tendenz 9, 11, 15f., 39, 41, 49f., 69, 72f., 77, 90, 101, 139, 142, 144, 151, 160, 170f., 178, 180, 186f., 198, 200, 254, 261, 263, 266, 271, 280f., 297, 299, 352, 356, 365, 375, 424f., 427, 482f., 492f., 500, 507f., 565, 567, 597, 631
tendenziös 11, 24f., 32, 38, 58, 63ff., 68ff., 72f., 76, 80, 88, 103, 105, 113, 120f., 126f., 133f., 139, 148, 161, 163, 166, 173, 178, 180, 186, 223, 250, 254, 261, 263, 286ff., 290, 354, 601, 608
Therapie 30f., 49, 51f., 69, 204f., 214, 219, 270, 283, 285, 292, 295, 325, 350, 403, 550, 605

Tod 38, 65, 79, 90, 92f., 95, 97–100, 102, 129, 131, 206, 304, 317, 348, 406f., 409, 420, 427, 447, 475, 518, 593, 595, 597, 607–610, 612, 614ff., 618,–621, 633, 635
Todestrieb 15, 92, 102
Training 47, 83, 89, 92, 101, 112f., 167f., 200, 219, 223f., 261, 267, 271, 274, 276, 286f., 300, 306f., 309, 312f., 316, 321, 328ff., 332, 348, 352, 359, 376, 380, 382, 388, 430, 437, 466, 474, 476, 521, 573, 586, 614
transzendental 390, 453, 517, 533, 535, 555
Traum 25, 51, 64, 66f., 72, 77, 81, 92f., 95, 101, 103, 107–113, 115–124, 133, 139, 141f., 163, 176f., 185ff., 212, 219, 222ff., 277, 281, 286–291, 296f., 328, 347, 354, 362, 367, 369, 425ff., 442, 444, 486, 490, 493f., 522, 525f., 547, 576, 585, 587, 590–607, 614, 619, 630f., 637
Traumdeutung 64, 67, 95, 99, 101, 112f., 118, 139, 177, 186, 219, 290, 590–595, 597f., 603ff., 607
Trick 127, 160, 242, 291, 320, 370, 416f. 437, 442–449, 570
Trieb 19, 298, 335, 349f., 361, 374, 376, 451f., 460, 483, 490, 492, 494f., 500, 504, 506, 514, 518, 521f., 534f., 552, 564, 566, 612, 617
Triebpsychologie 500, 506, 518, 564
Trigeminusneuralgie 63, 109, 116, 175, 321, 326f.
Triumph 60f., 82, 140, 153, 156, 172, 206, 210, 212, 443, 511, 523, 570f., 636
Typus melancholicus 129, 131f.

U

Überbau 59, 64
Überempfindlichkeit 24, 47, 84, 379, 390f., 440, 457, 475, 537, 576, 622f., 632, 636
Über-Ich 37, 482, 484, 489, 495
Überkompensation 48, 87, 103, 109, 305, 373, 376
Überlegen 21, 53, 60, 66, 80, 111, 115, 123, 156, 266, 404, 416, 509f., 543, 557, 599
Überlegenheit 12f., 15–18, 20, 25ff., 53,

Sachverzeichnis

58–62, 65f., 68–73, 75, 80f., 83–87, 91, 94, 101ff., 105, 109, 118f., 123, 127, 130, 133, 135–138, 141, 150–153, 155, 160f., 164, 166, 172, 174, 176, 179, 196, 198, 205–208, 210, 214, 239f., 252, 267, 270f., 274f., 277, 286–289, 292f., 298ff., 302, 304, 314, 316–319, 323, 325, 327, 331–334, 341, 346, 353–357, 360f., 366, 368, 371, 374f., 379, 381f., 391, 404, 406, 411, 415, 447, 451, 459, 474, 480, 484, 487–491, 499, 501f., 504–509, 511f., 514f., 519, 527, 534, 547f., 550f., 553, 561, 565, 567, 569f., 581, 583, 585, 587, 594, 598, 602f., 605, 613, 634, 637
fiktive 135, 547
Überlegenheitsfiktion 358
Überlegenheitsideal 136f.
Überlegenheitskomplex 585
Übertragung 52f., 58, 70, 303, 305, 344, 495, 602
Überwertigkeitskomplex 583, 631
Überwertung 81, 102, 168
Überwinden 97
Überwinder 92
Überwindung 17, 23, 26, 40f., 44, 48, 51, 100, 158, 164, 228, 270, 272, 277f., 292f., 298f., 302, 312, 353, 357, 375, 411, 459, 482f., 486, 516, 518, 532, 534–537, 540, 553, 565ff., 569, 602, 608, 610, 615
Überwindungsstreben 23, 35
Umweg 61f., 64, 66, 110, 121, 150, 152, 188, 205, 277, 386, 494, 562, 603
Unbefangenheit 62
unbewusst 11f., 14f., 18, 20, 22–25, 27f., 39, 41, 44, 48f., 57f., 61f., 65, 69, 81, 86, 88, 101–104, 106ff., 115, 121f., 124, 136, 141, 143, 147, 149, 161, 165, 185f., 200, 204, 236f., 244, 277, 286, 311, 352, 354, 356, 358f., 370, 376, 381, 402, 442, 485, 487, 490, 492, 494, 532, 567, 590, 593, 595, 608, 626
Unbewusste, das 23, 25, 44, 58, 60, 65, 69, 103–108, 110, 112, 114f., 117, 122, 155, 287, 288, 293, 299, 329, 346, 352–355, 360ff., 369, 372f., 443, 454, 482, 484f., 487, 494f., 516, 522, 524, 534, 539, 544, 563, 566, 593, 595, 608, 611, 614, 625
Unbewusstsein 109
unnützlich 38, 49, 144, 150, 250, 255, 287, 293, 300, 302, 317ff., 350, 353, 368, 370, 375, 490
Unnützliche, das 255, 276, 288, 294, 317, 379
unnützliche Seite des Lebens 144, 150, 287, 293, 300, 319, 353, 368, 490
Unsicherheit 12, 20, 27, 38, 41, 47f., 59, 75f., 90, 92, 95, 98, 100, 115, 121, 156, 166, 175, 178, 216f., 232, 240, 253, 256, 261, 276f., 295, 304, 331, 350, 360, 373, 376f., 384f., 387, 398f., 448f., 466, 471, 481, 486, 499–502, 529f., 533, 535, 537, 551, 565, 568, 586, 596
Unsicherheitsgefühl 80, 244
unten 13, 17, 30, 58, 60f., 72, 99, 132, 158, 186, 223, 265, 273, 288, 353, 415, 420, 487, 503, 599, 602, 630
Unterwerfung 63, 95, 150, 156, 165, 295, 333, 521
unverstanden 42, 44, 49, 103, 106, 108, 143, 147, 185, 203f., 233, 281, 311, 489, 498, 500, 526, 564, 569, 582, 585, 612, 614, 625f., 630f.
Unverstandene, das 293
Unzufriedenheit 62, 66, 75, 130, 136, 188, 253, 382
Ursache 30, 46, 47, 81, 94, 145ff., 170, 172, 187, 202, 204f., 214, 227, 233, 261, 267, 307, 310, 325, 346, 352, 358, 360, 367, 371, 376, 383, 387, 400, 405, 418, 420, 446, 452, 464, 482, 485, 506, 557, 564, 576, 594, 637

V

Vater 66, 69, 71, 88, 93, 95, 99, 123, 168, 195–198, 205f., 209, 220f., 224, 228, 259, 265f., 289, 291, 317f., 326, 340, 342, 348, 360, 362, 364, 396f., 399, 414–417, 419f., 422f., 438, 448, 470, 477–480, 488, 508ff., 544, 546, 600, 602, 610, 613, 624f., 629
Verantwortung 37, 127, 137, 141, 162, 170, 172, 174, 177, 180, 184f., 187, 200, 295, 412, 415, 626

Verdrängung 135, 454
Vereinheitlichung 65, 85
Verfolgungsidee 138 f.
Verfolgungswahn 126, 137
Vergangenheit 33, 60, 92, 100, 151, 270, 273, 338, 351, 402, 404, 502, 592
vergleichend 60, 145
Vergleichung 85, 313, 522
Vergöttlichung 63
Verhütung 48, 66, 163, 379, 481
Vermögenspsychologie 520
Vernunft 83, 85, 176, 238, 283, 314 f., 317–320, 443, 445, 484, 528, 544, 554, 567, 594, 631, 635
Verschleierung 69, 72, 108
Verständnis 12 f., 21, 29 ff., 37, 48 f., 51, 53, 57, 60, 69, 72 ff., 79, 85 f., 104 f., 109, 112 f., 115, 121, 127, 137, 143, 147 f., 159, 161, 168, 173, 176, 183, 185, 200–203, 206, 217 f., 223, 235, 237 ff., 252, 256, 258, 274, 286 ff., 290, 315, 318, 321 f., 330, 344, 358, 360 f., 369, 376, 379, 381, 383, 406, 414, 417, 429 f., 452, 455, 460, 466, 468 f., 473, 476, 482, 484–487, 493, 499 f., 505 f., 508, 527 f., 531 f., 534, 538, 541, 557 f., 563, 565, 568, 611
Verstehen 149
verstehende Psychologie 149
Verteidigungsorgan 253, 374, 581, 584
vertrödeln 196, 200, 203, 501, 508
verwahrlost 271, 276, 306, 309, 464
Verweiblichung 61, 111
verwöhnt 329, 352, 404, 407, 417, 524, 536, 544 ff., 594, 600, 602, 604, 620 f., 625 ff.
Verwöhnung 346, 352, 536, 540, 544 f., 547, 568, 625
verzärtelnd 212, 270, 297, 319, 393, 627
verzärtelt 45, 53, 82, 108, 219, 224, 227, 244, 260, 263, 278, 284, 296, 303 f., 329, 362, 378, 381, 388, 392 f., 395 ff., 400, 439, 446, 448, 456 f., 464, 470 ff., 475, 477 ff., 485 f., 490, 495 f., 50 f., 510, 577, 581, 583, 586, 589, 609 f., 613 f., 623 f., 626, 636
Verzärtelung 52, 70, 278, 300, 360, 385, 392, 395, 398, 439, 445 f., 464, 470 ff., 477 f., 514, 570, 626

Vollendung 27, 37, 41 f., 331, 356, 463, 465, 482–485, 500, 516, 518, 527, 529, 532, 534, 550, 556, 565–568
Vollkommenheit 13 f., 17, 26 ff., 37, 41 f., 75, 104, 151, 270 f., 273, 325, 331 f., 451, 459, 482, 491, 550–557, 561, 565 f., 589, 636
Vorhersage 71, 203, 287
Vorurteil 70, 198, 359, 378

W

Wahn 66, 106, 126 ff., 131 f.
Wahnidee 96, 128 f., 131 f., 136, 139, 170, 176, 180, 188
Wahnsystem 137 ff.
Wahrheit 32, 34, 49, 61, 81, 87, 163, 172, 191, 199, 228, 230, 245, 247, 256, 292, 294 ff., 321, 324, 341, 344, 367, 434, 482, 484, 490, 554, 594, 607 *siehe auch* absolute Wahrheit
absolute 208
Wahrnehmung 38, 47, 57, 66, 70
Waschzwang 78 f., 164, 190, 407 f., 512, 539
weiblich 61 f., 72, 75, 77, 79–82, 87, 108, 153 f., 168, 267, 441, 481, 493, 599
weibliche Rolle 76, 80 f., 108, 481, 599
Weltanschauung 9, 19, 64, 107, 155, 191, 195, 201, 216, 218, 226, 228, 239, 269, 294, 334, 380, 383, 521, 554
Weltbild 611, 613 f., 622 f., 625–631
Wertgefühl 28, 276, 353, 459, 503, 532, 537, 565, 568, 570
wertlos 35, 106, 109, 240, 265, 285, 334, 349, 584, 625
Wertlosigkeit 20 f., 50, 212, 337, 342, 367, 561, 620
Wertpsychologie 37, 429, 434, 537
Wertschätzung 57, 59, 540, 618 f.
Wesen 69, 73, 89, 102, 123, 194
Widerstand 58, 64, 70, 105, 116, 118, 135, 172, 195, 197, 213, 333, 340, 342, 344, 364, 380, 525, 541, 636
Wiederholungszwang 167, 169
Wille
  freier 82, 100
Wille, Willen 17, 20, 41 f., 44, 78 f., 82, 85, 87, 96, 100 f., 108, 130, 139, 142, 148,

Sachverzeichnis

163, 165, 168 f., 175, 185, 187, 189, 195, 213, 232 f., 284, 293, 298 f., 333, 339, 366 f., 381, 397, 474, 521, 550, 612, 627
Wirklichkeit 13, 16, 32, 63 f., 67, 69, 84, 87, 126 f., 132, 136 f., 140 ff., 144, 146, 151, 153, 161, 163, 166, 171, 178, 192, 212, 222, 245, 261, 284, 306, 310, 338, 367, 378, 420, 444, 452, 455, 475, 489, 505, 514, 563, 594, 598, 600, 604, 611, 623, 633
Wissenschaft 10 f., 16, 19, 26, 33 f., 37, 51, 104, 148, 179, 190, 215, 229, 231, 268, 271, 277, 286, 289, 29–297, 328, 341, 369, 382, 413, 429, 434, 442 f., 453, 484, 509 f., 517, 521, 531, 546, 551, 555, 584, 587, 592, 608, 612, 614, 627, 629, 631
Witz 283, 285, 320, 420, 442, 445
Wollen 14 f., 20, 22 f., 44, 64, 69, 84 f., 110, 116, 143, 149, 205, 240, 273, 298, 331, 354, 359, 381, 485, 516, 522, 525, 540, 546, 566
  das nervöse 64

Z

Zärtlichkeit 30, 33, 42, 61, 87, 152, 234, 249, 310, 467, 477 f.
Zärtlichkeitsbedürfnis 13, 33, 63, 234, 306, 310
Zärtlichkeitsregung 30, 33, 234, 236
Zeitvertrödelung 73, 164, 169, 173, 192, 196, 375, 507 f., 514 f., 542
Ziel 12 ff., 18 f., 21 ff., 25–28, 30, 32, 37 f., 41, 44, 60, 62 f., 65, 68 f., 72, 74 f., 83 f., 86 f., 89 f., 92, 95, 97 f., 100 f., 103, 105–109, 111 ff., 115 f., 118 f., 121 f., 127, 129, 132, 134, 136 f., 141, 143, 145–151, 153, 155 f., 158–161, 165 f., 168, 172, 174, 176–179, 181, 184 f., 196, 198, 201–205, 207, 208, 210, 212, 214, 220, 223, 227, 230, 233, 235, 243 f., 254 f., 261 f., 268, 270 ff., 286 ff., 290, 292 ff., 298 ff., 304 f., 310, 312, 314, 316–320, 325, 327 f., 331, 333 ff., 340, 344, 353, 355 f., 361, 368, 371, 373 f., 376–381, 403 f., 412, 415, 417, 428, 444 f., 474 f., 478, 481 f., 485, 489 f., 492, 494 f., 503, 514, 516, 518, 522, 527 f., 532, 534, 537, 540, 542, 547, 550, 553 ff., 557, 561, 565–570, 581, 585, 589 f., 596, 598 ff., 602 f., 606, 629, 635, 637
  abstraktes und zugleich konkretisiertes 61
  leitendes 100
Zielgerichtetheit 11, 226
Zielsetzung 18, 26, 58, 63, 139, 146, 150, 152, 155, 159, 272, 298, 491, 512, 516, 518, 522, 534, 581
Zielstrebigkeit 27, 41, 62, 149, 202, 518, 522, 534, 566
zögernd 76 f., 110, 128, 141, 155, 158, 162, 166 f., 169, 174, 179 ff., 184, 279 f., 289, 303–306, 311, 353 f., 369, 375, 377, 380, 404, 458, 485, 501, 508, 514, 530, 539, 545, 560, 566, 604
zögernde Attitüde 76 f., 110, 141, 155, 158, 162, 166 f., 169, 174, 179 ff., 184, 289, 306, 311, 353 f., 377, 380, 404, 458, 485, 501, 508, 514, 539, 545, 560
Zukunft 24, 27, 31, 52, 60, 80 f., 92, 98, 100, 112–115, 118 f., 122, 124, 141, 156, 212, 233, 235, 270, 273, 278, 295, 322, 332, 347, 368, 373 f., 380, 416, 435, 476, 507, 555, 557, 586, 591, 627
Zusammengehörigkeit 34, 46, 52, 258 ff., 331, 334, 339
Zusammengehörigkeitsgefühl 348
Zusammenhang 16, 23, 28, 32 ff., 36, 38 f., 41, 44, 47 f., 62, 74, 80, 86, 91, 94, 95, 97, 105 ff., 109, 127 f., 131, 133, 139, 143–147, 149, 152, 166, 171, 176, 184 ff., 192 f., 195, 199, 202, 207 f., 221, 227, 229, 230 ff., 235 f., 238, 242, 248, 252 f., 257, 260, 262 f., 268, 270, 272, 274, 280 f., 283, 285, 292 f., 295, 297, 299, 302, 306, 309, 314 ff., 319, 324, 327, 330, 346, 350, 352, 354 f., 358 ff., 363, 368–373, 375 f., 379, 382, 410, 412, 432 ff., 445, 449, 451–456, 461, 468, 482, 484, 491 f., 494, 500 f., 503, 508, 521, 525, 533, 538, 540, 546, 549, 553, 556 f., 563 f., 571, 577, 592, 595, 603, 612–615, 623 f., 628, 631, 635
Zusammenhangsbetrachtung 134, 201, 203, 229, 231, 273, 381, 383, 487
Zuschauerkomplex 586 f.

Zwang 17, 32, 44, 60, 63, 65, 68, 75 f.,
    78–81, 83–91, 100, 103, 107, 122, 130,
    133, 135, 139, 152, 159, 163 f., 184,
    189 ff., 196, 199 f., 202, 204, 211, 237 f.,
    252 f., 255, 258, 310, 318, 328, 332 f.,
    344, 355, 357 f., 378, 395, 430, 482 f.,
    499, 502, 504 f., 508, 510, 512, 514, 525,
    539, 553, 554
Zwangsgrübeln 83, 88, 90
Zwangshandlung 189, 191 f., 199, 219, 221,
    224, 498, 501, 504
Zwangsidee 199
Zwangsmasturbation 83, 88, 90
Zwangsneurose 79, 89, 100, 162 ff., 169,
    189, 190 ff., 194 f., 198 ff., 205, 221, 255,
    316, 328, 355 ff., 362, 406–409, 420,
    425, 440, 447, 454, 459, 474, 497 ff.,
    501–509, 511, 513 ff., 538 f., 562, 608

Zwangsneurotiker 63, 78 f., 189 f., 447,
    499, 501–507, 511, 563
zwangsneurotisch 165, 219, 505 f., 511, 515
Zwangsvorstellung 78–81, 189, 423, 463,
    465
Zweifel 76, 80, 86, 89, 91, 112, 114 f., 117,
    146, 153, 158, 162, 164, 184, 192, 199,
    205, 207, 255, 294 f., 312, 354, 363, 381,
    420, 430, 435, 458, 484 f., 499, 503,
    508, 514, 535, 574, 580, 582, 622 f.
Zweifelsucht 78 f., 112, 115, 484, 539
Zweigeschlechtlichkeit 173, 232 f., 348,
    382, 483
Zwillingsforschung 517
Zyklothymie 137